中国
农业年鉴
1993

中国农业年鉴编辑委员会

中国农业年鉴特邀编委

新疆石河子农场小麦丰收　　吕全成　摄

福建福安县竹林

张生贵　摄

青海果洛草原牧场

马千里　摄

陕西米脂县境内的梯田

安克仁　摄

安徽宣城国家扬子鳄繁殖中心人工繁殖饲养的扬子鳄

朱云风　摄

辽宁辽河三角洲农业综合开发区新建的稻作区

豆　明　摄

江苏连云港年出口对虾 5000 多吨　　赵　鸣　摄

苏州太平乡合资企业百灵印染厂　　王　岩　摄

第二届全国农民运动会于1992 年 10月在湖北孝感举行

刘　刚　摄

新疆奎屯建成国内最大的番茄酱生产流水线　　李晓果　摄

首届中国农业博览会于1992年10月在北京举办　　仇大中　摄

发展中的广东三高农业

全国发展高产优质高效农业经验交流会在广州召开

会议代表参观广东的优质农产品基地

顺德市肉鸡分割生产线

▲ 珠海市农业科研中心无土栽培果蔬

▶ 澄海县科研人员开展粮食创高产活动

▼ 东莞市荔枝园喷灌

山东农业综合开发前景广阔

在1991年首届全国农业综合开发成果展览会上，江泽民总书记视察山东展厅

东营市新建的麻湾引黄闸

高唐县在沙荒地上开发建设的农林示范区

蔗　糖　业

“蔗糖之乡”，全国重点糖业生产基地的广西壮族自治区，全区拥有机糖厂 99 间，总日榨能力 15.725 万吨，1992 年蔗糖产量达 212.31 万吨，比上年增长 55.3%，提前三年完成自治区“八五”期末的计划目标。全区 1979～1992 年的 14 年累计产糖量 1 273.93 万吨，现产糖量占全国同期产糖量近 1/3，人均产糖量名列全国前茅。

改革开放以来，自治区党委和政府把发展蔗糖生产列为广西八大优势之一，合理调整和优化农村种植业结构，糖蔗种植面积由 1978 年的 14.41 万公顷扩大到 1992 年的 44.66 万公顷，1992 年甘蔗总产量 2 354.87 万吨，比上年增长 18.3%。广西发展蔗糖生产，注意抓好基地县的开发工作。从 1988 年起确定贵港、邕宁等 18 个县(市)郊区作为糖业生产重点基地县，并从政策、资金、技术上给予扶持，1988～1991 年，18 个县共投入开发资金 2.2 亿多元，修建小型水库 19 座，开挖渠道 525.2 公里，修建排灌站 88 座，打机井 166 眼，架设农电线路 113.6 公里，购置小型喷淋机 2 800 台套，增加灌溉面积 2.18 万公顷，改善灌溉面积 2.04 万公顷，改造中低产蔗地 3.80 万公顷，开荒种蔗 1.53 万公顷，维修蔗区公路 7 500 公里。现在 18 个县种蔗面积、甘蔗产量均占全区的 70%左右，并建成机糖厂 50 间，日榨能力共 10.48 万吨，占全区总日榨能力的 66.65%，产糖量 1991/1992 年榨季达 140.12 万吨，比上一榨季增长 92.05%。自治区把发展糖蔗同扩大加工压榨能力统筹安排，从 1979 年以来共新建糖厂 40 间、挖潜扩建 80 间，新增日榨能力 12.52 万吨。自治区还组建了糖业公司，各地、市、县建立、健全了蔗糖管理机构，乡镇村也加强了社会化服务，有效地促进了糖业生产的发展。全自治区制糖工业总产值 1991/1992 年榨季为 53.91 亿元(按 1990 年不变价格计算)，比上一榨季增长 13.24 倍，是全自治区工业行业产值增长速度最快的行业；蔗农交售原料蔗总收入 23.27 亿元，增长 19.45 倍。

贵港甘蔗化工厂榨季夜景

贵港甘蔗化工厂的榴花牌白砂糖

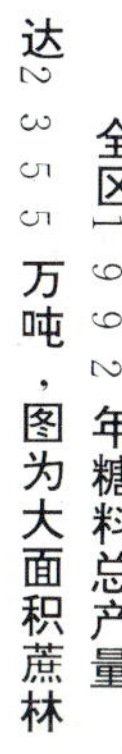

全区1992年糖料总产量达2355万吨，图为大面积蔗林

水果生产

广西壮族自治区名优果品集团
公司总经理　王治平

广西壮族自治区果树种质资源丰富，有43个科，110个种和变种，700多个品种品系，较著名的有荔枝、龙眼、沙田柚、芒果、菠萝、香蕉、白果、柑桔等。1992年，全区果树面积40万公顷，比1985年增长2.17倍；水果总产量161.16万吨，增长3.15倍，创历史最高水平；水果总产值23.8亿元，增长1.66倍。随着商品经济的发展，著名热带亚热带水果发展很快。1992年，沙田柚产量5.9万吨；香蕉产量59.9万吨；龙眼产量4.8万吨；荔枝产量7.4万吨。水果商品基地建设初具规模，开始形成名特优水果商品集散地。并注重从分散经营向适度规模经营转化，从广种薄收向高产优质高效转化。由于增加投入，推广先进技术，单产大幅度提高，1992年沙田柚投产面积6 266.7公顷，平均每公顷产9 420公斤，比1985年提高4.05倍，特别是阳朔县，平均每公顷产量达1.4吨，名列全自治区第一。全自治区已决选出柑橙、沙田柚、龙眼、荔枝、芒果、白果优良单株29株；在1992年全国首届农业博览会上，灵山的桂味荔枝获金质奖；灵山香荔、田阳香芒、平南石硖龙眼、南宁市郊的无刺卡因菠萝获银质奖；容县大乌圆龙眼获得铜质奖。水果生产从单纯种植业向系统工程转化。近年来，开始重视水果采后处理，贮藏保鲜、加工利用、运输销售等环节的配套建设。逐步形成以大城市水果批发市场为龙头，县、乡水果批发市场相配套的水果市场体系，为水果销售创造良好的条件。为促进水果商品生产提高经济效益，1992年成立了广西名特优果品集团公司，属全民所有制企业，它由部分地(市)县水果开发服务公司和高等院校、科研单位的水果技术开发公司组成。主营名特优果品种子、苗木的繁殖，种植，干鲜果品，农副产品，土特产品，技术咨询，经济信息服务等。兼营农药，化肥，植物激素等。

热带名果——菠萝蜜

优质龙眼——大乌圆

北流荔枝场荔枝丰收

林 业

我国最大的梧州松脂厂

广西壮族自治区造林绿化在荣获林业部1991年造林成绩优异奖、控制森林资源消耗成绩显著奖后，1992年又获得造林成绩优异自治区的称号。全自治区完成荒山造林67.78万公顷，比上年增长44.1%，其中人工造林49.39万公顷；封山育林126.54万公顷，创历史最高水平。营造海防林1.78万公顷，累计绿化海岸线长1 130公里，占海岸线总长70.94%，占适宜造林绿化的海岸线的87.94%。共义务植树1.25亿株，其中建立义务植树基地1 931个，造林合格面积6.62万公顷。全区人工造林、更新合格面积保存率达95.7%。1992年全自治区灭荒县达44个。保护森林资源改燃节柴取得新进展。1992年新增省柴节煤灶60万户，新建沼气池2.5万户，烤烟房以煤代柴2.6万间，“三窑”以煤代柴1 000座。1992年森林火灾次数比上年下降25.8%，受害森林面积下降17.8%，森林受害率0.36‰，比上年下降0.08‰。森林病虫害防治面积达7.95万公顷，防治率为74%。森林资源综合利用向系列开发、深度加工发展。林业行业总产值达70亿元，其中林产工业总产值达35亿元。全自治区有林产工业企业409家，其中人造板企业14家，年总产量7.55万立方米，林业造纸企业5家，年总产量8.5万吨，林产化工企业54家，年产松香万吨以上骨干企业11家。1992年全自治区生产松香、松节油及二次加工产品16.8万吨，栲胶9 343吨；生产八角及各类鲜果品40万吨，初步形成了以木竹加工、林产化工、木浆造纸和林产品加工四大支柱为主体的林产工业体系。

林业厅长刘万福等领导深入基地检查生产

国营东门林场机械
生产桉树扦插苗

畜 牧 业

广西壮族自治区畜牧研究所建于1960年，有职工464人，其中各类专业人员145人，具有高、中级职称的科研人员68人。设有水牛、黄牛、养猪、养禽、牧草等研究室。主要承担畜禽品种繁殖改良和饲料牧草两大体系的研究。建所以来获得85项科技成果，仅1992年度就有5项研究成果获得国家级奖，有7项获省级科委奖，有13项获厅局级奖。1986年在国际水牛研究报告会上，乳肉兼用型水牛选育研究项目荣获了“世界水牛先驱者奖”。

荔浦县畜牧业在连续十几年持续增长的基础上，1992年全县生猪饲养量达57.2万头，出栏量30.7万头，分别比1984年增长173.3%和245.7%。实现全县农业人口人均有猪1.81头。牧业产值达到1.58亿元，占农业总产值的43%。1987年被定为全国瘦肉型猪生产基地县，并由农业部与自治区联合拨款投资兴建了一座种猪场，引进了新长白、大约克、杜洛克等3个优良品种，现有产仔母猪200头。除满足本县外，已陆续向自治区内外提供上千头优质猪种。

中外合资广西兽药厂是广西最大的以生产饲料级矿物质常量和微量元素为主的专业厂家。主要产品有硫酸铜、硫酸亚铁、硫酸锌、碳酸锌、硫酸锰、碳酸锰、氯化钴、硫酸钴、碘化钙、碘化钾、亚硒酸钠、硫酸镁、碳酸氢钙和畜禽医疗保健药品，还可按用户要求配制各类复合矿物添加剂。本厂生产的矿物质饲料原料添加剂（又名“风吹粉”）深受国内外用户欢迎。

中外合营广西饲料添加剂厂是广西第一家专门生产畜禽全价配合饲料添加剂的工厂，由中国、香港、英国、新加坡的七家公司合资兴办。该厂使用Peter Hand（中文为“比得好”）作为产品的商标。猪系列产品中还加入了奶香和果、甜、鲜味添加剂，为国内添加剂预混料产品之首创。其中“002生长猪”和“008小鸭”二种添加剂预混料产品，1991年被评为“中国名优新特精选产品”。1992年总产值2 600万元，实现利税360万元。年出口创汇25万美元。

广西饲料添加剂厂主厂房

广西荔浦县种猪厂一角

广西水牛新品种

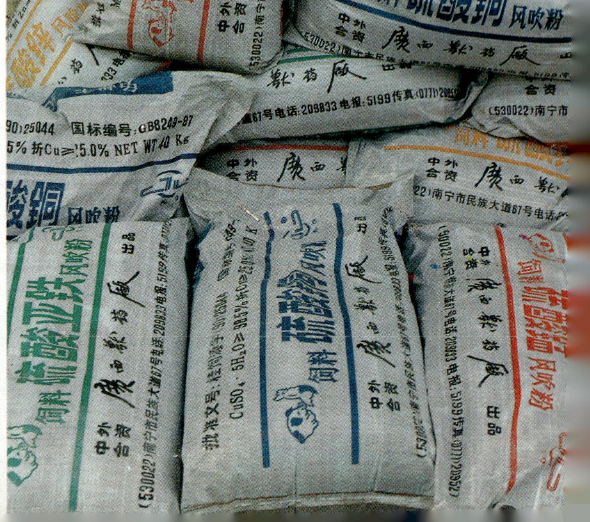

中外合资广西兽药厂产品

防城县边境贸易

防城各族自治县位于广西壮族自治区南部，南临北部湾，背靠十万大山，北与上思、宁明两县接壤，东与钦州市相邻，西南与越南接壤，全县有边、海防乡（镇）12个，海防线长220公里，边防线长130公里，有国家级口岸东兴，自治区管辖的口岸峒中，是我国与越南唯一海陆相连的边、海防地，也是我国通往东南亚的走廊。防城县陆海交通十分便捷，南（宁）防（城港）铁路横贯其中，我国华南第二大海港防城港在县城以南20公里外；公路纵横交错，四通八达；有内河航线220公里；常用海运港口有企沙、竹山、江平潭吉、江山白龙、防城、茅岭等20多个，均与越南的汪秘、锦普、鸿基、海防等地相隔不远，并与世界各国港口相通；形成了铁路、公路、远洋和近海相配套的交通运输网络。防城县通讯方便，防城、东兴镇已开通程控电话，可直拨国内800多个城市和世界各地，企沙、江平、那良等乡镇均使用自动电话。

防城县也是沿海经济开发区，自1989年恢复边境贸易以来，先后开设了峒中、滩散、里火、东兴、竹山五个边境贸易点和江平潭吉、企沙、江山白龙三个边境贸易批量过货码头，几年来，边境贸易成交总额和税费收入均以翻番的速度递增。商客遍及全国20多个省、直辖市，港澳，东南亚地区及东欧独联体国家。1992年边贸成交总额为人民币11.3亿元，比上年增长120.8%；税收9 700万元，比上年增长98%，成交总额和税费分别是1989年的9倍和10.8倍。他们的主要经验是：领导重视，机构落实；制订管理规定，健全管理制度；成立税费协调机构，实行联合收费；解放思想，让利招商。

防城东兴边贸码头

防城白龙边贸码头

防城企沙边贸码头

北京昌平县

小汤山地热生产的无公害蔬菜

昌平县位于北京的北部，总面积1 352平方公里，其中2/3为山区和半山区，耕地面积3.73万多公顷。56万人口，其中农业人口27万。辖34个区、乡、镇，319个行政村。1984年经北京市人民政府批准确定了昌平为以发展高教、科研、旅游服务和轻纺工业为主的北京卫星城。

昌平县交通发达，通讯便利。有京包、京通、大秦等铁路线和8个火车站，京张、昌怀、沙顺公路交错成网，村村通柏油路。城乡程控电话覆盖率达80%以上。自然资源丰富，有小汤山温泉、优质矿泉水；有铁、铜、铝、金、锰、钒、钛、锌、钼等9种金属矿和大理石、石灰石、石英石、麦饭石等19种非金属矿；林果资源有苹果、板栗、核桃、柿、山楂、梨等，1.47万多公顷果园面积。昌平是北京著名的风景旅游区，共有重点文物保护单位78处，其中国家级3处，市级3处，县级72处。改革开放以来，还相继开设了一些新的项目，形成了昌平的旅游特色。有以十三陵为代表的文物古迹游览区；有以沟崖、虎峪、银山辽塔等为代表的自然风景区；有以九龙游乐园、北京国际高尔夫俱乐部、北方国际射击场等为代表的新奇游乐项目和以航空博物馆、博览城、神州爱犬乐园等为代表的知识性旅游景点。

党的十一届三中全会以来，昌平县认真贯彻执行党的基本路线，实现了第二次经济腾飞；1991年昌平县被列入全国农村经济实力百强县。1992年全县工农业总产值53.1亿元，比上年增长15.7%；农村经济总收入44.9亿元，增长31.7%；农村经济纯收入10.6亿元，增长14.5%；县财政收入1.53亿元，增长7.1%。人民生活进一步改善，科研、教育、卫生、体育事业有了新发展。

十三陵地宫

十三陵全景

北京通县

通县位于北京正东，面积907平方公里，人口60多万。县城通州镇是北京重要的卫星城。

通县是京东重要的交通枢纽。京秦、京承铁路在此交汇，并设有客运货站；京榆、京津公路夹城而过，可直达秦皇岛和天津新港；京津塘高速公路从县内经过并设有两个下道口；县城距北京机场仅有17公里；县内村村通了柏油路。电信设施先进，全国联网并可直接办理国际电信业务。

1992年实现社会总产值83.5亿元，工农业总产值75.2亿元，财政收入1.78亿元。在全国财政收入亿元县和农村经济实力百强县中分列第35位和第17位。农业具有较高的专业化、商品化、现代化水平，是北京市的重要商品粮和副食品基地。1990年被国务院列为全国商品粮基地县。现有工业企业2 000多家，职工12万余人，已初步形成以机电、轻纺、化工、建材、印刷、工艺美术等行业为主，门类比较齐全的工业体系。1992年实现工业产值63.2亿元，利润6.06亿元，其中乡村工业占主体地位，全年实现产值55.4亿元，利润5.3亿元，有三个村和企业产值首次超亿元。

对外开放不断扩大，到1992年底全县已发展三资企业216家，协议总金额2.41美元，吸引外资1.46亿美元，涉及20多个国家和地区。1992年外贸出口供货额达3.2亿元。其中服装和工艺美术品成为重要的出口产品，尤其是艺海公司与故宫博物院合作开发的仿古制品系列，享誉国内外。

著名的文物古迹为开发旅游业奠定了基础，始建于公元六世纪的燃灯佛舍利塔造型独特，古有“一支塔影认通州”的美名。俗称“八里桥”的永通桥，建成于明初。京杭大运河与万里长城齐名于世，通州城是它的北端。“通州美食小吃节”又为运河源头城市锦上添花。

通县艺海公司生产的文房四宝

北京华联衬衫厂车间

通州美食小吃节

北京顺义县

全国农村经济实力百强县

乡镇企业生产的景泰蓝工艺品

顺义县位于北京东北郊，总面积1 016平方公里，人口54万。土质肥沃，水资源丰富，气候温和，自然条件得天独厚。交通发达，首都机场位于县境内，京承、大秦铁路从县内穿越，柏油公路纵横交错。优越的自然地理环境为经济建设发展提供了良好的条件。在县委、县政府带领下全县呈现出一派生机勃勃的景象，跨入了全国经济百强县的行列。

与1978年相比，1992年全县粮食总产量达5.8亿公斤，每公顷产12 585公斤，分别增长1倍多；城乡社会总产值82.8亿元，增长202倍，年均递增24.4%；工农业总产值70亿元，增长23.2倍，平均递增25.6%；财政收入2.02亿元，增长6.8倍，平均递增15.8%；农民人均收入1 750元，增长14.3倍，平均递增21.5%。

顺义县农业生产向专业化、商品化、现代化迈进速度较快。从1986年起，稳妥推进农业适度规模经营，到1991年全县4.33万公顷粮田只占用劳力2.2万人，1986～1992年，农机总动力达58.3万千瓦，平均每百公顷粮田1 260千瓦，粮食生产基本实现了全过程机械化。

1992年，全县工业产值58.2亿元。乡镇企业发展迅猛，从业人员占农村劳力的80%，1992年产值57.3亿元，实现利润5.9亿元。外向型经济发展迅速。1992年，全县已发展三资企业281家，其中较大的顺美服装有限公司1992年产值达1.2亿元，为国家创汇超过1 000万美元。三资企业合作对象有日本、韩国、美国、加拿大、澳大利亚、独联体等几十个国家和地区。全年完成外贸出口产值15.6亿元，实现出口供货额9.8亿元，在北京郊区保持领先地位。

顺美服装有限公司

麦田喷灌

渤海湾畔的明珠 芦台农场

河北省国营芦台农场座落在天津市宁河县境内，总面积133平方公里，是一个拥有万名职工、0.8万公顷耕地的大型农垦联合企业。改革开放以来，全场经济效益年递增率达20%以上。1992年，社会总产值2.64亿元，创利税3 264万元，分别比上年提高42.3%、27%，被评为河北省先进单位。

1992年粮食总产量达到4.52万吨，8年来累计为国家生产粮食147万吨。

全国畜禽养殖优秀企业家　河北省劳模
高级农经师　场长　刘进辉

芦台农场有发达的畜牧业，培育出的中国黑白花奶牛芦台类群，是全国优质高产牛群品种之一。现存栏奶牛2 400头，1992年，牛奶总产量8 300吨。被中国奶牛协会授予1982～1992年全国奶牛优质高产高效益先进单位荣誉称号。场奶牛实验站，自1983年以来，已取得奶牛胚胎分割移植技术研究等八项科研成果。移植妊娠率达到了国际水平。芦台农场奶粉厂是华北地区奶粉行业最大的厂家之一，年产“工农”牌全脂奶粉1 000吨，1991年被评为部优产品，新开发生产的“全脂富锌奶粉”，1992年又荣获全国保健卫生用品博览会金奖。

全场有17个工业行业，50多个厂家，160种产品。1992年实现产值1.63亿元，占全场工农业总产值的80%以上，创利税2 500万元。已有3家企业升为省级先进企业，1家为国家二级企业。全场创市级以上优质产品23个。省级先进企业东方红电镀厂，1992年实现产值2 100万元，创利税350万元，跨入全省乡镇企业百强行列。

1990年以来，先后投资1 050万元，新建了自动电话通讯站，开通了国内国际直拨电话，创造良好投资环境。1992年农场建起了面积为2平方公里的经济开发区，并制定了优惠的开发政策。

享誉国内外市场的精制水磨米

国家二级企业河北羚羊金属柜厂生产的羚羊牌钢制文件柜、双镇玻璃柜分别获国优、部优产品称号

编辑说明

一、《中国农业年鉴》是反映我国农业、林业、畜牧业、渔业、乡镇企业、农垦、农机、水利、气象基本情况的资料性工具书。每年出版一卷，基本上不重复前卷内容。

二、年鉴撰稿人主要是各有关专业机关和研究部门的工作人员，统计资料是国家统计局和农业、林业、水利、气象、教育等部（局）计划部门及各省、自治区、直辖市有关部门提供或经他们核实订正，交由本年鉴首次发表的。

三、各省、自治区、直辖市按行政区划顺序排列。

四、本年鉴所含资料的时间界限一般为1992年底。

五、各部类的资料数据，除特别说明者外，都未包括台湾省。

六、本年鉴的内容在遵守四项基本原则的前提下，实行文责自负。

目　录

特　载

农村发展概况

各 地 农 业

农村政策

农业投入

农村社会主义市场经济体制建设

农村外向型经济

农业科技

农业教育统计(1992 年)

农业经济统计(1992 年)

农业和农村基层单位介绍

农业自然灾害

农业经济论文选介

农村专题介绍

农业经济技术国际合作与交流

农业大事记

企业及产品选介

附录

索引

特 载

六省农业和农村工作座谈会

中共中央总书记江泽民1992年12月24日、25日在武汉主持召开六省农业和农村工作座谈会，研究当前农村形势和保护农民利益、调动农民生产积极性问题。江泽民在讲话中强调，农业是国民经济的基础，农村稳定是整个社会稳定的基础，农民问题始终是我国革命、建设、改革的根本问题。无论是各级党委还是全党同志，无论是主管农业和农村工作的部门还是其他部门，在任何时候任何情况下，都千万不能忘记党确立的这些重要指导思想，必须坚持不懈地把它们贯彻于我国社会主义现代化建设的全过程，而决不能有丝毫的动摇。

在为期两天的座谈会上，江泽民、温家宝、陈俊生等同志，和湖北、湖南、江西、安徽、河南、四川六省的省委书记、省长，就当前农业和农村发展中出现的一些新情况、新问题，进行了认真的讨论。

关广富、郭树言、熊清泉、陈邦柱、毛致用、吴官正、卢荣景、傅锡寿、李长春、杨汝岱、刘昌杰等，先后在座谈会上发言。大家认为，当前农业和农村发展总的形势是好的，同时也确实存在不少突出的问题，对这些问题必须有清醒的足够的认识，决不能疏忽大意。

大家提出，在加快改革开放步伐的新形势下，在农村经济活跃、农业生产连年丰收的好形势下，在农村逐步向社会主义市场经济转变的重要时刻，一定要全面、正确地估量农业和农村工作；认真总结经验，继续发挥优势；充分正视存在的问题和困难，及时果断地采取正确对策，把已经出现的问题处理在初始阶段，从而牢牢掌握党和政府领导农村工作的主动权。

大家发言之后，江泽民总书记作了重要讲话。他说，中央对农业和农村问题一直是重视的。党的十四大刚开过一个多月，中央就把农业摆到重要议程，作为贯彻十四大精神的第一件大事来抓，这是因为农业和农村工作的地位和作用太重要了，同时当前农业和农村发展中出现了一些新情况新问题，需要引起全党重视。江泽民的讲话共分四部分。

必须坚定不移地牢固树立农业是基础的思想

江泽民说，农业是基础的思想，符合马克思主义的基本原理，符合中国的基本国情。我国人口多耕地少，用占世界7%的耕地养活占世界22%的人口，这在全世界所有国家中都是独一无二的。我国人民的吃饭穿衣问题，不能靠任何别的国家来解决。在我国，粮食始终是一种具有战略意义的特殊商品，直接关系着人民和国家的安危。完全可以这样说，没有农业的牢固基础，就不可能有我们国家的自立；没有农业的积累和支持，就不可能有我国工业的发展；没有农村的稳定和全面进步，就不可能有整个社会的稳定和全面进步；没有农民的小康，就不可能有全国人民的小康；没有农业的现代化，就不可能有整个国民经济的现代化。总之，农业在我国经济和社会发展中的基础地位和战略作用，永远忽视不得，只能加强，不能削弱。

江泽民指出，改革开放14年来，我国农业和农村的发展确实很快，成绩巨大，但是对农业和农村经济的实力，对农民群众的富裕程度和承受能力，切不可估计过高，而且一定还要看到地区之间、农户之间存在的差别性。总的说来，我国农业的物质技术基础还是比较脆弱的，而且农业的负荷随着人口的增长和生活水平的提高是一年比一年加重的，必须加倍扶持。在农业丰收时，出现农产品供大于求、卖出难的现象，这是在我们的消费水平不高、产品结构不适应、流通渠道不畅、加工转化能力不强、储备调节容量不够的复杂情况下产生的，属于暂时性的不平衡，而不是农产品真正过剩了。所以我认为，在相当长的时期内，我们都不能说粮食已经多了，农业已经过关了。不但90年代不能说这个话。而且下个世纪的前50年，也不能轻易说这个话。一定要使农业是基础，粮食是基础的基础的思想不断深入人心。

江泽民指出，历史事实告诉我们，什么时候我们党对农民问题解决得好，采取的政策是正确的，实现和保护了农民群众的利益，调动了他们的积极性和创造性，工农联盟就很巩固，我们的革命和建设就顺利进行和蓬勃发展；什么时候农业和农村工作抓得紧，农业和农村经济形势好，我们的整个国民经济就稳定协调地发展，国家和人民的日子就比较好过；什么时候农业和农村工作放松了，农业和农村经济形势不好，我们的国民经济全局就不稳定以至陷入困境，国家和人民日子就不大好过。历史的事实还告诉我们，农业形势好的时候，思想上往往容易忽视，工作上往往容易松懈，这个问题应该引起重视。这样的历史经验也很值得我们总结，全党同志特别是高中级干部，都应从中吸取教益，引以为戒。

江泽民说，当前，在农业和农村工作问题上，中央要求全党上下一定要进一步警醒起来，坚持按照十三届八中全会的决定和十四大的精神，切实重视与加强农业和农村工作。他指出，现在有些地方、有些同志在农业连续几年丰收和改革开放的新形势下，产生了忽视农业的苗头；在加快经济发展的情况下，一些党政领导干部，把主要精力放到抓城市经济上去了，抓农业的精力有些减弱了，农村工作有些放松了；农村中还普遍存在着一些损害农民利益，影响和挫伤农民生产积极性的突出问题，这些问题如不认真加以解决，农业生产就有滑坡的危险。

江泽民强调，考虑到以上这些情况和原因，中央认为从现在起，各级党委和政府，要立即加强对农业和农村工作的调查研究，以利于进一步弄清情况，统一认识，抓紧解决农民群众迫切要求解决、经过努力而又能够解决的一些重要问题，把农民的积极性特别是种粮种田的积极性保护好、引导好、发挥好，力争到本世纪末使我国的农业和农村经济再上一个新台阶。

切实保护农民利益，调动农民生产积极性

江泽民说，从各地的反映和调查材料看，现在，农民最盼望的是党和政府支持他们进一步搞活农村经营，引导他们进入社会主义市场经济的新天地，尽快脱贫致富，达到小康水平；最担心的是有些农村政策、支农措施不落实，打折扣；最不满意的是四面八方把手伸向农村，挤农业、挖农民，损害他们的经济利益，挫伤他们的积极性。现在是到了上下结合，果断采取有效措施，认真解决农村存在问题的时候了。江泽民在讲话中提出当前农业和农村工作中必须解决的紧迫问题有：

农产品特别是粮食卖难、价格低、“打白条”的现象严重。这是农民最为不满的一件事，因为直接影响到他们的收入，影响到他们眼前的生活安排和即将到来的春耕生产。中央有关部门和地方各级政府一定要同心协力，千方百计地确保最迟在春节以前把所欠付农民的出售粮棉的价款，全部兑现到农民手中。

应该给予农民的优惠措施，有些不到位不落实，农民得不到实惠，对此也很有意见。凡属收购合同定购粮所应给予农民的优惠，包括“三挂钩”物资，各级政府和有关部门一定要坚持按合同执行，一定要保证交付到农民手中，不允许打折扣和拖欠，更不允许截留和挪用。

巧立名目加重农民负担的不正之风相当盛行，引起了农民群众的义愤。国家对农业历来采取轻赋税政策，农民担负的农业税的实际税负并不重。但是，问题在于不少地方发生了超额征收税费，巧立名目乱集资、乱摊派、乱罚款，以及五花八门的所谓达标活动，农民不堪重负。因此必须重申：中央有关部门和地方各级政府一定要坚决把关，切实把农民的负担控制在占上年农民人均纯收入的5%的规定之内。即使是农村建设、农民福利等公益事业，凡是要农民出资、投劳的，也必须量力而行，同时要坚持群众自愿的原则。中央要求中央有关部门和各省区市党政主要领导同志，于近期内负责对农民负担问题进行全面检查，并清理本部门、本地区的有关文件，凡是不符合国家规定的一律撤销。对那些有令不行、有禁不止的行为和违法乱纪者，必须按党纪、政纪、国法严肃处理。

江泽民说，这些问题，不仅直接关系到农民的切身利益，也直接影响到农业生产全局能不能稳定、农民生产情绪能不能稳住，应该引起全党同志的十分注意。各级党政领导同志必须当机立断，采取切实措施及时解决，切不可因为一些复杂的具体问题而互相扯皮、互相推诿，迁延不决。

江泽民强调，越是农业形势好，我们越要保持清醒的头脑，越要把主要精力放在敏锐地观察、发现新情况新苗头和及时果断地解决新问题上，不断地增强我们对农村工作的预见性和主动权。对农业这个基础产业，千万不可掉以轻心。小平同志早就提示和告诫过我们，90年代经济如果出问题，很可能出在农业上；如果农业出了问题，多少年缓不过来，整个经济和社会发展的全局就要受到严重影响。这是小平同志积多年的经验之谈，语重心长。我们各级党委和全党同志一定要牢牢记住，加倍努力工作，多为农民办实事，真正做到保护好农民的利益，保护好农民的生产积极性，以保证农业和农村经济的持续发展。

发展农村社会主义市场经济，增强宏观调控能力

江泽民说，积极探索建立农村社会主义市场经济体制的具体路子，努力发展农村社会主义市场经济，进一步解放和提高农村的生产力，是我国广大农民奔向小康、农业走上现代化的必由之路，是党在农村工作中面临的新的重大课题。

他指出，发展农村社会主义市场经济，必须坚持以市场为导向，充分利用农村人力、土地和各种资源，农林牧副渔全面发展，一、二、三产业综合经营，科、贸、工、农相结合，以星罗棋布的新型集镇为依托，形成大农业、大流通、大市场的新格局，从而提高农业的整体经济效益和综合生产能力，走出一条建设有中国特色的社会主义新农村的路子。这标志着我国农村改革走向新的阶段。

江泽民说，发展农村社会主义市场经济，必须解决好农副产品的价格政策问题；必须加快农业向高产、优质、高效方向转变，把农业推向市场；必须坚持不懈地发展乡镇企业，特别是要同建立社会主义的新型小集镇结合起来；必须充分发挥流通领域的作用，形成多渠道、少环节、开放式、高效率的商品流通网络。

江泽民着重指出，农副产品价格改革和流通体制改革总的方向应该是，放开价格，放开经营，确立“市场形成价格”的机制，理顺价格关系，体现价值规律的作用和要求，促进农副产品的发展和产品结构的改变，使市场的竞争机制、激励机制能够体现出来，并有效地发挥作用。江泽民指出，在农村发展社会主义市场经济，放开价格，放开经营，不是放任自流，撒手不管。我们在放开价格、放开农产品市场的同时，必须努力建立国家的宏观调控系统。国家除了运用税收、信贷、财政等经济杠杆进行调控外，还应该建立重要农产品的储备制度和仓储运输体系，建设多层次的市场体系，以及建立保障机制等。

江泽民说，发展农村社会主义市场经济，充分发挥市场机制的作用，是一个长期的过程，需要坚持不懈地进行努力。当前，我们要抓住有利时机，迈开步伐，打好基础。这方面还会遇到许多新问题，需要各级党委和全党同志按照十四大的精神努力去探索，去改进，去完善。

全面加强和改进党对农村工作的领导

江泽民说，要落实党在农村的各项政策，搞好农业和农村工作，关键是要全面加强和改进党对农村工作的领导。要求各级党委必须把农业放在各项经济工作的首位，长期坚持，毫不动摇。抓农业的精力必须使足用好，对农村工作必须抓紧抓实，这一点也要长期坚持，毫不松懈。各级党委要经常讨论农业和农村中的重大问题，并及时作出决策。地、县两级党委必须坚持把工作重心和主要精力，放在抓农业和农村工作上。各级党委的主要负责同志都要亲自抓农业，对农村改革、发展、建设中的重大问题，第一把手应亲自调查研究，提出对策，安排部署，检查督促。各地农村自然条件和经济文化发展水平很不平衡，存在这样那样的差别，在领导农村工作中，一定要从实际出发，坚持实行分类指导。鉴于目前有些地方的领导放松、减少甚至转移了抓农业和农村工作的精力，希望各省委、地市委、县委在近期内认真检查一次，一级检查一级，看看本省、本地市、本县抓农业和农村工作的精力够不够，集中不集中，工作抓得紧不紧，是不是把农业和农村工作确实摆到了应有的位置，是不是真正在想方设法解决农民反映迫切的一些问题，领导的方法对不对，作风扎实不扎实。

江泽民希望各地切实加强农村基层党组织的建设，努力发挥农村党员干部和党员的先锋模范作用。对于那些长期不起作用，处于软弱涣散和瘫痪半瘫痪的党组织，上级党委一定要下大力气指导和帮助进行整顿。对于经过整顿仍无起色的乡、村党组织，县委应该下决心从县级机关中选派一些得力的干部下去，充实和加强这些党组织的领导力量。

江泽民说，党在农村的基层干部是党的重要力量和重要财富，他们肩负的任务很繁重，工作很辛苦，上级党委一定要热忱地关心和爱护他们。县以上的党政领导机关，要经常分批地抽调干部深入农村，调查研究，了解情况，倾听意见，提供信息，发现先进典型，帮助做好工作。

他指出，从中央到地方各级，无论是主管农业和农村工作的部门，还是其他部门，都要在党的统一领导下，相互协同一致，真心实意地为农民服务，大力支援农业，想农民之所想，急农民之所急，坚决反对一切损农、伤农、坑农的行为。

江泽民说，在领导农村工作的过程中，各级党委要始终坚持“两手抓”的方针，“两手”都要硬。真正做到既促进农村经济的繁荣，又促进农村社会的安定和全面进步。在新的时期，教育和提高农民的任务仍然很繁重。越是搞改革开放和社会主义市场经济，越要重视和加强对农民特别是青年农民进行爱国主义、集体主义、社会主义教育。农村的阵地，社会主义思想和优良的社会风尚不去占领，落后的错误的思想和消极不良的社会风气就必然会去占领。这个问题，务必引起我们各级党委的注意。

江泽民强调，只要我们全面加强和改进党对农村工作的领导；只要把党在农村的各项政策真正落实到基层；只要及时发现和妥善解决农村发展中的问题；只要各级领导干部诚心诚意地为农民谋利益，认真倾听农民的呼声，充分信任和依靠农民，我们就一定能够克服前进道路上遇到的各种困难，农业和农村工作的形势就会越来越好。经过若干代人持续不断的努力，建设有中国特色的社会主义现代化新农村的宏伟目标就一定能够胜利实现。

出席这次座谈会的有关部门负责人有：刘中一、项怀诚、白美清、周正庆、滕文生、杨雍哲等。

全国农业工作电视电话会议

1992年12月29日国务院在中南海召开全国农业工作电视电话会议。李鹏总理提出了保持农业稳定发展的十项措施。

国务院召开这次会议，是为了切实加强农业的基础地位，保护农民利益，调动农民生产积极性，进一步解决当前农业生产和发展中的问题，重视农业和农村工作，全面发展和振兴农村经济。

会议由国务院副总理朱镕基主持。

李鹏在讲话中说，当前，我国经济包括农业的形势，总的说来是很好的。改革开放14年来，农业面貌发生了历史性的变化，农村经济出现了一次大的飞跃。粮食产量连续登上几个台阶。不仅基本上解决了11亿人口的温饱问题，而且为我国经济和社会的全面改革与发展奠定了坚实的基础。值得注意的是，目前不少地方和部门还相当严重地存在着损害农民利益，挫伤农民积极性，不利于农业持续发展的问题。突出的表现是，在农业连年丰收的情况下，农业生产的经济效益下降，粮棉集中的主产区增产多增收少，有的增产不增收，甚至减收。许多地方一直存在着卖粮难的问题，1992年更为突出，国家收购粮食、棉花等农产品的付现率低，打“白条”现象相当普遍。与此同时，各种集资、摊派不断加重。“谷贱伤农”、“摊派坑农”，在一些地方已经引起农民的强烈不满。

李鹏说，为了加快改革开放和经济发展的步伐，大家积极努力地去抓二、三产业的发展是必要的，但是决不能因此而放松农业，更不能去挤农业、挖农业。许多地方出现开发区热、房地产热、盖楼堂馆所热，由此带来占地圈地热，用于粮食、蔬菜等农产品生产的耕地被大量占用。随之而来的是农业资金大量外流。

李鹏强调，邓小平同志指出，90年代经济出问题，很可能就在农业上。值得引起我们高度重视。无农不稳，无粮则乱，是经过历史检验的真理。农业的基础地位任何时候也不能动摇。李鹏说，为了切实保护和充分发挥农民的积极性，保持我国农业的稳定发展，经党中央、国务院研究，决定采取下列十项重要措施。

一、按期完成1992年的国家定购粮收购计划，适当增加粮食专项储备

各地要加快定购粮收购进度，将1992年以来合同定购数中尚未收购的粮食尽快保质保量地收购上来，不得以任何理由限收拒收，不得压级压价，不得将应收的定购粮压在农民手里。在春节以前，力争完成本年度粮食定购任务。

粮食主产区在完成定购粮收购计划以后，农民手中可能仍然有较多的余粮希望出售，要按保护价追加收购专项储备粮。

为了缓解粮食库容的紧张状况，除继续加快粮库建设外，当前要动员机关、部队和物资系统，将多余的仓库用来支持粮食储备。

二、及时地全部兑现收购农副产品的欠款，解决“打白条”的问题。1992年已经开出的“白条”，必须在春节以前全部兑现，以便农民购买年货，过好春节，做好1993年春耕生产的准备

粮食、供销、银行、财政等各有关部门要互相配合，通力合作，筹足农副产品收购资金，保证及时到位，不准截留挪用。已经被挪用的要限期追回。因挪用资金而延误兑付现金的，对挪用单位和决策人要进行严肃的批评、处分和通报。

今后各地必须把农副产品收购资金作为资金安排的必保项目，不得以任何理由挤占农副产品收购资金。在当前收购资金短缺的地区，要下这样的决心，宁可少上几个基建项目，少搞几个开发区，也要首先保证农副产品收购资金。

三、制止各种违反法规的集资和摊派，切实减轻农民负担

对各地农民的富裕程度要有切合实际的估计。办任何事情都要从实际出发，量力而行，不能超越农民的承受能力。

国务院关于农民负担不得超过上年人均纯收入5%的规定，必须严格执行，不准突破。各级执法部门要维护农民的合法利益。

凡是超过限度的，不论来自上边任何部门的文件，一律不办。上级部门进行干涉的，县里要敢于顶住，并可向省级政府直至国务院报告。举办各项社会公共事业都要充分尊重农民的意愿，坚持自愿原则，不准搞强迫命令。做到有多少钱办多少事。

取消农村一切达标竞赛活动，一方面避免铺张浪费，另一方面可让干部、群众集中精力、财力发展农村经济。

对于涉及农民负担问题，不论任何部门所发文件，出台前一定经国务院管理农业的部门(农业部)会签，并报国务院批准，否则一律无效。

四、保留扶持粮棉生产的优惠政策

为了保护粮棉的稳定增长，政府对粮棉生产仍要采取支持政策。不论粮棉价格是否放开的地区，国务院规定的“三挂钩”政策都不变，具体做法适当调整。从1993年起，准备将化肥、柴油的平议差价折成现金，对定购粮棉实行价外加价，利益直接给农民。1992年没有兑现的挂钩肥、油，要进行清理，如数给农民，欠多少，补多少。

五、多渠道发展粮食的转化

各级政府和有关部门要积极努力，开展粮食的加工、转化和综合开发利用。

国务院决定，从1993年起再增加一部分粮食用于以工代赈，支持中西部地区进行农田水利基本建设、小流域治理和人畜饮水工程建设，发展农村交通和造林种草等。这项工作要与扶持贫困地区人民脱贫致富结合起来。

同时，利用陈粮制作饲料，支持发展养殖业，提倡养猪、养鸡、养牛和秸秆过腹还田；扩大加工转化，支持发展食品工业；要求销区多购多存一部分粮食，帮助产区减轻压力；动员农民和粮食部门采取多种渠道多种方式进行粮食转化。

六、大力扶持粮食主产区发展经济

中央和地方政府，都要根据《国务院关于发展高产优质高效农业的决定》的精神，扶持粮食主产区发展经济，为国家培育充足的粮源，改变高产穷县面貌。对提供商品粮多、调出任务重的产粮大县，要给予更多的支持。

七、改进粮食管理和经营机制

从下一个粮食年度起，在国家粮食宏观调控下，逐步实行粮食分级管理，建立中央和省、自治区、直辖市两级调控体系。国务院主要负责中央级储备粮和粮食进出口调剂，解决全国的总量平衡；各省负责解决省内的平衡，省与省之间的调进调出问题，由各省通过产销见面或批发市场解决。这项措施1993年着手进行试点，逐步推广。

从1993年新粮上市起，粮食收购实行季节差价，收购旺季价格低些，收购淡季价格相应调高，缓解粮食收购过于集中的状况。

坚持粮食专项储备制度，逐步实行粮食企业化经营与粮食专项储备管理的分流。

八、保护耕地资源，稳定粮田面积

国家和地方政府都要进一步健全永久性耕地保护制度。凡是列为永久性保护的耕地，都不得随意侵占。划入开发区规划范围还没有开工建设的土地，允许农民进行耕种，对耕地撂荒的要予以惩罚。开发区尽可能少占和不占耕地，更多地对荒坡荒滩进行开发。对占用耕地要有切实可行的补偿、复垦措施。

土地占用批准权不能层层下放。严格按土地法规定的审批权限，履行土地占用审批手续。严格建立开发区审批制度，从现在起，各地暂时停止审批新的开发区。乡镇企业集中连片发展是一个必然趋势，要搞好工业小区规划，并与中小城镇建设结合起来，改善企业投资环境，节约基础设施投资，减少占用土地。

各地特别是粮食主产区，要适应发展社会主义市场经济的要求，利用经济手段，保持粮田面积的相对稳定。要通过向粮农提供市场信息、优良品种和签订定购合同等方式，引导农民合理安排种植计划，保证粮食生产的稳定发展。定购合同要明确规定合理的价格，预购定金要随定购合同及早落实到户。要继续抓好菜篮子工程。

九、增加对农业的资金投入和物质投入

中央和地方都要随着经济的发展和财政收入的增加，稳步增加对农业的投入。

国家要支持农用工业的发展。增加化肥、农药、农膜等农业生产资料的生产和供应。对化肥、农药、农膜实行最高限价，制止农业生产资料乱涨价，打击生产和贩卖假冒伪劣化肥、农药等坑农行为。

大力提倡农区秸秆过腹还田，发展畜牧业，增加农家肥投入，培育地力，降低农业成本。

十、加快农业结构调整

要进一步优化农业结构，根据市场需求安排农产品生产。

要树立大农业观念，实行农林牧副渔全面发展，走高产优质高效的路子，同时大力发展乡镇企业，尤其是加快发展中西部地区和少数民族地区的乡镇企业。

李鹏说，搞好农村工作的关键在于加强领导。党政第一把手必须亲自抓国民经济的这项基础工作。这要作为一项基本的工作制度，长期坚持下去，永远不要放松。这次电话会议之后，希望各省、自治区、直辖市和国务院有关部委要做好以下三项工作。

1. 省、自治区、直辖市党委和政府，于近期内召开一次专门研究农业问题的会议，学习江泽民同志的重要讲话，对本地区的农业形势进行一次认真的分析研究，针对存在的问题提出保护农民积极性、保持农业稳定发展的措施，并及时向党中央和国务院作出书面报告。

2. 由省长负责，有关部门参加，对前面讲的解决当前农业问题的十项措施，结合本省情况，逐条研究，逐条提出解决办法，逐条落实。对保护农民积极性、保持农业稳定发展做得好的地、县和部门，要进行表扬，总结推广他们的经验。对有令不行，有禁不止，甚至继续采取非法手段强迫农民交钱、交粮，伤害农民利益，引起恶性事件，情节恶劣、后果严重的，要依法严肃查办处理。要下决心把各种摊派制止住。

3. 认真抓好今冬明春的工作，安排好 1993 年的生产，争取农业有一个好的收成。

李鹏总理讲话以后，吉林省省长高严、江西省省长吴官正和甘肃省省长贾志杰分别在所在省的分会场也先后发了言。

吉林、江西、甘肃是我国的三个农业大省，他们在讲话中分别介绍了各自省份的农业和农村工作情况。他们表示要迅速把党中央、国务院对加强农业和农村工作的重要指导思想和各项要求落到实处，进一步强化农业地位，增强农业后劲，为确保农村经济的全面稳定发展作出新的贡献。

姚依林、田纪云、吴学谦、李铁映、王丙乾、宋健、李贵鲜、陈俊生、钱其琛、李岚清、尉健行、温家宝、罗干等领导同志和国务院各部门负责人在主会场就座。

这次农村工作电视电话会议除主会场外，还设30个分会场，各省、自治区、直辖市党政负责同志，以及综合经济部门和农业有关部门的负责同志在分会场出席会议。

出席主会场会议的还有中共中央、中央军委、全国人大、全国政协、各人民团体、最高人民法院、最高人民检察院的负责人。

各民主党派和全国工商联的负责人及无党派知名人士也出席了会议。

农　村　发　展　概　况

引导农村产业大军向社会主义市场经济迈进

党的十四大报告明确提出，我国经济体制改革的目标是建立社会主义市场经济体制。这一重大决策，是建设有中国特色社会主义理论的主要内容之一；是我国社会主义建设实践、特别是14年改革开放成功经验的总结；是我们党在社会主义政治经济学理论上的一个创新和重大突破。

建立社会主义市场经济体制，对进一步发展农业生产，全面发展、繁荣农村经济，具有十分重要的理论指导意义和强劲有力的现实促进作用。

中国农业生产、农村经济，长期处于自给自足的自然经济状态；长期处于封建性分割、封闭状态，生产力水平长期停滞不进。新中国成立以后，实行土地改革，解决了严重束缚生产力发展的封建性剥削问题，调动了农民的生产积极性。但是，由于在农业的经营管理体制上，我们过于侧重引用苏联的模式和办法，强调高度集中，一大二公，而且操之过急，致使30年来，农业生产虽有发展而远远跟不上国民经济发展的需要，特别是农村经济基本上仍然处于封闭、呆滞的状态。当时，我们常说，社会主义制度的优越性没有充分发挥出来。问题在哪里？几十年的经验教训告诉我们：既要搞现代化、社会化的大生产，又把社会产品的流通、分配控制得死死的，这无异于一方面极力促进生产发展，增加社会物质财富，另一方面又极力阻滞社会产品的流通、分配和消费，把作为社会再生产统一体的生产、交换、分配、消费四个环节切割了。这问题，在农业方面显得特别突出，成为相当长一段时期阻碍农村生产力发展的主要因素。

党的十一届三中全会，作出了改革开放的重大决策，这首先在农村得到强烈反响。广大农民认为，土地改革实现了"耕者有其田"，而改革开放实现了"生产者有其权"，这是发展社会生产力的又一次解放和促进。14年来，我国农业生产力水平的提高，农村经济的活跃，成就显著，举世公认。

但是，社会经济发展到今天，农业生产和农村经济发展到今天，特别是随着改革开放的不断深化，在社会经济运行中又遇到许多新的情况和问题，需要加以解决，以利于农业、农村经济的持续、稳定发展。诸多现实问题，归纳起来是：

第一，农业生产力水平提高了，许多农副产品，不仅大大超出了农民自身所需的消费量，而且大大超出了本地、本省乃至全国的消费量。农业生产的商品性质已占主导地位，产品的流通、加工已成为农业生产者以至各级地方政府最关心、最担心的问题。近几年来出现的多种农产品"卖难"问题，就是突出表现。实际上，广大农民正在呼唤市场，寻觅市场。

第二，由于市场流通机制不健全，在相当多的方面还受到计划分配体制的约束，因而作为市场运行、调节的"润滑剂"——价格，在很大程度上还处于行政限制和扭曲状态。农业生产者虽有其田、有其权但无其利，他们在社会交换中得不到合理的经济报偿，许多地方所反映的"增产不增收"、"高产穷县"就是突出表现。广大农业生产者要求全面进入市场，在社会性交换中取得社会平均利润率。

第三，中国农村、农民的传统思想是"务农为本"，在这种思想的支配下，使得丰富的地表、地下资源未能充分开发利用，大量的农副产品基本上是作为初级产品简单地消费掉了。随着社会发展，消费水平和消费结构的变化，国内外需要大量高质量、多品种、精加工、深转化的消费品；随着农业人口的增加，我国有限的土地资源已经难以容纳众多的农村劳动大军。我国农村，在坚持发展农业性生产的基础上，向深度和广度进军，向开发、加工、转化、流通、社会服务等四面八方扩展延伸，形成农村经济全面发展的格局，这是必然趋势。农村经济活动扩展、延伸到哪里，其产供销等一系列经济关系就会跟进到哪里，这就要求突破城乡界限，工农界限，部门分工、行业归口界限，以及行政区划界限；这就要求广开渠道，突破一切经济活动的关卡和限制。

第四，新中国成立以来，我国农业的生产建设，基本上是在"供给制"体制下进行的，基础设施靠中央和地方政府投资兴建，重要的生产工具和物资供应靠主管部门统一分配调拨，农业教育和科研事业靠国家安排，一旦发生自然灾害，靠国家救济。长期以来，形成了一种"等、靠、要、争"的依赖思想。农业作为国民经济的基础，是一个最大的、综合性的产业部门，但其本身却没有自我积累、自我发展的能力、动力与活力，这是束缚农业生产力发展的又一个严重问题。改革开放14年来，在这个问题上有所触动，但用"供给制"办法统管农业的基本格局尚未发生突破性变化。多少年来，我们不断地研究和追求在农村实行自然生态环境上和经济运行上的两个良性循环，而这两个良性循环，如果不从农业和农村经济的管理体制上突破是得不到解决的。

以上列举的四大课题，联系起来看，就是需要在农村形成使生产、交换、分配、消费按照价值规律的要求互相衔接，使社会平均必要劳动量能基本上取得社会平均利润的这样一种经济运行机制。这就是市场机制。

建立社会主义市场经济体制，完全符合广大农民的利益和愿望，有利于促进农村经济的全面发展和农村社会生产力的进一步解放。农村的建设发展，尤其是近十多年的改革开放，也已经使农村改革从以市场为取向逐步向市场经济推进。农民作为独立的商品生产者和经营者开始走向市场；乡镇企业异军突起，从一开始就成为市场经济的产物；部分农产品价格和经营已完全放开，一些地区已开始全面放开农产品价格，并取得了良好的效果。农村改革所取得的这些成就，不仅使农村在利用市场机制方面占据超前地位，也为今天建立社会主义市场经济体制积累了许多行之有效的经验。因此，我们要充分利用农村改革的成果，发挥优势，在深化农村改革中，积极引导农村产业大军向社会主义市场经济迈进。

在迈向社会主义市场经济过程中，农村改革如何在原有以市场为取向的基础上进一步深化，加快形成完整的市场体系和相应的管理方式，还需要我们从理论与实践相结合上做进一步的探讨和实践。

首先，要转换观念。从几十年来实行的传统经济向市场经济转换，是一种社会经济运行机制的深刻转换，机制的转换，必需转换经济管理体制，制订和完善与之相适应的经济政策和规章制度，引导、促成社会经济的运行向客观经济规律、特别是价值规律靠拢。而转换体制则必先转换观念，用新的观念衡量经济活动，评价利弊得失。只有我们的经济观念、政策思想进行了转换，才能自觉地运用经济措施来发挥主观能动性，因势利导，引导和促进农村经济内在的运行机制逐步转换。

在长期的产品经济体制下，在农业生产和农村经济的管理上，形成了“分配观念”、“任务观念”、“单一化的生产观念”、“单纯的数量观念”、以及“闭关封锁的观念”。要发展商品经济，把农产品生产经营推向市场，就需要弱化、淡化、消化这些旧的观念。

不能再采取行政领导经济的方式压指标、压任务，要依靠市场机制来组织农村经济的运行，按照价值规律来指导农业生产和农村经济工作。

不能搞单一的种养业、单一的产品生产，要树立综合发展、全面发展农业生产和农村经济的观念，面向市场，依托市场，充分发挥自然资源优势和地域经济的优势，使农业生产多样化、优质化，通过流通和市场竞争实行地域互补、优势互补，通过对资源深度和广度开发，使农业向各个相关领域发展延伸，形成生产、交换、分配、消费全过程的良性循环。

不能仅重视农产品的数量生产，要在保证农产品总量稳定增长的前提下，更加关心产品质量，关心是否适销对路，努力做到生产与市场的有效对接，以实现农产品的使用价值与价值的统一。

不能搞地区封锁、部门封锁、行业封锁，要打破界限，面向国内外市场，通过竞争，实现优势互补，互相促进，共同发展。

其次，要加强引导和调控。我国市场经济体制在形成和发展的过程中，将会遇到一些新的情况、新的矛盾和问题。在由计划经济体制向市场经济体制转换的进程中，生产者、经营者有一个适应市场、开拓市场的问题，国家也有一个如何稳妥有效地引导、调节市场的问题。农村经济的发展，特别是近14年来以市场经济为取向的农村改革，为我国建立市场经济体制奠定了基础，积累了经验。但从全国来看，从农村经济和国民经济全局来讲，确实还存在着一个如何实现经济体制平稳转换和引导农村产业大军顺畅进入市场的问题。要尽快实现这个目标，我们有许多工作要做，而且有许多新的问题需要探索、试验和总结。

从农村经济改革发展的现实情况和需要来看，要求我们尽快形成全面放开的农产品市场和农业生产要素市场；要采取有力措施，鼓励和支持农业生产者、农产品经营者以多种形式组织起来参与流通，全方位进入市场；要以极大的努力加强市场信息的预测预报工作，发挥指导、引导和开拓市场的作用；要积极推进农村生产与经营的结合，大力发展农工贸一体化经营，使农业在不断发展的基础上，向加工、流通等领域全面延伸；要进一步支持乡镇企业的发展和提高；要提倡和鼓励农村中社会化服务体系围绕服务办经营实体。把这样几个方面汇合起来，就会促成农村经济全面发展。而这样一种千帆竞发、百业齐兴的大格局，只有在市场经济体制下才能形成。要实现人尽其才，地尽其利，则必须做到货畅其流。

建立我国市场经济体制，决不是简单地放开市场就能解决的问题。市场在配置资源、调节经济运行方面有机动、灵活的一面，也有其自发、盲目的一面。这就要求我们在充分发挥市场机制作用的同时，根据农业生产、农产品流通和市场自身的特点，建立和健全宏观调控机制，掌握对社会经济运行进行有效引导和调控的主动权，能动地驾驭市场，保证农村经济良性循环。当前，重点要强化三个方面的工作：一是要加快以批发市场为主的农产品市场、农业生产要素市场等市场体系建设，为广大农民进入市场创造条件。二是要建立市场预测制度和信息服务网络，为国家指导农村经济发展、调控市场提供决策依据，为生产经营者运筹市场提供各种服务。三是要强化和改善宏观调控手段，建立健全调控机制。这方面，不仅要对关系国计民生的大宗农产品健全多级储备体系，建立风险调节基金，通过吞吐直接调控农产品市场，而且要用新的观点和方法，充分发挥财政、税收、金融等经济杠杆的作用，建议把过去国家计划安排用于扶持农业生产的经济手段转换为面向市场引导和调节农产品生产与流通的措施，以保证农村经济改革发展顺畅运行。

在引导、调控农村市场经济发展方面，农业部门面临的任务要比过去更为繁重、更加复杂。我们要学习贯彻党的十四大会议精神，转变职能，加强服务，提高工作水平，制定切实有效的措施，推进农村市场经济的形成和发展。

建立和完善社会主义市场经济体制，是关系社会主义现代化全局的大事，我们要有坚定的决心，勇往直前，义无返顾。在具体工作中，要使主观与客观相适应，采取务实、求实的科学态度，不能有主观随意性，要因地制宜，从实际出发，讲究实效。要勇于探索、大胆试验，进行创造性的工作，切忌因循守旧，墨守成规，切忌生搬硬套，简单模仿，切忌相互攀比，一轰而起。我们既要明确思想，坚决不走回头路；更要精心组织，大胆谨慎工作，努力促使市场经济健康发展，保证不走弯路，不致于走回头路。

邓小平同志是我国改革开放和现代化建设的总设计师。14年来，小平同志关于建设有中国特色社会主义的一系列指导思想、重大决策，引导中国农民走上了改革开放、全面发展农村经济的康庄大道，取得了巨大成就，积累了成功经验。现在，在小平同志巡视南方的重要谈话精神指导下，经过党的十四大的讨论，已经形成了系统化的建设有中国特色社会主义的理论。十四大确立的建立社会主义市场经济体制，就是这一理论体系中的重要组成部分。只要我们坚持按照小平同志倡导的理论，认真贯彻党的十四大精神，我国农业就能以更高的速度向前发展，就能促使农村经济更为顺畅地形成社会主义市场经济机制。

从事农村工作的同志，要努力使农村深化改革继续走在前面，使农村经济全面蓬勃发展起来，使农业这个国民经济的基础更加坚实稳固，为建设有中国特色社会主义作出新的贡献。 （刘中一）

种植业概况

1992年在邓小平同志南巡重要谈话、中央政治局扩大会议和党的十四大精神的鼓舞和推动下，整个国民经济出现了加速发展、深化改革的强劲势头，种植业也是全面发展、全面活跃的好形势。

（一）种植业取得较好收成，绝大多数农产品比上年增产　1992年，种植业生产受到中等偏重的自然灾害（主要是干旱和病虫害）的影响，以及粮棉为主的大宗农产品积压卖难、收购“打白条”等问题的制约，但经过各方面的共同努力，仍然取得较好收成。

粮食作物播种面积110 559.7千公顷，比上年减少1 753.9千公顷；粮食产量44 265.8万吨，比上年增长1.7%，超额完成国家43 500万吨的年度计划。1992年的粮食生产有三个明显特点：一是单产提高幅度大，每公顷产量达4 004公斤，比上年提高128公斤，粮食增产全部靠单产实现；二是夏粮生产对全年粮食增产起了决定性作用，夏粮产量比上年增加616万吨，增产量超过全年粮食总增产量，创历史最高水平；三是上年因灾减产的地区增产幅度大，江苏、安徽两省粮食产量比上年增加842万吨，增长18%。

棉花播种面积6 835.0千公顷，比上年增加296.5千公顷；产量达450.8万吨，比上年减产20.6%，完成国家计划的99%。棉花减产的主要原因：一是有些地区取消了扶持生产发展的优惠政策，影响了棉农的积极性；二是棉花主产区受灾严重，单产下降。全国棉花平均每公顷产量660公斤，比上年减少210公斤，其中山东省减少300公斤。

油料播种面积11 489.4千公顷，比上年减少40.3千公顷。产量达1 641.2万吨，比上年增长0.2%。

糖料播种面积1 905.8千公顷（包括果蔗，下同），比上年减少41.4千公顷。总产达8 808万吨，其中甘蔗7 301万吨，比上年增长7.5%；甜菜1 507万吨，比上年减产7.5%。

麻类播种面积434.4千公顷，比上年减少18.1千公顷。总产93.8万吨，比上年增产5.4万吨。其中黄红麻61.9万吨，比上年增长20.7%。

烟叶播种面积2 092.9千公顷，比上年增加28.9千公顷。产量为349.9万吨，其中烤烟311.9万吨，比上年增长16.8%。

蔬菜播种面积7 030.4千公顷，比上年扩大487.9千公顷。总产略增，而且做到淡季不淡、旺季不烂，生产者、经营者、消费者三满意。

其他经济作物都是增产的。其中蚕茧69.2万吨，比上年增长18.5%；茶叶55.9万吨，增长3.1%；水果2 440万吨，增长12.1%。

（二）种植结构调整步伐加大，高产优质高效作物迅速发展　在农作物总播种面积中，经济作物面积继续增加，同时合理地调减了一部分低质粮食面积。全国农作物总播种面积为149 007.1千公顷，比上年减少578.7千公顷，其中粮食作物播种面积110 559.7千公顷，比上年减少1 753.9千公顷；经济作物面积24 275.3千公顷，扩大803.5千公顷；蔬菜、绿肥等其他农作物面积扩大371.8千公顷。粮经作物面积中，经济作物所占的比例，由上年的17%提高到18%。

市场销路较好的农产品面积扩大，产值、效益同步增长。1992年全国蔬菜播种面积比上年扩大483.9千公顷，细菜和特 种菜比重增加，生产效益提高，基本做到周年均衡供应。果园面积比上年扩大500.5千公顷，其中红富士苹果已经发展到369千公顷，约占全国苹果总面积的22.2%，总产超过48万吨，占全国苹果总产的10%以上，年增效益超过9亿元；同时南方特种、优质果品也得到较大发展。茶叶的种类结构得到改善，高、中档茶叶比重增加，产值比上年增长15%。蚕茧、药材等其它高效益作 物

注：本年鉴各项总产值，未加说明者均是当年价格，比上年增长速度都按可比价格计算。

陕西黄河灌区棉花喜获丰收，大荔县的棉农正在交售新棉　　张新民摄

有了较快发展。一些适销对路的名特优产品发展迅速，产值、效益均有较大提高。

粮食作物内部通过调整，增加了适销对路的种类和品种。1992年全国大豆面积扩大200千公顷，蚕豌豆、谷子、荞麦等其他小杂粮面积稳步增加。一些积压、滞销、质量较差的品种压缩，优质品种有所增加。全国早稻面积比上年减少364千公顷，其中米质较差的早籼杂交稻压缩267千公顷，粳、糯稻面积扩大。据广东、浙江、安徽、湖北、湖南、海南等6省不完全统计，优质稻面积达2 467千公顷，比上年增加1 193千公顷，其中广东优质稻面积达933千公顷，比上年翻了一番多。面包专用小麦面积发展到899千公顷。“双低油菜籽”面积逐年扩大，现已达533千公顷。

（三）农业生产进一步向广度深度延伸，促进了农业资源的综合开发和农村经济的全面发展　一是通过结构调整和基地建设带动了农产品加工和转化的发展，初步形成了一批具有地方特色的农产品加工、转化企业和集团。如湖南省的优质米开发集团、湖北黄冈地区的优质油菜开发联合体。一些商品粮大县发挥粮食的优势，大搞加工、转化、发展养殖业。这些集团或企业的兴起，对缓解农产品卖难起了一定作用，并提高了农产品的附加值。二是部分地区依托资源优势，通过开发形成了一些支柱产业。如湖北罗田县依托山地优势，初步形成了以蚕茧、板栗为主的特色产业。湖北鄂西自治州、湖南湘西自治州发展柑橘、茶叶等支柱产业。三是探索出一套具有地方特色的高产优质高效种植模式。如南方通过“双千田”建设（粮食亩产1 000斤，每亩收入过千元），探索出诸如麦瓜稻、麦瓜菜、麦椒棉、麦豆棉、稻菇菜套作种植模式。北方粮棉主产区大力发展麦棉套作和立体种植，获得了粮棉双丰收。这些模式的确立和推行是粮棉主产区向高产优质高效方向发展的重大突破。

（四）农产品购销体制改革有较大进展　1992年国家提高粮食销售价格，实现了粮食购销同价，并进一步扩大了粮棉购销体制改革试点面。广东省率先在全省放开了粮食价格，各地的区域性放开试点也由点到面迅速延伸。到1992年底，粮食放开的试点县市已达844个。国家对棉花实行完成收购计划后放开市场的政策，同时决定，在山东、河南、江苏三省实行价格放开的试点。油料放开试点由县到地区、由地区到省全面展开，部分还未放开油料生产的省区，也适当调减了收购任务。蔬菜购销已逐步全面放开。这些改革措施的实施，为加快农业向生产商品化、经营市场化过渡，促进农村市场经济的发展起到了积极的推动作用，为农业生产的健康发展创造了比较宽松的环境。

（五）农业部门社会化服务体系建设卓有成效　1992年各级农业部门在指导生产、拓宽服务领域、强化服务功能等方面做了大量工作，农办经济实体迅速发展。据江苏、浙江、江西、山东、河南、湖南、广西、四川、贵州、内蒙古、黑龙江、辽宁、宁夏13个省、自治区不完全统计，到1992年底，各级农业部门兴办的各种类型的经济实体已达4.6万个，其中1992年新办的实体就达2.7万个。这项工作的强化，对增强农业部门开展社会化服务的实力、进一步满足农民多方面服务的要求，切实搞好生产、加工、流通和销售的全程服务起了很好的作用。同时，农办企业的技术进步、产品质量监督和管理、标准的制订等工作也有新的进展。

1992年农业生产和农村工作中也存在一些问题，有些还相当突出：一是以粮油为主的农产品卖难、储难、调难和收购“打白条”的现象甚于往年，国家对农民的一些优惠政策没有得到很好落实；二是粮食等农产品市场价格下跌或低价徘徊，农用生产资料价格持续上涨，农业增产不增收、甚至减收的情况普遍，直接影响农民对生产的投入和农村市场的发展；三是农村中乱集资、乱摊派、乱罚款现象严重，农民负担进一步加重；四是农村资金大量外流，农业实际投入减少；五是开发区热和房地产热，圈占耕地的情况比较普遍，土地管理失控；六是一些地方出现了忽视、放松、甚至挤、挖农业的情况，农业生产和农村工作的领导受到削弱。上述问题的积累，挫伤了农民生产积极性，加重了粮、棉集中产区的经济负担，削弱了对农业的支持和服务，对农业生产的稳定发展产生一定影响。　（农业部部长办公室）

林业概况

1992年，各级林业部门从实际出发，围绕更多地增资源、增活力、增效益，建好绿色屏障，办好绿色产业，更快地绿起来、活起来、富起来，采取有力措施，进一步加快林业改革开放和林业发展步伐，各项林业工作和林业生产建设又取得了新的成绩。

认真落实造林绿化规划，加快造林进度，提高造林质量。全年人工造林5 083千公顷，飞播造林947千公顷，封山育林5 867千公顷，全民义务植树24亿株，均超额完成任务。到1992年，我国人工造林保存面积累计33 333千公顷，居世界第一位。造林质量进一步提高，人工造林合格率已从上年的75%提高到82.6%；造林保存率大幅度提高，1992年核查1988年人工造林四年保存率达到91.2%。围绕提高造林绿化规划完成率、宜林地造林率、造林面积核实率、造林合格率、造林保存率、林木生长率，全面加强对造林成果考核，提高造林营林效益。进一步加强造林绿化重点工程建设的组织领导，强化工程管理，增加资金投入，做到加快进度，保证质量，提高建设水平。6 667千公顷速生丰产用材林基地建设，进展情况良好，全年完成造林621千公顷；"三北"防护林体系建设，全年完成造林1 225千公顷，到1992年已累计造林13 333千公顷，提前两年完成二期工程规划的造林任务；长江中上游防护林体系建设，全年完成造林584千公顷，四年迈出四大步；沿海防护林体系建设，全年完成造林238千公顷，已在1.8万公里海岸线建起了1.3万公里基干林带；平原农田防护林体系建设，累计已有612个县达到平原绿化标准，82%的平原耕地实现了林网化；治沙工程建设1992年启动，当年造林867千公顷，超计划30%完成任务；利用世界银行贷款"国家造林项目"，1991年开始实施，两年来已完成造林600千公顷，受到世行方面的高度评价。在抓好造林的同时，重视抚育工作，进一步明确中幼林抚育的任务和目标，采取有力的措施，抓好抚育。围绕提高基地供种率、良种使用率、种子合格率、一级苗率、自育苗率、容器苗率，进一步加强种苗工作，努力提高良种壮苗水平，全年容器育苗达到45亿株。特别值得提出的是，福建省经过努力，已于1992年基本完成全省宜林荒山造林任务，成为继广东省后，全国第二个消灭宜林荒山的省，这对加快我国造林绿化步伐，将起到进一步的促进。

我国第一个高技术工厂化育苗基地——山东临朐县苗木快速繁育实验站，利用生物工程技术，使一株苗一年可繁育20万株优质脱毒苗木，达到国际先进水平

李　锦摄

加强森林保护工作。森林防火工作，克服气候变暖，很多地区发生连续干旱天气，春防秋防几乎接上的异常情况，取得好成绩，全年森林火灾受害率为0.43‰，连续五年创历史最好水平。森林病虫害防治工作，全面推行目标管理，采取综合防治措施，进一步提高病虫害防治率和保持森林病虫害发生率下降的好势头。为了加强野生动物保护，国务院批准颁布了《陆生野生动物保护实施条例》，使野生动物保护管理工作进一步走上法制化、规范化。进一步搞好珍贵树种保护工作，在广泛调查和专家论证的基础上，重新修订了国家珍贵树种名录，并加强珍贵树种进出口管理。

采取综合配套措施，进一步加强资源和林政管理工作。认真执行限额采伐制度，对各类采伐消耗制定具体管理办法，努力做到对森林资源消耗既管严、管全，又从实际出发，分类指导，分项控制，确保不突破采伐限额。坚持实行凭证采伐和凭证运输制度，经国务院同意，发出了《关于进一步加强木材检查站工作的通知》，坚持木材运输检查监督。进一步强化森林资源监督和监测工作，加强"三总量"执行情况的检查监督，改善造林实绩核查和森林资源消耗量调查的方法，并开始实行人工造林更新四年保存率的调查。在加强林木管理的同时，大力加强林地保护管理，国务院转发了林业部、国家计委、国家土地管理局、国家物价局《关于进一步加强林地管理的请示》，各地按照国务院的要求，采取措施制止随意侵占、破坏林地的问题。

高度重视林业产业发展。1992年森工生产主要生产建设任务基本按计划完成。全年生产木材617万立方米，国家任务和原木上调量两项国家指令性计划均按计划完成。人造板生产进一步发展，生产胶合板156万立方米，纤维板144万立方米，刨花板115万立方米。主要林产化工产品产量进一步提高，生产松香41.9万吨、栲胶2.6万吨，林区纸浆、纸板和纸产量26.6万吨。各地利用林区各种资源，广泛开展多种经营和综合利用，坚持多产业、多产品、多渠道、多层次开发，促进林业产业发展。目前，林区多种经营、综合利用已形成新兴的产业群体，1992年林业多种经营和综合利用的产值和收入达到42亿多元，比上年增长13%。在发展林业产业中，下力量抓了过去相对来说重视不够而又有发展前途的制浆造纸、小材小料加工、木片、森林食品、森林药材和香料、森林旅游、国家允许的野生动物驯养和利用、花卉盆景等八大林业产业发展，进一步搞活林区经济，增加林业实力。

林业改革开放又有新的发展。通过学习邓小平同志视察南方重要谈话，结合林业工作实际，提出了深化林业改革、扩大林业开放、加快林业发展要认真抓好的二十项重点题目，作出重点部署，在一些方面取得了新的突破。认真贯彻落实《全民所有制工业企业转换经营机制条例》，结合林业企业实际情况，研究提出贯彻落实的意见，在转换经营机制上狠下功夫，积极推进综合配套改革，努力把林业企业推向市场。在东北内蒙古国有林区森工企业全面实行林木生产商品化改革和全面推行林价制度，努力做到森林资源再生产商品化，并且积极研究森林资源资产化管理改革。深化林业流通体制改革，充分利用林业系统现有经销力量和销售网络，积极培育和发展木材和林产品市场，面向市场，抓好流通。进一步深化林业计划财务工作改革，本着宏观管好，微观放开的原则，下放项目审批权限，简化项目审批程序，把资金安排计划切块给省区，由省区从实际出发，根据部里的工作原则、发展重点和投资导向来确定具体项目，更好的选准项目、用好资金。改革林业贴息贷款投入机制和分配格局，在不增加财政贴息负担的条件下，采取调整贴息率的办法，争取增加林业项目贷款和森工企业多种经营专项贴息贷款规模。进一步强化广筹资金造林、护林的运行机制，积极研究实行征收森林生态效益补偿费制度问题，走取之于社会，服务于社会的路子，社会公益事业大家办，多渠道筹集造林资金。深入抓好生产、科研、计划、财务“四位一体”促科技成果转化机制的运行，抓好对林业发展有重大影响的科技推广和科研攻关重点项目，推出十项重大科研攻关项目和十项重大成果推广项目，实行重点部署，重点实施，促进科技成果的转化。进一步加强利用外资工作，在继续抓好利用世界银行贷款营造速生丰产林“国家造林项目”的同时，组织做好利用世行贷款二期项目“森林资源发展与保护项目”前期工作，以开放促开发，促进林业发展。

通过深化改革，全面抓好加快资源培育，加强森林保护，强化林业管理，发展加工利用，进一步促进了林业发展。现在，我国已经做到森林资源总生长量大于总消耗量，扭转了长期以来森林蓄积量持续下降的被动局面，开始进入森林面积和蓄积量每年双增长的新阶段。通过1988～1992年的森林资源清查，我国森林面积达到130 933千公顷，活立木蓄积量达到109亿立方米，森林覆盖率达到13.63％。林业产业进一步发展，1992年林业部门社会总产值达到781.9亿元。

1992年我国林业虽然取得了明显成绩，但是必须看到我国人均森林面积和蓄积量还居世界后列，森林覆盖率还比较低，林业经营管理水平不高，林业产业不够发达，有些森工企业、国营林场、苗圃还面临不少困难，林业行业实力不强，林业工作总体水平还不能适应形势发展的要求，影响林业发展的一些深层次问题还有待解决，林业的现状还不能适应国民经济发展和改善生态环境的需要，发展林业是一项长期而艰巨的任务。（林业部办公厅）

畜牧业概况

1992年，在我国改革开放和现代化建设进入蓬勃发展的新形势下，各地区畜牧部门积极采取措施，全面加快改革开放步伐，使我国畜牧业生产又获全面丰收。全国畜牧业产值2 457.34亿元，占农业总产值的比重为27.0％，增长0.7个百分点，人均占有肉、蛋、奶分别为29.8公斤、8.7公斤、4.8公斤，肉、蛋总产量仍处于世界第一位。

（一）畜牧业生产持续稳定发展

1. 畜产品产量除羊毛、蜂蜜外，全面增长。肉类

我国最大的现代化原种猪场——四川省原种猪场，已在成都市温江县建成投产，图为猪场一角，右上图为科技人员在计算机前研究配种方案　　陈　燮摄

总产量3 430.7万吨，比上年增加286.3万吨，增长9.1％，其中猪肉2 635.3万吨，增加183万吨，增长7.5％，牛肉180.3万吨，增加26.8万吨，增长17.5％，羊肉125.0万吨，禽肉454.2万吨，兔肉18.5万吨，分别增长5.9％、15％、71.3％；奶类产量563.9万吨，增加39.6万吨，增长7.6％，其中牛奶503.1万吨，增长8.3％；禽蛋1 019.9万吨，增加97.9万吨，增长10.6％；肉猪出栏3.52亿头，增加2 272.6万头，增长6.9％，肉猪出栏率已达91.5％；家禽出栏31.9亿只，增长13.3％；绵羊毛产量23.8万吨，与上年持平；蜂蜜产量17.8万吨，减少2.8万吨，下降13.6％。

2. 牲畜存栏稳步增长。大牲畜总头数1.35亿头，比上年增加272.4万头，增长2.1％，其中牛存栏1.08亿头，增长2.9％；生猪存栏3.84亿头，增加1 456.5万头，增长3.9％，其中能繁母猪2 860.5万头，增长8.8％，占猪群结构的比重为7.4％；羊存栏2.07亿只，略高于上年；家禽存栏28.67亿只，增加1.94亿只，增长7.3％；兔1.36亿只，增长70.8％。

3. 畜禽结构更趋合理。1992年肉类结构中，猪肉产量占肉类比重由上年的78％下降到76.8％，而牛羊兔肉所占的比重由8.98％上升到9.4％，禽肉比重由12.6％上升到13.2％。在稳定生猪、大力发展饲料转化率高的禽类和节粮型的草食畜方面又迈出了坚实的一步。

（二）科技兴牧战略促进畜牧生产水平提高　由于开发利用秸秆饲料，养牛业发展已取得突破性进展。初步统计全国十个秸秆养牛示范县情况，1992年底牛存栏148.46万头，牛肉产量6.24万吨，分别增长26％、40％，十个示范县牛肉产量已占肉类总产量的23％，高出全国平均水平18个百分点；青贮饲料79.4万吨，氨化秸秆45.4万吨，秸秆处理利用率也由7.3％提高到15.5％。各地在继续实行农业部“丰收计划”项目的同时，积极开展科技活动，提高畜牧业生产水平，特别是投资兴建瘦肉商品猪基地建设，使生猪出栏率达到95％，同时也获得更多经济效益。如吉林省在1992年“科技效益年”中，组织科技人员包户带户，传播科学技术，其中依靠畜牧业科技进步增加收入1.66亿元，户均增收158元；内

蒙古自治区投入95万元资金，重点抓了"澳洲美丽奴羊杂交改良"等技术，新增效益2.3亿元；西安市1992年全市实施科技兴牧战略新增经济效益达4 000多万元。

（三）畜牧部门兴办经济实体初具规模　各级畜牧部门认真学习贯彻国务院关于加快第三产业步伐的决定，解放思想，转变职能，努力开拓，积极兴办经济实体。据全国23个省、自治区、直辖市初步统计，1992年底共办具有法人资格、经济上独立核算的畜牧实体5 603个（其中1992年内新办实体981个），职工总数42万人，总收入81.46万元。通过办实体，有力地促进了畜牧业生产的发展和效益的提高，也为农牧民在良种、饲料、兽药、药械、流通、加工等方面提供了服务，同时为下一步机构改革创造了有利条件。

（四）畜产品交易市场建设出现良好开端　在继续深化改革、搞活流通、减少环节的基础上，党的十四大又确定了社会主义市场经济体制，进一步推动畜牧部门发展产供销一体化格局和畜牧业大市场的形成，促进我国畜牧业走向社会化大生产，许多省、地、县纷纷建立牲畜交易市场、畜产品批发市场，通过国营、集体、个体多种经济成份和多种经营形式，扩大了畜产品出省、出口，打破了由商业部门独家收购、经营格局。从商业部了解，1992年1～11月份商业部系统购进生猪5 456.1万头，禽蛋43.6万吨，分别下降13.6%、29.2%；销售生猪3 980.7万头，下降18.1%，鲜蛋22.3万吨，下降32%。

（五）社会化服务体系建设有了很大进展　良种繁育体系、饲料生产体系建设得到进一步加强，1992年全国共有畜禽良种场1 768个，比上年增加81个，饲料厂17 772个，生产配合饲料732万吨，分别增长7.8%、23.1%。畜牧兽医"三站"适应改革开放要求，改革服务方法，完善配套服务措施，普遍推行承包责任制，积极兴办经济实体，拓宽产前、产中、产后服务。

（六）健全法规、加强管理、保证牧业商品质量在疫病防治方面，以《家畜家禽防疫条例》和《兽药管理条例》为依据，以畜禽疫病防治、监督、检疫、药政等方面的一系列配套法规为准绳，逐步完善兽医卫生许可以及畜禽及其产品的凭证生产、经营、运输等制度，对畜禽疫病及屠宰上市的畜产品进行严格检疫，对制造假兽药的单位或个人进行严厉打击，使兽医工作有法可依、有序运行，同时也保证畜产品质量，让全国人民吃上放心肉。通过深入贯彻实施"草原法"，采用生物技术防治鼠虫害，运用综合配套手段建设和管护草原，努力控制沙化种草，改良草场保留面积1 133.3万公顷，围栏733.3万公顷，牧草种籽产量4.9万吨，超过上年水平。

畜牧业生产存在的问题：一是基层畜牧"三站"队伍不稳，人员变动大。在机构改革中，有些地区出现削弱和放松农业的倾向，将基层畜牧"三站"下放到乡镇，甚至有的乡（镇）站的财产被平调，致使"三站"队伍不稳。据统计1992年全国省、地、县、乡级畜牧三站共有5.8万个，职工37万人，分别比上年减少0.4万个和6万人。二是一些社会性的公益事业开展受阻。由于基层三站队伍不稳，使一些工作如统计、兽医防疫工作受到影响，致使生产数字报不上来，一些疫病有所抬头，尤其是1992年11月份到1993年1月份，发生疫情的省有22个，疫情县646个，病猪63 180多头，比1991年增加了14倍。

（农业部畜牧兽医司调研宣传处）

饲料工业概况

根据对29个省、自治区、直辖市（不含西藏、台湾）的统计，1991年全国拥有时产1吨以上的饲料加工厂9 154个，其中时产5吨以上的有685个，比1990年增加了130个。全国饲料总产量3 583万吨，其中配、混合饲料3 494万吨，浓缩饲料59万吨，预混料30万吨，分别比1990年增长11.5%、15.1%和41.7%。在饲料总产量中，猪料占44%，禽料占48%，鱼虾料占3%，奶牛料及其他料占5%。猪料比重下降，禽料比重上升。

1992年，全国饲料工业行业抓住有利时机，进一步深化改革，扩大开放，狠抓科技进步，提高产品质量，调整产品结构，努力开拓市场，促进了饲料工业的持续增长。据初步统计，1992年全国配、混合饲料总产量达3 900万吨，比1991年增长11%，其中配合饲料占80%以上。增长幅度较大的有广东省471万吨，增长18.3%，北京市220万吨，增长17.6%，四川省250万吨，增长20%。产品结构进一步调整，颗粒饲料产量可达800万吨，约占总产量的20%。浓缩饲料和预混料产量预计增长50%以上，分别达90万吨和45万吨。

1992年，全国饲料工业加快了对外开放步伐，积极利用外资，引进国外先进设备、技术和管理方法。全国已有"三资"饲料企业103家，利用外资约3亿美元。广东省积极向省外、海外输出技术、资金，已到11个省市联合兴办饲料加工企业7个，已签定合同的有7个项目，有3个海外项目正在洽谈。

1992年，各地饲料工业部门把推进科技进步做为一项中心工作来抓。全国饲料工业办公室和中国饲料工业协会于5月份在沈阳市组织举办了首届全国饲料工业新技术、新产品交流会，有380个企业的1 000多项新技术、新产品参展，有137项新技术、新产品荣获金杯奖。10月份又组织饲料工业展团参加了首届中国农业博览会。12月份，广东省又举办了国际饲料工业新技术、新产品交流会。这几次大型交流会，有力地加速了全行业的科技进步步伐，对提高全行业的科技意识、加速科技成果向生产力的转化起了重要作用。

当前，全国饲料工业存在不少问题：一是饲料工业体系内部发展不均衡。饲料加工工业发展较快，饲料添加剂加工业和饲料原料工业发展滞后，有些饲料添加剂仍然依赖进口，蛋白质原料严重不足，制约着饲料加工能力的充分发挥。二是饲料原料大幅度涨价，导致企业经济效益下降。1992 年广东省饲料行业实现利税比 1991 年减少 35%，湖北省减少 31.4%，山西省减少 47%，北京市减少 11.7%。三是饲料工业缺乏强有力的、具有相应职能的行业管理机构，无法有效地对全行业进行统筹规划，合理布局。另外，饲料工业的社会化服务体系不健全，技术推广和产品销售服务尚未形成完整的网络，信息不通，饲料企业的市场意识、竞争意识还不够强，等等。这些问题的存在，在一定程度上影响了全国饲料工业的持续、稳定、协调发展。

（农业部全国饲料工业办公室）

水产业概况

在水产品价格全面放开、实行市场调节后 6 年中年均增产 108 万吨的我国水产业，1992 年在深化改革、扩大开放、加快发展的新形势下，继续以良好的发展趋势实现全面增产。全国水产品总产量达到 1 557.6 万吨，提前三年完成“八五”末期计划指标，比上年增加 203.7 万吨，增长 15%，年绝对增长量为历史之最，以较大优势稳居世界榜首。其中海洋捕捞 691.2 万吨，比上年增加 81.6 万吨，增长 13.4%；海水养殖 242.5 万吨，比上年增加 52 万吨，增长 27.3%；淡水产品 623.9 万吨，比 上年增加 70 万吨，增长 12.6%。国内水产品供应明显改观，“吃鱼难”问题已在全国大多数地区基本解决，一年四季有鱼虾的城市、乡镇迅速增加，全国人均占有量达到 13.5 公斤，比上年增加 1.7 公斤；水产对外贸易日趋活跃，据海关总署统计，全国水产品出口总量 50 万吨，创汇 16 亿美元，分别较上年增加 32.2%和 35.6%。

（一）水产捕捞业持续稳步增产　从总体分析，海况属正常年景，春汛各海区气温普遍偏高，降水量多，大风天气少，沿海渔民普遍提前出海，海上作业时间增加，前年更新改造的 7 000 多艘渔船陆续投入生产，促进了作业结构和生产布局的调整，全年产量增幅高于上年 6 个百分点。其中黄渤海区、南海区各省、自治区全面增产，东海区各省、直辖市有增有减。各主要经济品种除马面鱼在连续两年大幅度减产后又少产 5 万吨外，其他均有不同程度的增产。黄渤海区的海蜇大丰收，产量达 20 多万吨，为历史罕见。开发东黄海的鳀鱼资源和南沙渔场取得可喜成绩，鳀鱼的产量由几万吨上升到 10 多万吨；南沙渔场生产规模不断扩大，参加生产的渔船已达 370 多艘，捕鱼 1.7 万多吨。从生产效益看，群众渔业普遍增产增收，国营渔业大多减产减收。远洋渔业生产规模继续扩大，累计新增各种渔船 110 艘，其中有相当数量是群众渔船，生产经营总量预计 42 万吨，提前三年超额实现“八五”计划指标。目前，我国远洋渔业经济活动已涉足世界三大洋的 20 多个国家和地区，在国外建立了 42 个以海洋捕捞为主的独资、合资 企业，建立了一支初具规模、有中国特色的远洋渔业船队和与其配套的国内外生产管理服务体系。内陆捕捞业由于继续加强对资源的管理和增殖，使产量持续稳步增长，年产超过 100 万吨。

（二）水产养殖业向高产、优质、高效目标迈出新步伐　水产养殖生产在推进精养高产的基础上，坚持以市场为导向，以提高经济效益为中心，调整生产布局和产品结构，大力推广降本增效的综合养殖模式，积极扩大名优新品种养殖面积，向高产、优质、高效目标迈出了新步伐。全国内陆综合水产养殖面积已达 50.7 万多公顷，海水贝藻间养、轮养和虾贝混养等生态养殖方式在沿海迅速推广。淡水名优新品种新增养殖面积 29.3 万多公顷，形成较大规模和产量的有河蟹、鳗鲡、虹鳟、罗氏沼虾、鳜鱼、加州鲈、斑点叉尾鮰、淡水白鲳、甲鱼、牛蛙等品种。在海水养殖新增的面积中，重点是滩涂贝类管养 面积扩大 3.3 万多公顷，翡翠贻贝 2 000 多公顷，以及海湾扇贝等。鲍鱼工厂化养殖在辽宁、山东形成高潮，多年来进展缓慢的海水网箱养鱼，在一些主要品种人工育苗技术突破后，有了长足发展。斑节对虾、魁蚶、青蟹等品种的养殖规模也不断扩大。大中型水域“三网”养鱼有新的突破，尤其是网箱养鱼推广面积达 500 多万平方米；湖泊、水库移殖增殖池沼公鱼、太湖银鱼在“三北”地区全面推广，增产增效显著。

福建东山县是个海岛县，积极发展海上养殖业，这是八尺门海区网箱养鱼一角　李开远摄

（三）水产加工业出现好势头　各地继续把水产加工业作为突破的重点，广东、福建、浙江、海南以海水小杂鱼、中上层鱼和淡水鲮鱼为原料生产鱼糜及其制品的厂家有近百家，其中相当部分供应出口。东南沿海地区冷冻调配食品、小包装方便食品发展迅速，品种不断增加，有的已形成批量生产。淡水鱼加工有新突破，广东除加工鱼糜、鱼片出口外，开始用鱼鳞胶作化妆品添加剂；江、浙、沪、皖、鲁等地抓鱼皮制革工业，增效明显。海洋药物生产方兴未艾，被誉为“生命之油”、“人体血管清洁剂”的鱼油 EPA、DHA 生产厂家增多，工艺改进，正批量进入市场。在首届全国农业博览会上，水产系统参展的产品有 91 个荣获农业博览会奖。

（四）船机修造业超额完成年度计划　1992 年部管计划内渔船、渔机产品完成产值 5.19 亿元（按 1990 年不变价格计算），为年度计划的 116%，比上年略有增加。全年完成渔船459艘、渔机(仪器)产品4.46万台(套)、渔用柴油机654台和柴油机配件16.27万件。举办深圳国际渔业展览,组织赴新加坡考察,不仅扩大了信息交流和产品市场,也促进了经济技术合作和新产品开发。

促进我国水产业在1992年又取得较大进展的重要因素主要有五个方面:

一是水产业已成为振兴渔区、农村经济的支柱产业。邓小平同志视察南方的重要讲话,党的十四大精神的全面贯彻,国务院大力发展高产优质高效农业的重大决定,为各级领导解放思想、更新观念、确定新的发展战略奠定了基础,相继出台了一些新的发展思路和政策、措施,为水产业注入了新的生机和活力。继山东省、辽宁省提出建设"海上山东"、"海上辽宁",福建省提出建设"海上田园"之后,广东省又提出建设"海上广东"。广西壮族自治区发出"向一片海进军"的号召,要求各地把发展水产业作为振兴广西经济、振兴沿海经济的支柱产业来抓。河南、山西等省也相继发出大力发展水产业的通知。由于各地、各级的重视,水产业再度进入蓬勃发展的新阶段。

二是水产业深化改革、扩大开放步伐加快。各地进一步统一思想,开阔视野,加大改革力度,在"稳定、完善、引导、创新"上,采取了切实有效的措施。全民所有制水产企业进一步顺应改革开放的潮流,着力转换企业经营机制,不断深化内部改革,调整作业结构,扩大横向联合,增强企业活力。群众渔业根据中央确定的农村深化改革的重点和自身发展的要求,在形成以渔业劳动者为主体的新的投入机制,完善水产业社会化服务体系,发展渔民协会、专业协会等群众性组织等方面,有了新的进展。在国家政策引导和近年来商品经济意识日益增强的形势下,全国已陆续建设了各类水产品批发市场140多个。其中广东60多处,上海30处,浙江23处,山东13处。这些市场虽然建立不久,大多规模偏小,管理不规范,还处于初创阶段,但显示出的重要作用已越来越被人们所重视。

三是开拓生产领域的重点开发项目全面展开。沿黄河八省、自治区积极着手河滩盐碱涝洼地开发,累计建鱼池3.1万公顷,修台田2.2万公顷,年水产品生产能力10万吨以上。与北方浅海滩涂渔业开发相对应,南方七省、自治区浅海滩涂开发又形成热潮,步伐明显加快。长江中下游大中型水域开发利用,从主要注重产量增长转向高产、优质、高效,正在成为内陆渔业生产的重要生力军。

四是科研、教育、推广的支柱作用日益明显。全国水产"八五"科技攻关计划及农业部重点科研计划已逐项到位,一些课题开始产生经济效益。1992年共有25项水产科技成果获农业部科技进步奖,有19项获农业部农牧渔业"丰收奖"。水产高等院校和水产中专招生工作和体制改革进展顺利,各类干部培训、科技人员继续教育、成人学历教育和职工、渔(农)民技术培训的人数又有较多增长。1992年实施的各种水产养殖技术推广项目,到年底累计推广面积达26.7万公顷,年增水产品18万吨,产值6亿元。

五是渔政管理和行业管理进一步加强,保护和促进了水产业的发展。

水产业面临的突出问题是:在全国范围内"吃鱼难"问题基本解决后,领导和有关部门的重视程度减弱;渔业投入不足,比较效益下降,国有企业、尤其是国有海捕企业亏损严重;近海捕捞强度失控的状况仍未改观,养殖水面使用权的争议日渐突出;名优新品种苗种供应不足,饲料质量有待提高;水产品加工质量较差,淡水鱼加工尚未有大的突破;生产、加工基础性设施和实用技术老化,后劲不足。

(农业部水产司调研室)

乡镇企业概况

1992年,乡镇企业干部职工精神振奋,思想解放,加快改革开放步伐,真抓实干,坚持走发展、改革、完善、提高之路,取得了令人欣喜的成就,为我国经济、政治和社会的稳定与发展作出了新的贡献。其主要特点是:

第一,发展速度明显加快。1992年乡镇企业数达到2 091.6万个,比上年增加783.7万个。总产值17 584亿元,比上年增长51.5%。

第二,经济效益显著提高。1992年乡镇企业纯利润1 044.1亿元,比上年增长51.8%;上交国家税金637.0亿元,比上年增长40.1%;全员劳动生产率17 455元,比上年提高37.7%。

第三,外向型经济迅猛发展。1992年乡镇企业出口产品交货额1 192.8亿元,比上年增长78.0%;"三来一补"工缴费收入197.3亿元,比上年增长65.5%。目前全国已有生产出口产品企业6万多家,其中"三资"企业1.5万家。连续三年出口创汇300万美元以上的企业800多家,其中年出口创汇超过1 000万美元的企业100多家。经国家批准,有自营进出口权的企业42家,有出国办厂企业100多家。乡镇外向型企业的高效率和优质服务深受外商的好评,乡镇企业外向型经济的发展速度、发展潜力和竞争能力也引起了国内外经济专家的高度重视。

第四,就业人员大量增加。1992年乡镇企业职工人数10 624万人,比上年增加1 015万人。

1992年乡镇企业取得上述成绩的主要原因是:

1. 领导更加重视。许多省、自治区、直辖市召开专门会议,领导到会讲话,把乡镇企业位置摆得更高,对发展乡镇企业意义论述更加深刻,对阻碍乡镇企业发展的观念和行为批评也更为严厉。安徽、贵州、广西、海南等省、自治区的党政主要领导亲自挂帅,加强领导,同时亲自调查研究,提出思路,制定措施,树立典型,推广经验。

2. 外部环境进一步改善。首先,社会各方面对乡镇企业的认识大大提高。邓小平同志南巡谈话中把乡镇企业与国营大中型企业、政权在我们手里都作为社会主义的优势，国务院加快中西部地区乡镇企业发展经验交流会议指出，乡镇企业为我国农村社会经济的发展开辟了新的道路和有效的途径，为建设有中国特色的社会主义增添了新的内容。现在社会各方面对乡镇企业的认识比以前更深刻了，各种非议和责难少了。其次，政策比以前更为宽松。各地普遍制定了一系列加快改革开放，促进乡镇企业发展的政策法规。第三，各部门由于认识正逐步统一到中央的方针政策上来，因而支持的多了，限制的少了，开绿灯的多了，开红灯的少了。

3. 采取了一系列加快改革开放的新措施、新动作。主要是继续坚持和完善各种形式的经营责任制，积极推行股份合作制和股份制，发展以乡镇企业优势产业、名牌产品或骨干企业为龙头的各种类型的企业集团，不断完善和发展企业机制，建设工业小区和技术开发区，从而使乡镇企业不断适应社会主义市场经济新体制和商品经济发展的新要求。

4. 注重在发展中提高自身素质。重视人才培养，加快科技进步，大力开发新产品，强化企业管理，提高在国内外市场上的竞争能力，提高经济效益。

乡镇企业在发展中还存在着一些不容忽视的问题：一是发展不平衡。中西部地区尚不能以比东部地区更快的速度发展，差距继续拉大。当前阻碍中西部地区发展的一些主观和客观上的因素还没有根本改变。二是长期以来乡镇企业的投入严重不足。1992年乡镇企业贷款只占银行贷款总额的3%，加上信用社贷款也仅占8%。三是乡镇企业机制需要进一步发挥、完善、发展和创新，以适应社会主义市场经济的建立和发展，以及国有企业转换经营机制的新形势。四是贯彻执行《中华人民共和国乡村集体所有制企业条例》的力度不够。一些部门平调、上收、改变所有制和隶属关系，乱摊派、乱收费、乱罚款等侵犯乡镇企业合法权益的行为时有发生。

（农业部乡镇企业司政策法规处）

农垦概况

1992年，绝大多数省、自治区、直辖市人民政府都分别采取措施，在理顺农垦管理体制、减轻农场负担、保护国营农场土地财产等方面有较大突破，黑龙江省还专门制定颁发了《黑龙江省国营农场条例》，海南省制定了《天然橡胶保护条例》，通过立法保障农垦企业的发展。农垦系统本身，按照年初全国农垦厅局长会议确定的"转变观念，转换机制，提高效益"的指导思想，真抓实干，取得了可喜的成绩，各项综合经济指标都比上年有较大增长。全年完成社会总产值731.97亿元，比上年增长13.52%；工农业总产值637.8亿元，增长12.73%；国民收入250.08亿元，增长11.47%；国民生产总值263.06亿元，增长9.09%；实现利润10.4亿元，按可比价格计算增长16%；利税总计30.8亿元，按可比价格计算增长12.5%；全员劳动生产率12 108元，增长10%；职工平均收入1 905元，增长7.38%。经济发展出现了速度加快、效益明显提高的好势头。

（一）转变思想观念　农垦系统计划经济的观念根深蒂固，严重阻碍着改革开放和经济发展。1992年初的农垦厅局长会议，把解放思想、转变观念提到了是农垦发展的总开关的高度，强调要作为首要任务来抓，在全国农垦系统兴起了一个解放思想、破旧立新的热潮。从上到下通过多种方式，包括召开会议，办培训班，组织到发达地区、先进垦区和国外考察学习，总结推广先进单位的典型经验等，推动解放思想换脑筋。许多垦区还对照先进单位找差距，结合自己的实际，有针对性地提出具体从哪些方面解放思想和转变哪些观念，收到了很好的效果。思想的解放和观念的更新，使农垦系统广大职工开阔了眼界，打开了思路，放开了手脚，加快了农垦由计划经济体制向社会主义市场经济体制的转变，即由"等靠要"向自我发展、由单一经营向各业全面协调发展、由单一的全民所有制向以全民为主体多种经济成份并存发展、由自我封闭型向全方位开放型发展。

（二）加快改革步伐　在稳定、完善过去各项改革的基础上，适应建立社会主义市场经济体制的要求，农垦系统认真贯彻落实国务院颁发的《全民所有制工业企业转换经营机制条例》，许多垦区都制定了实施办法和贯彻意见，加快农垦主管部门职能的转变，把企业应享有的14项自主权逐条落实到企业，从根本上改革对企业的管理方式，由直接管理转向间接管理，由分钱、分物、批项目转到规划、协调、监督、服务上来，为企业转换经营机制创造良好的外部条件。同时，抓好企业内部的改革，把竞争机制引入企业内部，使企业的劳动、人事、分配三项制度改革和待业、医疗、养老保险等社会保障制度改革，由点到面、由单项改革向配套改革迅速推进。广东、海南、黑龙江、福建、新疆等许多垦区还积极进行了股份制企业试点，探索加快转换企业经营机制的新形式，使企业尽快进入市场。

（三）农业生产又获丰收　农垦系统继续重视和加强农业的基础地位，增加对农业的投入，改善农业生产条件；调整农业内部产品结构，大力发展名、特、优产品和绿色食品；加快农业高新技术的开发及成果的推广应用，走高产优质高效农业的发展路子。在许多垦区遭受冻、涝、风、旱等灾害不断的情况下，完成农业产值253.62亿元，比上年增长5.36%；粮豆总产1 089.2万吨，增长3.18%；棉花总产37.21万吨，增长6.04%；糖料总产752.74万吨，增长17.26%；干胶总产26.24万吨，增长3.63%；茶叶总产4.64万吨，增长3.8%；水果总产74.43万吨，增长8.99%；肉类总产49.37万吨，增长8.89%；牛奶总产111.81万吨，增长7.65%；水产品总产22.55万吨，增长9.79%。在主要农产品产量中，粮豆总产仅次于特大丰收的1990年，其他作物的产量均创历史最高水平，畜牧业、水产业的形势也好于往年。

（四）工业生产持续增长　农垦系统在工业生产上，进一步强化企业管理，以市场为导向调整产品结构和企业组织结构，加快企业技术改造的步伐，努力提高产品的质量和档次；积极开拓国内外市场，促进产品销售，推动了工业生产的增长和效益的提高。全年完成工业产值 384.18 亿元，比上年增长 18.19%；工业产值占工农业总产值的比重为 60.24%，比上年提高 2.79 个百分点。农垦工业的经济效益也有较大提高，全年实现利润 14.17 亿元，比上年增长 9.61%。主要工业品的产量增幅都较大，其中：水泥增长 19.13%，机制纸和纸板增长 6.72%，机制糖增长 28.83%，饮料酒增长 12%，乳制品增长 14.38%，食用植物油增长 15.11%。

（五）第三产业发展势头看好　针对农垦第三产业薄弱的状况，1992 年农垦系统确立了加速发展第三产业的指导思想，实行重点突破，加大对第三产业的投入，全方位开拓第三产业的经营领域，实行全民、集体、个体、中外合资一起上，并采取优惠政策鼓励富余人员从事第三产业，使第三产业的发展出现了从未有过的好势头。全国农垦第三产业的增加值达到 46.48 亿元，比上年增长 11.93%。第三产业的发展中呈现出以下几个特点，一是在经营地域上，不仅在农场办，而且到大中城市办，到外省市、国外去办；二是在经营门类上，由过去主要经营商贸、饮食业，发展到经营房地产业、出租车业、旅游业、殡葬业、仓储业、运输业、科技咨询业等；三是出现了一批高档次、大规模的三产企业，如上海农垦的“都城大酒家”被市领导赞为把上海市商业向前推进了 10 年，“菱方圆家具城”面积达 1 万平方米，是全上海市最大的家具商场。

（六）对外开放实现较大突破　农垦系统把扩大开放作为实现超常规发展的重要措施来抓，大力改善投资环境，积极招商引资，兴办三资企业，扩大出口创汇，发展边境贸易，并跨出国门，到境外开办企业，直接参与国际竞争。据 1992 年底召开的全国农垦厅局长会议统计，全年协议利用外资 5.69 亿美元，实际利用外资 2.61 亿美元。其中三资企业协议利用外资 4.93 亿美元，实际利用外资 2.61 亿美元，新开办三资企业 372 家，分别为前 13 年总和的 1.47 倍、1.01 倍和 1.51 倍。出口商品总金额 46.17 亿元，比上年增长 25.16%。仅新疆生产建设兵团、黑龙江、内蒙垦区和中国农垦总公司四家统计，边贸实际过货额 1.7 亿瑞士法郎，比上年增长 2.8 倍。农垦在海外投资 1 019.9 万美元，海外企业达 34 家，分布五大洲十几个国家。

我国第一个粮、菜、果综合性绿色食品生产基地——国营北京东北旺农场，科技人员在蔬菜大棚察看生菜的生长情况　张　旭摄

（七）扶贫开发工作成效显著　1992 年是边境五垦区扶贫开发的第二年，农业部和五垦区进一步加强了对扶贫开发工作的领导，管好用好扶贫资金，严格项目管理，并特别注意激发贫困农场内部的经济活力，增强其自身的造血功能，提高自我积累、自我发展能力。当年扶贫总投资 3.45 亿元（含上年结转的 0.67 亿元），开荒 4 800 公顷，改造低产田 4.67 万公顷，购置农机具 1 432 台，打机井 342 眼，修桥、涵、闸 938 座，修渠道 6 038 公里，修公路 863 公里，架设输变电线路 198 公里，新建、扩建、改建工厂 78 家，修建卫生院房舍 1.25 万平方米、校舍 3.75 万平方米，使贫困农场的基础生产条件进一步改善，产业结构得以调整，职工的饮水、医疗、子女就学条件有所好转。贫困农场的亏损额下降到 6 500 万元，比上年减少 30.5%，部分贫困农场已开始盈利。

农垦经济在发展中存在的主要问题是：各垦区发展不平衡，且有扩大的趋势；思想解放的程度，企业转换经营机制的深度与广度，以及部分垦区调整产业结构的进度，尚不能完全适应社会主义市场经济发展的要求，需在今后的工作中致力加以解决。

（农业部农垦司调研室）

改革开放中的上海垦区

上海垦区有 18 个国营农场，7 个局直属公司和 1 个直属工厂，职工 11 万人，土地总面积 5.2 万公顷。1992 年，上海农垦系统进一步解放思想，锐意改革，加快开放，积极参与国内外市场竞争，经济发展又上一个大台阶，提前 3 年实现“八五”规划的各项重要经济指标。

（一）上海垦区一年来的主要成就

1. 经济效益大幅度提高。1992 年完成工农业总产值 41.49 亿元，比上年增长 21%；实现利润 2.2 亿元，比上年增长 47%；利润增长幅度高出产值增长幅度 26 个百分点，这在上海农垦史上未曾有过。

2. 第三产业突飞猛进。上海垦区全年平均每天新开张一家三产营业网点，总数已达 1 250 家。三产营业收入 30 亿元，比上年增长 88%；三产实现利润超亿元，比上年增长 160%。第三产业在整个经济中的地位和作用迅速上升，在全系统新增利润总额中第三产业占到 53.4%。

3. 外向型经济取得重大突破。1992 年上海垦区立项的三资企业 170 家，其中已批准的 88 家，是前十几年三资企业总和的 4.1 倍。已批准的三资企业总投资 2.05 亿美元，其中吸引外资 0.9 亿美元。出口产品拨交额 6.6 亿元。比上年增长 35.5%。

4. 农业又获大丰收。1992年粮食平均每公顷产量12 375公斤，比上年增加585公斤。跃进农场农技站的7.8公顷粮田，每公顷产量达18 445公斤，创上海市郊粮食单产历史最高纪录。牛奶、生猪、鲜蛋、肉禽、水产品等均比上年有较大增长。一批特种种植、养殖的生产基地正在建设，特色农业、创汇农业、高效农业迈出了步子。

5. 工业生产持续增长。全年完成工业产值38亿元，比上年增长27%，工业产品销售率达96%，成为上海农垦历史上最高的年份。

6. 职工收入明显提高。全垦区职工平均工资达到3 928元，比上年增加911元，增长30.2%。增加的绝对额和增长幅度均创上海农垦历史最高纪录。职工住房和其他福利也有较大改善。

(二)上海垦区发展快的基本经验

1. 思想解放观念新。上海农场局在工作实践中深刻感受到，不冲破"左"的思想禁锢，就不能加快发展的步伐。他们通过多种方式在全系统职工中确立起以下几种观念，即以经济建设为中心的观念，一切从实际出发的观念，市场观念，大发展观念，按劳分配、让一部分人先富起来的观念，用能人的观念等等，提出了"立足农场，办好农场，走出农场，面向国内外市场"的经营思想，这些对加快上海农垦经济发展起了十分重要的作用。

2. 改革步伐快，力度大。上海农场局在1988年就制定下发了《关于加快和深化上海农垦经济改革的若干意见》，在下属企业全面推行了承包经营责任制。1992年，在国务院《全民所有制工业企业转换经营机制条例》颁布前，他们就根据邓小平同志南巡谈话精神，制定下发了《关于进一步深化改革，下放权力，转变职能，改进工作方法，保证和促进企业转换经营机制的若干意见》，把企业应享有的各项生产经营自主权全部放给企业，同时在各企业深入开展人事、劳动、分配、社会保障制度改革，使绝大多数企业初步实现了经营机制的转换，大大增强了企业活力和在市场经济中的竞争力，有力地推动了经济的快速发展。

3. 敢于高投入。上海农垦系统通过多种渠道筹集资金，敢于负债经营，加大投入。"七五"期间，上海农垦 固定资产投入达8.22亿元，相当于前30年投入的总和；1991年固定资产投入2.6亿元，1992年固定资产投入高达7亿元 。高投入带来了高产出，实现了发展上的高速度，也为今后的发展增强了后劲。

4. 坚持各业全面发展。近年来，上海农场局提出了"提高农业，发展副业，主攻工业，开拓第三产业，综合经营，全面发展"的经营方针，在农业上，重点抓内涵扩大再生产，努力提高单产，发展价值高的特种种植、养殖业生产，走高产优质高效的路子；在工业上，内涵与外延并重，继续加快发展；第三产业是薄弱环节，实行重点突破，不仅在农场办，而且到上海市区办，到外省市、国外去办。现在的上海垦区，已初步实现了一、二、三产业相互促进、协调发展的良性循环。

5. 积极参与国际竞争，努力发展外向型经济。上海农垦系统按照"走出农场"的战略，广开招商门路，引进国外的资金、技术和管理经验，大办"三资"企业；大力发展外向型企业集团，把农垦产品推向国际市场，参与国际竞争；积极参与浦东开发，在浦东建立起农垦工业小区 ；大胆冲出国门，到澳大利亚、墨西哥、丹麦、美国、阿根廷、日本、独联体等国家兴办企业，形成国际性生产、销售网络。

现在，上海农垦又确立了新的发展目标，在"八五"计划两年实现的基础上，后三年再翻一番，向新的高度冲击。 （农业部农垦司调研室　赵方田）

农业机械化概况

1992年，是我国农业机械化事业继续发展的一年，也是农机化管理系统深化改革、大力兴办经济实体、强化社会化服务的一年。

(一)农业机械化事业的新进展

1. 农业机械拥有量保持继续增长势头，增长速度有所回升。到1992年底，全国农业机械总动力3 033.8亿瓦，比上年增长3.13%，比上年的增长率1.9%高出1.23个百分点，但仍未恢复到"七五"期间的年平均增长率。各种农用拖拉机826.21万混合台，比上年增长2.17%。其中小型拖拉机750.40万台，增长2.76%，而大中型拖拉机保有量继续减少，由上年的78.4万台降为75.8万台，下降3.32%。这说明虽然国家采取了鼓励大中型拖拉机更新的政策，但更新的速度仍抵不上其老化报废失效的速度。农用排灌动力机械733.7亿瓦，增长0.97%；农用载重汽车63.3万辆，增长3.38%；联合收割机50 990台，增长17.09%；大中型拖拉机配套农具104.32万部，增长4.93%；小型拖拉机配套农具776.64万部，农产品加工动力机械430.8亿瓦，渔用机动船发展到335 233艘，77.4亿瓦。

2. 主要农业机械作业项目水平有所提高。1992年全国机耕面积为5 146.7万公顷，比上年提高2.53%；机播2 633.3万公顷，增长7.0%；机械收获1 353.3万公顷，增长16.22%，超过上年增长率10.51个百分点，速度惊人。另外，当年机械植保面积为1 860万公顷，机械收割牧草478.16万吨，机械剪羊毛254万只，机电灌溉作业量7 300万公顷，精少量播种846.7万公顷，化肥机械深施2 266.7万公顷，秸秆粉碎还田446.7万公顷。机械化青贮秸秆812.68万吨。江苏省在经济高速发展的同时，农业机械化水平亦得到大幅度的提高。全省机耕面积366.7万公顷，机耕水平在80%以上；有效灌溉面积386.7万公顷，灌溉水平为84.6%；机播面积133.3万公顷，机收80万公顷。全省植保、脱粒、农副产品加工和部分运输项目已基本实现了机械化和半机械化，涌现了一大批已基本实现机械化的县、乡、村。

3. 农业机械所有制结构和机型结构有所变化。

按农业机械原值，全民、集体和农户所有的比例由上年的1∶4∶15变为1∶3.8∶15.2；按农业机械净值，其比例由上年的1∶3.7∶14.2变为1∶3.6∶15.4。大中型拖拉机与小型拖拉机的比例也由上年的1∶9.3变为1∶9.9。在大中型拖拉机中，按动力，农户所有制的比重由上年的64.2%下降为63.1%，而全民所有制的却由12.1%上升为12.5%，绝对值也由323.74万千瓦增为327.73万千瓦；集体所有制所占比重由23.7%升至24.4%，绝对值也增加了4.4万千瓦。在小型拖拉机中，全民所有制和集体所有制部门所占比重分别由上年的1%和2.8%下降0.2个百分点，个体所有的比重达96.6%，较上年提高0.4个百分点。

4. 农业机械产销两旺，农民对农业机械的需求势头继续高涨。1992年全国农机工业总产值（按1991年不变价格计算）438.6亿元，比上年增长24%。全国农机销售公司系统国内销售总额270.8亿元，比上年增长25.8%。市场上各种产品需求有松有紧，销售有平有俏。小型拖拉机市场竞争激烈，市场选择余地较大；农田水利基本建设用工程机械持续旺销，供不应求；农机维修用配件销售额稳步增长。

（二）农业机械化管理系统抓的几项重点工作

1. 深化改革，进行农机机构改革试点。在当地政府的统一安排下，一些地方的农机管理部门进行了机构改革试验，为搞好农机管理机构改革提供了很好的经验。从已经进行改革的县、市来看，基本上采取的是“一个机构，两块牌子”的方案，也有改为农机服务中心或农机服务公司的。从实际情况来看，“一个机构，两块牌子”，有利于保持农机部门的系统性、完整性和工作的连续性，农机部门的实力没有受到削弱，是一种有利于实现机构改革顺利过渡的好办法。

2. 积极兴办经济实体，推动农机化服务体系建设。各级农机管理部门把兴办经济实体、强化社会化服务作为转变职能、深化改革的重要措施和突破口，面向市场上项目，围绕服务办实体，农机化服务体系建设又有新的进展。到1992年底，全国县以下农机管理服务机构达19.37万个，县以下农机化生产服务单位25.90万个，农机服务专业户148.21万个。在农机化服务体系建设中，服务范围进一步拓宽，经营规模有所扩大。1992年全国农机经营总收入756.62亿元，比上年增加15.05%。1992年农机化服务体系建设的另一个特点是县以上农机管理部门兴办经济实体的工作异常活跃。据不完全统计，山东省县以上农机部门共投资9 000万元，新办各类经济实体项目350多个，从业人员超过5 500人，经营服务收入1.75亿元，纯收入1 700万元。广东省市、县两级农机管理部门已兴办经济实体148个，其中各种公司79个，加油站44个，工厂4个，原有人数1 288人，转变职能办实体的778人，占60.4%。四川省农机管理局集中力量，兴办总投资约1.5亿元占地60亩，建筑面积9万平方米的“中国西部成都综合市场”，目前土建部分的资金集资已基本到位。

3. 大中型农业机械更新工作进一步落实。1992年解决了有关更新的一些政策问题，颁布了大、中型拖拉机报废更新标准，制定了大中型拖拉机“八五”更新规划，并在此基础上，全国老旧汽车更新改造领导小组办公室下发了《关于下达1993年大中型拖拉机更新计划的通知》，把全国1993年计划更新4万台的任务落实到省，并要求“各地区、各部门结合各自的实际情况，优先照顾更新贷款，优先供应更新机具，采取有力措施，认真完成大中型拖拉机的更新任务。”

4. 为提高农机管理工作水平、推动农业机械化发展，由农业部组织开展了全国首届（1991～1992年）“铁牛杯”竞赛活动。经过评选，对工作得力、成绩显著的先进单位进行了表彰，发放了奖杯和锦旗。全国共评出了山西省农机管理局、辽宁省农机化局、黑龙江省农机管理局、安徽省农机管理局、山东省农机管理局和新疆维吾尔自治区农牧机械管理局6个先进省级单位和214个县级先进单位。

5. 农机安全监理工作有所进展。1992年农业部农业机械化管理司颁发了《农机监理员管理办法》，吉林省、河北省下发了落实农用拖拉机道路通路管理委托工作的具体意见，使全国已发文落实的省、自治区、直辖市从24个增至26个。此外，1992年先后有山西、河南、天津、吉林等省、直辖市以政府名义下发了农机安全监理办法和农机事故处理的地方性规章。

（农业部农机化司调研处）

农机工业概况

1992年，我国农机工业按照改革与发展的思路，以转换企业经营机制为中心，努力推进大中型企业的改革，积极做好支农服务工作，取得了新的进展。

（一）农机生产持续增长，产销均创历史最好水平

1. 农机制造企业工业总产值438.61亿元，比上年增长26.2%，占机械工业总产值的17.7%。在主要农机产品中，内燃机、内燃发动机组、机动植保机械、联合收割机、茶叶加工机械、农用水泵、拖内配件继续保持好的市场，生产增长都在20%以上。

2. 农机制造企业销售产值431.53亿元，比上年增长29.0%，产品销售率达96.9%。在主要产品中，第一拖拉机厂生产的东方红-802拖拉机和东方红-70推土机仍然供不应求，该厂在保证质量的情况下，充分挖掘内部潜力，精心组织生产，共完成22 225台，比上年增产4 112台，增长22.7%。上海柴油机厂生产的135系列柴油机，可做为工程机械、汽车、船舶、发电机组及农业排灌机械的配套动力，质量好信誉高，也供不应求，共生产18 163台，比上年增产1 508台，增长9%。新昌柴油机厂生产的

485 柴油机是配农用运输车的抢手货，共生产40 188 台，比上年增产 15 583 台，增长 63.3%。

3. 农机产品出口平稳，中国工程与农业机械进出口公司的自营部分，出口创汇 5 103 万美元，比上年增长 13 .35%。全国出口创汇 1.65 亿美元，比上年增长 6.5%。

4. 农机制造企业累计 完成销售收入 404.89 亿元，比上年增长 28.74%；实现利润 15.78 亿元，比上年增长 52.2%。一些亏损大户，由于积极发展品种，内抓质量，外拓用户，扭亏增盈工作也见成效。沈阳拖拉机厂经过努力，全年亏损额降为 396 万元，比上年减少亏损 3 088 万元，减亏 88.6%。哈尔滨拖拉机厂全年亏损额降为 499 万元，比上年减亏 46.6%。

农机产品产销继续看好的主要原因，是国家更加重视发展农业，特别是在党的十三届八中全会的加强农业工作决定和十四大精神的贯彻，农业生产和农村商品经济的发展进入新阶段，还有国家农业资金及贷款增加，都使得农机市场活跃向上，农机需求不断增加，促进了农机产品的发展。

(二)产品开发和科研工作又有新进展

1.1992 年农机科技计划共安排 418 项，其中新产品 343 项、科研 75 项。本年度实际完成新产品 155 项、科研项目 36 项，分别占应完成项目的 63% 和 81%。

2.1992 年工程农机行业共评出科技进步奖 17 项，其中一等奖 1 项、二等奖 7 项、三等奖 9 项。由中国农业机械化科学研究院、呼和浩特畜牧机械研究所和上海向阳机械厂、酒泉种子机械厂等单位联合研制的 SSJCISD—700 型蔬菜种子加工成套设备，填补了我国蔬菜种子加工成套设备的空白，技术指标处于国内领先地位；主要性能达到国际 80 年代的水平，在生产中发挥了很好的作用，被评为一等奖。吉林工业大学、保定农机厂等单位对新型旱田变速犁体的研究，为我国中马力轮式拖拉机 配套系列犁提供了优良的耕作部件，成果应用于生产实践，取得良好的经济效益，被评为二等奖。

3.1992 年质量管理和工艺突破口工作主要抓了以下几项：①组织工程农机行业检测中心单位进行贯彻 GB/T10300 标准工作，对出油阀偶件等产品进行了抽查和对 30 个企业的生产许可证发放的申请进行了审批。并重点组织了拖拉机检测中心和农机具检测中心对上海拖拉机厂、宁波拖拉机厂出口拖拉机进行产品质量监督检查。②分别召开了内燃机、农机具和牧业机械、风力机械、收获机械、农副产品加工机械等行业的工艺突破口经验交流会，进一步推动了骨干重点企业的工艺突破口工作。还组织有关企业召开了铸造气冲造型、冷芯盒、消火模技术等经验交流会和学术研讨会。③编辑了内燃机、拖拉机等产品可靠性管理办法。完善了缸套、活塞环等零部件可靠性试验考核管理办法，公布了第八批限期达到可靠性指标计划的产品。

(三)行业管理工作有所加强

1. 根据国家产业政策和国民经济与社会发展的中长期规划，研究制定农机行业的中长期发展规划，确定发展方向和发展重点。完成了农机、内燃机两个大行业的“八五 ”统筹规划编制工作，并修订印发了《农业机械工业“八五”计划纲要》及所属各行业的规划。

2. 组织了对“八五”规划的实施工作。全年共完成 175 个企业的“八五”基建、技改规划可行性研究报告的审批等前期工作。1992 年共安排基建投资 0.775 亿元，技改投资 4 亿元，均已得到较好完成。还对第一拖拉机厂、杭州齿轮箱厂、北京油泵油嘴厂、天津动力机厂等企业“七五”重点技改项目进行了验收工作。

3. 提出了农机(包括工程机械)产品进口关税的调整方案；组织编制了《农机产品清产核资价值重估统一标准目录》；修订了工程农机行业的企业划类标准，并完成了大型企业划类工作，到年底共被批准特大型企业 1 家(第一拖拉机厂)，常州柴油机厂等 99 家企业为国家大型企业。

4. 召开了有关农机科研院所体制改革工作座谈会，对几年来农机科技体制改革工作情况进行了交流。

5. 针对农机产品价格偏低造成农机企业经济效益差的问题，向国家有关部门提出了农机产品价格调整意见，并准予执行，但由于受农民购买力的制约，农机产品价格与同类机械产品相比，仍然偏低。农机工业主管部门正在积极争取国家有关方面采取综合措施，切实解决这一问题。

6. 进行了农机行业有关国家标准、行业标准、行内标准的清理整顿工作。其中：国家标准共 264 项，定为强制性标准 36 项，转为行业标准 96 项，废止 2 项，其他为推荐性标准，国家技术监督局以技监局标发[1992]549 号文批准。行业标准共 587 项，定为强制性标准 35 项，推荐性标准 516 项，废止 36 项。行业内部标准共 1 126 项，全部为推荐性标准，定为继续有效标准 533 项，其中 32 项为上调标准，废止 593 项。

(四)积极开展国际合作与交流

1. 积极开展国际科技合作与交流，增进友好往来。其中，中德风能示范项目经过双方共同努力，通过了中德专家的验收，为下一步合作由试验转向工业生产迈出了重要一步。

2. 亚太农机网工作按照年度计划开展顺利。在该网的统一组织下，我国先后向泰国、巴基斯坦、马来西亚、菲律宾、韩国、印度以及非洲国家派出了 10 个农机市场考察组，达成了一批合作项目协议。

3. 实施了一批农机、内燃机、工程机械 1992 年度企业技术改造引进项目计划，使行业技术装备水平和部分制造技术水平有所提高。

(机械工业部工程农机司)

农用化学工业概况

1992年，化学工业部系统继续坚持把为农业发展服务作为首要任务，使化肥、农药等农用化工的生产建设获得较快发展。

(一)化肥　1992年全面完成了国家生产计划，化工部系统化肥产量2 039.1万吨，折标肥为10 030万吨，比上年增长3.2%。全年完成产值383亿元，比上年增长3.9%。其中：氮肥生产1 568.4万吨，比上年增长3.9%；磷肥生产455.3万吨，因受运输等问题的影响，比上年下降0.04%；钾肥生产15.3万吨，比上年增长56.1%。目前，我国化肥产量仅次于美国，居世界第二位。作为化肥生产原料的磷矿、硫铁矿，产量居世界第四位。

1992年化肥生产的主要特点：

第一，化肥产品结构得到了一定改善。化肥中高浓度复肥在磷肥中的比例，提高到5%以上；化肥的氮、磷、钾比例有所改善。

第二，产品质量又有新的提高。由于积极推行全面质量管理，使产品的合格率和一级品率比上年都有所提高。大尿素、中硝铵、氯化铵、碳酸氢铵、硫铵等产品合格率达到100%；中尿素合格率达到99.8%；小碳铵合格率达到99.8%，一级品率教研室88.4%；普钙、钙镁磷肥等合格率比上年也都有所提高。复混肥料通过发放生产许可证，产品质量也得到稳定。

第三，产品消耗稳中有降。由于积极推行节能降耗技术，产品的能耗、物耗保持稳中有降。全国小氮肥企业平均吨氨消耗原料煤1 245公斤、燃料煤298公斤、电1 300千瓦小时，分别比上年下降48公斤、43公斤和12千瓦小时；吨氨综合能耗1 448万千卡，比上年下降48千卡。全国中氮肥企业吨氨综合能耗为1 439万千卡，比上年下降0.5%。化工系统6个大氮肥企业合成氨综合能耗为37.83GJ/t，比上年下降0.06GJ/t，普钙和钙镁磷肥的矿耗也有所下降。

第四，技术改造取得进展。国家投资的小尿素、小磷铵和部分中型化肥厂的技术改造项目，工作进展顺利，已经有52套小尿素和51套小磷铵建成投产，年底前后还可以建成7个小尿素和4个小磷铵；12个中型化肥厂的技术改造，已有7个投产。

第五，化肥产量、产值和销售收入实现"三个增长"。尽管化肥生产外部条件仍然趋紧，原料供应不足，原材料涨价等，但是化肥生产还是取得了较好成绩。据商业部门统计，1992年全国销售化肥达10 119.4万吨，基本满足了农业需要。

(二)农药　1992年化工部系统农药产量26.2万吨，比上年增长3.1%，产量居世界第二位；全年完成产值为85.6亿元，比上年增长13.5%；出口农药3万吨，创汇1亿美元，比上年增长9.9%。由于认真克服了资金短缺、市场销售不畅等因素，农药生产取得持续发展。

一是在保持农药总量的基础上，加快新品种、新制剂的开发和投产步伐。全年开发或新投产新产品14个。使农药品种结构进一步得到改善。

二是继续贯彻科技兴化方针，积极推动技术进步。全年推广农药新技术、新工艺2项，同时推进了引进技术消化吸收国产化工作，以及研制开发新技术和新工艺的工作。

三是抓紧了限产压仓促销工作。认真贯彻了国务院经贸办《关于加强1992年限产压仓工作的通知》的精神，把其作为加强行业管理的一项重要工作，针对农药生产增长过猛、企业库存急剧增加的情况，采取了有力措施，严格控制滞销积压产品的生产，大力组织促销活动，降低了产成品资金的占用。

四是为适应与国际市场接轨和知识产权及专利保护的新形势，抓紧调整农药生产布局，积极组建农药开发创制中心。努力形成沿海地区以发展新品种为主，其他地区以发展当地亟需、应急的农药品种为主的格局。投入力量建设农药开发创制中心，提高创制新品种的能力，加速实现由仿制为主向自我开发、研制为主的战略转变。

五是加快农药骨干老企业的改造工作。对老产品进行工艺改造，提高生产技术水平，提高产品质量，降低消耗，搞好"三废"治理，并逐步淘汰有害农药，积极搞好专用中间体的配套建设，加强农药的加工与应用工作。　（化工部政策法规司政策研究处）

水利概况

1992年是我国加快水利改革和建设步伐的重要一年。

(一)水利改革取得可喜进展　邓小平同志南巡讲话之后，水利部在全国的改革大潮中，解放思想，趁潮而上，适时于5月召开了全国水利改革会议。会议提出，作为国民经济和社会发展的基础产业，水利要在90年代和下世纪初的经济振兴中有所作为、全面服务，必须加快水利改革和建设步伐。党的十四大召开后，全国水利系统进一步明确了水利改革的基本思路和具体举措：水利改革的核心是加快向社会主义市场经济体制的转变，主要措施：一是贯彻《中华人民共和国水法》，加强水资源的统一管理和保护；二是更新观念，按社会主义市场经济的要求，对水费、电费的收取按价值规律办事；三是建立国家、地方、集体、个人相结合的多层次、多渠道的水利投入渠道，走水利为社会、社会办水利的路子；四是适应社会主义市场经济的需要，调整完善水利内部产业结构；五是大力兴办经济实体，改革内部机制；六是扩大水利的对外开放。一年来，全国水利系统按照水利改革的方针办事，已取得一些可喜的进展。

第一，用好用足党中央、国务院制定的一系列社会办水利的政策，坚持以河养河，以水养水。如江苏省南京至镇江段的长江江岸防护和整治，采用由江岸沿线的受益企业集资整治。山西省采用以煤补水的办法，每吨出省的煤炭增收1元水资源费，用于兴建引黄入晋引水工程。北京、天津等许多大中型城市采取统一规划、综合治理、分部门立项、各负其责，城乡结合大搞水利等等，尽管方式不同，但都贯彻了合理负担、效益共享的原则，调动了社会各界办水利的积极性。

第二，积极发展水利经济实体。一是流域和区域性的实体以骨干工程为龙头，综合开发水资源。辽宁省水利厅将省管的六座大型水库实行统一调度、联合运行，不但短时间内改变了水库年年亏损的帽子，而且作到除维持日常运行管理外，还可以拿出部分收入用于建设新的水利工程。北京市对市水利局实行财务承包，已具有较强的经济实力。广西梧州，湖南怀化，四川涪陵、乐山、雅安、阿坝，青海格尔木等，实行流域性综合开发，已初步形成具有较强经济实力的水利实体。二是全国县、乡级水利基层单位适应农村完善统分结合的双层经营体制的要求，积极建立健全水利服务体系。

第三，水费改革取得新进展。据统计，1992年全国计收水费20亿元，征收河道工程修建维护管理费1亿多元，征收河道 采砂管理费2 000多万元。

(二)重点水利工程建设全面加快　亿万人民关心瞩目的长江三峡水利枢纽工程经第七届全国人民代表大会第五次会议审议通过。国家有关部门决定分别增加贷款8 000万元、投资4 000万元，安排三峡工程初步设计及前期准备工程和专项用于三峡工程坝区移民。黄河小浪底水利枢纽工程年内通过了世界银行的预评估。8月31日，属水库淹没区的首批移民—小浪底村65户村民乔迁新居，标志着这项治理开发黄河的关键性工程的建设进入一个新阶段。1991年大灾后大治的重点工程——淮河、太湖治理陆续进入高潮，到12月末，完成投资17亿元，开挖土石1.7亿立方米。此外，河北岳城、河南板桥、新疆克孜尔、江西南车等一批大型水库相继竣工。

我国最大的人畜饮水工程——盐环定扬黄工程，主体泵站已试水成功，这是五里坡扬水渡槽　吴文彪摄

(三)农田水利基本建设投入多、效果好　在冬春水利建设季节到来之际，国务院发出《关于进一步搞好今冬明春水利基本建设的通知》，要求各地贯彻落实党的十四大精神，抓住有利时机，进一步动员和组织广大人民群众投入到农田水利建设中去。到12月底，高峰时期全国日上工人数达8 500万人。新增有效灌溉面积28万多公顷；治理水土流失8 000多平方公里；解决了340万人、200多万头牲畜的饮水困难。1992年冬季水利建设的突出特点是：城乡结合、重点突出、规模适度。北京市决定城乡齐上阵，展开以治理开发永定河、整治通惠河、加固北运河，修建西水峪水库为重点的水利建设。全市共安排大小水利工程5 000多项，总计开挖土石4 500万立方米，投工5 000万个，总投资4亿元。10月1日开工以来到12月底，郊区农田水利建设累计开工2 900多处，高峰期日上工劳力达23万人、机械2 200台，已完成工程1 600多处。天津市召开动员大会，要求以发展“两高一优”农业为主攻方向，以提高城市防洪能力为目标，掀起“三河一线”(三河为：新开河、金钟河的复堤加固；独流减河左堤整修加固，永定新河分洪导流工程的导流堤；一线为海挡工程建设)治水热潮。到12月底，全市累计投入劳动积累工782万个，完成土石量2 571万多立方米，完善配套建筑物400座，集中联片治理中低产田2万公顷。

(四)防汛和抗旱工作取得较好成绩　1992年汛期全国降水时空分布不匀，前期南方降雨多，北方干旱重；后期北方降雨增加，南方伏旱严重。全国洪涝灾害较常年略轻，大江大河未发生较大洪水，渭河、闽江、湘江、信江、赣江、桂流等中小河流出现较大洪水。在防汛抗洪斗争中，水利工程发挥了显著作用。福州市近年来加高加固城市防洪大堤抗御了闽江特大洪水，一次减少洪灾损失50多亿元；浙江省钱塘江上游水库由于科学调度，有效地拦洪削减洪峰，降低了下游河道洪峰水位，减少损失近10亿元；内蒙古西 拉木伦河上新建成的台河口水利枢纽及时分洪，保证了下游沿河城镇安全；上海市防汛墙和苏州河口闸桥的科学调度运用，抵御了历史上第二高潮位的袭击，保障了工农业生产和市民生活的正常进行。

1992年全国干旱范围广，夏伏旱重。在严重的旱灾面前，各级政府及时研究抗旱对策，采取有力措施开辟水源。据不完全统计，受旱地区出动60万名各级干部深入旱区组织指导抗旱。抗旱资金除中央掌握的特大抗旱经费下拨1.29亿元外，仅冀、晋、苏、浙、皖、桂、黔七省、自治区地方财政和群众自筹资金近3亿元。此外，各级政府还及时安排了柴油、电力、化肥等抗旱物资支持抗旱。江苏省江都排灌站从1991年10月开机抗旱至1992年9月20日止，共抽水65亿立方米，江水适时北送，不但保证了严重受旱的淮北地区73.3万公顷水稻和里下河地区13.3万公顷自流灌溉面积的用水，缓解了徐州、淮河、连云港地区工业、城市生活用水，而且还保证京杭大运河的正常通航，仅北煤南运一项即获经济效益600多万元。

(五)水土保持工作取得显著成绩　5月中旬，全国第五次水土保持工作会议在京召开。会议表明，近十年来，我国已走出一条具有中国特色的水土保持路子。这就是：以流域为单元，以户包为基础，以经济效益为动力，以预防为主的点面结合、综合防治的路子。到12月底统计，全国从事水土保持工作的人员有18 000人，还有9 000多名监督检查员。从1983年开始，为了加快水土流失治理，探索大面积综合治理的路子，国家把黄河流域的三川河、皇甫川、无定河、定西县，海河流域的永定河上游，辽河流域的柳河上游，长江流域的葛洲坝库区和兴国县等，涉及陕、晋、蒙、冀、辽、鄂、赣、京、甘等九个省、自治区、直辖市，总面积近8万平方公里的严重水土流失地区列为重点治理区。到1992年底，已完成治理的一期工程达2.5万平方公里。1992年，全国水资源与水土保持工作领导小组、水利部和中国水电工会还作出决定，授予甘肃省泾川县人民政府等145个单位为“全国水土保持先进单位”，授予山西忻州地区水利水保局孙博源等154名同志为“全国水土保持先进个人”的光荣称号。

(六)水电建设成绩喜人　为调动地方办电的积极性，促进农村经济发展，2月21日，国家计委批复水利部水电[1991]28号文件，同意将实行多年的小水电“以电养电”政策扩大到装机5万千瓦。国家进一步放宽小水电政策后，极大地调动了各方办电的热情，年内完成的水电项目中，广西天湖水电站水头达1 054米，创亚洲之最；湖南南津渡水电站，引进奥地利设备，3台2万千瓦机组全部投产；浙江枫树岭水电站作为安置新安江水库移民的工程也已建成投产。1992年中型水电工程建设完成最多的省份为四川省，完成装机容量9万千瓦，提高了地方电网的供电能力和保证率。1992年初，“八五”期间建设第二批200个农村水电初级电气化县的规划，经有关省、自治区人民政府组织审查全部批准，进入全面实施阶段。1992年水利系统新增装机108万千瓦，超额完成全年生产任务，年发电量达515亿千瓦小时，达到历史最高水平。

(七)水政工作步入全方位发展阶段　5月29日至6月21日，全国人大财经委员会组成《水法》实施情况检查组，对冀、豫、宁、陕、苏、浙等六省、自治区进行了检查。检查表明：自1988年颁布实施《水法》以来，通过几年的宣传教育工作，大大增强了水法制意识；有16个省制定了水法实施细则，各级人大、政府还结合当地实际，陆续制定了一批配套性法规、规章或规范性文件，提高了水法的可操作性；全国已有2 600多个县、市建立了水政机构，组建了6万多人的水政监察队伍。各级水政机构积极调处水事纠纷，并配合公安、司法部门每年查处水事违法案件2万多件。8月22日，位于漳河流域的红旗渠总干渠被炸，中断输水12天，冲毁大量房屋、土地和农作物，交通中断，造成严重损失，使漳河水事纠纷进一步加剧。为此，国务院在北京召开了漳河水事协调会，决定由水利部海河水利委员会对漳河侯壁水电站至岳城水库间河段实行统一规划，统一治理，统一调度，统一管理。水利部在天津召开漳河团结治水会议，正式成立了由水利部和晋、冀、豫三省人民政府组成的漳河水事协调小组，以及漳河管理委员会，负责现场监督检查和协调有关河道治理、管理及分水的具体问题。

(水利部办公厅新闻宣传处)

三峡水利枢纽工程简介

1992年4月3日，全国七届人大五次会议通过了一项决议：三峡工程列入国民经济和社会发展十年规划，由国务院根据国民经济发展的实际情况和国家财力、物力的可能，选择适当时机组织实施。从此，长达近40年的三峡工程规划论证工作结出成果，中国历史上最大的水利工程进入具体实施阶段。

长江是我国第一大河，也是世界著名的第三大河。长江发源于青藏高原，流经十个省、自治区、直辖市，全长6 300公里，流域面积180万平方公里，流域人口占全国人口的1/3。长江水能资源十分丰富，可开发量占全国的53%；内河航运里程占全国的72%；流域内气候适宜，物产丰富，经济发达，工农业总产值约占全国40%。治理开发长江对促进我国经济具有十分重要的意义。

三峡水利枢纽是治理开发长江的关键性工程，兴建三峡工程的构想始于本世纪20年代孙中山先生提出的《实业计划》。新中国成立后，党中央十分关心长江的治理与开发，把消除长江中下游洪涝灾害，作为治理长江的首要任务。特别是1954年发生特大洪水后，中央决定进一步加强长江防洪建设，兴建了荆江分洪等分蓄洪工程，安排了一批分蓄洪区，分蓄洪总量可达500～700亿立方米。结合综合利用还兴建了汉江丹江口、资水柘溪等有一定防洪作用的支流水库。但是，中下游河道泄洪能力与巨大的洪水来量不相适应的矛盾仍未解决。

1970年，党中央批准兴建葛洲坝工程，以缓解华中地区用电紧缺，同时，为兴建三峡工程作实战准备。葛洲坝工程已于1990年胜利建成。

1986年，中共中央、国务院发出《关于长江三峡工程论证有关问题的通知》，要求原水利电力部组织各方面的专家，在广泛征求意见、深入研究论证的基础上，重新提出三峡工程的可行性报告。按照通知精

长江水利委员会在长江的西陵峡口，建成一座1∶100的三峡水利枢纽工程模型，以研究三峡工程整体布局问题

杜华举摄

神，原水利电力部成立了12人组成的三峡论证领导小组，下设地质地震、枢纽建筑、水文、防洪、泥沙、航运、电力系统、机电设备、移民、生态环境、综合规划与水位、施工、投资估算、综合经济评价等14个专家组。412位专家进行专题论证。

1990年，国务院批准了《长江流域综合利用规划简要报告》，报告中肯定了三峡工程在治理开发长江中的地位和作用。并成立国务院三峡工程审查委员会。1991年，审查委员会通过了对长江三峡工程可行性研究报告的审查意见，认为三峡工程建设是必要的，技术上是可行的，经济上是合理的。1992年，国务院常务会议同意了兴建三峡工程，并决定提请全国人民代表大会审议。

三峡坝址经过反复论证选定位于湖北省宜昌县三斗坪镇，距下游已建成的葛洲坝水利枢纽40公里，坝址控制流域面积100万平方公里，多年平均年径流量4 510亿立方米，约为长江入海平均年径流量的50%。

三峡水利枢纽正常蓄水位175米，水库总库容393亿立方米，电站总装机容量1 768万千瓦。主要建筑物由拦河大坝、水电站和通航建筑物三大部分组成，大坝全长1 983米，坝顶高程185米，最大坝高175米。全部工程分三期施工共15年。规划动迁安置人口约113万人。工程静态总投资570亿元(1990年价格)。

工程建设计划根据“一级开发，一次建成，分期蓄水，连续移民”的方案，具有防洪、发电、航运等巨大综合效益。三峡工程竣工后，可使荆江河段的防洪标准从现在的10年一遇提高到100年一遇，能有效控制长江上游洪水，可减轻武汉市的洪水威胁。三峡工程建设第9年，即可发电受益，年发量840亿千瓦时，主要供华中、华东、少部分送川东，每年可替代原煤4 000～5 000万吨，相当于10座大亚湾核电站或6.5个葛洲坝水电站，一个年产5 000万吨原煤的矿区和相应的运煤铁路。与火电相比，每年可以少排放1亿多吨二氧化碳、200万吨二氧化硫、1万吨一氧化碳、37万吨氮氧化合物，以及大量的废水废渣，有利于减轻环境污染。可以改善航运状况，万吨级船队可直达重庆。通过水库调节，也可改善下游河段的枯水航深。此外，兴建三峡水库，长江的水得到了调节，为南水北调将长江水调到缺水的北方，提供可靠的水源。对保证长江中下游城镇供水，农田排灌用水用电，发展水库渔业和旅游业，促进三峡库区经济发展，发挥巨大的作用。

(水利部办公厅新闻宣传处　刘　沙)

气象事业概况

1992年，全国气象部门改革和建设呈现出一派生机勃勃的新局面。气象事业从气象科技成果产业化、商品化开始起步，综合经营蓬勃发展，气象部门的活力和自我发展能力有所增强。气象服务领域进一步拓宽，效益显著提高，为改革开放和国民经济加速发展，做出了积极贡献。

(一)改革开放迈出新的步伐　解放思想，深化改革是1992年全国气象工作的主旋律。全国气象部门围绕事业结构调整，突出抓了精干基本业务队伍和兴办各类经营实体。目前一个以建立高科技产业为主的多种经营已开始起步，全国气象部门共有各类经济实体约900个，其中1992年新建立475个，经营利润为1 658.4万元，与上年同期相比较，增加了890.4万元，增长了115%；积极调整队伍结构，分流人员，扩大服务和综合经营队伍，现在从事综合经营的人数已达5 5 01人，比上年增加了2 053人。大力开拓服务领域，加强专业有偿服务，增加了许多新的服务项目和手段，促进了气象服务产品的商品化、产业化发展。从事专业有偿服务人数16 716人，比上年同期增加了1 248人，增长了8%。到1992年底，气象部门从事专业有偿服务和综合经营的人数约占职工总人数的30%。各省级气象局在转变职能、简政放权、提高效率等方面也采取了许多措施，调动和发挥了基层的积极性。

(二)气象服务特别是为农业服务进一步加强　1992年我国的气候特点是：干旱灾害范围大，持续时间长，没有发生大范围的洪涝灾害，但局部地区仍出现了灾害性天气。国家气象部门对1992年黄河中上游、华北和东北南部及江南大部降水偏多，部分地区有洪涝，长江下游及黄淮地区降水偏少，可能发生夏、伏旱，全国没有大范围洪涝灾害的预报意见，经检验，大部分预报基本准确。国家气象中心和各地气象台站认真做好各种灾害性天气的预报服务，及时向政府领导提供决策服务。旱区气象部门抓住有利气象条件，适时进行人工增雨作业，取得明显效果。1992年地方安排的人工影响天气经费为4 601.4万元，比上年同期增加507.0万元，增长了124%。内蒙古、辽宁、黑龙江、甘肃、山西、贵州等省、自治区1992年安排的人工影响天气经费都超过了300万元。对年内登陆我国的8个台风和热带风暴，气象部门利用先进的探测手段和技术，都提供了准确的预报和及时的服务。国家气象局为加强对党中央、国务院领导的决策服务，成立了“重大天气气候联合服务小组”，开辟了至中南海的气象信息光缆传输业务，受到国务院有关领导的好评。

为高产、优质、高效农业的服务得到进一步加强。1992年全国气象部门超短波天气警报服务系统发射台为1 574个，超短波天气警报服务系统接受用户为79 672户，比上年同期增长了27.3%。农村气象科技服务网得到大力发展，全国已建立农村气象服务网的乡13 444个，约占全国应建乡的26.9%。其中黑龙江省64个农业县1 014个乡镇全部建成农村气象科技网，并向村屯发展。山东省警报接收机达13 000台。河北省达1 000台，已覆盖80%的县和90%的乡。1992年气象科技扶贫列项数为325项，气象科技扶贫经费为277.0万元，是上年同期的147.6%。加强了跨省、区协作，组织了井岗山区、陕甘宁地区和黔桂等跨省、区的气象科技扶贫协作组,落实了具体扶贫项目。气象科技扶贫已从救济扶贫型向开发型转化,并开始向产业化方向发展。

(三)现代化建设取得重要进展　1992年修订了《气象事业发展纲要》,制定了《气象事业发展十年规划》,突出体现了解放思想、抓住时机、深化改革、加速发展的指导思想,初步明确了90年代和下世纪初气象事业发展的主要方向和建设目标。

气象事业现代化骨干工程取得重要进展。中期数值预报系统土建主体工程已经完成,银河巨型计算机已通过验收,即将投入使用。气象卫星综合应用业务系统的项目建议书和可行性报告已由国家计委正式批复。风云2号气象卫星资料接收系统数据处理中心和运控软件已通过设计评审;大气监测自动化系统建议书已经国际咨询公司审查并向国家计委申报;成都、兰州、沈阳区域中心的建设又有新的进展。到1992年底,区域气象中心业务系统和气象通信枢纽建设的投资已分别完成"八五"计划的76.5%和46.5%,并及时调整了区域中心计算机型号,节约了投资,提高了性能。

加快了省以下气象现代化建设。继续实施了边远台站短波单边带低速数据通信系统的建设。到1992年底,已有85个网点投入业务运行,占计划数的67%。全国30个省级气象台都不同程度的建成了省级气象台预报实时业务系统,基本上实现了天气预报资料加工处理—分析预报—产品输出的准自动化。已有202个地、市级气象台(包括部分县站)与省级气象台之间建立了微机远程调用终端,比上年有了较大幅度的增长,使气象现代化建设不断向基层延伸。技术装备工作加强了统一供应管理,保证了基本气象业务的需要。全国第二次地面、高空气象测报比赛推动了测报基础业务质量的提高。

(四)地方气象事业发展进入新阶段　1992年5月,国务院下发了(1992)25号《关于进一步加强气象工作的通知》。《通知》指出,继续加强气象科学技术研究和现代化建设,不断改进天气、气候监测预测和通信技术,进一步拓宽服务领域,提高服务能力,切实作好气象为国民经济建设的服务工作,努力提高气象服务的社会、经济和生态效益,这是气象工作的根本任务。《通知》下发后,各级政府普遍加强了对气象工作的领导,把气象事业作为当地社会经济发展的一部分纳入规划,落实项目,推进地方气象事业与国家气象事业协调发展,出现了很好的势头。到1992年底,已有28个省、自治区、直辖市政府下发了贯彻国务院25号文件的通知,其中有23个省、自治区、直辖市明确建立双重计划财务体制。许多省级气象局主要领导深入基层亲自抓,帮助基层做好地方政府的工作,推动了25号文件的具体落实。

(五)气象科教和外事工作取得新进展　"八五"科技攻关项目"台风暴雨灾害性天气警报预报研究"已全面启动,一些专题研究已取得重大进展。国家气象局"八五"科研课题正在逐步实施,156个项目中已有151个项目签订了合同。为进一步使院校工作适应新形势,国家气象局专门召开了气象院校深化改革座谈会,探讨了院校改革的方向、目标和重点,推动了院校综合改革。1992年共接待来华外宾301人次,派出国参加各种气象合作活动的共313人,分赴在23个国家和地区。在国内举办重要国际气象会议3次,国际气象学术研讨班2次,接待国家气象代表团4次。在国内举行了中美、中蒙气象科技合作工作组会议。其他各种规格、各种形式、各种专题的学术、业务交流频繁。在双边活动中,中美大气科技合作工作组会议,把双边合作活动又向前推进了一步。中日季风合作计划经过长时间的谈判取得一致,中澳、中朝、中蒙气象合作届会的如期举行,对我国气象事业的发展都起到了很好的作用。

(中国气象局办公室)

农业环境保护与农村能源概况

1992年,全国农业环境保护和农村能源系统,解放思想,转变观念,实事求是,较好的完成了各项任务,工作取得了新的进展,为发展经济、服务农业做出了贡献。

(一)农业环境保护工作取得了新进展　1992年农业环境保护工作的指导方针是:抓管理,促建设;抓生态,促生产;增强参与意识,面向基层,多办实事,在巩固的基础上,努力推动农业环境保护事业全面发展。

1. 加强农业环境管理,促进法制建设。多年来,农业部先后制定了一系列与农业环境保护有关的法律、法规、标准和制度。近几年,我国农业环境保护法制建设在三个层次展开:在国家一级,农业部会同有关部门正在起草《农业环境管理条例》、《乡镇企业环境保护条例》、《渔业水域环境监督管理条例》、《珍惜濒危野生植物保护条例》等;另外,在《农业基本法》、《耕地保护条例》中,农业环境保护作为重要内容写了专门章节。在省一级,继1991年《山西省农业环境保护条例》出台后,1992年《湖北省农业环境条例》也已颁布实施,还有部分省的农业环境保护条例,已分别列入各省的立法计划。在县一级,全国已有40多个县制定了农业环境保护规章。

2. 农业环境保护工作体系初具规模。根据《全国环境监测网管理条例》中关于农业环境监测网作为国家二级网的规定,经过多年的努力,全国农业环境监测体系,已初具规模。目前,全国共有各级农业环境保护监测站480多个,其中部环境监测总站一个,渔业和农垦环境站监测中心站各一个,省级和计划单列市监测站38个,渔业海区监测站28个,地市级监测站109个,县级监测站300个。

3. 以"环境与发展"为主题,做好宣传工作。1992年6月,联合国在巴西召开了世界注目的"环境与发展"大会。配合这次会议的召开,农业部举办了纪念“6.5世界环境日”农业环境保护新闻发布会，公布了1988年至1990年的全国农业环境质量调查结果。

4. 首次开展了农业环境保护先进表彰工作。这是开展农业环境保护工作二十年来第一次全国性的表彰，共表彰了73个先进集体，199个先进个人，并有121人获得荣誉证书，给农业环境保护工作者以极大鼓舞。

（二）农村能源建设事业有了较大发展　1992年继续贯彻农村能源“因地制宜、多能互补、综合利用、讲究效益”，“开发与节能并重、近期把节约能源放在优先地位”的发展方针，全面推进农村能源建设工作。

1. 农村能源建设技术推广情况。当年推广省柴节煤灶1 450.83万户，累计推广达1.5亿户，新增加省柴节煤炕113万铺，累计达292.4万铺；新建家用沼气池38.26万户，累计498.21万户，年产沼气11.5亿立方米；沼气集中供应站439处，供7.33万户用气，年供气量4 146.26立方米，平均每户每年565立方米；新增城镇净化沼气池4 393座，累计达1.9万座，总池容72.33万立方米；推广太阳能热水器54万平方米，累计达155.75万平方米；推广太阳灶1.3万台，累计达14万台；推广太阳能采暖房55万平方米，累计达118.5万平方米；累计推广塑料大棚22.5万公顷；推广风力发电机6 077台，累计11.9万台，总装机容量1.7万千瓦；累计开发利用地热点734个，种植面积1 454.8公顷，养殖面积937.9公顷；新增微型水力发电机6 204台，累计5.1万台，总装机21.47万千瓦，年发电1 242万千瓦小时，供59.08万户生活用电；畜力发电机累计358台。

2. 农村能源产业和服务体系成效显著。全国农村能源产品生产企业1 443个，职工人数4.16万人，固定资产3.6亿元，流动资金1.5亿元，年产值5.2亿元，利润5 498.15万元。农村能源服务公司2 652个，职工人数2.47万人，固定资产1.9亿元，流动资金1.3亿元，营业额5.6亿元，利润3 309.95万元。共有农村能源专业技术服务队1.6万个，从业人员11.12万人。

为加快农村能源行业的发展，中国农村能源行业协会于1992年6月3日在北京成立。该会已批准团体会员300个。

及时交流农村能源产品和技术信息。举办了“1992年全国农村能源产品和技术展示会”。参展的共有251个单位、180个系列、475件展品，其中包括各种沼气器具、太阳能产品、各种小型发电设备、节能设备、以及多种新型燃料及灶具。经评委会审定，此次展示交流共评出优秀展品122个，展品奖26个和展出奖32个，同时有16个单位获优秀组织奖。

3. 节能与开发并重。当年共安排了63个国营农村能源技术改造项目，投资总额达10 626万元，贴息贷款为5 815万元，有力地推动了企业节能技术改造的开展。1992年底，全国累计推广节能炒茶灶24万个，烤烟房142.83万座，砖瓦窑7.8万座。加上农机、农垦、水产、畜牧和乡镇企业的节能成就，全国农村已形成了5 348吨标准煤的生产、节能能力，相当于农村总能耗的10%、全国总能耗的5%。

（三）农村能源与农业环保的综合技术开发

1. 积极推进农村能源综合建设试点。在总结“六五”、“七五”农村能源综合建设试点示范研究成果的基础上，决定在“八五”期间，由国家计委、农业部、国家科委、国务院经贸办、水利部、林业部、能源部、财政部等八个单位联合开发100个农村能源综合建设试点县，由这八个单位组成“百县”领导小组，国家计委为组长单位，农业部为副组长单位，下设的领导小组办公室挂靠在农业部。1992年1月在北京召开了首次全国100个农村能源综合建设县工作会议，代表们通过讨论和交流，一致认为，“八五”100个农村能源综合建设县的实施是农村能源建设向广度、深度发展的必然结果，它是一个纳入国家计划的政府行为项目，对农村能源发展具有深远意义。

2. 积极推广生态农业建设试点。农业部一直把发展生态农业作为改善生态环境和促进农业持续发展的重要措施来抓，有力地推动了生态农业建设的发展。全国累计建立了不同类型、不同规模的生态农业试点1 000个，这些试点都取得了较高的经济效益、社会效益和生态效益，受到了各级领导的重视、群众的欢迎和国际社会的关注。为进一步向深度和广度发展生态农业，达到规模效益的提高，农业部决定联合有关部、委、局组织实施50个县级生态农业建设试点。并为之举办了第二期全国生态农业县级领导培训班，以不断提高对生态农业的认识和技术水平。

3. 积极开展科研工作。农业部环境保护与农村能源的课题研究不断加深，科研成果水平不断提高。当年共安排了国家“八五”农村能源科技攻关14个专题，部重点农村能源课题11个，共安排了农业环境保护国家“八五”科技攻关6个专题，部重点农业环境保护课题14个；完成农村能源研究课题鉴定18个，完成农业环境保护研究课题鉴定3个，大部分的鉴定课题技术水平达国际水平和国内先进水平。

（四）农业环保与农村能源的国际合作与交流

1. 在有关国际组织的支持和帮助下，我派出人员和来华团组增多。当年，共派出有关农业环境保护与农村能源出国考察、参加国际会议等团组16个，共计56人次，其中农村能源方面6个团组，22人次；农业环境保护方面10个团组，34人次。共接待来华访问外宾16批，34人次，其中农村能源6批，13人次；农业环境保护10批，21人次。

2. 积极开拓农业环保与农村能源的国际合作项目。与世界银行合作开展“乡镇企业节能与污染控制项目”；与美国联合开展“亚热带稻田甲烷气体排放的研究”项目；与德国联合出版《沼气与持久农业》一书；为联合国开发计划署举办了“第十期国际沼气技术培训班”；参加了由全球环境基金会资助的“中国生物多样性保护行动计划”项目和“中国温室气体排放评估及防治对策研究”项目的编制；组织“中国21世纪议程”农业部分的编写工作。

（农业部环保能源司）

各 地 农 业

北京市农业

1992年北京市郊区农村经济形势呈现出由稳定发展转向高速发展的势态,新的经济格局正在形成,农村经济综合实力进一步加强;乡镇企业发展速度加快,规模扩大;"三资"企业发展取得重大突破;各种经济开发区、科技区大面积起步;高产优质高效农业开始发展,农村经济正加快向市场经济体制转变。

农村经济整体运行良好。1992年农村社会总产值首次突破400亿大关,达到了444.83亿元,农村国内生产总值151亿元,增长14.4%;农村经济总收入386亿元,增长25%;郊区工业总产值393亿元,增长36%;农村税收16.04亿元,增长25.4%;集体积累17.55亿元,增长34.3%;农民人均纯收入1 571.56元,增长10.49%。

农村各业健康发展。粮食生产连续获得丰收,总产达到281.9万吨,耕地每公顷产9 868.5公斤,总产单产双超历史;林业生产完成人工造林面积1.7万公顷,超计划40%,其中荒山造林1.4万公顷,平原农田林网和四旁植树1 496.4万株,果品总产量达到6.5亿公斤;蔬菜总产量38.1亿公斤,比上年增长3.5%,其中淡季菜生产面积增加品种增多,新建日光温室300公顷;牛奶总产量24.5万吨,比上年增长2.5%,出栏肉猪373.3万头,增长10.7%,禽蛋30.0万吨,增长7.5%;水产品总产量64 917吨,增长15.9%。由于农村各业生产持续稳定发展,主要副食品产量增加,使首都市场呈现出一片繁荣景象。

北京最大的花卉市场　　张燕辉摄

乡村两级企业迅猛发展。乡村两级企业总产值(包括集体、联合体、个体)达到365.8亿元,比上年增长30.3%,其中乡村工业产值282.4亿元,增长30.2%,占全市工业产值的比重已达到30.3%,比上年提高了2.5个百分点,其增长绝对值占全市增长绝对值的56.6%。1992年乡村两级企业总收入229.3亿元,纯收入52.5亿元,积累13.9亿元,劳动所得21.8亿元,分别比上年增长29.5%,28%,39%,26.7%。

对外开放取得重大突破。新办"三资"企业1 619家,比历年总和还多656家;协议总金额17.75亿美元,为历年总和的1.8倍,其中外商投资9.34亿美元,为历年总和的1.47倍。"三资"企业规模加大,出现一批投资在1 000万美元以上的项目。出口产品供货额32.87亿元,比上年增8.07亿元。整个郊区已初步形成了合资企业出口、边境贸易、国外设点出口等多渠道出口新格局。为发挥规模效益减少重复建设,1992年开始了经济开发区的兴建。经市政府批准的经济开发区24个,占地145平方公里,批准入区企业713家,其中"三资"企业183家;总投资64亿元人民币,其中"三资"企业投资9.3亿美元。这些开发区的共同点是筑巢引凤,经济发展的软硬件齐全。

积极稳妥地推进了县、乡机构的改革。为适应农村经济体制向市场经济转变的需要,在调查研究和借鉴外地经验的基础上,北京市提出了《关于郊区县、乡机构改革的意见》。各区县、乡镇从本地实际出发,积极探索不同的改革路子,转变政府职能,由单一的行政管理职能向管理、服务、经营职能转变。据统计,进行改革的有208个县属局和188个乡(镇)机关,分别占总数的30.5%和76.7%。共精简科级机构874个,兴办各类经济实体1 823个,分流人员8 732人,初步探索出一条干部分流、服务经济的新路。

此外,为深化乡镇企业内部改革,从根本上调动广大职工的积极性,有组织地开展了股份合作制的试点。已有12个县(区)的72家企业进行了试点,有的已制定了章程,召开了股东大会,按照合作制的要求开始运转。

(中共北京市委农村工作委员会研究室)

顺义县畜禽产销一体化管理

顺义县,在党的基本路线指引下,坚持以经济建设为中心,不断深化改革,扩大开放,推动各业生产向专业化、商品化、现代化方向发展。1989 年 10 月把县畜牧局、县副食品公司、市食品公司顺义县分公司合并起来,组建了县畜禽集团公司,将生产和流通联为一体,实现了统一领导、统一管理。在乡一级组建分公司,从而使畜禽业形成了一个以生产为基础,以收购为核心,以市场销售为导向的农商互养、工商并足、综合经营的新格局,取得了良好的经济效益。1992 年与 1989 年相比,集团公司总效益达到 4 500 万元,增长 141.3%;上交财政总额 2 530 万元,增长 137.1%;企业留利 2 500 万元,增长 108.2%;规模猪场的收购商品猪 55 万头,增加 16.3 倍。

顺义县畜禽集团公司组建几年来,取得了明显的经济效益和社会效益,基本上做到了生产者、经营者、消费者和国家"四满意"。产销一体化的优势在于:

1. 理顺了产销关系。首先,由于县畜禽集团公司是全县畜禽生产和收购加工、销售的统一经营管理机构,使过去多头多层次管理方式,转变为市有关部门统一对口县畜禽集团公司,由畜禽集团公司对乡畜牧公司和乡食品站,销售直接供应东城区副食门店。管理层次的减少,管理程序的简化,有效地解决了畜禽产销中长期存在的部门职责不清、互相掣肘的老大难问题,形成了产销顺畅,紧密衔接的新格局。其次,过去是农口管生产,主要对农民负责;商口管流通,主要对市场负责,农商两家经常产生摩擦。现在畜禽集团公司将两家变一家,部门之间的利益和矛盾在同一经营实体中得到弥合统一。

2. 促进了畜禽生产发展。畜禽生产风险大,农民有"四怕":一怕畜禽死,二怕缺饲料,三怕出售难,四怕收购价不稳。这是造成畜禽生产经常波动的重要原因。为了促进畜禽生产的发展,两年来畜禽集团公司充分利用扶持鼓励畜禽生产的各项优惠政策,发挥其自身的管理调控职能,从生产和流通两个方面入手,开展疫病防治、饲料供应、科学喂养、合同购销等全过程系列化服务,从而把农民的四怕变成了四放心。1992 年商品猪达到 65 万头,其中规模猪场就占 55 万头,比 1990 年的 26 万头增长一倍多。

3. 解决了小生产大市场的矛盾。北京市场上的畜禽产品供应,以猪肉为当家品种。长期以来养猪是农民的家庭副业,这种副业型的小商品生产面对首都这样的大市场,存在着两个难于解决的矛盾:一是肉猪生产的季节性太强,不能按市场需求规律提供商品猪;二是生产者不具有占据市场的商品生产动机,生产的稳定性程度差,极容易造成市场供应波动。从以往的经验看,每年肉猪出栏有两个高峰季节,即 4 月中下旬至 6 月中下旬和 9、10 月间,尤以前一个高峰最猛,时间约 70 天左右,调市量约占全年的 35%,顺义肉联厂旺季一天收猪多达 2 200 头,淡季只有 300 头。肉猪出栏的旺季和市场销售的旺季正好错位,市场旺季一般在 9 月中旬到下年的 3 月底,重点是中秋、元旦和春节。这种错位的季节性波动是产生生猪买难卖难的重要原因。要缓解这个矛盾,就要建设能够满足市场 3 个月需要的大型冷库,这样就使相当一部分鲜肉变成了冻肉。为从根本上解决小生产和大市场的矛盾,顺义县对养猪方式进行了变革,建起了 335 个具有 100 头母猪和年出栏 1 500 头商品猪的规模猪场,使生猪生产走上了计划配种、计划产仔、计划出栏、流水作业周年生产的工厂化生产轨道。这些规模猪场已全部投入生产,1992 年规模猪场生产商品猪 55 万头,占全县生猪生产的 84.6%。规模猪场生产的 55 万头商品猪有计划的投入市场,使得畜禽集团公司有了可靠的天然冷库,既使消费者吃上鲜肉,又减少了猪肉库存开支。　(中共北京市委农村工作委员会研究室)

京郊乡镇工业小区建设

为了克服京郊乡镇企业的分散局面,1992 年,北京郊区在区县级经济开发区发展迅速的同时,较快地发展了农村乡镇(包括少数大村)级的工业小区。

据对京郊 12 个区县的统计,郊区县各乡镇计划建设的乡镇级工业小区共有 164 个,计划占地面积 0.7 万公顷。正在建设的工业小区共有 74 个,前期开发面积 0.14 万公顷;初步确定的入区企业 461 个,入区企业投资额 13.5 亿元,建设启动资金 3 亿元,在 74 个正在建设的工业小区中,由市级专业部门进行规划设计的 16 个,区县级规划设计 44 个;规划方案经过了市级审批的有 6 个(通县城关、次渠,昌平沙河、平西府,石景山八大处等),区县级审批同意的 37 个。

京郊各区县建立乡镇工业小区的积极性正在高涨,有的地方行动比较迅速,已经进入了实质的开发运行阶段。例如通县的次渠镇,开办了以化工行业为主,旨在吸纳北京城三环内的大中型国营企业的工业小区,初步规划 66.7 公顷,总体规划 200 公顷,已经有 6 家化工类国营大中型企业和科研院所前往建厂,其中有 5 家已经开始了基建施工。大兴县的庞各庄镇,以十年前创办的、如今正在迅猛发展的高科技企业——多思公司为龙头,在庞各庄镇划出 66.7 公顷的地方,利用多思公司的科研和设计能力,形成以计算机的科研、设计和生产、销售一体化为主的工业小区。怀柔县的杨宋镇,已经怀柔县政府批复同意,划定了面积为 1 平方公里的风翔科技开发区,1991 年还被市科委列为北京市四个星火密集区之一,目前已经建成 6 家合资联营企业。

京郊乡镇工业小区建设大体有以下几种:一是科技(工业)开发区。这种形式从规划到运行都是比照市县经济开发区的做法,以高科技和外向型为主要特点。二是规划的工业小区。包括从城市发展规划的角度,在规划部门和乡镇企业主管部门的参与下确定发展区域的工业小区和吸纳北京城内的拆迁企业的工业小区。三是带扶贫性质的工业小区。密云县搞了6个;昌平县在旧县西村规划出200公顷作为山区工业小区。四是在区县经济(工业)开发区之内的乡镇工业小区。完全实行区县经济开发区的优惠政策。五是与村镇建设试点一体的工业小区。这类小区既有乡镇的,也有村办的。

从1992年的实践看,京郊乡镇工业小区建设有以下共同点:一是工业小区开发建设需要同时结合进行房地产开发。通过房产开发带动地产开发,促进工业小区建设。沙河和庞各庄各开辟了33.3公顷的房产开发区;杨宋镇在第二期开发区内,专门划出26.7公顷作为房产开发区。由于房产开发具有一定的吸引、凝聚资金的能力,所以,可以通过房产积蓄资金,促进地产开发,把工业小区的生地变成熟地。二是起步较快的工业小区,都比较注重小区发展的专业化取向。沙河综合经济开发区以旅游、娱乐为主;次渠工业小区以化工企业为主。庞各庄科技开发区以计算机为主。同时,各工业小区都在兼顾一般项目的基础上,力求上大项目,上新项目。国际飞达保健工程总投资达1亿元。三是工业小区一般都选择在方便畅通的交通要道旁边。通县的马驹桥工业小区就建在北京至天津高速公路的第一个下道口。四是注重用开发的办法解决开发中的问题,一些基础设施也通过合资、联营的方式解决。沙河镇由入区外资企业、县专业公司和该镇三方合作建立独立的供暖(热)中心;杨宋镇由怀柔县自来水公司在开发区内建水厂,县自来水公司自己投资、自己经营,镇里优惠提供场地。这种方式能缓解工业小区启动资金的不足。五是各工业小区都成立了专门机构,以开发、经营、有偿服务为主,兼有一定的管理、协调职能。六是有的工业小区在开发第二产业的同时,注重开发第三产业。杨宋镇与东方歌舞团签定协议,由该团出资建立了小型剧院、歌舞厅、餐饮部等等。此外,各工业小区都注意扩大宣传,把制定优惠政策以吸引资金、技术和人才作为重要工作来抓。

从全郊区来看,乡镇工业小区建设还很不平衡。有些地方建立工业小区的工作一时还难以进入实际的操作运行,有的也存在资金不足、占地太快的问题。这些将在1993年的工作中逐步努力解决。

(中共北京市委农村工作委员会研究室　曹四发)

天津市农业

1992年,在党的十三届八中全会和邓小平同志视察南方重要谈话精神的鼓舞下,天津市农业战线广大干部群众进一步解放思想,加快改革开放步伐,继续保持了全市农村经济全面发展的好形势。

1. 农村经济全面发展,保持了较高的增长速度。1992年农村社会总产值达496.16亿元;比上年增长45.8%;工农业总产值达427.91亿元。比上年增长51.7%。

农业生产战胜了历史罕见的严重干旱和病虫、风暴潮等多种自然灾害,获得丰收。除棉花外,主要农产品产量都有不同程度的增长。粮食总产达到198.70万吨,是1984年以来的第九个丰收年。蔬菜总产310.4万吨,比上年增长9.9%;果品总产量14.1万吨。受面积减少和干旱病虫害的影响,棉花总产16 305吨,比上年下降36%。禽蛋产量21.3万吨,与上年持平;肉类产量15.1万吨,比上年增长16%;牛奶产量9.5万吨,比上年增长8.1%;水产品总产量11.1万吨,比上年增长2.7%。

乡镇企业出现了快速增长的新局面。全年乡镇企业总产值380.5亿元,比上年增长45.5%;总收入285亿元,比上年增长57.6%;利润总额28.4亿元,比上年增长53.6%。

2. 经济结构进一步调整,经济效益有新的提高。1992年,农村三个产业结构又有新的变化。在农村国民生产总值中,第一二三产业的比重分别为24.3∶55.2∶20.5。与1991年相比,第一产业所占比重下降了3.4个百分点,第二产业和第三产业分别提高了2.7个和0.7个百分点。农村整体经济效益又有新的提高。农口四区五县财政收入10.5亿元,比上年增长10.5%。全市农民人均纯收入1 309元,比上年增长12%。

农业生产坚持以市场为导向,加快发展高产优质高效农业的步伐。种植业结构有较大变化,全市小麦、玉米、高粱等粮食作物播种面积比上年减少1.2万公顷,下降4%;增加了经济效益好的蔬菜、大豆的种植面积,蔬菜由5.6万公顷增加到6万公顷,大豆由4.9万公顷增加到5.3万公顷。养殖业在鲜蛋、猪肉市场放开后,生猪、蛋鸡生产平稳,草食性和饲料转化率较高的肉牛、肉鸡等发展较快。1992年全市年末蛋鸡存栏1 873.5万只,比上年下降18.5万只;生猪年末存栏87.96万头,比上年增加1.2万头;肉牛年饲养量达5万头,比上年增长1倍;肉鸡年出栏622.7万只,比上年增长62%。

乡镇企业通过增加投入和技术改造,产品结构和组织结构都有新的调整。全年固定资产投入超过21.8亿,是1991年的1.5倍多,当年新上项目1 500项,其中投资在500万元以上的就有37项。技术改造和新产品开发加快,全年技改投资达11.66亿元,当年主攻技改项目1 023项,其中投资在50万元以上的较大技改项目达551项。据统计,共开发新产品2 000多种,其中40%属于高新技术。企业规模进一步扩大,在全市10 892个乡村联集体工业企业中,产值百万元以上的企业有4 597个,完成产值234.23亿元,占总产值的91.41%;产值超过千万元的企业478个,完成产值112.48亿元,占总产值的43.9%。出现了15个亿元村。

外向型经济迅速发展,带动了农村经济整体结构和素质的进一步提高。市政府批准设立的区县12个经济开发小区建设进展很快,农村投资环境进一步完善,全年新办三资企业达416家,相当于改革开放以来兴办三资企业总数的近两倍;累计投资总额

5.9 亿美元，其中外资占 42%。农口完成外资收购值(本市口岸)26.46 亿元，比 1991 年增长 57%。完成外贸收购值达 22.1 亿元比上年增长 62%。

3. 进一步加强农村社会化服务组织建设。1992 年，全市农村在继续完善家庭联产承包双层经营体制的基础上，各级组织适应形势大力加强农业社会化服务组织建设，市、区县、乡、村四级农业社会化服务组织已有 1.6 万个，农民自办服务单位 1.7 万个，总人数达 15.9 万人，占农村总劳力的 9.4%。其中，以从事流通服务为主的市和区县、乡、村服务组织达 1 629 个，以科技服务为主达 2 000 多个。

4. 继续坚持为改善农村人民生活办实事，农村各项事业又有新的发展。农村办学条件进一步改善，又有 30 个乡镇实现了九年义务制教育，全市实现九年义务制教育的乡镇已达 186 个，占 84%。农村成人教育三级办学网络得到加强，市组织绿色证书培训扩大到 3 200 人，对 2 000 余名农民技术员进行了资格证书培训，对全市主管农业的副乡镇长普遍轮训了一遍，通过举办多种形式培训班，共培训农民 82 万人次。

农村交通通讯事业进一步发展。农村公路交通网日益完善，新建成武清、静海、北辰 3 个汽车客货联运站，增强了吞吐功能。5 县 4.1 万门程控电话开通使用，为经济发展创造了新的有利条件。

农村环境卫生条件进一步改善。农村四旁植树 993 万株，增长 49.5%。以治理脏乱为重点，改善农村环境，对 44 个重点乡进行了规划，新建样板村 22 个。完成了西青森林公园二期、武清西苑公园一期和官港森林公园续建工程。改善农村医疗卫生条件，建成了西青中医医院，扩建了蓟县县医院，共新增病床 306 张。重建推广农村集资医疗制度，年内又有 1 030个村实行了合作医疗，累计已达 2 200 多个村，占总村数 57%。蓟县、静海、西青、津南四县(区)在全国农村初级卫生保健验收中达标。

农村福利和保险事业又有新发展。全市农村已有 1.8 万多名残疾人就业，占有劳动能力残疾人的 71%。有 1/3 的乡对五保户供养实行统筹，对 7 092 个分散五保户签定了保养公证。随着两高一优农业发展，农业保险发展很快。种植业承保小麦、棉花、水稻及各种经济作物 14.3 万公顷，承保面达 63%；养殖业承保鸡、奶牛等规模养殖项目，承保面达 43%；两次承保总金额达 3.11 亿元。

5. 农村社会主义精神文明建设取得新成绩。1992 年，天津市结合农村社会主义思想教育活动的开展，各区县认真落实“二五”普法规划，85%的乡镇和 73%的村厂制定和落实了依法治理规划；突出抓了创建评比“新风户”和“遵纪守法户”活动，有 85%的农户被评为“遵纪守法户”，推动了社会治安综合治理和移风易俗活动的开展。随着经济发展，农民文体活动更加丰富，各区县组织广大农民积极参与第三届田野艺术节活动，涌现了一批农民创作的优秀作品、节目和农民文艺人才。乡村体育活动更加广泛，农民参加各类传统体育竞赛和各类健身活动的覆盖面达 30%。

（天津市农村工作委员会政策研究室）

加快副食品市场建设

1992 年，天津市随着几种主要副食品价格的陆续放开，副食品流通形势也发生了新的变化，其显著特点是农村市场建设步伐加快。各区县把培育发展市场作为加快改革开放、加速经济发展的重大举措，兴起了建市场热。据不完全统计，农口 4 区 5 县 1992 年共投资 1.02 亿元，新建和完善各类市场 87 个。围绕城市这个大市场，由四个不同层次的市场组成的市场体系已现雏形。一是在城郊结合部，以直接面向城市消费市场为主，出现了一批新的农副产品批发专业市场。其中津南区的何庄子蔬菜批发市场 1992 年成交量 20 万吨，成交额 1.61 亿元，成交量占市区需求量的 1/4，成为全国十大蔬菜批发市场之一。二是在距市区较远的静海、宁河、津南等区县政府所在地投资 2 000 万元以上，兴建了一批综合交易市场。三是农村集贸市场。农口 4 区 5 县共有各类市场 296 个，日均流量达 111.5 万人次。四是以副食品生产基地为依托，迅速兴起了一批以农副产品外运、外销为主的季节性市场，全市已达 400 多处。随着农副产品价格的逐步放开，市场成交进一步活跃。据 1992 年上半年统计，全市农村集贸市场成交额达 13.9 亿元，比上年同期增长 36%，其中蔬菜成交量增长 37%，肉禽蛋类增长 31%，水产品增长 51%，干鲜果增长 40%。

1. 农民进入流通的步伐加快，出现了国营、集体、个体竞相发展的局面。据对 1991 年区县(国营商业)、乡村(集体)、个体三个层次流通渠道进行分析比较，农副产品收购量，区县级占 53.4%，居于首位，乡村集体次之，占 29.5%，个体占 17.1%；从业人员，个体占 48%，居于首位，乡村集体次之，占 31.3%，区县级占 20.7%；在拥有自有资金方面，乡村集体占 47%，居于首位，个体次之，占 27.5%，区县级占 25.5%；在运输能力方面，个体拥有比例占 46.2%，居于首位，乡村集体次之占 43.5%，区县级占 10.3%；在藏储能力方面，乡村集体占 70%，居于首位，个体次之占 16.2%，区县级占 13.8%。综合这五个方面，个体在从业人员和运输能力方面占有优势，乡村集体在拥有自有资金和藏储能力方面占有优势。由于 1991 年除鲜蛋于 11 月份开始放开，其他副食品价格还未放开，故仍保持国家收购为主的渠道。

1992 年以来，随着市场的放开，国营、集体、个体等多种经济成分的流通渠道竞相发展，农民进入流通领域的步伐明显加快。主要表现在：一是以从事农副产品流通服务为主的乡村社会化服务组织迅速发展。全市农村乡村两级社会化服务组织达 1.5 万多个，其中专门从事流通服务的达 10%以上，还有相当一部分兼搞流通。全市乡镇一级基本都成立了商贸公司，有相当一部分村也成立了流通服务组织，专门从事农副产品和农用生产资料购销业务的农民业务员队伍开始出现。武清县南菜村乡乡村两级共有60名农业业务员，专门从事与农业有关的购销业务，对促进本乡高效农业的发展发挥了巨大作用。二是农民进入流通的规模明显加大，出现了农民购买各种运输工具的"运销热"。主要是购买小型拖拉机和机动三轮，既可用于生产，也可从事运销。在一些副食品生产比较集中的乡村，购买这类交通工具的农户超过1/3。这些农民既出售自己的产品，也收购销售别人的产品。当天就可把产品运往天津、北京的市场出售。三是一些农民开始从农业生产中分离出来，成为从事农副产品流通的专业运销户，有的地方还出现了农副产品购销专业村。1992年，全市农民自办的农业社会化服务单位达1.7万个，绝大多数以从事农副产品流通服务为主。宝坻县后西苑村1992年，全村从事猪肉运销的达200多人，占劳力总数的50%。自由组合为51个专业组，每组内都有人专门负责收购、屠宰、运输和销售，最多的组年销售生猪3 000头以上。全村年销售生猪达10万头以上，上交国家税金达20多万元，成为远近闻名的生猪运销专业村。

2. 政府转变职能，以市场为导向的新的一体化组织形式开始出现。随着市场的放开，各级政府积极转变职能，引导服务组织主动走向市场，探索新路，一些新的产销一体化经营形式开始出现。一是一些乡村服务组织主动进城，积极与市内经销单位和大的消费单位挂钩，建立比较稳定的供销关系。二是市内的零售单位和一些大的消费单位主动下乡，与生产单位直接挂钩联系，或签定供销合同，或投资联合建立生产基地。三是各级政府和经济技术部门转换职能，兴办以农副产品销售为主的服务组织和经济实体。多数乡镇成立了农副产品销售公司，很多区县经济技术部门以产品为龙头，纷纷组建专业式综合的销售公司。宝坻县农口组建了农副产品产销总公司和禽蛋、畜牧水产两个分公司。

（天津市农村工作委员会政策研究室　赵福海　宋玲之）

农业科技事业发展概况

1992年，天津市在市委、市政府正确领导下，经过农业科技战线广大干部、科技人员的共同努力，农业科技事业有了新的发展，为促进农村经济发展做出了新贡献。

1. 农业科技成果推广面大、效果好。全市共安排市级农业技术推广重点项目24项，农业示范工程项目7项，农口各区县局、院还根据各自的条件安排了农业技术推广项目200多项。农业技术推广和示范工程项目重点突出。把一批适用的成熟技术大面积、大范围地加以推广。其中由市政府下达，市农委、市计委、市科委和市财政局共同组织的"3.3万公顷水稻高产栽培技术"和"50万头瘦肉型猪饲养综合配套技术"推到全市农村各个区县。其中"3.3万公顷水稻高产栽培技术推广"项目涉及本市水稻的主要产区宁河县、宝坻县、蓟县、东丽区、津南区、西青区、塘沽区、汉沽区等8个县区的69个乡镇、585个村队；参加推广工作的市、区、县、乡镇各级农技推广人员300多人。"50万头瘦肉型猪饲养配套技术推广"项目涉及到全市12个区、县的610个养猪场户，参加推广工作的各级农村推广人员260多人。经过广大科技人员和农村干部、群众的共同努力，使新技术成果的推广取得了显著的效益。"3.3万公顷水稻高产栽培技术推广"落实面积3.36万公顷，平均每公顷产达到34.2公斤，比前三年平均每公顷产增加了1 548公斤，提前两年实现原计划每公顷增产稻谷1 500公斤的计划。共增产稻谷5 200万公斤，按每公斤稻谷0.80元计，增加经济效益4 100多万元。瘦肉型猪落实22.3万头，实现年度计划的148.7%；平均瘦肉率达54%以上，料肉比3.38：1，商品猪育肥期日增重580克以上，头均增收节支52.5元，共增加经济效益1 554万元。另外，安排的10万平方米蔬菜遮阳网推广项目当年落实面积达30万平方米，每公顷增收9 000多元；万亩糯稻开发落实133.3公顷多，平均亩产达千斤，鲫鱼高产养殖落实面积333.3公顷。

2. 农业科技新成果不断涌现。1992年度在已通过专家鉴定的成果中，有19项成果获市科技进步奖。其中由蓟县农业技术推广中心培育成功的冬小麦新品种"津麦2号"获市科技进步一等奖；市水利科学研究所等单位完成的"于桥水库富营养化防治技术研究""潮白河双层橡胶坝技术研究"，市农业技术推广站等单位完成的"玉米前重型栽培技术体系研究"、市农学院等单位完成的"天津市中型水面对虾养殖技术配套研究"和市农科院农作物研究所培育的"津鲜一号玉米"等5项成果分别获市科技进步二等奖；市农科院植物保护研究所完成的"卫青萝卜病毒种类检测及综合防治技术研究"等13项成果分别获市科技进步三等奖。

为了改善农业科研条件，市农委、市科委还安排部分资金，为农科院装备了小麦生理实验室、蔬菜生理实验室，改造了26.7公顷实验田和2个温室。为了提高全市农业科研水平，经市科委批准，在市农科院建立了"天津市农业生物技术研究中心"。

3. 科技兴农向纵深发展。一年来，全市农口各级政府按照党中央及市委、市政府的要求，加强了对科技兴农的领导，重点抓了以下几方面的工作：一是为农村乡镇普遍配备了科技副乡镇长。二是培训农业副乡镇长，1992年开办了2期培训班，每期培训2个月。三是加强农村乡镇 科技服务组织的建设。四是在全市确定了34个农业技术推广试点乡。市科委、市农委共同组织了乡镇科技兴农考评工作，评出15个"科技兴农先进乡"。五是农口在市、区县局院及农村乡镇三级建立了科技信息网络，并创办了《天津农业科技信息报》，共出版20期，发行9.2万份，刊载信息750余条。六是加强农民技术教育。到1992年底，全市共建乡镇成人教育中心学校221

所，农民实用技术培训30多万人次。农民专业技术证书试点工作扩大到9个区县的20个乡镇，开设了畜牧、水产、农学、林果、蔬菜、农机、农经等专业，完成了3 200人的培训任务。

（天津市农村工作委员会科技教育处）

河北省农业

1992年，全省农业和农村经济继续保持发展的势头。由于在连年干旱的情况下，又遇到近50年来少有的大旱，种植业受到一定影响，全省粮食总产2 185.6万吨，比上年减少3.7%；棉花，除受旱外，棉铃虫大发生，棉花生产严重受挫，总产30.6万吨，减产51.8%；油料总产66.3万吨，减产9%。种植业虽有减产，畜牧业、林果业和多种经营却有较多的增产。林业向经济、生态并重的方向发展，全省造林完成279.6千公顷，比上年增长0.3%，累计有86个县（市区）达到平原绿化标准。全省肉类总产量157.4万吨，比上年增长10.2%，禽蛋产量68.2万吨，增长12.5%，生猪年末存栏1 632.4万头，增加4.9%。水产品产量达到30.45万吨，比上年增长28.6%。1992年，全省农业增加值258亿元，比上年增长0.5%，农村人均收入682.48元，增长3.8%。

1992年，全省农业和农村经济呈现如下几方面的特点：

1. 农业的基础地位得到加强，各行各业支援农业产生效力。一年来，各级各部门通过贯彻执行党的十三届八中全会《关于进一步加强农业和农村工作的决定》，进一步提高了对农业重要性的认识，搞好农业、支援农业的自觉性增强。1992年，全省农行系统投入支持农业生产的资金达61亿元，比上年增长40.6%；投放重点：一是支持发展粮棉生产，共发放贷款35亿元；二是支持农业综合开发，发放贷款7亿元；三是支持先进科技成果的推广应用。农资系统投资1 500万元，建立完善了植物医院、配肥站、机械药防队、村级综合服务站等基层服务网点1.8万多个，配备技术人员4 265名，一年中搞测土施肥24.5万公顷，推广地膜10.1万公顷，全程技术承包面积18.1万公顷。

各级从提高农业综合生产能力着眼，加强农业基础设施建设。一是农田水利，1992年地方自筹用于农田水利建设的投资2.5亿元，完成各项工程6.6万项，农田有效灌溉面积达到3 885.6千公顷，比上年增长1.2%。二是农业机械，近几年一直增加较快，年末全省拥有农机总动力2 955.18万千瓦，比上年增长3.7%，各种拖拉机68.7万台，比上年增长6.2%，农村60%的田间作业和70%的运输任务，已由农机承担。

2. 乡镇企业发展加快。全省乡镇企业总产值达到1 037亿元，比上年增长41.31%，乡镇企业占全省社会总产值的比重上升到44%，比上年提高9个百分点；实现利润126亿元，比上年增长33.3%；上缴国家税金24亿元，比上年增长27.8%。乡镇企业中的“三资”企业发展到483家，增加365家。全省已经形成具有一定规模的区域性行业。

乡镇企业在农村经济中的重要地位，越来越明显。1992年，全省农村人均收入中，有44%来自乡镇企业。乡村集体企业收入，用于支农的资金达到2.8亿元，比上年增长49.9%。

3. 科技的推广应用，对促进全省农业的发展产生了重大作用。1992年，省农林科学院系统，有53项科研成果获奖，比1991年增加16项，累计创效益16亿元。“冀麦26”冬小麦新品种，具有早熟、秆矮、抗倒伏、丰产性好等优点，1988年通过品种审定后，累计推广面积260万公顷，增收小麦15亿公斤，1992年全省种植面积，占麦田总面积的68%。由于推广小麦良种、半精量播种、科学施肥浇水等先进技术，1992年尽管遇到严重干旱，全省夏粮总产仍达到920.6万吨，比上年增产1.86%，有正定等8个县（市区），每公顷产突破6 000公斤，总面积19.1万公顷，创造了小麦大面积高产新纪录。

科技进步对推动边远、贫困和山区的农业发展，发挥了重要作用。1992年，全省实施山区农业经济技术开发投资1亿元，安排项目190个，增产粮食8.64万吨，果品2.85万吨，出栏畜禽376万头（只），开发加工新产品170种，增加经济效益3亿元。在科技扶贫方面，各地通过适用技术的扩大应用，产生了明显的经济效益，仅“叶面宝”一项，4年来推广145.1万公顷（次），为贫困地区增加收益2.7亿元。

4. 农业逐步同市场接轨，高效益农业正在发展。一是种植业，各地在保证足够粮田的情况下，扩大蔬菜种植面积，1992年，全省蔬菜发展到29.8万公顷，日光温室蔬菜0.4万公顷，推广黄瓜嫁接及节能型日光温室深冬生产技术680公顷，平均每公顷产瓜菜9.75万公斤，产值1.2万元。蔬菜生产的发展，带动全省形成10个大型蔬菜批发市场。二是果品业，1992年，全省干鲜果品总产量26亿公斤，年产值40多亿元，其中梨、板栗、红枣产量均占全国产量的1/3。为了实现果品优质化，提高果树的经济效益，各地积极建设名优特果园，全省这类果树面积达到29.0万公顷。同时，果品贮藏加工业也发展起来，全省贮藏冷库达到8万多个，总容量6.5亿公斤，果品加工厂达到5 000多个，加工能力2.5亿公斤，贮藏加工增值5亿多元。三是畜禽业，走“高产、优质、节粮、高效”的路子，尤其是利用作物秸秆养牛发展很快。各地共筹集资金5 000多万元，建永久性青贮窖5万多个，青贮饲料664万吨，1992年末，全省牛只存栏比上年增长16.5%，出栏比上年增长40.8%，奶牛从3.7万头，发展到16.4万头，全省养牛专业户达到1.4个，靠养牛增加经济效益1.9亿元，节粮120万吨。四是水产养殖业，1992年海水养殖产量达到4.4万吨，取得了历史上最好的成绩，唐海、滦南两县均超万吨。养殖品种除中国对虾外，又增加了斑节对虾、东虾以及黑鲷、河豚养殖，贝类大面积管养已超过2万公顷。淡水名优特新品种开发已见成效，建鲤、河蟹、元鱼等人工养殖，发展很快。1992年，全省淡水鱼产量比上年增长16%。

5. 农业综合开发向深度广度进军，效益显著。河北是国家立项的黄淮海平原农业综合开发重点省份之一。到1992年底，完成投资40 068万元，改造中低产田18.5万公顷，开垦宜农荒地1.38万公顷，新增和改善灌溉面积10.4万公顷，新增粮食生产能力2.2亿公斤，在1992年的大旱之年，粮食普遍增产。沧州地区项目区4.85万公顷小麦，平均每公顷产4 530公斤，比非项目区高一倍多。

坝上地区生态农业建设，从1990年实施，经过3年的努力，共建成水浇地2.29万公顷，造林3.3万公顷，建设草场3.3万公顷，项目区经济、生态效益明显。造林成活率达到80%，已开始发挥防风固沙作用；草场覆盖度达到85%，比立项前提高30个百分点，已发挥效益的1.8万公顷水浇地、粮食每公顷产量增加2 250公斤。（河北省农业办公室）

藁城等五县（市）实现吨粮县

藁城、望都、新乐、栾城、赵县等五县（市）粮食亩产超吨，吨粮田面积总计达到9.5万公顷，创造了粮食大面积高产的典型，其中望都是目前我国最北部的吨粮县。

藁城等5个县（市）将吨粮田建设作为提高粮食总产量、缓解人口增长与耕地不足矛盾的重大措施来抓。1992年，这5县（市）被列入全省“丰收计划”项目区，从多方面，为吨粮县创造条件：

1. 改善科技推广的基础条件，使科技在吨粮县建设中发挥了巨大作用。这5县（市），都配备了科技副县（市）长、科技副乡长和科技副村长，形成了上下贯通，科技、行政相结合的科技推广体系。望都县投资104.6万元，新建一座农技推广服务中心，添置了成套技术服务设备。藁城市投资10万元，为乡镇配备和更新了声像设施，改善了培训条件，使科技推广的手段更为先进。这5县（市）除广泛利用电台、电视台，采取通俗易懂的形式向农民宣传普及农业技术外，还在每年的关键农事季节，对农民进行技术传授和培训，使吨粮田的配套技术进户到田。

2. 完善吨粮田的配套技术。这5县（市）的两季粮食作物亩产能过吨，关键是选用早熟小麦搭配中晚熟玉米的种植模式。采取四项配套技术：一是良种配套。小麦选用冀麦26号、冀84-5418等品种，玉米选用掖单2号、掖单4号等品种。两种作物品种搭配和接茬合理，可争取多利用200～300℃的积温。二是种植配套。小麦采取半精量播种，10月1～5日下种，每公顷基本苗240万～270万株；玉米套种在小麦收获前5～8天进行，麦茬点种在6月15日前落种，按品种类型合理密植，“平展型”品种每公顷留苗5.25万株，“紧凑型”品种，每公顷留苗7.5万株，扭转了过去前（小麦）密后（玉米）稀的偏向。三是管理配套。克服“重夏轻秋”的思想，确保吨粮田的整体产量。对土地注重用养结合，增施有机肥，实行秸秆还田，不断提高土壤肥力；化肥施用，做到氮肥足，加施磷肥，补施钾肥和微肥，实现平衡施肥，施肥方法改撒施为开沟施，以提高肥效。在灌溉方面，按照农作物需 水规律和降水情况，一般年份小麦浇好底墒、封冻、拔节、孕穗、灌浆五水；玉米浇好保苗、大喇叭口、灌浆三水。四是病虫草防治配套，贯彻“预防为主，综合防治”的方针，把病虫草害降到最低限度。

3. 树立高投入高产出高效益观念。肥料是投入的重点，他们根据不同土壤肥力，投入足够的肥料。新乐县对全县土壤进行详细调查化验后，分为5个类型、41个区型，按照小麦、玉米一体化吨粮田的要求，提出不同类型土壤的施肥方案，制成彩色技术明白图，农民可以按图进行配方施肥。在保证足够肥料投入的情况下，每亩吨粮田，一般可获得普通田1.5亩的产量。其经济效益，据河北省粮油作物研究所典型调查，每亩吨粮田物质和人工投入及其他费用合计265.13元，比普通田高45.96元；产值498.46元，纯收入233.33元，分别比普通田高194.6元和60.51元。

4. 完善社会化服务体系。这5个县经过几年的努力，已建立健全较为完备的农机、水利、除治病虫等统分结合的社会化服务体系。在“三夏”、“三秋”中，实行统一调度农机具，统一作业规格，统一供应油料，统一耕地、耙地、播种、收割、脱粒以及秸秆还田等作业。在农田水利方面，统一为农户修建防渗渠道，统一打井，统一管理井具，统一浇地。良种供应是吨粮田建设中的重要环节，各县市普遍建立了良种繁育体系，保证了小麦、玉米良种的及时供应。1992年，农作物病虫害发生较为严重，针对这种情况，各县市增加植保投入，加强虫情测报和农药药械供应服务，开展病虫害的统一防治，既提高了除治效果，又降低了生产成本。（河北省农业办公室综合处）

保定地区培育农村市场

农村市场建设，是改革开放以来保定地区的突出成就之一。到1992年底，全区已形成各类市场900多个，其中专业市场52个。白沟箱包市场，祁州药材市场，留史皮毛市场，完县旧塑料市场，容城王村化纤布市场，蠡县辛兴腈纶市场，雄县葛各庄粮食市场等，都是远近闻名、颇有影响的专业市场。农村市场的形成和发展，成为全地区经济繁荣的重要支柱，推动全地区农村经济发生了深刻变化。

1. 整个农村经济由封闭型向开放型转变。全区农业、乡镇企业，基本上已按市场需求进行生产，农村商品率已达到60%以上；凡是具有规模性生产的产品，如箱包、中药材、腈纶、服装、汽车配件、金属编织、蔬菜等，大都通过专业市场流向全国和国际市场，有的在国内占有举足轻重的地位，容城的服装与浙江的义乌齐名，被称为南北两大服装市场。

2. 促进了产业结构的优化，使农村剩余劳力转向商品生产和第三产业。乡镇企业依托市场，形成了一大批骨干企业，全区集体和个体企业达到19.6万个，从业人数100多万，占劳力 总数的27%；依附市场的第三产业迅速发展，从业人员达5万人，农民办旅馆1 200家，餐馆2 500家、修理店铺540家、其他服务行业1 800家，拥有客货运输车辆1 500辆。在市场的引导下，农业种植结构不断调整，蔬菜、瓜果、药材、苗木、棉花等经济作物种植面积达到12.8万公顷，总收入占种植业收入的42%。

3. 形成了若干以市场为依托的专业化经济区域。蠡县的腈纶毛纺业，最初靠推销大军，肩背手提外出销售，随着生产规模的扩大，市场逐步形成，市场功能又进一步推动生产的发展，全县已有腈纶毛纺厂196家，有专业村50个，专业户2.4万个，从业人员10万人，年产腈纶毛线9.1万吨、成衣480万件，腈纶加工销售经济区。围绕市场形成经济区，市场所在地自然成为经济中心，交通运输、金融、邮电、信息等服务设施相继建设起来，从而加速了小城镇建设，全区近百个大型集贸和专业市场所在地，大多已成为初具规模的小城镇。

4. 培养和造就了一批懂经营会管理的农民队伍。在市场经济的推动下，涌现出一批经营灵活、头脑精明的厂长、经理，有些则成为精通本行商品业务、身怀绝技的行家和经纪人。安国有一批抓一把用眼一看，即可分辨出药材品质、成色、产地的药工，留史有一批用手一摸即可知道兽皮捕猎制作季节、产地的“皮毛通”，大宗交易都是靠这些人出价成交。

保定地区农村市场，在自身发展过程中，也正在经历着深刻的变化：一是由农民和手工业者之间的互通有无、调剂余缺的初级市场向商业性市场发展，交换形式由生产者和消费者之间的直接交换发展为主要靠中间商交易 。二是由综合市场向专业市场发展。三是以零售市场为主，向批零结合的市场发展，专业市场都是批零兼营，以批发为主。四是由产地销售为主的区域性市场向远辐射的开放性大市场发展。五是由设备简陋的街道市场，向建筑形式多样化的永久性市场发展。几年来，全区用于市场建设的投资达到4.2亿元。六是由现货市场向期货市场发展。

1992年，全区市场建设出现了新的高潮。蠡县和留史镇再投资3亿元，把留史皮毛市场建成以皮毛皮革为龙头，集商业、加工、金融、外贸、服务、娱乐、房地产开发、信息咨询等多功能的“中国留史皮毛城”。“药都”安国市，制定了“以药兴市，一业带多业，改革开放求发展”的战略，全市扩建新建药材市场8个，26个集贸市场新辟药材街12条，固定摊位1 400多个，新办药材加工企业57家，市城区的祁州药市在原有1.7平方公里的基础上，扩建为4平方公里，日客流量2万人、成交额100多万元的药城。1992年，全区与外商签订投资项目131个，投资额4.2亿美元，合同利用外资2.6亿美元，超过前13年的总和。

（河北省农业办公室综合处）

山 西 省 农 业

1992年，山西各地在认真贯彻落实党中央关于加强农业和农村工作的各项决定和省委、省政府对农业工作的各项安排部署下，集中精力抗御和减轻旱、涝、虫等严重灾害为重点，积极发展高产优质高效农业，使全省农业在不利的自然条件下，得到了较大的恢复性增长。全省粮食总产量达到85.83亿公斤，比上年增长15.6%。经济作物中，棉花产量为0.95亿公斤，比上年减产15.3%；油料总产3.37亿公斤，比上年增长13.2%；甜菜总产6.08亿公斤，比上年减产10.2%，属计划性减收。蔬菜总产37.72亿公斤，比上年增长27.6%；水果产量为50.59万吨，比上年增长27.7%。麻类、烟叶、蚕茧、药材等都比上年有不同程度的增长。林业生产取得新的进展，全年完成造林面积23.09万公顷，比上年增长11.4%；新育苗面积0.9万公顷，增长20%；四旁植树2.03亿株，比上年增长2.5%；规划在1992年第一批实现基本绿化的9县(区)如期实现了基本绿化达标。畜牧业生产稳定增长，肉类总产量为38.37万吨，牛奶总产19.49万吨，禽蛋总产21万吨，绵羊毛总产0.57万吨，分别比上年增长6%、2.3%、4.9%和1.3%。大牲畜年末存栏299.2万头，猪年末存栏391.87万头，羊年末存栏679.02万只，分别比上年增长1.1%、6.4%和3%。水产品产量为1.24万吨，比上年增长9.6%。乡镇企业超常规、高速度发展。实现总产值354.4亿元，比上年增长42.5%，总收入完成322.7亿元，增长47.1%，出口产品交货额完成5.7亿元，比上年增长50%。乡镇企业为农民提供的人均纯收入240元，以工补农资金达1.8亿元，有力地支持了农村各项社会事业的发展。全省农村社会总产值达到436.76亿元，农村工业、建筑业、运输业和商业、饮食业等非农产业经济比上年增长32.8%，占农村经济的比重进一步上升。全省农民人均纯收入627.01元，比上年增长10.4%。

1992年，山西省在农业和农村经济工作中重点抓了以下几项工作：

1. 继续增加农业投入。近几年，山西省各级用于农业的资金投入逐年增加。为加快改变农业基础脆弱的状况，1992年在财政比较困难的情况下，省级农业基本建设投资达2.62亿元，占省筹基本建设投资的17%，省财政安排的农业生产性支出为2.12亿元，比上年增加1 000万元，增 长4.93%。全省地、县两级财政用于农业的生产性支出比上年增加1 000万元；乡村以工补农资金增加6 238万元，比上年增长7.4%；各级农业信贷投放比上年增加9.3%；农民人均生产性投入比上年增加9元。在物质投入上，化肥连续四年施用总量递增10%以上，1992年用量达到306万吨(标肥)，比上年增长10.7%。农用地膜使用量达到1.5万吨，增长7.1%；农药使用量达到7 129吨，比上年增长13%。

农村用电量达到33.8亿千瓦小时，增长12.2%。农机总动力达到1 152.5万千瓦，比上年增加69.5万千瓦；各种拖拉机保有量达到23.67万台。

2. 突出重点，狠抓骨干农业工程田建设。1992年，省委、省政府决定，要在90年代全省建成两个1 000万亩高产高效农田（水地1 000万亩、旱地1 000万亩）、"八五"期间先建成33.3万公顷水地高产高效农田，33.3万公顷旱地粮食千斤田，"九五"期间再扩建两个33.3万公顷。1992年各建设两个13.3万公顷，以后每年各增加6.7万公顷。根据工程规划，全省各地集中安排建设了13.3万公顷水地高产高效农田，13.3万公顷旱地粮食千斤田。全年全省共实际落实水地工程田15.7万公顷，旱地千斤田14.2万公顷，其中吨粮田4.2万公顷，双千田3.1万公顷，高产田8.4万公顷，工程田总产粮食27.25亿公斤，比对照田增产6.5亿公斤，增加收入4.27亿元。

3. 坚持不懈地开展兴水治旱，狠抓各项抗旱措施的落实。鉴于1991年山西省遭受严重旱灾减产，省委、省政府明确提出，要把抗旱始终作为全省农业经济战线上的头等大事来抓。1992年全省在上年严重干旱的基础上，1～7月份旱情持续严重发展，降水比常年减少40%以上。在严重干旱的情况下，省政府在3月初就预拨农田水利经费3 000万元，下拨抗旱专项经费800万元和解决人畜吃水经费400万元；提供抗旱专项贷款3.38亿元；在按计划正常供电的基础上，又增供抗旱用电负荷35万千瓦；增拨抗旱柴油5 000吨，汽油2 500吨；抗旱专用钢材3 000吨，抗灾化肥4万吨；并投资100万元，开展人工增雨作业。在水库蓄水、河道来水减少较多，地下水位明显下降的情况下，全省投入浇地的水井达4 700多眼，大中型灌区180多处，小型水利工程3 800多处，春夏实浇面积分别达90.1万公顷和71.3万公顷，超额完成计划任务7%。此外，在兴水改土治旱上，除继续抓好病险水库的除险加固外，重点安排了四方面的工程。一是加强新的水源工程建设，安排了万家寨前期工程、汾河二库和引沁入汾等大型水源工程；二是加快改造现有灌区。根据水源潜力大、改造受益快的原则，安排了25处中型灌区的配套建设；三是大抓井灌区的配套和小泉小水的开发利用；四是坚持建设高标准梯田、沟坝、滩地和旱坪塬地。围绕上述四方面的重点工程项目，全省各地集中人力、物力、财力突击建设，去冬以来总投工2.8亿个，完成土石方工程量10.4亿立米，新修整修工程12.5万处，完成渠道防渗3 600公里，平田整地、划小畦块56.7万公顷，建成达标节水面积3.9万公顷，新增有效灌溉面积1.7万公顷，治理水土流失面积15.5万公顷。

4. 全方位实施科技兴农。1992年，全省围绕农业各项指标的实现，大力推广和应用适用农业技术，重点抓了三个方面的工作。一是扩大实用技术的覆盖面。全省在种植业上全面推广了优种更新更换，稳氮增磷配方施肥，地膜和秸秆草肥覆盖，化学调控、抗旱剂、植保素、丰产素等激素，标准化、模式化栽培，机械化旱作农业和各种形式的抗旱丰产沟等10项适用技术，总施用面积达900万公顷次，比上年扩大133.3万公顷次。在养殖业上重点推广了畜禽良种改良、配合饲料、秸秆青贮、氨化、集约化养鸡、畜禽疫病防疫、畜禽体内外驱虫、饲养环境控制等8项技术，推广应用范围达1 300多万头（只），比上年增加200万头（只）。二是组织实施综合配套技术工程项目。在种植业方面有，33.3万公顷"兴农计划"，9.3万公顷"丰收计划"，2万公顷"星火计划"，9.3万公顷"温饱工程"。全省技术开发面积达到82.7万公顷，总产粮食30.5亿公斤，增产2.8亿公斤，增收近2亿元。养殖业方面有，组织实施瘦肉型猪、高产奶牛、高产蛋鸡、育肥羊等7项畜牧业"丰收计划"，开发优质高产畜禽727万头（只），生产优质畜产品30.6万吨，新增畜产品10.3万吨，新增产值2.1亿元。（山西省农业办公室综合处）

【晋城市农村奔小康采取十种经济模式】 1992年，山西省晋城市重点建设的100个小康示范村，按支柱产业类型，采取十种经济模式：高产高效农业型，这类村一般地理条件较好，土地肥沃，水资源丰富，商品农业发达；地下采掘型，这类村从各自的矿产资源优势出发，以采煤为主，有的还采铁矿、磺矿、铝矾土等；冶炼加工型，这类村有23个在示范村中占有较大比重；城镇商贸型，一般这些村地处城镇边沿，有发展第三产业的优越条件；运输服务型，其特点是依托本地区丰富的矿产资源，利用便利的交通条件，大力发展为工矿企业配套服务的运输业；建筑建材型，其特点是依托当地资源，面向城市建筑市场，发展建筑、建材生产；综合经营型，其特点是农工商建运多种经营，综合发展；种养加型，其特点是在地下资源相对缺乏的地区，依靠地上资源，把种植业、养殖业、农副产品加工业作为支柱产业，发展农村经济；工农商结合型，其特点是乡村企业比较发达，工农商协调发展；外向工业型，其特点是在地下资源缺乏，土地资源不足的情况下，面向国内外大市场，大力发展外向型工业企业。

（山西省农业办公室综合处）

内蒙古自治区农业

1992年，在自治区党委和政府的正确领导下，经过各行各业的大力支援和广大农牧民的辛勤努力，自治区的农牧业生产战胜了部分地区遭受的严重自然灾害，夺得了全面丰收，并从多方面实现了新的突破：种植业生产在连续3年丰收的基础上，1992年获得特大丰收，粮食总产首次突破1 000万吨大关，达到1 047万吨，比历史最高水平的1990年增产74万吨，比1991年增长9.2%。小麦、水稻种植面积扩大，产量比上年增加28.5万吨，占全自治区粮食增长总量的64.41%；油料总产达到81.4万吨,超过历史最高水平的1985年。林业生产继续发展,全年造林面积41.7万公顷,成活率有所提高,乱砍、滥伐林木现象得到有效抑制,森林防火工作得到加强,生态环境进一步改善。畜牧业连续8年获得大丰收,牧业年度牲畜总头数达5 558万头(只),其中生猪6月末存栏突破700万头,达到716.16万只,比上年增长14.7%。水产品继续增加,全年水产品产量达3.57万吨,比上年增长11.1%。乡镇企业总产值突破100亿元,达到102.8亿元,比上年增长44.76%,乡镇企业工业总产值达47.1亿元,增长40.4%;纯利润10.6亿元,增长32.1%;上缴国家税金4.07亿元,增长33.4%。全年农业总产值达180.27亿元。农民人均纯收入672.17元,比上年增加54.18元。增长8.77%。

1992年是自治区农牧业生产发展进入历史性转折的重要一年,在走向市场,提高效益方面迈出了新的步伐。

1. 牢固树立农业的基础地位,切实加强对农牧业工作的领导。1992年,自治区党委专题研究和部署了农村牧区工作,安排了农牧业生产。自治区党政主要领导多次深入农村牧区调查研究,具体指导并现场办公解决农牧业生产中的实际困难。各级党政部门组织大批干部、科技人员下基层,开展农村社会主义思想教育,为农牧民传授技术、搞好服务,从多方面加强了对农牧业工作的领导。

2. 以市场需求为导向,积极稳妥地调整产业结构。种植业内部调整了作物品种结构,扩大优质小麦、水稻的种植面积,总产达371万吨,占全自治区粮食总产的比重为35.5%,提高了2.5个百分点,实现了细粮基本自给;同时扩大了经济作物种植面积,粮经作物比例由85:15调整为83.6:16.4;坚持农牧结合、种养结合;牧区大力发展良种改良牲畜,推行引种入牧、建设养畜,加快出栏周转。

3. 加强农牧业基础建设和基地建设。1992年,全自治区新打配套机电井2.86万眼,比上年增长53.72%,新增农田保灌面积12.27万公顷;完成水土保持治理面积超过40万公顷,而且向生态型治理迈出了一大步;兴建以水利为中心的家庭草库伦8 769处,完成计划的109.6%,投入劳动积累工21.7亿工日,超过了计划指标。各类基地建设取得新的成绩,农业综合开发取得丰硕成果,在四盟市农业综合开发一期工程圆满完成各项任务,通过国家验收,二期开发工程开始实施。

4. 强化科技意识,依靠科技教育兴农兴牧。1992年,落实"丰收计划"面积175.93万公顷,推广良种粮食作物335.6万公顷,占粮豆面积的85%以上,小麦、玉米、水稻、大豆四大作物基本实现良种化;地膜覆盖面积15.2万公顷;粮食作物间套种面积扩大到25.07万公顷,比上年增加10.33万公顷。此外,配方施肥、增产菌、微肥、种子包衣等适用技术推广面积也均比往年有所增加。全自治区60%以上的村配备了农民技术员,科技示范户达到15.4万户。

5. 进一步完善农业社会化服务体系,市场建设发展迅速。全自治区建成和在建的农业技术推广中心32个,牧业服务中心20个;1 155个农业乡镇有不同水平的农业推广机构995个。乡镇牧业站已建成80%,其中达标的占30%。林业、水利、农机的服务体系建设也都有了一定的发展。

农村牧区市场体系建设得到很大发展。新建了一批农畜产品市场,特别是1992年下半年以来各盟市相继出台了粮食购销改革政策后,自治区农畜产品价格、市场、经营已经基本放开,大批农牧民进入流通领域,初步形成了以国合商业为主,多种成分并存的多渠道流通的新格局。

(内蒙古自治区农业委员会调研信息处)

发展高产优质高效畜牧业

1992年,内蒙古自治区畜牧业经广大干部和农牧民的团结奋战,克服了大部分地区持续旱、涝及大面积的罕见白灾所造成的困难,夺得了牧业生产的全面丰收,并向实现高产优质高效畜牧业迈出了新的步伐。据畜牧年度统计,自治区牲畜总头数已发展到5 558万头(只),是历史上第二个高产年。良种改良种大小牲畜发展到2 624.2万头(只),比上年同期增加了97.7万头(只),良改畜的比重上升到54.3%,比上年同期提高了3.2个百分点。畜群结构进一步趋向合理,牲畜的质量进一步提高;12月末,主要畜产品肉、奶、蛋、毛绒的产量分别达到65.47万吨、42.79万吨、14.3万吨和6.3万吨,除绵羊毛外,均比上年有所增长,在畜产品总量实现增长的同时,畜产品的结构正在向符合市场需求的方向调整,肉类中猪肉、禽肉分别比上年增长10.9%和39.4%,毛绒中细羊毛比上年增长5.2%、半细毛增长6.8%、山羊绒增长5.9%。畜群周转速度加快,出栏率和商品率分别达到37.91%和28.31%,再创历史最高水平,效益进一步提高。畜牧业产值达到60.19亿元,比上年增长4.4%,牧民人均纯收入扭转了连续两年下降的局面,达到1 022.41元,比上年增长17.78%。为促进畜牧业朝着高产优质高效方向发展,自治区主要抓了以下几项措施:

1. 加强草业建设,走建设养畜的道路,是发展高产优质高效畜牧业的基础。1992年全自治区草原建设的总规模达到179.2万公顷,比上年增加了24.8万公顷,其中,人工种草69.7万公顷,饲用灌木10.6万公顷,飞播牧草5.9万公顷,改良草场57万公顷。全年共围栏草场34.9万公顷,建成配套草库伦6 763处,4.4万公顷,年内新增畜棚16万间,打贮草64亿公斤,青贮16.7亿公斤,饲用秸秆53亿公斤,饲料粮20亿公斤。全自治区畜牧系统的饲料加工能力有了较大幅度提高。年内共生产浓缩饲料2 500吨,配合饲料5.9万吨,分别比上年增加6倍和近2倍。与此同时,防灾基地二期工程也全面铺开并开展工作,资金到位率和收益率均高于往年,防灾基地在自治区畜牧业的发展中发挥着越来越重要的作用。

2. 进一步加快了家畜改良步伐，促使畜牧业生产结构朝着有利于市场需求的方向发展。1992年，自治区大牲畜和羊的改良配种总数已达到1 292万头(只)，创历史最好水平，年内黄牛改良91.13万头，其中冷配34.2万头，绵山羊改良1 163.4万只，推广良种猪330万头，推广良种鸡1 650万只。处于自治区畜牧科技先进水平的牛、羊胚胎冷冻移植技术有了新的发展，移植妊娠率有了大幅度提高，向大面积生产应用迈出了新步伐。

3. 全面开展了畜疫防治工作。1992年畜疫防治工作紧紧围绕"预防为主"的方针，按照疫病防治规范化，免疫程序科学化的要求，加强了对重点地区和重点疫病防治。年内共预防各种牲畜4 727.6万头次，家禽5 399.4万只次，内驱外浴牲畜7 107万头次，马鼻疽、羊痘、布病、马传贫、猪瘟等主要疫病得到了有效控制，羊疥癣抬头的趋势也得到了缓解。在加强疫病防治的同时，适应畜产品市场放开的新形势，加强了产地、市场、铁路及口岸的检疫工作，1992年共检疫活畜1 014.52万头(只)，肉类11.16万吨，检疫消毒绒毛6.64万吨，兽皮361.23万张。有效防止了疫病的传播和流行。

4. 进一步健全社会化服务体系，使畜牧业规模经营有了较快发展。1992年，新办了100个畜牧业综合技术服务站，使自治区的畜牧业综合技术服务站总数达到1 088个，占全自治区乡镇总数的72%。大多数站都结合业务工作，积极开展经营性服务。有830个站属经营盈余站，占总数的78%。通过开展经营性服务，增加了综合站的收入，壮大了自身实力，又进一步拓宽了服务领域。

社会化服务体系的完善，促进了畜牧业适度规模经营的发展。1992年自治区畜牧业专业户发展到3.9万户，比上年增加了5 272户，其中仅养猪户就增加了4 664户，达到7 871户。专业户饲养的大牲畜增加了3.4万头，达到44.7万头，绵羊增加了13.3万只，达到245.5万只，家禽增加了60万只，达到181.6万只。专业户的畜产品商品量大幅度增加，提供商品肉2 607万公斤，商品奶5 310万公斤，商品蛋8 915万公斤，分别比上年增加362万公斤、127万公斤和2 026万公斤，商品总收入达到3.31亿元，比上年增加5 200万元。

5. 加快科技兴牧步伐，是实现高产优质高效畜牧业的主要保证。为了把畜牧业科研成果尽快转化为现实生产力，加快科技兴牧进程，1992年，在加强基础性科研工作的同时，投入95万元资金，重点抓了澳美羊杂交改良、百万细毛羊增产技术和畜牧业适用增产技术的推广应用工作，收到了显著效果。1992年还进行了农业部"丰收计划"项目10万头肉牛生产配套技术推广的鉴定验收，以及国家科委、农业部重点科技推广项目规范化塑料暖棚养畜技术推广任务的布点落实工作。全年开展的科研项目有22项，获畜牧业科研成果奖的有15项，其中，科技进步奖12项。 (内蒙古自治区农业委员会调研信息处)

临河市实行贸工牧一体化

临河市进一步深化畜牧业经济体制改革，以市场需求为导向，以畜产品加工企业为龙头，以千家万户为基础，大力推行贸工牧一体化，通过为农牧民提供全程服务，促进了全市畜牧业生产的新发展。1992年12月末，全市牲畜存栏达82.5万头(只)，比上年纯增7%，其中良种和改良畜达70.9万头(只)，良种和改良畜的比重已达86%，比上年提高10个百分点；全市出栏牲畜37.6万头(只)，出售20.5万头(只)，出栏率和商品率分别达到48.5%和25%，比上年分别提高1.8和0.2个百分点；肉类总产量达到1.6万吨，比上年增长11%；畜牧业产值达到11 301万元。畜牧业的发展，使全市农牧民人均比上年增收50元。全市养畜专业户已发展到8 860户，占全市农户的15.5%，有5个基地乡镇实现了"一亩一羊、一人一猪"，畜牧业已成为农牧民致富奔小康的支柱产业。

临河市改革畜牧业经济体制，实行贸工牧一体化服务的主要做法是：

1. 改革畜牧管理体制。1992年，市里首先从市级畜牧管理部门的改革入手，组建了集生产、经营、服务于一体的牧工商开发服务中心，下设畜牧三站，检疫监理所、良种场、种猪场、综合养殖加工厂、种兔厂、饲料厂、药械制化公司、肉食品经销公司、畜牧服务公司。"中心"组建后，改变了过去单一的行政管理职能，强化了经营、服务职能。为全市畜牧业生产提供了从饲料、畜禽良种供应、疫病防治、技术指导、市场信息、基地建设到收购、加工、销售的全程服务。各乡镇也相应进行了改革，成立了牧工商分公司，创办了28个经营服务实体，这些实体上与市"中心"所属场站、公司相配套，下与村社农户相连接，组成了生产、购销服务网络。通过改革畜牧管理体制，初步实现了生产统一安排，技术统一服务，防疫、检疫统一组织，良种统一提供，畜产品统一购销，增强了宏观调控能力。

2. 改革生产经营体制。为了引导农民根据市场要求组织生产，解决产销脱节的问题，市里采取"公司和农户"的形式，由牧工商开发服务中心牵头，建立了种猪场、种鸡场、种兔场3个公司性实体，下连基地、乡镇和农户，辐射全市。

种猪场包括年产2 000头良种仔猪的繁育、选育场和53.3公顷饲料基地、肉食品经销公司。并建立了10个生猪生产基地和饲料加工厂。基地内养猪5口以上的专业户发展到3 500户，占总农户的15%。

种鸡场包括种鸡种雏繁育场、饲料加工厂、饲养示范场、经销公司、技术服务组。1992年元月初投产的畜禽良种场，现饲养1 000套肉种鸡，商品猪40头，全年孵化肉蛋仔鸡15万只。在城关、曙光2个城郊乡镇建立了养殖基地，扶持发展养鸡专业户58户。

种兔场以开发出口创汇产品为主攻方向，

除饲养肉种兔300只外，1992年8月份又引进480只中原系长毛种兔，现已繁殖出售种兔1 200只。建立了2个养殖基地乡镇，成立了养兔协会，对养殖户实行"一条龙"服务。送种到户，防疫到户，收购到户，产品包销。做到"一保证、一保护、一赔偿"，保证每只种兔3年内产毛1.5～1.75公斤，3年内负责收购兔毛，最低保护价每公斤80元；达不到要求照价赔偿。

通过生产经营体制的改革，全市畜牧业生产逐步走上了公司加农户、生产加服务的轨道，贸工牧一体化，产供销一条龙的雏形初步形成。

3. 改革畜牧科技体制，健全社会化服务体系。围绕贸工牧一体化体系建设，抽调了部分技术骨干搞技术承包，并积极开展良种繁育、饲草料生产、疫病防治、技术培训和推广四大体系建设，为畜牧业生产提供了品种改良、配种繁育、饲料配制、饲草料加工、防疫灭病、饲养管理技术培训以及咨询服务。全市引进良种畜禽13.5万头(只)，建起绵羊人工授精站28个，输精点108个，培养人工授精技术人员98人。新建饲料加工厂14座，生产配合饲料2 900万公斤，购置饲草料加工机械100台，累计达到2 000台，年加工草粉1.75亿公斤；建起标准化青贮窖1 200座，年青贮量0.5亿公斤；建起标准化棚圈2 860座。全市全面推广了防疫承包和畜禽保险业务，实行统一防疫、统一收费。猪鸡防疫密度分别达到99.3%和96%，因病死亡率分别控制在0.4%和1.2%以下。培训养畜户12 000户，发放技术资料5 000册。（内蒙古自治区农业委员会调研信息处）

辽宁省农业

1992年，辽宁省认真贯彻党的十三届八中全会和邓小平同志视察南方的重要谈话精神，农村出现了农业全面丰收，农村经济全面增长的好形势。全省粮食总产量连续两年突破1 500万吨，1992年总产量达到1 568.4万吨，比上年增长2.3%，创造历史最高水平。林牧渔等多种经营生产稳定增长。烤烟、蚕茧、蔬菜等经济作物均有增产，产量分别达到3.2万吨、2.6万吨和1 003.2万吨，比上年增长13.2%、8.9%和12.3%。水果生产获得大丰收，总产量152.7万吨，比上年增长51.0%。全年完成造林面积14.96万公顷；森林资源生长量782万立方米，采伐消耗量484.8万立方米，生长量超过采伐量。畜牧业生产持续增长，全省肉类总产量117.9万吨，比上年增长13%；牛奶产量18.0万吨，比上年增长7.1%。渔业生产稳定发展，全年水产品产量132.2万吨，比上年增长15.9%。其中海水产品产量122.6万吨，比上年增长15.2%；淡水产品产量9.6万吨，增长24.7%。乡镇企业取得突破性进展。全年乡镇企业完成总产值855.4亿元，比上年增长54.9%。其中工业产值566亿元，增长34.4%。经济效益与发展速度同步增长，全年实现纯利润54.1亿元，比上年增长42.2%；缴纳税金37.5亿元，增长31.7%。乡镇外向型经济发展较快，全年完成乡镇企业出口交货值45.6亿元。比上年增长38.6%。全省乡镇企业产值超亿元的乡镇由1991年的142个增加到177个，有5个乡镇产值率先突破10亿元。农村经济实力进一步增强，农民纯收入有新的增加。1992年，全省农村社会总产值首次突破1 000亿元，达到1 091.6亿元。其中农业总产值340.75亿元，非农产业产值750.89亿元。全年农民人均纯收入达到995元，比上年增长11%；农民人均生活费支出799元，增长4.2%。

辽宁农业和农村发展出现好形势，主要是根据党中央、国务院关于农业和农村工作的部署，紧密结合全省实际，认真抓了以下几方面工作。

1. 调整种植业结构，发展高产优质高效农业。在稳定粮食总产，保证全省粮食自给的同时，从主要追求产量，转向高产优质并重，提高经济效益。1992年农作物总播种面积中，粮食作物面积比上年减少3.84万公顷，下降1.2%；经济作物面积增加2.42万公顷，增长9.4%；其他作物面积增加0.92万公顷，增长3.2%。在粮食作物中，高产高效的水稻、玉米、小麦三种作物面积共增加3.88万公顷，高粱、谷子、大豆等作物共减少7.74万公顷。农作物播种面积中，明显增长的是小麦、棉花、芝麻和蔬菜。小麦播种面积达到16.6万公顷，比上年增长12.6%；总产量达到65.5万吨，比上年增长32.1%，创造历史最高水平。棉花、芝麻、蔬菜播种面积分别达到7.5万公顷、2.2万公顷和26.7万公顷，分别比上年增长35.3%、46.2%和4.9%。

2. 依靠科学技术，积极推进科技兴农。全省认真贯彻科技兴农的方针、政策，以农业服务体系为依托，大力普及推广农业实用增产技术。1992年在10个市30个县落实农业"丰收计划"面积43.3万公顷，比上年增加58万公顷。在10个市22个县安排0.87万公顷吨粮试验田，在39个县安排13.3万公顷"双江田"，作为新技术推广应用的示范田、高产优质高效农业的样板田。全省农作物优良品种面积达到266.7万公顷，水稻、玉米、大豆规范化栽培面积173.3万公顷，配方施肥面积120万公顷，地膜覆盖面积12.3万公顷，均比上年有大幅度增加。农业部门和科研院校广大干部、科技人员深入农业第一线，举办各类技术培训班1.8万多班次，培训人数320多万人次；2万多名科技人员实施科技承包面积173万公顷，大大提高了农业生产的科技含量。

3. 增加农业投入，开展群众性的农田基本建设。在地方财政比较困难的情况下，省市县三级增加了对农业的投资。全年财政安排支农资金9.5亿元，比上年增长13.4%，其中省本级财政支农资金2.3亿元，比上年增长15%。全省农行信用社农业贷款累计投放额达124亿元，比上年增长13.7%。在地方财政增加农业投入的同时，积极组织群众开展第五届农田基本建设"大禹杯"竞赛活动。1992年全省农田基本建设投入人工1.98亿个工日，平均每个农村劳动力投工 23 个工日；乡村及群众自筹农建资金 3.9 亿元；完成土石方量 5.5 亿立方米。新修和加固河流堤防 4 000 多公里；治理易涝耕地 13.7 万公顷；兴修小型水库 67 座；新打、维修机电井 4 300 眼；新增灌溉面积 9.4 万公顷，改善灌溉面积 15.7 万公顷；已初步治理水土流失面积 28.9 万公顷，改良土壤 25.5 万公顷；新造和开垦荒地 1.7 万公顷。这些工程大多数在当年农业生产中发挥了效益。

4. 按建立市场经济体制要求，深化农村改革。在稳定家庭联产承包责任制的基础上，农村双层经营体制不断完善，农业社会化服务体系有新发展。全省 55 个农业县（区）全部建立农业综合技术服务中心，有 1 248 个乡镇建立了农业技术推广站。服务范围由单纯产中服务正在向全过程系列化服务转变；服务形式由无偿服务向无偿、有偿服务相结合转变。粮食购销体制改革全面展开，1992 年 4 月实行购销同价后，全省有 13 个市分 3 种形式进行不同程度的改革，改革后城乡市场稳定，社会稳定。流通改革继续深化，市场建设有新发展。农村各类市场达到 1 408处，比上年增加 65 处。集市贸易成交额实现 64.2 亿元，比上年增长 21.8%。在完善乡镇企业承包制的同时，股份合作制有所发展，1992 年经批准进行股份合作制试点的企业达 644 户。县乡综合体制改革试点普遍展开，已经实行改革的县区 43 个，占县区总数 58%。对农村改革专题试验区布局进行了合理调整，增设 4 个县级试验区。经国务院批准，大连市甘井子区、金州区、普兰店市发展乡镇 企业出口集团的专题试验，被列入国家试验区和试验题目。

（中共辽宁省委农村政策研究室）

昌图县调整产业结构 改变“高产穷县”面貌

昌图县地处辽宁北部，东与吉林接壤，西与内蒙古毗邻，面积 4 324 平方公里，耕地 22.8 万公顷，人口 98.7 万，辖 43 个乡（镇、场）、544 个村，是闻名全国的商品粮生产大县。1992 年粮食总产 15.15 亿公斤，占全省总产量的 1/10，商品粮占全省的 1/5，人均交售商品粮居全国首位。

由于多年来单一发展农业、单一生产粮食，致使这个产粮大县陷入困境：农民人均收入长期低于全省平均水平；财政拮据，多年靠吃补贴过日子。面对这样的现实，从 1988 年开始，全县上下统一认识，决心调整产业结构，充分发挥本地资源优势，走种养加相结合、贸工农一体化的发展道路。经过 5 年的努力，农村经济有了较快发展，走上了农工商相互促进、全面发展的良性循环之路。1992 年与 1988 年相比，全县农村社会总产值达 27 亿元，增长 1.1 倍；乡镇企业实现税收 4 510 万元，增长 1.6 倍；财政收入达到 5 365 万元，增加 2 000 万元；农民人均纯收入 914 元，增长 70%。

按照种养加相结合、贸工农一体化的发展战略，昌图县主要抓了以下几个方面工作：

1. 大力调整产业结构，抓好农业综合开发。几年来，全县集中人财物进行了 5 项较大规模的开发生产。一是稻麦开发。5 年来，全县打机井 1 186 眼，开发水稻 2.3 万公顷、水浇麦田 1.4 万公顷。1992 年全县稻麦总面积占粮食作物面积的 32.1%，比 1988 年增长了 16 倍。稻麦年产量 3 亿公斤，占粮食总产的 1/5，结束了昌图单一生产玉米的历史。二是保护地蔬菜开发。5 年来，全县投资 2 亿多元，开发保护地蔬菜 0.27 万公顷，年产蔬菜 2 亿公斤，创收入 800 万元。三是经济作物开发。因地制宜，重点开发烤烟、甜菜、花生、棉花、芝麻、中草药等十几种经济作物 2 万多公顷。仅烤烟一项，县、乡财政增加收入 628 万元。四是畜牧业开发。围绕加工企业的需求，突出抓了肉牛、豁鹅、肉鸡的开发。全县共兴办集体养殖场 301 个，发展养殖专业户 3.2 万户，转化粮食 3 亿多公斤，消化秸秆 200 万吨，创产值 5 亿元，人均畜牧业收入达 300 元。五是庭院生态立体经济开发。现已发展庭院沼气、养猪、养鸡、种菜、栽果“五位一体”的立体生态大棚 5 000 多个，增加收入 1 500 万元。通过调整产业结构，大搞农业综合开发，全县已发展高效益田 10.5 万公顷，占总播种面积的 44.8%。建成 20 个商品菜生产基地，19 个畜禽基地，6 个经济作物生产基地，2 个果树基地，2 个食用菌基地，增加收入近亿元。

2. 大力发展农副产品加工企业。昌图县充分发挥农业大县粮多、副产物、劳动力多的优势，以市场需求为导向，大力发展以农副产品加工业为主体的农村工业。全县共投入资金 1.6 亿元，建设和改造了 129 家农副产品加工企业，年创产值 8.6 亿元，占全县工业总产值 的 80%，形成粮油食品加工、畜禽产品加工、土副产品加工、建筑材料加工四大系列，形成 15 个具有相当规模的以农副产品为主要原料的一条龙的生产系列。

3. 加强市场体系建设，促进大流通的发展。几年来，昌图县注重抓流通，逐步建立与经济和社会发展相适应的大市场。一是加强城乡市场网络建设。1988 年以来，每年投资 300 万元以上；改建、扩建和新建城乡集贸市场 77 处，每年集市贸易交易额 2 亿多元，其中农副产品交易额占 73%以上。二是建立专业批发市场。仅 1992 年就在县内新建粮油批发市场 3 处，蔬菜批发市场和综合性农副产品批发市场各 1 处。目前，全县已有各类批发市场和大型销售公司 12 个。仅辽北粮油批发市场 1992 年就经销粮食 9 000 多万公斤。三是建立工贸、农贸、商贸企业集团和跨县、跨市、跨省、跨国公司。全县各类贸易集团和销售公司已发展到 5 种 15 个。县粮油食品贸易集团在黑河建立粮油贸易股份有限公司，加入黑河国际经济技术贸易集团，发展边贸。同时在北京、上海、沈阳、深圳等城市和沿海边境地区设立 10 多个贸易窗口。1992 年直接、间接出口产品 34 种，收购额达 1 亿多元，比 1988 年增长 3 倍。

（中共辽宁省委农村政策研究室　许宏展）

沈大高速公路沿线区域经济发展迅速

加快沈大高速公路沿线31个县(市、区)(以下简称沿线)区域经济发展,是推动辽东半岛开放的重要组成部分,也是带动辽宁农村经济发展的示范工程。按照省委、省政府的要求,沿线区域经济乘势跳跃前进。1992年,全区域农村社会总产值实现836.9亿元,比上年增长32.1%,农民人均收入1 185元,超过全省农民同期平均收入水平20%左右。沿线县乡经济发展出现五个令人瞩目的新特点:一是高效农业建设速度加快。沿线面向国际、国内两个市场,以提高农业生产效益为中心,大力调整产品和品种结构,建立93个贸工农基地,228个高产、优质、高效农业生产示范小区。区域内农业总产值达133.3亿元,比上年增长10.6%,占全省农业同期总产值的40.4%。同时,沿线还出现大洼县生态农业建设等一批基础产业高科技化的典型,有力地推动了辽宁农业现代化建设的步伐。二是工业发展速度和效益同步加速。沿线县乡企业总产值达703.6亿元,比上年增长36.7%,同时,沿线县乡企业经济效益也明显提高,上缴税金26.1亿元,实现利润37.9亿元。三是工贸小区建设取得突破性进展。沿线县乡建起一批不同层次的工、商、科技小区。其中,建成32个市级小区,87个县级小区,139个乡镇级小区,7个村级小区,当年投入资金18.4亿元。全区域市场建设方兴未艾,市场总数已达829处,年交易额实现50.5亿元,分别比上年增加25.5%和22%。其中,区域内专业批发市场增至288处,年交易额达35.8亿元,分别提高33.4%和67.4%。四是外向型经济跃上新台阶。沿线县乡"三资"企业已有694家,比1992年初增加2.4倍,引进外资折合人民币11.5亿元,比年初增加2.5倍。同时,新建边贸企业114个,累计边贸成交额2.3亿元。全区域县乡创汇企业发展到800多家,县乡企业出口交货值达57.6亿元,比上年增长36.8%。其中乡镇企业出口41.8亿元,增长47.7%。五是农村经济综合实力进一步增强。1992年,沿线农村有18个县(市、区)社会总产值超20亿元,其中超80亿元的2个,超50亿元的2个。全区域出现乡镇企业总产值超亿元的乡镇161个,超亿元的村39个,超亿元的企业15个,分别比上年增加41个、24个和11个。特别是大连市甘井子区实现了乡乡企业总产值均突破亿元的目标。

1992年,沿线县乡经济实现快速发展,最根本的是充分抓住了改革开放和市场启动的历史性机遇,努力向社会主义市场经济体制进行战略性跳跃。

1. 领导带头解放思想,齐心协力抓"龙头"产业。沿线县乡各级党政主要领导亲自抓项目,帮助乡镇企业开拓市场,充分调动广大农民发展个体、私营企业的积极性,形成了干部群众发展乡镇企业的合力。据初步统计,沿线县(市、区)委书记抓的示范项目有50多个,各级选派干部定点抓的有1 800多个企业。

2. 深化经营机制的改革与完善,增强竞争的活力。通过稳定和完善以家庭联产承包为主的责任制,加强多门类社会化服务体系建设,引导农民开发优质大米、菜、果、鱼和海珍品,沿线形成一大批区内独具特色的拳头产品。同时,沿线县乡企业在全面实行资产承包的基础上,积极推行资金、劳力、技术、物资投入股,区域内1 217家股份制乡镇企业吸收职工、农民和其他股金5亿元左右,有效地提高了生产者对企业资产增值的关切度。沿线一年新上技改项目2 642项,开发新产品1 750项,共投入37.9亿元,可实现产值150亿元。1992年,沿线开发的工农业新产品中,有2项获国优称号,34项获部省优称号。

3. 全方位开发市场,扩展配置资源空间。面对经济发展中的诸多困难,沿线县乡通过多方开发市场寻找新的"生长点"。一是全区域县乡企业多渠道筹集投入资金52.5亿元。二是沿线乡镇企业有偿使用科研成果300多项,吸纳高中级科技人员2 492人,送出大中专代培生3 721人。三是沿线城乡联合企业发展到3 018个,创办企业集团79个,联合企业年创产值51.9亿元。四是开发边贸市场。五是开发国外市场。区域内在国外兴办26个企业。

(中共辽宁省委农村政策研究室)

吉林省农业

1992年,吉林省广大干部群众在省委、省政府的领导下,不断深化农村改革,广泛实施科技兴农战略,千方百计地调动农民生产积极性,战胜了严重的自然灾害,农业和农村经济保持了旺盛的发展势头,取得可喜成绩。农村社会总产值385.5亿元,比上年增长16.8%,其中农业总产值204.3亿元,比上年增长8.4%;农业商品产值达131.1亿元,比上年增长8.7%;农产品综合商品率达64.1%。农民人均收入807.41元,比上年增长5.9%。

种植业生产,虽然遇到低温、伏旱等不利气候影响,仍获得好收成。粮食总产1 840.3万吨,是历史上第三个高产年。烤烟、瓜果、蔬菜等经济作物获得大幅度增产。全年造林面积10.3万公顷,森林覆盖率已达37.9%。森林防火取得了连续12年无重大森林火灾的好成绩。

多种经营发展加快。畜牧业总产值达49.98亿元,比上年增长10.6%,占农业总产值的23%;肉猪出栏464.4万头,比上年增长4.7%;猪牛羊肉总产量突破历史最高水平,达50.1万吨,比上年增长7.1%;大牲畜年末存栏341.1万头,比上年增长7.1%;水产品产量达8.5万吨,比上年增长7.9%。

乡镇企业呈现超常性、跳跃式发展。上规模、上水平为历史之首,速度和效益均快速增长。全年实现产值211.1亿元,比上年增长31.2%,实现纯利润18.5亿元,增长24.6%。

1992年，吉林省主要在四个方面做了大量工作，取得了一些突破性进展。

1. 进一步强化农业基础地位。农业占居吉林省经济发展的重要位置，是跨上新台阶的基本保证。省委、省政府从省情这一主要特点出发，采取积极有力的举措强化农业基础地位。一是加强对农业的领导。省政府召开了全省农村经济工作座谈会，确立了1992年发展农村经济的总体思路，提出了"稳步提高粮食生产水平，保持畜牧和其他多种经营持续增长，加快乡镇企业、农副产品加工和农产品流通的发展步伐"的任务目标。并经常深入农村调查研究，及时解决农业生产上的新情况、新问题。二是落实兴农措施。科技、粮食、供销、农行等涉农部门普遍制定支农、兴农工作计划、建立健全县、乡、村社会化服务体系，从政策、物资、资金、技术诸方面，采取实际措施支援农业发展。三是增加对农业的投入。全年财政用于支农的资金7.5亿元，银行和信用社农业贷款净增加10亿元，分别比上年增长11.4%和20.9%。农民自筹资金12.6亿元，比上年增长2.4%。全省化肥施用量(按折纯量计算)达91.1万吨；农村用电量19.0亿千瓦小时，比上年增长4.3%。四是加快农业基础设施建设。年末拥有农业机械总动力591.4万千瓦，大中型拖拉机37 457台，机耕地面积达190.5万公顷，分别比上年增长0.66%、1.2%和2.4%。全省共投入7 801万个工日，投入1亿元资金，完成农田水利基本建设综合工程量1.7亿立方米。维修加固了省内13座大型水库，保护耕地53万多公顷，使50多万公顷水田和40万公顷旱田可得到及时灌溉。

2. 围绕建立市场经济体制深化改革。1992年，省委、省政府紧紧围绕建立农村社会主义市场经济体制这条主线，突出进行了县级管理体制和农产品流通体制的改革。一是省委批准建立3个农村改革与发展实验区，分别在桦甸等县市进行县级涉农部门转变职能和站所下放的综合改革试点。在取得经验的基础上，全省大力推广这些改革措施，20%的县市涉农部门已相继改革；80%的站所下放到乡镇管理。全省各级农口部门及乡镇站所创办各类经济实体2 860多个。二是针对粮食经营长期"大锅饭"，亏损严重的局面，全省粮食系统实行包保责任制和"平价粮统一经营，亏损集中反映"的经营体制。省里包亏损大县，地、县包亏损大户，层层签订责任状，分解减亏指标。这些改革措施，调动了企业和职工的积极性，提高了经济效益。据统计，通过改革，全省粮食系统当年减亏8.9亿元。三是改革农村基层供销社经营管理体制。省政府大力推广了榆树市基层供销社转换经营机制，实行统一管理柜组承包的经验。全省62%的508户基层社进行了"一包五自三统一"的改革。即柜组"包死利润上缴基数；经营人员自愿组合、自主经营、自行作价、自负盈亏、自行分配；企业统一纳税、统一贷款、统一管理。"这一改革措施充分调动了职工积极性，全省基层社当年减亏3 000万元。四是改革市场管理体制。省委、省政府明确提出，把农村集贸市场建设纳入乡村建设的总体规划，统筹安排，那级建、那级批，谁投资，谁受益。并制定优惠政策，决定在市场建设初期，轻税赋，财政、税务、工商、城建、土地等有关部门要适当减免一部分税费。还把一批交通方便、经济发达的乡改为镇，建成商品集散中心。全省当年多渠道用于市场建设资金4.4亿元，相当于1991年前市场建设投资的总额，兴建各类市场225处，总面积达130万平方米。其中投资近千万元和千万元以上的达20处。新建万平方米以上的大型市场46处，是1991年前总和的4.6倍。

3. 大力突出科教兴农。省委、省政府把1992年定为全省农村经济工作的"科技效益年"确定了提高经济效益为中心，依靠大科技振兴大农业的指导思想。对粮食、牧业、林业、水产以及乡企和农民人均收入都提出了依靠科技增长的量化指标。全省落实技术承包、技术推广、新技术、新产品开发资金2.2亿元；提供配套化肥、农药17.5万吨；占全省60%的596个乡镇配备了科技副乡镇长。各级各部门和广大干部群众、科技人员积极投入了这项活动。全省有1.9万名科技人员参加技术推广和竞赛，40多个省直部门参予协调组织。围绕全省确立的70项主推技术，各地共举办技术培训班3万多期，使480万农民受到培训。省政府安排了400万元新项目启动经费，130万元奖励经费和2 000万元贴息贷款；省农行增加10亿元的乡镇企业技改和新产品开发贷款；市县两级拿出130多万元的科技奖励经费；全省农民直接用于新技术、新产品开发的资金达1.5亿多元。

4. 切实减轻农民负担。省委召开的五届八次全会，专题研究了减轻农民负担问题。决定在全省集中开展一次以"五清三整顿"(清文件、清项目、清超编人员、清非生产性建设、清承包合同；整顿统筹提留管理、整顿以资代劳、整顿收费和罚款的使用与管理)为主要内容的减轻农民负担的工作。主要采取四种作法：一是各级主要领导亲自抓。省里成立了由一名副省长负责的治理"三乱"办公室抓具体工作。各市、地、州都由党政主要领导负责，分管领导组织有关部门具体抓。市(地、州)、县、乡三级都组织了工作队，全省共4万多人深入到乡、村包片蹲点。二是领导机关带头。首先从省直机关和直属单位抓起，自上而下对1983年以来涉及农民负担的文件、项目全面清理，分解出93个问题，分别责成省直有关部门按系统或基层对口单位抓落实，20多个涉农部门下发了文件，制定了具体整改措施。市、县、乡也逐级清理本级政府及所属部门涉及农民负担的文件和项目，做到上下齐抓共管。三是以改革精神突破工作难点。针对农村民办教师超编，农民负担重，城镇公办教师超编的矛盾，各地采取措施，公办教师下乡工作，可以家不迁，到附近农村任教，同时，还采取同屯临屯并社或兼职等办法精减了超编村、社干部；兴办第三产业和乡镇企业，妥善安排被精减的站所人员。四是组织巡视组到各地督促检查。"五清三整顿"，使全省减轻农民负担工作取得明显效果，受到国务院通报表扬。全省各级精简压缩靠农民出钱开支的各类人员36 789人；有效地控制了非生产性建设的达标活动。农民负担比年初预算减轻1.7亿元，比上年少4.3亿元。1992年全省人均负担比年初预算减少11.49元，比上年减少31.19元。村提留乡统筹人均负担降到31.96元，是上年农民人均收入的4.4%，比年初预算降低1.3个百分点。

（中共吉林省委农村政策研究室供稿）

东辽县“科技效益年”活动成效显著

1992年，东辽县根据省委、省政府的精神，结合本县实际，在全县范围内广泛开展了农村经济“科技效益年”活动，受到广大农民的欢迎，得到全县科技人员的积极响应，取得了丰硕的成果。

1. 农业技术推广步伐加快，农民技术素质明显提高。全县大面积推广农业先进适用技术28项，其中种植业10项，重点推广了水稻双稀栽培技术0.67万公顷，大豆等距点播单株管理0.67万公顷，化肥配方深施技术0.67万公顷，赤眼蜂防治玉米螟2.67万公顷，米麦间作0.67万公顷；畜牧业5项，重点推广了黄牛冷配改良1.5万头，瘦肉型猪配套技术饲养1.5万头，肉牛短期育肥7 000头；农业机械技术推广4项，推广机插秧0.27万公顷，机械播种2万公顷，机械灭茬2.67万公顷，粮食综合增产技术6.33万公顷；此外还推广了烟草大棚育苗、地膜覆盖等配套栽培技术666.7公顷。全年共培训农民9万多人。

2. 科技效益显著增加。由于加大了技术投入，大面积推广适用先进技术，直接增加粮食产量5 357万公斤，增加农业产值6 000万元，增加纯收入3 800万元；乡镇企业依靠技术革新、技术改造和新产品开发等，新增产值1 629万元，新增利税298万元。

3. 庭院经济迅速发展。安石镇在全镇实施的庭院立体开发为重点的“百户庭院创收百万元”的科技示范，经过一年的努力，参加这项示范工程的118个农户，共创收148万元。他们的成功，带动了全县庭院经济走上高产高效的路子。

东辽县开展“科技效益年”活动的具体做法是：

1. 加强领导。“科技效益年”活动由县政府统一领导，分管农业和科技的两位副县长具体负责，县农委、科委承办日常具体工作。农口各部门和财政、农行、供销等部门以及各乡镇按县里统一要求，也都分别指定一名领导负责这项工作，加强了对活动的组织领导。

2. 狠抓落实。年初县里就有了一个切合实际的活动方案，明确了活动的主要内容和预期达到的目标，并制定了切实可行的具体措施。在实施过程中，将目标、任务、责任分别落实到县政府有关部门和各乡镇领导；把全年重点推广的项目分别落实到具体承包技术人员和地块；落实资金投入，全县一年用于农业科技方面的投入比上年增加了380万元，其中农民自己增加投入40万元。此外，还帮助科技示范乡镇、村和科技示范户落实了大批农用物资，有力地保证了“科技效益年”活动的顺利开展。

3. 开展竞赛。东辽县“科技效益年”活动，主要是通过广泛开展科技兴农竞赛来进行的。县农业局组织了全县农技站开展技术推广、示范等“科技兴农”竞赛；畜牧局组织了抓百户，户均增收百元的“科技兴牧双百”竞赛；乡镇企业局组织了全系统的“向科技要效益”竞赛；农机局组织开展了“铁牛杯”竞赛；烟草局在聘用的70名农民技术员中开展了技术服务竞赛。对竞赛中涌现出的各类技术能人和先进单位，县政府在年末给予表彰奖励，充分调动了全县广大科技人员的积极性，促进了东辽农村经济向着高产、优质、高效的方向发展。

（中共吉林省委农村政策研究室三处供稿）

下大力量减轻农民负担

松原市扶余区是国家首批确定的商品粮基地之一。1992年区委、区政府把减轻农民负担作为开创农村工作新局面的突破口，收到了较好效果。1992年，全区统筹提留预算总额为2 780.7万元，占上年农民所得的4.9%，比1991年减少了46.8%。减轻农民负担，不但保护了农民的生产积极性，也极大地调动了农民从事公益建设的积极性。1992年全区共投入人工610万个，车工56万个，动用土方1 000多万立方米。彻底根治了洪水威胁；整治村屯街路4 895条，初步改变了村屯面貌；修国、省、区、乡、村五级柏油路92公里，全区35个乡镇已有28个通了柏油路。

扶余区在减轻农民负担方面主要抓了以下几个方面：

1. 深入调查研究，果断地砍了“五刀”。区委、区政府按照国务院《农民承担费用和劳务管理条例》的要求，对减轻农民负担工作进行了认真的部署，抽调25名得力干部深入到5个村和部分乡直站所，进行蹲点调查。同时安排各乡镇党委书记带队，对当地农民负担情况做了全面调查。据调查统计，全区1991年农民负担总额占上年农民所得的9%，比1989、1990年分别增长70.2%和43.2%；以资代劳款劳均95元。个别地方农民负担超过上年农民所得的15%，严重挫伤了农民的生产积极性。在深入调查、充分酝酿的基础上，区委、区政府果断地砍了“五刀”，减掉农民负担3 800多万元。一是砍掉超编人员3 079人，直接减少农民负担约450万元。二是砍掉所有村伙食点，每年可节省开支200多万元。为了解决公款吃喝这一顽症，规定，从区委常委做起，各级干部下乡到村工作，必须到群众家吃派饭，交伙食费。对违反规定，如属初次，谁出主意谁花钱，当时兑现，并通过电视向全社会公开曝光。第二次发现到伙食点吃喝，请吃者和吃请者，无论级别职位多高，就地免职，三年内不考虑任用。三是砍掉高息借债。截止1991年末统计，全区集体高息借债2 829万元，1992年初决定实行“减息”政策，一律按信用社现行贷款利率付息，不准重复计息。有禁不止，仍按高息还款的，以贪污论处。这一项就减少利息负担500多万元。四是砍掉不合理负担53项，减少农民负担1 175万元。五是砍掉1992年“两工”以资代劳资金1 500多万元，采取轮流出工，以工顶工，多顶少摊的办法，减轻农民资金负担。

2. 建立机制严格管。1992年初，依照国务院《条例》制定了《减轻农民负担暂行规定》，使农民负担管理做到了有章可循。区委、区政府成立了减轻农民负担领导小组，下设办公室，全权负责农民负担的计划审批和监督工作。乡镇也都成立相应的组织。乡、村统筹提留实行年初预算，季度审计，年末决算，一个部门管理，一本帐核算，一支笔审批。

为了强化制约机制，对减轻农民负担工作实行了目标管理，一票否决。年终统一检查，评出减轻农民负担模范单位、合格单位、不合格单位，分别发给牌匾，挂在乡镇政府大门上。不合格单位取消“双文明”评比资格，单位主要领导不晋级、不提拔。

为了强化广大农民的自我保护意识，将减轻农民负担的有关材料编成小册子，发到每个农户，接着以村为单位，选出5～7位办事公道，坚持原则，懂管理，会算帐的农民代表，成立农民负担监督委员会，义务为群众服务。村级统筹提留不经委员会集体讨论同意，一律无效，群众有权拒付，还给每个农户发了统筹提留通知单，凡通知单上没有的项目和超出的数，农民有权拒交。对随意加重农民负担的部门和个人，农民有权举报。

（中共吉林省委农村政策研究室　王凯俊）

黑龙江省农业

1992年，黑龙江省委、省政府认真贯彻中央精神，按照省委提出的“调整结构、提高效益、依靠科技、振兴农业”的发展方针，坚持以市场为导向，把发展高产优质高效农业放在突出位置，狠抓市场和流通建设，进一步加强农业基础建设，战胜了多种自然灾害，夺得了农业大丰收，整个农村经济稳步发展。全省粮食总产量达2 366.3万吨，创历史最高水平，比上年增长9.3%，有13个县(市)粮食总产超过50万吨。主要经济作物也获得较好收成，甜菜总产量539.8万吨；油料总产21.9万吨，增长44.3%；蔬菜总产578.1万吨，增长19.4%；全省造林19.3万公顷，育苗1万公顷，超计划14%；封山育林6.67万公顷、森林培育9.33万公顷，全省森林资源首次实现消长平衡。牧业总产值达64.31亿元。猪牛羊肉、禽蛋、牛奶产量分别达62.7万吨、45.9万吨、136.7万吨，分别比上年增长13.6%、13.1%、13.9%。渔业生产发展很快，水产品总产量达17.8万吨，比上年增长8.5%，其中养殖产量增长20.8%，尤其是稻田养鱼发展迅速，总面积达5万公顷，连续五年翻番，覆盖9.5万农户。庭院经济继续稳步发展，全省庭院种植综合开发面积达5.4万公顷，占可开发利用面积的53.7%，比上年增加0.3万公顷，实现总收入9.8亿元，平均每个农村人口增收40元。全省乡镇企业总产值216亿元，比上年增长18.81%；总收入217.4亿元，增长30.6%；实现利税总额20.5亿元，年增长22.3%。全年农村社会总产值486.4亿元。农民人均纯收入949.2元，比上年增长29.2%。

黑龙江省农业全面丰收，主要经验是：

1. 调整结构，提高效益。各地在保证粮食基础地位的同时，大力发展畜牧业和乡镇企业。一是按照市场需求和发展效益型农业的原则调整种植业结构，适当增加了高产、优质、高效作物面积和品种的比重，扩大了水稻、大豆种植面积，减少小麦面积。二是增加了畜牧业和乡镇企业的投资。1992年全省畜牧业、乡镇企业的投资分别达5.8亿元和8.2亿元，分别比上年增长16%、10.8%，促进了畜牧业和乡镇企业的发展。

2. 依靠科技，注重新技术的推广和应用。1992年是全省实施科技兴农的第三个年头，各地按照省科技兴农方案要求，以丰收计划和集团承包为载体，扩大农业实用技术的覆盖面，提高新科技成果的转化率。种植业继续推行四大粮食作物和主要经济作物的模式化栽培。全省落实省级丰收计划272.3万公顷，(含部级计划54.3万公顷)，占全省粮食作物面积的36.5%，落实技术集团承包81.96万公顷，占播种面积的11.8%。丰收计划田粮食总产达119.5亿公斤比上年增长9.3%，全省农业推广各项新技术项目达114项(次)，比上年增长25%以上。测土施肥、微肥使用等新技术的推广也都有较大幅度增长。畜牧业五项综合技术和乡镇企业的高、精、尖技术也都由示范试点转向大面积推广和应用。各地还以各种形式对干部和农民进行实用技术的普及，全年共培训师资2.72万人，培训科技示范户19.6万户，培训农民400多万人次。平均每个农户有1人接受培训，加快了农业科技的推广和应用。全省农科教结合又有新的进展，在重点抓好讷河、密山等县(市)经验总结、推广的基础上，又培育和推广了宁安、龙江、木兰、绥化、桦南、德都、肇东和双城等地的经验，并在14个地市和国营农场系统建立了100个实验乡(镇)、场，使农科教结合工作由点到面，点面结合，形成群体推进、全面启动的态势。

3. 增加投入，加强农业基础建设和农业综合开发。各地采取国家、集体、个人多方集资的办法，共向农业投入资金53.6亿元(不含国营农场、劳改系统)，比上年增加2.3亿元，是历史上最多的一年。物质投入也比上年增加，化肥投入88.5万吨(按折纯量计算)，比上年增长5.6%；农村用电量21亿千瓦小时，增长3.4%。农业基础建设得到进一步加强。全省农田水利建设总投工达9 000万多个，完成总土方 2.2 亿立方米，集资 2 亿元，新增水田 6.7 万公顷、除涝面积 18.7 万公顷、水土保持面积 7.7 万公顷，完成旱灌面积 20.9 万公顷。全省更新大型拖拉机 2 020 台，比计划增加一倍，更新大型配套农具 5 475台，投入更新资金达 1.2 亿元，超计划 62%；机械作业面积达 0.16 亿公顷(次)。农业综合开发完成总投资 3.65 亿元，完成低产田改造 18.7 万公顷，开荒 3.3 万公顷，草原改良 3.4 万公顷，新增粮食生产能力 52.5 万吨。

4. 发育市场，努力搞活农副产品流通。各地把搞活农村商品流通作为加快农村经济发展的一项重要措施来抓。在指导思想上，注重市场和流通的先导作用，坚持生产和流通一起抓，从解决农民卖难入手，普遍加强了工作力度。一是加强了农村市场体系建设。到年末全省集贸市场已发展到 1 714 个，其中农产品批发市场 129 个，成交总额 35.1 亿元，比上年同期增长 35%；二是积极引导农民进入流通领域，采取扶持政策，使村办、农民自办、联办的流通服务组织大量涌现，全省这类经销组织已发展到 7 000多个，比上年有较大幅度的增加；三是推进贸工农一体化。全省贸工农一体化经营组织已发展到598个，比上年增加83.4%，超过年初计划的2.7倍。其中以畜禽、食品加工为龙头的217个，比上年增长40%；以农业企事业单位为龙头的131个，比上年增长254%；以农业合作经济组织为龙头的45个，增长66.7%。龙头企业实现加工产值已超过50亿元。

5. 深化改革，加强农业社会化服务。全省认真贯彻国务院《关于加强农业社会化服务体系建设的通知》，制定了《黑龙江省加强农业社会化服务体系建设的意见》，总结推广了尚志、海伦市和望奎县的经验，有力地促进了全省农业社会化服务体系的建设。全省村级经济合作社已经普遍建立，农村各种服务组织有很大发展。建立各类合作基金会 4 053 个，覆盖率达村总数的 27%，入股资金 8 亿元，投放农业生产资金 3.5 亿元，占当年生产费用的 8.8%。各级农业部门在不断强化行政职能的同时，狠抓种子、技术、经营管理、农业教育和农业信息五大服务体系建设，已建农业综合服务站 672 个，村级农业技术服务室 3 240 个，机耕队 3 800 个，畜牧兽医技术服务室 6 800 个，农民自办、联办的各类协会、研究会 1.4 万个，此外互助农场、联合体等服务组织和形式又有新的发展。

6. 转变职能，改变对农业的领导方式。各级政府和涉农部门主动适应市场经济发展的需要，逐步转变政府职能和领导方式，由过去靠行政干预、计划指导转向靠市场引导；由催种催收转向提供信息、兴办实体、开展服务；由注重产量、产值转向抓质量、抓效益。一年中农口各部门办服务实体发展迅速，仅农业、畜牧、农机、水利四个部门建服务实体 2 万多个，乡镇办服务实体 1.5 万多个。在工作作风上，不少县、乡领导干部走出办公室，带领机关干部组成推销队伍，深入销区，帮助农民推销农副产品。

(黑龙江省人民政府农村发展研究中心供稿)

深受欢迎的农民青椒研究会

黑龙江省农民青椒研究会是一个农民自愿结合、自筹资金、自主经营、自负盈亏、自我服务的群众性科技和经济开发合作组织，是由望奎县蔬菜专业户蔡景学于 1985 年 7 月发起成立的。研究会成立七年来，取得了显著的经济效益和社会效益。至 1992 年末，拥有会员 2 万多名，分布 27 个省、直辖市的 600 多个县，有生产资金 30 多万元，试验育种基地 7.9 公顷，还有电化教学设备。七年中累计培训学员 3.2 万多名，研制开发新品系 5 个，推广优良瓜菜种子 8 800 公斤，创造产值 500 多万元，扶持贫困户 400 多户。研究会连续七年被省、地、县科协评为优秀农民专业技术研究会，会长蔡景学两年被中国科协评为“全国农村科技致富能手”，1991 年被省政府授予“省特等劳动模范”称号。

1. 积极探索瓜菜高产技术。为了给研究开发探索和试验高产技术提供实验示范基地，1988 年 6 月成立了南北园艺研究所，有南北各一处试验基地，一处在海南省天涯镇，有 4.7 公顷可充分利用海南天然大温室的有利条件进行新品种的研究和培育；一处在望奎县先锋乡坤三村，有 2.7 公顷试验基地，研究所先后培育了“景椒 1 号”、“景椒 2 号”青椒品系。这种青椒果实大、产量高，单株结果最多达 24 个，平均重 0.23 公斤，单果最大重 0.5 公斤，大棚平均每公顷达 13.3 万公斤，比 1984 年增产 33%。研究会还先后引进试验青椒、番茄、黄瓜、西瓜等十多种蔬菜瓜果类作物 200 多个品系。1992 年 2 月研究会培育的 872 厚皮大尖椒通过省蔬菜品种审定委员会的鉴定，并被命名为“尖椒 1 号”，成为全省有史以来第一个通过审定命名的尖椒品种，填补了省内尖椒品种的空白。几年来在探索瓜菜高产技术方面还创造了破膜追肥新技术，使产量提高 30%左右，而且提高肥料利用率，这一技术被省内瓜菜种植户广泛采用。研究会改制安装的对滚式带划刀的新型采种机，是我国目前第一台多功能蔬菜采种机，一天可采 1 万公斤鲜果，节余劳力 80%，提高生产效率 85%，而且所采种子达到国家标准。

2. 大力传播和推广新技术。一是举办培训班。几年来共举办瓜菜栽培 培训班 125 期，为 27 个省、直辖市培训学员 3.2 万多人次，其中 1991 年和 1992 年免费培训学员 7 000 多人。二是设立咨询服务部。每天都有 30～50 人前往咨询，最多时达百余人。几年来共为各地农户复信18 万封。三是编写、出版蔬菜高产技术方面的书。四是制作、发行电化教学片。研究会自行摄制了青椒、西瓜、茄子、番茄、甜瓜等五部高产栽培技术录像片，其中青椒高产栽培技术录像片被中国科协声像中心采用，面向全国发行。据不完全统计，经过研究会培训，掌握和运用瓜菜高产种植技术而致富、收入超万元的有 400 多户。为激发学员学技术创高产的积极性，自 1986 年以来，每年举办一次“椒王”、“瓜王”大奖赛和优秀科研成果展览活动。几年来，共奖励学员413名。

3. 深入开展科技扶贫。研究会始终把科技扶贫、帮助贫困户脱贫致富奔小康作为重要工作来抓。一是在技术上带，组织会员对贫困户进行全程服务。产前，组织集中培训；产中，组织技术骨干深入到农户进行现场指导；产后，重点传授蔬菜保鲜技术，并向会员提供各地青椒等瓜菜市场的销售信息，帮助解决卖难问题。二是在物资上帮。一方面对生产中的紧缺物资，特别是专用肥料、专用农药、多种生产激素等，利用研究会经济实力较强的优势，积极组织购买。几年来共帮助贫困户购进化肥15吨，提供农药品种15个，还有农膜等多种专用生产资料；另一方面，对一些确无投入能力但具备经营能力的贫困户，无偿供给生产资料。几年来共向贫困户免费赠送瓜菜种子400多公斤、秧苗70多万株，价值4万多元。三是在资金上扶持。仅1989年就为贫困户垫付资金6万多元，帮助74户贫困户种植了20.8公顷大小青椒和甜瓜，平均每公顷收入15.6万元，每户人均纯收入3 100多元。为了使扶贫工作真正落实到实处，1991年将118户贫困户组成科技扶贫联合体，采取"五统一"即统一安排生产资料、统一栽培技术、统一进行田间管理、统一销售产品、统一结算现金的办法对参加联合体的农户实行特殊优惠。当年虽然遭受特大洪涝灾害，但参加科技扶贫联合体的农户平均每公顷收入8 100元。1992年科技扶贫联合体扩大到302户，种植青椒、茄子、甜瓜等140公顷，有200多户收入在3 000元以上。

此外，为了拓宽服务领域，从1991年起研究会承担了全县蔬菜产销一条龙服务。

（黑龙江省人民政府农村发展研究中心供稿）

东宁县利用口岸优势发展外向型农业

东宁县位于黑龙江省东南边陲，与俄罗斯的滨海边区接壤，边境线长179公里。1989年12月国务院批准该县为国家一级陆路口岸以来，大力发展外向型农业，取得了喜人成绩。

1. 易货贸易。东宁县把大力开展对俄罗斯及其他独联体国家的易货贸易作为发展外向型农业的重点，贸易合作伙伴已由最初的1家发展到2 000多家，合作区域发展到15个州区重要城市。1992年全县易货贸易签约额达10.1亿瑞士法郎，是上年的3.8倍，履约额达1.54亿瑞士法郎，是上年的4.83倍。仅关税收入达2 000万元人民币，地方财政收入450万元人民币。

东宁县易货贸易是在劳务输出的基础上发展起来的。劳务输出使东宁县在原苏联结识了贸易伙伴，培养出一大批贸易人才。

县农业局在俄罗斯有60多个合作伙伴，开展易货贸易以来，共签了26项价值2 500多万瑞士法郎的易货贸易合同，用玉米、苹果梨、塑料布和陶瓷制品换回俄罗斯的化肥、鸡蛋、汽车等。俄方已向县农业局过货2 100吨化肥、4吨鸡蛋，农业局科研中心用1 500平方米的陶瓷砖换回一台俄产油槽车。县农机局1992年在俄罗斯建立贸易伙伴40多户，签订了5 500万瑞士法郎易货贸易合同，已履约50%，赢利160万元人民币。东宁县的10个乡镇和2个街道办事处也都开展起易货贸易。

易货贸易的开展，使东宁县的农副产品有了新的市场，对解决农民卖难问题起到了积极作用，同时换回了农民急需的农业生产资料。

2. 劳务输出。东宁县从1988年就开始组织对原苏联的劳务输出，几年来发展很快。从1989～1991年年末，东宁县向原苏联派出劳务人员3 900名，从事瓜、菜、粮的种植和建筑业。劳务人员数占全省三年派出的劳务人员总数的1/10，累计创收2 100万元人民币。1992年，东宁县向俄罗斯派出劳务人员1 400多人，承包农业种植项目25个，工程项目5个。几年来劳务输出已获得较可观的效益。县宏达公司1989年成立以来，3年输出劳务人员225人，总产值为216.48万瑞士法郎，换回化肥13 558吨，每个劳务人员3年纯收入2.9万元人民币，公司获利润400万元人民币。

东宁县劳务输出的路子越走越宽。除向俄罗斯输出劳务外，又开始向韩国发展劳务市场。1991年，三岔口镇向韩国派出220名劳务人员，每人年收入都在5万元人民币以上。1992年，县民委也组织了146名朝鲜族农民到韩国劳务。

3. 合资办企业。在同俄罗斯等国家开展经济贸易以来，积极同外商进行洽谈，引进和吸收外资，办合资企业，使东宁县的地方产品挤进了国际大市场。

大肚川镇煤矿村的卫生筷子厂成立于1987年，产品大部分出口。开展对俄贸易以后，这个村同俄罗斯滨海边疆区乌苏里斯克农工建设集团国营建筑联合体新民科斯克农业建筑公司签约，双方合资办木制品厂，生产卫生筷子、冰棍杆、雪糕杆，年产7.5万大箱，产值540万元人民币，合资总额为83.3万瑞士法郎，中方以固定资产42.4万瑞士法郎代投，占总投资额的51%，俄方以木材、汽车代投，折合为40.8万瑞士法郎，占总投资额的49%，俄方负责销售80%的产品，年利润50万元，双方各获利润25万元。

东宁县农口各单位和乡镇除积极引进资金在本县境内办合资企业，还积极向境外发展，在俄罗斯创建合资企业。县乡镇企业局同俄罗斯阿尔乔姆市商业局合资建商店，县农机局在俄罗斯巴斯洛夫、符拉迪沃斯托克合资建商店，县农业局在俄罗斯合资建食用菌厂、温室、砖厂、旅游鞋厂等。

4. 建立外向型农业生产基地。为了适应外向型农业发展的需要，东宁县根据本地资源优势重点建设了蔬菜、瓜果、人参、木耳、烤烟、鱼禽等外向型农业生产基地。县委、县政府制定并实施了"三七工程"，即全县建立七个龙头企业，七个原料基地，七个销售批发市场。以烟、参、果、耳、畜、禽、山野菜、良种为龙头，落实到烟草公司、药材公司、供销社、畜牧局、农业局、外贸局等六个部门具体抓，实现烟在原有基础上有所突破，人参面积稳住，果树面积达到600公顷，木耳椴500万椴，养鱼水面0.7万公顷，羊3.8万只，牛4.3万头，生猪8.7万头。还充分发挥森林覆盖率高、山产品丰富的优势，积极组织山产品，主要是松茸、山野菜的采集和出口，增加了外汇收入。

东宁县发展外向型农业起步快、效益好的主要原因：一是县委、县政府的领导不断解放思想、转变观念，增强改革开放意识。二是真抓实干，搞好基础建设。1989年12月，东宁县一边申请建边境口岸，一边动手架起连通两国的32米长的呼布图河钢桥，待口岸批下来时，钢桥就已通车了。为了使正常过货，自筹480万元盖起了2 760平方米的联检大楼和三岔口1 640平方米的现场联检厅。并无偿投入3 000个工时和部分建材，帮助俄方建起永久性的联检场所。1992年已完成东宁镇、三岔口镇12公里公路，东宁镇到绥芬河交界处28公里公路改造工程。4 000门程控电话和增加一台1.2万千瓦的发电机组正在抓紧施工。三是制定一系列优惠政策和规定，增强东宁的吸引力，也激励农民积极发展外向型农业。四是加速外向型人才的培养。东宁县举办各种类型的培训班，培养出国搞边贸的专门人才。举办的俄语大、中专班已经培养出俄语翻译100多名。三岔口镇党委还输送了3名应届高中毕业生到长春外语学院学俄语，又送2名青年出国留学。

（牡丹江市人大常委会农林办公室供稿）

上 海 市 农 业

1992年，上海郊区人民解放思想，振奋精神，加快改革开放步伐，使农业又获丰收，农村经济进入新的快速增长期。主要呈现出以下几个特点：

1. 农业总产值继续增长，"菜篮子工程"逐步纳入市场调节轨道，郊区人民生活日益改善。1992年，上海在多数农产品价格相继放开，大量市外农产品涌入上海市场，农业比较利益下降，耕地面积进一步减少的情况下，全年农业总产值为80.01亿元，比上年增长5.7%，其中，种植业产值32.8亿元，比上年增长5.9%，牧业产值37.19亿元，比上年增长8%。主要农产品除粮食产量比特大丰收年的1991年下降5.9%以外，棉花、油菜籽等产量均有较大幅度增长，分别比上年增长10%和9.6%。蔬菜价格在三个直辖市中率先放开，一年来已顺利纳入市场调节轨道。农民人均纯收入达2 225.87元，比上年增长11.1%，农民生活质量也不断提高，彩电、冰箱、洗衣机等家庭耐用消费品拥有率增加；86%的农户用上了自来水；农村集镇和村宅人均居住面积分别达到13平方米和20平方米，大大高于市区水平。

2. 外向型经济取得突破性进展，第三产业方兴未艾，增添了发展经济的活力。1992年郊区新批准"三资"企业1 100多家，是前12年批准总数的2.36倍，投资总额15亿美元，其中协议吸收外资8.15亿美元；外贸出口交货值完成125亿元，比上年增长24%。已有2个县设立海关，促进了对外经贸事业。郊区批准建设的第三产业大型项目有158项，总投资37亿元，超过前12年投资总数的4倍；已有89家房地产经营公司活跃在城乡各地。

3. 农村经济综合实力进一步增强，已成为上海国民经济的重要组成部分。1992年上海郊县和农垦工业总产值突破600亿元，其中乡镇工业完成产值510亿元，比上年增长33%；销售收入480亿元，产销率为94%。据农业部按乡镇企业产值占农村社会总产值的百分比等6项综合评价标准测评，上海郊区乡镇企业发展水平居全国首位。1992年上海郊区国民生产总值54.3亿元，比上年增长22%，增长速度高于全市平均水平7.2个百分点。郊区国民生产总值占全市国民生产总值的比重由1984年的16.89%上升到24.17%，平均每年增加一个百分点，已接近四分天下有其一；郊区地方财政收入完成34.8亿元，占全市地方财政收入比重由1978年的4.06%上升到18.75%，接近1/5 。

1992年上海农业和农村经济工作着重抓了以下几个方面：一是以市场为导向，走发展高产、优质、高效农业的路子。在继续抓好粮食、棉花、油菜籽等传统的大宗农产品的同时，努力发展市场需要的名特优稀小宗产品。1992年郊区西、甜瓜产量30.24万吨，比上年增长72.6%，水果产量16.3万吨，比上年增长87.8%，满足了市场需求。并依靠科技进步，引进优良品种，初步形成了优质米、高档蔬菜、特色经济作物、特种水产、优质畜禽、珍稀产品等几大生产基地。二是全面深化农村改革，实施所有制结构的多元化。在以公有制为主体的基础上，上海郊区实行股份合作制的试点企业，发展到593家，股本金总额达16.2亿元，其中个人股5亿元，占30.8%。这不仅为企业发展筹措了资金，而且有利于理顺企业产权关系，促进企业转换经营机制，调动企业干部职工的生产积极性。郊区个体工商户和私营企业已达7万多家，从业人员增加到15万人。继青浦县蒸淀乡创办了第一家私营经济小区之后，南汇县沿海等经济薄弱地区也在吸引众多个体经营者投资经商办企业，活跃了地区经济。1992年市郊还突破了土地批租的"禁区"，嘉定等7个县（区）共签约批租48处地块，总面积为355公顷，占郊区土地总面积的1.3‰，出让金总额为3.2亿美元，既筹措了基础设施建设资金，又促进了产业结构调整和经济发展。三是简政放权，充分调动了县（区）的积极性。根据两级政府、两级管理的新思路，市对县在规划、土地、项目审批、税收、金融、农业计划等8个方面进一步简政放权，扩大了县（区）的管理权限。各县（区）也相应对乡镇简政放权，简化了审批手续，加快了办事速度。四是发挥开发开放浦东的辐射作用，大规模推进基础设施建设。郊县和农口各单位积极参与浦东开发，

1992年到浦东开发新项目741个，规划总投资61亿元，并通过政策延伸，兴建了13个起点较高的县级工业区。各县(区)都投入大量资金开展了前所未有的大规模的基础设施建设，新建或改建了主要交通道路和一批商业设施。郊区已基本实现电话交换自动化，农村电话普及率为3.02%，居全国农村电话普及率之首。水、电、气等供应状况也有所改观，投资环境得到改善。（上海市农业委员会办公室）

蔬菜产销全面放开

1992年是上海蔬菜产销改革步子最大的一年，也是生产发展，市场繁荣，人们思想观念转变的一年。自1991年11月1日开始，上海进一步加大了蔬菜产销改革的力度，全面放开市场、放开价格，一年来蔬菜产销改革总体形势较好，主要反映在以下几个方面：

1. 生产相对稳定，菜农收入增加。一年来，郊菜总上市量达到89.19万吨，其中，基地常年菜82.62万吨，比上年增长0.24%。由于城市新区的不断扩大，全市蔬菜生产面积减少一成多，在这种情况下能保持生产稳定，增产增收，是一件很不容易的事情，一年来，常年菜田的总产值2.7亿元，比上年增长13.9%。由于菜田面积减少，平均每公顷值由上年的2.2万元上升到2.6万元，增长19.52%。

2. 供求基本平衡，市场经营活跃。一年来，市蔬菜公司鲜菜经营总量81.2万吨，月均6.77万吨，日均2 225吨。其中，常年菜占73.89%，郊区季节菜占8.09%，外地客菜占18.02%。市蔬菜公司各批发交易市场向零售市场供应总量62.3万吨，日均1 707吨。其中，供应市区菜场27.14万吨，占供应总量的43.56%；供应个体商贩29.83万吨，占47.88%。由于多渠道流通，菜贩增多，菜农扩大自销，加上远郊季节菜和外地来沪客菜，市场活跃丰富。节日期间市场供应的品种超过50种；在“冬淡”和“夏淡”期间的供应量，分别比上年增加2.84%和27.9%。初步实现了“淡季不缺菜，旺季不烂菜”，供求基本平衡的目标。

3. 价格灵活合理，波动幅度较小。放开蔬菜价格之后，上海地区曾遇到严重冰冻、长期阴雨、连续高温干旱和台风影响等自然灾害，也曾出现过短期菜价上升幅度较大的过渡性现象。但由于形成了比较灵活合理的价格机制，蔬菜公司根据供求情况，坚持天天发布价格行情，能够较好地引导产销双方调节市场供应，再加上生产比较稳定和灾后生产恢复较快等因素，因此，价格总体合理，波动幅度较小。据统计，在放开价格的一年中，常年菜每百公斤混合成交价28.38元(含保淡合同贴价750万元和生产销剩蔬菜补贴600万元)。与上年价格相比上升0.11%；菜农多渠道自销价格每百公斤为42.76元，比交易市场成交价高50.67%。市区菜场混合零售价每百公斤81.12元，同比上升35.31%；集市混合零售价每百公斤120.33元，同比上升6.86%。

4. 蔬菜质量提高，返销浪费减少。蔬菜放开后，价值规律代替了人为的计划控制，菜农的市场观念和商品意识增强，上市蔬菜质量普遍提高，被列为市政府实事项目的规格化蔬菜，超额完成指标，同比增加20%。由于菜农注意品种结构调整和按需组织上市，一年来返销蔬菜12.72万吨，同比下降39.26%。政策性亏损补贴共5 171万元，同比减少2 967万元，减幅为36.46%。

（上海市农业委员会办公室　祝金海）

沪郊第三产业迅猛发展

1992年上海郊区坚持贯彻“立足农村，服务城市，参与浦东，面向全国，走向世界”的发展第三产业的方针，使郊区第三产业发展速度明显加快，取得了显著成绩。据统计，1992年上海郊区第三产业增加值为67.5亿元，比上年增长24.7%，占国民生产总值的比重也由上年的25.3%上升到26.5%。不仅第三产业的增长速度超过了第二产业的增长速度，成为农村经济新的增长点，成为郊区国民经济第二大产业支柱，而且在发展的内涵质量上，突破了原来以乡镇商业、农村仓储业为主体的平稳发展格局，向现代化商业设施和大中型批发交易市场等高水平方向发展，向房地产、旅游、邮电通讯、交通运输、金融保险、科技信息等高层次开拓，向中心市区、外省市及境外等全方位延伸。

1992年上海郊区兴办的大型第三产业项目达158项，总投资37.5亿元左右，超过了前12年投资总数的4倍。这些项目共同的特点是起点高，规模大，设施新，档次高，具有强烈的超前意识和时代感。比较突出的有以下四个方面：

1. 房地产业迅猛崛起。到1992年底，郊区具有一定规模的房地产经营公司89家，比上年增加59家，固定资产达6.25亿元。头9个月出售商品房56.29万平方米，营业额4.57亿元。还有一大批商品房竣工待售，有一批商品房和花园别墅正在规划建设。

2. 旅游业方兴未艾。郊区各县、乡在保护、完善原有景点的基础上，又投资6.7亿元新建重建了38个新型旅游景点，其中28个项目已开业，1992年的营业额达5 441万元，税收435万元。同时，各县还以文体搭台，供经济唱戏，举办各种丰富多彩具有地方特色的文体艺术节。有以鲜花为“媒”的南汇桃花节、嘉定菊花节、农垦柑桔节；有以风筝牵“线”的奉贤风筝节；有以桥牌搭“桥”的金山杯桥牌赛。

3. 现代化商业日新月异。川沙大厦、南汇大厦、嘉定商厦等59幢商业大厦正在兴建，一批高档次、高层次的市区名牌商店纷纷在郊县落户开设分店。这些商厦总投资达16.8亿元，建筑面积93万平方米。其中20.3%已竣工开业迎客，1992年营业额为5.186亿元。同时，郊县第三产业挤进了市区，到1992年底，郊区农村(不包括上海农垦)在市区开设的第三产业企业有604家，在职职工达1.18万人，投资总额5.78亿元。1992年营业额为13.8亿元，创税利5 297万元。

4. 一大批大型批发交易市场拔地而起。1992年郊区共规划建设各类批发交易市场61个，投资近14亿元，营业面积67.3万平方米。其中南汇航头商城，金山枫泾商城，青浦鞋城，川沙铁沙商城，奉贤浦南工业品交易市场等35家已相继开业。到1992年底，成交额6.7463亿元，上交税收275万元，税后净利505万元。

（上海市农业委员会办公室　祝金海）

农村股份合作制试点工作进展顺利

1992年，上海郊区农村开展了股份合作制的试点工作。经过一年的努力，在原有7家股份合作制企业的基础上发展到593家。

从试点企业分析有以下几个特点：

1. 试点企业规模大于一般企业。593个试点企业共有职工9.1万人，平均每个企业153人，高于郊区企业平均职工人数106人的42.4%；总股本金16.22亿元，平均每个企业为274万元，高于郊区企业平均固定资产原值95.85万元的181.5%。

2. 试点企业涉及的面比较广。属乡办企业264户，占44.52%；属村办企业135户，占22.77%；属国集联营企业51户，占8.6%；属城镇集体企业的143户，占24.11%。从地域分布来看，郊区10个县（区）都有试点企业，其中最多的为川沙县210户，其次为嘉定、上海、金山县都在50～70户，较少的奉贤、松江县，各在20户上下。从产业分布看，第一产业为4户，占0.67%；第二产业为358户，占60.37%；第三产业为231户，占38.95%。从新老企业分，属老企业改制的有311户，占52.45%；属新办企业的有282户，占47.55%。

3. 股份制形式多样。现有股份合作制企业主要有四种形式；一是内部扩股增量型。主要是原有企业为扩大生产需要，向企业职工扩股吸纳股金。二是职工自愿合股型。由职工群众根据经济、社会发展的需要，自愿筹集资金，合股合作经营。三是转轨或部分转轨型。主要是原属乡、村合作经济组织所有的企业，由于经济状况和经济效益不佳，将部分或全部集体资产转轨而办的股份合作制企业。四是多元复合型。是工农联营企业，它集国家、集体、社会法人和职工个人于一体的股份合作制企业。在以上四种形式中属第一种比较多，其次是第二、第四种，第三种较少。

4. 股金结构比较合理。从593户试点企业总股本金的组成来分析，属集体股（乡村合作经济组织所有）的有80 450万元，占总股本金的49.59%；属企业股的有6 531万元，占总股本金的4.03%；属社会法人股的有18 706万元，占总股本金的11.53%；属社会个人股的有10 934万元，占总股本金的6.74%；属企业职工股的有45 314万元，占总股本金的27.83%。

从试点单位前后比较来看有以下几个变化：

1. 干部增强了责任感，职工增强了凝聚力，减少了短期行为。

2. 筹集了一笔可贵资金，为企业发展增添了后劲。上海企业发展中一个突出矛盾是资金紧张，股份合作制的发展，为乡镇企业发展开辟了一条筹集资金的渠道。593户试点企业共有股本金总额16.22亿元，除集体股、企业股属原有固定资产外，其余的社会法人股、社会个人股、企业职工股共7亿多元，都是新筹措到的资金，平均每个企业有100多万元，用于企业的发展。据嘉定县50家企业分析，筹措到的资金用于适销产品扩产的占10.9%；用于新项目开发的占52.3%；用于技术改造、更新设备的占25.6%；用于增补企业流动资金的占3.9%；用于归还集体经济组织的占7.3%。

3. 为"工农联营"企业的转制探索了一条新路。工农联营企业是工农双方在发展乡镇企业中的一大创造。到1991年底，郊区共有工农联营企业2 444家，产值170亿元，占乡镇工业总产值的46.1%。可近两年来，发展势头锐减，由1990年前增长速度高于乡镇企业10个百分点变为低于10个百分点，其中一个重要原因是工农联营企业对城市企业依附性较大，企业缺乏应有的活力。股份合作制的试行，为工农联营企业的转制找到了一条新路。在311户老企业改制中属工农联营企业的有51户。这些企业在改制时一般以原有工农双方联营的资产为基础，再吸收工农双方职工参股，按照"资金共筹，利益共享，风险共担，积累共有"的原则，组成新的股份合作制企业。这种企业把国家和集体，工农双方职工的利益紧紧地连结在一起，促进企业的发展。

4. 保证了企业的留利，有利于增添企业活力。乡镇企业的留利一般只占实现利润的8～10%。实行股份合作制后，企业不应有的负担得到了扼制，留利就大大增加了。据嘉定、川沙等县对试行股份合作制企业年终分配测算，在实现利润中，除向国家交纳税收、税前列支的社会性开支以外，净利润的50%左右可留在企业，实际的企业留利在原来的基础上增加了一倍。另外，工农联营企业改制为股份合作制后，对企业留利也有明确规定，变原来"先分后税"为"先留后分"，增加了企业留利，有利于企业发展。

5. 政府对企业的经济行为有所规范，有利于政企分开和企业机制转换。股份合作制企业一般都成立了董事会，大的经营活动由董事会决定，乡政府不再干预企业的日常经济活动，使企业的经营自主权得到保证。（上海市农业委员会办公室　朱水云）

江苏省农业

1992年，江苏农村干部群众努力克服上年特大水灾造成的影响，认真贯彻中央和省委关于加强农业和农村工作的两个决定，围绕年初省委、省政府提出的稳定提高农业、大力发展二三产业、积极推进以“放开价格、调整结构、搞活两通、转换职能”为重点的农村改革，农村综合生产能力、综合经济效益和农民收入有了新的提高，基本实现了“一年受灾、一年恢复”的工作目标，农村面貌发生了新的变化。

1. 高产优质高效农业建设迈出步伐，农业生产稳定增长。按照调优粮油生产，稳定棉花蚕茧，大搞多种经营，开发名特优新，发展创汇农业，建设商品基地，突破加工增值的基本思路和要求，组织进行了较大幅度的农业结构调整，并初见成效。粮食品种结构趋向优化，粳稻、糯稻扩种17.3万多公顷，优质稻种占水稻面积的比重提高到54.3%；经济作物扩大30.7万公顷，占农作物总面积的16.4%；林牧副渔业结构调优，优质品率有所提高，产值占农业总产值的比重由46.2%提高到47.4%。

各地发挥各自资源优势，以市场需求为导向，形成了一批有一定规模的农副业生产基地。农业资源综合开发初见成效，黄淮海开发和世行贷款项目进展顺利，全年共完成改造中低产田13.8万公顷，开垦宜农荒地1.8万公顷，完成开发总投资1.72亿元，增强了农村综合生产能力。

1992年，全省粮食总产3 297.8万吨，比上年增长10.3%，是1987年以来粮食总产量最高的一年；棉花因后期受灾，有所减产，但总产仍达52.74万吨；油料总产超历史；糖料、烟叶、果品都比上年有不同程度增长。多种经营发展迅速，林牧副渔各业全面增产，产值达316.71亿元，比上年增19.6%；多种经营项目给农民增加的纯收入达20亿元以上。

2. 乡村工业整体素质明显提高，速度和效益同步增长。全省抓住有利时机，努力增加投入，积极发展提高乡镇企业。全年乡村工业实现销售收入1 975.21亿元，比上年增长62%；实现利税130亿元，比上年增长92.4%，经济效益明显好转。

各地广辟资金渠道，扩大投资规模。全年乡村工业总投入140亿元，比上年增加一倍多。乡镇工业行业、组织和产品结构调整力度加大，加快技术改造，提高技术含量为越来越多的企业所重视，有相当一部分企业上规模、上水平。无锡、常熟等9个县(市)乡镇工业产值超100亿元，其中无锡县达到306.3亿元，继续保持领先地位。有5 000个企业产值超1 000万元。全省共组建了19个省级乡镇企业集团，其中红豆制衣集团已成为在国内外有广泛影响的大型企业。此外，在深化企业内部改革方面，扩大了股份合作制试点，引入“三资”企业管理方式，继续推广和完善铜罗和东亭经验，转换经营机制，稳定和完善企业承包经营责任制与厂长负责制，使乡镇工业整体素质有了新的提高。

3. 农村对外开放步伐加快，外向型经济发展迅速。省委、省政府在年初提出了江苏经济以市场经济、外向型经济、高新技术为主的方针，全省进一步扩大了对外开放，农村外向型经济快速发展，特别是乡镇企业在外向型经济中又异军突起，成为出口创汇的生力军。全省1992年新批农村“三资”企业4 100家，合同利用外资29亿美元。还积极向境外开拓，创办42家境外企业。全省乡村工业完成外贸产品交货额345亿元，比上年增长129%，其中直接出口产品交货额占84%。农业创汇巩固提高，全省农副产品及其加工品出口创汇22.55亿美元，占全省创汇总额的48.3%。

4. 农村流通进一步活跃，集体资金内部融通不断扩大。各地根据省委、省政府提出的进一步搞活农村流通和金融的要求，大力发展多渠道的产销直流和多形式的资金融通。在搞活农村流通方面，主要是通过降低工商登记注册资金，简化审批手续，放宽经营范围，引导和鼓励乡村集体经济组织、私营企业和农民进入流通领域；在办好农贸市场的基础上，有计划地建设了一批具有地方特色的农产品、生产资料、日用工业品专业市场和批发市场，继一批老的专业市场之后，溧阳的苏浙皖边境粮食市场、徐州的蔬菜市场等新的专业市场也已形成相当规模，初步形成了农贸市场、专业批发市场相结合的市场体系。

在搞活农村资金融通方面，巩固扩大了农村集体资金内部融通，推进建立健全乡镇合作基金会。全省有86.7%的乡镇开展集体资金内部融通，融资额超过20亿元，有1/3以上的乡镇建立了乡镇合作基金会，有16个县、1个市建立了合作基金联合会，不少地方试办了乡镇金融服务社，为发展农村合作金融探索了路子。

5. 切实保护农民利益，农民生活有较大改善。全省各地认真宣传贯彻国务院《农民承担费用和劳务管理条例》，按《条例》规定对农民负担实行总量控制、定项限额，通过春订合同和年终结算分配把关扎口，当年农民合同内人均负担33.57元，占上年农民人均纯收入的4.53%，基本控制在《条例》规定的限额之内。省政府还委托省委农工部，会同省监察厅、法制局、乡镇企业局，组织进行了全省农民负担执法大检查，各地也组织了自查和抽查，取得了一定的成效，农民合同外负担增长过快的势头开始得到遏制，乱集资、乱摊派现象有所控制。

农村经济的快速发展，促进了农民收入的增加，生活条件的改善。1992年全省农村经济总收入2 922亿元，比上年增长47.7%；农民人均纯收入1 060.7元，比上年增长15.2%。农村对国家贡献增加，上交国家税金77.65亿元，比上年增加20亿元。乡镇工业发达的苏州、无锡两市农民人均纯收入1 600元以上，基本达到小康；苏中地区温饱有余，开始向小康迈进，农民人均纯收入在1 000元左右；苏北地区则温饱问题基本解决，开始摆脱贫困。

(中共江苏省委农村工作部)

农村集体企业股份合作制试点取得成效

江苏省1992年把积极推行股份合作制作为深化乡

村企业改革，加快乡村企业发展的重要措施来抓。根据省里部署，各市县程度不同地开展了股份合作制的试点工作。全省试点企业已发展到500家以上，并取得初步经验和成效。

江苏省近几年在完善乡村企业经营承包责任制上，创造了生产要素承包，“资产滚动增值，净收入比例两段分配”等不少新办法，但不少企业还缺乏应有的动力和活力，影响其进一步的发展。省委、省政府要求各地解放思想，加大改革力度，试行股份合作制。据此要求，市县积极认真地开展了试点工作。

试点一般的步骤是培训、试点、形成指导性文件、扩大试点。省市县通过各种形式培养试点骨干千余人，并在各地形成试点小组。在总结试点经验的基础上，省委农工部提出了试点的原则意见，市县相继形成了一些指导性文件，如盐城、扬州、常州等市都制定了试行办法和意见，有的还就集体资产评估提出了具体办法，更便于试点企业操作。基础较好的市县还形成了示范章程。1992年上半年全省试点取得较快进展。

江苏试行股份合作制，指导思想上注重稳妥，宁少务好，力求成功。各地在选择试点单位时，一般都把握以下四个基本条件：企业具有一定规模，多数干部、职工有试行股份合作制的要求；经济效益比较好，特别是企业发展后劲比较足，预期收益较高；厂长(经理)的素质和经营组织能力比较强；企业经营管理水平也比较高，经济核算和财务会计制度比较健全。具体试点工作搞得比较细致。先从宣传动员入手，取得共识。后抓清产核资。由有关部门组成清产核资小组，对企业家底进行认真而彻底的清理。再根据资金来源渠道和权属，合理界定股权，制订切实可行的章程。最后建立健全管理组织。试点企业都建立了股东大会或股东代表会议制度，选举董事会，产生董事长，有的还成立了监事会，由董事会聘用厂长或经理，实行董事会领导下的厂长(经理)负责制。

江苏试点以原有乡村集体企业转制实行股份合作制为主。集体股份在股份构成中占主体地位。试点企业中约有70%由乡村集体企业转制，新组建的仅占30%左右。其主要类型有：存量转换型、增资扩股型、合股兴办型和参股联营型。

从各地乡村企业股份合作制试点情况看，乡村企业实行股份合作已初步显示出优越性。一是明晰了产权，使企业资产明朗化、具体化、股份化，恢复了乡村企业是合作经济组织的本来属性。二是干部职工主人翁地位和风险意识增强。试点企业大部分干部职工都向企业入了股，成为企业的股东，享有所有权和管理权。职工股都占有一定比例，企业利益和职工利益紧密相连，积极性较高；经营者为股东负责，责任感较强。三是规范政府管理行为，较好地解决了政企不分，以政代企的现象。实行股份合作制后，权属明确，股属清晰，行政干预大为减少，企业除依法纳税和按规定上交社会列支以外，再不接受各种乱摊派，有效地保护了企业利益。四是增加了新的融资渠道，形成企业投资主体多元化、多层化，促进消费基金转化为生产资金。据盐城市12个试点企业统计，共新增股金573万元，平均每个企业增47.75万元，为企业技术改造，扩大规模提供了资金来源。

(中共江苏省委农村工作部办公室)

浙江省农业

1992年，是浙江省农村深化改革，加大对外开放力度，把农业和农民推向市场取得突破性进展的一年，是从传统农业向高产、优质、高效农业发展取得历史性重大转折的一年，也是农业和农村经济全面持续增长的一年。全年农村社会总产值达到1 978亿元，比上年增长38.5%，其中农业产值404.79亿元，比上年增长4.2%。粮、棉、油产量与上年基本持平；蚕茧、茶叶生产有较大幅度的增长；畜牧业生产继续发展，肉禽奶蛋等供应增加；渔业生产保持良好的发展势头，水产品产量达169.7万吨，比上年增长12.4%；农业基本建设基础扎实，农业生产条件继续得到改善，全年投入劳力3.6亿个工日，完成土石方3亿立方米，建成家庭联产承包责任制以来全国最大的“乌溪江”引水工程。乡镇企业坚持了“多轮驱动”“多业并举”的发展方针，在大发展中得到了大提高；第三产业方兴未艾，全省又有130万农村劳动力净流向非农产业。农民收入持续增加，生活质量明显提高，农民人均纯收入1 359.13元，比上年增长12.3%。农村居民人均生活用房达31.34平方米。

1992年浙江省农村经济的发展呈现以下几个鲜明的特色。

1. 放开粮食购销，进一步把农业推向市场。全省在前几年放开大部分农产品的基础上，1992年，根据发展社会主义市场经济的内在要求和粮食产销的实际，决定放开粮食购销，放开价格。由粮食企业与种粮大户或村经济合作社，本着自愿互利，协商一致的原则，签订收购合同，价格随行就市。同时，加强宏观调控，建立健全粮油储备和风险基金制度，加快粮食市场的建设，提倡和鼓励国家、集体、个人一起上，多渠道经营粮食。全省已建起县级以上粮食交易市场70多个，乡村粮油市场400余个，逐步形成了

浙江德清县雷甸水产养殖公司珍珠养殖场　　徐　邦摄

以省级粮食批发市场为龙头，市县级粮食批发交易市场为骨干，乡镇和农村粮食集散地的粮食初级市场为基础的省内粮食市场体系，实现了粮食的商品化和经营市场化。

2. 积极调整产业结构，大力发展高产、优质、高效农业。全省把优化粮食结构和品质作为发展高产、优质、高效农业的突破口，一手抓吨粮田工程建设，一手抓低产田改造，使平均每公顷增加粮食 1 500 公斤以上。同时积极扩大"嘉兴香米"、"舟山 903"等优质品种的种植，逐步以中、优质品种替代劣质品种。其次把加快农业综合开发作为发展高产、优质、高效农业的重要领域，面向整个国土资源，积极发展水果、蔬菜、肉类、鱼虾、禽蛋、牛奶、饮料等，扩大了食物源和营养源。兰溪市红壤综合试验场，共有土地 266.7 公斤，以前由于植被覆盖率不到 5%，水土流失严重，生态环境恶化，通过综合开发，建成水田 33.3 公顷，茶园 133.3 公顷，果树 33.3 公顷，植树 40 万株，还营造了 86 公里的防水林带，植被覆盖率提高到 82%，被有关专家誉为跨世纪的"绿色工程"。再次是把改造和提高传统农产品作为建设高产、优质、高效农业的主攻方向，不断改良品种，提高传统农产品的单产和品质；重点发展加工、保鲜，实现传统农产品的增殖，全省外海捕捞的马面鱼，原来几分钱 0.5 公斤也卖不了。突破加工这个环节后，鱼皮和内脏可制鱼粉，鱼肉则烘干压制成鱼片干，经济效益比鲜鱼增加了 12 倍。

3. 加强基层组织建设，充分发挥村经济合作社的作用。目前，全省已恢复和建立的村经济合作社近 4 万个。为了充分发挥村经济合作社在社会主义市场经济中的作用，省人大于 1992 年 7 月颁布了《浙江省村经济合作社组织条例》，在全国第一次以地方性法规的形式确定了村经济合作社是农村集体经济的所有者和代表者，具有生产服务、资源开发，兴办企业，资产积累等职能，经工商行政管理部门登记后，依法取得企业法人资格。条例颁布后，极大地鼓励了农村干部和群众搞好村社建设，发展生产的积极性。温州市瓯海区原有 386 个行政村，近几年陆续建立了村合作社，虽然有了牌子，但没有营业执照，无法进入市场，1992 年以来，该县规范了村合作社标准，经验收合格后，由工商税务部门发给营业执照和税务登记证，以利合作社组织社员进行商品生产，该区西岸乡羊坑村，是传统的卫生纸产地，年产值达 120 万元，但单家独户生产经营难以抵御市场波动的风险，曾因市场疲软，价格低落，造成大量积压，村经济合作社实行非农产业的双层经营后，农户分散生产，合作社加强质量、规格的管理、统一对外经营，打通了卫生纸的销售渠道，既推动了卫生纸的稳定生产，村集体经济也在为农服务中得到壮大。

4. 加强小城镇建设，完成"撤、扩、并"工作。随着社会主义商品经济的发展，原来的行政区划已经不适应大农业、大市场、大流通的市场机制，为了形成合理的县域经济布局，充分发挥小城镇在经济建设中的重要作用，全省在试点的基础上进行了"撤区、扩镇、并乡"的工作。全省共撤销了 354 个县属区；将原来的 3 170 个乡镇扩并为 1 851 个，减少了 1 319 个，减少 41.6%，建制镇则从 769 个增加到 889 个，较好地解决了过去普遍存在的乡镇规模偏小，布局不够合理的问题。"撤、扩、并"工作结束后，乡镇经济开始形成新的一轮发展大潮，富阳县的富阳镇是由 7 个乡镇合并而成的大镇，新的镇党委、政府适时调整集镇发展规划，发挥大镇优势，加快建设步伐，在不到 5 个月的时间里，筹措 500 多万元资金，修建了三桥三路一渠，初步改变了原来 13 个小乡镇基础设施落后的状况，还建起了面积约为 6 000 亩的开发小区，到 1992 年底，已接待外商 200 多人次，引进企业 58 家，协议利用外资 17 958 万元，适应了发展外向型经济的需要。

5. 社会化服务体系日臻完善，促进了农村经济顺利发展。为了建立适应市场经济需要，比较完备的商品生产服务体系，满足农民对技术、资金、供销、储藏、加工、运输和市场信息等方面的要求，促进农村生产力的发展，全省加强了农业社会化服务体系建设，现在已初步形成了一个国家经济技术部门为主导，社区性服务组织为基础，群众性自我服务组织为补充，多层次，多成分，多形式，多功能，上下贯通，左右相连的农业社会化服务网络。全省已建立起村级服务组织 4.1 万个，重点围绕大田生产，实行单项或多项的统一服务，并逐步做到"五有"配套，即有组织、有队伍、有资金、有设施、有制度。半数以上的乡镇把原来的农科站、土肥站等统一组成乡镇农业综合服务站，形成规模，增强实力，扩大了服务。县级涉农部门转变职能兴办经济实体，使大批 农业科技管理人员转移出来为农服务。供销社系统在乡镇建立了"庄稼医院"969 所，配备庄稼医生 1 000 多名，为农业提供看病、开方、撮药、咨询、培训、巡诊等多项服务。遍布全省的 2 265 个县级科普组织，2 383 个乡镇科普协会，2 500 多个村科普小组，3 700 多个农村专业技术协会，以及大批农民技术员、科技示范户，则在传播科学技术，加快新技术、新品种的推广应用，促进高产、优质、高效农业方面作出了贡献。

6. 贫困地区的面貌有了新的变化，发展经济的路子进一步拓宽。浙江省地处沿海但经济发展很不平衡，仍有一批县、乡、村收入较低。1992 年，全省拓宽思路，加快了扶贫、脱贫的步伐。采取以下措施：一是把发展开发农业作为脱贫致富，奔向小康的重要措施来抓。在开发中做到传统农产品的开发与引进新品种，新技术相结合，分散零星开发与集中连片开发相结合，通过多种形式的技术培训、科技示范，提高开发的档次和开发的规模，现在贫困县已建立起了一批各具特色的名茶、名果、食用菌、药材、食草动物等名特优新生产基地。二是实现工业发展指导思想的战略转变，在布局上，从过去的"天女散花"，乡乡镇镇办工业，转到集中力量，在城镇和交通比较发达的地区办工业小区，1992 年 6 个贫困县共办了 16 个工业小区，有效地改善了工业投资环境，提高了投资效益。在方式上，从过去只注重在当地办工业，转向走出“山门”，到外地、外县去办。省政府还批准在温州市龙湾区设立了扶贫经济技术开发区，引导贫困地区积极引进外资，从内向发展转向与外向发展相结合，目前，开发区内已落实各类项目20多个。在资金投入上，把引进外资、发展“三资”企业，作为发展工业的重点来抓。1992年6个贫困县共兴办“三资”企业64个，引进外资折人民币1亿多，其中仅青田县就兴办“三资”企业22个，引进外资2 736万人民币。

（浙江省农村政策研究室）

宁波市大力发展创汇农业

宁波市濒临东海，背靠群山，腹部有纵深百里的三江平原，是一个“五山二水三分田”的综合农业经济区。1992年，创汇农业呈现生机勃勃的新景象。农产品及其初加工品的外贸收购额达11.39亿元，比1991年增长38.65%，比1985年增长2.76倍。新办农业“种、养、加”的“三资”企业52家，累计达93家，吸收外资5 894万美元。利用国际贷款1 480万美元和国际援助1 441万元（人民币）的7个农业开发项目都已竣工投产。农业对外劳务输出累计5 438人次，创汇374万美元。还兴办境外农业企业1家。宁波市创汇农业之所以能够得以发展，主要是：

1. 转变思想观念，增强农业全方位对外开放意识。在改革开放的大潮中，宁波市确立了发展外向型农业的三个新观念：一是全面发展的观念，克服重工轻农的倾向，把外向型农业摆上应有位置；二是大农业观念，跳出狭隘农业的圈子，农、林、牧、副、渔和加工、旅游全面发展；三是全方位对外开放观念，改变只抓出口创汇、单向运行的状况，做到有进有出，双向运行，外贸、外资、外经一起上。市政府在调查研究的基础上，提出了依托港口、突出重点，综合开发、竞相发展，两翼联动、梯度推进的农业全方位对外开放新构想。同时制订了十条相应的政策，使外向型农业的发展形成了前所未有的声势。

2. 建设出口体系，促进创汇农业向纵深发展。自1985年开始，宁波市就以国际市场为导向，规划、建设出口农副产品基地，发展出口农副产品加工企业。到1992年底，全市已建成创汇农业基地370多个，兴办出口农副产品加工企业近500家。其中，茶叶、蔬菜、竹笋、对虾、蔺草、草编、羽绒等产品实行了贸工农一体化或产供销一条龙经营。有的还采取寻、挂、靠、联的办法，实行多口岸、多渠道出口。逐步形成了“生产基地为基础，加工企业为纽带，外贸公司为依托，其他经营渠道为补充”的出口体系。出口农产品品种增加，质量提高，结构改善，1985年出口农产品中资源类产品、初加工品和精加工品的比例分别为11.3%、48.4%和40.3%，1992年逐步调整为4.4%、28.4%和67.2%。创汇农业已提高到一个新的水平。

3. 制订优惠政策，优化外向型农业发展环境。在加强交通运输、邮电通讯等基础设施建设的同时，研究制订了创汇农业基地投资、引进新品种使用外汇、扩大下放外资项目审批权限、奖励引进外资有功人员、鼓励开发“五荒”等一系列优惠政策措施，优化“软”、“硬”环境。此外，加强了吸引外商、利用外资的工作力度，采取请进来、走出去的办法，在北京、深圳、香港等地多次举办项目发布会、展销会、恳谈会，还采取多种形式和其他海外客商牵线搭桥，争取更多的外资发展外向型农业。

4. 加强部门协作，形成外向型农业发展合力。发展外向型农业是一项系统工程，亟需各部门协作配合。宁波市委、市政府专门成立了对外开放领导小组。并多次举办市级机关部、委、办、局和各县（市、区）领导干部培训班。外经贸、工商、财税、银行、土管、电力、海关、商检、动植物检疫以及其他有关业务主管部门，也都从发展外向型农业大局出发，各司其职，热情支持。市及市所辖的镇海区、鄞县，还成立了由有关部门抽调精兵强将组成的外商投资服务公司，为外商提供联络、咨询、中介和代办等优质服务。难度较大的农业对外经济技术合作也获得了突破。如向日本、德国、美国外派了农业研修生，积极开展远洋渔业合作，兴办境外农业种、养、加企业等，劳务输出已从单一的渔业捕捞拓展到农产品加工业和其他领域。鄞县、象山县农业部门已出国考察洽谈兴办农牧场、养殖场。余姚市农业经济技术开发公司已与菲律宾客商达成协议，在马尼拉市郊兴办蔬菜农场。

（宁波市农村经济委员会　陈创龙）

温州市小城镇建设初见成效

温州市在大力发展社会主义商品经济中，加快小城镇建设的步伐，截止1992年底，全市建制镇已从1978年的18个发展到134个，建制镇人口已占全市农村总人口的60%以上。建制镇的工业产值、社会商品零售额、税收均已占全市农村工业总产值、社会商品零售总额、税收总额的70%以上。其中，有23个镇工业产值超过亿元。已初步形成农民为主体，能人大集中，资金技术集约化，产业结构专业化，农村与城市一体化的小城镇建设格局。

小城镇的建设对温州经济产生了巨大的影响：一是加快了农村工业化进程。小城镇在交通运输、供水、供电、通讯、教育等方面都具有比农村更有利的条件，是农村工业发展的重要阵地。全市上规模的乡镇企业、股份合作企业、私营企业80%以上集中在建制镇。二是推动了农村第三产业的蓬勃发展。在小城镇里，各种专业街、专业巷随处可见，商业、饮食业、服务业网点密布，经营项目齐全。如苍南县的钱库镇，在不到1平方公里的闹市区，就有800多家商店和摊点，从业人员3 000多人，分别比1978年增长了10倍和26倍。三是促使农村由封闭型向开放型转化。小城镇以专业市场为纽带，以供销员为桥梁，以邮电通讯为渠道，以交通运输为网络，加强了同全国各地的联系。全市兴建在集镇上的519个商品市场、289个专业市场，通过14万名供销员与各地联接，促进了小城镇的商品生产参与全国的大市场。四是促进了农业的规模经营和集约经营。大量农业劳动力到集镇从事非农产业，使土地使用权的转移从可能变成现实。1992年，全市耕地转包面积3万公顷，占耕地总面积的16.8%，其中经营0.7公顷以上耕地的种植大户达9 565户，共经营耕地2.4万公顷。五是提高了农村社会劳动生产率和农民的生活水平。1992年与1978年相比，全市农村社会总产值从12.2亿元上升到127亿元，增长9倍，农民人均纯收入由113元上升到1 213元，增长9.54倍。全市120万农户中的34%开始走上了富裕之路。

温州农村小城镇建设之所以成功，主要做法与体会有三条。

1. 搞好规划，合理布局，是城镇建设与发展的重要环节。温州市的小城镇建设做到先规划后建设，即由各镇政府具体组织、领导城镇规划工作。规划中重视统筹安排，注意轻重缓急，量力而行，逐步建设，讲求实效，把需要与可能、短期需要与长期发展尽可能地结合起来，合理布局工业区、商业区、文教区和居民区。并根据各个集镇的具体情况，因地制宜，搞出各具特色的规划。如宜山、钱库、金乡、柳市、虹桥等镇，地处平原水网地带，规划中力求体现江南水乡的特色；龙港镇的规划设计则具有现代化气派，讲究建设的新颖、别致，力求布局科学合理，体现海港城镇街道宽阔，码头壮观，江边绿树成荫的特有气魄。

2. 自力更生多渠道筹集资金是城镇建设的有效途径。温州市小城镇建设与发展，走的是一条依靠农民自我投资、自我建设、自我发展、自我完善、自我管理的路子。十多年来，根据“人民城镇人民建”、“谁出钱，谁受益”的方针，共投入建设资金20多亿元，其中80%以上是由农民集资的。主要的集资方式一是个人投资。主要是自理口粮进镇落户的农民和原集镇居民投资建房。二是合股投资。主要用于投资建设较大的生产经营设施，如工厂、医院、宾馆、饭店以及文体设施等。三是无偿集资。主要用于建设没有直接经营收入的公共设施，如街道路面、地下排水管道、供水供电和公益福利设施。四是有偿集资。用于兴建一些经营性设施，如建设市场设施，一般按摊位预先征缴使用费，建成后按规定给出资者若干平方米的摊位使用权作为补偿。五是实行土地有偿使用。按不同的地段、分等定地价，并收取基础设施费。

3. 切实有效的政策措施是城镇建设的基本保障。一是吸引专业户进城的优惠政策。龙港镇在建镇之初，就制定了一系列鼓励农民进城从事工商业的优惠政策，如在场地、业务、能源、住房等方面提供种种方便，在收费上给予优惠；对来镇工作的医生、教师优先安排建房用地，帮助调动配偶工作。从而在短短的时间内，就招来了8省7县5 000多农民和各种能人进镇落户。二是对被征用土地农民安排出路的政策。多数城镇采取一次性补偿办法，农民可拿这笔钱去从事务工经商，改变了征地带人进厂的做法，受到企业家的普遍欢迎。三是鼓励集镇上规模上水平的政策。市委、市政府对重点工业卫星镇达到年工业产值2.5亿元、国民生产总值1.5亿元、社会商品零售总额1亿元、财政收入2 000万元、出口供货值3 000万元的，赋予县级经济管理权限。

（温州市农业经济委员会　刘化标）

安徽省农业

1992年，全省各地认真贯彻执行省委、省政府提出的“恢复与发展并重”的方针，进一步改进和加强了农业和农村工作，使全省农村经济在恢复中发展。

1992年，是本省遭受历史罕见特大水灾后的第一年。全省广大农村干部和群众，团结奋斗，努力恢复和发展农业生产，加快发展非农产业特别是乡镇企业，促使农村经济转入正常的发展阶段。其表现在以下几个方面：

农业生产实现了恢复性增长。全年粮食总产2 325.1万吨，比上年增长30.5%；棉花26.3万吨，是历史上第二个丰产年；油料139.95万吨，增长44.1%；蚕茧2.8万吨，增长16.7%；水果28.4万吨，增长24.0%；茶叶、烤烟、麻类等主要经济作物的产量、产值都有较大幅度增长。造林绿化进度加快，植树造林14.4万公顷，已有48个县提前完成了消灭荒山任务。肉类总产量128.8万吨，增长6.3%。农业总产值390.05亿元，增长21.7%。其中种植业242.37亿元，增长28.7%，林业20.82亿元，增长7.6%；牧业92.89亿元，增长13.8%；渔业14.01亿元，下降3.3%；副业19.96亿元，增长18%，均接近或超过大丰收的1990年水平。全省乡镇企业产值达592.7亿元，其中工业产值353亿元，实现利税48.5亿元，分别比上年增长54.5%、56.8%和40.8%。农民收入水平在恢复中有所提高。全省农民人均纯收入573.58元，比上年增长28.59%。

农村产业结构调整步伐加快。针对安徽实际，全省在调整产业结构中把加快农村二三产业发展作为重点，在农业内部把发展优质高效作物作为重点，与上年相比，农村第一产业比重由56.5%下降到50.2%；在农业内部，种植业比重由70.5%下降到63.4%；在种植业内部，粮食作物播种面积由75.3%下降到71.7%，优质米面积由常年的20万公顷扩大到36.7万公顷；经济作物面积扩大22公顷，增加了15%。

乡镇企业出现超常发展。1992年把发展乡镇企业作为振兴全省经济的突破口和战略重点。省委、省政府要求各地党政一把手亲自抓乡镇企业，建立健全目标责任制，并广泛动员全社会力量为乡镇企业服务。在工作中，一是推广典型经验。在全省范围内推广了乡镇企业总产值突破12亿元的桐城县经验，同时还区别各地不同情况，推广了城乡一体化、依托资源开发、一乡一品、一村一品、加强企业管理等各类典型经验。二是从条件好的地方突破，实施“1235”重点工程，即抓好10个县(市、区)、20个乡镇、30个村和50个企业，组建乡镇企业“甲级队”，使这些地方和企业实现超常规发展，尽快登上一个新台阶。三是抓35个后进县的起跳。重点帮助这些后进县分折问题，研究思路，1992年这35个县的乡镇企业发展速度已超过全省平均水平10个百分点。

农村市场迅速兴起。随着社会主义市场经济体制的确立，全省农村以小集镇为依托兴建了一批具有一定规模的农产品批发市场和专业市场，为农民提供以商流、物流、信息流为主要内容的基本交易环境，让农民按照市场的导向决定自身的经济行为。如南照集的米市年销售粮食3 500多万公斤，刘渡木材市场年成交木材21.5万立方米。亳州市利用华佗之乡的盛誉，大建中药材专业市场，药材日上市品种1 500多种，成交额150万元，年经销额6亿元。市场的兴旺带动了药材种植的迅速发展。全市药材种植面积已扩大到1.3万公顷，170多个品种。1992年末全省在农村形成的各类集贸市场8 445个，其中专业市场165个，成交额64.7亿元，占全省农产品出售额的48.8%。实践表明，建一处市场，活一方经济，富一方人民。

农业综合生产能力有所提高。按时保质保量完成了1992年国家下达的治淮骨干工程，23.5万处水毁水利工程基本得到恢复。1991年冬至1992年春共完成水利兴修土石方5.67亿立方米，新增灌溉面积10万公顷、旱涝保收面积10万公顷，恢复和改善除涝面积44万公顷，改善防洪面积57.6万公顷，开展小流域治理337平方公里。

(安徽省农村经济委员会)

福建省农业

1992年，福建省进一步解放思想，更新观念，加快农村改革开放步伐，解放和发展农村生产力，夺取了农业丰收，农村经济全面发展。农村社会总产值达772.16亿元，比上年增长42.2%；农业总产值300.72亿元，增长8.8%。全省涌现出210个亿元乡镇24个亿元村。粮食生产战胜自然灾害再获丰收，总产897万吨，比上年增长0.8%，实现连续4年超历史最高水平。除甘蔗以外，其他经济作物全面增长。水果在遭受严重冻害的情况下，总产达117.18万吨，仍比上年增长6.0%；茶叶总产7.05万吨，增长8.0%；农业综合开发取得突出成效，全省提前一年实现基本消灭荒山任务，出现了森林长大于消的好势头，受到党中央、国务院的表彰；肉类总产量88.17万吨，增长9.6%；水产品总产量160.04万吨，增长17.9%。乡镇企业迅速发展，总产值达554.6亿元。农村外向型经济有新的突破；农村提供出口交货总值达94.45亿元，增长90.1%。农民人均纯收入984元，增长15.7%。通过社教，农村基层组织建设和精神文明建设进一步得到加强，农村各项工作都取得明显成效。

1992年全省主要抓了以下几个方面的工作。

1. 以小康为目标，大力发展农村生产力。根据八中全会精神，结合福建实际，省委、省政府提出要提前6年翻两番，提前3年奔小康，省和绝大部分地、县、乡、村乃至农户，层层制定了奔小康的计划。在实施小康计划中，坚持一手抓“小康村”、“小康户”等奔小康典型和新农村建设雏型，树立典型，以典型引路；一手扶持贫困地区、贫困村、贫困户的经济开发，以先富带后富，帮助他们早日进入小康。重点是放手发展生产力，积极调整农村产业结构，千方百计增加农民收入。在稳定发展粮食生产的同时，加快农业综合开发步伐，大力发展农村第二三产业。全省造林28.3万公顷，新种水果6.1万公顷，茶叶5 800公顷，新增水产养殖面积4 000公顷。省委、省政府作出了《关于促进乡镇企业继续健康发展的若干规定》，促进了企业上规模、技术上水平、产品上档次，加快了外向型乡镇企业和乡镇工业小区的建设。

2. 增加农业投入，加强农业基础设施建设。福建是一个多灾的省份，各级领导牢固树立抗灾夺丰收的思想，在财政十分紧张的情况下，继续增加农业投入，改善农业生产条件。1992年，全省财政支农资金7.33亿元，比上年增长14.18%；计划内农业基建投资7 675万元，增长26.2%。全省新建小(一)型水库9座，小(二)型水库33座，新增农田有效灌溉面积0.9万公顷，全省有效灌溉面积达94.3万公顷，占耕地总面积的78%。新增围垦面积2 700万公顷，后海、南浦、过桥山、松山四大围垦工程(总面积6 100万公顷)全面施工。年末小水电装机容量58.57万千瓦，比上年增长12.1%；全年发电量突破50亿千瓦小时。

3. 扩大农村对外开放，大力发展外向型农村经济。利用毗邻港台的优势，省政府制定了优惠政策措施，鼓励外商投资农业综合开发。年初举办了“福建省菜篮子工程展销会”；组织大批农业系统干部出国学习考察、洽谈项目，积极拓宽对外交流与合作的新渠道；还组团赴香港开展招商活动。据统计，1992年全省农村签订对外合同项目1 331个，利用外资20多亿美元，实际到资5.25亿美元，分别比上年增长2倍、5倍和2倍。继续加强农业引进工作，引进农业优良品种和先进技术设备42项，使用外汇309万美元。在省内和境外举办了各种农业外经培训班4期，培训农业系统外经干部和有关县级领导近100人。

4. 坚持依靠科教兴农，积极推进农科教结合。为贯彻国务院《关于积极实行农科教结合，推动农村经济发展的通知》，成立了福建省农科教统筹与协调指导小组，努力搞好农科教结合工作。一是抓好省定11个农业重点科研项目的协作攻关。二是全省筛选推广了以优良品种和先进种养技术为主的重大科技项目50项，还编印推广了全省高产优质高效农业部分典型经验41例。三是在全省各级抽调了2 000多名专家、教授和技术人员下乡，开展“送科技下乡”活动，举办科技培训班1 000多期，受训人员近10万人；举办各类科技讲座 8 000 多场，听众近百万人次。四是制定实施了 1992～1997 年培训 100 万名农民技术员的计划，1992 年培训农民技术员 17.7 万人。五是层层开展了“农民十佳科技示范户”评选活动，进一步增强了广大农民的科技意识。

5. 减轻农民负担，保护农民合法权益。省委、省政府把减轻农民负担摆在重要议事日程，作为为民办 15 件实事之一来抓，年初成立了农民负担清理整顿领导小组办公室，在广泛调查研究的基础上，对搞好农民负担清理整顿工作进行了部署，并发布了《减轻农民负担的布告》。同时，清理省级涉及向农民收取行政事业费的事件 42 份。抓住群众反映强烈的问题，开展专项治理，仅经过削减拖拉机收费和整顿农村电价，一年可分别减轻农民负担 4 000 万元和 1 亿元。严格控制了乡村建房配套费、防治畜禽疫病基金费和提高拖拉机培训费等三个不合理新收费项目的出台。与此同时，对个别地方违反国务院《农民承担费用和劳务管理条例》的行为进行认真查处。

（福建省农业委员会办公室）

农村外向型经济迅速发展

改革开放以来，福建省大力加强农业引进工作，加快农村外向型经济发展，取得了明显成效。

1. 大力引进优良种苗和先进技术设备，促进传统农业的改造。1992 年，农业部门有计划地引进以色列 PBC 肉鸡、法国白羽番鸭、珍珠鸡，白毛豆、春甘蓝、胡萝卜、菠菜、凤铃西瓜、食荚豌豆，湿地松、火炬松、南洋松、苏铁、小苍兰、百合，麦龙虾、金鲈、银鲈、泰国甲鱼、石斑鱼、奥利亚罗非鱼、虱目鱼、蓝藻台湾九孔鲍、美国牛蛙、尖吻鲈、斑点叉尾鮰等新品种、新苗木，还从荷兰引进了一套全自动温室。从而加快农业品种的更新换代和农业技术的改造。

2. 建立出口生产基地，形成区域化规模经济。各地都把建立农业生产基地，作为扩大出口创汇的重要措施来抓。漳州市委、市政府提出“水果上山，水产下海，耕地保粮”，大力开发山海田资源，建立连片化、区域化的创汇农业生产基地，截止 1992 年，全市初步建立 8 个创汇农业生产基地。有年供货出口创汇 5 000 万美元的水产品出口生产基地；有年供货出口创汇 3 000 万美元，以蘑菇、毛木耳为主的食用菌基地；有年供货出口创汇 5 000 多万美元的以芦笋、竹笋、荸荠、荷兰豆为主的蔬菜基地；有年产量 30 万吨的以香蕉、芦柑、荔枝为主的水果生产出口基地；有年出口茶叶 2 000 吨，以乌龙茶、西番莲为主的饮料基地；有畜产品年直接出口收购总值达 1 100多万元的以瘦肉型猪等为主的畜牧基地；有以黑荆、桉树为主生产出口优质烤烟的原料林基地；有年供货创汇近 1 000 万美元以水仙花、兰花等为主的花卉香料基地。漳州市截止 1992 年，年创汇 3 000 万美元以上的有对虾、蘑菇、芦笋；1 000 万美元以上的有速冻蔬菜；100 万美元以上的有水果、茶叶、玫瑰茄、水仙花、瘦肉型猪、网箱养鱼、毛木耳、笋制品、植物香料、南药、黑荆、竹木制品等 12 个产品。各地还十分注重发展新兴的出口创汇种养业。

3. 积极吸引外资，增强出口创汇能力。截止 1992 年，全省农业综合开发利用外资达 10 多亿美元，已开发项目 260 多个，农民由此获利 3 亿多元。漳州市开辟了东山农业试验区和 6 个闽台农业经济技术交流合作重点区域，已创办台资农业企业 126 家，合同利用外资 1.1 亿美元，实际到资 4 000 万美元。分别占福建引进农业台资企业的 1/3。龙海县实行资金、设备、技术、良种、市场的“一揽子”引进措施，先后从台湾引进 14 个农副产品深度加工项目，变产品优势为出口商品优势，有力促进创汇农业发展。

4. 设立各种开发园区，扩大农业创汇能力。为加强海峡两岸科技交流，全省利用厦门经济特区对台、对外交往的区位优势，努力引进国内外农业高新技术，促进高新技术成果的商品化和产业化。1992 年创办了厦门闽台农业高新技术园区，发挥外引内联窗口作用，加速农业综合开发进程。福州、莆田、泉州、南平等地、市也都因地制宜积极创建农业科技高新技术园区。（福建省农业委员会　黄　挺）

乡镇工业小区和企业集团建设

1992 年，福建省乡镇企业把握机遇，真抓实干，总产值一举突破 500 亿元大关，达到 544 亿元，比上年增长 65.3%，提前三年实现“八五”计划目标，呈现超常规发展的新局面。在这一年发展中的一个显著特征是，改变了过去散点状的发展方式，走出一条相对集中、集约、集群和连片发展的新路子，各种乡镇工业小区和乡镇企业集团应运而生、方兴未艾。

据统计，全省乡镇企业共拥有具备一定规模（占地 3.3 公顷以上）的各类乡镇工业（开发、加工、投资）小区 389 个，为上年的 3.5 倍。这些乡镇工业小区大都以城镇为依托，以骨干企业为龙头，吸纳高新技术和名优产品，发挥辐射功能，发展企业群体，取得集聚效益，既可集中进行基础设施建设和使用，又可节省通路、通电、通讯、通水等投资费用，有利于统一进行“三废”的综合治理，改善投资环境，吸引外来投资，引进高新技术，成为乡镇企业上规模、上水平，特别发展外向型经济的重要载体。目前规模最大的是福州郊区鼓山乡创办的“福兴投资区”，它发挥近郊优势，以吸引外资嫁接改造乡镇企业、发展外向型经济为导向，共占地 2.66 平方公里，乡里以民建公助的形式多方筹资 2 亿多元，进行 12 项基础设施建设，其中包括修建 5 条总长 10 公里的主干道，1 座 11 万伏变电站、8 万平方米的标准厂房、以及数千门程控电话，并分别铺设了 5～10 公里的供水、排污、煤气管道等等，形成水、电、讯、气、路、热、排（水、污）等“八通一平”的投资环境。至 1992 年底，共引进企业项目 108 个，其中利用外资项目 93 个，利用外资总额达 2.3 亿美元，区内已有 28 家企业投产、试产，1992 年产值近 2 亿元。

福州市洪水乡黎明村的中外合资企业——东普电器有限公司，生产永磁微型电机出口，年创汇达100万元

李开远摄

另一方面，乡镇企业内部的“集团热”正在加速升温，全省经正式批准的乡镇企业集团有30家，为上年的10倍，经营范围涉及轻工、电器、五金、机械、矿产、卫生保健用品、农业综合开发加工、饮食服务、房地产、股份投资等诸多行业。其中以地处沿海侨乡的泉州市发展最快，1992年新组建集团公司8家，累计已达10家；另有20多家企业集团正在筹建和报批。这些集团和群体都是以实力较强的企业为核心，以资产和名优产品为纽带，联合一批中小企业组成“集团军”，共实现年产值40亿元，出口交货值10亿元，均占该市乡镇企业工业产值和出口交货值的1/3。乡镇企业组建集团公司后，更好地发挥了生产经营、内外贸易、科技开发、资金融通、信息服务、企业管理等综合功能，具有效率高、效益好、竞争力强的优势，并且与乡镇工业小区建设有机结合起来，相互促进、相得益彰，为90年代乡镇企业的大发展、大提高插上了新翅膀。地处福州郊区的福建省黎明企业集团公司自1992年成立后，注重技术改造和产品更新，以科技为先导发展生产，创办了科技工业园区，开辟了占地6.7公顷的电脑城，新建15万平方米的标准厂房，投资80万元建成蔬菜花果无土栽培试验场，逐步实现劳动密集型向技术密集型转化。良好的投资环境，吸引省内外以及美、英、独联体、香港、台湾等国家和地区的合作厂商接踵而至，创办了50多家独资、三资和横向联合企业，1992年总产值突破2亿元，实现利税2 200万元，成为名闻遐尔的乡镇企业集团“大户”，展示了今后乡镇企业上规模、上水平的良好前景。

（福建省乡镇企业管理局　赵建宏）

江西省农业

1992年江西省农业在遇到主要农产品卖难加剧和严重自然灾害的双重困难下，全省农村各级干部和广大农民群众通过深入贯彻邓小平同志南巡重要谈话精神和党的十四大精神，深化农村改革，化解困难，使农业生产继续保持了较好的发展势头。

1. 农村经济全面增长。全省农业总产值达298.35亿元，比上年增长6.6%，农业增加值198.4亿元，增长5.4%，农村经济总收入达378亿元，增长8.3%，粮食总产量1 566万吨，比上年减少3.7%，基本完成了计划。主要经济作物除黄红麻因市场需求疲软产量下降，茶叶、水果严重冻害减产外，其他都有较大幅度的增长。棉花总产量14.84万吨，增长36.1%；油料总产74.2万吨，增长19.3%；烤烟总产3.82万吨，增长21.6%；植树造林43.5万公顷，其中经济林5.06万公顷，为上年的2.5倍；长期薄弱的防护林造林面积8.15万公顷，比上年扩大18.8%，封山育林面积333.69万公顷，比上年扩大15.1%，畜牧业生产持续发展，生猪出栏1 571万头，增长10.8%，肉类总产141.1万吨，增长13.8%；水产品产量在连续12年创历史最好水平基础上再创新纪录，产量达41.3万吨，增长34.3%。乡镇企业保持较快发展速度，总产值301.75亿元，乡镇工业产值200.6亿元，分别比上年增长51.8%和51.4%，农垦企业总产值40亿元，增长36.4%，农民人均纯收入达768.41元，比上年增加65.88元，增长9.38%，是近年来增长幅度最大的一年。

2. 结构调整力度加大。继1991年全省大幅度调整种植业结构后，1992年各地以畜禽水产和乡镇企业发展为新的突破口，积极推进农业总体开发，产业结构调整又迈出新步伐。种植业内部单一的粮食结构有了明显变化，经济作物播种面积达121.2万公顷，比上年扩大16.4%，经济作物产值31.4亿元，占种植业总产值比重的19.4%，比上年提高了4.5个百分点。农业内部结构调整进展顺利，种植业产值和林、牧、副、渔业产值分别占农业总产值的50.9%和49.1%，长期存在的多种经营“短腿”已明显伸长。随着乡镇企业和农村二、三产业的发展，农村产业结构中以农业为主的传统格局正在被打破，农村工业、建筑业、运输业和商业等非农产值达到284亿元，占农村社会总产值的比重由上年的42.0%上升到48.8%。农业开发继续深入，以水果、蚕桑、鹅鸭、大水面开发四大工程为支柱，农业开发

江西分宜县水产场利用江口水库上游水面发展渔业生产

黎自立摄

总体战第四战役成绩显著，新发展水果面积4.9万公顷，蚕茧由上年的550万公斤，一跃上升到1 650万公斤，鹅鸭饲养量突破1亿羽，增长67%，大水面开发不断向纵深开拓。

3.“三高”农业成效显著。按照省委、省政府年初提出的“把农业推向高产、优质、高效益的发展方向”的要求，“三高”农业开端良好，在农业生产的指导思想上，由单纯追求数量向主要追求质量和效益方向转变；在农业的结构布局上由全面开花向基地化、规模化方向转变；在技术指导上，由面上指导为主向以农产品基地和专业户重点倾斜方向转变；在服务方式上，由单纯技术指导向产前、产中、产后服务一齐上方向转变。1992年全省优质稻播种面积占水稻总播种面积的比例比上年增加3.4个百分点，达到8.3%，瘦肉型猪占出栏总数的58%，比上年提高7个百分点。为了加快“三高”农业的发展，1992年各地在水产品、蔬菜、生猪等重要农副产品放开经营的基础上，又作出了取消粮食定购、棉花统购、放开购销价格等重大举措，在农产品商品产值中，市场调节的比重达到90%以上，农业生产基本处于市场经济的条件下运转。

4.对外开放为农业发展注入新的动力。1992年全省各级党政把对外开放引向农村纵深，切实加强了农业的招商引资和发展创汇农业工作。仅全省农垦企业和乡镇企业系统就分别兴办“三资”企业57家和100家，都比上年增长3.7倍。创汇农业也有较大发展。全省农副产品及其加工制成品的出口收购额达18亿元，出口创汇突破2亿美元，比上年增长32.5%，大大加快了全省农村外向型经济的发展。

5.科技兴农全面推进。强化农村服务体系建设。全省建立了省级农林推广综合服务中心，新建了4个县农村推广综合服务中心，完成了全省乡镇“五站”（农机、农技、畜牧兽医、水产、农经）定性定编工作。进一步稳定了农技队伍。全省建立乡镇“五站”7 178个，国家农技干部1.5万人，乡村农民技术员5.6万人，科技示范户35.6万户。各种贸工农一体化，产供销一条龙的系列化综合服务组织以及各种专业技术协会、研究会等民办服务组织大量涌现。

6.农业投入增加，生产条件有所改善。全省各级财政用于支援农业的支出6.71亿元，比上年增长8.1%。1992年机耕面积68.41万公顷，比上年增加3.73万公顷，占耕地面积比重由27.6%上升到29.3%。全年化肥施用量（按折纯量计算）94.1万吨，增长1.0%；农村用电量18.3亿千瓦小时，增长9.1%。农田水利建设加强，有效灌溉面积达185.53万公顷，增加0.73万公顷，占耕地面积比重由上年的78.8%上升为79.4%。

（中共江西省委政策研究室综合处）

农村救灾扶贫互助储金会

兴办农村救灾扶贫互助储金会（以下简称储金会），是江西省农村救灾救济工作改革的一项创举。1982年冬，江西省民政部门解放思想，大胆创新，在波阳、丰城、临川等3个县的7个村进行了建立储金会的试点。这种以民办民管民用为基本特征，通过群众互助合作形式开展救灾备荒、扶贫助困，帮助会员发展生产，治穷致富的群众性自治组织，顺应了农村经济体制与政治体制改革的大趋势，也适应了农村建立生产责任制以后农民群众生产生活的要求，因而它一经出现，就立即受到了广大农民群众的欢迎，得到了各级党委、政府和社会有关部门的大力支持，很快就在全省农村普及推广。到1992年底，全省农村建立救灾扶贫互助储金会2.04万个，覆盖了全省99%的村委会，入会农户达522万户，占全省农户总数的85%；全省农村救灾扶贫互助储金会集资总额达1.9亿元，平均每个县拥有资金190万元，最多的县达580万元，最多的会达54万元。

储金会一般以村民委员会所辖区域范围为单位建立，以户主为代表加入；村民只要自愿提出申请，投交储金，经储金会管理委员会批准，均可成为会员。储金会坚持民主办会的原则，建立了民主选举、民主管理、民主理财、民主决策和民主监督等制度，不断增强会员的主人翁责任感；储金会的资金，来源于7个方面，即：会员投交的资金；乡、村集体自愿补助的资金；国家救灾款中有偿用于扶助灾民开展生产自救的资金；社会捐赠的资金；老区扶贫到户回收的有偿发展资金；储金会资金在银行和信用社的存款利息，借款收取的管理费，投资经营的利润分成等增值资金；其他合法集资的收入。储金会坚持以会员投交储金为主的原则，提倡丰年多储、灾年少储；坚持有借有还，谁借谁还，按期归还，还本付息的原则，严格资金回收制度，强化资金管理。储金会对资金的投入，实行切块控制，即：储备应急留出一块，以保证会员随时能够借到钱；有计划有重点扶贫定死一块，以保证入会的每一贫困户能够得到一定数量的扶持资金；灵活掌握放活一块，开展有偿社会化服务，举办救灾扶贫经济实体，扶持专业户等。1991年4月，江西省人民政府颁布了农村救灾扶贫互助储金会管理规定，使储金会工作走上了法制化、规范化的轨道。

储金会坚持自己的办会宗旨，按照建设有中国特色的社会保障事业的要求，在全省农村的经济、政治和社会生活中积极发挥作用，取得了显著的社会效益和经济效益。一是增强了农村抗灾救灾的力量。据统计，10年来，全省储金会为抗灾救灾累计投放的资金达5.57亿元，其中用于解决会员群众因灾造成生产生活困难的资金就有2.5亿元。二是加快了农村脱贫致富的步伐。储金会本着有灾救灾、无灾扶贫的原则，1984年以来，全省储金会累计发放扶贫资金1.327亿元，使80多万贫困户脱贫，脱贫率达80%以上。三是促进了农村福利生产和福利事业的发展。据不完全统计，由储金会扶助兴办的福利企业和各类经济实体2 600多个，累计投入资金达1.415亿元。这不仅解决了农村残疾人的生产生活困难，促进了农村社会福利事业的发展，而且带动了农村乡村企业的发展，壮大了农村集体经济。四是大力开展了农村社会化服务。储金会利用自己的资金优势，为会员群众发展农业生产开展产前、产中、产后的社会化系列服务，诸如统一为会员群众购买种子、农药、化肥，提供产品信息，组织防病灭虫，推销农副产品，推广实用新技术，扶助选送会员参加农函大学习，等等，为帮助会员发展生产，进而促进农村产业结构和产品结构的调整，繁荣农村商品经济作出了积极贡献。（中共江西省委政策研究室　曹家根）

推进高效林业建设

自从1990年以来，江西省在开展长江中下游防护林体系建设中，解放思想，转变观念，从而把长防林体系建设成高效益的绿色产业，在山上再造一个“江西”。全省投入长防林的40个县，针对林业生产周期长、见效慢的特点，因地制宜，以短养长，狠抓见效快的绿色产业。三年来，全省林业建设从只求消灭荒山步入了追求林业经济效益的更高层次。一是推进了以高投入、高产出、短周期为特点的速生丰产林基地建设。到1992年，全省完成速生丰产林33.3万公顷；毛竹林改造6.7万公顷；脂材两用、速生丰产的美国湿地松林7.3万公顷。二是推出了一大批名优稀特经济林、果木林基地。黑荆树、脐橙0.7万公顷，酸枣基地进展迅速；矮樟、杜仲、芙蓉李基地初具规模；老果桑基地正在更新品种、扩大规模。全省已种桑5.1万公顷，种果6.6万公顷。三是推动了林产加工业和多种经营项目的系列开发。1992年全省林业种植、养殖、开采、加工、建材、运输、旅游等一二三产业的经营项目已达1 000多个；林业部门多种经营(不包括林产工业)产值达到3.84亿元，占林业总产值的9.9%。全省266.7万公顷荒山已经绿化200多万公顷，资源年净增124万立方米，森林覆盖率由1988年的35.9%上升到40.3%，居我国大陆第二位，获林业部“造林成绩优异奖”和“控制森林资源消耗成绩显著奖”。

江西省推进高效林业建设的主要措施是：

1. 实行领导目标责任连续制，限期绿化。为促使各级党政领导高度重视和全力支持林业建设，省政府分别与各地区行署、省辖市政府签订造林绿化和保护森林目标责任状，把林业建设的各项指标以目标责任的形式，落实到地市主要负责人，省政府每年检查一次。并规定此目标责任不受换届和干部变动的影响，必须连续执行。各地市与县、县与乡、乡与村分别签订了目标责任状，层层分解任务。各级领导从造林营林、森林保护、森工生产到多种经营、企业管理、全民义务植树等，经常进行全方位的研究部署，制定规划，狠抓落实，并亲自创办了2 000多个造林绿化点，造林面积达12.3万公顷。据林业部门统计，1989年，全省造林26.5万公顷，1990年造林26.5万公顷，1991年造林53.9万公顷，1992年造林54.3万公顷，每年参加义务植树1 500万人次，义务植树7 000万株以上，造林核实率和合格率分别达到99.6%和87.6%。造林绿化的突破性进展，为建设高效林业体系提供了物质和技术基础。

2. 改革林业经营体制，优化山、地、人利益结合体。一是开展专业或联产承包，鼓励荒山向造林能手转移。全省有林业专业户、联合体2.6万多个，共营造人工林近3.3万公顷。二是联合国家的资金、技术和农民的山场、劳力，统一规划、统一造林，收益按比例分成。3年来，全省以国营集体林场为依托的联合造林已达100多万公顷。三是建立股份合作林场。以行政村为单位，农户将责任山“折价入股、承认基础、利益分红”，把集体和农户双方的利益捆在一起。

3. 集约经营林地，大搞多种经营。相对集中人力、物力、资金和技术，对立地条件好的林地进行定向培育，分类经营。从种苗到成品，严格按技术规程操作，直至创造出理想的经济效益。全省四个林业综合改革试点县之一的永丰县，以资源培育为中心，兴办高效林业，取得显著成果。全县有林地面积由11.1万公顷上升到19.9万公顷，森林覆盖率由41.2%提高到59%，国营林业总产值由479.5万元增加到4 500万元，多种经营和林办工业产值由80万元增加到2 000万元，占林业总产值的50%。

4. 推广实用科技，改造低产林分。通过办技术培训班，送科技下乡等形式，推广了适地适树、容器育苗、芽苗移栽、优良无性系繁殖、ABT生根粉应用、封造结合、残次林改造、高接换优等适用技术。上饶市建立了林业、农作、果木、蔬菜、花卉五个方面的试验基地，进行ABT生根粉、增产灵应用试验示范、推广。这项试验共投入2万元成本，总产值达到509万元，同时带出了科技示范户72户，培养了农民技术骨干500余人。除了在营林过程中加大科技含量外，各地还运用工程管理办法，或重新造林，或补植、改造，或抚育、利用，改造低产林分，挖掘山地产出潜力。（中共江西省委政策研究室　温新梅）

山东省农业

1992年，山东省各级党委、政府认真贯彻实施发展社会主义市场经济、高产优质高效农业的指导思想和战略方针，以国际国内市场为导向，调整优化农村产业结构，努力增加农业投入，提高农业综合生产能力，整个农村经济继续稳定增长。尽管遇到特大旱灾、虫灾、涝灾及风暴潮等严重自然灾害，但由于全省人民在各级党委、政府的领导下，发扬勇于拼搏的精神，广泛开展增产增收运动，努力弥补灾害损失，农业生产仍然取得较好收成。粮食总产3 589.3万吨，接近大丰收的1990年。棉花总产67.68万吨。花生总产164.86万吨。水果产量增长32%。林牧副渔各业和乡镇企业持续稳定增长，水产品总产248万吨，增长25.3%；乡镇企业总产值2 320亿元，增长58.13%，农村社会总产值2 882.9亿元。农民人均纯收入802.9元，比上年增长5.09%。

1992年，山东省农村经济工作呈现许多新情况、新特点：

1. 高产优质高效农业的指导思想深入人心，农业生产逐步走上增量与增效并重的轨道。各地认真贯彻落实中央八中全会和省委五届七次全委(扩大)会议精神，实行农业发展根本指导思想的战略转变，大力发展高产优质高效农业，取得重大进展。据统计，1992 年全省亩产值过千元的高值田发展到 110.2 万公顷，其中：双千田(亩产千公斤粮、千元钱)25.2 万公顷，吨粮田 63.8 万公顷，分别比 1991 年增长 41.28%、43.18%和 37.3%；保护地栽培发展到 104.5 万公顷，塑料大棚发展到 4.5 万公顷，分别比上年增长 24.74%和 76.3%。农产品加工企业发展到 23.45 万个，加工产值 570 亿元，比上年增长 56.33%和 1.9%。

2. 搞好农村市场体系建设，外向型经济发展有新的突破。全省各级为适应农村商品经济发展的要求，坚持以市场为导向，抓流通促生产。普遍重视市场建设和商品生产基础设施建设，积极鼓励集体和农民进入流通，各类农产品专业批发市场和较大规模的交易中心有了新的发展。据统计，全省各类农贸市场发展到 7 300 多处，比上年增加 300 多个，其中专业批发市场增加 70 个；成交额达 270 亿元，比上年增加 76 亿元。在进一步开拓国内市场的同时，敞开农村大门，积极引进国内外资金、技术、人才和项目，大力发展创汇农业和“三资”企业，建立了农业开放开发区和新的出口生产基地，推动农村经济由内向型为主向内外兼顾的方向发展。据统计，全省农村合同利用外资 9.3 亿美元，已建成各类农副产品出口生产基地 410 多个，新上合资项目 2 000 多个。

3. 农村改革力度加大，经济发展活力更加旺盛。各地在稳定和完善家庭联产承包制的基础上，积极推进区域化种植、集约化经营、社会化服务。农工商、贸工农、产供销一体化的经营格局在不少地方、不少行业已经形成。各级政府简政放权，转变职能，农业管理体制、宏观调控机制正在逐步改善。以周村、平度等农村改革试验区为前导，股份合作制、土地配套制度建设和农村金融体制改革有了重大进展，农村社会化服务体系建设向着系列化、制度化、实体化、规范化方向发展。特别是农业部门兴办经济服务实体获得突破性进展。据统计，全省各类服务组织发展到 55 万个，其中，市地县乡三级农业部门兴办各类经营服务实体 2.5 万个，经营额 110 多亿元，服务利润近 7 亿元，在促进农村商品经济发展中发挥了重要作用。

4. 科技意识进一步增强，科学技术在农业增产中的作用日益增大。各地把推进农业科技进步作为发展农业的关键措施来抓，农业科技推广服务体系建设和科技成果推广速度明显加快。全省农业科技推广服务组织发展到 1.44 万个，举办各类技术培训班，共培训 688 万人次，分别比上年增加 28%和 30%。良种普及工作得到了充分重视和加强。目前，全省小麦、玉米、棉花等主要作物的良种普及率已达 95%以上；肉食鸡全部实现良种化，蛋鸡、牛、羊的良种普及率也达到了 45%、50%和 50%；林果良种普及率达到 70%。高新技术在农业中的应用取得突破性进展。无性繁殖植物的脱毒技术、牛 DNA 导入选育小麦新品种技术、无公害生物农药 bt 生产技术等一批高新科技成果开始在农业中得到应用，并取得了显著效果。科学技术已渗入到农村经济的行行业业，方方面面，广大农民学科学用科学蔚然成风，成为推动农业发展的强大动力。

5. 进一步强化基础设施建设，农业综合生产应变能力明显提高。各地抓住影响生产力发展的关键环节，加快资金、劳务投入，努力改善生产条件和投资经营环境。1992 年全省水利建设投资在原有基数上增拨 5 000 万元，总额达 4 亿元以上。在大搞农田水利基本建设的同时，注重加工、储藏、运输、销售以及能源、交通、通讯等基础设施建设，提高了农业生产抗御自然灾害能力和市场应变能力。农业综合开发逐步向纵深发展。黄淮海平原和黄河三角洲农业开发改造中低产田 63.7 万公顷，开垦荒地 17.3 万公顷，新增生产能力，粮食 10.85 亿公斤，棉花 1.05 亿公斤；贫困地区通过扶贫开发，90%的农户解决了温饱问题；全省庭院经济产值达 240 多亿元，占农业总产值的 28.7%。农业综合开发的深入开展，显著提高了全省农业的综合生产能力和抗御自然灾害的能力。

(山东省农业委员会办公室)

长岛县率先跨入“小康”

长岛县位于渤海、黄海交汇处的渤海海峡，由 32 个岛屿组成，是山东省唯一的海岛县。全县共有 10 个乡镇、40 个行政村，4.2 万人，其中渔业人口 3 万多人。党的十一届三中全会以来，长岛县立足海岛实际，在实现第二步战略目标、齐心协力奔“小康”的实践中，解放思想，勇于改革，扩大开放，两个文明建设一起抓，加快了经济建设的步伐，促进了各项事业的发展，政治、经济、社会面貌发生了历史性的变化。经过省、市两级对长岛县农村生活水平进行综合考评和考核验收，认为长岛县所有乡村全部跨入了小康行列，并在总体水平上略高于世界中等收入国家平均水平。1992 年 7 月 20 日，山东省委、省政府作出决定，对长岛县率先成为全省第一个“小康”县予以通报表彰。

长岛县提前跨入“小康”的主要标志：

1. 物质生活丰裕。1992 年，全县人均国民生产总值达到 15 600 元，比国家统计局发布的全国小康标准高 5.06 倍；渔民人均纯收入达到 1 800 元，比全国农村小康标准高 63.6%；人均生活消费支出 1 500 元；家庭拥有 5 万元以上财产的渔户占 80%以上。

2. 精神生活充实。全县有线广播入户率、电视覆盖率均达到 100%；普及了九年制义务教育，在青壮年中消灭了“文盲”、“半文盲”；各类专业技术人员占总人口 6%，科技进步在经济增长诸因素中的比重达 50%以上。

3. 居住环境优美。全县95%以上的渔户住上了新房,其中20%以上的渔户住上了高标准的楼房,渔村人均住房面积达20.1平方米。森林覆盖率达到47%,成为国家级自然保护区和风景旅游区。

4. 健康水平提高。村村有卫生室,其中甲级率达95%,普遍实行了合作医疗制度,人人享有卫生保健,人口自然增长率得到有效控制,连续7年保持全国计划生育先进单位称号;人均寿命达到75岁。

5. 公益事业繁荣。全县所有乡村道路畅通,村村通电、通邮、通电话;渔民享受退休养老金,有劳动能力的残疾人全部得到安置,五保老人集中供养率达到100%。

6. 社会治安良好。长岛县是全国普法先进单位和全省社会治安综合治理先进单位。1992年,"三无"村达到95%,文明守法户达到98%。

党的十一届三中全会以后,短短十几年的时间,长岛县之所以能甩掉贫穷落后的帽子,率先成为山东省第一个"小康"县,跨入了小康县的行列,其主要做法是:

1. 选准经济发展的起跳点。十一届三中全会之后,长岛县冲破了左的思想束缚,立足海岛优势,把起跳点支在海上,勇于向大海要小康。针对捕捞资源日益衰减的现实问题和市场的发展变化,长岛县确定了"以渔为主、多业并举、综合经营、全面发展"的方针,提出了"耕海牧渔"的发展战略,在积极发展远洋捕捞生产的同时,加快实施由猎捕渔业向农牧型渔业的战略转移,走出一条"以养兴渔,以渔兴岛"的新路子。全县海上筏式养殖总规模达到0.3万多公顷,整个列岛周围4万公顷的水域上形成了一个广阔的"蓝色农牧场",养殖区域最深处达到50多米,全县已形成了一个县乡村竞相开发、贝藻珍鱼一齐上、海上筏养、海底播养、陆上工厂养的立体化养殖格局。1992年同1978年相比,全县水产品总产量增长2.26倍,渔村经济总收入增长19.5倍,平均每年递增22.3%,其中近几年平均新增幅达40%以上。

2. 选择最佳组合点。县委、县政府为了带领全县人民提前实现"小康"县,积极探索发挥集体经济优越性和调动农民积极性的最佳组合点。从1988年开始,通过依法完善承包合同,调整增加集体提留,明确界定产权关系,恢复发展集体固定资产,强化管理机制,推行企业化管理等措施,在渔村建立了以村级集体经济为主导、多种经济成分并存的生产经营体制。1992年全县渔村集体积累达到5 001.2万元,比1987年增长10.8倍多;集体积累率达40.6%,比1987年增加31.9个百分点,4年的积累总和是1987年前30年积累结余总和的2.5倍。改革使广大渔村焕发出无限的生机和活力,各业生产都呈现出跳跃式发展的良好势头,特别是养殖业的发展,有很多乡镇村1年等于或超过前30年。

3. 发挥科技优势。长岛县始终把"科技兴岛"作为经济工作的重心,不断增强科技意识,加快生产新技术的推广应用,掀起了以养殖为主体的"三次浪潮"。即以海带养殖为主的第一次浪潮,长岛人称之为"水中捞铜";以扇贝养殖为主的第二次浪潮,长岛人称之为"水中捞银";以鲍鱼、赤贝为主的多品种一齐上的第三次浪潮,长岛人称之为"水中捞金"。这三次浪潮的掀起,有力地推动了渔村经济的发展,1992年各类养殖直接创收加上通过加工增值实现的收入占渔村经济总收入的70%以上。

(山东省农业委员会办公室供稿)

【黄河三角洲农业综合开发第一期项目通过国家验收】 山东省黄河三角洲农业综合开发第一期工程于1989年开始至1991年竣工,总投资8 880万元,其中,中央财政4 000万元,省内财政配套4 000万元,农行专项贷款880万元。计划改造中低产田1万公顷,开垦宜农荒地0.93万公顷,造林0.08万公顷(折实),新建和改良草场0.53万公顷。截止1992年6月底,实际完成投资11 630.5万元,占计划的145.4%。完成这些投资,初步改造治理中低产田1.37万公顷,占计划的135%;开垦宜农荒地2.58万公顷,占计划的277%;新开林地0.11万公顷(包括林网折实),占计划的140%;改良草场0.58万公顷,占计划的108.8%。项目区新增主要农产品生产能力:粮食8 000万公斤,棉花1 600万公斤,肉类198万公斤。1992年9月顺利通过国家验收。

(山东省农委农业开发办　邱剑锋)

河南省农业

1992年,河南省农村进一步完善联产承包责任制,以市场为导向,努力发展高产优质高效农业,大力开展农田水利建设,积极推动农村社会化服务体系建设和农业生产结构调整,在遭受自然灾害的情况下,农业生产仍持续发展,全年农业总产值573.65亿元,比上年增长2.5%。农村社会总产值1 536.47亿元。农村人均纯收入588.48元,增长9.1%,扣除物价上涨因素后实际增长4.9%。

种植业围绕高产优质高效这个中心,在抓好粮食生产的前提下,大力发展以棉花、花生为重点的经济作物。全省粮食在播种面积减少13.4万公顷的情况下,总产量达310.96亿公斤,比上年增长3.3%,成为历史上第三个丰收年。棉花生产由于受自然灾害的影响严重,导致大面积减产,总产量仅为6.59亿公斤,比上年减少30.5%。油料产量13.36亿公斤,比上年增长4.7%,蔬菜生产由于大面积推广了优良品种和新技术,产量达到97.89亿公斤,比上年增长10.6%。水果生产发展迅速,总产量8.78亿公斤,比上年增长37.8%。

林业生产和绿化工作取得新进展。全省当年造林面积18.7万公顷,比上年增长31.4%。其中经济林面积5.4万公顷,比上年增长71.4%。造林合格率明显提高。1991年全省平原绿化全部达到部颁标准之后,绿化面积进一步扩大,113.3万公顷沙荒、碱滩被改造成良田。

畜牧业生产继续朝着专业化、集约化、商品化方向发展，畜产品产量稳定增长。肉类总产量171.7万吨，比上年增长8.7%。同时，还抓了29个产供销一体化试点县和8个肉牛、肉鸡、瘦肉型猪等系列化生产基地的建设，从而使全省畜牧业产值占农业总产值的比重达到了25%。渔业生产稳定发展，水产品总量11.3万吨，比上年增长4.6%。

乡镇企业持续稳定发展，实现了产值、效益、收入同步增长，经济效益明显提高，总收入1 050亿元，首次突破千亿元大关，农村工业销售产值比上年增长52.3%。

全省农业生产条件进一步得到改善，年末拥有农业机械总动力为2 424万千瓦，比上年增长4.0%；小型及手扶拖拉机90.4万台，比上年增长3.8%。全省有效灌溉面积377.97万公顷，比上年扩大2.8%，旱涝保收田面积294.3万公顷，比上年扩大3.7%。全年化肥施用量(按折纯量计算)251.1万吨，比上年增长4.8%，农村用电量59.6亿千瓦小时，比上年增长14.4%。

1992年，河南省以实现小康为总目标，总任务，统揽农村工作全局，着重抓了以下几个方面的工作：

1. 在稳定党的农村基本政策的基础上，以建立健全农村社会化服务体系为突破口，深化农村改革。全省各地在稳定和完善农村家庭联产承包责任制的同时，不同程度地抓了土地管理制度和农业承包合同的落实，明确发包、承包双方的责权利，对口粮田过少、承包田过多、承包费过高、群众意见较大的现象，各级主管部门负责进行了纠正。此外，各级党委和政府都把建立健全农村社会化服务体系作为深化农村改革、完善双层经营体制的突破口来抓，推动农业和农村经济向着社会化、专业化的方向发展。一是转变县级农口行政事业部门的职能，组织兴办各类服务实体。目前全省已有63个县(市)研究出台了改革方案，有26个贫困县列为改革试验区。据不完全统计，至年底，全省贸工农、科农贸一体化的服务实体已发展到1 000多家。二是重点抓了各类乡站的下放工作，健全了分级服务组织。三是建立健全村级服务体系。目前，在全省47 988个行政村中，可以开展产前、产中、产后系列化服务的近5 000个。

2. 狠抓流通领域改革，加强市场建设。一是90%的国合商业实行了“四放开”，全省相继放开了商品零售价格、300多种省管价格、食油购销价格，部分市(地)还放开了粮食价格。在全省社会商品零售总额500亿元中，中央和省管价格的商品零售额仅占7%左右。二是供销社创办综合商社，扩大经营服务范围。三是粮食系统实行平价、议价、仓储、多种经营“四分设”。省里进一步调整了农产品购销政策，规定除国家定购和由政府部门统一经营的粮、棉、油、烟、茧和四种中药材外，其余全部放开。在农产品流通渠道上，积极鼓励多种渠道、多种经营形式和多种经济成分并存，加快了市场体系建设。全省新建、扩建、改建集贸市场255个，总投资达6亿多元。在抓好郑州粮食批发市场的同时，着重抓了与国家有关部委合办的农副产品交易中心、农业生产资料交易中心、中药材交易中心等建设，还筹建了省一级的蔬菜、果品、肉蛋批发市场；各地(市)、县也都筹建了一批符合农业商品流向、有地方特色的农副产品批发市场。仅商丘地区一年内就投资3 000多万元，建成总面积42万平方米的大型集贸市场30处。

3. 扎扎实实搞好小康村建设。一是利用多种形式，进行思想发动，增强小康村建设意识。二是各地建立了创建小康村活动的领导机构。三是结合实际制订实施方案，建立健全目标管理责任制。四是抓点带面，推动发展。各地从实际出发，发挥资源优势，围绕农副产品加工、畜牧养殖、林果业等支柱产业，大力发展乡镇企业和庭院经济，把小康村建设落实到富村、富民项目上。如焦作市，各县区充分发挥本地优势，建起了一批投资少、见效快的劳动密集型企业。同时，还调整了产业结构和农业内部种植结构，围绕发展优质高产高效农业，提高了经济效益。现全市已有113个行政村达到和基本达到小康村标准，其中人均社会总产值达1.46万元，人均工农业总产值1.14万元，农民人均纯收入1 336元，人均集体积累4 608元。

4. 千方百计增加农业投入，切实加强基础设施建设。1992年，全省各地都把水利建设与高产优质高效农业开发相结合，治山治水与山区建设相结合，各项工程在质量、标准和实效上都取得了突破性进展。为解决豫西山区人畜饮水困难，省里投资5 000万元以工代赈专项资金，全年共完成各类骨干引水工程1 217项，解决了68万人，18.35万头大牲畜的饮水困难。治淮工程进展迅速，全年共投入资金1.65亿元，完成土石方1 400万立方米。引黄步伐大大加快，全年共安排专项经费350万元，完成新增补源控制面积0.93万公顷，引水35.85亿立方米，浇地50万公顷，使引黄灌溉、补源面积发展到53.3万公顷。省政府全年下拨1亿元稻改贴息贷款用于豫南稻改，共发展稻改面积6万公顷，每公顷产量7 500多公斤，是旱作农业收入的2～3倍，经济效益十分显著。省政府开展的“红旗渠精神杯”竞赛活动逐步深入。全省新增有效灌溉面积10.3万公顷，新增旱涝保收田面积10.5万公顷，新增治理水土流失面积1 200平方公里，坡改梯2万公顷。同时，各地还重视和加强了现有水利工程设施的管理配套工作，切实解决年久失修、效益衰减的问题，充分发挥水利工程的效益，大大改善了农业生产条件。

5. 积极实施科技兴农战略，大力推进农业科技进步。一是大力推广了先进适用技术。重点推广了农作物优良品种、模式化栽培、中低产田综合治理、旱作农业等10个方面的新技术。二是组织广大科技人员到生产第一线开展技术承包，加快科技普及。三是结合县级以下事业单位的体改，把农、牧、林、水、科教等单位统一组织起来，形成相互联系、相互促进的农科教良性循环网络。四是通过农业科普刊物、电视、广播和办培训班等多种形式普及科学文化知识。一年来，省科学院、河南农大、省农科院共组织118

名科技专家与地县乡三级选调的3 400多名干部和科技人员，深入3个重点县举办1 000个科技示范村，围绕推广133项科技新成果，实行农业大面积“双高”集团承包。（河南省农村经济工作委员会）

周口地区大力发展庭院经济

周口地区是一个典型的平原农区，辖9县1市，2个国营农场，总面积1.18万平方公里，耕地11.3万公顷，总人口940.1万人，其中农业人口870万人，人均耕地0.084公顷。近年来，他们从实际出发，组织广大农民群众以庭院内外和村庄周围、废闲地、废坑塘为基地，以发展商品生产增加群众收入为目的，以集约经营为主要手段，种、养、加、服并举，大力发展庭院经济，开辟了一条奔小康的新途径。据统计，1991年全区庭院经济总产值占农村社会总产值的36.6%，农民收入中庭院经济部分占20%左右，庭院经济收入超千元的农户达33万多户，占总户数的18%。

1. 把发展庭院经济作为实现小康目标的重要途径。周口是一个农业大区，全区有近200万农户，宅基地占4万多公顷，可供开发利用面积约有2万多公顷。16 340个村庄周围废闲地4.7万公顷，废坑塘1.37万公顷，加起来超过全区耕地面积的1/10，相当一个大县的可耕地面积；该区又是河南省主要粮棉基地之一，粮食、秸秆、棉壳、树叶及其他下角料丰富。每年可提供饲草65亿多公斤，饲料21亿多公斤，转化增值效益相当可观。全区劳力资源丰富，农村剩余劳力近200万人，农村劳力一年剩余劳动时间达1/3，地委、行署分析了这些资源优势，并对“方寸之地巧安排，一年四季都生财”的典型进行了总结。在调查研究，分析本地实际的基础上，充分肯定庭院经济在农村经济中的重要地位，正式作出了关于发展庭院经济的决定。确定了奋斗目标：庭院经济收入每年递增18.9%，“八五”末人均达到200元以上，户均1 000元以上；2000年人均达到400元，户均2 000元以上。并完善了相应的政策和实施措施。

2. 因地制宜，分类指导，引导庭院经济走适度经营和区域化、专业化生产的路子。一是认真制定规划。地委、行署明确提出了因地制宜、突出重点、一村一业、一户一品，走专业化生产，集中连片开发，适度规模经营的指导思想。各县市坚持宜养则养、宜种则种、宜加则加的原则，制订了各自的区域发展规划。商水县在调查论证的基础上，把全县分为肉鸡生产、良种兔饲养、黄牛改良及瘦肉型猪饲养、植桑养蚕、食用菌生产、抽纱刺绣等6个生产区域。类似这样的专业生产小区各县(市)共规划了546个，80%以上已初具规模。二是实行分类指导。对尚末起步的乡、村，帮助他们选准有发展潜力的项目，确定1～2个主导产业。对已经起步并有一定基础的地方，帮助选择骨干项目和拳头产品、名优特产品，在领导力量、物资、资金、技术等方面实行倾斜，力争高起点开发，尽快上规模、上水平。如在养殖业方面，重点抓了庭院养牛，1992年地区筹集贷款3 000万元，抓了20个重点乡、100个重点村，形成了一批养牛基地。三是充分发挥专业村、重点大户的辐射作用，一户带一村，一村带一片，进行连片专业开发。扶沟县崔桥镇食用菌生产区就是由食用菌专家先起步，一带十，十带百发展起来的。已形成了以崔桥、曹里、城关、大李庄4个乡镇为中心的食用菌专业生产区域，专业户达1万多个，年产值1 000多万元。全区有庭院种植、养殖、加工、服务等有辐射作用的重点大户近4 000个，专业村390个。

3. 运用价值规律，把庭院经济推向市场。从市场信息、产业政策等多方面引导农民，特别重视引导专业村、专业户，按市场需求组织生产；其次是加强市场体系建设。按照全区经济发展布局，在乡镇企业、庭院经济相对集中、农村商品经济活跃的区域，完善和新建了一批集贸市场。因势利导，以利益关系为纽带，建立公司加农户、工厂加农户的经济组织。在专业村、专业区域内部进行社会化分工和专业化生产，把庭院经济的发展提高到新的水平。

4. 依靠科技，促进庭院经济由粗放经营向集约经营转化。一是动员鼓励科技人员领办或承包庭院经济龙头项目。全区已有2 000多名科技干部下到基层参与技术承包。二是不惜重金聘请外地科技人员。扶沟县崔桥镇70%多的农户发展食用菌生产，为提高产品档次，获取更高的效益，他们以高薪从福建聘请2名专家，传授香菇生产技术。三是千方百计与科研单位、大专院校挂钩。太康县大许寨乡养兔总公司与江苏农学院建立了经济技术协作关系，在该院的指导帮助下，总公司建立了由15名大中专毕业生组成的防疫站，办起了配合饲料厂，基本普及了科学喂养技术，使养兔的经济效益明显提高。此外，还举办各种类型的技术培训班。1992年，仅地、县两级就举办培训班52期，受训人员1万多名，有效地提高了农民的科技文化水平。

5. 强化服务，为群众发展庭院经济排忧解难。地区领导针对庭院经济以家庭、联办为主要经营形式，门类多、分布广、很多问题自身难以解决这一特点，狠抓了服务网络建设。一是组织兴办农工商、贸工农一体化、产供销一条龙的经营服务实体。二是建立健全服务体系。全区各县市都建立了科技推广中心，182个乡镇建立了1 219个以农技、农机、畜牧、良种等站所为依托的服务组织，全区4 804个行政村，已有4 120个建立了单项或综合性的服务组织。三是农村自发的互助联合和以专业户、各种协会、研究会为依托的直接服务。沈丘县的民间组织已发展到1 600多个，农民购销员3万多人，各类服务性 协会127个，科技户2万多个。

6. 落实政策，为庭院经济发展创造宽松环境。为发展庭院经济，地区、行署陆续制订实施了一系列优惠政策措施。一是地委、行署决定，庭院经济享受乡镇企业同等优惠的政策。二是为鼓励开发废坑塘、废闲地等资源，明确规定延长承包期，下一轮承包时，开发者有优先权。三是制定专项优惠政策。如为了促进畜牧业发展，地区每年拨款100万元，各县市每年拨款20万元，建立畜牧业发展基金；地区农行每年筹集5 000万元左右的贷款，作为发展畜牧的专项资金；1992～1995年，每年提取牲畜交易税、屠宰税、产品税新增额的50%作为奖励基金等等。

（河南省农村经济工作委员全）

湖北省农业

1992年，湖北省农村改革开放向深层次推进，农业生产获得全面丰收。全省粮食总产达到2 426.6万吨，油料总产99.74万吨，均是历史上第二个高产年；棉花总产量60.99万吨，创历史最高纪录；其他经济作物除水果因灾减产外，都有较大幅度增长，其中烟叶、蚕茧、糖料等产量分别比上年增长18.6%、36.5%和54.1%。肉类总产量和水产品产量分别比上年增长10.3%和17.2%；实现农业总产值435.42亿元，比上年增长7%；农村社会总产值861.11亿元；农民人均纯收入677.82元，增长8.12%。

1. 加大改革力度，加快开放步伐，努力改善农业发展的内外部环境。年初，省委、省政府在认真学习、贯彻党的十三届八中全会和邓小平同志视察南方重要谈话精神过程中，进一步完善和确定了湖北开放开发的思路和格局。这就是充分发挥区位优势，以武汉为龙头以湖北长江经济带的开放开发为重点，同时搞好“两江两线”（即汉江、清江；京广和襄渝铁路沿线）的开放开发，形成点线面有机结合、互为促进的一系列开放发达的区域经济。依据这一思路，省里重点抓了葛店、东山头等十大开发区的建设，各地也因地制宜，创造条件积极兴建开发区。在农村改革方面，一是将重点放在大力发展农业社会化服务体系上，各种类型、各个层次的服务性组织迅速发展起来，服务领域日益拓宽，服务方式灵活多样，服务质量不断提高。二是大胆改革原有的高度集中的计划经济体制，着力在“放”字上做文章。全省有49个县（市）进行了农产品购销体制和价格管理体制的改革试验，取消粮食定购任务和定销指标，实行购销放开，价格放开，同时转换粮食企业经营机制，产销直接见面。农村金融体制改革的步伐也大大加快，农村合作基金会与信用社共同为农业生产和农民生活提供融资服务。全省农村合作基金会年内融资4亿多元。三是在企业经营机制上，积极试行股份合作制。

2. 调整产业结构，发展高产优质高效农业，提高经济效益。各地按照“稳定发展粮棉生产，突破性发展多种经营和乡镇企业”的调整战略，共调减粮食复播面积13.3万多公顷，大幅度扩大棉花、油料、烟叶、茶叶、水果、蔬菜等种植面积。在调整中，种植业内部结构不断优化。各地广泛推广了适合本地发展的高产高效种植模式，麦瓜稻、麦莱棉、鱼稻共生、油杂再生稻等一种多收、立体种植模式得到大面积发展。同时，还狠抓了荒滩、荒水、荒坡、荒山资源的开发，一方面发挥千家万户的积极性，大力发展庭院经济；另一方面发挥集体统一经营的功能，大搞多种经营基地建设，兴办各类小农场、小林场、小茶场、小渔场、小果园。在布局上，因地制宜发展优势产品、骨干品种，形成地区优势、产品优势和支柱产业。与此同时，各地在农村产业结构调整中，还十分注重农村一二三产业的协调发展。全省各级政府努力加大乡镇企业资金投入，在财政、税收等方面提供更加优惠的政策。一是金融部门新增乡镇工业贷款10亿元；二是省财政拿出3 000万元周转金扶持落后地区的乡镇企业发展；三是省计委、财政各拿100万元作为乡镇企业贷款的贴息，主要用于扶持发展高技术、高附加值、高效益产品及有一定规模的外向型企业和农副产品加工企业；四是从1992年起，对新办乡镇企业免税1～3年、减税1～3年。1992年，全省乡镇企业实现产值527.6亿元，创利税36.7亿元，分别比上年增长35.11%和20%，是近年来发展最快、效益最好的一年。

3. 转变政府职能，兴办服务实体。各级政府和部门围绕商品经济发展的特点和广大农民的要求，把工作重点放在建设农业社会化服务体系上。重点抓好县、乡两级的配套服务。为推动各类服务实体的发展，省委、省政府制定了一系列优惠政策和措施，包括：各级农村经济技术部门兴办农业服务实体，国家原有的事业费保持不变；各级财政从农业各项专项资金和本级财政当年预算安排的支农资金中各划出一定比例，扶持服务实体开展替代财源建设；服务实体的纯收入，经同级财政机关批准，用于抵顶财政拨款和发展基金部分，视同预算内拨款，免征能源交通基金和预算调节金；对于直接为农业进行产前产中产后服务的实体，从取得收入之月起，按税收管理权限报经批准后，免征营业税1～2年，所得税3～5年；对符合“三资”企业标准的服务实体，享受“三资”企业税收减免的一切待遇。这些优惠政策的实施，极大地促进了各类农业服务实体的发展。全省地、市、州、县农口直接兴办的企业发展到3 850多家，年实现产值61亿元，利润4.3亿元，出口创汇总额2 000多万美元。

（湖北省农业委员会）

石首市推进粮食购销体制改革

在国家计划定购体制的约束下，石首市粮食生产与经营长期处于低效运转状态。1986～1991年，石首市每种植一亩双季稻，比种植其他经济作物效益低40%，财政每年补贴差价款800万元，约占年均财政收入的29.7%。国营粮食企业库存膨胀，资金积淀，亏损急剧上升。到1991年底，粮食库存1.3亿公斤，占当年粮食总产的50%，粮食企业挂帐资金5 220万元，占农行贷款规模的19.3%，新增包袱2 657万元，相当于市财政收入的72.7%。面对上述问题，石首市从1992年1月起，在全省率先开展了粮食购销体制改革。

石首市粮食购销体制改革的基本做法是：

1. 改革购销体制，转换经营机制。一是改指令性定购任务为指导性农商产销合同。农商产销合同实行“四定”:一定数量,全市粮食2 500万公斤,油脂135万公斤,分别占原定购任务的80%和100%;二定品种,主要定优质稻、麦、油菜、芝麻;三定扶持粮食生产物资和资金,每百公斤贸易粮供应中价尿素14.3公斤,菜油指标3.5公斤,贷款12元(年利率6.45%),全市扶持尿素3 570吨,菜油891吨,贷款300万元;四定最低收购限价,上浮不封顶,随行就市。二是改定销价为市场价,改粮食暗补为明补,其平议差价由国家企业、个人分担。

在粮食购销体制改革中,石首市设立了粮食调节基金。主要来源有三:一是国家给予的粮食补贴;二是挂钩物资平议差价款和定金利息;三是减免税照顾等项。基金规模每年达480万元,主要用于财政负担的提价补贴,特殊情况平抑市场价格的补贴,逐年处理粮食部门的历史包袱。

2. 转变职能,兴办实体。改革管理体制;拓宽经营范围,坚持粮食商业、工业和多种经营三业并举;转换内部经营机制,强化内部管理。

3. 财政、金融、工商配套改革,优化环境。

一年来,石首市实行粮食购销体制改革,收到显著成效。一是社会安定。改革措施一出台,立即得到了广大人民群众的理解和支持。生产者解脱了计划定购任务的包袱,可以自主经营,有利于产业结构调整。二是市场活跃。据统计,自1992年1月1日至10月底止,全市粮食部门收购粮食4 816万公斤,基本与上年同期持平(如加上其他渠道收购的粮食,全市约为6 000万公斤),销售5 203万公斤,比上年增销1 053万公斤,增25.4%。全市出现了购销两旺的好势头。三是粮价稳定。改革措施出台后,全市粮油市场价格没有出现大的波动。粮价稳中有降。据统计,集市标一大米每公斤0.80元,比改革前下降了0.02元;二级菜油每公斤4.20元,比改革前下降了0.40元。改革体现了依质论价、优质优价的原则,以粮油为主要原料的饮食、副食、油料等价格也一直稳定。四是经济效益明显上升。1992年1至10月粮食系统净亏损比上年同期减少63.9%;总费用减少36.1%。五是促进了粮食部门向企业化转变。六是减轻了财政负担。原801万元粮食差价款变财政独家承担为财政、企业和个人共同承担,其中财政负担146万元,比改革前减少655万元。减少部分中,粮产区和棉产区群众负担363万元,国营企业负担186万元,集体企业、城镇居民负担106万元。

(石首市农业委员会)

随州市采取综合措施减轻农民负担

农民负担过重是影响农村改革与经济发展的一个十分突出的社会问题。随州市委、市政府坚持贯彻执行国务院和省有关制止向农民乱摊派乱收费,切实减轻农民负担的文件精神,采取综合措施,有效地遏制了农民负担增长的势头。

随州市在减轻农民负担工作上,始终坚持“控减结合,以控为主,防患于未然”的原则,层层“设防”,查堵源头,把好“六关”:

政府定项限额关。每年的农民负担项目及额度,均由市委常委和市长联席会议集体研究确定,并以市政府文件形式将负担总量分解到乡镇,封住上限,同时规定任何单位不得以任何名义下发加重农民负担文件,以保证政出一门,形成制度化。

人大议政监督关。各级人民代表大会对农民负担项目和额度实行预决算审议制度,对不合理的、超标准的负担可以否决,维护农民的合法权益。市人大常委会每年定期开展农民负担情况视察,发现问题,及时处理。

专门机构审核、政府审批关。凡是向农民集资、摊派、收费的申请书,一律由各级农民负担管理专门机构审核后,报市政府审批。农民负担资金的使用实行分级管理、计划使用,由各级政府主管农业的领导审批,其他任何人不得插手。

资金统一提取管理关。市政府明确规定,农民负担资金由各级农村合作经济管理部门统一提取和管理,避免出现多头向农民收钱的混乱局面。

负担合同管理关。全市使用统一的《农民承包合同书》由农经管理部门将农民承担费用和劳务与农业经济指标一起写进合同书中。合同书以外的不合理负担农民有权拒付。从1992年起,启用《农民负担监督手册》,每户一本,多方监督,增加了农民负担的透明度。

干部考核关。市政府明文规定,把减轻农民负担工作纳入各级领导干部政绩考核内容。凡是农民负担突破限额指标,靠加重农民负担创“政绩”的单位和负责人,不得评为先进,超过限额部分要全部退还给农民。

在严格控制农民负担增长的同时,随州市还采取配套措施,狠抓了农民不合理负担的清退工作。在市、乡镇建立审计站,配备专职或兼职审计人员,对农民负担进行经常性监督。全市普遍推行了定期审计“四审四看”办法,即年初审农民负担预算,看有无违背政策宽打窄用行为;合同到户后抽审合同书,看有无层层加码突破指标现象;兑现合同时审上交款,看有无摊派和少签多收情况;坚持定期集中办公审开支,看有无乱补和借支挪用公款事实。对于不合理的负担,坚决予以清退。 (随州市农业委员会)

湖南省农业

1992年,湖南省各级党委、政府认真落实党在农村的各项经济政策,狠抓产业结构调整,发展高效农业,强化服务体系,推进市场经济,尽管遭受了多种自然灾害的袭击,农业和农村经济仍然获得了较大发展。粮食在播种面积减少12.7万公顷的情况下,总产量仍达到2 620.10万吨,是历史上第二个丰收年。11种主要经济作物，除柑桔、茶叶、油菜籽、黄红麻因灾减产外，其余都有较大幅度增长，其中棉花总产20.31万吨，比上年增长36.4%，烤烟20.53万吨，增长55.8%，均创历史最好水平。植树造林成绩显著，1992年度全省共造林37.75万公顷，比上年增长1.6%，已有87个县消灭了宜林荒山。畜牧水产业持续发展，肉猪出栏3 536.3万头，比上年增长8.9%，猪牛羊肉产量214.0万吨，增长7.3%；水产品产量60万吨，增长12.9%。乡镇企业发展速度加快，效益好转，1992年，全省完成乡镇企业总产值503亿元，比上年增长41.56%，实现纯利润34亿元，增长43.1%，上缴国家税金19亿元，增长33.9%。农村经济全面发展，1992年，全省农村社会总产值904.27亿元，其中农业总产值471.22亿元，增长3.8%。农民人均纯收入739.4元，比上年增长7.33%。

1992年，湖南省农业和农村工作具有四个特点：

1. 各级党政领导思想活跃，观念更新，对农业和农村工作的领导方法有了新的改进。各地在农村经济工作指导思想上，进一步确立了商品农业、效益农业、大农业的观念，发展农业的思路更加开阔。如对待粮食问题，抛弃了长期存在的以粮食增减论功过的观念，坚持在确保社会需求的前提下，大胆按照市场导向，调减一些粮食作物面积，发展高产高效的经济作物。在组织农业生产时，改变了从生产到市场的思维习惯，先研究市场，再组织生产，有效地减少了农业生产的盲目性，明显提高了农业的经济效益。

2. 党在农村的基本政策进一步稳定和完善。1992年，各地不断深化农村改革，稳定家庭联产承包责任制，完善双层经营，发展壮大乡村集体经济。特别是为了尽快推进农村社会主义市场经济的发展，在农产品购销体制改革方面采取了一系列重大举措。如省委、省政府决定，进一步放开粮食、蚕茧的价格和经营，粮食从1992年11月1日起放开销售价格；蚕茧从1992年秋茧上市放开经营，这些都为农业全面走向市场创造了条件。

3. 农村产业结构进一步优化，二三产业发展步伐加快。各地按照省委、省政府提出的"优化主体，开发两翼"的结构调整方针，大力发展高效农业和农村二三产业，取得了可喜成绩。1992年，全省农村二三产业产值达410.44亿元，比上年增长36%，占农村社会总产值的比重，提高了七个百分点；在农业总产值中，多种经营的比重由44.8%提高到47.4%，提高了三个百分点；在种植业中，档次较高的优质农产品增加，1992年，全省高中档优质稻总产达12亿公斤，比上年增加10亿公斤，优质烤烟8.3万公顷，占烤烟面积的71%。农村劳动力转移步伐加快，全省从事乡镇企业和二三产业的劳力达800万人，其中劳务输出达400多万人，比上年增加100多万人。

4. 转变职能，兴办实体。1992年，农口各部门把转变职能，兴办实体，加强服务当作自身改革的一件大事来抓。截至1992年底，全省农口部门共兴办各类经济实体1万多个，有效地增强了服务实力。

（湖南省农村经济委员会综合处供稿）

大规模开展乡镇农科教中心建设

自1990年7月湖南省委、省政府作出《关于实行农科教结合，加速农业振兴的决定》以来，全省各级党委、政府都把乡镇农科教中心建设作为实行农科教结合振兴农业的重要内容来抓。到1992年底，全省已有1 600多个乡镇建立了农科教中心，建"中心"的乡镇约占乡镇总数的一半。早在1985年，中央颁发关于科技和教育体制改革的决定后，湖南就开始了乡镇农科教这方面的尝试。1987年，怀化地区率先提出，由政府统筹，农业部门为主，教育、科技等部门联合，共同发展农村职业技术教育，初步形成了农科教结合的办学体制，显示出了结合的优势。1990年，省委、省政府在认真调查研究的基础上，决定集中力量，在全省范围内大规模开展乡镇农科教中心建设，要求在三五年内把全省乡镇农科教中心都建立起来。

全省乡镇农科教中心建设规模各地不一，结合形式、服务内容与管理方式也各具特色。一是以乡镇农技或农机等技术服务站为依托建立"中心"，重在技术引进、技术推广和科技项目开发，促进技术培训和配套服务；二是以乡镇农民文化技术学校为基础，充实科技力量、增添有关设施发展成"中心"，侧重于农业职业技术教育，进行多层次的技术培训，带动科技推广与服务；三是统一新建农科教中心服务大院，各技术服务站、校等单位均设在其中，人、财、物统筹安排，实行全方位服务。

全省实行农科教结合，在乡镇建立农科教中心，已充分显示出巨大的合力与潜力，对加速农村科技进步，发展高产、优质、高效农业，促进科教兴农起到了积极作用。第一，强化了技术培训功能，有效地提高了农民科技素质。农科教中心建立后，在乡镇党委和政府的统一领导下，把各有关部门的工作紧密结合起来，统筹安排科技培训和职业技术教育的师资教材、经费、设施场地和培训内容，按照"实用、实际、实效"的原则，进行农职业技术教育和各种实用技术培训，学用结合。每个"中心年平均培训人数一般都在2 000～3 000人次左右，多的达1万多人次。通过培训，绝大多数掌握了一门或二门实用技术，不少人成为当地的科技示范户或致富能手。第二，强化了科技示范推广功能，促进了科技成果入户率。农科教中心采取科技推广与技术示范紧密结合，建立科技示范基地，将"星火"、"丰收"、"燎原"计划组装配套，政技物相结合，有效地提高了科技成果的入户率。据对已建立的"中心"统计，每个"中心"年平均推广新技术在8项以上，科技成果入户率达60%，比以往高出一倍左右，加速了科技成果的转化。第三，强化了社会化服务功能，促进了支柱产业的发展和适度规模经营。乡镇农科教中心适应农村商品生产和市场经济发展的需要，实行商品信息、技术引进、人才培训、资金投入、物质供应、产品销售服务一条龙，产前、产中、产后全程服务，有利于一村一品、一乡一品的规模经营，促进了支柱产业和区域经济的发展。

（湖南省农村经济委员会技教处　王群德）

怀化地区山地开发成效显著

位于湖南省西部的怀化地区是一个典型的山丘区，山地面积占整个国土面积的71%，人均山地0.5公顷。80年代以来，地委、行署认真总结了“失误在山”的教训，在抓好现有耕地生产的同时，提出了“八亩山地作文章，综合开发奔小康”的口号，广泛发动群众大搞山地开发，特别是1990年被国务院确定为全国农村改革开放开发试验区以后，全区上下便把山地综合开发作为振兴全区经济的一件大事来抓，集中社会各方面力量，大打山地综合开发总体战，取得了显著的成绩。

一是造林绿化有较大的突破性进展。1981～1992年，全地区新造用材林40多万公顷，比党的十一届三中全会前30年人工造林面积总和还多11.3万公顷。森林覆盖率已达到50%，基本消灭了宜林荒山。

二是以柑桔为主的水果基地建设有长足发展。1981年以来，全地区新增果园面积4万公顷，比1980年增长了3倍，基本达到了户均0.07公顷。1992年，水果总产2亿多公斤，比1980年增长25倍。

三是小水电建设成绩突出。至1992年底，共建成小水电站907处，装机25万千瓦，发电量已达8.76亿千瓦小时。100%的乡镇、95%的村、92%的农户用上了电，全地区12个县市中，已有溆浦、黔阳、麻阳、芷江、新晃等5个县达到全国农村电气化标准。

四是农村经济增长较快。1992年，全地区农业总产值34亿元，比1980年增长1.6倍，农民人均纯收入668元，比1980年210元增长了2.18倍。

（怀化地区农村经济委员会供稿）

广　东　省　农　业

1992年，广东人民认真贯彻邓小平同志视察南方重要谈话和党的十四大精神，进一步深化农村经济改革，推出了粮糖购销价格改革和发展高产优质高效农业等有利的政策措施，使得全省农村经济全面增长，经济结构进一步优化，种植业获得好收成，畜牧水产业持续增长，乡镇企业高速发展，农民收入较大幅度增长。其主要发展标志是：

1．种植业结构优化，经济效益提高。1992年初，广东彻底放开粮食购销政策，让农民根据市场需求安排生产，发展适销对路的农产品。全省粮食生产普通品种大量减少，种植优质稻谷94万公顷，比上年增长2.2倍，占水稻播种面积的32%，1公顷优质稻谷比普通品种增收1 500多元。全省粮食总产1 774.3万吨，比上年减少4.4%，但单产创历史最好水平，粮食经济效益提高。此外，优质水果、瓜菜、茶叶、烟叶及其新兴的花卉等园艺高产值作物有较大发展，种植业产值达360.8亿元，比上年增长4%。

2．畜牧业和渔业继续大幅度增长，林业绿化达标进程加快。林业生产以绿化达标为中心，大力发展经济林和林副产品综合经营，社会效益和经济效益同步提高。全年完成造林面积22.7万公顷，比计划增加67.1%；绿化达标工作顺利，当年经验收合格达标的有35个县（区），至此全省73%的县（区）实现了绿化达标。畜禽产品市场销旺，生产的品种优质化和多样化，特别是科技兴牧和生产规模扩大，劳动生产率提高，全省肉类总产245.6万吨，比上年增长9.1%，其中牛肉和禽肉增长62%和15.7%，牧业产值达174.78亿元，增长7.7%。渔业生产远洋捕捞能力提高，海水养殖和淡水养殖的名优品种面积扩大，山区养渔又有新的发展，全省水产品产量达251.06万吨，产值达99.9亿元，分别增长11.4%和14.13%。

3．乡镇企业高速度、高效益发展。乡镇企业实现产值、销售收入、税利同步增长，全年总产值1 431.5亿元、增长48.17%，纯利112.42亿元、增长54.8%，上缴国家税收54.4亿元、增长42.9%，创汇52.7亿美元、增长51.7%。各地把加快发展乡镇企业作为实现农村现代化的重要措施来抓，不论是山区还是平原丘陵地区都大力引进外资，当年全省实际利用外资30亿美元，比上年增加56.3%，特别是重点发展高技术含量、高附加值、高创汇的项目和产品，佛山市新上的项目中就有30个是高科技项目，一些规模比较大、基础比较好的企业向集团化、国际化方向发展。

广东南海县全省最大的农村集市——大沥镇专业市场

周家国摄

4．农业利用外资加快，创汇农业稳步发展。1992年，外商在广东投资开发农业兴趣增加，各地同外商签订了一批包括种植业、畜牧业、养殖业和园艺业、林业的生产及其产品加工利用外资合同，全省建立了632个农副产品出口基地项目和加工企业，利用外资9 991.2万美元，比上年增长四成，当年基地产品出口创汇2.51亿美元。全省农产品贸易出口方面，由于优质产品增多和国际市场多元化，农副土特产贸易出口15.48亿美元、增长24.9%，农副加工产品贸易出口6.13亿美元、增长10.9%，合计占全省贸易出口总额的23.7%。

5. 农村市场活跃，农民收入增加。1992年农村市场购销活跃，社会农副产品收购总额384.58亿元，比上年增长14.3%，城乡集市贸易市场的粮油、肉禽蛋、水产品、瓜果菜、土特产等类产品成交额均比上年增长20%以上；销往农村的建材、生产资料、生活用品也有较大幅度增加。市场推动了生产发展，全省农村社会总产值达2 166亿元，比上年增长35.9%，其中农业产值737亿元、增长6.1%，二三产业产值1 429亿元，增长57.2%；农民人均年收入1 308元，增长14.4%，不同类型地区的农民收入都有所增加，山区增加80元，中等地区增加150元，发达地区增加200元。

广东省农业生产、农村经济迅速发展，主要原因是正确地贯彻落实中央的方针政策，结合本省的实际情况采取一系列有效的改革与发展措施加快经济建设。比较重大的措施有：

1. 转变农村工作的指导思想，制定20年基本实现现代化的战略规划。全省各级领导明确认识90年代广东农村经济发展的形势与任务，就是要实现农业的现代化和农民生活小康水平；迅速完成传统农业向现代农业、产品农业和商品农业的转变，主要依靠科技进步，发展优质高产高效的现代商品农业，加快山区和沿海地区二三产业的发展；根据建立社会主义市场经济的目标转变思想观念，实施改革政策与发展措施。

2. 大力发展高产优质高效农业，促进生产结构调整和生产方式变革。1992年6月，国务院在广东召开了全国发展高产优质高效农业工作经验交流会，肯定并推广了广东实行种养加结合、农工商结合、产供销结合、内外贸结合经营和农村牧副渔全面发展，走高产优质高效农业路子的经验。根据这次会议的精神，省委、省政府做出了更加深入的布署，各地淘汰低产、低效的品种，发展在市场适销对路的名特优新品种，把部分低产田改种效益比较高的经济作物和园艺作物，加快了优质稻谷发展，减少普通粮食的播种面积，特别是增加投入发展农产品加工业。

3. 推出深化农村经济体制改革的新措施。一是彻底放开了粮糖购销，国家不再向农民下达定购任务，农民和粮食部门都按市场价格自由出售或收购粮食。二是加快农业的社会化服务体系建设，制定了鼓励建立健全生产、加工、流通、信息、科技、金融等方面服务网络建设的政策措施。三是发展农村股份合作经济，总结推广通过试点探索成功的经验，肯定农村股份合作经济的发展方向和作用，鼓励扶持形式多样的农村股份合作。四是进一步扩大农业的对外开放，扩大外商投资农业的领域和农业利用外资的范围及其审批权限，放宽农业利用外资企业产品进出口、退税、外汇使用等方面的政策。

（广东省农业委员会办公室）

发展高产优质高效农业

长期以来，广东省农业发展一直以解决温饱为目标，以追求产品数量为主，不太注重质量要求。80年代后期，随着生产的发展，从过去追求产品数量为主，逐步向优质、高产、高效的方向发展。实现广东省农业发展史上的重大转变。国务院对此非常重视，1992年6月在广东省召开了全国发展优质高产高效农业（简称三高）经验交流会，总结推广广东省发展“三高”农业的经验。从此在全省内开展了大搞“三高”农业的热潮。

广东省发展三高农业走过的路子，主要抓了如下几个方面的工作。

1. 改革农产品统派购制度，为发展“三高”农业创造条件。改革、开放以来，广东省逐步缩小农产品统派购和计划收购的品种、数量，逐步提高农产品的收购价格，使统派购的农产品从1980年的117种缩减到现在仅剩下的蚕茧、烟叶两种，特别是从1992年4月1日起对全省的粮食购销体制进行深刻改革，实行“取消任务、放开价格，搞活经营”，既有利于农业布局的调整和农产品结构的优化，也有利于粮食部门搞活经营，消费者也按各自的需要买到称心合意的靓米，出现了一个市场、价格、人心三平稳，生产者、消费者、经营者三满意的局面。1992年全省种下优质稻93.3万公顷，比上年增加2.2倍，效益成倍增长。水产品统派购任务较早取消，承包户有了生产自主权和产品处理权，好鱼有好价，农民积极主动改变品种，放养良种，养殖优质鱼的产量约占养殖总产的四成多。过去鱼塘只放养鳙、鲩、鲢、鲮四大家鱼，现在又放养优质价高的桂花鱼、鲈鱼、鳗鱼等40多个品种，并搞科学饲养，产量大增。实践证明：哪类产品放得开，哪类商品就增多，哪个商品质量差，不适销对路，哪个产品就下来。以市场为导向，按经济价格规律办事，就能促进三高农业的发展。

2. 调整生产布局，不断优化产业结构。广东的资源优势，在于生产亚热带、热带农产品，但长期以来，种植比较利益低的粮食作物所占比重达八成左右，限制了广东资源优势的发挥。80年代，广东农业以市场为导向，积极进行产业结构和产品结构的优化。调整已有耕地的生产结构，大力开发山坡地和海涂，改变土地资源利用结构，推动农林牧渔副 全面发展，逐步形成具有南粤特色的生产格局。在种植业中，减少粮食播种面积，使产值较高的糖蔗、花生、水果、蔬菜及其他经济作物有可能发展。1978～1991年，全省粮食播种面积减少了130万公顷，糖蔗增加了12.7万公顷，达29.9万公顷，水果增加54.2万公顷，达到近66.7万公顷，蔬菜增加33.5万公顷，达到 51.7 万公顷，使粮食与经济作物面积的比例由 76.3∶23.7 变为 66.4∶33.6。另方面大力发展高产值的畜牧业、渔业、扩大水果、蔬菜比重，改变了过去只抓高产谷、丰收果的偏向，充分发挥了各地的优势，从市场需要出发，在优化品种上下功夫，发展各具特色的名优特产品种。

3. 以企业为龙头，大办农业商品基地。“三高”农业实际上是完全商品化了的农业，零星分散的农业生产只能是自产自销的小农经济。区域化生产、集约化经营、系列化服务的农业商品生产，才能适应大市场的变化。近几年实行公司带农户兴办的商品基地有5 000多个。其中创办出口生产基地1 800多个。如粤东的鳗鱼、柑桔，粤西的红江橙、早熟荔枝，梅县的沙田柚，珠江三角洲的鲜活农产品基地的产品在国内外市场都具有较强的竞争力。实践证明，农业企业对推动“三高”农业的发展，成效显著，商品率高达 100%；建立贸工农产销一体化企业(公司)或企业集团，能够集结各部门的优势，形成产业发展的合力，把生产、加工和流通等环节有效地联结起来，推动了集约化规模经营。对产品的优质高产，实现商品价值更有保证，能获较高的经营效益。这种产销体系，有利于联结千家万户，把家庭承包经营纳入现代大农业经营中。顺德市北滘镇，投资5 000万元，兴建现代化农副产品加工厂——兴顺食品发展有限公司，年加工鸡 500 万只，水产品 1 万吨，一举解决了全镇养殖业的产品销路问题。农民按合同给公司养鸡、养鸭、养鱼，公司根据国内外市场的需要，经过屠宰、分割、消毒、包装、速冻，运输销往各地，镇办的饲料厂、种苗场等农业企业，又为农户提供完善的产前和产中服务。有镇办农业企业为龙头，联结千家万户，形成了一个庞大的贸工农生产体系，促进全镇养殖业向高产优质高效发展，全镇年上市肉鸡 700 万只、猪 6.5 万头、水产品 1.06 万吨，畜牧水产业年产值近 2 亿元。

4. 抓好农副产品的保鲜、加工增值。由于农产品具有鲜活的特点，成熟期又集中，受季节、运输的影响，容易出现腐烂变质损失。近年随着产量的逐年提高和农产品卖难问题，广东省十分重视农产品流通，实行国营、集体、联合体、个体一起上的同时，努力发展农产品的保鲜、加工。这些年全省各级共投入 20 多亿元搞农产品加工和保鲜企业。柑桔、香蕉的综合保鲜技术已基本解决，柑桔贮藏能力约占总产的 60～70%，一般保鲜贮藏 3～4 个月可增值 30～40%，全省果品贮藏能力约为 90 万吨，占总产量的 27%，果品的加工能力 65 万吨，占总产的 20%。除蜜饯、罐头外，近年果汁饮料发展较快。全省果品饮料年生产量超过 50 万吨，已引进 30 多条易拉罐、利乐包生产线。全省有水产品加工厂场 3 273 个，年可加工原料鱼 40 万吨，占水产品产量的 20%，加工成品 26.5 万吨，加工产值达 9.4 亿元。近年还引进了 4 条肉鸡分割生产线(深圳 2 条，北滘 1 条，番禺 1 条)，一年可自动加工分割肉鸡共 2 000 万只。

(广东省农业委员会　江泰乐)

广西壮族自治区农业

1992 年广西壮族自治区各级党委、政府认真贯彻执行中共中央关于进一步加强农业和农村工作的决定，加强农业社会化服务体系建设增加农业投入，狠抓农田水利建设注重科技兴农，调整农业结构，使农业生产取得全面增长。全年农村社会总产值达到 503.5 亿元，比上年增长 33.0%；农业总产值 333 亿元，增长 19.0%。粮食产量创历史最高水平，总产达 1 418.9 万吨，增长 5.8%，主要农产品中油料、甘蔗、烟叶、蚕茧、茶叶、水果产量均创历史最高水平，其中油料 29.29 万吨，甘蔗 2 354.87 万吨，烤烟 5.78 万吨，蚕茧 1.83 万吨，茶叶 1.64 万吨，水果 161.16 万吨，分别增长 21.3%、18.3%、37.9%、55.1%、9.3%、41.5%。

林业生产取得新发展。全自治区共完成造林面积 67.78 万公顷，增长 44.2%，获林业部授予“造林成绩优异自治区”称号。林产品产量也有较大幅度增长，其中，松脂 20.60 万吨、油桐籽 4.52 万吨、油茶籽 11.20 万吨，分别增长 9.4%、33.3%、12.8%。

牧业、渔业持续增长。肉类总产量 136.20 万吨，生猪年末存栏数 1 903.93 万头，分别增长 15.3%、12.7%、13.0%、5.3%。水产品总产量 44.57 万吨，增长 20.9%。

农业生产条件继续改善。农业机械总动力 85.42 亿瓦，增长 3.6%。大中型拖拉机 1.27 万台，下降 11.8%。载重汽车 1.66 万辆，排灌机械总动力 8.81 亿瓦，化肥施用量(按折纯量计算)103.45 万吨，农村用电量 17.0 亿千瓦小时，分别增长 5.1%、5.3%、8.5%、12.3%。

农村经济全面发展。乡镇企业总收入 302 亿元，增长 114.6%。农村工业、建筑业、运输业和商业、饮食业等非农产业经济比上年有较大幅度增长，占农村经济的比重由上年的 26.5%提高到 28.6%。农民收入增加，农民人均纯收入 731.69 元，增长 11.24%。

1992 年农业生产和农村经济工作的特点和经验，主要是：

广西南宁正大畜牧有限公司是与泰国正大集团共同合资兴建的　谢家华摄

1. 增加投入，农田水利、地方电力建设成效显著。1992年农田水利和地方电力建设投入计划资金82 619.45万元，比上年增长61.0%，其中中央支持11 500万元，国内各银行贷款32 980万元，有关专项资金15 070.45万元，自治区级财政23 069万元。另外，各地、市、县自筹资金达31 094.5万元，共计11.37亿元。取得主要效益有：新增有效灌溉面积1.25万公顷，恢复有效灌溉面积3.01万公顷，改善灌溉21.83万公顷。完成坡改梯4 200公顷，改造低产田1.15万公顷，治理水土流失面积14.59平方公里。解决了43.54万人和32.3万头牲畜饮水困难。地方电力建设加速发展。完成新增装机89台，13.15万千瓦，完成架设10千伏以上送变电工程4 167公里，安装供电变压器21.2千伏安，配电变压器26.01万千伏安，完成发电量45.81亿千瓦时，供电量58.75亿千瓦时，亚洲第一座水头超千米的天湖水电站一期工程建成并网发电。

2. 依靠政策，促进乡镇企业高速发展。为加快发展乡镇企业创造良好的环境，自治区党委、政府制定了《关于加快发展乡镇企业若干政策规定》，这些政策措施归纳起来有：一是实行优惠的税收政策，减轻乡镇企业的负担；二是积极解决乡镇企业特别是村办企业的发展所需资金；三是为乡镇企业的产供销创造宽松环境，搞活流通；四是鼓励科技、管理人才到乡镇企业工作；五是明确管理权限和管理费的收取；六是制定奖励办法，建立激励机制；七是对老少边山穷地区和重点发展的产业从政策上给予倾斜；八是在所有制问题上坚持乡办、村办、联户办、户办以及股份合作企业等一起上，不予限制。全自治区82个县(市、郊区)根据各自的实际情况均制定了配套政策。宽松的政策，加快了乡镇企业的发展，1992年全自治区乡镇企业总收入达302亿元；总产值279亿元；工业总产值145.5亿元；上交国家税金11.0亿元；实现利润19.6亿元；为外贸提供出口交货额5.5亿元，分别比上年增长114.6%、126.7%、104.0%、59.3%、105.1%、56.3%。

3. 科技兴农，水产业迈上新台阶。广大水产科技工作者面向水产生产主战场，狠抓科技成果转化，各地实施高产综合技术开发“丰收计划”“星火计划”等科技推广项目的养殖面积超过13 000公顷，占全自治区养殖总面积10%。通过科学养鱼和技术改造，全自治区池塘单产由148公斤增加到165公斤。1992年水产系统获国家、省部和自治区农业厅奖励科技成果14项，在名、特、优品种人工育苗研究方面也取得了新进展。西江名贵鱼类斑鳠驯养成功，并在我国首先获得人工鱼苗；珍珠大珠贝人工育苗达202万只，育苗数量居全国领先水平。在鱼虾养殖技术方面有新突破，成功地探索了中华乌塘鳢成鱼养殖最高每公顷净产达8 715公斤、斑节对虾达7 200公斤、家鱼混养达18 120公斤的高产养殖技术模式。科技兴渔活动的广泛开展，夺得了改革开放以来第13个增产丰收年。1992年全自治区海水养殖产量达2.9万吨，实现产值2.82亿元，分别比上年增长1.43倍和2.06倍。淡水渔产量16.14万吨，增长20.0%。海洋捕捞产量26.06万吨，增长17.23%。水产品总产量首次突破40万吨，提前3年完成“八五”计划。

4. 转变观念，各类市场蓬勃发展。自治区党委、政府十分重视第三产业的发展，作出了《关于加快发展第三产业的决定》，同时，对不同经济类型地区进行分类指导，对桂东、沿海经济比较发达地区新建一批综合批发市场和专业市场，支持第三产业的发展；对桂西贫困地区主要抓好兴建和改造一批连接城乡的集贸市场，引导农民进入流通领域。各地政府积极发动社会各阶层参与市场体系的建设，大力组织对各类市场的投入，积极扶持个体、私营经济进入流通领域。此外，充分发挥各级工商行政管理部门的整体功能，加强对市场监督管理，坚持先放后管，先活后导，放宽政策，简化审批手续，对各种经济成分的政策一视同仁，促进了各类市场的蓬勃发展。据初步统计，1992年全自治区市场建设的总投资3.11亿元，比上年增长两倍；新建和改建市场168个，其中，专业市场16个，新增建筑面积达112.25万平方米。全自治区共有各类市场2 359个，其中生产资料市场36个，生产要素市场36个，建筑面积654万平方米。市场建设的迅速发展，促进了农村商品的流通。1992年，全区各类市场总成交额达122.83亿元，增长19.08%，相当于社会商品零售总额的44.84%。其中成交额5 000万至1亿元的市场有25个，成交额在1亿元以上的市场10个，有20个市场被评为“全国文明集贸市场”。

(广西壮族自治区农业委员会)

玉林市农民参与流通

玉林市地处桂东南，人口141万，其中农业人口124.1万。1987年玉林市先后被列为全国农村改革试验区和沿海经济开放区以来，提出了“以流通为先导，生产流通一起抓”的战略决策，实施“产供销一条龙”、“农工贸一体化”方案，积极鼓励、引导农民参与流通领域，促进了农村经济的迅速发展。1992年，农村经济总收入33.54亿元，比上年增长90.1%，其中第二、第三产业总收入22.72亿元，增长165.68%。全市农民参与流通人数达17万多人，占农村劳动力的26.6%。其中参与农副产品运销人数达6.5万人。1992年全市共外销中、小猪66万头，活禽215万羽，收购烟叶、黄麻、茶叶、糖蔗和罐头原料等20多万吨，外贸部门农产品收购额2 800多万元，食品烟草加工业产值达2亿元。调出各种果菜28.6万吨，农民收入4.5亿元，社会效益增加2.8亿元，单是农民出售冬菜收入就达2.69亿元，按蔬菜基地人口50万人计算，平均每人收入539元。特别是香蕉生产运销，每年新增产值2 000万元以上，成为全国三大香蕉生产基地之一。1992年4月玉林市实行粮食购销价格放开试验，粮食交易活跃，农民经营运销达366家，调入量3万多吨，调出量0.5万吨，农民增收820多万元。为了鼓励农民参与流通，玉林市采取了以下措施：

1. 实行优惠政策，提供优惠条件。一是开放农副产品运销经营权，允许和鼓励国营、集体、个体多成分参加农副产品的运销；二是放开价格，农副产品价格随行就市，按质论价，议价议销；三是放开边界，打破地区封锁，对外来运销人员一视同仁。"三放开"政策一出台，鼓励了更多的农民参与流通，促进了多渠道的运销体系的迅速形成。目前，流通的主要形式有：一是农工商联营，由商业、供销部门及农副产品加工厂与农民签订产品购销合同；二是技农联营，由农委、科委、农科所牵头，派出技术人员，对生产者实行种子、农药、技术、保鲜、运销一条龙服务；三是市、乡镇、村三级相应成立果菜运输公司，确保产品流通；四是专业户联产联销，个体户代购代销或自购自销。

2. 加强部门配合。建立和健全流通服务体系。市、乡镇、村三级都成立了商品协调领导小组和经济服务开发公司。在全国各地建立了信息网点540多个，向农民提供及时、准确的市场信息，引导农民安排生产和搞好商品流通。全市30个乡镇都成立了农村合作基金会，市一级成立信托投资公司和农村合作基金联合社。1992年农村合作基金扶持商品流通资金达1.1亿元。农技部门还加强技术服务，帮助农民引进、试验、推广新品种，搞好果菜保鲜技术，提高产品质量，增强市场竞争力。

3. 发挥村级集体组织和专业户的带头示范作用。玉林市认真抓好流通队伍的建立和发展。一是加强村级集体组织，成立了各种流通服务公司，从资金、流通工具、场地、信息上为农民提供有利条件。全市在商品生产基地建立了各种收购服务网点160多个。二是抓住先富起来的专业户，发挥他们运销门路宽，业务量大，吸引力强等特点，带动农民开展联合运销。全市形成了以集体为核心，专业大户为首，二级三级运销户为基础的"金字塔"式的流通队伍。全市有各种专业户3万多户，兴办各种联合体2 100多个，专业村120多个，就冬菜运销，农民联体，个体专业户私营运销量就占总运销量的90%以上。

4. 扩大基础设施建设，为商品流通创造有利条件。全市已建立了粮、林、果、蔗、菜、烟、茶、麻、畜（禽）、渔业等十大生产基地，并形成规模经营。1986年以来，在城区、乡镇兴建了农贸市场19个，在市区建成了多层框架式专业市场6个。1992年又动工兴建占地53.3公顷，总投资1.5亿元的工业品、服装、家具、禽畜、建材、果菜、农副产品、副食品等八大专业市场。目前，专业市场已与全国23个省市有业务往来，成为玉林经济辐射全国各地的桥梁。农村集贸市场也在不断扩大，由原来45个增到65个，每天赶集人数达40多万人。1992年全市城乡集市贸易成交额达7.6亿元，比上年增长15.6%，1992年全区10个成交额超10亿元的专业市场，玉林市就占了4个。

（玉林市人民政府）

边境经济贸易发展迅速

为了加强边境经济贸易的管理工作，适应边贸发展的需要，1992年，广西壮族自治区政府成立了边境经济贸易管理局。钦州、南宁、百色3个边境地区和防城各族自治县及宁明、凭祥、龙州、大新、靖西、那坡等7个边境县（市）成立了相应的边境经济贸易管理机构，初步形成了自治区、地、县三级管理体系。自治区边境境内共设有25个边贸互市点。

1992年，广西边贸进入了一个新的发展阶段。自治区党委提出了"边贸大家做，既要搞活又要管好"的指导思想。经过各级政府和各级边贸管理部门的共同努力，边贸已形成了自治区内、外相结合，国营、集体、个体贸易并举的格局；边贸形式也从边民互市贸易迅速向小额贸易和批量贸易转变。全年自治区边贸易货贸易总额达26.04亿元，比上年增长18.4%。其中进口贸易商品总值11.9亿元，出口贸易商品总值14.14亿元。

边贸的发展不仅为自治区内部分工、农业产品拓展了市场，而且也部分缓解工农业生产原材料紧缺状况，促进了广西经济的发展，初步迈上了"通贸兴边"的新路子。

1992年广西对越南易货贸易成绩显著。全年出口贸易的商品主要有：自行车4.8万辆、柴油机及农用设备10多万台（件）、微型发电机3.4万台以及电风扇、电器仪表、小五金、平板玻璃、水泥、陶瓷、布匹、麻袋、油毡纸、白糖、啤酒、鲜果等。进口贸易商品主要有：煤炭130万吨、塑料原料4.38万吨、废钢铁8万多吨、废杂铜2万吨、原木8.3万立方米以及锰矿石、橡胶、椰子油、棕榈油、藤类、海产品等。边贸易货贸易发展形势较好主要表现在：一是边境县（市）易货贸易成交额可观分别是：防城11.2亿元、凭祥6.4亿元、宁明1.81亿元、龙州1.024亿元、大新7 452万元、靖西8 509万元、那坡8 000万元。二是出口贸易商品品种逐渐趋向大宗。据统计，1992年出口贸易1 000万元以上2 000万元以下的商品有16种、2 000万元以上5 000万元以下的有8种、5 000万元以上7 000万元以下的有5种、7 000万～

广西防城各族自治县白龙边境贸易码头

广西防城各族自治县边境贸易办公室供稿

1亿元的有4种。三是部分产品成为越南的抢手货。在出口贸易的商品中,南宁平板玻璃厂的平板玻璃、“高峰牌”柴油机、“双力牌”电度表、“云燕牌”白水泥等在越南很受青睐,供不应求。通过边贸带动了与越南的经济技术合作。1992年自治区已批准在越南开展经济技术合作共53个项目。其中:生产性和非生产性项目46个,工程承包和工程技术服务7个。生产性和非生产性项目合资合作合同总金额6 336万元。工程技术服务和工程承包合同总金额2.4亿元。在已批准的53个项目中,已实施或已开展生产、经营活动的项目有16个,已完成的工程承包项目1个。广西对越南经济技术合作刚刚起步,合作领域广阔,前景乐观。一些企业采取技、工、贸结合的经营方式和“三出一补”(即我方出技术、出设备、出专家劳务,越方以实物补偿)的经营方法来开展对越经济技术合作。

为了推动边境经济贸易的发展,自治区1992年制定了一系列优惠政策,使边境贸易更加蓬勃发展。

(广西壮族自治区边境经济贸易管理局供稿)

海南省农业

1992年,全省各族人民在省委、省政府的领导下,进一步贯彻执行党中央、国务院关于加快海南开发建设的各项方针政策,继续深化农村改革,注重农业投入,狠抓农田水利建设和科技兴农,推进农业综合开发,引导农民发展商品生产,取得了显著成效。同1991年相比,粮食总产193.3万吨,增长8.6%,平均每公顷产3 525公斤,总产单产均创历史新纪录。糖蔗、油料、蔬菜、瓜类、水果产量也均超过历史最高水平。热带作物面积年末达到44.7万公顷,其中橡胶面积37.7万公顷,总产干胶18.73万吨,增长8.5%。主要热带作物产品产量中,除胡椒减产外,椰子、槟榔、剑麻、腰果等均有增长。畜牧业生产获得了14年来发展较快的一年,肉类总产量20.2万吨,增长18.8%,禽蛋1.4万吨,增长16.7%,肉猪出栏量162.73万头,增长13.8%,生猪、牛、羊年末存栏量分别增长4.2%、5.5%、9.7%。水产品总产量25.74万吨,增长29.5%,是在建省后连续四年渔业获得增产的基础上创历史最好水平。

农村经济迅速发展,全年农村社会总产值106.62亿元,比上年增长21.3%,农业增加值58亿元,比上年增长13.8%,占国内生产总值的41.2%,全省农民人均纯收入842元,比上年增长15.44%。

1992年农业生产有以下特点:

1. 加强农业综合开发,抓紧第二期工程实施。1992年是农业综合开发第一期工程通过国家验收与第二期工程开始实施的年份。第二期工程总投资9 000万元,其中国家拨款3 000万元,农行专项贷款3 000万元,地方配套3 000万元(其中省级2 000万元,市县级1 000万元)。

第二期工程以改造中低产田为中心,修建农田水利工程为重点,进行山水田林路综合治理,建立旱涝保收稳产高产农田,为发展一批高产优质高效农业打下坚实基础;并利用海南热带温光资源优势、海洋优势继续调整农业结构,开拓热作、水果基地、冬季瓜菜生产基地,畜牧业生产基地,水产养殖、捕捞基地以及农副产品加工等产业,从而振兴开发区农业,促进特区经济的发展。

本着设计审批通过一宗,动工一宗的原则,各项工程已于1992年10月间陆续开工,由于各市县切实加强了领导,充实了技术人员,结合冬修大力动员组织群众大搞土方工程进行招标,挑选了技术力量较强,施工设备精良的工程队搞建筑物,同时按项目按工程进度拨放资金,仅3个月时间,已修建灌溉(输水)渠道工程103公里,其中防渗加固15公里,修建建筑物1 223宗;修建田间渠道213公里,其中防渗51公里,建筑物795宗,田间道路83公里。

2. 粮食连年增产,朝高产优质高效农业发展。在近几年粮食持续增产的情况下,1992年突出抓了杂交水稻的种植,同时开展丰收计划活动。1992年全省水稻丰收计划12.7万公顷。一年来还对新建的商品粮基地和粮食专项资金的县市搞好立项,组织实施,充分发挥项目效益,从而确保粮食连续3年超历史,全省人均粮食产量达305公斤,提前实现了省委、省政府提出的三五年口粮基本自给的奋斗目标。

为使全省农业生产尽快朝着高产优质高效方向发展,省农业部门深入调查,在反复试验示范的基础上,组织专家鉴定通过适合全省种植的高产优质高效常规稻新品种和杂交稻新组合,积极推广常规新品种七山占、桂红占、七桂矮和杂交稻新组合博优903等。同时加强了对优质农产品开发服务中心的领导,分别在琼山、屯昌、海口、通什等地建起了荔枝、香蕉、杨桃、芒果、优质米等一批优质农产品基地,面积近千亩。

3. 生产加工销售齐上,热作产业势头看好。开春以来,各市县热作主管部门积极组织技术人员下场下乡蹲点和指导,以地方国营农场、乡镇集体农场和管区集体农场为核心,带动农村中的个体农户管理橡胶园和热作园。各地还进行高产栽培技术培训,受训人员达9万多人次。同时还普遍推广了橡胶营养诊断指导施肥,结果胡椒施用钼素徽肥、胡椒使用药剂脱叶、结果芒果使用PP333催花等新技术,从而,大大提高了生产水平,椰子、槟榔、咖啡、剑麻、腰果产量分别增长6.9%、51.1%、5.3%、24.1%和7.2%。

随着热作生产的发展,各级热作主管部门积极帮助一些设备较差、工艺较落后、产品质量较低的加工厂进行改造,提高了橡胶产品的质量,屯昌、三亚等县市也新建、扩建了一些橡胶加工厂,扩大了加工能力;有些县(市)筹集资金兴建橡胶烟胶片包装厂,统一了民营橡胶产品的包装和分级,提高了民营橡胶的信誉。

在民营橡胶产品的购销工作中,各级专营公司积极筹集收购资金,仅省级两个专营公司就贷款

8 670万元,大多数县(市)做到了现款收购民营橡胶产品。同时他们还在天津、广州、上海、沈阳等地设立经销部,扩大了销售范围,基本上解决了地方农场和个体胶农卖胶难问题。至12月底,出售3万多吨民营胶产品。

4. 坚持依靠科技兴渔。1992年全省海洋捕捞投入技术更新改造资金1.98亿元,比上年同期增加9 000万元,相当于1987年建省前的两倍多。更新改造58.84千瓦(80马力)以上的渔船675艘,比上年增长一倍多。还新安装单边带电台、对讲机、雷达、卫导、彩色探鱼仪等先进设备494部(台)。沿海市县还积极推广一船多业、一业多具、轮作兼作的先进技术,一年来推广马鲛鱼流刺网、带鱼底拖网、多层流刺网、浮拖网、大鲨钩等技术,使捕捞产量比过去提高25%。其中马鲛鱼流刺网产量、产值比过去翻一番。在养殖方面,推广应用间养、套养、轮养、混养技术,形成了多元化复合,提高了单位产量。

与此同时,还认真抓好水产品加工增值,一年来,各地从水产品保鲜加工抓起,搞好渔船带冰生产,不断完善渔港保鲜、加工设备、提高制冰、冷藏、加工能力。据统计,到1992年底,全省已有带冰作业渔船3 525艘,7.9万吨位,18.1万千瓦,分别比上年增长5.5%、25.9%和21.3%。沿海各渔港有大小型冷库72座,日制冰能力1 388吨,次冻结能力748吨,次冷藏能力4 996吨,全年冰鲜冰冻鱼数量达97 671吨,比上年增长42.5%,深加工的水产品增值效益可观。省水产总公司开发的玻璃鱿鱼、冻熟带头剥壳斑节对虾已打进日本市场,成为具有一定名气的海珍品,1991年出口55.8吨,创汇80多万美元。据统计,全省1992年水产品加工达13.82万吨,占水产总产量的53.8%。

5. 切实抓好外引内联,乡镇企业大步发展。1992年乡镇企业总产值25.4亿元,上交国家税金9 000万元,实现利润3.251亿元,分别比上年增长57.83%、54.7%和58.7%。省乡镇企业主管部门解放思想,大抓外引内联,寻找合作伙伴。在北京、上海、深圳设立了办事处,还组团分赴广东、江苏等地洽谈联营项目,并先后举办了海南省乡镇企业科技之春洽谈会、首届招商新闻发布会等活动,云集海内外客商,拓宽了合作渠道,先后共签订了项目合作及意向书307份,投资总额21亿元。全省已办省、市、县级乡镇企业工业小区10个,面积587公顷。各地还多渠道筹集资金,大抓投入,从而加快了乡镇企业的发展。1992年全省乡镇企业发展到10.3万个,比上年增长14%,企业人数30.3万人,比上年增长21%。

(海南省农业厅办公室)

四川省农业

1992年,四川省各级党政部门认真贯彻党的十三届八中全会精神,继续深化农村改革,稳定完善政策,大力搞活流通,推广科学技术,加强社会化服务,

重庆红岩专用汽车厂由四川汽车制造厂、重庆双桥乡农民等共同投资兴办的是重庆最大的股份制乡镇企业

刘前刚摄

战胜严重自然灾害夺取了农业丰收,千方百计增加农民收入,全省农业和农村经济全面发展。全年农村社会总产值1 585.62亿元。其中非农产值775.41亿元,增长45.80%,占了51.47%,第一次超过农业总产值。农业总产值为744.79亿元,增长2.6%。

农业生产依靠政策和科技,调整种植结构,在严重的低温、干旱和洪灾面前,坚持抗灾夺丰收,粮食生产稳定发展,总产量达到4 289.6万吨。经济作物的比重增加,除油菜籽、黄红麻、甘蔗田调减面积减产以外,其余都获得好收成。棉花总产为15.1万吨,增长3.4%,烤烟、蚕茧总产分别增长31%和12.7%。油料、黄红麻、甘蔗总产分别减少7.8%、10%和16.8%。林业有新的发展。经济林面积增长较多,速生丰产林营造速度加快。全年造林39.8万公顷,长江中上游防护林体系建设由上年的一期工程20个启动县扩大到69个县(市、区),其完成重点造林任务25.53万公顷,为年计划的116%。畜牧业继续稳定发展。生猪生产连续15年增长,全年出栏肉猪6 600.3万头,增长3.6%,猪牛羊肉总产量为449.1万吨,增长3.6%。在继续发挥"川猪"优势的同时,畜牧业内部结构开始调整,牛、羊出栏加快,小家畜家禽大幅度增长,家禽饲养量以全省农村总人口平均已达3只左右。饲料工业迅猛发展,初步形成一个新型行业。猪的饲料青贮、秸秆氨化养牛、肉牛短期快速育肥、半细毛羊新品系的培育等实用技术推广范围扩大,草原灭鼠治虫等工作取得新进展。水产业继续发展。全年水产品产量达27万吨,比上年增长5.1%,龟、鳖、虾、江团、鳗鱼等特种水产品养殖发展迅速,集约化养鱼、池塘养鱼、水库养鱼、稻田养鱼技术得到提高,出现了一批大面积高产的典型。稻田养鱼每公顷产成鱼1 500公斤和产稻7 500公斤、纯收入过万元的已大面积出现,流水养鱼、网箱养鱼等集约化养鱼水平大大提高,平均公顷产成鱼40.5万公斤。

全省农业投入增加,农业基础设施建设加快。各地投入农田水利基本建设的资金、物资、劳力明显多于往年。各级地方财政直接用于农业生产的各项支出共为9.92亿元,比上年增长了18.8%。全省农村

合作基金会迅速发展壮大，到1992年底，全省建立合作基金会的乡镇已有5 178个，占乡镇总数的70%，筹集合作基金28.21亿元，比上年增长73.81%。全年共投放资金36.6亿元，资金周转速度为1.8次，资金利用率为90%。据典型调查，合作基金会每投放资金100元，新增社会商品产值147元，新增税收7元，集体增收5元，生产经营者获利更多。合作基金会自身收益积累已达1.1亿元，会员股东获红息收入3.3亿元。全省已兴办县一级合作基金会联合会70个，地市州级联合会8个。到1992年底，全省共拥有农业机械总动力136亿瓦，比上年增长2.8%；农用载重汽车4.6万辆，增长2.2%；农用化肥施用量（按折纯量计算）207万吨，增长0.7%；农村用电量52.3亿千瓦小时，增长8.9%。

从1991年冬季开始到1992年春季，全省掀起了农田水利基本建设高潮。各级和农民投入农田水利基本建设的资金达8.9亿多元，农民投工达14亿多个，平均每个劳动力投入劳动积累工20个工日以上，完成各类水利工程80多万个（处），新增蓄引提水能力1.3亿立方米，新增有效灌溉面积1.6万公顷，全省有效灌溉面积达284.3万公顷，恢复和改善灌溉面积19.6万公顷。大型骨干水利工程武都引水工程一期，都江堰改扩建二期、新钟水库渠系配套建设等都保质保量完成年度计划；农村人畜饮水工程建成10多万个（处），解决了104万人和120多万头大牲畜的饮水困难，使200多万人、300多万头大牲畜的饮水条件得到改善。

全省乡镇企业呈现出蓬勃发展的好势头，全年总产值达到948.3亿元，比上年增加了315.8亿元，提前3年完成了“八五”计划，实现总收入954.9亿元，增长61.4%，省内有7个县的产值超过了30亿元。实现税利68.4亿元，其中税金28.7亿元，增长30.45%，利润39.7亿元，增长44.36%。乡镇企业产品质量也有提高，荣获科技进步奖的产品有183种（项）；全年立项新办“三资”企业210家，出口创汇企业已有2500家，出口交货额已达15亿元人民币；全省乡镇企业已有200多万个，形成固定资产原值170多亿元，年产值过亿元的企业已有13家。

农民收入有所增加，生活水平继续提高。全年农民人均纯收入为634.31元，比上年增加44.1元，增长7.5%，扣除物价上涨因素后，实际增长4.7%。

1992年，全省农村改革进一步深化。双层经营体制不断完善，村社集体经济继续发展。全年村社集体经济经营总收入达到92.7亿元，比上年增加27.6%，仅村一级就新发展集体经济项目1.87万个，占了整个村级集体经济项目的14.7%，在广汉市1991年进行粮油购销体制和价格改革试验成功的基础上，1992年上半年在1个市、11个县搞了粮食购销价格改革的试点，放开了粮价。下半年，这一改革扩大到9个市的100多个县（市、区），并在另外9个地市搞了放开粮食销价的改革。畜牧业产供销一体化体制改革有了新的进展，改革试点扩大到1市、20多个县（市），农副产品流通体制改革和市场建设呈现良好的局面，农村金融体制改革有一定突破。

1992年，为促进农村经济和县城经济发展，四川省结合实施“立足盆地、开发两翼”的发展战略，在发展县域经济上提出了“以成都为中心、依托四个市，抓好一条线发展”的战略措施，在北起江油市、南迄峨眉山市的交通条件和经济基础较好的30个县（市、区）加快经济发展步伐，探索农村工业化、城乡一体化的路子，为县域经济的发展和改革积累经验，充分发挥中心城市向农村的辐射作用。

（四川省农村工作委员会）

南充地区实行“三配套三有偿”稳定土地承包制

“三配套三有偿”，是南充地区1989年下半年在稳定和完善以家庭联产承包为主的责任制和统分结合的双层经营体制过程中，经过调查研究认真总结广大群众实践经验的基础上，提出的一项政策措施。

“三配套”，基本内容：一是从1989年9月1日起，终止一年一度的土地小调整，稳定土地承包制。对于农户因生、死、嫁、娶而变动的人口不再作土地的小调整，对农转非和消亡户的承包地及其他农户的弃耕地要收归集体作商品地另行发包，因大型农田基本建设等引起土地承包不平衡的，经过乡（镇）政府批准可适当进行调整。农户之间对地块过于零散不便耕作的，可以通过发包方按照基本等量等质的原则适当调整。二是普遍推行土地经营目标管理。在合理调整包产指标的基础上，围绕开发项目分期分段落实终极效益目标，生态保护目标，农田基建目标和生产管理目标，实行“六定”（定项目、定数量、定时间、定质量、定服务、定奖惩）到户。三是鼓励和支持土地承包经营权的合理流转。土地承包权稳定以后，社员在承包期内，因无力耕种或转营他业而要求不经营或少经营土地的，可以将承包地交集体统一安排，也可以由集体牵线搭桥，或经发包方（合作社）同意，由社员自找对象协商转包。

“三有偿”：一是承包土地使用有偿。按照不超过上年人均纯收入5%的标准收取土地承包金。作为“两金两费”（公积金、公益金，行政管理费、社会统筹费）的上交款，可一年一定或一定三年不变。明确规定农民的义务为交定购、农税、承包土地使用费三项。二是投入有偿。凡是对中低产田土进行改造、新修维修农田水利和水土保持设施以及其他有效投入，均立帐记载，按定额计奖，可奖给劳动积累工，今后如要调整或转包，必须补偿。三是转包有偿。有偿标准由转出户和转入户协商，群众评议，村社监督。

实行“三配套三有偿”，有利于明确土地所有权，稳定承包权，放活经营权，进一步促进了土地管理制度化的经营职能的增强；调动了农民经营土地，增加投入的积极性；促使农村产业结构、劳力结构调整和社会化服务的日益完善。通过“三配套三有偿”政策措施的贯彻落实，南充地区广大农村很快出现了“两新”、“六大变化”。“两新”，即广大农民经营土地的积极性出现了新的高涨；农村经济的发展显示出新的生机与活力。“六个变化”：一是在全地区掀起了增加农业投入的热潮。除了国家、集体投入而外，1989年至1991年全地区农民投入农田基本建设的资金达1 889.6万元，投劳1.6亿个，投劳折资3.07亿元，两项合计4.96亿元，相当于这个时期农田基本建设国家投资的3.8倍，改造中低产田8.3万公顷。二是出现了联户开发，联合经营的好势头。三是土地转包向种田能手集中，农村出现了土地适度规模经营和向专业化方向发展的趋势。1991年，全地区土地转包即达28.3万户，6 706.6公顷，比1990年分别增长9.02倍和84%。四是促进了剩余劳动向二三产业转移。南充地区乡镇企业从业人员，劳务输出人员一年比一年增加，到1992年乡镇企业从业人员已达50多万人，劳务输出达114万人，两项已占农村劳力总数的34%以上，农民致富的门路比过去更广、更宽了。五是推动了林果业的大发展。“三配套三有偿”贯彻落实以后，全地区迅速兴起了栽桑养蚕，植树种果的热潮。据统计，1990年和1991年，全地区新植四边桑2.45亿株，新增桑园2 781.6公顷；新栽柑桔1 380万株，新增果园面积713.9公顷；新植树木1 735万株，新增林地3 686.5公顷。六是党群干群关系融洽，“三配套三有偿”进一步稳定了土地承包，减轻了农民负担。

（中共南充地委政策研究室　陈简政）

发展“一条线”县级经济

1992年，四川省委、省政府根据地广县多，各地发展极不平衡的特点，打破常规，改变过去抓县经济搞平推、齐步走的办法，制定和实施了“发展县经济，先抓一条线”的战略决策，即以成都市为中心，依托绵阳、德阳、乐山4个市，集中精力抓重点，使有条件的县尽可能发展得更快一些，率先走出农村工业化、城乡一体化的路子，以带动全省县级经济起飞。“一条线”的范围是指沿宝成铁路、成昆铁路和高等级公路这一线，包括北起江油、南迄峨眉山市的30个县（市、区），其中省里配合4个市重点抓了14个县（市、区），即江油市、绵阳市中区、广汉市、什邡县、德阳市中区、新都县、温江县、双流县、新津县、邛崃县、都江堰市、眉山县、峨眉山市、乐山市中区。这14个县（市、区）有821.63万人口，1991年社会总产值354.45亿元，工农业总产值313.96亿元，地方财政收入15.64亿元。“一条线”上的县（市、区）地处川西成都平原，以中心城市和大工业为依托，农业发达、工业基础雄厚、科技力量强、交通方便，具有得天独厚的社会经济和自然条件，属“天府之国”的腹心地带，改革开放起步早，经济发展速度快，在全省经济中占有重要地位，是有望成为四川盆地的一块“金三角”地带。因此，把“一条线”作为开创全省县级经济改革发展新局面的“试验区”，对振兴四川经济具有重大的战略意义。全省各级各部门在发展“一条线”上的县（市、区）经济时，以推进农村工业化，加快对传统农业的改造，尽快达到小康水平为目标，把发展县级经济的方向和重点放在稳定农业基础，大力发展二三产业特别是乡镇企业；同时，积极扩大对外联合和合作、努力兴办“三资”企业；加快市场体系、开发区和小城镇建设；调整农业结构，狠抓高产、优质、高效农业，提高农产品的商品率、出口创汇率和综合经济效益等几个方面，逐步增强县级经济实力。

1. 简政放权、扩大县一级经济管理决策权。为支持县（市、区）放开手脚，自主发展，省、市各有关部门改变作风、简化办事手续和程序，对“一条线”实行放手、放开、放权，大幅度地把经济管理权限下放到县，政策倾斜到县，服务深入到县。

已经下放给“一条线”各县（市、区）的主要经济管理权包括：(1)在合理规划的前提下，下放基本建设、技术改造审批权，凡符合国家产业政策和市场需要，投资额在1 000万元以下的技改项目、利用外资进行技术改造总投资在200万美元以下的项目和2 000万元以下的基建项目，立项和可行性研究报告，由县（市、区）自行审批。同时放开技术改造投资规模和技术设备引进控制指标。项目建设过程中或建成投产后，有关税务和工商登记手续均由县（市、区）有关部门处理，报省级有关部门备案。(2)城市建设规划区和工业开发规划区经批准后，规划区内兴办企业和市政设施，由县（市、区）审批。(3)在外经外贸外事权方面，总投资500万美元以下外商投资企业的登记、立项及合同章程，由县（市、区）审批；放开出口渠道，允许多渠道、多口岸、多代理商出口自己的产品，鼓励县（市、区）与有进出口经营权的公司以联营代理或建立分支公司等方式，实行进出口经营权延伸；县（市、区）拥有经贸客户外事邀请权和技术合同认定登记权，可在海外举办各种业务洽谈会、展销会、招商宣传、建立非贸易性企业，承包海外劳务工程和选派劳务人员。(4)改善信贷资金管理，对“一条线”实行信贷倾斜；赋予县（市）人民银行一定的企业债券、短期融资券审批权和县以下金融机构服务网点建设审批权，下放人民银行对专业银行短期贷款利率浮动权；允许县级专业行、司及其他金融机构，参加同业拆借，调剂资金余缺；经过批准，各县可适当发展非银行金融机构，允许县（市、区）在国家政策规定范围内发行债券，国营小型企业、集体企业和乡镇企业可大胆推行股份制；对城乡信用社全面实行资产负债比例管理办法，在交足存款准备金、留足备付金的前提下，允许其在规定的比例之内多存多贷，并扩大城乡信用社的贷款范围。(5)下放价格审批权，除省里必须继续管住的几个品种外，其他一律放开。(6)支持各县大力推进县级机构改革，允许在机构设置和人员配备上有自主权和灵活性。

2. 努力加快工业化进程，推进县级经济上规模、上水平。各县（市、区）把加快工业化进程作为“一条线"经济发展的战略重点来抓，一是集中主要精力发展二三产业特别是乡镇企业，调动全社会的力量大办工业，千方百计找项目、抓投入。据不完全统计，14个重点县(市、区)1992年县及县以下工业固定资产投资额达到24亿元多，比1991年增加1.6倍，新建投资额1 000万元以上的项目由1991年的39个增加到129个，这些项目，一般都具有规模较大、技术含量较高、市场销路好和资金利税率高的特点。二是加快开发区建设，1992年在认真规划和严格审查的基础上，经过国家和省批准，"一条线"共建立了各类工业开发区、高新技术开发区、外商投资开发区和旅游风景开发区21个，各县(市、区)从实际出发，因地制宜、扬长避短，制定了开发规划和发展目标，并出台了金融、税收、土地使用、工商管理、人才流动以及项目、资金、技术引进等方面的优惠政策，扶持开发区建设。各开发区确定的启动区都已起步，基础设施建设全面展开，发展快的已实现了通水、通电、通讯、通路和通气，建立了一批配套设施。招商引资工作也初见成效，绝大多数开发区都引进了项目，有的已形成一定的规模。三是扩大对外开放，通过制定各种优惠政策，改善投资环境和兴办外商投资开发区等，积极引进外资和先进技术设备，大办"三资"企业，据统计，14个重点县(市、区)兴办的"三资"企业由1991年的42家增加到240多家，投资总额和引进外资都大幅度增长。

1992年，全省重点发展"一条线"县级经济的各项工作已经全面起步，速度明显加快，效益同步增长，各项经济指标的增长幅度均大大高于全省平均水平，对全省经济发展起了很好的带动作用。按现价统计，1992年14个重点县(市、区)实现国民生产总值、工农业总产值、工业产值、工业企业利税总额、乡镇企业产值(按1990年不变价计算)及财政收入，分别比1991年增长了24.5%、28%、34.1%、34.4%、74.4%和11.3%。各县农民人均纯收入也有大幅度增长，一般比上年增加50～100元左右，粮食产量稳中略有增长，实现了稳粮增收的目标。

(四川省农村工作委员会　周敏谦)

贵州省农业

1992年贵州省在大范围内陆续遭受低温、洪涝、干旱等多种自然灾害的严重侵袭，给农业生产尤其是种植业带来很大的影响。全省各地采取各种措施加强农业和农村工作，在一定程度上减轻了灾害损失，仍获得了较好收成。全省农业总产值为176.72亿元，比上年增长0.8%；实现农业增加值111亿元，比上年下降0.5%；农民人均纯收入506.13元，比上年增加40.60元。

粮油生产因灾害的影响虽比上年下降粮食总产量788.9万吨，下降10.9%，油菜籽产量49.9万吨，下降13.4%，但仍然是历史上第二个高产年。烤烟生产再创记录，产量达44.8万吨，比大丰收的上年增长16.6%。林、牧、副、渔各业均有不同程度的增长。全年造林26.8万公顷，比上年多1.7万公顷，主要林产品油桐籽、油茶籽、五倍子产量的增幅都比较大。畜牧业保持第十四个年头连续增长，肉类产量85.5万吨，比上年增长4.9%，各种畜产品产量和牲畜年末头数全面上升，其中牛肉、牛奶产量和肉牛出栏数都比上年增长20%以上。

以家庭联产承包为主的责任制继续稳定。年内全省农村行政管理体制普遍实行了建镇、并乡、撤区，建并撤后减少了区一级层次，乡、镇总数缩减为1 463个，同时，与农产品流通体制改革相配合，加强了农村社会化服务体系建设。全省油菜籽购销已完全放开；农村市场建设受到重视，新建和扩建了一批农贸市场，包括一些专业市场和批发市场。

以开发荒山、荒坡、荒水等非耕地资源，建设果园、茶园、桑园、药园和林场、牧场、渔场等"四园三场"为内容的"绿色工程"，一年来又有新的进展，以遵义地区抓得更为突出，定植22.7公顷经济林和果树苗。全省节粮型畜牧业走上了路子，有74个县人工种草共6.7万公顷，开始变向荒山要粮为向草山草坡要肉，全省已建成13个商品牛羊基地县和6个种草养畜重点县，有1万多个家庭牧场、约20万个农牧兼业户，畜牧业产品商品率已达52.6%。

农业适用技术推广向纵深发展，全省种植杂交水稻56.6万公顷，比上年增加7.1万公顷；杂交玉米39.1万公顷，增加2.2万公顷；推广紧凑型玉米2.7万公顷，扩大12.2倍；推广旱地分带轮作多熟制36.8万公顷，增加6.8万公顷。微肥配方施肥、旱地绿肥聚垄耕作、水稻半旱式栽培等已从点到面逐步推开。

以加快乡镇企业发展为标志的农村产业结构调整有新的起色，非农产业总产值占农村社会总产值的比重由上年的25.9%上升为29.3%。省委、省政府作出了《关于加快乡镇企业发展的决定》，全省对乡镇企业在真抓实干、资金投入、新上项目方面都有所突破，全年实现乡镇企业总产值76.4亿元，比上年增长28%，总收入增长34%、税金增长32.7%，摆脱了过去6年低速增长的被动局面。

(中共贵州省委农村政策研究室)

开展大规模坡改梯基本农田建设

贵州省委、省政府在认真分析省情的基础上，决定把以坡土改梯土为主要内容的基本农田建设作为增强农业发展后劲、逐步提高粮食自给水平、缓解"人口、粮食、生态"之间日益加重的矛盾。从1991年冬开始，利用国家分配的1.5亿公斤以工代赈粮食作"引子"，地方每年自筹资金7 120万元，每年完成坡改梯面积3.3万公顷，连续苦干10～20年，力争达到全省每个农业人口平均拥有0.03公顷以上稳产高产基本农田的目标。由于各级党委、政府重视，充分发动群众，落实各项措施，截至1992年底止，共完成坡改梯面积3.8万公顷。同时还配套建设了一批人畜饮水工程、防旱排涝工程、水土保持林工程和乡村公路、田间便道等。其中，1992年4月份以前完成的3.7万公顷坡改梯田，在全省发生大面积旱灾的情况下，由于增强了保土、保水、保肥能力，普遍获得丰收，共增产粮食1.2亿公斤、经济作物增收700多万元。

1. 落实政策，调动农民群众的积极性。全省这样大规模、有组织、有计划地搞基本农田建设，在贵州农业发展史上还属第一次。为充分调动农民群众的积极性，省委、省政府明确规定了“四不变”政策。即：坡改梯后，农民原承包地块的使用权不变，土地承包使用费不变，上交国家农业税不变，上交集体提留不变。对坡改梯后扩大的耕地面积，实行谁投资、谁开发、谁受益。同时还明确规定农民每改造0.07公顷地，可补助粮食225公斤，补助钢钎、雷管、炸药资金50元。由于政策具体，冬春季节全省平均每天都有100多万人奋战在工地上，全年累计投入工日9 500余万个、完成土石方8 800余万立方米；有18.35万农户共集资431万多元、9.7万农户向信用社贷款485万多元，用于坡改梯。

2. 因地制宜，采取多种形式组织施工。贵州是一个典型的山区，不同地区地域差异很大，农村居住分散，各地根据各自的特点，采取了灵活多样的施工形式。主要有：一是以村为单位，实行统一规划、分年实施，有任务的村民组和没有任务的组之间开展换工互助支援，跨年度兑现；二是以村民组为单位，户与户之间实行换工互助，互相找补兑现；三是以农户为单元，实行亲邻相帮；四是组织专业队干技术活、砌石埂、打炮眼，与农户回填土石方相结合，其报酬采取按地段承包或按完成土石方量结算。由于各种施工形式因地制宜，有集中有分散，做到互利互惠，劳动力就近就便，相互兑现找补，从而保证了施工速度和质量。

3. 配套服务，齐心合力搞好坡改梯。坡改梯是一项系统工程。无论是制定规划、勘测设计，还是配套资金和物资的筹措、调运及管理，都离不开多部门的紧密配合和全社会的积极支持。全省各级各部门自觉围绕坡改梯开展配套服务。一是多部门参与筹措资金、物资。1991～1992年全省各级财政、物资部门共筹措匹配资金1.42亿元、钢材5 720吨、炸药5 600吨、水泥1.42万吨和一大批雷管、导火绳；经委、冶金、化工、粮食、商业、供销、运输等部门积极安排各种物资的调运、供应。二是多部门积极参与技术准备工作。早在坡改梯全面铺开的半年前，省计委、农经委、扶贫办就通力合作，拟定了全省坡改梯总体规划和实施方案；各县农业、水利、区划、土管部门先后派出7 800多名科技人员，翻山越岭到田间地头搞测绘、打桩放线、绘制图表。各县农业技术部门共培训施工员45万多人次、公安部门培训爆破员27万余人次。三是领导重视，社会各级支持。各级政府都建立了有党政主要负责同志挂帅的指挥部及其办事机构，领导成员深入第一线检查督促，亲自参与办点搞示范。全省各级党政机关、部队、学校、厂矿、企事业单位和群众团体先后共派出56万余人到工地参加坡改梯劳动。

（贵州省以工代赈建设基本农田指挥部办公室）

云南省农业

1992年，云南省受到几十年不遇的范围大、时间长的高温干旱等灾害，但经过全省各族人民的共同努力，农业仍夺得好收成。粮食总产量达107.04亿公斤，是历史上第二个高产年。主要经济作物产量均创历史最高水平，其中烤烟77.8万吨，增长33.7%；油料18.85万吨，增长9.8%；甘蔗906.89万吨，增长10.5%；茶叶5.29万吨，增长10.9%。猪牛羊肉总产量87.2万吨，增长7.4%。农业总产值达250.35亿元，比上年增长4.4%。乡镇企业总收入123.5亿元，比上年增长34.5%，农村社会总产值达352.98亿元。其中农村工业、建筑业、运输业、商饮服务业等非农产业的比重由上年的27.0%上升到28.6%。农民人均纯收入617.98元，比上年增长7.9%，全省农民基本解决温饱问题，正在实现从温饱到小康的跨越。

1992年，全省农业和农村工作呈现出与往年不同的三个情况：一是面临着加快改革开放的新形势；二是面临着农业向高产优质高效发展的新任务；三是出现了全省性严重高温干旱的新问题。针对这些情况，全省主要抓了以下工作：

1. 重视农业，稳定政策，深化农村改革。

一是将农业置于经济工作的首位。在贯彻十三届八中全会精神的全省三级干部会上，省委明确提出了1992年全省农业和农村工作的指导思想，即：结合云南实际，提高对农业基础地位和深化农村改革的认识；坚持抓好农田水利和科教兴农两项根本措施；主攻流通和乡镇企业两个薄弱环节；继续调整粮食与多种经营及三大产业之间的关系；抓好农村社教和基层组织建设两个基本保证。为此，省政府及

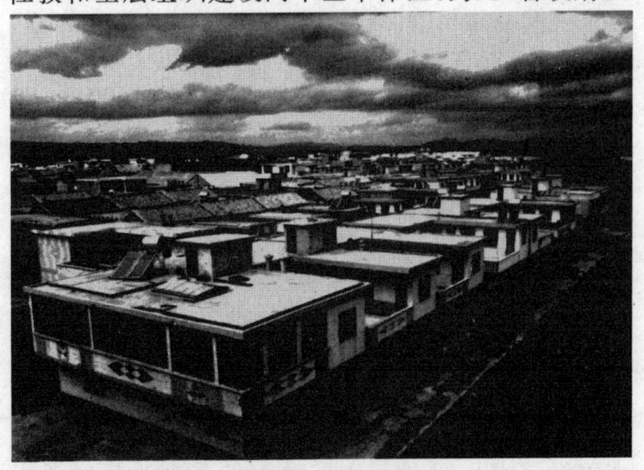

全国农村经济实力百强县之一的昆明官渡区，1992年成为云南首富县(区)。图为该区福保村农民居住小区一角

豆　明摄

时对当年农业生产作了周密安排，切实把农业放在一切经济工作的首位，使农村经济、农业生产登上了新的台阶。

二是稳定农村基本政策。全省在开展农村“社教”中，普遍完善了农业承包合同。据统计，1992年完善土地承包合同的合作社有10万多个，共计358万多份；完善其他各业承包合同32万户，51万份；有近3万个村(办事处)清理了财务并建立了集体财务制度。

三是大力发展农业社会化服务体系。1992年，省、地、县、乡已初步形成了科技推广、良种供应、植物保护、土壤肥料、农机管理等服务体系。此外，全省已建立7 288个农经服务站，管理资金24亿多元(含固定资产)，代管集体现金8亿多元；建立合作基金会81个，其中乡级15个，村(办事处)级66个，共集资18 839万元。

四是改革农产品价格体制和流通体制。继1992年4月1日起实行粮食购销同价后，在年内又放开了蔗糖、油料等主要农产品价格，部分地区放开了粮食价格。这样，除烤烟等少数产品外，大部分农产品价格均由市场调节。农产品市场不断涌现，供应日趋丰富，1992年底全省有农贸市场2 822个，比上年增长3%，农副产品成交额达54亿多元，增长14.3%。

2. 增加农业投入，水利科技一起抓。

一是较大幅度增加农业投入。1992年全省各级财政支农资金比上年增长17.4%；各级农行、信用社共发放农业贷款35亿元，比上年增加12亿元；农副产品收购贷款71亿元，比上年增加13亿元；乡镇企业贷款18亿元，比上年增加8亿元；化肥、农药、农膜三项主要生产资料供应都创历史最好水平，其中化肥增长10.6%，农药增长7.9%，农膜增长8.5%。

二是狠抓农田水利“硬件”建设，不断改善生产条件。1992年，全省各地掀起了以改造中低产田地、改良土壤、培肥地力为重点的农田水利建设热潮。全省共投资2.87亿元，投工2.63亿个，完成水利建设项目31.6万件；搞了29.3万公顷农田建设，新建高产稳产农田24.7万公顷。

三是依靠科技“软件”兴农，发挥科技增产作用。1992年全省农业科技联产承包面积达166.7万公顷，参加承包人员2.8万人，比上年增加1000人；对农民科技培训达450万人次。许多行之有效的实用增产技术推广有了扩大，如水稻薄膜育秧、杂交稻、杂交玉米、水稻条栽、玉米育苗移栽、配方施肥、使用植物生长调节剂、病虫草害综合防治等均比上年增加。

四是采取措施发展高产优质高效农业。1992年全省在优化种植业内部结构和品种结构上有所突破，并以市场为导向、效益为目标建立优质农产品基地，如优质米基地，优质荞、麦基地，优质茶、果基地。在粮经结构上，采取拉大质量差价，限制低档经济作物的政策，保证粮食经济作物稳定协调发展。新发展的经济作物以及茶、果、药基地，都要求是优质高产品种。

3. 千方百计组织抗旱救灾，减少损失。1992年，全省17个地、州、市都先后遭受不同程度的干旱、冷冻、风雹、洪涝、病虫害、地震等灾害，给群众生产生活造成重大困难，其中，夏秋季节的伏旱尤为严重，全省16个地、州、市、97个县、935个乡镇、6 592个村(办事处)遭受严重干旱，农作物受旱面积106.1万公顷，成灾68.1万公顷，绝收16.7万公顷。针对严重灾情，省政府号召全省各级政府和有关部门通力合作，组织抗旱救灾。为安排好灾区群众的生产生活，省和各地下拨5 700万元的救灾款，1亿公斤粮食指标，1万吨化肥，8 500多吨汽(柴)油，均迅速落实到受灾户，有效地保障了救灾工作。

(中共云南省委农村工作部一处)

玉溪地区发展高产优质高效烤烟

玉溪地区地处滇中腹地，属北亚热带至中亚热带气候，地理和自然条件具有发展烤烟的独特优势，有50年的种烟历史，素有“云烟之乡”的称誉。1984年以来，随着产业结构的调整和高产优质高效烤烟的发展，玉溪烤烟的种植面积、烟叶产量和质量都有较大发展和提高。1991年全区烤烟种植面积由1984年的1.53万公顷增加到3.2万公顷，占大春作物面积的比重由13.1%上升到25.8%；烟叶产量由3 770万公斤增加到7 313万公斤，1992年又突破8 000万公斤大关，达到8 593万公斤；烤烟产值由5 336万元增加到21 916万元，每公顷产值由3 480元提高到6 840元。从1985～1991年的七年间，农民种烟收入14.9亿元，七年人均烤烟收入943.7元，每年人均135元。靠发展烤烟致富实现小康的华宁县华溪乡大兴寨行政村，1991年人均种烤烟0.1公顷，年人均烤烟收入799元。

玉溪地区发展高产优质高效烤烟的主要做法是：

1. 调整粮烟结构，正确处理粮烟争地矛盾。在保证粮食稳定增长，放手发展“两烟”(烤烟、卷烟)的思想指导下，1985年以来，全地区大抓了种植业结构的调整。首先是依靠科技进步，努力提高粮食单产，全区水稻每公顷产量由1984年的7 170公斤提高到1991年的7 800公斤，玉米每公顷产量由3 225公斤提高到4 275公斤；其次是以“小春抓粮，大春粮烟一齐抓”指导调整结构，扩大小春粮食种植面积，使小麦种植面积由1984年的3.33万公顷扩大到4.33万公顷。由于大小春粮食单产提高和小春粮食面积的增加，实现了在粮食总产稳定增长的前提下大力发展烤烟生产，为腾出更多的山地面积种烟创造了条件。1991年全区烤烟面积虽比1984年扩大了1.08倍，但粮食总产还比1984年增长3%。

为了改善山地种烟条件，加强了基础设施建设，从1987年开始到1991年的七年内，地、县(市)财政和玉溪烟厂先后投资6亿多元，发动群众投工投劳，在宜种烟的山区半山区，大搞水浇地建设，先后建成水浇地工程1 900多件，受益面积1.3万公顷；新修烟区公路1 700公里，既为烤烟上山创造了良好条件，扩大了卷烟的原料来源，又解决了山区人畜饮水的困难，改善了生产生活条件，还为山区人民脱贫致富开辟了新门路，使一批山区乡村靠发展烤烟提前实现小康。

2. 依靠科技进步，不断提高烟农的整体素质。为了在激烈的市场竞争中站稳脚跟，求得发展，玉溪地区各级党委、政府把依靠科技进步，提高单产，增加效益作为发展烤烟生产的重点，从三方面下功夫：一是抓科技队伍和科技网络建设。地区成立烟科所，市县成立烤烟技术推广站，乡镇成立推广组，共有各种专业科技人员240人，还有1 380多名相对稳定的农民土专家组成的烤烟辅导员，并培养建立2 100多户科技示范户，形成了从上到下、专群结合的科技推广网络和科技队伍，抓好各级样板指导全区烤烟生产。二是抓技术培训，提高烟农劳动素质。每年由地县拨出上百万元专款采取办培训班、以会代训、现场示范等形式，培训烟农30万人次以上，有效地提高烟农素质。三是狠抓规范化措施的推广和应用。全区大面积推广了“三化、二膜、一袋”(即烟苗良种化、种植区域化、措施规范化；地膜育苗、地膜覆盖；营养袋育苗移栽)和独垄烟，以及适时早栽，配方施肥，封顶打杈，成熟采摘，科学烘烤等一整套规范化栽培技术措施。1991年全地区良种烟种植面积达99.7%，营养袋育苗移栽面积86.9%，拉线理墒打塘面积占60%以上，统一育苗，防治病虫害达42%，封顶打杈达95.4%，成熟采摘达70%以上。

(中共玉溪地委农村工作部)

德宏傣族景颇族自治州的边境贸易

德宏傣族景颇族自治州位于云南省西南边陲，与缅甸接壤，国境线长503.8公里，是我国通向东南亚、南亚的重要陆地口岸，历史上是著名的“南方丝绸之路——蜀身毒道”的重要通道。全州有畹町、瑞丽两个国家级口岸，章凤、盈江两个省级口岸；除滇缅公路东起昆明西至仰光横穿州内外，还有19条公路、28个渡口和64条主要通道沟通中缅两国边境，人员和货物进出十分便利。特殊的区位优势，使德宏州有着发展边境贸易的优越条件。

1985年以来，德宏州坚决贯彻执行党中央、国务院关于改革开放的一系列方针政策，紧紧抓住口岸优势，制订“以边贸为先导，贸工农全面发展”的经济发展战略，民族边境贸易得到了迅速发展。到1992年边贸额达到17.2亿元，比1985年增长14.68倍，年递增4.8%，向国家上缴税金8 576.7万元，比上年增长22.7%。边贸提供税收占地方财政收入的比重由1984年的12.4%上升到1992年的49.5%，成为财政收入的重要来源。创汇从无到有，1991年边贸直接出口创汇3 000万美元，边贸进口商品复出口约2.4亿元人民币，可为国家创汇4 000万美元。

德宏州边境贸易的迅速发展，为农业、工业、第三产业及社会发展创造了有利条件，带动和促进了民族经济和社会的发展。

以贸补农，农业投入增加，农村经济全面增长。边贸的发展，使地方财政的创收不断增加，地方财政对农业的投入也大幅度增长。1992年与1984年相比，农业投入资金由1 820万元增加到5 693万元，增2.1倍。主要用于推广优良品种和科学技术、建设稳产高产农田、发展经济作物和扶贫上。1992年，全州杂交水稻面积达3.7万公顷，杂交玉米面积0.45万公顷，化肥施用量(按折纯量计算)2.76万吨，农膜用量175吨。98.4%的乡镇建立了农技推广站；100%的行政村配备了农科辅导员；共培训了农民技术骨干17余万人次。农用水利建设每年投工近600万个，完成土石方900多万立方米。到1992年底全州已建成不同层次的稳产高产农田1.05万公顷。边贸大发展的8年，也是农业生产全面丰收，农村经济全面增长的8年。粮食产量1989年突破最高水平后，1990、1991、1992年三年连续增产，1992年达到43.56万吨，人均467公斤；甘蔗总产达到195万吨，比上年增22.2%；烤烟达到1 372吨，比上年增2.9倍；茶叶达到4 279吨，比上年增20.9%；全州农业总产值(按1990年不变价)达到8.86万元，比上年增2.3%；乡镇企业总收入36 603万元，比上年增34.4%；农业商品率达到61.2%。

以贸促工，以农促工，形成了制糖、制革、建材、食品加工等具有德宏特色的工业体系。边贸给地方财政增加了收入后有条件扶持州县工业的发展。1985年以来，德宏州投资15 451万元，建起6个糖厂，年生产糖可达17万吨，1991年达13.71万吨，为财政提供税收2 608万元，占当年财政总收入18%，已成为仅次于边贸的第二产业，1992年产糖17.63万吨；水泥产量达12.66万吨，比上年增17.66%；制革、制鞋分别达到14.6万张和3.69万双；还开发了一批新产品。1992年全州工业总产值达到82 163万元，比上年增长22.2%。

边贸促进第三产业大发展。边贸的发展，促进了能源、交通、通讯等基础设施不断改善。全州现有中小型电站83座，装机容量8.25万千瓦；有公路3 428.7公里，县、市、乡(镇)均通公路，二级机场已于1990年通航；有三个县市安装了程控电话。边贸的发展招揽天下客。仅瑞丽、畹町、芒市等口岸，1992年出入车辆69.75万车次，出入人员669.6万人次，进出境501.5万人次。从而带动了第三产业大发展。宾馆旅社、商业网点鳞次栉比，旅游业也应运而生。瑞丽市1984年仅有3个招待所和3个饭店，1992年宾馆、旅社、招待所发展到106家，床位6 082个。全州集贸市场由1984年95个发展到1992年的127

个，集市贸易成交额由5 127万元发展到19 650万元。边境旅游业由无到有，已开辟从芒市、瑞丽、畹町等地到缅甸南坎、木姐、九谷、八莫、腊得的旅游线路。

边贸的发展，促进全州国民经济迅速增长，人民生活不断改善。1992年与1984年相比，全州社会总产值由5.39亿元增加到12.47亿元，增长1.3倍，年递增12.7%；国民收入由2.80亿元增加到10.6亿元，增长2.8倍，年递增21%；工农业总产值(按80年不变价)由3.49亿元增加到17亿元，增长3.9倍，年递增25.4%；财政收入由3 269.5万元增加到1.58亿元，增长3.8倍。全州已基本解决了温饱问题，农民人均纯收入1992年达到633元，比1984年增加391元。

(中共德宏傣族景颇族自治州委员会政策研究室　周先法
中共云南省委农村工作部　者春元)

【滇西南农业综合开发初见成效】 云南省滇西南第一期农业综合开发，于1990年6月经国家正式批准立项，8月开始陆续组织实施，1992年结束。3年来，项目区干部群众共同努力，保证了项目顺利实施。据统计，项目区已完成了以水利为龙头，以推广杂交水稻、玉米，扩大复种面积为主要技术措施的中低产田改造任务8.3万公顷，完成计划的96.1%；新增和改善灌溉面积4.3万公顷，其中新增灌溉面积1.7万公顷，完成计划的101.6%；项目区水利化程度提高8%；推广良种种植面积10.7万公顷，完成计划的135.3%；造林7.58万公顷，完成计划的119.9%；项目区森林覆盖率由31.4%提高到34.5%，提高3.1个百分点。由于项目区生产条件和生态环境的改善，从而促进了项目区20个县69个乡镇的粮油肉增产增收，3年共新增粮食28 784.3万公斤，新增油料1 300.5万公斤，新增肉类1 759.5万公斤，分别完成计划的104.8%、361.3%和235.8%；新增农业产值26 560.8万元。

(中共云南省委农村工作部　者春元)

西藏自治区农业

1992年，西藏自治区农牧业生产在党的十三届八中全会《关于进一步加强农业和农村工作的决定》和自治区党委《关于进一步加强农牧业和农牧区工作的决定》的指导下，全区各级党委和政府对农牧业生产进行了周密安排和部署，并狠抓了措施落实，在大旱年份，经过全区人民奋力抗灾，将灾害造成的损失降到最低限度，全区农牧业生产形势略好于上年。

全年粮食总产65.5万吨，比上年增长3.4%；油菜籽总产1 750万公斤，增长11.1%。造林面积2.5千公顷，义务植树685.2万株，育苗143.1公顷，迹地更新473.5公顷，封山育林1.7万公顷，种植经济林木9.2万株。新生仔畜690.04万头(只)，成活567.36万头(只)，成活率82.2%；成畜死亡82.4万头(只)，死亡率3.6%，出栏率20%。肉类产量9.7万吨、奶类产量1.86亿公斤、毛绒产量902万公斤，均与上年基本持平。农牧综合商品率达28%。多种经营、乡镇企业保持良好势头，总收入达123.5亿元。

1992年由于受到仅次于1983年的以干旱为主的多种自然灾害的影响，给农牧业生产造成一定损失。全区旱灾面积6.7万公顷，成灾面积2.7万多公顷，病虫灾害面积2.7万多公顷。

1992年自治区农牧业生产主要抓了以下几个方面：

1. 进一步调动农牧民群众的生产积极性。在稳定和完善现行政策的前提下，积极发展社会化服务体系的建设，处理好统与分的关系，帮助农村制定发展规划，落实措施，及时安排好各种农牧生产资料的供应，尽可能地解决农牧民生产上的困难，进一步调动了农牧民生产积极性。

2. 深入推广实用科学技术。在全区37个农业县中，选定了10个县作为农业科技示范县，要求纯增粮食2 000万公斤，通过努力，取得了良好的效益。全区农业科技承包8.67万公顷，比上年扩大0.7万公顷；畜牧科技承包 面扩大20%；麦类作物模式丰产栽培3.3万公顷，实施“丰收计划”4.7万公顷，旱作农业科技示范1万公顷。人工种草1.6万公顷，草场“三灭”8.7万公顷，围栏草场5.3万公顷，草场灌溉9.3万多公顷，建喷灌草场266.7公顷；推广青贮氨化碱化等技术，提高饲草利用率。农业良种播种面积14.7万公顷。改良黄牛3万头，改良绵羊5万只，选育牦牛2万头、藏系绵羊5万只，山羊3千只，推广拉萨白鸡30万羽。并对农牧民进行实用科技培训达10万人(次)以上。

3. 稳定增加投入。化肥施用量4.3万吨，下拨农药554吨，安排畜牧基础建设项目21个，专项投资1 000万元，用于农田水利基本建设投资932万元，安排水利工程项目19个；改造低产田0.67万公顷，平整土地、改良土壤2万公顷；用于农业科技推广投资595万元，有效地促进了农牧业生产。

4. 大力发展乡镇企业。为使乡镇企业有一个更快更好地发展速度，自治区人民政府在1992年8月间召开了第一次全区乡镇企业工作会议，制定了发展规划和加快发展乡镇企业的方针、政策。计划今后几年内每年银行低息贷款1 000万元，政府每年拿出100万元用于人才培训，增加用于扶持乡镇企业的周转金。

(西藏自治区农牧林业委员会)

陕西省农业

1992年，陕西省农业克服旱、涝、病虫害等多种自然灾害和主要农产品持续“卖难”等不利因素，继续稳定增长，农村经济全面发展。农村社会总产值428.1亿元，比上年增长16.7%。农业总产值205.34亿元，比上年增长6.0%。农民人均纯收入

559 元，比上年增长 4.6%。农业生产获得较好收成。全省粮食总产 1 032 万吨，与上年基本持平，是历史上第四个丰收年。经济作物中，棉花因受旱、涝、虫害影响，总产 5.5 万吨，比上年减少 38.6%；油料和烤烟总产分别为 35.6 万吨和 15.3 万吨，比上年增长 0.6%和 6.0%。茶、茧、果生产增幅较大。茶叶和蚕茧总产分别为 5 403 吨和 1.3 万吨，比上年增长 8.2%和 16.8%；水果总产 114.7 万吨，比上年增长 43.3%，其中苹果总产 84.3 万吨，增长 66.9%居全国第三位。林业生产取得新的成绩。全省造林 37.7 万公顷，比上年增长 22.7%。林木结构得到调整，经济林比重增加，造林质量提高。畜牧业生产稳定增长。全省大牲畜年末存栏 305.4 万头，比上年增长 1.2%，肉类总产量 59.4 万吨，比上年增长 11%，奶类和禽蛋产量分别达到 25.6 万吨和 29 万吨，比上年增长 8.1%和 13.8%。渔业生产进一步发展，全年水产品产量 2.7 万吨，比上年增长 14.6%。乡镇企业发展加快。全省乡镇企业抓准机遇，深化改革，增加投入，调整结构，实现产值、效益同步增长。总产值 236.4 亿元，总收入 246.34 亿元，比上年增长 26.2%；出口交货值 236 亿元；实现税收和利润分别为 9.26 亿元和 20.63 亿元，比上年各增长 25.6%和 20.4%。产值过亿元的县 59 个，比上年增加 7 个，其中 5 个县(区)过了 10 亿元；过亿元的乡(镇)30 个，比上年增加 10 个。

1992 年，全省农业生产和农村经济持续稳定发展的主要原因是：

1. 各级党委和政府较为重视对农业和农村工作的领导。全省抽调大批干部，深入农村开展社会主义思想教育，办实事、解难题，促进农村改革和经济建设稳定发展。全省组织 66 个经济部门，抽调 260 多名干部到 55 个贫困县开展扶贫工作，取得一定成效。各地认真贯彻省政府《关于进一步搞活流通的若干问题的决定》，加强市场建设，搞好流通体制改革，促进了农村商品经济发展"卖难""买难"问题有一定程度的缓解。1992 年，全省受到多种灾害的袭击，农作物受灾面积 256.9 万公顷，其中旱灾 143.1 万公顷。在严重的自然灾害面前，各级领导率领广大干部、群众抗灾救灾，采取"以晚补早、以经补粮、以水补旱"等有效措施，减轻了灾害造成的损失。

2. 以市场为导向，进一步优化农村产业结构。1992 年，各地认真抓了省委、省政府《关于加快调整农村产业结构，放手发展多种经营的通知》等有关决定的贯彻落实工作，面向市场，积极调整农村产业结构，大力发展高产优质高效农业。种植业结构有所突破，经济作物种植比重在 1991 年提高 1.3 个百分点的基础上，又提高 0.7 个百分点，粮食作物和经济作物种植比例达到 83.1：16.9。在农村经济中，乡镇企业有了长足的发展。面对国内和国际市场，乡镇企业产品结构从量小微利的初级产品、粗加工内销产品向大批量、高档次、深加工、外向型方向转移，企业结构从零星分散、小本经营向适度规模、群体化、集团化转移。全省签订合同和已在建"三资"企业 50 多家，协议资金近亿美元，其中引进外资约 4 000 万美元。乡镇企业产值占农村社会总产值的比重达 56.2%，比 1991 年提高 4.5 个百分点。

3. 农业生产条件有所改善。1992 年，全省围绕建设"两个 2 000 万亩"基本农田，抓好农田水利基本建设，投入劳动积累工 3.54 亿个，新增有效灌溉面积 3.3 万公顷，平整灌区土地 4.3 万公顷，治理水土流失面积 4 322 平方公里，都超额完成计划。农业物质装备水平有所提高。农业机械总动力达到 731 万千瓦，比上年增长 0.8%；化肥施用量(按折纯量计算)84.7 万吨，比上年增长 11.7%；农用塑料薄膜使用量 1.3 万吨，比上年增长 7.3%。一批农牧商品生产基地，开始展现出规模效益。20 个优质小麦基地面积达 134.2 万公顷，基地总产和提供的商品粮分别占全省 40%和 49%。4 个优质棉基地县棉花面积 7.3 万公顷，棉花总产和提供的商品棉分别占全省 60%和 56%。一批名、特、优、新农产品基地也已发挥出显著的经济效益。

陕西省榆林市昔日的荒沙，今日变成用材林　张喆锋摄

(陕西省农村发展研究中心)

甘肃省农业

在改革开放大潮推动下，1992 年甘肃农业和农村经济呈现出持续增长和全面活跃的新局面。

农业生产克服了多年不遇的大旱，夺得了改革以来的第 10 个丰收年。1992 年全省粮食作物总产达 674.9 万吨，比上年增长 2.6%。经济作物除甜菜外，其他都全面增产，其中棉花、油料、烟叶、药材产量分别比上年增长 42.36%、12.08%、62.4%、15.84%；水果、蔬菜、瓜类产量增长 16.59%、16.05%、3.48%。当年造林成活 15.5 万公顷(其中经济林 3.3 万公顷)，种草 25.0 万公顷。畜牧业持续发展，猪牛羊肉总产 44.5 万吨，牛奶总产 8.4 万吨，禽蛋总产 9.8 万吨，分别比上年增长 7.2%、5.0%和 3.7%。水产品总产 4 864 吨，比上年增长 12.9%。

随着农产品流通市场份额增大和优质、高产、高效农业受到重视，农业内部和整个农村经济的结构调整速度加快。1992 年全省农业总产值 122.7 亿元，比上年增长7.55%，其中农业增加值达到70亿元，比上年增长4.3%，占国民生产总值的25.3%。农业商品率达到45.6%，比上年提高2.6个百分点。全省乡镇企业总产值110.3亿元，增长速度为33.2%。全省农村社会总产值224.01亿元，比上年增长21.35%。全省农民人均年纯收入489.47元，增长9.64%，是近年来增加较多的一年。

1992年甘肃农业和农村经济的全面发展，主要是省、地、县各级党政组织贯彻十三届八中全会精神，进一步加强对农村工作的领导，动员全省人民抗旱保粮夺丰收，加快市场建设，深化农产品价格和流通体制改革等一系列工作的结果。具体着重抓了以下几方面的工作。

1. 多渠道增加投入，全力以赴抗旱抗灾。从1991年6月到1992年5月，遭受了几十年不遇的持续干旱和多种自然灾害。面对这一严酷现实，省委、省政府科学决策，尽最大努力从多渠道增加投入，动员各行各业大力支援抗旱，农用资金投入比上年增加7.3%，农业银行、信用社累计发放各种贷款27亿多元，乡镇企业贷款10亿多元，农产品收购贷款43亿多元，均为近年来投量最多的一年。国务院和中央有关部门也及时下拨抗旱资金和物资。由于全省上下抗灾保粮夺丰收的指导思想明确，狠抓水地增产、旱地保墒，扩大覆盖和复种及以秋补夏、以经补粮、以工补农的措施得力有效，对大旱之年增产增收起了决定作用。1992年全省粮播面积比上年扩大1.88%，其中秋田面积扩大11.58%，加上灌溉、梯田、机耕、机播面积比上年增大2.02%、5.71%、7.04%、7.33%，化肥、农膜、农药用量比上年增加3.7%、42.08%、49.53%，因而在夏粮减产8%的情况下，秋粮增产28.76%，保证了全省全年粮食总产再创历史最高水平，每公顷产量达到2 332公斤。

2. 加快市场建设速度，扩大农业商品基地。1992年各级政府大力推进了市场建设，普遍出现四个转变，即由集市贸易向专业批发市场转变；由调剂余缺的初级市场向多种生产要素市场转变；由本地产本地销的区域性市场向跨省跨国的统一市场转变；由国家单一投资向社会多渠道集资建市场转变。据统计，全省1992年用于市场建设的投资达2.09亿元，是前14年市场建设投资总额的1.13倍，共新建、扩建各类市场180多个，数量比上年新建增加10多倍。原有市场的辐射范围也不断延伸，管理规范化水平不断提高，全省有9.5%的市场被评为全国文明市场。特别是新建的大型批发市场在促进流通体制改革和商品基地建设中发挥着不可替代的作用。如全省首家粮油批发市场在张掖开市后，吸引了10多个省、自治区前来交易，打开了河西商品粮基地“卖粮难”的通道。其他各地，也都转向按照市场要求，确定发展生产的项目、品种，确定发展生产的规模。省里确定重点发展的淀粉、啤酒花等“十条龙”系列开发，促进了农产品增值。临夏州建成的8个专业市场、8条商业街、8大综合商场和4处商品生产基地有机相连，形成了以贸促农和农工商一体化的新格局。河西、沿黄、陇东、陇南商品粮基地已达145.3万公顷。

3. 健全服务体系，实施科教兴农战略。从逐步完善农业服务体系建设着手，抓好科技管理、培训服务、试点示范、集团承包和一批实用技术的普及，是各地坚持实施科教兴农战略的有效途径。截止目前，全省各级都基本建立了科教兴农的组织领导机构，先后三次为各县配备科技副县长251人次，86个县市区中有56个建成了农技推广中心，1 528个乡镇中有1 046个建起了农技服务站，县乡两级共有工程技术人员9 571人，农业技术人员26 826人，分别比上年增加33.47%和20.52%。建立乡镇民办科技服务组织1 300多个，村级1 400多个，成立农民专业技术研究会1 470个，会员达10万多人。建立国家和省级科技培训三位一体中心62个，农村职业学校160多所，当年培训130万人次。全年扫除文盲20.1万人，基本扫除文盲的县达38个。全省还组织1.43万多名科技和管理人员下乡承包科技项目34个总面积113.3万公顷，主要推广带状种植、地膜覆盖、节水灌溉、配方施肥和大棚蔬菜、温棚饲养等20项先进技术，共建成“吨粮田”2.5万多公顷，“双千田”1.86万公顷。全省还建成科技示范县2个，示范乡126个，示范村1 050个，示范户25万个。带动农业由粗放经营向高产优质高效的方向发展。

4. 社教工作队下农村，为农民排忧解难办实事。继1991年11月到1992年春天，全省抽派4万多干部参加的工作队，集中在970个乡镇9 350个村进行第一期农村社教后，1992年10月又在8 696个村和898个乡镇机关集中进行了第二期社教，分别占全省总村数的56%和乡镇单位的58%。至此，全省村级农村社会主义教育已全面完成。社教突出经济建设这个中心，深入研究解决思想认识和群众生产生活、基层组织建设等方面存在的问题。据统计省、地、县、乡二期社教对1 126个乡镇机关单位和党员干部进行了评议，评选了“双文明户”“五好家庭”和致富带头人，发展新党员6 476名，新团员3.8万多名；调整村支部书记1 341名，村委会主任1 620名；清理回收农民欠集体款5 585万元，干部贪污挪用款99.5万元；社教期间筹集资金23.89亿元，兴办农业综合开发小区78个，开辟文化活动阵地3 763处；工作队还为农村捐赠图书1万余册，为贫困户捐款10万元，赠衣物2.3万件，组织动员农民修通道路2.7万公里，水渠1.2万多公里。对社会治安等也着力进行了整顿，从而为农村两个文明建设创造了较好的社会环境。（中共甘肃省委研究室）

甘肃省绿化达标第一县——泾川县

泾川县地处陇东黄土高原沟壑区。共辖18个乡（镇），214个村，总人口29.96万人。总土地面积1 409平方公里，其中耕地5.9万公顷，占41.6%，林业用地4.99万公顷，占35.4%。过去林木覆盖率不到1%。新中国成立后，在党和政府的领导下，全县人民经过长期艰苦的努力，截止1992年底全县有林地面积达到4.5万公顷，占林业用地的90.2%，人均有林0.16公顷，户均果园0.1公顷，森林覆盖率达到34.9%，村屯绿化率为30.8%。其中：防护林3.49万公顷，占77.4%；经济林0.7万公顷，占14.8%；用材林0.3万公顷，占6.6%；薪炭林600公顷，占1.2%。村屯植树累计757.46万株。在"三北"工程建设的14年中，新增林地面积3.4万公顷，占现有林地面积的75.1%，年均绿化率为1.78%，为前29年平均绿化速度的6.6倍。荒沟荒坡基本绿化，农田道路林网交织，塬边、河道防护林已成体系，林果基地建设形成规模，整个生态环境开始转向良性循环。全县90%以上的耕地得到了绿色屏障的保护，水土流失综合治理程度达到66.7%，土壤侵蚀模数减少41%，沟头冲刷基本停止，水土流失减缓。全县活立木总蓄积量达到1 401.42万立方米，每年可向社会提供木材5 000立方米，干鲜果品1.28万吨，薪材及粗饲料5万多吨。1992年林果总产值2 973万元，比上年增长7.3%，占农业总产值的比重为15.4%，林果生产已成为富民富县的重点支柱产业。

甘肃泾川县泾明乡绿化一角　　泾川县林业局供稿

在绿化县建设过程中，主要采取以下措施：

1. 坚持开展"接力赛"，保持绿化工作的连续性。历届县委、县政府领导班子始终把造林绿化工作当作改善农业生产条件，振兴泾川经济的战略措施来抓，一届接着一届干，一届一个新目标，形成了林业建设上的"接力赛"。30多年来，尽管县委、县政府班子多次换届，但带领群众改造山河、绿化泾川的决心始终没有动摇，保持了规划方案的连续性、政策的稳定性和绿化工作的持续性。五六十年代，以护坡保塬为重点，开展典型示范。70年代以兴办乡村林场为骨干，开展造林大会战。80年代，在注重生态效益的同时，把提高林业建设的经济效益作为造林绿化工作的主题。进入90年代，又在全面完善提高整体绿化水平的同时，把建设生态经济型林业作为奋斗目标，加快了经济林发展步伐，进行全方位开发。随着绿化工作的拓展和认识的逐步深化，全社会办林业、全民搞绿化已成为广大干部群众的共识和自觉行动。

2. 搞好规模经营，加快绿化步伐。绿化工作，是一项多因素组合的系统工程。一是狠抓重点工程造林。坚持规划、施工、标准、验收四统一，劳力、资金、苗木三集中，一造一条沟，一栽一大片，发挥了重点绿化，示范推广，确保成效的作用。二是大办四级林场。从50年代至今，全县共创办县、乡、村、组四级林场881处，营林面积1.85万公顷，有专业营林人员3 185人，场内多种经营年收入达300多万元。三是从办绿化点入手、建绿化乡起步，分级达标，重点突破。四是广泛开展全民义务植树活动。全县每年参加义务植树的人数均在17万人以上，从未间断，基本形成制度化。

3. 坚持科技兴林，提高营林水平。一是引进推广了泡桐催根育苗、苹果"三当年"育苗等多项育苗技术，缩短了育苗周期，为全县速生用材林和优质经济林建设提供了足够的良种壮苗。二是推广了多项营林技术，改 刺槐春季一季造林为春秋两季造林，改果树稀植大冠粗放经营为乔化密植集约经营，改泡桐自然群生繁衍为人工规范营造，加快了绿化进度，提高了营林质量，促进了林木提早成林成材。三是改过去春季边整地边栽树为春整地秋栽树，秋整地春栽树，广泛采用水平沟、水平阶反坡梯田，起到了熟化土壤，蓄水保墒的作用，提高了造林成活率。四是加速地埂、庭院、优质果品综合开发，提高了林地生产率和经济效益。

4. 稳定林业政策，激发群众造林绿化的积极性。为调动千家万户绿化千沟万壑的积极性，全县认真贯彻"谁栽归谁，谁管谁受益"的林业政策，开展林业"三定"工作，明确了林木、林地权属，填发了林权证。逐步健全和完善劳动积累工制度，本着"量力而行，合理负担，取之有度，用之得当"的原则，增加了造林绿化的投入。坚持国家、集体、个人一齐上，鼓励农户个人栽植，自主经营，全县涌现出林业专业户2 205户，个体林场、果园苗圃3.4万个，经营面积0.62万公顷。坚持多渠道筹集资金兴办林业，按照以乡村自力更生为主，国家支援补助为辅的原则，充分利用群众自有资金潜力。1987～1992年共筹资1 818.2万元，其中国家投资270万元，借用地方财政周转资金67.5万元，信贷20万元，群众自筹373.3万元，劳动积累工折款1 087.4万元，多方集资相当于同期国家补助的5.7倍，为绿化县建设注入了活力。

5. 坚持造管并重，巩固绿化成果。在开展大规模植树造林的同时，坚持把管护工作列入各级党政组织的重要议事日程，实行造管并重，以管为主。一是建立健全各级护林机构，普遍推行造一片林，建一个护林站，配一批专业护林员的办法，组建护林巡逻队243个，护林站（哨）1 766处，有专业护林员1 973人，形成了上下贯通的林木管护体系，二是法律、行政、经济等手段多管齐下，狠刹各种毁林歪风。三是从加强经营管理入手，培育森林后备资源。根据林木年消耗量小于年生长量的利用原则，编制森林经营方案，建立健全各类资源档案，在加强抚育管理，保证林木健康生长，资源量逐年增加的前提下，实行限额采伐，全额管理。

由于领导重视，措施得力，政策对头，泾川的造林绿化工作取得了显著的成绩，先后多次受到国家、省、地的表彰奖励。1984年，被中央绿化委员会授予造林绿化先进单位，1986年，国务院"三北"防护林领导小组、林业部授予泾川县"三北防护林体系建设一期(1978～1985年)工程先进单位"，1987年，中央绿化委员会颁发"全国绿化先进单位"铜牌一面。1991年全国绿化委员会、林业部、人事部颁发"全国造林绿化先进单位"铜牌一面。1991年12月，林业部授予"三北防护林体系建设二期工程建设(中期)先进单位"。1992年10月9日，甘肃省人民政府授予泾川县"甘肃省实现绿化第一县"的光荣称号。

(中共泾川县委员会　泾川县人民政府)

敦煌市围绕旅游业发展农业和二三产业

敦煌市地处甘肃、青海、新疆三省、自治区交界，农村有11个乡镇，78个村，2.26万农户9.31万人，3.51万个劳动力。总面积3.14万平方公里，其中绿洲面积14万公顷，耕地1.66万公顷，土地肥沃，灌溉便利，是一个典型的绿洲灌溉农业区。党的十一届三中全会以来，农村经济获得了迅速发展，面貌发生了深刻变化。为了进一步强化农业基础，振兴农村经济，1989年底市委、市政府提出了"全市动员、苦干3年、实现'双千'(即亩产千斤粮，人均收入千元)"的奋斗目标。1990年以来，农业生产三年迈出三大步，一步一个新台阶。1992年粮食总产达到8 105万公斤，棉花总产达到755万公斤，乡镇企业总产值达到1.95多亿元，分别比1989年增长16.6%、82.8%和80%；全市粮食每公顷产量由1989年的6 225公斤增加到7 680公斤，农民人均纯收入由1989年的830元增加到1 210元，全面实现了3年粮食亩产和人均纯收入"双过千"的目标。敦煌市的主要做法是：

1. 大力调整产业结构，促进农业迅速发展。在实施"双千工程"的过程中，把产业结构调整当作发展高产高效农业的重点，在种植结构调整上，从本地实际出发，在不扩大用水矛盾的前提下，全面放开了种植计划。粮经比例由1989年的7：3调整到1992年的6：4，既顺应了市场需求，又调动了广大农民生产积极性。粮食在面积调减的情况下，由于条田扩大，1992年粮食每公顷产量比1989年增加1 449公斤，总产增加1 151万公斤，瓜菜总产量达到6 023万公斤，水果总产量达到942万公斤。增加了农民收入，满足了旅游市场供应。在合理调整种植业内部结构的同时，还把发展畜牧业、林果业、乡镇企业当作优化农业结构的重点。

2. 完善农业服务体系，落实科技兴农措施。一是抓服务，健全科技服务体系。市里成立了科技服务领导小组，充实加强市农、林、牧和科技咨询4个服务中心，乡一级成立科委和科普协会，健全农技、林果、畜牧、农机、水管、农经6站，做到了人员、经费、场地、项目和服务措施"五落实"。村村队队设立农技小组，配备了专兼职农技人员。经过几年的努力，全市基本形成了农技、农机、农经、林果、畜牧、水电、信用、供销八大服务体系，拥有服务组织530个，服务人员4 698人。同时，建立各类科技示范户3 902户，发展民间科技服务组织26个、16 000多人，成为农村推广应用新技术的重要力量。二是抓培训，提高农民素质。每年都以市农、林、牧3个中心和11个乡镇农民文化技术学校为阵地，以村队干部、回乡青年、示范户为重点对象，以高产优质高效农业技术项目为主要内容，采取集中与分散、提高与普及、理论与实践相结合的办法，对广大农民进行比较系统的专业技术培训。全市90%以上的劳动力接受了科技培训，有70%的农户中，至少有一人掌握了1～2项实用技术，有962人被科技部门授予"农民技术员"称号。

三是抓承包，保证科技措施落实。为把农业科技成果尽快应用于农业生产，市里和11个乡镇成立了农业科技承包领导小组，组织农牧、水电、供销、银行等八个部门和单位组成技术、物资、科研、资金为一体的承包集团，为农户提供技物、产供结合的双向、双轨承包服务。尤其在农业科技服务中，全市有50多名科技干部、100多名农科人员、120多名行政干部深入乡村队承包了优质品种推广等科技项目36项，建立科技示范点37个，示范面积0.18万公顷，使科技服务措施落到实处。

四是抓落实，提高科学种田水平。在种植业上，以推广保护地栽培、带状种植、配方施肥、良种应用等技术为重点，大力落实增产增收措施。1992年，共建成吨粮田0.15万公顷，小麦千斤田0.09万公顷，"双千田"113.2公顷，经济作物千元田0.09万公顷，高效田0.58万公顷。在林果上，以推广优质果品、早果丰产栽培、低产园改造等技术为重点，三年新增果园376公顷，推广优质果品0.09万公顷，建设优质高产园70.13公顷，改造低产果园66.7余公顷。在养殖上，以推广配合饲料、暖棚养畜、笼养鸡、猪直线育 肥等技术为重点，1992年笼养蛋鸡8.4万只，直线育肥生猪4.8万头，使用配合饲料210万公斤，分别比1989年增长了47%、100%和69%，提高了畜牧业产值在农业产值中的比重。

3. 发挥优势突出重点，加快乡镇企业发展。近几年，市里重视乡镇企业在"双千工程"中的作用，坚持把发展乡镇企业作为壮大集体经济，增加农民收入和农业投入的重要途径，紧紧围绕敦煌旅游业的发展，充分利用本地农副产品、矿产品、旅游三大资源优势，拓宽了企业发展的路子。一是围绕旅游办企业。地处城郊的乡村，利用交通便利、地理位置优越和日益兴旺的旅游业，积极发展了商业、饮食、住宿、接待、运输、游乐等旅游服务企业和地毯、刺绣、夜光杯、水晶石加工等旅游工艺品加工企业，经营范围发展到6个大类20多个项目。二是依托农业商品基地办企业。三是瞄准建筑市场办企业。全市已发展68个建筑建材企业，主要产品有红砖、瓷砖、楼板、水泥、石料等10多种。四是立足矿产资源办企业。截止1992年底，全市乡镇企业发展到2 373个，比1989年增加339个；总产值达到19 560万元，比1989年增长80%，总收入达到10 784万元，增长83.78%；乡镇企业从业人员1.17万人，占到农村总劳动力的33.3%。在加速发展乡镇企业的同时，制定鼓励发展农村第三产业和个体私营经济的政策措施20条，并设立了第三产业开发区。

（中共敦煌市委员会　敦煌市人民政府）

青海省农业

1992年，青海省农业在战胜上年夏秋冬三季连旱，今春再遭大旱，盛夏又遭冰雹、山洪袭击，秋季低温寡照的情况下，取得了农业连续六年、牧业连续五年的丰收，农村牧区经济有了新发展。

全省农村社会总产值35.54亿元，比上年增长10.5%。农业总产值27.26亿元，增长4.1%。粮食总产量118.5万吨，增长3.4%，油料总产14万吨，增长6%。大牲畜年末存栏622.5万头（只）；猪牛羊肉产量16.1万吨，增长43.9%；全省完成造林面积3.05万公顷，增长10.1%。水产品产量3 994吨，增长10.1%。全省乡镇企业总产值8.32亿元，比上年增长18%；总收入8.09亿元，增长19%；实现利润4 398万元，增长18%；出口交货值7 900万元。农牧民人均纯收入603元，比上年增长8.6%。

取得上述成绩，主要抓了以下工作：

1. 加强领导，抗灾夺丰收。1991年夏季以来，全省出现了长达10个月的持续干旱，危及近33.3万公顷耕地不能适时下种。面对特大旱情，省委、省政府果断决策，抽调2 500名干部和技术人员深入农业生产第一线，帮助群众抗旱抢播。各州（地、市）县层层成立抗旱指挥机构，进行兴修水利为中心的抗旱保春耕斗争。调整农作物布局，采取"以川水地补山地、以脑山地补浅山地、以阴坡地补阳坡地，减少歇休地"等办法，同时实施人工增雨措施，缓解旱情。在国家支援下，水利部门投入1 788万元资金，抢修应急水利工程399项，修复电灌站148座，机井89眼，为抗旱播种发挥了极大作用，为全年农业丰收奠定了基础。

畜牧业以青南地区的防灾基地和草原配套建设为重点，强化牧业基础设施建设，提高整体抗灾能力。年内共建成围栏草场9.7万公顷，修建畜棚14.06万平方米，种植阔草5.3万公顷，灭治草原鼠害94.6万公顷。为畜牧业抗灾夺丰收，起到了十分重要的作用。

2. 科技兴农兴牧，提高发展农牧业的科技含量。1992年全省以实施农业丰收计划为龙头，完成配方施肥面积17.2万公顷，旱作农业综合栽培技术9.4万公顷，防治病虫草鼠害49.5万公顷。仅国家和省级丰收计划项目，增产粮食2 932.02万公斤，油料617.1万公斤。

畜牧业以实施"1516"计划为重点，促进畜牧科技进步，不断提高生产技术水平和经济效益。全省共完成绵羊改良114万只，绒山羊改良69 929只。肉、蛋、奶、绵羊毛产量分别达到16.4万吨、1.17万吨、22万吨和1.8万吨，分别增长4.3%、5.4%、4.6%和1.69%。

3. 多方努力，增加农牧业资金和物资投入。1992年，全省共购进各类化肥30.3万吨，比上年增长15%；施有机肥1 900万立方米，增长5%；选用良种8 300万公斤，比上年增加330万公斤；省财政下拨支农资金3 028万元，比上年增长7%，各级银行发放农业贷款2.448亿元，比上年同期增长34%。畜牧业用于草地建设的总投资5135.18万元。

4. 建设农牧业技术推广服务体系，强化服务功能。全省农村新建乡农技站17个，使乡站总数达到237个，占应建乡站总数的83.5%。给部分县、乡农技服务部门配备了仪器设备，增强了服务手段。牧区共投资167万元，更新改造了54个乡站。同时新建、续建州、县级服务中心11个。目前，全省累计改建乡站302个，占乡站总数的70%。并在开展综合办站、开门办站、增强自身实力、扩大服务方面取得了新的进展。特别是农区社会化服务体系继续呈现出好的发展势头，已建成长毛兔、生猪、奶牛养殖、加工和经营销售一体化服务体系。服务体系的不断健全和发展促进了农牧业商品经济的发展。

青海省乐都洪水坪开发区荒山变良田

青海省农牧办公室综合处供稿

5. 实施农业综合开发，提高农业综合生产能力。四年的农业综合开发取得了显著的经济、生态和社会效益。新开耕地3.6万公顷，其中水浇地2.7万公顷，减去同期非农占地，新增耕地2.9万公顷，扭转了长期以来耕地锐减的局面，基本上稳定了人均耕地面积，增加了0.5亿多公斤粮食生产能力。仅国家扶持的13个重点项目区，共兴修小型水库5座，修建灌溉渠道1 187公里，电灌站15座，不仅为新垦耕地所必需，而且使原有的0.11万公顷实现了旱变水，70.7万公顷耕地改善了灌溉条件。四年开发植树造林0.17万公顷，新开发区营造成片林和农田防护林398条17.2万米，植树47.57万株，改善了农业生产条件，提高了农业综合生产能力。

（青海省农牧办公室综合处）

农业综合开发成效显著

青海省一期农业综合开发，是1988年底在贯彻全国农村工作会议精神中，省委、省政府为加快全省农业发展作出的一项重大战略决策。1989年省七届人大二次会议决定：每年统筹2 000万元用于农业开发。到1992年新开耕地2.7万～3.6万公顷。当年，安排中小型土地开发项目74个，并扶持农民开发大户94户，共新开耕地9 300公顷，种植2 670公顷，开发成效非常明显。青海一期农业综合开发被纳入了国家1990～1992年开发计划，每年扶持2 000万元，重点实施包括乐都、平安、互助、湟中、共和、同德、兴海、都兰等8县和哇玉香卡、塘格木、香日德、英得尔4个国营农场的13项工程。在国家的扶持下，使青海一期农业开发的范围和规模更加扩大，开发内容从复垦撂荒地、小片单项土地开发走上了山水田林路综合治理，农林牧全面发展的综合开发道路。并逐步形成了河湟谷地、海南台地、海西绿洲3个开发区。

4年来，农业综合开发取得了显著的经济生态和社会效益。实践充分证明：农业综合开发是振兴青海农业的正确决策。

1. 扩大了耕地面积，提高了粮食自给水平。4年新开耕地3.6万公顷，其中水浇地2.7万公顷。减去同期非农占地，新增耕地2.9万公顷，扭转了长期以来耕地锐减的局面，在人口继续增加的情况下，基本上稳定了人均耕地面积，并增加了0.5亿多公斤粮食生产能力。近几年，在干旱、多灾的情况下，青海农业保持了连续6年丰收，农业综合开发起了很大作用。据统计，1992年全省粮油总产分别比1987年增长13.8%和34.9%，达到11.85亿公斤和1.4亿公斤以上。在每年增产的粮食中，因扩大播种面积增加的产量约占一半左右。由于粮食产量增加，提高了粮食自给水平。1991年全省调入粮食22.1万吨，比1988年减少近1/3。

2. 改善了农业生产条件，提高了农业综合生产能力。4年中，仅国家扶持的13个重点项目区，共兴修水库5座，改扩建水库5座，修建灌溉渠道1 187公里，电灌站15座。这些措施，不仅解决了新开耕地的灌溉，而且还使原来的1 060公顷亩旱地变成了水浇地，7 070公顷老水地改善了灌溉条件。同时，结合农田水利建设，新修、拓宽和改造田间道路190公里，对土壤贫脊的耕地，通过种植绿肥、深耕松土、增施有机肥等措施，进行了改良，提高了地力。

3. 拓展了农业发展空间，提高了农民收入水平。随着耕地面积和粮油产量的增加，各项目区充分挖掘土地潜力，实行农林牧副渔综合发展，较快地增加了群众收入 。起步较早的海南州各开发区，1991年与开发前的1987年相比，农民人均收入由463元增加到679元，增长46.7%。

（青海省农业综合开发领导小组办公室）

宁夏回族自治区农业

1992年宁夏自治区农业生产，在连续四年丰收之后，山区遭受了多年罕见的持续大旱，灌区遇到了多年少有的低温冷害，局部地区又遭受冰雹、洪涝危害。经过全自治区上下奋力抗灾减灾，农业生产仍然获得了较好的收成。

1992年全自治区粮食总产达18.69亿公斤，比上年减产6.5%，仍属自治区粮食生产历史上的第三个丰收年。经济作物油、糖减产，瓜、果、菜增产。全自治区油料总产6 240.2万公斤，比上年减产12.9%；甜菜总产45.4万吨，较上年减31.7%；果品产量达6.2万吨，比上年增长126.8%。肉类总产量达7.7万吨，比上年增长6%；水产业继续稳步发展，全自治区水产品产量达1.3万吨，比上年增长9.3%，创历史最高水平。农业总产值达28.4亿元，比上年下降3%；农村社会总产值达到45.22亿元比上年增长5.2%；乡镇企业在调整中加快发展步伐，占农村社会总产值比重由上年的32%上升到37.3%；农民人均纯收入达591.01元，比上年增长0.17%。

1. 各级领导重视农业，抗灾减灾措施得力。针对全自治区农业连续四年丰收后，部分同志产生忽视和放松农业的倾向，1991年底，自治区党委、政府先后召开了六届八次全委会和全区农业工作会议，认真贯彻中共中央《关于进一步加强农业和农村工作的决定》。农业部门针对山区持续干旱和7、8月份气温偏低的问题，明确提出川区要发挥引黄灌溉优势，积极稳妥地调整种植业结构，发展高产优质高效农业；山区以抗旱为中心，落实各项抗旱农业技术措施，把灾害造成的损失降到最低限度。

山区自1991年6月份以后，一直持续大旱，面对严重的旱情，自治区党政领导深入山区，调查灾情，现场办公，解决抗旱救灾中的实际问题，先后安排救灾化肥1 160吨，柴油1 060吨，汽油1 000吨，资金1 534.3万元，救灾种子114.6万公斤。山区各县采取各种抗旱措施，提出“小灾不减产，大灾不减收”。全面落实以川补山、以水补旱、以秋补夏、以经补粮、以副补农、以菜补粮”的六补措施。据不完全统计，山区8县投入支农资金7 676万元，比上年增长21%，发放贷款1亿元。由于采取多项措施，在持续干旱330多天的困难条件下，获得了全年粮食4.4亿公斤的好收成，比大旱的1987年增1.97亿公斤。灌区7、8月间气温较低，对水稻灌浆影响较大，但由于各市县农业、农技部门根据气象部门的天气形势预报从夏播开始，以防御水稻低温冷害为中心，落实各项技术措施，扩种了低温冷害品种，推广小弓棚旱育稀植技术，培育壮秧，增施有机肥，控氮增磷，积极防治病虫害，减轻了低温冷害造成的损失，使农业生产获得了较好的收成。

2. 合理调整种植结构，优化作物布局，发展高产优质高效农业。在确保粮食稳定增长的前提下，适当扩大经济作物面积，粮食与经济作物面积的比例由上年的80.8：19.2调整为79.5：20.5，瓜菜面积达2.4万公顷，比上年增29%。大灾之年，高产优质高效农业有了新的发展。一是充分利用丰富的光热资源发展立体农业，推广了粮粮、粮油、粮糖、粮菜、菜菜等6大类型10多种组合形式的立体种植方式，面积达11.5万公顷，比上年增10%。二是积极开发吨粮田、双千田。三是大力发展高效节能日光温室，推广面积达194公顷，是上年的3.3倍。四是推广地膜覆盖栽培技术。五是大力推广高产养殖技术。六是发展创汇农业，芦笋、枸杞、脱水蔬菜远销德国、美国、日本和东南亚。七是大力发展庭院经济。

3. 多渠道增加农业投入。1992年国家和自治区安排商品粮基地建设、粮食发展资金等1 484万元。宁夏河套灌区农业综合开发项目、盐环定工程、世界银行贷款项目等共投入资金1.16亿元。

利用外资有了新的进展。圆满地完成了世界粮食计划署粮援项目的正式评估工作，确定援粮额度80 528吨(合1 410万美元)。欧共体技术援助项目经过监测评估，预评估于1992年10月份正式签约，额度为380万欧州货币单位。

4. 继续推行农业丰收计划集团技术承包。1992年全区继续坚持“领导是保证，技术是核心，物资是基础，责权利是关键”的原则，组建承包集团492个，参加承包人员7 085名，其中技术人员2595名。承包各类作物面积45.5万公顷，承包粮食产量14.33亿公斤。农业丰收计划集团技术承包推广应用了一大批农业新技术、新成果，使科技兴农向深层次发展。一是以抗旱为中心，推广旱作农业综合技术。山区因地、因墒，分区域推广旱地小麦综合丰产栽培4.7万公顷，油料丰产栽培1.2万公顷，豆类丰产栽培1.3万公顷，马铃薯沟垄栽培2.5万公顷，水地小麦丰产栽培1万公顷。二是以防御低温冷害为中心，积极推广水稻栽培新技术及麦套玉米模式化栽培技术。三是推广农用稀土2.78万公顷，微肥、增产菌、叶面宝、丰收素1.4万公顷，山区推广固氮菌0.5万公顷，配方施肥6.8万公顷，综合防治病虫害26.7万公顷。四是举办各类技术培训班5 332场次，发放各类技术资料41万份，培训44.65万人次。

5. 继续加强农业社会化服务体系建设，积极兴办经济实体，增强服务功能。1992年，全自治区除地市已健全机构配齐人员外，乡一级建成农技推广站260个，农机管理服务站289个，水产站20个，供种站45个，农经管理站188个。这些基层组织构成了全区农业社会化服务的主体，推进全区社会化服务工作由单项服务向多项服务。为了增强服务功能，自治区人民政府发布了《宁夏回族自治区农业部门兴办经济实体的暂行规定》，农业服务部门积极兴办经济实体。据不完全统计，全自治区农业系统兴办各类经济实体143个，注册资金1 348万元，从业人员1 200多人，营业额2 805万元，上交税金85.8万元，实现利润194.5万元。

(中共宁夏回族自治区委员会政策研究室)

组织实施“千户效益”工程

以促进广大农村生产经营者改善经营管理，提高经济效益，实现农民增收致富奔小康为主旨的千户效益工程，是自治区1990年确定的11项“科技兴农”重大技术措施之一。由自治区农业经营管理站主持，从1990～1992年在14个市县(区)、22个队(组)的近万亩耕地范围内组织实施。3年来，各实施单位在当地领导和有关部门的重视支持下，围绕发展高产、优质、高效农业，实现增产增收这个中心，积极开展经营指导和各项生产技术服务，达到了预期目的，取得了显著的成绩。

1992年千户效益工程试点粮食总产达到400万公斤，比1989年增产31.5%，净增95.86万公斤，年均递增9.6%。农村经济总收入达到720万元，比1989年净增307.12万元，增长74.4%，年均递增20.4%。农民纯收入翻了一番。达到1 100元，比1989年的523.1元增加了一倍多，年均递增28.1%。试点农户的生活水平也明显提高。1992年70%的农户拥有彩电，30%的农户盖起了新砖房，80%的学龄儿童能够上学，基本达到了小康生活目标。

千户效益工程的实施促进农业经济效益，社会效益和生态效益显著提高。1992年各试点投入产出率达到1：2.88，费用占收入比例为35.2%，分别比1989年提高0.62元和下降9个百分点。向国家和市场提供的各种农副产品商品率达70%以上，比1989年提高30个百分点。定点观测土壤水解氮含量比1989年提高12%，有机质提高2%。

3年的实践证明：千户效益工程确实为加快农业科学技术的推广普及，提高生产经营者的管理水平，发展高产、优质、高效农业，实现农村的小康目标，找到了一条有效途径。同时，也积累了一些经验，主要是：

1. 加强领导，因地制宜，合理调整农村产业结构。由于千户效益工程工作是融技术、管理和农业经济开发为一体的综合性“工程”。为此，自治区农业厅成立了由一名副厅长任组长，厅有关处站长为成员的“千户效益工程”协调领导小组。各试点县市也相应成立了主管领导挂帅、农经部门牵头、有关部门参加的领导小组。3年来，参与此项工程的各级领导干部达110人，技术干部121人。

各试点在安排各业生产时，因地制宜，围绕“绝不放松粮食生产，积极发展多种经营”的方针，千方百计优化产业结构，在确保粮食生产的同时，采取补助种(苗)费、提供生产资金和物资等优惠措施发展经济作物和养殖业，工副业。1992年种植业内部粮经种植比例由试点前的90：10调整到70：30；农、林、牧(渔)、副业收入比重由75：2：8：15发展为60：3：14：23，产业结构日趋合理。

2. 开展农业技术培训，大力推广农业科学技术。各试点在实施过程中，针对劳动力科技文化素质普遍不高的实际，采取多种形式，积极开展各类适用技术培训。三年共举办技术讲座200余期，参加农民达6500余人次，印发各种技术信息资料5000余份。通过灵活多样的培训工作，解放了广大农民的思想，调动了学科学、用科学，依靠科学致富的积极性和主动性。

在具体实施千户效益工程中，各试点在有关技术部门的密切配合下，把大力推广实用农业科学技术作为主要措施来抓。3年累积推广各类农业新技术25项，面积达0.3万公顷，依靠科学技术开发新的致富项目52项，使科学技术在提高农业生产水平和发展农村经济中的作用日益显著。

3.强化集体"统"的职能，搞好农村系列化服务。各试点在狠抓新技术推广的同时，都把完善农村双层经营体制，强化集体统一服务的职能，作为实施千户效益工程的重要内容来安排，积极开展多项生产、经营服务。3年共向农户提供农作物优良品种12.1万公斤，引进畜禽良种4.2万只，帮助农户解决优质化肥265吨，农药1吨，农膜3.2吨，柴油62.6吨，提供生产贷款11万元，无偿提供服务资金15.66万元。多数试点队（组）推行了统一机耕、播种、灌水、作物布局、防治病虫害、脱粒，引进良种等统一服务。每年还积极配合试点村队组织农户清沟挖渠，搞好沟、渠、林、路的综合治理。帮助解决大型农田水利工程的维修，改善农业生产条件、充分发挥了集体经济的优越性，促进了农村联产承包制的完善。

（宁夏回族自治区农业经济研究所　原增寿　周学俭）

新疆维吾尔自治区农业

1992年，新疆维吾尔自治区坚持以市场为导向，深化农村改革，调整农村产业结构，发展高产、优质、高效农业，大兴农田水利基本建设，推进农村科技进步，实现了自治区农牧业连续第十五年丰收，农村经济保持了持续稳定协调发展的势头。

1992年，全自治区农村社会总产值208.14亿元，比上年增长8.6%；农业总产值172.42亿元，增长5.5%；粮食总产量694.30万吨，比上年增长3.5%；棉花总产量66.76万吨，增长4.4%；油料由于调减播种计划，总产量35.62万吨，比上年减少12.0%；甜菜总产量329.07万吨，增长28.1%；各种瓜类水果总产量分别为94.17万吨和91.89万吨，分别比上年增长15.3%和13.3%。全自治区造林面积4.4万公顷，增长3.7%，以农田防护林为中心的"三北"防护林体系建设取得新进展。大牲畜年末存栏565.8万头，商品率和出栏率分别为61.6%和39.9%，分别比上年提高3.1%和2.4%。肉类总产量禽蛋、牛奶分别达到36.1万吨、7.63万吨和39.8万吨，分别比上年增长10.1%、13.8%和6.1%。全年水产品产量2.66万吨，增长5.6%。全自治区乡镇企业总收入37.48亿元，总产值39.33

新疆墨玉县开展农田水利基本建设　梁翊德摄

亿元，分别比上年增长25.0%和27.7%。农村人均纯收入740.44元，比上年增长5.3%。

1992年新疆农村经济能保持稳定增长的主要原因是：

1.加强领导，重视农业的基础地位。各级党委和政府以市场为导向，改革开放为动力，进一步加强了对农业和农村工作的领导。自治区制定了《关于加强农业和农村工作、全面振兴农村经济的决定》，各地州（市）和自治区各部门也都制定了扶持农村经济发展的具体措施，加强了分类指导，开展了对口服务。为了推动县乡二三产业的发展，自治区实行了"贸易兴边、棉花启动、矿业开发"的政策，成功地举办了全国星火计划暨专利技术乌鲁木齐洽谈会，签订各类项目合同158份，总金额3.48亿元。

2.深化改革，增强农业社会化服务。各地在稳定农村家庭联产承包责任制，完善统分结合的双层经营体制，壮大集体经济实力的同时，重点抓农村社会化服务体系建设和农村市场经济体系建设。一是各级农口和涉农部门转变职能，兴办了一大批经济实体，按照精简、效能和"小机构大服务"的原则，促进社会化服务体系向高层次发展。1992年，全自治区各级农业单位开展经营服务的有890个，创办经济实体122个，参加人员2 400多人，内联外引资金8 952.5万元，经营销售额约4 800万元。自治区继1991年后，又投资1 000万元，扶持建设农口乡一级技术推广服务站589个，增强了基层农林牧站、所的综合服务能力。二是鼓励和支持农民和集体经济组织、农业部门直接参与流通；坚持国家、集体、个体一起上，多种渠道、多形式并存，进一步深化流通体制改革。三是大力培育农村市场，全自治区已建成各类市场1 045个，年交易额26.5亿元。

3.调整结构，推进高产、优质、高效农业的发展。在保证粮食稳定增长的前提下，各地积极发挥资源优势和地缘优势，因地制宜调整农业产品结构和农村产业结构。农业开始迈向高产、优质、高效的路子。1992年自治区种植业结构有所调整，在全部播种面积中，粮食作物所占比重为56.4%，比上年下降1.9个百分点；经济作物所占比重为33.2%，比上年提高2.6个百分点。特别是有效地扩大了棉花、甜菜等优势作物的种植面积，棉花、甜菜面积分别比上年增加了 8.5 万公顷和 1.15 万公顷，成为自治区棉糖大幅度增长的重要因素；其他作物所占比重为 10.4%，提高了 0.7 个百分点。1992 年，通过种植业内部结构的调整，狠抓了主攻单产，增加总产，全区粮食、棉花和甜菜总产量均创历史最高纪录。畜牧业以牲畜品种改良为突破口，积极调整畜群结构，全自治区生产母畜以及良种牛和绵羊在畜群中的比例已分别达到 50.7%、18%和 50.8%。1992 年畜牧业产值比上年增长 4.9%；占农牧业总 产值的比重为 20.6%，比上年提高了 0.9 个百分点。畜牧业通过开展地边贸易，全自治区当年向独联体国家出口活畜 9.2 万头，签订贸易合同 29 个，已执行的有 11 个，贸易金额 4 313 万瑞士法郎。以乡镇企业为主体的农村二三产业的发展，有力地推进了农村产业结构的调整。1992 年，全区农村工业、建筑业、运输业和商业、饮食业等非农产业产值比上年增长 26.6%，占农村经济的比重由上年的 15.7%上升到 17.2%。

4. 科教兴农，促进农业科技成果的转化。1992 年，自治区成立了科技兴农领导小组和专家顾问团，加强了对科技兴农工作的领导和科技决策的民主化和科学化。全自治区各地共组成 72 个农业科技承包集团，参加承包科技人员 8 410 人，为 73.51 万户农牧民开展了科技服务。对全自治区 90%以上的农村专业技术干部开展了以更新业务知识为主的继续教育；同时进行农牧业适用技术培训 130 多万人次，自治区大多数农户基本上学到 2～3 项实用新技术，1992 年，全自治区实施农业“丰收计划”116.6 万公顷，推广良种面积 191.4 万公顷，推广地膜覆盖栽培技术 62.6 万公顷，其中，地膜棉已占棉花总播种面积的 92.8%，防治病虫害 158.7 万公顷次。“吨粮田”、“双百斤棉田”的面积大幅度增加；畜牧业“中国美利奴羊(新疆型)新品种推广”、“绒山羊杂交改良技术推广”和“肉羊增产新技术新工艺推广”等项目，规模大，效益好，加快了畜群的品种改良，促进畜牧业高产、优质、高效发展，实现了牧民增产增收。

5. 增加投入，提高农业综合生产能力。1992 年，自治区用于农业的投资，主要是农牧民集资投劳明显增加。农业生产资料供应好于往年，全年施用化肥 52.43 万吨(按折纯量计算)，比上年增加 7.4%。农膜、农药数量充足，满足了农业生产和病虫害防治的需要。农牧区水利基础设施建设步伐加快。自治区全年累计投入水利劳动积累工 9313 万工日，比上年增长 2.5%；全年用于水利水电建设资金 5.8 亿元，其中农牧民自筹资金 2.44 亿元，分别比上年增长 20.8%和 35.6%。通过新建、续建、维修各项水利工程，新增灌溉面积 6.86 万公顷，改善灌溉面积 30.89 万公顷，新开垦土地 4.4 万公顷，改造中低产田 7.4 万公顷。1992 年末，全自治区拥有农业机械总动力 593.97 万千瓦，比上年末增长 5.9%；大中型拖拉机 5 万台，增长 3.5%；小型拖拉机 13.78 万台，增长 11.5%；农用载重汽车 1.26 万辆，增长 0.8%；农用排灌动力机械 54.76 万千瓦，增长 1.0%；农村用电量 13.1 亿千瓦小时，增长 9.2%。农业综合生产能力的提高，为农牧业连续增产丰收创造了条件。

（中共新疆维吾尔自治区委员会农村工作部）

大力发展节水农业

新疆地处欧亚大陆腹地，气候干旱少雨，蒸发量大，降水主要集中在山区。25 个干旱易灾县约占全区总县数的 30%。独特的自然条件和地貌特点，决定了新疆“荒漠绿洲，灌溉农业”的生态和走发展节水农业的路子。

1992 年自治区各地采取加强节水工程建设，推广节水农业技术、优化灌溉管理制度和开展水利建设竞赛等综合措施，使全区以农田水利建设为中心的节水农业又有长足的发展。全区灌溉定额与上年持平；渠系水利用系数比上年略有提高；改善灌溉面积 30.9 万公顷；新增灌溉面积 6.9 万公顷。在夺取自治区农牧业连续第十五年丰收和农村经济的全面发展中起到了重要作用。

1. 加强节水工程建设。1992 年自治区重点加强了以渠道防渗为重点的常规性节水工程建设。全区新建防渗渠 5 753 公里，比上年增长 52%，而且在工程质量上也较往年有显著提高。1992 年全区平整土地 42.5 万公顷，比上年增长 7.2%。米泉县古牧地镇在全区率先实现了斗渠以上渠道全部工程化防渗，达到了“全防渗乡”的标准。呼图壁县 1992 年新建 202.6 公里防渗渠，新打 37 眼优质钢管井，每年可增水、节水 2 500 多万立方米，可增灌 1 700 公顷农田和改善灌溉面积 5 000 公顷，使全县渠系水利用系数提高了 6 个百分点。

2. 重视科技兴水工作。自治区在国家确定的哈密等 4 个科技兴水示范县的基础上，又确定了 5 个自治区的科技兴水示范县。逐步完善了科技兴水技术服务体系。积极引进、推广膜上灌、沟畦灌、低压管道灌、喷灌、滴灌和波涌灌等先进的节水灌溉新技术。1992 年全区已累计完成低压管道灌溉 2 700 公顷；喷灌面积 2.7 万公顷；膜上灌面积 24.6 万公顷。同时，因地制宜开展了机泵合理配套，机井清淤、井渠防渗和群井汇流等机井挖潜工作。哈密市全市井灌面积 7 300 公顷，近 1/4 井灌面积实现了管道化灌溉，年节水 600 多万立方米，节电 100 多万千瓦小时。

3. 推广节水农业栽培模式。1992 年全区推广旱地小麦蓄水抗旱耕播法 1.37 万公顷，覆盖面已达到自治区地方旱地小麦播种面积 20%左右，小麦增产幅度为 30%以上；推广水稻旱育稀植技术 1.37 万公顷，增加纯效益 2 357.5 万元。同时，还进行了小麦吸水剂技术的推广应用。这些技术的示范推广，有力地带动了节水农业的发展。

4. 积极引入竞争机制。1992 年是自治区开展农田水利基本建设“天山杯”竞赛活动的第三年。自治区拨款 300 万元，采取“以奖代补”的形式对全疆 44 个县、市和三个地州进行了奖励，有力地激发了各族干部和广大农牧民群众开展农田水利基本建设的积极性。1992年全区累计完成劳动积累工9 313万工日，比1991年增长2.5%，劳均投工29天；完成土石方2.22亿立方米，比1991年增长38.6%。1992年全区最高出工人数达149万人。同时，进一步完善了投入机制，各地针对实际，采取多种形式，多层次、多渠道筹集资金。1992年全疆共投入水利建设资金10.4亿元，其中，国家补助1.09亿元；地方自筹1.41亿元；水费返还0.28亿元；贷款0.51亿元；劳务折价4.6亿元；群众自筹2.44亿元，为总投资的23.5%，农牧民人均筹资25元。

（中共新疆维吾尔自治区委员会农村工作部）

阿勒泰地区市场建设发展迅速

以哈萨克族为主，多民族聚居的阿勒泰地区，是新疆畜牧业的重要基地之一，由于长期以来受交通闭塞，高寒边远等因素制约，基本上处于牧民不经商，牧区无市场，商品经济不发达的状况。1992年，地区加快改革开放步伐，把突破口放在培育建设大市场，疏理搞活大流通上，采取自筹资金，集资入股，房地产开发等多种形式，市场建设迅速发展。全地区各类市场已达46个，1992年商品总成交额4 079.17万元，占全地区社会商品零售总额的12%，比上年增长近一倍。

1. 放宽政策，多方筹资兴建市场。地县各级党政和工商税务等部门按照“先发展，后规范；先繁荣，后疏导”的原则，制定了先建后管，定期免税等一系列建市场的优惠政策，还专门派出干部深入城乡选点定址，进行规划。1992年全地区筹资590.7万元（其中个人集资55.5万元、工商管理部门投入81.2万元，企事业投资454万元），新建扩建15个专业和综合市场。初步形成了国家、集体和个人共同建设城乡市场的好势头。

2. 多种形式、多种途径培育市场。一是举办多种类型的城乡交易会，促进农副产品交流，1992年全地区举办大型交易会42次，商品总成交额达780万元；二是举办传统的哈萨克“阿肯”（民间歌手）弹唱会，以文化搭台、贸易唱戏，吸引各族农牧民和八方来客直接参与；三是在报纸、广播、电视上开辟“走向市场”专栏，开展“奔小康”的大讨论，向农牧民灌输商品观念和市场意识，千方百计为把市场经济引向农牧区，把农牧民推向市场创造条件。

3. 发挥优势，因地制宜发展市场。地区根据自然资源丰富的特点，重点建立了活畜批发市场、农副产品交易市场、小百货市场、旅游购物市场等。全区46个市场，有的建在城镇，有的建在牧区，有的建在口岸，大小各异，生意红火。市场上有当地农牧民生产的活畜、牛羊肉、皮张、奶制品、粮食、蔬菜以及皮衣、皮靴、毛毡等土特产，也有从全国各地乃至国外返运来的服装、百货、瓜果茶叶等商品。有的哈萨克牧民，把从活畜市场上买的牛、羊，长途返运到南疆，再从南疆买回骆驼，卖给这里的牧民，一次往返数千里，获利上万元。各县市结合市场建设的情况，正在积极兴建商业一条街、黄金一条街、宝石一条街和商品加工一条街。

4. 依托口岸，积极发展边贸市场。阿勒泰地区所辖六县一市均为边境县市，分别与蒙古、俄罗斯、哈萨克斯坦接壤，具有较优越的地缘优势。1992年地区以境内开放的4个口岸为依托，兴建边贸市场，大力发展边境贸易，旅游购货和边民互市活动。仅青河县就建立了2个边民互市市场，当年开展的边民互市贸易，中蒙双方参加的人数达5 200多人次，成交商品总额达124万元人民币。

（中共新疆维吾尔自治区委员会农村工作部）

农　村　政　策

大力发展高产优质高效农业

改革开放以来，我国农业和农村经济有了很大发展。主要农产品产量大幅度增加，乡镇企业迅速发展，农民收入水平不断提高，农村温饱问题基本解决。从总体上看，我国农村已开始从温饱水平向小康目标迈进，农业和农村经济已进入一个新的发展阶段，即：农业从自给半自给生产向面向国内外市场的较大规模商品生产转化；农产品生产由注重数量的增长向高产、优质、高效并重转化；农业从主要提供初级产品向种养加、农工商相结合转化；农业生产技术从传统的耕作技术向现代科学技术转化；农产品的购销和农业生产资料的供应从计划调拨分配为主向社会主义市场经济的商品流通转化。

这种重大的发展、转化，都是贯彻执行党的十一届三中全会以来改革开放的政策和实行科教兴农战略方针的成果；同时，所有这些发展和转化又都要求进一步深化改革，推动科技进步，提高农业的生产力水平。大力推进高产优质高效农业的发展，就是适应和促进这种新形势的一个重要方面。1992年国务院在广东召开了全国发展高产优质高效农业经验交流会，作出了关于发展高产优质高效农业的决定，将进一步促进我国高产优质高效农业的发展。

（一）发展高产优质高效农业是我国农业发展史上的重大转折　发展高产优质高效农业，是历史的发展和进步，是国民经济和农村市场经济发展提出的新要求，也是农业自身发展的必然结果。

1. 发展高产优质高效农业是实现小康目标的需要。80年代以前，为解决人民的温饱问题，最大限度地满足国民经济发展对农业的基本需求，把发展农业的重点放在追求农产品数量增加方面，这无疑是十分必要的。党的十一届三中全会以后，在改革开放的推动下，农业生产迅速发展，农产品产量大幅度增加，到80年代末，基本解决了我国人民的温饱问题。但是，这个阶段发展农业仍然以追求增加产品数量为主。进入90年代以来，我国农村经济和整个国民经济都开始步入新的发展阶段，人民生活正在由温饱水平向小康目标迈进，居民消费结构发生了很大的变化，城乡都出现了生存性生活资料比重下降，发展性、享受性生活资料比重上升的新情况，要求农产品向优质化、食品多元化和方便化的方向发展，提高经济效益，大幅度地增加农民收入。80年代末以来，普遍出现的农产品“卖难”现象，不仅反映了农产品流通体制和宏观调控机制方面的问题，也反映出农业生产结构与消费需求、收入目标不相适应的矛盾。因此，农业急需面向市场，调整优化结构，使之从主要依靠增加数量、满足人民温饱需求，逐步转向在继续提高产量的基础上，不断增加适销对路的优质农产品的生产，把供给目标同收入目标有机结合起来，大力发展高产优质高效农业。

2. 发展高产优质高效农业，是增强农业自身发展实力与活力，实现农业现代化的客观要求。传统农业长期制约着我国农业经济效益的提高、农民收入的增长和农业自身的发展。80年代中后期以来，在一些乡镇企业发达地区，传统农业的比较效益更低，很大程度上是依附于乡镇企业“输血”来维持，缺乏内在发展活力。强调提高农业自身效益，增强自我发展能力，并不否定乡镇企业以工补农、以工建农的必要性。但是，农业在国民经济中要成为一个自立的现代化产业，必须具有自我发展机制，形成良性循环。目前，我国农业自身经济效益不高，自我积累、自我发展能力不强，除受工农产品价格剪刀差影响外，主要在于生产结构单一，经济链条太短，系统价值流失过多。因此，随着国家逐步全面放开农产品价格、经营和市场，调整农业结构，发展高产优质高效农业，建立农工商、种养加、产供销一体化经营体制，就成为从传统农业向现代化农业转变的必然要求。

（二）发展高产优质高效农业已具备一定的基础和条件

1. 农业科技已有相当的储备。农业“六五”计划提出要创造一个集约化经营、高产、优质、低消耗的生产体系；“七五”计划进一步提出提高经济效益、提高产品质量和提高单产的要求，并对部分农产品列出了质量指标。在组织科技攻关方面，已注意到高产、优质并重问题。“六五”期间培育出的27个农作物新品种（新组合），其中20%是优质或专用品种。“七五”期间，主攻农产品品质的课题约占总课题的30%，投入经费占30%以上，并已培育出一批优质、高产的农作物、畜禽鱼新品种。在培育出的396个农作物新品种中，优质、高产或专用型的品种占30%。畜禽良种迅速增加，存栏畜禽的良种比例已分别达到：生猪30%，家禽30%。绵羊48%，肉牛10%。

在国家农业重点技术推广项目和农业部、财政部共同安排的“丰收计划”项目中，半数以上的经费用于支持推广高产、优质、高效的农作物、畜禽鱼品种和栽培、饲养模式的项目。我国不仅在大宗农产品的育种、栽培技术上获得了进一步的突破，而且适应生产的需要，培育、引进了一大批名特优动植物品种，在农产品深加工、保鲜、综合利用等方面也取得了很大的进展。

2. 农产品商品基地建设初具规模。从 1983 年开始，在国家计委、财政部的支持下，中央会同有关省、自治区、直辖市分期分批、有计划有重点地选建了 362 个商品粮基地县、135 个优质棉基地县、240 个其他优质农产品基地和 561 个名特优产品生产项目。与此同时，还建立了 667 个畜禽生产基地和一批水产商品基地。此外，按照发展外向型经济的要求，一些地方还建立了一批农产品出口基地。这些基地项目对发展高产优质高效农业发挥着重大的作用。

3. 无公害安全营养食品的生产和加工已经起步。近两年，农业部门积极组织发展“绿色食品”，已分批审查批准了 271 个“绿色食品”，并在一些城市陆续建立了绿色食品销售网点，取得了良好的社会经济效益。

4. 少地方已创造出许多发展高产优质高效农业的经验，特别是沿海地区、大中城市郊区以及经济比较发达的地区，适应人民生活的需求，在发展外向型农业，提高农业自身效益，调整农业生产结构、品种布局，改革耕作制度，引进现代生产技术，实行种养加、产供销、农工商相结合等方面，创造了许多好的经验，可供借鉴。

（三）加快高产优质高效农业的发展

1. 合理调整农业生产结构。种植业要在保证粮、棉、油、糖等大宗作物产品供需总量大体平衡的前提下，根据国内外市场需求，因地制宜调整种植结构和品种结构。一是着眼于市场需求，大力发展优质农产品的生产。要积极改善粮食和其他农产品的品种结构，提高农产品产量，发展适销对路的优质农产品。如粮食要适当调减适口性差的早籼稻，大力发展优质米和优质小麦；油料重点发展“双低”油菜籽。二是合理改革耕作制度，发展间套种，增加复种，发展粮经作物的立体种植；同时通过开发荒山、荒坡、荒滩和庭院，种植果树、麻类和其他经济作物，形成新的生产力，提高综合效益。三是优化作物布局。从全国来看，要稳定种植业面积的基本格局，在努力提高产品产量的同时，面向国内外市场，扩大适销对路的经济作物生产，以保证国民经济发展的需要，形成内外贸相结合的农产品生产格局。四是将粮食作物—经济作物为主的二元种植结构，逐步转变为粮食作物—经济作物—饲料作物协调发展的三元结构。同时，要研究制定改进粮食生产统计、考核的办法，积极推进三元结构的发展。五是要促进粮食转化和综合利用，提高粮食的综合经济效益。

畜牧业生产结构调整，要以市场需求为导向，充分利用各种饲料资源，在稳定生猪生产的同时，积极发展牛、羊、兔等草食牲畜的生产，逐步提高牛、羊、禽、兔肉总产中的比重，建立节粮、高效的畜禽产品生产及其加工增值体系。大力发展瘦肉型猪、细毛羊以及优质牛羊肉、禽兔肉和优质奶产品等生产。畜牧业要和种植业紧密结合，充分利用秸秆和农副产品等饲料资源，大力发展畜禽产品加工业，提高效益。

水产业要坚持养殖、捕捞、加工并举。在继续努力开发外海捕捞业的同时，积极开发利用沿海滩涂、浅海、江河湖泊水库水面和低洼渍荒地等国土资源，发展海淡水养殖、增殖业，继续扩大和完善生产周期短、经济价值高的养殖商品基地建设。淡水捕捞要采取捕捞与增殖资源相结合，海洋捕捞要走近海—外海—远洋开放型开发利用海洋渔业资源的路子。要根据市场需求，发展名特优水产品生产。综合利用自然资源，实行农渔、牧渔结合。大力开展水产品加工和综合利用。

2. 大力研究和推广科学技术，加强农业社会化服务体系建设。发展高产优质高效农业，科技要先行。要继续贯彻科学技术工作要面向经济建设，经济建设要依靠科学技术工作的战略方针，进一步深化农业科技、教育体制改革。改革的总方向是要积极调整结构，合理分流，组织相当一部分人员充实开发队伍，加速科技开发和成果转化，建立起农业科教事业良性发展、科教与经济紧密结合的新的运行机制。科技开发要充分发挥技术、人才优势，按照社会主义市场经济的要求，根据发展高产优质高效农业的需要，向产前、产后延伸，全方位多层次地展开。面向国内国际市场，创办服务、流通、加工型的产业。特别要重视高新技术的研究和开发。调整科研、教学方向和结构，增加“高产、优质、高效”研究课题和教学内容，增加科技及人才储备，加强农产品生产、加工、保鲜等技术的研究、开发、推广和应用。农业“丰收计划”等推广和开发计划，要增加支持高产优质高效农业的项目，加快科技成果的转化。优质农产品基地的建设，要充分发挥科技单位的作用。

要完善和发展农业社会化服务体系，并把它作为基础建设来抓，同在农村安排的生产项目和建设工程有机地结合起来。鼓励和支持农技服务组织结合服务兴办经济实体，并逐步形成有效的机制。提倡、鼓励和支持各类服务体系、服务组织开展合作与联合服务，以提高科技兴农的整体效能。

加强农村基础教育，积极发展职业教育，强化后续教育，加强技术培训，提高广大农民的科技文化素质，把农业的发展转到依靠科技进步和提高劳动者素质的轨道上来。

3. 加快农产品流通体制改革，加强市场体系建设。我国已经具备逐步全面放开农产品市场、经营的基本条件。80 年代以来，在放开水产品、部分畜产品及蔬菜、水果等方面积累了丰富的经验，在农产品市场体系、储备调控体系建设方面做了大量的工作，初步建立了粮食等农产品的储备制度；近两年调整了城镇居民口粮的销价，已基本做到了购销同价，1992年以来，部分省、自治区、直辖市和一些地区已放开了粮食的购销价格和市场，棉花的流通体制改革正在部分省进行试点。这些为加快农产品流通体制改革，逐步全面放开农产品奠定了基础。

对于已经放开的农产品，要进一步发育市场体系，完善交易规则，引导其健康发展。对于尚未放开或者没有完全放开的农产品包括粮食、棉花等，要积极创造条件，加快购销体制改革，逐步全面放开，实行生产商品化经营市场化。要在完善粮食专项储备制度的基础上，建立多层次、多品种、多形式的农产品储备体系。

同时，要加强市场体系建设，逐步形成农业和农村经济能够有序运行的制度和环境。要总结和利用已有的经验，包括借鉴国内外一切成功的经验，积极发展各种类型的农产品批发市场和多种交易形式，特别是跨地区的、综合性或专业行性的市场组织和流通企业集团，逐步发展农产品期货贸易，形成相对稳定的购销渠道和合理的区域分工，建立省际之间、地区之间富有活力的经济往来关系和运行机制。另外，要建立健全生产要素市场，形成全国统一的市场体系和网络。

4. 大力发展农工商一体化经营。农业要在发展生产力、增加农产品有效供给的基础上，向加工、流通领域延伸，形成农村经济全面运转的格局。鼓励和扶持把农工商、产供销、种养加结合在一起的现代企业组织的发展，使农产品的生产、加工、流通等环节有机地融为一体，合理调节社会生产各个环节的利益关系，形成农业及其延伸产业协调发展的合力，促进农业和农村经济全面发展。支持各地组织以当地资源为主的开发性生产、加工、储运，鼓励其建立农工商一体化的经济实体或利益共同体。当前，农工商一体化经营组织要重点发展加工、保鲜、贮运和销售，实现农产品多层次、大幅度增值，提高市场竞争能力，扩大农村劳动力就业容量。提倡和鼓励加工企业兴建农产品原料基地，或者实行加工企业与农产品原料基地直接挂钩，减少中间环节。同时要继续鼓励农民以多种形式组织起来参与流通，积极发展农村第三产业。农业社会化服务体系建设要根据发展高产优质高效农业的要求，推进技物结合，实行有偿服务，办好服务实体，使农业服务组织更具活力。各类农业商品生产基地和综合开发项目建设，具备条件的要向企业化经营发展。大力发展以农产品为原料的加工企业，重点扶持中西部和经济不发达地区乡镇企业的发展。农业企事业单位要按照改革开放的精神，区别不同情况，进入农业科技、经济开发的主战场。农业、畜牧、水产、农垦、乡镇企业要逐步形成一批企业集团，在种养加、产供销、农工商一体化经营中发挥示范带头和骨干作用。

5. 扩大农业对外开放，大力发展外向型农业。在进一步扩大沿海地区对外开放的同时，加快沿边、沿江和内陆一些城市的开放步伐，形成多中心、全方位开放的格局。在这种新的格局中，要发挥我国一些名、特、优、新农产品在国际市场上的竞争优势，进一步发展外向型农业；从我国出口的农副产品及其加工制品中筛选出一批拳头产品，集中资金、技术，建立基地，形成规模，批量生产，占领国际市场。

加速组建一批农业、农垦、乡镇企业外向型企业集团，围绕国际市场开拓、开发；充分发挥引进、吸收、出口、创汇的作用。支持沿边地区大力发展边境贸易，促进和带动内地农村各产业的发展。积极发展“三资”企业，引进资金，引进先进技术，利用合资渠道增加出口。

扩大农业利用外资的额度，大力引进优良品种、先进技术、发展资金和科学的经营方式与管理方法，积极开展国际交流与合作，推动高产优质高效农业的发展，加快农业现代化的进程。

加快农产品外贸体制改革，赋予地方更大的进出口自主权，赋予具备国家规定条件的农业企业、乡镇企业、农垦企业及其企业集团外贸经营权。要改进农产品出口配额制度，实行公平竞争，鼓励开拓和扩大国际市场。

6. 改善和加强宏观经济调控。我国发展社会主义市场经济，发展高产优质高效农业，必须改善和加强宏观调控，这是国家保障经济协调运行的重要职能和手段。

首先要改革农业计划管理。一是要调整计划内容和重点，从过去注重研究生产发展速度、产品产量指标、建设项目审批、投资分配划拨等转向主要研究市场供求关系和总量平衡，确定产业发展目标和产业政策。二是改善宏观调控手段。综合运用财政、税收、信贷、价格等经济杠杆，引导、调控农村市场经济的发展，建立健全多级储备体系，建立风险调节基金，确保大宗农产品顺畅流通和供求关系大体平衡。三是改进宏观调控办法。对粮棉等大宗农产品，实行定购、预购等办法。逐步把国家投资变为实施宏观调控的经济杠杆，充分发挥国家投资引导生产、调控市场的作用。

其次，要强化信息指导和服务。加快农村经济信息体系建设，及时掌握国内外市场动态，研究市场供求规律及对策，为农民进入市场、发展经济提供指导和服务，为国家进行宏观指导和调控提供决策依据。

再次，要加强对农业的扶持。一方面要调整国民经济投资结构，增加对农业的财政、信贷支持；一方面要建立有效的农业投资机制，吸引社会和广大农民增加对农业特别是粮棉等生产的投入。

（农业部部长办公室）

【全国发展高产优质高效农业经验交流会】 1992年6月25日至29日，国务院在广东省召开全国发展高产优质高效农业经验交流会。全国各省、自治区、直辖市、计划单列市政府分管农业的负责人，国务院有关部门的负责人等200余人出席了会议。国务院副总理田纪云参加会议并讲话。

会议以邓小平同志南巡重要谈话精神为指导，

讨论和研究了我国农业和农村经济发展的形势和任务。

会议认为，在整个90年代，我国农村经济工作的总要求是，加快改革和发展的步伐，实现由温饱到小康的跨越。为实现这个目标，应重点抓好三项工作：一是农林牧副渔全面发展，走高产优质高效的路子；二是加快乡镇企业发展，重点向中西部进军；三是重视发展第三产业，加强以流通为重点的服务体系建设。

会议认为，我国农业从过去以追求产品数量增长、满足人民温饱需要为主，开始转向高产和优质并重，提高效益的新阶段，是我国农业发展的一次历史性转折。经过40多年的发展，特别是改革开放十多年来，我国农业发生了巨大变化。粮棉油等主要农产品总量基本能满足解决人民的温饱和国民经济发展的需求。农业进入了由自给性生产向商品性生产转化的时期。为满足国民经济发展和人民生活提高对农产品优质化、多样化的需求；为增加农民收入，更好地保证占我国人口80%以上的农民实现小康目标，农业的发展必须走高产优质高效的路子，这是推动我国农业再上新台阶的一项重大战略决策。

会议提出，要推动农业向高产优质高效转变，必须抓住当前有利时机，加快农产品购销体制改革。充分利用和重视市场机制的作用，对适宜放开而尚未或没有完全放开的农产品，要积极创造条件，逐步向生产商品化、经营市场化的方向推进。同时要加强批发市场建设，完善粮食等主要农产品储备制度，还要继续重视对粮食主产区的支持，国家要采取多种措施支持粮食主产区的发展，为国家培育充裕的粮源。在深化改革上，要大力发展贸工农一体化经营组织，加强农业社会化服务体系；要加快农业对外开放，积极参与农业国际交流和竞争；要搞活农村金融，调整农业投资结构；要建立健全农业标准化体系和监控体系。会议还认为，发展高产优质高效农业，科学技术是强有力的助推器。我国农业的进一步发展，必须把着眼点放在科技成果的推广应用上，下大力普及优良品种，采用先进的技术，建立技术含量较高的农用物资生产体系，形成上下贯通的科技推广系统和“农科教”三结合的科技服务体系。

会议强调，由于各地自然条件不同，生产水平各异，发展高产优质高效农业必须从当地实际出发，走出有自己特色的路子来。根据广东和其他省市的经验，要实现农业的高产优质高效，应做到种养加结合、农工商结合、内外贸结合、农科教结合；同时还要抓好农林牧副渔各业的深度和广度开发，改善农业生产条件，提高农业综合生产能力，增加农业发展后劲；要以大农业的观点充分合理地开发利用各种农业资源，不仅要生产出品种更多、产量更高、品质更好的各种农产品，而且要不断提高效益，使农业成为充满生机活力，具有较强的自我发展能力的现代产业。（国务院研究室农村经济组 郭玮）

完善双层经营体制与农业社会化服务

完善农村承包合同管理

农村承包合同及其管理工作进展顺利，取得良好效果。据全国26个省、自治区、直辖市统计，1992年共有农村承包合同2.12亿份，上交承包金402.1亿元；合同完备率达82.1%，比1990年上升5.4个百分点；合同兑现率为89.8%，比1990年下降1.4个百分点；合同纠纷率仅为0.6%，比1990年下降2.6个百分点。

1992年，农村承包合同管理取得较大进展和可喜成效，主要有以下几个原因：

1. 党政领导重视，有关部门支持。首先，党中央和国务院对承包合同管理工作高度重视。党的十三届八中全会的《决定》指出：“稳定和完善家庭承包经营，要认真完善土地和其他各业的承包合同管理，明确双方的权利、责任和义务。”为了把稳定和完善家庭联产承包责任制的工作纳入法制管理的轨道，国务院于1992年9月下发了《国务院批转农业部关于加强农业承包合同管理意见的通知》。该文件明确了以下几个主要问题：(1)要求各级人民政府要把依法加强农业承包合同管理工作提高到稳定和完善党在农村中的基本政策的高度加以重视。(2)要进一步加强农业承包合同的法制建设。(3)依法管理农业承包合同。(4)认为各级农村经营管理部门一直承担着农业承包合同的管理工作，要求今后要总结经验，提高政策水平，依法加强管理，更好地履行合同管理的各项职责。为合同管理工作创造了条件，铺平了道路。其次，地方各级党委、政府和人大的重视和支持。第三，各级法院、工商、信访部门的大力配合和协助。

2. 法规制度健全，配套措施完备。各地充分认识到，承包合同法规制度建设是做好工作的重要保障，必须抓紧抓好。截止1992年底，全国已有26个省、自治区、直辖市颁布了承包合同管理条例或办法，其中，北京、山西、内蒙古、辽宁、吉林、黑龙江、山东、广东、陕西等9个省、自治区、直辖市是人大通过的地方性法规。绝大多数省、自治区、直辖市都制定了合同鉴证，无效合同确认和处理、合同变更或解除，合同纠纷调解和仲裁，合同规范文本，各业承包管理细则，合同履行监督检查等配套的制度。使得合同管理工作基本做到有法可依，有章可循。

3. 管理机构健全，人员素质较好。建立合同管理机构，配备管理人员是做好合同管理工作的基本条件。目前已基本形成中央、省、地（市）、县、乡、村较为完整的管理体系。到1992年底，有1 500多个县和3.4万多个乡建立了承包合同管理委员会，

四川潼南县经过十年努力，农业区划按生态农业合理布局，水土流失得到控制，自然灾害明显减少，农业生态环境有所改善　　刘前刚摄

有800多个县和1.5万个乡建立了承包合同仲裁委员会；有40多万个村成立了合同管理小组。全国共有合同管理人员103万人，其中专职人员15万人。他们均接受过培训，多数管理人员持证上岗，具备了承担业务工作的能力。为搞好合同管理工作打下了较坚实的基础。

4. 抓好基础工作，消除纠纷隐患。各级经营管理部门一直把工作重心放到指导合同签订，建立合同档案，进行合同鉴证，组织回访检查，健全承包制度等基础性工作上，以此避免合同纠纷的大量发生，并取得明显的成效。1992年鉴证的合同为1.08亿份，通过合同鉴证查出不完善合同290多万份，及时予以完善；查出无效合同33万多份，及时进行处理。从而消除了大量纠纷隐患。一旦发生纠纷，合同管理部门便主动受理，认真调处。

5. 注意总结经验，不断改进工作。各地普遍重视总结先进典型经验，指导面上工作，注意根据情况变化，及时改进工作，努力使合同管理工作适应农村改革的要求，符合农村发展的实际。例如，广东省不断探索市场经济条件下加强承包合同管理的新路子，积累了许多经验；山东、吉林和福建等省实行规范化管理的经验；四川、河北等省注意合同管理与减轻农民负担、强化财务管理等工作有机结合的经验；广东、北京、辽宁等省、直辖市及时处理林果、水面纠纷案件的经验；北京、天津、广东、辽宁等省与法院、工商、信访等部门搞好协调配合的经验，等等。各具特色，有较强的适应性和推广价值。

6. 广泛宣传发动，形成社会影响。造成广泛的社会舆论声势，形成学法、懂法、守法的社会环境，对合同管理工作至关重要。因此，各级承包合同管理部门利用各种新闻媒介和活动形式，宣传党的政策和国家的有关法律，普及合同法律知识，交流先进经验，形成了一个各级党政部门和社会各界重视和支持合同管理工作的气氛。

（农业部农村合作经济指导司
傅玉祥　胡乐鸣　刘春明）

强化农村集体资产管理

加强和改善农村集体资产管理，是巩固和发展集体经济的需要，也是广大农民关心的问题。农村实行家庭联产承包责任制后，各地为了扭转一些村集体资产管理混乱的状况进行了种种探索，有的实行了队有村管，有的实行了村有乡管或乡村联管，还有的建立了农村合作基金会。这些对强化集体资产管理发挥了积极的作用。但集体资产管理混乱的问题仍没有从根本上得到解决。因此，近一二年来不少地方继续深化改革农村集体资产管理工作。其基本思路是：在增强广大基层党员、干部带领群众共同致富观念的基础上，以调整现有集体资产占有“大锅饭”式的运行为突破口，强化自我管理并辅之于审计监督及法律约束。具体做法概括起来主要有以下几点：

1. 改集体资产“大锅饭”式的占有为股份占有。实行集体资产股份占有，必须明确集体资产的构成和所属范围。从集体资产的构成看，分为原生产队、原生产大队和新的村集体经济组织形成的公共积累。这些资产分别属于该组织范围内的成员集体所有。农村集体资产的构成和所属范围有别，实行股份占有应遵循不平调的原则妥善处理其财产关系。河北、广东、吉林等地的做法是，把原生产队的公共积累，在原生产队范围内折股到户。把原生产大队和新的村集体经济组织形成的公共积累，以村为单位分为集体积累股和农户股（一般占40%左右）。持有农户股的凭股份参与集体经营收入的分配和集体资产的管理。鉴于原生产队组织已不存在，很多地方由农村合作基金会管理原生产队积累折股到户的股金。村集体的积累股和农户股，仍由村集体经济组织管理。一些自身财务管理能力弱的村，委托给乡镇经营管理站代管。

2. 改集权管理为民主管理。许多地方在集体资产股份占有的基础上，实行民主决策，强化自我管理，较好地改变了集体资产管理权过分集中的弊病。一是建立健全了成员代表会议制度。成员代表会议是集体资产管理的最高权力机构，其代表由全体成员选举产生。成员代表会议由村集体经济组织管委

江苏华西村的38家工业企业正向规模大、效益高、外向型的方向发展。图为新建的万锭精毛纺厂车间，年产2 000吨羊毛针织绒　　方爱玲摄

会定期召开。集体的财务制度和财务计划、固定资产变卖与报废、收益分配方案、主要生产项目的承包办法、招待费与差旅费标准、村干部报酬及成员退出或加入村集体经济组织时股金的处理等重大财务活动，报乡镇主管部门审查，经成员代表会议讨论通过后执行。二是实行违法违纪处罚制度。对违反民主管理程序和财务制度所造成的经济损失，村集体经济组织呈报乡镇有关部门审查，经成员代表会议通过，给有关人员必要的经济处罚和应得的处分；情节严重的，由村集体经济组织提请司法机关处理。

3. 改无偿使用为有偿使用。多数地方改借用集体资金无偿为有偿，有力地抑制了个人或其他单位吃集体“大锅饭”的现象，合理调节了在资产使用上所有者与使用者之间的利益关系。截止1992年底，全国约有1.75万个乡镇和11.46万个村设立了农村合作基金会，集体暂时不用的资金交由基金会融通使用，基金会对借用资金者收取资金占用费。同时，对拥有股金的会员进行分红。有的地方虽然没有成立农村合作基金会，但村集体经济组织也采取了措施催收原有欠款，同时严格控制各种借款，规定任何人不得利用职权、特权私自借款。特殊情况需要借款的，要酌收资金占用费。另外，村集体经济组织还建立健全了固定资产的管理、使用制度，对借用者也适当收取占用费。

4. 改会计人员分散管理为集中管理。为了保持村集体经济组织会计队伍的相对 稳定，提高会计人员的素质，各地采取的措施主要有：一是村会计人员的任免和调换，必须经成员代表会议讨论通过，乡镇主管部门考核、批准，报县主管部门备案。二是对村会计人员分期分批进行培训，提高其业务水平和政策水平。三是对村会计人员，经过考试、考核合格者，由县以上主管部门颁发会计证，实行凭证上岗。经过两次考试、考核仍不具备取得会计证条件的，调离会计岗位。同时，对村会计人员评定技术职称。四是对村会计人员的劳动报酬实行村筹乡镇管理。五是对村会计人员实行离任审计。

5. 加强审计监督和法律约束。1992年，不少地方充实了经营管理人员，建立健全了县乡两级农村审计机构，在开展农村集体经济审计的基础上，与司法部门紧密结合，妥善处理了财务违法案件。河北石家庄地区有四个县（市）设置了农村经济检察室，承担农村集体资产中违法违纪案件的查处工作，对强化集体资产管理起了不可忽视的作用。这种做法，值得借鉴。近年来，吉林、内蒙古、宁波等地人大或政府还颁发了农村集体资产管理方面的法规，对集体资产的权属、管理、使用及财务违法违纪问题的处理等进行了规范，为把集体资产管理纳入法制的轨道奠定了基础。（农业部农村经营管理总站　袁志军）

农村专业服务组织的发展

改革开放以来，以农村专业技术协会（或研究会，下同）为代表的农村专业服务组织蓬勃兴起，在普及科学技术，推动农村生产力发展，促进农村经济商品化、专业化、社会化过程中，起着越来越重要的作用，并已成为农民自己组织起来适应和进入市场经济流程的一种重要形式。据中国科学技术协会统计，至1992年底，全国农村共有各类专业技术协会12万多个，入会会员达500多万个农户。其中，有县一级的专业性联合会850多个、地区性联合会800多个，全省性联合会24个，跨省的联合会30多个。在专业类别上，可分为种植业、养殖业、加工业和流通、信息及综合服务六大类共140多个专业门类。农村专业技术协会是以专业技术服务为核心、以农村中的能人为骨干的群众性的农民自我服务组织。

农村专业服务组织之所以会应运而生，并显示出旺盛的生命力，这是由生产力的发展水平和市场经济发展的客观需要所决定的。

第一，从客观上看，农村各种生产力要素的剩余与短缺并存，确有一部分农户家庭不同程度地出现了资金、设备、劳力或技术的剩余，这就为农民扩大经营规模、开拓新的经济活动空间提供了物质前提。需要依据市场经济的要求进行流动与重组，形成新的生产力。

第二，在市场机制、价值规律引入农村经济后，分散的一家一户虽有某个行业或专业的一技之长，但难以准确及时地掌握市场信息，这就提出了农民自己组织起来进入市场的要求。

第三，农户经营在由“小而全”向“小而专”转变、实现专业化生产和规模经济过程中，迫切需要系列化服务。

第四，在工农业产品价格的“剪刀差”较大、从事种养业初级产品生产的比较利益低的情况下，农民为了保障生产的顺利进行，并分享一部分加工、贮藏、销售环节比较丰厚的利润，要求联合起来，延长生产经营链。

上述情况表明，随着农村经济的商品化、市场化，在产前产中产后的服务领域必然出现各种各样的联合与合作。各类专业服务组织就是以专业技术为核心，同行业之间、农户之间相互渗透、相互融合的一种新的合作经济形式。

农村专业服务组织与其他合作经济组织相比，有其独特的功能，这就是以专业化的生产经营方式与技术上的先进性，推动着农村市场经济的发展。

1. 促进分工分业，加快农村经济专业化、商品化、市场化的步伐。专业技术协会的建立，把一家一户的专业化生产扩大为群体的专业化生产，同时促进以专业技术协会为基本结构单元的分工分业，进而在一定的地域范围内形成较大的优势产业，产生多种类型的专业村、专业乡，乃至在一个县的范围内形成一个或几个支柱产业或拳头产品，促进农村各种经济资源的优化配置。江西省至1992年底，由各类专业户、科技示范户、种养业能手等自愿组织起来的农村专业技术协会已达3 700多个，拥有会员56 000多人，涉及农、林、牧、副、渔业和加工、服

陕西省农机局1992年统一组织了1 000台中型联合收割机，准备在八百里秦川自东向西收割，图为西安市汉城乡的联合收割机整装待发　　张新民摄

务等80多个专业门类，有力地促进了生产的专业化、规模化、商品化。海南琼海、琼中县的西瓜、蔬菜专业技术协会，引导、扶持农民种植反季节瓜菜，形成了专业生产基地，并积极组织外销，使许多农民脱贫致富。

2. 普及科学技术，加速科技成果转化为生产力的进程。农村专业技术协会的诞生，完全出于广大农民学科学、用科学的自觉要求、自觉行动，既不花国家一分钱，又直接为农民的生产经营活动服务，同农民的经济利益息息相关，普及科学技术的效果既快又好。被评为全国农村十佳专业技术协会的江苏宜兴市牛蛙养殖协会，组织会员对牛蛙的形态习性、饲养繁殖、防疫治病等知识技术进行了全面研究，从而探索出了适合当地牛蛙养殖繁殖的规律，使养殖成功率达95%以上，1991年1 300多个养殖户的总产值达1 000多万元。山西万荣县原来是个贫困县，1989年开始推广种植果树，并成立了果树专业技术协会。协会根据广大农民栽培果树的需要，一是进行技术培训；二是在乡里建立了示范园，直接向农民传授技术；三是组织技术协作与攻关，解决生产中的技术难题；四是与有关的科研、教育单位建立联系，引进技术和人才。1992年果农协会共培训农民2万余人次，全县果树面积已扩大到近万公顷，人均果树收入300多元，高的达600多元。

3. 沟通市场信息，开展购销服务。许多专业技术协会除了开展技术服务外，通过编印小报、资料或举办讲座等多种形式，将市场信息传递给农民，减少生产上的盲目性。一些专业技术协会还举办经济实体，发展购销服务，既组织生产资料供应，又为农户推销产品，或者根据市场需要组织农副产品加工，把一家一户的小生产与大市场联系起来。山东莱芜市牛泉镇从1984年开始建立了长毛兔协会。几年来，该协会以科技开发为先导，以产品加工、销售为核心，走出一条农、工、技、贸相结合，产供销一体化的路子，经受住了兔毛市场和价格几起几落的波动。至1992年已发展到有直属会员780多户，并联系莱芜市的15个团体分会，还有分布在5省3市的通讯会员80多人。该协会所办经济实体的固定资产已达230万元，年销售兔毛量达300吨，经营额3 000多万元。

4. 农村专业技术协会作为一种行业性组织，可以沟通农民同政府的对话渠道，向政府反映农民的意见和要求，政府也可以通过专业技术协会对农民的生产经营活动进行计划指导，加强宏观调控。几年来，各地的粮食、棉花专业技术协会，既向政府反映合同定购粮棉中“三挂钩”物资兑现中存在截留挪用、不到位的情况，又以为农民提供服务为纽带，使农民的粮棉生产接受国家的计划指导。

总之，农村专业服务组织以其特有的生命力和多种功能的辐射，推动着农村社会主义市场经济的发展。　（农业部政策法规体改司　晓　敏）

林业社会化服务体系建设

随着林业改革的深化，广大农村掀起了科技兴林振兴中华的热潮，但由于林业生产周期长，专业技术性强，农村迫切要求提供产前、产中、产后的系列化配套服务。林业社会化服务体系就是提供配套服务的，其主要职能是：宣传贯彻林业方针政策，保护和管理森林资源，试验、示范、推广优良新品种、科研新成果、林业新科技，提供良种壮苗，开展技术培训，进行技术指导和组织病虫害防治，对危险性病虫及时组织调查，提出封锁、捕灭措施，为林业生产提供产前、产中、产后配套服务，传递情报和经济信息促进商品经济的发展。经过多年的努力，林业社会化服务体系已初具规模。

县级以上的服务组织有：种苗站（含国营苗圃、种子园）。全国已建有省级种苗站30个，市（地）级种苗站130多个，县级种苗站600多个，职工近800人。国营苗圃2 300多个，良种基地700处，采种基地100处。

森林病虫害防治检疫站。截止1992年底，全国建有省、地、县三级森林病虫害防治检疫站2 200多个，测报点（站）5 000多个。职工总人数14 000人，其中，专职检疫员6 000人，专职和兼职测报员5 000余人。

林业科技推广站（中心）。据1992年底统计，已建立县级以上林业科技推广机构1 500多个，占应建机构数的45%。有职工19 500人，其中科技人员12 000人。

林产品购销站（木材公司、林产品经销服务公司）。地、县林业主管部门建立的木材经销机构和收购网点有2 500个，在木材销区还设有林产品自销、联销网点1 600多个。

乡村林业服务组织主要有：林业工作站。它是林业社会化服务体系建设的重点，根据精简、统一、效能的原则在乡镇一级只设立林业工作站。它是综合性的社会化服务组织。近几年，随着工作重点的转移和林业改革的深化，林业站的建设得到了加强，自1988～1991年部里累计补助建站投资7 500万元，地方各级配套投资近3.4亿元，新建林业工作站1.8万元多个，并对一些原有的林业工作站进行了完善。新建站数超过了1987年以前30多年的总和，林业站人员也从不足8万人增加到近15万人。为了切实加强对基层林业工作站的管理，林业部于1988年底筹建了林业工作站管理总站，并要求地方各级林业主管部门都要责成有关处（室），指定专门人员组成班子，专抓林业站的工作。至1991年4月底，第一期建站规划已提前两年超额完成，使林业工作站的总数达到3.5万多个，对乡（镇）的覆盖面达到62%以上，暂未建站的乡（镇）都设有林业员，林业工作基本做到了乡乡有人管，层层有人抓。

乡村林场。全国有14万多个，经营面积1 467万公顷，场员90万人，是林业生产的经营实体。

此外，一些地方的县、乡，有的成立了国营或联营的林业投资公司（林业开发公司、营林公司）、林业基金会，采取有偿投资、统贷统还、联合分利等形式，多渠道引资投入，有力地推动了农村林业生产的发展。（林业部林业工作总站　陈宏贞）

草地有偿承包责任制的发展

党的十一届三中全会以来，我国农村普遍实行了以家庭联产承包为主的责任制和双层经营体制，农村经济稳步发展，粮食连年丰收。草地，作为一种土地形态，也同土地一样，自1987年始，逐步推行了草地有偿承包责任制，截止1991年底，全国草地有偿承包面积5 533万公顷，占可利用草地面积的1/4，其发展迅速主要表现在：

一是改变了传统的落后意识。草地有偿承包责任制的落实，克服了草地牧业转变了人们对草地无偿使用的传统观念，开始认识到草地是有价值的，增强了草地的危机感和合理利用、保护、建设草原的责任感，调动了集体和群众自力更生建设草原的积极性。实践证明，这是保护建设草原的一项根本措施。

二是调动了千家万户改良建设草原的积极性。经济效益明显提高。据黑龙江省调查1986年富裕县一牧民自筹2 000元、贷款1.5万元，承包了202公顷退化草地，经精心管理，进行翻耙更新改良措施后，使退化草地变成了人工草地，到1989年累计向社会提供优质牧草78.5万公斤，不仅偿还了全部贷款，3年纯收入3.4万元。该县另一牧民1985年承包128公顷草场，对其中20公顷严重退化的草地进行了人工种草、封区育草等措施，经4年时间，到1989年平均公顷产干草1 440公斤，比4年前增加了840公斤，增长了14%。扣除草场承包费和各项投资，累计纯收入2.7万元。据吉林省统计，1990年全省共投入草地建设资金519万元，其中，农牧民投入占34.8%。

三是建立了自我积累、自我发展建设草原的新机制。实行草地有偿承包责任制后，每年收取的草地有偿承包使用费，全部或大部分直接用于草地建设。据内蒙古自治区初步估算，全自治区普遍实现草地有偿承包责任制后，每年可收取草地有偿承包费2 000万～3 000万元，可建设草原26万～33万公顷。仅此一项，就相当于几年来每年中央、地方、集体和个人草原建设投资的总和。

草地有偿承包责任制的运用，协调了集体利益和个人利益，并使集体统一经营和劳动者自由经营两个积极性同时得到发挥，经济效益明显提高，给我国草地牧业经济建设和社会发展带来了广阔的前景。

总结各地实行草地有偿承包责任制的主要经验是：

（一）领导高度重视决心大是搞好草地有偿承包到户的关键　一是统一认识，开展试点，以点带面，全面推开。二是加强组织领导。成立县、乡、村三级领导机构，制定规章制度，三是把此项工作纳入法制轨道。四是落实专项经费。

（二）草地分等划级，合理确定收费标准；测定不同等级草地的产草量，核定适宜载畜量，明确草地界线，按草地等级适当搭配分配　收费标准，各地不一，从各地实践看，一般掌握在草地产草量产值的1～3%，或饲养收入的3～5%。一等草地每公顷收费1.50元，折每个羊单位2.80元；二等草地1.20元/公顷，折2.50元/羊单位；三等草地0.90元/公顷，折2.20元/羊单位；四等草地0.60元/公顷，折2.00元/羊单位。并制定超载处罚原则：超载6～15%，按超载头数加倍收费。超载16%以上，按超载牲畜头数的本身价值收费，直到使多养畜者无利可图。以真正发挥收费的价值规律和宏观调控作用，和坚持以草定畜，实现草畜平衡。

（三）因地制宜确定承包形式和承包面积，根据当地不同生产条件确定不同形式。基本有两种：到户或联户（组）经营。在草地公有的基础上，承包户和集体保持承包关系，由集体统一监督管理。

划分草地时，既考虑草地承包政策的稳定性和连续性，又考虑群众的生产生活，按“以人为主，人畜兼顾”的原则。大体分为四个层次：一是人多畜少的地区，按人6畜4的比例划分；二是畜多人多的地区，人畜各半；三是畜多人少的地区，按人4畜6；四是超载严重，新增户多的地区，按户2人4畜4的比例划分。

总之，因地制宜，适于一家一户的草地类型可以包到户，需要协作的草地类型，可以包到联户（组）。无论到户、到联户，只是体现劳动组织的规模大小，并不一定标志生产的进步与落后，但必须把草地的用、管、建同牧民的权、责、利完全结合起来，落到实处。（农业部畜牧兽医司　杨爱莲）

水产业社会化服务体系建设

我国水产业，发展至今已逐渐形成一个专业性较强的复杂产业系统。包括养殖业、增殖业、捕捞业、加工业、渔机工业和水产供销业，以及其他服务业，每业之中又有若干个产业分支。改革开放的10多年，我国水产业以惊人的速度在世界的东方迅速崛起。到1992年，以年产1 500万吨（不包括港、澳、台产量，下同）的水产品产出实绩，名列世界榜首。

适应产业特点和事业发展，经过多年的横向、纵向扩张与延伸，我国已逐步形成面向渔业生产的，集水产基础设施建设、船舶网具制造、生产资料供应和产品的保鲜、加工、运销，以及水产科研、教育、推广、电讯、管理等方面为一体的综合性、多功能，具有明显行业特征的水产社会化服务体系。起重要推动作用的主要有四种类型：

一是以国有水产企业为骨干的专业性服务。到90年代初期，全国共有国有水产企业2 936家，职工38.4万人，产值115.7亿元（按1990年不变价计算，不包括供销企业销售额），占水产业总产值的17.4%，其中工副业产值占38.8%，同群众渔业劳力相比，劳动生产率至少高出1倍。

在渔业生产上，国有企业开发新品种、新渔场，推广普及新技术，繁育、引进、供应苗种，其带头、示范、指导、服务的功效不容低估。在产品加工上，拥有国有冷库1 096座，冷藏能力47.8万吨/次，年冷冻水产品79.9万吨，分别占全国总量的66.4%和46.2%。342个国有加工企业年生产干熏、盐藏、调味加工、罐制水产品4.4万吨，其中后两项占全行业总量的72.0%，褐藻胶和碘的产量接近占全国总量的90%。在船机修造上，118个国有渔船、渔机和渔用绳网具制造企业，不仅产量、产值举足轻重，而且产品质量具有明显优势，有力地推动了由传统渔业向现代渔业的转化。在购销供应上，国有水产供销企业经历了水产品价格放开的重大变革，由10万多职工组成的937家企业牢牢地站稳了脚跟，虽然水产品收购经营量下降到仅占水产品总量的7%左右，但是仍然发挥国有企业的商业“蓄水池”的功能。大中城市和集中工矿区的水产品供应中，国有水产供销企业仍占其主渠道，如京、津、沪等大城市，国有企业经营量占总供应量的50%以上。

二是以渔业生产者自我完善为核心的配套性服务。伴随80年代渔业经济改革的变革和水产商品经济的拓展，渔工商综合经营作为一种新型经营方式在渔区普遍兴起，出现了多种组织形式，按所有制性质可分为：(1)国有企业实行渔工商综合经营，包括捕捞、养殖和供销企业，其特点是在企业内部进行服务项目的自我完善配套；(2)渔民以社区或以渔港为中心进行渔工商综合经营，包括集体统一经营，统分结合、双层经营，分散经营、集中服务，兴办渔民协会等群众组织等多种类型；(3)国有、集体、联合体、个体渔工商联合经营。

福建省三沙港、福建、浙江的渔民在同台商进行鲜鱼交易　　张生贵摄

三是以水产科研、推广单位为中坚的技术性服务。全国地、市以上水产科研机构185个，科技人员8 000多人；全行业共有水产专门技术人员5.4万人，约占渔业专业劳力总数的1.5%；全国已成立水产技术推广机构2 566个，其中省级37个，地级206个，县级1 168个，乡级1 155个；技术推广人员27 508人，其中国家正式职工14 167人（专业技术人员占60%），渔技员13 341人。不同层次的干部、职工学校和培训中心，以及各种类型的短期培训班，在各地相继建立，陆续有四五百万人次的水产职工、干部和渔民受到各种形式的培训。

此外，全国共有各类渔业无线电台、超短波对讲机8万多部，其数量在我国民用电台中仅次于邮电系统，位居第二，渔业电信服务为组织指挥渔业生产、进行渔船抢险救灾，发挥了重要作用。全国已形成年建造钢质渔船6万吨，修理渔轮700多艘、机帆船2 000多艘，制造柴油机147万千瓦，各种渔业机械仪器8万台（套）生产能力的船机服务体系；形成淡水育苗2 000多亿尾、育种90多万吨，海水对虾育苗上千亿尾、海带和紫菜育苗60亿株、0.6亿贝壳，以及扇贝、鲍鱼、海带育苗水体7万立方米等苗种服务体系；形成分布在各地的1 600多个大中型渔用饲料厂和生产点的年生产能力近200万吨的水产饲料服务体系。　（农业部水产司　关锐捷）

水利社会化服务体系建设

农村水利（水保）服务体系是指以大量的水利设施和水土资源为基础，以管理工程、管理用水、推广新技术，加强农田水利建设为职能，以服务农村，促进农村经济发展为中心而建立起来的专业和兼职相结合的水利群体。主要包括：水库、灌区、机电排灌、河道、水闸管理所；区乡水利（水保）站；水利（水保）技术推广中心；水利物资供应公司；水利勘测、设计、施工队等组织。

到1992年，全国已建立各类水利服务组织40万个，拥有人员600万人，初步建立起以水利部门为依托，以区乡水利管理站为基础，以各类水利工程管理单位为骨干，以村、组管水组织、水利个体户为补充水利服务网络。

当前农村水利（水保）服务体系已经承担以下任务：管理着8万多座水库、250万眼配套机井、60万处泵站以及数以万计的渠、桥、闸、涵，并应用这些工程为近1亿公顷粮食作物、2 000万公顷经济作物、520万公顷果树提供用水服务；管理着7 000多处乡镇供水工程，日供水量570万吨，为2 000万人、1.57万个乡镇企业提供生活用水和生产用水；管理着6万多处中小型水电站，为2万多个乡人民

辽宁营口市老边区十分重视农田水利基本建设，通过配套投资建设，全区实现机电灌溉　　吴　明摄

生活和工农生产提供用电；协助政府组织群众参加农田水利基本建设和水土保持，并且每年为30万项农田水利工程以及2万平方公里水土统理区的治理，提供勘测设计和施工组织等服务，协助政府统一管理水资源，为水资源合理开发利用提供技术服务；积极推广先进农村水利、水保先进技术，促进农村水利和水土保持科技进步。

实践证明，农村水利（水保）服务体系已成为农村社会化服务体系的重要组成部分，在农村经济发展中发挥了极为重要作用。

我国农村水利（水保）服务体系建设虽取得了一定成绩，也存在着不少问题，主要有：服务项目单一，服务水平不高、自身建设薄弱、地区间发展不平衡等，这些问题将随着改革的深化逐步解决。

根据十三届八中全会《决定》和国务院《关于加强农业社会化服务体系建设的通知》精神，初步确定“八五”和“九五”农村水利（水保）服务体系发展总目标是：建立起以水利部和各省水利厅灌排中心为导向，以县水利部门为依托，以水利工程管理单位、片站、流域站为骨干，以乡水利站为基础，以村组管水组织水利个体户为补充，集勘测设计施工、物资供应、工程管理、科研示范、新技术推广、人员培训为一体，多形式、多层次、多渠道、多经济成分的服务网络。并使之队伍稳定，服务功能齐全，运行机制灵活，工作充满活力。

为保证总体目标的实现应建立农村水利服务体系的资金保证制度；加速提高人员素质；积极支持兴办经济实体，开展经营活动；建立和完善法规，改善服务体系建设。

（水利部农田水利水土保持司　顾斌杰）

江苏新沂市完善农业承包合同管理

新沂市近年来一直把加强农业承包合同管理作为稳定家庭联产承包制的主要内容来抓。1992年在完善农业承包合同中，又采取一些新举措，收到明显效果。

（一）稳定土地承包关系是加强土地承包合同管理的基础　1990年7月全市按照“基本稳定，个别调整”的原则，对承包土地进行适当调整，调整土地面积1.38万公顷，占全市承包地的19.8%，解决了人地不均、地块零碎等突出问题。1992年新沂市部分乡镇在调整农村产业结构、建设开发小区等工作中，要求收回、调整和平调土地，或者提高土地承包金，壮大集体经济。为维护土地承包合同的严肃性，新沂市采取三条措施，稳定土地承包关系：一是只要承包方式基本合理，群众基本满意，任何地方不得以任何理由擅自调整承包土地。二是凡因经济建设用地，应依法办理征地手续，如果占用耕地较多，人均不到0.03公顷的，要经过群众讨论，提出调整方案，经市审核，报徐州市批准，方可进行局部调整。三是调整产业结构应由村组统一规划，合理布局，本着谁的土地谁经营，承包关系不变的原则进行。由于及时采取以上措施，稳定了土地承包关系，取信于民。

（二）实行双向承包是完善土地承包合同的重要手段　过去，土地承包合同偏重于集体提留，成为发包方给承包方的任务通知书，而对集体应承担的责任、义务没有约束力。新沂市实行干部包服务，农民包任务的农业生产双向承包制以后，以双向责任状或双向合同书的形式，把市与乡和市职能部门，乡与村和乡职能部门，村与户之间的权利、责任和义务确定下来，合同对双方都具有约束力。因地制宜为农民发展生产提供服务，把服务项目、内容、方式、收费标准及奖惩措施签入合同，接受群众监督。

实行农业双向承包合同，完善了双层经营体制，促进了村级服务体系建设，增强了干部服务意识。全市378个村建成农技服务队336个，植保267个，水电服务队310个，农机314个，畜禽防疫254个，购销91个，林果106个，其中提供六项统一服务的达247个，占总村数的65%。各服务组织与农户签订了服务合同，做到服务契约化；还建立健全了各项管理制度和岗位责任制，把服务分解到人，落到实处，服务好坏与报酬挂钩，而且收费标准按市委农工部会同市物价局制定的《农业服务项目收费标准》执行，促进了优质、低偿服务的开展。

实行农业双向承包合同，既增强了承包方履行各项义务的自觉性，又有效地控制了农民负担的过快增长。对农民负担的集体提留，实行总量控制，定项限额的办法，分项列入农户双向承包合同，任何单位任何人中途追加和乱集资、乱摊派，农经部门都有权拒绝办理，农民也有权拒付。1992年全市实提村提留、乡统筹费总额1 886.25万元，人均25.61元，占上年农民人均纯收入4.47%，严格控制在国务院5%限额以内。

（三）认真搞好专业项目承包是完善农业承包合同管理的关键　新沂市村组所有的林桑果、渔塘水面、荒地、农机、房屋、工副业等专业承包项目商品率高，经济效益好，大多数农户都愿承包。做好这些项目的发包、承包工作，既可以促进集体资源的合理利用，又可以壮大集体经济实力。1992年，新沂市共签订各项专业承包合同1.26万份，比1987年增加41%，年上交承包金768万元，比1987年增加74%。具体做法是：

1. 对集体资源进行认真清理。各乡镇对村组集体可利用资源，进行一次清查登记，建立资源档案。凡有条件的，一律纳入承包经营。1992年全市新签订合同1 812份。

2. 严格把好新订、续订合同质量关。凡是新发包的项目和到期续订的合同，一律报乡合同管理站审查、鉴证。目前，全市专业合同鉴证率为100%。

3. 做好未到期合同的完善工作。在全面清查的基础上，对未到期合同，坚持大稳定、小调整的原则，积极稳妥地进行完善。因内容不全而完善426份，因指标不合理，而调整70份，调增指标8 100元。

4. 全面实行招标承包和预交承包款办法。凡是新订、续订合同，村组要根据诸方面因素，重新测算核定承包基数，召开群众会议，引入竞争机制，实行公开招标。1992年新、续订合同5 149份，因招标承包，而增加承包款14.53万元。在签订合同时，要预交全部或部分承包款。

5. 切实抓好合同结算兑现和承包款管理工作。一是村会计服务站要按合同规定及时结算兑现，承包款交乡经管站统一管理，不得坐收坐支；二是对已经到期的应收承包款，承包者如需流动资金等原因暂时无法交清的，可以提出申请，给予办理欠资转为融资的手续；三是管好用好专业承包款。专业承包款属于村或组所有，属组级的项目承包款，村级不得平调。1992年全市应交承包款768万元，按期结算740万元，兑现率为96.4%，其中用于发展村组企业和开展农业服务424万元，占总承包款的55.2%，用于抵减农民负担138万元，占18%，其余大部分作集体积累和发展公益事业。

（中共江苏新沂市委农村工作部）

河北冀县开展农业生产资料系列化服务

河北省冀县以县农化服务中心为主体，对化肥、农药等农用生产资料，实行系列化服务，有效地提高了化肥农药的利用率，促进了农业生产的发展。

冀县农资系列化服务是从化肥开始的。80年代初，县化肥厂生产的碳铵出现了滞销，原因是农民缺乏科学施用知识，施肥后的经济效益不高，影响到农民购买化肥的积极性。面对这种情况，县化肥厂感到企业不仅要生产化肥，而且有责任帮助农民施用好化肥。这既是全县发展农业的需求，也是搞好企业经营的需要。于是创建了农化服务中心，到1992年，已经走过了三个阶段：1981～1986年，帮助农民科学施用碳铵，实现了碳铵生产、销售、施用一条龙。县化肥厂从盈利中拿出一部分，在乡村建立了服务网络，通过培训、宣传、试验、示范、推广，提高了化肥施用水平。1987～1990年针对农民施用单质肥的缺陷，先后研制出小麦、棉花、花生、果树、西瓜、蔬菜等7种复混专用肥，通过1 000多个点的示范，复混肥的施用面积逐年提高。1990～1992年，大面积推广测土配方施肥和复混专用肥。适应这一需求，原化肥厂的服务中心，扩建为县级农业化学服务中心，并健全了县乡村三级服务网络，农化服务队伍扩大到500人。几年来，累计为农民测土4万余份，编制、推荐科学施肥配方3万个，生产供应各种复混专用肥5万吨，推广测土施肥和复混肥技术6.67万公顷（次）。通过科学施用碳铵和推广复合专用肥，小麦平均增产16.4%，棉花增产11.2%，获社会效益1.2亿元，1992年县农化中心创利税22万元，比1981年翻了两番。冀县农化中心走出来的这条为农业服务的道路，受到农民的欢迎。1992年10月，国务院农资领导小组、国家计委、国务院经贸办公室和国家科委联合召开全国农资社会化服务现场经验交流会，推广了他们的经验。

冀县在创建三位一体的农化服务中心的过程中，把科学施用化肥，作为提高全县农业效益的重要内容来抓，县委、县政府将优化施肥工程列为全县农业10项工程之一，精心组织，认真实施。同时，搞好部门协调，实行科研、生产和使用推广一条龙，在商品流转过程中，又照顾到部门利益。

县农化中心的一体化服务，不仅取得了较好的经济效益和社会效益，而且对全县农村社会化服务和县直部门的体制改革，产生了积极影响。已有18个县级部门，兴办服务型的经济实体93个。冀县农药厂鉴于农民用药不科学，农药费用加大等情况，投资40万元，创办了全国首家农药应用技术服务中心，由20多名科技人员组成了植保服务队，并发展村级农药应用技术员2 300多名和植保示范户1.2万个，服务区棉田达2万公顷，还在枣强、阜城、肥乡以及河南蔚氏、扶沟和山东惠民地区，设立了农药应用服务点。根据除虫需要，同农业部全国植物保护总站、中国农业科学院植物保护研究所、北京农业大学、沈阳化工研究所等单位协作，先后开发研制出"60%敌马合剂"、"40%久效硫磷"等13个农药新品种。并研制推广的棉蚜化防新技术，使棉花公顷效益增加384元，服务兴农又利工，农药厂1992年创利税147万元，比1987年增长4.8倍。县供销社创办了53个专业合作社，入社农民6 000多户，把流通、生产、服务结合起来，为农户提供产前、产中、产后全程服务，1992年创产值4 250万元，使农民增加收益1 500万元。

（河北省农业办公室综合处）

浙江嵊县开办水稻收获保险

嵊县位于浙江东部，人口73.23万，耕地3.03万公顷，其中水田2.59万公顷。粮食作物产值占农业总产值的2/5，水稻是主要的粮食作物。前几年，嵊县连续遭受台风、暴雨袭击。境内曹娥江、黄泽江、上东江、长乐江等大小江河多次决堤，洪水泛滥，沿江两岸的水稻损失十分严重，广大农民忧心忡忡，种植水稻的积极性受到沉重打击。为了解除农民种植水稻的后顾之忧，建立完善农业灾害补偿制度，促进粮食生产的发展，嵊县保险公司在上级公司和县人民政府的支持下，于1991年，试办了水稻收获保险，当年承保水稻0.8万公顷。1992年增加到2.29万公顷，占可保水稻面积的88.4%。两年累计收入保费355万元，支付赔款252万元，赔付率为71%。扣除业务管理费用，嵊县保险公司积累农业风险金23.45万元。

嵊县实施水稻收获保险的具体做法是：

1. 深入调查，着重摸清三个底。首先，调查全县各乡、镇水稻播种面积和产量，摸清前三年水稻平均单产。其次，调查常年自然灾害情况，摸清自然灾害对水稻产量的影响。第三，调查听取开办水稻收获保险的意见和建议，摸清干部群众的思想。

2. 统测统保，限额赔付与基数赔付相结合。如果不实行统保，就难以形成规模经营，就不能有效地实施保险。1991年，嵊县保险公司在东片的临城、三界、黄泽、上东四个区（现已撤区）进行调查测算，又在这四个区组织统保，效果十分理想。鉴于水稻收获保险的风险十分集中，为了保障水稻收获保险经营的稳定，在初办阶段，尚未建立雄厚保险基金的情况下，实行了限额赔付，量收为支的办法。同时采取限额赔付与基数赔付相结合，确保保险费的30%作为基数赔付。这样做可以解决全局丰收，局部受灾的赔付问题；减少理赔工作量，并在一定程度上避免了与农民正面定损赔付而带来的纠纷；可以调动农民的投保积极性，农民在无灾小灾年份，还能得到一定比例的保险费返还。

3. 保险责任广泛，按产量成数承保。由于水稻所处的地理环境不同，农民对水稻保险的需求也不同。如果保险责任单一，水稻收获保险就会受到地域的限制。嵊县保险公司将保险产量确定为前三年投保地区平均产量的九成，并将台风、暴雨、冰雹、洪水、旱灾、持续高温等六种自然灾害列为保险责任，适应了广大农民，特别是山区、半山区农民的需要。

4. 合理分担，多方筹集保费。嵊县水稻收获保险按公顷计算，早稻45元，晚稻75元，单季稻90元。由于乡、镇财政困难，村级经济薄弱，农民承担保险费的能力有限，1992年，在保险费筹集上，采取由乡、镇负责收取60%，县财政按投保面积补贴，有效地解决了水稻保险费收取难的问题。

5. 合作共保，盈亏实行分成。水稻收获保险由嵊县保险公司与县人民政府联合共保，单独建帐，独立核算。盈余（即保费收入＞业务管理费用＋赔款）时，县政府得60%，作为下年度续保时的费用；嵊县保险公司得40%，作为农业风险基金。亏损（即保费收入＜业务管理费＋赔款）时，县政府承担40%，嵊县保险公司承担60%。

（浙江嵊县保险公司　叶德荣）

江西省农业系统经济实体蓬勃发展

1992年，江西省农业系统创办的经济实体在改革中蓬勃发展。全省农牧渔业系统县以上已有各类农办工商实体858个，其中工业企业236个，商业、饮食服务业257个，从业职工总人数4.14万人，拥有固定资产原值4.1亿元。1992年工业总产值和销售额达10.2亿元，比上年增长45.1%，纯利润额2 197万元，增长23.3%，税金额2 981万元，增长24.1%。全系统在努力完成本职工作任务的同时，积极发展农牧渔工副业生产，每年为农业生产提供了所需要的各种优良原种2 500吨、良种1万吨，乳制品2 000多吨，饲料20多万吨，啤酒5万吨，茶叶2万吨，精制出口大米1.5万吨，还有淀粉、兽药、鱼药、葡萄糖等产品。这些产品在全省工业产品中占有重要地位，并且推出了一批名特优新产品，已创国优产品1个、部优产品10个、省优产品41个，获国际奖牌2块。每年开发省级新产品10多项。全省农办经济实体已有1个工业企业获国家二级企业，4个工业企业获省级先进企业、2个企业分别获部质量管理奖、1个企业获国家设备管理优秀单位。企业基础工作和各项专业管理有了加强，企业整体素质有了改善和提高。

江西省在发展农办经济实体的主要做法是：

1. 按照高标准、高起点的要求兴办或改造实体和企业　江西生物药品制造厂，1984年以前单一生产生物药品，年产值一直在200万元、利润在20多万元上下徘徊，只能维持简单再生产。1985年以后，他们解放思想，开拓进取，一业为主，多种经营，1987年筹集资金近1 000万元，从国外引进全套自动化先进设备，用一年时间建成了年班产2.6万吨的江西饲料厂。1989年又筹集资金1 400万元，兴建年产6吨“920”车间，完善了基础设施。同时，还与法国赛诺菲公司合作，兴建高起点的动物保健药品工程，已经验收试产。几年来他们创部优产品1个、省优产品6个，被评为省级先进企业。1992年产值达1.5亿元。“七五”期间，农业系统工业企业投入仅9 150万元，而从1991年下半年开始到1992年底，技术改造立项24项，开发新产品13个，投资总额突破1亿元。

2. 坚持一业为主，多种经营，综合发展　省邓家埠水稻原种场突破原良种场只能繁育推广原良种的传统观念，在完成水稻原良种生产任务的同时，充分利用本场的农业资源，自办年产2.5万吨出口精制优质大米加工厂，列为全国出口优质大米的三大厂家之一。主产品“双竹粘”精制米，在外销港澳及东南亚地区的同类产品中处于领先地位，为国家创汇近5 000万美元，年创利税100多万元。还用大米加工后副产品，相继开办了食品厂、炭化稻壳厂、饲料厂，从中增值近600万元，获利约70万元。还以柑桔为主要原料创办了罐头饮料厂。

3. 走种养加相结合的路子，将产值低的农牧渔业产品转化为附加值高的产品　省畜牧良种场大面积开荒种草，饲养优良奶牛3 000多头，兴办江西乳品厂，进行系列乳制品加工。经过多次改造扩建，引进国外先进设备，建成了具有1 500吨乳制品、1 800吨麦芽糊精、5 000吨高温灭菌软包装、400万支(合)冷饮、500吨母乳化奶粉五条生产线，生产四大类二十多个品种。该场还围绕牧业及加工，开发以内部配套为主的啤酒厂、印刷包装厂、畜牧机械厂、医药器具厂、化工厂，发展运输、建筑、机修等相关的服务业。在南昌市和场内办店经商，参与流通。

4. 坚持科研、服务、生产、经营相结合　全省农牧渔业部门按照科技改革的方向和要求，跳出单纯搞科研的圈子，开拓视野搞综合开发，面貌大为改观。赣州地区畜牧科研所，过去单纯搞研究，经费拮据，成果出不来。1985年以来，围绕畜牧科研走科研成果产业化的路子，办起了兽药厂、饲料厂、板鸭厂、豆奶饮料厂，还利用牛粪饲养蚯蚓提取复合氨基酸办起了氨基酸厂等11个经济实体，所生产的儿童、老年营养保健液、提高母鸡产蛋率的速效醒抱灵等产品获新技术成果奖。全所产值1991年达到825万元，比1984年增长27.5倍。不仅获得了可观的经济效益，科研也上了新台阶，完成课题42项，是建所22年以来的8.4倍，获奖成果33项，其中国家级2项、部级6项、省级8项。

5. 引进利用外资，积极参与国际市场　近两年，在引进利用外资上取得很大成绩，兴办合资企业8个，引进外资3 020.6万美元，其中江西赛诺菲动物保健品有限公司、江西洪昌服装有限公司、江西洪梅塑料制品有限公司、江西昌盛水产有限公司、南昌海外皮革制品有限公司均相继投产，并已取得较好的经济效益。还有一批项目正在实施之中，1992年已签约引进外资项目21项，签约总额5 151万美元，实际引进外资2 237万美元。

（中共江西省委政策研究室综合处）

甘肃武山县蔬菜研究会服务菜农

位于陇中黄土高原渭河岸边的洛门镇东街村，早在1978年，有位名叫王义仁的农民在自留地种植塑料大棚韭菜0.027公顷，收入530元，这在当时农民年纯收入不足百元的年代，给周围农户以极大震动，当地的菜农们纷纷效法，3年后全县蔬菜面积达到312.80公顷，其中温棚韭菜发展到4公顷，使土地的效益成倍增长。为进一步研究推广种菜新技术，1982年6月，王义仁联系9户菜农成立了甘肃最早的洛门蔬菜研究会，首创了三层塑料大棚种菜技术，使韭菜一年四季生产上市，不仅公顷产由3.75万公斤增到6万公斤，公顷产值由1.5万元上升到3万元以上，而且使洛门很快成为远近知名的商品蔬菜

全国农林科普工作先进个人、洛门镇蔬菜研究会理事长王义仁举办三层塑料大棚蔬菜栽培技术培训班　浦继宏摄

生产基地。

适应市场需商品菜和农民需科技服务的要求，武山县和天水市科协，先后6次在洛门召开现场会，及时总结推广依靠农民专业技术协会发展商品蔬菜生产的经验，一批由当地“土专家”为技术骨干的农民技术协会及其他科普组织遍地出现。仅科协系统就建立了16个农民蔬菜专业研究会和124个技术咨询服务站(部)。研究会直属的产销组织每年培训农民技术员3 000多人，还有一批专门为蔬菜生产提供良种、农膜、化肥、农药、资金等服务的群众组织。这些科普服务组织的活动，为推广实用技术和引进新技术发挥了积极作用。如洛门镇东街村、郭槐乡文家寺、城关镇清池村、山丹乡周庄等村的蔬菜研究会，带头推广了蔬菜三改栽培技术，即改平栽为垄栽、改漫灌为沟灌、改地瓜为架瓜，并试验研究出黄瓜内套种茄子、茄子内套种萝卜等立体种植，创造了公顷产黄瓜、茄子各7.5万公斤，萝卜13.5万公斤，公顷产值6.75万元的新纪录。清池村70公顷川水地1992年温棚蔬菜54.4公顷，占77.6%，年产值120万元，人均513元。马村蔬菜研究会为菜农引进皇冠、海花等良种辣椒，公顷产达9万公斤，高出当地品种1.2倍。从1984年起就为菜农供应良种、农药的洛门镇技术咨询服务站，指导蔬菜防虫面积0.67万公顷，并承担了省农科院下达的大白菜“三病一虫”防治课题，获省科技进步二等奖。为不断学习研究新技术，1992年，武山县主要领导组织带领蔬菜专业技术研究会的100多名农民技术员，分三次去山东寿光县学习高效节能日光温室冬季生产技术，并解决扶贫资金105万元，从秋季开始在13.87公顷耕地上建起了第一批琴弦式冬暖棚178个，种植黄瓜、花椰菜、番茄等细菜11种，已于1992年11月投放市场，公顷产值达1.68万元，最高达30万元，为武山走出了一条发展高产、优质、高效农业的新路。

目前常年活动在全县13个蔬菜种植区和36个专业村11 356户专业户中的农民专业技术协会有52个，农民群众自己组建的技术咨询服务组织99个，几年来共为菜农供应良种11.3万公斤，出售微肥、农药228.68万公斤。全县蔬菜生产的品种已由

原来的10多种增加到46种。洛门、城关两镇从1985年起就建起了11个蔬菜批发市场，集日参加交易群众6万～7万人，上市蔬菜15～23万公斤，日成交额35万元左右。每年蔬菜专业协会帮助菜农销售商品菜2 100多万公斤，还有一支1.7万多人的运输专业队，年推销商品菜5 800公斤。洛门蔬菜研究会还荣获全国“十佳”农民技术协会称号。农民蔬菜研究会加蔬菜专业市场加蔬菜运销专业队结成服务网络，并延伸与全县的各个蔬菜生产农户联成一体，把武山县的8 000多万公斤商品菜销往全国25个省、自治区、直辖市。全县的蔬菜种植面积已由1981年的366公顷，发展到1992年的2747公顷(其中三层塑料大棚1 000公顷)，蔬菜商品率高达95.6%，成为全县农村经济发展中稳定的支柱产业。

(甘肃武山县科学技术协会
中共甘肃武山县委调研室)

农村股份合作经济

多种类型的农村股份制

近两年来，随着农村商品经济的发展和农村改革的不断深入，我国部分农村出现了股份合作经济和股份制企业等的多种类型、多种形式的经济组织形式。农村出现的多种类型、多种形式的股份制，基本上是沿着两条不同的途径发展起来的。一是在农村商品经济发展中，一大批重点户、专业户率先发展商品生产，积极寻求生产要素的最佳组合，这样，各种不同的松散型、紧密型的联户企业和经济联合体就应运而生。其中，有的经过自愿组合和引导，逐步发展成为股份合作企业或股份制企业。另一条途径是农村社区合作经济组织在发展商品生产和深入改革过程中引入股份制，实行股份制和合作制相结合。农村的股份合作制和股份制的类型、形式很多。不说是一省、一县(市)，就是一乡(镇)、一村之内也很少有完全相同的模式。这是各地区社会经济条件不同、群众要求不相一致，而各地政府和党组织坚持从实际出发，尊重群众意愿、自由选择的结果。

农村虽然出现了多种类型、多种形式的股份合作制和股份制，但一般地说，可以归分为两大类型，即社区型股份合作制和股份制企业。以广东深圳农村为例，具体的情况是这样：

1. 社区股份合作制。最典型的属宝安县横岗镇。横岗镇的股份合作制分两个层次：

一是自然村一级股份合作制。具体组成方式是将自然村集体固定资产按现值清产核资后折成股份，股份分集体股和个人股两种，一般集体股占20～30%，个人股占70～80%。个人股按本村户口、承担本村村民义务(现役军人例外)的原则，16岁或18岁以上者为一股，16岁或18岁以下者为半股，发给股权证书。个人股只作分红依据，不能提取、抵押、转让、继承和疏通。年终分红的原则是在当年纯收入中，提取10%的折旧基金和10%的福利基金后，将剩余金额按村民股份数平均分配。自然村建立股份合作社，由3～5人组成董事会。董事会由股东大会选举产生，股东大会代表原则是1户1人。

二是行政村股份合作制。组成方式是按现值对行政村集体固定资产清产核资并折成股份，股份分行政村和自然村股，二者各占50%。分给各自然村的股份一般按自然村常住人口数决定。在分给自然村的股份中，还包括自然村被行政村征用土地折成的股份。行政村成立股份合作联社，由村委会3～5名干部和各自然村选派1名代表组成董事会，董事长一般由村党支部书记或村长担任。行政股份合作联社分红基金的使用原则是：行政村和自然村所分红利只能用于各自的扩大再生产和集体福利事业开支，而不能划入直接分红基金给村民。1990年初，横岗镇9个行政村、48个自然村都建立了股份合作制。

宝安县121个有条件实行股份制的行政村，已有98个建立了股份合作制，占80%；378个有条件的自然村，已有356个建立了股份合作制，占98%。

社区型股份合作制的建立和发展，壮大了集体经济。1991年底横岗镇村级集体固定资产总值由1988年的5 000万元，迅速增加到1.1亿元，由于每个村民都是股东，出现了“人心归村”的新局面。

2. 股份制企业。这种类型又分4种形式：

一是联户股份企业。这种形式集中在种养业。如宝安县新民镇陈明显等8户村民合股经营黄田村联兴种养场，1985年以来他们先后集资23万元，建有2个共1 000平方米、年饲养量500头的瘦肉型猪场，发展水果6.7公顷。1991年户均股红利超过3万元。

二是扶贫股份公司。1992年初，深圳市在宝安县年人均收入800元以下的24个贫困村，成立了3个扶贫股份公司，由市、县分别拨出279万元和500万元资金作为贫困村的入股资金，同时划拨交通便利的地皮给公司办工业区，并提供优惠贷款。加上所属三镇政府投资，共筹集资金3 000万元。扶贫股份公司分红，贫困村占70%，镇政府占30%。

三是县、镇政府出面组建企业股份公司。1983年宝安县政府批准成立宝安县联合股份公司，1991年6月更名为深圳市宝安县企业(集团)股份有限公司。到1991年6月底为止，共集资1.65亿元。1991年6月25日，该公司经批准成为上市公司。原投资股均转为上市股票。到1991年底，该公司固定资产超过5亿元。宝安县各镇也都成立了镇股份公司。如横岗镇股份投资有限公司，它将各行政村和镇级企业投资的集体股作为公司初始资金来源，吸收本镇居民集资入股。集资股自项目投产之日起按季分红，投资者享有30～40年股东分红权。股权消失后产业所有权归股份公司。集资股份可在本镇范围内转让继承。

四是以行政村经济发展公司为龙头，本村群众集资入股成立股份公司。如沙井镇万丰村，1984年以来该村群众共集资955万元兴办股份制企业。具

广东保安县万丰村，率先在全国农村实行股份制，发展集体经济，每年每人仅按股份分红一项收入就达 4 000 元

新华社供稿

体组织形式先后采取了下列两种：第一保本保息，定期5年。5年内不退股，红利三七分成，集体留三成，七成按个人股分红。第二不保本、不保息，股权定期50年。50年内企业经营所得利润按集体、股东三七分成，50年后投资者股权归集体所有。对生活困难、没能力投资入股的村民，由村里拿出400万元，按人平 5 000 元给予贷款用于投资入股。

广东深圳和各地农村的实践表明：把股份制引入农村经济，发展社区股份合作经济和股份制企业，适应了发展社会主义市场经济的需要，是农村体制进一步改革的方向。从发展集体经济、完善双层经营体制的作用讲，农村股份制是对农村联产承包责任制组织形式的完善和发展，二者不是前者否定后者的关系，不能把二者对立起来。

农村股份制发展形式应多种多样，不宜搞一种模式，不要一刀切，不急于规范为一种模式，对不同形式的农村股份制应有不同的政策导向：①对引入股份制改造原有社区集体经济为社区股份合作经济，一般适合外向型经济和开发型农业区域，从目前情况看比较适合沿海发达地区和大城市郊区农村；②用股份制改造乡镇企业，完善企业经营机制和内部管理，这种形式对全国各个地区都适用，应大力提倡；③对个体、联户经济发展股份经济，在自愿的前提下，可积极引导 和推动，以规范其经营行为。

我国80年代农村普遍实行的家庭联产承包制，是把家庭经营引进集体经济组织，形成了家庭经营为主与集体统一经营相结合的双层经营，把家庭分散经营积极性和集体组织统一经营优越性结合起来，从而使原来的集体经济发生了深刻的历史意义的变化，为发展社会主义农村经济找到了一种新的组织形式，并使我国农村经济在改变了长期停滞、发展缓慢的局面后出现了奇迹般的高速增长期。进入90年代以来，随着农村商品经济的发展，股份制的引 入、股份制与合作制的结合，使我国农村出现了多种类型、多种形式的经济组织形式，不仅有效地推动着农村商品经济的发展，而且已经明显地表示出，为我国发展社会主义农村经济、走共同 富裕道路开拓了更为宽广的道路。还必须看到，随着农村商品经济的发展，农村经济组织形式已经突破地区、行业、部门和所有制，与之相适应的是多类型的农村股份制的出现，并且将会长期存在。这不仅是有利于促进当前农村经济的蓬勃发展，而且是我国社会主义初级阶段以公有制为主、多种经济成份并存在农村中的具体体现。由于我国各地社会经济条件存在着很大的差异，在发展农村商品经济的过程中，强调从实际出发，实行生产要素的最佳组合。

（国务院研究室农村组　韦　农）

林业股份制

自 1983 年陕西洛南县、福建三明市等地的干部群众创办折股联营式的林业股份制形式获得成功以后，各地纷纷效仿，林业股份制有了很大的发展。到1992 年，福建、四川、贵州、湖南、湖北、山东、山西、河北、辽宁、吉林、黑龙江、广东、浙江、江西等省都有了不同程度的发展。国家农村改革试验区福建三明市林区发展最为广泛。三明市建立了 1 347 个村股东会（有的叫股份公司，也有的叫股份合作林场），经营面积达 122 万公顷，占全市林业用地面积的64.9%。林业股份制的发展不仅是面的扩大，而且其内涵也有很大的拓展，从最初的原有山林折股联营，已经开始向各种生产要素折股投入办新的林业股份制合作实体发展。

1. 林业股份制的形式和特点。首先，林业股份制多为股份合作形式。其组织形式主要有以下几种：一是以行政村为单位，全村村民为股东，村所有的山林折股联营，建立股东会或股份公司。如福建三明市、江西铜鼓县、广东始兴县等地发展较广泛；二是村投山地股，本村农民投劳力股，乡、县投资金股，以新造林地为基地，兴办股份合作林场。如浙江淳安县西河村，全村 333 公顷山林均采取这种形式实现了股份联营；三是村投山地股或农户投山地使用权股，任何法人单位和个人均可投资金股和技术股，林场固定场员投劳折股，以新造林为基础，建立股份制林场。如湖南会同县若水股份林场采取这种形式，已有相邻的两个县 20 多个村的 300 多农民将山地使用权入股，县林业局、木材公司投资金股，开发造种果1 533 公顷；四是农户之间以山地使用权、林木折股投入，投劳力股，联合经营。如湖南桃江县源嘉桥乡棉花仓村 80 多公顷联户合股林场，即属于这种类型。

无论采取哪种形式，其基本做法是：在山林权不变的前提下，通过折股，把山林由物质形态变成价值形态——股票，并将股票以“森林股份证”的形式按投入的多少分到各户。林农对山林拥有股份权，并通过股份分红。同时在股份制的基础上，建立林场管理经营。

其次，林业股份制的特点是“分股不分山，分利不分林”，把林木这种特殊的资产以及山地、投劳等各种生产要素资本化，以等价的形式折成股份，形成了新的生产要素组合载体，实现了所有权与经营权分离。

股份设置，一般是按物质形态设股，分为山地股、林木折价股、资金股、投劳股、技术股等。一般山地股约占总股份的1～3成；林木折价股、劳力股、技术股等一般按现行市场价格或价值折成金额，再折成股。如林木有材积的按可出材相应等级的市场价格计算价值，无材积的一般按育苗造林抚育投入计算价值。劳力股则按当地的日工值计算。资金一般按造一公顷林（达到成熟）所需投入折股，也有的按每股100～300元不等。

2. 林业股份制探索的效果。发展林业股份制是林业经营形式改革的重大突破，是营林生产产业化，使林业生产逐步走向社会主义市场经济的成功之路。林业股份制的实践和探索已显示出它的生命力和优越性，成效表现在：

第一，林业股份制赋予了公有制经济新的活力。林业股份制坚持"分股不分山，分利不分林"的原则，使现有大面积成片集体林没有简单分到户，较为妥善地处理了集体山林作为共同创造的财富需要再分配和作为自然生命的生产资料仍要进一步挖掘生产潜力的关系，其所有制性质没有变，但却增加了发展的活力，为公有制林业的发展和壮大探出了新路子。

第二，有效地解决了分户经营与林业生产规模化、集约化要求的矛盾，又较好地解决了利益分配问题，促进了林业生产的发展。过去靠行政手段搞大规模兵团作战，植树造林，虽然发展了造林事业，但挫伤了林农的生产积极性。1983年分林到户以后，由于林农单家独户难以经营，结果分而不造，只砍林不造林的现象十分普遍。多种形式的股份合作经营形式既打破了"吃大锅饭"的传统林业组织经营形式，又克服了分户经营的弱点；既保护了经营规模，又较好地解决了利益分配问题，调动了农民的生产积极性，促进了林业生产的发展。如湖南桃江县到1992年，已发展各种股份合作林场758个，其中65公顷以上的林场有38个，最大的达到660多公顷。近年来，股份合作林场连片造林1.33万公顷。福建三明市实行股份制经营林业后，林业生产迅速发展，造林面积比办股份合作前增加了75%。同时，由于实行股份制经营后，可以发挥股东群体对乱砍滥伐、护林防火的联防作用，使《森林法》等林业法律法规得到较好的落实，有效地控制了森林资源的消耗。目前，在三明市林区，已完全扭转了消耗量大于生长量的状况，1990年实现了消耗量与生长量同步增长。

第三，促进了生产力要素的合理配置和优化组合，迅速形成新的社会生产力。实行股份合作制，最大的优越性是使国家、集体、个人分散的资金、技术、山场和劳力得到集中使用。由于股份制产权明晰，有利于发挥各自的优势，适应社会化生产要求，使不同地区、不同部门、不同层次的各种生产要素与发展林业生产结合在一起，迅速形成新的生产力。如江西南康县规定，允许并鼓励工厂、矿山、商店、学校、机关及其他企事业单位和个人投资入股，同乡、村、农户联合开发荒山荒坡、草山草坡，收入按股分红，股份允许继承和转让。很快吸纳了大量社会闲散资金，1991～1992年全县共吸收股金108.6万元，开发了8个规模较大的股份制果园，面积达120余公顷，现仍方兴未艾。

第四，增加了农户和集体的收入，增强了基层组织的凝聚力，促进了农村经济的全面发展。实行股份制经营以后，由于生产有了很大的发展，采伐林木有计划进行，经济效益明显提高，林农和集体的收入不断增长。如福建三明市1 347个村股东会年总收入已超过2亿元，比1984年以前翻了两番，其中年收入超过10万元的已达800多个。同时，兑现股份分红累计达一亿多元。四川筠连县自由乡广泛征求股东意见，将应兑现的部分资金转为群众集资，新修12公里林区公路，实现了村村通车；架设了13公里的高压输电线路，使全乡90%的农户用上了电；为中心小学新盖一座两层楼近1 000平方米的教学楼，并维修了各村小学和医院。从而增强了基层组织的凝聚力，促进了农村经济的发展。

（林业部政策法规司　张　蕾）

农垦企业积极开展股份制试点

为了探索新的适应市场经济体制的企业产权组织形式和企业运行机制，近年来，农垦企业在完善承包经营责任制的同时，积极开展股份制试点，取得了较好成效。

1987年和1989年间，新疆生产建设兵团（以下简称兵团）、广东、黑龙江垦区在17个场办企业开始了股份制试点。这17个试点企业主要有三种情况：一是为扩大再生产，将原有企业改组成股份制企业；二是在新建企业中试行股份制，包括全民、集体两种所有制；三是把职工集资改为股金。试点企业全部采用内部职工持股形式，企业间没有相互渗股。其中，兵团和广东垦区10个试点企业职工持股金额为195.06万元，占股本总额的46.54%。这批试点企业尽管规模较小，又没有规范化模式和文件的指导，但都取得较好的成效，为垦区扩大试点起到积极的引路作用。到1992年，农垦企业股份制试点已扩大到上海、广州、福建、重庆、海南等9个垦区，各种类型的股份制企业发展到103家（不含股份合作经济），并开始走上规范化的轨道，呈现出较快的发展趋势。股份制企业主要有四种形式：一是以企业及内部职工持股为主，有60家，占58%；二是完全由职工持股，有32家，占31%；三是法人之间相互持股，有7家，占6.7%；四是内部定向募集向社会公开发行股票，有2家，占2%。

农垦企业股份制试点始终坚持了积极试点，稳步推开的原则，通过讲座、办班、代培等形式，使试点企业的干部职工了解并掌握股份制的基本知识，增强职工风险意识和投资意识，然后择优选点作出规划，按股份企业规范化规则实施，力争试点一个、规范一个、成功一个。尤其是1992年下半年在国家有关文件指导下组建的股份制试点企业都比较成功。这是农垦企业股份制试点顺利发展的基本因素。

农垦企业股份制试点具有以下特点：

1. 类型多。一是合资股份制，资产所有各方相互合资组成，这类股份制企业一般规模较大，并已跨出农垦系统，发展前景较好。1992年重庆、海南等垦区组建的股份制试点企业一般都是这种类型。如海南新大洲摩托车股份有限公司，注册资本1亿元，共有5家股东，其中桂林洋农场占有25%的股份。二是内部入股制，股票发行对象仅限于农场或试点企业内部职工。三是定向募集制，这种股份制企业完全按股份有限公司的规则操作，条件成熟即可上市公开发行股票，因此股票发行范围拓宽，在社会上的影响和知名度也较高。目前，除上海东海联合企业股份有限公司和广州白云山制药总厂股份有限公司两家已组建成立并准备上市外，还有近10家企业正在申请组建或向这类股份公司过渡。四是职工股份合作制，类似于农村股份合作经济性质，由职工个人发起采取以劳代股或以资入股，主要从事第三产业以及农业开发、建筑业等。此外，集团股份制和金融股份制也开始在垦区出现；以职工集资形式入股购买大型生产资料进行经营的，在垦区也很活跃，已具有股份合作经济性质，仅黑龙江垦区就有48个；在承包基础上引入股份机制的承包股份制试点在有的垦区也已开始。

2. 公有制为主。农垦企业股份制试点虽然发展较快、类型多、范围广，但是股份制企业并没有触动国营农场社会主义公有制的主导地位，而且股份制本身就是公有制的一种特殊形式。广州白云山制药总厂以国有资产1.5亿元折价作为国家股投入股份公司，占总股份的83.33%；上海东海联合企业股份有限公司股本总额9 682.44万元，国家股和定向法人股占81.4%。

3. 兼顾了农垦企业的特殊性。广州等地政府在批准农垦企业组建股份公司时，充分考虑到农业企业的特殊性，为了贯彻中央对农垦企业"八五"期间继续实行财务包干的政策规定，同意股份试点企业国有股分得的红利全部按原财务包干办法处理，国家股股权代表由国有资产管理部门和农垦企业主管部门共同委派。

4. 坚持了"先改制、后上市"。为建立有效的企业内部经营机制，农垦企业股份试点企业和申请进行股份制改革的企业，在未获得批准前，都已开始按股份制规范转换内部机制，逐步向股份制企业过渡，加快了农垦企业改革步伐。

通过试点农垦股份制企业已取得的初步成效：

1. 迅速筹集了资金，发展了生产。广东垦区第一批试点企业共向职工出售股票169万元，上海东海联合企业股份有限公司1992年12月批准组建，已定向募集资金1.12亿元，利用这些资金扩大了生产规模，上一批外向型出口创汇项目。

2. 加快了企业经营机制转换，增强了自我约束力。企业实行股份制，投资主体和盈亏责任明确，减少行政干预，为企业转换经营机制，真正的自负盈亏提供了基础。这些股份制试点企业都建立了董事会，董事会有的是经股东代表大会选举产生，有的按持股份额确定，企业的重要经营活动均须经董事会讨论决定，定期向股东大会报告，并接受监督和审核。加强了企业自我约束机制。

3. 企业提高了效益，职工增加了收入。股份制试点企业经济效益都较过去有很大提高。广东建设农场建材厂1988～1991年实行股份制3年，产值由326.7万元增加到475.4万元，利润从16.2万元增加到57.5万元，上交税金从18万元增加到39万元，职工收入从2 360元增加到2 780元，每股分红从8元增加到11元（每股50元）；兵团一〇八团南湖润滑油厂1987年由5户职工集资入股26万元组建成立，经过6年的努力，已拥有固定资产110万元，自有流动资金40万元，产值从1987年的12.8万元增加到240万元，利润从3.2万元增加到60多万元，产值利润六年翻了四番，全员劳动生产率11.4万元，人均利税3.4万元，达到深圳特区高效益企业水平。

农垦企业股份制试点虽然已取得较好成效，但还存在一些需要进一步研究解决的问题，主要是一些内部股份企业不规范，如分配中积累提取过少，影响企业发展后劲；组织不健全，缺乏监事会等组织机构，不利于企业自我约束；股权比例分配中国家股与个人股所占份额不当；大农场与内部股份制企业间关系须进一步理顺等等，需在进一步扩大股份制试点中加以解决。（农业部农垦司　范　之）

福建省股份合作林场迅速发展

福建省改革集体林业经营体制，发展多层次、多形式的造林育林，股份合作经营林业有了较快的发展。目前，股份合作林场（股东会）2 830个，经营面积187万多公顷，约占全省的20%，股份合作经营林业呈现迅速发展的势头。

福建省股份合作林场主要有二种类型：一是村集体现有林木折价作股，产权到户；二是企事业单位、个人以资金、技术、劳力、山地、森林折价作股，实行资产股份化，共同开发，合作经营。三明市从1984年起，将集体拥有的森林资产逐步推行股份化。其主要特点是将集体拥有的森林资产的价值形态折价作股，分给应该享有利益的该组织成员，实行所有权与经营权分离，联合规模经营。股份设三种：一是山地股，是集体的山地折股，作为山地的有偿使用费，一般占总股数的20～30%，每年由村委会代表集体参加分红。二是基本股，是对农业合作化以来村民集体劳动创造的森林资产的再分配，即折股联营时按人分股的股份，一般占总股数的70～80%。三是投资股，是村民投入资金、技术、劳力以及按"谁造谁有"政策营造的林木折价入股所扩大的股份。股东委员会由股东选举产生，一般5～7人，负责召集股东大会或代表会，以及林业生产的经营管理工作。林业生产实行经营承包责任制。林业收益分

福建建阳县黄坑乡，地处武夷山，利用毛竹资源，加工竹器、竹筷、竹凉席、竹地板、香芯脚等，产品销往海内外，年出口创汇达100多万元　　李开远摄

配实行比例分成，10%作为股东会管理费和误工补贴；20%作为林业扩大再生产资金；10%上缴村委会；60%按股分红。福州市1990年全面推行股份合作林场，股份设四种：即投劳入股、投山入股、投资入股和投技入股。

福建省股份合作林场经营的主要形式包括：一是县、乡林业部门与乡村合作办场，村以山地入股，村民投工入股，林业部门投资和技术入股；二是企业、部门与乡村合作办场，企业、部门投资入股，乡村提供山地入股并负责生产管理；三是乡与村、村与村合作办场，乡集资、村出山地、农民投劳入股；四是农民合股办场，自愿结合，投资投劳，向村承包荒山造林；五是股东会或林场森林产权股份化，同时吸收社会投资投劳入股，合作经营。

股份合作制适应目前林业生产发展水平，有利于调动社会各方的积极性，因而得到广泛推行。首先，解决了投资投劳和山地开发利用问题，国营林业单位、工业用材单位可以利用资金、技术的优势，开发利用山地资源，促进资源合理利用，发展多层次、多形式的合作造林。其次，产权明确，有利于调动各方面投入、经营管护的积极性。同时，消除了群众怕变的顾虑。第三，有利于林业进行集约化经营、适度规模经营，实行科学造林，发挥综合经营的效益。永泰县西林村由村统一规划、统一营造，群众投资投劳，办起一个村级万亩股份合作林场。屏南县以股份合作形式推动山地综合开发。屏城乡石龙村发动群众投劳入股造林，该村人口仅1 300人，三年合股造林种果114公顷，封山育林333公顷。全县已有股份合作形式的林果场148个，经营1.2万公顷。随着林业改革的全面深化，林业股份合作制将逐步走向规范化，股份合作林场将有较快的发展。

（福建省林业厅办公室　林少山）

山东莱阳市农村试行股份合作制

为加快农村经济发展，加强和改善农村集体财产的经营和管理，完善双层经营体制，山东省莱阳市从1991年9月开始在全市范围内试行股份合作制。通过先试点、后推广的办法，到1992年7月全市各乡镇已全部试行，这大大调动了广大农民参与管理经营的积极性，为深化农村改革开辟了一条新路。

莱阳市在试行股份合作制的过程中，坚持“合作兴办，企业管理；按劳分配，按资分红；留足积累，交够集体；民主管理，自负盈亏”的原则。主要内容就是，把乡镇、村集体财产搞成股份，把其中部分“股权”依据一定条件和名义分给村民（财产所有权仍是集体的），给村民的“股权”只享有集体经济增值部分的收益分配权。目前股份合作制已延伸到乡镇、村办企业、流通服务、果园、水利、交通、养殖、农机等除大田种植业以外的各个方面。股份合作的形式主要有四种：一是集体企业转化型。即原来乡镇、村办集体企业，在清产折股基础上，通过分股、售股、扩股等办法，将集体企业转化为股份合作企业；二是集体与农民联办型。即以乡镇、村集体经济为主，吸收全乡镇、村的全部或部分农民参股，共同兴办股份合作企业；三是农民自由组合型。即农民之间自愿组合的股份合作企业。四是个体、合伙、私营企业升格型。即个体、合伙、私营企业自愿联合，并按照股份合作企业有关规定处理对内、外关系的股份合作企业。

莱阳市试行股份合作制的基本做法是：

1．清产核资、建帐立制，评定股权。首先对乡镇、村集体所有的厂房、设备等生产性固定资产进行了全面的清查核定，按原值或现价进行了评估，算出资产总值，然后将总资产折成股份，其中40%为集体股，60%为个人股。集体股归集体所有，个人股分给广大村民。村民16周岁以上一人享受一股，并由市里统一印制股份证书发给村民，作为参加分红的凭证。

2．集资兴办，合作经营。集资兴办，按照自愿互利的原则，由集体和群众以资金、实物、劳力、技术等作为股份，联合兴办企业。据统计，已办起的股份合作企业，总投资3 382万元，其中，集体股2 233万元，占66%；个人股1 149万元，占34%。合作经营，就是所有入股者，都是股东，都是企业的主人，在确定企业重大问题上，每人都有一票的权利，处于平等的地位。

3．按劳分配，按资分红。股份合作企业的内部分配，坚持按劳分配为主、按资分红为辅。具体分配办法是：先将职工的预定（计税）工资列入税前成本核算中，然后再抽出来和企业的税后利润捆在一起，按照章程确定的分配比例进行分配。在已正式运转的股份合作企业中，个人分配部分的劳资比例大体是按劳分配占61%，按资分红占39%。部分投资多、用工少的企业，按资分红的比例相应大一点，但不超过50～60%。股份合作企业内，“按劳分配，按资分红”两部分一般占分配总额的75%。

4．留足积累，交够集体。留足积累，是指合作企业的生产发展基金和公益福利基金，一般占分配总额的10%左右。其中，生产发展基金占60%，福利基金占20%，奖励基金占20%。交够集体，即在合作企业的分配总额中，拿出一部分（不超过分配总额的15%），上交村集体，为企业和群众生活提供基

山东乡镇企业实行股份制试点。为扩大这项改革，已进行了两批36家乡镇企业股份合作制试点的莱阳市政府，正在举办第三批培训班　　冯　杰摄

础设施。

5. 民主管理，自负盈亏。民主管理，就是企业实行股东代表大会制度，股东大会是企业的最高权力机构，由它选举产生董事会为其常设机构。股东大会负责定期研究企业经营过程中的有关问题，并定期向董事会汇报工作。企业实行厂长（经理）负责制，由董事会聘任。厂长（经理）对董事会负责，是企业的法人代表。

莱阳市试行股份合作制虽然时间不长，但已在实践中显示出强大的生命力和明显的优越性，主要有以下几个方面：

1. 广开投资渠道，增加了投入，培育了乡村经济新的增长机制。股份合作制，从兴办开始，就改变了过去那种只靠集体一个层次投入的做法，把投资渠道延伸到社会的各个方面、各个领域，可以把不同所有者所占有的各种生产要素集中在同一个经济实体中，从而形成新的经营规模和生产能力。据统计，全市集体作价入股的闲置房屋达3 336间，闲置设备价值达60多万元。投入主体的多元化，也为共同承担企业风险创造了条件。

2. 明确了产权关系，形成了新的民主管理经营机制。股份合作制，不管那种形式的投入，都是以股份的形式完成的，从一开始就明确了产权关系。使经营者、职工和入股群众，对企业都有一种切身利益感。

3. 完善了内部分配，充分调动了经营者和职工以及干部的积极性。"按劳分配，按股分红，留足积累，交够集体"的分配制度，使经营者和职工的劳动贡献与企业的经营成果，股东股份所得与企业的经营成果实现了"双挂钩"，从而打破了普遍存在的"大锅饭"、"二锅饭"的弊端，使职工对自身利益的关切转化为对企业资产的关切和提高整体盈利的行为。

4. 改造嫁接了一部分私人企业，架起了私人企业、合伙企业资产社会化的桥梁。化解了私人企业发展中遇到的规模小、不稳定、资金困难、信誉不高等实际矛盾，提高了生产经营效益。

5. 加速了乡村企业的发展，壮大了农村经济。据统计，1992年全市乡村企业已发展到1 010个，创产值19.3亿元。全市农村社会总产值30.1亿元，农民人均纯收入725元，分别比1991年增31.4%和7.4%。

6. 规范了乡村行政组织的管理行为，改善了企业的约束机制。初步解决了以政代企、政企不分，随意干预企业独立经营权利的问题，使企业由单一的行政管理约束，变为多方股东监督约束机制，并产生了三个方面的约束效应：一是参股单位和个人通过董事会行使决策权和管理权的监督约束；二是乡村经济主管组织的监督约束；三是企业内部职工的监督约束，从而形成了股份合作企业有效的监督约束机制。

（山东省农业委员会办公室）

农业综合开发

全国农业综合开发综述

1992年，是我国首批立项的农业综合开发项目建设周期结束，对第一期项目进行阶段性总结，农业综合开发工作在总结经验、提出新问题的同时，更立足于当年的实际，1992年的农业综合开发向深层次、新领域发展，呈蓬勃发展之势。

1992年用于农业综合开发的资金实际总收入为54.28亿元，其中，中央农业发展基金16.94亿元，地方各级财政配套资金14.69亿元，农业银行专项贷款9.67亿元，乡、村集体及群众自筹资金10.36亿元，国营农场集资1.55亿元，其它资金1.07亿元。当年实际总支出为48.16亿元，结转下年6.12亿元。

1992年，全国农业综合开发项目区共完成改造中低产田任务169万公顷，其中：旱地改水田31.5万公顷，坡地改梯田7.7万公顷。开垦宜农荒地22.5万公顷，其中新增耕地面积14.5万公顷。造林32.4万公顷，改良草场15.5万公顷。此外，国家还批复了全国10个县（市）的秸秆养牛示范项目，这10个县（市）是：四川叙永县、河北无极县、陕西蒲城县、吉林公主岭市、安徽蒙城县、黑龙江双城市、辽宁西丰县、山东曹县、河南淮阳县、山西万荣县，项目建设完成后，到1994年可增加牛存栏数263.50万头，出栏数80万头、牛肉14万吨。

在农业综合开发中，无论是改造中低产田，还是开垦宜农荒地，其综合治理的关键措施仍然是水利措施。1992年用于水利措施的投资为26.88亿元，占全年总投资的55%。全年共修建小型水库4.95亿立方米，其中，新建水库1.22亿立方米，加固配套的3.74亿立方米，还有2.61亿立方米正在建设中；共开挖疏浚排灌沟渠8.25万公里，衬砌渠道1.66万公里，修建桥涵闸35.64万座，修建渡槽0.19万公里，修建的排灌站其装机容量达16.62万千瓦时，新打机电井4.82万眼，铺设地下输水管道1.99万公里，架设农电线路0.77万公里。通过这些水利措施的实施，农业综合开发项目区共增加灌溉

辽宁省辽河三角洲农业综合开发中做到科学规划，立项开发，取得良好经济效益。图为盘锦市开发示意模型

豆　明摄

面积73万公顷，改善灌溉面积70万公顷，增加排涝面积29万公顷，改善排涝面积43万公顷。

在农业措施方面，全年共改良土壤87万公顷，平整土地392万公顷；购置农业动力机械2.08万台，配套机具4.48万台(件)，修建机耕路1.78万公里，从而扩大机耕面积62万公顷；建设良种基地587公顷，修建种子仓库14万平方米、晒场45万平方米，扩大良种种植面积75万公顷，当年项目区良种种植面积达237万公顷。

1992年，在农业综合开发中，投入到科技方面的资金为9 717万元，共培训农民技术员94万人次，购置试验仪器等设备1.33万台(件)。在科技投入中，用于项目区搞实用科技成果推广的启动费为2 500万元。科技成果的运用，大大地提高了农业综合开发的经济效益，据湖南衡阳地区反映，在项目区的粮食增产因素中，40%归功于科技投入。

1992年，在农业综合开发中，用于林业方面的支出为3.80亿元，比1991年增加0.40亿元。主要用于建设农田防护林、支持长江上游地区水源涵养林和长江中上游地区水土保持林项目、我国南方地区的油茶低改项目、建设坝上地区生态农业项目。1992年，共营造农田防护林(折实面积)17.2万公顷，新增防护林网防护面积146.4万公顷；营造水土保持林7.9万公顷、水源涵养林3.4万公顷；营造速生丰产林0.4万公顷；此外，还发展经济林5.3万公顷、建设苗圃2.3万公顷。

全国农业综合开发项目区1992年主要农副产品的增量指标完成较好。新增粮食产量39.78亿公斤，比计划数38.95亿公斤超0.83亿公斤，新增棉花产量7.55万吨，比计划数7.3万吨超0.25万吨；新增油料1.64亿公斤，比计划数1.70亿公斤减少0.06亿公斤；新增糖料产量75亿公斤，比计划22亿公斤超53亿公斤；新增肉类产量1.04亿公斤，比计划数0.77亿公斤超0.27亿公斤。因调整种植结构、受到自然灾害，油料增量指标未能完成计划，其余主要农副产品的增量指标均超计划实现。

为了总结和交流农业综合开发四年来的经验，研究和探讨新形势下农业综合开发工作的新任务、新问题，1992年5月在海南召开了第一次全国农业综合开发办公室主任会议。会议总结的几年来农业综合开发的主要经验有6个方面：一是统一规划、因地制宜地确定开发目标和治理措施，综合开发贵在“综合”；二是严格按项目进行管理；三是多渠道、多层次、多种方式筹集开发资金，加强资金管理，提高投资效益；四是依靠科技提高农业综合开发的效益；五是制定优惠政策，鼓励各方面力量积极搞开发；六是加强领导，搞好部门协助，充分发动和依靠群众搞好农业综合开发。会议认为，为了适应新形势，把农业综合开发提高到一个新的水平、推向新的阶段，应注意以下几个问题：首先，加强对农业综合开发的宣传工作，让更多的人来关心和支持这项利国利民、造福子孙的事业；其次，农业综合开发要带头走高产、优质、高效的道路，应从改善农业生产的基本条件、择优投入、培育和推广优良品种、提高复种指数、充分利用各种农业资源、种养相结合、贸工农一体化等方面入手；第三，继续更多地筹集农业综合开发资金；第四，提高农业综合开发项目建设的标准；第五，进一步提高农业综合开发工作的管理水平。

根据国家农业综合开发领导小组的安排，1992年下半年，对1989年立项的9省(区)11个农业综合开发项目组织了验收，它们是：四川省中部丘陵地区、湖南省湘南地区、湖北省江汉平原及鄂北岗地、内蒙古自治区东四盟(市)、海南省、宁夏河套灌区、江西赣中南地区、江苏省东台和大丰两县(棉花基地)、江苏省南通市(高沙土项目)、山东省黄河三角洲地区、武汉市。这11个项目均按期建设完成，实现了预期目标，达到了国家的验收标准，通过了验收。其中，搞得较好的有四川川中地区农业综合开发项目、湘南地区农业综合开发项目、宁夏河套灌区农业综合开发项目，它们的共同特点是：超额完成国家下达的任务计划，工程质量好，项目区建设标准高，资金的使用和管理比较严格，综合效益显著。有的地方还创造出了极具推广价值的好经验。如四川省在农业综合开发中摸索出了治理冬水田、改造坡薄地的有效方法，在我国南方丘陵地区值得借鉴。又比如宁夏河套地区在开挖沟渠时，为解决因土壤含沙量高而造成的沟坡滑塌和沟道堵塞这个难题，探索出工程措施与生物措施相结合的办法，投资少、效益好、简便易行，在我国西北地区普遍适用。

(国家农业综合开发办公室　赵晓静)

农业部利用农业发展基金发展农业项目

自1989年以来，国家农业综合开发领导小组利用农业发展基金(以下简称农发基金)积极支持农业部逐步发展农业项目。到1992年底，共批准菜篮子工程、良种科研推广、育草基金、秸秆养牛等4个农发基金专项项目，中央累计总投资1.50亿元。

(一)各项目的投资情况

菜篮子工程项目：主要发展蔬菜、水产、畜牧项目。中央每年投资1 500万元，三年为一期，第一期1989～1991年，已进行了验收，第二期已于1992年开始执行。截至1992年底，累计投资2.70亿元，完成计划的144%，其中：中央投资0.60亿元，完成计划的100%，地方配套及农民自筹2.10亿元，完成计划的164%。

良种科研推广项目：主要用于农作物原原种、原种、优良品种基地及基础设施建设。中央每年投资1 500万元，第一期1989～1990年，已全部完成并通过国家农业综合开发领导小组验收，第二期已于1991年开始执行。截止1992年底，累计投资11 885.75万元，完成计划的100%，其中中央投资6 000万元，地方配套5 885.75万元，均完成计划指标。

育草基金项目：主要用于西部牧区草原基地及基础设施建设。中央每年投资500万元，第一期1989～1990年，已全部完成并通过国家农业综合开发领导小组验收。第二期项目已于1991年开始执行。截止1992年底，累计投资5 418.35万元，完成计划的135.50%，其中中央投资2 000万元，完成计划的100%，地方配套3 418.35万元，完成计划的170.90%。

秸秆养牛项目：该项目于1992年由国家农业综合开发领导小组批准立项，主要用于建设氨化设施，通过秸秆氨化发展养牛业。当年投资1 000万元，建设了10个秸秆养牛示范县。

（二）项目建设取得的成效　改善了项目建设单位的基本生产条件。菜篮子工程项目的实施，四年共建设畜禽舍16.6万平方米，建设种子仓库1.22万平方米，建设交易市场0.44万平方米，购置各种机械设备290台（件），引进良种23.80万头（只）。良种科研推广的实施，共建设种子仓库、加工车间、检验室等18万多平方米，晒场10万多平方米，种子加工机械、检验设备900多台（件、套）。育草基金的实施，共完成人工种草改良草场近9万公顷，围栏草场15万多公顷，购置牧草加工机械700多台（件）。农业生产的产前、产中、产后基本生产条件得到明显改善，提高了项目建设单位的生产能力。

项目建设取得了明显的经济、社会、生态效益。菜篮子工程项目的实施，新增9.84万吨，新增畜禽供种能力20万羽、3 852头，新增水产品生产能力2 855.8吨，上述指标均超额完成计划指标。良种科研推广项目的实施，新增种子生产能力6 500多万公斤，储备能力4 500万公斤。育草基金的实施，新增产草能力20万多吨，新增牧草加工能力2万多吨。秸秆养牛项目的实施，1992年10个示范县氨化秸秆45.4万吨，比1991年增长了237%，秸秆处理利用率由1991年的7.30%增长到1992年15.5%，净增8.20个百分点。通过一年的实施，在全国形成了大力开发利用秸秆资源，发展养牛业的好局面。

（三）组织实施项目的主要做法　制定项目管理办法，加强项目管理。根据农发基金项目管理办法的要求，结合农业部门特点，农业部先后制定了《农业发展基金农业部专项项目工作技术要点》、《农业发展基金农业部专项项目管理若干规定》。就菜篮子工程项目、良种科研推广项目、育草基金项目、秸秆养牛项目的立项程序与项目计划、资金使用与项目管理、项目的检查、验收等环节提出了具体操作规则，使项目管理逐步走上了规范化、制度化、科学化的轨道。

加强资金的使用和管理。农发基金项目投资实行专款专用，不得挪作他用，且只能用于生产性设施建设。农业部要求项目所涉及的省市各级财务、审计部门及业务主管部门要建立严格的资金管理制度，加强财务监督检查工作。农发基金项目实行项目独立核算。项目单位除按财务制度要求编报财务决算外，还必须按规定表式逐级汇总上报项目资金决算表。

搞好项目的滚动监测和检查、验收。农业部农发基金专项项目实行分级管理，要求各级农业部门及项目承担单位应各司其职，各负其责。要做好项目建设中的技术指导和监督检查工作。提倡管理部门和项目承担单位签订承包合同，对项目实行合同管理。农业部有关司局和国家农业综合开发办经常对项目进行不定期检查，发现问题及时予以纠正。项目验收是项目管理的一个重要环节。项目完成后，首先由项目主管部门进行自验，在此基础上，有关司局会同国家农业综合开发办公室就项目的工程建设、资金使用、资料管理等进行全面验收。验收后，要提交书面验收报告报国家农业综合开发办审批。合格项目，要向项目承建单位发给验收合格证书。对项目建设中存在的问题，要求承建单位及时予以纠正。

农业发展基金农业部专项资金，作为农业部门一个新的投资渠道，几年来，在支持农业基本生产条件建设方面发挥着越来越重要的作用。为适应高产优质高效农业发展的要求，今后，农业发展基金专项投资将会逐年增加。农业部将认真总结项目管理的成功经验，逐步完善项目管理办法，加强项目管理。

（农业部综合计划司　陶怀颖）

农业综合开发中的林业建设

为了实现本世纪末我国农业发展目标，国务院决定在全国开展大规模农业综合开发，从深度和广度两方面充分利用现有土地资源和开发新的自然资源。林业是农业的生态屏障，也是农业综合开发的重要组成部分。大力植树造林，搞好林业建设，改善和稳定农业生态环境，则是保障农牧业稳产高产、保障水利设施发挥效能，增强农业发展后劲的重要条件。实践证明：要加强农业的基础建设，改善农业生产条件，主要应抓好三个方面：一要加强农田水利建设；二要改良土壤，培肥地力；三要植树造林，改善生态环境。农业综合开发实行山水田林路综合治理，这是农业生产客观规律所决定的。

从长期实践看，发展林业就是为农业、牧业和水利设施提供生态屏障，改善生态环境，效益是很明显的。我国北部风沙灾害十分严重的地区，大力造林种草的地方，土地沙漠化的情况就有所改善。地处毛乌素沙漠南缘的陕西榆林地区，这些年治沙造林47万公顷，森林覆盖率由0.9%提高到11.5%，固定流沙20万公顷，保护农田牧场各6.67公顷，从被固定的沙漠中新辟农田2.67万公顷，促进了农牧业的发展。内蒙古赤峰市1991年春遇到11级暴风，有林网保护的农田，秋收公顷产2 250公斤，而无林网保护的农田，表土、粪肥、种子被风卷走，以后重新播种，秋收公顷产仅285公斤。植树造林对防止水土流失，减少江河湖泊和水库的淤塞有着重要作用。据西北水土保持站测定，在年降雨量340毫米条件下，每公顷各类土地的泥沙冲刷量为：林地60公斤，草地90公斤，农田3 570公斤，荒地6 750公斤。荒地的泥沙冲刷量为林地的112倍。四川省凉山州50年代末大面积飞机播种云南松成功，如今已经成林16.7万公顷。据测定，林区内河流的泥沙含量比过去减少77%，水土流失量减少80%，最大洪水下降60%。江西省赣州地区兴国县，60年代以来大力开展人工造林，飞播造林，使水土流失面积减少50%，粮食公顷产量平均增加1 500～2 500公斤。各地的无数实例充分说明，林业在改善生态环境和增强农业发展后劲方面，确实具有不可替代的和十分重要的作用。

国务院对农业综合开发十分重视，提出和制订了正确的指导方针，要求以改造中低产田为中心内容，以增产主要农产品为主要目标，在统一规划下，实行农林牧副渔全面发展，山水田林路综合治理，因地制宜，宜农则农、宜林则林、宜牧则牧，既要讲经济效益，又要讲生态和社会效益。而且对林业在农业综合开发中的任务提出了明确要求，并确定了在农业综合开发基金中，林业项目的份额大体上保持在10%左右。

林业部认真贯彻国务院制定的综合开发的方针和政策，成立了林业部综合开发办公室。办公室接受国家农业综合开发领导小组办公室的业务指导，负责组织和协调各省、自治区、直辖市和计划单列市林业部门，认真编制农业综合开发区林业建设规划，做好造林设计和施工，搞好苗圃建设，提供开发区造林所需的优良苗木，配合各级农业开发办做好质量检查、工程验收，认真管好、用好用于林业的开发资金。同时，建设好项目区内的林业技术服务工作站，搞好林业生产全过程的社会化服务。

根据农业综合开发总的要求，林业部明确提出和规定农业综合开发中林业建设的主要任务是：一是建设防护林体系，包括建设农田防护林，水源涵养林和水土保持林及苗圃。二是本着宜农则农、宜林则林、宜牧则牧的原则，适当发展用材林、经济林。三是在开发区内，缺林少柴的地方，要适当安排一部分薪炭林，这样既可以解决群众的烧柴问题，也可以保证秸秆还田，增强农业后劲。四是推广林业科技成果。五是建设县以下林业技术服务站。

林业部还明确要求，各省、自治区、直辖市和计划单列市林业厅（局）主要领导要亲自过问这项工作，要成立机构或指定专人负责农业综合开发中的林业建设工作。要派得力人员参加本地区农业综合开发办公室工作。

各地对农业综合开发中的林业建设都比较重视，做了大量的工作。河南省人民政府把平原绿化与黄淮海农业综合开发有机结合起来，已经成为全国第一个平原县全部达到绿化标准的省份。由于国家农业开发办公室、各级政府和农业开发办的支持，林业部门、开发区广大干部和农民群众的努力，全国农业综合开发区安排的林业建设项目有的已经竣工，有的正在建设，截止1991年已营造农田防护林、防风固沙林、水土保持林、水源涵养林、用材林、薪炭林、各种经济林和果树林等101万公顷。

（林业部综合开发办公室）

农畜水产品生产

优质农产品基地初具规模

为促进我国优质农产品开发，“七五”期间，财政部和国家计委决定每年拨出一笔专项资金用于发展优质农产品开发建设。1986～1992年共投资3.8亿元，在全国择优选建了790个基地（项目）。其中建设优质粮食基地83个；优质油料基地46个；优质水果基地404个；优质蔬菜基地110个；茶花蚕麻药等优质农产品基地147个。

这些基地和项目经过连续几年的集中建设，已初具规模。物资技术基础得到加强，开发能力有较大提高，在保护品种资源，提高产品产量和质量，发展商品化生产，丰富国内市场，增加出口创汇，提高农民收入等方面，取得了显著成效。

1. 促进了优质农产品的稳定发展和质量的提高。七年来国家从资金上给予扶持，扩大优质农产品面积、繁育优良苗木、推广先进实用技术，改善生产条件；同时从政策上、舆论上加以引导，通过多种形式的展销会、展评会、新闻发布会等宣传发展优质农产品，增强农民对提高质量的意识。1992年与建设前的1985年比，各种优质农产品和产量都有明显的提高。从1989年全国优质水果、茶叶评优情况看，各送评选样品的质量水平都有很大提高。评出部优质产品153个，比1985年增长150%。苹果类中，质量优良的红富士苹果、青香蕉、秦冠等品种有了很大的发展，一些质量较差的品种正在被逐步淘汰；柑桔类中，优质芦柑、脐橙、冰糖橙、红江橙等品种增长较快，而普通的桔类发展有所控制；优质大米、优质名茶面积增加也较快。

2. 保护和挖掘了一些珍稀的农产品资源。七年来，安排了部分资金，用于保护和挖掘有价值的农产品资源，使一大批濒临绝迹的农产品得以保持和发展，陕西、云南、浙江等省的黑米资源，曾一度丢失严重，通过这几年的扶持，得到了较快的恢复和发展。原产我国的中华猕猴桃，长期处于野生状况，1986年开始，从优质农产品经费中安排500多万元，选建20多个猕猴桃基地，1992年人工栽培面积达到6 000多公顷，年产鲜果780万公斤。猕猴桃鲜果及加工品已达到国际水平。广西田阳香芒品质优异，但仅存一棵60年生的老树，经过扶持，已发展267公顷。此外，大连的红灯樱桃、吉林的蛹虫草、广西和四川的早熟荔枝、福建晚熟龙眼等珍贵资源，也得到保护和发展。

3. 丰富国内市场和增加出口创汇能力。对一些特供急需，国际市场畅销，竞争力强的项目给予优先扶持，取得显著成效，不少农产品填补了我国供应的空白。首都部分宾馆、饭店所需的优质农产品，多数是优质农产品基地供应，特别是钓鱼台国宾馆、人民大会堂等单位所需的柠檬、猕猴桃、樱桃、龙眼、荔枝等高档水果，以国产货代替进口货。北京市特种蔬菜自给率已达到70%以上，为国家节省了大量外汇。在已建的基地中，许多产品在出口创汇中发挥了重要作用。

4. 建立了一批新型农业企业，在农产品加工、贮藏、保鲜、包装等产后服务中发展了重要作用。经过七年的优质农产品基地建设，建立各类农产品加工厂300多个，新增加工能力3.5亿公斤；兴办各类果品蔬菜贮藏加工库91个。新增贮藏保鲜能力2.2亿公斤，许多地方商品化处理设施有了很大改善。陕西省多方集资，办起一个2 100吨的多功能冷藏保鲜库，成为西北地区规模最大的果品贮藏企业。湖南省紧紧抓住商品包装这个环节，对优质米、水果、名茶等产品实行统一包装，统一规格，得到市场的认可。

七年来，在优质农产品开发工作中取得突破性进展，同时也积累了一些经验，但也存在困难和问题。基地建设投资小，建设项目过于分散，形不成规模效益，优质农产品的产量和质量还不能适应国内外市场的需求。这些都需要通过努力工作，加以解决。

90年代，我国优质农产品开发，从以追求数量增长为主，转向高产优质并重，提高经济效益。根据“好中选好、重点开发、批量生产、规模经营”的原则，从过去开发宫廷贡品、传统产品为主转到重点开发“高新精”产品，即高科技产品；新品种、新产品；精加工、精包装产品；从以开发内销产品为主转向外销、出口产品并重。集中力量建设一批国家级的高产优质高效农业商品基地，形成规模生产。“八五”后三年，根据各地的优势，给以重点扶持。对长江流域水稻产区，重点发展优质米；冀鲁豫小麦产区，重点抓好优质小麦开发；长江中下游油菜主产区，开展双低油菜的开发；东北地区抓优质大豆开发；在水果、茶叶、药材等主产区，重点抓好优质产品开发；在各大中城市近郊突出抓特菜、鲜花、小杂水果开发等。

（农业部农业司　刘玉萍）

林　业　建　设

建立森林公园
发展森林旅游业

1980年以来，林业部门转变传统林业单一木材生产的观念，开始利用林区丰富的森林风景资源，建立森林公园，发展森林旅游业。十多年来，森林公园建设、森林旅游工作从无到有，在摸索中不断前进，尤其在1992年取得了突破性进展，森林旅游业以其独具的特色发展成为我国旅游行业中的一支生力军，并已成为我国林业行业中的一个新兴产业。

为了切实抓好森林公园建设，发展森林旅游业，林业部早在1980年就发出了《关于风景名胜地区国营林场保护山林和开展旅游事业的通知》，开始组建森林公园和开展森林旅游工作。1992年全国林业厅局长会议明确提出：要重视发展森林旅游，积极开发林区的风景名胜和观赏动、植物资源，有计划地发展森林公园或开辟旅游景点，6月在部分省市林业厅局森林旅游工作座谈会上，就改革开放新形势下森林旅游工作进行了座谈研究，8月，又在全国森林公园暨森林旅游工作会议上，对我国森林公园、森林旅游十多年来的工作进行了一次全面的总结、交流，并对下一步工作进行了动员和部署。会议认为，利用森林风景资源，建设森林公园，兴办森林旅游业，是使森林资源的培育、保护和开发利用有机地结合并最大限度地发挥森林整体效益的重要形式，是扩大林业对外开放、改善投资环境的迫切需要。凡位于国家和地方旅游热线附近的国营风景林场，要率先开发、利用，大力兴办森林公园，努力形成行、游、住、吃、购、娱一条龙的接待能力；非旅游热线附近的国营风景林场，要在统一规划、突出重点的基础上，优先开发一批独具特色、在国内外具有较高旅游价值的景点，形成森林公园和森林旅游的基本格局。会后各地森林公园建设和森林旅游工作发展很快，到1992年底，经林业部审定批准建立的森林公园已发展到255处，加上经各省厅、局审定批准建立的97处，森林公园总经营面积已达200万公顷。许多森林公园已经成为我国新的旅游热点，并已作为国家旅游景点向海内外游客推出。1992年经联合国教科文组织检查验收，张家界国家森林公园已被列入世界自然遗产目录，成了世界性的自然风景区。

为了更快更好地建设森林公园，发展森林旅游业，十多年来，林业部在林业建设资金困难的情况下，还投入森林公园建设资金3 000多万元，重点扶持了湖南张家界、浙江千岛湖等11处国家森林公园的建设及吉林净月潭、湖北鹿门寺等27处国家森林公园的一次性建设补助，现已收到了明显的效果。据不完全统计，全国森林公园已修建宾馆、餐厅、商店等设施的有10万多平方米，接待床位近万张，截止

1992年底，已接待中外游客1.1亿多人次。在1992中国友好观光年，张家界国家森林公园成功地举办了建园十周年纪念活动和第二届中国湖南张家界国际森林保护节，年接待游客50多万人次，达到了建园以来的第二次接待高峰，营业收入达2 300多万元。

为了加强对森林公园、森林旅游工作的行业管理，1992年林业部成立了林业部森林公园管理办公室，各省、市林业厅、局也相继成立了森林公园管理办公室或森林公园建设、森林旅游工作领导小组，确定了专人专责，使森林公园、森林旅游工作从上到下形成了体系，落到了实处。1992年，林业部还组建了中国森林旅游管理服务中心。海南、新疆、四川、武汉、大连、重庆、安徽黄山等地林业部门率先成立了森林旅行社，开始了有组织地接待海内外旅游者的活动，森林旅游正以其独有的魅力被越来越多的游客所喜爱。　(林业部造林司　胡春姿)

积极发展野生动物饲养和开发利用

野生动物是可更新资源，在保护野生动物资源和自然环境的前提下，正确的开展饲养和狩猎等活动，是保护和合理利用野生动物资源的一个重要环节。改革开放后，为了更有效地保护野生动物资源，满足社会和人民的生活需要，对野生动物饲养开发进行了大胆的改革，实行国家鼓励驯养繁殖野生动物的政策，有计划的猎捕，进行限额管理；开展国际狩猎，增加经济收益。实践证明，这种改革效果是好的，并已取得了一定的经济效益。

(一)野生动物养殖业逐渐发展　发展野生动物养殖业，是保护和合理利用野生动物资源的一个重要方面。我国野生动物饲养业始于60年代，规模很小，主要饲养国产鹿、麝、狐狸、貉、水貂等经济动物。80年代后，实行国家鼓励饲养野生动物的政策，并在饲养条件、技术和加工利用等方面积累了一定的经验。1991年林业部制定了《国家重点保护野生动物驯养 繁殖许可证管理办法》，加强了野生动物驯养事业的管理，进一步使国家重点保护野生动物的饲养繁殖得到迅速发展。

我国人工养鹿历史较早，但由于鹿产品价格受国际市场影响浮动较大，养鹿业时起时伏，特别是80年代初一度萧条。1986年后，因鹿产品价格上涨较快，养鹿业很快得到恢复。据不完全统计，全国已建立养鹿场(点)429个，其中国营185个，集体185个，个体59个，鹿的存栏数为15万～20万头，每年为国家创收了大量外汇。

我国人工养熊于1986年开始，当时每头取胆年可获利上万元。因人工养熊取胆经济效益高，国内迅速形成一股养熊热。全国已建养熊场(点)约百个，国营、集体、个体各占1/3，饲养的黑熊、棕熊、马来熊存栏数约4 500～5 000头，并开发出一系列由

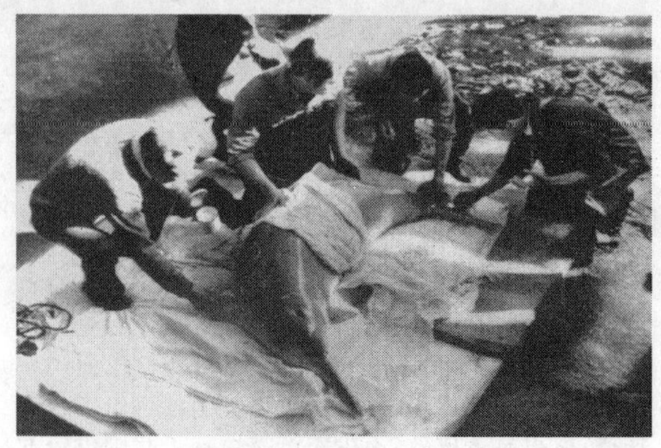

中国唯一人工饲养成功、体重125千克的白鳍豚“淇淇”住进世界首座淡水豚馆。图为它在乔迁之前接受中国科学院水生生物研究所科研人员的检查　于澄建摄

熊胆粉制成的药品。

我国人工饲养猕猴比较早，1983年以来，各地在原有的基础上，又相继建起了一批猕猴养殖场，到1989年，饲养猕猴的总存栏数为3万只左右，年繁殖能力达1 000只，满足了科学实验和医药保健的需要。除上述几种动物外，我国对小灵猫、河狸、褐马鸡、榛鸡、大鲵等动物的饲养也取得了可喜成果。

(二)有计划地开展国际狩猎活动　在改革开放中，借鉴国外经验，试办国际狩猎场，吸引国外人士来我国进行狩猎，这既可合理利用野生动物资源，又可吸引一部分资金用于发展野生动物保护事业。1984年，我国第一个对外开放狩猎场——黑龙江桃山国际猎场正式建立。随后，又在黑龙江、吉林、河北、湖南建立对外猎场14处；在甘肃、青海、新疆建立了4处试验性狩猎区，接待来自美国、意大利、西班牙、墨西哥等10个国家和地区的狩猎爱好者2 000多人次，创收了大量外汇。

通过发展对外狩猎，不但走出了一条合理利用资源、筹集资金的发展之路，而且使地方政府和当地群众在这项活动中看到了保护野生动物的效益，群众保护意识普遍增强。一些地县新建了管理机构，配置专人负责野生动物管理工作，基本杜绝了滥捕乱猎。提高了野生动物管理水平，促进了种群的增长。同时通过开展对外狩猎，取得了显著的经济效益，对国家旅游业和对外友好交流也有着重要的意义。

(林业部野生动物和森林植物保护司　张志忠　王適华)

西藏开展森林资源连续清查

为了及时、准确地掌握全国森林资源现状、消长动态变化及预测发展趋势，自70年代起，在全国以省、自治区、直辖市为单位设置固定样地，建立了森林资源连续清查体系。通过固定样地复查，对全国及各省、自治区、直辖市森林资源消长动态监测发挥了重要作用，其调查成果为制定林业方针政策提供了科学依据。

由于西藏具有海拔高、地广人稀及交通不便等

特点，仅在1977年组织过一次森林资源调查。经过十几年变化，原有资料不能满足改革开放和社会经济发展需要，因此，林业部决定安排西藏自治区在1991年开展森林资源调查，建立连续清查体系，为今后定期监测资源动态变化打下基础。

西藏自治区森林资源连续清查工作在林业部领导下，由西藏自治区林业局、林业部中南调查规划设计院及湖南省农林工业勘察设计研究院的180名技术人员，经过6个月野外作业及半年多时间的内业计算、统计分析共同完成。

根据西藏森林资源分布特点，本次清查的重点是控制线内30个林区县，面积约28万平方公里，采用遥感技术与地面样地调查相结合的方法。在控制线内、30个林区县外，面积约85万平方公里的藏北高原范围内，对人工林、四旁树及林业用地作了调查。对印度非法占领区没有作调查，全区资源汇总时，仍然延用1977年调查数据。此外，在控制线内还进行了林木生长量、消耗量调查。

根据这次森林资源清查得到：全区森林面积为717万公顷，森林覆盖率5.8%，活立木蓄积量20.8亿立方米。其中，控制线内有林地面积为396万公顷，活立木蓄积量12.6亿立方米。控制线外有林地面积321万公顷，活立木蓄积量8.2亿立方米。控制线内森林资源以云杉、冷杉树种为主的近二成、过熟林面积占林分总面积的88%，蓄积量占96%。这次清查结果与上次相比较，有林地面积基本持平、略有减少，蓄积量呈增加趋势，幅度不大。

西藏的森林资源十分丰富，其数量和质量均居全国之最，是一个巨大的绿色宝库。但由于它处在独特的自然、地理位置，必须处理好开发利用和资源保护、经济效益与生态效益之间的关系，保护和管理好这一人类的遗产，使它为人类的生存和社会经济发展发挥最大作用。（林业部森林资源司　陆静娴）

农　垦　改　革

农垦系统转换企业经营机制

1992年，农垦系统认真学习、贯彻邓小平同志视察南方的重要谈话精神，贯彻《全民所有制工业企业转换经营机制条例》，适应建立社会主义市场经济体制的要求，围绕使企业成为自主经营、自负盈亏、自我发展、自我约束的商品生产和经营单位这个目标，加大改革力度，加快改革步伐，努力转换农垦企业的经营机制，在以下几方面有所突破：

（一）转变农垦主管部门的职能　各级农垦主管部门按照《条例》的要求和政企分开、两权分离的原则，从计划经济体制下形成的分钱、分物、批项目等微观管理转向宏观管理，把企业应享有的自主权放给企业，真正把企业推向市场。如上海、北京、海南等垦区，明确规定将生产经营决策权、产品定价权、物资采购权、投资决策权、资产处置权、人事劳动权、

天津市农场局大力兴办合资企业，与外商签约40家合资企业，已有12家开工，总投资2 000多万美元。产品部分出口，1992年创汇90万美元。图为中法合营王朝葡萄酿酒有限公司包装车间一角　杨宝坤摄

工资奖金分配权、留用资金支配权、内部机构设置权等项权利全部放给企业，有些垦区还规定除管企业的一把手、经营承包合同、工资总额外，其余的都由企业自主经营，不再干预企业的日常生产经营活动。在放权的同时，做好规划、协调、监督、服务工作，转变作风，提高效率，为企业转换经营机制创造了一个好的外部环境。

（二）农场机关机构改革　农场机关的管理职能与机构设置，都是适应计划经济体制的要求建立的，随着市场经济的发展已明显不相适应。改革的重点，一是调整农场的管理职能，农场不再包办和干预场办企业的具体事务，把独立核算企业享有的经营自主权同样放给场办企业；二是精减机构，压缩管理人员，改变机构庞大、效率低下、管理费开支居高不下的状况。1992年黑龙江垦区有20%的农场进行了机构改革试点，其中和平牧场机关人员由127人减到25人；赵光农场由135人减到35人，节约管理费用几十万元。湖南省13个大农场压缩行政科室达100个，减少管理人员1/3，并大大提高了工作效率。

（三）企业三项制度改革　在人事制度上，改任命制为聘任制，打破干部与工人的界限，使优秀人才能脱颖而出。云南垦区实行聘任制的干部已有9 667人，其中50%以上是从工人岗位上选拔上来的。

在劳动制度上，改固定工制为全员劳动合同制，实行优化劳动组合，竞争上岗。北京市农场系统在1992年上半年劳动制度改革中，下岗人数达358人，天津垦区下岗人数192人。云南垦区的企业已与职工签劳动合同5.4万份，并按合同进行管理；通过兴办服务业、劳务输出、技术协作、自谋职业等多种形式，有2万多下岗人员得到妥善安置。

在分配制度上，打破平均主义，真正实行按劳分配、多劳多得，适当拉大分配差距。各农垦企业都根据自身生产经营的特点，确定不同的分配形式，有的实行岗位技能工资，有的实行计件工资、效益工资，对销售人员实行提成工资，并注意向苦、脏、累、险、技术复杂和关键岗位倾斜，重奖有突出贡献的经营者、科技人员、销售人员和先进职工。

通过三项制度改革，使企业建立起适应外部竞争的内部竞争机制和激励机制，使人人感到有压力，有动力，这就大大解放了生产力，增强了企业的活力。

（四）进行股份制试点　为加快企业经营机制的转换，探索转换经营机制的新形式，新疆、黑龙江、广东、福建等垦区积极进行了股份制企业试点。这些股份制企业多数是企业内部职工持股的，尽管还不太规范，但已收到了很好的效果。实践证明，股份制有利于政企职责分开和两权分离，使企业形成自主经营、自负盈亏、自我发展、自我约束的机制；股份制使职工与企业形成利益共享、风险共担的命运共同体，增强了企业的凝聚力，调动了职工的积极性；股份制能广泛吸收社会闲散资金，把一部分消费资金转化为生产资金，提高资金使用效益，加快了企业发展的速度。（农业部农垦司　赵方田）

加速发展农垦第三产业

1992年，在国务院《关于加快发展第三产业的决定》的指导下，农垦第三产业出现加速发展的好势头，尤其是商贸、饮食、旅游、房地产、交通运输、农业综合服务等业发展较快。全年第三产业增加值达到52.37亿元，比1991年增长11.9%；占国内生产总值的比重达到17.6%，第三产业社会劳动者人数达到97.35万人，比1991年增长5.76%。

第三产业的发展出现了一些新特点。一是思想认识大大提高。各垦区都充分认识到第三产业对经济和社会发展的重要作用，认识到农垦第三产业的落后对第一二产业和整个农垦经济的制约，应该抓住机遇，大力发展第三产业，初步形成了大办第三产业的局面。二是发展思路和经营方针更开阔、更灵活。经营范围由原来的单纯为自身第一、二产业服务和职工生活服务逐步扩大到为人民日常生活消费和社会生产各环节的全面服务；经营地域开始摆脱农场甚至垦区的局限，积极参与国内和国际市场竞争。经营产品和项目既瞄准市场，不拘一格，满足社会多样化需求，同时又有规划、有重点，避免盲目性。三是新办企业力求高起点、高层次、创特色。许多垦区在发展第三产业的决策上注重高档次，高水准。同时还立足农垦优势，创造特色。四是经营机制弃陈推新。新开业的第三产业项目实行自主经营，自负盈亏，自我发展，自我约束的新机制，企业发展有活力，有后劲。农垦第三产业的发展对农垦产业结构调整和农垦经济的高速、协调发展具有重要的意义。为加速第三产业的发展，各垦区都采取了许多积极的措施。

（一）解放思想，提高认识，加强领导　通过学习邓小平同志视察南方重要谈话精神和中共中央、国务院《关于加快发展第三产业的决定》，农垦各级领导干部思想解放，认识提高，增强了发展第三产业的责任感和紧迫感。多数垦区调整了经济发展思路，把第三产业列为重点发展的产业，制定和调整了发展第三产业的规划和目标。有的垦区还成立了专门机构。

（二）充分调动各方面的积极性广开门路，加快发展速度　一是坚持国家、集体、个体一起上，本着谁投资、谁所有、谁受益的原则，鼓励集体和个人兴办第三产业。如江苏农垦系统1992年兴办私营、个体第三产业企业近1 000个，新增从业人员2 000人。二是制定一些优惠和鼓励政策。如北京市农垦简化了新建第三产业企业的审批手续，制定了在市区三环路以内介绍开办第三产业项目，给予介绍人酌情奖励的政策。三是支持企业搞内引外联，向外包括国外发展第三产业。如上海农垦已在深圳、汕头以及澳大利亚、美国、丹麦、墨西哥等地区和国家开设了贸易窗口。该垦区1992年第三产业增加值较1991年增长51%，实现利润上亿元。

（三）深化改革，建立高效灵活的经营机制　各垦区《全民所有制工业企业转换经营机制条例》发布后，在开办第三产业企业上更加自觉地运用新的机制。上海垦区新开业的第三产业项目均实行自主经营，自负盈亏的新机制。在用工制度上，如果本单位从业人员不足，支持其向社会招聘；企业有权解聘不合格员工，可实行全员劳动合同制等。在分配制度上，采取工资和效益挂钩、利润包干超额分成、百元利润效益工资含量分配、销售费用包干等办法。为了鼓励企业增加第三产业企业的投入，他们还规定，第三产业企业的盈利除还贷外，全部留企业用于发展第三产业的再投入。对第三产业用于租赁、装修的投入视同固定资产，对三产企业用于租赁、装修的投入计入成本的部分与视同固定资产折旧量的差额视作利润，保证新建单位工资总额同企业的利润合理挂钩浮动。同时还决定，凡农垦第三产业年利润在20万元以上的企业，在遵循“两个不超过”即核定的工资总额实际增长比例不超过上缴税金增长比例；职工实际平均工资增长比例不超过劳动生产率增长比例原则的前提下，分配水平如突破消费基金盘子的部分，由农场局统筹解决。新的经营机制充分调动了企业和职工的积极性，而且使企业能够对市场的各种变化作出灵敏的反应。

（四）将部分机关单位和服务组织转变为第三产业实体　一是结合行政机构改革，把机关有条件的处室转变为经济实体，鼓励从机关分离出来的人员兴办或进入第三产业企业。二是以社会化、产业化为方向，把企业内福利型、公益型的服务组织办成实体。有的企业还把生产、生活设施向社会开放，突破了封闭型的自我服务体系。江苏农垦清江合成纤维厂将原有的车队、医院、幼儿园、餐饮、机修等后勤部门合并成立了月华实业公司，实行独立核算，自负盈亏，分离出职工200人，每年不仅节约工资总额60万元，还可创利40～50万元。

（五）着力发展批发交易市场　一些垦区在主动积极参与全国性或区域性各类市场的同时，还自建了一批批发交易市场，促进了本系统商品和生产要素的合理流动。如广州市农垦兴建了京溪农副产品批发市场；北京垦区已建成了西瓜批发交易市场、木材交易市场、药品交易市场等，并决定在“八五”期间建成8个大中型农副产品批发交易市场，这将对搞活农副产品流通起到很大促进作用。

（农业部农垦司　贾建国）

乡　镇　企　业

加快发展中西部地区乡镇企业

党的十一届三中全会以来，我国乡镇企业异军突起，成为农村改革与发展最重要、最瞩目的成就之一。目前，乡镇企业不仅成为农村经济的支柱，而且已经成为整个国民经济的重要组成部分，对于促进国民经济高速增长和发展社会主义市场经济作出极为重大的贡献。1992年乡镇企业总产值达到18 051亿元，比1991年增长55%。实践证明，发展乡镇企业是促进国民经济迅速增长的重要途径，是解决农村和农民问题的一条根本出路，是提高农民收入水平，推进农村工业化和城市化的可靠保证。

但是，应当清醒地认识到，虽然全国乡镇企业整体发展很快，实际上区域间的发展却很不平衡，而且不同地区的发展差距在不断拉大。占全国总人口约2/3的广大中西部地区，只占有全国乡镇企业总产值的1/3。有关数据表明，我国东部和中西部地区之间农村经济发展中的差距，很大程度上是由于乡镇企业发展的差距。就农村社会总产值来看，1991年东部与中部地区农业人口人均农村社会产值的差距是1 858元，其中差距的81.2%来自乡镇企业；东部与西部地区农业人口人均农村社会产值的差距是2 247元，其中来自乡镇企业的差距占89.8%。因此，乡镇企业发展缓慢，是中西部地区农村经济落后及其与东部地区差距拉大的重要原因，直接影响到农民收入和生活水平的提高。

中西部地区不仅人口众多，全国中等以下收入水平的人口大部分在这一地区，而且又是少数民族聚居区、革命老区和边境地区。因此，中西部地区农村经济发展状况如何，直接影响到全国第二步发展战略目标能否实现，关系到中西部地区广大农民能否进入小康水平，是关系到各民族的团结、共同繁荣和国家社会安定、边防巩固的大事。从这个意义上讲，加快发展中西部地区乡镇企业，是我国农村改革与发展进程中面临的最现实、最紧迫的重大问题。

我国乡镇企业1992年销售收入和利税实现同步增长，外向型经济步伐明显加快。全年总产值达15 000亿元，已占全国工业产值的1/3。图为江西高安中外合资瑞通包装有限公司淋膜袋生产线　舒宏平摄

1992年，党中央、国务院作出了加快发展中西部地区乡镇企业的重大决策，制定出相应的政策措施，力争尽快把中西部地区和少数民族地区乡镇企业推向新的发展阶段。党的十四大指出：“继续大力发展乡镇企业，特别要扶持和加快中西部地区和少数民族地区乡镇企业的发展”。早在1992年初，国务院对研究加快发展中西部地区乡镇企业问题作了专门安排，由国务院研究室和农业部组织国务院有关部门，深入实际进行调查研究，为国务院制定政策措施提供依据。在此基础上，国务院于11月在西安召开了全国加快发展中西部地区乡镇企业经验交流会，全国各省、自治区、直辖市和计划单列市、国务院各部门的负责同志参加了会议。这次会议，是改革开放以来国务院召开的专门讨论研究中西部地区乡镇企业问题的一次全国性会议。会议交流了经验，分析存在的问题和原因，共同探索中西部地区和少数民族地区发展乡镇企业的新路子，特别是东部地区乡镇企业发展快的几个省，向中西部地区介绍了他们的成功做法和经验，使参加会议的代表们受到很大的启发。会议讨论通过了《国务院关于加快发展中西部地区乡镇企业的决定》（以下简称《决定》）。

会议一致认为，党中央、国务院把加快发展中西部地区和少数民族地区乡镇企业，作为加速国民经济发展和缩小东中西部地区间经济发展差距的重要战略措施，说明党中央和国务院十分关心中西部地区经济发展问题，重视发展乡镇企业。国务院《决定》的主要内容是：(1) 提高认识，加强领导，把加快发展乡镇企业作为中西部地区整个经济工作的一个战略重点，提到各级政府重要工作日程上来，正确处理好乡镇企业与农业和国有企业的关系；(2)兴办乡镇企业要面向国内外市场，立足于开发利用当地资源，在保证质量、效益和保护资源、环境的前提下，不限产业，不限规模，不限速度，并免征固定资产投资方向调节税；(3)提倡不同组织形式和不同所有制形式的乡镇企业共同发展，鼓励公平的市场竞争；(4) 破除“左”的思想束缚，大胆选拔和启用能人，鼓励和支持各类人才走上开发乡镇经济的主战场；(5) 中西部地区发展乡镇企业，要充分考虑资源、人才、交通、能源、水源、市场等综合条件，走因地制宜、合理布局、集中连片建设乡镇工业小区的发展路子；(6) 加快发展乡镇企业，必须培育和发展人才、技术、劳动力、资源和资金等要素市场；(7) 广辟资金渠道，建立和完善农村资金市场，加大中西部地区乡镇企业资金投入，从1993年到2000年，国家除每年正常的新增贷款外，再单独安排50亿元贷款支持中西部地区乡镇企业，允许乡镇企业从销售收入中

提取1%作为企业技改和新产品开发资金；(8)推进东、中、西地区横向经济联合和城乡联合，鼓励和支持国有企业与乡镇企业联合；(9)国务院要求各有关部门通力合作，想方设法支持中西部地区和少数民族地区发展乡镇企业，制订出自己部门支持发展乡镇企业的政策措施，并清理废除过去一切不利于乡镇企业发展的条例、文件和规定。

1992年，各级地方政府也制定了一些相应的措施办法。（国务院研究室农村组　张定龙）

加强乡镇企业法规体系建设

市场经济必须与法制建设同步。1992年，各级乡镇企业行政主管部门进一步加强了乡镇企业的法制建设，主要做了以下三项工作：

（一）广泛开展法制宣传活动　从中央到地方，各级乡镇企业行政主管部门充分利用广播、电视、录相、报刊、宣传车、知识竞赛、培训等形式，宣传国务院颁布的《中华人民共和国乡村集体所有制企业条例》（以下简称《条例》），收到了良好的社会效果。

（二）制定了大量发展乡镇企业的政策和规章　1992年，农业部制定了《全国乡镇企业立法总规划》，勾画出乡镇企业法规体系，并从行业、经营形式、企业内部管理、外部环境等方面相继制定了《乡镇企业组建和发展企业集团暂行办法》、《乡镇联营企业暂行规定》、《乡镇企业安全生产和工业卫生管理规定》中华人民共和国第8、9、16号令以及《乡镇企业职工养老保险办法》、《乡镇企业集团示范章程》、《乡镇企业劳动管理规定》、《乡镇企业“审计证”管理办法》、《乡村集体建筑企业管理办法》和农业部关于《推行和完善乡镇企业股份合作制的通知》、农业部、财政部关于贯彻、执行《乡镇企业会计证管理办法（试行）》的通知等十几项部门规章和政策措施。各省、自治区、直辖市根据实际情况制定了扶持发展乡镇企业的政策和措施。黑龙江、辽宁、广东、四川、北京、天津、河南等十几个省、自治区、直辖市已经或正在制定《条例》实施办法。广东省乡镇企业局起草了《广东省乡镇企业条例》，并于1992年底，上报省人大。

（三）监督检查法规的贯彻执行　各级乡镇企业行政主管部门按《条例》赋予的职能，监督检查乡镇企业执法情况。1992年6月，国务院法制局、农业部联合发出关于检查《中华人民共和国乡村集体所有制企业条例》实施情况的通知，对《条例》的贯彻、实施情况进行了一次全面检查，检查方式以各地自查为主。1992年底，国务院法制局、农业部联合组成了三个检查组，在各地自查的基础上，对浙江、福建、四川、重庆、江西、湖北、武汉、广东、海南等省市进行了重点抽查，并将检查结果上报国务院。

通过各项工作的开展，各地普遍收到了明显的效果：

第一，统一了思想认识。通过学习、宣传、贯彻执行《条例》及乡镇企业各项法规，使人们普遍了解了乡镇企业的性质和在建设有中国特色社会主义中的战略地位和作用，明确了国家对乡镇企业积极扶持，合理规划，正确引导，加强管理的总方针，进一步提高了乡镇企业职工的积极性，稳定了职工队伍。

第二，稳定了扶持政策。把党的十一届三中全会以来，党和国家制定的发展乡镇企业的方针政策及时地以法规形式加以总结和肯定，保证了政策的稳定性和连续性。到1992年为止，全国有三十几个省、自治区、直辖市和计划单列市制定了发展乡镇企业的政策规定，许多地市县也制定了具体扶持政策，积极为企业发展创造条件，在能源、原材料、资金、人才、技术、运输等方面给予扶持。

第三，保护了合法权益。《条例》及乡镇企业各项法规的颁布实施，为乡镇企业发展提供了保障。对违反有关法律法规的行为，特别是平调乡村集体所有制企业财产、改变企业所有制性质和隶属关系，向企业乱摊派、乱收费、乱罚款等错误行为进行了坚决地制止和纠正，维护了企业合法权益。

第四，规范了经营行为。各地、各企业把学习、宣传、贯彻《条例》及乡镇企业有关法律法规与普及法律常识，对企业干部职工进行遵纪守法教育，增强法制观念紧密结合起来，与深化企业改革，强化管理紧密地结合起来，用法律手段规范企业的生产、经营和管理活动。引导企业自觉端正经营思想，改善经营作风，使企业各项工作逐步走上法制轨道，做到学法用法，守法经营，依法治厂，进一步提高了企业素质。

第五，促进了企业健康发展。1992年，全国乡镇企业2 077万个，从业人员1.058亿人，总产值17 643亿元，工业总产值13 192亿元，乡村企业税金311亿元，又分别比上年增长9%、10%、52%、52%和28%。

乡镇企业在执行法规、加强乡镇企业法规体系建设上虽然取得了一定的效果，但也存在着一些问题。如《条例》的某些条款已不适应市场经济体制的发展与完善的需要；力度不够，一些部门贯彻执行不力，一些地方平调、上收、改变所有制性质和隶属关系，乱摊派、乱收费、乱罚款等侵犯乡镇企业合法权益的行为时有发生。

市场经济的实质是法制经济，乡镇企业呼唤法制。为了进一步巩固发展乡镇企业改革开放的伟大成果，建立完善适应社会主义市场经济和社会化大生产的充满生机和活力的乡镇企业体制、机制和产权制度、必须加强乡镇企业法规体系建设，从法律上保障和促进乡镇企业更快更好的发展。

（农业部乡镇企业司　李　慧）

组建乡镇企业集团

乡镇企业集团，是以实力强大的乡镇企业为核心，以资产和名优产品生产经营为纽带，由若干个企业、事业单位在自愿互利、平等协商的基础上建立起

国家二级企业大连轴承厂是一家乡镇小厂。该厂依靠科技使产品一级品率达到100%，成为铁道部铁路机车专用轴承定点生产厂　　　　　　　　　　　　　　　　　鞠　鹏摄

来的，并由多层次组成的股份联合经济组织。

发展企业集团，是社会化大生产的必然趋势，也是商品经济发展的客观要求。近几年来，在全国乡镇企业中的轻纺、机电、食品、建筑等行业，出现了一批企业集团。现在建筑业中，省、地、县各级集团公司有600多个，最大的达3 000多人。在轻纺行业中，地毯、制鞋、服装、工艺美术等都组建了企业集团，最大的浙江省桐乡青石制鞋公司，在全国有21个分厂。在食品行业中的啤酒、乳品、淀粉等也组建了几个较大的企业集团，如吉林省乡镇企业啤酒集团公司，由12家啤酒厂组成。实践证明，发展企业集团有力地促进了乡镇企业技术水平和管理水平的提高，推动了乡镇企业组织结构的调整和生产要素的优化组合，增强了乡镇企业的竞争能力和规模经济效益。

1992年，组建乡镇企业集团出现了新的形势，其特点是：

1. 发展速度快。据调查，各省、自治区、直辖市都已纷纷组建了一批乡镇企业集团。江苏苏州市把实行企业兼并，发展企业集团作为乡镇企业深化改革的一个重要内容。张家港市贝贝橡胶厂组建了全市第一家省级乡镇企业集团，杨舍镇以中外合资联谊塑料有限公司为龙头，举办了有联华、联亚、联盛、联兴等4家合资企业参加的“三资”企业集团，总资产增加到近2 000万美元，已成为亚洲最大的塑料地砖生产基地。太仓县鹿河乡以雅鹿服装厂为龙头，联合6家企业组建成一个紧密型的服装企业集团，1992年，仅龙头厂就实现利润1 000多万元。吴江盛泽镇仿丝织物从抽丝到染织、制成服装形成了“一条龙”，用直镇丝绸行业从养蚕、抽丝到织绸、服装出口也是“一条龙”，很有竞争力。苏州市已组建企业集团100多个，其中省级集团10个，吸纳企业1 000多家。

江西萍乡市上栗区把全区从事烟花鞭炮、煤炭开采、食品、酿酒、做砖瓦等生产加工的各种类型企业8 000余家和4万多进行下手加工户，分类归口，成立了43家企业集团及公司，实行双层经营、贸工农相结合、产加销相配套，以“龙头”带动“龙尾”的“龙型”经济群体。1992年全区完成乡镇企业总产值、工业产值增长速度名列全省之首。遂川县以竹木胶合板、造纸为主的竹木加工系列，以板鸭、蛋制品、茶叶果品为主的食品加工系列，永新县的种桑、养蚕、缫丝加工生产系列以及樟树市的粮食、药材加工与国营大中型企业协作配套发展乡镇企业，都形成了良好的区域经济效应，1992年江西组建乡镇企业集团近100个。

广东省珠江三角洲一些经济发达的乡镇，通过企业之间的联合、合并、协作等方式，把同类型的企业经过重新组合，发展了一批出口企业集团，仅佛山市就有15家这样的企业集团。如顺德美的家用电器公司自组成集团公司后，从1989～1992年连续4年出口创汇超千万美元，现拥有固定资产1亿多元、年产400多万台风扇、10多万台空调机的生产能力。产品销到欧美、中东、西非、东南亚、港、澳等20多个国家和地区。乡镇企业集团已成为当地经济的主要支柱，顺德市北滘、桂洲两镇的企业集团产值分别占该镇工业总产值的70%和45%，显示了规模经济的优势和不可低估的重要作用。

2. 领导重视，政策法规不断完善。北京、天津、浙江、山东、辽宁等十几个省、自治区、直辖市都强调了发展企业集团作为今后提高乡镇企业发展水平和持续健康发展的一条重要途径。要鼓励和支持乡镇企业之间、乡镇企业与大专院校、科研单位和国营大中型企业联姻，走集团化经营的路子。农业部于1992年1月发布了第8号令《乡镇企业组建和发展企业集团暂行办法》，对乡镇企业组建和发展企业集团必须遵循的原则和应具备的条件、乡镇企业集团的组织结构、基本形式及责权关系、乡镇企业的审批和登记、企业集团公司的机构与管理、各级乡镇企业主管部门的指导和监督职责等都作出了明确规定。1992年12月农业部又制订下发了与第8号令相配套的《乡镇企业集团示范章程》，对乡镇企业集团的经营范围和方式、组织结构、集团成员、董事会与董事长、总经理、财务与分配、终止与清算等作出了规定。

（农业部乡镇企业司　邹范鸣）

水　利　建　设

深入开展农田水利基本建设

1992年入秋以来，各地积极响应党的十四大提出的“坚持不懈地开展农田水利基本建设”的号召，认真贯彻国务院《关于进一步搞好今冬明春水利基本建设的通知》精神，积极组织动员广大人民群众开展了大规模的冬春水利基本建设。为了促进冬春水利建设的开展，水利部分别召开了东北、西北、华北和中南片冬修水利建设现场会，并派出八个工作组赴各地督促检查。自1992年10月1日，至1993年3月底，全国冬春水利建设高峰时期日上工人数达8 100多万人，累计投入水利劳动积累工50多亿个，累计完成土石方63亿立方米，新增有效灌溉面积53万公顷，恢复改善灌溉面积293万公顷，新增除涝面积53万公顷，改良渍害盐碱低产田64万公顷，治理水土流失面积17 000平方公里，解决了690万人，340万头牲畜的饮水困难。

1992年冬和1993年春水利建设的主要特点是：

（一）领导重视、动手早　自1992年8月份以来，全国30个省、自治区、直辖市政府都召开了不同形式的会议，部署了冬春水利建设任务。特别是河南省秋收刚结束，就不失时机地把农村工作重心转移到农田水利建设上来，9月份召开了全省农田水利基本建设现场会，部署任务，并派出16个工作组赴各地检查督促。山东省9月份开过水利工作会后，又分南北两片召开了现场会。江西省政府9月份召开了全省水利工作会议，要求迅速掀起农田水利基本建设高潮。辽宁省入秋以来已召开了两次会议，发动群众参加农田水利基本建设。河南、陕西、江西等省党政军主要领导还带领机关干部参加水利劳动，各地很多县、市领导分片包干，几大班子齐抓共管，调动了广大群众兴修水利的积极性。大多数省建立了农田基本建设指挥机构，并派出工作组奔赴主要地区督促检查，促进了农建工作的健康发展。黑龙江、青海、陕西、福建、吉林等省政府针对农田水利基本建设实际情况及时发出了《加强农田水利基本建设的通知》，要求各地真抓实干，切实搞好农田水利基本建设。

（二）起点高、重点突出　全国大多数省、自治区、直辖市都根据当地的实际情况，制定了冬春水利建设的重点。山东省针对水旱灾害交替出现和缺水突出的特点，1992年冬1993年春坚持旱涝兼治、综合治理的原则，在搞好河道整治、提高防洪除涝标准的同时，积极修建蓄水和节水工程。江苏省苏州、无锡等经济发达地区大力开展高标准农田建设，以经济效益为中心，实行山、水、田、林、路综合开发治理。东北地区根据1992年冬蓄水比往年同期明显减少的特点，重点修建提水蓄水工程，努力解决1993年的灌溉用水。江西、湖南、福建、浙江等省遭受水灾和风暴潮袭击后，重点搞好水毁工程的修复。河南省确定沿黄和豫东地区主攻引黄和井站建设；沿淮及南阳盆地以治淮为主，完善排涝体系；豫北和豫中地区，以发展节水灌溉为主；豫西及其他山丘区则突出搞好小流域治理和人畜饮水工程。

（三）千方百计增加水利投入　各地解放思想，大胆实践，积极探索增加农田水利基本建设的投入办法。一是按照“谁受益，谁负担”的原则，实行分级投资、分级建设、分级管理。河南、黑龙江、陕西、江苏等许多省都明确：跨村工程由乡投资、建设、管理，工程归乡所有；跨乡（镇）工程以县投资管理为主，工程归县所有。促进了各级对水利投入。二是增加财政投入，大胆使用贷款，引进外资。云南省1992年冬投入农田水利基本建设的资金达2.1亿元，比上年同期增长19.7%；福建省财政实行向冬修水利

甘肃引大入秦总干渠水磨沟桥式钢管倒虹吸工程，于1992年10月7日竣工，设计流量为每小时32立方米

彭张青摄

倾斜政策，省财政厅除提前预拨了1993年水利事业费外，又专项增加900万元，作为冬春水利建设基金。贵州省财政坚持连续四年增加水利投入2 600万元，地县匹配2 600万元。黑龙江省近几年已用贷款2.3亿元，投入农田水利。河南省近几年每年用于农田水利基本建设的贷款至少5 000万元。三是建立农村水利建设发展基金，目前全国已有20多个省的700多个县建立了县、乡农村水利建设发展基金，每年集资额达16.8亿元。四是根据水利为社会、社会办水利的原则，浙江、江苏、河南、安徽、山东、黑龙江、陕西等省政府颁发了集资办水利的办法。1992年10月份以来，河南、山东集体、群众自筹资金已分别达5.2和5.8亿元。

（四）农田水利基本建设与大江大河大湖治理结合，与经济开发结合，城乡结合办水利的局面又有很大发展　在搞好农田水利建设的同时，加强了大江大河大湖的治理。如淮河、太湖的治理进一步加快。北京、天津、河北三省市共同开发治理永定河已经取得良好开端。特别是北京市开展的冬修水利建设在全国起了很好的示范作用。北京、上海、广东等省、直辖市把水利建设与经济开发结合起来，取得了显著成效。

（五）水土保持工作有了新的进展　各地进一步重视山区水利、水土保持工作，全国八片（涉及9个省、自治区、直辖市，43个县旗）重点水土流失治理第一期工程已经全部完工，从1983～1992年十年间国家累计投入了3亿元，完成治理面积2.5万平方公里，修建水平梯田16万公顷，营造水土保持林167万公顷，种草50万公顷。长江上游、密云、潘家口水库上游重点治理进展也比较顺利，初步统计，长江上游治理6 300平方公里，潘家口460平方公里，密云水库230平方公里。此外，珠江上游的南北盘江水土流失重点治理和淮河上游重点治理工作都已起步，进展良好。同时，各地积极开展小流域综合治理。1992年冬1993年春，陕西、甘肃、四川、山西、河南、辽宁省治理水土流失面积分别达到2 929、2 249、1 923、1 819、1 118、1 019平方公里，取得了明显的经济效益、社会效益和生态效益。

1992年冬1993年春水利建设取得了明显的成

绩，是近几年来形势比较好的一年。但与往年相比，也出现了一些新的情况和问题，一是各地进行农田水利基本建设通过前几年的大干，比较容易干的工程都已基本干完，剩下的大都是难度较大的工程；二是一些地区的房地产热、第三产业热等；吸引了相当的资金和劳力，影响了农田水利基本建设的投入；三是水泥、钢材、木材以及柴汽油涨价，使本来就不足的资金更显短缺。随着改革的深入和社会主义市场经济体制的建立，农业正在面向市场，农田水利也要适应这种新形势。有必要探索新的农田水利建设和管理机制。

（水利部农田水利水土保持司　王志民　杨广欣）

水土保持预防监督工作全面展开

《水土保持法》的颁布，确立了水土保持工作预防为主的方针，把水土流失的预防和监督管理提到了首位，使水土保持工作进入了一个新的阶段。1992年全国水土保持预防监督工作在以下几个方面取得了进展：

1. 加强宣传工作，提高了各级领导和广大干部群众对水土保持工作的认识。在《水土保持法》颁布一周年之际，各地利用广播、电视、报刊、街头咨询等多种形式进行了广泛地宣传活动，水利部与中央人民广播电台联合举办了14讲《水土保持法》知识广播对话，印发了水土保持宣传画。

2. 开展了100个县的水土保持监督执法试点。根据全国第五次水土保持工作会议精神，为全面贯彻落实《水土保持法》，切实做好水土保持预防监督工作，1992年6月，水利部决定在全国开展水土保持预防监督执法试点工作，选定了108个县做为首批试点，各县都制定了试点方案，成立了以县主要领导为首的水土保持预防监督执法工作领导小组，建立了县水土保持监督站，配备了县、乡、村三级水土保持监督员，有的已经过培训，持证上岗；制定了操作性强的《水土保持法》实施办法，开始审批水土保持方案，收取水土流失防治费、补偿费，处理各种违法案件。

3. 晋陕蒙接壤地区水土保持监督工作有新进展。晋陕蒙接壤地区位于陕北、晋西北及内蒙古南部三角地带，包括陕西神木、府谷、榆林，山西河曲、保德、偏关，内蒙古东胜、伊金霍洛、达拉特、准格尔等10个县、旗、市，总土地面积4.6万平方公里。该区矿产资源十分丰富，尤其是煤炭资源，是我国优质动力煤的重要基地。由于自然和社会的原因，水土流失十分严重，是黄河多沙粗沙的主要产区，水土流失面积3.91万平方公里，土壤侵蚀模数平均高达1万～3万吨每平方公里·年，最高的达4万～6万吨每平方公里·年。特别是近几年来、由于煤田的大规模开发，铁路、公路及厂矿的建设破坏原有地貌、植被，更严重的是有些厂矿尤其是煤矿把大量废弃物随意堆放或倾入河道，进一步加剧了这一地区的水土流失和河道淤积。由于该地区煤田开发存在多种形式，管理难度很大，特别是陕西和内蒙古接壤的乌兰木伦河、悖牛川、活鸡兔三段的界河，由于争抢采煤而挤占河道，严重影响汛期行洪。如乌兰木伦河的后补连河段，原来500米宽的行洪河道被挤占一半以上。对此，晋陕蒙接壤地区水土保持工作协调小组根据《晋陕蒙接壤地区水土保持规定》、《水土保持法》、《河道管理条例》对行洪河道的弃土弃渣和阻水工程，本着“谁设障、谁清除”的原则，由协调小组与各级政府、企业部门负责人签定了《清障目标责任书》，根据责任书要求，按期进行清理。

4. 加强了地方性配套法规的制定工作。各地均根据《水土保持法》着手起草《水土保持法》实施办法，其中北京、吉林、山东、贵州、河北等省、直辖市的实施办法已经地方人大常委会讨论通过，并颁布实施。山西省水利厅与物价局、财政厅联合颁发了《山西省水土流失补偿费、治理费的征收使用和管理办法》。陕西、山西、甘肃、北京、福建等省、直辖市制定了《水土保持执法文书》系列文件，上述配套法规的制定和完善，为全面开展水土保持预防监督工作创造了良好的条件。

5. 查处了一批违法案件。陕西、山西、甘肃、辽宁、吉林、大连、江西、福建等省、市开始建立水土保持方案审批制度，水土流失防治费和补偿费收费制度，同时查处了一批违法案件。甘肃省已对800多个已建和在建项目补办了审批手续，审批新建项目150多个，发放水土保持准许证1 800多个，同时依法查处了115起典型案件。陕西省已发展成申请—登记—评估—审批—发证—验收等一整套管理审批程序。

（水利部农田水利水土保持司　郭索彦）

农村乡镇供水设施建设

随着农村经济的迅速发展和人民生活水平的提高，供水不足已成为制约当地经济和社会发展的一个主要问题。为了推动各地农村开展乡镇供水建设，1991年水利部对各地上报项目在审查、评估的基础上，1992年批准吉林、河北、山东、江苏、江西、河南、湖北、湖南、广东、陕西等10省72处项目开展利用农业贷款进行乡镇供水建设的试点工作。水利部首次安排500万元作为贷款的部分贴息予以支持，极大地调动了各级水利部门兴建乡镇供水工程的积极性，加快了乡镇供水建设的步伐。各地工程建设进展顺利，已竣工的53处工程通过验收并向社会供水，日供水能力达8.15万吨，受益人口62万人，一大批乡镇企业的用水得到保证，取得了良好的社会效益和经济效益。

农村乡镇供水工程的建设，对繁荣农村经济，提高人民生活水平，保持社会安定有着深远的意义。

1. 缓解了用水紧张局面，保障工农业生产的正常运转。河南登封县近几年连遭大旱，农村人畜饮水发生危机，县城居民用水得不到保证，一些企业处于停产或半停产状态，少林供水工程兴建后，解决了县城及近郊农村居民用水紧张状况，促进了工农业和旅游业的发展。

2. 改善了投资环境，有利于吸引外资发展当地经济。供水工程是农村乡镇建设的基础设施之一，也是引入外资发展当地经济不可缺少的重要条件。江苏泗阳县新袁镇供水站一建成，外商纷至沓来，短期内就与上海合建一个羊皮加工厂，与外商签订了一个盐水蘑菇加工厂的协议。

3. 缩小农村与城市之间的差别，促进精神文明建设。自来水进入千家万户，许多农民修建起了卫生设施，洗衣机、热水器等日用品进入农家，为轻工产品开拓了广阔的农村市场，促进了精神文明建设，进一步缩小了城乡差别。

4. 有利于贯彻《水法》归口管理水资源，巩固水利作为国民经济基础产业的地位，提高水利行业知名度，也是把水作为商品推向市场的必要措施和具体体现，有利于水利部门搞活水利经济，增强自身效益，稳定基层队伍，促进乡镇水利站的建设。

在实施利用农业贷款建设乡镇供水工程的过程中，各地的做法是：

1. 转变职能，把乡镇供水建成水利部门的经济实体。10省利用农业贷款兴建乡镇供水工程是水利部门深化改革，实现职能转变，把水作为商品推向市场的一次有益尝试，因此，各级水利部门从试点项目的规划立项，到竣工投产都给予高度重视，并明确规定，凡动用水利部门的资金包括贴息资金及贷款指标兴建的供水工程，都必须归口当地水利基层组织管理，是水利基层组织的一个经济实体。

2. 完善审批制度，加强技术管理。乡镇供水工程作为水利部门的经济实体，工程设计水平和施工质量，直接关系到工程的社会和经济效益。为此，水利部要求各地在申报项目时按基建程序办事，要求达到水源可靠，技术可行，权属明确，投资合理，效益显著。各地在执行中又制定了更为具体的办法和实施细则。在施工中引入竞争机制，公开招聘施工队伍，各级水利部门抽派技术人员进行质量监督，切实保证建一处成一处。

3. 做好资金的筹集与管理。为了管好用好建设资金，所有建设资金要有水利部门掌握，先使用自筹，后使用贷款，部里的贴息资金从严发放，做到施工计划完不成的不贴，贷款资金不到位的不贴，管理权属不明确的不贴。这些措施的实施，有力地保证了工程建设按计划进行。

4. 加强管理尽快发挥效益。为尽快使供水工程发挥效益，各地在工程验收后，立即帮助乡镇水管站建立起工程养护，供水用水，水源保护等一系列规章制度；对新上岗的职工进行技术培训；根据部财务司有关文件精神，合理制定生产与生活水费价格，做到成本加微利，已建成的供水站每立方米收费在0.4～3.5元之间；同时减少消耗，降低成本，扩展用户，增加供水效益。

一年来，其他省、自治区、直辖市以及试点省另外一些地区的水利部门，也创造条件利用各种投资渠道，积极开展农村乡镇供水工程的建设，有的地区还结合解决人畜饮水困难，修建了不少供水工程，据初步统计，全国共兴建农村供水工程900多处，日供水能力约150万吨，受益人口500万，为近4 000多个乡镇企业提供了生产用水。

（水利部农田水利水土保持司　周令鸿）

引洱入滨工程是云南省重要的水利工程，工程竣工，每年引水5 000万立方米进入缺水的滨川县境内　豆　明摄

减轻农民负担

做好农民负担监督管理工作

1991年12月国务院发布《农民承担费用和劳务管理条例》（以下简称《条例》），标志着农民负担监督管理工作步入法制轨道。

《条例》颁布以后，农业部将减轻农民负担工作作为一项重要工作去抓，全国大部分省、自治区、直辖市对《条例》进行了贯彻落实，农民负担监督管理部门做了大量的工作，取得了初步成效，但农民负担过重的问题仍然很突出。1992年农民承担的村提留和乡统筹费420亿元，人均47.38元，占上年农民人均纯收收入的7.87%，高于国务院规定的2.87个百分点。和1990年基本持平，比1991年略有降低。除此之外，农民承担的各项社会负担达120亿元，人均13.6元，占上年农民人均纯收入的2.3%；两项合计占上年农民纯收入的10.17%，人均60.98元。1992年农民负担监督管理工作主要做了以下几方面：

1. 依据国务院《条例》授权，及时组织实施《条例》。《条例》发布后，农业部根据国务院授权，对《条例》的有关条款进行了解释，明确了有关界限，开展了《条例》宣传组织实施工作。各地通过广播、电视、报刊、宣传车、布告、手册、培训班等形式，普遍地开展了宣传活动。吉林、山东、湖南、河北、四川五省开展了《条例》宣传月、宣传周活动；辽宁、湖南、海南、四川等省将《条例》纳入“二五”普法计划；有些地方还将《条例》的宣传贯彻作为农村社会主义思想教育的主要内容。

2. 组织全国农民负担执法大检查。根据国务院办公厅有关文件要求，委托农业部、国务院法制局、监察部组成国务院检查组，抽查了19个省、直辖市、自治区50个县96个乡199个村，通过检查，宣传了《条例》，纠正了一些地方的错误做法，促进了这项工作的开展。在中央的推动下，各地也组织了执法检查。山东、安徽、河南、四川等4省由省人大主要领导亲自带队分赴各地，边查边改。吉林、辽宁、广东、海南、云南等省以省政府名义，由省农业厅、法制局、监察厅等单位组成检查组，分赴各地进行检查，有力地促进了《条例》的落实。山东省农业厅、监察厅、财政厅还对乡统筹费筹集使用情况进行了专题检查。河南省人大常委会把监督《条例》的贯彻执行定为全年的一项重点工作，在组织检查后，专门召开会议对全省减轻农民负担工作进行评议，在全省产生了很大反响，深受广大农民欢迎。湖南省各级政府都聘请了一部分人大领导和人民代表为农民负担监督员，共同做好这项工作。一些市、县人大、政府也组织了《条例》的执法检查。

3. 一些地方加强了领导，明确了主管部门。全国有15个省、自治区、直辖市成立了省级领导小组，其中有黑龙江、江苏、山东、河南、湖南、海南、四川、贵州、云南、陕西、甘肃等11个省专门成立了由省级领导任组长的农民负担监督管理领导小组。全国除福建省以外，29个省、自治区、直辖市明确了省级主管机构，其中北京、天津、河北、山西、辽宁、吉林、黑龙江、上海、江苏、山东、湖北、湖南、四川、贵州、陕西、甘肃、宁夏等17个省、自治区、直辖市健全了地、县级农民负担监督管理机构。

4. 对涉及农民负担的文件和项目进行清理整顿。1990年2月，农业部根据国务院通知要求对涉及农民负担的文件进行清理，通过国务院48个部门的自查向农业部提交了文件清理报告，农业部汇总后，于1990年8月向国务院提出了文件清理和初步审核的报告。经过清理，国务院有25个部门下发了涉及农民负担的文件，共计8大类，148个项目。《条例》颁布后，一些省、地区对照《条例》，在前一段清理审核的基础上，对违背《条例》的文件、规定进行了进一步清理。吉林、山东、河南、湖南、四川、山西、陕西、甘肃等省取消和废止了一批文件和项目。

5. 制定与《条例》相配套的法规、制度。吉林、黑龙江、山东、江西、湖北、湖南、四川、河北等8个省由省人大常委会制定了农民负担管理的地方性法规；北京、内蒙古、辽宁、河南、宁夏、新疆等6省、自治区由省政府发布暂行办法或实施细则；江西省监察厅还专门制定了违反《条例》和省人大《条例》的行政处罚办法。山西、甘肃已向省、自治区人大常委会提交了《条例》实施细则，贵州、云南向省政府提交了《条例》实施办法草案。为了贯彻《条例》，辽宁、江苏、河南等省人大常委会作出切实减轻农民负担的决定，一些地、市、县根据国家、省《条例》的规定，结合本地特点制定了实施意见或暂行规定。黑龙江省在抓好法规制度建设的同时，在全国率先编制出省一级《农民负担项目和标准目录》。

6. 逐步健全日常监督管理制度。全国许多地方的县、乡、村三级建立了村提留、乡统筹费预决算审批制度；村提留、乡统筹费资金管理、使用、审批制度；义务工、劳动积累工的提取、管理使用制度和农民负担专题审计制度；为农民负担监督管理经常化、规范化、制度化奠定了基础。各级农民负担监督管理部门在减轻农民负担具体工作中还创造了许多好的经验和做法，如贵州省建立了农民不合理负担举报制度；内蒙古、黑龙江、河北等3省、自治区建立农民负担统计监测点；安徽蚌埠市建立了乡统筹费筹、管、用一体化管理制度；山西榆次市实行农民负担登记卡制度；湖南岳阳市实行统一归口审核和亮证收费制度。

在各级党政领导的重视和支持下，农民负担监督管理工作，取得了一定成效。农民承担的合同内负担（即列入农业承包合同的三项提留、五项统筹）上升势头有所遏制，但合同外负担仍呈继续增长趋势；日常监督管理制度初步建立，但还不够健全，不够落实，地区之间也很不平衡；宣传、贯彻《条例》做了大量工作，但局部地区问题还相当突出。要把《条例》真正贯彻落实下去，还需做很多艰苦细致的工作，还要付出更大的努力。

（农业部农村合作经济指导司　孙邦群）

农村社会主义思想教育

农村社会主义思想教育综述

两年多来，按照党中央、国务院的部署，先后抽调260多万名机关干部，在有经验的地（局）县（处）级骨干带领下，分期分批下乡驻村，同农村干部群众打成一片，做了大量的工作。除少数几个省、自治区外，大多数地方均已结束。截至1992年10月底统计，全国完成集中教育的村，占行政村的85%；完成集中教育的乡镇、占乡镇的75%。正在收尾的一些地方，多数争取在1993年上半年内基本结束。

这次农村社会主义思想教育活动，始终坚持以党的基本路线为指导，以经济建设为中心，以思想教育为主线，以加强基层组织建设为重点，集中力量解决群众最关心的影响农村改革深化和经济发展的突出问题，普遍收到了好的效果，受到广大农村基层干部和农民群众的称赞。特别是1992年春以来，各级党委因势利导，把学习贯彻邓小平同志视察南方重要谈话和江泽民同志在党的十四大所做《加快改革开放和现代化建设步伐　夺取有中国特色社会主义事业的更大胜利》报告精神作为教育活动的主要内容，指导整个工作，有力地推动了解放思想，深化改革，发展经济，引导农民加快奔小康的步伐。实践证明，中央在农村普遍开展农村社会主义思想教育的决定，党的十三届八中全会决定中对这项工作给予的充分肯定，都是完全正确的。

农村社会主义思想教育取得了明显成效，主要表现在以下几个方面：

首先，经过党的基本路线、爱国主义、集体主义和社会主义的宣传教育，农村干部群众的思想觉悟大大提高，为发动和组织农民实现小康目标打下了基础。通过宣传教育，使农村干部群众认识到党的“一个中心、两个基本点”的基本路线的正确性；认识到要建设有中国特色的社会主义，在农村贯彻落实党的基本政策，把家庭联产承包为主的责任制、统分结合的双层经营体制作为一项基本制度长期稳定下来的重要性。在宣传贯彻邓小平同志视察南方重要谈话和党的十四大报告精神中，着重宣讲了党的基本路线一百年不变；抓住机遇，加快发展经济、引导农民奔小康步伐；摆脱姓“社”姓“资”的思想束缚；广泛开展了奔小康大讨论，克服旧的和小富即安思想，树立了社会主义市场经济观念，增强了开拓进取意识，把实现奔小康目标变成农村广大基层干部和农民群众自觉的实际行动。

其次，认真落实党在农村的方针政策，解决了农村的一些热点、难点问题，促进农村生产力的解放和经济发展。在开展集中教育的村，经过宣传贯彻党的方针政策，着重解决群众反映强烈的问题。有70%的村清理了集体财务，清出农民拖欠集体的款和有关部门及干部侵占、克扣、乱占农民的款，大部分已经归还兑现，建立了民主理财制度。普遍完善了土地、林果、村办企业等方面的承包合同。多数村强化了双层经营中统的功能，搞起了产前产中产后服务，壮大了集体经济实力，调动了农民按照市场经济的要求发展商品生产的积极性。据60万个村不完全统计，在集中教育活动中，新建村办企业40万个，乡村企业新增投资382亿元；新建“三资”企业5 771个，吸引外资151亿元；开发性农业新增投资70亿元；农田基本建设完成74亿土石方。

第三，以党支部为核心的村级配套建设得到加强，发展了党、团组织，为奔小康奠定了组织基础。教育活动中，在对党支部思想、组织、作风进行全面整顿提高的基础上，调换了少数不胜任的支部书记，把一批思想解放、公道能干、能够带领群众开拓进取、致富脱贫奔小康的优秀党员选进领导班子；重点抓了后进党支部的整顿工作，使80%的后进支部发生了变化，改变了后进面貌；据开展教育活动村不完全统计，发展党员40万人、团员210万人。村委会、村经济合作组织配套健全起来，有些村走上了制度化、规范化的轨道。

第四，加强了精神文明建设和社会治安的综合治理，打击了犯罪活动，促进了社会稳定。精神文明建设是这次教育活动的一项重要内容，也是搞好物质文明建设的重要保证。教育活动中，许多村建立了党员活动室 、文化站、青年民兵之家，有了思想政治文化阵地，开展了经常性活动。广泛进行了民主法制教育，社会秩序混乱的地方建立群防群治制度，依靠执法部门打击了一批犯罪分子。有80%的村开展了文明户评比活动，制订了村规民约，移风易俗蔚然成风。

第五，培养锻炼了一批机关干部，密切了党与农民群众的联系。这次200多万机关干部下乡驻村，是多年没有的大举动。下乡干部想群众所想，急群众所急，同农村干部一起共商发展经济奔小康大计，动真的、干实的，既为建设新农村做出了贡献，也使干部自己受到了锻炼，受到了群众普遍欢迎，密切了党、政府同农民的联系。

这次农村社会主义思想教育的主要特点：

1. 坚持用党的基本路线指导整个教育活动。这次农村社会主义思想教育，既不同于60年代的“社教”运动，也不同于“文革”期间的“路线”教育。而是在新的历史条件下，改善和加强党对农村基层工作领导，推动经济发展和社会进步的一项战略措施。在教育活动中，既避免“左”的东西，又防止了形式主义、走过场，受到了群众的欢迎。

2. 紧紧围绕经济建设这个中心开展教育活动。一开始，中央就提出农村教育活动要以经济建设为中心的指导方针。各地在工作中，都把解放和促进生产力的发展，加快致富脱贫、发展经济步伐作为中心任务。工作队进村后，经过调查研究，找出当地优势和要解决的问题，理出发展的思路，制定奔小康的规划和措施。他们解放思想，实事求是，按照市场需求调整产业结构积极发展高产、优质、高效农业，在稳定粮食生产的基础上，发展多种经营，兴办村办企业，逐步壮大集体经济实力。

3. 坚持贯彻“两手抓”的方针。在教育活动中，既抓思想教育，又解决实际问题，既抓经济建设，又打击经济犯罪活动，受到了群众的普遍欢迎。在工作中，抓住群众的迫切要求，解决影响当地生产和群众生活中的突出问题，为农民排忧解难；特别是在社会秩序混乱的地方，一方面组织动员群众发展经济，一方面依靠执法部门打击犯罪活动。

4. 严格按照党的政策和国家法律办事。在工作中，各地依照中央提出的“三依靠、三为主、两不整”的方针，各级机关派出的工作队都在当地党委领导下进行工作。紧紧依靠基层组织，依靠基层干部，依靠农民群众，不搞包办代替；解决思想认识问题，以思想教育为主，正面教育为主，自我教育为主；做到了不整干部，不整群众。对于犯有一般错误的干部，经过批评教育，帮助改正错误，争取群众的谅解；对于犯有严重违法乱纪的干部，查清事实，区别性质，依靠有关部门按照法纪处理。既严肃了法纪，又保护干部的积极性，没有留下后遗症，干部群众均较满意。

这次农村社会主义思想教育，是在新的历史条件下，对如何加强农村基层工作的一次探索。除派出大批机关干部帮助基层工作以外，还始终坚持党委统一领导，各部门通力协作；区别不同地区实际，分类进行指导；严格检查验收，防止走过场等许多经验，对今后做好农村基层工作都有借鉴意义。

（中共中央政策研究室　梁洛竹）

搞好农村基层组织建设

近十几年来，我国农村改革和建设取得了举世瞩目的成就，农村发生了巨大变化。这说明，党的一系列农村基本政策顺乎民心，和农村基层组织的状况总体上是好的有着密切关系。但由于前几年对农村基层组织建设有所削弱，在这项工作中还存在不少问题，致使农村基层组织不能适应新的历史形势和要求。相当一部分村级组织不健全，集体经济实力薄弱，党和政府的政策法令贯彻不力；思想政治工作和精神文明建设软弱，封建迷信和一些丑恶现象有所抬头。因此，不搞好基层组织建设，将严重影响农村改革和经济发展的步伐。

党的十一届四中全会以来，特别是1990年中央在山东莱西市召开全国村级组织建设工作座谈会，对搞好村级组织建设工作做了部署；1991年春天，中央在部署农村社会主义思想教育工作时，强调提出要以加强农村基层组织建设为重点，围绕经济建设这个中心搞好基层组织建设。各级党委和政府根据中央的部署，分期分批派出大批机关干部深入农村，为搞好基层组织建设做了大量工作，使农村基层组织建设状况有了明显变化，为农村改革和发展经济奔小康提供了组织保证。其主要特点是：

1. 狠抓教育和培训，提高基层干部执行党的基本路线的自觉性和他们的个人及整个素质。各地在教育活动中，把村级干部和共产党员作为教育的重点对象。通过教育，提高他们对坚持执行基本路线、基本政策必要性和重要性的认识，增强社会主义市场经济意识和政策、法制观念，带领群众共同致富。同时，运用乡镇党校、村文化室、党员活动室，分别对村级干部、共产党员、青年积极分子等举办训练班，讲解科技兴农、发展乡村企业和商品经济知识，把村级班子培养成为一支有文化、有知识、懂政策、善管理、通技术、会经营的带领群众致富奔小康的干部队伍。

2. 建设好村党支部领导班子，选好党支部书记。把群众拥护的能够带群众致富治穷奔小康的优秀党员选进支部领导班子，特别要选好一个支部书记，以增强党支部的凝聚力和战斗力。据1992年10月全国不完全统计，开展教育活动的59.34万多个村，在教育活动中，新选拔上来的支部书记达70 697人。另据有关资料反映，1991年底在支部书记中，35岁以下的占26.4%，高中以上文化程度的占19%。一批年龄轻、文化高、素质好的优良党员被选拔到领导岗位上来。

3. 把帮助后进村、后进党支部改变面貌作为基层建设的一个重点。前几年，处于后进乃至瘫痪、半瘫痪状态的村，约占村总数的15～20%。工作基本无人负责，政策法令得不到贯彻，农民生产生活上的困难无法解决，社会秩序不好，群众很不满意。在教育活动中，派往后进村、后进支部的机关干部有上百万人。据不完全统计，在教育活动中进行整顿的5.99万个后进支部，80%以上的支部有了转化，有些后进支部进入先进行列。

4. 围绕发展经济，搞好以党支部为核心的村级组织配套建设。一个村的双层经营搞得好，经济搞上去了，集体手里有东西，能为农民排忧解难，搞好服务，减轻农民负担，党支部和村干部的吸引力、凝聚力、战斗力也就增强了。在加强党支部建设的同时，各地都注意加强村委会，特别是合作经济组织，以及共青团、妇代会等组织建设，增强村级组织的整体功能，为农村经济发展奔小康提供了组织保证。山西省在教育活动中，坚持以发展经济、脱贫致富为中心，几年来新办村组企业7 427个，新增投资3.6亿元，完成各种承包合同18.7万份，新建经济服务组织1.76万个，开发性农业新增投资4.7亿元。

5. 加强对农村党员队伍的管理，较好发挥了共产党员的先锋模范作用。通过建立和开展党员联系户、党员责任区、老党员参谋组、共建精神文明组、党群共建经济联合体等各种活动，使农村绝大多数党员的先锋模范作用得到较好发挥。为加强对党员的管理，普遍健全了组织生活制度、民主评议党员制度、开展批评与自我批评制度。对不合格党员，按照有关规定，进行了妥善处理。并积极进行了发展党员工作，吸收了一批年龄轻、有文化的先进分子入党，保持了党员队伍的活力。

各地根据中央组织部、中央政策研究室、民政部、司法部于1992年在山东召开的会议精神，并推广章丘县“依法建制、以制治村、民主管理”的经验，把农村基层组织建设引向深入，进一步加强和改善对党支部的领导，充分发挥村级各种组织的积极性，把农村基层的民主政治建设引向规范化的轨道。

（中共中央政策研究室　李天资）

农 业 投 入

1992年财政支农概况

1992年，全国财政支农支出年初预算为259.98亿元，比上年年初的234.56亿元增长10.8%，比上年增长幅度高一个百分点，在预算执行过程中，为了确保资金的正常拨付，农财部门加强了预算执行情况的分析，紧密结合农业生产和农村经济实际，认真做好预决算管理，就全国全年预算执行看进度比较正常。据1992年12月底的初步统计，1992年财政支援农村经济和农业生产各项事业费实际支出达267.98亿元，比上年同期的242.57亿元增长10.48%。在支援农村经济支出中，1992年实际支出146.48亿元，比上年同期132.83亿元增长10.28%。主要是：(1)不断加强农业基础设施建设，增强农业发展后劲，提高农业综合生产能力，全年用于增强农业综合生产能力的支出有较大的增长。如粮食生产专项资金1992年支出达11.56亿元，比上年同期7.79亿元增长48.37%。农业发展专项资金支出46.90亿元，比上年同期43.88亿元增长6.9%。(2)不断改善农业生产和生态环境，1992年农村小型水利和水土保持支出37.06亿元，比上年同期34.74亿元增长6.68%。(3)调整生产结构，发展"两高一优"农业。1992年，全国财政支援农村合作经济组织支出达34.46亿元；农村草场改良和畜禽保护支出达3亿元；农村造林和林木保护支出达6.20亿元；农村水产补助支出达1.38亿元。(4)加强农业技术推广和农业社会化体系建设。1992年农村技术推广支出达5.91亿元，中央财政增加农业社会化服务体系建设资金支出2 000万元。1992年，全国农业事业费支出为121.50亿元，比上年同期109.73亿元增长10.72%。其中：一是农垦、农场事业费支出达12.49亿元，比上年同期10.06亿元增长24.16%；二是农业事业费支出达28.90亿元，比上年同期25.27亿元增长14.32%；三是畜牧业事业费支出12.34亿元，比上年10.996亿元增长12.22%；四是农业机械事业费支出8.30亿元，比上年支出7.15亿元增长16.03%；五是林业事业费支出14.64亿元，比上年同期支出12.50亿元增长17.08%；六是水产事业费支出达3.46亿元，比上年同期支出2.84亿元增长21.90%。气象事业费支出3.59亿元，比上年同期3.35亿元增长7.07%。

1992年中央在农业资金投入中用于特大防汛抗旱补助支出有较大的增加。1992年我国洪涝灾害面积966.67万公顷，其中重庆453.33万公顷；干旱面积3 266.67万公顷，其中成灾面积1 666.67万公顷。为了支持各地特大防汛抗旱救灾工作，中央财政根据各地受灾程度全年累计拨出特大防汛抗旱补助费3亿元，基本特大防汛补助费1.51亿元，特大抗旱补助费1.49亿元。在资金分配和使用上坚持了几个原则：一是适当集中资金支持重点灾区。1992年，特大防汛补助费用一半以上补助了受灾较重的江西、浙江、四川等11个省、自治区；特大抗旱补助费2/3安排在受旱重且又是我国粮食生产区的河南、河北、陕西、黑龙江等12个省、自治区；二是自力更生为主，国家补助为辅。据对黑龙江、湖北、辽宁、甘肃、江苏等5省初步统计，全年累计投入防汛抗旱资金2.3亿元（不含群众自筹），为中央财政拨入补助4 700多万元的4.8倍。一些主要河堤所在省、直辖市支出的防汛配套资金也比较多。如陕西省财政1992年汛前投入渡汛资金300万元，是中央财政拨入该省应急渡汛补助费100万元的3倍；三是抗灾和救灾相结合。各地在积极救灾的同时，加强了抗灾工作。水利投入不断增加，1992年全国水利事业费支出达26.7亿元，比1990年、1991年增加8.2亿元、5.7亿元，分别增长44.3%、27.1%；1992年全国水利基建拨款62.8亿元，比1991年增加11.4亿元，增长22.1%。农田水利建设步伐加快。1991年冬至1992年春，全国水利劳动用工最高日达8100多万人，完成土石方49亿个。1992年净增有效灌溉面积46万公顷。抗旱资金的使用管理办法也得到改革和完善，许多省、直辖市改一次性资金补助为购置物资和部分有偿使用，形成长期抗旱能力。

改善农业生产和生态环境是政府农业投资的一个重点，1983年以来，我国开始了对水土流失的重点治理，主要是涉及9省、自治区、直辖市43个县（市、区）的八大片的无定河、三川河、皇甫川、永定河上游、柳河上游、葛洲坝库区、江西省兴国县、甘肃省定西县地区作为国家水土流失重点治理区。从1983～1992年，中央财政安排八片重点水土保持补助费达3亿多元。据统计，到1991年，中央财政实际安排八片重点治理地区水土保持补助费2.75亿元（包括"三西"地区农业建设补助资金用于定西县水土保持的479.1万元），地方各级财政共安排

4 166.6万元，集体和农民自筹资金3 264.2万元，投劳折资7.26亿元（投入2 000多万个工日），共计投入10.75亿元（包括投劳折资）。每治理1平方公里的平均造价为4.57万元，其中中央补助1.168万元。重点治理取得了显著的经济效益、生态效益和社会效益。整个八大重点治理区，1991年比1982年增产粮食2.899亿公斤，增长率58%；1982年人均纯收入只有141元，1991年达到589.38元，是原来的4.18倍。

1992年，财政部门在资金扶持和政策调整方面支持农垦企业发展生产、扭亏增盈。重点是制定与市场经济相适应的接近国际经济惯例的财务、会计制度。（财政部农业财务司综合处　张宝田）

1992年农村信贷

1992年，全面落实党的十三届八中全会各项政策措施，加大改革力度，增加农业投入，促进农村经济加快发展。到年末，农业银行、农村信用社累计发放贷款10 595.3亿元，比上年多发放1 421亿元；全年贷款净增加7 888.2亿元，比上年增加1 542.9亿元；增长24.3%。农村贷款重点支持了农业生产、综合开发、科技推广、乡镇企业以及创汇农业等，有力地促进了农村经济的全面发展。

1. 树立“大农业”的观念，促进传统农业向“两高一优”农业转变。到1992年末，农业银行、信用社累计发放农业贷款2 028.4亿元，比上年增长17.6%；农业贷款余额为1 800.6亿元，比年初增加345.2亿元，是历史上累放和净投放最多的一年。各地具体做法：一是支持了以粮、棉、油为重点的种养业生产和副食品基地建设，增加市场农产品供给。仅信用社全年共增加种养业贷款91.7亿元。二是把信贷资金投入与农业综合开发、科技成果应用结合起来，支持科技兴农，支持农业综合开发和基础设施建设。全年农业银行累计发放开发性贷款56.4亿元，比1991年多发放13.8亿元，使开发性贷款的总存量达到了创纪录的95亿元。三是在支持家庭经营的基础上，注意支持县、乡、村三级农业社会化服务体系的建设，集体农业贷款累计发放486亿元，比1991年多发放134亿元，贷款净增加91.7亿元，使这项贷款的总存量达到404.7亿元。

2. 以市场为导向，效益为中心，科技为动力，大力支持沿海地区和中西部地区乡镇企业的发展。农行信用社全年累计发放乡镇企业贷款2 716.2亿元，比1991年增长36.6%，贷款余额达1 877.4亿元，比1992年初增加468.6亿元。其中，农业银行累放748.4亿元，贷款余额达582.7亿元，比1991年末增加84.3亿元。贷款投向的重点：一是体现了向中西部地区的倾斜，贷款增幅高于全国平均增幅3～5个百分点。如新增农村水电贷款8.5亿元，其中5.43亿元用于中西部地区，占64%。二是促进信贷与科技相结合，推动了“火炬计划”、“星火计划”的实施。共安排“星火计划”专项贷款5亿元，衔接“星火计划”项目97个。特别是集中资金，支持“苏、锡、常”火炬带建设，安排4亿元，联合支持了21个火炬项目。三是狠抓了“压贷挂钩”工作，通过采取分地区下达压缩任务计划，制定压贷挂钩方案，加强工作检测考核，完成了8.5亿元的产成品压缩任务。

3. 加强了对扶贫开发的支持力度。按照以种养业为主，种养加结合的路子，选择脱贫致富的主导产业、龙头企业和经济实体，重点发放扶贫贷款。有关地区农业银行积极参与规划和决策，改进资金分配办法，坚持贷款自主权和合理使用，提高了扶贫贷款的效益。全年累计发放扶贫贴息贷款31.3亿元，比1991年多发放12亿元；累计收回12.9亿元，比1991年多收回4亿元。

4. 坚持“以商促农”方针，支持农村搞活流通。一是克服资金困难，做好农副产品收购资金供应工作。在农副产品购销体制变化，收购企业转换经营机制，部分渠道的收购资金不能落实的情况下，农业银行千方百计筹措资金、落实规模，努力做好农副产品收购的资金供应工作。全年累计投放农副产品收购贷款2 415.8亿元，贷款余额达2 092.6亿元，比1991年末增加了274.3亿元。二是在农村商业体制转换经营机制的情况下，继续发放预购定金贷款，实行“钱物结合”，解决农民购买农业生产资料难的问题。支持农村商品流通，促进边境贸易发展和农村市场建设。全年累计发放农村商业贷款2 345.8亿元，比1991年多发放168.3亿元。

5. 积极筹集外汇资金，支持农业和乡镇企业发展外向型经济。到1992年末，农业银行外汇存款余额达20.4亿美元，比上年增加7.7亿美元，增长了61%。外汇贷款余额达27.9亿美元，比上年增加12.7亿美元，增长83%。世界银行、亚洲开发银行支持中国农业开发项目的第四笔外汇贷款，第一笔贷款都已全部落实到位。农业银行外汇资金的大量投入，有力地支持了农村经济走向国际市场。（中国农业银行政策研究室　喻成栋）

发展农村合作基金会

农村合作基金会是1984年在我国农村部分地区开始试办的。它是农村经济体制改革的产物，适应了农村商品生产和市场经济发展的客观需要。到1992年底，全国乡（镇）一级已建立了以农村合作基金会为主要形式的资金互助合作组织1.74万个，村一级11.25万个，分别占总乡（镇）数的36.7%和总村数的15.4%。年末筹集资金164.9亿元，年内累计投放资金178.5亿元，分别比1991年增长了65%和77%，是自农村合作基金会创办以来发展最快的一年。

农村合作基金会是在坚持资金所有权及其相应的收益权不变的前提下，由乡村集体经济组织和农户按照自愿互利、有偿使用原则而建立的社区性资金互助合作组织。它的宗旨是：为农民服务，为农业生产服务，为发展农村经济服务。它的基本任务是：管好用好集体资金，保障乡村集体经济组织及其成员的合法权益；增加集体积累，壮大集体经济实力，促进家庭联产承包责任制和双层经营体制的稳定与完善；挖掘农村资金潜力，促进农村商品生产和市场经济的发展，增加农民收入。它虽在农村金融中发挥补充作用，但不同于银行、信用社等金融组织，有其自身的特色，即：以管好用好集体资金为建会的出发点；资金互助合作的社区性；资金来源是在以集体资金为主的基础上吸收农户资金入股；资金投放是以短期、小额为主；经营管理上坚持民主性和群众性；经营目标上不以赢利为目的，讲求经济效益和社会效益的统一性；不设金库，资金的收付通过银行、信用社帐户，接受国家金融主管部门的业务指导。

农村合作基金会对促进农村经济的发展做出了重要贡献：

1. 增加了农业生产的资金投入，促进了农村二、三产业的发展。1992 年，全国农村合作基金会共投放于农业生产的资金达 65.1 亿元，比 1991 年增长了 57.4%；投放于乡镇企业的资金达 88.8 亿元，比 1991 年增长了 93%。

2. 促进了农业社会化服务体系的建设。农村合作基金会一方面注重将自身建设成为农业社会化服务体系的一个重要组成部分，另一方面又在资金投放上大力支持各种农业社会化服务组织的建设与发展。1992 年，全国农村合作基金会共向农业社会化服务组织提供资金 10.1 亿元，比 1991 年增长了 48.8%。

3. 增加了农民收入。农村合作基金会的活动范围在农村，服务的对象主要是农户和乡镇企业，它在为农户和乡镇企业提供资金服务的同时，还为其提供信息、咨询和经营管理服务，从而提高了农户和乡镇企业的经济效益，使农民增加了收入；农村合作基金会在收益分配时又将其收益的大部分分配给资金所有者，也使农民获得了一部分收入。1992 年，各地农民共从农村合作基金会获得收入 6.9 亿元，比 1991 年增长了 77%。

4. 改善和加强了集体资金管理，壮大了集体经济实力，促进了家庭联产承包责任制的巩固和完善。农村合作基金会的建立，通过明确集体资金产权、改进管理办法、清理和回收被占欠的集体资金、严格开支审批制度、按信用有偿原则使用集体资金和建立健全审计监督机制等措施，在很大程度上扭转了集体资金管理混乱的局面。仅回收被占欠的集体资金一项，1992 年就达 6.3 亿元。同时，农村合作基金会通过将一部分集体资金融通给农户使用，从集体统一经营层次上为承包农户提供了资金服务，改变了实行联产承包责任制后一部分集体资金被闲置的状况，使农民从集体经济的发展中得到了实惠。

5. 促进了农村市场，特别是资金市场的发育。农村合作基金会不仅通过提供资金服务，促进了农村产品、技术和劳务等市场的发育，而且作为农村金融中的一种补充力量，以其资金投放的小额、短期、灵活、方便、及时和周到的服务等特点，为农村资金市场的发育注入了活力。

（农业部农村合作经济指导司　杨绍品）

国家农业发展基金投资进展情况

为促进我国农业生产上新的台阶，1988 年国务院在全国范围内实施了大规模的农业综合开发，并通过建立各级农业发展基金，保证农业发展的资金来源，加强了对现有农业资源开发的深度和广度，提高农业综合生产能力，缓解农产品的供求矛盾。

为了搞好农业综合开发，管好用好农业发展基金，国家坚持谁开发、谁利用、谁受益的原则，制定了一系列优惠政策，其主要内容是：在国家扶持的资金中，有偿使用部分不收利息；综合开发区增产的粮食，国家不增加订购任务；新开垦的耕地五年内免征农业税；经济效益低的农业综合开发项目给予部分贴息贷款；综合开发区需要的农业生产资料优先供应；对下乡搞农业综合开发的科技人员给予适当的奖励和补贴等。

通过几年的努力，国家农业发展基金投资进展顺利，农业综合开发工作成绩显著。

农业发展基金的投资范围进一步扩大。由刚开始的重点连片投资开发逐步扩大到对国家农业资源分期分批进行投资开发；投资开发的目标也由增加粮、棉、油、糖、肉等五项主要农副产品的产量扩展到农、林、牧、副、渔的全面发展。截止到 1992 年底，国家立项的农业综合开发项目已达 70 多个，涉及 29 个省、自治区、直辖市和 11 个计划单列市的近千个县（市）和 300 多个国营农牧场。

农业发展基金的投资规模逐年增长。到 1992 年末，中央级农业发展基金已累计投资达 79.55 亿元，其中：1990 年为 14.34 亿元，1991 年为 15.03 亿元，1992 年为 14.52 亿元，加上地方财政配套的资金、银行贷款、群众集资，几年累计已达数百亿元。

实践证明，农业综合开发的效果十分明显。开发区的粮食、棉花、油料、糖料和肉类等主要农产品产量明显增加；农业综合生产能力和抵御自然灾害能力明显增强；农民收入普遍增加；农业发展基金使用效果显著。

国家农业发展基金项目及投资情况详见第 127 页表。

国家农业发展基金投资表

单位：亿元

项目名称	地点	投资年限	总投资	其中			1992年底已投资金
				1990年	1991年	1992年	
合计			**79.55**	**14.34**	**15.03**	**14.52**	**64.86**
三江平原农业综合开发(1、2期)	黑龙江	1988～1993	6.12	1.49	1.0	1.08	5.08
松辽平原农业综合开发(1、2期)	吉林	1988～1993	2.43	0.35	0.46	0.46	1.97
海河平原农业综合开发(1、2期)	河北	1988～1993	4.8	0.8	0.8	0.8	4.0
黄淮海平原农业综合开发(1、2期)	河南	1988～1993	5.1	0.8	0.9	0.9	4.2
黄淮海平原农业综合开发(1、2期)	山东	1988～1993	4.8	0.8	0.8	0.8	4.0
黄淮海平原农业综合开发(1、2期)	江苏	1988～1993	4.8	0.8	0.8	0.8	4.0
黄淮海平原农业综合开发(1、2期)	安徽	1988～1993	4.8	0.8	0.8	0.8	4.0
棉糖基地建设(1、2期)	新疆	1988～1993	3.6	0.6	0.6	0.6	3.0
辽河三角洲农业综合开发(1、2期)	辽宁	1988～1993	1.8	0.2	0.4	0.4	1.4
杭嘉湖和金衢盆地农业综合开发(1、2期)	浙江	1988～1993	1.35	0.2	0.2	0.35	1.15
糖料基地建设	广西	1988～1992	1	0.2	0.2	0.2	1.0
中部丘陵地区农业综合开发(1、2期)	四川	1989～1994	3.6	0.6	0.6	0.6	2.4
汉江平原和鄂北岗农业综合开发(1、2期)	湖北	1989～1994	3.6	0.6	0.6	0.6	2.4
湘南地区农业综合开发(1、2期)	湖南	1989～1994	3.6	0.6	0.6	0.6	2.4
赣中南地区农业综合开发(1、2期)	江西	1989～1994	3.6	0.6	0.6	0.6	2.4
黄河三角洲农业综合开发(1、2期)	山东	1989～1994	0.85	0.15	0.15	0.15	0.7
东四盟(市)农业综合开发(1、2期)	内蒙古	1989～1994	2.4	0.4	0.4	0.4	1.6
河套灌区农业综合开发(1、2期)	宁夏	1989～1994	1.2	0.2	0.2	0.2	0.8
湖区平原农业综合开发(1、2期)	武汉	1989～1991	0.9	0.3	0.3		0.9
崇明东滩开发(一次性)	上海	1990～1991	0.2	0.1	0.1		0.2
大同盆地农业综合开发	山西	1990～1992	0.45	0.15	0.15	0.15	0.45
渭北旱原农业综合开发	陕西	1990～1992	0.6	0.2	0.2	0.2	0.6
河湟地区农业综合开发	青海	1990～1992	0.6	0.2	0.2	0.2	0.6
黔北黔南地区农业综合开发	贵州	1990～1992	0.9	0.3	0.3	0.3	0.9
滇西南地区农业综合开发	云南	1990～1992	0.75	0.25	0.25	0.25	0.75
“一江两河”农业综合开发	西藏	1990～1992	0.3	0.1	0.1	0.1	0.3
桂中南地区(粮食)农业综合开发	广西	1990～1992	0.3	0.1	0.1	0.1	0.1
闽西北地区农业综合开发	福建	1990～1992	0.6	0.2	0.2	0.2	0.6
坝上生态农业	河北	1990～1992	0.3	0.1	0.1	0.1	0.3
沈阳市农业综合开发	沈阳	1990～1992	0.12	0.04	0.04	0.04	0.12

（续）

项 目 名 称	地 点	投资年限	总投资	其 中			1992年底已投资金
				1990年	1991年	1992年	
平度、莱西、即墨、胶州、胶南县农业综合开发	青 岛	1990～1992	0.12	0.04	0.04	0.04	0.12
成都市郊区农业综合开发	成 都	1990～1992	0.12	0.04	0.04	0.04	0.12
重庆市农业综合开发	重 庆	1990～1992	0.18	0.04	0.04	0.1	0.18
西安市农业综合开发	西 安	1990～1992	0.12	0.04	0.04	0.04	0.12
呼兰涝区农业综合开发	哈尔滨	1991～1993	0.09		0.03	0.03	0.06
余姚、江北两市、区农业综合开发	宁 波	1991～1993	0.09		0.03	0.03	0.06
两县一市一区农业综合开发	大 连	1991～1993	0.09		0.03	0.03	0.06
郊区县农业综合开发	长 春	1991～1993	0.18		0.04	0.08	0.12
江宁等五县农业综合开发	南 京	1991～1993	0.09		0.03	0.03	0.06
川东地区农业综合开发	四 川	1991～1993	0.9		0.3	0.3	0.6
乐山市两县一市农业综合开发	四 川	1991～1995	0.05		0.01	0.01	0.02
南通市高沙土治理	江 苏	1991	0.03		0.03		0.03
西郊区荒地低产田改造	天 津	1992	0.03			0.03	0.03
粤北石灰岩地区农业综合开发	广 东	1992	0.08			0.08	0.08
巴盟河套地区农业综合开发	内蒙古	1992	0.05			0.05	0.05
延边朝鲜族自治州农业综合开发	吉 林	1992	0.03			0.03	0.03
白城地区中低产田改造	吉 林	1992	0.05			0.05	0.05
榆林市风沙滩区井灌	陕 西	1992	0.03			0.03	0.03
大兴县、平谷县农业综合开发	北 京	1992	0.03			0.03	0.03
山地农业综合开发	福 建	1992	0.1			0.1	0.1
凉山自治州农业综合开发	四 川	1992	0.05			0.05	0.05
黄淮海平原综合开发	五省水利	1988～1990	3.0	1.0			3.0
黄淮海跨省骨干水利工程续建	水利部	1990	0.1	0.1			0.1
长江上游水土保持(1、2期)	水利部、林业部	1989～1994	2.4	0.48	0.48	0.48	1.92
菜篮子工程	农业部	1989～1993	0.75	0.15	0.15	0.15	0.6
良种科研推广	农业部	1989～1993	0.75	0.15	0.15	0.15	0.6
育草基金	农业部	1989～1993	0.25	0.05	0.05	0.05	0.2
南繁种子基地	农业部	1990～1992	0.21	0.1	0.1	0.01	0.21
油茶低产林改造	林业部	1990～1992	0.3	0.1	0.1	0.1	0.3
草原开发项目	新 疆	1991～1993	0.3			0.2	0.2
草原开发项目	内蒙古	1992	0.1			0.1	0.1

（续）

项目名称	地点	投资年限	总投资	其中			1992年底已投资金
				1990年	1991年	1992年	
草原开发项目	青海	1992	0.02			0.02	0.02
棉花基地	河北	1991	0.145		0.145		0.145
大荔棉花基地	陕西	1991	0.09		0.09		0.09
棉花基地	山东	1991	0.15		0.15		0.15
棉花基地	新疆	1991	0.15		0.15		0.15
棉花基地	江苏	1991	0.1		0.1		0.1
湖北磷矿厂	湖北	1989～1991	1.45	0.5	0.55		1.45
秸秆养牛	农业部	1992年起	0.1				0.1
黄淮海平原农业综合开发科技启动费	农业部	1988	0.104	0.104			
玉米烘干设施建设	吉林	1988～1989	0.6				0.6
支持养猪借款	四川	1988～1989	0.3				0.3

（农业部综合计划司　陶怀颖）

1992年全国农业基本建设和农业固定资产投资综述

1992年，中央和地方各级政府在1991年增加农业投资的基础上，又较多地增加了农业投资，各地大力开展农田水利建设，全国农业生产获得了较好收成。

（一）中央增加了农业投资　1992年中央基建投资计划中，安排农业投资65亿元，比上年增加10亿元，增长18.2%（全国中央基建投资增长15.3%）。其中水利部门增长39.7%，农业部门增长15.6%，林业部门增长8.8%，气象部门增长16%。中央农业投资安排的重要项目有：

1. 水利建设方面。重点用于大江大河大湖的治理，约占水利部门投资的70%左右，有黄河流域的河南故县水库，河南、山东黄河下游治理；长江流域的湖北荆江大堤加固，安徽同马、无为大堤加固，湖南洞庭湖蓄洪防洪工程，江西鄱阳湖治理；淮河流域的安徽茨淮新河、淮河干流堤防加固，河南板桥水库；太湖流域的太浦河、望虞河、杭嘉湖南排工程；松花江流域的察尔森水库及灌区；黑龙江三江平原治理，以及病险水库加固，30个重点城市防洪工程、灌溉工程（尤其是节水灌溉工程）、中小型水电站建设等。

2. 农业建设方面。农业科研、教育方面的建设，主要进行北京农业大学的扩建工程；积极进行商品粮棉基地、名特优新产品基地和出口农产品三大基地建设（占农业部门基建投资20%左右）；建设饲料工业的添加剂厂及远洋渔业等。农垦主要进行黑龙江、新疆建设兵团垦区建设；广东、云南垦区的天然橡胶建设及新疆建设兵团的优质棉基地的加工厂建设等。

3. 林业建设方面。大力进行速生丰产林建设；继续进行“三北”防护林二期工程，长江中上游防护林、平原农田防护林、沿海防护林和治沙工程等生态工程建设；积极进行森林防火以及林业科学研究教育建设，重点续建了中国林业科学研究院等。

4. 气象建设方面。重点建设气象卫星地面接收处理系统和中期数值天气预报业务系统工程，并加强基层气象台站建设等。

（二）地方各级政府增加农业基建投资　陕西省国家农业基建投资由1991年的3.6亿元增加到1992年的5.1亿元，增长40.8%。各地安排了一批农林水利重点建设项目，主要有内蒙古黄河灌区、山西黄河禹门口提水工程、辽宁省观音阁水库、汤河水库、安徽陈村灌区、福建南一水库、四川省中江县人民渠引水工程、南部升钟水库、武都引水工程、甘肃引大入秦工程、新疆拜城黑孜水库及辽宁铁岭玉米深加工和吉林新源玉米开发工程等20多个大中型项目。

1992年，中央和地方农业基建投资共完成112.7亿元，加上完成的更新改造投资，1992年国家农业固定资产投资共完成132.2亿元，比上年增长30.4%，占国家全国固定资产投资总额的2.5%，比1991年的2.8%减少0.3个百分点。

（三）农村集体和农民个人增加了农业投资　河

南、山东两省农村集体和农民自筹水利建设资金均超过5亿元，陕西省群众自筹用于水利建设的资金从1991年的1.79亿元增加到1992年的2亿多元，安徽省桐城县坚持以工补农，全县乡镇企业支持农田水利建设的资金每年几百万元。1992年，全国农村集体和农民个人分别完成农业固定资产投资88亿元和155亿元，比上年完成分别增加22%和减少48%，加上国家完成的农业固定资产投资，1992年全社会完成农业固定资产投资377.9亿元，比上年增加39.7亿元，增长11.7%，占全社会全国固定资产投资总额的4.8%（1991年这一比例为6.1%）。

（四）1992年冬春农田水利基本建设和植树造林　1992年冬修水利全国最高日出工劳力达5 500多万人（加上农田基本建设的劳力共达8 000万人），全年净增加灌溉面积51.1多万公顷，改造低产田80多万公顷，治理水土流失面积2.8万平方公里，全国完成合格造林面积454.4万公顷，全民义务植树24亿株。全国农业重点工程建设、五大生态工程建设进展较快，其中长江中上游防护林体系建设工程1992年完成造林合格面积80万公顷，为计划的186%。1990～1992年三年累计完成造林合格面积306.67万公顷，占同期规划任务的171%，在第一期工程200个重点建设中，已有60个县消灭了荒山。1992年是治沙工程实施第一年，完成造林86.67万公顷，超过计划的30%。国家确定的18项治淮工程项目，已有12项正在建设，其中河南板桥水库、江苏新民滩分洪道清障工程、山东南四湖出口扩挖工程、江苏入江水道、洪泽湖大堤加固和分淮入沂等关键项目已经竣工；淮北大堤加固及怀洪新河等工程施工进展顺利；河南石漫滩水库复建，江苏、山东二省的沂沭河堤防加固和部分支流治理等工程建设步伐加快。甘肃省“引大入秦”的盘道岭等隧洞已打通，为及早通水创造了条件。

（五）1992年农业建设的作法和特点

1. 从中央到地方各级党委和政府对农业投入的重视，是搞好农业建设的关键。1992年，国务院有关部门都增加了农业投资，国家计委1992年中央计划增加农业基建投资10亿元，财政部增加了支援农业生产支出和农业事业费20多亿元，银行和信用社增加了农贷420多亿元，物资部在1991年第四季度就预拨了1992年上半年农业建设需要的物资。地方各级党委和政府把水利建设纳入了切实加强农业基础地位，振兴农业经济的大盘子。很多省、自治区的主要领导同志亲自抓农业，抓水利建设，带领干部调查研究，确定农林水利建设规划和建设重点，增加农业资金和物资投入，促进了农业建设的顺利发展。

2. 各地在冬春修农田水利建设中与大江大河大湖治理，与农业综合开发相结合，突出重点。湖南在冬修农田水利建设中，洞庭湖区主要抓防洪大堤建设，重点改造电力排灌站，搞好河道整治，结合兴修水利搞血防灭螺；山区抓水库保安全，发动群众大搞小塘小坝建设；全面修复水毁工程。北京市以开发整治永定河等“三河一库”为重点，继续掀起城市水利建设新高潮。四川省提出点面结合的冬修战略，点上重点进行川中丘陵区低产田改造，长江上游水土保持和长江中上游防护林体系建设；面上分为东西南北中五大片积极开发和完善水利设施。湖北省冬修中特别注重对影响全省农业发展的“水袋子”和“旱包子”的治理。

3. 各地把农业基本建设同经济开发和发展社会主义市场经济紧密结合。北京市1992年以永定河整治为重点，把治河造地与城市房地产开发有机结合起来，实行规模整治，滚动开发，这样，既可以消除城市防洪隐患，又可以回收资金进行水利建设。山西省根据市场经济信息确定农业建设项目，平川和盆地突出抓优质林果基地和改碱种稻建设；城郊主要抓暖棚蔬菜基地建设；风沙区结合小流域治理，大力开展修梯田和经济林建设。山东省把水利建设纳入区域经济开发的大格局，走城乡水利建设一体化的新路。江苏省坚持“谁受益，谁负担”和走“水利为社会，社会办水利”的道路，1992年预计可以收取防洪保安资金和农业重点开发建设资金3亿多元，基本上满足了治淮和治太湖资金的需要。江西省萍乡市、江苏省江阴市等地区把水利工程面向市场，搞活经营，“以水养水”，基本上解决了水利工程设施维修、更新和扩大建设需要的资金。广东省肇庆市山区林业面向市场，根据市场需要发展优质高效林业，十多年来全市共集资3.5亿元，造林82.73万公顷，基本上消灭了荒山，森林覆盖率由1978年的41%提高到1992年的61%。广西提出“以市场为导向，以工业产品为龙头，以资源为基础，以效率为核心”的林产工业发展战略，使林产工业总产值和收入都大大增加，反过来又大大加快了广西林业建设，为造纸、木材加工等产业提供原料的基地林业发展很快，全区每年多方筹集用于造林的资金达3亿多元。近几年来，全区每年以66.67万公顷的造林速度加速荒山绿化，不少县在林产工业的带头下，提前完成消灭荒山的任务，全区森林资源拥有量达到733.33万公顷，森林资源出现了生长量大于消耗量的好势头。

4. 重视科学技术，把它作为提高农业建设效益的根本措施。1992年各地加快科技兴林的步伐，狠抓良种壮苗，全国容器育苗45亿株，比上年增加50%，大大促进了造林质量的提高，全国造林合格率由过去的65.6%提高到82.6%。福建各地依靠科技进步，提高造林质量和成效，造林成活率由1988年的73.3%提高到1992年的99.5%，1979—1992年4年全省共造林124.8万公顷，提前一年消灭荒山，成为我国继广东省之后又一个基本消灭荒山的省份。全省森林资源长大于消，森林覆盖率提高到5%，居领先地位。近几年来，“三北”防护林工程共推广各类林业实用技术200多项，其中容器育苗造林技术和深栽抗旱造林技术，使造林成活率提高20～30%。甘肃“引大入秦”工程引进国际先进技术和设备，大大加强了工程建设进度。如该工程最长（15.7公里）、难度最大的盘道岭隧洞，由日本的熊谷组中标，他们采用先进的“新奥法”施工，用悬臂式掘进机掘进，在中国工人的配合下，施工月进度由10多米提高到70米，又提高到240米，创造了在同样地质条件下“新奥法”施工的新纪录。这样，就大大地加快了整个工程的进度。很多地区把提高效益放在农田水利基本建设的首位。湖南省组织群众有重点地进行投入少效益好的塘坝建设，到1992年底止，全省增加有效灌溉面积1.98万公顷。

5. 很多地区团结治水，使水利建设顺利进行。河南、安徽、江苏、山东4省群众以大局为重，团结治水，他们在界河、滞洪区等利害关系很大的水利工程建设中互谅互让，相互支援，把过去多年争执不休的工程变成了团结治淮的“同心工程”。1992年，江苏、浙江和上海齐心协力，团结奋战，顺利完成了治理太浦河、望虞河和杭嘉湖南排等工程，并已发挥了部分效益。

（中国国际工程咨询公司研究所　雷锡禄）

浙江省乡镇企业对农业的投入

1992年，浙江省乡镇企业对农业的投入主要有四种形式：

（一）对农民发展商品粮、商品猪进行补贴　鄞县五乡镇规定，凡农民上交每50公斤商品粮，由镇、村各补贴1元；生猪出栏每头补贴10元；家养母猪每头补贴50元；养20头以上的养猪大户，每头再补贴1元；个人建百头以上的猪场，每头补3元。另外，对种0.7～1公顷的种粮大户，镇、村每户各补1.5元；1～1.3公顷的，各补2元；1.3公顷以上的各补3元；参与高产模式栽培和农科实验的，镇、村每公顷各补300元，以调动农民种粮、养猪的积极性，鼓励农民实行适度规模经营和注重科技兴农。

（二）补贴农业生产费用，降低粮农的生产成本　补贴的项目主要是化肥、农药等生产资料议价转平价的差价支付，以及农业生产所耗的水费、电费等，统一由村在乡镇企业上交的利润中开支。通过降低粮农的农业生产环节上的成本支出，相应增加务农效益。

（三）进行农田水利基本建设和农业社会化服务体系建设　农民一家一户不好办或难办的事情，由乡村专门建立农业服务组织，统一进行社会化服务，其服务人员的报酬、服务设施购置和服务费用，由乡镇企业上交的利润开支。临安县对石乡九里村108户农户的13.47公顷粮田，在家庭经营不变的前提下，对机耕、植保、排灌、品种布局和模式栽培、配方施肥等，由村委会组织牵头，承包给27名技术员、植保员、管理员和机耕手，实行统一机耕，统一植保，统一排灌，统一技术推广，统一品种布局服务。其人员的报酬由企业上交利润中开支。实行“五统一服务”，前后对比，粮田每公顷生产成本下降532.5元，复种面积增加13.43公顷，粮食每公顷增加1 440公斤，效果显著。

（四）由乡镇企业厂办农业车间，实行“农工一体化”经营　主要做法有两种：一是把承包一定数量责任田的或提供一定数量商品粮的种粮大户，吸收到乡镇企业作为农业工人，实行“编制在厂，劳动在田”，基本报酬和福利待遇与企业职工一视同仁，奖金根据农业生产实绩考核发放。这在乡镇企业发达的绍兴县，已有43个村实行这种方法，吸收务农劳力3 600多人，经营承包责任田533.3多公顷，分别占这些村总劳力的55%和责任田总面积的49%。二是依靠乡镇企业自身积累，兴办以开发农业和创汇农业为主的农业车间。杭州万向节厂从1986年开始，先后投资200多万元，向乡里承包了53.3多公顷，农民无力经营的海涂围垦地，先后建办了养猪、养鸡、养鱼等开发性农副产品基地。同时还建办了现代化的养鳗场，饲养出口鳗鱼，发展创汇农业。

（农业部乡镇企业司政策法规处　邹范鸣）

农村社会主义市场经济体制建设

我国农村市场的现状

我国农村市场有了很大发展，特别是1991年国务院发出《关于搞活农产品流通的通知》之后，形势越来越好，主要表现在四个方面：

1. 市场调节范围不断扩大。1978年，国家管起来的农产品达到113种。现在，多数农副产品已放开，没放开的只是少数，如棉花、烟草、蚕茧等。事关国计民生的粮食，计划收购的比重也在逐步缩小，只占农民出售商品粮总量的1/3左右。全国有少数省、直辖市和部分地、市、县，已取消定购，放开市场和价格。目前，在农民出售的农副产品总额中，国家计划定购的不到1/4。应该说，在农副产品流通中市场调节已占主导地位。

江苏无锡米市年经销量达7.5亿公斤，成为我国重要的粮食集散地和粮油商品信息中心

高梅及摄

2. 农村市场体系正在形成。这是流通体制改革最重要的成果之一。1979年以来，12年间市场数增加了1倍，成交额增加了14倍，平均市场规模扩大了6倍。农副产品批发市场和各类专业市场从无到有发展起来，去年达到9 111个，成交额超亿元的市场已发展到164个。

兴起于1984年的农副产品批发市场，到现在已发展到1 600多个，是1983年的8倍多。被誉为"江北第一家"的山东寿光县的蔬菜批发市场，连续5年日销蔬菜60万公斤，年交易额达到1.67亿元；年成交额居全国批发市场之首的北京大钟寺农副产品批发市场，日均交易人次达到3万，供应了北京1/5的人口吃 菜；已成为东北地区南菜北运集散地的沈阳南站批发市场，四海鲜货不断档，八方客商常驻足，吸引了除台湾和西藏外的28个省、直辖市和自治区的农副产品。据统计，1990年，在社会农副产品消费量中，集贸市场提供了肉禽蛋的68.2%，水产品的89.1%，干鲜果的80.3%，干鲜菜的75.8%，丰富了城乡居民的菜篮子，并已形成南菜北运、水果和水产品流通全国的格局。这说明，集贸市场的作用已不仅是"补充"，而是群众购买农副产品的重要渠道。

我国粮食批发市场的建设已初具规模。继1990年底中央郑州粮食批发市场成立之后，又相继在粮产区、粮食传统集散地办起7个区域性粮食批发市场。去年，8大市场粮食成交量达到50亿公斤。这些市场，加上地区批发市场和大量以集市为基础的看货成交、现货交易场所，初步构成了多层次的中国粮食市场雏形。

工业品贸易市场、日用小商品市场迅速崛起，其中全国工业小商品市场已有3 000多个，批发市场265个。1990年，仅小商品批发市场的成交额就达到113亿。饮誉全国的有浙江义乌小商品市场，每天南北客商络绎不 绝，日流动人口达五六万之多，1991年市场贸易成交额达到10.12亿元；河北白沟原来可谓是一穷二白，现在拥有4条商业街、8个专业市场，每天车水马龙，商贾如云，游客如潮，日客流量达10万人，日成交额逾百万元；温州桥头钮扣市场，各色钮扣应有尽有，八方客户纷至沓来，钮扣年成交额达1亿元，被称为"东方第一大钮扣市场"。在苏、锡、常乡镇企业云集地区，还涌现出由集贸市场和专业批发市场组成的市场群体，其中各类专业市场就有1220个，吴江东方丝绸市场、常熟招商市场、吴县渭塘珍珠市场和苏州生产资料市场被誉为"四大明星"市场。去年，成交额亿元以上的有17个，总成交额达到150亿元，1992年又有较大幅度增长。

此外，生产资料市场、生产要素市场、技术市场、信息市场等也都有较大发展。

当前农村市场的发展，又出现一些新特点：一是投资规模大，投资主体多元化，市场建设步伐加快。1991年建设投资为38.15亿元，比上年增加了18.65亿元，增长95%。二是各类专业市场、批发市场发展快，成为市场建设的主流。三是市场主体开始发生变化，国营、集体企业也开始参与市场竞争。

四是市场管理得到加强，交易规范程度普遍提高，已涌现出500多个全国文明集贸市场。总之，发育市场的体制性障碍正在被不断革除；遍布城乡的各类市场正以前所未有的速度和规模发育成长；跨区域、跨系统、多渠道、多层次、多元化、多类型、全方位开放的市场格局正在形成。

3. 更多的农民进入市场。农民不仅是农副产品的生产者，而且已成为搞活流通、繁荣市场的重要力量。现在，凡是市场活跃的地区，都有一支生气勃勃的农民购销队伍。义乌市的小商品市场，建立在全县2.8万经商农户的基础上，占全县农户总数的13.8%。湖北襄阳是全国粮、棉、油的重要产区，成长起4万农民职业购销家，全县大部分农副产品主要靠这支队伍走南闯北搞推销，成为当地流通领域的顶梁柱。地处唐蕃古道、丝绸之路的临夏回族自治州，十年前，人均收入不足百元，百万农民近乎赤贫。经过十年以商兴州，这片沉寂贫瘠的经济沙漠，出现了一片生机盎然的经济绿洲。全州农村“无户不农，无家不贾”，每5人中就有一个经商，1万人中有128个商业网点、98个专业市场，不仅形成了西北最大的皮毛、茶叶、木材专业市场，而且成为连接中原农区与青藏高原地区的旱码头。据统计，全国农民民间购销组织有639.2万个，从业人员达到1 398.8万人，其中，异军突起的乡镇企业，就有专职供销员510万人，承担着乡镇企业繁重的原材料采购和产品销售工作。在农副产品商品零售额中，农民商业组织所占比重也已接近1/3，每年还在不断增长，显示了农民参与流通的巨大潜力。

4. 新的商品流通秩序正在形成。农村市场是有形的，但它对价格形成的影响，它所具有的开放交易，有效集散，沟通信息，平衡供求，提高交易效率，节约流通成本与时间等方面的作用则是无形的。体现了多渠道、少环节的流通改革方向，是对传统的封闭式多层次计划流通体制的冲击和替代，形成了符合商品流动和经济规律的新秩序。现在，全国集贸市场已从零售为主向批发和零售相结合的方向发展，由地产地销为主向省外发展，并在发展过程中健全各项制度，完善管理、服务，整顿交易秩序，规范交易行为，在现货交易的基础上，探索代购代销，远期交易和期货贸易。这些，将有利于新的流通体制的形成和农村市场的完善。

我国农村市场虽有长足发展，但仍处于初级现货市场阶段。中心批发、区域性批发与地方集贸市场尚未构成完整的市场体系，形成全国的统一市场。流通不畅的问题仍很严重，买难、卖难的问题仍未解决。有些地方仍关卡林立，无理刁难搞运销的农民。总之，流通滞后依然是全局性的问题，严重影响着农村经济的发展。这些年，在农副产品总量并不很多的情况下，连续发生区域性乃至全国性的卖难问题，每一次都给农村带来难以估量的损失。此外，市场发展很不平衡，特别是老少边穷地区，市场发展缓慢。1991年陕西、甘肃、宁夏、青海、新疆5省、自治区的市场成交额，只相当于广东省的28%，浙江省的38%，江苏省的43%。与市场发育相关的体制性障碍仍很严重：一些农副产品该放开的还未放开；农资专营发挥了很大作用，但是否延续尚需探讨；外贸体制仍不适应国内外经济发展的客观要求；国合商业机构尚未根本转变经营机制。这些，都有待于进一步改革、发展和完善。

建设农村市场的重要意义。一般来说，市场有两个作用：一个是交换，使产品实现其价值；一个是导向，引导生产发展，控制着每个企业的运行，调节着整个社会的需求。党的十一届三中全会以后，市场有了较大发展。1991年，农民在集贸市场出售农副产品总额相当于国合商业收购农产品总值的65%，每个农民平均在集贸市场出售农副产品200多元，保证了县镇90%、中等城市80%、大城市60%的农副产品供应；乡镇企业1991年总产值已占全社会总产值的25%，占全国工业总产值的1/3，它的原料、产品主要通过市场购买、销售，实现价值；全国农村的消费支出总额约占全国总量的一半，也主要依靠农村市场保证供给，满足消费。因此，农村市场是我国农村流通的基础、基本形式。

1992年我国城乡市场繁荣兴旺，购销活跃，1～11月社会商品零售总额达到9762亿元。图为福建龙海县角美农贸市场，日成交额20万元　李开远摄

现阶段，结合农村流通改革和生产发展，农村市场的作用越来越明显：

1. 市场的发展带动生产的发展。市场是生产力发展的标志，哪个地方市场活了，流通畅了，哪个地方的生产也就活了，可以很快发展起来，经济很快繁荣起来，这是一条规律。山东苍山县是全国有名的蒜薹产地，5年前因政府干预市场不当，蒜薹积压，引发了震惊全国的蒜薹事件。挫折之后，县政府吸取教训，加强市场建设，为农民进入流通创造条件。全县3万农民做买卖，1万车辆跑运输，与全国100多个大中小城市建立了购销关系，几年来蒜薹生产面积一扩再扩，由于实现了货畅其流，价格平稳，无一积压。1987年以来，全县蒜薹收入2.87亿元，是前4年的6倍多，给农民带来了丰厚的收益。现在，一些发展较快的省份，都已经历或正在经历第二次市场建设热潮。一方面适应生产规模扩大的需要，另一

河北白沟市场占地1.8万公顷，有箱包、服装、百货等24个专业市场，2万多个摊位、1 000多家门店、3万多从商人员、日成交额100多万元。图为箱包市场 贵兰武摄

方面通过市场，拉动专业化生产，促进生产者使用最有效率的生产方式。浙江省从1990年起在原有基础上掀起市场建设热潮，一大批辐射面广、行业和产品相对集中的专业市场脱颖而出，全省农村各类专业市场已有1 700多个，专业市场成交额实现百亿元，成交额超亿元的市场就有20个。由于实现了大辐射、大流通，“招天下之物为我用，畅四海之渠销我货”，两年来基本没有出现“卖难”问题，保持了农村经济快速稳定的发展势头。

2. 市场建设是流通改革的关键。传统的流通体系具有封闭性、多层次、渠道单一等特点，由此带来三大弊端：一是交易行为不公开，容易以权谋私，滋生腐败，非法交易，其封闭的特点又使交易行为难以监督；二是多层批发，传递链条长，浪费时间，加大成本，降低交易效率；三是构成垄断，官商恶习，“刀鞭政策”，缺少活力。这些都是非竞争的结果。而开放性市场具有公开性、少层次、多元化、多渠道的特点。交易公开，公平竞争。对进场交易的企业，不管是国营商业、供销社、集体、个体、销售批发商、代理批发商，一视同仁，没有所有制和行政级别的界限。因此，流通改革的实质是发展以市场为基础的流通体系，培育一个富有生机和活力的市场体系，充分发挥市场机制调整价格、平抑供需、满足消费等方面的作用。

3. 加强市场建设有利于第三产业的发展。我国第三产业发展缓慢、水平较低，不适应国民经济发展的需要。在世界发达国家，第三产业占国民生产总值的60%，就业人数也在60%左右，而我国第三产业的产值仅占国民生产总值的27.2%，就业人数只有18.6%，农村就更为落后。这与我国的经济发展水平相比，很不相称。因此，加快发展第三产业，使一、二、三产业协调发展，是经济建设的重大战略任务之一。

第三产业包括流通、金融、劳务、运输、信息、邮电、饮食、服务等。市场建设是商贸业发展的基础，商贸业不仅是第三产业的重要内容，也是带动第三产业中其它行业发展的主导产业。第三产业的发展，要以完善的市场体系为依托，并得益于市场机制作用的充分发挥。如义乌的小商品批发市场，繁荣了整个第三产业：金融业发展起来了，全县存、贷、现金回笼均在全省前列；房地产业开始发育，市区土地大幅度增值；邮电、交通运输业发展迅速，10 000门国际程控电话工程即将交付使用，公路、铁路得到了改造，义乌机场正式通航；商业零售、饮食、服务等行业迅速扩大。全市商饮网点已达2.05万个，从业人员3.83万多人。第三产业的其他部门，如城市公共事业、仓储业、广告业、保险业、旅游业、文化卫生事业等等，都有较大发展并显示出良好的发展前景。

此外，发展市场还可以增加财政收入，浙江义乌市1991年市场税收为3 500万元，占该市财政收入的40%。1991年全国十大集贸市场税收都在千万元以上，成为当地的重要财源；可以扩大就业门路，起到就业一大批，带动一大片的效果。如山东集贸市场带动了5 142个工副业村，57.6万个专业户，从业人员达到289万人；可以加快城镇建设，出现商业城、商业街、商贸中心等。总之，奔小康，没市场不行。市场不发展，分工分业发展不起来，高产优质高效农业发展不起来，第三产业发展不起来，农民富裕不了。 （陈俊生）

以市场为导向 调整和优化农业生产结构

1989～1991年，我国农业连续获得好收成，使粮食、棉花、油料的供给状况相对充裕，不少地区还出现了“卖难”。由于农产品的市场疲软，价格下跌，使一部分农民增产不增收甚至减收，并加重了粮棉主产区用于收购、储存农产品的资金和财政负担。另一方面，一些优质的粮食如粳米、硬粒小麦、啤酒大麦，以及品质好的瓜果、蔬菜、水产品、牛羊肉等的销售持续见旺。1992年，各地根据国务院的部署，从实际出发，适应人民生活在解决温饱之后正向小康转变的新形势，满足人们对农产品的多样化、优质化的消费需求，同时提高农业生产的经济效益，采取“大稳定、小调整”的方针，以市场为导向，积极稳妥地调整和优化农业生产结构。

1992年种植业生产虽然遭受干旱、低温、病虫害等多种自然灾害，仍然获得好收成，粮食、棉花都超额完成了国家计划，烤烟、蚕茧、蔬菜、水果等经济作物都有较大发展。畜牧业、水产业保持了持续增长的势头。农业生产结构的调整和优化，迈出了新的步伐。各地根据实际情况，共调减粮食播种面积186.4万公顷，扩大经济作物面积73.3万公顷，经济作物的种植比例由上年的17%提高到18%，使粮经作物的结构进一步趋向合理。在粮食作物内部，压缩了品质较差、滞销的早籼稻种植面积66.7万公顷，扩大了大豆、优质稻的种植比例。据浙江、安徽、江西等南方6省的不完全统计，1992年优质稻播种面积达246.7万公顷，比1991年增加119.3万公顷。1992年各地调整和优化农业生产结构，主要有以下一些特点。

（一）在稳定粮食总产的前提下，努力提高粮食品质，并逐步将传统的“粮食—经济作物”二元结构转变为“粮食—经济作物—饲料作物”三元结构，提高农作物的综合利用率 浙江省在稳定粮食面积的同时，在优化粮食品种品质和结构上下功夫。一是压缩市场滞销、米质较差的早籼品种，发展“嘉兴香米”等优质籼稻；二是优化水田旱季作物的品种结构，改革种植制度，由原来的“麦—稻—稻”改为“麦—春玉米—稻”或“麦—春大豆—稻”，以增加市场紧缺的玉米和大豆的产量。江苏省在苏南地区普遍以小麦和晚粳稻接茬种植取代了原来的大元麦和籼稻，产品品质显著提高；在苏北地区压缩产量低、质量差的杂粮，扩大旱改水种植，推广“麦—玉米—稻”多熟制。

（二）正确处理粮食生产和多种经营的关系 在调整中，按照市场需求变化，把传统的粮食观念转变为现代食物观念，摆脱过去过分偏重抓种植业、单打一抓粮食的旧框框的束缚，从仅仅依靠现有耕地资源转到开发利用整个国土资源。广东省1992年在全国率先放开粮食购销价格，至此该省除蚕茧、烟草仍由国家统一收购外，其他农产品的生产和销售已进入在国家计划指导下，主要依靠市场调节的轨道。经过几年来的改革与发展，该省农业结构调整取得很大进展。在农业总产值中，种植业产值和林牧副渔业产值各占50%，出现了农林牧副渔全面发展的格局。全省初步建成了中山、佛山的优质稻基地，湛江的红橙、芒果和对虾基地，茂名的荔枝、北运蔬菜基地，粤东的鳗鱼、椪柑基地，梅州的沙田柚基地，肇庆、韶关的南药基地，珠江三角洲的畜禽、香蕉、花卉基地。山东省在优化农业生产结构上迈出了重要步伐。该省1992年在保证粮食稳定增长，做到“三保一储”（保证口粮、国家定购粮、社会用粮，有一定储备粮）的前提下，提倡什么效益高就种什么，推广“一乡一业、一村一品”的规模化生产，大力发展多种经营。至1992年，该省的果树和蔬菜面积分别比1985年扩大65.0%和31.1%。山东桓台县几年来积极发展立体种植，扩大复种指数，既高产又高效，1992年成为我国北方第一个“双千县”，即亩收1 000公斤粮、1 000元人民币。

（三）加快林业、畜牧业和水产业的发展，增加动物性食品和木本食物的供给量，以适应人们改善食物构成、提高营养水平的需要 1992年全国畜牧业和水产业持续增长，肉类总产量和水产品总产量分别比上年增长5%和8%以上。在肉类总产量中，猪肉所占比重由上年的80.0%下降为73.3%，牛羊肉所占比重已上升到9.0%，禽肉比重上升到12.5%。四川省在调整粮食和经济作物结构、促进种植业全面增产的同时，积极发展生猪为主的畜牧业和柑桔为主的林果业。1992年该省出栏肉猪6 400多万头，稳居全国之首，已建成瘦肉型猪基地县83个。该省果树面积已达26万公顷，水果总产150万吨左右，水产品总产量达26万吨，比上年增长10.3%。

福建同安县境内海岸线长达86公里，其中浅滩涂面积为1.67万公顷，养殖海蚝2 900多公顷，产量占福建省第一位 黄兴泉摄

（四）积极开展农产品的综合开发利用和加工转化，实现增产增收 陕西省立足开发利用本省的农产品资源，进行农产品深度加工，增加附加价值。至1992年底，全省共建成农产品加工企业11万个，包括食品制造业，酿酒业，饲料加工业，纺织业，皮鞋业，木材加工、家具制造及竹籐编织业等，年产值达35亿元，相当于全省农业总产值的19%，占全省乡镇工业产值的29%。吉林省是我国的粮食主产区。自1987年以来，该省充分发挥粮源充足的优势，在农业结构调整上确立了“面向市场、增粮兴牧、深度加工、转化增值”的指导方针，走种植业、养殖业与加工业相结合的路子。畜牧业生产由原来以草原畜牧业为主转变为农区畜牧业与牧区畜牧业并举，在1989年实现全省肉食自给有余的基础上，1992年畜牧业产值已占农业总产值的20%以上。该省对农产品加工业实行了一系列扶持政策，兴建了一批加工骨干企业，形成了相当规模的生产能力。全省以农产品为原料的加工业年产值已达165亿元，占全省轻工业产值的2/3。年加工原粮18亿公斤左右，占该省粮食的市场调节量的1/3，转化增值8.7亿元。

（五）依靠科技进步，增加农产品的科技含量，提高效益 河南省以扶沟县为代表，结合农业生产结构调整，着重推广了三项技术，形成了技术集约型的农业经营模式。一是改革耕作制度，实行集约种植。改单作为间作，改两熟为多熟，改平面种植为立体种植。该县麦棉套种面积已达6.7万公顷，复种指数由原来的150%提高到270%。同时引进优良品种，使粮棉品质大幅度提高。平均每公顷产值由1978年的1 500元提高到10 500多元。二是积极推广塑料薄膜育秧、地膜覆盖、塑料大棚栽培技术，发展优质农产品。三是发展庭院经济，利用庭院空间地发展花卉、食用菌为主的种植业，养猪养牛业，林果业。每户庭院经济年收入达500元以上。

（六）疏理农产品流通渠道，实行农工商、贸工农一体化经营 江西省为了使农业纳入以需定产、以销促产的轨道，提高农业经济效益，积极推进跨地区、跨部门、跨所有制的经济联合，组建了生猪、柑桔、蚕茧等一批产供销、贸工农一体化的企业集团。1991年经江西省人民政府批准建立的桑海企业集团，集14个行业和800多个品种为一体，实行农业、工业、商业、外贸、运输、建筑建材、服务业等一体化经营，至1992年底已实现工农业总产值2.3亿元，实现销售收入2.1亿元，完成利税1 454万元。

（七）面向国际市场，发展创汇农业　福建漳州市在调整农业生产结构过程中，抓住对外开放的好机遇，引进国内外的农业良种、资金和技术，改造传统农业。多渠道多形式地从30多个国家和地区引进优良品种780多个，经试验筛选推广的有100多种、面积2万多公顷，其中芦笋、玉米笋、日本对虾、太平洋牡蛎等已成为福建省的大宗出口产品。山东荣成市地处黄海之滨，1992年该市确定以国际市场为经济发展的总导向，充分发挥沿海渔业资源的优势，实施“外向带动”新战略，在渔业生产上实行以养兴渔，养殖、捕捞、加工综合经营，在水产品的综合开发、出口创汇上取得了显著成就。

（农业部政策法规体改司　闵耀良）

以流通为重点　建立贸工农一体化经营机制

在党的十四大精神指引下，我国农业将按照发展社会主义市场经济的目标，向专业化、商品化、社会化迅速发展。在这一过程中，如何解决农民盲目生产与商、工部门被动流通的矛盾，使分散的家庭承包经营与日益扩大的市场建立紧密的联系，从而更有效地发展农村商品经济，是一个亟需解决的重要问题。近几年在城乡改革中涌现出的贸工农一体化、产加销一条龙的经营方式即是解决这一问题的一条有效途径。

贸工农一体化经营，指的是以市场为导向，以农副产品加工经营企业为龙头，以商品生产基地为依托，以系列化服务为纽带，实行生产、加工、销售一体化经营的新型农业生产组织形式。其基本做法是，龙头企业根据市场需求，与农民签订产销合同，建立生产基地，提供配套服务，扶持生产，培植货源，组织加工。农民按合同生产和交售，企业按合同收购和加工，把产品销往国内外市场，利润按协定比例分成。由此把生产者、加工者和销售者结成风险共担、利益均沾的经济共同体。由于这种经济共同体突破了所有制的界限，将国营、集体、个体经营联结起来；突破了行政区域的界限，将县内外、省内外、国内外的企业衔接起来；突破了行业隶属关系的界限，将农、工、贸各业结合起来，从而促进了生产要素的优化组合和产业结构的合理调整，促进了城乡之间的优势互补和利益互补，解决了产销脱节、买难卖难、流通阻塞的问题，使市场风险和波动大为减

广东香蕉进入盛产期以来，全国各地的果贩纷纷来到珠江河畔的水上香蕉市场购货，日成交量达25万公斤

刘玉生摄

小，使一家一户的生产逐步走上社会化大生产、大市场的轨道。

贸工农一体化出现较早、发展较快的山东诸城市，经过多年努力，已把大部分农牧业生产纳入一体化经营轨道，全市经济出现了持续稳定发展的局面。据统计，该市除建起了肉鸡生产一条龙外，还相继发展了粮油、棉麻、丝绸、芦笋、板栗、花椒、烟草、家兔、肉牛、水貂等其他10条龙。这10条龙与全市70%的农户建立了稳定的产销关系，使全市75%的农副产品实现了就地加工转化。1992年用于加工的农副产品价值9亿元，加工后创产值19亿元。同1984年相比，全市农产品商品量虽然增加了1.1倍，但没有出现卖难问题，反而还从外地购进了一定数量的农产品作为加工原料；农民人均纯收入由476元增加到1 020元。随着农业产出的增加，农民不断增加对农业的投入。全市有效灌溉面积达75%，机械作业面积达到90%。

在诸城和其他先进典型的带动下，全国越来越多的地方走上了贸工农一体化经营的路子。从沿海到内地，从农区到牧区，涉及的行业越来越多，发展的形式多种多样。有的以加工企业为龙头，围绕一种重点产品，联结从事同类生产的农民，实行一体化经营；有的围绕当地优势产业，从搞活流通入手，发展配套的加工业，形成一体化经营。浙江嵊县供销社组织的长毛兔产加销一条龙，吸引全县近半数的农户参加，饲养量达到70万只，成为全国兔毛重点产区。平均一只兔年收入40元左右。许多农民靠养兔走上了致富的路子。山东文登市以乳品加工厂为龙头，组织千家万户养奶山羊。1992年奶山羊增到7万只，产奶4.5万吨，居全国各县之首；加工奶粉4 400吨，被评为国优产品，畅销全国各地。地处苏南的武进县，先后发展起十条龙，带起一批养猪之乡、养鱼之乡、养蜂之乡、珍珠之乡、蚕桑之乡、花木之乡。全县多种经营产值占农业总产值的52%，农民人均纯收入达到1 500元。地处苏北的邳州市，先后形成了八条龙。1992年仅栽桑—养蚕—烘茧—织绸—练染—服装—出口这条龙，即创产值2.5亿元。八条龙创产值10.7亿元，全市二三产业产值已

占农村社会总产值的60%以上。随着社会主义市场经济的发展，贸工农一体化、产加销一条龙经营将会在更大的范围、更广阔的领域里出现和发展。

贸工农一体化、产加销一条龙经营，对搞活农产品流通具有独特的促进作用。因此，应采取积极引导，大力扶持，放手发展，不断完善的方针，使之由低级向高级、由松散型向紧密型逐步发展。总结各地的经验，应着重抓好以下工作：

1. 预测开拓市场。贸工农一体化必须“贸”字当头，“销”字开路，以国内外市场为导向，按市场需求组织加工，按加工需要安排生产。如果不能准确地捕捉市场信息，并以此指导生产经营，就难以在激烈的市场竞争中站稳脚跟，甚至造成产业链中断，一体化解体。

2. 办好龙头企业。龙头企业具有开拓市场、引导生产、强化加工、搞好服务的综合功能，其经济实力强弱和牵动能力大小，决定着一体化经营的规模和成效。因此，应把加强龙头企业建设作为发展一体化经营的关键来抓。要鼓励多种经济成分领办龙头企业；要支持龙头企业引进先进技术和设备；要完善企业承包制，实行股份制，强化经营管理，逐步把龙头企业建设成管理水平先进、技术力量雄厚的现代化企业，使其充分发挥加工的龙头、市场的中介、服务的中心等重要作用。

3. 搞好生产基地建设。一要布局区域化。本着因地制宜、发挥优势、相对集中、高产优质高效的原则，统一规划，合理布局，实行“一村一品，一乡一业”，围绕带头产业，大力发展专业户、专业村、专业乡，逐步形成与资源特点相适应的区域化经济格局。二要经营集约化。龙头企业要围绕一种或几种重点农副产品，通过定向投入，定向服务、定向收购的方式，引导农民逐步发展适度规模经营，由小而全向专业化转变，提高集约化经营水平。三要服务系列化。努力做到产前统一供应良种、化肥等生产资料，产中提供有效的技术指导，产后统一收购、加工、运输。

4. 完善经营机制。以经济利益为纽带，形成互惠互利、共兴共衰的关系，是贸工农一体化持久发展的内在动力。因此，要按照经济规律，妥善处理龙头企业与农民的关系、龙头企业与其他服务组织的关系。应遵循以下原则：一是扶持生产。加工、经营企业要本着欲取先予、让利于民的精神，把加工经营环节的部分利润让给农民。龙头企业通过预付定金、提供贴息贷款、发放生产扶持金、赊销种苗和饲料等方式，扶持农民发展生产。二是共损共荣。实行谁扶持建设的生产基地，由谁负责加工经营。无论在产品走俏还是滞销的时候，都必须坚持这一原则。三是自我保护。在一体化经营创利多的市场波峰阶段，要提取适当风险基金，以备产品滞销、市场跌入波谷时提供自我支持。上述原则均应体现在合同或契约中。

（中共中央政策研究室农村组　潘盛洲）

放开农产品价格
把农业推向市场

1992年，在邓小平同志视察南方重要谈话精神鼓舞下，特别是党的十四大确立的在中国建立社会主义市场经济体制的路线指导下，农产品流通体制改革继续向纵深方向发展，突出体现在进一步放开农产品价格，特别是放开粮食价格，把农业生产推向市场，转换农产品价格形成机制，充分发挥市场价格对农业生产资源配置和生产结构调整的导向作用。

1992年初，针对连续两年农业生产资料价格上涨、粮食生产成本增加，而粮食定购价格未作相应调整，粮食议购价格、市场价格出现较大幅度回落，种粮收益普遍下降，粮食与经济作物的比价不利于粮食生产的发展的问题，为了保持粮食生产持续稳定发展，政府决定，从1992年4月1日起，适当提高粮食的定购价格。在国家规定的当时收购价格基础上，分品种全国平均每50公斤中等质量标准的提价额为：小麦6元，粳稻5元，籼稻3元，玉米3元。大豆价格不作调整。属于国家定购任务，地方以销定产的品种，如青稞、莜麦、糯稻、高粱、谷子等，分别比照小麦、稻谷、玉米的提价金额相应调整。使粮食的国家定购价格逐步接近市场价格，引导农民按照市场需求安排农业生产。

放开农产品价格把农业推向市场的另一重大步骤是自1992年4月1日起，在全国范围内提高粮食的统销价格，实现粮食购销同价。具体内容是：在1992年提高粮食定购价格的基础上，按照购销同价的原则，3种粮食（面粉、大米、玉米）中等质量标准品的统销价格，全国平均每500克提高0.11元。其中，标准粉提高约0.12元；标二籼米提高约0.11元；标二粳米提高约0.16元；中等玉米提高0.058元。主产区大豆的统销价格平均每500克提高0.08元，其他地区也按购销同价原则调整。1992年之所以在提高粮食定购价格的基础上再次提高粮食统销价格，目的在于理顺粮食购销价格，使之与市场价格逐步接轨。1992年提高粮食的定购价格后，如果不相应提高粮食的统销价格，会产生一系列不良后果：一是会使粮食销售价格更加低于定购价格，加剧粮食价格的不合理。1991年国家虽然提高了城镇居民口粮的统销价格，但并未完全解决销价低于购价的倒挂问题，平均每500克粮食，统销价还低于定购价0.05元多；1992年每500克原粮定购价平均提高0.04元，经过加工、扣掉损耗等，折成成品粮为0.05元多，如销价不相应提高，又形成0.05元多钱的新倒挂。这样，销价低于购价的新老倒挂合计每500克约0.11元，将使1991年刚刚缩小的购销价格倒挂重新扩大。二是会使粮食销价在城乡之间的倒挂继续扩大。从1985年起，国家返销给农村的平价粮食一直实行购销同价，而销给城镇居民的定量口粮，却一直按销价低于购价供应，形成城镇粮食销价低于农村粮食销价的局面。三是粮食购价提高后，销价不作相应调整，“高价买、低价卖”，不利于抑制不合理的粮食消费，不利于搞活粮食经营企业。

在提高粮食定购价格的同时，提高粮食的统销价格，实现粮食购销同价，从根本上改变粮食价格长期购销倒挂的状况，为理顺农产品价格、转换农产品价格形成机制迈出了关键一步，这就在相当程度上把农业推向了市场。

1992年，各地在放开农产品价格把农业推向市场方面，也进行了积极的探索，这就是以放开粮食购销价格为核心的粮食流通体制改革。首先是广东省从4月1日开始取消粮食指令性定购，全面放开粮食的购销价格，国家下达的粮食定购任务，除农业税（公粮）继续征收实物外，其余改为指导性收购计划。在每季播种前，基层粮食经营单位根据省下达的指导性收购计划和指导价以及浮动幅度，与农民签订收购合同；合同未定成交价的，在收购时按市价结算；未签订收购合同的，由生产者和经营者自由成交。对这一改革，基层干部和农民群众普遍叫好。尤其是粮食指令性定购任务重的地方，更受农民欢迎，因为它进一步把农业推向了市场，农民完全有了生产经营自主权，可以优化农业生产结构和品种结构，提高质量，提高效益。放开粮食价格后，农民运用价值规律，自觉地调整农业生产布局，多种市场畅销收入高的优质稻谷和高价值经济作物。粮改以前，政府虽然年年号召农民多种优质稻，但实际结果并不理想，其原因在于没有放开粮食价格，农民多种优质稻谷并不能获得较高的经济收入。1992年放开粮食购销价格，把农业推向市场，广东省早造优质稻面积达到31.33万公顷，比1991年同期增长一倍多。

1992年，继广东省放开粮食购销价格以后，又有浙江、江西、湖南等省在全省范围内放开了粮食的购销价格和经营，由农民按照市场需求组织生产，经营部门组织营销活动，充分发挥市场机制对农业生产和农产品流通的导向作用。

1992年，把农业推向市场的另一重大步骤是青海、甘肃、河南等省，宣布不再向农民下达指令性的农作物种植面积计划。农民种什么、不种什么，每种作物种植多少，完全由农民根据市场需求自主安排，政府不加干预，只提供有关的市场信息和技术服务。

（农业部政策体改法规司　黄延信）

建立农村金融市场

发展农村社会主义市场经济离不开农村金融市场。改革开放以来，随着农村经济体制改革的不断深入和农村商品经济的全面发展，我国农村金融市场从无到有，逐步发育成长起来。目前，一个包括银行同业拆借市场、非银行金融组织的资金融通市场、民间借贷市场在内的农村金融市场体系已初露端倪，并呈现持续发展的态势。

从总体上看，我国农村金融市场主要包括两部分，一部分是间接融资，另一部分是直接融资，其中间接融资为主要部分。

以农业银行为主的短期拆借市场发展较快。各地农业银行利用信贷资金周转过程中的时间差、空间差、行业差和项目差，积极开展系统内外的同业资金拆借。由此既解决了一些地区农业生产和乡镇企业发展中的资金困难，又提高了资金使用效益。拆借层次大致有以下几种：一是由农行总行组织的系统内拆借。二是由各省农行牵头组织的全省性资金拆借。三是由大中城市农行牵头组织的全市性资金拆借。四是农行参加当地人民银行或工商银行牵头组织的拆借市场。五是由县农行牵头组织的县内拆借。

非银行金融机构的资金融通市场的覆盖面比较广，包括农村合作基金会、农经服务公司、金融服务社等多种金融组织的融资活动。这些多种形式的非银行金融组织发展很快，融资活动也比较活跃。据不完全统计，到1992年末，仅全国的农村合作基金会就已融资100多亿元，有力地促进了农村经济的发展。这些金融组织的名称和形式虽然不同，但其宗旨却基本一样，即都是为农村集体经济或合作经济的内部融资服务，不以盈利为目的。服务的形式也灵活多样，有投资联营、红利分配、牵线搭桥、融通资金、信用互助，等等。四川广汉市（全国农村改革试验区）改革以来不仅建起了农村合作基金会，还出现了以下金融组织：一是信托投资公司，由县农业银行、财政局和企事业单位集资2 000万元办起，实行合股经营，独立核算，自负盈亏，开展委托存款、拆借业务。二是金融服务社，主要由乡镇企业入股，为乡镇企业服务，集体、个人都可入股。对集体、个体企业开展存贷业务。三是财务公司，由县直行政机关、工商企业集股合办。机关暂时不用的行政事业费、帐外资金都可存入，开展内部余缺调剂。广汉市通过这些非银行金融组织每年都融通资金3亿多元，有力地支持了当地的经济建设。

民间借贷市场近些年也发展较快。由于农业和农村经济的商品化程度越来越高，对资金的需求量也越来越大，在银行、信用社信贷不能满足的情况下，民间借贷市场就应运而生且较快地发展起来。许多地方的民间借贷相当活跃，有的地方已成为当地农村资金市场的重要组成部分。主要形式有：个人间自由借贷；以“轮会”为代表的各种自发性组织；各种钱庄。从总体上看，民间借贷对满足广大农民群众的生活、生产需要还是发挥了很大作用的，但由于缺少行为硬约束，因而在经济上和法律上都出现了不少漏洞甚至违法行为，对此必须引起高度重视，并采取相应措施，加强研究和管理。

由于出现了上述农村金融市场，农村资金的融通状况有了明显的改善，冲破了过去那种完全依靠银行信贷计划调节的僵化状态。据统计，我国乡镇企业的总贷款中有50%以上是通过信贷之外的融资渠道筹集的。有的地方的融资总额中，通过非银行（社）金融组织筹集的资金已达1/3以上。

尽管我国农村金融市场有了一定的发展，但与整个农村经济改革与发展的要求相比，还相差较远。

为进一步增强农村经济的活力，加快农村社会主义市场经济的发展步伐，力争在90年代上一个新台阶，实现第二步发展战略目标，必须采取切实有效的措施，促进农村金融市场的发育与发展。

从培育、完善市场主体的角度看，需要继续深化农村金融体制改革。要按照建立社会主义市场经济体制的新要求，对各种金融组织进行必要的、各有侧重的改革。农业银行应继续坚持其企业化方向的改革；逐步减少政策性业务，真正做到自主经营、自求平衡、自负盈亏、自担风险、自我约束、自我发展。农村信用社应坚持其“三性”的改革方向，理顺与国家银行间的关系，增强自主权，真正办成农民自己的合作金融组织。农业银行和信用社都应随着市场经济的发展尽快进入市场运行轨道。国家对其的管理和控制应主要通过经济手段和法律手段，尽量减少直接行政干预。其他农村金融组织，如农村合作基金会、农村合作保险组织等，应允许存在并鼓励其发展，但要加强疏导，使其沿正确方向发展。各种农村金融组织在农村市场上可展开竞争（当然必须遵守国家金融法规和政策，接受国家金融管理机构的监督），各自扬长避短，发挥优势，共同促进农村经济和农村金融事业不断发展。

从扩展融资渠道，发育金融市场的角度看，需要重点做好以下几方面的工作：一是采取多种形式、利用多种渠道筹集资金。除抓好吸收储蓄、组织对公存款等原有业务外，经国家批准，农业银行、信用社可以用代发债券、股票，组织信托资金等方式，为农村企事业单位筹措款项。还可主动引进外资，用于农业和农村经济建设。二是继续开拓银行及金融机构之间的同业拆借市场，同时大力开展商业票据承兑与贴现业务，建立和完善票据市场。三是发展个人投资市场，适当扩大直接融资比重。四是建立和健全有关市场法规，加强金融市场的监督和管理。

（中共中央政策研究室农村组　魏农民）

农村剩余劳动力向城镇转移

我国农业劳动力的转移与其他国家相比，面临着特殊的困难。首先，相对于农村人口的众多，农业资源的短缺格外突出，农业劳动力存在极其显著的绝对剩余。与此同时，由于技术进步对劳动力的替代作用，我国农业劳动力也有相当程度的相对剩余。其次，劳动力的剩余不仅表现在农村，城市也有一定的劳动力剩余。尽管现在城乡劳动力在就业选择上有某种互补性，但总的看这是一对矛盾。这种矛盾的存在必然增加农村剩余劳动力转移的难度。

我国农业劳动力的转移，改革以前主要是国家计划安排下的集中转移，速度比较慢。改革以来，主要是农民自我创造就业机会的分散转移，速度比较快。我国农民创造了乡镇企业，开辟了农村劳动力转移崭新而广阔的天地。到1992年末，在乡镇企业就业的劳动力已经超过1亿人，在其他领域中的非农劳动力超过2 500万人，共有大约1.3亿劳动力已

拥有200辆“的士”的武汉幸福出租汽车有限公司正式投入运营，该公司由全国十佳农民企业家周作亮领办

邱　焰摄

经从农业分离出来。这是一个历史性的伟大成就。但是，当前农村的就业形势依然严峻。现在农村总劳力有4.5亿人，农业劳动力仍有3.2亿左右。我国农村的剩余劳动力主要隐蔽在农业领域。与1978年相比，我国的农业劳动力增加至少有2 000万人，而耕地减少600多万公顷。可见，原来存在的农业剩余劳动力不仅没有转移出来，反而有所增加。改革以来农村就业的非农化速度还滞后于农村人口增长推动的劳动力增长，农业资源和农业劳动力之间的紧张状态依然非常紧张。我国农村人口的发展趋势表明，今后若干年内，每年新增农村劳动力仍高达1 000万人。解决农村的剩余劳动力问题将是一个艰巨的历史过程。

由于经济和社会条件等方面的原因，我国乡镇企业走的基本上是一条遍地开花、分散发展的路子。在全国将近2 000万家乡镇企业中，分布在乡镇以上所在地的不过15%，其余的大都在行政村和自然村。乡镇企业的这种布局分散性也就决定了农村剩余劳动力转移的就地分散性。农村劳动力就地分散转移有其合理性和必然性。在旧体制下农民不可能进城办企业。更主要的是就地办企业成本低，可以就地取材，资源成本低，其他要素投入如土地、厂房、劳动力成本也低。但是，这种发展方式的局限性也日益暴露。一是分布分散，缺乏集聚效应，如浪费了土地、不利于基础设施建设，也不利于带动第三产业发展。二是产业结构趋同，造成低水平重复，过度竞争。因此，从方向上看，农村乡镇企业的发展应当走适当集中的路子，使工业化和城市化同步。劳动力的转移也应当在这个过程中实现相对集中。

城市化是现代化的基本内容之一。我国的城市化存在严重缺陷。从总体来看，我国城市化落后于工业化，全国城市化水平只有28%，而发达国家一般在80%左右，印度、巴基斯坦等发展中国家也在40%左右。从结构来看，中国的大城市在城市中的比重却是世界第一，人口过渡饱和，问题重重，而小城市、小城镇的发展却很不够。因此，我国农村劳动力的转移，农村人口的逐步城市化，不能走农民集中进入现有大中城市的道路，而应当立足于发展小城镇。要通过发展小城镇，把农业经济和工业融合在一起，

充分吸收和利用丰富的农村劳动力资源，实现城乡一体化。

全国现有 1 900 多个县，280 个县级市，有 44 000多个乡，11 400 多个镇。乡的所在地虽非建制镇，一般也具备了小集镇的雏型。这些小城镇星罗棋布于广大农村，是农村经济、政治和文化的中心，是城市之末、农村之首，是城乡联系的纽带，除沿海地区少数集镇外，大多数小集镇的经济比较落后，发展二三产业，蓄集农村人口的潜力很大。以小集镇为依托发展乡镇企业，使乡镇企业的布局相对集中，形成规模，既能节约水电等基础设施，减少建设成本，有利于环境污染的治理，又能向城市化方向发展，创造更多的第三产业就业机会，拉长就业链条。十几年农村发展的成功经验表明，小城镇建设是我国农村剩余劳动力转移的基本渠道，是我国农村城市化的主导模式。到 2000 年，如果全国 5 万多个建制镇和非建制镇的乡所在地，平均每个再吸纳 2 000 人，就可以解决 1.1 亿人口的就业，农业的剩余劳动力就可以基本上得到解决。这样，既可以不增加大中城市的负担，有效地控制大中城市人口的增长，又可以加快农村城市化进程，使 农民的就业和生活方式向着现代化目标迈出历史性的一步。

我国的小城镇建设所以长期处于基本停滞状态，主要是国家在经济发展战略上重工轻农，重城轻乡，形成了一套工农分割城乡封闭发展的体制，广大农民被排除在工业化和城市化过程之外。改革以来小城镇建设很快，主要是广大农民解除了旧体制的束缚，在经济上获得了解放，直接发动了我国农村的工业化和城市化高潮。因此，进一步加快小城镇建设解决农村剩余劳动力的就业问题，实现农村人口城市化，仍然要紧紧依靠农民，尊重农民的选择和创造。 （国务院发展研究中心　王郁昭）

进一步完善木材市场体系

为适应社会主义市场经济的需要，发展林业商品经济，深化林业企业的改革，促进林业企业的全面发展，林业系统加快了木材流通体制的改革，基本形成了比较健全的销售网络，并相继建立了几家省级木材市场。

1992 年的木材市场基本上可分三种模式。一是政府垄断型市场。木材生产由国家直接下达计划给森工企业，木材销售由国家按指令性计划直接分配给用户，木材价格由国家制定。这部分占当年木材生产总量的 20%。二是政府间接控制型市场。木材收购政策实行“一家收购”，木材销售由有关部门对企业下达指导性销售计划并划定经营范围，木材价格由国家或地方政府制定指导价或最高、最低限价。三是自由竞争型市场。除木材生产总量由国家控制外，其木材加工、木材销售、木材价格等完全由市场机制调控。

到 1992 年全国各地建立了比较健全的销售网络，木材流通渠道基本畅通。全国 19 个重点产材省、

甘肃省木材交易市场开业，该市场占地 1 万平方米、投资 10 万元，是西北首家大型综合性的木材交易市场

彭张青摄

自治区生产商品材 4 590 万立方米，经林业各级销售部门销售的木材 3 926 万立方米，约占全国商品木材批发总量的 90%。省级林业部门直属的 木材公司、销售中心和木材批发市场有 28 个，地、县各级林业部门现有经销机构和收购网点 2 500 个，木材产区在销区设立的自销、联营点 1 600 多个，全国 4 000多个国营林场的木材实现了自产自销、产销一体化经营。各地通过各种形式、多种渠道直接面向市场，产需双方已建立了长期、稳定的供求关系，同时保证了国家重点建设用材和重点行业生产用材及人民生活用材的需要，缓和了木材供需矛盾。

为适应市场经济发展的需要，搞活木材流通，1992 年相继建立了黑龙江、福建、湖北、吉林、江苏等五个省级木材市场。其中黑龙江、江苏两个木材市场由物资系统和当地省政府承办，福建、湖北、吉林三个木材市场由林业系统和当地省政府承办。由林 业系统承办的三个市场 1992 年共成交产品 154 万立方米，交易额达 7.9 亿元。同时为加强木材流通的理论研究，进一步完善木材市场，在南京林业大学设立了林业经济贸易研究中心，并组织了木材流通专题研讨会。

由于木材流通实行多部门管理等多种原因，仍存在一些亟待解决的问题，一是集体林区产材县的木材由林业部门一家进山收购的问题尚未得到根本解决，有的地方解决了又出现反复。二是部分缺材省和产材省的销区，木材流通秩序仍然比较混乱。三是某些省、自治区的国营木材经营单位在市场竞争中，未能发挥经营木材的主渠道作用，市场占有率下降，经营效益不佳。四是木材经营中的税费过重，影响了木材生产单位、林农和消费者的利益。

（林业部森林工业司　谭光明）

畜产品产销一体化

畜产品产销一体化是畜牧业商品生产发展带来的必然趋势，也是我国农产品流通领域改革的重要组成部分。自 80 年代初出现的试点后，各地顺应畜牧业商品生产发展的内在要求，结合各自的实际情

况，创造出许多好的形式和经验，畜产品产销一体化改革呈现出蓬勃发展、方兴未艾的好势头。同时，这一改革也引起有关各界的广泛注意和高度重视。1991年国务院有关文件对有关产销一体化问题作了明确规定；农业部1991年还在四川郫县专门召开了全国畜产品产供销一体化改革试点工作经验交流会，在总结经验的基础上，进一步明确了改革的思路和努力方向。

进入1992年，畜产品产销一体化发展又有新的起色。在郫县会议的推动下，四川省率先尝试省级管理体制的一体化。经过反复酝酿，四川省人民政府在1992年5月发出了成立四川省畜牧食品办公室的通知。畜牧食品办公室直属省政府领导，统一领导与管理全省畜产品的生产、加工和流通，对畜禽生产实行统一防疫和检疫，统筹协调牧工商、产供销之间的关系。这一重大步骤，在全国上下引起了较大的反响。

据不完全统计，我国不同程度实行畜产品产销管一体化的县及县以上单位有300多个，不同类型、不同规模实行生产经营一体化的单位有2 000多个。

我国畜产品产销一体化改革主要是两种基本模式：一是以政府机构及其职能改革为前提的管理一体化；二是不涉及政府部门的生产经营一体化。

管理一体化的主要内容是将参与畜产品生产和流通有关的政府职能部门合二为一。其具体形式又有两种：一种是将销售部门划归生产部门；另一种是销售部门与生产部门分别从原所属部门划出来，合并成立畜牧食品局。不论具体方式如何，管理一体化的核心就是使政府的一个部门能同时在畜产品生产和销售两方面发挥影响。由于管理一体化在一定程度上强化了政府部门协调畜产品生产和销售的能力，它的推行对一些地区的畜牧业生产发挥了积极的作用。合并后的新机构通过所属的食品加工厂、食品公司与专业化程度较高的农户签订产销合同，确定最低保护价，促进了专业户的发展，稳定了市场供应。同时，生产部门为专业农户的生产提供良种、饲料、防疫等方面的服务，从而保证了畜产品生产的高质量和高效益。管理一体化由于存在下改上不改、政企不分等问题，发展速度相对较慢，有时还出现反复。

畜产品生产经营一体化是指畜产品的生产、加工或销售企业（或农户）向前向后延伸，形成生产—加工—销售一条龙的经济实体。生产经营一体化是纯生产、流通领域的扩展和联合，不涉及政府机构的改革。生产经营一体化因联合程度的不同可分为紧密型和松散型两种；还因所有制不同分为国营一体化企业集团、股份制一体化企业集团和混合所有制一体化企业集团。生产经营一体化着眼于企业集团的构建，因而改革的阻力较小，这一形式已日益成为我国畜产品产销一体化的主体。生产经营一体化通过企业（或农户）间的联合，使畜产品的生产、加工和销售更紧密地联系在一起，生产者根据市场变化调节畜产品生产的能力得到加强。更重要的是，生产经营一体化是在没有国家财政补贴的条件下成长起来的，它的发展不仅促进了畜产品生产的稳定增长，其自身也显示出强大的生命力。

（农业部畜牧兽医司　谢双红）

农垦发展边境贸易

农垦系统是国家投资建设，以国营农场为基础，实行农工商运建服综合经营的企业群体。全国除台湾、西藏外，农垦遍布30个省、自治区、直辖市，主要大的垦区分布在新疆、云南、黑龙江、内蒙古、海南、广西等边境地区，由于信息闭塞，交通不便，经济处于停滞状态。边境138个贫困农场更需国家给予扶持。随着国际形势的变化，我国与周边国家的关系日趋缓和，边境地区小额贸易开始发展。在邓小平同志南巡重要谈话精神激励下，随着国家沿边开放政策的到位，特别是《国务院关于进一步积极发展与原苏联各国经贸关系的通知》下发以后，农垦系统广大经贸干部、职工解放思想、抓住机遇、乘势而上。1992年农垦边贸合同成交额达3.9亿美元，比1991年净增3.8亿美元。边贸实际过货额1.2亿美元，比1991年净增0.7亿美元，其中出口完成0.7亿美元，进口完成57万美元。1992年全年共派出劳务1 283人次，边贸签定经济技术合作项目150多个。边贸的发展给农垦系统注入了活力，其特点是：

1. 易货贸易发展互补性。双边贸易的互补性是边贸发展的前提。据调查，边贸出国的商品主要是粮油、轻工、纺织、白糖、食品、家用电器等产品，这些产品都是独联体各国家紧缺的商品；我国进口的商品主要是我国急需的钢材、化肥、化工原料、农业机械、工程机械等。

2. 地缘优势是农垦边贸得以迅速发展的基础。仅黑龙江垦区中、俄边境线长达840公里，沿边有38个农场与俄罗斯接壤。黑龙江最大的边货口岸黑河、绥芬河，内蒙的满洲里、黑山头等有名的口岸也都紧邻农场，另外黑龙江牡丹江农场管理局还经省政府批准自费辟建了吉祥和档壁镇口岸经济技术开发区，已开始投入运转并招商引资。新疆兵团有58个农牧团均分别与塔吉克斯坦、哈萨克斯坦接壤。新疆自治区开放的边境口岸中，较大的口岸都在兵团境内，如霍尔果斯口岸在农四师境内，阿拉山口岸在农五师境内、乌拉斯台口岸在农六师境内、吉木乃口岸在农十师境内等。

3. 实事求是，真抓实干，积极争取边贸权。农垦系统1991年拥有边贸经营权的企业只有4家。1992年经过垦区积极申请，拥有边贸经营权的企业一跃升到88家，通过挂靠联营，委托代理等方式，参与边贸经营活动的企业达250多家。在边境垦区积极经营边贸业务的同时，内地垦区如江苏、天津等也积极拓展边贸业务，形成了以农垦进出口公司，边贸公司百舸争流的活跃局面。1992年，中国农垦进出口公司和新疆农垦进出口公司分别以进出口总额

云南瑞丽市500多米长的边贸街上，缅甸的粮、茶、皮革、木材等150种货物十分畅销，我国的日用百货、针织、药品、化工、机电等500多种货物受到缅商青睐

朱子湖摄

7 393万美元和7 136万美元列经贸部评出的500家进出口总额最大的企业第288位和第298位。边贸进出口额在这两个公司中起了决定性作用。

4. 以信誉为首，真诚合作，开展双向交流，拓展边贸领域，实行多元化经营。据不完全统计，1992年农垦系统共派出边境贸易团组640多个，出访3 500多人次，接待贸易团组300多个，接待来访人员2 000多人次，输出劳务1 305人。所签订的经济技术合作项目涉及食品加工、农业生产、服务设施、旅游等多项领域。黑龙江哈尔滨农垦物资贸易总公司坚持以信誉为重，与外商签订的合同履约率为100%，在独联体名气很大。1992年中国哈尔滨边境贸易洽谈会期间接待了32个代表团，签定合作项目13个，总金额266.7万美元，其中有20个原苏联工厂总经理、副总经理联名在哈尔滨王岗合资建立的培训维修中心和农机常年展示馆。黑龙江农垦科学院与俄罗斯罗比赞农科站共同合资在俄建立了东方—爱利达科工贸联合体，中方以技术入股，共同培育玉米、大豆、蔬菜等种子，预计将成为俄罗斯远东地区最大的种子生产基地。中国农垦进出口公司和内蒙古海拉尔农垦企业集团总公司还分别在莫斯科设立了代表处，作为农垦系统在独联体的窗口。

（农业部农垦司　王世清）

广东省改革粮食购销价格体制

广东省根据国务院“计划指导、放开价格、加强调控、搞活经营”的指示精神，从1992年4月1日起，在全省范围内进行粮食购销价格和管理体制的改革。

一是取消粮食定购任务。农民除按规定向国家交售公粮外，其他定购任务一律取消；实行指导性价格，生产和经营者主要根据市场需求自由议价交易；省政府制定最低保护价格。

二是放开了城乡粮食销售价格。粮食经营企业和个人可根据市场行情、供求状况自定销售价格，取消粮食流通“双轨制”做法。粮食价格放开后，不再增加居民的粮食补贴。

三是建立粮食储备制度。为了增强政府对粮食市场的宏观调控能力，省、市、县、镇四级建立粮食储备制度，保证储备的贸易粮不少于10亿公斤，用于调节粮食市场供求关系和平抑市场粮价。

四是搞活粮食企业。各级粮食局与粮食企业实行政企分开，财务脱钩，独立核算，自负盈亏。粮食企业立足市场，改善服务，综合发展，以适应粮食经营从计划供应全面转向市场调节以及购销体制和价格改革的变化，增强了国营粮食企业的竞争能力。

五是改革粮食管理机构。撤消省粮食局，组建广东省粮食企业集团公司和设立广东省粮食储备局，原省粮食局的行政管理职能移交省财办。省粮食企业集团公司根据市场经济的要求，拓展业务，建立业务网络，参与市场竞争，除侧重于粮食的批发贸易经营外，还必须致力发展多种经营。省粮食储备局的职能是负责全省储备粮油的保管、储藏、调拨、运输，检查市、县粮油储备任务的执行。省级粮食机构改革后，市县一级粮食局也参照省的改革方案进行改革，至1992年底，已有12个市组建了粮食集团公司或总公司。

广东省粮食价格和经营管理体制通过大胆的改革，实现了机制的彻底转换，开始形成了一个生产者自主种粮、自由卖粮，粮食企业自主经营、自负盈亏，消费者自由买粮，国家负担减轻，市场流通搞活，出现了市场、价格、人心三平稳，生产者、消费者、经营者三满意的局面。取得如下几个效果：

一是市场稳定。全省绝大多数人都能适应粮食价格的放开，市民反映平静，市场平稳，货源充足，品种多样，市民购粮方便。4月份每50公斤三级米全省平均价格50.57元，仅比3月份上升0.95元，5月份价格为50.50元，比4月份下降0.07元，优质米价格略有上升，粮价上下波动不大。其次，由于居民不用定量定点定品种买粮，售粮网点大量增加，居民可以自由就近选购，较大程度满足了消费者的要求。

二是调动了农民生产积极性。粮食购销价格改革后，给农民松了绑，完全放开了农民的手脚，粮农除交公粮外，可按自己的意向和市场的需求，自由种植、自主交易，价格随行就市，完全掌握了生产和销售的主动权，解放了生产力，农民称之为第三次解放，大大调动了农民生产积极性，促进粮食生产的发展。据统计，1992年全省共种植优质谷94万公顷，比上年增长了2.2倍，占全年总播种面积的32%。由于优质谷市价高，1992年全省虽调减水稻种植面积20万公顷左右，总产略减，但粮食总产值却与上年基本持平，粮农收入增加，提高了种粮的经济效益。

三是促使粮食部门走向市场。这次改革彻底打破了计划经营管理体制，克服了吃政策饭、大锅饭的弊端和依赖思想，促使各地粮食部门及时转换机制和职能，积极参与市场竞争。省粮食企业集团公司，在发展粮油贸易的同时，还大力拓展其它业务，从美国引进CPM成套先进设备，年产颗粒饲料12万吨，与深圳有关单位合作开展房地产业务，取得一定的经济效益。1992年4—12月全省商业亏损比上年同期（下同）减少79 587万元；粮油工业盈利2 732万元，增加7万元；多种经营纯利4706万元，增加223万元；工商统算亏损总额减少77 735万元，出现了自1985年以来粮食系统的第一次减亏。

（广东省农业委员会办公室　张锦生）

山东招远市深化农村流通体制改革

1985年以来，招远市进行农村流通体制改革，取得可喜的成效。

1. 市场体系的培育取得了实质性进展。全市建立健全了30多项具有实际操作意义的市场保护制度。已营造和培育了6大专业批发市场；消费品市场的发展已经初具规模，区域性和地方性市场相互结合的覆盖全国的市场网络正在形成；生产资料市场逐步形成了多渠道、少环节的新格局；资金市场、技术市场、劳务市场、房地产和企业产权市场等正在发育和兴起。

2. 商品生产基地不断增加，农民收入持续增长。全市共建立各种商品生产基地1 630多个。发展果园1.67万公顷，1991年果品总产达到1.25亿公斤，总投入达9 451万元。发展肉鸡400万只，外贸出口占80%以上，年出口量达1 000多吨。生猪存栏19.3万头，年出栏肉猪20.5万头。花生种植面积1.67万公顷，总产6 151.40万公斤。生产基地的不断增加，为大量农产品进入市场奠定了基础，同时，农民收入也稳步增长，1991年农民人均纯收入达到942元，比1987年增长65%。

3. 流通形式多样化，市场领域进一步拓宽。农副产品流通形式主要有三种类型：一是公司＋农户型，即流通部门的专业公司提供产前、产中和产后服务，农户负责按期交售农产品；二是销售单位＋各类合作社＋生产基地型，即销售单位负责销售农产品，合作社负责组织农产品，各生产基地负责供应农产品；三是定点定向建立生产基地和销售网点型，主要靠集中投资，扩大生产规模、拓宽销售渠道来调节生产和流通。

4. 流通部门服务功能逐步强化，经济效益迅速提高。全市先后建立健全了以流通部门为主体，以企业为依托的8个专业化服务体系，即以市供销社畜禽公司为龙头，建立了内销肉鸡产供销服务体系；以外贸宰鸡厂为龙头建立了出口外销肉鸡服务体系；以商业局肉联厂为龙头的生猪服务体系；以粮食局油脂厂为龙头的花生服务体系；以外贸公司为龙头的外销龙口粉丝产供销服务体系；以粉丝集团公司为龙头的内销龙口粉丝服务体系；以供销社果品公司为龙头的果品服务体系；以网扣、挂毯、草制艺品、绣花厂为龙头的传统工艺品产供销服务体系。1991年，商业、粮食、供销、物资、外贸等五个部门固定资产总值过1.4亿元，比1987年增长3.4倍，农产品年加工能力达8.8亿吨，储藏能力1.5亿吨，产品品种达到169个，分别比1987年增长6倍、2倍和8倍。1991年与1987年相比，五部门农副产品收购总额由1.79亿元增加到3.33亿元，增长86%，各流通部门共完成总购进10.7亿元，总销售12亿元，分别增长85%和90%，全市76个流通企业，有7个企业利润过百万元，有46个企业过50万元。农村经济总收入达到24.6亿元，比1987年增长133.4%。

农村流通体制改革的基本做法主要是：

1. 加强市场建设，逐步建立和完善以批发市场为中心的市场体系。几年来，招远市坚持从政策、资金、场所、管理等方面培育和发育市场。1991年，投资4 500多万元，在城区新建一处融批零、食宿、运输、储藏、通讯为一体，年经营额在2亿元以上的大型综合批发市场；在辛庄、夏甸两镇，各建设了一处农贸专业批发市场；市物资综合公司，于1991年上半年投资1 400万元建起一处大型生产资料批发市场。同时，市里还投资新建了资金、劳务、技术、信息、房地产等各种生产要素市场。

2. 转变政府部门职能，加强市场经济的宏观调控。从保护流通部门和生产者双方利益出发，招远市制定了《招远市若干农产品产供销试行办法》。在稳定和保护市场方面，靠政府做好规划、协调、服务和监督工作，由政府部门牵头筹集专项资金，用于农产品价格保护和品种改良等。市里设立了市场信息监测机构。在生产扶持、利益分配方的保护制度方面，对生猪、果品、肉食、花生等4类主要农产品采取了不同的扶持办法。

3. 以政策为先导，引导农民参与流通。市政府先后制定了40多项扶持政策，在场所、资金等方面给予优先照顾。同时，对财政、税收、工商、金融体制进行大胆改革，制定切实可行的优惠政策，促进亦农亦商个体、私营经济的发展。到1991年底，全市涌现出蔬菜、养猪、豆腐等专业村36个，从事农村流通的个体工商户达1.24多万户，私营企业37个，从业人员1.77万人，个体商业零售额达到1亿元。

4. 开展多种形式的系列化、规模化、一体化流通。招远市先后组建了粮油、商业、果品、肉鸡、粉丝、油脂、贸易总公司等不同层次的企业集团。与此同时，市政府还引导流通企业不断适应市场经济的需要，实现由三级批发为主到从厂家直购为主的转变。

5. 改革传统体制，组建融生产、经营、服务于一体的经济实体，把流通部门改造为引进和传播先进科技的载体。从为大宗农副产品生产提供全程服务的角度出发，全市组建了31个生产、加工、储藏、运输等实体性厂、场、公司，成为带动千家万户农民发展商品生产的"龙头"。

6. 转换流通小企业经营机制，创造与市场经济相适应的企业产权制度。一是实行两全抵押承包，即在流通中，企业在公开招标承包的基础上，实行全员风险抵押和全额库存抵押，公开招标确定承包人，承包年上交利润基数。二是实行租赁经营，即在不改变企业所有制性质的条件下，规定城区或乡村的零售、饮食服务门店都可采取租赁方式出租给个人或集体经营，依法签订租赁合同，并由工商部门鉴证。承包者拥有经营决策权、劳动管理权、资金财产使用权、税后留利支配权和奖惩权。三是实行股份合作经营。由两个以上经济组织或个人按照“资金共筹、风险共担、利益共享”的原则，以资金、实物或技术等生产要素为股份，股金由国家、集体和个人股组成。四是实行企业兼并。凡资不抵债和接近破产的，长期经营性亏损或微利的国合商业小企业都可实行兼并，产权转让的收入归该企业的产权所有者。兼并企业可跨行业、跨经济成分兼并，以优带劣，以强扶弱。对兼并后形成经营优势的企业，在政治、经济上给予奖励，在财、税、金融等方面享受有关优惠政策。

（山东省农村改革试验区领导小组办公室供稿）

新疆边境贸易发展势头强劲

新疆维吾尔自治区位于祖国西北部，地处亚洲大陆中心，分别与哈萨克斯坦、蒙古等八国接壤，具有得天独厚的地缘、资源优势。截止1992年，全自治区通商口岸已达14个，其中向第三国开放的口岸5个，成为全国开放的一类边境口岸最多的省、自治区。

近几年来，特别是1992年，在国家大力支持和自治区党委、政府正确领导下，自治区上下认真贯彻“全方位开放，向西倾斜”和“外引内联，东联西出”的方针，加快实施“两线（指沿边境线、铁路线）放开，贸易先行”战略，对外经济贸易发展很快，特别是地方边境贸易发展势头强劲。1992年新疆对外贸易进出口总额达7.5亿美元，比1991年增长63.4%，其中地方边境贸易进出口总额达3.2亿美元，比1991年增长1.9倍；地边贸易额占外贸总额的比重，已由1991年的13.1%提高到42.6%，已成为新疆对外贸易的重要支柱。新疆地方边境贸易发展表现出以下特点：

（一）从事地边贸易的企业越来越多，多层次、多渠道的大边贸格局基本形成　1991年以前，自治区仅有5家公司有边境贸易经营权。目前已发展至200余家。还有大批企业通过委托代理、挂靠、联营等方式，开展边贸活动。一个包括各地区、各部门、各行业、国营、集体、个体、地方、兵团在内的多层次、多渠道全方位开展大边贸的局面已基本形成。

（二）贸易领域不断扩大，贸易形式灵活多样　1991年前新疆地方边境贸易伙伴仅有少数国家的40多家企业。1992年已扩展到周边国家及独联体各国的260多家企业。在易货贸易为主的同时，各地从实际出发，创造了多种经贸形式，实现了易货贸易与现汇、贸易与合作、旅游与贸易相结合以及项目互换、合资办厂、合作种植、合资承包等多种经贸方式。各口岸城市充分利用边境口岸的地缘等优势，自治区相继已开通旅游购物客运专线10条，1992年共接待境外购物旅游人员23.9万人次，创汇3 575.6万美元，分别比1991年增长94%和62.7%；有关部门组织国内客商和居民旅游团组116个，3.5万人次赴独联体各国，推销商品5亿多元人民币，成为新疆旅游业的大突破和新起点；边民互市也开始起步，全疆已兴建边境互市贸易市场9个，接待国外购物者达5万人次，成交额1.2亿元人民币。

（三）地边贸易商品趋于多样化，进出口总值实现基本平衡　新疆以农畜产品为原料的轻工业产值占全疆轻工业总产值的64%，农畜产品和以农畜产品为原料的出口产品总额占全疆总出口产品总额的87%。目前，地边贸出口商品品种已达300多个，其中大宗出口商品有砂糖、活畜、粮食、冻肉等87种；进口商品已由过去主要为化肥扩展到钢材、木材、农机、机电设备等76种。1992年自治区地边贸出口总值1.65亿美元，进口1.56亿美元，实现了进出口基本平衡，边贸企业经济效益和社会效益进一步提高，其中各地州边贸公司共实现利润4 500万人民币。

（四）外引内联迈开新步伐，招商引资取得显著效果　1992年9月新疆成功地举办了首届乌鲁木齐边境地方贸易洽谈会，贸易和经济技术合作成交总额达18.66亿美元，其中新疆贸易成交额7.56亿美元，占成交总额的40.6%；经济技术合作项目成交额4.77亿美元，占成交总额的78.4%。这次洽谈会成为几年来新疆外引内联成果最多的一次。1992年自治区共批准利用外资项目164个，相当于1980年至1991年批准总数的1.5倍；协议利用外资金额9 500万美元，为1991年的13.9倍。在乌鲁木齐经贸洽谈会推动下，自治区开放城市的经济技术开发区和边境合作区建设明显加快，已成为新疆吸引人才、资金、广泛招商的重要基地，至1992年底共批准建设项目274个，金额达26.78亿元人民币，已到位资金1.57亿元，开工项目42个。

（五）对外经济技术合作空前活跃，境外投资企业迅速增加　1992年自治区批准对外经济技术合作项目188个，合同金额18 457.7万美元，分别比1991年增长6.7倍和4.7倍。对外经济技术合作中境外投资项目137个，金额14 300万美元，其中我方投资8 300万美元。对外工程承包、劳务合作得到迅速发展，全年批准承包工程项目30个，合同金额3 809万美元；批准劳务合作项目21个，合同金额350.7万美元；外派各种劳务人员140批，3 500人次，分别比1991年增长2倍和3.2倍。由于合作项目大多为“短平快”项目，投资少、建设快，取得了较好的经济效益和社会效益。

（六）口岸设施得到加强，过货能力显著增长　按照建设“西北国际大通道”的战略设想，自治区重点加强主要口岸基础设施建设，清水河至霍尔果斯高等级公路建设正加紧进行；塔城机场新建工程已经展开；乌鲁木齐至伊宁、阿勒泰数字微波通信工程已制订全面规划；霍尔果斯200门程控电话已投入使用，国际通信线路已开通。口岸基础设施的加强和改善，带来了过货能力的明显增长，1992年自治区各口岸过货150多万吨，比1991年增长1.6倍。随着兰新铁路复线建设、乌鲁木齐国际机场扩建、兰州至乌鲁木齐光缆通信等工程的展开，投资开发硬环境的进一步改善，新疆地方边境贸易的发展速度必将更进一步加快。

（中共新疆自治区委农村工作部　李　志）

吉林省梅河大米批发交易市场

梅河大米批发贸易市场主任赵桂荣

梅河大米批发交易市场位于东北地区的重要交通枢纽——沈吉、长通铁路交汇处的吉林省梅河口市。是吉林省政府批准的全省第一家区域性大米批发交易市场。

梅河大米市场是非盈利的服务性事业单位，按照国家法规，组织省内外议价大米购销双方进场交易，进行价格指导，办理出省车皮准运手续，并提供交易场地，信息结算等项服务。

梅河大米市场的职能主要是行使政府对粮食的宏观调控，对粮食批发交易实行监督、管理、服务，为批发企业提供购销服务媒介。登市品种以大米为主，同时开展玉米、大豆、杂粮和食油及副产品的交易。形成以大米现货批发交易为主，同时开办远期批发交易，试办期货批发交易。

梅河大米市场在协调领导小组和市场管理委员会领导下开展工作。协调领导小组由通化市政府领导及所辖县（市）政府领导组成。管理委员会由梅河口市粮食、工商、物价、金融、财政、计划、税务、铁路、交通等部门组成，行使监督、管理、协调、服务的职能。市场内设运输、交易、综合、信息、结算五个部，实行主任负责制。对会员资格、交易行为、交易程序、交割结算、收费标准等都做了明确规定。市场已发展会员单位28家，分布在省内10个县、市。截止1992年底，市场粮食成交量达32.1万吨，成交额达2.7亿元，接待来自全国24个省、自治区的客户750多个，客商2 750人次。

为了完善功能，为购销双方提供高效优质服务，梅河大米市场从多方面做了努力。一是为客户提供场地、通讯服务。市场投资500万元，兴建了3 340平方米、高6层的大米市场交易大厦。有宽阔的交易大厅、舒适的洽谈室及鉴证处、招待所、餐厅、游艺室，还有闭路电视、微机室、电脑打字、电传、直拨电话等先进设备。二是拓宽市场辐射面。市场打破行政区域界限，加强了与区外稻米产区的联系与合作，主动帮助他们疏通购销渠道。二年来共为非会员单位和外贸、供销等外系统调剂余缺8.6万多吨，使市场辐射面产区扩大到省内的5个地区10个县（市），销区扩大到全国18个省、自治区、直辖市的200多个单位。在服务中，市场只按成交额收取1.3‰的交易手续费。三是代办铁路运输服务。二年来市场共为粮食经营客户办理出省铁路准运车皮1 681车。四是搞好信息服务。现在市场已与全国24个省、自治区、直辖市的280多个单位建立了信息交换关系。市场本身编印的《梅河大米市场信息》已编发了7期，还为用户发送信息专件1 000多件。五是争取政府各项优惠政策。大米市场享受省、市赋予梅河口自由贸易区的各项优惠政策。

梅河大米市场在强化自身功能的同时，还采取了灵活手段，努力扩大销售，赢得客户。第一，举办交易会搞坐销。市场成立后，先后举办了两届交易会。共有北京、天津、辽宁、河北、内蒙古、河南、湖南、浙江等11个省、自治区、直辖市的250多个单位610多人参加了交易会。场内共成交粮食18万吨，其中大米13万多吨。

第二，组织会员单位参加外地粮食交易活动搞推销。北京市东、西郊粮食批发交易市场开业，吉林省玉米批发交易市场开业，大米市场都派人参加交易，共成交粮食1.5万吨。

第三，走出市场到外地搞展销。1991年，大米市场组织7人展销小组到容量大、影响大的首都北京搞展销。订货7 000多吨，成交额800多万元。并在北京报国寺设立了办事处。

第四，派出人员搞扩销。组织了4个推销组，先后到黑龙江、内蒙古、广东、上海、河北等18个省、自治区、直辖市扩大粮食销售14万多吨。

第五，通过同仁搞代销。通过代储、代运、代销的办法已同全国各地200多个粮食经销单位建立了代办业务关系。

通过多种途径扩大粮食销售，使市场的作用进一步发挥。市场组织的成交量占同期全区议价粮销售的量的62.7%。

作为区域性的梅河大米批发交易市场虽然诞生的时间不长，但是促进区域经济发展的作用已初步显露出来。一是促进了粮食生产。梅河大米市场二年来共为产区销售粮食321 000吨，有效地缓解了农民卖粮难，促进了粮食生产的发展。梅河口市1992年水稻种植面积比上年扩大了近290公顷。二是深化了粮食流通企业的改革。区域内许多粮库、供应企业和加工厂直接与市场建立了密切关系，积极参加市场竞争。运输、饲料、仓储、议价等粮食企业也转换经营机制，以适应市场经济的发展。梅河口市25个粮管所已变成粮油购销站，市内10多个粮食初级市场正在形成。

（中共吉林省委农村政策研究室五处）

农村外向型经济

积极扩大农业对外开放

改革开放14年来,我国农业逐步形成了一个多形式、多层次、全方位发展外向型农业的格局,加快了经济建设的步伐。

(一)农业对外交往日益扩大　我国在农业方面的国际交往中,始终坚持与发达国家建立友好合作的同时,也重视同发展中国家的合作,明显提高了中国作为农业大国的国际地位。到目前为止,我国已同许多国际农业组织和100多个国家建立了友好合作关系。14年来,农业系统共派出留学生5 200多人,派出培训人员达7 500多人。引进农作物和畜牧种质资源135份。农业方面的民间国际交流活动也日趋活跃。

(二)利用外资开发农业成绩显著　改革开放14年来,我国农业部门多渠道引进外资约80亿美元,缓解了我国农业建设资金不足的问题,对我国农业生产的发展起到了较大的促进作用。1992年,仅国家计委和农业部下达安排的农业利用外资项目,就超过3亿美元。在这些外资中,除了部分用于引进先进的农业技术和设备,建立三资企业外,其余近一半被用于农业综合开发。山东省禹城县是我国利用外资进行农业综合开发而取得显著成效的典型。1982年,禹城县从世界银行贷款1 050万美元,用于旱涝盐碱土地的综合治理。10年来,累计改造盐碱地1.16万公顷,开发荒地2 760公顷,灌溉面积由1.43万公顷增加到2.8万公顷。除涝面积由1.5万公顷增加到3.6万公顷,取得经济效益8亿多元。同时,禹城县还利用外资发展以多种经营为主体的优质高产高效农业。

(三)乡镇企业跨国竞争,一年创汇200亿美元　1985年以前,我国乡镇企业的创汇额少得可忽略不计,而1988年以后,乡镇企业的出口创汇额则以平均每年60%左右的速度推进。1992年,出口创汇额超过200亿美元,接近全国出口创汇的1/3。此外,乡镇企业还利用特殊优势出国办厂,并获得了可喜的成绩。出口创汇,参与国际市场竞争,都将有利于提高乡镇企业的素质,改进乡镇企业的管理和技术装备,从而进一步提高乡镇企业的国际竞争力。目前,一批乡镇企业出口创汇群体和企业集团已逐步形成,它们以独特的优势和活力,带动了更多的企业向专业化方面发展,构成了龙头带龙尾、“万帆竞发”的出海局面。

(四)充分发挥地方优势,大力发展创汇农业　随着农村改革开放的不断深入,各地外向型农业的发展突飞猛进,一个多形式、多层次、全方位的外向发展格局迅速形成。1992年,沿海地区率先放开农产品价格,加快农业对外开放步伐。浙江省萧山市头蓬镇农民“接外商定单,种创汇产品”。1992年种植创汇农产品200公顷,出口交货值达600万元,人均3 000元。山东省寿光县,以国际市场为导向,开辟国际蔬菜市场,把寿光菜篮子挎入世界。1992年,这个县已有18个品种、5 000万公斤蔬菜销往十几个国家和地区,创汇800万美元。河南省禹州市在发展高产优质高效农业中,把目光紧紧盯住国内和国际两个市场。目前已经发展特种果树333.3公顷,良种蔬菜366.7公顷,4年后可形成年出口果品1万吨,蔬菜1万吨,花椒600吨的规模,年创汇可达1亿元。

(五)抓住机遇,推动农业劳务贸易有进展　国际劳务贸易在近年来发展迅速,其贸易额已超过农产品出口额。发达国家以输出技术服务为主,而发展中国家的劳务贸易,则以体力劳动为主。近几年来,我国一些地区抓住周边国家需要劳动力的机遇,以多种方式,组织了一批农工外出经营种菜、培育食用菌、养殖畜禽和水产等业,既为国家创汇,又增加了个人收入,同时也有利于缓和当地农村劳动力过剩问题。有些地方在劳务输出的同时,还配合了少量投资,承包垦殖业或开办企业,收到了良好的效果。

1992年,在党的第14次代表大会以后,农业对外开放又出现了新的势头并形成了新的发展特点:一是普遍重视。各省、市、自治区根据中央精神,结合当地实际,纷纷出台了发展外向型农业的政策。如浙江省制定了《加快农业对外开放的10条决定》。《决定》出台后仅半年时间,就引进外资4 000多万美元。海南划出50.2万公顷土地作为“农业综合试验区”,现已吸引了几十家外商参与农业开发。黑龙江省的绥化地区把发展外向型农业作为全区发展外向型经济的重点和突破口。二是层次提高。农业对外开发改变了单一出口农产品和简单加工品的商品贸易格局,取而代之的是吸引外资搞农业综合开发、合资合作兴办乡镇企业,以及劳务输出等高层次的经济合作。在技术引进方面,已经从单项技术引进逐步向系列配套和综合技术方面发展。三是形式多样。全国各地充分发挥当地的资源优势，采取多种形式，加快农业对外开放步伐。河南省禹州市建立外向型农业开发试验区，发展创汇农业，实现优质高产高效。山东省针对农民不熟悉国际市场的现实，积极探索有效的经营形式，建立连接生产和国际市场的桥梁。他们以外贸、农业、供销、商业为龙头，以名优特农副产品为拳头，以国际市场为导向，组织农户进行生产。

应当看到，在外向型农业高速发展的同时，也还存在一些问题，如一些地方对发展外向型农业认识不足；外向型农业生产基地建设薄弱；基础设施落后；管理人才缺乏，宏观管理落后等。因此，要把农业对外开放推向一个新的发展阶段，必须进一步提高认识，转变观念，增强发展外向型农业的紧迫感，加大力度。

1. 加强出口产品生产基地建设，发展外向型农业。抓好基础建设是发展创汇农业的基础和保证。一要协调利益，共同建设。各有关部门、龙头企业，应本着“定向投入，定向服务，定向收购，利益均沾”的原则进行基地建设，同时主动让利，强化技术、信息、物资等服务，调动各方办基地的积极性；二是增加投入，扩大生产规模。各部门、出口企业、公司，要本着先予后取的原则，增加基地生产投入，同时积极为基地引进良种、技术和设备，帮助基地进行技术改造；三要强化宏观管理和服务，逐步实现“三化”，即贸工农一体化，服务系列化，产品优质化。

2. 努力改善基础设施条件。一是改善交通运输条件，保证经贸合同的履约率；二是加强通讯设施建设，扩大信息通道；三是强化能源和电力基础产业的建设。

3. 加强农业生产技术改造。加速农业的对外开放必须依靠科学技术的进步。我国要以国家高技术发展计划为指导，有计划、有步骤地在全国建立一批农业高技术研究开发基地，尽快形成一支具有较高水平的农业高技术科研开发大军。加速农业对外开放，不仅要在引进良种、技术、设备、管理等方面加速农业技术改造，而且也要加强对产后农副产品加工和开发技术的研究和利用。

4. 利用税收、信贷、价格等经济杠杆，促进农业的对外开放。一是实行鼓励出口的税收政策，对于超额完成出口创汇任务的企业，应增发奖金并免征或少征奖金税；对于微利、低产但有发展前途的出口商品还可以免征调节税。二是实行优惠的信贷政策，由农副产品外贸公司在收购时给予适当贴息贷款，特别是对那些成本高、风险大的新开发产品，以扶持其出口创汇；对一些出口专业户和集体联合体，外贸公司可采取预付定金或补偿贸易方式给予扶持。三是实行多种形式的价格保护政策，对出口生产企业和专业户提供的传统大宗农副产品，应制定最低保护价，并根据国际市场行情变化随时调价，对少量的名贵土特产品，可采取随行就市的议价形式。

此外，还要加速培养一批实用的外语、管理人才，以适应农业对外开放的需要。

（国务院研究室　赵龙跃）

乡镇企业外向型经济的新发展

1992年，是乡镇企业外向型经济取得重大进展的一年，多项经济指标创历史最高水平，再次显示出乡镇企业外向型经济在我国对外贸易中的实力与作用。

1. 出口创汇大幅度增长。1992年，全国乡镇企业外贸出口交货额达到1 192.8亿元，比上年增长78.0%，高于全国乡镇企业总产值增长25.8个百分点。乡镇企业出口交货值占全国外贸出口收购值的比重亦由上年的29.7%增加到42.4%，增长了12.7个百分点。天津、辽宁、江苏、浙江、上海、福建、广东、广西、海南、山东等省市、自治区，外贸出口交货额均比上年增长50%以上，其中江苏增长145.5%，海南增长104.9%，福建增长95.8%，均创其历史最高水平。在外贸出口增长中，尤以化工、机械、轻工、纺织、服装等行业增长最快。其中化工产品出口交货值66.9亿元，增长106.6%，服装出口交货值186.4亿元，增长90.2%，轻工业品出口交货值186.0亿元，增长82.9%。部分产品已占全国同类产品出口量的绝大比重，如服装已占89.7%，工艺品占65.4%，轻工业品占53.9%。

2. 新办三资企业迅速增加。在加快开放步伐的推动下，各地积极推出了一些优惠政策，创造良好的投资环境，由于开放领域的扩大，合作面增大，外商投资热情日益高涨，与外商合资合作企业迅猛增加。1992年，全国新办乡镇三资企业约8 000家，到1992年底，已办乡镇三资企业达1.5万家，比上年增长114.3%。这些新办三资企业呈现出三个特点，一是投资地域的分布由过去主要集中于沿海地区，而扩展到内陆省份，特别是边境省份，如广西、云南、内蒙古等省、自治区。如1992年广西各地大开门户，多方引进，大胆、积极，广泛地与外商联营，合作办企业，新增三资企业300多家，仅玉林地区就新增137家，合同投资额1亿多美元。二是投资产业和合作领域也由过去的主要以工业项目、生产项目居多，拓展到商业、旅游、房地产等第三产业，且投资额较大。广东东莞市冠亚集团与外商合资主项投入30亿港元，开发利用横岗水库，兴建大型无污染工业区、生活旅游区、大型购物中心、娱乐中心及学校医院等。三是投资主体多元化。1992年新办三资企业中，虽仍以港、澳、台投资项目居多，但投资主体范围明显扩大，欧美及东南亚各国在华投资办厂增多，且多数项目档次高，投资额大；东欧、南美等国投资者亦对中国乡镇企业表现出浓厚的兴趣与合作意向。

3. 境外办厂发展迅猛。乡镇企业在境外办厂，是积极利用国外资源、市场和获取国外先进技术、信息、积极参与国际竞争的一种好形式，是乡镇企业出口创汇开辟的又一新的渠道。1991年，全国乡镇企业在境外办厂仅有15家，且规模较小，行业单一。到

1992年，据不完全统计，全国乡镇企业已在境外设立的独资、合资企业、办事机构等达130多家。仅天津市就有20家乡镇企业在境外创办了或正在筹办合资企业，江苏省1992年已批准的海外企业有75家，福建省有11家境外企业，投资1 000多万美元。这些海外企业涉及行业有电子、轻纺、机械、工艺品、贸易等。

4. 边境贸易异常活跃。1992年，边境贸易已成为乡镇企业对外贸易的又一重要渠道和实行对外贸易多元化的一个重要标志，边境地区的对外开放，是我国对外开放的一个重要组成部分。随着开放地域的扩大，乡镇外向型经济的发展也由过去沿海地区为主，而发展到沿海、沿边、沿江全面发展的新格局。特别是边境贸易活动异常活跃，沿边省份捷足先登，主要集中于中国与独联体国家、中越、中缅、中朝边境等地。边贸的发展促进了边境地区乡镇企业商品结构和产业结构的改进，进一步促进了外向型经济发展。云南部分边境地区的乡镇企业形成了进口以农副产品、海产品、木材产品、矿产品为主，出口以轻纺、百货、五金、医药、建材、化工、机电产品为主的商品结构。一些进口产品经加工增值后再次出口。1 000多种出口商品不仅销往缅甸、老挝、越南，还转口到泰国、印度、新加坡、马来西亚等周边国家。1992年，云南省乡镇企业出口交货值达到1.6亿元，比上年增长34.5%，其中很大一部分来自边境贸易的发展。边贸的迅速发展促进了这些省份的乡镇企业对外交流与合作。

5. 出口型工业小区有较大发展。1991年以来，各地把建设各类工业小区作为吸引外资、发展外向型经济的重要载体。小区的建设统一规划、统一布局，再配以优惠的政策和便利的服务设施，1992年以工业区建设招商引资成为发展外向型经济的一大特点。仅福建省1992年就新办各类工业小区224片，比历年总和还高出近1倍。吸引外商投资金额达18亿美元。由于工业开发区设施齐全、政策优惠等原因，使投产项目速度大大加快，广东中山市1992年兴建了94个工业开发区，兴建厂房151万平方米，年初签订的111个合资项目，有40%上半年就已投产。出口加工小区的建设，还促进了乡镇企业的出口向集团化、群体化发展。一大批企业以名优产品为龙头，以出口加工区为基地组成出口企业集团和企业群体，参与国际市场竞争，通过企业间联合、合并、协作等方式，组合起来。佛山市有18家这样的集团，美的家用电器公司自组成集团后，形成了年出口创汇超千万美元，固定资产1.1亿元，年产350万台风扇和10万台空调机，产品远销欧美、中东、东南亚等20多个国家和地区，显示了规模经济的优势。

6. 20家企业首次取得自营进出口权。1992年，全国共有60多家乡镇外向型企业申报自营进出口权，经有关部门审批已有20家企业获准有自营进出口权。

7. 贸工农基地建设初见成效。1992年，又有280个项目在贸工农出口商品生产基地技术改造项目招标中中标。经过几年对贸工农中标企业技改资金的投入，提高了企业出口创汇的能力，为企业增强了后劲。（农业部乡镇企业司外经处　薛志红）

发展创汇农业

我国是农业大国，农副产品及其加工品历来是我国对外贸易的主要商品。80年代，随着改革开放的不断深入，农业在大力调整作物布局，改变经济结构的同时，积极发展创汇农业，使得农副产品及其加工品出口的商品品种增加，结构改善，出口贸易额有较大幅度的提高。自1988年以来，已连续5年超过200亿美元，1992年达370亿美元，比1980年全国出口创汇总额181.2亿美元还高一倍，农业贸易在国际市场上已占有相当比重。

党中央、国务院十分重视发展农业出口创汇。1979年以来，中央对发展创汇农业作出了一系列指示。如：拨出专项外汇，用于支援省、自治区、直辖市发展经济作物、畜牧业、副业、渔业以及相应的加工业，生产在国际市场上销路好、换汇率高、资金回收快的产品；要求各地创造条件，引进优良品种、先进技术、设备和资金，提高产品质量，按出口贸易需要，发展农产品及其加工品的出口。1992年，国务院在发展高产优质高效农业的决定中，又进一步作出了关于“加速农业对外开放步伐，参与国际市场竞争，利用国内外两个市场的资源转换机制”的指示。近些年来，各地认真贯彻落实中央、国务院关于发展创汇农业的指示，取得了很大的成绩。地处沿海的广东省，“七五”期间优质农产品及其加工品平均每年出口创汇15亿美元，1991年达20.34亿美元。山东省各级政府部门制定了一系列优惠政策，从多方面给农业开放以优先扶持，农业结构面向市场调整，产品结构趋向优质化，农业内部向种养加结合发展，农产品精深加工业异军突起，农作物良种率已达95%左右，1992年全省农业创汇达14亿美元。浙江省1992年出台了“加快农业对外开放的10条决定”，仅半年时间就利用外资4 000多万美元。海南省划出了50.2万公顷土地为“农业综合试验区”，已吸收几十家外商参与农业开发。

近些年来，各地在发展创汇农业中积累了不少经验。主要表现在：

1. 大规模开发农业自然资源，为外向型商品农业的发展创造条件。各地在发展创汇农业的过程中，把眼光移向了数亿亩沿海滩涂、宜农、宜林、宜牧资源，取得了较好的效果。如广东珠海市，原来只有4万公顷耕地，近10年来，投入1.8亿元，围垦滩涂1.5万公顷（已围成1.2万多公顷），开发荒山坡面积0.6万公顷，开发岛屿海湾10多个，不仅补偿了特区建设征用的0.6万公顷土地，而且建成了一批蔗糖、水产养殖、水果、蔬菜、畜牧等商品基地，资源优势转化成为产品优势和商品优势。1991年，全市农产品及其加工品出口创汇8 610万美元。

2. 切实加强农产品出口生产基地建设，实现出口产品生产的集中化、专业化和优质化，是保证出口农产品货源能持续稳定协调供给的有效途径。近年来，各地狠抓了外向型农业商品基地建设和配套开发。如全国最大的速冻蔬菜出口基地山东莱阳，先后建起了芋头、青刀豆、菠菜、蒜薹等八大出口生产基地，总面积达0.7万公顷，辐射面积1.3万多公顷。同时，全市还投资近亿元，引进外资420万美元，兴办了8家专营蔬菜加工的三资企业，1992年生产基地提供的出口蔬菜占全市出口速冻蔬菜1.5万吨的90%以上，占全国出口总量的15.8%。广东省1985年以来，各县市共投入20多亿元，利用外资5.32亿美元，兴办了近1 800个各种类型的具有一定规模的现代农业生产、加工基地，种养面积达33.3万多公顷，为发展创汇农业打下了坚实的基础。

3. 积极利用外资，引进先进技术和设备，推广各特稀优新品种，提高农产品在国际市场的竞争能力。发展创汇农业，关键在于产品适销对路，不断适应千变万化的国际市场的需要。如广东汕头市，近年来引进外资近1亿美元，建起了一批出口基地和加工项目，形成了新的生产力。引进名特优稀新农产品品种和种质资源1 800个，有的已批量种养并提供出口。汕头沿海一带梭子蟹资源丰富，1985年从泰国引进梭子蟹肉处理的配套技术和出口蟹肉罐头的深加工生产线，制成蟹肉罐头出口，目前已经销往美国、加拿大、英国、意大利、新加坡、日本等国的市场，这一项目已成为汕头农业创汇的拳头产品。

4. 发展集团经营，集贸工农技于一身，产供销于一体，使小生产与大市场接轨。当代国际贸易正朝着多极化、集团化、专业化、大宗化、高精尖化方向发展。象过去那样的农产品处于零星分散的状态已无法适应出口创汇的需要。发展集团经营，集贸工农技于一身、产供销于一体，上联国际市场，下联千家万户，把分散经营的小生产汇成大商品，把盲目生产引导到根据国外顾客的消费心理和习惯，按国际市场需要进行生产，把低级产品变成高级产品出口，使小生产与大市场接轨，推动了创汇农业的发展。如山东省，以外贸、农业、供销、商业为龙头，以某种产品为拳头，以国际市场为导向，组织农户进行生产，龙头企业为农户提供全程服务，实行农牧渔工贸联营。目前全省已有20%的县市区，30%的乡镇初步实现了一体化经营。其产品出口量已占全省出口总量的57%。在改革中诞生的新疆牧工商联合企业总公司，目前已拥有7个直属企业和14个联营企业，他们内联千千万万牧户和农牧场，外引国内外资金、技术，为全自治区畜牧业生产提供全方位优质服务，开拓国外畜产品市场，成为新疆畜产品流通的主渠道和开展地方对外贸易的一支生力军。

（国务院研究室　骆生伟）

远洋渔业迈上新台阶

近年来，我国远洋渔业迈上了新台阶，1992年，远洋渔业水产品产量达到46.43万吨，比上年增长41.52%，提前三年完成“八五”期末达到30万吨的规划目标。到1992年底，累计派出各类远洋渔船447艘，其中1992年新增远洋渔船171艘，生产经营水产品125.89吨，运回国内水产品45.94万吨。

目前，我国远洋渔业的生产经营活动已遍及世界三大洋20多个国家和地区，在境外建立了42个以海洋捕捞为主的独资、合资企业，建立了一支初具规模、有中国特色的远洋渔船队和与其配套的国内外生产管理服务体系，具有指挥、运销、补给、加工等服务能力，不仅取得了较好的经济效益和社会效益，而且对加速国内海洋捕捞业的技术改造，缓解国内市场优质海水鱼供应紧张状况，也取得了一定的作用。

我国远洋渔业继续呈现蓬勃发展的好势头，表现出四个明显的特点：

1. 国家给予远洋渔业优惠政策支持，有效地调动了各方面的积极性。国家对远洋渔业企业在资金、税收、利润和外汇留成、物资供应、进出口权等方面给予政策照顾，为远洋渔业的发展创造了良好的“小气候”，有力地促进了远洋渔业的稳步发展。

2. 以大型国有渔业企业为龙头，带动其他国有渔业企业和群众渔业向远洋发展。以中国水产总公司为代表的一部分国有大中型渔业企业，利用在国外建立的基地，采取代管或合营的办法，积极扶持地方中小型企业和群众渔业发展远洋渔业。这为今后远洋加速发展提供了一条很好的经验。

3. 生产与科研、教育相结合，促进了我国远洋渔业整体水平的提高。在远洋渔业的发展过程中，不少科研和教育部门协同生产单位，搜集并提供了大量技术参考资料，如资源、渔场及有关国家渔业法规等。一些大的合作项目都有科研或教育单位参与可行性分析、论证和决策，直至参与合作项目的具体实施，参与生产技术指导、管理，解决技术难题，对远洋渔业的健康发展，发挥了重要作用。

4. 多渠道筹措资金，增加远洋渔业投入。为解决远洋渔业发展资金，各地各企业摸索出了许多好的经验，主要有建立远洋渔业发展基金；通过集资参股，成立远洋渔业股份制企业或组建企业集团；争取各级政府部门的支持，安排专项贷款，吸引外资，利用已有的渔业基础设施与外商合作建立合资企业，发展远洋渔业等等。

我国远洋渔业是国家重点扶持产业，七年多来，虽取得很大进展，但这项产业尚属初创阶段，基础还比较薄弱，困难还很多，仍有不少需要解决的问题。为此，1992年11月，农业部在北京召开了全国远洋渔业工作会议，对近几年来我国远洋渔业的发展情况、经验和存在问题进行了总结交流，着重研究加快远洋渔业发展的指导思想，近期发展方针，讨论加强远洋渔业行业协调管理，以及远洋渔业人员培训，船舶管理和行业协会筹建等问题。这将进一步促使我国远洋渔业更加健康地发展。

（农业部水产司　徐锦州）

发展远洋捕捞业

中国水产总公司自1985年3月组成第一支开赴西非海域远洋渔业船队，成功地打响了远洋渔业的第一炮。八年多来，以西非项目为重点，以提高经济效益和社会效益为目标，远洋渔业的生产经营规模从西非到北美、南美以至西南太平洋各渔业海域迅速开拓发展，至1992年底，中国水产总公司在15个国家开办了22个独资合资企业，总投资9亿人民币，派出的独资经营和代理经营船只217艘，形成了年捕鱼量20万吨的生产能力，总捕捞量、产值、经济效益均超过了中国水产总公司在国内的3个海洋捕捞公司（舟山、烟台、湛江）。1992年，新增船只66艘，新增产值4 000万美元，新开辟合作区域2个。西非项目已相继开赴10批船队，115艘船（生产船105艘、冷藏运输船7艘）分布于大西洋沿岸的摩洛哥、毛里塔尼亚、几内亚比绍、塞内加尔、尼日利亚、安哥拉、塞拉利昂、西班牙等8个国家。在北太平洋，总公司所属烟台和舟山海洋渔业公司共有5艘大型拖网加工船参与这个海域的公海捕鱼项目。在南太平洋，总公司同北海、海南、汕头、福建省海洋渔业公司合作，进行金枪鱼钓开发，参加合作经营和代理服务船只达63艘。在南美，总公司在阿根廷等国开展合作捕捞和鱼货贸易，进入捕鱼船4艘。

八年多来，中国水产总公司远洋渔业的发展显示了强大的生命力。

第一，经济效益好。远洋渔业经过了举步艰难的初创期，目前已进入了较顺利的发展轨道。西南太平洋的金枪鱼钓项目经过5年亏损之后，目前各船队均有盈利。北太平洋公海捕鱼取得了较好的效益。南美项目采取渔贸结合方式，也有一定收益。

第二，远洋渔业两头（资源和市场）在外，渔船走出去，大大缓解了国内近海渔业资源的捕捞压力；产品进入国际市场，为国家增加了外汇收入。8年多来，中国水产总公司新增渔船80%以上开出国门，远洋渔业的发展给企业带来了生机和活力。

第三，八年多来，中国水产总公司运回国外捕捞生产的近20万吨鱼货，丰富了国内市场海水鱼供应。同时，为国内参与远洋鱼货经销的企业带来了较好的效益。

第四，增强了国内渔船、渔机和渔需物资的出口创汇能力。中国水产总公司远洋渔业的发展把困于国内的多种型号渔船带到国外，每年输出的渔需物资约5 000吨，通过合作捕鱼，促进了中国水产总公司国内14个生产和经销企业的发展，开辟了我国国际经济技术合作的新领域。

（中国水产总公司　张建英）

农垦外向型经济

1992年，农垦系统外向型经济发展较快，全系统外贸出口和利用外资工作成绩显著。

（一）外贸出口方面

1. 出口商品金额大幅度增长。1992年，全国农垦系统出口商品总金额达到了46.1亿元，比1991年增长了25.17%，净增9.3亿元。与1979年相比（3.5亿元），净增12倍。全系统多数垦区外贸出口商品金额较上年有较大增长。增长幅度超过40%的有：新疆农业厅、畜牧厅所属农场和海南、内蒙古、福建、天津、河北、浙江、吉林、江西垦区。出口商品金额超过1亿元的有：新疆生产建设兵团、上海、黑龙江、江西、湖北、江苏、河北、辽宁、广东、浙江、福建垦区，以及新疆畜牧厅所属农场。

2. 出口商品中，制成品、加工品和工业品的比重占到了70%，比1991年增长35.4%。其中主要出口工业品有：棉纺针织品、服装、羽绒制品、中西成药、食品饮料、轻工五金、化工产品、机械电子产品等；出口大宗的农林畜水产品有：大豆、杂粮、黑瓜籽、啤酒花、蔬菜、水果、肉牛、瘦肉猪、家禽、蜂产品、皮张、对虾等。

3. 单个农垦企业的创汇能力有所增强。据不完全统计，到1992年，年创汇能力超过100万美元的企业有75家，年创汇300万美元以上的企业有29家，年创汇500万美元以上的企业有11家。还有15家企业年创汇超过了1 000万美元。他们是：中国农垦进出口公司、新疆农垦进出口公司、黑龙江农垦外贸公司、江西共青羽绒厂、河北省国营柏各庄农场、湖北省国营五三罐头厂、吉林省国营双山鸭厂、吉林延边蜂业公司、江苏省棉纺针织厂、甘肃农垦农工商联合总公司、黑龙江省佳木斯肉类联合加工厂、黑龙江农垦哈尔滨物资贸易总公司、黑龙江农垦宝泉岭联合企业（集团）、上海跃进不锈钢制品集团公司、荣安针织集团公司。

4. 外贸出口形式多样，自营能力增强。随着国家外贸体制的深化改革，农垦企业积极参与外贸联营出口、扩大边贸易货出口，依靠三资企业出口，扩大自营出口。1992年，全系统边贸合同金额达5.9亿瑞士法朗，实际过货额为1.7亿瑞士法朗。主要出口垦区为新疆生产建设兵团、内蒙古垦区、黑龙江垦区和中国农垦总公司。出口的主要市场为独联体国家，出口产品为食品、罐头、羽绒服装、鞋、轻工产品，换回的商品为化肥、农机、钢材、木材等生产资料，有力地支援了垦区的经济建设。

在国家赋予大中型生产企业自营进出口权的政策支持下，到1992年底，农垦企业有36家企业申报了进出口权，已获批准的企业有：海拉尔农垦企业集团总公司、江西共青垦殖场、河北国营柏各庄农场、湖北五三罐头厂。已获权的企业和进出口公司努力发展出口，拓展国际市场，据初步统计，1992年全系统自营出口商品金额已占到全部出口总金额的

17%。

(二)利用外资情况 1992年，农垦系统利用外资工作成绩突出，表现在：

1. 发展三资企业的规模加大，速度加快，合作领域和范围更加宽广。近年来，全系统共建立各类三资企业781家，协议利用外资金额13.1亿美元。仅1992年就建成三资企业315家。协议利用外资2.6亿美元。其中，江西垦区发展三资企业40家，利用外资数额4 630万美元，上海垦区88家，9 000万美元，北京垦区87家，2 722万美元，湖南垦区1 600万美元，武汉垦区12家企业，1 528万美元，湖北垦区10家企业，1 441万美元。

2. 农垦三资企业外资的主要投向。1992年，以利用农垦企业资源优势为主的加工业，有：各种蔬菜、水果、肉蛋制品加工，饮料、饲料、食用油、风味食品等；利用农垦劳力资源的劳动密集型产品，有：服装、玩具、纸、木制品、机械电子元器件等。

3.1992年农垦三资企业外商投入超过100万美元的项目有36个。其中外商投入超过200万美元的企业有15个。如：湖南华蘑食品有限公司；湖北艾森油脂有限公司；上海英特儿营养乳品有限公司；昆明正元农业综合开发有限公司；杭州红利染整有限公司；黑龙江龙海大厦；武汉旧城开发项目；美国康地农业发展有限公司；上海麦当劳食品有限公司；武汉康地种鸡有限公司；四川内江正大有限公司；广州长岛兴达数控器材有限公司；广西明阳淀粉化工总厂；北京垦龙萃取工程有限公司；甘肃瓷质花岗石砖项目。

4.1992年，各垦区还利用地处沿海、边境和大中城市郊区的有利条件，积极参与各类开发区建设，加快了对外招商引资步伐。上海、广东、广州、新疆、黑龙江、吉林、北京等垦区还积极到国外创办企业，设立贸易窗口，使垦区商品走向世界。

(农业部农垦司对外经济处 袁汉平)

江苏省农村外向型经济

1992年，江苏经济发展坚持“高新技术为主，市场经济为主，外向型经济为主”的重要战略思想，农村外向型经济取得突破性进展。全省乡镇企业已形成外贸、外资、外经“三外”齐上的新格局，在发展外向开拓中第二次异军突起；创汇农业也有新突破。

据统计，全省乡镇企业出口产品交货额达345亿元，比上年增长129%，占全省外贸交货额的比重由去年37.6%提高到47.3%，苏州、无锡市比重已上升到62%和55%。目前全省有5 000多家乡镇企业、100多万人生产着纺织、轻工、服装、化工、机械、工艺品等各种类别的出口产品。乡镇“三资”企业大发展，全省新批“三资”乡镇企业4 100家，利用外资29亿美元，分别相当于前7年总和的4倍和7倍。外经工作成效显著，一批企业大胆走出国门闯世界，1992年，已有40多家乡镇企业到境外创办了企业，总投资1 500万美元以上。各地乡镇企业还广辟渠道，借船出海，劳务输出逐步增多。创汇农业发展较快，全省农副产品及其加工品出口创汇22.55亿美元，占全省出口创汇总额的48.3%。

江苏农村外向型经济经过近几年的较大发展和1992年的新突破，已初具规模，其主要特征是：①外贸市场迅速扩大。出口品种由80年代初期的百余种扩大到目前的2 000余种，以农副产品、初级产品为主的出口结构逐步被以制成品或半制成品为主所取代，机电产品出口比重上升较快。同时积极开辟外地口岸，多渠道出口。目前，在苏锡常地区已形成一批骨干企业和出口企业群。苏州出口产品生产企业增加到2 000多家，出口产品品种增加到1 800种，出口由过去的以港、台、日本、欧洲、阿拉伯为主拓展到南美、非洲、独联体。②外商投资企业迅速崛起。全省兴办的“三资”企业中，县城以下乡村办的占60%左右，其中苏州166个乡镇全部办起了中外合资企业，“三资”企业数占全市总数的70%以上。合资规模越来越大，平均每个项目的合同外资额比80年代中后期提高了1倍。条件较好的地方，开始出现合同外资额超过1 000万美元的大项目。投资领域从初期集中在轻纺、服装等行业开始向其它行业扩展，技术含量也有所提高。③外经促进外贸。江苏农村兴办的海外企业有的是为避开贸易壁垒，实施转口贸易需要而举办的；有的是着眼于深度加工，提高产品附加值而兴办的；也有的则直接带动技术、设备、劳务和资金的输出。④内外经济交织发展。江苏乡镇的外商投资企业80%左右是“嫁接型”企业。通过合资、合作经营，一方面使老企业的设备得到了更新改造，产品实现了升级换代，另一方面又为它引入了先进的管理方法和更为灵活的经营机制。外向型经济在乡镇经济中的导向作用日益明显。

江苏农村外向型经济的基本经验：一是解放思想，推动实践。1992年是思想大解放的一年。大部分农村基层干部确立了不进则退，要敢闯、敢冒等思想观念。通过考察学习，看到了广东、山东、浦东、辽东发展态势，找到了追兵和标兵，经济发达地区要进一步发展提高，唯一出路在尽快把“两头”拓展到国际市场上去，参与国际市场的分工和竞争，已成为越来越多人们的思想共识。二是不断捕捉发展机遇。近两年里，苏锡常地区农村许多乡镇工业抓住与浦东开发上的“时间差”、“规模差”和“产业差”，以快对快，以中小企业吸引中小客商，参与和呼应浦东开发。三是搞好工业小区建设，真诚吸引外商投资。1992年，许多乡镇化大力气改善自己的投资环境，创办乡镇工业小区进行交通、通讯、供电、供水等配套建设。全省已经形成了一批初具规模的乡镇工业小区，很快被外商视作投资福地。四是引进竞争机制，构筑服务网络。推进竞争主要靠目标责任制和年际竞赛制来实现。许多地方都把发展外向型经济列入目标责任制，并不断完善考核体系，加重考核比重。在搞好服务方面，市县抓了简政放权。适当下放投资审批权，制定有利于乡镇发展外向型经济的各项政策。乡镇则重点建立完善服务组织。 (江苏省委农村工作部办公室)

农业科技

科技兴农

建设高产优质高效农业的技术对策

发展高产、优质、高效、适度投入和生态良性循环的持续农业，是中国农业现代化的努力方向。高产、优质、高效农业通过“一靠政策、二靠科技、三靠投入”的指导方针就能实现，我国的做法是针对地区条件和发展生产的关键问题，发挥多学科的优势，互相渗透，互为促进，力求获得高产、优质、高效成龙配套的科技成果，迅速提高农业综合生产力。

(一)合理开发利用土地资源　根据全国土壤普查对1 439个县0.7亿公顷耕地的统计，低产田占32.4%。高产田占18.8%，耕地缺磷面积占59.1%，缺钾占22.9%，磷钾均缺的占13.8%，有机质含量低于0.6%的耕地占10.6%。为了实现我国2000年的社会经济发展目标，自1979年以来，全国开展了农业综合区划工作，从国家到省、地、县四级对农业资源进行了综合评价，结合土壤普查，基本摸清了我国耕地土壤类型、分布面积、理化性质、生产性能、增产潜力及主要障碍因素，为因土种值、因土施肥、因土改良、因土灌溉及合理开发提供了科学依据，从而保证了农业的高产、优质、高效。改造中低产田，贯彻“用养结合、综合治理”的方针，具体内容是建立大农业的思想，实行用地和养地结合，改良和利用相结合，生物措施和工程措施相结合，有机肥和无机肥相结合，地力建设和良种良法相结合，当前和长远利益相结合，坚持山、水、田、林、草、路综合治理。根据我国中低产田较多的特点，对集中连片的黄淮海平原、三江平原、内蒙古东部、湘西、赣西、河套黄河灌区、河西走廊、辽河口三角洲及沿海滩涂、鄂北和渭北等10大片优先开发，形成新的生产能力。黄淮海平原主要开展以提高农田土壤生产力和节水农业技术体系，建立集约化高产高效模式。南方红壤丘陵区开展改土培肥、提高土壤蓄水稳产技术和种草养畜等农牧结合，保护生态高产高效模式。

(二)实行有机无机结合培肥地力　1985年农业部在《全国肥料试验网》研究的基础上，对全国采用的60多种配方技术进行研究，提出了配方施肥技术，改变了群众中“重氮、轻磷、不信钾”的传统习惯，在全国推广近0.4亿公顷次，使化肥利用率提高10%左右。配方施肥是综合运用现代农业科技成果，根据作物需肥规律、土壤供肥性能与肥料效应，在以有机肥为基础的条件下，产前提出氮磷钾和微量元素肥料的适宜用量和比例以及相应的施肥技术。可以在较少的肥料投入下，获得最好的经济效益。一般培养幅度8～15%，高的20%以上，仅1990年配方施肥增产粮食100亿公斤左右，增加经济作物产值90多亿元。

有机肥和无机肥结合，缓急相济、互补长短，可达到用地养地的目的。工作的重点是抓好积造农家肥，推行秸秆还田，作好城市有机肥料的开发利用。在科研工作上，注意有机无机配合对土壤肥力与农产品优质的影响，有机肥对金属污染减毒作用、积肥造肥保肥的工具改进、种草养畜肥田技术等。

(三)加强农田水利基本建设　我国是一个水资源不丰富的国家，发展节水农业已引起有关部门的高度重视。据估计，全国要采取配套的综合性节水灌溉措施，可节约用水340亿立方米。近年来各地以节水为目标，确保大面积丰产取得了一批新的成果，如渠道防渗，管道输水灌溉、抑制农田无效蒸发、有效灌水量合理分配、灌区多种水源联合调度、调整作物结构与布局，地膜和秸秆覆盖、喷灌滴灌技术和利用经济手段促进节水。在作物需水量研究方面，已从传统的丰产灌溉转向节水高效灌溉，各级政府在充分调研的基础上，制定了加强水资源的合理开发和综合利用计划，使地上水、地下水、区间水都能得到较充分的利用，收到一水多用和多水统一的效果。从长远来说，要解决我国北方农作物均衡丰产问题，兴建大规模的跨流域南水北调工程势在必行。

我国有大约1/3的耕地、2/5的人口、3/5的工农业总产值分布于大江大河洪水威胁的地区。因此我们把工作的重点放在大搞农田水利基本建设，对现有工程的维护、配套、更新和改造上，全力以赴解决好水利工程老化失修问题，充分发挥现有工程效益，同时安排一些急需的新建工程，进一步提高抗御自然灾害的能力。

(四)建立完善良种繁育体系　为了培育高产、优质、多抗、适应性广的良种，建立完善良种繁育体系的工作取得较大的进展。一是加速繁殖经过国家审定的新良种，以更换生产上原来栽培的品种，二是对已在生产上大面积推广种植的良种，采用科学繁育方法，不断繁育出优质的原种和良种种子。进行良种更新以保持良种的优良种性。

保证品种高产、优质、高效的发展方向是：品种区域化、生产专业化、加工机械化、质量标准化。近10年来，主要农作物品种已更换过1～2次，在提高农作物产量和品质上起了重要作用。为了加快繁种的速度，积极发展跨地区、跨行业、多层次的横向联合。选育、引进高产优质品种，研究高产优质栽培技术，定期更新更换良种。

（五）提高农机化作业水平　近十多年来，农机工作的发展，加上国家、集体、农民齐办农机的综合优势，使全国一半以上的耕地实现了机械耕种。1990年末全国农机总动力由1980年的1.47亿千瓦（2亿马力）增到2.09亿千瓦（2.85亿马力），农用拖拉机达780万台。

农业机械化在抢农时、抗灾害、提高经济效益和农产品质量、促进产业结构调整多方面发挥越来越重要的作用，也是农业技术进步的主要标志，如采用精少量播种技术，小麦每公顷可省22.5～30公斤，可增产20公斤以上。机铺地膜用小型拖拉机牵引可提高工效5～15倍，每公顷省膜6公斤左右，成本比人工铺膜降低60～270元。化肥深施机械化技术，可提高肥效20%以上。秸秆粉碎还田机械化技术，既能增加土壤有机质，又能减少环境污染。如江苏省无锡市农村繁重的体力劳动已逐步被机械和科学种田代替，从而导致农业单位投工量锐减，每公顷小麦只需150个工日，水稻为225个工日，不足原来的30%。

（六）积极稳妥开发吨粮田*　探索以“吨粮田”为目标的综合增产技术体系的试点工作，在我国部分地区已取得成功。1989年我国广东、福建等省就涌现出几个亩产吨谷县。山东桓台县粮食生产连续十余年稳定增产，1987年出现了吨粮村，1989年出现了吨粮镇，1990年又建成了吨粮县。这个县近几年累计投资2亿元用于改善生产条件，基本实现农田灌溉水利化，耕种收打机械化，田间管理科学化，从而大大地提高了农业生产综合开发水平。全县3.4万公顷耕地，平均每3.3公顷有1眼配套完善的机井，轮灌周期7天，每公顷拥有机械动力4.4千瓦，夏收5天即可完成，平均每20户有一个高产技术示范户，全县已建立2 000多个全程系列化配套服务组织，把耕、耙、播、浇、收等主要环节都承担下来。在探索吨粮田的实践中，要处理好高产与效益的关系。通过近年的探索，吨粮田开发的指导思想是：实行硬件（农田建设）与软件（科学技术）结合，以大面积提高单位面积产量为目标，提高经济效益为中心，大力推广高产技术、优质技术、生态技术与节本省工技术，从而提高农业综合生产能力。

（七）实施科教兴农的发展战略　我国力争到本世纪末把科技因素在农业增产上的作用由30%提高到50～60%。农业科学技术发展的总体目标是农业生产逐步向专业化、商品化、现代化方向发展，坚持经济效益、社会效益和生态效益的统一，实行分类指导，分区治理。

近年来一批重大科技成果的应用，已取得明显的效益。如籼型杂交水稻、杂交油菜秦优2号，玉米中单2号、徐薯18号、小麦叶龄促控管理、长江中下游水田三熟制油菜高产技术、土壤改良、作物多抗性育种和高产优质高效栽培技术等。这些成果先后获得国家级和部委级奖励。

为促进农业高产、优质、高效，农业科学技术发展的重点是：大幅度提高农业生产力，提高经济效益，重视产品质量；广辟食物来源，改善膳食结构；防御自然灾害，保护生态环境。在增加物质投入强度、改善农业技术装备和农业基础设施建设的同时，大力发展科技教育，普及农业科学技术，积极开展应用研究，切实加强基础工作和理论研究，以增强农业高产和农业科技的后劲。在农业应用基础研究上，重点是开展作物经济性状遗传规律的研究，特别是加强抗病虫害和抗逆性能的研究，加强品质性状遗传规律的研究。进行作物生长发育规律、营养代谢及外界环境调控机理的研究。特别重视农业科学最活跃的带头领域，如光合作用、生物固氮、多抗机制等方面的研究。

（八）推广适用配套的先进技术　近年来，我国进一步加强了农业科技推广服务体系建设，在巩固和发展农业技术推广机构的同时，积极支持以农民为主体、农民技术员、科技人员为骨干的各种科技协会和技术研究会，逐步形成农业技术推广网络，把高产、优质、高效农业先进技术流向千家万户和各生产环节的渠道。在有条件的地方，为积极稳妥地推行吨粮田建设和适度规模经营提供社会化、专业化服务。

农业技术承包集团是近年来创造的一种推广农业技术的新形式。如浙江省依靠国家、集体和农民力量，建立起数千计的科技型农业全程服务组织，促进了持续农业的迅速推广。

我国从1987年开始实施了“丰收计划”项目。目的就是将先进适用的农业技术组装配套、大范围、大面积地推广应用到高产、优质、高效农业中去。推广的技术有：农作物优良品种、农作物模式化栽培、塑料薄膜覆盖栽培、耕作制度改革提高复种指数、农作物病虫害综合防治、农作物配方施肥、农作物节水灌溉、北方旱作农业和中低产田综合治理等技术，推动了农业科学技术向纵深发展。如北京市为了综合开发农业资源、土地资源的利用率，针对积温4 400～4 500℃低于玉米，小麦两茬需积温4 700℃的问题，制定了更新品种、机械化抢收抢种、小麦适时晚播，获得了高产。

（九）认真保护农业生态环境　我国为实现农业现代化，正在走资源节约型、生产集约经营，防止环境污染、保持生态平衡的现代集约持续农业的道路，近年来我国积极推广生态农业，全国已有20多个省、自治区、直辖市建立了不同类型的生态农业试点

* 吨粮田即每亩地产量1吨以上，或每公顷产量1.5吨以上。

或基地近500处，生态农业县近100个。近年来摸索的主要经验是：在自然资源区划基础上，合理调整产业结构，促进种、养、加工业合理配置，形成良性循环；合理开发农业资源，实现资源的再生增殖，永续利用；发展农村能源，重点是提高生物能利用效率，特别是发展沼气的综合利用，变害为利，变废为宝；强化环境管理，控制污染和生态破坏，采取生物技术与工程技术相结合的方法，综合整治农业环境，改善生态条件，增强抗灾能力，使农业建立在稳定发展的基础上；通过合理的物质投入和技术投入，提高农业生态系统的物质能量运转效率；在农林牧副渔全面发展、优化生态环境的基础上增加农民的收入。

湖北省京山县，过去由于种植业结构单一，使粮食成本不断增加，还造成资源退化，水土流失加重，农业高产高效难度较大，通过生态农业的建设，1989年与1985年相比，农业总产值增长15.3%，多种经营产值增长73%，粮食产量增长17.9%，油料产量增长43%。土壤有机质含量由1.7%增加到2.5%，森林覆盖率由23.5%上升到32.5%。

(十)抓紧制定农业有关法规和政策　我国政府历来重视制定促进农业进步的有关法规和政策，明确规定一切使用土地的组织和个人必须合理利用土地。国家保护改善生态环境，防治污染和其他公害。1989年《环境保护法》，1984年《森林法》、《水污染防治法》，1986年《土地管理法》，1988年《水法》，1982年《水土保持工作条例》、《农药安全使用规定》，国家先后还颁布了《植物检疫条例》、《种子管理条例》等，确保了农业高产优质高效的建设。

（农业部农业司　张世贤）

农业科技开发

1992年是我国进一步深化改革扩大开放的一年。全国广大农业科技人员积极参与改革的实践与探索，紧密结合农村实际，开展科技开发和成果转化工作，使科研单位逐步由单纯的科研型向科研生产经营型转变，密切了科研与生产的关系，推动了农业生产和农村经济建设的发展，同时也增强了科研单位自我发展的活力。

(一）农业科技开发工作的新发展

1. 专门的开发队伍逐步形成。改革初期，科技开发工作仅仅是研究室、课题组的科研人员兼顾。近一两年，开发工作已开始分流，绝大多数农业科研单位已设立了专门的开发处、室或中心，配备了专职开发人员和财会人员，制定了有关开发管理办法，进一步调动了科技人员进入经济建设主战场的积极性。目前，专职、兼职从事科技开发的人员占职工总数的30%以上。

2. 科技开发工作向实体化方向发展。随着改革的深入，越来越多的农业科研单位认识到兴办技术开发经济实体是促进科技成果转化、实现社会效益和经济效益双丰收的有效途径，纷纷兴办科技开发经济实体，使开发工作向实体化、规模化方向发展。1992年，部属研究院、所创办各类实体101个（其中中外合资企业3个），全国约1 500个。农业部原牵头组建的华龙饲料技术开发集团（现已下放到地方管理）联合了12个省、市约50个科研、教育、生产经营单位，从1988年创办至今，已发展到包括饲料厂、添加剂厂、鱼粉厂、装具厂等在内的14个密集层企业，基本形成了覆盖全省的饲料生产、经营网络。每年生产各种饲料及饲料添加剂6万吨，年产值达6 000多万元，开发推广了畜、禽、鱼、虾等饲料25种，创造了较好的社会效益和经济效益。

3. 农业科技开发创收逐年增加。截止1991年底，全国1 120个农业科研单位事业收入已达5.6亿元，占全年经费总收入的34.4%，分别比改革初期的1986年增长4.0亿元和15.4%。1992年农业科技开发工作更加蓬勃向前发展，事业收入较之1991年又有较大幅度增加。中国农业科学院1992年事业收入达1 700多万元，比1991年增长13%。这些收入在一定程度上缓解了经费的不足。

(二)农业部为促进农业科技开发所做的几项工作：

1. 完善农业科技开发的配套政策，为进一步深化农业科技体制改革创造更好的外部环境。1992年5月，农业部在北京召开了首届全国农业科教兴农工作会议，研究部署了科技兴农和体制改革的任务。作出了《农业部关于进一步加强科教兴农工作的决定》、制定了《农业科技开发工作管理办法》和《关于农业科研、教育单位生产和经营农作物种子、兽用疫苗的若干规定》。会后，这三个文件以部文正式下达，对进一步加强科技兴农工作，把农业的发展转移到依靠科学技术进步和提高劳动者素质的轨道上来，并进一步推动农业科技开发工作的发展等等，起到促进作用。尤其是关于种子和疫苗的有关规定，深受农业科研、教育单位的欢迎。

2. 组织实施农业科技开发项目，加快新技术、新成果的开发应用。由于农业科研单位长期以来资金短缺，使农业科技人员无力开发自己研究的科技成果，为此，农业部在财力十分紧张的情况下，拿出约1 000万元(其中中国农业投资公司给贷款近400万元)作为农业科技开发项目的启动资金，实行有偿使用、重点支持两高一优农业科技新产品的开发。1992年共安排了包括优质米、保健食品、组织苗、生物农药、饲料等在内的开发项目17项（包括向中国农业投资公司推荐的5项)。总投资1 313万元，其中农业部投资600万元，中国农业投资公司投资373万元，地方配套225万元，承担单位自筹115万元。

3. 组织农业科研单位科技成果、开发产品展示、洽谈、交易。为了加强农业科研单位之间科技开发工作经验交流，互相沟通产品开发信息，促进农业科技开发企业之间的合作，加快农业科技成果的转化，农业部1992年3月及10月分别在深圳农业科研中心和北京市农林科学院举办了农业科技开发产品展示、洽谈、交易会。会上，不少农业科研单位开发的产品现场销售一空；有的院（所）之间达成了产品供货、销售、联营协议；有的几个院（所）联合起来共同开发新成果、新技术，等等。通过这些会议还使与会人员开阔了思路，转变了观念，增强了商品意识。

（农业部科技司　邹　平）

发展名特优水产养殖

随着城乡人民生活水平和消费水平不断提高，对水产品的需求从有鱼吃到追求名特优水产品。水产部门工作重点从抓产量为主转向“高产、优质、高效”并重，积极探索发展“三高”水产品养殖的路子。各地在积极开发各类水面、保持产量稳步增长的前提下，合理调整养殖品种结构，因地制宜发展优质适销的名特优水产品养殖生产，提高经济效益，以适应向市场经济体制的转变。

改革开放以来，随着市场需求的扩大、新品种的引进和技术水平的提高，名特优水产养殖生产发展很快，养殖区域不断扩大，点多面广，产量逐步提高。据统计，1992 年全国海水名特优品种增养殖规模不断扩大，对虾（多种）、扇贝（多种）养殖面积继续稳定在 14.67 万公顷和 0.52 万公顷，产量分别可达 20 万吨和 18 万吨；鲍鱼、魁蚶和翡翠贻贝等品种发展势头很猛，生产规模迅速扩大；海水名贵鱼类网箱养殖也有很大起色。淡水名特优品种增养殖总面积达 440 多万公顷，其中河蟹增养殖面积 23.33 万公顷，甲鱼、鳗鱼的养殖面积分别为 0.12 万公顷和 0.18 万公顷，罗氏沼虾养殖近 666.7 公顷，产量近 700 吨，目前全国能形成一定规模产量的名特优品种已达 20 多个。在进入市场经济机制过程中，人们正逐渐认识到注重经济效益的重要性。广东省南海县 1991 年发展以鳜鱼为主的名特优品种 590.2 公顷，产量为 2 954 吨，分别占全县池塘总面积和水产品总产量的 7.3％和 5.1％，但其产值占全县水产品总产值的 37.2％；顺德市 1991 年，推广了池塘主养名贵优质鱼 0.3 万公顷，占全市池塘养殖面积的 16％，而产值约占水产品总产值的 50％；其中土池养鳗 1 066 公顷，产值约占水产品总产值 的 30％。浙江省杭州市水产研究所等单位的温室养鳖，年生产商品鳖能力达 3 万公斤，平均亩产 1 266 公斤，养殖周期 14 个月（规格为 450 克每只），投入产出比为 1∶2.5，经济效益十分显著。由此可见，发展名特优水产品养殖在带动一方经济发展中起到十分重要的作用。

目前我国名特优水产品增养殖生产之所以得到迅猛发展，一方面是由于市场需求的扩大，为生产大发展提供了可能性；另一方面，近几年随着一些名特优品种的种苗关的突破、国产饲料研制工作的进步与发展和养殖技术水平的不断提高，为生产规模的扩大提供了条件保障。如淡水品种中的鳜鱼、加州鲈鱼、罗氏沼虾和河蟹等过去一直因种苗没解决，大规模生产一直发展不起来，近几年由于人工育苗获得成功，种苗生产满足了大规模生产的需求，生产规模才迅速扩大；由于快速养殖甲鱼的全套技术日臻完善，促使全国兴起养殖甲鱼势头。海水增养殖也同样因养殖技术水平不断提高和人工育苗技术的突破，保证了对虾、扇贝保持稳步发展，而且品种也有所增加；促使鲍鱼、魁蚶和一些名贵鱼类养殖规模不断扩大。当前我国名特优水产品增养殖生产呈现出以下几个特点：

1. 养殖品种增加较快。各省通过引进、移殖、驯化、杂交等途径不断增加新的名特优品种，目前养殖较为普遍的淡水名特优品种主要有甲鱼、鳜鱼、鳗鲡、河蟹、加州鲈鱼、罗氏沼虾、牛蛙、虹鳟鱼、斑点叉尾鮰、鳢鱼（多种）、长吻鮠、淡水白鲳、建鲤、丰鲤、颖鲤、鲫鱼（多种）、胡子鲶、银鱼、池沼公鱼、青虾、美国青蛙、棘胸蛙等十多种；海水养殖名特优品种主要有对虾（多种）、扇贝、鲍鱼、魁蚶、文蛤、鲷科鱼（多种）、石斑鱼（多种）、鲈鱼（多种）、鲆鱼、河鲀等二十多种。在全国范围内已有数十个名特优品种逐步被开发利用，并正向规模生产发展。

2. 养殖区域不断扩大。珠江三角洲、长江中下游和沿海地区是最早发展名特优水产品养殖的地方，地域经济环境优越，市场好，近几年由于市场需求扩大，逐步带动了其他地区的发展，目前沿海已建成大面积、多品种的名特优鱼虾养殖基地。近几年内陆地区发展也很快，广东省的肇庆、清远、河源等山区也推广建成加州鲈鱼、胡子鲶、斑点叉尾鮰、罗氏沼虾等基地；大埔、丰顺、和平、紫金、陆河等贫困山区县利用当地地热资源也办起了鳗鱼、甲鱼养殖场。湖南省汉寿县、临湘县、华容县等地发展甲鱼、蛙类、珍珠、鳢、鳜鱼等养殖成效显著。湖北、江苏的鳜鱼和甲鱼养殖也发展到一定规模，江西省九江市和上高、云山、东乡、会昌等县的蛙类和甲鱼养殖发展较快。浙江省杭州、平湖、嘉兴、湖州、上海奉贤县及广东中山市均发展了较大规模的罗氏沼虾养殖，养殖技术和生产水平在不断提高。北方地区各省市根据本地市场和自然条件，近几年也开始养殖一些名特优品种，如青海、黑龙江养殖虹鳟鱼发展较快，辽宁、天津、河北等省河蟹养殖也逐渐发展起来，山东、河北部分地区甲鱼养殖也开始起步，同时摸索出一套适合北方地区养殖甲鱼的技术模式。

3. 养殖方式和经营模式开始发生变化。养殖方

广东汕头鳗鱼出口基地的黄冈镇合资经营的养鳗场

刘玉生摄

式从混养向主养发展，条件成熟的地区变化较大，而且进行得较成功，如广东顺德搞土池养鳗，1991年已发展到1 066公顷；南海县养殖鳜鱼，1991年已发展到300公顷，广东中山市、上海奉贤县和浙江（平湖、杭州、绍兴、湖州等地）养殖罗氏沼虾分别达到200公顷、133.3公顷和13.3公顷。养殖生产从分散经营逐渐向规模经营发展，部分条件较好的地区开始向企业化经营转变，兴办一定规模的养殖场、种苗场。广东省目前已初步形成以汕头、潮洲、顺德为主的养鳗基地；以中山、珠海、肇庆为主的罗氏沼虾养殖基地；以湛江为主的斑节对虾养殖基地；以台山、饶平、阳江、汕尾为主的翡翠贻贝养殖基地。江西省上高、云山、东乡等地已建成三个规模较大的蛙类养殖场，面积近百亩。大连、山东不断扩大鲍鱼养殖规模，目前已成为全国主要的鲍鱼生产基地。

（农业部水产司　张继武）

城市有机肥料的开发利用

我国城市有机肥料资源丰富，据1991年对全国473个城市统计，环卫部门清运的生活垃圾、粪便就分别达到7 636万吨和2 764万吨，并且总量以每年8～10%的速度增长；此外还有大、中型畜禽场粪便几千万吨，因此，城市有机肥料开发利用具有相当大的潜力。

70年代后，随着化肥工业的迅速发展，化肥使用量增加，许多地方忽视了对有机肥料的使用，农田对城市的人粪尿、垃圾利用逐年减少，有的城市利用不足1%，大量粪尿、垃圾或进入下水道被直接排到市郊环境或露天堆放，污染大气、土壤和水体，传染疾病，成为阻碍城市健康发展的一大公害。进入80年代后期，开发利用城市有机肥料资源得到有关部门的重视，并采取一些切实可行的办法和措施，强化领导，组建各种形式的服务队，加强科研和新技术应用，建造垃圾、粪尿处理厂等等，使城市有机肥料的开发利用出现了新的转机。目前全国已建成处理垃圾、人粪尿厂66座，年处理量近300万吨；大中型畜禽场粪尿通过工厂化处理生产有机肥料也已初具规模，城市有机肥料利用量有所回升。

在城市有机肥料开发利用中，各地采用的技术措施主要有：

1. 加强基础设施建设。全国各城市都建造了一些封闭水泥池和各种大、中型贮粪池，添置液肥和干肥运输车、船，以提高机械化作业水平，增强粪尿、垃圾的运、贮能力，减轻工人劳动强度。

2. 推行适用的施肥技术。①适用于旱作期间的粪肥喷施还田技术。它主要通过粪肥的运、贮设备（运粪车、船及相应的贮粪池）收集粪源，利用运粪车及其配套的吸喷泵装置，直接把粪肥均匀喷施到田头。其优点是集运、施于一体，灵活方便。小卡车运粪，一次2吨，半小时即可施完。1991年，上海市运用这项技术，每年还田4.27万公顷，利用人畜粪约80万吨。②稻田粪肥淌灌技术。这项技术是在运肥船上装吸粪泵，既进水又加粪，利用稻田机灌灌渠将水粪稀混后淌入农田。15吨位的运粪船，30～45分钟就可淌灌完毕。通常每公顷可淌灌75吨以上城市粪尿，节省碳铵750～900公斤，当季增产5～10%。这项技术经过上海宝山区六年的示范、推广，现已能利用该区粪量的25%以上。目前上海、江苏等省市开发利用城市有机肥料广泛应用这二项技术。

3. 应用无害化处理技术。目前，对城市垃圾普遍采用的无害化处理技术主要是高温堆肥发酵技术。应用这项技术投资少，见效快，能较好地做到无害化、减量化、资源化；对城市粪便、大中型畜禽场粪便的无害化处理技术主要有：①沼气厌氧发酵处理技术。这项技术既进行了无害化处理，又可获得沼气能源，适用于处理人粪尿、畜禽粪尿。②槽式好氧发酵技术。它是利用光能和生物能，通过定期供氧，不断蒸发发酵，达到无害化和减少含水量的作用。这项技术处理鸡粪，经过40天的好氧发酵，可以把含水量从60%控制到20%左右。③稳定塘好氧处理技术。这项技术机理来自环保的工业污水处理模式。它的做法是先把畜禽的粪便排入厌氧池中初沉淀，接着排入好氧池中发酵，最后再排入沉淀池中沉淀。沉淀后的上层水达到排放水标准，沉淀物作为有机肥料投入农田。④离心固液分离高温消毒技术。其技术特点是，先直接把鸡粪用离心方法达到固液分离，然后进行消毒处理，用于猪饲料或有机肥料。⑤远红外微波处理技术。这是一种直接处理的办法，有快速、卫生的特点，但成本比较高。⑥沼液渗灌处理技术。它的做法是在猪舍下建立自流式沼气发酵池，在发酵过程中，沼气通过管道进入沼气罐，沼液进入三级分离池，以达到固液逐步再分离，然后利用地下塑料波纹管把沼液渗入土壤中。这项技术适用于管棚作物生产。⑦鸡粪快速烘干技术。它以高效燃烧炉产生的洁净烟道气为烘干介质，将湿鸡粪输入滚筒破碎干燥器内，使鸡粪迅速干燥。这项技术集快速烘干、灭菌、除臭于一体。

4. 采用工厂化生产。城市有机肥料数量大、成分杂，加快开发利用要走工厂化、商品化良性发展的轨道，这也是今后的发展方向。工厂化生产有机肥料在我国起步较晚，目前北京、天津、上海、江苏、河北、武汉、山东、黑龙江、湖南、浙江等省市的大、中城市都在这方面进行了有益的探索，建起了一定数量和规模的城市有机肥料加工处理厂。它分别以人粪尿、城市垃圾、畜禽场的粪便为原料，采用各种综合技术，通过一些设备，经高温发酵达到无害化，再经过筛、堆沤等一系列工艺处理，制成优质有机肥或有机-无机复合肥。

城市有机肥料工厂化生产的优点是：一次完成收贮、无害化处理、分类、堆沤等过程，减少中间环节；产品达到无害化、减量化、资源化后，既产生新能源，又提高利用率，一举两得；处理、生产城市有机肥的数量大；产品施用不会对人畜禽以及环境造成不良影响；生产过程中可按需要加入化肥和适宜添加物生产含有各种不同养分的有机-无机复合肥。

综合各地情况看，鸡粪处理的设备和技术比较成熟，垃圾处理也有了一定的经验，只是人粪尿的加工处理还缺乏理想的办法。

城市人粪尿、垃圾以及畜禽场粪尿的开发利用和工厂化生产有机肥料投资大，一个日处理百吨的厂要几百万元，经济效益差，目前，工厂化处理的量仅占总量的3%左右，进展缓慢。一些有推广价值的科技新成果也由于实施落后，推广普及率低。因此，城市有机肥料开发利用还有待于有关部门分工协作，研制生产符合我国国情的省工、省力、高工效、低成本的机械设备，加快工厂化、商品化进程。

（农业部农业司　朱　彧）

农业技术推广部门开展经营服务　兴办经济实体

农业技术推广部门开展经营服务、兴办经济实体是适应农村经济体制改革和农业科技体制改革应运而生的新型推广服务事业，是农技推广部门的重要职能之一。几年来各地开展经营服务兴办经济实体取得很大成效。

1. 农技推广部门开展经营服务和兴办经济实体的特点。①发展速度快。据不完全统计，全国农技推广系统开展经营服务的单位由1990年的44%上升到1992年的74%，从业人员也由14万人上升到18万多人。湖北省2 156个乡（镇）农技站1991年兴办实体的只有900个，1992年上半年猛增到1 500个，比1991年扩大600个，增长67%。②服务领域逐步拓宽。由单纯产中服务向产前、产中、产后系列化服务方向发展，许多地方还开展“五统一”、“六统一”服务；经营项目由单一经营向综合经营发展，由经营初级产品向加工增值发展，由单纯种植业向大农业乃至跨行业发展，由技术推广向技术开发、产品开发、以及资源开发发展。③经济实体的门类增多。从各地交流的情况来看，大体有以下几种类型：一是以技术承包为主要形式的技术有偿服务型；二是以技物结合、“开方卖药”为主要特征的经营服务型；三是以基地为依托，以名特优新农产品开发为主要内容的产、供、销一条龙型；四是以农产品加工为龙头，以综合利用转化增值为目的的技、工、贸一体化型；五是突破行业界限的多行业并举的实体企业型。如批发市场、出口创汇、旅游观光等等。④经营形式不断由自办向联办联营发展，打破部门、系统的局限，联合各种优势，实行国营、集体一起上，多种经济成分并存。⑤指导思想明确。各地都坚持“立足推广搞经营，搞好经营促推广”、“围绕服务办实体，办好实体促服务”的指导思想，实现社会效益和经济效益同步增长。⑥经营服务管理工作开始向程序化、制度化、规范化、科学化方向发展。不少地方制订出针对性、实用性较强的管理制度和办法，从而保证了该项工作顺利、稳步、健康的发展。

2. 加速了科技成果的转化，促进了农业生产和农村经济的发展。农技推广部门开展经营服务、兴办经济实体后，用经营服务收入弥补国家事业费的不足，保证推广工作的正常进行，使技术、物资（资金）更好地结合起来，从而提高了技术的到位率，加速科技成果的推广应用。几年来，各级农技推广部门通过开展技物配套服务，技术承包和产前、产中、产后全程服务等形式，使“丰收计划”、“温饱工程”、“菜篮子工程”等一批国家重点农业技术推广项目得到了很好的落实和实施，获得了较好的效益，有力地促进了农业科技新成果和先进实用技术的推广应用，发展了农业生产，增加了农民收入。在1987～1991年实施推广的54项“丰收计划”项目中，各地结合项目提供了配套化肥1 253.7万吨，农膜14.45万吨，农药14.53万吨，饲料298.1万吨，柴油0.58万吨，机械9.8万台（件），实现了新增产值170.7亿元，投入产出比达到1∶7；在“温饱工程”实施中，各级农技部门以培训为先导，以地膜、化肥等物资为桥梁，推动了杂交玉米向高海拔和高纬度冷凉地区发展，仅1989～1991年就推广了地膜覆盖玉米面积166.07万公顷，地膜育苗移栽63.93万公顷，增产粮食50多亿公斤，其中，1991年推广面积为77.8万公顷，涉及到453个县、800多万农户，解决温饱农户370万户、1 480余万人。

3. 涌现出了一批开展经营服务、兴办经济实体的先进典型。在全国农技推广系统评选出210个全国农业社会化服务先进集体和507位先进工作者，如湖北省枣阳市农技推广中心在困境中起步，在改革中发展。在资金十分紧张的情况下，首先走与大企业联营之路，从办农药分装厂起家，创建了自己的农化研究所，开发生产了自己研制的杀虫剂——菊杀乳油、菊胺乳油、灭扫胺乳油，以及除草剂——稻得利等产品；建立了90年代先进的超微粉生产线，开发生产的粉锈宁、多菌灵等超微粉农药新剂型，在1991年新型农药供不应求的情况下，不但用自己生产的农药为控制全市小麦锈病的流行起到关键作用，而且为兄弟县、市提供了优质农药；并且瞄准了市场，建立“五环装潢工程公司”，组建了两个建材门市部和一个装潢工程队，又与武汉东星公司联营成为鄂西北地区自动化办公设备的总代理，收到了较好的效果；同时还建立了全国第一个县级农业科技试验开发区，为农业的高产、优质、高效打基础，为实现全方位农业社会化服务带了一个好头。

4. 增强了农技部门自身的实力和活力，稳定壮大了服务队伍，改善了服务条件和手段，增强了服务功能，提高了服务效果，促进了农业社会化服务体系建设。江苏省“七五”期间，实体创收用于服务体系基础设施建设、服务手段改善方面的资金达1.6亿元，其中，乡站实体创收投入资金达1亿元，占全省总投资的45.5%。

开展经营服务、兴办经济实体的基本经验如下：

1. 正确的指导思想是重要前提。农技推广系统开展经营服务、兴办实体的目的是为了促进技术推广，提高新技术的入户率和到位率，只有把立足点着眼于农业的高产、优质、高效，为农民的富裕，为农村经济的发展服务，才能促使经营服务和兴办经济实体健康地发展，才有生命力。几年来，各地坚持“立足推广搞经营，搞好经营促推广”，“围绕服务办实体，办好实体促服务”的指导思想，紧紧围绕推广开展各种服务活动，促进了农业的发展，从而引起各级党政领导以及有关部门的重视、理解和支持，深受农民群众的欢迎。

2. 宽松的政策是根本保证。中共中央、国务院和各有关部门、各级地方政府相继作出了支持和鼓励农技推广部门开展经营服务、兴办经济实体的具体规定。制定了相应的配套政策，对支持农业社会化服务体系的建设和发展给予支持并制定了比较宽松的政策；使农技推广部门开展经营服务、兴办经济实体从政策上得到了保证，促进了经营服务和兴办实体工作的稳步发展。

3. 坚持因地制宜是开展经营服务、兴办经济实体的基本原则。从很多省的情况来看，在经营服务的初级阶段，在立足于农业，服务于农民的原则下，围绕农技推广的需要，办一些短、平、快的实体项目，如“开方卖药”等；当实体的资金有一些积累后就可利用当地自然资源优势，兴办以科技为先导的经济实体，如农、工、贸一体化的优质农产品产、贮、运、销或加工型实体及其他第三产业；沿海地区，沿边开放地区，还利用自身的地理优势进行外引内联，兴办三资企业，组织劳务技术输出，发展对外贸易等。总之要因地制宜，量力而行，由小到大，滚动发展。

4. 加强联系，争取支持与配合是必要条件。回顾过去的几年，农技推广系统的广大科技人员遵照党中央、国务院的有关决定精神，深化改革，变行政指导型为技术、物资服务型，克服了种种阻力和困难，从开展有偿服务，参与产前、产中、产后系列化综合服务入手，发展到兴办各种服务实体。这项工作得到了有关部门如工商、税务、财政、银行等的大力支持。在登记方面给予开绿灯，在税收上给予减免照顾，在资金上给予扶持，大大地方便和促进了农技推广部门兴办经济实体的工作。

5. 选好人才，加强管理是经济实体健康发展的有力措施。各地的实践表明，创办一个实体，不但要有一个好的领导班子，而且要有一套科学的管理方法，才能确保经营方针贯彻落实，使经济实体健康地发展。因此，兴办实体搞得好的单位都重视人才。解决的办法：一是本单位选拔；二是派出去培训；三是引进人才。

农技推广部门开展经营服务、兴办经济实体工作还处于起步阶段，面临着许多新情况，新问题，我必须认清当前形势，抓住机遇，深化改革，努力开拓经营服务、兴办经济实体工作的新局面。

（农业部全国农业技术推广总站　邓光联）

农业科技管理

全国农业科研单位科研能力综合评估

新中国成立以来，我国农业科技事业不断发展，研究机构和队伍不断增加和扩大，1991 年的统计已经达到 1 142 个独立科研单位，共有职工 12.6 万人。为了检阅农业科研单位的科研工作，加强对科研工作的管理，不断提高科研工作效率，1991 年农业部正式决定对全国农业科研单位的科研能力进行一次综合评估，其目的是：一方面通过科研能力的综合评估，可以使科研所本身正确地认识自己，提高管理水平，加强薄弱环节，发挥自身的优势，以便更好地完成出成果，出人才，出效益的基本任务；另一方面通过对科研单位进行比较全面的定量和动态的评估，有助于上级主管部门对研究所进行宏观指导，实行分类管理，择优重点安排科技项目，深化科技体制改革，进行研究机构和方向任务的调整等，以适应国民经济和农业生产、农村经济发展的需要。

1. 评估指标体系的完善和试点。科研能力是科研单位从事科学研究的生产能力，能不能进行评估，怎样评估，都缺乏经验，因此在 1986 年农业部就将“农业科研单位科研能力综合评估”列题专门进行研究。研究认为对被评对象有关信息的系统采集、处理、分析，建立一套指标体系，凭借量化方法，是能够客观地对被评估对象作出评价的。考虑到这次评估工作是首次，且量大范围广、层次和专业多、技术性强，因此在原软科学研究成果的基础上，成立了由原课题组部分同志和科技司有关同志参加的技术小组，修订制订出一套适于中央、省、地三个层次的通用和可行的评估指标体系。这个技术小组对原指标体系 23 个指标中的 10 个指标进行了增删或名称、内涵的调整，也调整了 7 项评估指标的权重，修订了 20 项评估指标的标准值，并用全国 1 142 个研究所的数据进行校核确定，使之更能反映我国农业科研现状和水平。在 1991 年 5～8 月在四川、山东、吉林三省 148 个不同类型的农业科研单位进行了试点、测评、验证，并请有关科技专家评议，使它得到了进一步完善，最后确定了所使用的评估指标体系，同时还设计了评估数据录入和分析系统，为全国评估工作能快速准确汇总和计量做好了准备工作。

2. 评估工作的全面开展。1991 年 10 月，农业部决定评估工作在全国铺开，为此专门下发了文件，成立了评估工作领导小组。各省由农业厅和部分省、直辖市农委牵头负责。

3. 评估主要结果。参加这次评估的独立研究所共有 1 232 个，其中部属 61 个，省、直辖市属 549 个，地（市）属 622 个。

(1) 总分分布。1 232 个所评估总分的平均值为

50.36分，达到总分80分以上的研究所有151个，其中中央级所32个，省、直辖市级108个，地区级所11个。从总体上讲，部属科研单位的综合科研能力强于省级科研单位，省级科研单位的综合科研能力又强于地级，这也是符合目前的实际情况的。

(2)对80分以上151个研究所主要评估指标的分析。影响评估总分的主要指标为承担课题数、硕士学位及以上人员比例、年人均科研费、人均成果奖、人均论文分、单位投入社会经济效益及年人均技术性纯收入等7项指标，其得分数占不同分区段评估总分平均值的59.94～65.29%。

由于受主要指标的得分数高低的影响，使每一单位的评估总分存在明显的差异。凡得分高的研究所都是研究实力强、能承担较多或比较高层次的研究课题，在出成果、出论文、出效益方面实绩较显著，充分体现了农业科技体制改革取得了巨大的成绩。

4. 表彰和奖励。从参加评估的1 232个研究所中农业部表彰100个科研单位，发了奖杯和证书，评估总分的前70个单位和30个地区类农业科研单位被评为综合科研能力的优秀单位。

在受表彰的前70名中，按层次划分，部属单位21个，省、直辖市属单位48个，其中江苏省10个，上海市6个，浙江省5个，地（市）属单位1个。

这次评估的工作量很大，直接参加的1 600多人。总的来讲，有以下特点：一是第一次比较科学地对全国1 232个农业科研单位进行统一的评估，这为全国和各省、直辖市有关部门对农业科研单位加强宏观管理，对于科研单位提高科技管理水平打下了良好的基础，积累了丰富的科研单位科研能力综合评估经验；二是这次评估是对“七五”期间全国部属、省属和地（市）属不同层次的科研单位有一个全面的概括和了解，基本摸清了底数，调查积累的50多万个数据，对农业部和各省市有关部门和单位都有着广泛的研究和开发利用价值；三是这次评估是全国各行各业都在加大改革力度，加快开放步伐的经济形势下进行的。（农业部科学技术司　刘　平）

“七五”全国农业科研单位科研能力综合评估获奖名单

一、“七五”全国综合科研能力优秀单位：（70名）

（一）部属科研院所：（21名）

1. 中国农业科学院：（15名）

中国农业科学院植物保护研究所、蔬菜花卉研究所、农业经济研究所、土壤肥料研究所、畜牧研究所、作物育种栽培研究所、油料作物研究所、农田灌溉研究所，中国水稻研究所，中国农业科学院特产研究所、草原研究所，中国农业科学院兰州畜牧研究所，中国农业科学院农业气象研究所，中国农业科学院兰州兽医研究所，中国农业科学院棉花研究所

2. 中国水产科学研究院：（3名）

中国水产科学研究院黄海水产研究所、淡水渔业研究中心、东海水产研究所

3. 华南热带作物研究院：（1名）

华南热带作物研究院橡胶栽培研究所

4. 部直属研究所：（2名）

农业部环境保护科研监测所，农业部南京农业机械化研究所

（二）省属科研机构：（49名）

1. 北京市：（5名）

北京市农林科学院蔬菜研究中心、植物保护环境保护研究所，北京市农业机械研究所，北京市农林科学院林业果树研究所、畜牧兽医研究所

2. 天津市：（1名）

天津市农业科学院蔬菜研究所

3. 河北省：（2名）

河北省农林科学院植物保护研究所、土壤肥料研究所

4. 吉林省：（2名）

吉林省农业科学院畜牧科学分院，吉林省农业科学院大豆研究所

5. 黑龙江省：（1名）

黑龙江省农业科学院作物育种研究所

6. 上海市：（6名）

上海市农业科学院畜牧兽医研究所、作物育种栽培研究所、食用菌研究所、土壤肥料研究所、园艺研究所、植物保护研究所

7. 江苏省：（10名）

江苏省农业科学院畜牧兽医研究所、植物保护研究所、粮食作物研究所、土壤肥料研究所、经济作物研究所、农业现代化研究所，江苏省家禽科学研究所，江苏省农业科学院农业生物遗传生理研究所，蔬菜研究所，江苏徐淮地区徐州农业科学研究所

8. 浙江省：（5名）

浙江省农业科学院园艺研究所、植物保护研究所、蚕桑研究所、原子能利用研究所，浙江省海洋水产研究所

9. 山东省：（4名）

山东省农业科学院作物研究所，山东省海水养殖研究所，山东省果树研究所，山东省农业科学院畜牧兽医研究所

10. 河南省：（1名）

河南省农业科学院经济作物研究所

11. 湖北省：（3名）

湖北省农业科学院植物保护研究所、土壤肥料研究所、畜牧兽医研究所

12. 湖南省：（1名）

湖南省园艺研究所

13. 广东省：（3名）

广东省农业科学院植物保护研究所、畜牧研究所、水稻研究所

14. 四川省：（3名）

四川省农业科学院植物保护研究所，四川省农业机械研究所，四川省绵阳市农业科学研究所

15. 陕西省：（1名）

陕西省农业科学院植物保护研究所

16. 甘肃省：（1名）

甘肃省草原生态研究所

二、全国地区级综合科研能力优秀单位：（30名）

1. 河北省：（4名）

河北省张家口地区坝下农业科学研究所，河北省唐山市农业科学研究所，河北省沧州地区农业科学研究所，河北省邯郸地区农业科学研究所

2. 辽宁省：（2名）

辽宁省大连市农业科学研究所，辽宁省铁岭市农业科学研究所

3. 江苏省：（2名）

江苏里下河地区农业科学研究所，江苏沿海地区农业科学研究所

4. 浙江省：（1名）

浙江省嘉兴市农业科学研究所

5. 安徽省：（2名）

合肥市农林科学研究所，安徽省淮南市农业科学研究所

6. 山东省：（3名）

济南市农业科学研究所，山东省烟台市农业科学研究所，青岛市农业科学研究所

7. 河南省：（4名）

河南省漯河农业科学研究所，河南省鹤壁市农业科学研究所，河南省周口地区农业科学研究所，河南省平顶山市农业科学研究所

8. 湖北省：（2名）

湖北省荆州地区农业科学研究所，湖北省天池山农业科学研究所

9. 湖南省：（2名）

湖南省邵阳市农业科学研究所，湖南省常德市农业科学研究所

10. 四川省：（3名）

四川省南充地区农业科学研究所，四川省成都市第一农业科学研究所，四川省内江市农业机械研究所

11. 云南省：（4名）

云南省楚雄彝族自治州农业科学技术研究所，云南省思茅地区农业科学研究所，云南省德宏傣族景颇族自治州农业科学研究所，云南省曲靖地区农业科学研究所

12. 甘肃省：（1名）

甘肃省平凉地区农业科学研究所

三、科研能力综合评估工作先进单位：（10名）

中国农业科学院，吉林省农业厅，黑龙江省农牧渔业厅，上海市农委，江苏省农林厅，浙江省农业厅，山东省农业厅，湖北省农牧厅，四川省农牧厅，云南省农牧渔业厅

四、科研能力综合评估工作先进个人：（10名）

耿　瑜、杨忠群、宋兆华、朱德源、韩巧珍、王爱芳、于　忠、唐继宏、瞿　瑛、何学书

农业专利代理与专利实施

中国专利法实施八年来农业专利工作在农业部和中国专利局的领导下，从无到有，逐步打开局面。首先健全了组织机构。农业部于1985年成立了部专利管理处和专利事务所。农业系统相继成立了北京农业工程大学专利代理事务所、上海水产专利事务所、江西省农垦专利事务所、黑龙江农垦专利事务所以及华南农业大学专利办公室、上海农场局专利办公室等；接着抓专利干部的培训，农业部科技司与中国科学院联合举办了专利代理人培训班，通过考试，部属农业单位有26人取得了专利代理人资格，连同各地组织的专利代理人培训班，农业系统共有近百名专利代理人队伍。1986年5月28日农业部以1986农（科）第（36）号文下发“关于印发‘农牧渔业专利管理暂行办法’的通知”，使农业专利管理、代理及专利实施有了一个章法。

1992年1月中国与美国签订关于保护知识产权的谅解备忘录。9月4日七届全国人大常委会审议通过了“中华人民共和国专利法修正案”。为了宣传和贯彻专利法农业部在北京农业大学组织了全国农业系统专利法和合同法研讨班。

1992年共代理专利113件，比1991年的68件增长66%。农业部专利事务所1985～1992年累计代理专利528件，其中发明专利241件（占总申请量的45.6%），实用新型276件（52.3%），外观设计11件。总代理申请量中职务发明占72.3%，这个百分数比全国职务发明比例高一倍，发明专利的比例也比较高。另一方面农业专利有些专利技术是工艺和配方，发明的创造性较高。农业系统中参加历届全国发明展览会的项目中极大部分为申请专利的技术。这说明农业专利在农业科技成果中占有重要的地位。在已代理申请的529件中有259件被授于专利权，批准率为50%左右。近年来植物新品种的杂交制种的方法，如油菜、大白菜、萝卜、谷子、水稻、小麦、棉花、黄瓜、南瓜等制种方法都申请了专利，并有7件批准了专利。其他如农副产品深加工技术、设备，新的农业机械，畜牧上的疫苗、性控技术，微生物菌种的培养方法、水产养殖等等也都申请了专利。

据不完全统计，农业专利技术的实施率为33%，略高于全国的水平。几年来通过农业部专利事务所中介签订的专利技术转让合同63个，入门费标的180多万元，销售专利产品和技术转让收入3 000万元。对农业科研、教育单位的科研、生活条件的改善起了很大的作用，同时极大地鼓舞了发明人的积极性。

农业专利的实施有下列特点：

1. 农副产品深加工技术备受欢迎。吉林省农业科学院大豆研究所发明的“大豆直接生产冰淇淋的工艺方法”，从1986年开始技术转让。1992年年底已转让200多家，转让收入达300万元。这项技术立

题准确，技术工艺简单，设备投资少，成本低，软件硬件一条龙，工艺及与工艺相配套的设备一起提供是加快转让的基础。行政计划实施是迅速推广大豆冰淇淋的组织保证。吉林省农业科学院除了自己召开推广会议外，还取得了国家科委、农业部、中国专利技术开发公司、东北三省科委等上级部门多次召开全国性技术推广会议，收到了很好的效果。

2. 增产显著的农作物杂交制种技术受到农业部门和种子经营部门亲睐。陕西省农垦科教中心的“甘蓝型油菜三系杂交制种及栽搭技术”，由于该杂交种比一般常规良种增产30%左右，从1987年以来，我国黄淮、长江流域的11个省区，先后签订了13个技术转让合同。截止1992年夏收，累计推广面积298万公顷，共增产油菜籽18多亿公斤，增值18.6亿元。其主要经验是：各级领导重视，由行政、科研、推广、生产部门组成政技结合的联合体——全国杂交油菜协会，负责全国杂交油菜种子的生产和技术推广工作。针对农业技术的特点，农业生产周期长、受生产季节、地域、气候、土壤等多因素的影响，专利实施的风险较大，“秦油二号制种技术”在签订技术转让合同时都有试种一年的条款。实行“先实施，后收费”，试种期内不交转让费。试种不成功，可以终止合同。这种做法不仅深得制种同行的赞许，也大大减轻了受让方的思想负担，因此要求实施的省份越来越多。由于油菜用种量少，制种技术又较复杂，一般一个省只转让一两家。转让方认真负责，不以签完合同就算了结，而是帮助实施单位真正掌握制种技术，每年都请各受让单位集中一地办制种培训班，而且发明人亲临现场指导技术，解决实际问题。

3. 植物生长调节剂、农药、肥料、小化工等项目，不少乡镇企业纷纷要求转让。其原因是效益好、利润高、销售快、技术要求不高。这些项目上马前，必需做好项目的论证，不要污染环境，得到当地化工主管部门的批准。如灭杀毙、种衣剂、黄原胶等。有的项目如“农用杀菌杀螨含硫悬浮液配方”农业部与化工部共同中介，可以有计划布点实施，减少重复，保证百分之百转让成功。

4. 药品、保健饮料的配方也是当前的热门转让项目。如蚕蛹虫草、绿茶茶素的生产方法、绿豆汁保健饮料的制法、地龙盐碱酶的制备及其鉴定方法等，市场销路好，效益好，但有些专利技术往往是实验室的技术，到工业化生产还需作中间试验，特别是药品生产要作严格的药理、毒理和300例的临床试验。在实施中还要取得医药管理和卫生部门的批文和许可证。因此投资大、时间长，在上项目时要慎重考虑。

5. 对有可能打出国门，对外出口技术的项目必需及时申请国外专利。如福建农学院杨振华老师申请的“利用抗氨固氮菌生产富硒单细胞蛋白、维生素E的方法”发明专利，在中国取得了申请后，于半年内即向美、日本、欧洲专利局申请了国际专利。该专利的产品“851超级营养液”投放市场以来，取得很大的经济效益和社会效益。累计销售额3.5亿元，创汇3 200万美元，税利1.4亿元。此项技术还获得了美国专利，并以专利技术入股和泰国正大集团合作创办了福州正大振华851生物工程有限公司。

（农业部专利管理处　黄家俊）

农业科技基础设施建设

国家重点试验室建设与运行管理

为适应我国经济、科技、社会发展的需要，做好基础领域科学技术的储备工作，国家计委从1984年起，有重点、有步骤地在国家教委、中国科学院、农业部、卫生部所属部分重点科研院（所）、高等院校建设和装备了一批国家重点试验室。到1992年底，共建设了74个国家重点实验室。

国家重点实验室实行“开放、流动、联合”的运行管理机制，是一个相对独立的科研实体。国家计委负责仪器设备投资，主管部门和依托单位负责土建配套。实验室实行主任聘任制和主任负责制，由主管部门聘任主任1人，全权负责实验室的工作。实验室设立独立的学术委员会作为实验室的学术领导机构，负责确定实验室的学术发展方向、制定实验室开放课题指南、审批开放课题、组织论文答辩及成果评价等。实验室固定人员编制不超过研究人员的半数，对批准的开放课题提供研究经费，对客座研究人员提供必要的工作、生活条件，欢迎国内外科学工作者来室参观考察、学术交流、讲学及客座研究。实验室将充分尊重每一位来室工作人员及所在单位在研究成果、专利等知识产权方面应有的权利。

农业部系统在国家计委统一安排布署下，从1985～1992年，共建设了6个国家重点实验室，其中5个已建成运行，一个边建设边开放。

1. 兽医生物技术国家重点实验室。该室依托中国农业科学院哈尔滨兽医研究所建立，1989年6月建成验收，1992年7月通过国家计委后评估，现有固定资产1 088万元，建筑面积2 494平方米，实验仪器设备52台（件），其中10万元以上的10台（件）。该室主要进行从分子水平揭示畜禽主要疫病的病原微生物特异性免疫和发病机制、畜禽疫病防治用细胞工程和基因工程制剂及其分子生物学基础方面的研究，设有兽医学硕士点和博士点。卢景良研究员担任实验室主任，马思奇研究员担任学术委员会主任。

2. 淡水鱼类种质资源与生物技术国家重点实验室。该室依托中国水产科学研究院长江水产研究所建立，1989年7月建成验收，1992年5月通过国家计委后评估，现有固定资产552万元，建筑面积2 000平方米，实验仪器设备64台（件），其中10万元以上的有8台（件）。该室主要进行淡水鱼类生物学、种群组成和遗传结构及变化机理和规律，细胞和分子遗传学等基础研究；进行种质资源保存及利用，制备次级代谢产物，养殖及鱼病防治生物技术等应用基础研究。张兴忠副研究员担任实验室主任，夏德全研究员担任学术委员会主任。

3. 农业生物技术国家重点实验室。该室依托北京农业大学建立，1990年11月建成验收，现有固定资产1 038万元，建筑面积3 000平方米，实验仪器设备60台（件），其中10万元以上的有19台（件）。该室主要进行动物基因工程、植物基因工程、微生物工程、植物病毒分子生物学方面的研究，设有遗传学、病毒学、微生物学硕士点和博士点。陈永福教授担任实验室主任，李季伦教授担任学术委员会主任。

4. 热带生物技术国家重点实验室。该室依托华南热带作物科学研究院建立，1990年建成验收，现有固定资产1 215万元，建筑面积3 555平方米，实验仪器设备181台（件），其中10万元以上的有13台（件）。该室主要针对热带作物进行有关基因的分离、克隆、转化、重组，调控表达机制，细胞原生质体培养，细胞融合，染色体技术等研究，创造新种质、新品种、提高产量，增进抗病虫、抗病毒能力，改进产品品质等，设有遗传学硕士点和博士点。郑学勤教授担任实验室主任，青年科学家陈章良教授担任学术委员会主任。

5. 植物病虫害生物学国家重点实验室。该室依托中国农业科学院植物保护研究所建立，1992年1月建成验收，现有固定资产473万元，建筑面积1 570平方米，实验仪器设备72台（件），其中10万元以上的有17台（件）。该室主要研究农业病虫害基础生物学，阐明植物与病虫相互作用的本质，发展控制病虫害的新方法与新技术体系。重点研究致病性与抗病性遗传及分子机制，用于植物保护的基因工程植物与微生物，害虫行为生物学，植物和害虫相互制约关系等。设有昆虫学硕士点和博士点。何礼远研究员担任实验室主任，郭予元研究员担任学术委员会主任。

6. 作物遗传改良国家重点实验室。该室依托华中农业大学建立，1992年3月批准边建设边开放，计划总投资850万元，建筑面积1 500平方米，实验仪器设备计划投资600万元（包括90万美元外汇额度），预计1994年底建成验收。该室主要从群体、个体、细胞和分子水平进行作物遗传改良的新理论、新技术和新途径研究。内容包括：作物品质、产量和抗逆性的遗传，杂种优势的遗传机理，新种质的发掘、创建与利用，分子遗传、基因图谱及转基因技术研究等。该室设有作物遗传育种、果树学硕士点和博士点，农学博士后流动站，谢岳峰教授担任实验室主任，刘后利教授担任学术委员会主任。

农业系统内国家重点实验室的建设，极大地促进了农业基础研究和应用基础研究工作的进展，取得了较大的成就。主要体现在：

1. 承担了大量科研任务。仅1991年，5个实验室就承担了各类科研项目近100项，其中国家攻关项目11项，“863”项目4项，国家自然科学基金12项，部重点项目11项，国际合作项目2项。

2. 取得了一批高水平的科研成果。如1991年就取得国家发明二等奖1项（布鲁氏羊种5号菌药）、三等奖1项（小麦条锈菌条中29小种的监测），部科技进步一等奖2项，二等奖7项，三等奖2项，以及一批省、市、院奖。撰写学术专著5册，发表学术论文77篇。

3. 培养了一批中青年人才。1991年，在实验室读博士后的1人，读博士学位的8人，硕士学位的19人，毕业硕士9人。固定人员中，派出国读博士的5人，硕士的3人。

4. 初步建立了“开放、流动、联合”的运行机制。1991年，吸收客座研究人员299人月，其中有博士学位的18人月，国内外学者来室讲学16人次（国外学者6人次），派出讲学10人次（出国讲学5人次），参加国际学术会议19人次。举办了热带作物生物技术国际培训班，15个国家的32名中青年学者参加培训。同时，利用仪器设备方面的优势，为国内有关科教单位提供了大量服务。

（农业部科学技术司　饶智宏）

加快农作物原原种扩繁基地建设 促进高产、优质、高效农业发展

为了增强农业科研、教学单位的开发能力，改善农作物原原种生产所必需的设备、设施条件，将培育的新品种（杂交组合）尽快用于农业生产，促进农业向高产、优质、高效益方向发展，农业部在国家农业综合开发领导小组的大力支持下，于1990年11月、1992年3月分两批安排了农作物原原种扩繁基地建设项目。两批项目包括杂交水稻、杂交小麦、杂交玉米、脱毒马铃薯、大豆、油菜等6种作物，总投资为3 010万元，其中国家投资2 000万元，在第二批项目中地方配套1 010万元，建设期限为两年。两批共49个项目，由44个科教单位承担，遍及全国20个省（自治区、直辖市）。第一批项目经过两年的建设，购建部分合同任务业已完成。第二批项目1992年资金到位50%，也已基本完成1992年度计划任务，其余正在按计划实施。

1. 原原种扩繁基地建设初具规模。截止1992年底，两批项目共已完成仓贮设施10 543平方米，检测、考种、作业室9 745平方米，温网室25 526平方米，晒场22 926平方米，购置农机具及仪器设备268台件，修建灌溉农田202.83公顷。1991、1992年共提供原原种3.15万公斤、原种89.03万公斤，超额完成年度供种计划任务。第一批项目检测作业室和温室因建材涨价或工期拖延而作计划调整未完成原计划外，其余购建实际完成率均在110%以上；第二批项目经过一年建设，除农机具和设备购置进度稍慢外，其余修建实际完成率均在50%以上，达到预期目的。

2. 项目达到了预期的目标，初见成效。投资效益主要表现在：一是建设了一批高质量的原原种繁育设施，加快了新品种转化为实际生产力的速度。如

浙江农业大学原子核农学研究所的科技人员，育成了世界第一个小麦无性系变异新品种——核组8号，具有成熟早、产量高、品质好、抗病力强的优点。适于南方稻麦三熟制地区种植

吴元柳摄

山东省农业科学院脱毒马铃薯原原种项目，新建温室大量使用先进实用技术，有效地控制了室内温度，使全年11个月可生产5季，比一般温室的利用率延长了5个月，生产量提高3.5倍。二是提高了种子质量，增加了农作物产量。例如，青海乐都县平坦村是最早试种青海省植保所培育的脱毒马铃薯的一个贫困村，种薯平均增产幅度80.6%，成为全省脱毒种薯基地，当地群众称脱毒马铃薯（洋芋）为“脱贫洋芋”。三是项目建设单位获得了一定的自身经济效益，增强了科技开发实力和经济实力，并通过提供高质量的原种，为社会增加产值3.45亿元。

3. 科学决策，加强管理，促进项目建设。在项目实施过程中，主要有以下做法：①依据育种优势，合理选项布局。在项目选择上，既考虑项目建设单位的育种优势，又强调新品种的区域代表性，优先选择既完成国家攻关或部重点科研课题并培育出新品种（组合）、能产生较大经济效益、但又缺乏扩繁条件的单位，以加速农业科研成果转化为实际生产力的进程。②制定管理办法，实行合同管理。项目计划下达后，由农业部科技司组织召开了项目计划落实会，向项目建设单位讲明建设目的、内容、规模及供种任务，并审查项目扩初设计，与项目建设单位签订项目建设合同。为保证项目建设的顺利进行，在广泛征求意见的基础上，制定出了“农作物新品种原原种繁殖基地建设项目管理细则”，作为项目建设、管理和查验的依据。各项目建设单位还普遍组成了由分管领导、项目负责人、基建管理人员等有关人员参加的领导小组，对建设项目的各个环节进行监督检查，解决建设中的有关问题，保证工程质量和进度。③加强资金管理，多方筹集资金。为有效的使用项目建设资金，保证项目建设的顺利进行，各项目建设单位都专门指定一位领导或负责人具体负责资金的使用。在充分利用原有设施的基础上，适当增加新的设施及设备，做到专款专用、合理使用，保证了项目建设的规模和质量。尽管第一批原原种扩繁项目国家没有要求资金配套，但项目建设单位还是多方努力，争取到部分配套资金。如北京农业大学结合国际合作项目，进口配套了较先进的仪器设施，使基地建设配套运转；又如沈阳市农业科学研究所主动争取市级配套30万元，保证了基地建设规模和完善配套。④采取横向联合、扩大良种示范、开展广泛宣传，以多种形式促进原种尽快为生产服务。有的项目单位主动与当地种子部门联系，给种子部门提供原种或将供种任务纳入计划；有的在院内生产原原种，在院外生产原种，利用试验示范区向周围地区辐射；有的开展广泛宣传，加速良种的推广。

原原种扩繁基地建设是连接科研、教育与生产的重要桥梁，它在促进农业科研成果转化为实际生产力中起着重要作用。虽然经过这两批项目的建设，现已初具规模并见成效，但由于长期以来农业科研、教学单位资金紧缺，基础设施不健全，仍难以满足需要，所以仍要继续努力，开辟更广阔的领域，促进这项事业的发展。（农业部科技司　林友华）

水稻基因图谱

1992年8月，国家科委宣布我国开始实施水稻基因图谱计划。该计划是要用15年左右的时间，完成水稻基因组全序列的测序。研究主要内容包括作图和测序两大方面。“八五”期间的研究重点是建立分辨率3～5cm的RFLP连锁图和低分辨率的物理图（包括YAC库和cDNA库的建立）；分离水稻有关结构基因或调控顺序，检测其功能和碱基顺序；跟踪并研究提高作图和测序的关键技术；建立遗传信息的计算机处理系统。并从“八五”就开始注意把阶段研究成果应用于实践，开展应用RFLP技术定位或分离重要农艺性状基因的有关工作，促进分子生物学的研究和育种实践相结合。

实施水稻基因图谱计划是我国高技术研究的一项重要战略决策，它主要基于以下几个方面的考虑：

1. 水稻是最重要的粮食作物，它在我国种植面积最大、产量最多，与人们吃饭关系最为密切。

2. 我国水稻育种取得了令人瞩目的成就。如三系法杂交水稻在生产上的成功应用，光（温）敏核不育水稻的发现，两系法杂交稻的研究和广亲和基因在籼粳亚种间杂交稻研究中的应用等，均处于世界领先地位。

3. 在分子生物学研究方面，水稻具有十分有利的条件。水稻是二倍体，基因组总长度约为5亿对碱基对，与高等植物中基因组最小的模式植物拟南芥菜相比，水稻基因组仅为它的3倍，与玉米基因组相比，仅为玉米的1/40。由于基因组较小，使得研究难度相对减少。而且与水稻遗传基础有关的分子生物学课题，特别是水稻的RFLP作图研究方面，国内至少有三个实验室已有较好的工作基础。

基因组研究是分子生物学研究的一个重要领域。国际上有关基因图谱的研究十分活跃，研究对象有人类、植物、小鼠和果蝇等。

美国于1989年首先宣布开展“人类基因组的作图与测序”，即人们常说的人类基因图谱计划。计划耗资30亿美元，15年完成。这是一项迄今为止生物学中的一项空前宏伟的计划，在国际上引起了巨大的反响，西欧、日本、原苏联以及印度均表示要开展和参与美国这项计划。

在植物基因图谱研究方面，日本已于1991年4月宣布正式开展水稻全基因组的作图和测序研究，并已纳入日本政府的国家研究计划中。

我国政府组织水稻基因图谱研究，不仅可以缩小我国和国际研究水平的差距，而且可及时吸收国际有关最新研究成果，节省科研投资。

植物基因图谱研究是一项系统性很强的工作，因此在组织上必须按系统工程的方法进行。在组织机构设置方面，由国家科学技术委员会下设植物基因图谱专家组，负责计划的技术决策和指挥工作。"八五"期间，设立一个国家基因图谱研究中心实验室和五个卫星实验室。中心实验室设在中国科学院上海植物生理研究所，其任务是全面开展基因组研究，协调全国有关研究工作；还负责研究材料的收集、保存和分发；顺序测定数据的核对和检查；信息的收集、汇总和发布，以及最后汇制基因总图。卫星实验室分别设在中国科学院遗传研究所、北京大学生物系、复旦大学生物科学院、华中农业大学和中国水稻研究所。卫星实验室将围绕中心实验室的要求有系统地开展有关物理图谱、连锁图谱、测序、同源搜索、组织专一性功能分析和育种方面的研究。

可以预料，随着我国水稻基因图谱计划的实施，必将加速水稻重要农艺性状基因的定位和分离，促进分子生物学研究和育种实践相结合，提高我国农业生物技术研究队伍的素质和水平，使传统的育种上一个新的台阶，为农业生产培育出更多、更好的新品种。

（农业部科技司　张俊龙）

农业部重点科研项目（1991～1993年）

1991～1993年农业部重点科研项目计划包括种植业、畜牧、水产、农垦、农机化、能源环保六个部分。分述如下：

（一）种植业部分（第一批）　共安排8个项目。

1. 作物新品种选育及配套栽培技术研究。开展向日葵、芝麻、蚕豆、豌豆、绿豆、燕麦、苎麻、黄麻、红麻、亚麻、茶树、桑树、烟草、人参、枸杞、魔芋、莲藕、茭白、香菇、金针菇、菜豆、花椰菜、青花菜、主要花卉、苹果、柑桔、梨、桃、葡萄、香蕉、荔枝、龙眼、草莓、猕猴桃、厚皮甜瓜、西瓜新品种的选育及配套栽培技术。

2. 高产区主要农作物高产、高效综合技术体系研究。开展稻麦多熟，水稻—再生稻，小麦—玉米，小麦—棉花一年两熟，春作物（春玉米、春小麦、棉花）一年一熟高产、高效综合技术体系研究；双季稻田冬季利用高产增收综合技术体系研究；南方水稻旱育秧栽培技术体系研究。

3. 高产平衡施肥技术研究。开展有机肥料再循环及利用技术研究；中、微量元素肥料研究；高产推荐施肥模式研究；土壤肥力变化与有效施肥技术研究。

4. 农作物病虫害防治技术研究。开展苹果、柑桔、茶树，蔬菜、油菜病虫害综合防治技术研究；农作物病毒病、线虫防治技术研究；检疫病虫检疫、检验与消毒技术研究。

5. 重点农产品加工、产地保鲜及设施农业技术研究。大豆有效成分提取及新型蛋白质加工技术研究；茶叶有效成分提取及加工技术研究；柑桔、苹果皮渣再生利用；瓜类作物功能食品研究；微生物技术在农副产品加工中应用研究；苹果、柑桔、猕猴桃、芒果等水果采后生理及保鲜综合技术研究；高产优质低成本蔬菜无土栽培技术研究；穴盘育苗设施及配套栽培技术研究；节能型日光温室结构性能优化及其栽培技术研究。

6. 核技术与计算机在农业上的应用研究。开展核技术诱发主要农作物新种质及其应用技术研究；同位素示踪技术及其在农用化学物质中的研究；主要作物管理计算机动态决策系统研究；稻麦育种和良种利用专家系统研制。

7. 农业科技管理和农业技术经济研究。

8. 应用基础研究。开展主要农作物品质、抗病虫性遗传及基因定位新技术研究；主要农作物生理生化调节机理与技术研究；植物病虫害生物学研究。

（二）畜牧部分　共安排7个项目。

1. 畜禽品种选育及繁殖育种技术研究。开展猪、牛、羊、禽、兔、蜜蜂及特种经济动物新品系选育；畜禽繁殖育种技术及基础性理论研究。

2. 畜禽营养、环控及加工技术研究。开展畜禽营养及饲料技术研究；畜禽舍环境控制研究；畜产品加工及畜牧经济的研究。

3. 主要牧草与饲料作物品种（系）选育技术研究。开展温带地区高抗、高蛋白牧草新品种（系）选育；热带、亚热带耐高温伏旱牧草新品种（系）选育。

4. 草地建设及资源保护、利用技术研究。开展草地资源保护、利用研究；草地建设科学实验研究；草地改良、草籽加工机具试制。

5. 畜禽主要疫病防治技术研究。开展畜禽主要传染病防治技术研究；重要寄生虫病防治技术研究。

6. 家畜普通病和新兽药的研究。

7. 实验动物新品种（系）培育及疾病监测技术研究。

（三）水产部分　共安排13个项目

1. 水产种质资源研究　主要有褐昌鲉增养殖技术、尖吻鲈人工繁殖和育苗技术和紫红笛鲷人工繁殖与种苗培育的研究；兴凯湖渔业资源调查及翘嘴红鲌人工繁殖技术、草海鲫鱼选育技术、鲂鱼（Megalobrama skolkovii）人工繁殖及养殖技术和北方地区草鱼、鲢鱼等早繁技术研究；鸟蛤苗种培育和增养殖技术的研究、东风螺、管角螺的繁育技术、砗磲人工育苗技术、文蛤生产性育苗技术和锯缘青蟹育苗及养殖技术研究；日本绒螯蟹繁殖生物学及育苗技术、甲鱼单性化技术、羊栖菜育苗技术和海水鱼流水育苗设施研究；澳大利亚银鲈引种、驯化、养殖技术研究；海带引种及杂交育种的研究。

2. 渔业资源调查和开发　主要有东、黄海主要经济鱼类种群变动的调查；北部湾海洋渔业资源调查；南沙海域渔业资源调查和开发技术研究；北太平洋巴特柔鱼资源开发与捕捞技术；西藏一江两河渔业资源调查；东海区张网渔业合理调整和完善管理的研究；新型狭鳕、鳀鱼拖网研究。

3. 海水经济品种增殖技术研究方面大亚湾生态渔业研究。

4. 海水经济品种养殖技术研究有东方鲀养殖技术、虾池多品种养殖优化组合、西施舌人工育苗与增养殖技术、红螺人工育苗及增养殖技术、池塘微流水养虾工程技术研究。

5. 淡水水域增养殖技术研究方面有湖泊增养殖技术研究，包括女山湖渔业生态工程研究；东湖高产生态渔业技术、冰封型湖泊开发综合技术和太湖新银鱼移植生态学及增殖生物学研究；北方水库大银鱼移植效果的研究；湖泊鱼类品种结构改善技术研究等内容。其他水域增殖及池塘养殖技术研究包括：白洋淀围栏蟹鱼混养技术、外荡鱼鳖混养技术、河蟹多种养殖模式的优化、水库大面积网箱养鳟技术、北方地区草鱼精养高产配套技术和池溏养鱼"测水施肥"技术、黑龙江鲟鱼养殖技术、淡水鲳形成人工生态种群及稀土育珠技术的研究等。

6. 水产养殖动物及饲料源开发技术研究方面有：卤虫资源调查及开发利用、饵料单细胞藻新品种的选育及其养殖规律、实用微藻学的基础等渔用饲料源开发技术研究和人工配合饲料及添加剂方面的研究及营养基础研究。

7. 水产养殖品种病害防治技术研究有虾、贝、鱼用生态制剂的开发及利用；中国对虾病毒病的单克隆抗体早期快速诊断盒的研制等。

8. 水产品加工及综合利用研究有淡水鱼综合利用研究；水产品加工产品扩大试验；鱼油提取及综合利用研究及水产品辐射加工贮存保鲜、水产品控制气体包装保鲜技术的研究等内容。

9. 渔业机械仪器、渔船配套设施设计及渔具、渔具材料研究方面有深水脉冲电捕虾装置、渔业用网防污技术、渔用航迹仪研制、远洋金枪鱼延绳钓渔船船型开发等内容。

10. 高技术及应用基础理论研究包括几个基因在鱼类染色体上的定位、鱼目的基因克隆、高效转基因技术及构建转基因鱼及中国沿海河口鳗鱼种群日龄结构等项目研究。

11. 渔业环境保护研究有黄磷类农药对鱼类、饵料生物毒性毒理研究；几种新农药对海产贝类生长影响的评价及其快速测定研究等内容。

12. 软科学及经济效益研究有渔船经济性分析系统研究；主要渔业国家渔业政策法规研究和我国远洋渔业发展对策；中国鱼类分类微机检索专家系统等13个项目研究。

13. 青年基金研究项目主要有：渔用海锚的开发和研究；中国对虾蜕壳与刚毛发生关系的研究；皱纹盘鲍细胞株的建立等11项研究内容。

（四）农垦部分　共安排10个项目

1. 橡胶、热带作物丰产栽培、病虫害防治和产品加工综合利用技术的研究。包括橡胶树抗性、速生、高产、高效益综合栽培技术的研究；热带作物（椰子、剑麻、咖啡、胡椒、热带天然香料、甘蔗等）选育和综合丰产栽培技术的研究；热带旱粮、牧草新品种选育和丰产栽培技术的研究；橡胶树、热带果树、胡椒、咖啡、剑麻、香草兰等主要病虫害综合防治技术的研究；橡胶热带作物新产品加工和综合利用的研究。

2. 垦区主要农作物育种及增产配套技术研究。主要有高产、优质、多抗水稻新品种杂交组合，麦类和优质、高产、抗病大豆新品种选育，适应机械化栽培的玉米新品种，优质、高产、抗（耐）病棉花新品种的选育；高产、质佳、抗病甜菜遗传单粒种选育；油菜杂交优势利用研究；大白菜异源胞质雄性不育系及利用研究；水稻、小麦、玉米、大豆大面积机械化高产栽培技术体系研究；低产田改良技术研究等内容。

3. 畜禽水产良种选育、饲养技术和病害防治的研究。有三江白猪高产系选育及配套生产杂优猪技术；马鹿、细毛羊、超细毛羊新品种（系）培育；奶牛产后监控的研究；羊的冷冻胚胎移植研究；麦洼牦牛群体选育、中国三河牛的选育和肉种鸭饲养新工艺的研究；饲料开发与现代化饲养管理技术研究及绵羊种布鲁氏菌病、奶牛疫病的防治研究；天然草场与人工草场综合治理提高经济效益的研究；兴凯翘嘴红鲌全人工养殖、长江大口鲶的驯养及人工繁育研究等方面内容。

4. 大中型配套农机具研究。有北大荒-8谷物联合收获机、自走式青饲料收获机、自走玉米收获机、甜菜纸筒育苗移栽机及收获机、地膜回收机的研制；棉花收获、加工及其配套技术的试验研究；胡椒鲜果加工工艺及配套设备的研究等内容。

5. 垦区名特优产品开发研究。有腰果、芒果、澳洲坚果丰产栽培技术措施研究；番荔枝优良品种选育及抗病砧木的研究；油梨良种繁育、丰产栽培技术的研究；南亚热带优稀果树引种试种及开发利用研究；热带花卉选育及切花栽培技术研究；哈密瓜杂交优势组合研究；香梨、富士苹果、鸡蛋果丰产优质栽培技术研究及芒果、油梨、菠萝保鲜贮运；腰果、西番莲果的加工工艺及设备研究等内容。

6. 生物技术在农业中的应用研究。有运用生物技术培育小麦新品种；甜菜丛根病遗传工程育种的研究；水稻花培育种；小麦赤霉病变异体离体细胞筛选研究；木瓜环斑病毒、花叶病毒基因工程的研究；热带作物细胞杂交的研究；热带香料作物细胞培养的研究等。

7. 计算机在农业中的应用。有小麦高产、高效计算机模拟栽培系统的示范研究；南方水稻栽培计算机模拟优化决策系统的应用研究；微电脑农化分析仪器在热作农业上的应用等方面研究。

8. 新技术开发研究。有多效唑、生物肥料在农业和农垦区的应用。

9. 标准化研究。包括“绿色食品”质量及卫生标准化研究；在天然橡胶生产中应用计量检验抽样法的标准化研究；粮食干燥机综合测试系统标准化及主要农作物航空作业技术与标准化研究等内容。

10. 软科学研究方面有中国天然橡胶发展战略研究；热带作物资源技术经济信息系统；模糊数学在热带作物研究中的应用等内容。

（五）农机化部分　共安排6个项目。

1. 农机化综合问题研究。有农机化微机管理及应用软件专家咨询系统的研究；地膜覆盖机械试验与评价技术标准研究。

2. 农作物生产过程机械化方面有机械化秸秆整体还田技术试验研究；抗旱“丰产沟”特种深耕三铧犁；小麦、大豆、玉米精量播种机电子监测装置等。

3. 农机合理运用技术研究。有微电脑土壤综合分析仪；排灌站综合测试仪器的研制等。

4. 农机修理技术研究。有农村机械维修网点建设标准，农机维修工时定额的研究；新型焊接材料提高堆焊修复曲轴耐磨性的试验研究等。

5. 多种能源的利用节能技术及产品。有农户用污水泵的研制；农副产品节能干燥关键设备——低温热泵研究。

6. 农牧渔业产品产地加工机械化技术。有柳条剥皮设备研制；桔子剥皮机的研究设计；草地蝗虫的机械吸灭与蝗虫饲料开发研究；动植物蛋白饲料加工技术及成套设备；烟叶烘烤新工艺及其设备的研究等。

（六）能源环保　5个重点项目。

1. 粉丝厂、畜牧场沼气系统工程综合利用试验研究；生物脱硫—沼气发酵新工艺等研究。

2. 农业环境污染防治技术研究。有胶州污水土地处理与农业利用的系统工程应用研究；降尘促进酸雨危害蔬菜的效应及机理研究；磁化流体射流器的研制及处理畜禽场高浓度有机废水上的应用等研究。

3. 农业环境监测技术及农业环境质量评价方法研究。有水体中农药降解速率预测技术应用研究；农业环境标准样品研制；农业灌溉工程环境影响评价方法研究；气候变化对农业生产影响和对策；稀土农用的放射性监测及放射性生态学的研究等。

4. 生态农业及农业废弃物资源化技术。主要有城郊农业有机废弃物综合利用研究；鸡粪发酵微生物菌剂的研制及使用方法的研究等。

5. 农业环境管理及标准研究。有土质、土壤、植物中有机磷农药多残留标准分析方法的研究；畜牧行业废弃物排放标准及处理技术规范；农药标准溶液的研制等。　（农业部科学技术司　杨雄年）

农业高、新技术

国家攀登计划农业科学项目

攀登计划是国家为加强对基础性研究工作的领导，根据我国经济建设的需要和科学发展的趋势，对具有全局性和带动性的重大项目由国家进行组织，开展研究工作。攀登计划包括A类：基础性研究重大关键项目；B类：国家工程技术科学重大基础性研究项目；C类：国家重大科学工程项目。

（一）攀登计划的制定和实施　为了推动科技事业的发展，增强综合国力，许多国家都制订了基础性研究发展计划，选择了一些重点项目，例如人类基因图谱、超导研究、人体新领域研究、行星探测、高能加速器、哈勃天文望远镜等，由政府重点进行投资直接组织推动。根据我国科学技术和国民经济发展的需要，基础性研究工作的布局大致可分为三个方面：即科学家根据学科发展和研究工作经验提出的自选课题；学科发展的重点领域及课题；基础性研究重大关键项目。后者由国家以指令性方式组织实施。

攀登计划A类项目的遴选，以国家制订的《中长期科学技术发展纲领》为指导，同时必须符合以下四个条件之一：(1)属于学科前沿性的研究，有较好的工作基础，估计在本世纪末有可能取得重大突破；(2)具有重要应用背景的基础研究，为我国经济建设所急需，国际上很活跃，预计在本世纪内有可能做出优异成绩的；(3)能发展我国的地理、资源和研究工作特点的基础性研究，预计在本世纪内有可能取得具有中国特色的研究成果；(4)我国已在国际上具有优势，居世界先进水平的基础研究，预计将继续取得重大进展。

国家设立的攀登计划A类项目，在“八五”期间由30项基础研究重大关键项目组成。这些项目来源于数学、物理、天文、化学、生物、基础农学、基础医学、地学、技术科学等基础学科和应用基础学科。按大学科分类，数、理、天文有7项；化学有6项；生物、农、医（即生命科学）有7项；地学5项；技术科学5项。

攀登计划项目由国家科委负责，会同国家教委、中国科学院、国家自然科学基金委员会等部门共同遴选。坚持决策科学化、民主化，专家评议，多方协商，公正合理，择优支持的原则。攀登计划的实施和管理，由国家科委负责总体组织和协调工作，委托有关部委具体负责组织落实。项目设专家委员会，负责学术组织工作，实行首席科学家负责制。攀登计划的出台，受到了党中央和国务院领导同志的极大关怀，拨出专款支持攀登计划的实施。列入攀登计划的A类项目，每年每项研究经费约100万，五年每项共500万元左右。

（二）攀登计划中的农业科学项目　攀登计划中的农业科学项目共3项，它们是：粮棉油雄性不育杂种优势利用的基础研究；主要农作物高产高效抗逆的生理基础研究；共生固氮体系最佳固氮结瘤控制模型的研究。根据专家委员会论证的有关情况，就上述3个项目做简单介绍。

1. 粮棉油雄性不育杂种优势利用的基础研究。农作物杂种优势利用是大幅度提高产量的重要途径之一，也是当前作物品种改良研究的重要内容。我国水稻、甘蓝型油菜的杂种优势应用方面列居世界领先地位；玉米杂交种的推广已达全国玉米总面积的80%以上，仅次于美国；杂交小麦和杂交棉的研究历经二、三十年，至今不衰。

本项目的总体研究目标在于从分子遗传、细胞发育、生化代谢、抗病分子基础等角度阐明五大作物细胞质和基因雄性不育的遗传机理，并研究核质互作、雄性不育与农艺性状，包括致病性的联系或连锁、光温条件对不育性的稳定表达与否，以期为杂种优势利用提供简便有效、安全可靠的中间手段。结合数量遗传学研究资料，运用最近发展的分子标记技术，探明杂交亲本系之间的亲缘关系、有关优势基因的作用和表达，为了今后选配亲本，求取一代杂交种最大生长优势和产品产量潜力指明方向和方法。

本项目的第一部分内容，着重研究上述五种作物的胞质遗传和核基因遗传，雄性不育系的分子遗传基础、特征表达、恢保关系、光温调节机理、代谢特点、种源鉴别以及创建转化等。第二部分的研究内容，着眼于应用分子标记技术，探明亲本系的亲缘关系和杂种优势群的构建；检测标记位点与产量潜力、主要农艺性状的相关程度；阐明数量性状基因的加性、显性、超显性和基因互作在杂种优势形成中的作用。预期5～10年内，使我国雄性不育和杂种优势利用的基础研究取得重大突破，在某些方面达到国际先进水平。

2. 主要农作物高产高效抗逆的生理基础研究。农业现代化应是建立在抗逆基础上的高产优质高效农业。本项目在今后五年内的总体研究目标是，通过对我国主要农作物在现有高、中、低产的多个水平上产量形成生理学研究，建立以较少的资源投入而获得较大增产效益的理论体系。提出适合我国特点的，使作物产量在高效、抗逆、优质基础上达到新的更高水平的生产调控指导原则，同时培养一批高水平的农业科学高级研究人才。在研究过程中，要把作物生产作为统一的整体，借助于计算机对产量形成过程进行动态模拟并对各种农业措施做出优化决策，为把农业从劳动密集型逐渐转化为知识密集型产业开辟道路。期望通过“八五”期间的工作，能对我国农业科研和高产高效优质的农业生产起到全局性和带动性的促进作用，并在若干重要专题研究方面做出具有国际先进水平的重大成果。

为了实现上述预定目标，本项目将利用现代高新技术，采用控制条件与大田栽培、室内分析与田间测试相结合的方法，组织多学科协作，从细胞—器官—个体—群体的不同层次上研究物质能量代谢、运输和信息传递为突破口，以充分发挥作物的生理潜势，合理利用自然资源为核心开展工作，并逐渐形成带有普遍意义的高产高效抗逆的理论体系。

3. 共生固氮体系最佳固氮结瘤控制模型的研究。生物固氮是一项有重大实践和理论意义的研究，处于当代生物科学发展前沿。豆科植物与根瘤间的共生固氮是最有经济价值的一种固氮体系，为目前国际固氮研究的热点。从分子水平揭示共生结瘤固氮的规律，为开拓固氮在农业上的应用提供理论依据和可行性途径是本项目的最终目标。由卢嘉锡、唐敖庆、蔡启瑞在国际上首先提出固氮酶活性中心“钼铁硫原子簇结构模型”，不仅奠定了我国化学模拟生物固氮的基础，同时也有力地推动了我国的固氮研究走向世界。“七五”期间，我国取得了一大批为国际同行瞩目的研究成果。本项目首席科学家洪国藩主编的“生物固氮及其在中国的研究”英文版一书，最近在德国印刷出版，引起国内外同行的重视，也标志着我国生物固氮研究已跻身于国际先进行列。

本项目设七个子课题，围绕结瘤、固氮、化学模拟三个中心，并以结瘤和化学模拟为重点。“八五”期间的总目标是：(1)阐明结瘤基因调控的有关分子机理，提出结瘤基因的调控模型；(2)阐明共生固氮基因的引发和调控机理，提出固氮系统与氨同化系统的整合、解离和总体调节路线；(3)从合成、结构、谱学、量化等方面阐明结构单元M_x的生物学意义，研究钼铁硫(氧)簇配合物/固氮酶活中心模拟物，分析分子结构与固氮功能的关系，验证并发展“活性元组装”构想，为化学模拟生物固氮提供可靠的理论依据。

（国家科委基础研究高技术司　徐向忱）

农　业　技　术

农作物秸秆资源的综合利用

农作物光合作用的产物，只有一半在籽实中，还有一半存在于秸秆里。全世界每年有20多亿吨农作物秸秆，我国每年有5亿多吨秸秆，如何利用好农作物秸秆资源，历来是世界农业领域里一项具有战略意义的课题。

和许多发展中国家一样，我国农村主要将秸秆用作燃料、建筑材料和饲料。近年来，由于煤、电、沼气以及液化石油气在农村逐渐普及，用作燃料的秸秆数量逐年减少。此外，随着农民生活水平提高和农村居住条件的改善，用作建筑材料的秸秆数量也迅速减少。这样，秸秆便开始过剩，年复一年，越积越多，竟成公害。焚烧秸秆，污染空气，不仅危害人民健康，而且影响工业生产。据河北台报道，在焚烧秸秆的高峰期间，由于空气污染，石家庄市纺织工业蒙受巨大损失，成品率大幅度下降，出口纺织品也受到影响。此外，秸秆大量堆积还孕育着火灾隐患。由于焚烧秸秆，延及林木，关中灌区有十几万棵树被烧毁。东北地区也曾因焚烧秸秆，变成“火烧连营”，发生焚毁村屯的事故。因此，如何利用农作物秸秆，其意义已经不仅仅在于充分利用资源本身，而且也在于消除公害。

农作物秸秆按燃烧值计算，每公斤秸秆相当于0.49公斤标准煤。五亿吨秸秆相当于2.45亿吨标准煤，实在是一项不可忽视的巨大能源。但是，秸秆又不是一种理想的能源。与煤相比，秸秆体积大，燃烧值低，能量密度小。以秸秆作燃料，一是需要较大空间作为堆放场，二是十分麻烦。为了改进秸秆的这些缺点，国内外均采取将秸秆压缩的办法以提高其密度，将秸秆变成"劈柴"，体积小又"经烧"。还有人在秸秆压缩后，进一步将其隔绝空气加热，使之成为炭。河北省正定县北贾村利用热压生产"秸秆炭"，日产量1.5吨，消耗秸秆4.5吨，年收入20万元。总的来说，生产秸秆燃料仍处于研究和试点阶段，今后能否推广，取决于加工成本能否大幅度下降。

秸秆用作工业原料：可以用作造纸原料，但不能生产高档纸，只能生产包装纸，因此用量有限，充其量只占秸秆总量的1～2%。秸秆还可用来生产纤维板、脱色剂以及用于编织工艺品，但用量均极其有限。秸秆的工业用途还有待进一步研究开拓。

秸秆直接还田，通常在谷物联合收割机收获谷物籽粒的同时，秸秆也就被粉碎并撒在田里。其优点：一是增加土壤的肥力和有机质，改良土壤结构；二是由于秸秆覆盖而减少土壤侵蚀，也减少了水分散失；三是方法简便（这当然是指有条件实现农业机械化的地区或国家而言）。近年来国内一些地区的农业部门大力提倡秸秆直接还田，推广面积也逐年有所增加。1991年全国秸秆还田面积达0.26亿多公顷，比1987年增加近一倍，其中机械直接粉碎还田推广面积达320多万公顷。山东、江苏两省推广面积已达266.7万公顷以上。秸秆直接还田在我国进一步推广，目前还受到耕作制度（间作、套作）的限制。我国一般为一年两茬。据北京市农业部门多年观测，第一茬小麦的秸秆如全部还田，由于不能很快腐烂，下茬作物的出苗率可能下降15%之多。其此，秸秆直接还田还要受机械化水平以及作业成本的限制。没有还田机械的地区固然不能搞直接还田，就是有机械的地区也仍然受到作业成本的限制。据部分地区的调查，秸秆直接还田每公顷作业成本195～225元。第三，秸秆直接还田，不能杀灭附着在秸秆上的害虫卵，不利于扑灭病虫害。第四，秸秆中所含的氮、磷、钾等肥料成分不过占2～3%，而秸秆中所含的大量碳水化合物却被白白浪费掉。因此，秸秆直接还田不是资源的最佳利用方式。大力发展饲养业，由秸秆直接还田到过腹还田，是比直接还田更为合理的一种利用方式。所谓过腹还田是指把秸秆作饲料喂饲牛、羊等草食家畜，生产肉、奶、毛、皮等畜产品供人类消费，而以牛羊粪还田，作为农作物的肥料。秸秆过腹还田优点很多：一是可以节约饲料粮和代替部分牧草发展草食家畜生产。我国粮食生产水平不高，人均占有量低于世界平均水平。用大量粮食来发展畜牧业，在我国行不通。我国虽然有辽阔草原，但多处于干、旱、贫瘠地区，牧草产量很低，现有畜群已难维持又何谈发展呢！农作物秸秆属纤维性饲料，性质和牧草相近，只是消化率、适口性等均不如牧草。近年来，通过简单的处理（青贮、氨化、碱化等）予以改进，处理后的秸秆营养价值可以提高一倍左右，达到中等质量牧草的水平。近十年来，农业部大力推广秸秆青贮及氨化处理，处理量成倍、成几十倍地增加。据统计，1991年全国制作青贮饲料4 100余万吨，氨化秸秆370万吨，两项共节约饲料用粮760多万吨。按规划，"八五"最后一年，全国青贮饲料6 000万吨，氨化秸秆3 500万吨，节约饲料用粮2 300万吨，其意义是很大的。二是作物秸秆过腹还田，可以促进农业生产良性循环，有明显的生态效益。秸秆过腹还田，增加土壤有机质，增强了土壤保墒能力和农业的抗灾能力并减少化肥用量，从而也降低了粮食生产成本。河北省无极县利用秸秆大力发展养牛，年出栏牛35 700头，牛肉产量占石家庄地区的一半。由于养牛多，该县每年过腹还田有机肥29万吨，少用化肥7 600多万吨，从而使每公斤粮食生产成本下降5分4厘。三是秸秆过腹还田可以减轻环境污染。秸秆大量用于牲畜饲料，自然就减少了堆积或焚烧秸秆对环境所造成的影响。四是有利于改善人民的膳食结构。1986年以来，全国人均口粮消费量平均每年减少4公斤，其中肉类食品增加是一个重要原因。我国肉类结构中，猪肉占80%，牛肉则不到5%，发展秸秆养牛，增加牛肉比重，有利于膳食结构的平衡。五是有助于广大农民脱贫致富奔小康。在中原腹地、东北、西北、西南不少地区发展秸秆养牛是他们脱贫致富的一条现实可行的途径。河南省周口地区农民养一头牛平均赚500～600元，多的可达千元。对于贫困地区来说，养牛的收入是相当可观的。

1992年国务院委托农业部召开两次全国性会议进行布署。国务院还转发了农业部关于秸秆过腹还田的文件。1992年，国务院拨出专款和专项物资在全国选建10个秸秆养牛示范县，1993～1994年国家再新建40个秸秆养牛示范县。整个90年代，示范县建设工作将继续下去。1991年全国牛肉增产22.4%，1992年1～9月又比上年同期增长25.9%，以这样的速度发展下去，到本世纪末，我国将成为世界牛肉生产大国。届时，我国农作物秸秆的60%以上可以通过过腹还田的方式予以利用。

（农业部畜牧兽医司饲料牧机处　郭庭双　李晓芳）

肥料、土壤调理剂和植物生长调节剂的检验登记

新品种肥料、土壤调理剂和植物生长调节剂应用于农业生产领域，对促进农产品产量和质量的提高起到了重要作用。1992年国内复混肥生产企业达2 000多家，土壤调理剂、植物生长调节剂生产厂家也不下1 000家，生产的产品多而杂，质量问题非常突出；随着改革开放深入发展，境外一些新肥料品

种、植物生长调节剂也进入我国市场，有的产品形成一定规模。据国家化肥质量监督检验测试中心（北京）1992年对复混肥料的抽样调查表明，国内生产销售复混肥料，有相当一部分产品达不到产品质量要求，不合格率达37%，有些植物生长调节剂有效成分含量很低，有的甚至是乱混乱配，没有产品质量标准。假劣产品充斥市场，给农业生产、给农民利益带来严重影响。为了保障农民和守法厂家利益，提高我国肥料、土壤调理剂和植物生长调节剂产品的质量，发展农业生产，保护生态环境，制定肥料、土壤调理剂和植物生长调节剂管理规定是十分必要的，这将推动肥料管理工作进入法制化管理轨道。

（一）我国肥料、土壤调理剂和植物生长调节剂检验登记规定　根据国务院赋于农业部“负责主管产业产品和化肥、农药产品质量监测和鉴定”的职能，农业部于1989年9月1日以（1989）农（农）字第38号文件颁布了《中华人民共和国农业部关于肥料、土壤调理剂及植物生长调节剂检验登记的暂行规定》，（以下简称规定），之后又以（1989）农（农）字第53号颁发了《实施细则》，1990年8月为了对上述两个文件进行补充，农业部向全国发出了《关于进一步做好肥料、土壤调理剂及植物生长调节剂检验登记工作的通知》。这三个文件，比较系统的对肥料检验登记作出了具体规定，概括起来有如下几方面内容：

1. 登记范围。
2. 申请单位应提供的正式文证。
3. 申请单位需提供的样品和资料。
4. 办理登记的程序。
5. 申请单位领取的登记证有效期限。
6. 登记产品的质量跟踪和监督。
7. 农业部委托国家化肥质量监督检验测试中心（北京）具体办理肥料、土壤调理剂、植物生长调节剂的登记手续，经该中心检验合格的产品，由农业部发给产品登记许可证。

（二）建立健全检验登记管理机制　为了做好登记工作，农业部聘请了土壤肥料、化学分析、植物生理、卫生毒理等方面专家委员会，所有申请登记的产品需经专家委员会评议，然后进行表决，不准许带有任何行政命令和长官意志。为了保证评审委员会具有科学性、公证性和权威性，农业部管理部门汇同评审委员会专家共同制定了评审工作章程、评审原则以及统一的肥效试验规程。同时，农业部组织有关科研单位进一步完善和补充肥料、土壤调理剂、植物生长调节剂产品标准。对申请登记的产品，从检验、登记和田间试验到评审都实行严格的保密制度，所有评审委员不得泄漏申请登记产品的有关内容，申请登记的产品重新编码后进行双盲性田间试验。

化工部、国家技术监督局、海关部署、国家工商行政管理局等部门对肥料、土壤调理剂、植物生长调节剂的登记工作也给予了大力支持，从而保证了这项工作顺利进行。

（三）肥料检验登记工作进展情况　自1989年9月农业部颁布肥料、土壤调理剂及植物生长调节剂检验登记的暂行规定以来，已有600多个厂家到国家化肥质量监督检验测试中心(北京)办理申请登记手续，经农业部审批已有5大类47个产品获得临时登记证，1个产品获得了正式登记证。经实践证明，已发证的产品质量是好的，农民是信得过的，在农业生产上发挥了一定的增产作用。

（农业部农业司　邢文英）

农村能源科技新进展

合理开发和充分利用农村能源资源是我国十分紧迫的任务。“七五”期间，国家计委把“农村可再生能源技术开发”列为国家76项重点科技攻关项目计划之一，由农业部归口主持实施，该项目共组织安排了396个跨部门多学科的科研院所、大专院校、生产和管理单位，2 700多人次，对6个课题、52个专题、355个子专题进行了攻关研究。截止1991年6月底，共取得314项科研成果，其中有48项成果达到国际先进或领先水平，202项成果居国内先进或领先水平，获得直接经济效益约9亿元和极为显著的环境、社会效益。

（一）生物质能技术开发方面，取得了30项成果，其中有4项达到国际先进水平，23项属国内先进或领先水平。

1. 完成了全国薪炭林区划，建立了13个薪材试验区，26个试验点，引种成功40个树种；筛选并推广了60个适合不同地区的高产优良树种，提高薪材产量30～50%，已推广8万公顷。其技术成果达到国际先进水平。

2. 完成了以畜禽粪便、高浓度有机废水为原料的大中型沼气集中供气站的全套工艺技术装置研究。采用先进工艺，建立了8处示范工程，实现集中供气3 000多户，产气率比“六五”时提高一倍，COD去除率达95%，最终出水达到地方排放标准；研制出10种小型高效沼气发酵工艺和装置，产气率达到0.4立方米每立方米·日，较常规水压或沼气池提高一倍多。沼气技术的总体水平居国际先进水平。

3. 研制了4种生物质气化炉。气化率达75%，燃气热值为6 200千焦每标立方米，比“六五”时提高了20%；固体燃料高效燃烧炉，热效率大于80%，燃气含尘量小于70毫克每立方米，已获国家专利和第五届中国发明协会展览会银奖；研制的压缩成型燃料设备，生产能力300公斤每小时，该成果已在江苏建成生产线运行，年生产能力1 000吨。

（二）太阳能技术开发方面，取得了54项成果，其中9项达到国际先进水平，34项属国内先进或领先水平。

1. 采用计算机性能预测和优化设计先进方法，在辽宁、西藏、北京等10个省、自治区直辖市示范推广被动式太阳房238幢，建筑面积8.9万平方米，分别采用了直接受益式各种集热蓄热墙和附加阳光间被动采暖建筑形式，其造价低，性能好。总体水平居国内领先。

2. 高效平板集热器实现了大批量生产。其中成套铜铝复合集热器板芯生产线，年生产能力达20万平方米，产品性能达国际先进水平；家用太阳能热水器已形成系列产品，有十余种不同档次、不同规格的产品供选用，热效率40～50%，寿命大于5年，具有国际水平的全玻璃真空管热水器获发明专利，1987年获日内瓦国际发明与新技术展览会二等奖，可在北京地区一年四季使用。

3. 在广州建了亚洲最大规模，集热面积为620平方米的太阳能干燥装置。达到国际先进水平，1989年分别获中国科学院、广东省科技进步二等奖。

4. 研制成第二代实用的多晶硅太阳电池组件，效率达10～12%，建立了3条多晶硅太阳电池中试生产线，年产能力130千瓦；研制成短脉冲太阳电池参数测试仪，达到国际领先水平，1988年获中国发明协会展览会金奖；建成的小型光伏电站示范装置，系统造价明显下降。

5. 研究开发了国内先进的7种不同类型的太阳灶，其中铸铁太阳灶已商品化生产，在西藏推广8 000多台；研制成的镀铝膜反光材料，反光率大于0.88，质量达到国外同类产品指标。

（三）风能开发利用方面，取得了33项成果，其中10项达到国际先进水平；19项属国内先进或领先水平。

1. 研制成6种百瓦级、4种千瓦级、4种10千瓦级风力发电机组，使我国风力机系列型谱从200瓦到55千瓦之间品种基本齐全，主要性能指标均达到国际先进水平，55千瓦风力发电机组部分性能指标已达到国外样机水平；磁场调制型三相变速恒频发电机及其控制系统获1988年北京国际发明展览会金奖，20千瓦风力机差动桨矩变矩器获第五届中国发明协会展览会银奖。

2. 研制成5种风力提水机组，其中FDG－7型大流量风力提水机组（额定流量大于80立方米每小时，扬程3米），是我国目前最大的风力提水机组，在低扬程大流量风力提水机类型中居国内外领先水平。

3. 研究开发了一批风力机专用小型测试仪器和测试方法，其中动态测试方法达到80年代国际先进水平。

（四）蓄能技术装备开发方面，取得了17项成果，其中12项达到国际先进水平，5项属国内先进或领先水平。

1. 研制成5种类型、8个型号的少维护、免维护、阴极吸收式和硅胶式密封型及大型储能用的蓄电池系列产品，性能指标达到80年代初的国际先进水平，并形成了8条生产线。

2. 研制成2种新型电池，即500瓦铁铬氧化还原电池和1瓦的塑料电池。技术性能达到国际先进水平。

3. 研制成3个系列的阶梯正弦波高效逆变器和2个系列的晶体管正弦波高效逆变器以及与阶梯正弦波高效逆变器相配套的蓄电池充放电自动保护器；同时还研制成5个容量小型风力发电机储能控制保护装置。2种晶体管正弦波逆变器达到国际先进水平。

（五）地热利用技术方面，取得了42项成果，其中10项达到国际先进水平，31项属国内先进或领先水平。

1. 查明了河北、天津的3个典型农业区的地下热水储层分布规律、赋存条件和水化学特征，提出了合理开发方案和资源保护意见。达到先进水平。

2. 研制成地热直接利用的有关设备和设施。地热温室已形成系列产品，并工厂化生产，属国内领先水平；研建成效果较好的对虾、罗非鱼越冬池和甲鱼饲养池；研制成廉价低密度硬质保温直埋管、碳钢板式换热器、可移动式地热干燥系统和地热太阳能联合干燥装置及普及型与科研型两种井口装置；设计制造了地热温室监控系统和鱼池溶解氧、温度微机测量系统。

3. 研制成塑料管辐射散热板式采暖技术和适合水温40～70℃的低温暖风机等设备。

4. 提出了以黄瓜、番茄等为主的地热温室栽培技术和山茶花、葡萄等的地热温室扦插技术；利用地热水养鳗、养甲鱼、鱼类早繁、对虾亲虾、罗非鱼越冬等的成套实用技术。

5. 通过模拟和现场试验，提出了地热水中有害微量元素的生物效应及对环境污染的防治措施，达到国际先进水平。

6. 在福建、河南、河北、天津建立了4个地热梯级利用示范基地，取得了较好的经济效益和社会效益。

（六）县级农村能源综合建设试点方面，取得了138项成果，其中3项达到国际先进水平，90项属国内先进或领先水平。

1. 形成了12种不同类型区农村能源综合建设模式。

2. 建立了一套适用于农村能源建设的综合区划规划方法和模式以及相应的计算机软件。

3. 结合技术开发和引入成熟先进技术，共形成了135项配套技术，分别在12个试点县推广应用。

4. 试点中形成的农村能源综合建设的思想、模式、技术的管理体制，均是我国首创，其总体成果居国际领先水平，其经验已获得世界银行、联合国粮农组织、亚太经社会等国际机构的高度评价。

（农业部环保能源司　屠家宝）

沼气综合利用

沼气是有机质在厌氧条件下，经微生物分解所产生的一种可燃性混合气体，其分解过程称为厌氧消化或厌氧发酵。厌氧发酵的主要产物有三大类，一是沼气本身，二是未消化的发酵原料，三是微生物的各种代谢产物，第二、三类俗称厌氧发酵残留物。沼气综合利用则是指对沼气及其发酵残留物的多方面和多层次的利用。

沼气除作为一种优质清洁能源用于炊事、照明和发电外，还有多种其他有效用途。将沼气用于贮粮，因造成一种窒息环境而有效灭虫、灭鼠，不但减少了化学农药的消耗和粮食损失，同时也消除了粮食贮存中的污染；将沼气用于柑桔保鲜，保持了水果品质，延长了供应时间。

由于有机原料经厌氧发酵处理后，一方面抑制和消灭了各种有害病菌和虫卵，另一方面也富集了养分，并转化成能被动、植物利用的形态，所以厌氧发酵残留物，如沼渣、沼液，很适宜作饲料、肥料和食用菌栽培料。残留物中富含腐殖化的有机质，含量40～60%，全氮1.0～2.0%，并含多种酶类、微生素、赤霉素、生长激素等，除可作为优质肥料用于农业生产外，对动植物的代谢也有调解作用。科研与实践证明，沼液用于浸种，可提高种子发芽率和抗病性；沼渣、沼液用于养鱼，既节约饲料又缩短育肥期；沼液用于果树、农作物喷肥，增强了抗病性和防冻能力；沼渣用于栽培食用菌，以较高的基质肥力，增加了无公害蔬菜的产量。此外，各种以沼气为纽带的生态农业生产模式，实现了能流、物流的多层次高效循环。在湖北省，开展沼气综合利用的农户已达14万户，占建池农户的35%以上。对湖北省枝江县的调查表明，在全县60%以上的建池户中，因开展了沼气综合利用，使得农户年均增收节支达597元。在辽宁省，经过几年的成功试验与示范，已在全省2万多农户中推广了将沼气池与猪禽舍、厕所、太阳能蔬菜大棚有机结合的“四位一体”技术。这一技术的推广应用，既解决了北方寒冷地区沼气池安全越冬问题，使之常年产气，又促进了生猪的生长发育，缩短育肥期、节约饲料，同时还为大棚蔬菜提供了优质肥料，提高蔬菜产量和质量，增加了农民收入，具有土地、能源、时间、劳动力等的高效利用和生产发展、环境改善、能源再生、效益提高等四个方面的综合效果。这些技术的不断涌现和日益扩大的应用规模，给农业生产技术带来了新的内涵，给农业科学带来了新的课题，同时也推动了农民致富，有效减轻了农村环卫治理和疫病防治的难度。

进入80年代后，我国的沼气建设事业，在“因地制宜、多能互补、综合利用、讲求效益”的农村能源建设发展方针指导下，经过广大从业人员的积极努力，取得了长足的进展，其多方面的效益也越来越受到各级政府主管部门和农民的重视和欢迎。截止1992年底，全国已拥有农村户用沼气池498万户，年产沼气11.5亿立方米，有7.4万农民和城镇居民用上了沼气集中供气。沼气综合利用技术的推广应用也已初具规模，其中，沼气贮粮达22万吨，减少粮食损失2.6万吨；沼液浸种1.36万吨，增加粮食产量3.79万吨；沼液做饲料添加剂喂猪84万头，节约饲料5.3万吨；沼液、沼渣养鱼3.1万公顷，增加产量1.4万吨；沼渣栽培蘑菇122万平方米，产量5 840吨。据农业部环保能源司、国家计委能源研究所、中国农业工程研究设计院和清华大学等单位，对4个省的1 000多农民建池户和杭州市浮山养殖场等进行的调查与项目经济评价表明，户用沼气技术越来越受到农民的欢迎，其原因主要在于沼气综合利用效益的吸引；利用农业废弃物为原料的大中型沼气工程，不仅有产气的能源效益和治理污染的环境效益，其发酵残留物的综合利用效益更高，沼气工程建设具有明显的自身发展潜力。

（农业部环保能源司　白金明）

中国保护大熊猫及其栖息地工程

中国保护大熊猫及其栖息地工程(简称“大熊猫工程”)，是一个从根本上缓解大熊猫所面临危机并解决大熊猫保护和发展的具有综合效益的工程项目。主要内容包括：

（一）完善已建的13个大熊猫保护区　过去的实践证明，建立保护区是保护大熊猫及其栖息地最有效、最得力的措施。我国已建的13个保护区，总面积5 830平方公里，其中栖息地3 751平方公里，约有350只大熊猫基本得到有效保护。完善的目的在于使这些保护区更好地发挥保护大熊猫的功能。

（二）新建14个大熊猫保护区　由于已建的13个大熊猫保护区面积太小，又很分散，基本上呈孤岛状分布，远远不能适应全面保护的需要。为此在完善、加强已有大熊猫保护区的基础上，在大熊猫集中分布区和重要栖息地内再新建14个保护区，这将使几个大熊猫主要分布区连成大片，使主要的大熊猫栖息地置于保护区的有效保护之下。这14个新建保护区总面积4 242平方公里，其中大熊猫栖息地2 479平方公里。

（三）建设17条大熊猫保护走廊带　由于现存大熊猫栖息地已被公路、村镇、农田、森工企业等切割得支离破碎，对大熊猫的正常繁殖和基因交流有着毁灭性影响。即使是已建和新建的自然保护区建设完成后，仍不能使大熊猫栖息地连接起来。为此，在其间建设保护走廊带，为分离的部分大熊猫群体间互相交往，增加繁殖机会，交换遗传基因等创造条件。在“大熊猫工程”中计划建设17条保护走廊带，这将对沟通大熊猫群体间的交流起到重要作用。

（四）在保护区外的大熊猫栖息地建设32个保护管理站　已建和新建保护区及保护走廊带，可以保护6 500平方公里的大熊猫栖息地，但还有约40%的大熊猫生活在保护区外大量分散的栖息地内。这些栖息地过于分散，且森工企业太多，老百姓人口过众，再建保护区还有多种困难，为此，计划在保护区外，建设32个保护管理站。

（五）加强大熊猫的科学研究工作　近十几年来，国内外在大熊猫的许多方面进行了科学研究，但随着大熊猫保护工作的深入发展，需要解决的问题越来越多。特别是国内外动物园都希望提供大熊猫，而目前又不可能再从野外捕捉本来就很少的大熊猫满足这种要求。国际上对中国大熊猫的未来命运也极为关注。因此，以饲养繁殖和生态学研究为重点的大熊猫的科学研究工作必须向深层次发展。在“大熊猫工程”中，提出了以大熊猫种群生态、繁殖生理、疾病防治、科学饲养、人工繁殖个体放归野外等几个方面为重点的一系列科学研究目标。

“大熊猫工程”的建设将为从根本上保护大熊猫及其栖息地打下坚实的基础，并且有着巨大的生态效益、经济效益和社会效益，意义十分重大。

1. 保护大熊猫及其栖息地，将会有利于稳定和扩大大熊猫野生种群。“大熊猫工程”使栖息地连成大片，已建和新建27个保护区、17条走廊带，加上32个保护管理站，共计覆盖面积17 000多平方公里，其中栖息地13 922平方公里，受到保护的大熊猫数量可以达到现存数量的95%以上。新建保护区和保护走廊带建成后，大熊猫栖息地将会连成秦岭、岷山北部、岷山南部和邛崃山等几个相对集中的大片，使栖息环境得到改善，不仅有利于稳定现有的大熊猫种群，并且为扩大大熊猫种群提供了有利条件。

2. 保护大熊猫及其栖息地，同时也保护了其它珍稀野生动植物。大熊猫分布的秦岭、岷山、邛崃山、大相岭、小相岭和凉山六大山系，也是我国生物物种十分丰富的地区之一。这里还栖息有金丝猴、羚牛、云豹、华南虎、黑鹳、朱鹮、绿尾虹雉等一级上百种国家重点保护动物。珍稀保护植物更有珙垧、银杏、铁杉、香樟、红豆杉等几百种。特别值得指出的是大熊猫分布的秦岭地区，地处动物地理上古北界和东洋界的交汇处，生物物种极其丰富，有着重要的保护价值。因此，保护大熊猫及其栖息地，同时也保护了上述珍稀野生动植物，保护了这些科学价值很高的自然历史遗产地。

3. 保护大熊猫及其栖息地，同时也保护了长江、黄河上游主要支流的水源涵养林，改善了生态环境。大熊猫分布区地处长江、黄河上游。长江主要支流汉水、嘉陵江、岷江、涪江、大渡河和金沙江上游水系，大都发源于秦岭、岷山、邛崃山、大相岭、小相岭和凉山山系。秦岭北坡水系又是黄河上游支流。大熊猫分布区内的森林都是这些支流的重要水源涵养林。保护大熊猫栖息地也就保护了这些水源涵养林。同时保护好这些森林，改善生态环境，对促进长江、黄河中下游地区农业高产稳产都有重要作用。

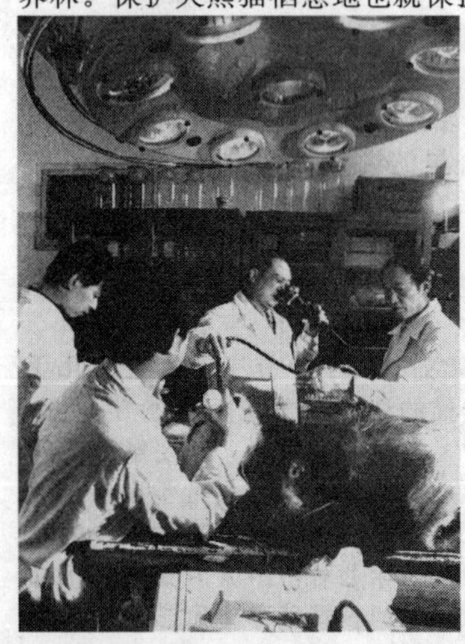

我国首次对大熊猫群体进行全面体检

吴祖政摄

4. 保护大熊猫及其栖息地，还可带动贫困地区的经济发展。有大熊猫分布的县，大都是山区贫困地区。随着“大熊猫工程”的建设、扶持项目的进行和多种经营的发展，必将带动当地工农业生产的发展，减轻其生产生活活动对山林生态环境的直接压力，减轻了对大熊猫栖息地的破坏。通过建设，引进新的知识、新的生产门路和生产方式，使山区群众改变传统的狩猎、采集、耕作方式，开辟多种生产项目，就会促进改革开放和经济发展，逐步脱贫致富。

5. 保护大熊猫及其栖息地，将会提高中国在世界自然保护方面的声誉，并且带动中国野生动物保护管理工作走向新的水平。大熊猫的保护在一定程度上代表着中国野生动物管理和自然保护的水平，国际社会对此十分关注，并给予了积极的合作和援助。“大熊猫工程”的实施，必将在国际自然保护方面产生重大影响，也表明中国在保护大熊猫以及其它珍稀野生动物方面的决心。

（林业部野生动物和森林植物保护司　范志勇）

引进寄生蜂控制松突圆蚧

松突圆蚧是危害马尾松的一种新害虫。虫体微小、生活习性隐敝，常几只至百只的寄生在针叶叶鞘基部吸取树液，造成树木针叶枯黄死亡。自80年代初从境外传入广东沿海地区后，平均每年以6.67万公顷的速度向外扩散蔓延，发生范围和面积已达广东省29个县（市）的66.67多万公顷。据初步统计已枯死树木约13.3万公顷，在经济上造成了重大损失，并严重地威胁着广东及毗邻省区林业生产的发展。为治理和控制松突圆蚧灾害，广东省林业科技人员在初步研究摸清松突圆蚧的形态特征、生物学特性基础上，先后采用过松脂柴油乳剂喷洒、营林技术措施、在疫区外围边缘营造阔叶林带等方法来治理松突圆蚧，虽有一定的效果，但是仍然不能控制住松突圆蚧继续扩大蔓延的为害问题。根据“控制新传入的害虫，要注意从原发生地引入其主要天敌”的理论和实践，广东省从1986年开始，先后分3批从日本引进花角蚜小蜂蜂种，经过科技人员几年来的深入研究，解决了室内人工繁蜂饲养与野外放蜂的关键技术问题，为扩大推广使用提供了条件和基础。1990年放蜂面积133.3公顷。1991年放蜂面积2.8万公顷。1992年放蜂面积31.67万公顷，其中航空放蜂4万公顷。据广东实际调查，不论是人工放蜂、还是航空放蜂的林地，小蜂的定居成功率均达100%，在松突圆蚧上的寄生率为40～60%，两年后可稳定在20%左右，可把雌蚧密度控制在低虫口以下的水平。深圳市1992年放蜂面积0.67万公顷，均在林区定居成功。据定量效果检查，小蜂平均寄生率为15.5%，最高寄生率达34%，放蜂区的蚧虫密度明显比放蜂前下降，松树的为害症状减轻，蚧虫得到了控制，树木逐渐恢复了生机。

几年来，花角蚜小蜂在当地经受了高温、高湿及早春低温等不良气候环境条件的考验，对在野外林地定居后的种群几无影响，这一迹象表明，经人工释放后的花角蚜小蜂能在自然界定居并建立种群已获初步成功。因此，利用人工繁蜂、放蜂，使其在野外定居、自然繁育、扩大种群，实施自然控制的措施已基本成行。

广东省“引蜂控蚧”，发展生物防治技术的成功经验和作法主要是：

1. 成立技术顾问组，搞好技术咨询服务。为尽快地把花角蚜小蜂的人工繁育饲养及野外放蜂技术等项研究成果转化成生产力，广东省的生产部门除依靠自己的力量狠抓各项科研工作的组织落实外，还聘请了国内的有关专家，组成技术顾问组，共同确立科技攻关的主攻方向，参与关键研究项目的咨询，制定防治技术决策工作。同时还邀请一些国内外专家进行现场考察、专题评议和技术指导。各项研究内容的设置，技术路线、研究方法、实际应用技术等都比较科学合理，提高了科技攻关的目的性和防治成效。

2. 组织技术攻关组，办好科技试验基地。为作好松突圆蚧的生物防治工作，广东省在重点发生地的惠东县建立了科研试验基地，基地环境条件基本上能满足室内外各种研究和试验的需要。由于主攻方向明确，技术路线合理，人员、设备、经费集中，能较快地在试验基地上完成了日本花角蚜小蜂引进后的人工繁育饲养、野外释放、种群定居、控制效能等一系列生物防治技术的研究工作；为把科研成果尽快转化成生产力起到了重大作用。

3. 紧密结合生产实际，边试验、边推广。广东省在实施利用生物防治松突圆蚧过程中，各项研究计划都密切联系生产实际，并注意在实践中不断进行调整和充实。从日本花角蚜小蜂的引进到研究成果的扩大推广应用，都是在边试验、边改进、边推广中进行的。目前，使用花角蚜小蜂控制松突圆蚧已进入扩大应用阶段，控蚧技术成熟，效果显著。

4. 深入研究实践，解决了大面积放蜂技术难题。经过探索实践，找到了放蜂的最佳时期和放蜂量。在放蜂方法上又有了新的改进，由地面直接释放或捆绑带蜂松枝助迁的放蜂方法，发展到采用飞机放蜂。放蜂防治费用也由 1991 年的每公顷 30 元下降到 1992 年的地面放蜂 4.5 元，飞机放蜂防治的 2.25 元，为大面积放蜂防治创造了条件。

目前，广东省已建立有繁蜂基地，拥有充足的蜂源，能够满足大面积放蜂的需要。只要经济实力雄厚，使用花角蚜小蜂覆盖全部松突圆蚧发生区域的计划是可以实现的。（林业部保护司　刘克敏）

猪、鸡现代饲养技术

1. 猪、鸡营养需要和饲料配方技术　现代猪、鸡品种（系）生产水平高，对饲料的质量要求也高。设计生产配合饲料不仅要考虑猪、鸡不同生理、生产阶段和不同环境条件下对能量、蛋白质—氨基酸、维生素、常量和微量元素、必需脂肪酸总量的需要，还必需考虑饲料原料中各种营养成分的消化率、利用率和有毒物质、抗营养因子的含量和作用以及各类营养素之间、同类营养素不同成分之间的平衡。近年来，我国动物营养研究人员在饲料可消化（猪）、可利用（鸡）氨基酸测定，以可消化或可利用氨基酸研究猪、鸡蛋白质—氨基酸营养需要并以此为指标设计猪、鸡饲粮配方研究，在微量元素硒、锰、锌、铜需要量和提高其生物学利用率技术如微量元素—蛋白质或氨基酸螯合物研究，在维生素 A、E、生物素和烟酸需要量研究，在饲用抗生素和益生菌研究方面，都取得了显著进展，有些研究已达到国际先进水平。这些研究成果已被及时应用于猪、鸡饲料配方设计和饲料生产。中国农业科学院畜牧研究所研制的猪、鸡用添加剂预混料、蛋白质补充料（浓缩料）和棉、菜籽饼（粕）饲料专用添加剂分别获商业部 1992 年科技进步一等奖、河南省 1990 年黄淮海平原科技开发二等奖、农业部 1991 年科技进步三等奖及北京市 1992 年科技进步三等奖并正在全国推广。北京农业大学等单位以可利用氨基酸为指标设计蛋鸡饲料配方，在北京市俸伯鸡场取得良好经济效益，此项成果获北京市 1993 年科技进步一等奖。

一批先进、适用的计算机饲料配方软件在中国农业科学院畜牧研究所、北京农业大学、南京农业大学和中国科学院等单位研制成功并在饲料厂、养殖厂推广使用。其中，中国农业科学院畜牧研究所与浙江大学联合研制的 CMIX 饲料配方系统于 1992 年末通过农业部鉴定。该系统以中国饲料数据库为基本信息源，含有各种饲料营养成分和各种畜禽饲养标准并提供了可利用氨基酸、能量和营养素比、蛋白质和必需氨基酸比等指标；该软件系统提供了手工规划、线性规划和目标规划三种优化方式。

2. 饲料资源开发　近几年这方面的研究、开发重点在蛋白质饲料的开发利用，包括植物油籽饼、粕的开发利用，合成氨基酸应用，动物屠宰场副产品加工利用和单细胞蛋白饲料的开发利用等。在生豆饼（粕）去毒技术研究方面，中国农业科学院畜牧研究所利用化学药物处理生大豆饼（粕）取得显著进展。该所“七五”主持的国家科技攻关专题“合理直接利用棉、菜籽饼（粕）蛋白质饲料资源研究”已于 1991 年 1 月通过商业部鉴定。此项研究成果和他们以往关于棉籽饼的研究成果一起，被国家科委列入国家重点科技成果计划推广项目，全国饲料工业协会也作为重点成果推广。本成果包括全国棉、菜籽饼（粕）营养成分和毒素含量数据，4 系列 65 个猪、鸡用棉、菜籽饼（粕）饲料专用添加剂蛋白质补充料和配合饲料配方。应用本成果，我国目前生产的棉、菜籽饼（粕）不必经工业去毒处理便能直接用于猪、鸡配合饲料。依不同情况，两种饼（粕）单独或联合代替猪、鸡饲料中豆饼（粕）用量的 50～100%，占猪饲料 10～22%，占鸡饲料 9～15%，可获得与豆饼（粕）饲料相同的效果，配合饲料成本每吨平均节约

49元。根据18个饲料厂、8个示范基点的统计，至1992年底，已生产含棉、菜籽饼(粕)配合饲料85.1万吨，节约饲料成本4 210万元，本成果因素增加的社会效益已达1亿元以上。

随着对猪、鸡蛋白质—氨基酸营养研究的深入和合成氨基酸工业的发展，应用合成氨基酸强化猪、鸡饲料的技术得到了发展。合理使用合成氨基酸可以减少甚至完全省去猪、鸡饲料中的鱼粉，使某些质量较差的蛋白质饲料得以有效利用，同时还可适当降低配合饲料蛋白质水平。在玉米—豆饼(粕)型鸡饲料中补充蛋氨酸，玉米—豆饼、棉籽饼和/或菜籽饼型饲料中补充赖氨酸的技术已得到推广。中国农业科学院畜牧研究所的研究指出，应用合成赖氨酸、蛋氨酸、苏氨酸和色氨酸强化断奶仔猪、生长猪和肥育猪饲粮，其蛋白质水平下降两个百分点，完全不用鱼粉和豆饼，也可取得与正常蛋白质水平，鱼粉、豆饼作蛋白质饲料饲粮相同的效果。中国农业科学院畜牧研究所、北京农业大学、北京市俸伯鸡场等单位应用无鱼粉饲粮喂产蛋鸡和肉用仔鸡，都获得良好饲养效果和经济效益。

3. 饲养环境与设备　环境和饲养设备(系统)直接影响着猪、鸡的饲养效果，在集约化饲养条件下尤为重要。一些科研、教学单位近几年对环境与鸡营养物质需要、饲养效果关系进行研究，提出一些可供生产上应用的参数并用于鸡舍内环境条件的改造。广东、北京等地从国外引进和自行设计的工厂化养猪生产线，对我国养猪业现代化起了示范和推动作用。中国农业科学院畜牧研究所结合我国北方养猪的实际情况，研究设计的母猪扣笼网上产仔，哺乳仔猪、断奶仔猪网上培育配套装置和饲养管理体系，对提高仔猪成活率、改善仔猪生长状况有明显效果。在使用该单位配套饲料配方情况下，仔猪平均体重大致为28日龄(断奶)、42日龄、60和70日龄的7.0、10.0，20.0和25.0kg。这套设备和饲养工艺获北京市1992年科技进步二等奖。

(中国农业科学院畜牧研究所　高振川)

长寿湖网箱养鱼

水库网箱养鱼具有不占耕地，集约化程度高，产品商品率高且可按计划均衡供应市场等优点，是淡水养殖业实现高产、优质、高效的有效途径之一。

重庆市长寿湖联合企业公司所属长寿湖渔场，位于重庆市长寿县。长寿湖水库是以蓄水发电为主的多用途水库，面积4666.67公顷，平均水深15米左右，水质条件良好无污染。长寿湖渔场充分利用水库的良好自然条件，从1984年开始网箱养鱼的试验。经过多年探索，总结了一整套切实可行的网箱养鱼技术和经营管理经验。1991年在长寿湖水库内网箱养鲤成鱼0.45公顷，年产90万公斤，平均每公顷产199.5万公斤，公顷净产165万公斤，产量居国内同类生产的领先水平。年创税利167万元。1992年总产量达120万公斤，平均每公顷产255万公斤，创税利170万元，实现了高产、优质、高效益。所采用的关键技术是：

1. 改进网箱规格，改善网箱内鱼体生存条件，以提高单位面积产量。将国内一般使用的单箱面积为25～36平方米的网箱改为16平方米，面积减少36～64%，入水深度较常用规格增加0.3～0.6米。实验证明，4×4×2.8(立方米)规格网箱的单位面积产量比6×6×2.2(立方米)网箱提高26～30%。箱体改小后，增加了箱内水体与箱外水体的交换，提高了箱内水体的溶氧量。增加箱体入水深度降低了夏季炎热天气对鱼体生长的影响。

2. 梯级轮养，分批出箱上市，提高网箱复养指数。将大规格鱼种(个体重300克以上)集中在部分网箱中饲养，经过3～5个月，可达750克以上，于当年5～8月出箱上市。在销售后空出的网箱中，又投入从其他密度较大的网箱中分出未达商品鱼规格的鱼作为鱼种，进行下一轮养殖。经过2～4个月又可上市。其他未轮养的小规格鱼种在当年9～12月可出箱上市。在部分网箱中利用鱼种个体差异实行复养，有效地提高了设施的利用率，提高了单位面积产量。分级轮养，分批上市，保证了市场的均衡供应，同时加快了流动资金周转速度，提高了经济效益。

3. 选用良种。选用增重快、个体适当、体健壮、市场易于接受的丰鲤、荷元鲤、德国框镜鲤、建鲤等适宜网箱养殖的品种。经过几年的对比试验，确定了以建鲤为主的养殖模式。

4. 合理密养。科学、合理的放养密度是大幅度提高单位面积产量的关键之一。每个网箱的放养密度，取决于该箱计划产量、入箱鱼种规格、预计成活率、预计出箱上市时间和计划增重倍数。按照目前的生产水平，按每平方米40公斤的密度入箱养殖，放养密度高出一般水平1～1.5倍。

5. 坚持以预防为主的鱼病防治方针。主要把握以下几个关键时机：①鱼种入箱前，对网箱、工具和鱼种进行消毒处理；②春末夏初和夏末秋初对网箱内水体进行药物消毒；③在肠道病高发期，在鱼饲料中添加预防药物。

6. 改进饲料配方，降低饲养成本。配方根据鱼体各生长阶段所需的营养成分、原料来源和饲料成本确定。配方中减少价高的动物蛋白用量，补充以价格相对低廉的植物蛋白，降低饲料成本，提高经济效益。

7. 坚持“四定”投饲技术规范。定时投饲：可形成鱼的条件反射，刺激食欲，有利增重，突然改变投饲时间，提前或延后一小时，摄食量可减少20～30%；定量投饲：日投饲量根据鱼体基础重量、饲料系数、计划投饲率定期计算，并视水温、天气、水质变化、鱼体大小等适当调整；定质投饲：在饲料生产过程中加强对饲料质量的检测和控制；定次投饲：3～4月日投饲2～3次，5～9月日投饲3～4次，10月以后日投饲2次。

长寿湖鱼场是经农业部和重庆市批准建设的商品鱼生产基地，为了保证重庆市市场的活鱼供应。不仅在网箱养鱼高产技术上进行了探索，取得成功的经验。同时建设成了从鱼种培育、饲料加工、渔船网具生产、活鱼长途运输到产品销售的产、供、销一条龙服务体系。在重庆市内8个区、县建立了22个活鱼批发、零售网点，全年均衡上市活鱼，缓解了重庆市淡季吃鱼难的问题。

（农业部农垦司畜牧水产处　方有生）

淡水综合养殖生产体系

综合养殖是融生态系统、技术系统和经济系统为一体，谋求经济效益、社会效益和生态效益的协调发展的一种特殊的人工系统。我国目前淡水综合养殖生产可分为两个层次，一是水域系统内空间、时间和生物资源的综合利用，采用的主要技术就是多品种多规格混养轮养；二是水陆两个系统相配套，在保持生态平衡和良性循环的前提下各种资源的综合利用，主要技术措施就是渔农牧副结合，种养加配套的多层次利用饲料资源，相互促进，协调发展的综合养殖方法。建立淡水综合养殖生产体系，应符合三协调（经济效益、社会效益、生态效益协调）、三增（增产、增收、增效）、三节（节能、节水、节地）的基本原则。具体应具备生态系统的多样性和多种经营；生态平衡、良性循环、无污染；经济上降低生产成本、减少投入、增加产出、提高效益。

以综合养殖为主是中国淡水养殖业的特色。资源利用率高，废物能得到循环利用，生态环境得到有效保护，适合我国耕地少、人口多、底子薄的国情，其经济效益、社会效益和生态效益显著。是促进我国淡水养殖业从速度型向效益型转变的必由之路，也是我国水产养殖业今后发展的主要方向。目前各地广泛推广的池塘大面积高产高效技术和经验，绝大多数都不同程度采用了综合养殖方式。特别在低洼盐碱荒地的开发利用上也显示出其独特的优势。山东省结合黄河区域滩地开发，挖池抬田，池中养鱼，田中种粮、草、果，配套养畜养禽，发展综合养殖。1990年全省沿黄渔业综合开发面积2.17万公顷，产鱼2.53万吨，产粮棉油4.8万吨，养猪牛羊3.2万头，养鸡鸭鹅107万只，栽种果树146万株。各业总产值2.5亿元，纯收入1.1亿元。沿黄各地涌现出大批靠渔业综合养殖、多种经营脱贫致富的乡村和个人，过去的不毛之地变成了鱼米之乡。

综合养殖主要有以下几种形式：

1. 水域综合利用型。按各种鱼类的不同食性和栖息习性，在同一水域中按合理比例将多种鱼类或同一鱼类不同规格的鱼种混合放养，目的在充分利用水域空间和各种不同食物，并发挥不同鱼类之间的互利作用，以提高资源利用率和单位面积产量。目前在同一水域中混养的种类达到十几个或更多。除常规种类的混养外，正在发展混养名特品种，如河蟹、鳗鲡、甲鱼等。甚至发展为混养掠食性鱼类，如鳜鱼、乌鳢，只要掌握好这些掠食性鱼类的放养时间、规格和数量，在不增加或较少增加饲料投入的情况下，可以显著提高养鱼经济效益。

2. 渔农综合型。为我国综合养鱼最基本类型，因作物种类不同和种植地点不同可分为三个子类型：①养鱼与陆生作物种植结合，绝大多数渔场都采用此类型。通常在饲料地、池埂及其斜坡和利用零星土地种植陆生饲料和经济作物。②养鱼与水生作物种植相结合，我国南方开展比较广泛，在渔场池塘及其附近河、湖、沟里种植水生饲料和经济作物。③鱼草轮作，冬春在空闲的鱼种池和干露的湖滩种植牧草，刈割后用于养鱼，最后一茬再生苗经水淹后可作绿肥肥水。

3. 渔牧综合类型。在鱼池附近饲养畜、禽，用畜、禽类肥养鱼。主要畜、禽有猪、奶牛、鸡、鸭等，最普遍的是鱼—猪综合养殖形式。近几年，鱼—牛和鱼—鸭综合养殖形式也得到迅速发展。

4. 以渔为主的多元综合经营型。是把渔—农、渔—牧、渔—工等二元结构进一步结合起来，组成三元或三元以上的结构形式，使系统中的物质循环和能量流动更趋完善和合理，水、陆资源得到更充分的利用，并随着经营项目的不断增加，形成复杂的网络结构，使生产朝着更高级的方向发展。按系统中不同的组成要素可分为渔、农、牧综合经营型（如鱼、草、猪型和鱼、草、禽、猪型）；渔、牧、林综合经营型（如鱼、猪、禽、果型）；渔、工、农、牧综合经营（如鱼、粉、草、猪型）；渔、农、牧、能综合经营型（如鱼、粮、禽、沼气型）等。

5. 稻田养鱼。是综合养殖的特殊类型。根据稻鱼共生的原理，把两种不同的生产场所合并在一起，目前正在向稻萍鱼、稻薯鱼等三者结合效益更高的方向发展。具有投入少、成本低、见效快、效益好的特点，推广范围已遍及全国。

（农业部水产司　丁晓明　樊祥国）

橡胶割胶制度改革

我国天然橡胶种植业，是新中国成立后，迅速发展起来的一项新兴产业。四十年间种植面积由2 800公顷发展到60.13万公顷，年产干胶由200吨提高到30万吨，分别居世界第四和第五位。天然橡胶自给率由五十年代的0.79%基本需要进口，达到目前的半自给。

我国既是天然橡胶生产大国，又是天然橡胶消费和进口大国，进口量仅次于英国、日本，居世界第三位。我国适宜种植天然橡胶的土地十分有限，要实现国内天然橡胶基本自给，应当依靠以提高单位面积产量为主的栽培措施和科学的割胶制度。

我国橡胶树的割胶制度，过去由于经验不足，不分品种和树龄，一律采用1/2树围隔日割制，使得一部分胶树的产胶潜力未能发挥出来，降低了天然橡胶树的产胶水平和经济效益。早在70年代末、80年代初，橡胶垦区科研和生产部门即开始对15龄以上的PR107、PB86、GT1三个橡胶品种，进行割胶制度的改革试验，采用科学的综合措施，合理调节了橡胶树的产胶能力和排胶强度，不仅提高了单位面积产量，还减轻了工人的劳动强度及提高企业和工人的经济效益。这项探索性试验，又于1986～1988年在海南、广东、云南三垦区进行开发性生产试验，其结果与1/2树围隔日割的常规割胶制度相比，每公顷增产干胶225公斤、减少割胶刀数40%、节省树皮30%、节省用工30%。由于减刀、浅割还减少了胶树条溃疡病的发生。试验胶树死皮现象比常规割胶轻。这一新技术成果，通过了鉴定，还分别获得农业部科技进步二等奖和国家科技进步二等奖。1990年3月，农业部下发了《关于加快推行我国天然橡胶割制改革的通知》，确定有计划、有步骤地在全国推广应用。截至1992年，新割胶制度的推广面积达4.67万公顷，占应推广面积的50%，推广中，由于严格贯彻《中龄橡胶芽接树新割制技术试行规程》，采取了低频、短线、少药、浅割、轮换割面及产胶动态分析、增施肥料等一系列措施，取得了明显的效果，经济效益和社会效益均十分显著。

1. 产量增加。据不完全统计，目前海南、广东已推广3.67万公顷，年净增干胶5 377吨。广东国营团结农场由于胶园更新，橡胶开割树逐年减少，改制后的1991年，开割胶树只有102.78万株，比改制前的1988年减少8.87万株，减少7.94%，干胶总产量却比1988年的2 484吨增加445吨，增产17.9%。海南国营晨星农场橡胶开割树274公顷，改制后年净增干胶39.26吨。年纯利润也随之增加，广东为1 380万元，海南为936万元。

2. 劳动生产率提高。割胶制度改革后，由过去的两天割一刀，变成三天割一刀，不少农场由过去的一个胶工承担两个树位，提高到三个树位，割胶株数焉450～500株，提高到650～700株，劳动生产率提高40～44%。由于劳动生产率提高，每个割胶工人年创产值也大幅度提高。广东垦区改制后劳均产值达到14 937.03元，比改制前9 369.76元，增加5 567.27元，提高59.4%。

3. 胶工收入增多。改制后推广新的割胶制度，由于产量、劳动生产率及劳均产值提高，胶工的年收入也相应增加。广东的粤西、茂名、阳江垦区改制前平均每个胶工年收入只有1 730元，改制后割两个树位的胶工为2 100元，割三个树位的胶工为2 800元，分别提高23%及64%。海南国营卫星农场，每个胶工年平均收入，由改制前的1 405.60元，增加到2 673.03元，提高90%，其中割两个树位的胶工年均收入为2 046.90元，割三个树位的为3 171.98元，比改制前分别提高45.6%、165%。解决了长期以来，割胶工人收入偏低，不安心农场工作的思想情绪，稳定了胶工队伍。

4. 优化劳动组合，使割胶技术水平得到提高。改制后由于胶工的割胶树位和割胶株数增加，割胶用工及割胶工人相应减少，有利于在原有胶工中优化劳动组合，提高割胶技术的等级和质量。海南国营新中农场一、二级胶工由改制前的63%，提高到84.5%，提高34%。伤树率、伤口率分别下降16.83%和19.99%。广东垦区一、二级胶工由71.2%，提高到76.8%，等外胶工由12%下降到8%。此外，由于减刀及割胶技术水平提高，树皮消耗量年节省30～40%，大大延长了橡胶树的经济寿命及再生皮生长时间，为进一步提高产量，创造了条件。

5. 减轻了企业负担。改制后割胶工人由于树位及割胶株数增加，劳动生产率提高，为企业节省了开支，减轻了企业的负担。广东粤西、茂名、阳江垦区改制后，胶工减少2 630人，按每个胶工企业年均开支1 200元计，共节省开支300余万元、节省粮食24.9万公斤，同时还为企业减轻建房、福利和其他社会负担。

（农业部农垦司　黄文成）

科研成果

农业

育成高产、多抗、优质杂交水稻新组合汕优10号

完成单位及主要人员　中国水稻研究所　浙江省台州地区农业科学研究所　叶复初　陈玉虎　章善庆　张增勤　刘小川　陈昆荣　曹文琼　蔡洪法　孙宝龙　刘守坎　陈深广　方红明　许德信　林作平

汕优10号是用珍汕97A与密阳46成对侧交选育而成的中籼型杂交晚稻新组合。全生育期125～130天，比汕优6号早熟3～5天，与汕优桂33相仿，株型较紧凑、叶片挺直、不易早衰、分蘖力强、成穗率高、穗型大，每穗总粒数115～125粒，结实率88%以上，谷粒充实，千粒重高达28～29克，直链淀粉含量22.7%以上，米质较优。丰产性、稳定性好，增产幅度大。适应性广，平原、山区种植都能显著增产。作双季晚稻栽培一般每公顷产6 750～8 250公斤，比当地原有组合增产一成左右。“八五”期间可成为长江流域双季杂交晚稻的当家组合。

本项目获1992年农业部科技进步一等奖。

中日合作水稻耐寒抗病优质高产育种研究

完成单位及主要人员　云南省农业科学院　日本热带农业研究中心　蒋志农　王永华　王怀义　熊建华　黄映梅　何云昆　李家瑞　李成云　周玉萍　张思竹　孙有泉　陈国新　世　荣　孔　平　肖　卿

育成了27个水稻新品系，其中合系2、4、5、10号四个品种通过省级审定，它们具有耐寒早熟、抗稻瘟病、米质优良、高产稳产综合优良性状，适应于云南中北部和四川凉山州等地多样性的气候条件，对中日双方提供的900份稻种资源进行了大量而有效的特性鉴定，筛选出一批耐寒性强、抗稻瘟病、优质和具某些高产性状的优良遗传资源，结合云南高原

的气候和稻种特点，研究确定了系统适用的耐寒性鉴定方法。明确了云南省稻瘟病菌的组成和分布。

本项目获1992年农业部科技进步二等奖。

主要粮食作物种质资源抗旱（涝）性鉴定及其利用的研究

完成单位及主要人员 中国农业科学院作物品种资源研究所 河北省农林科学院谷子研究所 山西省农业科学院经济作物研究所 辽宁省铁岭大豆科学研究所 上海市农业科学院作物育种栽培研究所 山西省农业科学院小麦研究所 江苏省农业科学院粮食作物所 浙江省农业科学院作物研究所 辽宁省农业科学院高粱研究所 黑龙江省农业科学院作物育种研究所 胡荣海 李荫梅 刘学义 梁成弟 周莉 仇建德 王娟玲 曹旸 高达时 王富德 罗教芬 贾银锁 沈令承 畅建武 昌晓平

该研究对11种粮食作物的65 000份材料进行抗旱、耐涝性的现状、地理分布及其利用情况，分析并筛选出粮食作物优异种质资源676份。建立了可行的种质资源抗旱、耐涝性鉴定的综合评价方法和技术，完善了田间鉴定的技术指标，发展了反复干旱法、创建了适于微量材料的快速鉴定法，提出了简便、易行的组织培养鉴定方法。其中有34个优异资源累计扩大推广面积为84.17万公顷，新增产值2 092.55万元，年均纯收益448.5万元。本研究可满足对抗旱耐涝材料的筛选要求，加速抗旱耐涝育种工作。

本项目获1992年农业部科技进步二等奖。

综合应用生物技术创造抗黄矮病普通小麦新种质

完成单位及主要人员 中国农业科学院作物育种栽培研究所、植物保护研究所 辛志勇 陈孝 徐惠君 钱幼亭 周广和 林志珊 庄巧生 成卓敏 周希明 林丽璞 张崇霞 李明 刘四新 赵乐莲 张文祥

本项研究综合运用常规育种、细胞遗传与现代生物技术相结合的方法，成功地将“普通小麦——中间偃麦草异附加系L_1”中的抗黄矮病基因导入普通小麦染色体组，获得了抗黄矮病的普通小麦易位系，初步育成了一批高抗或免疫品系，可以作为杂交亲本用的材料。同时证明了抗黄矮病特性的遗传是受一对显性基因控制。并用酶联免疫吸附分析测定植株体内病毒，筛选两个分子探针作为抗性选择标志，在小麦育种中得到应用。

本项目获1992年农业部科技进步一等奖。

我国北方不同类型旱地农业综合增产研究

完成单位及主要人员 中国农业科学院 北京农业大学 西北农业大学 中国科学院 辽宁省农业科学院 陕西省农业科学院 山西省农业科学院 兰州大学 张家口农业专科学校

提出我国北方不同类型旱农区以粮食为先导，农牧结合，农林牧综合发展模式，丰产高效途径和综合配套技术体系，包括农业发展战略、调整产业结构的措施和建设优势产品商品基地方案；粮食增产综合配套技术和模式；调整产业结构、稳步发展畜牧业、林果业的配套技术；农牧结合、农林牧综合发展的模式和综合技术体系。研究建立了以提高水分利用率为中心的旱地农作物增产技术体系。在定量分析了不同类型旱地农田土壤水分的时空变化规律，活动层深度、水分亏缺时期、亏缺量及干旱特征及作物耗水量和耗水规律等的基础上，提出了5项节水保水增产措施。

本项目获1992年农业部科技进步二等奖。

小麦、玉米对旱、涝、冷的生理反应及提高抗性的调控技术

完成单位及主要人员 河北省农林科学院农业物理生理生化研究所 沈阳农业大学 江苏省农业科学院农业生物遗传生理研究所 陕西省农业科学院粮食作物研究所 魏建昆 戴俊英 汪宗立 鲍巨松 张敬贤 沈秀瑛 李俊明 刘晓杰 崔四平 蒋代章 贾银锁 杨成书 陈军 李建坤 王畅

针对我国干旱、涝渍、寒冷等主要逆境条件，采用多学科、多领域相结合的技术路线进行研究，5年来取得以下重要成果：①干旱、低温胁迫造成伤害的原初部位是原生质膜。原生质诸特性复水后光合速率恢复程度和脯氨酸含量动态变化与品种抗旱性密切相关，可作为评估小麦、玉米抗旱抗冷的综合生理指标。②干旱、低温、涝渍的胁迫下，细胞内保护酸超物歧化酶、过氧化氢酶和过氧化物酶受到影响。保护酶活性高和膜脂过氧化水平低是小麦、玉米抗旱、冷、涝的机制之一。③涝渍对玉米直接伤害的主要标志是乙醇发酵途径的增强，同时提出涝渍间接引起地上部活性氧伤害机理。④明确了零上低温与玉米萌发、幼苗和不同器官生长的关系的基础上，提出了玉米发芽临界温度的概念和建立了苗期抗冷指数的诊断方法。根据52个耐冷特征，将玉米自交系分为抗冷性强、中、弱三种类型。⑤提出以抗性丰产品种为中心、化学调控为辅、结合常规栽培技术为主要内容的抗逆栽培途径。

本项目获1992年农业部科技进步二等奖。

提高甘薯育种效率的实用技术体系

完成单位及主要人员 北京农业大学 江苏省农业科学院 徐州甘薯研究中心 浙江省农业科学院 河北省农业科学院 四川省农业科学院 陆漱韵 杨洪祖 戴起伟 李惟基 朱崇文 叶彦复 王铁华 冯启涣 薛启汉 郑相如 芮仁廉 武修英 陈利锋 方正义 李秀英

该技术体系包括四部分：(1) 亲本选配，以 P×G 模式和遗传相关方法评出优良亲本，同时确定在高产品种中筛选高产、中干亲本的指导思想。(2) 选择技术、计划集团杂交，扩大选择群体、利用小薯和加代繁殖以及多点、次择选，获取方谱型和专用型品系。(3) 重要抗性特性鉴定新方法，蛭石匀浆法测根腐病抗性，荧光法测黑斑病抗性、线虫液镣红染色法测线虫糠腐病抗性。以 SOD 活性作为抗逆性指标。(4) 组培技术：子叶诱导愈伤组织并分化成苗、未受精胚珠诱导愈伤组织分化成根、芽或植株。

本项目获 1992 年农业部科技进步二等奖。

我国南方大豆地方品种群体特点和优异种质的发掘、遗传与选育

完成单位及主要人员 南京农业大学大豆研究所 盖钧镒 马育华 崔章林 邱家驯 任珍静 游明安 朱启建 胡蕴珠 杨 德 刘佑斌 周兴浩 马国莱 智海剑 吉东风 任全兴

在搜集南方 8 000 余份地方品种的基础上，从群体遗传变异、高产理想型、生育期及其生态特性、蛋白质与脂肪含量、抗SMV、抗豆科黑潜蝇等早产、优质、抗病虫育种的主要方面，筛选了一批优异种质并研究其遗传规律，从后代中选出一批新品系，在研究过程中还提出了有关性状鉴定及数据分析的新方法；揭示了南方资源群体特点与生态规律。

本项目获 1992 年农业部科技进步一等奖。

早熟、高产、抗倒伏春大豆新品种黑河 7 号

完成单位及主要人员 黑龙江省农业科学院黑河农业科学研究所 张永库 刘 发 万丽华 侯殿孝 林延实 张国栋 罗教芬 吴吉安 魏新民 金九范 巩双印 吴绍华 郑树勤

该品种是以国内早熟优良大豆品种黑河三号与日本大豆十胜长叶的杂交中间材料为母本，以国内黑河 54 与美国大豆阿姆索依杂交后代为父本，多年系统选择而育成的。主要特点是早熟，比丰收 10 号早 2～3 天，比丰收 19 号早熟 5 天，早霜年份也能很好成熟。丰产性好，增产潜力大。大面积栽培一般公顷产 3 000 公斤，高者达 3 750 公斤以上，最高达 3 903公斤。高大枝茂、秆强不倒，适于机械化栽培，分枝多适于精量播种，病虫率低、商品性好，累计推广 53.42 万公顷。

本项目获 1992 年农业部科技进步二等奖。

全国不同生态区优质棉高产技术研究与应用

完成单位及主要人员 中国农业科学院棉花研究所 江苏省农业科学院经济作物研究所 山东省棉花研究中心 河南省农业科学院经济作物研究所 湖北省农业科学院经济作物研究所 河北省农业科学院棉花研究所 山西省农业科学院棉花研究所 北京农业大学 新疆生产建设兵团农业局 四川省农业科学院棉花研究所 项时康 李秀章 朱鑫泉 刘 刚 李文炳 刘 林 唐仕芳 张冬申 范志杰 李金玉 许国清 舒克孝 李文才 王肖鲸 左田夫

针对全国主产棉区棉花生产中的重大关键技术问题，以 34 个有代表性国家优质棉基地县为直接服务对象，进行有关科学研究和科技服务。从总结单项增产措施入手，抓好营养钵育苗、地膜覆盖、合理密植、平衡施肥、系统化调等关键措施进行多因素多水平旋转回归组合试验，结合生产实践明确了棉花高产优质的合理群体结构与产量构成，推广了 23 套各具特色适于不同棉区的棉花规范化栽培方案和 3 套平衡施肥方案，在棉花优良品种筛选推广，不同生态区棉花纤维品质表现，棉花种子脱绒与包衣处理的研究，新增皮棉 22.8 万吨，纤维品质有较明显改进。

中国农业科学院棉花研究所研究员谭联望（右）培养的“中棉 12 号”获国家发明一等奖

张续文摄

本项目获 1992 年农业部科技进步一等奖。

中国主要麻类作物种质资源的搜集、鉴定与利用

完成单位及主要人员 中国农业科学院麻类研究所 黑龙江省农业科学院经济作物研究所 广东省农业科学院经济作物所 浙江省农业科学院作物所 江西省宜春地区农业科学研究所 福建农学院遗传研究

所　湖北省农业科学院经济作物所　孙家曾　邓丽卿　郑长清　颜忠峰　萧瑞芝　余隆其　孙安国　林华如　粟建光　卢耀广　李祖士　赖占均　程新奇　祁建民　刘素钦

共搜集鉴定黄麻、红麻、大麻、亚麻种质资源2 934份，野生近缘种33个，特异资源8份，已将四种麻类作物776份种质送入国家库保存，苎麻1 027份入国家苎麻种质圃保存，贮存1 940份种质的67 878万项次数据，提供种质形态、农艺性状、纤维品质及抗性等数据，具有重要利用价值。鉴定出有价值的优异种质资源205份，提供有关部门应用300份次，已获优良品种（系）6个，验证了黄麻存在花青素R基因，填补国内空白。

本项目获1992年农业部科技进步二等奖。

甜菜多倍体新品种甜研302

完成单位及主要人员　中国农业科学院甜菜研究所　杨炎生　孙以楚　彭顺芬　王华忠　马亚怀　汪继友　高　富

甜研302系育成的甜菜多倍体新品种，在区域试验和生产示范后大面积推广中表现综合性状优良、丰产性稳定、含糖高、块根含糖率16～18%。抗病性强，适应性广，明显优于目前生产上应用的甜4，双丰8号等品种，比对照增产8～14%，提高含糖量0.5～0.8度，比优良多倍体品种301在块根丰产性和适应性方面又有了新的改善和提高，产量提高3～8%，含糖率提高0.2～0.4度。在全国累计推广20万公顷。

本项目获1992年农业部科技进步二等奖。

甜菜不同类型品种生理机制及选种生理指标的研究

完成单位及主要人员　内蒙古农牧学院农学系　张家骅　田自华　张少英　吴晓雷　李明哲　焦美俊　刘彦琴　邵世勤　樊明寿　吴文惠·邵金旺

本成果从生理机制和品种特性相关性出发，阐明了甜菜不同类型品种多种生理特性的差异，发现了新规律，提出了新理论，确定了甜菜品种选择和鉴定的生理指标，建立了生理选育程序，突破了常规育种的局限性和缺陷，缩短育种年限3～5年，根据生理指标选育出生产性能较高的新品种和新品系，并已应用于生产。

本项目获1992年农业部科技进步二等奖。

柞蚕新品种抗病2号选育

完成单位及主要人员　辽宁省蚕业科学研究所　卢长祯　于溪滨　刘鉴浩　李敬涛　张春发　丛培凤　丁　杰　王桂晨　温玉彦　贺传海　刘书香　尤锡镇　康惠娟　杨彦波　季秉先

利用柞蚕品种间存在明显的抗性差异，从25个柞蚕品种中，经抗性鉴定、纯化，选择柞早一号和德花五号Ⅱ型蛾两个亲本材料进行杂交选育而成。该品种对柞蚕核型多角体病毒的抵抗力，比我国现行当家品种青六号高4.37倍，柞蚕链球菌感染发病率低11.6个百分点；蚁蚕在9～10℃低温中饥饿多存活2～3天；全年龄期经过短5～6天；春秋蚕单产分别提高28%和29%；推广程度占辽宁应推广面积的27%；百公斤鲜茧多出生丝0.49公斤，生丝综合质量高1A级。

本项目获1992年农业部科技进步二等奖。

蔬菜种质资源的搜集、利用和研究

完成单位及主要人员　中国农业科学院蔬菜花卉研究所　山东省农业科学院蔬菜研究所　江苏省农业科学院蔬菜研究所　重庆市农业科学研究所　河南省农业科学院园艺所　吉林省蔬菜研究所　湖南省农业科学院蔬菜研究所　河北省农业科学院蔬菜研究所　成都市第一农业科学研究所　广东省农业科学院经济作物研究所　戚春章　张世德　赵桂芬　陈学群　杨南方　吴国顺　张继仁　齐英书　李佩华　庹淑清　廖永德　刘洪炯　唐学祥　花宝春　周立端

在全国29个省、自治区、直辖市的1 712个县、市搜集到蔬菜品种资源40 743份，整理入库132种17 007份，已建立国内最大的蔬菜种质资源中期库和贮有50多万个数据的数据库。在国内首次研究制定出81种蔬菜品种资源的调查记载内容和标准，并出版了我国第一本《中国蔬菜品种资源目录》，完成5 000余份资源对11种病毒、真菌病的抗病性鉴定，分析了4 000余份资源的7种营养品质成分，筛选出抗病优质资源200余份，完成了35种稀特蔬菜的繁种技术。在搜集、鉴定的基础上，发掘出60余份优良品种资源提供直接利用，推广面积2.25万公

中国农业科学院蔬菜花卉研究所现代化试验温室

李立佐摄

顷，获社会经济效益4 000余万元。

本项目获1992年农业部科技进步二等奖。

抗病丰产番茄新品种“中蔬5号（强辉）”和“中蔬6号”的育成

完成单位及主要人员 中国农业科学院蔬菜花卉研究所 高振华 李树德 朱德蔚 臧善书 冯兰香 张文淑 陈新伟 曹新康 杨翠英

抗病丰产番茄新品种“中蔬5号”和“中蔬6号”为高抗TMV、耐CMV、丰产、优质、果实大小适中，适合消费需要的番茄新品种。“中蔬5号”是利用两个含有不同抗病毒病基因亲本杂交后，经多代选择和苗期鉴定（人工接种）而育成的中熟粉果品种，抗TMV 0、1、1.2株系，耐CMV，比中蔬4号增产26%，已在全国25个省、直辖市推广。“中蔬6号”为抗TMV 0、1、1.2株系，耐CMV的红果优良品种，已在20个省、自治区推广。以上两个品种累计推广14.06万公顷。

本项目获1992年农业部科技进步一等奖。

罐藏黄桃熟期配套品种选育

完成单位及主要人员 江苏省农业科学院园艺研究所 中国农业科学院郑州果树研究所 浙江省农业科学院园艺研究所 北京市农林科学院林果研究所 大连市农业科学研究所 汪祖华 王逢寿 宗学普 胡征龄 傅惠芳 汤秀莲 张桂荣 吴顺法 刘桂林 张克斌 郭 洪 沈裕生 王信法 陆振翔 王津娥

针对我国罐藏黄桃品种存在的熟期不配套，结构不合理，品质不够优良等问题，应用现代果树遗传育种理论，经十多年协作攻关选育出罐藏黄桃系列品种浙金2号、郑黄3号、金旭、浙金3号、金辉、郑黄4号、燕丰、桂黄、菊黄等。果实成熟期最早为6月下旬，最晚为9月上旬，丰富了国内罐藏黄桃的品种组成，延长加工期30天。9个品种的丰产性、适应性、加工果实合格率（86.8%以上）、利用率、吨耗率等均优于或同于现有罐藏黄桃品种；罐头成品的色、香、味、型等各项指标均符合部颁标准。现已在17个省、直辖市直接推广，取得明显的经济、社会效益。

本项目获1992年农业部科技进步一等奖。

无土栽培设施和配套技术

完成单位及主要人员 中国农业工程研究设计院 北京农业大学 南京农业大学 浙江农业科学研究院 中国农业科学院蔬菜花卉研究所 浙江农业大学 王汝祥 刘步洲 李式军 沈雪民 郑光华 崔绍荣 张福墁 张德威 乔立文 庄仲连 苗香雯 赵玉萍 贾文薇 徐志豪 高祖明

该项目形成我国南北方番茄、黄瓜、甜椒、叶用莴苣等蔬菜以袋培为主的无土栽培技术，提出四种栽培床形式（袋培、垅培、沟培、槽培）和低压自流式滴灌系统（即架空一定高度的营养液箱连接以塑料管和滴头组成的滴灌系统，或连接以塑料滴灌带组成的滴灌系统）；以及利用文丘里原理的营养液稀释器连接滴灌带的系统（代替前述的低压自流式所需昂贵的储液箱）。项目研制成功一种简单实用和一种自动化程度较高，技术简便、可靠的NFT育苗设施及配套栽培技术。

用本项目无土栽培设施生产的蔬菜洁净优质，一级品率超过90%；用工、用水比常规温室土培节省60%以上；基质和营养液配方改进后，成本降低50%以上。

本项目获1992年农业部科技进步二等奖。

大麦和性花叶病毒在禾谷多粘菌介体内的发现和增殖

完成单位及主要人员 浙江省农业科学院病毒学实验室 英国洛桑试验站 陈剑平 M. J. Adams A. G. Swaby 阮义理

本成果是在国内外16个实验室先后30多年开展同类研究失败后，在国际上第一次揭示了重要植物病毒与其真菌介体的内在关系，主要结果包括：(1) 证实了大麦和性花叶病毒存在于禾谷多粘菌介体内及禾谷多粘菌生活史的发育阶段，菌体内均带毒，其中游动孢子囊和游动孢子体内以完整的病毒粒子状态存在，菌体表面不带毒。(2) 菌体带毒率很低，仅约1～2%，系统观察了游动孢子侵染寄主细胞的过程。(3) 证明了病毒在多粘菌介体内增殖。

这一研究不仅明确了真菌传播病毒的机理，进而为切断传毒途径，为其他类似的菌传病毒提供了有参考价值的资料及技术。在理论和实践上具有重要的意义。

本项目获1992年农业部科技进步一等奖及被评为全国十大科技成就之一。

农户贮粮害虫防治技术研究及开发应用

完成单位及主要人员 全国植物保护总站 江苏省植物保护站 河南省植物保护站 安徽省植物保护站 山东省植物保护站 陕西省植物保护站 河北省植物保护站 易齐 李厚忠 邱金荣 游培良 王志民 王纪平 马世寅 张 莉 徐进 董保信 安洙平 李文霞 王志远 王长奇 武玉臻

协作组经3年的研究、试验、示范，取得以下主要成效：(1)基本查明农户贮粮现状，包括品种、设备，损失情况。(2)调查了贮粮害虫种类和为害损失。初步查明贮粮害虫有62种，优势种为玉米象、麦蛾、绿豆象拟谷盗、印度谷螟等。观察了主要种类的发生世代及其规律，平均损失率为9.01%，推算全国每年贮粮损失220亿公斤。(3)提出了高效、低成本的防治技术，应用磷化铝片剂密封熏蒸72～96小时，防效可达96.2～100%，符合安全标准。制定了《农户使用磷化铝防治贮粮害虫技术操作规程》。(4)3年来研究提出的防治仓贮粮害虫的防治技术在6省的333个县推广应用农户达2 781.66万户，处理粮食总计达647亿公斤以上，经济效益、社会效益显著。

本项目获1992年农业部科技进步二等奖。

棉花红蜘蛛系列研究及河南棉虫综合治理示范

完成单位及主要人员 河南省农业科学院植物保护研究所 河南省职业技术示范学院 河南省农业生产资料公司 河南省农业科学院实验中心 河南虞城县植保站、新乡县植保植检站、太康县棉花办公室 淮阳县农业局 南阳县棉花办公室 刘芹轩 高宗仁 吴孔明 刘孝纯 邱峰 李巧丝 武豫清 于秀林 刘连良 白恒俊 王淑华

应用基础研究与示范推广密切结合，对80年代以来在河南棉区逐步暴发成灾的棉花红蜘蛛进行了种类鉴定(朱砂叶螨为优势种)、发生规律，寄主肥水对种群增殖的影响，实验种群和自然种群生命表等方面的研究。利用电子计算机组建了种群动态的预报和为害损失模型。对其滞育机制、抽样技术、发生与气候因素关系及预测预报技术、为害棉花的生理反应和解剖学上的影响、品种抗螨性及其防治技术等计27个方面进行了全面系统的研究。1988年以来对棉红蜘蛛、棉蚜、棉铃虫、棉田玉米螟、红铃虫、棉象甲及棉盲椿象等7种害虫一并纳入棉田生态系统，采取以农田生态调控系统为主的综合治理研究与应用，研究了河南省麦棉套种、一年两熟特定条件下7种害虫的发生规律及种群动态、为害损失，分别制定了棉花不同生育期防治指标，选出10多种农药测定主要棉虫抗毒力情况及抗药性。综合防治措施经5个县4年生产示范，累计面积达7.73万公顷以上。

本项目获1992年农业部科技进步二等奖。

白僵菌工厂化生产新工艺、新剂型及应用技术

完成单位及主要人员 中国农业科学院生物防治研究所 湖南省微生物所 吉林省农业科学院植物保护研究所 合肥经济技术学院 沈阳化工研究院 沈阳农业大学植物保护系 张爱文 徐庆丰 朱金国 吴正铠 李廷宝 缪文超 杨敏芝 谭云峰 邓春生 陈文辉 吕利华 刘维真 吕红 忻亦芬 郭武棣

白僵菌生产国内一直存在产品质量低、生产环境污染严重、规模小等问题。本项研究提出了合理的配方、高浓度液体发酵，运用载体上直接、快速产孢新工艺和密闭式负压收集纯孢子等方法，简化了生产工艺，缩短生产周期7天左右。原菌粉含孢量150～210亿每克，高孢粉含孢量1 000～1 900亿每克，活孢率90%以上，节省了能耗和原料，降低了生产成本，延长了生产季节，改善了生产环境。粉剂和可湿性粉剂比土法生产的制品含孢量高5～6倍，田间应用效果良好，杀虫率达90%以上，在10～20℃、相对湿度0～30%左右可贮存2年，孢子发芽率达80%以上。已具备了商品化生产的配套技术及工艺要求。在应用技术方面，革新了玉米螟防治方法，提高工效90%，降低生产成本50%左右。5年来，在辽宁、吉林2省用白僵菌防治玉米螟33.33万公顷以上。在利用白僵菌防治桃小食心虫、蛴螬及茶小绿叶蝉方面也取得了较好的示范效果。

本项目获1992年农业部科技进步二等奖。

九种主要花卉的病毒病检疫技术及其应用研究

完成单位及主要人员 农业部植物检疫实验所 北京农业大学 舒秀珍 蔡祝南 沈淑琳 杨莉莉 陈燕芳 于嘉林 王树琴 张智惠 胡伟贞 刘仪 许宏冠 姜春晓 朱水芳 李汝刚 赵瑞生

采用鉴别寄主、血清学、免疫电镜、电泳cDNA探针等成套病毒、类病毒的检验技术，在我国首次查清菊花、香石竹等9种花卉的主要病毒种类，鉴定出16种病毒，2种类病毒和1种菌原体。对其中的10种病毒作了系统鉴定。制备出9种病毒的高效价抗血清，合成香石竹斑驳病毒的cDNA探针。提供茎尖、热处理等脱毒技术和一批脱毒苗。试验成功菊花脱毒、早期检测、组织快繁及温室、大棚模拟工厂化生产程序。对每种花卉各提出一套鉴别寄主、血清和电镜等检测技术方法。写出了菊花、唐菖蒲、兰花和仙人掌的检疫检验操作规程的建议。

本项目获1992年农业部科学技术进步二等奖。

赤眼蜂的应用基础、工厂化中试生产新工艺及大面积防治示范区的建立

完成单位及主要人员 中国农业科学院生物防治研究所 广东省农业科学院植物保护研究所 沈阳农业大学植物保护系 吉林省农业科学院植物保护研究所 山西省农业科学院植物保护研究所 山东省农业科学院植物保护研究所 王承纶 张荆

赤眼蜂的研究，华南以治理蔗螟为主，北方以治

理玉米螟为主，山东、山西研究重点以果菜为主。从赤眼蜂的种类资源、发育生物学、行为生物学、田间生态和大量繁殖技术等方面进行了深入的研究。现已查明寄生于上述目标的优势种，揭示了松毛虫赤眼蜂和玉米螟赤眼蜂各虫期的发育起点和有效积温，赤眼蜂雌性个体在寄主卵内对其子代数量分配，扩散范围及种群结构变动规律。在工厂化生产工艺方面提出一套适用于柞蚕和米蛾寄主卵大量繁殖较为实用的机具及配套技术。研究提出了利用赤眼蜂防治玉米螟、蔗螟、苹果小卷叶蛾、甜菜甘蓝夜蛾和菜青虫释放的科学技术规程，建立了4个7万公顷以上利用松毛虫赤眼蜂防治玉米螟的示范区，基本控制住了害虫危害，取得显著的经济、社会效益。

本项目获1992年农业部科技进步二等奖。

赤眼蜂繁育与大面积应用技术的改进

完成单位及主要人员 农业部全国植物保护总站　北京市植物保护站　吉林省植物保护站　辽宁省植物保护站　广东省植物保护站　北京市密云县植物保护站　吉林省柳河县生物防治站　辽宁省西丰县植物保护站　山东省诸城市植物保护站　黑龙江省友谊县植物保护站　林　晃　李国强　史桂荣　张燕丽　朴永范　臧君彩　毛增华　周声震　裘文泽　吴青雷　张　凤　于凤兰　王翠富　陈称廉　苏英科

本成果针对我国七十年代繁育赤眼蜂手工操作费工、效率低，繁蜂质量及技术单一，放蜂效果不稳定等问题，组织协作攻关，对贮茧、暖茧、收获、采卵、粘卡、接种等一系列环节进行了研究和改进，形成了具有我国特色的繁蜂工艺及配套机具，如选茧机、采卵机、粘卡刷胶器等，主要生产工序实现了机械化、规范化，检查质量标准化。先后制定了柞蚕卵繁育松毛虫赤眼蜂操作技术规程、拟澳洲赤眼蜂繁育操作规程及质量标准等。大大提高了育蜂质量及效率，寄生率达85～90%，羽化率达80%以上。产品生产率比手工提高10倍以上。并对赤眼蜂生物学特性和田间消长规律进行了研究，调整了放蜂点、次数及放蜂适期，扩大了应用对象。十年来用赤眼蜂防治害虫面积166.67万公顷以上。

本项目获1992年农业部科技进步二等奖。

黄淮海平原中低产地区综合治理与农业开发

完成单位及主要人员 北京农业大学　中国农业科学院　江苏省农业科学院土壤肥料研究所　山东省农业科学院土壤肥料研究所　河南省农业科学院土壤肥料研究所　河南省水利科学院研究所　安徽省农业科学院土壤肥料研究所　河北省沧州地区科委　石元春　贾大林　辛德惠

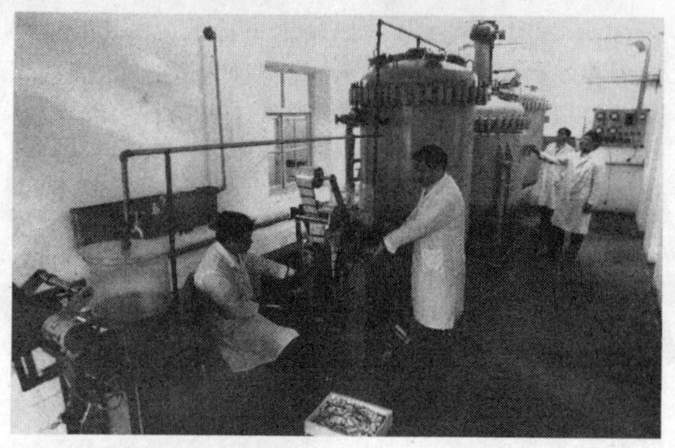

由硕士研究生赵平发明的一种新型丰产素复硝钠在北京市绿保生物工程技术开发公司投产，农业部已决定在全国推广。图为工人正在灌装线上操作　白连锁摄

祖康祺　魏由庆　赵守仁　王树安　谢承陶　张雄伟　史立本　刘巽浩　杨守春　尹幼奇　史考石　王生厚

针对黄淮海平原中低产地区长期以来未能解决的旱、涝、盐碱、薄交相危害和生态环境脆弱这一重大问题，在提出水盐运动理论和在水盐运动监测方面实现由理论到应用的同时，组织了国家5个部委、7个省、直辖市所属的204个科研单位的1 140余名科技人员，开展了多专业、多学科协同攻关的大型综合研究。“七五”期间提交了116项配套及单项技术和资源分析、宏观决策科研成果。其中以黄淮海平原中低产地区的三个主要类型为主，从理论上、方法上和实践上为国家大规模开发治理黄淮海平原提出10个不同类型中低产地区综合治理开发模式；提出了以浅层地下水调控为中心的综合治理技术与节水农业技术体系；主要作物大面积优化施肥方案、判别技术、施肥咨询系统与土壤培肥技术体系以及优质、高产、抗逆模式化栽培技术体系和种植制度，黄淮海平原不同类型区多树种、多林料、多层次、多功能综合防护林体系等。

本项目获1992年农业部科技进步特等奖。

主要类型旱农地区农田水分状况及其调控技术研究

完成单位及主要人员 中国农业科学院农业气象研究所　中国科学院西北水土保持研究所　西北农业大学　北京农业大学　陕西省农业科学院　河北省气象科学研究所　兰州大学　中国农业科学院土壤肥料研究所　中国科学院沈阳应用生态研究所　陶毓汾　李玉山　王立祥　韩仕峰　赵聚宝　刁耀国　于　玲　徐祝龄　王邦锡　巫新民　汪德水　庄季屏　蒋　骏　周　白　梅旭荣

采用改进的水量平衡法在不同类型旱农地区对多种作物农田水分状况进行多点长期定位测定和统一评价。根据农田耗水规律有针对性地改进秸秆覆盖抑制蒸发、等高种植拦蓄径流等农田水分调控技术提高农田水分利用率；采用理论计算与田间试验相结合的方法确定作物降水生产潜力值，明确了地力不足是限制水分利用效率提高的主要因素，通过调整农业结构促进物质良性循环、合理配置作物、培肥地力显著地提高了农田水分利用效率。

本项目获1992年农业部科技进步二等奖。

我国主要土壤的供钾特征及钾素状况综合评价

完成单位及主要人员 中国农业科学院土壤肥料研究所 金继运 张乃凤 高广领 王莲池 王泽良

从全国16个主要土类中选取25个土壤样本，研究了土壤中钾素的存在形态及其分布规律，以及不同形态钾的植物有效性；应用热力学的基本原理和容量与强度（Q/I）关系测定等先进方法，测定计算出土壤供钾的热力学参数；运用动力学的基本原理和自行研制的连续流动代换仪及相应的配套技术，研究了土壤钾素释放的动力学，计算出相应的动力学参数；分析揭示了土壤供钾的热力学参数、动力学参数和钾素存在形态及其分布规律之间的内在联系；并结合生物试验，从土壤钾素的形态分级、供钾容量、强度和钾素释放速率等方面分析了土壤的供钾特征，应用多种方法对我国主要土壤的钾素状况进行了综合评价。

本项目获1992年农业部科技进步二等奖。

中华根瘤菌的资源、分类、血清学、质粒和共生特性

完成单位及主要人员 中国农业科学院土壤肥料研究所 黑龙江省合江地区农业科学研究所 军事医学科学院仪器分析中心 中国农业科学院油料作物研究所 辽宁省铁岭大豆研究所 葛诚 徐玲玫 樊蕙 陶天申 张景岚 盛世淑 金人慈 冯瑞华 喻勇 江木兰 吴冈梵 于作利 崔阵 张学江 程恒昌

中华根瘤菌（*Sinorhizobium fredii*）为1982年由美国学者和中国学者联名正式发表，系从中国土壤和大豆根瘤中分离出来的、不同于通常在大豆根部结瘤的慢生型大豆根瘤的、主要存在于中国的一种固氮新资源。项目对中国根瘤菌的资源等八个方面进行了全面系统的研究。共发表16篇研究报告。

本项目获1992年农业部科技进步二等奖。

棉花生产管理模拟与决策系统

完成单位及主要人员 中国农业科学院棉花研究所 北京农业大学 蒋国柱 黄金龙 邓绍华 萧荧南 吴同礼 郭向东 潘学标 陈瑞生 董占山 王敏华 潘晓康 杨奇华 龙腾芳 张青文 孙学文

运用农业系统工程的原理与方法，采用正交旋转回归组合设计、最优回归设计等方法对影响棉花产量和品质的主要栽培措施进行多因子田间试验，建立了栽培措施优化决策等模型，借助计算机，模拟寻优，决优出不同年型下每公顷产皮棉1 500公斤以上的以播种期，施氮肥，密度，化学调控，去早、晚蕾为主要措施的优化决策方案。又据高产棉花形态发生和动态生育调查，结合气象资料，总结了棉花器官发生、太阳辐射能利用及干物质分配等规律，建立了高产优质棉花的生长发育动态和动力学模拟模型，并用人工智能技术，用人工智能语言编制了初级的棉花生产管理计算机模拟系统，其功能可将专家知识输入、存贮、并用于推理；模拟植株生长发育；提供播前和生长期生产管理决策咨询；后期预测产量等。该系统通用性强，实用性好，使用简便。此外，还建立了棉花高产栽培数据库。

本项目获1992年农业部科技进步二等奖。

新农用标记化合物和同位素示踪新技术

完成单位及主要人员 中国农业科学院原子能利用研究所 南京农业大学 浙江农业大学核能所 四川省农业科学院生物技术核技术研究所 湖北省农业科学院原子能所 吉林省农业科学院原子能所 上海市农业科学院作物所 北京农业大学生物学院 温贤芳 陈祖义 曹国印 孙锦荷 龚梅 于凤义 孙耀琛 杜志中 张利增 陈少三 王福钧 黄世乐 李芬 汤炽昌 肖京城

本项目研究出的生长调节剂、杀虫剂、杀螨剂、杀菌剂和除草剂等5类10个新的农用标记化合物和5种新畜禽专用的放射免疫测试药盒，合成路线和标记工艺先进，产品质量优良，满足了同位素示踪技术农业应用的急需。发展了6项同位素示踪新技术，即$^{15}NH_4{}^{36}Cl$双标记氯化氨的合成与示踪氯离子（^{36}Cl）的测量技术；植物营养元素活体测量技术，模拟生态系统示踪检测技术，家禽激素的放免检测技术和植物细胞显微自显影技术，为农业科研提供了先进准确的测试手段。

本项目获1992年农业部科技进步二等奖。

不同类型县农村能源综合建设工程研究

完成单位及主要人员 中国农业工程研究设计院 辽宁省能源研究所 中国林业科学院亚热带林业研究所 宁夏农林科学院 中国科学院成都生物研究所 合肥工业大学 农业部成都沼气科学研究所 南京农业大学农业工程学院 辽宁省农村能源办公室 施德铭 朱德俊 焦庆余

罗振涛　戴秀章　魏太昌　部希豪
彭嵩植　任元才　雷启迪　王宏中
王革华　王明全　李　立　高世江

本研究在各县农村能源区划规划的基础上，发展和建立了一套科学的、符合中国农村实际的农村能源规划方法和模型体系及相应的计算机软件；形成了135项能源开发和节约的配套技术，建立了12种不同类型地区的农村能源建设各具特色的模式。5年来，共节约317万吨标煤生产用能万元产值能耗由1985年的4.18吨标煤下降到1990年的3.14吨标煤，降低25%。

本项目获1992年农业部科技进步一等奖。

我国中长期食物发展战略总体研究

完成单位　中国农业科学院

本项研究根据对我国食物发展趋势的分析，全面系统地提出了食物结构调整、优化、配套的战略及相应措施，论述了发展食物生产，引导居民适度消费，改善营养状况，使食物生产结构，消费结构与营养结构三者配套调整，协调发展的途径与效益。在分析历史与现状的基础上，以五项指标为依据，划分了食物发展阶段，提出了符合中国国情的食物消费模式，重点表述了达到小康生活的食物消费与营养水平。强调指出由温饱转向小康的发展阶段是调整食物结构的难得历史机遇，要由传统粮食观念向现代食物概念转变。对1995年、2000年和2020年食物发展进行了预测与分析，对食物总需求与总供给的变动趋势作出了基本估计。为实现不同时期的战略调整目标，提出了相应的技术路线。

本项目获1992年农业部科技进步一等奖。

农业推广理论与方法的研究应用

完成单位及主要人员　北京农业大学农经学院　张仲威　许无惧　李志民　张宏爱　赵冬缓　刘德伦　任素梅　郭家贤　高启杰　申建为　蔡文远

通过农业推广理论与方法的研讨，提出了新的观点：①对农业推广的概念较完整地、较系统地作了阐述；②对农业推广学的研究对象作了较明确、较全面的概括；③提出了农业推广的内容应包括以农业技术在内的产前、产中、产后的各方面新技术与技能、新信息与知识的传授，传播与传递；④对我国农业推广工作的发展方向，着重提出了由单一元化、多线型向多元化、整体型发展；由单一技术型向综合发展型发展；由单项信息流传输向双向流信息流传输发展；由上而下的推广向上下结合的方式发展；由单项推广服务向综合配套服务发展。出版了第一部《农业推广学》大学教材。

本项目获1992年农业部科技进步二等奖。

农业科研单位科研能力综合评估研究

完成单位及主要人员　浙江省农业科学院　江苏省农业科学院　湖南省农业科学院　上海市农业科学院　广东省农业科学院　安徽省农业科学院　华中农业大学　惠永祥　钱　仁　徐志刚　韩巧珍　陈德智　周体鹤　陈东明　黄映梅　王爱芳　李之正　骆中放　罗妙玲　麻元伦　金忠恒　阮德成

本成果根据系统论观点和生产力构成要素，结合农业科研活动特点和科研机构基本任务，研究提出由研究潜力和研究实力两大能力系列组成科研能力体系，该指标体系有三大特点：①科学性：评估科研单位和科研能力，既根据研究单位的实绩，又充分考虑研究的潜力，使指标具有完整性、方向性、指导性；②先进性：研究根据不同指标，采取不同的计量统计标准，全部指标亘化，并首先提出各指标的标准值和“单位标值权重分”的概念和计算方法；③可操作性：本指标体系数据采集方便，规范，记分计算简易，并建立微机运算系统。

本项目获1992年农业部科技进步二等奖。

中国城郊副食品生产和供应的技术经济研究

完成单位及主要人员　南京农业大学　北京农业大学　上海农业科学院　华南农业大学　沈阳农业大学　顾焕章　张景顺　许小松　宋俊东　贺锡萍　储　昕　谭锦维　万泽章　王树进　褚保金　干劲天　张文年　徐　翔　聂海约　苏基才

本成果采用现代预测技术和经济理论对我国城市副食品的供给能力和需求量变化进行中长期预测，应用非线性规划模型进行了城郊副食品生产布局的优化，采用副食品生产的平均完全成本和地区比较利益指数，计算出各主要副食品在各主要城市的自给率，对副食品生产的规模效益进行了分析，提出了适合我国国情的城郊副食品生产模式，对副食品购销组织体制和宏观调控的机制与手段进行了探讨和分析。

本项目获1992年农业部科技进步二等奖。

（农业部科技司成果处供稿）

林　业

泡桐良种C020、C125和毛×白33号选育

完成单位及主要人员　中国林业科学研究院林业研究所　河南农业大学林学系　四川省资中县林场　山东省兖州县林业科学研究所　河南省林业科学研究所　四川省沐川县森林经营所　熊耀国　竺肇华　李

荣幸　曾宗泽　张维栋　陆新育　谭永润　刘云清　赵丹宁　宋露露　李江山　柴修武　贾慧君　张承祺　陶栋伟

泡桐是我国重要的速生乡土树种之一。全国二十多个省、自治区、直辖市均有栽培。为选育出适合我国南北不同气候条件下速生、抗病的良种，本课题经10年研究，营造各类试验林213公顷，示范林253公顷，良种繁育圃87公顷，收集种质资源3 000多种，首次建立起了全国资源最丰富的泡桐基因库。对11个性状的7个专科进行系统研究，选育出了三个优良无性系即：C020、C125和毛×白33号。这三个新品种具有生长快、干形通直，丛枝病发病率较低等优良性状。

本项目获1992年林业部科技进步一等奖。

杨树丰产栽培的生理基础研究

完成单位及主要人员　中国林业科学研究院林业研究所　北京林业大学　河北林学院　王沙生　王世绩　裴保华　刘奉觉　刘雅荣　沈应柏　尹伟伦　蒋湘宁　郑均宝　刘启实

系统测定我国北方10个主栽杨树品种的生长和光合作用诸因素：生物量生产、造林密度、合理灌溉与施肥的数量化生理指数，以缩短育种周期。通过研究确定了单位面积光合生产率可作为造林密度的重要指标，阐明了过氧化物酶和硝酸还原酶的活力，为杨树生长早期预测提供好方法；根据杨树水分生理特性和干旱地区灌溉问题，阐述了土壤含水量的变化对杨树生长、光合作用及叶片生理指标的影响，干旱地区杨树灌水效果及合理灌水时间和数量；对N、P、K主要营养元素的吸收驯化及稀土元素等作用方面，研究了杨树对N素的吸收、利用和转化速度，在国内外首次检出杨树素和P、K在杨树根、茎、叶细胞内各部分的分布规律。

本项目获1992年林业部科技进步一等奖。

半干旱风沙草原区防护林体系综合效益研究

完成单位及主要人员　东北林业大学　中国科学院沈阳应用生态研究所　辽宁省固沙造林研究所　黑龙江省防护林研究所　向开馥　朱庭曜　胡嘉良　王述礼　焦树仁　陈杰　丁桂芳　陈喜全　王政权　宫伟光　陈静波　徐文锋　赵雨森　孔繁智　石家琛

对防护林体系各林种（农田防护林、固沙林、草牧场防护林）运用系统观测按立地区选择典型地段设立定位观测点，采用自动综合气象仪、CO_2红外分析仪等先进仪器，进行系统连续观测，获得287万多个数据，建立了一整套数量化指标；提出农田林网全方位防风效能和全方位综合气候效益参数的新观点新方法，分析了林网内温湿风综合气候效益场；研究林带附近湍流随机结构和能谱特征，应用系留气球、气象卫星资料给出了林网地区大气边界层下层流场结构，对防护林区域性效益进行了综合评估；对影响作物产量、质量的作用机理进行了生理生化测定，揭示了林带有减少光合作用中的“午睡现象”和提高粮食品质的作用；在固沙林、草牧场防护林综合效益研究中，全面分析了固沙、减尘、增湿、改善沙地结构，提高地力的数量化指标。

本项目获1992年林业部科技进步一等奖。

国外松松针褐斑病发生规律及防治技术的研究

完成单位及主要人员　南京林业大学林学系　福建省沙县官庄林场　江西省奉新联合纸厂试验林场、宜春林业科学研究所　福建省林业科学研究所　李传道　韩正敏　叶建仁　周材恭　徐光辉　闵顺宝　郑维鹏　郑　平　胡春源　张振核　甘淑平　卓天赐　李耀曾　邓　瑜　周国华

松针褐斑病是近十年来在我国南方数省国外松（湿地松、火炬松）和黑松上流行为害的一种毁灭性病害。国内过去没有人作过研究和报道，本成果经过十年的研究，从病害的分布、病原鉴定及其生物学特性，寄主的感病性、病害发生发展规律以及防治技术等方面对该病进行了全面系统的研究，首次建立了病害流行程度的区划预测模式，营建了我国第一个林木抗病采穗圃和第一个林木抗病无性系种子园。从生化方面探索了松针感病性与过氧化物酶的关系以及利用病菌毒素进行无性系抗病性测定。

本项目获1992年林业部科技进步一等奖。

E_1级刨花板用DN－6号低毒性脲醛树脂胶的研制

完成单位及主要人员　东北林业大学　林业部林产工业设计院　包学耕　张双保　李庆章　孙柏青　顾继友　高惠馨　赵　艳

脲醛树脂胶是室内用刨花板等人造板的主要胶种。该树脂的尿素与甲醛的摩尔比很高，用来制板时，释放大量游离甲醛，恶化生产环境，危害工人健康。1988年研制出E_1级刨花板用DN－6号低毒性脲醛树脂胶，其初粘性、水溶性、胶合强度、吸水厚度膨胀率、贮存稳定性等方面均能满足刨花板生产工艺的要求。其游离甲醛含量低于0.1%，用该胶制作刨花板时拌胶、铺装、热压、裁边以及砂光等工段，甲醛气味很小，100克刨花板的甲醛释放量不超过10毫克，与天然木材接近，彻底解决了生产环境和应用环境的甲醛污染问题。该胶已在全国许多刨花板生产线上推广应用。该产品达到E_1级水平，据不

完全统计，已获经济效益250多万元。

本项目获1992年林业部科技进步一等奖。

林业科学技术中长期发展纲要研究

完成单位及主要人员 中国林业科学研究院调研室 林业部科学技术司 中国林业科学研究院木材工业研究所、科技情报研究所、林产化学工业研究所 国家科委中国农村技术开发中心 黄鹤羽 王培元 王淑元 李智勇 陈洁 王定荣 林升寿 杨百瑾 陈宇星 尹发权

该项研究以科技发展为主题，贯彻科技与经济紧密结合的思想，根据林业发展要求，明确提出了确立森林资源为主线、林业是一个重要产业、森林在保护环境中的支撑作用、木材高效利用的观点以及加强决策科学化、民主化和政策保障的观点，并确立了六项科技发展目标，提出七项重点任务。首次在我国林业系统进行高层次，大跨度的综合研究。在开展研究的过程中，注意了应用和推广工作。在编制国家中长期科技发展纲要（林业部分第五稿）中，明确了科学技术为林业发展服务的方向，把解决林业“两危”，实现四个转变，作为林业科技工作重点，结合林业发展战略，提出中长期林业科技奋斗目标、任务和措施。

本项目获1992年林业部科技进步一等奖。

湿地松、火炬松种源试验

完成单位及主要人员 中国林业科学研究院林业研究所 林业部种苗管理总站 湖南省林业科学研究所 广西南宁地区林业科学研究所 安徽省泾县马头林场 南京市老山林场 贵州省林业科学研究院 潘志刚 刘昭息 郑勇奇 游应天 廖舫林 汪企明 孙光新 黄镜光 李忠杰

该项研究结果首次提出我国湿地松、火炬松种源地理变异规律，在系统地研究其生长、适应性、种源与立地互作，种源与原产地地理位置、气象因子相关和物候规律基础上，为我国13个省、自治区不同气候带综合评选出优良种源各5个，较平均种源材积增益24%。为推广栽植国外松提供了科学依据。现已广泛用于我国广大亚热带地区低丘、低山的荒山荒地及沿海砂地的造林绿化，减少了水土流失，促进了生态环境的改善。也为我国进口湿地松，火炬松种子的产地选择，提供了科学依据。

该项试验在我国13个省、自治区按南、中、北亚热带和暖温带不同立地设置试验点，营建种源试验林153.3公顷，基因库11处计32.2公顷，从1981～1989年进行两次全分布区，一次集中分布区种源试验。三次重复，结论一致。

本项目获1992年林业部科技进步二等奖。

兴安、长白落叶松第一代种子园建立及经营管理技术

完成单位及主要人员 黑龙江省林业科学研究所 吉林省林业科学研究所 内蒙古甘河林业公司 潘本立 高一林 李志 周显昌 李凤鸣 张含国 胡长群 梁晶 徐婉茹

该项目研究了子代测定技术；初级种子园疏伐改建技术；促花、保花和促进雌花分化技术；土壤管理、树体管理、花粉管理技术；第一代种子园、杂交种子园、杂种种子园营建技术；种子园经济效益分析及无性繁殖技术等。在研究过程中收集了大量(2 000多株)落叶松优树，建立了收集区和遗传测定林并已筛选出200多份优良育种材料，不仅部分地保存了落叶松优良基因资源，且给进一步的改良提供了科学依据和物质基础。在研究过程中经常以授课、咨询、接待参观和经验交流等方式不断推广了本成果的关键技术。与该课题协作的四个基层单位和两个由黑龙江省林业科学研究所咨询的大型种子园，都采用或部分地采用了本成果，在建园速度和质量方面收到了明显的效果。

本项目获1992年林业部科技进步二等奖。

欧美杨新无性系NL－80205、NL－8021的选育

完成单位及主要人员 南京林业大学 徐州市多种经营管理局 泗阳县林苗圃 王明庥 黄敏仁 吕士行 徐锡增 邬荣领 许农 陈道明 林文涛 葛成立

欧美杨新无性系NL－80205和NL－80213是从美洲黑杨（1—69杨）×欧洲黑杨F_1中选育出来的。目标是：选育速生、优质、生根能力强、干形圆满通直、抗褐斑病、适应性广的欧美杨新无性系。根据育种程序，进行无性系苗期测定，建立无性系比较试验林，在江苏、山东、河南等地开展区域化试验。新品种与国内外欧美杨相比具有下列特点：生长快。新无性系6年生材积生长量超过1—214杨56.95～59.88%。干形好。两个新无性系分枝细，分枝角小，树冠结构均为窄冠型，是欧美杨速生的理想冠型，而且干形圆满通直，材质优良。生根能力强。扦插育苗和造林成活率均在95%以上，为大面积推广创造了有利条件。并对新无性系的生长、生根性状的遗传变异；年生长动态，生长的早期测定；树冠结构分析；干形改良；抗病性测定；材性测定等多种性状进行深入系统研究。充实和发展了我国杨树育种的理论和方法。应用无性系营造农田林网2.67万公顷。

本项目获1992年林业部科技进步二等奖。

华南年产 100 万株林木组培苗工厂化生产技术的研究

完成单位及主要人员 广西壮族自治区林业科学研究所、钦州地区林业科学研究所 颜慕勤 曾练武 陈平 何祖家 王以红 周军 奚福生 薛原 黄小荣

该项研究的最终目标是建成华南地区年产 100 万株主要造林树种组培商品苗工厂。经一年多的生产验证,工艺成熟,生产能力已超出原设计水平,年产组培苗 200 万株。在全国林木组培工作中首先使用了三项突破性技术:全自然光照培养室的使用,年节能(电)10 万千瓦小时以上;以芽繁芽技术的应用,使组培苗保持了原母树的优良遗传性状;林木组培苗幼态扦插技术的应用,使组培苗成本下降了 50%。它标志着生物工程在林业上应用的成功。本项目建立的工厂自投产以来,已在华南四省区营造了高标准速生丰产林,并及时进行技术转让,使科研迅速转变为生产力,提高了现代化林业程度,缩短了苗木繁殖周期。获直接经济效益 172 万多元。

本项目获 1992 年林业部科技进步二等奖。

林木菌根及应用技术研究

完成单位及主要人员 中国林业科学研究院林业研究所 中国科学院昆明植物研究所、沈阳应用生态研究所、研究生院 中国林业科学研究院热带林业研究所、亚热带林业研究所 郭秀珍 毕国昌 臧穆 弓明钦 赵志鹏 陈连庆 王云 齐玉臣 纪大干

采用菌根化育苗技术,加快了苗木生长,提高了造林成活率,明显缩短林木生长周期,可以缓解我国目前各种木材资源的短缺。该技术还显示土壤环境条件愈恶劣,苗木菌根化的作用就愈显著。同时菌根会加强植物根系对磷元素的吸收,因而对磷肥的需求量会显著下降,由于少施无机肥而增加有益土壤微生物的数量,改善土壤结构。该项研究方法科学,数据全面,在菌根菌的采集、筛选、分离与应用中有新的突破,并对不同树种提出了最佳的菌根菌接种模式,在国内处于领先地位,已在山西晋中地区推广 4.67 万公顷,新增产值 1 500 万元。在广西宜山县,推广 780 公顷,新增产值 42 万元。

本项目获 1992 年林业部科技进步二等奖。

杉木造林密度的研究

完成单位及主要人员 南京林业大学 福建省洋口林场 吕士行 廖金荣 徐锡增 黄宝龙 李寿茂 陈幼生 吴光权 余雪标 翁玉榛

本项研究,通过设置固定标准地,经过一个轮伐期的观察、测定,研究分析了不同造林密度对林木的冠幅、树冠体积、胸径、高、根系、单株材积、单位面积蓄积以及生物量等生长的关系。从而为培育各类工业用材林所采用的造林密度提供科学依据。

本项目获 1992 年林业部科技进步二等奖。

HRC 制剂系列研制及提高造林成活率的研究

完成单位及主要人员 黑龙江省林业科学研究所 闻殿墀 邓琢人 张森 张羽 张万鹏

该项研究针对当前更新造林成活率、保存率低,研制出的系列制剂。它具有保持苗木活力、促进根系生长的生理活性复合制剂。已在黑龙江、吉林、辽宁三省及内蒙古自治区推广应用。该药剂成本低廉,使用方便,效果显著,已获经济效益 20 多万元。

本项目获 1992 年林业部科技进步二等奖。

半干旱风沙草原区造林立地类型划分评价及适地适树研究

完成单位及主要人员 东北林业大学 黑龙江省防护林研究所 吉林省林业厅、洮南市林业局 辽宁省固沙造林研究所 石家琛 蒋伊尹 王文章 焦树仁 杨景文 董希文 李凤日 赵雨森 张彦东

该项研究为多学科的综合性研究,以生产力和动态发展等现在生态学、系统工程学的理论为指导,对半干旱风沙区的造林立地进行了系统分类,提出评价方法及指标,并运用树木生理指标评价立地质量。本成果应用后,可做到适地适树,提高造林质量,加速林木生长,增加木材产量,提高防护林的防护功能,增加防护面积。使本地区的生态环境有所改善,保障农、牧业稳产、高产,为本区的各级政府制定林业规划和长期发展计划提供依据。

本项目获 1992 年林业部科技进步二等奖。

用材林基地立地分类、评价及适地适树的研究

完成单位及主要人员 中国林业科学研究院林业研究所 贵州农学院 黑龙江省林业科学研究所 林业部调查规划设计院造林经营室 张万儒 刘寿坡 杨世逸 仲崇淇 徐孝庆 盛炜彤 周政贤 蒋有绪 骆期邦

该项研究成果在理论上深入地揭示了林木生长与立地因子间的本质关系,使采用的立地分类和评价的主导立地因子更具可靠性;在森林立地分类系统理论基础、多形地位指数曲线模型的拟合、树种间代换评价方法、评价落实到产量、三维立地图的制作、适地适树检索系统、森林立地数据应用系统等都有所创新与进展;专题调查研究面积特别宽广(205 万平方公里),研究树种多(9 个主要造林树种),原

始资料丰富可靠(立地调查研究样地 9 855 块,解析木9 209株,土壤植株分析 57 844 项次,固定样地105 块,系列立地图 15 幅),并建立了森林立地数据库及适地适树检索系统,成果材料配套完整系统,具有很高的理论性和实用性,对我国林业建设的宏观决策和用材林的规划布局,提高造林经营技术水平具有很大意义。

本项目获 1992 年林业部科技进步二等奖。

杉木速生丰产林优化密度控制技术

完成单位及主要人员 中国林业科学研究院林业研究所 江西大岗山实验局 广西大青山实验局 福建省林业科学研究所 四川省宜宾地区林业局、泸州市林业局 河南省信阳地区林业科学研究所 刘景芳 童书振 梁瑞龙 罗云伍 徐德应 吴火灶 魏国衡 王其吉 黄国强

该项研究自 1981 年开始,在全国范围内分列杉木带、区布设 8 个试验点 10 片试验林 150 个试验小区。经过 10 年的试验研究,摸清了杉木幼林期的生长规律,不同密度下木材管胞和物理力学性质,从杉木幼林生长和经济分析,提出各带各指数级最佳初植密度;按照"林分密度管理图",提出各指数级的不同生长阶段的保留密度。并编制了杉木人工林经营数表,用计算机编制成杉木林优化密度控制模型。

本项目获 1992 年林业部科技进步二等奖。

宁夏西吉县黄家二岔小流域综合治理试验示范区的研究

完成单位及主要人员 北京林业大学 宁夏西吉县农业现代化基地办公室、县农业技术推广中心、县水利水电科、县林业技术推广站 孙立达 孙保平 阎树文 赵廷宁 齐 实 姜文奎 刘致汉 刘东海 王全宝

该项研究是在国内外流域治理现状和发展趋势分析基础上,将流域治理置身于流域水土流失环境与社会经济复合系统中加以研究的。在研究治理过程中,通过对流域内生态系统、经济系统和社会系统的分析,实施小流域综合治理技术体系,建立农林牧人工生态经济系统实现良好的综合效益,彻底改变贫穷落后面貌。本项成果推广面积达 0.87 万平方公里,年均效益值比推广前提高 1~3 倍,群众生活水平迅速提高,生态环境也得到显著改善,林草覆盖率提高 9%,年平均土壤流失量减少 60%以上。

本项目获 1992 年林业部科技进步二等奖。

优良薪材树种选种薪材林栽培经营技术的研究

完成单位及主要人员 中国林业科学研究院 广西壮族自治区林业科学研究所 四川省林业科学研究院 安徽省林业科学研究所 黑龙江省防护林研究所 江西省景德镇林业科学研究所 西北林学院 高尚武 马文元 覃尚民 郑海水 邱进贤 杨克美 万忠生 林忠明 石清锋

本项研究由选引树种入手,通过改善经营措施,提高生物量,加速缓解我国农村能源紧张状况,提供了理论依据技术措施,在不同类型区营造的1133.3公顷薪炭林和已经推广的 8 万公顷薪炭林可永续利用,对改善当地生态环境发挥了一定的作用。通过引种试验从大量引进 树种选出 40 多个有发展前途的树种。从 100 多个传统薪炭林树种筛选出 60 多个树种,经过试验研究提供了配套的可行技术。

本项目获 1992 年林业部科技进步二等奖。

意大利 214 杨林地施肥效应系统研究

完成单位及主要人员 中国林业科学研究院林业研究所 山东省茌平县苗圃 中国林业科学研究院木材工业研究所 刘寿坡 南健德 张 瑛 柴修武 李兆成 朱占学 杨俊贤 戴培盛 郑天渭

本项研究通过 8 年的定位观测,掌握了 214 杨从植苗到成林的生长规律;林木理化性质的多项测试,丰富我国用材树种材性学科的基础资料;林地多年施肥后,土壤养分的元素、微量元素及土壤微生物区系的消长变化,不仅为维护土壤肥力提供可行的措施,而且为研究黄潮土林地土壤养分动态提供长期观测数据。

本项目获 1992 年林业部科技进步二等奖。

中国三北防护林体系建设地图集编制与编绘技术研究

完成单位及主要人员 林业部西北林业调查规划设计院 三北防护林体系建设总体规划办公室 李建树 蔡郁文 王子亮 孙美英 邬吉羊 崔宏善 薄乖民 庞庆荣 王正纲

地图集的编制是以系统的思想为指导,坚持自然界整体观念。采用现代地图信息传输理论、综合制图理论的观点和方法,构建了地图集的科学体系和结构。图集内容选题集生态环境、资源、社会经济状况和三北防护林体系建设成就于一体,形成专题图、类型图并重的综合性结构。设计形象生动,符合制图对象特点的地图符号,提高地图集的艺术性。

本项目获 1992 年林业部科技进步二等奖。

新疆沙漠绿洲农田防护林遥感调查研究

完成单位及主要人员 林业部调查规划设计院 中国科学院新疆生物土壤沙漠研究所 新疆八一

农学院　中国土地勘测规划院　国家测绘局测绘科学研究所　武汉测绘科学技术大学　孙司衡　刘培君　龙晶　韩学林　余其立　陈章全　朱进忠　陈汉元　郭钦典

该项目应用现代遥感技术，以新一代航天图象为基本信息源，结合航空遥感及非遥感信息，进行多层次、多学科的遥感综合研究。对调研范围的防护建设及效益，有关的草场、土地资源和造林适宜性进行定性、定量的调查评价。并在此基础上为建立典型县的资源与环境计算机信息系统，提供可靠的资源数据、系列图件和分析报告。该项研究首次在新疆特大地域范围内，取得再生资源遥感研究的丰硕成果。在多方面的专题研究及遥感和信息系统前沿技术领域的研究，受到鉴定专家的高度评价。

本项目获 1992 年林业部科技进步二等奖。

管理信息系统辅助开发工具（MISADT2·0）

完成单位及主要人员　新疆维吾尔自治区林业厅电子计算机站　苏国平　车婧　李春勇　张新

MISADT2·0 是 MIS 工具软件研究的一项重大成果，它揭示了 MIS 软件的内在规律，并结合中国的实际情况，提出了一套新型的 MIS 开发与实施的方法。它可以使一般软件开发人员即可掌握使用，用户可以根据目标 MIS 软件的要求快速开发出具有特定功能需求的目标 MIS。有利于 MIS 软件生产的标准化、规范化、自动化和工厂化；解决了目标 MIS 的程序冗余问题，并真正实现了 MIS 程序的共享。

本项目获 1992 年林业部科技进步二等奖。

中国三北防护林体系建设（1978～2050 年）发展战略研究及总体规划方案的编制

完成单位及主要人员　林业部西北、华北、东北防护林建设局　汪愚　庞庆荣　邬吉羊　原法宪　陈士俊　孟新华　徐勇　解树民　徐洪涛

本项成果以大量翔实的资料，深入分析了三北地区的自然现状、社会、经济特点及生态环境的历史变迁，深刻总结了 10 年来三北防护林体系建设的经验，分析研究了国内外有关大型防护林建设工程的基本情况，进而从国土整治和国民经济长远发展战略角度出发，应用生态经济理论和系统工程原理，通过分析研究、探讨不同防护林类型区农林牧土地利用结构、林种比例、建设任务及目标、逐步从微观到宏观，由局部到整体，在掌握了大量基础数据后，全面系统地论证了三北防护林体系建设要走生态与经济密切结合，实行以林促农促牧，建立农林牧复合生态经济系统的新的战略思想，并研究提出了三北防护林体系建设的战略目标、建设布局、战略步骤和技术对策等一系列发展战略问题。

本项目获 1992 年林业部科技进步二等奖。

中国毛竹生态经济区划与发展战略研究

完成单位及主要人员　林业部中南林业调查规化设计院　林业部区划办公室　浙江省林业区划办公室　江西省林业区划办公室　湖南省林业区划办公室　福建省林业区划办公室　广东省林业区划办公室　王永安　熊智平　李晓明　李瑞珍　王炳勋　彭奇　张友元　戴俊强　韦纬

本项研究提出保护自然资源毛竹和维护竹区生态环境，启迪社会、教育人们爱竹护竹、合理用竹、发扬竹文化；提出经营毛竹丰产技术体系，达到高产丰产。从高层次上提出笔竹加工利用新对策和发展毛竹产业、竹产品高精化，出口创汇策略。

本项目获 1992 年林业部科技进步二等奖。

云杉雪霉病、云杉雪枯病及其防治研究

完成单位及主要人员　新疆维吾尔族自治区林业科学研究院　新疆天山西部林业局　刘振坤　王波　张新平　李新华　岳朝阳　燕美玉　马树深　段雪樵　施长江

云杉雪霉病和雪枯病均是首次在新疆发现的中国新纪录病害。本项目对两病的分布、发生发展规律以及与云杉苗木和环境因素的相关关系进行了详细地研究。从而获得了对两病防治的时间、药物以及造林、经营等有关措施。收到了良好的防治效果。苗圃效果达 94～100%，幼林 90%以上。直接经济效益达 700 万元以上。

本项目获 1992 年林业部科技进步二等奖。

落叶松种实害虫防治技术的研究

完成单位及主要人员　林业部森林病虫害防治总站　大兴安岭林业公司森林病虫防治检疫站　中国林业科学研究院林业研究所　高步衢　耿海东　徐善彬　张时敏　杨静莉　张旭东　李广武　吴长江　魏云峰

此项研究成果提供了兴安落叶松结实状况的预测方法、主要种实害虫的预测预报方法。球果花蝇的防治指标和适用于种子园、母树林、人工林、原始林等不同林型的 7 种防治方法。其中颜色诱杀、光动力杀灭球果花蝇技术，打破了传统的灭虫方式，为球果花蝇的防治开辟了一条新的途径。这两种新的灭虫技术，无污染、无副作用，对天敌无伤害，减轻了工作人员的劳动强度，对人畜安全，效果也好。在种子园是一种比较理想的防治措施。

本项目获1992年林业部科技进步二等奖。

中国主要树种木材物理力学性质的研究

完成单位及主要人员 中国林业科学研究院木材工业研究所 安徽农学院 西北农学院 云南省林业科学研究院 中国科学院林业土壤研究所 中南林学院 河南农学院 李源哲 张文庆 柯病凡 朱振文 汪炳全 罗良才 白同仁 安培钧 张寿槐

此项研究提供了我国主要树种的木材物理力学性质数据，为林业方面选择优良造林树种，制订集约栽培措施提供参考数据，为木材生产、加工和使用部门的就地取材、合理利用、节约代用提供科学依据。为林业教育、科学研究提供了基础科学依据。由于有了大量树种木材物理力学性质的科学数据，使各方面有据可查，有据可依。随计算技术的发展，还可提供更多的科学信息。该成果对我国342个重要树种木材的物理力学性质和主要用途进行了全面系统研究。试验方法与国外同类研究相同，如顺纹抗拉、顺纹抗剪有自己的创造。

本项目获1992年林业部科技进步二等奖。

BSG2713、BSG2613双面定厚宽带砂光机的研制

完成单位及主要人员 林业部苏州林业机械厂 李道育 徐载慈 陈玉墩 刘加俭 阮金明 沈文荣 曹国栋 陆涛

本项目的研制成功对人造板生产企业的产品上质量、上品种、上效益和出口创汇提供了技术保证。并对砂带磨削技术在我国的推广应用起到促进作用。该厂在引进吸收消化中结合国情研制出了双面宽带砂光机，技术难度较大，有一定创新，主要技术指标已达到和超过所引进的国外技术水平和国际80年代中期同类产品水平。本项目磨板工作精度、生产能力、几何精度和振动值等主要性能指标均达到和超过引进技术和国外同类产品先进水平。

本项目获1992年林业部科技进步二等奖。

（林业部科学技术委员会办公室供稿）

畜　　牧

生长期牦牛基础代谢研究

完成单位及主要人员 青海省畜牧兽医科学院 胡令浩 谢傲云 韩兴泰 刘书杰 毕西潮

本研究是以生长期牦牛为对象，以同龄黄牛为对照，采用呼吸面具法、瘤胃瘘管法、气相色谱法相结合的研究手段，在野外对海拔2 300～4 300米不同高度的典型草场放牧条件下的能量代谢和瘤胃消化生理进行较为深入系统的研究，有若干重要的基本发现。对于指导生产和进一步确定牦牛营养需要量均有作用。

本项目获1992年农业部科技进步二等奖。

广西农学院教授卢克焕发明完全体外化生产“试管牛犊”技术，用这种新方法培育出的4头牛犊已经长成

何国正摄

蛋鸡育种的理论与实践

完成单位及主要人员 北京农业大学 北京市昌平县种鸡场 吴常信 单崇浩 王庆民 杨宁 张兆才 陈淑勤 李吉祥 宁国杰 包军 于淑梅 王振福 谢德润 张维汉 宁中华 司彩霞

该成果是国家科技攻关项目的子课题，它提出了蛋鸡合成系育种的理论，选育的基本方法是杂交、选择和配合力测定。由于其重点是突出主要经济性状，因此育种速度快，一般经过1—2个世代即可育成使用。同时还在确定育种目标、产蛋量选择的优化、家系含量的优化控制等方面制定了优化的育种策略。在国内首次制定并实施了蛋鸡生产性能测定方法，充实了蛋鸡育种体系的内容。应用该理论所育成的合成红与合成白两个系、推出的“农昌一号”和“农昌二号”两个优秀配套组合，在我国“六五”、“七五”生产性能抽样测定中，都达到攻关要求的指标，在褐壳蛋鸡组处领先地位。并在我国自己育成的褐壳蛋鸡中第一个实现了父母代雏鸡羽速自别雌雄和商品代雏鸡羽色自别雌雄的双自别体系。

本项目获1992年农业部科技进步二等奖。

蜜蜂强群优质高产饲养技术的研究

完成单位及主要人员 中国农业科学院蜜蜂研究所 湖北省农牧业厅畜牧局 成都市养蜂管理站 浙江省江山市养蜂管理站 山西省灵石县养蜂协会 四川省黔江地区畜牧局 沈基楷 谢代癸 颜志立 刘集生 萧体元 汪礼国 段继远 刘甫秀 萧继民

本研究早春利用双王繁殖，补喂药粉，从5框蜂起步的蜂群，经过60天左右能发展到14～16框；在春季生产中，蜂蜜平均增产2. 8%，王浆43%。采

用两个育种箱饲养双王群，双王群比单王群全年平均增产蜂蜜47%。增产王浆42%，纯收入提高40%。本成果可应用于全国，尤其适用于长江流域及其以北的广大地区。

本项目获1992年农业部科技进步二等奖。

运用草业系统工程科学方法发展中国现代化草地牧业模式的研究

完成单位及主要人员 农业部畜牧兽医司草原处 内蒙古畜牧局草原处、伊克昭盟种草养畜综合发展项目办公室、杭锦旗草地牧业技术服务中心、达拉特旗草地牧业技术服务中心 李毓堂 敖斯尔 荣志仁 胡琏 陈桓 庆格勒 吴宝山 杜明田 郝万生 郭世元 梁宝柱 段润祥 阿尤喜 张永清 温继荣

本研究根据生态经济学、系统工程学的原理，以草业系统工程科学方法为手段。在五年内建设人工、半人工灌溉草地0.78万公顷，比建设前增长2.99倍。其中0.08万公顷人工灌溉草地，亩产干草达800公斤以上；在3.38万公顷土地的大范围实施，形成综合开发建设，各业协调发展，种、养、加、产、供、销、牧、工、商一体化的生产经济结构和优化模式，提高草地牧业生产系统整体功能和效益。

本项目获1992年农业部科技进步二等奖。

内蒙古主要草地初级生产力动态及放牧强度与轮牧试验的研究

完成单位及主要人员 内蒙古农牧学院草原科学系 内蒙古自治区草原勘测设计院 章祖同 邢旗 卫智军 刘东升 韩国栋 许玉信 王明玖 昭和斯图 苗忠 刘德福 达来 常秉文 刘永志 丛子杰 刘振铎

本研究根据内蒙古草原从东到西的类型分异，设置86个长期定位连续观测样条，代表面积达0.42亿公顷，连续五年逐月测定了草原地上、地下生物量，初步摸清了各主要草地类型产草量以及它们的年、季、月动态。并通过1 000个牧草样品成分分析，揭示了不同草地类型牧草营养动态及微量元素分布规律。在短花针茅草原上连续5年进行4个放牧适度试验，确定适宜载畜量为1.07～1.25公顷饲养单位，该成果已在内蒙古40个盟、旗的0.33亿多公顷草地上推广使用。

本项目获1992年农业部科技进步二等奖。

水牛住肉孢子虫病研究

完成单位及主要人员 湖南省畜牧兽医研究所 北京农业大学 湖南华容县畜牧场 湖南农学院 萧兵南 龚振芳 汪明 张长弓 曾德年 李益 张义生 傅童生 林庆文 石远隆 徐定安 晏国忠 刘海虹

本项目历时七年，对水牛住肉孢子虫病的病原学、流行病学、优势种枯氏住虫孢子虫的生活史和致病性、诊断、防治及肉品卫生进行了系统研究。

1. 在国内首次鉴定出水牛梭形住肉孢子虫和利文住虫孢子虫，并在国际上首次发现水牛枯氏住肉孢子虫，证实水牛是该虫的新中间宿主。

2. 经几个地区238头牛的详细调查，查明了上述3种住虫孢子虫在不同地区的感染率与感染强度，即湖区、丘陵区高于山区。

3. 在国际上首次证明枯氏住虫孢子虫对水牛有极强的致病性，并查明了贫血机理。

4. 建立和比较研究了AGT、IHA、IIP、ELISA4种检测血清抗体的免疫诊断方法，检出率达国际同类研究水平。

5. 通过人工发病和自然病例的药物试验，筛选伯氨喹药物组合，在国际上首次成功地治愈水牛急性和慢性住虫孢子虫病。

6. 查明了孢囊在肌肉中的分布规律，为肉品检验提供了理论依据。

该成果已被澳门兽医部门和湖南省3个屠宰场所应用。

本项目获1992年农业部科技进步二等奖。

口蹄疫口岸检疫两个方法的建立及其应用

完成单位及主要人员 中国农业科学院兰州兽医研究所 卢永干 谢庆阁 张维德 邱孝高 周玉彪 赵海燕 员美蓉 孔令智 曹仁 张显升 董春华

该研究建立了口蹄疫（FMD）口岸检疫的两种方法，具体是：

1. 食道/咽部查毒试验，适用于牛、羊隐性带毒的检查，广泛应用于进出口活畜的检疫、疫源追求和流行病学调查。

2. 血清细胞中和试验，适用于检测动物血清的FMD病毒型特异性抗体，广泛应用于进出口活畜检疫、疫情调查和科学研究。

上述两方法均被列为农业部动物检疫规程，并已应用于口岸检疫，取得了满意的结果。

本项目获1992年农业部科技进步二等奖。

模拟动物胆囊研制与利用技术研究

完成单位及主要人员 山东农业大学 王春璈 李建基 阎青 王振龙 唐珂心 朱连德

用聚乙烯材料制成了性质稳定而有利于牛黄形成的模拟动物胆囊，通过外科手术，固定于牛的腹腔内。术后定期经胆汁引流管采集胆汁，使模拟胆囊内胆汁不断更新 。在模拟动物胆囊内培植牛黄，可使生产周期大大缩短，牛黄产量和质量大幅度提高。在

3个月内，每头牛的模拟量囊内形成培植牛黄 9.55 克以上，引流牛胆汁 38.72 公斤，对牛无不良影响，每头牛可创经济效益 1 000 元。目前，正在与有关单位进行联合开发与推广。

本项目获 1992 年农业部科技进步二等奖。

十一省、自治区、直辖市畜禽肿瘤流行病学与组织学类型研究

完成单位及主要人员 山西省农业科学院畜牧兽医研究所 北京农学院 广东佛山兽医专科学校 南京肉联厂 内蒙古扎兰屯农牧学校 内蒙古畜牧学院 西北农业大学 河南农业大学 西南农业大学 广西兽医研究所 马凌汉 黄宗洲 陈业峤 曹年之 贾元 董钦国 薛登民 刘景祥 成定国 黄美逊 张贤 王新华 阎志民 薛启奎 张李俊

本研究以组织学方法为基础，在 13 个省、自治区、直辖市的 93 个地区、盟的 1 831 个县、旗兽医院、畜禽防治站、养殖场、肉联厂进行调查，共检查畜禽 3 431.69 万头（羽)，得出了畜禽患瘤率。依据《家畜肿瘤国际组织学分类》方法，从 870 种肿瘤中鉴定出 515 种，其中良性种瘤 198 种、占 38.5%，恶性肿瘤 317 种、占 61.5%。对横纹肌肿瘤、肝癌等 10 种肿瘤进行了分型。探讨出三项指标分型方法。发现了鸡食道癌、鸭肝癌、牛膀胱癌、猪鼻咽癌、羊肺腺癌、山羊鼻腔腺癌等 6 种国内地方性流行肿瘤。查清了严重危害畜禽业发展的马立克氏病、牛、鸡、鹌鹑淋巴白血病、牛、兔皮肤乳头瘤等 6 种传染性肿瘤，并查清了上述肿瘤的地理分布及分布规律。编辑出版了《畜禽肿瘤病理组织学彩色图谱》一书。

该研究为制定畜禽肿瘤防治措施、制定肉品卫生检验标准及建立畜禽肿瘤诊断方法提供了重要依据。

本项目获 1992 年农业部科技进步二等奖。

（农业部科技司成果处供稿）

水　　产

几内亚（比绍）海域渔业资源调查

完成单位及主要人员 中国水产科学研究院东海水产研究所 中国水产联合总公司 黄锡昌 郑元甲 邓思明 方瑞生 严正 姚文祖 魏永康 顾虹 詹鸿禧 臧增嘉 顾晨曦 孙军

自 1987 年 10 月至 1990 年 11 月对几内亚（比绍）海域 9°55′～12°12′N，15°42′～17°24′W，进行大面积定点调查和北部渔场探捕。调查内容主要有：渔业资源、海洋水文、气象、浮游生物和捕捞网具的研制等。通过 78 个定点站的试捕、168 个网次的重点探捕、115 站次的水文观测和浮游生物的采集，共采集到标本250种，其中鱼类标本213种，甲壳类28种，头足类 9 种等。通过分析渔获的生物学特征，鱼类区系和群落，甲壳类和头足类的种类组成，海区渔业资源特点，海洋环境的特点及渔场形成条件等，用面积法评估几内亚（比绍）大陆架海区的渔业资源量为 90 万～120 万吨。并依此提出了资源合理利用意见和我国渔船在该海域渔场应采取的对策。该成果为几内亚（比绍）和中国制定渔业规划和进一步开发几内亚（比绍）海域渔业资源提供了重要的科学依据。

本项目获 1992 年农业部科技进步一等奖。

ZPS8－400 双钩型织网机

完成单位及主要人员 中国水产科学研究院渔业机械仪器研究所 江苏省张家港市渔业机械厂 竹润华 周彤 钱康全 陈丽艳 俞坚平 徐正轨 王中新 徐国昌 孙元峥 卞庆云 柳澄 陆强 朱国刚 赵正其 焦作通

根据国内市场需求情况和国家标准而自行研制的织网机。该机在关键凸轮曲线及梭子尾部外形设计上采用强力销紧圈和液压制动，使运转平稳，其性能接近同类进口机型。至 1992 年止已生产 60 多台。

主要技术参数

梭距（m)	8
名义幅度（目)	400
线盘直径（mm)	180
网线范围	36tex/2×2～36tex/3×3 23tex/2×3～23tex/6×3
网目范围（mm)	20～120
工作转速（r/min)	15～20
主电机功率（kW)	2.2

本项目获 1992 年农业部科技进步一等奖。

GBS－50 型管冰机及其配套设备

完成单位及主要人员 中国水产科学研究院渔业机械仪器研究所 周国铭 毛金涛 程裕东 部建明 戴瑾 吕敏 赵克瀛 勇亮

该机以空心圆柱形冰代替传统的冰块，从而提高了冰鲜水产品质量，是制冰保鲜技术的一个变革。管冰设备制冰筒体的构造是一个壳管型蒸发器，内管通径 50 毫米。沿管内壁淋水，管壳之间有制冷剂氨直接蒸发冷却，使水在管壁上结冰，制出的冷块透明，质地密实。整套管冰设备由管冰发生器、泛滥桶、输送机、冰耙、电控柜及制冷系统组成。已向浙江、上海、江苏等省推广应用三套设备。

主要技术指标

管冰发生器产量（t/d)	46
	（工况为：蒸发温度－10～－8℃，冷凝温度 30℃，制冰水温度 15℃)

管冰尺寸（mm）

ϕ50×50×10（直径×高度×冰厚）

管冰温度（℃） −2

耙冰机输冰能力（t/h）·(单耙) 7.5

螺旋输冰机输冰能力（t/h） 15

冰库温度（℃） −4～−2

本项目获1992年农业部科技进步二等奖。

鲤鱼杂交育种技术及基础理论的研究

完成单位及主要人员 中国水产科学研究院淡水渔业研究中心 江苏省无锡市充山水产养殖场 吉林省水产科学研究所 新疆维吾尔自治区水产研究所 江苏省扬州市水产局 江苏省农垦局 青岛海洋大学 河北省保定地区畜牧水产局 内蒙古自治区水产研究所 张建森 孙小异 施永红 王建新 朱根荣 陈多序 潘育英 陆茂英 袁剑青 周银妹 李 恕 赖瑞宝 张兆琪 张玉兰 李正民

采用杂交、选育和雌核发育相结合的育种技术，育成的建鲤，其主要性状稳定，具有生长快、长体型、肉质好等优点。其体重增长较荷包红鲤、元江鲤和荷元鲤（杂交鲤）分别高58.2～71.3%、44.5～49.1%和28.5～29.3%；群体增重分别高60.1～71.8%、49.1～50%和29.4～30.8%。至1990年的不完全统计，共生产建鲤夏花和冬片鱼种1.03亿尾，提供亲鱼4 000余组，供全国25个省、市、自治区养殖，养殖面积达1.33万公顷，新增产值据不完全统计在5 600万元以上，取得了显著的经济效益。

本项目获1992年农业部科技进步二等奖。

石斑鱼人工繁殖技术研究

完成单位及主要人员 浙江省海洋水产研究所 薄治礼 周婉霞 辛 俭 毛国民 胡 杰

本成果在1986年培育340尾20日龄仔鱼的基础上，采用优化亲鱼强化培育等技术，使受精率达78.7%；孵化率达80.7%。采用流水育苗，监控环境选用优效饵料等综合措施，使3厘米以上幼鱼的成活率从1986年的0.3%提高到6.9%。1988年培育幼鱼14 635尾，1990年培育出平均5.2厘米幼鱼30 742尾。1987年以来向浙江、广东提供1.5万尾幼鱼进行网箱养殖，成活率达55%。按每尾重400克计，可产商品鱼11吨，创汇10万美元。

本项目获1992年农业部科技进步二等奖。

MT－hGH转基因团头鲂和鲤鱼的研究

完成单位及主要人员 中国水产科学研究院淡水渔业研究中心 中国科学院发育生物学研究所 夏德全 吴婷婷 余慕贞 史瀛仙 刘世英 沈 玉 王 辉 杨 弘 董在杰

该课题以人生长激素基因作为外源基因导入团头鲂和鲤鱼，建立了外源基因导入鱼类受精卵的显微注射技术和系统检测方法。研究表明外源基因能在受体鱼中得到整合、转录、翻译和表达，并具有促生长效应，而且能通过性细胞传递给子代，对子代也具有促生长效应，这为基因工程应用于鱼类定向育种开辟了新途径。

本项目获1992年农业部科学技术进步二等奖。

大目拖网的研制与应用

完成单位及主要人员 大连海洋渔业总公司 郎庆升 张 毅 贾长礼 王德发 王文硕 张铁生 潘福昌

大目拖网的研制以阻力大小与网目大小成反比，与网线粗细成正比的原理，在不增加大渔船功率的前提下，将网目大幅度扩大，把减小的阻力转换到扩大网口周长和高度；网口周长比原网扩大76.5%，增加扫海面积，从而提高网获量，与渔船功率相匹配的网型确定为200目×1500mm。研制的大目拖网具有各部结构合理，网衣强度增强等优点。1990年大连海洋渔业公司已全面推广至47对8101型和8154型渔轮，单船产量平均提高41.5%，全年增产7 646吨，新增产值1 412.2万元，同时并向省内外6家渔业公司进行技术转让，取得了显著的经济效益。

本项目获1992年农业部科技进步二等奖。

8E150C-A型柴油机研制开发

完成单位及主要人员 中国水产总公司南通渔船柴油机厂 夏惠民 季安贵 严世聪 肖 严 张哲士 任如暄 高世熊 李 源 李青海 黄裕兵 吴炎庭 张正玉 裘 应 侯 恒 蒋惠强

8E150C-A型柴油机是在8E150C-1型柴油机的基础上，将转速提高到1000转每分，持续功率相应增加到260千瓦，采用了原E150C系列柴油机比较成熟的零部件，改进设计了曲轴、活塞组、连杆组、气缸套、齿轮室燃油和润滑系统；还设计有内置式硅油减振器和超速保护装置，使改造后的柴油机既有较高的标准化、通用化、系列化程度，又提高了柴油机的可靠性和经济性。燃油消耗率由238克每千瓦小时下降到228.4克每千瓦小时，下降了4.03%，保持了原有E150C系列结构简单，维护保养方便，储备功率大、扭矩特性好等优点。1990、1991年两年共销售45台，新增产值391.5万元，新增利税97.8万元。

主要技术经济指标

型号 8E150C-A

型式 直列、立式、二冲程、回流扫气

燃烧室型式	浅ω直喷式
气缸直径（mm）	150
活塞行程（mm）	225
气缸数	8
持续功率（kW）	260
持续功率时的转速（r/mim）	1000
活塞总排量（L）	32
活塞平均速度（m/s）	7.5
持缓功率时的扭矩（N·m）	2482.8
持续功率时的平均有效压力（MPa）	0.49
持续功率时的燃油消耗率（g/kW·h）	228.4
持续功率时的机油消耗率（g/kW·h）	2.72

本项目获1992年农业部科技成果二等奖。

东吾洋中国对虾放流技术和增殖效果研究

完成单位及主要人员 福建省渔业资源调查和渔业区划办公室　福建省淡水水产研究所　福建省水产研究所　福建省霞浦县水产局　福建省闽东水产研究所　倪正泉　张澄茂　高明标　丁永哲　徐娟儿　陈小刚　潘小玲　陈百悦　金秀美　高其文　关金藏　江国强

中国对虾原产于渤海、黄海，福建东吾洋在历史上没有中国对虾分布的记载。通过对海区水文、理化、生态等因子的调查，基本掌握了放流对虾在东吾洋及其附近海域的分布、移动、生长和生殖规律，1986～1990年东吾洋共移殖放流中国对虾出厂苗7.09亿尾，回捕对虾917.86吨，回捕率为5.02%，投入产出比1∶5.7。因所放流的虾苗以体长10～12毫米仔虾为主（占放流量的96.2%），减少了北方放流对虾30毫米幼虾的中间暂养环节，降低了成本，同样取得了较好回捕率效果。并已形成对虾自然生殖群体，对东海南部沿海发展中国对虾渔业有重大意义，取得了重大的经济、社会和生态效益。

本项目获1992年农业部科技进步二等奖。

（农业部水产司科技处供稿）

乡 镇 企 业

PCS-300L型自动焊接系统

完成单位及主要人员 江苏武进电子设备二厂　王洪南　陆雪丰　陆介静　邱祖兴　张建平　袁兆德　刘才龙

该成果是对装插有普通元器件（THC）的常规印板或高密度印板和装插有以上元件的双面板或多层板及装贴有表面贴装元件（SWC）或SWC及THC混装印板的高质量焊接的机 电一体化设备。该系统可直接与直线式插件生产线相连接，在无人工过渡的情况下，自动将待焊印板组 件导入并完成涂布助焊剂、预热、主焊等一次焊接工艺全套标准操作程序，并自动将已焊印板组件送出。

该系统的关键技术：

1.采用了可编程序（PC）控制，并设有单键自动化开机程序，焊接工艺参数全部可调自控，用集中显示屏，数字即时显示。

2.主焊装置采用了先进的可调Ω波喷口，、有助焊剂比重，液位自动管理装置。

3.使用特形指状夹爪夹特印板，并带有印板自动送入、送出装置及夹爪清洗器。

主要技术指标

可焊印板宽（mm）	50～300（长度不限）
传动速度（m/min）	0～2连续可调
助焊剂比重控制范围（g/cm^3）	0.8～0.9
助焊剂控制精度（g/cm^3）	±0.005
助焊剂发泡高度（mm）	10可调
波峰高度（mm）	0～10可调
主焊加热温控可调范围（℃）	常温～300可调
主焊温控精度（℃）	±3

生产效率2000块印板/8h（按板长300mm，连续工作）。

该系统技术性能指标均达到了国内先进水平，并已被机械电子工业部批准替代同类进口产品。经用户使用证明：该系统操作简单方便，焊接质量好，生产效率高，并具有显著的经济效益和社会效益。

本项目获1992年农业部科技进步二等奖。

TLB型油田用稠油泵的研制

完成单位及主要人员 辽宁丹东市油泵厂　姜志生　张明玉　赵振东　张明亮　王允江　徐秀生　宫本章　林福田　李新奎　于景田　沈　升　张治海

由于稠油的油质粘度高，通常采用注汽热采，这样油田内除含有天然气、地层水以及颗粒不等的细砂外，还含有大量的蒸汽，使稠油形成乳化油，油温通常高达90—140℃，用 一般的油泵输送极为困难。因此，世界上许多国家都在研制高效率，能适应含泥砂、天然气、水等复杂介质输送的专用稠油泵。丹东油泵厂受辽河油田规划设计院及欢喜岭采油厂委托从1986年开始研制，于1989年10月研制成功。该成果具有如下创新：①从整体结构上突破了德国、美国、日本研制的泵结构，改同步齿轮外置为内置。②优选转子线型。③采用了双缸双环，减少脉冲。④双定轴内封，泵叶互相不干涉，消除振动源。⑤采用激光、焊接等技术，提高了泵的使用寿命。

主要技术指标

额定流量（m^3/h）	5～300
允许最大工作压力（mPa）	4.0（$40kgf/cm^2$）
允许介质粘度（mPaS）	0.2～100
介质稠油（含泥砂、天然气、地层水等）	

允许介质温度（℃） ≤200
泵效率（%） 65～75

该泵性能指标超过或达到国际同类产品水平，技术难度较大。该成果解决了我国稠油采输的难题，并被石油部门推广应用于全国各大油田，确定为“八五”油田地面工程推广设备和国家第十三批节能产品。

该泵具有操作简单，使用维修方便、效率高、使用寿命长、密封性好，输送压力高等特点，深受用户的一致好评。具有显著的经济效益和社会效益。

本项目获1992年农业部科技进步二等奖。

（农业部乡镇企业司科技处供稿）

农　垦

高产、抗寒木薯新品种华南124育成和推广

完成单位及主要人员 华南热带作物科学研究院热带作物研究所　林　雄　张伟特　李开绵　王书媛　马锦英

该品种系1978年从华南205的优良母株上取得自然杂交种子，经有性繁殖评选，在400多个F_1群体中评选出的一个优良单株，进行无性繁殖，并经过4年的品比和区域性试验和生产试验而育成，于1988年5月经广东省作物品种评审委员会组织鉴定，定名为华南124。本品种类型为中熟甜品种，植后8～9个月收获，一般每公顷产22.5～37.5吨，中等以上地力栽培，每公顷产45～60吨，收获指数为0.5～0.55，块根干物质量37～40%，鲜薯淀粉含量28～30%，氢氰酸含量3～5毫克每100克。经多年多点的试验和生产栽培，证明本品种是个耐旱、抗寒、高产，适应性广的优良新品种，已在广东、广西、海南、福建、江西等省、自治区木薯产地推广。1991年推广面积为0.4万公顷，增产鲜薯15 000～30 000吨，析淀粉为3 450～6 900吨，增值510～1 035万元。

本项目获1992年农业部科技进步二等奖。

H·11648麻营养诊断指导施肥技术研究

完成单位及主要人员 华南热带作物科学研究院南亚热带作物研究所　广西亚热带作物研究所　广东省国营金星农场　广西国营东方农场　旺茂农场　许能琨　晏敏华　林　芯　李兴贵　严富传　余让水　池昭锦　吴永和　孙光明　何　就　赵俊林　李海连　周绍宣　李逢弟　江茂海

H·11468麻叶片营养诊断，是通过研究麻株的营养特性、探索它对各种养分的需求规律，制定科学合理的施肥配方，为平衡施肥提供科学依据。本项目研究过程分两个阶段：1985年试验前期，主要围绕丰产栽培综合措施开展试验，并把当时垦区内H·11468麻普遍存在的生理病、单产低作为急需解决问题展开叶片营养诊断研究。同时开展常规分析及营养速测研究，以分析探讨叶片营养变化规律，确定采样适宜时间和方法，并探索出营养速测适宜指标，并推广于生产应用，共在垦区18个农场推广应用面积占垦区总植麻面积的93%，应用单位对症施肥后，麻生理病大大降低，产量显著提高。第二阶段于1986～1991年为试验工作后期，侧重叶片全量分析研究，制订叶片全量分析的采样方法和适宜指标，及时地应用生产，改造低产麻田，提出合理建议。该项目经过长期研究和实践，经济效益显著，目前推广面积已达0.67万公顷以上。

广东英德良种茶场无性繁育本地“代用茶”植物——苦丁茶获得成功，并采用矮化种植2万多棵　刘玉生摄

本项目获1992年农业部科技进步二等奖。

剑麻田更新配套机械的研制与应用

完成单位及主要人员 广东省粤西农垦局机务处、机械研究所　广东省国营东方红农场　肖桂泉　侯德禄　王秀堂　邓日昇　古锡添　李茂岛　黄樱茵　梁　明　陈超平　陈海中　杨友和　谢钦鹏

本项目研究了剑麻田更新机械化作业方案和配套机械设备，研制的大功率配套机械，可使剑麻田更新的整个生产环节实现机械化，实现麻田当年淘汰、当年耕种，不休闲，并从根本上解决麻田肥力下降、土地经济综合利用和麻田更新难等问题，成果应用后，取得了显著的经济效益和生态效益及社会效益。本项目中的剑麻头粉碎还田机，对各种规格的剑麻头均能一次性粉碎完。麻头粉碎还田机、破茬机、碎茬机和耕地机具的配套作业措施，均能在全国剑麻生产行业应用。该机具主要运用卧式施转刀辊铣切粉碎硬质纤维原理和纵向破切有支承作物原理。本项目采用四种机具配套作业完成粉碎地面麻头→破

茬→碎茬→翻耕的分段作业，技术方案合理、科学、应用价值大。

本项目获 1992 年农业部科技进步二等奖。

辛佩止鼾滴鼻剂研制

完成单位及主要人员 北京市东风制药厂研究所 吴小彤 黄明达 徐亦农 郎富和 郑金水 冯志敏 郑于光 李霞 张玉洁 丁渝燕

该药物用于防治鼾症的新型天然保健药物。它能有效地调节呼吸肌功能，消除粘膜充血肿胀，扩张呼吸气道，兴奋呼吸中枢，从而达到止鼾效果。本药还对各种鼻炎有一定辅助治疗作用。经 262 例临床验证总有效率达 88.2%，是国内唯一通过药政部门正式批准生产的用于防治症鼾的创新中成药。配方全部采用纯中药成分制成，提取工艺先进，采用了有效成分分类提取，再按严格的比例进行复配的方法。其理化性状稳定，各项技术指标均符合质量标准。本药品为中药复方制剂，经人体临床观察疗效显著，使用方便，无毒无副作用。

本项目获 1992 年农业部科技进步二等奖。

（农业部农垦司科技处供稿）

农　　机

南方水稻田间盘育秧成套技术与设备的研究

完成单位及主要人员 农业部南京农业机械化研究所 江苏省丘陵地区镇江农业科学研究所、国营练湖农场 程三六 王良泉 吴世忠 石磊 韦金根 朱宗武 袁钊和 蒋耀 蒋西群 王克明

该项目采用地膜软盘、育秧框架和田间手推播种机等配套设备，将温室育苗和露地绿化改为田间直接软盘育秧，取代了工厂化育秧工艺。实行农机与农艺相结合，根据盘苗机插对秧苗规格、质量的要求，培育矮壮中苗（3 叶左右）、大苗（5 叶左右）、适龄机插，满足南方稻区早、中、晚稻适龄机插的生产需求。

经实际测算，按每公顷大田计算，盘苗机插比人工移栽省工 37.5～41.25 个（约为传统育秧的1/2），省成本 300～375 元（约为传统育秧的 2/3）。另外，盘苗机插秧秧本田比为 1∶50，比传统育秧秧本田比 1∶7，节省秧田 80%。

本项目获 1992 年农业部科技进步二等奖。

鸡粪快速烘干成套设备与技术

完成单位及主要人员 中国农业工程研究设计院 韩捷 尚允华 国清金 孙德明 李秀金 陈存社 姚庆雨 薛长顺 黄俊臣 李延云 聂宇燕 廉亚平

这套设备的核心是在滚筒烘干机的内部装有强化破碎装置并采取了有效的防粘、保温、密封措施，将从鸡舍清出的湿鸡粪在烘干机滚筒内的抄板和破碎装置的综合作用下成为细小颗粒，与高温介质充分接触迅速烘干至安全贮存水分。本设备大大减少鸡粪的营养损失和鸡场的环境污染，同时能够杀虫、灭菌、除臭。适用于 7 万～20 万只鸡集约化鸡场的鸡粪资源开发和环境保护。

主要经济技术指标

生产能力	环境温度 20℃，水分蒸发量不少于 550kgH_2O/h（即可处理含水量 60%的湿鸡粪 1000kg/h）
耗煤量（标准量）（kg/h）	不大于 110
耗电量（kW·h/h）	不大于 20

主要营养成份损失量

粗蛋白损失量（%）	不大于 6
氨基酸损失量（%）	不大于 2
氮损失量（%）	不大于 2
磷损失量（%）	不大于 0.5
钾损失量（%）	不大于 0.6

产品卫生指标

沙门氏菌	不允许存在
大肠杆菌（个/g）	≤10
细菌总数（万个/g）	≤2

本项目获 1992 年农业部科技进步二等奖。

农业机械作业经济效果评价方法

完成单位及主要人员 农业部南方山地农业机械化研究所 北京农业工程大学 四川省农业机械研究所 冯庆德 宋声鹗 刘君望 金毓玢 丁筑华

本方法对评价农业机械作业经济效果的术语释义、符号、代号、原则、评价指标、计算方法及影响农业机械作业经济效果的因素作出了明确的规定。它适用于评价种植业、养殖业、农副产品初加工和农村运输业中使用农业机械进行作业时所形成的经济效果。

该方法以技术经济效果中投入、产出之比较的理论基础为主轴线，根据当代管理科学的有关原理，参照国内外同类评价方法，结合中国国情，开展农机作业总体经济效果的研究。

本项目获 1992 年 农业部科技进步二等奖。

农业机器作业系统优化研究

完成单位及主要人员 北京农业工程大学 江苏省农垦农工商联合总公司 高焕文 韩宽襟 张东兴 张缔庆 单绍武 李庆福 徐一清 冯云田 王兴文 王耀发 万

鹤群　梁汉业

本项目是研究在我国人多地少的条件下，为提高单产实行多熟种植时，采用机器作业系统（作业规模、工艺、作业期、机器与劳力等）的优化问题。主要技术内容包括：①对自走式单一机器，通过采取改单项收获作业为几项作业（如整地、播种）的整体优化方法，建立符合我国实际的自走式机器配备模型。②提出机群作业项目的关键作业和非关键作业概念。③优化拖拉机农具等机群或机器作业系统。④针对流水作业法的作业重迭，模型约束方程数大量增加，研究采用了二进制分解码排列原理，创造性解决了 2^n-1 个约束方程自动排列问题，同时采用约束方程独立系数比较的原理自动消去不独立的或独立系数很小的方程。⑤利用农机作业系统优化模型的变量数大大少于约束方程数的特点，发展了先求解方程数接近变量数的小模型，再逐步置换迭代求得最优解的线性规划迭代单纯形算法。⑥根据上述技术成果，采用模块化结构原理研制了大型农业机器系统优化软件 FMS，用户只需按计算机菜单提示，输入原始数据（作物、作业、机器三类数据），选择合适指令，计算机即算出优化结果。

本项目获 1992 年农业部科技进步二等奖。

两段燃烧双级除尘固体燃料高效燃烧炉

完成单位及主要人员　中国农业工程研究设计院　崔远勃　袁生龙　安洪萍　郝芳洲　张鉴铭　何雪龙　姜志伟　汤红弟　陈海军

固体燃料高效燃烧炉具有两个相对独立的燃烧室。一次燃烧室提供一个高温空间，使燃煤迅速起燃和焦炭充分燃烧。在负压作用下，二次燃烧室促使由一次燃烧室进入的燃气沿其壁面急速旋转进一步强化燃烧。设置在二次燃烧室内的两级高温除尘装置分离和收集烟气中的大部分尘埃，使烟气得到净化。通过自动控制装置调节配入热烟气中的空气来达到输出应用所需要的温度。

主要经济技术指标

燃料种类	一般工业用煤、木柴、果壳、玉米芯等
供热量（kJ/h）	41.8×10^4、251×10^4
热效率（%）	大于 85
输出介质（℃）	净化的热烟气，其温度 60～800 自动调节
含尘浓度（mg/NM^3）	小于 200

本项目获 1992 年农业部科技进步二等奖。

南方农机化服务体系建设研究

完成单位及主要人员　农业部南京农业机械化研究所　江苏省江阴市水利农机局、吴县水利局、盱眙县农机化服务公司　吴方卫　李德发　陈洪强　钱金瑞　刘学彬　徐兴昌　肖宏儒　缪兴中　万振邦　尹耀明　陈俊藩　袁祥和

农机化服务体系的建设，必须根据农村社会经济和不同的服务层次，建立一系列不同层次的服务内容各有侧重的服务组织，通过有效的管理将这些服务组织有机地结合起来，形成一套适合农业生产发展需要的、遵循农业机械化和农机化服务发展客观规律的有机的体系网络。该项研究采用定性和定量分析相结合的方法，对我国南方地区农村经济状况、农机化服务、农机化管理结构等进行了深入分析，对农机化服务体系建设的必要性、农机化服务概念的明确与定义、农机化服务体系的结构组成、农机化服务体系建设的参考模式、提高农机化服务经济效益的途径与方法和强化农机化服务体系建设应采取的政策措施等进行了系统研究，得出了比较切合南方地区农村实际的研究结论。

本项目获 1992 年农业部科技进步二等奖。

（农业部农业机械化管理司科技处供稿）

5SJC150-700 型蔬菜种子加工成套设备

完成单位及主要人员　中国农业机械化科学研究院　内蒙古呼和浩特牧畜机械研究所　上海向明机械厂　甘肃酒泉种子机械厂　藁城河北收割机厂　镇江脱粒机厂　通县农机修造厂　通县新光电器厂　天津市种子公司　黄光国　米彩林　苏迎晨　董忠义　孙　明　王　金　武林华　牟仁生　伊　兰　陈再章　陈慧珍　刘国定　徐元春　郑光雄　李钢

该成套设备的总体设计合理、工艺流程先进、主机齐全、配套完善、布局紧凑、中央控制系统功能齐全（有流程显示、报警、互锁及微机程控），可根据用户的要求任意组套，该项目填补了我国蔬菜种子加工成套设备的空白，技术指标处国内领先地位，主要性能指标达到国际 80 年代的水平。

主要技术经济指标

加工对象	各类蔬菜种子、牧草种子、粮油作物种子。
生产率（kg/h）	150～700
（kg/h）	1000～1500
净度	原始净度为 90%，一次加工达到等内标准，等内种子提高 1～2 级。
获选率（%）	≥95
千粒重和发芽率	高于加工前
粉尘浓度和噪声	符合国际或部颁标准

本项目获 1992 年机械电子工业部科技进步一等奖。

高热效率节能型淀粉气流烘干机

完成单位及主要人员　中国农业机械化研究院　山东省海阳机械厂　江苏省常州市干燥设备厂

于吉云　范训龙　李林兰　王国扣
薛立志　范炳喜　李瑞京　成志喜
张清泉

该机工艺流程新颖，结构设计合理、简单、管网布置紧凑，金属耗量少、成本低，装有温度监视、过载保护、参数控制调整系统及水分监测仪。已获国家实用新型专利。其中单位耗热指标处于气流干燥机的世界先进水平。

主要技术指标

生产能力（淀粉）(t/h)	≥1
湿淀粉水分（%）	≤40
干淀粉水分（%）	≤14
热风温度（℃）	145 左右
排废气温度（℃）	36～45 左右
干燥机热效率（%）	80～88
风量（m^3/h）	12600
换热器面积（m^2）	6×62
比耗蒸汽量（kg/kg 水）	1.32～1.66
比耗空气量（kg/kg 水）	24～28
比耗电量（kWh/kg 水）	≤0.0733
粉尘浓度（mg/m^3）	≤10
噪音 dB（A）	≤85

本项目获 1992 年机械电子工业部科技进步二等奖。

新型旱田高速犁体的研究

完成单位及主要人员　吉林工业大学　中国农业机械化科学研究院　保定农业机械厂　吴成武　高尔光　任傅德　卢晓强　高声长　曲　波　马生茹　刘斌东　杜纪润

该项目编制了一套完整的犁面 CAD 程序，方法先进，突破了犁面的静态设计和类比方法，有较高的学术价值和实用价值。在犁曲面按运动学设计方面具有国际先进水平，所研制的 30cm、35cm 两种幅宽的犁体、性能良好，阻力较老产品降低 10～20%，为我国中马力轮式拖拉机配套系列犁提供了优良的耕作部件，填补了我国高速犁体的空白，现成果已应用生产，取得了较好的经济效益。

主要技术指标

阻力比对比犁体降阻（%）	10 左右
适应土壤	沙壤土和黑粘土
适应速度范围（kM/h）	6～9（沙壤土） 6～7.5（黑粘土）

本项目获 1992 年机械电子工业部科技进步二等奖。

12PSDW75 型程控喷油泵试验台

完成单位及主要人员　湖北内燃机试验设备厂　龚开文　彭援朝　钱林华　江友如　郭松针

该设备采用了先进的变频调速装置，转速预置机构和四功能数字显示器，实现了试验微机程序控制，其程控平稳、准确、可靠、数字显示清晰，操作简便且节省能源，提高功率，技术进步属国内领先地位。且价格仅为进口产品的 1/6～1/9，投产后深受国内用户欢迎。

主要技术指标

主电机功率（kW）	5.5/7.5
驱动轴输出功率（kW）	5.2/7.1
驱动轴转速范围（r/min）	0～2500
可试缸数（缸）	12
燃油系统供油压力（MPa）	低压 0～0.4 高压 0～4
量油计量次数	100～1000 次分 10 级
驱动轴至工作台中心高（mm）	125
量油筒容积（ML）	大 150 小 42
试验油温控制精度（℃）	40±2
外形尺寸（长×宽×高）	1680×600×1450
重量（kg）	800

本项目获 1992 年机械电子工业部科技进步二等奖。

（机械工业部工程农机司供稿）

水　利

第一批一百个县级农村初级电气化建设试点研究

完成单位及主要人员　水利部农村水电司、农村电气化研究所　四川省水利电力厅　湖南省水利水电厅　福建省水利水电厅　白林　刘自箴　李　荧　方心林　蔡天培　童建栋　吴家林　罗高荣　陈一麟　刘昌端　唐桂赐　连智仁　李光宗　李义成　张凤苑

本课题是研究如何开发利用山区农村丰富的水力资源，建设小水电站和配套地方电网，实现农村初级电气化。结合农村初级电气化应和社会主义初级阶段相适应，研究中采用定性与定量相结合，普及与提高相结合的方法，创立了反映农村经济发展水平和农村水电行业特点的初级农村电气化标准。农村电气化规划是一项复杂的系统工程，研究中根据农村初级电气化标准，采用“供需双向调整”的新方法，进行电力电量平衡；研究总结出一套农村电气化建模、分析、优化、控制理论与方法；采用系统分析，经济评价决策方法，确定长规划期内电源、电网及负荷发展项目，创立了具有中国特色的农村电气化规划新方法。提出了 11 个农村初级电气化县建设模式，并在设计施工技术、运行管理和优化调度、设备研制改进、以及有关的政策法规、技术规程和产品标准等方面，研究、推广应用了 65 项重点科学技术成果。

通过试点研究，有109个县达到农村初级电气化县标准，社会效益、经济效益、生态效益十分显著。

本项目获1992年水利部科技进步一等奖。

华北地区及山西能源基地水资源研究

完成单位及主要人员 水利部海河水利委员会 水利水电科学研究院 河北省水政水资源综合管理办公室 水利部农田灌溉研究所 水利部南京水文水资源研究所 谢金荣 王流泉 罗远培 贺伟程 汤贞木 屈鉴 吴正平 马秀清 乔翠芳 陈蓓玉 余开德 沈振荣 张经之 马滇珍 闻人雪星

本项目主要研究华北地区的水资源量、开发利用程度、工农业需水预测、节水潜力、近远期解决缺水问题的对策。其研究范围包括京、津、冀、晋四省市的全部和胶东、鲁北、豫北地区。

华北与胶东地区水资源评价及开发利用现状，内容涉及地表水、土壤水、地下水转化规律的试验研究，水资源数量、质量和可利用量的评价，水资源开发利用状况及对环境的影响等问题，本研究进行了统一评价，反映了现状。

在节水问题上，重点对农业节水提出了上游灌区节水对减少下游回归水，地面节水对减少地下水和土壤水补给等各项灌溉节水工程对水资源的影响，使农业节水更切合本地区实际。

通过评价分析，提出了节流、开源、管理、保护的政策措施，提出在坚持节水和加强保护的前提下开源、内部挖潜和跨流域补源并重的策略。本成果为华北地区及山西能源基地国民经济建设和宏观决策提供了科学依据。本项研究与国外新近研究相比，达到国际先进水平。

本项目获1992年水利部科技进步一等奖。

SSJ-3021型水电站计算机监控系统

完成单位及主要人员 能源部南京自动化研究所 水利部丹江口枢纽管理局丹江口水电站 吴烈峰 钟敦美 毛文典 完弘 张在德 米新洲 周庆忠 何云 陈家华 余杏林 曾莉 吴清芳 滕小羽 何方 戴英慧

SSJ-3021型计算机监控系统是国内在大型水电站首次采用32位计算机、网络技术、全图形双屏工作站、冗余系统等综合性技术的实时监控系统，在系统结构、设备配置、软件组织、开发速度上都达到或优于国外同类系统的水平。

该系统采用分层分布式系统结构，分上位机层和基础层。上位机层主要包括2台MVAXⅡ主计算机、2台MPDP11/53前置机、3台图形工作站，通过DECNET网络连接负责全厂的监控、管理和调度等工作；基础层按对象分散由8台单元监控装置组成，各单元控制装置按其所控对象实现相应的数据采集、处理、控制等综合功能。

该系统投产后受到各方重视，国内各水电设计单位和运行单位已把它作为优先选用的模式；经济效益十分明显，年直接经济效益551.1万元，同时操作省时省力，减少功率消耗，准确可靠。

本项目获1992年水利部科技进步一等奖。

黄河小浪底水利枢纽工程左岸单薄分水岭裂隙岩体渗流及工程水文地质研究

完成单位及主要人员 黄河水利委员会勘测规划设计院地质总队 中国地质大学(北京)五系 黄河水利委员会水利科学研究院 田开铭 万力 王文贵 马国彦 李清波 杨静熙 陈士俊 刘茂兴

本课题是为解决特大型黄河小浪底水利枢纽工程的左坝肩单薄分水岭渗控工程评价而提出的。它涉及基岩水文地质学、裂隙水动力学、渗流数值计算等领域内的多方面知识。

本课题利用聚类分析、概率模型及假设检验等理论和方法，提出了裂隙分组、产状和隙距的计算方法和公式。从概率的角度出发，合理地描述了裂隙组的产状分布规律。研制的三段压水试验器能较准确地确定裂隙的渗透性。研究应用了交叉孔压水试验法，根据本区的具体地质条件，提出了考虑压水段和观测段长度的渗透张量计算方法和公式。进行了以求各向异性渗透张量为目的的抽水试验，并在理论上推导了用单纯形法求解各向异性越流承压水含层中不完整井非稳定流公式。为利用竖井注水试验据，推导了各向异性介质中稳定流公式，以计算平面二维渗透张量。新提出的隙宽类比法是确定本区岩体渗透张量的主要方法，把目前国内普遍使用的单位吸水量换算成当量水力隙宽，结合用新法测量的裂隙数据，进一步可求出三向渗透张量。

利用三维稳定流有限元法对水库蓄水后单薄分水岭的地下水渗流状态进行了预测，并对各向异性渗透介质中以沟代井列和“上层滞水”现象提出了合理的计算模拟方法。结果表明，目前渗控工程的设计方案可以达到降低地下水位至设计要求的目的，其中灌浆帷幕的效果较差，主排水帷幕的效果最好。

本研究课题中间成果已被工程设计部门采用；根据最终成果，设计优化，节约资金300多万元。

本项目获1992年水利部科技进步二等奖。

大型低扬程水泵新技术

完成单位及主要人员 水利水电科学研究院 淮河水利委员会规划设计院 江苏农学院 江苏省水利勘测设计院 富春江水工机械厂 金勇 朱起凤 袁伟声 冯汉民 沈潜民 宋兆光 张式沱 叶承农 袁家博

东雷抽黄灌溉工程一级站，以每秒60立方米的流量，把黄河水送入总干渠，灌溉着当地大面积农田　张新民摄

本项目经过十多年理论与试验研究，积极移植和采用当代高新技术成就，建立低扬程泵新概念，提出新的设计思路和新的设计方法，发展CAD技术和高精度试验技术，结合实用与经济的工程观点，研究开发了四档比转速为代表的两种低扬程大泵新机型：15度斜式轴流泵机型和45度机型。

两种机型的性能优异、结构简单、制造容易、安装维护方便、显著节省泵站建设总费用，是低扬程与超低扬程大型水泵的理想机型。

1990年研制成功φ3000－15度斜式轴流泵机组三台套，安装使用在湖南省临湘县黄盖湖泵站，运行情况良好，收到了明显的经济效益和社会效益。

上述两种机型已在南水北调东线工程规划中被选用，并在太湖流域综合治理工程太浦河泵站中，被国家专家评审和水利部审定为主要机型。

本项目获1992年水利部科技进步二等奖。

节水高产水稻控制灌溉技术试验研究

完成单位及主要人员　河海大学　山东省济宁市水利局　李寿声　徐国郎　吴子敬　彭世彰　仲维祐　俞双恩　彭绪民　赵　强　张明春

本项研究从农业灌溉用水面广量大和水资源紧缺的生产实际出发，根据水稻生理生态需水特点及其适应性能，将水利措施与农业技术措施有机地结合在一起，对水稻在节水灌溉条件下的需水规律、水肥模式和节水高产机理等方面进行了深入探索，试验研究出具有节水、高产、优质、低耗、耐肥、抗倒伏等特点的水稻控制灌溉技术，即在水稻薄水返青以后的各个生育阶段，田面均不建立水层，将根层土壤含水量作为控制指标，以不同生育阶段土壤含水量的最佳组合，来确定灌水时间和灌水定额。该项技术不同于传统的淹水灌溉和浅水、湿润、晒田相结合的灌溉方式，也不属于水稻旱种旱管。它改善了水稻生长的生态环境，创造了有利于水稻高产的生长条件，显著地降低了水稻耗水量，并增强了水稻抗逆、抗倒伏的能力，从而提高了水稻产量和稻米品质。在水稻节水灌溉的理论和实践上有所创新。这对于缓解当前农业用水紧张的矛盾，具有重要的现实意义和推广价值。

本项成果的创新点：经水稻水分生理和营养生理等方面的研究，控制土壤水分后可有效地减少蒸腾耗水，使气孔运动处于蒸腾与光合作用的新的协调状态；使土壤中水、气、热及养分状况更合理，促进和控制水稻生长而高产优质；棵间蒸发和田间渗漏量大幅度下降，消除土壤中有毒物质，保肥改土作用明显。几年来，经采用试验区、中间示范区、示范区和推广区不同层次相结合的辐射推广方法，在试验区周围逐步推广，1991～1992年，先后推广面积已达103.9万亩，取得了显著效果。

本项目获1992年水利部科技进步二等奖。

长江三峡工程坝区及外围地壳稳定性研究

完成单位及主要人员　长江水利委员会勘测总队　长江勘测技术研究所　长江水利委员会三峡区勘测大队　国家地震局地球物理研究所　国家地震局地震研究所　袁登维　梅应堂　孙　叶　鄢家全　陈步云　陈学波　李兴唐　周继一　黄汝麟

本项目较详细地阐述了三峡工程区域地质构造环境，地壳结构和深部构造特征；新构造运动和现今构造运动性质；断裂活动和地震特征。在此基础上，进行了构造区带划分，坝区地震危险性分析，构造应力场数学模拟计算，区域及库首地壳稳定性模糊数学综合评判。并进行了地壳稳定性定量化综合评判的探索，分别作了区域及库首地壳稳定性分区。综合分析评价了坝区地壳稳定性。

关键技术在于较准确进行地壳结构探测、地壳形变和地震活动的监测以及应用各种手段测定和研究断裂的活动性等各项参数，充分运用计算机技术将各项参数进行综合分析并据此进行地壳稳定性定量评价。

评价结果表明，坝址区所在的黄陵地块为相对稳定性甚高的地块，不存在发生3级以上地震的应力场背景，也不存在发生3级以上地震的发震断裂构造。外围地震活动影响到坝址的地震烈度均小于6度，据历史地震统计分析，坝址区100年内受6度地震影响的可能性小于1%，坝址区基本地震烈度定为6度是适合的。本成果已应用于三峡工程论证和可行性设计中，取得较好的效益。

本项目获1992年水利部科技进步二等奖。

长江科学院大型离心机及试验技术

完成单位及主要人员　长江水利委员会长江科学院　王学东　王慧华　史鹤松　邹向荣　饶锡保　向达波　王　鹏　周晓雁　汪华亮

长江科学院半径3米的大型离心机是我国首次设计建成的大型离心机，为开展多种岩土力学结构和地质力学离心模型提供了条件。该离心机设计参数选择适当，结构设计合理，启动和运转平稳，功率消耗低。实际运行表明，最大离心加速度达到 300g 的设计指标，模型最大有效重量 500kg，在 250g 情况下曾连续运转 28 小时，在 100g 情况下曾连续运转 50 小时，在小浪底工程试验中有效机械容量达 110g-t，即模型重 437kg m=250g，无异常现象。运转八年来已完成 220 多个土工、岩石、结构离心模型试验，为一些重大工程提供了有价值的试验成果。

通过研究，摸索出一套实用的试验技术和测试设备，它能在转动的条件下进行应变测量，施加地应力、地震力、缝水压力、锚固、分级开挖等试验技术，设计并研制在模型箱中能控制的动态加载闸门，已成功地将光学纹法应用于离心机试验技术，首次在大型离心机转斗内装置照明、照像、摄像系统，可以成功地摄制 200g 下的试验状态。针对某些工程试验研究的需要，还研制了边坡动态开挖，动态改变模型倾角，动态水下抛填等模拟试验技术。

本项目获 1992 年水利部科技进步二等奖。

黄河三门峡水利枢纽工程环境影响回顾评价报告书

完成单位及主要人员 黄河水利委员会勘测设计院 陕西师范大学 河南省岩石矿物测试中心 黄河水利委员会水文局 李晨 陈枝霖 兰艳华 毛怀定 郭德志 温存德 温善章 尚志敏 张宏安

黄河是条多泥沙河流，三门峡水库是黄河干流上的首建水库。建成后由于泥沙的严重淤积，工程进行了两次改建。运用方式由高水位常年蓄水变为低水位的蓄清排浑。本项研究采用全面系统地搜集资料、调查测试和分析的方法，主要以 1973 年水库改建完成后作为评价重点。由库区库周到水库下游，从生态、社会、经济等几个方面，回顾与总结了经验教训，编写出总报告书和 16 个单项课 题报告。指出水库建成运用三十年来，在防洪、防凌、灌溉、发电、供水等方面的效益是显著的，特别在防洪防凌方面。不利方面还存在着流沙淤积后在渭河入黄口形成拦沙坝，继续抬高水位造成二次淤积的影响等问题。

按照系统工程全面分析的原理，水库对环境产生的影响，从成因上有物理、化学、生态、社会等因素，重点研究水库淤积，水体污染现状和污染源，得出黄河水 pH 值均大于 7.5，Eh 值很稳定，淤积物引起的次生污染可能性很小，具有重要的价值。

本项目获 1992 年水利部科技进步二等奖。

三门峡大坝观测资料分析与安全评价研究

完成单位及主要人员 天津勘测设计院 三门峡水利枢纽管理局 赵志仁 朱化广 吴百进 乐金荀 张秦劳 印文豪 王天保 赵凤敏 龚坚

本项目对三门峡大坝 30 多年的观测资料进行了整理和分析与系统研究。建立了检验系统误差，修匀偶然误差和补插缺测数据的一套方法，并得出了相应的规律性，特别是根据基岩应变计的观测资料反演出基岩的有效弹性模量，并进行了大坝稳定分析及求出基岩的主应变和主应力，在国内外尚属首次。根据大坝观测物理量的不同特点，结合有限元计算和试验结果，分别建立了统计性、确定性和混合性数学模型，方法得当，结果合理，反映出大坝和基岩的变形及大坝应力的变化规律，为安全监控提供了可靠依据。

通过多种确定大坝安全技术指标的方法，对大坝 安全进行了评价，结果表明底孔重新打开并处理后大坝结构性态的现状是正常的，运用是安全的。

本成果达到了国际先进水平，其中孔口应力观测分析研究属国际领先水平。

本项目获 1992 年水利部科技进步二等奖。

(水利部科教司供稿)

气　象

数据通信系统设计和气象传真压缩编码及传输技术的研究

完成单位及主要人员 国家气象中心计算机室、通信台、数控室 蔡道法 龚理藩 张希白 施培量 孙修贵 郭绍卿 邹永芳 刘志敏 邹安华 尹忠秀 杨波 龙正西 蒋克俭 徐杰芙 王志琪

本项目分两部分：(1) 气象数据通信系统，用于全球和国内气象信息的收集、存储、转发、编辑和发送以及中期数值天气预报产品的分发，承担全国气象通信中心和 WMO、GTS 区域通信枢纽的作用。(2)气象传真压缩编码技术，研究了气象传真的统计特征，确定了合理的编码方法，提高了传输时效和质量，并首次 实现了传真传输自动化，为中期数值预报图形/产品的分发提供了有利条件，在国际和国内气象信息交换中发挥了重要作用。

本项目获 1992 年国家气象局气象科技进步一等奖。

《风云一号》气象卫星资料接收处理应用系统

完成单位及主要人员 国家气象局卫星气象中心 范天锡 张福孙 钮寅生 万佰庆 王守慧 梁雨 任潮江 杨卯辰 孙自余 施进明 萨阳 张光武 陈宏镐 李华先 韩光寿

该系统包括资料处理中心以及北京、广州、乌鲁木齐三个气象卫星地面站，集多学科和高技术为一体、技术复杂，是依靠我国自己力量完成的、能兼收美国 NOAA 及日本 GMS 气象卫星资料的大型卫

星地面应用系统。该系统生成的产品在天气预报、特别是台风、暴雨等灾害性天气预报中发挥了重大作用;同时在自然灾害、环境监测等多方面开拓了应用领域。

本项目获 1992 年国家气象局气象科技进步一等奖。

北方层状云人工降水试验研究

完成单位及主要人员 中国气象科学研究院人工影响天气研究所 游来光 马培民 胡志晋 陈万奎 何绍钦 王守荣 陈跃 王广河 谷福印 严采繁 刘玉宝 刘延刚 高宪 杨素秋 何观芳

本项目持续研究近十年，取得了以下几方面的成果：(1) 建立了一个以飞机为主体，辅之以卫星、雷达、探空和降水微物理结构观测等多种手段的大气多尺度监视体系；(2) 在我国北方五个试验区、南方三个辅助区进行了大量的测量，获得了大量的可贵资料；(3) 根据外场资料的综合分析，建立了不同降水系统的云物理概念模型，揭示出不同云系中云水向降水转化的条件以及适宜人工降水作业的区域；(4) 建立了一维和二维层状云微物理模式，研究了云的物理过程，评估了人工增加降水的可能性。该项研究的若干成果已应用于一些地区的人工降水外场作业，取得了比较明显的社会效益和经济效益，培养了一批专业人材。

本项目获 1992 年国家气象局气象科技进步一等奖。

模式设计原则和方法的研究试验

完成单位及主要人员 国家气象中心 中国科学院大气所 廖洞贤 季仲贞 丑纪范 王诗文 陆维松 刘金达 张可苏 邱崇践 胡行方

该项目对模式性能作了深入研究，提出了模式大气对称运动不变性区域及相应的检验模式合理的方法，并已在实际工作中应用，对模式结构、加热与耗散及垂直分辨率与水平分辨率协调性进行研究，为设计合格经济的模式提供了一些理论依据，在计算方法方面构造了显式完全平方等衡格式，具有较好的应用前景。

本项目获 1992 年国家气象局气象科学二等奖。

有限区域细网格分析预报系统

完成单位及主要人员 国家气象中心 北京大学地球物理系 广东热带海洋气象研究所 兰州高原大气物理研究所 郭肖容 张玉玲 阎之辉 郑国安 朱宗申 薛纪善 汪厚君 朱琪 张跃堂

自行设计研制了与 $T_{42}L_5$ 全球中期模式嵌套的新一代有限区分析预报系统，并投入业务，供全国短期（48 小时）降水预报使用，该系统采用了国际先进的技术，在动力框架、物理过程、嵌套技术、有限区分析和初值化方面，均比原业务系统有明显提高。

本项目获 1992 年国家气象局气象科技进步二等奖。

中期数值天气预报的资料库、图形支持系统

完成单位及主要人员 国家气象中心 赵振纪 应显勋 高华云 庄建敏 郭铃 郑定霞 罗兵 陈宏康 刘小魏

该系统包括实时气象资料库系统和气象图形处理系统。针对众多不同机型的操作系统和文件管理功能，结合数值预报及天气预报的业务要求，采用 WMO 最新推出的 BUFR GRYB 二进制码，在不同计算机上开发了实时气象资料库，该资料库存储信息量大，检索时效高并具有质量控制功能，较好地满足了实时业务的需求；在消化 NCAR、AMI、GAS、MAGLCS 等国外先进图形软件包基础上通过建立跨网存取资料库接口，开发与设备有关的底层软件和异种机间代码转换功能，将它们移植到国家气象中心的系统环境中并进行了一系列再开发。提高了出图数量、质量和时效，满足了图形产品输出和预报员用图的业务要求。

本项目获 1992 年国家气象局气象科技进步二等奖。

南极气象考察与研究

完成单位及主要人员 中国气象科学研究院极地气象研究室 卞林根 陈善敏 陆龙骅 贾朋群 张永萍 高振生 国晓港 薛正夫 逯昌贵

经过多年的努力，圆满完成了中国南极长城站和中山站的创建。长城站已正常运行 6 年、中山站正常运行 2 年，纳入了世界天气监视网（WWW）。在恶劣环境条件下建立了气象台站的观测系统和卫星云图接收、天气分析与预报等业务;同时开展了多项气象考察，获得了对南极天气气候、南极辐射状况研究等一批成果，并研究了冰川、地质、边缘地貌、生物环境变化等，较好地完成了南极考察研究任务。

本项目获 1992 年国家气象局气象科技进步二等奖。

暴 雨 预 报

完成单位及主要人员 北京气象学院 安徽省气象局 浙江省气象局 南京气象学院 成都气象学院 章淹 林宗鸿 邬宗汉 陈渭民 欧阳首承 陈良栋 俞樟考 张秀雯 杨金锡

该项成果在多种物理过程和方法研究的基础上，结合卫星、雷达资料分析，概括出暴雨落区强度预报方法，提出了引起暴雨洪水的预报方法等，该成果所给出的方法和应用研究内容丰富，在国内许多地方台站推广应用。

本项目获 1992 年国家气象局气象科技进步二等奖。

(中国气象局科技教育司供稿)

重庆市区雾害的成因及潜势预报警报服务系统研究

本项目以大气物理、大气化学和预警系统三方面着手，比较全面地对重庆雾进行了观测、研究和服务；通过综合观测资料的分析，综合雾的数值模拟，初步建立了在复杂地形条件下雾形成过程的物理概念模式，揭示了辐射、地形和大气污染对重庆雾形成的综合作用，还建立了综合预报、警报方法，提高了重庆雾的预报准确率。

浙江省名茶气候生态研究

本项目围绕扩大浙江省名茶生产和提高名茶产量，对茶叶品质与气候生态环境之间的关系进行研究。通过统一布点，开展多点、多项目的茶叶生态气候研究，进行了茶叶品质各个要素与气候条件之间相关分析，深化了对名茶品质形成的认识；通过气候相似理论，还详细分析了浙江省发展名茶生产的资源优势。

气象卫星监、预测天然牧草产草量研究

本项研究利用 AVHRR 的绿度资料对内蒙古东部高原草场的牧草产量及生长状况进行了动态监测和预测研究，并取得很大进展，为准确快速了解牧草长势，及时安排牧事活动，提供了较科学的依据；同时为畜牧气象、草原生态等研究提供了先进的方法。

(中国气象局科技教育司供稿)

附：1992年获部级科技进步奖项目表

项目名称	完成单位及主要人员	获奖等级
一、农业		
北京地区高产小麦冠层形成和结构及其生理基础的研究	中国农业科学院作物育种栽培研究所　曾浙荣　赵双宁　台建样　李　培　李　青　付　勤　高世菊　曹梅林	3
冬小麦北京837	中国农业科学院作物育种栽培研究所　徐育成　曾启明　刘俊秀　崔淑兰　范家骅　李英婵　孙芳华　庞家智　孟繁华　陈新民　周骏芳　王永和　杜长恒　庄巧生　王恒立	3
中国小麦的主要矮秆基因及矮源	中国农业科学院作物品种资源研究所　贾继曾　丁寿康　李月华　张　辉　张　京　齐秀玫　姚玉环　岳大华　钱曼懋　宋春华	3
黄淮海地区作物生产力、商品基地与集约种植的研究	北京农业大学农学系、气象系　河南省淮阳县土地局　北京市农场局农业科学研究所　北京农业大学曲周试验站　刘巽浩　韩湘玲　曲曼丽　王宏广　孔扬庄　孟兆华　王恩利　王青立　陈　阜　李红梅	3
西藏麦类作物丰产模式化栽培技术研究	西藏农业技术推广站　日喀则地区农牧局　拉萨市农牧局　白朗县农业技术推广站　日喀则市农牧局　江孜县农业技术推广中心　乃东县农业技术推广站　林周县农业技术推广站　林芝地区农业技术推广站　王玉山　郭海军　张长海　周春来　王远禄　陈新强　杨马太　韩　光　邹泳泗　蒙绍潜　孙庆华　颜毓源　张文俊　张恒绪　李　杰	3
玉米新杂交种丹玉15号	辽宁省丹东市农业科学研究所　周宝林　曲　岗　李思烈　阎宝印　杨瑞华　宋光茂　王德良　徐文伟　时俊光	3
小麦显性不育基因与矮秆基因紧密连锁材料的选育	中国农业科学院作物育种栽培研究所　刘秉华　杨　丽	3
普通小麦-簇毛麦异附加系、代换系	南京农业大学细胞遗传研究室　刘大钧　陈佩度　裴广铮　王耀南　邱伯行　王苏玲　黄　莉　齐莉莉　张守中　周　波	3
全国谷子生态联合试验和中国谷子主产区谷子生态区划	山西省农业科学院谷子研究所　河北省农业科学院谷子研究所　黑龙江省农业科学院育种所　山东省农业科学院粮食作物研究所　河南省安阳市农业科学研究所　甘肃省农业科学院粮食作物研究所　陕西省农业科学院粮食作物研究所　内蒙古农业科学院粮食作物研究所　辽宁省锦州市农业科学研究所　河北省承德地区农业科学研究所　王殿瀛　郭桂兰　李东辉　李景春　杨乐琛　陈宏斌　王玉文　王节之　马焕喜　郜成业　朱光琴　辛淑芳　韩学文　张太民　梁金龙	3
高产大花生品种花37的选育及推广	山东省花生研究所　山东省种子总站、青岛市种子公司、平度市花生办公室　北京市种子总站　河北省种子总站　甘信民　申馥玉　封海胜　顾淑媛　曹玉良　崔务峰　刘法生　徐宜民　江淑芳　魏家祥　张梅英　李念亲　张文成　蔡长久	3
提高长江下游地区蚕茧品质的综合技术研究	浙江省农业科学院蚕桑研究所　江苏省丝绸总公司蚕茧生产部　浙江省丝绸公司蚕茧处、嘉兴市郊区农林局蚕桑站、海安县多种经营管理局、嘉兴制丝针织联合厂	3
黄淮海地区油菜密植增角高产模式化栽培	中国农业科学院油料作物研究所　河南省经济作物技术指导站、驻马店地区农业技术推广站　安徽省宿县地区农牧渔业局农业科　河南省汝南县水屯乡黄淮海办公室、唐河县农业技术推广站　安徽省阜阳县农业技术推广站、临泉县农业技术推广站、蒙城县农业技术推广站　杨经泽　徐育松　田任久　王泽建　许卫平　谢振龙　赵民强　伊贺梅　张艾明　李祝海　蒋秀兰　李东生　胡嘉佑　卢玉坤　张清波	3
宝清示范区(三江平原)甜菜高产高糖综合栽培技术	中国农业科学院甜菜研究所　蔡　葆　王新民　陈明德　卢秉福　范有君　张长水　卢凤岫　于德江　黄庆库	3

（续）

项 目 名 称	完成单位及主要人员	获奖等级
家蚕多丝量春秋兼用四元种 57A·57B×24.46 及夏秋用抗氟品种种丰—×54A	中国农业科学院蚕业研究所 何斯美 严孝银 糜懿殿 夏玲芝 杨瑞丽 潘沈元 林泽华	3
一种生产红碎茶新工艺的研究	广西桂林茶叶科学研究所 张文文 林朝赐 黄书英 刘红玲 零 敏	3
高产、稳产大白菜品种——鲁白 8 号选育	山东省莱州市西由种子公司 张炳欣 夏仁令 何启伟 王荣兴 王均邦 王志敏 盛君鼎 吴树科 尹爱民 孙云浩 吴明辉 盛 斌 李永胜 周光华	3
新型菜豌豆品种食荚大菜豌 1 号	四川省农业科学院作物研究所 四川省乐至县种子公司 湛时霖 李成淑 刘 莹 吴恕先 魏芸荪 何祖才 梁旭孝 王永志 周正余 陈远祥 徐世藻 刘秉信 杨俊品	3
中国枇杷种质资源调查及其利用研究	浙江省农业科学院园艺研究所 华中农业大学园艺系 浙江农业大学园艺系 福建省农业科学院果树研究所 江苏省吴县果树研究所 福建农学院园艺系 浙江省黄岩市特产局 江苏省农业科学院园艺研究所 安徽农学院园艺系 广西农学院园艺系 夏起洲 章恢志 刘 权 黄金松 杨家駰 陈其峰 林 铮 蔡礼鸿 王沛霖 厉以仕 章鹤寿 余厚敏 刘福仍 许秀涣 孙田林	3
山参生态条件和生育规律的研究	中国农业科学院特产研究所 吉林省辉南县爱林参场、浑江市大石棚子乡参场、抚松县北岗镇大顶子村徐衍浩参户	3
土壤—植物—动物体系中氮素转化研究	南京农业大学土化系 蔡大同 史端和 沈其荣 卢学兰 吴毅文 吴珊眉 李井葵 倪苗娟 王 岩	3
推荐施肥技术	北京市农林科学院土壤肥料研究所 陕西省农业科学院土壤肥料研究所 广东省农业科学院土壤肥料研究所 吉林省农业科学院土壤肥料研究所 黄德明 徐建铭 吕殿青 黄继茂 张 宽 赵俊杰 李华兴 吴 巍 徐秋明 李 瑛 黄振雄 王秀芳 李大公 刘 军 陈金祥	3
塑料地膜活染农田防治机制的研究	中国农业科学院土壤肥料研究所 上海石化总厂塑料厂 张家口地区农业局 北京市农业局 程桂荪 刘小秧 张轸宜 金维续 陈玉书 陶云龙 刘渊君 穆如明 郭春海 阎仲会 李桂英 朱姝青 崔 晶 朱志芳 高 松	3
额尔齐斯河流域、伊犁河流域土壤资源调查	新疆生产建设兵团勘测设计院二分院 朱国炯 朱福祥 杨春明 周鸿兴 郑效印 马崇耕 游华述 钟扬明 李宁 马红露 韩广发 赵宏俊 李淑琼 赵纯璧 冯超毅	3
黄河三角洲土壤生态与水盐动态规律的研究	山东农业大学 陈介福 施洪云 冯永军 东野光亮 张志国 张万清 韩明修 刘月德 范传法 赵庚星 王 浩 程武增	3
大型罐式沼气工程	国营惠安化工厂 孙武英 毕鉴银 许从善 杨凤山 张克忠 王治中 韩家祥 黄兴贵 周颂南 孙美贤 吴铎兴 郤新民 郑乾象 张志远 李洪江	3
多效唑在核果类果树（桃和李）上的应用研究	中国农业科学院郑州果树所 山东省果树研究所 北京市农林科学院林业果树研究所 杭州市果树研究所 江苏省农业科学院园艺研究所 甘肃省农业科学院果树研究所 南京农业大学园艺系 宁夏农业科学院园艺研究所 陕西省宝鸡桑果站 黄 海 周润生 鲁韧强 邓红宁 刘以仁 欧阳维敏 吴邦良 王世平 方金豹 史幼珠 陈晓浪 党 涛 乔宪生	3
金针菇新品种华金 11 号和优良菌株 24 号的选育研究	华中农业大学植保系应用真菌研究室 朱兰宝 周玉麟 杨新美 傅志昌 刘代民 彭家洲 刘 毓 闵家顺	3

（续）

项　目　名　称	完成单位及主要人员	获奖等级
江淮稻区稻纵卷叶螟中、长期系列预测模型研究	北京农业大学植保系农业昆虫研究室　安徽省农作物病虫测报站、广德县植保站、黄山市徽州区植保站、巢湖市植保站　张孝义　唐向东　耿济国　李　钢　苏庆玲　程善闻　程极益刘家成　张　宇　费惠新　韦永保　方德琪　孙茂应　沈宝根　黄士尧	3
河南省麦田恶性杂草防治技术研究	河南省农业科学院植保所、驻马店地区农业科学研究所、信阳地区农业科学研究所、漯河市农业科学研究所、三门峡市农业科学研究所、国营武陟县农场、通许县植保站　刘元荣　姜昆　张子亮　朱林元　常中先　宋凤仙　尚嘉彦　王　强　范西玉　李凤敏　王自安　高九思　李继丽　雷书芳　孙秀荣	3
防治贮粮害虫的辛硫磷粒剂研究开发——2.5%辛硫磷微粒剂（商品名称：仓虫净）	北京农业大学　河北省万全农药厂　张文吉　韩熹莱　明九雪　潘洪吉　华生春　罗记台　陈年春　罗允扬	3
甘蔗主要线虫病发生规律及其防治	华南农业大学线虫研究室　湛江市农业科学研究所　广西壮族自治区甘蔗研究所　番禺县农业局　冯志新　黎少梅　殷友琴　廖金铃　张宜仲　刘梦林　霍日祥　曾栋声　黄冬发　屈振豪　陈建奇　李德健　欧才德　施向东　廖保林	3
中国油菜芜菁花叶病毒株系分布和两个代表株系特性	中国农业科学院油料作物研究所　李丽丽　王圣玉　方小平　黄早花	3
大白菜主要病害发生及防治技术的研究与应用	农业部全国植物保护总站　北京市植物保护总站　北京市植物保护环境保护所　内蒙古自治区植物保护站　河北省植物保护站　吉林省植物保护站　天津市植物保护站　陕西省植物保护站　辽宁省植物保护站　黑龙江省植物保护站　易齐　李明远　李厚忠　孔宪阳　王润初　王　蔚　丁伶芝　杨海珍　王传英　王云龙　吕佩珂　石书文　杨升炯　郭艳春　董保信	3
农抗120防治西瓜枯萎病	中国农业科学院生物防治研究所　陕西省植物保护总站　河南省农业科学院植物保护研究所　山东省农业科学院植物保护研究所　谢德龄　朱昌雄　王爱学　申效诚　陶　训　孔　建　倪楚芳　包建中　萧子清　张桂芬　李文仁　汪耀文　王文夕　蒋细良　陈秀峰	3
红麻根结线虫病及其防治技术	中国农业科学院麻类研究所　湖南汉寿县农业局　广西农业科学院植物保护研究所　广西农业厅经济作物处　吴家琴　薛召东　陈锦才　邓丕静　李国清　余玉水　阮志文　刘晓峰　莫海泉　万青山　吴　明	3
大棚和温室黄瓜粉尘法施药技术	中国农业科学院植物保护研究所　烟台市农业科学研究所　北京市农业科学院植物保护研究所　天津市植物保护研究所　包头市农业科学研究所　屠予钦　王霞飞　张建安　李运藩　杜志伟　李国强　杨崇实　吕佩珂　黄仲生　卢盛林　谢建军　贯潞生	3
防御东北区玉米低温冷害专家系统（PMLTCD）	中国农业科学院农业气象研究所　吉林省农业科学院综合所农业气象室　黑龙江省农垦科学院作物研究所　黑龙江省农业科学院土壤肥料研究所　曹永华　何维勋　欧阳达　张德荣　史纪明　张军政　葛燕华	3
抗马铃薯X病毒株系特异性单克隆抗体的研制	中国农业科学院生物技术研究中心、蔬菜花卉研究所　蔡少华　李汝刚　萧小文　郭　军　刘　佳　冯兰香	3
辐射诱变改良作物的综合技术及应用	中国农业科学院原子能利用研究所　浙江省农业科学院原子能利用研究所　黑龙江省农业科学院　山东省农业科学院原	3

(续)

项目名称	完成单位及主要人员	获奖等级
	子能农业应用研究所　四川省农业科学院生物技术核技术研究所　广东省农业科学院农业生物技术所　江苏省农业科学院原子能利用研究所　北京农业大学生物学院　云南省农业科学院农业物理研究室　王琳清　沈守江　孙光祖　王增贵　张伯林　王家银　邹伟民　虞秋成　王彩莲　陈佑良　陶舜华　林　音　袁增玉　王文美　孙漱芗	
用现代测试技术同时测定食品中的多种维生素	北京农业大学食品科学系　韩雅珊　戴蕴青　范雅红　周德庆　赵金城　胡　南　何计国　宋小清	3
《太湖地区农业史稿》	中国农业遗产研究室　舒近澜　朱自振　叶依能　章　楷王　达　闵宗殿　叶静渊　张　芳　马万明　李　群	3
实现我国工农业协调发展战略研究	《中国工农业协调发展战略研究》课题组　陈家骥　韩亚珠王学萌　穆白英　刘光辉　杨维廉	3
上海经济区丘陵山区外向型经济发展战略研究	南京农业大学　江苏省科委农村科技处规划处　江西省人民政府山江湖办公室　福建省农业区划研究所　浙江省农业区划办公室　安徽省科委　江苏省农业科学院　浙江省农业科学院　安徽省农业科学院　刘葆金　曲福田　林联盛　石金楼　陈　仕　金焱鑫　王　竞　吕恩龙　徐有荣　诸杏娟李日志　王德润　黄跃东	3
中国乡镇企业发展战略与宏观管理研究	农业部农业发展战略研究中心课题组　郭宗海　李国培洪乌金　罗作美　黄文新　石孝义　李兴稼　李振坤　何绍唐　袁若飞　华健春　王　凯　赵彭生　徐建新　罗必良	3
中国农业资金问题研究	农业部财务司　赖瑞华　蒋协新　黄仟庭　诸利民　常乃勤　方　纯　富文业　贾　少　岳文韬　邱令宁　张汉亚郭　玮　苗玉良　张红宇　宗会来	3
农作制度经济评价方法	中国农业科学院农业经济研究所　湖南省农业经济和农业区划综合研究所　何桂庭　张林秀　黄　仁　林学贵　李肇齐　陶智松　朱希刚　段正君　欧阳彪	3
我国食用植物油料(脂)产需平衡和布局	中国农业科学院农业自然资源和农业区划研究所　农业部农业司　商业部中国植物油公司　李文娟　覃志豪　禾　军汤之怡　童克才　潘庆科　李运熙　曾令清　余曼华　孙小平	3
林　业		
樟子松在河北北部地区的引种和推广	河北省林木种子站　李兴源　魏昌振　郭振启　吴景昌张克敬	3
福建黑荆树地理种源试验研究	福建林学院　福建省漳州市林业科技推广站　张庆华　方玉霖　高传璧　黄文銮　林锦仪	3
主要针叶造林树种优树选择、子代遗传测定、种子园营建三项技术标准的制定	南京林业大学　北京林业大学　黑龙江省林业科学研究院福建省林木种苗总站　广西壮族自治区林业厅种子站　王章荣　沈熙环　施季森　潘本立　李玉科	3
林木种子快速检验方法的研究	福建林学院　尤溪林业科学研究所　郑郁善　吴擢溪　郑盛培　林　忠　郭樟清	3
三明市杉木优良无性系选择的研究	三明市林业科学研究所　福建林学院　大田桃源林场　吕文芳　梁一池　黄金桃　詹国明　涂育合	3
湖南板栗良种区域化试验研究	湖南省林业科学研究所　唐时俊　魏绪增　张康民　罗建谱　李昌珠	3
岑溪软枝油茶2号、3号高产无性系选育	广西壮族自治区林业科学研究所　岑溪县软枝油茶种子园方培华　杨友先　钟　展　余文生　李　兰	3
兴安落叶松育苗稀土微肥应用技术的研究	北京林业大学　西林吉林业局　宋廷茂　丛日春　刘　勇彭祚登　李志丹	3

（续）

项目名称	完成单位及主要人员	获奖等级
泡桐萌芽更新技术研究与示范推广	河南省林业技术推广站 睢县林业局 扶沟县林业局 周口地区林业技术推广站 濮阳市林业技术推广站 刘玉礼 孔林辉 赵建国 董启元 苏少堂	3
黑龙江省林区更新造林树种苗木标准与育苗技术规程的编制	黑龙江省森林工业总局营林局 黄恒增 金铁山 王永安 马家恒 郝国玲	3
华山松种源选择的研究	中国林业科学研究院林业研究所 贵州农学院 湖南省安化县林业科学研究所 云南省保山地区林业科学研究所 湖北省大老岭林场 马常耕 胡先菊 张云跃 林德华 祁万宜	3
应用综合生态技术改造次生林的试验研究	黑龙江省勃利县林业局 东北林业大学 黑龙江省林业厅 李纯民 石福臣 宁先鸣 吕忠昌 杨国亭	3
菏泽平原农区农林合理结构研究	山东省菏泽市林业局 卞 敏 杜修学 周卫东 张 升 杨焕金	3
桉树速生丰产技术研究	林业部桉树研究开发中心 广东省雷州林业局 广西壮族自治区林业科学 研究所 云南省林业科学研究院 福建省惠安县林业局 祁述雄 黄舜仪 张荣贵 伍春魁 潘永言	3
寒温带林区兴安落叶松樟子松人工直播造林试验研究	大兴安岭林业公司森林经营局 程焕章 姚留榜 王立忱 陈起君 范玉娟	3
河北山地造林爆破整地技术研究	河北林学院 栾景仁 庞宗义 李保国 张金柱 薛庆江	3
山西太岳林区油松林分密度管理图和地位指数表编制与应用研究	北京林业大学 山西省太岳山森林经营局 董世仁 马双柱 段贵书 王久丽 阳昌平	3
旺苍县合理农林结构、林种结构及配置研究	四川省林业勘察设计研究院 四川农业大学 张金瀛 颜宏庆 张正文 郭玉萍 刘昌明	3
杉木檫树光合特性及其混交林光合生产力的研究	湖南省林业科学研究所 吴立勋 徐世凤 张传峰	3
内蒙古生物圈的设计与营造技术	哲里木盟林业科学研究所 哲里木盟珠日河牧场 蒲庸昌 韩天宝 王永江 徐昂阿巴斯尔 吴宝山	3
杉木柳杉混交林营造技术	福建省林业科学研究所 四川省林业科学研究院 浙江省林业科学研究所 浙江林学院 林祥钦 张小平 孙敏华 许绍远 陈淮秋	3
石梓栽培技术的研究	中国林业科学研究院热带林业研究所 中国林业科学研究院大青山实验局 李炎香 黄镜光 谭天泳 郭福文 周启榜	3
宁波沿海造林树种选择及防护林网化研究	宁波市林业科学研究所慈溪市龙山区林技站 宁海县林特局 林业部宁波林业学校 冯世祥 朱桂河 赵美云 陈建军 刘元明	3
淄博石灰岩山地生态林业建设综合技术应用	淄博市林业科学研究所 于道江 许爱云 李士农 李熙胜 李光吉	3
福建适宜造林树种调查研究	福建林学院林学系 陈存及 郑郁善 熊少辉 刘维裕	3
燕山板栗综合培育技术推广	遵化市林业局 迁西县林业局 徐福山 刘新生 宋学义 陈述庭 尹玉臣	3
园铃大枣绿枝扦插技术的研究	北京林业大学 山东省阳谷县林业局 山东省林业学校 田砚亭 孟昭华 刘国兴 任建武 牛 辰	3
君不醉天然解酒饮料的研制	中南林学院 哈尔滨工业大学科技开发总公司 湖南省山区开发中心 佘祥威 李来庚 危建新 苏 勇 郭卫东	3

（续）

项目名称	完成单位及主要人员	获奖等级
貉细小病毒细胞培养灭活疫苗的研究	黑龙江省野生动物研究所　洪运泰　孙阿玲　刘润珍　王虹　野飞飞	3
河北山楂选种、引种与品种比较试验	河北省兴隆县林业局果桑技术推广站　刘国栋　李长双　赵玉亮　刘金章　王保才	3
贵州野生灵长类动物资源调查研究	贵州省野生动物和森林植物管理站　李明晶　黄叔乔　孙敦渊　冉景丞　张　旋	3
双牌柑桔低产园类型划分及分类改造技术模式研究与推广	中南林学院经济林系　湖南省双牌县农业局　湖南省双牌县林委　赵思东　吴东元　唐建辉　唐海元　陈先明	3
貉药物脱毛的研究	东北林业大学　景松岩　张　伟　王令刚　张　伟（女）　车丽美	3
肚倍高产稳产技术研究	中国林业科学研究院资源昆虫研究所　湖北省郧阳地区林业科学研究所　湖北省竹山县肚倍科学研究所　夏定久　李志国　张　琳　汪远平　吴　昊	3
青海沙棘资源的综合开发利用研究	青海省林业局　青海省农林科学院林业研究所　徐永昶　张延明　童成金　孟延山　张有生	3
甘肃三北防护林体系建设总体规划研究	甘肃省林业勘察设计研究院　吴秉礼　王建宏　寇明逸　殷　锐　徐　勇	3
桂林地区 1991～1995 年森林采伐限额调查研究	广西壮族自治区桂林地区行政公署林业局　广西壮族自治区桂林地区林业技术推广站　童　诚　梁晓峰　王光平　文荣斌　倪　臻	3
珍贵树种资源开发利用的研究	南京林业大学林学系　福建省来舟林业试验场　安徽省黄山市林业科学研究所　福建省华安县林业局　朱政德　邹高顺　黄鹏成　姜顺兴　张纪卯	3
大兴安岭北部落叶松采伐更新方式研究	北京林业大学　内蒙古自治区满归林业局　徐化成　于汝元　周长虹　范兆飞　班　勇	3
黑龙江 1/50 万植被图与植被区划的研究	东北林业大学　东北农学院　哈尔滨师范大学　黑龙江省自然资源研究所　黑龙江省森林植物园　周以良　董世林　聂绍荃　张启平　周文起	3
大兴安岭天然幼中龄林抚育间伐剩余物火烧处理试验研究	大兴安岭林业公司森林经营局　程焕章　吴振和　宋存敬　王　恒　朱列云	3
辽宁落叶松矿柱林材种表及林分材种出材量表的研究	抚顺矿务局林业处　北京林业大学林业资源学院　韩凤和　孟宪宇　郑　军　王维国　陈万宝	3
利用三阶抽样技术估求森林蓄积量方法	黑龙江省森林综合调查大队　臧恩钟　王志力　张秋江　袁亚东　徐青松	3
微机短波远程通信联网系统	内蒙古森警总队司令部通信处　王德成　韩作成　张国友　许国增　周国顺	3
三北防护林生态效益遥感综合研究	中国林业科学研究院资源信息研究所　中国科学院沈阳应用生态研究所　全国绿化委员会　中国科学院新疆生物土壤沙漠研究所　中国科学院植物研究所　虞献平　贺红仕　徐吉炎　常兴武　朱俊凤	3
南方用材林基地国营林场管理信息系统的研究	北京林业大学　林业部华东调查规划设计院　浙江省开化林场　陈谋询　聂祥永　彭道黎　张莉莉　项小强	3
格氏线虫（中国品系）防治竹象虫研究	广宁县林业科学研究所　广东省昆虫研究所　刘南欣　郑莲生　梁梅芳　梁永奇　张振英	3
大袋蛾性信息素通信器官的研究	南京林业大学林学系　赵博光　田恒德　黄金生　吴贯明　沈惠娟	3
浙江省林木良种基地主要	浙江省林业厅种苗站　中国林科院亚热带林研所　浙江省林	

（续）

项目名称	完成单位及主要人员	获奖等级
害虫防治研究	科所　浙江林学院　浙江林校　高　林　赵锦年　王中富　袁荣兰　徐德钦	
杉木种子园球果害虫及防治技术的研究	南京林业大学　福建省洋口林场　钱范俊　翁玉榛　余荣卓　张福寿　吴光权	
应用植物不育剂控制森林害鼠生育的研究	吉林省黄泥河林业局　东北师范大学　林业部森林病虫害防治总站　陈荣海　赵日良　张春美　杜兴国　杨春文	3
危害油松的新虫种抚宁吉松叶蜂生物学特性及管理对策的研究	河北省林业科学研究所　温秀军　韩义生　史继华　孙朝辉　赵　生	3
平原农区林木蛀干害虫综合治理研究	河北省森林病虫害防治站　河北省衡水地区林果病虫害防治检疫站　河北省景县林业局　徐志华　鲍玉院　曹世良　李占尧　何树辉	3
主要树种木材天然耐腐和抗虫性试验研究	中国林业科学研究院木材工业研究所　周　明　汤宜庄　纪成操　施振华　刘秀英	3
林内计划火烧技术的研究	黑龙江省森林保护研究所　黑龙江省佳木斯市林业局　肖功武　刘志忠　王　斌　吴聚生　汤维波	3
黑龙江省森林植物检疫对象普查	黑龙江省森林病虫防治检疫站　田金权　安三玉　吴力军	3
柏毛虫综合防治工程	四川省梓潼县林业局　四川省绵阳市林业局　四川省森林病虫防治试验站　李健康　林荣华　陈志平　李发明　钟克川	3
LJ-1沥青乳化剂的研制	东北林业大学　吴保国　钟滨先　宋金恒　任霞梅　刘贵生	3
BQF-2树脂胶粘剂的研制	北京林业大学　青海木材综合加工厂　韦　铮　靳国华　刘殿英　吕　宁　欧阳斌	3
中国主要木材超微结构观察研究	中国林业科学研究院分析中心　腰希申　徐炳文　梁景森　孙福生　李伯忠	3
82-3森林灭火剂的研制	林业部东北航空护林中心　赵希宇　杜振国　吕永森　张均　李明山	3
连续减压蒸馏生产松香新工艺试验	福建省林业勘察设计院明溪县化工厂　蔡桂英　张宗辉　陈兴良　郑德全　梁庆祥	3
木材缺陷国家标准的修定	中国林业科学研究院木材工业研究所　周光化　张寿槐　富　岩	3
高耐磨静电植绒用丙烯酸酯乳液胶粘剂的研制	中国林业科学研究院林产化学工业研究所　吕时铎　储富祥　裘梅琴　蒋　煜	3
真空伏辊长网成型机的研制	中南林学院　四川省东华机械厂　郑睿贤　李年存　彭净宇　陈启荣　王崇玑	3
SJKD-1.5全托索式转弯集材索道的研究	陕西省宁西林业局　李生胜　党萌康	3
工厂苗栽植机具的研制	林业部哈尔滨林业机械研究所　金太显　魏俊义　陈　宁　孔宪州　刘瑞林	3
1E52FM汽油机曲轴箱主机生产线的研制	林业部泰州林业机械厂　曹根林　李荣鑫　陈德山　王德勤　王读双	3
3QY-280型缓冲式圆盘整地机的研制	林业部哈尔滨林业机械研究所　周鸿鹰　汪志文　刘超英　刘明刚　周大元	3
5ZJ-100型杨树丰产林开沟起垄抚育机的研制	黑龙江省牡丹江林业管理局科学研究所　王存德　张智慧　杜令银　陈景奇　曲维良	3
森林铁路改用预应力钢弦混凝土(LY-YGHZ)A型轨枕	东北林业大学　黑龙江省森林工业总局　岳相忠　刘长奇　方士杰　陈玉滨　王积久	3

（续）

项 目 名 称	完成单位及主要人员	获奖等级
的研制		
BJM2214B单层卧式浸渍干燥生产线的研制	林业部苏州林业机械厂　徐年梓　唐　强　陈建光　辜吉尔　郭秀筠	3
电动机断相及过载保护器的研制	南京林业大学　严春绶　傅秀珍　张建平　王志浩	3
流动式容器育苗装播作业线的研制	广西壮族自治区林业科学研究所　钟统海　叶世佳　陆桂生　程韦谙　赵德钦	3
林业机械标准体系表的编制	林业部哈尔滨林业机械研究所　吴英良　刘奇俊　王晨光　赵大伟　王书琦	3
广西林业技术政策研究	广西壮族自治区林业厅　李世裕　黄宗全　席海珍　毛子均　刘世荣	3
大兴安岭火灾区森林恢复及林业发展战略研究	东北林业大学　中国林业科学研究院林业经济研究所　大兴安岭林业公司　赵志强　金锡沫　蒋敏元　陈国明　贾庆文	3
吉林省森工会计核算软件系统的研制	吉林省临江林业局　吉林省林业厅财务处　姚　滨　李春生　刘德平　刘修文　魏铁军	3
福建尤溪食用菌行业管理新体制探索与实施	福建省三明市集体林区改革试验区尤溪县领导办公室　尤溪县林业委员会　尤溪县食用菌开发办公室　尤溪县科学技术委员会　杨金表　刘叶高　李记中　张居文　刘志健	3
甘肃三北防护林经济效果及科学经营管理的研究	甘肃农业大学　陈玉琪　曲永宁　白明英　王　辉	3
黑龙江伐区造材立米产值及测算方法的研究	黑龙江省绥阳林业局　贾宝林　林在玉　崔庆喜　黄　琛　门学江	3
新疆天山西部阿尔泰山森林开发项目环境影响评价	新疆维吾尔自治区林业科学研究院　新疆维吾尔自治区林业勘测设计院　徐德炎　方伟富　录叙德　郭玉书　李新平	3
畜　牧		
全国商品牛生产基地黄牛改良配套技术推广	全国商品牛生产基地协作组　刘　颖　董重九　韩德群　孟宪泽　张勤修　孙德英　许尚忠　贾恩索　王爱民　周宗范　王立僖　徐洪喜　牛长顺　张　忠　孙志良	3
线性与非线性模型在畜禽育种中应用的研究	东北农学院畜牧系　北京农业大学畜牧系　北京市奶牛研究所　华中农业大学牧医系　吉林省农业科学院畜牧研究所　盛志廉　吴常信　张　斌　彭中镇　刘松元　徐慧中　陈瑶生　杨　宁　曹胜炎　柳　楠　张　芳　汪　翔　庞　航　潘玉春　王希龙	3
崂山奶山羊选育及利用技术的研究	青岛市崂山区农牧局　杨桂楼　林炳春　张泽波　蔺华际　邱洪友　王建民　李福昌	3
48～50支半细毛羊新品系培育	四川省凉山州畜牧局　云南省畜牧兽医研究所、永善县畜牧局、昭通地区畜牧站、富源县畜牧站　四川农业大学　四川省畜牧兽医研究所、凉山州畜牧兽医研究所、昭觉县畜牧局　天津市农业科学院　胡德忠　高源汉　黄光壁　陈圣偶　文光华　杨春荣　郑洪明　宋坚忠　李兴燕　陆德文　张述义　付　昭　吴小林　潘君乾　木乃尔什	3
密闭式鸡舍横向通风改为纵向通风工艺技术的研究及应用	北京市俸伯鸡场　北京市畜牧局　谢志浩　王顺清　郎震美　贲春辉　刘长明　常景畲　王　全　董　良　李天佑　沈金山　郑长福	3
狼尾草属牧草选育和在长江以南农区的利用	江苏省农业科学院土壤肥料研究所　福建省农业科学院畜牧研究所　广西畜牧研究所　广东省农业科学院畜牧所　江苏省水产局　杨运生　顾洪如　陈礼伟　白淑娟　吴燮恩　刘明香　李冬郁　徐宝琪　周卫星　张庆智　吴　勤　宋晓春	3

(续)

项目名称	完成单位及主要人员	获奖等级
	缪振洪　陆炳章　董晓宁	
奶牛子宫内膜炎病理学研究	中国农业科学院中兽医研究所　刘绪川　王宇一　张国伟　王建林　王菊香	3
细粒棘球绦虫排泄分泌抗原研究	中国农业科学院兰州兽医研究所　朱兴全　窦兰清　叶溥增　孙学勤　史晓红　王晓华　牛炳亨　张　林	3
家畜经穴循经特性的研究	北京农业大学兽医学院　于　船　张克家　陆　钢　王清兰　施振声　许剑琴　刘钟杰　陈艳新　谢慧胜　王永胜　祝建新	3
宁夏地区马属动物“黄肝病”和羊“黄染病”病因研究	宁夏畜牧局兽医站　南京农业大学　西北农业大学　赵玉琪　邹康南　曹光荣　孔芳龄　文永昌　王充沛　蹇素文　沙涌波　蔡文华　张　宗　高建中	3
硫氰酸红霉素可溶性粉	江苏省扬中县兽药厂　丰京祥　张大仁　朱云深　姚美凤　丰　燕	3
水　　产		
荷包红鲤抗寒品系及生产应用	中国水产科学研究院黑龙江水产研究所　刘明华　沈俊宝　张铁齐　王　强	3
红尼罗鱼良种选育技术研究	中国水产科学研究院珠江水产研究所　广东省佛山市水产研究所　马仲波　白俊杰　陈伯端　施主佑　陈拨民	3
螺旋藻培养与应用技术研究	中国水产科学研究院珠江水产研究所　陈正宇　李冬华　刘敏光　黄海停　梁新球　江月珍　陈　生　顾邓文	3
富水水库渔业规划与开发技术的研究	中国水产科学研究院长江水产研究所　湖北省水产局　湖北省水利厅　湖北省通山县水利水产局　湖北省通山县四区建设办公室　柯福恩　庄　平　危起伟　罗俊德　杨文华　马达文　严国璋　吴敏生　刘元芳　张远晃	3
浸螺杀对鱼类等水生生物毒性的研究	中国水产科学研究院长江水产研究所　湖北省血吸虫病防治研究所　瞿良安　倪朝辉　叶雄平　李　谷　赵小春　黄水生　朱惠国	3
以氯化铵为氮源的化肥养鱼基础研究及应用技术	华中农业大学　湖北省化工厂、省农牧厅土肥站、省农业生产资料公司　潘黔生　毛勇凯　万元汉　王思华　朱邦科　樊启学　方之平　刘重阳　祁志强　王宇锋　徐　辉　苏祖君　黄治国　吴祖文　谢炎仿	3
湖泊水草群改良技术	江苏省淡水水产研究所、省宜兴市水产技术指导站、省金坛县水产技术指导站　朱清顺　于　能　陆全平　余　宁　张建仁　周　刚　卞田福　徐德昆　陈兰英　高玉清	3
广东沿海养殖牡蛎石油污染研究	中国水产科学研究院南海水产研究所　贾晓平　林　钦　吕晓瑜　谢文造　宗志伦	3
象山港赤潮自然生态调查研究	中国水产科学研究院东海水产研究所　宁波市水产研究所　陈亚瞿　顾新根　王云龙　徐兆礼　钟惠英　沈新强　邵泽民　姚估宸　顾增余　范明生　黄保兴　荣　佩　时云青	3
ϕ280mm 穿心球形耐压塑料浮子的研究	中国水产科学研究院黄海水产研究所　青岛塑料十一厂　王炳清　季文娟　徐铁成　贺　钢　刘在义　关长涛　刘京学	3
SS-8/18 高压杀菌装置	中国水产科学研究院渔业机械仪器研究所　何维隽　沈凤鸣　吴炳荣　张　智　诸承业　顾德福　张飞鸿　丁邦勇	3
8162 型双甲板拖网渔船	大连渔轮公司　大连理工大学　李奎诠　卢长才　刘　勇　张铭传　訾巧云　张增庆　戚颜伯　杨志金　王承禹　林西平　金　跃　杨青华　刘长蕴　孟宪钦　邹学忠	3
渔船总体计算机辅助设计	大连水产学院　贾　复　钱　鸿　顾邦德　朱瑞源　刘启民　韩胜菊　陈　龙　冯亦武	3

（续）

项 目 名 称	完成单位及主要人员	获奖等级
小型钢质海洋渔船建造规范	农业部渔船检验局 渔船分局南通检验处、上海检验处、大连检验处、大连检验站 柯友棠 张德森 孙德升 贺寿伦 沈进荣 唐金龙 王传典 任善乐	3
长江葛洲坝水利枢纽兴建后对中上游主要经济鱼类生态效应的研究	中国水产科学研究院长江水产研究所 刘乐和 吴国犀 王志玲 杨德国 曹维孝 王竹宣	3
新疆艾比湖卤虫资源调查及开发	新疆维吾尔自治区水产研究所 中国水产科学研究院黑龙江水产研究所 新疆维吾尔自治区博尔塔拉州水电局、博河水管处 任慕连 杨文荣 姜作发 郭 炎 任 波 高 宏 郑仁侠 张北平 熊疆远	3
乡镇企业		
三通管液压成型工艺及产品的开发	河北盐山电力管件总厂金属结构厂 王鸿雁 马洪训 韩金璞 刘宝剑 王海军 李英敏 李树波	3
高效传热及节能技术在空气冷却器及其系统上的研究与应用	四川重庆市蜀东空气冷却器厂 西安交通大学 陈善地 韩宝琦 张 核 肖晓松 吕金虎 李根寿 承沙元	3
JWT12×90预应力混凝土空心板挤压成型机的研究	辽宁大连市金龙建筑机械厂 曲成深 李来新 华令敏 赵世明 王剑华	3
NS88-900型微机滴控箱式多用炉机组的研制	江苏南京摄山电炉总厂 吴光英 吴光治 白 涛 杨世璇 孙桂华 欧家亭 陶骏富	3
水循环式多用真空泵的研制	河南郑州市巩县英峪仪器厂 刘虎生 刘鹏飞 刘遂有 任改青 宋福礼 阴小燕 宋爱玲	3
超高矫顽力R-Fe-B稀土永磁体的研制	山西长治市稀土永磁材料厂 太原重型机械学院 郭东城 高秋忙 史建设 孙全德	3
桑塔纳轿车车门铰链用异型钢的制造技术	安徽马鞍山市卜塘轧钢厂、马鞍山钢铁公司钢铁研究所 陈自强 周绪发 张 犁 赵通田	3
公称口径80～200mm高精度磁力水表的试验与研究	山东临沂市水表厂 徐景林 耿加宏 李怀恩 徐培俊 姜春峰	3
安全型移动供电装置的研制	江苏无锡市滑导电器厂 韦恩润 曹 荣 章明初 钱 新	3
LPX系列立式盘型旋转炉排茶浴炉的研制	北京市海淀区海颐金属结构厂、双翼节能环保技术研究中心 陈星照 王常林 金宏才 周 齐 王常有 尹存孝 郭寅生	3
HCS-200型固定式动态电子吊轨秤的研制	山东泰安市衡器厂 沈典训 赵华东 张义利 吴殿跃 冯 勇	3
异型工矿筛板的研制	湖南岳阳市机筛厂 王景新 刘其库 曹大和 齐 平 杨和众 任咀生	3
J147X型两段电磁控制阀制造技术	江苏启东防爆电器仪表厂 尹觉生 沈锦江 黄松涛 陆信萍 陆 超 夏诚标 黄 平	3
SG-901型紫外负离子喷雾综合皮肤治疗仪的研制	江苏武进医疗用品厂 张炳麟 胡仲发 芮彩华 杨国荃 顾国方	3
SWP400、800型塑料破碎机的开发与研制	山东青岛橡胶塑料机械厂、济南市食品包装机械研究所 朱学忠 郑锡忠 刘作顺 张希明 刘衍玲	3
NQϕ80-110×1000mm钢管内壁清理机的研制	山东诸城市铸锻机械厂 李新生 朱培亮 李培彦 刘新春 孙运龙 孙树宽	3
CK-5广角型被动式红外入侵探测器的研制	福建泉州鲤城临海电器厂 郭跃雄 胡伟生 郭跃从 胡毅 郭丽应 黄 阳	3
3200kVA电炉冶炼硅钙合金的研究	山东临沂市铁合金厂 谢玉庆 张继群 邵明启 邵明高 谢宗泉	3

（续）

项 目 名 称	完成单位及主要人员	获奖等级
5TLK-70型立式轴流稻麦脱粒机的研制	山东平邑县喷灌机厂 张广文 孔祥图 张照安 彭瑞堂 张宪民	3
XBFL-3、5旋播施肥机的研制	陕西户县旋播机厂 史可器 史森强 姜生发 过丽华 王武胜	3
高纯-氯化酮合成技术	安徽安庆市化工研究所五横化工厂 包树欣 杨来文 杨基林	3
化学沉积镍磷合金表面强化技术	辽宁瓦房店有色金属制品厂 郭永和 李惠东 李惠琪 李慎之 刘福全 王化彬 邹晓平 郭迎春 孙家惠	3
新型PAC净水剂的研制	湖南永兴净水剂厂 李 平	3
用粗苯酐制备苯酐异丁醇酯的方法	河南长葛县化工三厂 刘虎生 刘鹏飞 刘遂有 任玫青 宋福礼 阴小燕 宋爱玲	3
水溶性硫化黑B及生产工艺研制	河南安阳市第五染料厂 韩培谦 申石龙 史建安 于凤枝 张玉花	3
QLP4127聚酯树脂的开发与研制	山东青岛粉末涂料厂 周永浩 袁淑敏 王平峰 周中亭 纪奕波	3
T32环氧树脂固化剂的研制	江苏张家港市第二化工厂 苏金汉 朱玉娟 周志刚 陈宏	3
电子工业用氟化铵腐蚀液的研制	江苏江阴市化学试剂厂 北京化学试剂研究所 李祥庆 谷锡生 田宝申 王继曾 朱忠兴 李元祥 张永恒 贡瑞华 殷知付	3
DL-谷氨酸的研制	江苏昆山味精厂 钱金毛 陆天次 陶志恒 刘虎英	3
磷酸铵盐干粉灭火剂的研制	江苏南京市高淳消防药剂厂 江小来 姜炳松 许 芳 江良美 江大东 江旺斌	3
低水泥铝硅质耐火浇注料及其在回转窑上的应用	河南巩义市联营实验厂 张顺庆 张 鸿 张光普 张丰乐 姜茂申 时迎勋 马洪亮	3
HGZ高铝刚玉技术开发	河南郑州市磨料磨具厂 机电部第六设计研究院 汪聚海 郭玉山 樊建文 王留根 赵玉珍 赵全领 赵延平 曹增安	3
云母型硅酸钙板的研制	江苏吴县硅酸钙板厂 王欣南 周正兴 张卫国 浦金根	3
888无毒(无磷无铝)多功能洗涤粉的研制	江西丰城市洗涤剂厂 陈德勤 雷恩奇 邬海清 库爱莲 黄德丰 徐小青 曾凡明 余小珍	3
铝-玻璃钢保温外护复合薄板（简称AFC）的研制	江苏南京玻璃钢三厂、南京市节能技术服务中心 姚志禹 徐惠根	3
弱酸艳红B染料的研制	辽宁丹东市风城染料厂 白以成 杨 青 刘孝成 赵金英 史文平 韩淑江 关兴源	3
蒙砂彩饰高明料玻璃瓶的研制	江苏张家港市第二玻璃瓶厂 谈才保 钱元公 叶剑锋 高敏锋 高月明	3
“抗剥落电炉顶用高铝砖”的研制	山东莱芜市耐火材料厂 崔言祥 吴钦合 李训成 贾俊文 郑庆森	3
农 垦		
橡胶无性系IAN873引种、利用的研究	南亚热带研究所 粤西农垦局科技处 国营建设农场 国营火星农场 粤西农垦局化州橡胶研究所 国营团结农场 国营胜利农场 国营红锋农场 庞廷祥 郭森元 曾昭麟 李统添 谢善昌 刘付翠 张健珍 曾昭如 罗家勤 黄循学 潘文豪 巫开华 黎 炎 梅景濂 许春先	3
台农4号菠萝引种试种及栽培技术的研究	福建省热带作物科学研究所 谢金凤 黄德贵 庄西卿 郭建辉 陈银泉 韩铜水 叶肖琛	3
橡胶树褐皮病病因及防治研究	华南热带作物科学研究院植物保护研究所 中国科学院上海生物化学研究所 兴隆华侨农场 华南热带作物科学研究院	3

（续）

项 目 名 称	完成单位及主要人员	获奖等级
	试验农场 海南省国营乐中农场、龙江农场、西庆农场、新中农场 云南省农垦总局	
中国黑白花奶牛核心群的选育	中国奶牛协会 北京市奶牛协会 黑龙江省奶牛协会 天津市奶牛协会 辽宁省奶牛协会 河北省奶牛协会 西安市奶牛协会 山西省奶牛协会 江西省奶牛协会 上海市奶牛协会	3
额尔齐斯河流域、伊犁河流域土壤资源调查	新疆生产建设兵团勘测设计院二分院 朱国炯 朱福祥 杨春明 周鸿兴 郑效印 马崇耕 游华述 钟扬明 李宁 马红霞 韩广发 赵宏俊 李淑琼 赵纯壁 冯超毅	3
YTD_2 系列电力液压推动器	南京起重电器厂 王海定 王成兰 史荣林 周席才 张国于	3
农 机		
水田机械测试工程车整套设备研制	农业部南京农业机械化研究所 湖南省农业机械鉴定站 窦征 刘立钊 沈光进 陈宗述 施可造 吴文科 汪友祥 李先松 龚洵迪 王吉文 阙鸿文 陈土新 王健康 胡世安	3
小麦沟播机械化技术推广	山东省农机技术推广站、淄博市淄川区农机研究所、潍坊市农机技术推广站 济南市农机技术推广站 烟台市农机管理局 董进武 李其昀 马维克 杨志相 张杰云 田旭 孙志江 代振坤 颜世秀 刘学海 孙进仁 马厚平 赵子连 谷源芝 杜衍民	3
2BJ-6 型小麦精少量播种机研制	河南省新乡市农业机械化研究所、延津县农机修造厂 王学美 段维峰 董纯梅 董文平 王永成 卢颖平	3
5TY-110 型脱扬机	湖北省洪湖市农业机械化科学研究所、洪湖市脱扬机厂 季大淼 陈怀华 荀月祥 熊华清 徐元海 曹际明 刘杨松 司建英 邵启荣 肖孝尧	3
小麦玉米一年两茬生产基地农业机械配套方案	河北省农业机械化研究所 王俊民 赵四申 赵双锁 白金旗 丁海峰 王惠新 井端阳 王成章 许永常 米双山 高新凯 刘玉卿 李存生 赵立水	3
微机在农机安全监理中的应用研究	浙江省农机监理所、嵊县农机监理站 杨福成 陈 建 黄增贤 刘爱稼 武苏萍 单文钧	3
YX-5000 型饲料添加剂生产新工艺及设备的研究与应用	华中农业大学农业工程系 湖北拖车厂 广州市翠竹饲料添加剂厂 熊先安 刘汉明 田佩华 庞声海 朱业勃 周鉴高 张道愧 程国望 童承华 阮国茂 曹树体	3
物质投入中，农业机械对种植业产业贡献的研究	中国农业机械化研究院北京农机化研究所 农业部农机化司 北京市农林科学院 陈舜贤 马学良 杨 林 吕国英 方宪法 王超铁 陈开化 贾振华	3
秸秆氨化设备的设计与规划	北京农业工程大学非常规饲料研究所 北京市农林科学院综合所 郭佩玉 谭夸林 何仲辉 夏建平 王超铁 周雅娟 雷水旺 文 化 李道娥 韩鲁佳	3
内蒙古自治区农业工程规划的研究	内蒙古自治区畜牧科学院 中国农业工程研究设计院 于中流 文 岚 刘孝忱 季 芳 牛文艺 兰 明 曾军全 王 忠 刘通在 蒯莲芳	3
飞龙-0.75 型谷物联合收割机的研制	西北农业大学 祝承昌 邵维民 穆浩民 陈 静 杨铁牛 杜白石 李小昱 吕新民 薛交通 陈 虹 高新科 李清智 杨文选 王 为 褚 义	3
大型新结构温室	中国农业工程设计研究院 江西进贤温室公司 胡元容 郑梦林 崔凤皋 鲁文杰 胡永和 程淑雅 沈雪民 赵国智	3

（续）

项 目 名 称	完成单位及主要人员	获奖等级
水　利		
水工钢筋混凝土结构维修技术研究	吉林省水利科学研究所　张　彤　董世杰　刘丽英　刘玉祥	3
长江防洪系统研究	水利部南京水文水资源研究所　长江水利委员会规划局　河海大学　清华大学　成都科学技术大学　宋德敦　徐承隆　朱元生　徐子恺　赵棣华	3
中国主要农作物需水量图研究	水利部农田灌溉研究所　山东省水利厅　福建省水利水电厅　辽宁省水利厅　湖北省水利厅　陈玉民　郭国双　潘保仲　肖俊夫　刘祖贵	3
TZT-1型堤坝隐患自动探测仪	山东省水利科学研究所　于　斌　张金丽　余　欣　张炳龙　宁　霞	3
TC型蓄能式操作器研制	水利部农村电气化研究所　浙江省水电开发管理中心、桐庐县水利水产局、桐庐县江南灌区工程管理处发电总站　李永国　吕建平　孙水林　郑青松　俞宝成	3
水泵模型试验台	水利水电科学研究院　张允达　王海安　刘尚智　莫为泽　孟晓超	3
防渗拦淤堤封闭式换填地基处理深圳机场场道工程深厚淤泥	长江水利委员会设计局施工设计处　水电部长江葛洲坝工程局第一工程公司　长江水利委员会长江科学院　长江水利委员会勘测总队　杨光煦　周公觉　包承纲　郑允中　陈建华	3
无人水文站测报技术研究——STD总线通用数据自动采集系统	长江水利委员会水文测验研究所　水利部南京水文水资源研究所　高有竹　胡志强　鲁学仁　唐海行　王　弘	3
发酵猪粪配合饲料的研究	华中农业大学　林可椒　沈维华　庄振鹏　赵振山　罗宇良	3
气力输送片冰技术	水利部杭州机械设计研究所　水电部第十四工程局南一水库工程施工局　浙江省舟山冷冻设备厂　李才生　翁定伯　王士俊　杨　志　王家贝	3
水工整体模型试验自动化控制及现场数据采集处理系统	南京水利科学研究院　水利部西北水利科学研究所　徐基丰　朱伯荣　季玲玲　王孝俭　陈玉芬	3
YZT10L型斜平两用拖式振动压路机	陕西省水利机械厂　刘　恒　林　鹰　张志权　凌迭云　许小玲	3
深钻孔地应力测量和地应力场分析及其应用	长江水利委员会长江科学院　刘允芳　龚壁新　罗超文　钟作武	3
系统工程在抚河流域规划中的应用研究	江西省水利规划设计院　李荣昉　阮月远　黄剑宁　吴敦银　万贻鹏	3
闽江下游河道综合整治防洪问题的研究	福建省水利水电科学研究所　黄霖恩　李怀根　郑鸣芳　陈伯淦　卓存实	3
长江口盐水入侵规律及宝钢水源含氯度研究	水电部上海勘测设计院　上海市自来水公司　黄觉新　刘上煊　夏柔则　郁士耕　徐彭令	3
内蒙古半干旱地区春小麦非充分灌溉试验研究	内蒙古自治区水利科学研究所　刘峻峰　李　洁　赵冬梅　王　义　王胜利	3
金沙溪梯级开发	福建省闽清县水利水电局　欧孝杞　黄仕榕　郑元林　陈明秀	3
水力自动闸门的动态过程	武汉水利电力学院　王长德	2
土坝抗震分析	河海大学　徐志英　周　健	3
物质输移方程解数值方法	武汉水利电力学院　杨国录	3
积深形式的不平衡输沙方	水利水电科学研究院　周建军	3

（续）

项 目 名 称	完成单位及主要人员	获奖等级
程研究		
可靠性分析方法在水工水力学领域运用的研究	南京水利科学研究院 姜树海	3
平整动床的水流和输沙规律	河海大学 陈国祥 杨永荻	3
廊道型孔口附近的应力集中问题	河海大学 赵光恒 王润富 赵 宁 杜成斌	3
喷洒水滴分布规律及喷头雾化状况的研究	水利部农田灌溉研究所 李久生 廖永诚	3
空泡在边壁附近溃灭的实验研究	水利水电科学研究院 陆 力 黄继汤 许协庆	3
内蒙古牧区水利发展方向与途径的研究报告	水利部牧区水利科学研究所 鹿文贤 朱淑明 杨玉琳	3
广西岩溶地区径流研究	广西壮族自治区水文总站 俞日新 黄志平 卢卫中 李伟业 梁才贵	3
气 象		
重庆市区雾害的成因及潜势预报警报服务系统研究	重庆市气象局 南京气象学院 重庆市环境科学研究所 成都气象学院 四川省气象科学研究所 张庆鸿 李子华 彭中贵 杨期丰 卢敬华	3
《中国旱涝的分析和长期预报研究》专著及论文	国家气象中心 中国气象科学研究院 陈菊英	3
西北太平洋热带气旋气候图集	卫海台风研究所 卫海市气象局 陈德全 陈锡璋 冯泾贤 王 雷	3
青藏高原大气低频变化的研究	兰州干旱气象研究所 孙国武 陈葆德 章基嘉	3
北太平洋温带气旋发生、发展和预报方法研究	中国气象科学研究院 中央气象台 上海中心气象台 丁一汇 仪清菊 余鹤书 齐桂英 史树森	3
浙江省名茶气候生态研究	浙江省气象科学研究所 浙江省缙云县气象局、长兴县气象局、金华市气象局、嵊县气象局 姜效泉 郑献章 汤 激 郭文扬 钱义祥	3
气象卫星监、预测天然牧草产草量研究	内蒙古自治区气象科学研究所 樊锦沼 张传道 吕玉华 巴 颜 乌兰巴特尔	3
江西省气象中速通信及其实时资料库	江西省气象台 郭有明 马中元 路名芬 曹晓岗 周文霞	3
“121”中英文天气预报自动答询系统	北京市气象台 郭金顺 潘永忠 王富海 俞晓东 王静之	3
电视传输及光通信技术在气象领域中的应用	国家气象中心通信台 龚理藩 郭玉珠 郑雄才 龙正西 石正明	3

农业教育统计

（1992年）

全国高等农业院校基本情况

单位：人

学校名称	本专科学生数			教职工数						
					其中：专任教师数					
	毕业生数	招生数	在校学生数	合计	小计	教授	副教授	讲师	助教	教员
农业院校合计(49所)	26 679	32 265	96 539	56 025	19 766	1 079	4 606	7 764	5 345	972
北京农业大学	666	662	2 286	2 122	934	124	254	334	176	46
北京农学院	304	431	1 345	642	290	9	66	140	68	7
天津农学院	160	290	799	372	175	5	40	90	35	5
河北农业大学	819	1 011	3 568	2 038	690	39	174	276	162	39
张家口农业专科学校	338	311	1 055	444	179	3	23	70	73	10
山西农业大学	847	1 050	3 075	1 553	577	29	149	244	155	—
内蒙古农牧学院	774	857	3 023	1 616	680	26	151	279	205	19
哲里木畜牧学院	343	349	1 057	494	215	—	37	91	61	26
沈阳农业大学	751	992	2 966	1 588	687	54	166	249	211	7
熊岳农业专科学校	251	369	977	362	123	1	22	33	56	11
吉林农业大学	665	676	2 348	2 257	619	29	162	235	184	9
延边农学院	348	262	875	725	314	7	62	97	125	23
东北农学院	1 201	1 150	3 032	1 499	590	50	136	234	170	—
上海农学院	273	350	823	720	205	3	52	117	24	9
南京农业大学	893	955	2 915	2 707	937	83	192	391	163	108
南京农业专科学校	60	351	801	424	65	2	11	15	30	7
苏州蚕桑专科学校	209	263	760	319	128	1	19	52	54	2
浙江农业大学	810	691	2 593	1 631	699	64	157	354	116	8
安徽农学院	863	1 112	3 096	1 332	593	40	124	229	138	62
合肥经济技术学院	59	328	870	459	191	1	25	78	63	24
福建农学院	723	796	2 586	1 437	503	27	118	210	147	1
江西农业大学	976	1 161	3 313	3 309	458	18	149	162	77	52
宜春农业专科学校	159	201	563	190	99	—	24	30	41	4
山东农业大学	1 027	1 069	3 508	1 819	725	57	151	297	178	42
莱阳农学院	571	660	1 778	977	312	3	44	69	181	15
河南农业大学	747	821	2 986	1 508	561	33	155	255	118	—
河南信阳农业专科学校	298	317	925	386	155	2	23	74	48	8
洛阳农业专科学校	298	356	1 021	399	171	4	36	66	53	12
郑州牧业工程专科学校	397	481	1 356	520	199	1	20	82	86	10

(续)

学校名称	本专科学生数			教职工数						
	毕业生数	招生数	在校学生数	合计	其中：专任教师数					
					小计	教授	副教授	讲师	助教	教员
华中农业大学	791	1 034	3 138	2 375	703	72	174	294	85	78
湖北农学院	365	576	1 913	627	314	4	48	116	146	—
湖南农学院	677	1 053	3 095	2 284	521	15	118	202	165	21
华南农业大学	963	1 202	3 617	1 873	704	47	214	261	101	81
华南热带作物学院	605	655	1 661	1 039	266	3	53	83	117	10
仲恺农业技术学院	276	373	881	341	116	4	24	61	26	1
湛江农业专科学校	362	555	1 317	380	159	—	27	62	66	4
佛山兽医专科学校	407	488	1 155	384	128	3	20	55	48	2
广西农学院	736	992	2 653	1 405	520	16	154	192	158	—
西南农业大学	789	1 084	3 012	1 726	706	41	225	285	155	—
四川农业大学	625	869	2 372	1 322	345	30	87	119	100	9
四川畜牧兽医学院	341	432	1 166	546	188	2	31	86	42	27
西昌农业专科学校	406	484	1 229	397	172	2	20	66	70	14
绵阳农业专科学校	339	430	1 003	408	155	1	19	51	56	28
贵州农学院	556	655	2 212	1 229	469	11	121	160	144	33
云南农业大学	807	955	2 887	1 096	436	6	83	162	154	31
西北农业大学	762	968	3 010	2 113	791	54	189	247	301	—
甘肃农业大学	627	694	2 132	1 496	500	29	133	183	129	26
青海畜牧兽医学院	124	110	396	282	141	—	21	74	34	12
宁夏农学院	291	434	1 390	853	358	24	103	152	50	29
林业院校合计(11所)	4 937	6 206	18 424	10 551	4 144	180	999	1 676	1 172	117
北京林业大学	444	547	1 849	1 422	492	49	151	167	117	8
河北林学院	323	343	893	490	171	4	27	79	56	5
内蒙古林学院	372	495	1 736	727	426	7	86	147	154	32
吉林林学院	374	430	1 461	824	234	2	57	73	102	—
东北林业大学	1 079	1 305	3 667	2 093	800	59	229	328	171	13
南京林业大学	625	718	2 250	1 590	588	20	172	265	131	—
浙江林学院	240	242	840	480	208	4	33	90	58	23
福建林学院	360	516	1 583	676	273	7	60	87	110	9
中南林学院	515	739	2 103	1 038	402	9	82	179	132	—
西南林学院	213	393	757	592	258	9	53	145	45	6
西北林业大学	392	478	1 285	619	292	10	49	116	96	21
水产院校合计(5所)	1 893	2 086	6 119	3 452	1 346	30	285	577	399	55
大连水产学院	408	413	1 132	730	273	8	62	153	35	15
上海水产大学	487	549	1 651	914	366	14	91	127	134	—

(续)

学校名称	本专科学生数			教职工数						
	毕业生数	招生数	在校学生数	合计	其中：专任教师数					
					小计	教授	副教授	讲师	助教	教员
浙江水产学院	290	260	887	440	203	—	25	75	96	7
厦门水产学院	346	382	1 135	664	244	1	50	122	63	8
湛江水产学院	362	482	1 314	704	260	7	57	100	71	25
农垦院校合计(7所)	3 124	3 716	11 589	8 775	2 426	65	454	839	880	188
吉林农垦特产专科学校	79	170	470	365	136	—	14	21	101	—
黑龙江八一农垦大学	579	694	2 206	2 104	387	5	39	190	116	37
黑龙江农垦师范专科学校	316	491	1 100	434	144	1	17	58	63	5
塔里木农垦大学	459	444	1 416	852	249	—	39	58	97	55
新疆八一农学院	847	864	2 796	1 854	789	34	158	325	209	63
石河子农学院	560	701	2 223	2 516	449	11	112	123	175	28
石河子医学院	284	352	1 378	650	272	14	75	64	119	—
农机院校合计(1所)	618	687	2 084	818	328	2	36	90	169	31
山东农机工程学院	618	687	2 084	818	328	2	36	90	169	31
水利院校合计(15所)	7 546	9 516	28 958	14 751	5 640	270	1 396	2 293	1 313	368
北京水利电力经济管理学院	120	345	755	815	337	36	89	116	79	17
北京电力专科学校	160	261	667	535	167		30	59	72	6
华北电力学院	798	849	2 916	1 778	707	57	172	328	81	69
沈阳电力专科学校	314	476	1 193	631	194	1	41	80	53	19
东北电力学院	649	769	2 723	1 216	395	11	100	207	60	17
东北水利水电专科学校	302	462	1 152	599	232	2	44	93	73	20
黑龙江水利专科学校	194	213	628	189	96	—	17	42	37	—
上海电力学院	167	527	1 740	735	255	11	59	123	52	10
河海大学	1 732	1 919	5 589	2 955	1 080	66	322	435	214	43
南京电力专科学校	342	387	1 101	642	292	3	38	123	113	15
浙江水利水电专科学校	60		60	104	60	—	11	16	32	1
南昌水利专科学校	286	360	1 001	354	151	2	24	57	51	17
山东水利专科学校	350	360	1 072	406	144	—	20	35	80	9
武汉水利电力学院	1 524	1 745	6 060	2 925	1 193	80	352	424	226	111
葛洲坝水电工程学院	548	843	2 301	867	337	1	77	155	90	14
气象院校合计(3所)	811	1 046	2 807	1 438	557	25	120	241	123	48
北京气象学院	70		155	237	107	7	19	41	11	29
南京气象学院	406	609	1 567	671	267	16	59	103	78	11
成都气象学院	335	437	1 085	530	183	2	42	97	34	8
农业其他院校合计(1所)	358	643	1 756	586	258	4	29	92	118	15
河北农业技术师范学院	358	643	1 756	586	258	4	29	92	118	15

全国中等农业学校基本情况

单位：人

学校名称	毕业生数	招生数			在校学生数	教职工数	
		合计	招高中毕业生	招初中毕业生		合计	其中：专任教师
农业学校合计(235所)	40 076	50 654	9 457	41 197	136 077	33 335	14 552
北京市农业学校	268	295	108	187	1 269	360	125
天津市农业学校	80	200		200	517	153	93
河北中兽医学校	83	209		209	371	98	45
河北邯郸地区农业学校	83	295	130	165	739	148	74
河北邢台地区农业学校	249	325	135	190	711	141	80
河北石家庄地区农业学校	198	260	90	170	712	180	97
河北承德地区农业学校	199	295	130	165	581	201	86
河北省农业技术师范学院中专部		61		61	141	80	33
河北唐山市农业学校	236	242		242	841	217	121
河北廊坊市农业学校		180		180	270	44	29
河北沧州地区农业学校	266	480	246	234	1 121	184	88
河北衡水地区农业学校	210	320	140	180	612	126	7
河北保定地区农业学校	206	570	200	370	1 121	244	101
河北故城农业技术中等专业学校	118	180		180	578	54	40
河北三河农业技术中等专业学校	200	124		124	436	64	44
河北蔚县农业技术中等专业学校	150	100		100	460	72	48
河北灵寿农业技术中等专业学校	180	90		90	430	50	23
河北阜平县农业技术中等专业学校	93	180		180	404	61	35
山西畜牧兽医学校	160	200		200	654	116	43
山西太原农业技术学校	183	220		220	670	185	64
山西长治农业技术学校	173	245		245	698	119	60
山西忻州原平农业技术学校	167	230		230	683	154	78
山西晋中农业技术学校	224	145		145	524	117	54
山西吕梁农业技术学校	230	190		190	655	102	57
山西临汾地区洪洞农业技术学校	257	245	50	195	703	118	74
山西运城农业技术学校	204	195		195	751	172	77
山西朔州市农业学校	232	190		190	623	120	61
内蒙古农业学校	163	160		160	433	183	63
内蒙古包头农牧学校	40	40		40	247	71	40
内蒙古锡林浩特牧业学校	159	160		160	517	260	109
内蒙古乌盟农牧学校	186	162		162	629	274	105
内蒙古伊盟农牧学校	98	160		160	402	145	64
内蒙古巴盟农牧学校	121	124		124	367	182	73
内蒙古扎兰屯农牧学校	80	211	171	40	691	205	85
内蒙古赤峰农牧学校	163	240		240	881	254	131
内蒙古兴安盟农牧学校	66	80		80	191	79	35
辽宁抚顺市农业学校	137	201		201	438	100	60
辽宁丹东市农业学校		120		120	436	126	63
辽宁锦州畜牧兽医学校	436	413	120	293	699	230	92
辽宁锦州市农业学校	150	200		200	605	140	63

(续)

学校名称	毕业生数	招生数			在校学生数	教职工数	
		合计	招高中毕业生	招初中毕业生		合计	其中：专任教师
辽宁朝阳农业学校	120	160	80	80	439	119	64
辽宁铁岭农业学校	242	560		560	1 290	450	135
吉林长春市农业学校	85	326		326	675	188	80
吉林省农业学校	463	615	405	210	1 511	342	139
吉林通化市农业学校	269	130		130	638	195	110
吉林省畜牧业学校	150	298		293	1 038	266	112
黑龙江省大庆农业学校		120		120	400	183	58
黑龙江省红兴隆农业学校	310	425		425	907	287	83
黑龙江省畜牧兽医学校	323	320		320	832	316	108
黑龙江省牡丹江农业学校	507	480	40	440	938	378	105
黑龙江省佳木斯农业学校	504	580	140	440	1 011	363	107
黑龙江省北安农业学校	523	484		484	920	317	104
上海市农业学校	191	236		236	614	216	74
江苏徐州农业学校	167	304		304	661	178	84
江苏淮阴农业学校	199	206		206	583	142	70
江苏盐城农业学校	175	296	80	216	835	153	86
江苏南通农业学校	74	216		216	554	131	45
江苏句容农业学校	181	226	15	211	702	161	77
江苏苏州农业学校	92	245		245	776	180	74
江苏泰州畜牧兽医学校	58	265		265	629	100	42
江苏扬州农业学校	264	289	124	165	650	127	62
浙江杭州农业学校	133	160		160	409	117	50
浙江宁波农业学校	76	118		118	356	77	38
浙江温州农业学校	156	110		110	349	84	37
浙江嘉兴农业学校	115	154	40	114	440	120	48
浙江绍兴农业学校	113	117		117	393	108	48
浙江金华农业学校	52	160	40	120	437	138	65
浙江丽水农业学校	91	143		143	439	112	51
安徽芜湖农业学校	102	148	43	105	466	68	42
安徽宿县地区农业学校	193	270	80	190	534	162	53
安徽阜阳农业学校	279	260		260	539	154	76
安徽六安农业学校	165	250		250	487	86	37
安徽安庆农业学校	75	160		160	356	71	38
安徽池州农业学校	117	120		120	335	76	35
安徽巢湖农业学校	116	160	40	120	431	119	48
安徽屯溪茶叶学校	239	250	80	170	530	83	47
福建建阳农业工程学校	86	145		145	640	95	43
福建三明市农业学校	81	224		224	494	87	55
福建南平农业学校	119	156	33	123	431	80	52
福建宁德地区农业学校	130	171		171	627	94	49
福建福州农业学校	71	128		128	331	74	35

（续）

学校名称	毕业生数	招生数			在校学生数	教职工数	
		合计	招高中毕业生	招初中毕业生		合计	其中：专任教师
福建泉州农业学校	122	180		180	567	106	56
福建漳州农业学校	115	220	120	100	427	72	41
福建龙岩地区农业学校	119	182		182	494	101	48
江西樟树农业学校	157	261	174	87	539	275	77
江西婺源茶叶学校	66	97		97	241	125	35
江西赣州地区农业学校	247	240	240		440	156	58
江西宜春地区农业学校	153	240	240		393	124	53
江西鹰潭市农业学校	123	180	127	53	322	94	33
江西吉安地区农业学校	118	123		123	637	126	63
江西抚州地区农业学校	216	258	258		516	90	58
江西九江地区农业学校	199	220	220		428	113	60
山东枣庄市农业学校	160	40		40	120	79	33
山东烟台市农业学校	199	345		345	1 029	195	103
山东昌潍农业学校	440	320		320	1 340	331	133
山东省兽医学校	455	735	295	440	1 595	300	124
山东滨州农业学校	207	321		321	840	212	94
山东德州农业学校	119	200		200	686	193	87
山东聊城农业学校	209	180		180	460	186	70
山东泰安农业学校	162	172		172	494	123	57
山东济宁农业学校	156	313		313	937	219	97
山东临沂农业学校	638	480	40	440	1 245	291	129
山东菏泽农业学校	280	290		290	650	219	100
山东东营农业学校		160		160	520	104	62
河南中牟农业学校	355	480	333	147	1 152	280	115
河南驻马店农业学校	127	223	124	99	625	166	84
河南周口农业学校	245	265	215	50	650	120	66
河南南阳农业学校	361	400	210	190	957	199	84
河南商丘农业学校	294	283	233	50	658	163	83
河南安阳农业学校	204	303	266	42	630	135	68
湖北武汉市农业学校	323	234		234	673	177	73
湖北黄冈地区农业学校	419	440	52	388	1 150	138	75
湖北孝感地区农业学校	320	437		437	1 136	147	55
湖北咸宁地区农业学校	147	282		282	674	116	52
湖北荆州地区农业学校	223	311		311	910	174	77
湖北襄樊地区农业学校	302	403		403	1 195	185	84
湖北郧阳地区农业学校	101	200	50	150	553	123	65
湖北宜昌地区农业学校	210	331		331	640	158	72
湖北鄂西自治州农业学校	505	444	30	414	1 028	184	100
湖南长沙农业学校	563	538		538	1 281	322	117
湖南安江农业学校	201	250	40	210	763	185	73
湖南湘潭农业学校	110	204	41	163	526	106	57

（续）

学校名称	毕业生数	招生数			在校学生数	教职工数	
		合计	招高中毕业生	招初中毕业生		合计	其中：专任教师
湖南衡阳农业学校	174	250	40	210	686	183	53
湖南岳阳地区农业学校	208	305	40	265	609	127	66
湖南益阳地区农业学校	189	227	40	187	512	137	63
湖南常德地区农业学校	271	307		307	718	166	76
湖南娄底地区农业学校	242	215		215	632	125	43
湖南邵阳地区农业学校	114	185		185	565	99	40
湖南郴州地区农业学校	260	274	40	234	636	125	49
湖南零陵农业学校	190	250	40	210	712	188	80
湖南湘西自治州农业学校	235	280	40	240	567	133	53
广东广州农业技术学校	132	145		145	389	76	33
广东惠州地区农业学校	194	180		180	501	75	32
广东高州农业学校	277	238	50	188	718	143	61
广东梅县农业学校	211	179	39	140	593	133	56
广东汕头农业学校	167	268	50	218	763	141	47
广东佛山农业学校	87	90	50	40	405	72	32
广东韶关农业学校	157	160	40	120	400	88	29
广东肇庆农业学校	317	191	31	160	706	99	41
广东东莞农业学校	105	100		100	295	67	32
广西农业学校	322	539	398	141	1 484	273	100
广西柳州畜牧兽医学校	159	210	94	116	605	164	58
广西桂林农业学校	78	80		80	571	106	51
广西梧州农业学校	79	143	83	60	387	80	35
广西玉林农业学校	127	201	161	40	633	114	36
广西百色农业学校	59	40		40	159	75	22
广西河池民族农业学校	41	189		189	500	116	39
广西钦州农业学校	138	379	155	224	947	178	60
海南省农业学校	84	159		159	493	95	52
海南省通什农业学校	117	216	96	120	417	67	35
四川成都市畜牧兽医学校	144	210		210	590	99	50
四川温江农业学校	313	418	80	338	1 068	203	90
四川重庆市农业学校	34	120		120	314	107	39
四川重庆市第二农业学校	178	160		160	320	89	37
四川自贡市农业学校	78	140	24	116	379	95	36
四川南充地区农业学校	349	440	60	380	1 213	236	114
四川绵阳市农业学校	88	315		315	607	103	62
四川内江农业学校	140	229	1	228	732	135	58
四川达县农业学校	242	370	60	310	878	157	75
四川万县农业学校	214	361	90	271	795	172	78
四川涪陵农业学校	177	208	35	173	545	121	53
四川乐山农业学校	116	166		166	598	127	54
四川宜宾农业学校	279	375	47	328	1036	213	78

（续）

学校名称	毕业生数	招生数			在校学生数	教职工数	
		合计	招高中毕业生	招初中毕业生		合计	其中：专任教师
四川阿坝州农业学校					199	63	26
四川凉山州农业学校	207	115	56	59	360	116	50
四川阿坝州畜牧兽医学校	128	60		60	130	58	28
四川甘孜州农牧学校	115	120		120	363	106	58
贵州畜牧兽医学校	200	198		198	593	165	51
贵州贵阳农业学校	202	200		200	440	133	63
贵州遵义农业学校	307	240		240	592	157	68
贵州安顺农业学校	176	184		184	568	131	64
贵州六盘水农业学校	131	149		149	316	80	36
贵州铜仁农业学校	238	250		250	660	167	74
贵州毕节农业学校	119	160		160	632	123	54
贵州黔西南农业学校	82	120		120	363	100	31
贵州黔南民族农业学校	243	210		210	607	135	53
贵州黔东南民族农业学校	120	154		154	471	143	53
云南省农业学校	231	201		201	591	143	60
云南省畜牧兽医学校	239	240		240	688	182	88
云南昆明市农业学校	422	409	243	166	942	104	53
云南昭通农业学校	140	160		160	679	106	70
云南曲靖农业学校	214	198		198	592	130	57
云南楚雄农业学校	161	122		122	460	112	57
云南玉溪农业学校	214	240		240	713	120	67
云南红河州农业学校	36	210		210	690	110	60
云南文山农业学校	143	159		159	414	96	48
云南思茅农业学校	195	199		199	607	119	56
云南西双版纳农业学校	42	80		80	316	53	26
云南大理农业学校	119	117		117	392	98	47
云南保山农业学校	130	120		120	495	82	45
云南德宏州农业学校	79	40		40	246	46	27
云南丽江农业学校	82	138		138	298	65	30
云南怒江州农业学校	41	41		41	123	32	15
云南迪庆州农业学校					80	32	21
云南临沧农业学校	114	124		124	420	76	39
云南昆明农牧学校	192	122		122	342	68	38
陕西省农业学校	200	400	120	280	1 074	309	112
陕西西安市农业学校	41	40		40	382	106	52
陕西渭南农业学校	122	170		170	652	122	52
陕西仪祉农业学校	207	160		160	485	216	71
陕西汉中农业学校	108	150		150	559	147	47
陕西安康农业学校	124	160		160	546	180	60
陕西商洛农业学校	120	159		159	518	123	49
陕西延安农业学校	83	120		120	364	177	62
陕西榆林农业学校	211	160		160	439	177	66
陕西宝鸡农业学校	156	190		190	619	125	64

(续)

学校名称	毕业生数	招生数			在校学生数	教职工数	
		合计	招高中毕业生	招初中毕业生		合计	其中：专任教师
甘肃省畜牧学校	109	202	80	122	514	147	65
甘肃天水农业学校	118	160		160	442	127	56
甘肃兰州农业学校	193	200		200	640	163	70
甘肃张掖地区农业学校	81	200		200	559	112	55
甘肃山丹培黎农牧学校	76				176	72	35
甘肃平凉地区农业学校	79	79		79	319	128	60
甘肃庆阳地区农业学校	86	80		80	278	96	37
甘肃甘南畜牧学校	73	120	40	80	336	84	41
甘肃兰州园艺学校	84	78		78	317	82	40
甘肃陇南农技学校	79	130		130	369	81	40
甘肃定西地区农业学校		119		119	479	150	60
甘肃临夏州农业学校	82	120		120	479	103	58
青海湟源畜牧学校	116	208		208	651	195	96
青海省农林学校	122	200	200		446	117	59
宁夏农业学校	171	187	78	109	534	182	89
宁夏固原农业学校	180	140	30	110	460	140	69
新疆哈密农业学校	159	200	122	78	445	107	70
新疆昌吉农业学校	216	410	160	250	721	202	91
新疆伊犁农业学校	148	290	170	120	707	159	82
新疆塔城农业学校	120	40		40	250	128	60
新疆巴音郭楞农业学校	92	80		80	281	96	50
新疆阿克苏农业学校	107	277		277	616	138	63
新疆喀什农业学校	187	126	46	80	326	171	76
新疆和田农业学校		80		80	238	59	27
新疆伊犁畜牧学校	95	200	80	120	744	196	90
新疆阿勒泰畜牧学校	119	80		80	160	93	29
新疆克孜勒苏农业学校	103	80	80		201	90	45
新疆吐鲁番农业学校	39					24	10
林业学校合计(51所)	7 857	10 313	1 680	8 633	31 008	8 031	3 344
北京市园林学校	122	73		73	311	95	36
天津市园林学校	31	126	33	93	315	153	76
河北林业学校	25	243		243	739	142	77
山西省林业学校	190	240		240	911	182	76
内蒙古扎兰屯林业学校	240	160		160	663	181	81
内蒙古牙克石林业学校	170	145		145	438	180	77
辽宁省林业学校	201	317		317	844	246	116
吉林白城林业学校	297	267		267	787	279	128
吉林省林业学校	197	237		237	809	225	17
吉林延边林业学校	157	126		126	566	139	81
黑龙江伊春林业学校	259	158		158	702	203	66
黑龙江牡丹江林业学校	455	360	200	160	1 035	262	115
黑龙江齐齐哈尔林业学校	189	170		170	690	149	70
黑龙江大兴安岭林业学校	109	120		120	240	122	47

（续）

学校名称	毕业生数	招生数			在校	教职工数	
		合计	招高中毕业生	招初中毕业生	学生数	合计	其中：专任教师
上海市园林学校	39	174		174	338	138	50
江苏南京林业学校	157	231		231	696	263	95
浙江宁波林业学校	160	204	39	165	725	139	86
浙江省林业学校	196	182		182	593	143	77
安徽合肥林业学校	80	120		120	477	134	68
安徽黄山林业学校	162	127		127	534	119	55
福建林业学校	258	291		291	921	220	91
福建三明林业学校	121	172		172	566	92	47
江西省第一林业学校	155	382	162	220	748	182	72
江西省第二林业学校	202	270	270		478	132	52
山东省林业学校	38	330		330	1 081	371	115
河南汝南园林学校	46	78		78	310	89	40
河南洛阳林业学校	163	200		200	741	170	89
河南信阳林业学校	82	80		80	327	95	46
湖北省林业学校	167	300	220	80	499	168	50
湖北黄冈地区林业学校	209	226		226	706	160	51
湖北咸宁地区林业学校	102	350		350	820	87	46
湖北宜昌地区林业学校	91	361	85	276	829	88	47
湖北鄂西自治州林业学校	116	150		150	455	57	30
湖南省林业学校	391	400	39	361	992	269	129
广州林业学校	226	346	169	177	1 001	153	70
广州园林中等专业学校	40	39		39	151	28	13
广西林业学校	214	367	91	276	1 105	303	98
广西桂林地区林业学校	45	133		133	305	59	35
广西梧州地区林业学校	45	102	102		191	58	27
四川省林业学校	439	501	154	347	1 458	382	133
贵州省林业学校	120	170		170	653	131	37
贵州黔东南林业学校	81	120		120	440	73	46
云南省林业学校	290	280	116	164	809	211	100
云南省思茅林业学校		96		96	96	31	11
陕西省林业学校	175	280		280	659	187	77
陕西延安林业学校	41	40		40	171	64	28
陕西榆林林业学校	39	80		80	318	121	42
甘肃省庆阳林业学校	40	90		90	339	79	35
甘肃省林业学校	199	184		184	747	167	77
宁夏林业学校	156	40		40	268	86	35
新疆林业学校	130	75		75	411	224	81
水产学校合计(17所)	2 444	2 919	613	2 306	7 738	2 142	990
天津市水产学校	63	71		71	193	102	37
河北省水产学校	147	269	142	127	599	140	75
辽宁大连水产学校	84	90		90	252	121	64
黑龙江省水产学校	113	153	88	65	316	91	45
上海市水产学校	135	211		211	576	169	73

（续）

学校名称	毕业生数	招生数			在校学生数	教职工数	
		合计	招高中毕业生	招初中毕业生		合计	其中：专任教师
上海青浦县水产学校	96	289		289	618	88	44
江苏连云港水产学校	130	145		145	497	129	68
浙江省水产学校	40	106		106	206	61	28
浙江舟山水产学校	76	59		59	300	92	46
福建集美水产学校	112	160		160	619	163	78
安徽水产学校	80	79		79	341	49	30
江西省畜牧水产学校	156	262	125	137	462	109	59
山东省水产学校	458	200		200	779	279	112
湖北省水产学校	210	235		235	602	115	55
广东省水产学校	120	40		40	191	119	55
广西水产学校	151	151		151	298	94	48
四川省水产学校	273	399	258	141	889	221	73
农垦学校合计(15 所)	2 266	2 653	518	2 135	7 344	1 911	663
吉林农垦特产学校		160		160	322		
黑龙江海伦农业机械化学校	202	160		160	559	176	62
黑龙江齐齐哈尔农业机械化学校	92	140		140	446	126	47
黑龙江省农垦林业学校	167	160		160	612	126	50
黑龙江牡丹江农垦师范学校	220	190		190	541	152	46
黑龙江牡丹江农垦卫生学校	118	138		138	540	118	33
黑龙江宝泉岭农业学校	250	160		160	658	293	90
福建农垦学校	123	88		88	283	44	21
江西省农垦学校	207	320	320		524	244	51
湖北省农垦学校	42	296	102	194	649	109	51
广东省湛江农垦中等专业学校	232	201		201	412	83	35
海南省农垦通什中专学校	117	216	96	120	417	67	35
海南省农垦海口中等专业学校	258	205		205	457	118	40
云南省热带作物学校	154	117		117	392	98	47
新疆农垦中等专业学校	84	102		102	532	157	55
农机学校合计(104 所)	13 124	19 971	3 098	16 873	53 285	9 479	4 642
北京市八一农业机械化学校	154	130		130	456	143	58
天津市农业机械化学校	28	94		94	264	76	33
河北农业机械化学校	178	390		390	967	183	75
河北张家口地区农机化学校	120	300	106	194	822	176	73
河北廊坊市农机化学校		45		45	89	15	7
河北沧州地区农机化学校	90	272		272	779	86	47
河北衡水地区农机化学校	118	250	150	100	595	129	74
山西省农业机械化学校	345	245	50	195	836	201	75
山西雁北农机化学校		50		50	210	52	15
山西忻州农机化学校	290	135		135	593	140	59
山西晋中农机化学校						26	7
山西运城农机化学校	290	195		195	711	132	62
山西雁北农机化学校		50		50	210	52	15
山西临汾农机化学校					190	34	11

（续）

学校名称	毕业生数	招生数 合计	招高中毕业生	招初中毕业生	在校学生数	教职工数 合计	其中：专任教师
内蒙古锡林浩特牧业机械化学校	191	198		198	521	158	70
内蒙古巴盟农牧机械化学校	81	80		80	243	117	39
辽宁营口市熊岳农业机械化学校	89	120		120	518	129	56
辽宁朝阳农业机械化学校	40	40		40	160	86	40
辽宁铁岭农业机械化学校	221	238	36	202	774	206	77
吉林长春市农业机械化学校	181	238		238	770	180	75
吉林吉林市农业机械化学校	85	150		150	518	134	60
吉林省农业机械化学校	201	322		322	1 080	291	111
吉林四平市农业机械化学校	148	210		210	646	148	58
吉林白城农业机械化学校	139	280		280	834	147	59
黑龙江省农业机械化学校	273	397		397	1 253	298	94
江苏南京农业机械化学校	246	253		253	814	263	88
浙江金华农业机械化学校	69	110		110	296	111	46
安徽合肥农业机械化学校	279	300	80	220	604	148	51
安徽凤阳农业机械化学校	280	210		210	430	81	26
安徽六安地区农业机械化学校	50	120	40	80	383	71	29
福建漳州农业机械化学校	115	220	120	100	427	72	41
山东省农业机械化学校	359	360		360	976	275	98
河南省农业机械化学校	217	250	166	84	749	143	70
河南商丘地区农业机械化学校	77	268	128	140	806	63	32
河南许昌农业机械化学校	282	250	170	80	682	104	57
河南驻马店地区农业机械化学校	69	122	82	40	191	75	33
河南信阳地区农业机械化学校	38	140	70	70	299	73	42
河南新乡农业机械化学校	90	130	130		274	49	18
河南濮阳农业机械化学校	177	210		210	420	133	66
河南开封市农业机械化学校						5	3
湖北黄冈地区农业机械化学校	191	307	75	232	741	107	51
湖北孝感地区农业机械化学校	172	359		359	859	109	68
湖北咸宁地区农业机械化学校	77	182		182	388	56	23
湖北荆州地区农业机械化学校	380	422		422	1 308	155	73
湖北襄樊市农业机械化学校	275	350	40	310	1 000	176	84
湖北郧阳地区农业机械化学校	195	449		449	1 092	125	62
湖北宜昌地区农业机械化学校	234	250		250	801	106	57
湖北鄂西自治州农业机械化学校	36	100	50	50	434	57	27
湖南省农业机械化学校	250	545	84	461	1 070	269	89
湖南湘潭农业机械化学校	88	169		169	552	54	28
湖南衡阳农业机械化学校	170	161		161	710	66	43
湖南岳阳农业机械化学校	126	335		335	709	140	64
湖南常德农业机械化学校	199	320		320	854	120	61
湖南娄底农业机械化学校	79	193	1	192	526	79	40
湖南邵阳农业机械化学校	120	225	38	187	445	62	26
湖南郴州农业机械化学校	203	238		238	563	104	60
湖南怀化农业机械化学校	210	236		236	601	110	47

（续）

学校名称	毕业生数	招生数			在校学生数	教职工数	
		合计	招高中毕业生	招初中毕业生		合计	其中：专任教师
湖南湘西农业机械化学校	86	105		105	324	52	24
广东省农业机械化学校	234	454	188	266	840	122	53
广州市农业机械化学校	80	136		136	466	52	22
广东肇庆农业机械化学校	110	300		300	690	52	32
广东湛江农业机械化学校	307	284	54	230	750	48	28
广东惠州农业机械化学校	155	480		480	1 196	80	41
广东佛山市农业机械化学校	48	220		220	536	47	26
广东汕头农业机械化学校	86	165		165	423	63	29
广西农业机械化学校	84	265		265	712	215	61
广西南宁地区农业机械化学校		90		90	251	65	24
广西柳州地区农业机械化学校	123	40		40	164	52	24
广西桂林地区农业机械化学校		55		55	176	45	22
广西梧州地区农业机械化学校	74	50		50	130	55	20
广西玉林地区农业机械化学校	111	176	87	89	394	136	40
广西百色地区农业机械化学校	59	40		40	159	75	22
广西河池地区农业机械化学校		45		45	163	50	21
广西钦州地区农业机械化学校	70	100	50	50	180	63	36
海南省农业机械化学校	39	88	48	40	188	72	24
四川省农业机械化学校	190	418	3	415	989	311	84
四川成都市农业机械化学校	73	100		100	266	84	21
四川绵阳农业机械化学校	155	198		198	516	87	49
四川达县农业机械化学校	167	280		280	673	79	43
四川万县农业机械化学校	95	235	55	180	645	90	53
四川涪陵农业机械化学校	244	220	50	170	564	169	101
四川宜宾农业机械化学校	133	200		200	424	62	34
四川西昌农业机械化学校	87	130	55	75	330	58	32
贵州省农业机械化学校	133	230	45	185	585	98	52
贵州黔西南农业机械化学校	44	50	50		142	26	9
贵州黔南州农业机械化学校	84	79		79	276	61	38
贵州凯里农业机械化学校	156	158	40	118	483	68	35
云南曲靖农业机械化学校	42	160		160	594	85	42
云南楚雄农业机械化学校	124	125		125	285	64	30
云南大理农业机械化学校						56	28
云南德宏州农业机械化学校	39	79		79	234	37	17
陕西省农业机械化学校	226	340		340	712	563	76
陕西省延安地区农业机械化学校	161	160		160	405	97	47
甘肃省农业机械化学校	137	140		140	488	181	55
宁夏农业机械化学校	120	160		160	514	162	65
新疆农业机械化学校	109	286	286		658	173	62
新疆伊犁农业机械化学校	32	200		200	565	114	56
新疆哈密农业机械化学校	83	120	40	80	239	81	40
新疆昌吉农业机械化学校	82	240	40	200	306	59	18
新疆博尔塔拉农业机械化学校	69	80		80	186	46	13

（续）

学校名称	毕业生数	招生数			在校学生数	教职工数	
		合计	招高中毕业生	招初中毕业生		合计	其中：专任教师
新疆阿克苏农业机械化学校	159	247	167	80	367	109	40
新疆喀什农业机械化学校	90	290	290		777	110	53
新疆巴音郭楞农业机械化学校					80	16	8
新疆和田农业机械化学校	39	40	40		119	24	12
水利电力学校合计(61所)	12 851	14 992	2 720	12 721	35 775	12 557	5 274
北京水利水电学校	68	119		119	324	144	60
天津市水利学校	58	109		109	248	72	28
山西太原电力学校	399	461	200	261	1 270	304	146
山西省水利学校	326	290		290	943	193	100
内蒙古水利学校	182	120		120	516	258	110
内蒙古临河水利学校	97	154		154	543	198	88
内蒙古电力学校	254	270		270	850	271	110
内蒙古电力管理学校	56	34		34	149	65	34
沈阳电力专科学校中专部	210	200		200	864		
辽宁省水利学校	310	390		390	1 041	241	110
辽宁大连电力学校	271	240		240	1 031	369	150
吉林长春电力学校	470	200		200	922	368	142
东北水利电力中专部	234	300		300	1 068		
黑龙江哈尔滨电力学校	496	429	80	349	953	424	177
黑龙江省水利工程学校	31	98		98	455	124	54
江苏扬州水利学校	122	124		124	465	23	18
浙江杭州电力学校	271	160		160	821	283	116
浙江水利水电学校	101	228		228	595	133	53
安徽合肥电力学校	253	300		300	1 116	265	102
安徽省水利电力学校	242	160	80	80	722	220	100
福建水利电力学校	63	302		302	1 111	174	88
江西省电力工业学校	231	161		161	709	302	123
江西省水利电力学校	120	132	46	86	343	134	66
山东省电力学校	609	600	190	410	1 729	455	160
山东省水利学校	240	400		400	1 272	499	117
河南郑州电力学校	351	432	80	352	1 530	412	190
河南黄河水利学校	509	536	252	284	1 740	380	134
河南郑州水利学校	369	350	90	260	1 400	253	126
河南周口水利学校	279	279	189	90	774	120	68
湖北长江水利水电学校	151	449	112	337	1 145	214	108
湖北武汉电力学校	393	372		372	1 483	451	183
湖北省水利学校	165	323		323	793	193	81
湖北黄冈地区水利电力学校	158	352	40	312	628	66	34
湖北宜昌地区水利电力学校	75	304		304	950	64	37
湖南长沙电力学校	248	186		186	680	341	153
湖南省水利学校	120	339	105	234	617	307	135
广东省水电学校	238	287		287	921	191	92
广西水电学校	401	557	207	350	1 419	216	98

（续）

学校名称	毕业生数	招生数			在校学生数	教职工数	
		合计	招高中毕业生	招初中毕业生		合计	其中：专任教师
四川重庆电力学校	475	601	295	306	1 407	460	170
四川省水利电力学校	407	418	96	322	1 111	435	122
四川省水利机电学校	33	202	32	170	345	87	29
四川省水利经济管理学校	122	156		156	372	119	45
四川重庆市水利电力学校	80	172		172	308	56	27
四川绵阳市水利电力学校	206	243		243	632	113	60
四川省内江水电学校	84	230	10	220	451	73	28
四川省达县水电学校	46	217		217	367	98	56
四川省万县水利电力学校	77	157	47	110	317	101	51
四川省涪陵水利电力学校	194	176	50	126	510	78	51
贵州电力学校	226	280	40	240	975	216	104
贵州水利电力学校	202	225		225	903	182	83
贵州黔西南水利电力学校	89	79	40	39	240	56	26
云南省水利电力学校	138	202	40	162	722	136	71
陕西西安电力学校	414	400		400	1 657	534	202
陕西省水利学校	221	328		328	962	302	114
甘肃兰州电力学校	238	125		125	706	315	136
甘肃省水利学校	259	385	285	100	603	158	69
青海西宁水电学校	77	80		80	323	176	69
青海省水利学校	39	60	60		141	56	17
宁夏水利学校	39	40		40	159	94	40
新疆水利水电学校	256	257	132	125	550	216	114
新疆喀什水利水电学校	157	122	122		290	73	45
气象学校合计(18 所)	1 137	1 516	364	1 152	4 062	1 285	609
河北气象学校	44	77		77	151	62	29
山西省气象学校						24	14
内蒙古气象学校	76	26	19	7	118	53	29
吉林省气象学校						23	12
安徽省气象学校	20	100		100	276	57	22
江西南昌气象学校	196	165		165	644	219	114
山东省气象学校					21	31	18
河南郑州气象学校					34	25	14
湖北气象学校	119	187	41	146	314	75	35
湖南省气象学校	16					37	20
广东湛江气象学校	246	302	58	244	900	198	103
广西气象学校						58	27
四川省气象学校	198	354	246	108	747	100	37
云南省气象学校	50					26	13
陕西省气象学校					20	32	16
甘肃兰州气象学校	132	265		265	758	211	90
青海省气象学校	40						
新疆气象学校		40		40	79	78	30

（国家教育委员会计划建设司　李焕珠）

农业经济统计

（1992年）

综　　合

各地区非农业、农业人口　　单位：人

地　区	总人口	非农业人口		农业人口	
		人数	占总人口%	人数	占总人口%
全国总计	**1 152 428 217**	**249 778 067**	**21.67**	**902 650 150**	**78.33**
北　京	10 487 445	6 565 264	62.60	3 922 181	37.40
天　津	8 827 215	4 967 635	56.28	3 859 580	43.72
河　北	62 493 293	9 610 413	15.38	52 882 880	84.62
山　西	29 190 757	6 530 869	22.37	22 659 888	77.63
内蒙古	21 785 486	6 783 977	31.14	15 001 509	68.86
辽　宁	39 578 534	16 934 554	42.79	22 643 980	57.21
吉　林	24 740 149	9 853 808	39.83	14 886 341	60.17
黑龙江	35 261 686	15 232 072	43.20	20 029 614	56.80
上　海	12 893 686	8 755 491	67.91	4 138 195	32.09
江　苏	67 674 892	14 767 982	21.82	52 906 910	78.18
浙　江	42 859 147	7 257 839	16.93	35 601 308	83.07
安　徽	58 174 827	9 403 764	16.16	48 771 063	83.84
福　建	30 668 527	5 257 764	17.14	25 410 763	82.86
江　西	38 270 302	7 407 802	19.36	30 862 500	80.64
山　东	85 797 797	17 608 879	20.52	68 188 918	79.48
河　南	88 114 858	12 046 670	13.67	76 068 188	86.33
湖　北	55 136 488	12 813 211	23.24	42 323 277	76.76
湖　南	69 092 457	9 878 955	15.91	52 213 502	84.09
广　东	64 631 689	16 407 966	25.39	48 223 723	74.61
广　西	43 593 638	6 287 063	14.42	37 306 575	85.58
海　南	6 713 238	1 464 967	21.82	5 248 271	78.18
四　川	109 429 421	16 844 910	15.39	92 584 511	84.61
贵　州	33 009 727	4 130 201	12.51	28 879 526	87.49
云　南	37 671 496	4 766 504	12.65	32 904 992	87.35
西　藏	2 252 666	308 308	13.69	1 944 358	86.31
陕　西	33 402 887	6 442 122	19.29	26 960 765	80.71
甘　肃	22 881 245	3 822 764	16.71	19 058 481	83.29
青　海	4 430 563	1 248 093	28.17	3 182 470	71.83
宁　夏	4 822 697	1 165 748	24.17	3 656 949	75.83
新　疆	15 541 404	5 212 472	33.54	10 328 932	66.46

注：此表由公安部提供，总人口中不包括现役军人、港、澳、台人口。

全国耕地面积增减情况

项　　目	单　位	1992年	1991年	1992年比1991年	
				增减数	增减%
一、年末实有耕地面积	千公顷	95 425.8	95 653.8	−228.0	−0.2
1. 水田	千公顷	25 597.2	25 706.5	−109.3	−0.4
占年末耕地面积比重	%	26.8	26.9		
2. 旱地	千公顷	69 828.6	69 947.3	−118.7	−0.2
占年末耕地面积比重	%	73.2	73.1		
其中：水浇地	千公顷	22 960.0	22 624.2	335.8	1.5
占年末耕地面积比重	%	24.1	23.7		
二、当年增加耕地面积	千公顷	510.7	468.7	42.0	9.0
其中：新开荒地面积	千公顷	243.0	276.7	−33.7	−12.2
占增加耕地面积比重	%	47.6	59.0		
其中：国营开荒	千公顷	43.6	54.9	−11.3	−20.6
占增加耕地面积比重	%	8.5	11.7		
三、年内减少耕地面积	千公顷	738.7	488.0	250.7	51.4
其中：1. 国家基建占地	千公顷	131.7	71.9	59.8	83.2
占减少耕地面积比重	%	17.8	14.7		
2. 退耕造林面积	千公顷	135.4	129.7	5.7	4.4
占减少耕地面积比重	%	18.3	26.6		
3. 退耕改牧面积	千公顷	62.6	56.2	6.4	11.4
占减少耕地面积比重	%	8.5	11.5		
4. 当年乡、村集体基建占地	千公顷	64.1	33.4	30.7	91.9
占减少耕地面积比重	%	8.7	6.8		
5. 当年农民个人建房占地	千公顷	23.9	20.5	3.4	16.6
占减少耕地面积比重	%	3.2	4.2		
四、年末耕地中全民所有制的面积	千公顷	5 372.9	5 455.8	−82.9	−1.5
占年末耕地面积比重	%	5.6	5.7		

农业部计划司供稿

各地区耕地面积

单位：千公顷

地区	一、年初实有耕地面积	二、当年增加的耕地面积			三、当年减少的耕地面积			
		合计	其中:新开荒地面积		合计	其中		
			小计	其中:国营开荒		国家基建占地	退耕造林	退耕改牧
全国总计	**95 653.8**	**510.7**	**243.0**	**43.6**	**788.7**	**131.7**	**135.4**	**62.6**
北京	411.2				2.4	1.0		
天津	431.6				2.0	1.5		
河北	6 549.7	1.5	0.8	0.3	7.5	4.6	0.8	0.4
山西	3 687.9	4.5	2.8	0.1	11.9	2.0	5.0	1.0
内蒙古	5 004.7	127.1	43.9	3.8	50.1	1.8	15.2	20.0
辽宁	3 460.2	6.5	2.4	0.2	14.5	4.1	0.8	0.5
吉林	3 937.9	9.7	4.8	0.3	16.0	1.9	6.7	0.5
黑龙江	8 852.3	77.5	20.4	4.1	25.2	4.4	6.1	2.0
上海	320.9	6.6	6.2	4.4	9.7	4.8		
江苏	4 550.0	2.9	1.3	0.3	31.0	13.0	3.9	
浙江	1 714.9	3.8	0.4		27.5	7.2	0.5	
安徽	4 353.5	1.1	0.4	0.1	20.5	10.2	0.6	
福建	1 234.7	2.0	1.2	0.1	8.0	2.5	0.1	
江西	2 343.7	2.3	0.7	0.7	9.1	2.5	1.9	0.5
山东	6 834.1	8.4	5.1	0.2	44.7	15.7	13.5	0.4
河南	6 920.0	4.1	1.2		36.7	6.6	4.0	
湖北	3 458.5	4.7	3.1	0.4	41.7	5.0	8.1	0.2
湖南	3 310.2	5.0	3.1	0.1	19.3	3.5	2.5	
广东	2 519.8	12.9	6.1	1.1	89.1	9.5	1.1	
广西	2 612.9	33.4	28.1	0.8	35.5	5.7	11.7	1.0
海南	437.3	3.6	2.7	0.2	5.2	2.3	0.3	0.1
四川	6 280.7	7.7	4.6	0.4	32.9	9.7	5.3	1.0
贵州	1 852.9	7.5	4.2	0.1	11.4	1.9	4.0	0.4
云南	2 858.4	48.1	33.2	0.4	48.8	4.4	18.0	10.8
西藏	222.7	1.6	0.6		0.7			0.6
陕西	3 521.1	20.9	8.0	0.1	54.4	2.9	10.5	4.9
甘肃	3 479.3	9.1	6.8	1.3	6.6	0.5	0.3	0.9
青海	579.2	1.8	1.7	0.8	1.5	0.1	0.1	0.3
宁夏	797.6	6.2	4.8	1.4	2.7	0.4	0.3	0.5
新疆	3 115.9	90.2	44.4	21.9	72.1	2.0	14.1	16.6

(续)

地区	三、当年减少的耕地面积		四、年末实有耕地面积				五、年末耕地中全民所有制的面积
	其中		合计	1. 水田	2. 旱地		
	乡村集体基建占地	农民个人建房占地			小计	其中：水浇地	
全国总计	**64.1**	**23.9**	**95 425.8**	**25 597.2**	**69 828.6**	**22 960.0**	**5 372.9**
北京	0.1		408.8	30.2	378.6	291.1	10.2
天津	0.1		429.6	53.2	376.4	293.3	6.4
河北	0.7	0.8	6 543.7	146.6	6 397.1	3 739.0	92.3
山西	0.9	0.8	3 680.5	10.0	3 670.5	1 151.7	18.6
内蒙古	0.2	0.6	5 081.7	95.1	4 986.6	1 272.8	581.3
辽宁	1.6	0.8	3 452.2	550.8	2 901.4	227.8	147.7
吉林	0.6	0.4	3 931.6	455.4	3 476.2	495.4	94.7
黑龙江	3.8	0.4	8 904.6	791.1	8 113.5	192.2	2 230.7
上海	4.3	0.2	317.8	280.3	37.5	34.1	20.8
江苏	15.5	3.3	4 521.9	2 836.8	1 685.1	588.9	113.2
浙江	4.6	1.5	1 691.2	1 404.8	286.4		15.9
安徽	4.0	2.1	4 334.1	1 904.9	2 429.2	753.6	62.9
福建	0.3	0.2	1 228.7	993.2	235.5	43.3	16.6
江西	0.7	0.4	2 336.9	1 987.1	358.8	41.1	75.8
山东	6.4	1.6	6 797.8	150.9	6 646.9	4 338.3	32.9
河南	1.3	2.2	6 887.4	440.8	6 446.6	3 404.0	40.3
湖北	3.0	0.7	3 421.5	1 845.3	1 576.2	508.1	170.0
湖南	1.5	0.3	3 295.9	2 611.2	684.7	94.3	78.8
广东	3.4	0.3	2 443.6	1 808.4	635.2		
广西	0.6	0.4	2 610.8	1 573.0	1 037.8	51.4	50.0
海南			435.7	254.5	181.2	6.7	44.3
四川	5.4	1.2	6 255.5	3 204.1	3 051.4	131.1	43.5
贵州	0.4	0.5	1 849.0	774.2	1 074.8	5.9	10.2
云南	1.5	0.9	2 857.7	975.2	1 882.5	139.9	8.0
西藏			223.6	0.8	222.8	157.4	31.8
陕西	1.5	2.6	3 487.6	174.9	3 312.7	1 009.5	1.6
甘肃	0.1	0.7	3 481.8	8.3	3 473.5	876.7	18.3
青海		0.1	579.5		579.5	175.1	87.0
宁夏	0.1	0.1	801.1	168.5	632.6	100.0	101.3
新疆	1.5	0.8	3 134.0	76.6	3 057.4	2 873.3	50.9

农业部计划司供稿

全国农村基层组织增减情况

项　　目	单位	1992年	1991年	1992年比1991年	
				增减数	增减%
一、农村乡镇个数	个	48 250	55 542	−7 292	−13.1
1. 乡政府	个	34 115	43 660	−9 545	−21.9
其中：民族乡	个	2 236	2 421	−185	−7.6
2. 镇政府	个	14 135	11 882	2 253	19.0
3. 村民委员会	个	806 032	804 153	1 879	0.2
二、乡村户数	万户	22 849.0	22 566.2	282.8	1.3
平均每个乡镇户数	户	4 736	4 062	674	16.6
平均每个村民委员会户数	户	283	281	2	0.7
三、乡村人口	万人	91 154.4	90 525.1	629.3	0.7
平均每个乡镇人口	人	18 892	16 298	2 594	15.9
平均每个村民委员会人口	人	1 131	1 126	5	0.4

国家统计局供稿

各地区农村基层组织

地区	农村基层组织数（个）				乡村总户数	乡村总人口
	1. 乡政府	其中：民族乡	2. 镇政府	3. 村民委员会	（万户）	（万人）
全国总计	**34 115**	**2 236**	**14 135**	**806 032**	**22 849.0**	**91 154.4**
北京	210	5	80	4 081	126.2	387.6
天津	184		38	3 872	112.9	397.4
河北	2 586	72	712	50 439	1 353.7	5 281.1
山西	1 435		495	32 395	592.6	2 243.0
内蒙古	1 299	16	251	13 979	338.2	1 426.3
辽宁	755	184	466	15 774	620.6	2 256.2
吉林	567	32	359	10 300	347.8	1 477.4
黑龙江	796	61	362	14 420	422.5	1 856.8
上海	188		22	3 020	140.1	413.2
江苏	1 322	1	699	36 117	1 531.2	5 388.8
浙江	950	13	894	43 516	1 049.7	3 570.1
安徽	972	5	795	31 495	1 234.0	4 867.5
福建	465	17	495	14 864	578.5	2 567.4
江西	1 517	2	212	20 821	691.3	3 148.1
山东	1 495		943	89 485	1 941.1	7 180.2
河南	1 739	12	403	48 004	1 814.6	7 613.6
湖北	1 091	8	848	32 740	1 008.9	4 107.3
湖南	2 773	88	654	49 370	1 440.2	5 292.3
广东	322	23	1346	25 405	1 234.6	5 512.5
广西	957	58	399	74 951	785.9	3 796.6
海南	101	51	204	2 655	98.0	460.5
四川	4 520	106	1696	76 021	2 594.9	9 399.8
贵州	808	247	659	26 128	665.4	2 918.2
云南	1 212	201	363	13 411	726.2	3 283.3
西藏	908	908	30	7 466	34.2	195.7
陕西	2 204		397	32 356	661.1	2 720.8
甘肃	1 365	50	163	17 675	399.3	1 890.5
青海	403	34	27	4 039	59.9	314.6
宁夏	248		43	2 555	71.4	353.7
新疆	723	42	80	8 678	174.0	833.9

国家统计局供稿

全国农村乡镇劳动力增减情况

单位：万人

项　　目	1992年	1991年	1992年比1991年	
			增减数	增减%
农村乡镇劳动力总计	43 801.6	43 092.5	709.1	1.6
其中：男劳动力	23 449.9	23 121.9	328	1.4
女劳动力	20 351.7	19 970.6	381.1	1.9
1. 农林牧副渔业劳动力	34 037.0	34 186.3	−149.3	−0.4
其中：林牧副渔业劳动力	4 352.8	3 954.2	398.6	10.1
2. 工业劳动力	3 468.2	3 267.9	200.3	6.1
其中：乡办工业劳动力	1 178.2	1 124.5	53.7	4.8
村办工业劳动力	1 141.5	1 085	56.5	5.2
村以下办工业劳动力	1 148.3	1 050.7	97.6	9.3
3. 建筑业劳动力	1 658.8	1 533.8	125	8.1
4. 交通运输业劳动力	706.3	655	51.3	7.8
5. 商业、饮食业劳动力	813.7	722.8	90.9	12.6
6. 房地产管理、公用事业、居民服务和咨询服务业劳动力	165.7	157.3	8.4	5.3
7. 卫生、体育和社会福利事业劳动力	143.5	139.5	4	2.9
8. 教育、文化艺术和广播电视事业劳动力	308.3	311.3	−3	−1.0
9. 科学研究和综合技术服务事业劳动力	20.9	21.6	−0.7	−3.2
10. 金融、保险业劳动力	25.1	25.9	−0.8	−3.1
11. 乡经济组织（社务）管理劳动力	151.9	161.6	−9.7	−6.0
12. 其他劳动力	2 302.2	1 909.5	392.7	20.6

国家统计局供稿

各地区农村乡镇劳动力

单位：万人

地区	乡村劳动力	其中 男劳动力	其中 女劳动力	1. 农林牧副渔业劳动力	2. 工业劳动力	其中 乡办工业
全国总计	**43 801.6**	**23 449.9**	**20 351.7**	**34 037.0**	**3 468.2**	**1 178.2**
北京	178.7	89.7	89.0	74.6	51.3	22.2
天津	172.4	94.4	78.0	88.4	52.8	12.3
河北	2 470.9	1 350.5	1 120.4	1 853.6	237.3	42.0
山西	922.2	513.2	409.0	638.9	102.6	18.4
内蒙古	561.3	330.6	230.7	494.9	15.5	5.5
辽宁	853.5	488.4	365.1	611.5	94.8	35.4
吉林	646.6	374.9	271.7	565.8	24.6	8.9
黑龙江	548.5	370.1	178.4	465.5	31.4	12.1
上海	243.8	117.6	126.2	66.1	124.1	78.5
江苏	2 801.7	1 447.6	1 354.1	1 691.7	523.3	280.9
浙江	2 099.4	1 154.1	945.3	1 338.5	367.9	149.1
安徽	2 432.4	1 313.8	1 118.6	1 992.4	130.0	35.9
福建	1 119.3	614.9	504.4	823.4	88.0	14.7
江西	1 428.8	761.0	667.8	1 136.2	109.9	32.7
山东	3 533.0	1 909.3	1 623.7	2 627.4	335.5	104.8
河南	3 601.3	1 894.8	1 706.5	2 946.6	198.2	26.9
湖北	1 805.1	951.1	854.0	1 452.2	109.5	42.7
湖南	2 689.2	1 463.9	1 225.3	2 241.6	131.3	44.5
广东	2 436.3	1 255.4	1 180.9	1 541.5	287.1	88.4
广西	1 850.2	967.5	882.7	1 602.5	48.7	9.8
海南	196.2	100.0	96.2	166.7	4.4	0.5
四川	5 168.4	2 719.8	2 448.6	4 310.6	215.1	75.4
贵州	1 484.5	770.9	713.6	1 351.9	43.2	6.6
云南	1 742.1	896.1	846.0	1 581.2	39.7	7.2
西藏	91.6	46.1	45.5	86.6	0.7	0.2
陕西	1 285.4	689.8	595.6	1 059.6	61.1	10.9
甘肃	848.5	447.6	400.9	696.6	25.8	6.5
青海	143.7	73.4	70.3	126.6	4.0	0.9
宁夏	149.2	77.7	71.5	131.4	3.5	1.4
新疆	297.4	165.7	131.7	272.5	6.9	2.9

（续）

地区	其中		3．建筑业劳动力	4．交通运输业劳动力	5．商业、饮食业劳动力	6．房地产、公用事业、咨询和居民服务业劳动力
	村办工业	村以下办工业				
全国总计	**1 141.5**	**1 148.3**	**1 658.8**	**706.3**	**813.7**	**165.7**
北京	25.7	3.4	10.7	6.3	6.0	0.6
天津	34.2	6.3	8.6	6.4	6.1	0.4
河北	78.1	117.2	108.7	52.0	60.7	4.2
山西	47.6	36.6	36.9	38.0	22.4	3.6
内蒙古	5.7	4.3	10.4	6.2	5.9	0.4
辽宁	39.8	19.6	34.6	21.7	28.0	1.1
吉林	9.7	6.0	10.5	7.4	7.9	0.4
黑龙江	10.2	9.1	10.9	7.8	8.7	0.6
上海	43.4	2.2	6.0	3.1	5.1	7.2
江苏	182.7	59.7	198.5	75.6	57.0	11.9
浙江	109.8	109.0	78.3	46.6	53.8	70.5
安徽	36.7	57.4	81.7	32.7	39.2	3.9
福建	25.1	48.2	58.0	24.7	31.5	3.0
江西	25.0	52.2	37.1	13.0	18.3	14.2
山东	141.4	89.3	203.0	65.8	75.1	3.8
河南	71.6	99.7	150.5	55.8	62.4	1.6
湖北	39.6	27.2	59.5	27.0	34.3	4.1
湖南	39.2	47.6	73.1	28.3	38.5	4.8
广东	74.5	124.1	154.2	54.7	77.8	3.4
广西	7.7	31.2	40.4	16.0	25.8	2.3
海南	0.3	3.6	5.9	3.9	5.0	0.3
四川	47.6	92.1	158.5	38.0	74.3	12.9
贵州	3.9	32.6	11.1	9.0	10.7	2.0
云南	10.5	22.0	30.6	19.6	14.8	1.5
西藏	0.1	0.4	0.6	0.8	0.8	0.2
陕西	22.0	28.2	44.5	23.1	23.0	1.6
甘肃	6.6	12.7	27.3	12.7	12.5	4.5
青海	1.0	2.1	2.8	3.2	1.9	0.1
宁夏	0.7	1.4	3.2	3.2	1.9	0.2
新疆	1.1	2.9	2.7	3.7	4.3	0.4

(续)

地　　区	7.卫生、体育和社会福利事业劳动力	8.教育、文化艺术和广播电视事业劳动力	9.科学研究和综合技术服务事业劳动力	10.金融、保险业劳动力	11.乡经济组织管理事业劳动力	12.其他劳动力
全国总计	**143.5**	**308.3**	**20.9**	**25.1**	**151.9**	**2 302.2**
北　京	0.9	0.8	0.1	0.2	0.8	26.4
天　津	0.7	0.5	0.1	0.1	0.9	7.4
河　北	9.4	16.8	1.2	3.2	6.9	116.9
山　西	4.9	11.0	0.8	1.5	12.1	49.5
内蒙古	1.7	6.1	0.3	0.2	1.2	18.5
辽　宁	3.5	8.4	0.4	0.7	7.9	40.9
吉　林	1.8	5.7	0.2	0.3	5.1	16.9
黑龙江	2.7	10.4	0.5	0.5	1.9	7.6
上　海	1.4	1.0	1.4		2.3	26.1
江　苏	10.5	18.5	1.8	1.8	24.2	186.9
浙　江	4.0	6.1	1.0	0.8	10.7	121.2
安　徽	7.2	17.5	0.9	0.9	2.6	123.4
福　建	4.3	6.2	0.6	0.7	2.4	76.5
江　西	4.8	11.6	1.2	0.7	6.7	75.1
山　东	15.7	32.9	1.5	2.3	6.0	164.0
河　南	13.5	37.3	0.3	1.1	4.0	130.0
湖　北	6.9	18.9	1.2	1.6	5.7	84.2
湖　南	6.4	14.3	0.9	1.8	4.1	144.1
广　东	8.8	17.6	1.3	2.1	10.5	277.3
广　西	4.5	10.0	0.6	0.7	5.3	93.4
海　南	0.4	0.7	0.0	0.1	1.1	7.7
四　川	12.7	20.6	2.4	1.4	9.1	312.8
贵　州	2.6	8.6	0.2	0.4	2.0	42.8
云　南	3.6	6.2	0.8	0.4	5.5	38.2
西　藏	0.4	0.3	0.1		0.1	1.0
陕　西	5.8	11.4	0.5	1.2	9.8	43.8
甘　肃	2.8	5.8	0.2	0.2	0.9	59.2
青　海	0.4	0.7	0.1		0.2	3.7
宁　夏	0.4	0.7	0.1		0.2	4.4
新　疆	0.8	1.7	0.2	0.2	1.7	2.3

国家统计局供稿

全国工农业总产值指数

（以1952年为100）　　单位：%

年　份	工农业总产值指数	农业总产值指数	工业总产值指数
1949	56.3	67.4	40.8
1950	69.5	79.3	55.7
1951	82.7	86.8	76.8
1952	100.0	100.0	100.0
1953	114.4	103.1	130.3
1954	125.2	106.6	151.6
1955	133.5	114.7	160.1
1956	155.5	120.5	205.0
1957	167.8	124.8	228.6
1958	221.9	127.8	353.9
1959	264.9	110.4	481.8
1960	279.3	96.4	535.7
1961	192.6	94.1	330.8
1962	173.1	99.9	276.0
1963	189.6	111.5	299.4
1964	222.9	126.7	358.1
1965	268.3	137.1	452.6
1966	314.7	149.0	547.4
1967	284.5	151.3	471.8
1968	272.5	147.6	448.1
1969	337.4	149.2	601.6
1970	424.3	157.8	798.1
1971	476.1	162.9	915.3
1972	497.4	161.2	978.2
1973	543.0	174.5	1 071.3
1974	550.6	180.7	1 077.7
1975	616.3	186.3	1 244.7
1976	626.6	185.5	1 274.9
1977	693.3	184.8	1 461.1
1978	778.6	199.8	1 659.0
1979	845.0	214.8	1 805.3
1980	908.3	217.9	1 972.3
1981	950.2	230.5	2 057.1
1982	1 033.5	256.5	2 217.7
1983	1 139.2	276.5	2 465.8
1984	1 312.0	310.4	2 867.3
1985	1 529.0	321.0	3 480.7
1986	1 676.9	331.8	3 886.8
1987	1 928.5	351.0	4 574.5
1988	2 261.8	364.9	5 525.4
1989	2 432.3	376.2	5 997.3
1990	2 619.6	404.8	6 462.9
1991	2 923.5	419.8	7 400.0
1992	3 569.6	446.8	9 375.8

全国粮食总产量

（1949～1992年）

年　份	总产量（万吨）
1949	11 318
1950	13 213
1951	14 369
1952	16 392
1953	16 638
1954	16 952
1955	18 394
1956	19 275
1957	19 505
1958	20 000
1959	17 000
1960	14 350
1961	14 750
1962	16 000
1963	17 000
1964	18 750
1965	19 453
1966	21 400
1967	21 782
1968	20 906
1969	21 097
1970	23 996
1971	25 014
1972	24 048
1973	26 494
1974	27 527
1975	28 452
1976	28 631
1977	28 273
1978	30 477
1979	33 212
1980	32 056
1981	32 502
1982	35 450
1983	38 728
1984	40 731
1985	37 911
1986	39 151
1987	40 298
1988	39 408
1989	40 755
1990	44 624
1991	43 529
1992	44 266

国家统计局供稿

各地区分行业农村社会总产值　　单位：亿元

地区	农村社会总产值	其中				
		农业总产值	农村工业总产值	农村建筑业总产值	农村运输业总产值	农村商业总产值
全国总计	**25 386.28**	**9 084.71**	**12 717.09**	**1 570.01**	**906.04**	**1 108.43**
北京	444.83	84.52	281.15	38.95	19.73	20.48
天津	469.16	62.16	365.75	13.15	17.73	10.37
河北	1 297.62	419.82	718.75	89.46	30.92	38.67
山西	436.76	131.43	232.84	21.05	33.63	17.81
内蒙古	262.23	180.27	37.48	14.90	17.12	12.46
辽宁	1 091.64	340.75	605.42	45.15	44.16	56.16
吉林	385.50	204.33	108.47	25.85	22.51	24.34
黑龙江	486.44	285.20	109.89	31.95	34.98	24.42
上海	675.40	80.01	520.67	48.42	7.28	19.02
江苏	3 516.02	673.47	2 463.26	203.63	69.42	106.24
浙江	1 978.03	404.79	1 355.45	132.00	30.29	55.50
安徽	871.97	390.05	319.70	61.85	45.80	54.57
福建	772.16	300.72	353.53	39.34	38.62	39.95
江西	582.11	298.35	196.33	30.11	27.31	30.01
山东	2 882.91	840.71	1 756.43	151.63	53.41	80.73
河南	1 536.47	573.65	644.33	126.81	98.71	92.97
湖北	861.11	435.42	297.82	44.64	34.51	48.72
湖南	904.27	471.22	282.51	60.25	42.83	47.46
广东	2 166.41	737.12	1 048.22	162.00	75.83	143.24
广西	503.51	333.12	116.57	25.31	8.96	19.55
海南	106.62	87.20	7.09	5.07	2.97	4.29
四川	1 585.62	744.79	562.70	110.24	75.28	92.61
贵州	251.74	176.72	45.46	9.56	9.70	10.30
云南	352.98	250.35	59.96	20.71	10.44	11.52
西藏	23.76	22.45	0.19	0.29	0.50	0.33
陕西	428.10	205.34	140.06	31.89	27.44	23.37
甘肃	224.01	122.70	56.45	11.44	17.02	16.40
青海	35.54	27.26	4.36	1.46	1.29	1.17
宁夏	45.22	28.37	9.70	2.26	3.57	1.32
新疆	208.14	172.42	16.55	10.64	4.08	4.45

国家统计局供稿

各地区农业总产值、物质消耗、净产值

单位：亿元

地　　区	农业总产值	农业物质消耗	农业净产值	占农业总产值比重(%)	
				物质消耗	净 产 值
全国总计	**9 084.71**	**3 289.63**	**5 795.08**	**36.2**	**63.8**
北　　京	84.52	38.25	46.27	45.3	54.7
天　　津	62.16	30.80	31.36	49.5	50.5
河　　北	419.82	163.75	256.07	39.0	61.0
山　　西	131.43	47.92	83.51	36.5	63.5
内 蒙 古	180.27	58.85	121.42	32.6	67.4
辽　　宁	340.75	139.67	201.08	41.0	59.0
吉　　林	204.33	72.08	132.25	35.3	64.7
黑 龙 江	285.20	104.07	181.13	36.5	63.5
上　　海	80.01	45.64	34.37	57.0	43.0
江　　苏	673.47	278.11	395.36	41.3	58.7
浙　　江	404.79	148.14	256.65	36.6	63.4
安　　徽	390.05	145.94	244.11	37.4	62.6
福　　建	300.72	103.17	197.55	34.3	65.7
江　　西	298.35	96.47	201.88	32.3	67.7
山　　东	840.71	317.32	523.39	37.7	62.3
河　　南	573.65	223.39	350.26	38.9	61.1
湖　　北	435.42	132.71	302.71	30.5	69.5
湖　　南	471.22	147.20	324.02	31.2	68.8
广　　东	737.12	272.78	464.34	37.0	63.0
广　　西	333.12	100.58	232.54	30.2	69.8
海　　南	87.20	30.47	56.73	34.9	65.1
四　　川	744.79	256.26	488.53	34.4	65.6
贵　　州	176.72	58.76	117.96	33.3	66.7
云　　南	250.35	67.82	182.53	27.1	72.9
西　　藏	22.45	4.63	17.82	20.6	79.4
陕　　西	205.34	78.47	126.87	38.2	61.8
甘　　肃	122.70	48.21	74.49	39.3	60.7
青　　海	27.26	8.06	19.20	29.6	70.4
宁　　夏	28.37	10.28	18.09	36.2	63.8
新　　疆	172.42	59.83	112.59	34.7	65.3

国家统计局供稿

各地区分部门农业总产值

（按当年价格计算） 单位：亿元

地区	农业总产值	其中				
		农作物种植业	林业	牧业	副业	渔业
全国总计	**9 084.71**	**5 040.24**	**422.61**	**2 457.34**	**550.96**	**613.56**
北京	84.52	41.64	1.64	36.28	1.59	3.37
天津	62.16	33.97	0.45	17.09	5.28	5.37
河北	419.82	262.31	13.93	108.43	20.23	14.92
山西	131.43	86.42	8.84	33.11	2.43	0.63
内蒙古	180.27	100.54	7.80	55.28	15.12	1.53
辽宁	340.75	176.10	7.49	97.79	19.13	40.24
吉林	204.33	138.90	5.10	49.99	7.07	3.27
黑龙江	285.20	199.93	10.29	64.31	4.42	6.25
上海	80.01	32.80	0.43	37.19	0.41	9.18
江苏	673.47	356.76	9.93	188.36	54.50	63.92
浙江	404.79	179.94	21.01	92.98	46.63	64.23
安徽	390.05	242.37	20.82	92.89	19.96	14.01
福建	300.72	132.99	29.21	66.96	17.93	53.63
江西	298.35	148.47	23.38	82.93	28.21	15.36
山东	840.71	437.03	23.73	240.79	25.58	113.58
河南	573.65	357.67	25.13	139.76	46.19	4.90
湖北	435.42	265.53	17.36	110.37	14.57	27.59
湖南	471.22	248.07	28.12	146.04	25.30	23.69
广东	737.12	360.80	32.86	174.78	68.78	99.90
广西	333.12	172.81	26.77	100.49	16.06	16.99
海南	87.20	33.34	20.68	17.27	4.73	11.18
四川	744.79	417.70	29.16	251.74	33.22	12.97
贵州	176.72	96.56	12.21	47.17	19.48	1.30
云南	250.35	146.70	22.84	61.54	17.25	2.02
西藏	22.45	8.54	0.35	11.98	1.57	0.01
陕西	205.34	127.49	13.03	45.28	18.22	1.32
甘肃	122.70	79.51	4.13	31.11	7.62	0.33
青海	27.26	12.06	0.68	12.98	1.46	0.08
宁夏	28.37	19.54	1.02	6.64	0.53	0.64
新疆	172.42	123.75	4.22	35.81	7.49	1.15

国家统计局供稿

各地区农业总产值部门构成

（按当年价格计算）

地区	以农业总产值为100				
	农作物种植业	林业	牧业	副业	渔业
全国总计	**55.5**	**4.6**	**27.0**	**6.1**	**6.8**
北京	49.3	1.9	42.9	1.9	4.0
天津	54.6	0.7	27.5	8.5	8.6
河北	62.5	3.3	25.8	4.8	3.6
山西	65.8	6.7	25.2	1.8	0.5
内蒙古	55.8	4.3	30.7	8.4	0.8
辽宁	51.7	2.2	28.7	5.6	11.8
吉林	68.0	2.5	24.5	3.5	1.6
黑龙江	70.1	3.6	22.5	1.5	2.2
上海	41.0	0.5	46.5	0.5	11.5
江苏	53.0	1.5	28.0	8.1	9.5
浙江	44.5	5.2	23.0	11.5	15.9
安徽	62.1	5.3	23.8	5.1	3.6
福建	44.2	9.7	22.3	6.0	17.8
江西	49.8	7.8	27.8	9.5	5.1
山东	52.0	2.8	28.6	3.0	13.5
河南	62.3	4.4	24.4	8.1	0.9
湖北	61.0	4.0	25.3	3.3	6.3
湖南	52.6	6.0	31.0	5.4	5.0
广东	48.9	4.5	23.7	9.3	13.6
广西	51.9	8.0	30.2	4.8	5.1
海南	38.2	23.7	19.8	5.4	12.8
四川	56.1	3.9	33.8	4.5	1.7
贵州	54.6	6.9	26.7	11.0	0.7
云南	58.6	9.1	24.6	6.9	0.8
西藏	38.0	1.6	53.4	7.0	.0
陕西	62.1	6.3	22.1	8.9	0.6
甘肃	64.8	3.4	25.4	6.2	0.3
青海	44.2	2.5	47.6	5.4	0.3
宁夏	68.9	3.6	23.4	1.9	2.3
新疆	71.8	2.4	20.8	4.3	0.7

国家统计局供稿

各地区分部门农业总产值

（按1990年不变价格计算）　　单位：亿元

地　区	农业总产值	其中				
		农作物种植业	林　业	牧　业	副　业	渔　业
全国总计	**8 989.12**	**4 916.25**	**439.89**	**2 422.96**	**548.21**	**661.81**
北　京	80.67	39.84	1.18	35.34	1.57	2.74
天　津	57.91	28.91	0.44	17.49	5.20	5.87
河　北	404.02	243.36	12.65	106.91	19.17	21.93
山　西	132.58	88.74	7.07	33.32	2.93	0.52
内蒙古	181.90	98.06	7.98	60.64	13.83	1.39
辽　宁	339.45	154.58	8.27	96.97	18.81	60.82
吉　林	211.74	146.64	6.21	48.89	6.97	3.03
黑龙江	305.29	210.33	11.07	71.59	5.88	6.42
上　海	79.38	31.95	0.29	37.36	0.41	9.37
江　苏	655.47	343.29	8.50	188.17	54.26	61.25
浙　江	386.43	168.79	21.14	89.73	45.02	61.75
安　徽	384.44	241.11	18.68	91.62	19.21	13.82
福　建	293.91	122.07	36.36	58.92	17.55	59.01
江　西	321.50	162.51	27.59	81.06	32.95	17.39
山　东	851.16	434.26	23.49	238.02	25.09	130.30
河　南	534.33	325.23	23.87	135.80	45.14	4.29
湖　北	437.52	261.64	17.86	110.91	14.71	32.40
湖　南	468.73	250.39	31.55	135.67	26.17	24.95
广　东	663.70	334.09	30.42	140.37	58.29	100.53
广　西	332.02	187.29	31.38	79.95	16.63	16.77
海　南	79.62	28.59	23.29	12.66	4.63	10.45
四　川	799.00	429.06	29.80	290.95	38.02	11.17
贵　州	169.60	88.32	12.50	46.60	21.41	0.77
云　南	246.56	138.83	24.04	62.59	19.17	1.93
西　藏	21.15	6.27	0.66	12.89	1.32	0.01
陕　西	195.39	116.19	12.46	47.28	18.38	1.08
甘　肃	123.80	76.44	4.93	35.03	7.21	0.19
青　海	27.26	12.06	0.73	13.23	1.17	0.07
宁　夏	27.41	18.42	1.38	6.52	0.53	0.56
新　疆	177.18	128.99	4.10	36.48	6.58	1.03

国家统计局供稿

各地区分部门农业物质消耗

单位：亿元

地区	合计	其中				
		农作物种植业	林业	牧业	副业	渔业
全国总计	**3 289.63**	**1 618.90**	**94.80**	**1 164.51**	**211.80**	**199.62**
北京	38.25	13.14	0.38	22.38	0.67	1.68
天津	30.80	14.50	0.19	10.79	2.59	2.73
河北	163.75	102.85	4.12	42.65	7.22	6.91
山西	47.92	31.95	2.38	12.72	0.69	0.18
内蒙古	58.85	34.56	1.72	18.97	3.21	0.39
辽宁	139.67	59.84	2.22	55.31	7.33	14.97
吉林	72.08	46.09	1.71	21.84	1.40	1.04
黑龙江	104.07	63.77	3.26	34.91	0.51	1.62
上海	45.64	12.27	0.18	27.31	0.20	5.68
江苏	278.11	104.80	2.84	115.38	32.94	22.15
浙江	148.14	47.93	3.18	47.63	21.73	27.67
安徽	145.94	86.40	3.72	44.88	8.62	2.32
福建	103.17	43.30	6.13	29.68	4.65	19.41
江西	96.47	45.52	3.39	34.91	10.42	2.23
山东	317.32	159.99	4.87	111.94	12.26	28.26
河南	223.39	134.49	5.46	57.24	25.29	0.91
湖北	132.71	74.69	4.97	42.94	5.58	4.53
湖南	147.20	68.63	4.20	64.25	6.32	3.80
广东	272.78	114.14	6.42	90.68	23.75	37.79
广西	100.58	48.34	5.36	39.17	1.84	5.87
海南	30.47	10.32	6.97	6.86	1.68	4.64
四川	256.26	99.74	5.01	136.83	12.05	2.63
贵州	58.76	29.22	1.92	22.05	5.32	0.25
云南	67.82	38.86	7.24	18.06	2.89	0.77
西藏	4.63	2.55	0.10	1.62	0.36	0.00
陕西	78.47	43.33	3.91	23.27	7.48	0.48
甘肃	48.21	32.90	1.45	12.09	1.71	0.06
青海	8.06	4.50	0.16	3.01	0.37	0.02
宁夏	10.28	7.48	0.23	2.22	0.12	0.23
新疆	59.83	42.80	1.11	12.92	2.60	0.40

国家统计局供稿

各地区分部门农业净产值

单位：亿元

地区	合计	其中				
		农作物种植业	林业	牧业	副业	渔业
全国总计	**5 795.08**	**3 421.34**	**327.81**	**1 292.83**	**339.16**	**413.94**
北京	46.27	28.5	1.26	13.9	0.92	1.69
天津	31.36	19.47	0.26	6.3	2.69	2.64
河北	256.07	159.46	9.81	65.78	13.01	8.01
山西	83.51	54.47	6.46	20.39	1.74	0.45
内蒙古	121.42	65.98	6.08	36.31	11.91	1.14
辽宁	201.08	116.26	5.27	42.48	11.8	25.27
吉林	132.25	92.81	3.39	28.15	5.67	2.23
黑龙江	181.13	136.16	7.03	29.4	3.91	4.63
上海	34.37	20.53	0.25	9.88	0.21	3.5
江苏	395.36	251.96	7.09	72.98	21.56	41.77
浙江	256.65	132.01	17.83	45.35	24.9	36.56
安徽	244.11	155.97	17.1	48.01	11.34	11.69
福建	197.55	89.69	23.08	37.28	13.28	34.22
江西	201.88	102.95	19.99	48.02	17.79	13.13
山东	523.39	277.04	18.86	128.85	13.32	85.32
河南	350.26	223.18	19.67	82.52	20.9	3.99
湖北	302.71	190.84	12.39	67.43	8.99	23.06
湖南	324.02	179.44	23.92	81.79	18.98	19.89
广东	464.34	246.66	26.44	84.1	45.03	62.11
广西	232.54	124.47	21.41	61.32	14.22	11.12
海南	56.73	23.02	13.71	10.41	3.05	6.54
四川	488.53	317.96	24.15	114.91	21.17	10.34
贵州	117.96	67.34	10.29	25.12	14.16	1.05
云南	182.53	107.84	15.6	43.48	14.36	1.25
西藏	17.82	5.99	0.25	10.36	1.21	0.01
陕西	126.87	84.16	9.12	22.01	10.74	0.84
甘肃	74.49	46.61	2.68	19.02	5.91	0.27
青海	19.2	7.56	0.52	9.97	1.09	0.06
宁夏	18.09	12.06	0.79	4.42	0.41	0.41
新疆	112.59	80.95	3.11	22.89	4.89	0.75

国家统计局供稿

各地区人均粮、棉、油、糖、肉、水产品产量

单位：公斤

地区	粮食		棉花	油料	糖料	肉类	水产品
	抽样调查数	各省核定数					
全国总计	**384.1**	**391.6**	**3.9**	**14.2**	**76.4**	**29.8**	**13.5**
北京	268.8	268.8	0.5	3.2		34.1	6.2
天津	225.1	225.1	1.8	4.5		17.1	12.6
河北	349.7	349.7	4.9	10.6	2.1	25.2	4.9
山西	294.0	294.0	3.2	11.5	20.8	13.1	0.4
内蒙古	480.5	489.3	0.1	37.4	119.4	30.1	1.7
辽宁	396.3	401.4	0.7	4.5	13.2	29.8	33.4
吉林	743.9	803.3		14.5	37.1	25.9	3.4
黑龙江	671.1	729.1		6.2	153.1	22.2	5.0
上海	176.2	182.0	1.2	17.0	2.4	33.4	19.3
江苏	487.3	490.7	7.8	18.8	3.7	32.8	19.9
浙江	362.5	362.5	1.4	11.7	17.5	26.0	39.6
安徽	399.7	402.6	4.5	24.1	2.2	22.1	5.2
福建	292.5	316.1		6.5	117.9	28.8	52.2
江西	409.2	416.1	3.9	19.4	66.9	36.9	10.8
山东	418.3	418.3	7.9	19.4	0.8	34.2	28.9
河南	352.9	352.9	7.5	15.2	1.1	19.5	1.3
湖北	440.1	440.1	11.1	18.1	9.4	31.7	14.8
湖南	422.0	431.6	3.3	13.5	27.6	37.2	9.7
广东	274.5	282.2		9.5	367.7	38.0	38.8
广西	325.5	334.2		6.7	540.2	31.2	10.2
海南	287.9	304.3		8.5	675.0	30.1	38.3
四川	392.0	404.9	1.4	14.8	20.8	45.4	2.5
贵州	239.0	234.4		16.2	6.6	25.9	0.7
云南	284.1	285.4		5.0	240.8	24.5	1.4
西藏	290.7	290.3		7.9		43.1	
陕西	308.8	308.8	1.7	10.7	2.2	17.8	0.8
甘肃	295.0	304.6	0.8	15.9	41.2	20.7	0.2
青海	267.5	267.5		31.7	0.5	36.8	0.9
宁夏	387.6	385.1		12.9	94.3	16.0	2.7
新疆	446.8	457.3	43.0	22.9	211.7	23.2	1.7

农业部计划司供稿

各地区粮食生产情况

地　区	1992年			1991年		
	播种面积（千公顷）	总产量（万吨）	公顷产量（公斤）	播种面积（千公顷）	总产量（万吨）	公顷产量（公斤）
全国总计	**110 559.70**	**44 265.80**	**4 004**	**112 313.60**	**43 529.30**	**3 876**
北　京	477.30	281.90	5 906	483.27	279.70	5 788
天　津	446.10	198.70	4 454	457.80	198.50	4 336
河　北	6 625.90	2 185.60	3 299	6 798.00	2 268.70	3 337
山　西	3 196.10	858.30	2 685	3 199.47	742.40	2 320
内蒙古	3 925.10	1 046.80	2 667	3 878.47	958.50	2 471
辽　宁	3 051.40	1 568.40	5 140	3 089.87	1 532.40	4 959
吉　林	3 536.80	1 840.30	5 203	3 542.00	1 898.90	5 361
黑龙江	7 348.40	2 366.30	3 220	7 426.87	2 164.30	2 914
上　海	392.40	227.20	5 790	415.47	241.60	5 815
江　苏	6 180.80	3 297.80	5 336	6 202.80	2 988.90	4 819
浙　江	3 164.20	1 553.50	4 910	3 267.40	1 678.80	5 138
安　徽	5 873.00	2 325.10	3 959	5 954.53	1 781.50	2 992
福　建	2 085.00	897.20	4 303	2 087.20	889.70	4 263
江　西	3 446.20	1 566.00	4 544	3 600.67	1 625.70	4 515
山　东	7 918.60	3 589.30	4 533	8 088.13	3 916.80	4 843
河　南	8 804.70	3 109.60	3 532	9 040.47	3 010.30	3 330
湖　北	4 955.30	2 426.60	4 897	5 194.53	2 244.10	4 320
湖　南	5 243.60	2 620.10	4 997	5 365.20	2 682.00	4 999
广　东	3 640.30	1 774.30	4 874	3 871.47	1 852.60	4 785
广　西	3 521.80	1 418.90	4 029	3 567.73	1 341.00	3 759
海　南	585.40	193.30	3 302	569.13	177.70	3 122
四　川	9 906.60	4 289.60	4 330	9 940.40	4 330.70	4 357
贵　州	2 635.30	788.90	2 994	2 624.87	885.50	3 374
云　南	3 582.00	1 070.40	2 988	3 618.93	1 093.00	3 020
西　藏	192.30	65.50	3 406	191.93	58.00	3 022
陕　西	4 059.90	1 031.60	2 541	4 088.40	1 047.00	2 561
甘　肃	2 893.50	674.90	2 332	2 840.07	657.60	2 315
青　海	401.30	118.50	2 953	401.93	114.60	2 851
宁　夏	729.60	186.90	2 562	728.73	198.20	2 720
新　疆	1 740.80	694.30	3 988	1 777.87	670.60	3 772

国家统计局供稿

全国主要农作物面积和产量增减情况

项目	1992年			比上年增减			
	播种面积（千公顷）	总产量（粮食：万吨 其他：吨）	每公顷产量（公斤）	播种面积（千公顷）	总产量		每公顷产量（公斤）
					绝对数（万吨）	%	
农作物总播种面积	149 007.1			−578.7			
一、粮食作物	110 559.7	45 129.7	4 082	−1 754.0	936.4	2.1	152
其中：夏　粮	31 674.0	10 465.6	3 304	−541.9	616.0	6.3	244
1. 稻　谷	32 090.2	18 992.0	5 918	−499.9	256.9	1.4	173
其中：早　稻	8 768.3	4 745.8	5 412	−364.2	68.2	1.5	297
2. 小　麦	30 495.8	10 343.7	3 392	−452.1	680.1	7.0	272
3. 薯　类	9 056.5	2 866.2	3 165	−21.8	146.3	5.4	165
4. 玉　米	21 043.5	9 815.8	4 665	−530.8	−267.0	−2.6	−15
5. 高　粱	1 298.9	474.1	3 650	−88.8	−19.1	−3.9	95
6. 谷　子	1 867.4	338.8	1 814	−213.5	2.5	0.7	194
7. 大　豆	7 220.9	1 042.4	1 444	179.9	53.7	5.4	34
8. 杂豆类	1 762.3	220.9	1 253	−360.1	−58.9	−21.1	−67
9. 其他杂粮	5 724.2	1 035.8	1 810	233.1	141.9	15.9	175
二、经济作物	24 275.3			803.5			
1. 棉　花	6 835.0	4 508 392	660	296.5	−1 166 632	−20.6	−210
2. 油　料	11 489.4	16 411 507	1 428	−40.3	28 396	0.2	3
其中：花　生	2 975.9	5 953 257	2 000	96.0	−349 996	−5.6	−190
油菜籽	5 975.8	7 653 062	1 281	−157.5	216 871	2.9	66
芝　麻	746.3	516 298	692	66.8	81 296	18.7	47
向日葵	806.6	1 472 970	1 826	16.1	50 934	3.6	26
3. 麻　类	434.4	938 283	2 160	−18.1	53 823	6.1	210
其中：黄红麻	277.2	618 898	2 233	7.5	105 934	20.7	328
4. 糖　料	1 905.8	88 079 751	46 217	−41.4	3 892 399	4.6	2 987
其中：甘　蔗	1 245.8	73 010 681	58 605	82.1	5 112 727	7.5	255
甜　菜	660.0	15 069 070	22 832	−123.5	−1 220 328	−7.5	2 042
5. 烟　叶	2 092.9	3 498 561	1 672	288.9	467 394	15.4	−8
其中：烤　烟	1 849.2	3 118 931	1 687	287.2	448 666	16.8	−23
6. 药　材	254.0			84.5			
7. 其他经济作物	1 263.8			233.4			
三、其他农作物	14 172.1			371.8			
其中：蔬　菜	7 030.4			483.9			
绿　肥	4 112.4			−295.7			

注：粮食产量是各省、自治区、直辖市核定的公开使用数。

各地区农作物播种面积增减情况及复种指数

单位：千公顷

地区	农作物总播种面积		1. 粮食作物		2. 经济作物		3. 其他农作物		农作物复种指数(%)
	1992年	比上年增减	1992年	比上年增减	1992年	比上年增减	1992年	比上年增减	
全国总计	**149 007.1**	**−578.7**	**110 559.7**	**1 754.0**	**24 275.3**	**803.5**	**14 172.1**	**371.8**	**156.0**
北京	585.3	−4.9	477.3	−6.0	17.5	0.9	90.5	0.2	142.3
天津	573.6	−7.9	446.1	−11.7	57.7	−1.8	69.8	5.7	132.9
河北	8 570.5	−244.3	6 625.9	−172.1	1 481.4	−83.1	463.2	10.9	130.9
山西	3 982.4	11.7	3 196.1	−3.4	573.2	6.1	213.1	9.0	108.0
内蒙古	4 854.4	86.9	3 925.1	46.6	723.6	35.1	205.7	5.2	97.0
辽宁	3 633.0	−5.1	3 051.4	−38.5	281.7	24.2	299.9	9.2	105.0
吉林	4 048.7	−17.2	3 536.8	−5.2	292.7	−23.6	219.2	11.6	102.8
黑龙江	8 479.4	−135.5	7 348.4	−78.5	734.5	−85.6	396.5	28.6	95.8
上海	601.7	−24.4	392.4	−23.1	114.7	3.3	94.6	−4.6	187.5
江苏	8 234.8	143.1	6 180.8	−22.0	1 350.4	147.9	703.6	17.1	181.0
浙江	4 275.2	−104.5	3 164.2	−103.2	431.1	5.0	679.9	−6.2	249.3
安徽	8 155.1	−40.5	5 873.0	−81.5	1 683.8	31.6	598.3	9.4	187.3
福建	2 880.9	54.0	2 085.0	−2.2	284.5	28.8	511.4	27.5	233.4
江西	5 844.9	15.2	3 446.2	−154.5	1 212.0	170.3	1 186.7	−0.6	249.4
山东	10 837.5	−159.5	7 918.6	−169.5	2 381.2	−60.6	537.7	70.6	158.6
河南	11 936.3	−65.6	8 804.7	−235.8	2 569.7	128.9	561.9	41.3	172.5
湖北	7 186.8	−237.1	4 955.3	−239.2	1 405.9	−8.5	825.6	10.6	207.8
湖南	7 960.9	−79.3	5 243.6	−121.6	1 181.8	77.6	1 535.5	−35.3	240.5
广东	5 487.2	−172.2	3 640.3	−231.2	928.9	12.6	918.0	46.3	218.6
广西	5 373.8	46.5	3 521.8	−45.9	979.8	76.1	872.2	16.3	205.7
海南	868.3	38.8	585.4	16.3	186.2	6.9	96.7	15.6	198.6
四川	12 752.1	11.9	9 906.6	−33.8	1 636.8	28.3	1 208.7	17.4	203.0
贵州	3 906.1	98.5	2 635.3	10.4	773.9	33.4	496.9	54.7	210.8
云南	4 708.1	107.8	3 582.0	−36.9	719.5	112.4	406.6	32.3	164.7
西藏	215.0	−0.8	192.3	0.4	11.5	−0.2	11.2	−1.0	97.0
陕西	4 884.0	2.4	4 059.9	−28.5	587.7	40.1	236.4	−9.2	138.7
甘肃	3 661.6	74.6	2 893.5	53.4	423.8	18.3	344.3	2.8	105.2
青海	546.6	3.1	401.3	−0.6	118.1	0.7	27.2	3.1	94.4
宁夏	895.0	−6.4	729.6	0.9	113.0	−11.2	52.4	3.9	112.2
新疆	3 067.9	31.8	1 740.8	−37.1	1 018.7	89.8	308.4	−20.9	98.0

各地区主要粮食作物播种面积和产量

面积：千公顷
单位：总产：万　吨
单产：公　斤

地　　区	粮食总计			其中：夏收粮食			1. 稻谷		
	播种面积	总产量	每公顷产量	播种面积	总产量	每公顷产量	播种面积	总产量	每公顷产量
全国总计	**110 559.7**	**45 129.7**	**4 082**	**31 674.0**	**10 465.6**	**3 304**	**32 090.2**	**18 992.0**	**5 918**
北　　京	477.3	281.9	5 906	192.0	111.4	5 802	31.6	21.1	6 677
天　　津	446.1	198.7	4 454	142.4	62.0	4 354	56.1	39.4	7 023
河　　北	6 625.9	2 185.6	3 299	2 550.1	920.6	3 610	149.3	95.5	6 397
山　　西	3 196.1	858.3	2 685	1 113.1	284.5	2 556	8.6	5.4	6 279
内 蒙 古	3 925.1	1 066.0	2 716				94.3	41.4	4 390
辽　　宁	3 051.4	1 588.6	5 206	199.4	76.7	3 847	556.6	417.7	7 504
吉　　林	3 536.8	1 987.3	5 619				442.4	303.0	6 849
黑 龙 江	7 348.4	2 571.1	3 499				778.4	407.1	5 230
上　　海	392.4	234.6	5 979	142.7	55.5	3 889	234.8	171.6	7 308
江　　苏	6 180.8	3 320.6	5 372	2 893.0	1 251.2	4 325	2 447.3	1 713.0	7 000
浙　　江	3 164.2	1 553.5	4 910	612.1	169.5	2 769	2 317.9	1 299.8	5 608
安　　徽	5 873.0	2 341.9	3 988	2 082.5	640.9	3 078	2 244.3	1 228.7	5 475
福　　建	2 085.0	969.5	4 650	223.8	53.1	2 373	1 477.0	793.4	5 372
江　　西	3 446.2	1 592.3	4 620	125.3	12.4	990	2 981.5	1 510.0	5 065
山　　东	7 918.6	3 589.3	4 533	4 131.8	1 878.8	4 547	118.4	78.1	6 596
河　　南	8 804.7	3 109.6	3 532	4 792.4	1 670.4	3 486	507.8	278.7	5 488
湖　　北	4 955.3	2 426.6	4 897	1 650.4	450.9	2 732	2 537.5	1 746.5	6 883
湖　　南	5 243.6	2 680.0	5 111	382.7	65.0	1 698	4 188.0	2 482.3	5 927
广　　东	3 640.3	1 824.1	5 011	264.7	72.7	2 747	2 875.9	1 602.2	5 571
广　　西	3 521.8	1 457.1	4 137	50.9	6.8	1 336	2 465.4	1 280.7	5 195
海　　南	585.4	204.3	3 490	67.4	16.0	2 374	413.8	169.3	4 091
四　　川	9 906.6	4 431.1	4 473	3 070.9	962.3	3 134	3 118.6	2 229.5	7 149
贵　　州	2 635.3	773.7	2 936	874.1	145.1	1 660	745.1	383.3	5 144
云　　南	3 582.0	1 075.1	3 001	1 056.2	200.8	1 901	993.4	503.4	5 067
西　　藏	192.3	65.4	3 401				1.1	0.4	3 636
陕　　西	4 059.9	1 031.6	2 541	1 897.0	471.0	2 483	160.7	99.6	6 198
甘　　肃	2 893.5	697.0	2 409	1 697.5	388.4	2 288	5.7	3.6	6 316
青　　海	401.3	118.5	2 953						
宁　　夏	729.6	185.7	2 545	306.7	73.7	2 403	62.5	44.0	7 040
新　　疆	1 740.8	710.7	4 083	1 154.9	425.9	3 688	76.2	43.3	5 682

（续）

地区	其中：早稻			中稻和一季晚稻			二季晚稻		
	播种面积	总产量	每公顷产量	播种面积	总产量	每公顷产量	播种面积	总产量	每公顷产量
全国总计	**8 768.3**	**4 745.8**	**5 412**	**14 177.9**	**9 209.2**	**6 495**	**9 144.0**	**5 036.4**	**5 508**
北京				31.6	21.1	6 677			
天津				56.1	39.4	7 023			
河北				149.3	95.5	6 397			
山西				8.6	5.4	6 279			
内蒙古				94.3	41.4	4 390			
辽宁				556.6	417.7	7 504			
吉林				442.4	303.0	6 849			
黑龙江				778.4	407.1	5 230			
上海	0.2	0.1	5 000	217.8	161.0	7 392	16.8	10.5	6 250
江苏	4.6	2.4	5 217	2 412.5	1 693.4	7 019	30.2	17.2	5 695
浙江	1 006.7	558.5	5 548	208.7	116.7	5 592	1 102.5	624.6	5 665
安徽	496.8	231.7	4 664	1 257.5	764.2	6 077	490.0	232.8	4 751
福建	582.2	320.9	5 512	323.9	179.5	5 542	570.9	293.0	5 132
江西	1 362.2	637.4	4 679	225.5	124.2	5 508	1 393.8	748.4	5 369
山东				118.4	78.1	6 596			
河南				507.8	278.7	5 488			
湖北	741.0	431.0	5 816	963.6	820.6	8 516	832.9	494.9	5 942
湖南	1 741.0	944.6	5 426	477.5	278.4	5 830	1 969.5	1 259.3	6 394
广东	1 394.7	800.0	5 736	151.1	94.9	6 281	1 330.1	707.3	5 318
广西	1 153.6	676.9	5 868	153.2	67.7	4 419	1 158.6	536.1	4 627
海南	186.0	80.7	4 339	41.8	7.9	1 890	186.0	80.7	4 339
四川	43.3	25.1	5 797	3 031.5	2 182.7	7 200	43.8	21.7	4 954
贵州	1.0	0.6	6 000	743.3	382.3	5 143	0.8	0.4	5 000
云南	55.0	35.9	6 527	920.3	458.0	4 977	18.1	9.5	5 249
西藏				1.1	0.4	3 636			
陕西				160.7	99.0	6 161			
甘肃				5.7	3.6	6 316			
青海									
宁夏				62.5	44.0	7 040			
新疆				76.2	43.3	5 682			

（续）

地区	2. 小麦			其中：春小麦			3. 玉米		
	播种面积	总产量	每公顷产量	播种面积	总产量	每公顷产量	播种面积	总产量	每公顷产量
全国总计	**30 495.8**	**10 343.7**	**3 392**	**4 743.3**	**1 373.4**	**2 895**	**21 043.5**	**9 815.8**	**4 665**
北京	191.9	111.4	5 805	0.8	0.4	5 000	223.5	140.5	6 286
天津	142.4	62.0	4 354	2.6	0.7	2 692	150.9	76.0	5 036
河北	2 541.8	917.9	3 611	3.1	1.0	3 226	1 986.9	834.3	4 199
山西	1 034.4	274.5	2 654	44.5	13.1	2 944	637.7	297.9	4 671
内蒙古	1 333.5	330.3	2 477	1 333.5	330.3	2 477	774.6	435.4	5 621
辽宁	165.5	65.5	3 958	160.9	64.1	3 984	1 384.1	864.5	6 246
吉林	80.9	22.1	2 732	80.9	22.1	2 732	2 234.0	1 473.6	6 596
黑龙江	1 614.6	469.5	2 908	1 614.6	469.5	2 908	2 165.9	1 133.1	5 232
上海	77.7	31.1	4 003				8.3	5.5	6 627
江苏	2 366.3	1 040.4	4 397				421.2	217.4	5 161
浙江	301.9	80.1	2 653				46.9	13.8	2 942
安徽	1 965.3	614.0	3 124				436.0	176.1	4 039
福建	123.8	30.2	2 439				23.2	4.3	1 853
江西	72.5	8.4	1 159				27.8	7.7	2 770
山东	4 129.7	1 878.3	4 548				2 345.9	1 150.8	4 906
河南	4 713.2	1 650.7	3 502				1 964.3	806.6	4 106
湖北	1 287.9	372.3	2 891				376.2	130.1	3 458
湖南	215.0	33.3	1 549				140.5	31.1	2 214
广东	75.9	14.6	1 924				57.7	15.9	2 756
广西	14.2	1.6	1 127				515.5	122.0	2 367
海南							18.0	4.3	2 389
四川	2 296.1	784.5	3 417				1 722.6	644.5	3 741
贵州	508.1	84.6	1 665				602.5	184.8	3 067
云南	590.0	127.6	2 163				949.8	272.2	2 866
西藏	43.6	19.6	4 495	12.5	4.6	3 680	2.7	0.9	3 333
陕西	1 660.2	418.3	2 520	15.4	3.6	2 338	1 000.2	346.2	3 461
甘肃	1 385.2	337.4	2 436	664.9	211.8	3 185	320.3	163.2	5 095
青海	220.8	74.9	3 392	220.8	74.9	3 392			
宁夏	216.6	70.0	3 232	185.4	45.9	2 476	76.5	43.5	5 686
新疆	1 126.8	418.6	3 715	403.4	131.4	3 257	429.8	219.6	5 109

（续）

地区	4. 谷子			5. 高粱			6. 薯类		
	播种面积	总产量	每公顷产量	播种面积	总产量	每公顷产量	播种面积	总产量	每公顷产量
全国总计	**1 867.4**	**338.8**	**1 814**	**1 298.9**	**474.1**	**3 650**	**9 056.5**	**2 866.2**	**3 165**
北京	4.5	0.9	2 000	3.4	1.2	3 529	6.6	3.0	4 545
天津	3.7	0.7	1 892	23.2	8.6	3 707	4.3	2.1	4 884
河北	428.8	75.4	1 758	116.2	32.1	2 762	408.2	119.0	2 915
山西	345.1	72.0	2 086	147.0	57.6	3 918	288.6	70.2	2 432
内蒙古	285.1	48.6	1 705	111.8	37.3	3 336	249.7	64.3	2 575
辽宁	120.4	18.5	1 537	342.1	152.7	4 464	87.9	26.2	2 981
吉林	63.4	14.0	2 208	118.3	50.7	4 286	79.4	32.0	4 030
黑龙江	131.9	26.5	2 009	140.5	55.9	3 979	223.4	82.7	3 702
上海							0.5	0.2	4 000
江苏				1.5	0.4	2 667	192.5	92.6	4 810
浙江							151.1	63.8	4 222
安徽	0.1			22.7	4.8	2 115	570.0	228.4	4 007
福建	0.9	0.1	1 111	3.6	0.9	2 500	313.3	118.2	3 773
江西	0.6	0.1	1 667	1.0	0.3	3 000	141.9	39.4	2 777
山东	109.4	32.9	3 007	50.7	11.9	2 347	669.7	340.0	5 077
河南	121.6	22.2	1 826	30.7	5.7	1 857	724.6	249.5	3 443
湖北	5.0	1.0	2 000	4.1	1.2	2 927	392.6	113.3	2 886
湖南				9.0	1.6	1 778	361.2	83.8	2 320
广东	0.7	0.1	1 429	0.5	0.1	2 000	473.7	170.3	3 595
广西	4.0	0.4	1 000	2.4	0.3	1 250	252.6	31.5	1 247
海南				0.2			135.0	28.6	2 119
四川				68.1	22.0	3 231	1 859.4	587.4	3 159
贵州	7.9	0.7	886	14.6	1.1	753	422.4	89.9	2 128
云南				3.5	0.4	1 143	288.8	66.5	2 303
西藏							1.2	0.2	1 667
陕西	148.7	15.3	1 029	33.4	8.6	2 575	361.1	76.0	2 105
甘肃	60.7	7.9	1 301	28.3	9.3	3 286	305.0	64.1	2 102
青海							37.3	12.2	3 271
宁夏	24.2	1.4	579	1.1	0.6	5 455	44.0	6.4	1 455
新疆	0.7	0.1	1 429	21.0	8.8	4 190	10.5	4.4	4 190

（续）

地　区	其中：马铃薯			7. 大　豆			8. 其他粮食		
	播种面积	总产量	每公顷产量	播种面积	总产量	每公顷产量	播种面积	总产量	每公顷产量
全国总计	**2 994.9**	**748.7**	**2 500**	**7 220.9**	**1 042.4**	**1 444**	**5 724.2**	**1 035.8**	**1 810**
北　京				8.6	2.3	2 674	7.2	1.5	2 083
天　津				53.8	8.4	1 561	5.5	0.8	1 455
河　北	110.6	23.7	2 143	419.1	44.0	1 050	441.1	54.2	1 229
山　西	240.5	53.8	2 237	233.3	22.5	964	364.8	47.7	1 308
内蒙古	248.9	64.0	2 571	356.5	40.0	1 122	588.5	57.0	969
辽　宁	43.1	15.2	3 527	302.3	32.4	1 072	74.8	9.6	1 283
吉　林	74.6	29.1	3 901	437.5	75.4	1 723	46.0	9.6	2 087
黑龙江	223.4	82.7	3 702	2 160.2	372.8	1 726	81.4	15.1	1 855
上　海				4.8	1.2	2 500	64.1	24.2	3 775
江　苏				192.3	38.6	2 007	464.0	188.9	4 071
浙　江	38.1	8.8	2 310	63.1	12.1	1 918	234.0	74.7	3 192
安　徽				420.9	52.0	1 235	143.4	30.8	2 148
福　建	54.5	12.6	2 312	95.1	13.2	1 388	37.8	7.7	2 037
江　西				147.7	19.7	1 334	15.1	2.3	1 523
山　东				413.8	74.8	1 808	53.7	16.5	3 073
河　南				498.8	62.0	1 243	131.3	25.8	1 965
湖　北	197.0	49.5	2 513	140.2	24.7	1 762	93.9	20.7	2 204
湖　南	55.3	13.1	2 369	177.1	24.2	1 366	87.8	15.7	1 788
广　东	36.2	12.3	3 398	105.0	13.9	1 324	30.4	4.4	1 447
广　西				199.4	16.0	802	21.5	1.7	791
海　南				7.7	0.8	1 039	5.0	0.8	1 600
四　川	517.4	135.7	2 623	181.7	29.6	1 629	604.9	121.7	2 012
贵　州	297.3	61.4	2 065	122.0	8.9	730	168.3	15.6	927
云　南	201.4	52.8	2 622	78.0	8.8	1 128	552.8	82.5	1 492
西　藏	1.2	0.2	1 667	0.2	0.1	5 000	125.2	40.0	3 195
陕　西	258.6	46.7	1 806	274.6	26.5	965	331.8	33.6	1 013
甘　肃	305.0	64.1	2 102	70.3	10.9	1 550	588.3	87.7	1 491
青　海	37.3	12.2	3 271				89.9	20.8	2 314
宁　夏	44.0	6.4	1 455	40.6	3.4	837	224.7	14.0	623
新　疆	10.5	4.4	4 190	16.3	3.2	1 963	47.0	10.2	2 170

各地区主要经济作物播种面积和产量

单位：面积：千公顷；总产：吨；单产：公斤

地区	经济作物播种面积	1. 棉花			2. 油料			其中：花生		
		播种面积	总产量	每公顷产量	播种面积	总产量	每公顷产量	播种面积	总产量	每公顷产量
全国总计	**24 275.3**	**6 835.0**	**4 508 392**	**660**	**11 489.4**	**16 411 507**	**1 428**	**2 975.9**	**5 953 257**	**2 000**
北京	17.5	4.6	4 815	1 047	12.3	34 051	2 768	11.5	33 160	2 883
天津	57.7	28.8	16 305	566	24.8	39 610	1 597	8.5	20 104	2 365
河北	1 481.4	882.1	305 979	347	549.4	663 080	1 207	304.2	500 281	1 645
山西	573.2	150.5	94 763	630	367.2	336 938	918	23.2	37 873	1 632
内蒙古	723.6	2.6	2 658	1 022	581.5	814 021	1 400	0.8	1 171	1 464
辽宁	281.7	74.9	27 949	373	142.7	176 256	1 235	90.4	129 402	1 431
吉林	292.7				154.1	358 224	2 325	10.7	24 600	2 299
黑龙江	734.5				182.8	218 993	1 198	0.9	1 636	1 818
上海	114.7	14.9	15 433	1 036	95.0	219 366	2 309	0.6	982	1 637
江苏	1 350.4	673.4	527 390	783	598.9	1 273 270	2 126	107.4	305 050	2 840
浙江	431.1	71.1	59 639	839	304.1	500 798	1 647	7.9	15 859	2 007
安徽	1 683.8	420.0	262 669	625	1 047.7	1 399 505	1 336	116.4	278 612	2 394
福建	284.5				116.7	199 047	1 706	90.1	179 060	1 987
江西	1 212.0	135.1	148 368	1 098	913.9	741 627	811	117.9	215 142	1 825
山东	2 381.2	1 488.8	676 841	455	698.7	1 662 877	2 380	689.4	1 648 595	2 391
河南	2 569.7	1 247.9	658 500	528	908.6	1 336 310	1 471	481.6	952 257	1 977
湖北	1 405.9	507.2	609 915	1 203	729.1	997 436	1 368	64.7	157 155	2 429
湖南	1 181.8	167.6	203 124	1 212	792.8	838 892	1 058	87.5	124 679	1 425
广东	928.9				332.9	613 999	1 844	314.6	602 954	1 917
广西	979.8	5.3	1 214	229	203.8	292 929	1 437	165.6	272 178	1 644
海南	186.2				47.3	56 753	1 200	40.6	53 426	1 316
四川	1 636.8	161.6	150 892	934	1 035.8	1 617 374	1 561	154.1	280 597	1 821
贵州	773.9	2.5	961	384	428.8	533 778	1 245	25.8	28 606	1 109
云南	719.5	2.0	579	290	140.4	188 476	1 342	30.5	29 618	971
西藏	11.5				11.5	17 847	1 552			
陕西	587.7	138.2	55 236	400	324.7	356 311	1 097	30.1	57 763	1 919
甘肃	423.8	12.6	17 533	1 392	308.7	364 804	1 182	0.4	1 094	2 735
青海	118.1				117.7	149 332	1 192			
宁夏	113.0				94.1	62 402	663			
新疆	1 018.7	643.3	667 629	1 038	223.4	356 201	1 594	0.5	1 403	2 806

（续）

地区	油菜籽			芝麻			胡麻籽		
	播种面积	总产量	每公顷产量	播种面积	总产量	每公顷产量	播种面积	总产量	每公顷产量
全国总计	**5 975.8**	**7 653 062**	**1 281**	**746.3**	**516 298**	**692**	**696.3**	**519 682**	**746**
北京				0.5	380	760			
天津				3.2	2 494	779			
河北	30.7	18 068	589	46.5	19 706	424	96.5	53 304	552
山西	5.5	5 243	953	41.6	28 214	678	102.5	54 506	532
内蒙古	90.6	55 313	611	19.8	9 994	505	169.0	111 385	659
辽宁		64	64	24.5	15 415	629			
吉林				3.3	3 270	991			
黑龙江	97.9	98 890	1 010	0.9	1 159	1 288			
上海	94.4	218 384	2 313						
江苏	483.8	958 789	1 982	7.2	8 242	1 145			
浙江	292.3	481 296	1 647	3.9	3 643	934			
安徽	827.8	1 048 362	1 266	99.9	70 279	703			
福建	24.9	18 969	762	1.5	899	599			
江西	741.4	490 178	661	54.5	36 307	666			
山东	1.1	1 363	1 239	8.0	7 752	969			
河南	198.0	233 624	1 180	228.3	133 748	586			
湖北	534.4	708 627	1 326	126.3	126 784	1 004			
湖南	698.3	708 753	1 015	6.0	4 624	771			
广东	14.5	8 319	574	3.7	2 562	692			
广西	25.1	15 615	622	10.3	4 447	432			
海南				6.7	3 327	497			
四川	867.1	1 326 515	1 530	8.2	4 828	589	0.1	61	610
贵州	393.0	499 300	1 270	1.2	330	275		1	1
云南	95.5	148 775	1 558	0.9	470	522	0.1	152	1 520
西藏									
陕西	151.6	207 082	1 366	38.9	26 960	693	33.0	17 140	519
甘肃	92.3	132 908	1 440		4		196.4	187 508	955
青海	113.3	136 831	1 208				4.4	3 501	796
宁夏							61.6	39 804	646
新疆	102.3	131 794	1 288	0.5	460	920	32.7	52 320	1 600

(续)

地区	向日葵籽			3. 麻类			其中：黄红麻		
	播种面积	总产量	每公顷产量	播种面积	总产量	每公顷产量	播种面积	总产量	每公顷产量
全国总计	**806.6**	**1 472 970**	**1 826**	**434.4**	**938 283**	**2 160**	**277.2**	**618 898**	**2 233**
北京					16	16			
天津	12.9	16 861	1 307	0.8	2 091	2 614	0.8	2 044	2 555
河北	68.5	69 332	1 012	8.3	19 857	2 392	7.1	18 766	2 643
山西	141.3	165 326	1 170	1.7	1 684	991		21	
内蒙古	226.3	568 390	2 512	5.0	13 552	2 710			
辽宁	25.5	29 663	1 163	1.5	2 494	1 663		26	
吉林	108.9	278 722	2 559	3.2	3 742	1 169			
黑龙江	74.1	102 736	1 386	70.9	196 122	2 766			
上海									
江苏	0.5	1 189	2 378	5.4	13 317	2 466	4.1	11 531	2 812
浙江				19.6	57 553	2 936	19.3	56 925	2 949
安徽	0.2	60	300	88.0	172 328	1 958	80.5	160 686	1 996
福建				1.1	2 015	1 832	0.7	1 814	2 591
江西				13.3	24 576	1 848	6.9	17 984	2 606
山东	0.2	97	485	7.5	18 059	2 408	6.1	15 196	2 491
河南	0.7	898	1 283	71.3	136 788	1 918	69.5	133 339	1 919
湖北	2.9	3 638	1 254	27.8	68 955	2 480	18.2	59 745	3 283
湖南	0.4	419	1 048	16.9	30 161	1 785	4.0	11 396	2 849
广东				6.4	18 883	2 950	6.3	18 840	2 990
广西				14.0	29 142	2 082	12.9	28 233	2 189
海南				0.3	1 046	3 487	0.3	1 046	3 487
四川	3.5	4 269	1 220	56.2	100 598	1 790	39.8	80 606	2 025
贵州	6.4	3 777	590	3.5	1 989	568	0.3	311	1 037
云南	1.5	3 479	2 319	4.1	2 378	580	0.2	292	1 460
西藏									
陕西	34.9	30 172	865	1.9	1 518	799	0.2	97	485
甘肃	10.7	24 013	2 244	2.3	2 519	1 095			
青海									
宁夏	6.7	10 626	1 586						
新疆	80.5	159 303	1 979	3.4	16 900	4 971			

（续）

地区	苎麻			大麻（线麻）			亚麻		
	播种面积	总产量	每公顷产量	播种面积	总产量	每公顷产量	播种面积	总产量	每公顷产量
全国总计	**53.2**	**61 211**	**1 151**	**18.3**	**24 364**	**1 331**	**79.0**	**226 195**	**2 863**
北京									
天津					13	13			
河北				0.7	665	950			
山西				1.2	1 311	1 092	0.4	352	880
内蒙古				0.6	520	867	4.1	12 873	3 140
辽宁				0.4	363	908	0.6	1 706	2 843
吉林							1.2	1 580	1 317
黑龙江				0.7	455	650	69.8	195 231	2 797
上海									
江苏	1.1	1 260	1 145	0.1	333	3 330			
浙江	0.3	556	1 853		72	72			
安徽	3.2	3 682	1 151	3.5	6 853	1 958			
福建	0.4	201	502						
江西	6.4	6 592	1 030						
山东		5		1.1	2 204	2 004			
河南				1.3	2 737	2 105			
湖北	9.6	9 066	944						
湖南	12.9	18 765	1 455						
广东		43							
广西	1.0	892	892		17				
海南									
四川	15.2	18 347	1 207	0.8	835	1 044			
贵州	2.2	1 068	485	0.5	298	596			
云南	0.3	106	353	3.5	1 925	550		10	165
西藏									
陕西	0.6	628	1 047	1.1	787	715			
甘肃				2.3	2 519	1 095			
青海									
宁夏									
新疆				0.5	2 457	4 914	2.9	14 443	4 980

（续）

地　　区	4. 糖　料			其中：甘　蔗			甜　菜		
	播种面积	总产量	每公顷产量	播种面积	总产量	每公顷产量	播种面积	总产量	每公顷产量
全国总计	**1 905.8**	**88 079 751**	**46 217**	**1 245.8**	**73 010 681**	**58 605**	**660.0**	**15 069 070**	**22 832**
北　京									
天　津									
河　北	7.9	133 498	16 898				7.9	133 498	16 898
山　西	21.0	608 288	28 966				21.0	608 288	28 966
内蒙古	108.0	2 601 335	24 086				108.0	2 601 335	24 086
辽　宁	20.8	523 226	25 155				20.8	523 226	25 155
吉　林	42.0	918 145	21 861				42.0	918 145	21 861
黑龙江	331.8	5 398 341	16 270				331.8	5 398 341	16 270
上　海	1.0	30 418	30 418	1.0	30 418	30 418			
江　苏	4.7	247 875	52 739	3.9	208 540	53 472	0.8	39 335	49 169
浙　江	14.3	749 920	52 442	14.3	749 920	52 442			
安　徽	3.7	126 178	34 102	3.7	126 118	34 086		60	22 500
福　建	50.6	3 616 309	71 469	50.6	3 616 309	71 469			
江　西	50.4	2 561 426	50 822	50.4	2 561 426	50 822			
山　东	2.6	64 776	24 914				2.6	64 776	24 914
河　南	2.7	93 157	34 503	2.7	93 124	34 490		33	6 300
湖　北	10.7	516 218	48 245	10.6	515 588	48 640	0.1	630	6 300
湖　南	29.6	1 712 831	57 866	29.6	1 712 831	57 866			
广　东	321.7	23 766 221	73 877	321.7	23 766 221	73 877			
广　西	446.6	23 548 718	52 729	446.6	23 548 718	52 729			
海　南	101.3	4 531 218	44 731	101.3	4 531 218	44 731			
四　川	48.1	2 278 648	47 373	45.9	2 260 336	49 245	2.2	18 312	8 324
贵　州	6.9	216 336	31 353	6.8	215 946	31 757	0.1	390	3 900
云　南	156.8	9 071 977	57 857	156.6	9 068 915	57 911	0.2	3 062	15 310
西　藏									
陕　西	4.3	74 842	17 405	0.1	5 053	50 530	4.2	69 789	16 616
甘　肃	21.3	942 222	44 236				21.3	942 222	44 236
青　海	0.3	2 406	8 020				0.3	2 406	8 020
宁　夏	12.5	454 481	36 358				12.5	454 481	36 358
新　疆	84.2	3 290 741	39 082				84.2	3 290 741	39 082

(续)

地区	5. 烟叶			其中：烤烟			6. 药材播种面积	7. 其他经济作物播种面积
	播种面积	总产量	每公顷产量	播种面积	总产量	每公顷产量		
全国总计	**2 092.9**	**3 498 561**	**1 672**	**1 849.2**	**3 118 931**	**1 687**	**254.0**	**1 263.8**
北京	0.1	141	1 410				0.3	0.2
天津	0.1	372	3 720				0.4	2.8
河北	9.2	16 285	1 770	5.4	7 985	1 479	14.4	10.1
山西	14.5	21 927	1 512	13.8	21 058	1 526	8.5	9.8
内蒙古	3.5	7 705	2 201	1.9	4 585	2 413	4.3	18.7
辽宁	24.3	44 297	1 823	19.6	32 283	1 647	3.7	13.8
吉林	55.2	85 227	1 544	39.1	55 391	1 417	17.6	20.6
黑龙江	96.9	136 490	1 409	92.1	126 328	1 372	1.7	50.4
上海							0.8	3.0
江苏	7.7	10 506	1 364	7.4	9 898	1 338	3.9	56.4
浙江	3.2	5 707	1 783				9.5	9.3
安徽	60.2	89 191	1 482	58.6	86 690	1 479	21.4	42.8
福建	65.0	89 525	1 377	61.4	85 856	1 398	6.4	44.7
江西	38.0	46 113	1 214	31.1	38 246	1 230	3.5	57.8
山东	91.2	162 927	1 786	88.3	155 690	1 763	8.2	84.2
河南	277.8	458 000	1 649	275.9	453 866	1 645	18.7	42.7
湖北	105.6	171 769	1 627	72.8	114 825	1 577	11.7	13.8
湖南	141.6	231 670	1 636	116.8	205 258	1 757	13.3	20.0
广东	52.7	86 163	1 635	38.0	61 374	1 615	16.7	198.5
广西	49.0	74 061	1 511	37.2	57 754	1 553	10.0	251.1
海南	0.7	940	1 343				6.7	29.9
四川	177.4	283 043	1 596	113.0	178 489	1 580	31.6	126.1
贵州	313.4	470 038	1 500	292.5	448 437	1 533	3.0	15.8
云南	380.9	787 524	2 068	371.1	778 017	2 097	7.6	27.7
西藏								
陕西	101.2	163 700	1 618	94.0	152 887	1 626	8.5	8.9
甘肃	21.9	51 340	2 344	18.8	43 315	2 304	19.7	37.3
青海	0.1	122	1 220					
宁夏	0.2	415	2 075	0.2	415	2 075	0.3	5.9
新疆	1.3	3 363	2 587	0.2	284	1 420	1.6	61.5

各地区其他主要农作物播种面积

单位：千公顷

地区	其他农作物播种面积	其中			
		蔬菜	瓜类(果用瓜)	青饲料	绿肥
全国总计	**14 172.1**	**7 030.4**	**950.9**	**1 786.7**	**4 112.4**
北京	90.5	75.0	4.9	8.3	0.4
天津	69.8	61.7	4.1	3.5	0.5
河北	463.2	306.1	51.8	40.6	8.9
山西	213.1	123.9	27.1	50.4	4.4
内蒙古	205.7	77.7	15.1	98.4	14.5
辽宁	299.9	267.8	6.3	10.1	6.7
吉林	219.2	181.0	24.8	3.8	0.1
黑龙江	396.5	234.4	38.0	89.5	34.6
上海	94.6	70.1	13.2	5.3	6.0
江苏	703.6	371.0	55.0	23.6	196.3
浙江	679.9	250.0	48.9		355.1
安徽	598.3	255.1	76.9	5.6	242.3
福建	511.4	289.5	27.2	42.8	151.9
江西	1 186.7	317.9	72.5	49.6	738.2
山东	537.7	446.5	82.8	2.7	4.9
河南	561.9	418.5	97.3	2.7	43.4
湖北	825.6	425.4	38.2	41.3	320.7
湖南	1 535.5	395.9	59.6	161.3	894.1
广东	918.0	631.3	39.7	100.4	110.2
广西	872.2	322.7	28.4	126.9	374.6
海南	96.7	73.1	17.4	0.5	0.1
四川	1 208.7	699.8	18.0	372.4	118.5
贵州	496.9	238.7	9.7	30.7	215.7
云南	406.6	182.7	6.6	72.0	145.3
西藏	11.2	6.6		4.1	0.5
陕西	236.4	146.4	33.3	40.8	12.3
甘肃	344.3	75.2	16.9	212.6	35.3
青海	27.2	8.2	0.1	13.9	5.0
宁夏	52.4	18.2	4.4	28.0	1.1
新疆	308.4	60.0	32.7	144.9	70.8

各地区全民所有制的粮食、棉花、油料播种面积和产量

地区	粮食			棉花			油料		
	播种面积（千公顷）	总产量（万吨）	每公顷产量（公斤）	播种面积（千公顷）	总产量（吨）	每公顷产量（公斤）	播种面积（千公顷）	总产量（吨）	每公顷产量（公斤）
全国总计	**3 667.9**	**1 288.1**	**3 511.8**	**368.3**	**382 578**	**1 038.8**	**408.6**	**465 808.8**	**1 140.0**
北京	48.0	31.9	6 645.8	2.0	2 200	1 100.0	0.6	1 305	2 175.0
天津	4.1	1.6	3 902.4		53			27	
河北	71.0	33.1	4 662.0	1.5	535	356.7	9.2	5 367	583.4
山西	9.3	3.1	3 333.3	0.3	272	906.7	1.6	1722	1 076.2
内蒙古	324.0	92.4	2 851.9	0.4	407	1 017.5	42.2	47 782	1 132.3
辽宁	132.3	96.0	7 256.2	0.5	189	378.0	1.9	1 984	1 044.2
吉林	69.4	28.5	4 106.6				5.5	9 424	1 713.5
黑龙江	1 694.2	437.8	2 584.1				93.7	95 334	1 017.4
上海	22.9	12.0	5 240.2		3		0.8	1 405	1 756.2
江苏	118.8	54.9	4 621.2	25.9	22 760	878.8	5.4	11 516	2 132.6
浙江	20.3	8.9	4 384.2	1.8	1 589	882.8	2.1	2 687	1 279.5
安徽	71.6	28.4	3 966.5	8.9	8 614	967.9	7.9	9 324	1 180.3
福建	19.7	10.9	5 533.0				1.2	2 286	1905.0
江西	104.1	47.5	4 562.9	3.2	4 994	1 560.6	21.2	20 022	944.4
山东	22.7	7.3	3 215.9	6.2	2 398	386.8	0.3	464	1 546.7
河南	49.7	16.3	3 279.7	3.7	2 623	708.9	4.7	6 666	1 418.3
湖北	151.3	77.9	5 148.7	46.0	50 307	1 093.6	22.9	26 928	1 175.9
湖南	62.0	34.3	5 532.3	17.1	26 408	1 544.3	24.2	17 049	704.5
广东	20.5	9.8	4 780.5				4.0	7 195	1 798.8
广西	7.3	2.3	3 150.7				1.5	2 128	1 418.7
海南	40.0	14.4	3 600.0				2.4	2 939	1 224.6
四川	5.7	1.8	3 157.9		30		0.8	786	982.5
贵州	4.2	1.0	2 381.0		3		0.7	551	787.1
云南	16.4	7.4	4 512.2		10		0.8	1 200	1 500.0
西藏	1.0	0.2	2 000.0				0.1	4.8	
陕西	9.3	2.9	3 118.3	2.1	607	289.0	1.3	1 471	1 131.5
甘肃	38.5	14.1	3 662.3	0.4	537	1 342.5	17.2	20 325	1 181.7
青海	49.1	14.1	2 871.7				44.4	46 643	1 050.5
宁夏	49.7	16.4	3 299.8				3.9	5 898	1 512.3
新疆	430.8	180.9	4 199.2	248.3	258 039	1 039.2	86.1	115 376	1 340.0

各地区桑园、柞坡、茶园面积 单位：千公顷

地区	桑园面积	柞坡面积	其中：当年放养面积	茶园面积	其中：本年采摘面积
全国总计	**840.6**	**785.9**	**436.8**	**1 084.2**	**840.3**
北京	0.1				
天津					
河北	7.7	3.5			
山西	9.5	0.1			
内蒙古		22.2	11.4		
辽宁	1.2	508.6	306.1		
吉林	0.3	23.8	13.0		
黑龙江	0.4	28.9	18.2		
上海	0.5				
江苏	173.1			13.8	11.1
浙江	98.5			151.7	133.7
安徽	6.3			118.7	103.1
福建	3.8			125.2	99.1
江西	47.5			53.3	41.6
山东	58.8	59.0	19.7	1.3	0.8
河南	21.1	130.7	66.2	14.2	9.0
湖北	28.7	6.3	2.0	92.3	59.5
湖南	9.5			111.1	82.0
广东	36.9			42.4	34.7
广西	14.3			24.3	18.0
海南	0.3			7.4	6.6
四川	223.1	0.2		104.3	84.1
贵州	17.8	1.2	0.2	34.6	24.0
云南	7.0			159.1	112.9
西藏				0.1	
陕西	60.7			29.9	19.9
甘肃	6.0	1.4		0.5	0.2
青海					
宁夏	0.2				
新疆	7.3				

各地区蚕茧、茶叶产量

单位：吨

地　　区	蚕茧产量	其中		茶叶产量	其中				
		桑蚕茧	柞蚕茧		红毛茶	绿毛茶	乌龙毛茶	紧压茶原料	其他茶
全国总计	**692 205**	**659 522**	**32 297**	**559 827**	**75 501**	**383 302**	**39 510**	**15 163**	**46 351**
北　　京	58	58							
天　　津									
河　　北	689	655							
山　　西	3 618	3 617	1						
内 蒙 古	847		847						
辽　　宁	26 124	198	25 926						
吉　　林	901	13	888						
黑 龙 江	1 069		1 042						
上　　海	1 201	1 201							
江　　苏	146 037	146 037		14 130	1 848	12 132			150
浙　　江	140 747	140 747		119 404	4 445	109 193	450	150	5 166
安　　徽	28 495	28 490		50 536	5 269	45 267			
福　　建	581	576		70 520	1 502	36 551	31 585		882
江　　西	15 386	15 386		18 239	3 290	14 345	184	1	419
山　　东	29 973	28 581	1 369	795		795			
河　　南	7 408	5 231	2 168	2 653		2 653			
湖　　北	14 195	14 145	50	30 537	3 218	21 276		4 704	1 339
湖　　南	3 174	3 174		69 331	21 352	26 410	615	9 582	11 372
广　　东	46 057	45 821		28 736	4 842	14 862	6 674	42	2 316
广　　西	18 341	18 303		16 411	1 400	13 729			1 282
海　　南	48	43		6 941	6 841	95			5
四　　川	185 679	185 679		60 702	4 462	37 534			18 706
贵　　州	1 189	1 180	5	12 301	559	7 631	2	247	3 862
云　　南	3 210	3 210		52 910	16 473	35 267		437	733
西　　藏				119					119
陕　　西	12 704	12 703	1	5 403		5 403			
甘　　肃	294	294		159		159			
青　　海									
宁　　夏									
新　　疆	4 180	4 180							

各地区果园面积

单位：千公顷

地区	果园面积	其中				
		香蕉园	苹果园	柑桔园	梨园	葡萄园
全国总计	**5 818.3**	**182.0**	**1 914.5**	**1 087.3**	**521.2**	**139.0**
北京	50.7		20.0		7.8	1.3
天津	28.2		10.0		2.6	1.7
河北	635.9		231.7		134.7	15.0
山西	214.1		123.0		27.0	6.4
内蒙古	43.0		15.7		14.2	1.1
辽宁	390.5		218.7		62.5	9.8
吉林	68.0		6.2		21.1	6.9
黑龙江	28.9		16.0		1.5	1.3
上海	10.2			3.7	0.9	1.3
江苏	111.9		49.1	4.5	15.6	2.9
浙江	216.1		0.3	126.1	7.0	2.7
安徽	68.8		24.4	2.9	16.9	2.3
福建	415.8	19.5	0.5	150.5	10.0	1.0
江西	106.7			53.7	6.3	1.0
山东	760.9		535.6		45.1	34.2
河南	228.4		149.3	4.0	8.1	4.6
湖北	124.0		9.4	80.8	15.5	1.4
湖南	223.2			186.5	7.3	1.8
广东	699.3	111.1		173.4	7.6	
广西	259.2	28.1		85.9	3.5	
海南	37.0	9.1		2.5		
四川	247.3	0.5	26.1	175.9	19.9	2.8
贵州	30.1	3.1	4.7	14.8	3.6	0.9
云南	93.0	10.6	27.9	10.7	15.6	0.7
西藏	0.6		0.5			
陕西	379.9		260.3	10.5	18.9	3.4
甘肃	185.7		126.4	0.9	31.2	2.0
青海	6.1		4.9		1.0	
宁夏	29.9		24.2		1.1	1.0
新疆	124.9		29.6		14.7	31.5

各地区水果产量

单位：吨

地区	水果	其中							
		香蕉	苹果	柑桔	梨	葡萄	菠萝	红枣	柿子
全国总计	**24 400 930**	**2 450 988**	**6 555 836**	**5 160 081**	**2 846 121**	**1 125 102**	**441 682**	**488 183**	**724 329**
北京	328 720		91 379		67 881	12 986		1 271	27 868
天津	141 169		39 204		16 567	20 389		3 644	12 685
河北	2 266 224		619 013		885 195	128 222		135 273	82 871
山西	505 925		236 072		65 384	23 345		73 097	59 621
内蒙古	87 902		28 956		29 891	5 077			
辽宁	1 527 272		979 434		222 916	121 829		2 815	
吉林	145 700		13 990		56 432	26 527			
黑龙江	58 031		33 856		7 231	4 271			
上海	163 275			52 928	14 056	24 728			
江苏	565 794		123 646	21 174	161 119	27 741		2 533	48 573
浙江	1 023 733		617	738 515	26 303	41 638		4 179	13 149
安徽	283 889		72 589	397	122 161	17 489		3 935	13 207
福建	1 171 776	235 762	128	579 122	17 275	5 706	23 656		14 558
江西	140 914			70 700	15 777	2 359		4 363	6 792
山东	3 717 702		2 353 290		433 449	142 068		129 077	73 256
河南	877 862		530 649	287	45 567	37 645		64 023	74 831
湖北	338 112		22 099	141 151	79 043	4 913		4 599	32 409
湖南	397 455			298 732	17 864	5 097		7 548	4 029
广东	4 187 971	1 482 657		1 707 304	20 399		202 801		38 175
广西	1 611 555	597 130		415 946	31 107		126 314	6 164	40 052
海南	153 958	61 751		6 654			57 946		
四川	1 505 696	5 550	78 371	1 066 300	123 583	26 486		874	14 957
贵州	141 756	7 066	3 324	29 180	27 769	3 779	38	1 014	9 303
云南	428 260	61 072	40 520	28 124	124 751	4 419	30 927	457	21 520
西藏	5 522		4 317		690				
陕西	1 146 903		842 953	1 977	49 269	18 560		32 160	123 937
甘肃	471 214		226 085	1 590	93 631	7 474		8 159	12 536
青海	26 049		17 388		6 632	127			
宁夏	61 705		43 375		5 137	3 231		1 103	
新疆	918 886		154 581		79 042	408 996		1 895	

全国热带、亚热带作物生产情况

项　　目	单　位	全国总计	福　建	广　东	广　西	海　南	云　南
一、橡胶							
年末实有面积	千公顷	616.0	6.2	82.4	10.0	377.1	140.3
其中：当年新植或定植面积	千公顷	14.7		1.1		10.1	3.5
收获面积（割胶面积）	千公顷	355.3	3.7	59.4	8.0	217.7	66.5
总产量	吨	309 348.0	1 005.0	34 522.0	2 822.0	187 256.0	83 743.0
二、咖啡豆（按干咖啡豆计算产量）							
年末实有面积	千公顷	7.8		0.1		3.9	3.8
其中：当年新植或定植面积	千公顷	0.5				0.1	0.4
收获面积	千公顷	3.3				1.8	1.5
总产量	吨	3 124.0	1.0	6.0		839.0	2 278.0
三、椰子							
年末实有面积	千公顷	25.4		0.1		25.3	
其中：当年新植或定植面积	千公顷	3.2				3.2	
收获面积	千公顷	13.8		0.1		13.7	
总产量	万个	8 778.2		60.0		8 707.0	11.2
四、油棕							
年末实有面积	千公顷	2.8				2.8	
其中：当年新植或定植面积	千公顷						
收获面积	千公顷	0.1				0.1	
总产量	吨	30.0				30.0	
五、腰果							
年末实有面积	千公顷	9.8				9.8	
其中：当年新植或定植面积	千公顷	0.4				0.4	
收获面积	千公顷	5.3				5.3	
总产量	吨	608.0				608.0	
六、香料作物							
年末实有面积	千公顷	7.3	0.2	2.2	0.4	2.0	2.5
其中：当年新植或定植面积	千公顷	1.1		0.1	0.3	0.2	0.5
收获面积	千公顷	6.0	0.1	2.1	0.4	1.7	1.7
总产量	吨	1 009.0	21.0	605.0	8.0	233.0	142.0
香料作物中：香茅草							
年末实有面积	千公顷	6.3		2.2	0.4	2.0	1.7
其中：当年新植或定植面积	千公顷	0.9		0.1	0.3	0.2	0.3
收获面积	千公顷	5.5		2.1	0.4	1.7	1.3
总产量	吨	966.0	3.0	602.0	6.0	233.0	122.0
七、剑麻番麻							
年末实有面积	千公顷	17.3	1.8	6.2	6.0	3.3	
其中：当年新植或定植面积	千公顷	1.9		0.6	0.5	0.8	
收获面积	千公顷	12.1	1.5	4.7	4.7	1.2	
总产量	吨	48 518.0	2 513.0	27 457.0	16 535.0	1 557.0	456.0
八、胡椒							
年末实有面积	千公顷	14.4		3.2		11.1	0.1
其中：当年新植或定植面积	千公顷	0.2				0.2	
收获面积	千公顷	11.0		2.8		8.1	0.1
总产量	吨	12 321.0	2.0	4 952.0	5.0	7 265.0	97.0

以上种植业各表由农业部计划司供稿

林　业

林业系统劳动工资主要指标增减情况

项　　目	单　位	1992年	1991年	1992年比1991年增减%
一、企事业及机关单位数	个	44 974	43 751	2.8
其中：1. 林业	个	36 900	35 341	4.4
2. 工业	个	1 506	2 074	−27.4
二、全部职工年末人数	人	2 541 034	2 544 892	−0.2
其中：1. 林业	人	843 199	834 176	1.1
其中：国营林场	人	558 393	557 325	0.2
2. 工业	人	1 278 275	1 298 448	−1.6
其中：木材采运企业	人	1 062 386	1 081 834	−1.8
木材加工企业	人	127 919	130 646	−2.1
林产化学企业	人	28 532	27 128	5.2
全部职工年末人数中：				
固定职工	人	1 770 206	1 817 144	−2.6
合同制职工	人	426 169	374 873	13.7
三、全部职工年工资总额	万元	588 238.2	521 414.4	12.8
其中：1. 林业	万元	178 105.0	147 964.7	20.4
其中：国营林场	万元	117 055.3	97 977.5	19.5
2. 工业	万元	302 731.6	282 113.9	7.3
其中：木材采运企业	万元	253 321.3	238 375.5	6.3
木材加工企业	万元	28 740.8	26 195.7	9.7
林产化学企业	万元	6 763.4	5 242.5	29.0
四、全部职工年平均工资	元	2 358	2 086	13.0
其中：1. 林业	元	2 151	1 818	18.3
其中：国营林场	元	2 142	1 811	18.3
2. 工业	元	2 426	2 220	9.3
其中：木材采运企业	元	2 447	2 260	8.3
木材加工企业	元	2 277	2 024	12.5
林产化学企业	元	2 407	1 785	34.8
五、工业企业全员价值劳动生产率〔按总产值计算（90年不变价）〕	元/人·年	11 352	10 434	8.8
其中：木材采运企业	元/人·年	8 953	8 787	1.9
木材加工企业	元/人·年	21 744	17 602	23.5
林产化学企业	元/人·年	30 714	25 620	19.9
六、工业企业全员价值劳动生产率（按净产值计算）	元/人·年	5 025	4 611	9.0
其中：木材采运企业	元/人·年	5 029	4 812	4.5
木材加工企业	元/人·年	4 021	2 937	36.9
林产化学企业	元/人·年	7 623	5 436	40.2
七、工业企业主要产品年实物劳动生产率	立方米/人·年			
木　　材	立方米/人·年	107	107	
锯　　材	立方米/人·年	71	96	−26.0
胶　合　板	立方米/人·年	16	13	23.1
木质纤维板	立方米/人·年	39	29	34.5
刨　花　板	立方米/人·年	73	54	35.2

林业系统各地区全民所有制林业单位数

单位：个

地　　区	合　计	1. 国营林场	2. 苗　圃	3. 林业工作站	4. 科技推广站	5. 自然保护区	6. 森林公园	7. 其他营林事业单位
全国总计	**36 900**	**4 217**	**2 136**	**24 064**	**282**	**245**	**63**	**5 893**
北　　京	78	28	11	10		1		28
天　　津	236	2	13	219		1		1
河　　北	1 280	122	160	769		2		227
山　　西	2 144	217	129	1 635	4	4	1	154
内 蒙 古	1 378	297	102	712	1	3		263
辽　　宁	1 786	165	54	1 081	8	8	10	460
吉　　林	1 458	294	53	780	6	4	2	319
黑 龙 江	2 196	360	78	1 238	3	4	3	510
上　　海	25	6	6	11				2
江　　苏	287	67	37	147	1	5		30
浙　　江	701	102	21	310	44	6		218
安　　徽	1 473	119	79	907	8	6	15	339
福　　建	1 218	110	73	809	14	11	1	200
江　　西	1 273	211	80	712	26	10	10	224
山　　东	3 094	150	157	2 500	7			280
河　　南	1 377	87	87	1 057	2			144
湖　　北	1 604	236	46	1 082	17	5	10	208
湖　　南	1 891	178	99	1 338	14	20	1	241
广　　东	1 391	197	76	984	3	12		119
广　　西	1 705	148	85	1 309	11	16		136
海　　南	433	28	15	241	14	27	1	107
四　　川	2 676	283	184	1 825	18	14	8	344
贵　　州	1 338	87	48	1 030	11	7		155
云　　南	1 913	109	71	1 456		37	1	239
西　　藏	26		7	11				8
陕　　西	1 346	230	112	535	24	4		441
甘　　肃	1 157	219	127	501	41	18		251
青　　海	420	59	23	283		3		52
宁　　夏	422	38	26	309	1	3		45
新　　疆	554	67	77	263	3	14		130
部直属单位	20	1			1			18
其中：大兴安岭	8	1			1			6

林业系统各地区林业职工年末人数

单位：人

地区	合计	1. 国营林场	2. 苗圃	3. 林业工作站	4. 科技推广站	5. 自然保护区	6. 森林公园	7. 其他营林事业单位
全国总计	**843 199**	**558 393**	**56 196**	**106 011**	**3 358**	**7 575**	**2 873**	**108 793**
北京	5 938	3 494	1 452	321		44		627
天津	958	41	193	693		13		18
河北	16 677	7 798	2 377	2 981		305		3 216
山西	19 796	9 743	2 738	4 584	47	161	57	2 466
内蒙古	72 609	54 118	3 632	3 681	8	319		10 851
辽宁	29 661	18 431	1 869	3 978	135	437	55	4 756
吉林	85 887	51 069	3 653	3 575	35	843	44	26 668
黑龙江	68 384	55 599	2 299	3 091	15	18	2	7 360
上海	1 518	898	298	162				160
江苏	33 894	27 031	4 895	1 266	13	34		655
浙江	18 408	13 642	439	1 703	452	198		1 974
安徽	25 339	15 286	3 946	2 916	79	130	230	2 752
福建	22 623	13 576	1 013	4 676	145	167	3	3 043
江西	59 858	46 671	4 094	3 539	485	417	68	4 584
山东	23 502	8 298	3 481	8 552	49			3 122
河南	20 544	10 806	2 604	5 244	43			1 847
湖北	27 530	18 181	1 083	4 396	237	211	1 481	1 941
湖南	52 190	36 869	3 057	8 024	142	341	755	3 002
广东	48 467	39 467	1 990	4 919	14	239		1 838
广西	55 088	46 383	1 199	2 562	162	508		4 274
海南	4 655	3 266	249	348	137	312		343
四川	37 469	21 754	2 004	8 069	125	477	167	1 873
贵州	14 745	7 997	637	3 780	58	121		2 152
云南	25 053	7 979	686	11 430		1 005	11	3 942
西藏	348		64	61				223
陕西	20 976	11 082	1 239	4 311	244	113		3 987
甘肃	25 754	16 044	1 703	2 212	493	673		4 629
青海	3 795	1 898	260	1 228		88		321
宁夏	6 122	3 045	1 365	1 120	40	264		288
新疆	10 831	5 301	1 677	2 589	22	137		1 105
部直属单位	4 580	2 626			178			1 776
其中：大兴安岭	3 225	2 626			178			421

林业系统各地区林业职工工资构成

单位：万元

地区	年工资总额	计时工资	计件工资	奖金	津贴和补贴	加班加点工资	其他工资
全国总计	**178 104.95**	**76 364.03**	**29 446.80**	**23 808.53**	**43 590.61**	**843.51**	**4 051.47**
北京	1 267.30	338.27	438.14	248.77	164.81	34.36	42.95
天津	216.54	109.19	0.00	61.45	43.27	2.63	0.00
河北	3 245.81	1 810.49	71.11	490.96	675.29	16.38	181.58
山西	3 726.08	2 025.13	304.83	526.88	750.70	20.16	98.38
内蒙古	14 057.28	6 662.32	2 364.81	1 322.82	3 456.32	56.51	194.50
辽宁	5 730.83	2 978.07	420.26	548.07	1 667.78	42.75	73.90
吉林	16 198.49	6 753.30	4 248.33	1 199.48	3 836.95	31.26	129.17
黑龙江	13 169.40	4 788.80	4 068.50	942.50	3 222.10	47.80	99.70
上海	477.07	158.00	19.72	96.61	114.30	24.48	63.96
江苏	7 075.28	3 228.01	1 279.96	941.12	1 021.67	74.99	529.53
浙江	4 657.70	2 265.10	112.90	891.50	1 313.20	35.70	39.30
安徽	4 883.40	2 321.54	572.98	890.74	851.80	12.80	233.54
福建	5 736.95	2 205.60	888.14	846.99	1 723.19	10.50	62.53
江西	9 633.11	3 952.22	1 971.83	1 362.64	2 021.07	80.87	244.48
山东	4 912.36	2 598.38	23.63	780.02	1 251.91	27.86	230.56
河南	3 833.26	2 197.09	134.36	597.63	815.47	14.30	74.41
湖北	4 819.22	2 451.68	518.22	728.70	1 022.16	21.83	76.63
湖南	11 040.88	4 340.95	1 528.84	2 058.33	2 818.69	57.12	236.95
广东	15 218.19	4 246.34	4 783.08	1 572.46	4 345.77	74.38	196.16
广西	13 872.71	4 477.89	2 402.63	2 172.15	4 346.73	87.07	386.24
海南	1 216.44	516.61	231.86	95.11	346.03	2.49	24.34
四川	8 229.12	3 551.98	1 592.16	1 299.09	1 497.70	29.89	258.30
贵州	2 787.60	1 540.60	9.30	456.40	688.00	1.60	91.70
云南	4 964.23	2 511.64	100.60	1 009.09	1 229.45	9.87	103.58
西藏	82.17	82.17	0.00	0.00	0.00	0.00	0.00
陕西	4 446.72	2 334.92	88.21	728.52	1 168.99	13.56	112.52
甘肃	6 360.99	2 730.05	849.36	936.29	1649.72	6.71	188.86
青海	982.42	573.84	32.59	138.70	225.93	0.09	11.27
宁夏	1 308.60	674.80	15.05	211.42	380.43	4.54	22.36
新疆	2 578.90	1 439.85	158.45	418.23	526.99	0.38	35.00
部直属单位	1 375.90	499.20	216.95	235.86	414.19	0.63	9.07
其中:大兴安岭	1 040.50	340.60	215.00	181.40	297.70	0.40	5.40

林业系统各地区林业固定职工年末人数

单位：人

地　　区	合　计	1. 国营林　场	2. 苗　圃	3. 林业工作站	4. 科技推广站	5. 自然保护区	6. 森林公　园	7. 其他营林事业单位
全国总计	**600 265**	**405 715**	**39 330**	**66 888**	**2 883**	**5 304**	**1 729**	**78 416**
北　京	2 508	1 062	727	288		27		404
天　津	490	20	90	358		7		15
河　北	10 896	5 433	1 025	1 889		245		2 304
山　西	12 171	6 454	1 617	2 039	47	104	35	1 875
内蒙古	57 488	43 306	2 981	3 423	8	318		7 452
辽　宁	20 431	13 371	1 168	1 785	119	314	53	3 621
吉　林	70 550	42 012	3 342	3 077	34	579	42	21 464
黑龙江	44 714	34 785	1 498	2 968	11	17	2	5 433
上　海	953	549	196	146				62
江　苏	24 338	20 056	3 038	920	13	12		299
浙　江	11 821	8 596	317	1 178	404	93		1 233
安　徽	20 289	11 597	3 164	2 619	79	83	186	2 561
福　建	15 083	8 782	578	3 261	117	157	3	2 185
江　西	51 071	40 411	3 670	2 687	385	333	60	3 525
山　东	16 465	5 433	1 937	6 673	45			2 377
河　南	12 454	6 962	1 268	3 181	42			1 001
湖　北	20 768	13 903	794	3 278	197	131	1 120	1 345
湖　南	41 583	32 500	2 435	3 993	134	171	160	2 190
广　东	26 277	21 462	1 203	2 606	10	52		944
广　西	42 742	37 407	947	988	144	403		2 853
海　南	2 998	2 176	151	261	100	178		132
四　川	18 970	13 219	1 473	2 427	111	406	64	1 270
贵　州	12 737	6 998	589	3 054	58	66		1 972
云　南	14 390	4 797	510	5 789		627	4	2 663
西　藏	168		28	58				82
陕　西	13 872	6 675	801	3 046	198	101		3 051
甘　肃	14 895	8 116	1 147	1 646	418	462		3 106
青　海	2 440	1 067	210	797		68		298
宁　夏	5 320	2 683	1 244	843	40	235		275
新　疆	8 126	4 373	1 182	1 610	21	115		825
部直属单位	3 257	1 510			148			1 599
其中:大兴安岭	2 053	1 510			148			395

林业系统各地区林业合同制职工年末人数

单位：人

地 区	合 计	1. 国营林场	2. 苗 圃	3. 林业工作站	4. 科技推广站	5. 自然保护区	6. 森林公园	7. 其他营林事业单位
全国总计	**91 138**	**55 576**	**6 027**	**15 770**	**259**	**833**	**531**	**12 142**
北 京	310	130	148	9		5		18
天 津	360	21	14	316		6		3
河 北	3 387	1 729	615	477		34		532
山 西	3 905	1 723	270	1 641		32	15	224
内 蒙 古	6 488	2 993	297	150				3 048
辽 宁	3 055	1 284	158	1 114	7	45	1	446
吉 林	1 537	421	35	239	1	71	2	768
黑 龙 江	7 977	7 014	164	114				685
上 海	86	58	18	8				2
江 苏	4 484	3 925	423	62		12		62
浙 江	3 335	2 621	87	199	24	46		358
安 徽	1 937	1 400	328	75		10	5	119
福 建	3 248	2 152	92	575	18	8		403
江 西	1 883	996	114	281	16	54	8	414
山 东	4 215	1 755	629	1 294	4			533
河 南	5 032	2 980	499	1 074	1			478
湖 北	2 211	1 116	133	517	28	44	113	260
湖 南	4 520	1 803	293	1 501	6	55	358	504
广 东	10 287	7 785	493	1 410	4	53		542
广 西	2 454	893	166	646	18	26		705
海 南	730	536	46	37	13	41		57
四 川	5 328	3 228	233	1 554	3	43	25	242
贵 州	902	504	13	342		8		35
云 南	2 662	937	82	1 043		147	4	449
西 藏	21		12	3				6
陕 西	3 897	2 556	232	528	35	10		536
甘 肃	4 516	3 386	255	238	50	64		523
青 海	161	68	17	58		5		13
宁 夏	231	73	45	101		5		7
新 疆	762	373	116	164	1	9		99
部直属单位	1 217	1 116			30			71
其中:大兴安岭	1 162	1 116			30			16

林业系统各地区国营林场单位数与职工年末人数

单位：个、人

地　区	国营林场个数	按经营性质分			国营林场职工年末人数	按经营性质分		
		造林林场	经营林场	其他林场		造林林场	经营林场	其他林场
全国总计	**4 217**	**2 356**	**1 702**	**159**	**558 393**	**297 424**	**241 240**	**19 729**
北　京	28	28			3 494	3 494		
天　津	2	1		1	41	24		17
河　北	122	75	47		7 798	3 098	4 700	
山　西	217	135	82		9 743	5 814	3 929	
内蒙古	297	156	120	21	54 118	18 453	34 426	1 239
辽　宁	165	79	84	2	18 431	7 672	10 668	91
吉　林	294	146	142	6	51 069	20 932	29 335	802
黑龙江	360	47	302	11	55 599	5 032	48 347	2 220
上　海	6			6	898			898
江　苏	67	50	11	6	27 031	19 141	5 377	2 513
浙　江	102	102			13 642	13 642		
安　徽	119	51	68		15 286	6 050	9 236	
福　建	110	110			13 576	13 576		
江　西	211	199		12	46 671	46 023		648
山　东	150	12	138		8 298	587	7 711	
河　南	87	67	20		10 806	7 422	3 384	
湖　北	236	227	1	8	18 181	17 700	32	449
湖　南	178	166	9	3	36 869	34 840	1 631	398
广　东	197	64	123	10	39 467	8 514	29 720	1 233
广　西	148	111	26	11	46 383	30 758	12 719	2 906
海　南	28	27	1		3 266	3 154	112	
四　川	283	156	106	21	21 754	11 227	6 511	4 016
贵　州	87	17	66	4	7 997	1 943	5 971	83
云　南	109	53	36	20	7 979	4 626	1 980	1 373
西　藏								
陕　西	230	106	115	9	11 082	3 680	7 103	299
甘　肃	219	115	103	1	16 044	3 779	12 235	30
青　海	59	14	45		1 898	381	1 517	
宁　夏	38	21	15	2	3 045	1 968	813	264
新　疆	67	21	41	5	5 301	3 894	1 157	250
部直属单位	1		1		2 626		2 626	
其中：大兴安岭	1		1		2 626		2 626	

全国营林生产主要指标增减情况

主要指标	单位	1992年	1991年	1992年比1991年增减%
1. 全部造林面积	千公顷	6 030.4	5 594.5	7.8
其中：飞机播种造林	千公顷	946.7	842.7	12.3
2. 国营造林面积	千公顷	555.4	533.5	4.1
3. 工程造林面积	千公顷	2 536.0	2 263.5	12.0
其中：速生丰产林	千公顷	621.6	560.3	10.9
4. 迹地更新面积	千公顷	673.6	664.1	1.4
5. 幼林抚育面积	千公顷	9 677.8	9 071.5	6.7
6. 成林抚育面积	千公顷	4 508.3	4 434.7	1.7
7. 低产林改造面积	千公顷	575.5	503.3	14.3
8. 四旁（零星）植树	万株	346 940.0	362 038.0	－4.2
9. 育苗面积	千公顷	250.2	228.3	9.6
10. 林木种子采集量	吨	34 744.0	33 538.0	3.4
11. 年末实有封山育林面积	千公顷	31 637.3	29 303.6	8.0
12. 主要林产品产量				
生漆	吨	3 350.0	2 945.0	13.8
油桐籽	吨	437 154.0	327 544.0	33.5
油茶籽	吨	629 112.0	620 727.0	1.4
乌桕籽	吨	43 465.0	45 477.0	－4.4
五倍子	吨	6 223.0	5 595.0	11.2
棕片	吨	42 037.0	42 137.0	－0.2
松脂	吨	469 331.0	440 431.0	6.6
竹笋干	吨	104 226.0	87 242.0	19.5
核桃	吨	163 862.0	151 644.0	8.1
板栗	吨	139 168.0	137 747.0	1.0
紫胶（原胶）	吨	1 568.0	1 280.0	22.5

各地区按林种分的造林面积

单位：千公顷

地　　区	造林面积		用材林	经济林	防护林	薪炭林	特种用途林
	合　计	其中：国营					
全国总计	**6 030.4**	**555.4**	**3 355.1**	**973.2**	**1 442.1**	**235.3**	**24.7**
北　京	49.4	1.0	1.2	1.4	45.0	0.7	1.1
天　津	7.2		0.7	0.4	6.1		
河　北	279.6	11.2	113.0	36.8	112.8	16.9	0.1
山　西	230.9	15.3	107.8	62.5	59.8	0.3	0.5
内蒙古	417.0	93.7	105.4	34.9	264.5	11.5	0.7
辽　宁	149.6	7.6	56.3	27.0	45.5	20.5	0.3
吉　林	103.7	31.8	47.9	8.7	44.6	2.2	0.3
黑龙江	192.6	78.3	130.4	12.3	39.6	6.5	3.8
上　海	1.8	0.1		1.6	0.2		
江　苏	16.6	1.7	5.7	1.7	9.2		
浙　江	77.5	1.2	56.3	12.7	2.1	6.3	0.1
安　徽	150.6	4.7	106.3	30.1	9.5	4.1	0.6
福　建	223.0	10.4	155.0	14.4	25.4	28.2	
江　西	435.0	38.3	277.1	50.7	81.5	23.6	2.1
山　东	242.7	4.9	26.9	107.6	103.8	0.6	3.8
河　南	180.7	9.3	96.6	54.0	23.6	5.8	0.7
湖　北	345.4	25.5	212.4	66.5	53.1	12.6	0.8
湖　南	377.5	19.5	286.7	47.1	36.9	6.6	0.2
广　东	222.7	4.2	166.4	19.3	26.2	10.7	0.1
广　西	677.8	40.8	598.3	59.4	19.2	0.8	0.1
海　南	36.8	12.3	24.2	0.9	9.4	2.3	
四　川	398.4	23.7	189.6	65.9	125.9	15.3	1.7
贵　州	268.3	14.2	187.5	54.7	23.2	2.7	0.2
云　南	309.6	19.6	189.5	48.0	55.2	15.3	1.6
西　藏	2.5	2.5	0.7	0.1	1.1	0.2	0.4
陕　西	377.0	25.4	140.1	113.5	113.6	9.6	0.2
甘　肃	155.3	31.4	50.0	32.9	53.1	14.8	4.5
青　海	30.5	3.4	5.5	0.5	14.4	10.1	
宁　夏	16.3	2.7	1.9	0.2	12.7	1.5	
新　疆	44.4	10.7	5.7	7.4	24.9	5.6	0.8
大兴安岭	10.0	10.0	10.0				

各地区工程造林、迹地更新、封山育林和育苗面积

单位：千公顷

地区	工程造林面积		迹地更新面积		封山育林面积		育苗面积
	合计	其中：速生丰产林	合计	其中：人工更新	合计	其中：本年新封	
全国总计	**2 536.0**	**621.6**	**673.6**	**565.7**	**31 637.3**	**5 874.1**	**250.2**
北京	9.7		0.5	0.3	83.8	14.1	4.2
天津	6.3				20.1	2.2	1.8
河北	157.8	18.2	20.3	18.5	985.7	194.8	19.4
山西	100.9	3.1	0.2	0.2	619.9	123.6	19.3
内蒙古	202.5	22.3	36.3	23.0	1 327.5	85.0	9.4
辽宁	87.4	24.2	14.5	14.0	944.5	106.3	11.8
吉林	35.6	3.3	40.2	22.5	1 113.3	156.8	5.1
黑龙江	82.8	20.0	130.6	114.9	672.0	169.9	13.0
上海	0.2						0.6
江苏	5.0	4.0	1.5	1.5	21.6	4.1	8.8
浙江	34.0	13.6	11.6	11.4	823.5	154.5	2.0
安徽	58.4	57.5	2.8	2.1	600.7	152.7	9.9
福建	146.4	15.9	59.8	59.8	1 172.5	229.3	0.9
江西	234.2	58.9	34.7	34.5	3 363.9	447.6	2.9
山东	127.6	10.2	12.4	11.4	699.0	112.7	43.0
河南	31.9	17.0	13.7	10.2	499.8	150.4	18.2
湖北	93.1	48.6	26.9	25.9	1 342.2	341.1	10.1
湖南	148.1	57.2	36.3	31.8	4 964.6	446.0	6.0
广东	61.7	16.7	58.6	58.3	3 490.2	332.3	4.3
广西	205.7	50.9	40.2	38.7	3 725.0	1 265.4	4.4
海南	22.8	3.9	2.9	2.6	140.6	40.0	0.9
四川	214.0	85.6	19.8	19.6	1 266.7	328.0	11.2
贵州	79.8	45.1	5.9	4.3	624.7	264.8	3.5
云南	196.9	37.8	22.2	14.3	1 220.9	334.2	2.3
西藏	2.0		0.2	0.1	104.2		0.1
陕西	81.4	2.9	15.5	13.7	802.3	179.0	15.1
甘肃	58.5	2.4	1.8	1.7	208.6	45.8	8.9
青海	15.2	0.5	1.0	1.0	259.6	73.7	3.0
宁夏	14.3		0.2	0.2	143.1	20.9	1.5
新疆	11.8	0.8	5.4	5.3	352.1	82.9	8.3
大兴安岭	10.0	1.0	57.6	23.9	44.7	16.0	0.3

各地区国营林场经营面积和林木蓄积量

地区	经营管理面积（千公顷）				经营范围内蓄积量	
	合计	其中			林木（万立方米）	毛竹（万根）
		有林地	宜林荒山荒地	耕地		
全国总计	**5 3870.4**	**25 454.1**	**9 280.2**	**1 904.9**	**161 765.8**	**50 014**
北京	35.5	20.8	3.1	0.1	50.3	
天津	2.0	2.0			6.5	
河北	632.7	360.0	91.1	3.6	1 253.2	
山西	2 014.0	936.2	337.3	9.9	4 757.4	
内蒙古	12 651.5	5 118.4	3 351.7	349.6	22 496.4	
辽宁	713.9	579.7	58.8	1.6	3 719.1	
吉林	4 021.9	2 991.9	148.9	574.2	27 909.1	
黑龙江	7 073.4	4 540.5	923.4	522.0	28 187.0	
上海	0.1	0.1			3.4	44
江苏	95.4	71.1	3.3	1.7	294.6	1 108
浙江	225.1	170.9	7.7	0.4	1 079.0	1 075
安徽	261.0	183.7	12.6	1.7	1 067.3	798
福建	356.3	292.9	1.3	1.0	2 211.2	770
江西	762.1	316.8	48.3	2.3	2 151.3	2 567
山东	167.1	106.6	22.4	1.6	315.9	
河南	386.0	252.4	61.9	7.5	1 055.6	115
湖北	511.7	341.9	46.7	11.7	1 194.3	1 906
湖南	652.2	503.5	7.2	8.4	2 915.5	4 381
广东	689.8	382.3		4.3	2 881.1	1 610
广西	1 120.3	672.2	135.0	2.2	4 768.5	852
海南	62.1	34.0	14.0	0.3	213.3	
四川	4 019.5	1 797.6	143.7	2.5	22 102.4	30 952
贵州	229.9	123.9	60.6	9.8	798.0	8
云南	831.9	484.4	127.6	18.7	3 995.9	3 500
西藏						
陕西	3 378.1	1 964.1	598.3	158.6	11 409.2	327
甘肃	3 992.3	1 247.8	590.6	43.8	8 979.6	
青海	2 288.4	204.1	69.9		2 429.0	
宁夏	203.2	46.0	62.5	8.5	221.9	
新疆	5 510.0	1 147.3	2 234.3	158.7	1 127.8	
大兴安岭	983.0	561.0	118.0	0.2	2 172.0	

各地区国营林场生产情况

地区	本年造林面积（千公顷）			本年育苗面积（千公顷）	本年成林抚育面积（千公顷）		本年低产林改造面积（千公顷）	本年抚育改造出材量（万立方米）	
	合计	其中			合计	其中：中幼龄林抚育		合计	其中：中、幼龄林抚育
		人工造林	飞机播种造林						
全国总计	**377.5**	**326.7**	**50.8**	**13.1**	**533.5**	**380.8**	**81.7**	**515.0**	**233.9**
北京	0.6	0.6		0.1	2.6	1.9		0.1	
天津									
河北	8.6	8.5	0.1	0.4	19.1	19.1	2.7	10.3	7.1
山西	11.3	11.3		0.4	39.7	38.0	5.5	16.3	3.7
内蒙古	46.8	41.1	5.7	1.5	61.6	36.3	4.3	65.1	24.7
辽宁	6.3	6.2	0.1	0.9	13.3	11.3	2.6	11.3	7.1
吉林	23.1	23.1		1.0	52.3	45.3	8.3	86.9	60.0
黑龙江	64.4	62.4	2.0	0.6	52.3	18.4	7.7	145.0	40.5
上海					0.8	0.6			
江苏	1.4	1.4		0.5	5.3	3.3	0.9	2.0	0.8
浙江	1.0	1.0		0.2	10.1	6.4	0.6	4.2	3.7
安徽	3.7	3.7		0.3	7.5	4.1	2.1	10.7	4.8
福建	4.7	3.6	1.1	0.1	11.0	8.1	1.6	7.1	4.9
江西	21.3	21.3		1.4	25.5	19.1	7.7	13.7	7.4
山东	3.5	3.5		0.7	13.6	8.9	1.0	1.0	0.7
河南	8.3	3.9	4.4	0.3	8.3	6.3	1.2	4.9	2.5
湖北	17.1	15.9	1.2	0.7	12.8	9.9	0.8	5.0	4.5
湖南	16.1	8.4	7.7	0.3	22.0	16.5	2.0	4.4	3.0
广东	3.8	3.6	0.2	0.2	17.9	14.9	9.0	33.0	10.8
广西	36.6	24.4	12.2	0.4	24.7	14.9	4.2	18.4	8.5
海南	2.3	2.3		0.1	0.3	0.3			
四川	17.4	14.9	2.5	0.2	28.6	20.6	2.9	17.2	9.9
贵州	6.6	6.6		0.3	4.4	4.1	0.6	6.1	4.5
云南	8.6	8.6		0.2	20.2	19.7	0.6	10.0	9.5
西藏									
陕西	25.1	12.1	13.0	0.6	15.1	10.6	5.9	23.9	8.9
甘肃	24.4	24.1	0.3	1.1	39.3	33.5	2.8	13.2	2.5
青海	3.0	3.0		0.2	1.7	1.4		2.5	1.8
宁夏	2.0	1.7	0.3	0.2	2.4	1.5		0.2	0.1
新疆	0.4	0.4		0.1	19.1	3.8	4.3	1.0	0.5
大兴安岭	9.1	9.1		0.1	2.0	2.0	2.4	1.5	1.5

各地区国营林场生产设备情况

地区	年末实有主要机械设备		年末实有主要经营保护设施				
	拖拉机（台）	汽车（辆）	公路（公里）	林道（公里）	防火线（公里）	瞭望台（座）	通讯线路（公里）
全国总计	**5 303**	**10 282**	**54 025**	**117 348**	**129 600**	**2 907**	**52 550**
北京	24	102	53	200	190	25	105
天津	1	4	3	210	50	3	84
河北	150	214	1 111	2 641	1 108	36	1 621
山西	107	372	1 226	6 005	653	24	919
内蒙古	911	886	2 962	4 698	9 167	113	4 762
辽宁	192	312	1 229	3 013	2 519	86	1 377
吉林	362	903	1 941	3 038	1 045	198	1 553
黑龙江	582	572	4 225	2 203	11 992	219	3 229
上海			5	31	10	4	10
江苏	463	262	324	1 249	732	40	671
浙江	105	207	859	873	7 049	44	2 684
安徽	77	268	777	3 125	4 917	127	1 204
福建	67	263	2 122	13 402	11 585	26	1 718
江西	153	511	2 994	8 816	14 596	163	2 022
山东	165	245	688	1751	1 381	138	904
河南	71	198	1 737	3 032	2 484	121	841
湖北	164	342	2 814	4 693	5 871	172	1 778
湖南	70	534	3 641	10 138	9 387	187	3 837
广东	270	714	4 905	16 043	12 375	285	6 687
广西	366	1 139	8 187	13 159	13 238	301	5 476
海南	62	37	419	1 640	3 379	5	64
四川	23	516	2 739	4 932	4 615	156	2 728
贵州	15	146	797	1 238	2 048	64	591
云南	39	291	2 329	2 890	4 694	75	981
西藏							
陕西	119	338	2 494	3 237	1 222	130	1 770
甘肃	346	481	1 891	3 641	470	113	1 067
青海	83	88	691	671	54	26	296
宁夏	85	82	127	333	9	6	121
新疆	217	174	360	446	1 050	12	3 450
大兴安岭	14	81	375		1 710	8	

全国森林工业生产主要指标增减情况

主要指标	单位	1992年	1991年	1992年比1991年增减%
全部木材产量	万立方米	6 173.57	5 807.33	6.31
其中：国家任务	万立方米	1 500.55	1 676.68	−10.50
等内原木上调量	万立方米	1 052.29	1 204.61	−12.64
全部人造板产量	万立方米	428.90	296.01	44.89
其中：胶合板	万立方米	156.47	105.40	48.45
纤维板	万立方米	144.45	117.43	23.01
刨花板	万立方米	115.85	61.38	88.74
全部竹材产量	万根	40 429.60	29 173.28	38.58
全部锯材产量	万立方米	1 118.70	1 141.53	−2.00
全部松香产量	吨	419 503.00	343 300.00	22.20
全部松节油产量	吨	53 602.00	49 461.00	8.37
全部栲胶产量	吨	26 141.00	19 325.00	35.27
全部紫胶产量	吨	732.00	876.00	−16.44
林业系统木材产量	万立方米	3 475.41	3 647.80	−4.73
原　木	万立方米	3 276.92	3 394.20	−3.46
薪　材	万立方米	198.49	253.60	−21.73
林业系统人造板产量	万立方米	176.08	124.79	41.10
其中：胶合板	万立方米	56.22	41.06	36.92
纤维板	万立方米	63.89	51.22	24.74
刨花板	万立方米	54.00	31.12	73.52
林业系统竹材产量	万　根	2 234.49	1 536.47	45.43
林业系统锯材产量	万立方米	326.76	460.90	−29.10
林业系统松香产量	吨	211 601.00	137 487.00	53.91
林业系统松节油产量	吨	33 938.00	24 043.00	41.16
林业系统栲胶产量	吨	13 299.00	11 152.00	19.25
林业系统紫胶产量	吨	704.00	700.00	0.57

各地区全部木材、竹材、锯材、人造板、松香、栲胶、紫胶产量

地　　区	木　材（万立方米）	竹　材（万根）	锯　材（万立方米）	胶合板（万立方米）	纤维板（万立方米）	刨花板（万立方米）	松　香（吨）	栲　胶（吨）	紫　胶（吨）
全国总计	**6 173.57**	**40 429.60**	**1 118.70**	**156.47**	**144.45**	**115.85**	**419 503**	**26 141**	**732**
北　京	4.56		13.06	1.00	2.27	1.39			
天　津			4.20	4.75	1.85				
河　北	46.06		14.47	7.29	5.64	2.81		708	
山　西	28.05		1.63	0.01	1.75	0.34			
内蒙古	494.19		46.27	2.27	1.61	4.72		4 091	
辽　宁	96.65		106.13	0.68	4.99	1.72		138	
吉　林	515.28		101.69	13.58	5.07	15.21			
黑龙江	1 270.40		293.78	16.48	12.54	12.96			
上　海			21.74	7.57	6.50	1.77			
江　苏	45.38	458.71	42.88	8.75	4.75	0.47	203	139	
浙　江	198.67	6 983.70	37.86	3.32	11.28	2.72	3 999		
安　徽	221.56	2 930.00	33.60	0.75	3.78	16.71	2 462	212	
福　建	548.34	6 695.81	48.92	19.70	12.38	5.65	68 112	401	
江　西	278.33	3 582.41	11.54	14.28	6.37	1.53	29 187		
山　东	127.12		46.36	1.68	7.00	4.60		728	
河　南	201.05	26.64	28.01	1.00	1.36	1.02		1 313	
湖　北	180.51	1 377.66	12.40	5.94	6.21	2.92	1 001	896	
湖　南	316.53	4 266.84	20.81	6.19	7.08	8.43	9 133	41	
广　东	250.11	7 233.95	33.06	23.82	20.66	13.60	88 285	1 056	248
广　西	288.51	3 742.67	27.01	2.58	3.48	6.32	191 048	9 343	
海　南	47.87		11.58	2.54		2.03	491		
四　川	430.29	223.37	48.53	3.62	7.56	3.14	4 485	398	6
贵　州	64.60	131.81	7.47	1.17	0.57	0.40	701	98	
云　南	311.33	2 463.00	42.62	6.48	2.90	2.83	20 245	3 824	478
西　藏	23.92		14.15						
陕　西	79.25	313.03	10.65	0.55	4.06	0.64	11	2 894	
甘　肃	46.63		17.23	0.24	0.68	0.72	117		
青　海	7.06		0.62	0.18					
宁　夏	20.90		2.13		0.59	0.54			
新　疆	30.42		18.30	0.05	1.52	0.66	23		

各地区国家计划内胶合板、纤维板、刨花板产量

单位：万立方米

地区	胶合板			纤维板			刨花板		
	1992年	1991年	1992年为1991年（%）	1992年	1991年	1992年为1991年（%）	1992年	1991年	1992年为1991年（%）
全国总计	**96.53**	**61.17**	**157.8**	**103.87**	**77.50**	**134.0**	**79.00**	**45.27**	**174.5**
北　京	1.00	0.86	116.3	2.27	0.38	597.4	1.39	1.61	86.3
天　津	4.75	3.49	136.1	1.75	1.00	175.0			
河　北	1.20			5.64	0.40	1 410.0	1.68		
山　西				1.40	1.40	100.0			
内蒙古	0.79	0.84	94.0	0.96	1.13	85.0	3.83	1.68	228.0
辽　宁	0.68	0.21	323.8	4.99	1.06	470.8	1.20	0.42	285.7
吉　林	7.31	5.06	144.5	3.41	4.10	83.2	11.82	6.95	170.1
黑龙江	4.10	4.33	94.7	10.62	10.32	102.9	9.65	4.49	214.9
上　海	4.30	4.47	96.2	4.20	4.39	95.7	1.20	1.35	88.9
江　苏	2.90	0.15	1 933.3	3.70	3.68	100.5			
浙　江	3.32	1.81	183.4	11.28	7.99	141.2	2.72	1.70	160.0
安　徽	0.60	0.15	400.0	3.34	1.85	180.5	3.00	1.09	275.2
福　建	12.81	7.45	171.9	9.86	8.23	119.8	5.32	1.93	275.6
江　西	14.28	10.47	136.4	5.98	3.74	159.9	1.53	0.77	198.7
山　东	1.68	1.65	101.8	5.80	5.38	107.8	4.10	1.69	242.6
河　南	1.00	0.37	270.3	1.36	1.25	108.8	1.02	0.37	275.7
湖　北	1.58	0.88	179.5	4.51	7.95	56.7	2.69	1.76	152.8
湖　南	5.01	2.20	227.7	2.22	1.15	193.0	6.95	4.77	145.7
广　东	17.58	10.22	172.0	9.79	3.03	323.1	11.63	9.44	123.2
广　西	1.61	0.55	292.7	1.90	1.30	146.2	3.98	1.00	398.0
海　南	2.54	1.33	191.0					0.98	
四　川	1.10	0.55	200.0	4.35	3.34	130.2	3.04	1.75	173.7
贵　州	0.10	0.20	50.0	0.57	0.50	114.0	0.40	0.34	117.6
云　南	5.97	3.74	159.6	1.88	1.61	116.8	1.79	1.13	158.4
西　藏									
陕　西	0.32	0.19	168.4	0.68	0.75	90.7	0.06	0.05	120.0
甘　肃				0.60	0.43	139.5			
青　海					0.35				
宁　夏				0.59	0.50	118.0			
新　疆				0.22	0.29	75.9			

各地区主要林产品产量

单位：吨

地区	生漆	油桐籽	油茶籽	乌桕籽	五倍子	棕片	松脂	竹笋干	核桃	板栗	紫胶（原胶）
全国总计	**3 350**	**437 154**	**629 112**	**43 465**	**6 223**	**42 037**	**469 331**	**104 226**	**163 862**	**139 168**	**1 568**
北京									4 461	5 340	
天津									412	153	
河北									13 312	22 534	
山西									19 198	53	
内蒙古											
辽宁									738	8 928	
吉林											
黑龙江											
上海											
江苏		32	26	1				1 030	1	3 300	
浙江	33	1 618	21 621	1 726		1 351	2 591	36 709	1 961	6 938	
安徽	36	1 955	3 587	741	28	401	3 739	2 435	33	7 878	
福建		8 129	39 201	468	190	5 948	87 943	37 291	145	3 025	125
江西	20	9 210	148 410	1 001	9	2 538	28 771	4 585		3 159	4
山东									3 527	16 071	
河南	150	12 227	4 013	1 451	136				6 505	13 082	
湖北	758	27 044	9 200	18 280	1 137	2 742	658	343	1 266	15 243	
湖南	39	59 974	248 377	2 297	519	5 192	8 230	4 596	1 620	6 360	3
广东		9 692	22 268	1 142	23	786	100 490	4 559		2 423	204
广西	2	45 218	112 041	1	126	576	205 988	3 266	314	6 762	29
海南			12				198	100			
四川	524	131 962	5 206	8 960	1 291	4 809	5 421	3 564	14 610	2 861	149
贵州	527	92 102	9 884	6 151	1 019	4 288	542	1 115	4 546	2 862	506
云南	283	18 212	4 390	1 005	119	10 563	24 700	4 208	42 754	5 486	548
西藏							20		912		
陕西	851	19 290	876	241	1 589	2 796	40	422	26 157	6 436	
甘肃	44	489			37	47		3	15 702	274	
青海									139		
宁夏									22		
新疆									5 527		
大兴安岭											

林业系统各地区固定资产投资

单位：万元

地区	固定资产投资完成总额	营林			森工			
		固定资产投资	其中		固定资产投资	其中		
			基本建设	更新改造		基本建设	更新改造	其他
全国总计	**329 800**	**140 826**	**137 411**	**3 415**	**188 974**	**120 749**	**34 706**	**33 519**
北京	5 199	5 199	5 189	10				
天津	1 445	1 445	1 445					
河北	3 819	3 819	3 432	387				
山西	4 359	4 309	4 229	80	50		50	
内蒙古	24 528	4 005	4 005		20 523	16 778	401	3 344
辽宁	4 893	4 893	3 227	1 666				
吉林	30 055	8 757	8 757		21 298	7 203	522	13 573
黑龙江	39 456	3 842	3 842		35 614	28 090	1 655	5 869
上海	539	539	539					
江苏	2 380	1 515	1 515		865	640	225	
浙江	3 725	3 280	3 280		445	445		
安徽	2 663	2 040	2 040		623	432	191	
福建	18 871	6 367	6 367		12 504	10 463	1 976	65
江西	14 057	4 957	4 957		9 100	6 209	806	2 085
山东	5 406	3 609	3 609		1 797	1 300	497	
河南	2 730	1 267	1 267		1 463	1 463		
湖北	11 582	7 019	7 019		4 563	4 423		140
湖南	6 640	5 510	5 510		1 130	150	980	
广东	17 395	8 114	8 114		9 281	5 854	3 312	115
广西	31 199	21 974	21 468	506	9 225	4 207	3 750	1 268
海南	3 571	3 092	2 354	738	479	183	292	4
四川	19 718	6 457	6 457		13 261	10 380	1 345	1 536
贵州	3 356	2 521	2 521		835	835		
云南	17 562	6 648	6 639	9	10 914	5 566	3 824	1 524
西藏	686	686	686					
陕西	4 630	3 322	3 322		1 308	493	485	330
甘肃	7 548	5 864	5 864		1 684	786	422	476
青海	1 423	1 409	1 409		14			14
宁夏	1 289	1 289	1 270	19				
新疆	5 154	1 835	1 835		3 319	2 475	592	252
部直属单位	33 922	5 243	5 243		28 679	12 374	13 381	2 924
其中：大兴安岭	21 955	60	60		21 895	9 896	9 075	2 924

林业系统各地区新增固定资产

单位：万元

地区	新增固定资产合计	营林			森工			
		小计	基本建设	更新改造	小计	基本建设	更新改造	其他
全国总计	**191 291**	**57 293**	**54 941**	**2 352**	**133 998**	**78 874**	**24 606**	**30 518**
北京	1 264	1 264	1 264					
天津	180	180	180					
河北	629	629	552	77				
山西	1 194	694	694		500		500	
内蒙古	15 632	918	918		14 714	11 404	201	3 109
辽宁	2 073	2 073	978	1 095				
吉林	23 743	3 787	3 787		19 956	6 483	392	13 081
黑龙江	17 835	2 423	2 423		15 412	8 820	1 023	5 569
上海	229	229	229					
江苏	1 764	899	899		865	640	225	
浙江	2 091	1 676	1 676		415	415		
安徽	1 666	1 249	1 249		417	327	90	
福建	15 986	4 219	4 219		11 767	10 154	1 583	30
江西	3 653	1 308	1 308		2 345	593	52	1 700
山东	3 208	2 053	2 053		1 155	725	430	
河南	5 282	539	539		4 743	4 743		
湖北	6 033	1 453	1 453		4 580	4 440		140
湖南	2 046	1 971	1 971		75	75		
广东	10 700	3 399	3 399		7 301	5 268	2 023	10
广西	15 154	8 095	7 681	414	7 059	2 802	3 506	751
海南	1 325	870	132	738	455	159	292	4
四川	9 441	3 911	3 911		5 530	4 313		1 217
贵州	885	885	885					
云南	12 956	3 825	3 816	9	9 131	4 466	3 262	1 403
西藏	498	498	498					
陕西	1 408	780	780		628	262	49	317
甘肃	2 767	1 260	1 260		1 507	666	359	482
青海	496	482	482		14			14
宁夏	365	365	346	19				
新疆	3 856	1 135	1 135		2 721	2 317	186	218
部直属单位	26 932	4 224	4 224		22 708	9 802	10 433	2 473
其中:大兴安岭	18 809	60	60		18 749	8 341	7 935	2 473

林业系统各地区固定资产投资房屋建筑

地区	施工房屋建筑面积（万平方米）		竣工房屋建筑面积（万平方米）		竣工房屋价值（万元）		竣工房屋造价（元/平方米）	
	合计	其中:住宅	合计	其中:住宅	合计	其中:住宅	合计	其中:住宅
全国总计	**363.57**	**146.81**	**232.25**	**104.62**	**77 206**	**33 689**	**332**	**322**
北京	1.65	0.29	0.72		980		1 361	
天津	0.26		0.26		142		546	
河北	2.21	0.55	1.89	0.55	811	238	429	433
山西	4.09	1.89	1.90	1.18	737	394	388	334
内蒙古	19.00	8.30	12.29	6.11	5 507	2 503	448	410
辽宁	3.60	0.24	2.58	0.17	1 000	30	388	176
吉林	29.63	16.88	26.66	15.53	9 468	5 385	355	347
黑龙江	33.97	9.79	13.72	5.74	4 300	1 887	313	329
上海	0.58		0.53		196		370	
江苏	2.50	0.02	2.50	0.02	751	8	300	400
浙江	8.09	1.42	4.96	0.66	1 494	190	301	288
安徽	5.14	1.21	4.81	1.14	1 400	325	291	285
福建	23.28	10.27	13.01	6.51	3 973	1 824	305	280
江西	22.40	8.64	13.68	6.74	2 491	1 477	182	219
山东	6.89	0.52	5.52	0.52	1 552	182	281	350
河南	6.45	1.22	1.01	0.06	367	27	363	450
湖北	11.78	4.43	9.03	3.80	2 498	919	277	242
湖南	7.96	3.16	6.35	2.27	1 841	591	290	260
广东	23.27	9.81	16.28	7.52	5 726	2 657	352	353
广西	36.11	18.08	27.21	13.44	7 375	3 702	271	275
海南	2.82	1.87	2.76	1.87	1 091	721	395	386
四川	20.20	7.55	11.17	4.75	2 884	1 277	258	269
贵州	3.89	0.99	2.56	0.59	496	134	194	227
云南	26.03	14.87	16.73	9.96	5 445	3 223	325	324
西藏	0.43		0.43		403		937	
陕西	3.80	0.27	1.64	0.24	430	71	262	296
甘肃	6.48	2.61	3.95	1.49	1 171	496	296	333
青海	1.13	0.16	1.13	0.16	343	45	304	281
宁夏	1.68	0.93	1.07	0.54	281	119	263	220
新疆	9.76	4.28	5.53	2.15	1 751	788	317	367
部直属单位	38.49	16.56	20.37	10.91	10 302	4 476	506	410
其中:大兴安岭	14.88	7.26	11.30	6.52	5 288	2 420	468	371

以上林业各表由林业部计划司供稿

畜 牧 业

全国畜产品产量增减情况

项目	单位	1992年	1991年	1992年比1991年	
				增减数	增减%
一、当年出栏肉猪头数	万头	35 169.7	32 897.1	2 272.6	6.9
肉猪出栏率	%	91.5	90.8	-4.5	-4.9
二、出售和自宰牛	万头	1 519.2	1 303.9	215.3	16.5
三、出售和自宰羊	万只	10 266.7	9 816.5	450.2	4.6
四、肉类总产量	万吨	3 430.7	3 144.5	286.2	9.1
其中：猪肉产量	万吨	2 635.3	2 452.3	183.0	7.5
牛肉产量	万吨	180.3	153.5	26.8	17.5
羊肉产量	万吨	125.0	118.1	6.9	5.8
禽肉产量	万吨	454.2	395.0	59.2	15.0
兔肉产量	万吨	18.5	10.8	7.7	71.5
五、奶类产量	万吨	563.9	524.3	39.6	7.6
其中：牛奶产量	万吨	503.1	464.7	38.4	8.3
六、羊毛产量	吨	255 688.0	256 308.0	-620.0	4.2
1. 山羊毛产量	吨	17 496.0	16 701.0	795.0	4.8
2. 绵羊毛产量	吨	238 192.0	239 607.0	-1 415.0	-0.6
其中：细羊毛	吨	106 201.0	108613.0	-2 412.0	-2.2
半细羊毛	吨	52 478.0	55 839.0	-3 361.0	-6.0
七、羊绒产量	吨	5 886.0	5 930.0	-44.0	-0.7
八、蜂蜜产量	万吨	17.8	20.8	-3.0	-14.4
九、禽蛋产量	万吨	1 019.9	922.0	97.9	10.6

各地区畜禽出栏情况

单位：万头、万只、万匹

地　　区	出售和自宰的猪	出栏率（%）	出售和自宰的牛	出售和自宰的羊	出售和自宰的驴	出售和自宰的骡	出售和自宰的马	出售和自宰的骆驼	出售和自宰的禽	出售和自宰的兔
全国总计	**35 169.7**	**91.5**	**1 519.2**	**10 266.7**	**100.3**	**25.9**	**65.3**	**7.1**	**319 254.3**	**14 343.9**
北　　京	373.3	138.7	6.9	64.4					5 314.0	
天　　津	131.9	149.9	5.2	58.3	0.5	0.1	0.1		2 415.8	51.9
河　　北	1 607.0	98.4	78.0	673.6	16.3	5.4	5.9		7 518.4	1 183.2
山　　西	364.7	93.1	25.8	289.3	1.9	1.1	0.5		1 839.1	482.4
内 蒙 古	371.2	59.7	73.7	1 169.8	7.7	2.2	12.9	4.0	1 760.0	200.0
辽　　宁	945.4	77.4	41.7	118.8	6.0	1.3	1.9		11 006.1	193.8
吉　　林	464.4	85.2	56.0	83.9	1.7	1.7	5.4		7 126.0	17.2
黑 龙 江	614.9	80.6	57.7	113.7	0.3	0.1	4.2		9 246.2	6.9
上　　海	405.2	164.4	0.1	23.4					11 072.6	
江　　苏	2 246.2	114.1	16.5	1 005.5	2.8	0.4	0.4		32 433.5	1 164.3
浙　　江	1 345.5	93.6	5.9	76.4					9 065.0	102.2
安　　徽	1 141.0	86.6	96.8	304.8	1.8	0.4	0.7		16 610.0	313.0
福　　建	931.6	93.5	9.6	46.0					10 131.1	537.0
江　　西	1 571.4	94.9	27.0	12.8					9 558.3	50.0
山　　东	2 311.6	114.5	167.3	2 119.5	22.3	4.7	4.8		34 286.8	6 129.7
河　　南	1 437.2	73.3	220.8	838.8	15.9	5.9	4.8		13118.0	273.9
湖　　北	1 927.0	91.8	24.1	80.8			0.1		9 702.5	20.5
湖　　南	3 536.3	121.4	26.5	50.2					14 187.4	103.6
广　　东	2 059.7	97.0	45.2	8.5					51 269.8	69.0
广　　西	1 349.9	70.9	55.3	30.3			0.6		15 099.0	35.0
海　　南	162.7	55.3	14.6	21.5					3 154.0	1.5
四　　川	6 600.3	99.2	93.3	343.3	0.1		0.2		31 486.0	3 181.4
贵　　州	883.9	63.0	38.3	83.1			4.0		2 405.7	8.4
云　　南	1 019.5	48.3	38.3	112.8	0.5	0.2	0.7		3 323.3	12.0
西　　藏	9.0	48.4	47.2	357.0						
陕　　西	639.2	73.1	33.8	209.4	2.7	0.7	0.3		2 692.3	87.2
甘　　肃	508.9	81.2	50.8	303.3	6.4	0.9	1.1	0.6	1 519.0	98.0
青　　海	63.6	65.1	75.5	366.8	0.2	0.1	0.4	0.3	133.0	
宁　　夏	62.9	89.0	5.4	100.8	1.6	0.4	0.2	0.1	468.4	5.8
新　　疆	84.3	85.0	81.9	1 199.9	11.6	0.3	16.1	2.1	1 313.0	16.0

各地区肉类产量

单位：万吨

地区	肉类总产量	其					中			
		猪肉	牛肉	羊肉	驴肉	骡肉	马肉	骆驼肉	家禽肉	兔肉
全国总计	**3 430.7**	**2 635.3**	**180.3**	**125.0**	**7.7**	**2.4**	**6.4**	**0.9**	**454.2**	**18.5**
北京	35.8	25.2	1.2	1.0					8.4	
天津	15.1	9.4	0.8	1.0	0.1				3.7	0.1
河北	157.4	125.8	9.9	8.7	1.3	0.5	0.6		9.0	1.6
山西	38.3	27.3	3.5	4.3	0.2	0.1			2.2	0.7
内蒙古	65.6	34.4	9.9	16.5	0.5	0.2	1.2	0.5	2.2	0.2
辽宁	117.9	91.4	6.7	1.6	0.5	0.1	0.2		17.3	0.1
吉林	64.0	42.9	6.1	1.1	0.1	0.2	0.5		13.1	
黑龙江	78.3	52.1	8.8	1.8			0.6		15.0	
上海	43.0	22.8		0.3					19.9	
江苏	222.0	160.9	2.4	9.1	0.2		0.1		47.7	1.6
浙江	111.3	95.0	0.8	1.3					14.1	0.1
安徽	128.8	93.0	10.6	2.6	0.1		0.1		22.2	0.2
福建	88.2	73.7	1.0	0.6					12.2	0.7
江西	141.1	125.8	2.4	0.2					12.6	0.1
山东	293.7	184.4	27.2	19.6	2.6	0.6	0.6		50.2	8.5
河南	171.6	119.2	25.7	8.0	1.2	0.5	0.5		16.1	0.4
湖北	174.9	158.2	2.7	1.3					12.7	
湖南	230.7	211.1	2.3	0.6					16.6	0.1
广东	245.6	166.2	6.1	0.4					72.8	0.1
广西	136.2	109.8	4.8	0.4					21.1	0.1
海南	20.2	14.1	1.3	0.3					4.5	
四川	496.8	435.3	9.5	4.3					44.1	3.6
贵州	85.5	76.9	3.5	1.3			0.3		3.5	
云南	92.2	82.2	3.3	1.7					5.0	
西藏	9.7	0.5	4.9	4.3						
陕西	59.4	48.1	4.6	2.8	0.3	0.1			3.4	0.1
甘肃	47.3	34.9	5.2	4.4	0.4	0.1	0.1	0.1	1.9	0.2
青海	16.3	4.6	5.7	5.8					0.2	
宁夏	7.7	4.6	0.7	1.6	0.1				0.7	
新疆	36.1	5.5	8.7	18.1	0.1		1.6	0.3	1.8	

各地区奶类、羊毛、羊绒、蜂蜜、禽蛋产量

地区	奶类（万吨）	其中：牛奶	山羊毛（吨）	绵羊毛（吨）	其中		羊绒（吨）	蜂蜜（万吨）	禽蛋（万吨）
					细羊毛	半细羊毛			
全国总计	**563.9**	**503.1**	**17 496**	**238 192**	**106 201**	**52 478**	**5 886**	**17.8**	**1 019.9**
北京	24.5	24.5	135	216	18	8	35	0.1	30.0
天津	9.6	9.5	53	391		8	2	0.2	21.3
河北	18.6	15.4	1 874	11 465	4 952	2 108	344	0.5	68.2
山西	21.4	19.5	877	5 742	2 308	596	318	0.3	20.9
内蒙古	42.8	41.0	2 167	58 178	34 363	12 899	2 272	0.3	14.3
辽宁	19.7	18.0	383	6 575	3 511	2 089	164	0.3	64.3
吉林	11.3	10.9	48	9 042	6 810	1 073	2	0.2	30.5
黑龙江	138.0	136.7	102	11 985	4 052	7 175	2	0.3	45.9
上海	27.7	27.7	39	72					17.0
江苏	11.9	11.5	131	1 978	1 405	119	1	1.0	111.7
浙江	12.4	12.3	67	2 448	2 448			5.3	25.1
安徽	2.7	2.7	49	475	15	451			36.2
福建	5.7	5.6						0.7	17.1
江西	2.8	2.8	5	3				0.9	21.6
山东	34.3	10.7	3 946	21 758	8 754	5 746	339	0.8	170.5
河南	7.2	3.0	1 107	4 873	2 098	1 928	44	1.5	79.3
湖北	5.6	5.6	74	105	18	30		0.7	63.3
湖南	1.2	1.2	3	7				0.5	31.1
广东	5.8	5.7	5					0.8	23.9
广西	0.9	0.9						0.3	8.8
海南	0.1	0.1							1.4
四川	28.7	28.2	273	2 885	240	509	4	1.8	57.7
贵州	1.3	1.3	3	514	52	339		0.1	4.8
云南	9.2	8.8	78	1 378	287	706	1	0.3	4.8
西藏	18.6	14.8	995	8 376	33	2 681	445		0.1
陕西	25.6	13.1	989	3 915	2 442	315	546	0.5	29.0
甘肃	8.6	8.4	1 171	14 858	5 704	1 351	255	0.2	9.8
青海	21.5	20.8	628	17 887	333	6 439	190		1.1
宁夏	6.4	6.4	261	3 076	352		172		2.6
新疆	39.8	36.0	2 033	49 990	26 006	5 908	750	0.2	7.6

全国主要畜禽年末存栏增减情况　单位：万头、万只、万匹

项　目	1992 年	1991 年	1992 年比 1991 年	
			增减数	增减%
一、大牲畜总头数	13 465.3	13 192.9	272.4	2.1
其中：农用役畜	7 759.5	7 682.1	77.4	1.0
1. 牛	10 764.2	10 459.2	305.0	2.9
其中：能繁殖的母畜	4 311.6	4 192.6	119.0	2.8
当年生仔畜	1 890.9	1 807.0	83.9	4.6
(1) 黄牛	8 250.0	7 964.1	285.9	3.6
其中：能繁殖的母畜	3 128.7	3 207.5	−78.8	−2.5
当年生仔畜	1 462.3	1 470.4	−8.1	−0.6
(2) 良种及改良种乳牛	294.2	294.6	−0.4	−0.1
其中：能繁殖的母畜	154.2	145.9	8.3	5.7
当年生仔畜	68.5	68.4	0.1	0.1
(3) 水牛	2 220.0	2 200.5	19.5	0.9
其中：能繁殖的母畜	871.1	857.9	13.2	1.5
当年生仔畜	285.3	280.9	4.4	1.6
2. 马	1 001.7	1 009.4	−7.7	−0.8
其中：能繁殖的母畜	359.1	362.2	−3.1	−0.9
当年生仔畜	131.3	131.2	0.1	0.1
3. 骡	561.0	560.6	0.4	
其中：当年生仔畜	39.6	40.9	−1.3	−3.2
4. 驴	1 098.3	1 115.8	−17.5	−1.6
其中：能繁殖的母畜	413.5	424.6	−11.1	−2.6
当年生仔畜	162.5	164.2	−1.7	−1.0
5. 骆驼	40.1	44.1	−4.0	−9.1
其中：能繁殖的母畜	12.8	13.6	−0.8	−5.9
当年生仔畜	5.1	5.5	−0.4	−7.3
二、猪	38 421.1	36 964.6	1 456.5	3.9
其中：能繁殖的母猪	2 860.5	2 626.7	233.8	8.9
三、羊	20 732.9	20 621.0	111.9	0.5
其中：能繁殖的母羊	10 214.8	10 235.1	−20.3	−0.2
1. 山羊	9 761.0	9 535.5	225.5	2.4
其中：能繁殖的母羊	4 573.9	4 442.6	131.3	3.0
山羊中：奶山羊	336.9	520.1	−183.2	−35.2
其中：能繁殖的母羊	223.2	323.8	−100.6	−31.1
2. 绵羊	10 971.9	11 085.5	−113.6	−1.0
其中：能繁殖的母羊	5 640.8	5 792.5	−151.7	−2.6
绵羊中：细毛羊及改良羊	2 910.7	3 083.5	−172.8	−5.6
其中：能繁殖的母羊	1 364.0	1 508.9	−144.9	−9.6
半细毛羊及改良羊	1 660.2	1 662.9	−2.7	−0.2
其中：能繁殖的母羊	792.0	769.6	22.4	2.9
四、年末养蜂箱数（万箱）	701.2	754.1	−52.9	−7.0
附记：全民所有制单位中：大牲畜	322.8	304.7	18.1	5.9
猪	600.8	626.9	−26.1	−4.2
羊	1 278.8	1 019.1	259.7	25.5

各地区主要牲畜年末存栏

单位：万头、万匹、万只

地　　区	一、大牲畜总头数	其中：农用役畜	1. 牛	其中		(1)黄牛	其中		(2)良种及改良种乳牛	其中	
				能繁殖的母畜	当年生仔畜		能繁殖的母畜	当年生仔畜		能繁殖的母畜	当年生仔畜
全国总计	**13 465.3**	**7 759.5**	**10 764.2**	**4 311.6**	**1 890.9**	**8 250.0**	**3 128.7**	**1 462.3**	**294.2**	**154.2**	**68.5**
北　京	27.0	13.6	13.1	5.4	2.5	6.7	1.6	0.8	6.3	3.8	1.7
天　津	34.2	25.7	13.4	6.3	2.6	10.7	4.4	2.0	2.7	1.9	0.6
河　北	557.7	392.4	248.6	96.5	46.1	228.3	87.3	41.3	20.3	9.2	4.8
山　西	299.2	218.2	184.7	75.3	32.5	176.1	69.5	30.9	8.6	5.8	1.6
内蒙古	690.2	245.6	370.7	146.2	86.5	324.5	126.3	77.0	46.2	19.9	9.5
辽　宁	331.6	214.2	155.3	65.9	25.9	148.2	61.1	24.8	7.1	4.8	1.1
吉　林	341.1	206.0	222.9	92.7	51.1	218.0	89.7	49.7	4.9	3.0	1.4
黑龙江	406.0	213.2	292.8	131.1	59.2	223.2	92.3	42.9	69.6	38.8	16.3
上　海	6.9	0.8	6.9	4.9	1.0				5.9	4.4	0.9
江　苏	96.7	63.6	74.6	27.9	13.4	38.3	14.0	8.1	4.3	2.9	1.1
浙　江	60.5	41.7	60.5	20.9	7.0	36.1	10.1	3.9	4.3	3.1	0.7
安　徽	513.2	357.4	485.2	200.0	103.2	356.4	157.9	89.8	1.5	0.9	0.3
福　建	131.2	95.6	131.1	53.2	16.6	82.8	30.5	10.5	2.3	1.7	0.4
江　西	347.8	262.5	347.8	147.5	53.5	219.2	93.2	36.9	1.9	1.0	0.5
山　东	874.3	616.4	663.2	313.1	182.4	657.9	310.2	180.7	3.8	2.4	1.4
河　南	1 135.5	794.9	934.9	431.6	206.3	900.1	418.9	201.9	1.0	0.4	
湖　北	357.2	260.3	352.4	133.0	45.1	183.6	65.0	24.3	2.9	1.6	0.9
湖　南	413.1	306.0	411.6	160.7	53.0	245.0	92.7	32.9	1.1	0.6	0.2
广　东	474.6	339.0	474.6	191.1	72.7	200.7	75.0	32.5	2.4	1.5	0.4
广　西	770.3	523.4	741.4	304.2	105.3	338.8	137.8	50.0	0.5	0.3	0.1
海　南	133.2	74.5	133.2	49.4	22.5	51.5	16.5	8.4	0.1	0.1	
四　川	1 084.9	455.1	1 019.3	389.4	162.1	751.7	285.1	128.1	5.1	3.6	1.0
贵　州	690.7	477.8	616.6	238.4	84.5	411.8	155.5	56.5	1.6	0.7	0.2
云　南	931.2	522.9	763.3	260.4	85.9	479.2	163.0	55.6	6.5	4.7	1.2
西　藏	598.3	147.0	547.4	197.9	91.9	543.8	40.3	17.1	3.6		
陕　西	305.4	202.1	242.4	95.5	40.2	235.1	90.8	38.4	5.6	4.0	1.6
甘　肃	590.6	360.4	342.4	135.4	64.6	332.3	130.4	60.8	10.1	5.0	3.8
青　海	622.5	64.1	550.7	193.3	90.8	544.4	190.2	89.9	6.3	3.1	0.9
宁　夏	74.4	55.5	30.3	11.3	4.2	28.0	9.9	3.6	2.3	1.4	0.6
新　疆	565.8	209.6	332.9	133.1	78.3	277.6	109.5	63.0	55.4	23.6	15.3

（续）

地　　区	(3)水牛	其　　中		2. 马	其　　中		3. 驴	其　　中		4. 骡	其中：当年生仔　畜
		能繁殖的母畜	当　年生仔畜		能繁殖的母畜	当　年生仔畜		能繁殖的母畜	当　年生仔畜		
全国总计	**2 220.0**	**871.1**	**285.3**	**1 001.7**	**359.1**	**131.3**	**1 098.3**	**413.5**	**162.5**	**561.0**	**39.6**
北　　京				2.4	0.7	0.2	5.6	1.5	0.5	5.8	0.2
天　　津				2.8	0.7	0.2	12.1	4.6	1.5	5.9	0.2
河　　北				53.2	20.6	7.1	173.4	68.2	24.3	82.5	5.6
山　　西				10.6	4.7	1.5	50.1	19.3	6.4	53.8	2.2
内 蒙 古				151.9	45.6	19.3	89.4	30.4	11.3	60.7	3.6
辽　　宁				45.1	20.8	5.4	87.6	41.1	13.6	43.6	3.4
吉　　林				79.0	34.1	13.2	14.3	6.3	2.7	24.9	3.3
黑 龙 江				100.0	41.4	16.1	6.7	2.8	1.1	6.5	0.7
上　　海	1.0	0.5	0.1								
江　　苏	32.0	11.0	4.2	2.1	0.7	0.3	17.6	6.4	3.7	2.4	0.3
浙　　江	20.1	7.7	2.4								
安　　徽	127.3	41.2	13.1	6.3	2.3	1.0	17.0	6.5	2.9	4.7	0.3
福　　建	46.0	20.9	5.7	0.1							
江　　西	126.7	53.3	16.1								
山　　东	1.5	0.6	0.3	33.5	13.4	6.0	136.0	57.9	29.2	41.6	3.8
河　　南	33.8	12.3	4.4	37.8	16.2	6.9	102.9	44.9	18.3	59.9	3.7
湖　　北	165.9	66.4	19.9	2.4	0.8	0.3	2.0	0.5	0.2	0.4	0.1
湖　　南	165.5	67.4	19.9	1.1	0.2	0.1	0.3	0.1		0.2	
广　　东	271.5	114.6	39.8								
广　　西	402.1	166.1	55.2	27.9	10.0	3.1	0.1			0.9	
海　　南	81.6	32.8	14.1								
四　　川	262.5	100.7	33.0	55.2	17.9	6.6	6.0	2.4	0.9	4.4	0.4
贵　　州	203.2	82.2	27.8	72.6	23.4	8.1	0.1			1.4	0.1
云　　南	277.6	92.7	29.1	93.4	31.9	8.8	27.9	9.0	2.9	46.6	2.8
西　　藏				35.6	13.1	3.3	14.1	4.3	1.4	1.2	
陕　　西	1.7	0.7	0.2	4.1	1.6	0.6	40.9	16.2	5.8	18.0	0.9
甘　　肃				40.2	16.1	5.2	143.5	54.2	21.5	61.5	6.4
青　　海				41.7	11.0	2.0	12.4	3.9	0.4	15.7	0.8
宁　　夏				2.2	0.8	0.2	25.9	8.9	2.4	15.7	0.7
新　　疆				100.5	31.1	15.8	112.4	24.1	11.5	2.7	0.1

（续）

地　区	5. 骆驼	其中 能繁殖的母畜	其中 当年生仔畜	二、猪	其中：能繁殖的母猪	三、羊	其中：能繁殖的母羊	1. 山羊	其中：能繁殖的母羊	山羊中：奶山羊	其中：能繁殖的母羊
全国总计	**40.1**	**12.8**	**5.1**	**38 421.1**	**2 860.5**	**20 732.9**	**10 214.8**	**9 761.0**	**4 573.9**	**336.9**	**223.2**
北　京				269.1	26.6	64.0	29.0	40.6	18.5	0.6	0.3
天　津				88.0	10.1	69.6	31.2	35.0	15.2	0.7	0.5
河　北				1632.4	135.9	960.6	476.2	503.7	233.4	29.1	17.9
山　西				391.9	40.1	679.0	404.2	291.1	156.2	14.4	10.2
内蒙古	17.5	5.9	2.1	621.5	40.5	2 856.7	1 534.7	926.0	464.9	3.6	1.3
辽　宁				1 222.0	82.7	239.5	163.7	75.7	44.8	5.7	4.1
吉　林				544.8	49.3	227.6	123.2	15.9	8.4	3.5	2.3
黑龙江				763.2	68.7	308.6	189.0	39.0	19.7	10.0	6.5
上　海				246.4	27.0	34.8		26.5		0.1	
江　苏				1 969.1	135.8	873.7	364.9	823.6	338.7	2.3	1.1
浙　江				1 437.0	115.2	183.3	102.0	75.2	41.8	2.4	1.3
安　徽				1 317.0	79.0	324.1	137.0	312.1	131.7	0.1	
福　建				996.0	62.0	64.7	19.9	64.7	19.9	0.6	0.4
江　西				1 656.6	100.0	19.8	7.4	19.5	7.3	0.3	0.1
山　东				2 018.6	181.1	2 373.3	1 092.7	1 826.4	843.2	110.8	71.7
河　南				1 959.7	142.0	1 234.2	541.2	1 100.2	481.3	28.7	21.4
湖　北				2 099.1	111.4	126.8	53.8	124.9	52.7	1.1	
湖　南				2 912.1	218.9	79.4	32.1	78.8	32.1	0.5	
广　东				2 122.5	137.7	14.9	6.9	14.9	6.9		
广　西				1 903.9	158.7	89.1	36.8	89.1	36.8	0.1	0.1
海　南				294.0	23.0	43.3	18.1	43.3	18.1		
四　川				6 654.2	504.3	945.2	434.9	594.0	275.4	2.3	1.6
贵　州				1 402.5	93.8	165.7	69.3	135.2	56.8	0.2	
云　南				2 112.2	176.5	631.2	326.3	507.0	262.4	9.2	6.9
西　藏				18.6	5.0	1 778.7	775.9	590.3	281.7		
陕　西				874.1	62.5	601.9	327.4	445.0	244.8	75.0	56.6
甘　肃	3.0	0.8	0.5	627.0	46.5	1 012.2	505.7	218.9	107.9	3.1	2.5
青　海	2.0	0.4	0.1	97.7	6.9	1 648.1	699.2	211.4	81.7		
宁　夏	0.3	0.1		70.7	6.5	252.5	146.3	74.3	40.4	0.1	0.1
新　疆	17.3	5.6	2.4	99.2	12.8	2 830.4	1 565.8	458.7	251.2	32.4	16.3

（续）

地　　区	2. 绵羊	其中：能繁殖的母羊	绵　　羊　　中				四、养蜂（万箱）	五、家禽	附记：全民所有制单位		
			细毛羊及改良羊	其中：能繁殖的母羊	半细毛羊及改良羊	其中：能繁殖的母羊			大牲畜	猪	羊
全国总计	**10 971.9**	**5 640.8**	**2 910.7**	**1 364.0**	**1 660.2**	**792.0**	**701.2**	**319 254.3**	**322.8**	**600.8**	**1 278.8**
北　　京	23.4	10.5	0.7	0.3	0.8	0.3	4.9	5 314.0	3.3	14.9	0.2
天　　津	34.6	15.9			0.5	0.3	0.4	2 415.8	1.5	1.1	
河　　北	456.9	242.8	101.1	70.1	76.5	36.2	15.8	7 518.4	3.6	7.9	10.6
山　　西	387.9	248.0	57.4	33.7	22.4	12.5	13.4	1 839.1	1.4	7.4	3.7
内 蒙 古	1 930.7	1 069.8	871.4	323.8	380.6	179.1	5.6	1 760.0	16.6	8.8	114.6
辽　　宁	163.8	118.9	78.4	57.6	49.3	37.0	7.7	11 006.1	8.8	40.0	4.3
吉　　林	211.7	114.8	158.3	83.5	26.5	15.2	7.5	7 126.0	5.9	9.2	9.9
黑 龙 江	269.6	169.3	90.9	59.1	155.8	102.3	7.1	9 246.2	32.3	52.8	20.7
上　　海	8.3						1.3	11 072.6	1.4	6.7	
江　　苏	50.1	26.2	0.4		0.8		23.5	32 433.5	2.2	17.3	2.4
浙　　江	108.1	60.2	35.0	19.5			108.4	9 065.0	1.1	22.2	0.4
安　　徽	12.0	5.3	1.1	0.4	9.6	4.5	22.1	16 610.0	1.4	6.7	0.7
福　　建							24.9	10 131.1	2.5	14.5	2.0
江　　西	0.3	0.1					28.3	9 558.3	5.0	35.6	0.3
山　　东	546.9	249.5	205.5	94.2	146.0	60.6	17.7	34 286.8	0.9	11.1	2.0
河　　南	134.0	59.9	41.4	19.7	48.3	20.4	45.9	13 118.0	0.6	12.0	0.7
湖　　北	1.9	1.1	0.4	0.2	0.6	0.3	35.6	9 702.5	9.4	69.5	3.1
湖　　南	0.6						27.9	14 187.4	3.2	58.0	0.7
广　　东								51 269.8	8.3	41.7	0.2
广　　西							21.4	15 099.0	3.6	29.9	0.3
海　　南							2.7	3 154.0	13.2	45.7	4.3
四　　川	351.2	159.5	25.5	15.1	35.9	16.6	114.2	31 486.0	23.5	7.4	16.4
贵　　州	30.5	12.5	2.0	0.9	16.3	6.4	16.9	2405.7	1.4	3.2	0.5
云　　南	124.2	63.9	12.9	6.6	42.3	22.0	85.3	3 323.3	3.6	24.3	1.1
西　　藏	1 188.4	494.2					0.1		0.8	0.5	11.2
陕　　西	156.9	82.6	91.9	53.0	18.7	9.4	31.2	2 692.3	1.6	2.1	3.0
甘　　肃	793.3	397.8	198.3	95.0	61.1	29.2	25.0	1 519.0	11.0	4.2	20.4
青　　海	1 436.7	617.5	12.5	5.1	306.5	131.1	0.5	133.0	10.6	2.0	49.4
宁　　夏	178.2	105.9	10.8	6.2			1.9	468.4	1.1	3.6	13.8
新　　疆	2 371.7	1 314.6	914.8	420.0	261.7	108.6	4.0	1 313.0	143.0	40.5	981.9

以上畜牧业各表由农业部计划司供稿

水 产 业

各地区全民所有制水产养殖企业组织情况

地区	全民所有制水产养殖企业数（个）		年末人数（人）					
	合计	其中：海水养殖	全部职工		其中：固定职工		合同制工人	
			合计	其中：海水养殖	合计	其中：海水养殖	合计	其中：海水养殖
全国总计	**1 469**	**210**	**106 644**	**18 806**	**78 039**	**9 286**	**20 785**	**7 093**
北京	22		905		594		292	
天津	10	6	612	297	445	339	147	137
河北	14	10	372	305	136	129	106	62
山西	126		728		480		223	
内蒙古	49		2 571		2 327		211	
辽宁	69	39	4 432	3 688	3 064	2 486	1 283	1 136
吉林	137		7 066		6 639		427	
黑龙江	24		6 756		6 238		326	
上海	8		500		318		105	
江苏	85	14	12 362	1 573	7 030	734	4 489	768
浙江	58	18	4 053	586	2 715	439	1 289	126
安徽	108		6 114		4 479		1 110	
福建	48	26	1 928	1 537	1 387	1 153	430	293
江西	36		8 056		7 280		233	
山东	57	51	8 091	7 710	2 260	2 098	4 047	3 853
河南	20		646		329		255	
湖北	283		19 112		13 964		2 501	
湖南	55		12 963		12 246		692	
广东	49	26	3 376	1 522	1 961	924	1 119	408
广西	16	12	1 286	1 091	774	631	231	174
海南	11	8	590	497	398	353	184	136
四川	34		1 166		924		197	
贵州	25		249		221		28	
云南	20		416		328		88	
西藏								
陕西	5		162		124		31	
甘肃	28		230		111		106	
青海								
宁夏	12		547		427		120	
新疆	60		1 355		840		515	

各地区群众渔业组织情况

地区	渔业乡（个）	渔业村（个）	渔业户（户）	渔业人口（人）	渔业劳动力（人）	(一)专业劳动力(人) 合计	1. 捕捞专业	2. 养殖专业	(二)兼业劳动力（人）
全国总计	**362**	**5 898**	**3 043 301**	**14 312 129**	**9 664 534**	**3 869 114**	**1 506 936**	**1 945 950**	**5 795 420**
北京			3 051	20 097	13 232	12 647	1 048	10 825	585
天津	3	25	15 193	55 735	36 446	23 898	7 664	12 769	12 548
河北	14	83	46 927	195 287	133 868	75 876	43 640	19 926	57 992
山西			2 725	11 900	8 649	4 936	455	3 784	3 713
内蒙古		29	2 631	15 134	10 319	4 938	1 814	2 903	5 381
辽宁	22	333	136 078	351 400	196 483	144 303	85 568	52 210	52 180
吉林		3	39 172	139 819	52 810	18 391	3 010	14 061	34 419
黑龙江		3	53 084	240 845	128 153	69 691	20 959	42 708	58 462
上海	1	312	13 727	72 044	45 570	29 696	10 128	18 420	15 874
江苏	39	802	232 393	978 689	881 238	455 756	210 924	218 759	425 482
浙江	83	1 081	320 187	1 082 824	712 218	412 075	200 036	109 102	300 143
安徽	11	147	57 383	360 546	242 517	77 519	32 007	36 818	164 998
福建	32	441	369 786	1 674 208	738 976	350 625	221 391	96 750	388 351
江西	3	262	73 067	756 409	556 543	124 277	35 456	76 416	432 266
山东	57	759	369 393	1 350 693	541 995	358 717	189 576	125 838	183 278
河南	1	15	37 787	593 377	431 789	107 842	13 982	87 012	323 947
湖北	4	152	165 938	67 998	508 700	248 022	31 987	216 035	260 678
湖南	3	130	148 512	1 640 748	1 262 915	285 227	27 531	242 705	977 688
广东	66	936	329 301	1 405 798	1 108 693	536 147	220 512	265 994	572 546
广西	2	114	36 630	530 088	399 290	117 263	43 368	62 522	282 027
海南	20	222	59 544	292 410	123 752	100 079	61 019	7 471	23 673
四川		12	480 271	1 562 999	1 161 303	218 437	26 826	165 852	842 866
贵州		21	10 516	41 364	229 730	17 076	7 909	7 900	212 654
云南		12	31 531	169 370	177 720	53 446	8 261	30 034	124 274
西藏									
陕西				41 901	34 426	8 769	462	8 307	25 657
甘肃			867	11 952	7 358	2 471	35	2 436	4 887
青海				367	236	149	2	102	87
宁夏			4 586	21 506	12 036	6 233	185	5 371	5 803
新疆	1	4	3 081	14 621	7 569	4 608	1 181	2 920	2 961

全国水产系统全民所有制单位及职工人数

项目	单位数（个）	年末职工人数（人）	项目	单位数（个）	年末职工人数（人）
全国总计	**8 762**	**507 861**			
一、水产捕捞企业	98	82 415	六、商业、饮食业、服务业	1 277	115 079
其中：海洋捕捞	57	70613	其中：水产供销企业	971	94 522
二、水产养殖企业	1 469	106 644	七、鱼苗、鱼种场站	1 371	32 632
其中：海水养殖	210	18 806	八、水产技术推广站	1 265	12 319
三、水产加工企业	326	50 638	九、水产科研单位	182	10 164
其中：属水产供销公司加工厂	114	13 604	十、水产教育单位	44	6 033
四、船网机具修造企业	130	45 093	十一、渔政管理单位	1 335	13 404
其中：造船修船企业	84	32 064	十二、国家机关	867	20 235
五、建筑和房屋修造企业	9	1 993	十三、其　他	389	11 212

各地区渔民收入调查核定情况

地　区	年人均纯收入（元）	年劳均纯收入（元）	地　区	年人均纯收入（元）	年劳均纯收入（元）
全国平均	**1 726**	**3 704**	江　西	1 390	3 264
北　京	3 026	5 144	山　东	2 128	5 304
天　津	1 974	4 795	河　南	1 026	1 410
河　北	998	1 458	湖　北	910	1 534
辽　宁	2 632	5 084	湖　南	1 181	2 416
黑龙江	1 919	3 958	广　东	2 125	5 100
上　海	2 388	3 705	广　西	1 885	3 590
浙　江	1 681	3 854	海　南	2 688	6 350
福　建	1 558	3 495	四　川	886	1 454

注：渔民收入是各地区根据渔民家庭收支调查户的资料和有关资料进行核定的纯收入数。

全国水产品产量

单位：吨

项目	1992年	1991年	项目	1992年	1991年
全国总计	**15 575 658**	**13 539 476**	（二）淡水产品产量	594 876	543 587
一、海水产品产量	9 336 927	8 000 999	其中：捕捞	52 244	55 186
其中：捕捞	6 912 314	6 096 358	养殖	542 632	488 401
养殖	2 424 613	1 904 641	海水产品中：1. 鱼类	5 176 244	4 662 407
二、淡水产品产量	6 238 731	5 538 477	2. 虾蟹类	1 274 319	1 193 586
其中：捕捞	900 800	912 602	3. 贝类	2 043 556	1 585 776
养殖	5 337 931	4 625 875	4. 藻类	568 208	404 509
总计中：国营总产量	1 665 142	1 599 702	淡水产品中：1. 鱼类	5 988 285	5 335 340
（一）海水产品产量	1 070 266	1 056 115	2. 虾蟹类	123 818	107 180
其中：捕捞	892 464	926 496	3. 贝类	105 382	85 606
养殖	177 802	129 619	4. 其他	21 246	10 351

全国水产系统工副业总产值

单位：万元

项目	按1990年不变价格计算			按现行价格计算		
	合计	国营	渔业乡（村）	合计	国营	渔业乡（村）
全国总计	**1 737 192.91**	**577 452.69**	**1 159 740.22**	**1 830 616.27**	**610 975.18**	**1 219 641.09**
一、水产加工	922 656.85	363 198.23	559 458.62	983 294.09	393 507.35	589 786.74
二、渔船渔机仪器修造	146 770.16	69 975.45	76 794.71	149 813.96	69 118.61	80 695.35
三、渔用绳网制造	72 817.42	28 109.34	44 708.08	70 865.53	27 259.43	43 606.10
四、国营渔场非渔非工业	23 125.30	23 125.30		24 345.77	24 345.77	
其中：种植业	2 779.59	2 779.59		3 015.07	3 015.07	
畜牧业	5 993.01	5 993.01		6 608.91	6 608.91	
商饮业	13 392.28	13 392.28		13 691.93	13 691.93	
五、其他产值	571 823.18	93 044.37	478 778.81	602 296.92	96 744.02	505 552.90

各地区水产品产量

单位：吨

地区	总产量	一、海水产品	其中		二、淡水产品	其中	
			捕捞	养殖		捕捞	养殖
全国总计	**15 575 658**	**9 336 927**	**6 912 314**	**2 424 613**	**6 238 731**	**900 800**	**5 337 931**
北京	64 917	780		780	64 137		64 137
天津	110 982	27 661	22 248	5 413	83 321	13 643	69 678
河北	304 522	225 432	181 120	44 312	79 090	21 098	57 992
山西	12 358				12 358	182	12 176
内蒙古	35 662				35 662	16 411	19 251
辽宁	1 322 575	1 226 368	571 143	655 225	96 207	7 722	88 485
吉林	84 862				84 862	25 707	59 155
黑龙江	178 467				178 467	48 756	129 711
上海	248 600	136 676	131 476	5 200	111 924	4 070	107 854
江苏	1 346 867	422 769	379 403	43 366	924 098	202 021	722 077
浙江	1 697 460	1 402 030	1 228 638	173 392	295 430	28 585	266 845
安徽	304 265				304 265	87 819	216 446
福建	1 600 392	1 465 589	1 042 233	423 356	134 803	17 883	116 920
江西	413 152				413 152	73 202	339 950
山东	2 481 648	2 251 437	1 384 628	866 809	230 211	41 074	189 137
河南	115 521				115 521	10 693	104 828
湖北	816 270				816 270	115 649	700 621
湖南	600 040				600 040	52 712	547 328
广东	2 510 603	1 474 174	1 298 510	175 664	1 036 429	54 598	981 831
广西	445 744	284 350	260 625	23 725	161 394	13 815	147 579
海南	257 361	224 661	217 290	7 371	32 700	3 723	28 977
四川	275 349				275 349	27 411	247 938
贵州	23 607				23 607	2 784	20 823
云南	53 697				53 697	19 448	34 249
西藏							
陕西	26 819				26 819	693	26 126
甘肃	4 846				4 846	208	4 638
青海	3 994				3 994	3 694	300
宁夏	13 485				13 485	271	13 214
新疆	26 593				26 593	6 928	19 665
中国水产总公司	195 000	195 000	195 000				

沿海地区海洋捕捞产量

单位：吨

地区	海洋捕捞产量	按捕捞海域分				
		渤海	黄海	东海	南海	其他海域
全国总计	**6 912 314**	**810 034**	**1 207 575**	**2 311 219**	**2 067 940**	**515 546**
天津	22 248	16 154	1 406	3 943		745
河北	181 120	175 531	2 057	3 532		
辽宁	571 143	250 086	197 909	85 045		38 103
上海	131 476		18 406	67 079		45 991
江苏	379 403	11 175	255 542	103 083		9 603
浙江	1 228 638			1 206 422		22 216
福建	1 042 233			654 576	300 841	86 816
山东	1 384 628	357 088	732 255	187 539	20 074	87 672
广东	1 298 510				1 269 110	29 400
广西	260 625				260 625	
海南	217 290				217 290	
中国水产总公司	195 000					195 000

沿海地区海水养殖面积

单位：千公顷

地区	合计	1.鱼类	2.虾蟹类	其中：对虾	3.贝类	其中						4.藻类	其中	
						贻贝	扇贝	蛏	蛤	蚶	牡蛎		海带	紫菜
全国总计	**499.04**	**46.57**	**142.90**	**139.02**	**283.68**	**8.12**	**8.74**	**29.63**	**130.41**	**14.18**	**56.64**	**25.89**	**14.43**	**8.81**
北京	0.47		0.47	0.47										
天津	4.21	0.08	4.13	4.13										
河北	42.34	0.05	15.55	15.55	26.74	0.02	0.04	3.67	9.01	6.00	8.00			
辽宁	85.05	0.04	30.81	30.81	52.09	1.41	1.47	0.38	38.42	0.05	0.16	2.11	1.09	
上海	1.33		1.33	1.33										
江苏	71.56	0.03	9.61	9.59	60.39			0.01	51.02	0.03		1.53	0.10	1.43
浙江	35.22	0.53	8.51	7.87	23.63	0.21	(0.001)	15.50	0.22	4.27	2.80	2.55	0.89	1.55
福建	69.26	1.38	17.68	17.37	40.64	2.33	0.28	8.87	4.31	0.38	21.64	9.56	3.77	5.78
山东	77.26	5.67	34.40	34.39	28.44	1.90	6.94	1.20	14.89	0.82	1.41	8.75	8.58	
广东	93.79	37.13	15.98	15.28	40.49	2.25	0.01		6.29	2.11	18.97	0.19		0.05
广西	14.56	1.02	2.66	1.41	10.88				6.22	0.32	3.51			
海南	3.99	0.64	1.77	0.82	0.38				0.03	0.20	0.15	1.20		

各地区淡水养殖面积

单位：千公顷

地 区	合 计	1. 池塘	其中：渔业专用塘	2. 湖泊	其中：粗 养	3. 河沟	4. 水库	其中：粗 养	5. 其他
全国总计	**3 977.14**	**1 472.44**	**883.42**	**701.51**	**403.97**	**321.92**	**1 426.05**	**718.92**	**55.22**
北 京	22.55	7.94	7.94	0.40			14.20		0.01
天 津	22.82	14.02	13.04	3.21		1.11	4.48		
河 北	55.18	13.08	12.10	4.68	3.68	1.28	36.14	28.49	
山 西	17.77	3.07	2.67	1.79		0.22	12.69		
内蒙古	95.55	5.61	5.61	43.87	41.37	1.15	44.92	43.21	
辽 宁	100.98	23.07	23.07	0.02		0.63	76.15	64.45	1.11
吉 林	189.39	20.75		53.73	53.73		114.91	109.15	
黑龙江	217.32	65.52	65.52	63.27	41.02	10.82	75.59	39.87	2.12
上 海	32.38	13.84	13.84	5.65	5.65	12.57			0.32
江 苏	381.11	164.90	164.90	52.12	41.18	120.86	28.24	26.91	14.99
浙 江	187.45	51.01	51.01			53.69	79.65	67.93	3.10
安 徽	364.13	155.64	25.41	89.70	73.75	48.97	68.59	57.64	1.23
福 建	59.74	19.69	16.86	1.10	1.10	5.70	31.24	31.24	2.01
江 西	279.69	81.57	34.23	77.17	60.27	10.65	110.30	29.23	
山 东	130.94	49.03	41.48	3.45	2.30	4.81	71.84	26.50	1.81
河 南	161.60	73.18	29.84	3.40		4.21	79.88	53.62	0.93
湖 北	442.50	195.33	63.78	149.29	32.68	10.35	87.53	11.75	
湖 南	343.11	174.51	86.31	55.24	16.40	9.91	87.33	20.71	16.12
广 东	263.76	150.36	150.36			4.85	103.80		4.75
广 西	124.60	39.06	27.36			3.29	80.42	39.08	1.83
海 南	35.71	8.30	3.15			1.01	26.00	14.00	0.40
四 川	178.54	96.05	14.62	3.02	2.98	8.71	70.67	21.88	0.09
贵 州	24.21	4.35	2.22	5.20		2.42	11.16	0.72	1.08
云 南	63.86	18.21	10.05	12.74	11.02	0.30	32.60		0.01
西 藏									
陕 西	28.84	8.16	4.61	7.31			13.37		
甘 肃	18.44	2.74	2.74			0.95	14.74	11.67	0.01
青 海	4.75	0.49	0.15	4.21		0.01	0.04		
宁 夏	10.05	4.19	3.75	4.63	3.71	0.15	0.84	0.84	0.24
新 疆	120.17	8.77	6.80	56.31	13.13	3.30	48.73	20.03	3.06

各地区淡水养殖单产水平

单位：公斤每公顷

地　区	池塘、湖泊、水库、河沟单产总水平	1. 池　塘	其中：渔业专用塘	2. 湖　泊	3. 河　沟	4. 水　库	附：稻田养成鱼	其　他
全国总计	**1 342**	**2 734**	**3 721**	**447**	**895**	**324**	**206**	**1 603**
北　京	2 835	7 298	7 298	180		415		33 571
天　津	3 038	3 797	4 079	3 036	2 276	853		872 500
河　北	1 048	2 858	2 979	1 159	987	380	396	
山　西	685	2 860	3 289	288	1 064	209		
内蒙古	201	1 635	1 635	108	338	111		
辽　宁	878	3 213	3 213	1 200	1 954	161		755
吉　林	303	1 274		229		162	307	
黑龙江	550	1 316	1 316	251	371	163	204	462
上　海	3 343	6 462	6 462	206	1 319			2 106
江　苏	1 874	3 118	3 118	940	938	338	214	2 397
浙　江	1 418	3 822	3 822		844	266	95	1 353
安　徽	589	874	1 755	337	627	243	674	1 698
福　建	1 807	4 344	4 730	363	1 157	378	259	2 768
江　西	1 177	2 831	3 883	398	1215	495	302	
山　东	1 441	2 920	3 185	1 793	997	445		1 659
河　南	648	1 223	1 693	621	558	127	534	549
湖　北	1 580	2 737	4 934	726	1 260	492	986	
湖　南	1 597	2 589	3 927	532	861	371	138	279
广　东	3 718	5 224	5 824		3 178	693	496	2 750
广　西	1 085	2 486	2 555		1 089	404	170	3 828
海　南	812	2 610	3 639		573	248	333	660
四　川	911	1 339	3 334	191	351	429	249	60 300
贵　州	417	1 428	1 437	155	105	212	101	453
云　南	483	1 304	1 915	253	817	112	190	61 500
西　藏								
陕　西	883	2 653	3 596	27		271	108	296 842
甘　肃	238	1 393	1 393		314	19	400	24 200
青　海	63	563	487	19	1 000	275		
宁　夏	1 336	2 679	2 891	359	427	182		458
新　疆	155	1 390	1 522	9	207	96		510

各地区年末机动渔船拥有量

地　区	合　计		其中			
			294 千瓦（400 马力）以上		15 千瓦（20 马力）以下	
	艘	千　瓦	艘	千　瓦	艘	千　瓦
全国总计	**384 531**	**8 855 421**	**2 901**	**1 283 987**	**289 594**	**2 015 199**
北　京	2	12			2	12
天　津	825	52 481	26	14 200	185	2 251
河　北	7 894	229 375	28	12 201	4 787	53 022
山　西	19	264			15	94
内蒙古	326	2 362			294	1 141
辽　宁	26 924	576 956	256	148 670	17 367	125 157
吉　林	269	5 151	1	368	166	1 105
黑龙江	4 594	61 570			3 993	46 571
上　海	2 762	191 079	222	112 539	1 820	14 063
江　苏	62 421	858 816	131	56 816	54 790	400 857
浙　江	48 925	2 154 845	373	170 208	26 963	185 739
安　徽	10 799	110 191			8 687	68 345
福　建	50 215	1 149 741	508	186 481	37 552	229 537
江　西	10 959	36 143			10 883	34 479
山　东	37 929	905 580	294	145 552	28 203	222 557
河　南	267	3 343			227	1 862
湖　北	10 557	44 340			10 471	42 266
湖　南	7 581	27 001			7 516	25 557
广　东	68 485	1 744 774	829	360 444	51 499	370 233
广　西	12 967	306 260	141	45 819	10 160	64 699
海　南	12 610	323 427	92	30 689	8 097	79 320
四　川	795	4 855			763	4 454
贵　州	28	503			25	381
云　南	5 981	62 137			4 764	39 033
西　藏						
陕　西	62	587			50	276
甘　肃	28	422			21	145
青　海	5	845				
宁　夏	77	399			77	399
新　疆	225	1 962			217	1 644

（续）

地　区	合计中：海洋渔业		其　中			
			294 千瓦（400 马力）以上		15 千瓦（20 马力）以下	
	艘	千　瓦	艘	千　瓦	艘	千　瓦
全国总计	**244 171**	**7 830 567**	**2 899**	**1 283 178**	**157 289**	**1 188 955**
北　京						
天　津	825	52 481	26	14 200	185	2 251
河　北	7 808	228 361	28	12 201	4 718	52 500
山　西						
内蒙古						
辽　宁	26 384	570 569	256	148 670	16 940	122 319
吉　林						
黑龙江						
上　海	790	168 224	222	112 539	111	1 090
江　苏	13 078	470 549	130	56 375	7 936	75 838
浙　江	35 885	2 067 558	373	170 208	14 215	105 800
安　徽						
福　建	48 460	1 140 679	508	186 481	35 800	220 626
江　西						
山　东	37 593	902 011	294	145 552	27 883	220 461
河　南						
湖　北						
湖　南						
广　东	51 979	1 619 518	829	360 444	35 395	261 821
广　西	8 793	287 896	141	45 819	6 037	47 323
海　南	12 576	322 721	92	30 689	8 069	78 926
四　川						
贵　州						
云　南						
西　藏						
陕　西						
甘　肃						
青　海						
宁　夏						
新　疆						

各地区年末非机动渔船拥有量

地区	全部非机动渔船				其中：海洋渔业非机动渔船			
	合计		其中：国营		小计		其中：国营	
	艘	载重吨	艘	载重吨	艘	载重吨	艘	载重吨
全国总计	**560 452**	**778 105**	**29 286**	**33 760**	**73 781**	**90 015**	**2 101**	**2 864**
北京	664	331	56	27				
天津	2 740	2 191	15	11	6	35		
河北	27 883	35 932	342	229	15 215	22 177	112	53
山西	403	352	243	228				
内蒙古	1 874	1 482	662	580				
辽宁	15 082	12 381	1 820	2 572	8 517	9 577	1 257	2 061
吉林	9 099	7 691	1 048	840				
黑龙江	14 730	11 554	2 283	1 441				
上海	6 260	6 780	3	7				
江苏	109 143	285 788	441	1 128	1 032	7 193		
浙江	60 323	73 864	2 191	4 015	9 078	12 485	292	293
安徽	36 701	62 651	790	2 320				
福建	23 593	26 736	122	96	19 877	11 906		
江西	22 236	21 685	2 031	2 110				
山东	53 166	55 092	945	941	10 154	11 553	420	438
河南	6 345	4 837	655	610				
湖北	74 375	77 458	11 664	12 396				
湖南	24 566	26 421	2 223	2 599				
广东	19 594	29 523	274	347	4 971	8 553	20	19
广西	5 902	7 108	16	12	1 040	2 390		
海南	4 680	4 728			3 891	4 146		
四川	21 961	9 812	511	586				
贵州	5 711	2 978	196	65				
云南	12 077	9 645	266	187				
西藏								
陕西	577	615	293	256				
甘肃	37	42	26	27				
青海								
宁夏	224	40						
新疆	506	388	170	130				

以上水产业各表由农业部水产司供稿

乡 镇 企 业

全国乡镇企业基本情况

项目	单位	1978年	1980年	1990年	1991年		1992年	
					合计	其中：乡村	合计	其中：乡村
一、企业单位数	万个	152.4	142.5	1 850.4	1 907.9	144.2	2 091.6	152.0
二、企业职工人数	万人	2 826.6	2 999.7	9 264.8	9 609.1	4 767.0	10 624.6	5 148.8
占全社会劳动力比重	%	7.0	7.1	16.3	16.5	8.2	17.9	8.7
占农村劳动力比重	%	9.2	9.4	22.1	22.3	11.1	24.3	11.8
三、企业总产值	亿元	493.1	669.5	9 581.1	11 621.8	7 713.1	18 051.0	11 702.6
占全社会总产值比重	%	7.2	7.8	25.2	26.7	17.7	32.1	21.3
占农村社会总产值比重	%	24.2	24.0	57.7	59.2	39.3	66.0	43.9
其中：农　业	亿元	36.1	39.4	151.3	179.3	178.4	265.1	247.4
工　业	亿元	385.3	522.1	7 097.0	8 698.9	6 518.3	13 193.4	9 853.0
建筑业	亿元	34.8	60.1	973.8	1 140.6	720.5	1 791.3	1 124.3
运输业	亿元	18.8	24.5	658.9	766.8	99.9	1 107.5	146.6
商　业	亿元	18.1	23.4	700.1	826.2	195.1	1 301.4	330.5
四、出口产品总额	亿元			462.3	669.9	669.9	1 192.7	1 192.7
五、企业利税总额	亿元	110.1	144.0	1 012.1	1 188.4	664.7	1 743.6	1 010.3
其中：上交国家税金	亿元	22.0	25.6	391.6	454.6	333.8	636.9	470.2
占国家各项税金比重	%	4.2	4.5	13.9	15.2	11.2	20.3	15.0
企业利润	亿元	88.1	118.4	588.0	687.6	284.7	1 044.1	477.6
六、乡村企业利润使用								
其中：用于扩大再生产	亿元	30.9	47.0	1 128.1	162.8	162.8	280.0	280.0
用于支援农村各项建设	亿元	30.9	48.7	105.4	121.8	121.8	190.0	190.0
其中：农村福利事业建设	亿元	4.0	6.8	23.9	29.2	29.2	45.0	45.0
农村教育	亿元			14.7	18.1	18.1	32.9	32.9
小城镇建设	亿元			5.2	6.1	6.1	9.8	9.8
七、乡镇企业以工补农建农	亿元	26.3	22.7	77.8	86.5	86.5	105.0	105.0
八、企业固定资产原值	亿元	229.6	326.3	2 857.1	3 385.2	2 626.3	4 512.3	3 462.9
九、企业定额流动资金	亿元	95.0	177.2	2 044.192	2 044.2	1 593.1	2 808.6	2 205.0
十、银行贷款余额	亿元	21.2	53.0	1 162.9	1 443.8	531.1	1 876.8	582.5
其中：固定资产贷款余额	亿元	11.7	22.9	162.2	242.3	121.2	348.2	153.9
十一、企业工资总额	亿元	86.7	119.4	1 129.6	1 305.1	706.5	1 738.4	957.1
十二、企业全员劳动生产率	元	1 744	2 232	10 893	12 691	16 370	17 454.8	22 993.2
十三、百元固定资产原值实现利税	元	48.0	44.1	35.4	35.1	25.3	38.6	29.2
十四、百元固定资产原值实现产值	元	214.8	205.2	335.3	343.3	293.7	389.7	337.9
十五、乡村企业亏损个数	万个	1.1	1.7			6.7		4.8
十六、乡村企业亏损金额	亿元	1.0	1.5			42.7		32.1

注：1. 企业利税总额中包括税前列支用于农村各项事业开支。2. 1980年以前各项指标为乡村集体企业数。3. 以工补农建农资金，1985年以后为企业各项支农资金。4. 支援农村各项建设资金，仅为乡村企业税后利润数。

各地区乡镇企业基本情况

单位：万元

地区	企业个数（个）	企业人数（人）	总产值		总收入
			当年价格	比上年增长%	
全国总计	**20 792 214**	**105 810 582**	**175 839 695**	**51.48**	**159 313 514**
北京	99 919	1 151 597	3 694 325	30.92	3 227 374
天津	40 382	942 370	3 805 293	45.52	2 852 079
河北	1 457 677	6 984 726	10 373 973	41.31	9 512 120
山西	512 675	2 856 616	3 544 348	42.51	3 227 145
内蒙古	357 047	1 162 293	1 028 208	44.76	1 127 153
辽宁	618 052	3 519 982	8 554 443	54.98	7 500 568
吉林	496 552	1 683 447	2 110 733	31.23	2 069 448
黑龙江	565 482	1 738 870	2 166 092	18.81	2 174 008
上海	26 752	1 580 263	5 177 983	36.04	4 786 780
江苏	918 944	9 067 965	27 602 609	71.02	22 278 654
浙江	551 904	5 684 505	14 594 478	46.45	12 901 327
安徽	898 055	5 353 182	5 927 003	57.44	5 363 100
福建	534 885	3 371 644	5 546 177	65.34	5 265 612
江西	837 774	2 801 177	3 017 518	50.79	2 716 084
山东	1 628 046	11 200 117	23 205 068	58.13	19 951 363
河南	2 130 127	10 176 321	12 354 755	47.16	10 842 650
湖北	1 103 506	4 135 406	5 276 390	35.11	4 552 862
湖南	1 262 811	4 874 163	5 033 467	41.56	5 172 550
广东	1 303 616	7 913 050	14 314 749	48.17	14 767 540
广西	981 665	2 718 229	2 790 267	126.78	3 020 057
海南	102 930	303 604	253 977	57.59	255 397
四川	2 111 762	8 396 508	9 483 316	59.57	9 548 619
贵州	495 728	1 379 782	763 724	30.99	852 483
云南	538 094	1 645 415	1 067 924	25.82	1 234 595
西藏					
陕西	689 914	2 811 078	2 364 333	27.06	2 463 386
甘肃	239 472	1 436 379	1 103 244	33.13	981 753
青海	42 544	147 964	83 217	17.88	80 953
宁夏	90 188	275 797	208 793	31.56	213 043
新疆	155 711	498 132	393 289	27.75	374 810

（续）

地　　区	费用支出	国家税金	纯利润	工资总额	乡村工业固定资产投资额	国家资产原　　值
全国总计	**137 078 073**	**6 369 519**	**10 441 360**	**17 384 736**	**10 468 346**	**45 125 022**
北　　京	2 729 393	179 736	261 496	261 024	150 660	956 280
天　　津	2 440 492	184 741	173 632	167 361	218 271	793 044
河　　北	8 051 056	296 531	1 103 503	1 086 379	778 616	2 723 496
山　　西	2 680 470	154 911	352 335	511 040	168 889	1 405 176
内 蒙 古	977 252	40 762	105 978	174 789	49 691	354 251
辽　　宁	6 041 864	375 474	541 077	613 581	374 395	1 954 324
吉　　林	1 784 477	95 734	184 792	278 722	112 297	554 662
黑 龙 江	1 951 192	73 218	147 395	285 381	54 703	650 182
上　　海	483 456	225 847	144 330	326 165	330 827	1 688 652
江　　苏	20 532 908	934 322	730 858	1 571 241	2 166 817	5 685 802
浙　　江	11 575 306	768 672	454 377	1 177 934	822 222	3 409 848
安　　徽	4 767 652	167 141	401 368	686 997	227 903	1 288 010
福　　建	4 698 759	196 399	356 668	782 487	216 755	1 345 779
江　　西	2 425 921	99 752	188 943	385 740	107 514	635 908
山　　东	17 663 964	749 721	1 309 948	1 554 416	1 485 716	5 362 118
河　　南	9 370 135	233 837	1 177 483	1 255 543	528 863	2 735 526
湖　　北	4 128 108	157 350	257 948	522 858	123 764	1 335 959
湖　　南	4 627 054	197 081	343 602	737 755	215 776	1 298 381
广　　东	13 056 548	544 372	1 124 189	2 309 351	1 482 098	5 601 506
广　　西	2 646 590	110 742	196 077	449 231	96 110	720 093
海　　南	213 887	8 993	32 510	61 157	27 766	127 279
四　　川	8 828 779	315 488	343 888	998 938	482 346	2 010 930
贵　　州	726 494	34 825	82 927	199 503	27 603	277 535
云　　南	1 082 134	58 354	85 181	220 930	63 173	578 338
西　　藏						
陕　　西	2 160 336	92 569	206 310	329 143	74 562	751 484
甘　　肃	858 917	38 773	78 082	324 102	34 873	497 075
青　　海	72 149	3 588	3 781	14 787	3 252	52 147
宁　　夏	183 848	10 192	18 036	29 894	11 867	106 495
新　　疆	318 932	20 394	34 646	68 287	31 017	224 742

各地区乡镇企业单位数

单位：个

地　区	合　计	乡办企业	村办企业	合作企业	个体企业
全国总计	**20 792 214**	**392 570**	**1 127 474**	**901 480**	**18 370 690**
北　京	99 919	4 455	14 407	816	80 241
天　津	40 382	2 581	9 080	5 236	23 485
河　北	1 457 677	19 714	54 811	158 016	1 225 136
山　西	512 675	7 482	42 042	9 307	453 844
内蒙古	357 047	6 505	6 500	3 426	340 616
辽　宁	618 052	12 863	38 009		567 180
吉　林	496 552	7 394	14 670		474 488
黑龙江	565 482	8 171	17 630	5 557	534 124
上　海	26 752	4 266	10 211	2 660	9 615
江　苏	918 944	34 556	73 089	23 493	787 806
浙　江	551 904	30 078	49 516	36 572	435 738
安　徽	898 055	22 760	34 104	72 587	768 604
福　建	534 885	12 617	45 820	46 442	430 006
江　西	837 774	18 098	40 071	59 043	720 562
山　东	1 628 046	24 116	136 569	132 786	1 334 575
河　南	2 130 127	15 270	63 725	107 212	1 943 920
湖　北	1 103 506	18 554	111 919	34 038	938 995
湖　南	1 262 811	24 566	83 322	18 878	1 136 045
广　东	1 303 616	25 055	95 138	61 066	1 122 357
广　西	981 665	10 033	19 933	35 475	916 224
海　南	102 930	1 429	1 244	4 657	95 600
四　川	2 111 762	46 488	98 711	42 820	1 923 743
贵　州	495 728	5 370	3 138	8 372	478 848
云　南	538 094	6 103	20 641	8 431	502 919
西　藏					
陕　西	689 914	11 126	31 281	15 201	632 306
甘　肃	239 472	6 441	6 927	8 430	217 674
青　海	42 544	800	858	88	40 798
宁　夏	90 188	1 416	1 345	723	86 704
新　疆	155 711	4 263	2 763	148	148 537

各地区乡镇企业人数

单位：个

地区	合计	乡办企业	村办企业	合作企业	个体企业
全国总计	**105 810 582**	**26 083 418**	**25 404 790**	**7 706 796**	**46 615 578**
北京	1 151 597	390 234	574 090	11 981	175 292
天津	942 370	253 779	552 468	59 616	76 507
河北	6 984 726	1 056 196	1 451 474	1 284 931	3 192 125
山西	2 856 616	472 372	912 191	96 559	1 375 494
内蒙古	1 162 293	222 688	126 172	38 256	775 177
辽宁	3 519 982	946 379	1 114 538		1 459 065
吉林	1 683 447	313 779	284 943		1 084 725
黑龙江	1 738 870	350 678	250 102	31 226	1 106 864
上海	1 580 263	812 477	681 692	65 053	21 041
江苏	9 067 965	4 012 601	2 937 313	146 613	1 971 438
浙江	5 684 505	2 358 608	1 581 334	525 031	1 219 532
安徽	5 353 182	1 286 691	708 360	506 681	2 851 450
福建	3 371 644	732 172	894 953	522 262	1 222 257
江西	2 801 177	666 464	459 211	326 395	1 349 107
山东	11 200 117	2 455 608	3 798 032	1 003 353	3 943 124
河南	10 176 321	1 059 341	1 918 501	1 096 560	6 101 919
湖北	4 135 406	1 015 865	1 060 408	199 264	1 859 869
湖南	4 874 163	1 326 249	1 021 268	138 956	2 387 690
广东	7 913 050	1 851 922	2 350 370	581 644	3 129 114
广西	2 718 229	415 315	227 711	255 617	1 819 586
海南	303 604	53 475	13 799	32 122	204 208
四川	8 396 508	2 377 676	1 237 383	308 864	4 472 585
贵州	1 379 782	219 026	54 375	59 222	1 047 159
云南	1 645 415	384 930	388 973	73 293	798 219
西藏					
陕西	2 811 078	416 457	538 575	186 937	1 669 109
甘肃	1 436 379	366 617	184 827	140 912	744 023
青海	147 964	34 688	22 540	2 230	88 506
宁夏	275 797	70 147	22 034	9 820	173 796
新疆	498 132	160 984	37 153	3 398	296 597

各地区乡村企业单位数

单位：个

地区	合计	农业企业	工业企业	建筑企业	交通运输企业	商业饮食企业	服务业企业	其他企业
全国总计	**1 520 044**	**246 504**	**972 769**	**63 321**	**40 351**	**142 012**	**33 651**	**21 436**
北京	18 862	694	13 482	1 119	848	2 239	368	112
天津	11 661	22	10 204	282	127	856	116	54
河北	74 525	9 884	49 729	2 198	1 358	7 841	2 180	1 335
山西	49 524	8 038	34 094	1 656	2 157	2 633	822	124
内蒙古	13 005	2 556	6 983	513	461	1 899	448	145
辽宁	50 872	4 791	36 869	1 805	1 161	5 462	605	179
吉林	22 064	7 471	10 923	777	473	2 228	183	9
黑龙江	25 801	5 125	15 187	991	854	2 324	844	476
上海	14 477		14 477					
江苏	107 645	788	94 599	2 864	2 250	6 095	848	201
浙江	79 594	1 003	72 597	1 749	670	3 159	351	65
安徽	56 864	5 985	39 136	3 011	1 336	5 817	934	645
福建	58 437	14 417	35 778	1 532	1 372	3 938	917	483
江西	58 169	7 450	38 795	2 289	2 027	5 614	921	1 073
山东	160 685	22 223	91 958	11 084	7 730	19 638	4 925	3 127
河南	78 995	12 810	49 547	6 922	1 887	6 557	893	379
湖北	130 473	36 199	60 777	5 076	5 705	16 126	3 258	3 332
湖南	107 888	40 638	48 636	3 482	1 716	10 948	2 434	34
广东	120 193	18 876	78 345	2 653	1 930	12 565	2 634	3 190
广西	29 966	9 458	12 655	822	498	4 362	1 641	530
海南	2 673	1 239	902	189	25	198	73	47
四川	145 199	15 203	98 584	5 305	3 381	13 164	4 937	4 625
贵州	8 508	1 713	5 805	373	130	332	113	42
云南	26 744	5 722	15 972	1 710	400	1 644	884	412
西藏								
陕西	42 407	9 710	23 790	2 213	746	4 172	1 314	462
甘肃	13 368	2 302	7 151	1 705	476	1 224	400	110
青海	1 658	305	796	191	33	258	65	10
宁夏	2 761	559	1 565	199	137	227	55	19
新疆	7 026	1 323	3 433	611	463	492	488	216

各地区乡村企业人数

单位：人

地区	合计	农业企业	工业企业	建筑企业	交通运输企业	商业饮食企业	服务业企业	其他企业
全国总计	**51 488 208**	**2 548 214**	**38 209 308**	**8 036 423**	**927 636**	**1 121823**	**341 404**	**242 418**
北京	964 324	19 045	720 898	140 710	30 441	21 917	8 607	1 650
天津	806 247	901	738 719	40 138	8 643	9 158	2 709	1 647
河北	2 507 670	119 121	1 914 283	308 606	40 987	138 699	27 857	28 908
山西	1 384 563	69 902	1 134 178	111 446	30 429	20 964	6 608	1 958
内蒙古	348 860	16 955	242 540	61 277	5 534	7 608	2 590	623
辽宁	2 060 917	132 450	1 526 465	309 250	22 658	34 506	5 405	1 180
吉林	598 722	81 375	423 757	68 294	6 431	8 129	705	35
黑龙江	600 780	40 080	451 685	66 402	9 638	9 820	6 671	2 968
上海	1 494 169		1 494 169					
江苏	6 949 914	18 455	6 144 781	613 639	94 370	35 110	8 492	1 560
浙江	3 939 942	13 149	3 462 976	382 257	33 938	16 417	5 217	690
安徽	1 995 051	66 932	1 359 943	413 530	78 188	61 740	16 977	11 508
福建	1 627 125	220 809	1 092 794	229 152	38 161	48 972	14 058	9 538
江西	1 125 675	72 840	783 127	186 630	29 905	38 042	7 893	12 692
山东	6 253 640	335 357	4 234 153	1 287 241	121 402	220 537	58 737	49 295
河南	2 977 842	129 935	2 096 256	603 560	67 885	103 651	17 785	10 291
湖北	2 076 273	259 045	1 313 630	316 847	59 205	82 004	19 145	22 786
湖南	2 347 517	384 491	1 355 926	482 748	42 061	42 096	14 073	462
广东	4 202 292	129 208	3 479 067	357 704	46 636	105 871	31 921	34 922
广西	643 026	67 971	379 467	141 388	16 190	23 752	13 526	9 348
海南	67 274	27 266	17 229	19 176	595	3 744	659	1 169
四川	3 615 059	165 188	2 167 740	1 015 339	86 708	40 776	47 952	29 365
贵州	273 401	14 217	203 498	44 688	4 744	1 332	1 087	607
云南	773 903	60 207	376 882	290 558	16 796	11 160	5 785	2 256
西藏								
陕西	955 032	63 390	617 512	214 360	17 020	25 355	10 688	4 607
甘肃	551 444	19 323	278 888	223 416	15 203	8 318	3 576	1 508
青海	57 228	1 938	34 361	17 269	821	498	951	3
宁夏	92 181	5 084	52 421	30 197	1 635	739	322	71
新疆	198 137	13 580	111 963	60 601	1 412	908	1 408	771

各地区乡镇企业总产值

（按当年价格计算）　　单位：万元

地　区	合　计	乡办企业	村办企业	合作企业	个体企业
全国总计	**175 839 695**	**64 060 707**	**52 965 362**	**11 133 409**	**47 680 217**
北　京	3 694 325	1 479 286	1 872 606	44 323	298 109
天　津	3 805 293	991 676	2 343 653	220 821	249 143
河　北	10 373 973	2 249 552	2 607 577	1 954 500	3 562 344
山　西	3 544 348	745 047	1 200 043	150 708	1 448 550
内蒙古	1 028 208	257 386	138 266	34 140	598 416
辽　宁	8 554 443	2 307 455	3 116 045		3 130 943
吉　林	2 110 733	474 135	397 233		1 239 365
黑龙江	2 166 092	571 896	413 530	35 794	1 144 872
上　海	5 177 983	3 019 528	2 019 420	121 292	17 743
江　苏	27 602 609	15 408 513	9 812 207	312 569	2 069 320
浙　江	14 594 478	7 398 205	3 707 375	1 220 532	2 268 366
安　徽	5 927 003	1 942 752	934 590	549 583	2 500 078
福　建	5 546 177	1 580 655	1 608 595	848 311	1 508 616
江　西	3 017 518	873 185	594 729	340 070	1 209 534
山　东	23 205 068	7 018 269	9 502 398	1 528 610	5 155 791
河　南	12 354 755	1 741 752	3 387 795	1 438 459	5 786 749
湖　北	5 276 390	1 875 590	1 522 085	261 327	1 617 388
湖　南	5 033 467	1 733 518	1 033 074	150 470	2 116 405
广　东	14 314 749	6 239 528	3 691 493	965 901	3 417 827
广　西	2 790 267	663 108	246 699	260 276	1 620 184
海　南	253 977	65 388	13 085	37 102	138 402
四　川	9 483 316	3 655 436	1 610 021	305 506	3 912 353
贵　州	763 724	225 443	42 428	27 784	468 069
云　南	1 067 924	366 914	357 496	25 182	318 332
西　藏					
陕　西	2 364 333	483 033	566 982	184 352	1 129 966
甘　肃	1 103 244	362 578	156 027	105 290	479 349
青　海	83 217	31 223	14 424	1 873	35 697
宁　夏	208 793	80 054	16 949	5 212	106 577
新　疆	393 289	219 602	38 537	3 421	131 729

各地区乡镇企业总产值构成

（按当年价格计算）　　单位：%

地　区	以乡镇企业总产值为100				
	农　业	工　业	建筑业	交通运输业	商业饮食业
全国总计	**1.41**	**75.03**	**9.96**	**6.27**	**7.34**
北　京	1.83	77.04	9.77	4.38	6.97
天　津	0.04	96.12	1.89	0.87	1.08
河　北	0.83	72.81	8.64	7.96	9.76
山　西	0.95	67.29	8.67	15.29	7.79
内蒙古	1.39	45.78	19.95	18.75	14.13
辽　宁	3.00	70.54	11.51	5.89	9.06
吉　林	4.42	52.86	14.51	14.85	13.35
黑龙江	2.22	54.68	15.37	16.45	11.27
上　海	0.00	100.00	0.00	0.00	0.00
江　苏	0.10	92.44	4.51	1.27	1.68
浙　江	0.09	92.87	4.22	1.05	1.76
安　徽	1.09	60.76	15.12	9.53	13.50
福　建	5.17	68.23	8.09	8.40	10.11
江　西	1.24	65.71	11.53	9.34	12.18
山　东	1.87	76.21	11.58	5.12	5.22
河　南	1.02	62.76	13.90	10.69	11.63
湖　北	4.07	61.51	13.08	7.98	13.36
湖　南	4.48	57.25	16.07	10.04	12.16
广　东	1.38	75.71	8.60	5.05	9.27
广　西	2.08	53.28	9.99	15.68	18.97
海　南	4.09	36.12	18.78	12.96	28.04
四　川	0.87	59.89	20.24	9.08	9.93
贵　州	1.49	64.83	10.19	12.71	10.78
云　南	2.19	54.83	22.61	13.04	7.34
西　藏					
陕　西	1.65	59.70	18.00	12.21	8.43
甘　肃	0.93	51.17	19.46	15.42	13.03
青　海	1.41	54.27	19.78	14.92	9.62
宁　夏	1.45	48.70	21.52	18.56	9.78
新　疆	1.63	52.22	23.01	10.38	12.75

各地区乡镇企业总产值比上年增长

（按 1990 年不变价格计算）　　单位：%

地　区	合　计	乡　办	村　办	合　作	个　体
全国总计	**51.48**	**50.18**	**54.60**	**46.81**	**50.94**
北　京	30.92	28.78	35.87	103.77	9.03
天　津	45.52	39.51	50.24	23.91	49.45
河　北	41.31	48.19	49.36	29.38	38.90
山　西	42.51	21.60	35.66	59.64	65.00
内蒙古	44.76	39.84	47.29	36.14	47.01
辽　宁	54.98	55.67	62.27		47.86
吉　林	31.23	29.00	34.22		31.14
黑龙江	18.81	21.59	27.00	2.46	15.34
上　海	36.04	31.82	42.60	23.21	
江　苏	71.02	70.85	76.97	111.42	44.46
浙　江	46.45	42.38	39.80	72.97	63.64
安　徽	57.44	57.35	77.43	43.38	54.20
福　建	65.34	57.96	70.89	75.42	62.51
江　西	50.79	40.12	42.25	56.89	62.63
山　东	58.13	50.32	56.18	62.57	73.31
河　南	47.16	51.81	58.51	37.68	42.27
湖　北	35.11	31.58	32.30	27.46	44.07
湖　南	41.56	42.98	42.49	32.28	40.55
广　东	48.17	48.20	55.04	42.09	43.00
广　西	126.78	77.88	101.75	100.97	166.75
海　南	57.59	75.91	85.93	30.72	56.17
四　川	59.57	53.68	63.30	31.48	66.89
贵　州	30.99	22.58	36.59	−2.25	38.22
云　南	25.82	26.54	27.38	−2.69	26.62
西　藏					
陕　西	27.06	29.44	25.75	19.63	28.12
甘　肃	33.13	31.95	31.60	22.33	37.28
青　海	17.88	12.93	11.13	20.41	29.78
宁　夏	31.65	27.42	38.85	33.84	33.88
新　疆	27.75	28.42	19.16	59.26	28.95

全国乡镇企业各产业收入

单位：万元

地　区	合　计	农　业	工　业	建筑业	交通运输业	商业饮食业	服务业	其他企业
全国总计	**159 313 514**	**2 269 314**	**109 941 691**	**13 747 937**	**10 888 683**	**18 509 166**	**2 342 754**	**1 613 968**
北　京	3 227 374	65 749	2 301 247	339 386	150 691	297 975	46 242	26 084
天　津	2 852 079	1 681	2 650 545	49 221	32 929	107 251	7 049	3 403
河　北	9 512 120	84 175	6 685 809	694 451	825 068	953 726	135 176	133 715
山　西	3 227 145	28 687	1 964 124	226 648	553 404	403 546	38 507	12 229
内蒙古	1 127 153	13 040	413 577	162 210	199 538	283 850	36 731	18 207
辽　宁	7 500 568	226 042	4 702 985	794 020	458 301	1 116 666	134 881	67 673
吉　林	2 069 448	79 568	972 577	265 914	315 821	411 234	23 419	915
黑龙江	2 174 008	48 042	923 799	226 478	356 358	438 550	114 841	65 940
上　海	4 786 780		4 786 780					
江　苏	22 278 654	26 237	20 433 701	819 828	338 398	547 607	70 676	42 207
浙　江	12 901 327	15 065	11 374 712	532 486	161 746	787 885	24 003	5 430
安　徽	5 363 100	55 579	2 976 413	607 131	573 499	1 001 177	92 386	56 915
福　建	5 265 612	271 884	3 449 888	399 050	454 522	590 083	59 409	40 776
江　西	2 716 084	34 334	1 720 801	288 455	257 527	343 852	36 446	34 669
山　东	19 951 363	428 911	13 330 345	2 246 225	1 114 790	2 341 589	272 612	216 891
河　南	10 842 650	109 237	6 443 275	1 315 594	1 331 680	1 535 140	67 189	40 535
湖　北	4 552 862	177 641	2 693 263	545 926	376 694	596 148	76 596	86 594
湖　南	5 172 550	205 659	2 641 878	693 126	507 009	997 716	122 060	5 102
广　东	14 767 540	178 320	10 262 489	1 168 442	724 290	1 926 231	224 031	283 737
广　西	3 020 057	55 294	1 403 955	269 063	478 928	606 938	120 603	85 276
海　南	255 397	10 557	85 828	44 568	32 546	67 841	8 592	5 465
四　川	9 548 619	74 179	4 703 547	1 131 525	852 110	1 991 220	485 863	310 175
贵　州	852 483	3 763	455 044	70 569	99 449	194 975	19 515	9 168
云　南	1 234 595	23 002	567 272	241 353	139 206	222 442	30 256	11 064
西　藏								
陕　西	2 463 386	33 694	1 268 375	311 132	296 221	447 234	68 259	38 471
甘　肃	981 753	8 702	429 031	164 672	168 192	198 151	9 741	3 264
青　海	80 953	1 090	37 017	13 410	12 415	12 741	1 879	2 401
宁　夏	213 043	3 125	91 436	43 104	37 748	34 529	1 944	1 157
新　疆	374 810	6 057	171 978	83 950	39 603	52 869	13 848	6 505

各地区乡村企业主要财务指标

单位：万元

地　区	总　收　入	费用支出	其 中：生产费	利税总额	国家税金	纯利润	其中	
							上交乡村	企业留利
全国总计	**100 409 463**	**85 994 053**	**72 150 765**	**14 415 410**	**4 702 148**	**4 775 602**	**1 503 170**	**2 938 985**
北　京	2 871 471	2 475 357	2 160 978	396 114	165 815	209 290	78 517	122 840
天　津	2 424 079	2 072 222	2 025 554	351 857	165 214	134 161	44 770	96 369
河　北	4 311 010	3 683 270	2 853 381	627 740	189 597	377 113	116 620	267 147
山　西	1 696 881	1 445 841	1 099 438	251 040	101 582	132 039	47 601	80 737
内蒙古	385 462	341 671	309 975	43 791	16 784	23 942	8 635	16 351
辽　宁	4 576 970	3 656 176	2 944 445	920 794	264 317	198 094	80 127	125 265
吉　林	786 863	681 748	552 935	105 115	49 951	50 312	16 753	35 219
黑龙江	876 011	785 355	604 617	90 656	42 366	46 087	11 811	33 067
上　海	4 647 745	382 585	367 179	4 265 160	219 385	138 885	65 028	67 911
江　苏	19 945 382	18 455 514	16 757 567	1 489 868	855 808	553 831	118 985	431 812
浙　江	9 642 916	8 719 982	7 429 148	922 934	602 133	217 829	48 419	165 914
安　徽	2 362 675	2 132 699	1 781 715	229 976	100 288	123 219	33 404	90 339
福　建	2 935 109	2 634 257	2 149 889	300 852	118 932	180 390	55 856	124 165
江　西	1 264 011	1 135 969	917 059	128 042	59 926	66 648	26 064	41 857
山　东	13 522 836	12 022 781	9 598 742	1 500 055	582 463	768 973	213 608	525 395
河　南	4 284 273	3 754 068	2 854 797	530 205	137 398	392 806	117 721	
湖　北	2 812 713	2 582 981	2 137 043	229 732	108 538	111 732	37 584	72 104
湖　南	2 622 011	2 366 610	2 038 450	255 401	119 787	131 360	47 215	89 182
广　东	10 129 478	9 091 370	7 326 936	1 038 108	403 897	626 590	256 182	338 247
广　西	887 663	790 884	649 323	96 779	48 628	46 780	11 086	34 858
海　南	76 513	65 572	48 833	10 941	2 920	8 014	1 277	6 737
四　川	4 495 964	4 174 366	3 445 888	321 598	195 480	92 899	24 640	67 893
贵　州	262 199	228 625	189 307	33 574	17 432	16 079	3 428	12 068
云　南	796 114	721 461	571 440	74 653	40 106	28 873	6 417	20 261
西　藏								
陕　西	1 010 093	901 470	757 734	108 623	49 691	55 428	20 266	37 726
甘　肃	417 641	366 874	308 923	50 767	23 768	25 518	4 929	20 501
青　海	40 641	36 431	20 298	4 210	1 785	990	279	1 219
宁　夏	94 323	83 607	71 790	10 716	5 362	5 244	1 944	3 300
新　疆	230 416	204 307	177 381	26 109	12 795	12 476	4 004	10 501

（续）

地区	企业留利中			工资总额	固定资产原值	本年提取折旧基金	固定资产净值
	用于扩大再生产	用于集体福利	用于教育事业				
全国总计	**2 279 518**	**345 943**	**219 372**	**9 571 199**	**34 630 643**	**3 144 102**	**25 858 627**
北京	62 764	6 384	1 874	218 381	894 050	68 370	657 128
天津	69 213	6 106	1 456	141 908	736 383	59 297	539 496
河北	172 829	28 933	20 660	423 757	1 734 560	149 982	1 378 230
山西	55 989	7 803	5 169	264 454	941 941	78 753	722 821
内蒙古	13 157	1 685	655	60 599	181 368	10 263	142 569
辽宁	85 824	20 194		393 665	1 528 321	117 471	1 135 162
吉林	28 376	3 798	2 033	100 849	334 108	25 350	254 524
黑龙江	27 278	3 501	1 257	111 271	391 754	57 843	303 868
上海	55 320	6 941	1 010	314 076	1 662 379	115 722	1 199 879
江苏	337 313	41 265	20 571	1 309 750	5 344 972	492 187	3 972 792
浙江	108 041	16 126	1 736	815 209	2 892 711	229 904	2 081 285
安徽	71 755	10 656	3 973	271 743	790 488	182 998	584 638
福建	92 802	15 206	6 251	400 329	930 875	83 673	718 175
江西	26 810	4 103	1 635	162 780	436 379	30 794	336 437
山东	372 724	72 244	39 838	985 672	4 435 620	385 531	3 351 374
河南	189 868	24 248	11 222	438 298	1 537 625	134 393	1 197 318
湖北	54 788	8 861	4 658	284 434	1 023 802	79 983	743 353
湖南	67 924	10 526	4 912	353 142	885 015	67 670	631 158
广东	241 613	34 835	11 223	1 373 969	4 481 890	325 357	3 461 725
广西	25 723	3 939	950	105 632	340 107	26 696	263 920
海南	5 382	378	146	13 380	59 846	4 155	50 261
四川	49 768	7 148	1 882	468 124	1 485 720	144 765	1 040 629
贵州	8 751	1 530	612	42 688	150 991	11 739	113 742
云南	16 371	1 620	665	115 103	386 316	34 425	286 586
西藏							
陕西	26 200	5 233	2 041	123 513	457 313	30 258	337 648
甘肃	2 471	1 137	72 514	223 903	344 515	174 836	169 679
青海	619	67	25	4 859	26 545	1 504	19 386
宁夏	2 667	182	44	12 803	62 701	6 542	48 421
新疆	7 178	1 294	360	36 908	152 348	13 641	116 423

（续）

地　区	年末占用流动资金	定额流动资金	自有流动资金	本年银行贷款总额	本年银行贷款余额	利息支出	亏损企业（个）	亏损金额
全国总计	**40 637 787**	**22 052 334**	**8 459 447**	**23 228 242**	**18 393 169**	**2 091 538**	**47 852**	**320 766**
北　京	1 047 581	599 644	270 125	327 345	485 555	40 963	857	6 251
天　津	1 249 365	554 405	208 683	579 234	554 771	51 747	680	6 876
河　北	1 451 358	920 621	509 512	833 419	875 504	108 589	1 015	6 654
山　西	605 944	352 830	261 973	311 180	375 615	46 968	953	8 201
内蒙古	191 680	86 129	32 697	54 291	71 450	7 198	270	1 374
辽　宁	2 378 894	1 094 070	164 215	713 732	1 016 964	90 671	1 688	12 073
吉　林	300 256	185 171	62 127	129 332	199 962	22 036	487	5 121
黑龙江	414 490	221 015	85 731	124 505	194 402	22 021	349	2 690
上　海	2 787 542	1 114 588	519 507	1 485 665	1 054 711	83 922	1 368	23 365
江　苏	8 715 295	4 671 334	1 367 155	5 501 768	2 808 796	352 856	7 102	54 912
浙　江	4 846 004	2 588 112	550 307	4 741 540	1 935 008	229 533	7 116	40 174
安　徽	683 930	392 916	198 040	353 873	381 570	41 979	2 141	7 293
福　建	70 3702	435 513	320 716	328 143	245 392	32 001	974	7 218
江　西	391 366	228 756	97 529	172 279	257 273	26 359	1 280	5 907
山　东	5 339 511	3·172 511	1 004 953	1 932 127	2 030 723	285 855	1 825	15 231
河　南	1 125 917	802 048	420 306	565 086	606 528	95 723	1126	8 793
湖　北	207 284	536 807	238 686	233 654	514 854	55 340	3 070	9 246
湖　南	839 510	474 701	218 502	388 198	473 604	53 321	2 354	12 252
广　东	4 177 439	2 023 638	1 202 652	2 915 955	2 697 431	281 684	2 346	41 139
广　西	277 076	162 034	60 200	188 854	182 604	22 154	912	3 634
海　南	13 202	7 637	9 738	5 771	13 995	1 571	20	112
四　川	1 795 698	905 337	386 825	820 865	862 468	91 305	5 485	26 472
贵　州	96 280	44 685	24 138	38 843	44 133	4 585	354	1 541
云　南	222 679	112 948	68 264	165 694	149 577	12 432	1 421	6 551
西　藏								
陕　西	471 134	229 919	77 819	154 883	244 183	24 520	995	5 032
甘　肃	100 306	50 442	66 094	71 883	7 605	241	1 196	0
青　海	18 879	8 271	4 627	6 109	9 917	267	102	475
宁　夏	50 787	11 045	3 313	23 798	15 691	229	108	82
新　疆	134 678	65 207	25 013	60 216	82 883	5 468	258	2 097

各地区乡镇企业主要产品产量

地　　区	发电量（万千瓦小时）	原煤（万吨）	氮肥（吨）	磷肥（吨）	钾肥（吨）	铁制农具（万件）	木制农具（万件）	水泥（万吨）	石灰（万吨）
全国总计	**1 637 701**	**42 357**	**107 827**	**1 947 340**	**18 716**	**69 518**	**22 808**	**10 378**	**44 889**
北　京	3 736	463		582		4 789	93	107	87
天　津			5 000	11 300	2 100	697		19	
河　北	9 434	1 834		11		2 332	580	661	1 137
山　西	20 089	12 855		16 453		568	214	214	574
内蒙古	705	1 260				440	130	37	75
辽　宁	5 218	1 034	285	36 609	336	945	239	402	275
吉　林	8 959	451	500	1 881		1 215	303	39	100
黑龙江	6 805	903				729	142	31	565
上　海						9	3	65	17
江　苏	143 122	333	28 085	110 500	11 764	2 153	256	908	223
浙　江	93 675	18	15 863	236 267		788	67	1 102	323
安　徽	9 495	411	2 717	305 229	1 488	3 033	2 105	451	2 626
福　建	242 499	528		8 255	1 255	1 371	916	192	77
江　西	69 308	1 445	2 160	115 351	1	1 854	1 392	100	319
山　东	48 876	1 428		159 296		15 542	1 807	1 328	1 239
河　南	25 320	4 149	27 969	285 262	554	10 680	7 514	758	8 680
湖　北	77 851	1 146	550	460		1 975	1 550	283	23 970
湖　南	104 001	2 238		54 382	218	5 819	965	522	581
广　东	325 053	690	620	10 052	180	1 607	878	1 683	1 276
广　西	37 021	608	200	27 289		1 561	422	218	403
海　南	2 674					444	16		
四　川	280 261	3 682	8 942	171 568		5 925	994	669	1 220
贵　州	33 888	2 719	86	107 414	150	263	561	72	309
云　南	66 842	1 324		12		1 661	150	167	72
西　藏									
陕　西	10 572	1 404		132 207		2 188	979	205	643
甘　肃	3 872	574	14 000	139 187	670	835	480	126	82
青　海	1 208	66	400			12	9	6	8
宁　夏		94		17 773		42	9		
新　疆	7 217	700	450			41	34	13	8

（续）

地　　区	砖（万块）	水泥制件（万立方米）	大理石板材（万立方米）	花岗石（万立方米）	卫生陶瓷（万件）	丝（吨）	丝织品（万米）	棉　布（万米）	呢　绒（万米）
全国总计	**49 548 478**	**9 055**	**948**	**4 957**	**1 174**	**34 115**	**104 807**	**391 048**	**12 334**
北　　京	597 124	61		4		144	410	11 989	2
天　　津	482 029	17	85					4 114	49
河　　北	5 060 007	760	52	119	189	1 056	2 031	13 868	101
山　　西	2 052 586	254	5	1	15	108	65	123	
内 蒙 古	550 345	45	2	6	7		76	50	
辽　　宁	1 683 728	136	68	403	14	1 331	819	6 683	259
吉　　林	938 526	14	4	94	15	158	15	420	
黑 龙 江	1 140 057								
上　　海	1 080 667	20	1				2 837	21 623	386
江　　苏	4 917 093	77	58	252	126	9 520	41 847	90 696	8 350
浙　　江	1 965 018	269	16	12	30	10 755	30 379	34 385	2 266
安　　徽	3 114 798	511	25	23	279	1 439	1 841	8 135	4
福　　建	903 683	16	9	495		520	664		
江　　西	144	115	15	78	5	137	386	1 111	40
山　　东	7 012 657	192	296	1 638	39	913	5 916	98 628	288
河　　南	5 247 747	1 281	125	3	272	437	9 829	17 130	357
湖　　北	2 235 933	1 767	20	5	31	42	1 114	31 855	
湖　　南	1 768 095	498	10	147		32	61	3 958	150
广　　东	2 305 942	404	73	1 642	105	600	2 275	23 909	
广　　西	642 208	199	21	14		116	8	636	
海　　南	57 407	2							
四　　川	2 470 000	1 045	40	8		6 540	4 115	15 313	
贵　　州	282 370	95					18		
云　　南	432 311	50	16			28		475	
西　　藏									
陕　　西	1 711 720	258	6	10	15	160	101	5 140	16
甘　　肃	471 426	951	1	2				95	
青　　海	56 981	3							
宁　　夏	132 141				31				
新　　疆	235 734	15		1	1	79		712	66

（续）

地　　区	机制纸及纸板（吨）	皮革制品（万件）	服　装（万件）	暖气片（万片）	原　盐（吨）	糖（吨）	罐头食品（吨）	乳　品（吨）
全国总计	**7 871 824**	**73 974**	**326 092**	**13 797**	**5 317 451**	**414 800**	**1 182 426**	**97 842**
北　　京	96 302	1 745	7 426	450			6 751	
天　　津	113 439	1 016	13 335		8 454		14 301	1 577
河　　北	900 941	10 592	16 199	2 501	220 388	219 813	100 726	4 139
山　　西	276 213	60	1 604	4 944			35 785	3 863
内 蒙 古	28 456	43	1 916	33	4 495	320	3 570	2 027
辽　　宁	164 481	1 312		368	228 956	130	44 789	3
吉　　林	54 506	72	479	248			2 648	4 637
黑 龙 江	44 938	1	351				1 327	9 227
上　　海	161 247	1 905	18 597				7 379	
江　　苏	460 457	5 977	24 475	820	155 350	463	18 320	13 695
浙　　江	617 930	3 206	50 056		273 310	3 616	172 385	10 609
安　　徽	163 117	4 714	8 115	70	24 068	3 896	76 082	8 950
福　　建	192 480	2 285	13 932		419 146	6 239	105 277	364
江　　西	54 038	380	2 178		153 578	1 002	17 062	744
山　　东	885 237	4 289	21 154	496	3 158 973		168 463	9 186
河　　南	1 969 380	2 736	12 622	3 640			174 750	2 899
湖　　北	105 861	4 275	9 812	15	5 205	211	10 185	
湖　　南	163 643	1 968	2 155	6	77 972	3 984	8 149	11 935
广　　东	471 236	17 344	88 719		97 727	113 900	49 600	3 300
广　　西	17	2 645	8 438		10 181	6 391	93 153	4
海　　南	1 000		518		10 000			
四　　川	369 963		15 888		270 456	31 459	32 903	
贵　　州	18 550	274				5 350	685	42
云　　南	70 000	6 734	806		1 992	10 416	7 312	
西　　藏								
陕　　西	381 517	302	5 348	73	60 689	161	16 403	5 963
甘　　肃	69 938	56	1 194	87	36 007	3 332	8 305	27
青　　海	2 970	10	10				883	382
宁　　夏	17 681	4	135				199	2 676
新　　疆	16 286	29	630	46	100 504	4 117	5 034	1 593

（续）

地　区	饮料酒（吨）	其中：白酒（吨）	食用植物油（吨）	粮食加工（万吨）	竹藤棕草制品（万件）	工艺品（万元）	配合饲料（万吨）	房屋竣工面积（万平方米）
全国总计	**4 464 988**	**1 411 962**	**5 605 604**	**38 995**	**321 318**	**2 615 830**	**2 768**	**165 529**
北　京	10 590	5 886	435	29		46 046		760
天　津	10 564	3 351	7 411	29	1 941	7 938	981	231
河　北	208 795	30 391	186 157	3 804	1 414	90 631	70	1 059
山　西	74 589	54 071	51 430	2 506	540	2 060	4	
内蒙古	24 649	6 706	43 341	475	166	3 346	75	651
辽　宁	177 217	39 505	70 297	1 730	5 864	19 108	1 053	107 612
吉　林	133 831	37 856	46 326	484	235	1 779	13	814
黑龙江	81 087	32 371	71 490	189		889		141
上　海	48 839	11 631	17 815	3	839		14	
江　苏	294 587	81 207	101 332	7 800	13 680	254 455	11	3 363
浙　江	416 769	26 102	28 650	264	42 440	187 688	40	972
安　徽	63 478	37 527	314 164	7 669	23 611	27 340	49	
福　建	56 302	2 523	17 682	644	29 384	100 622	40	
江　西	73 873	43 735	142 317	544	17 414	28 045	24	4 000
山　东	319 704	68 147	883 378	974	13 493	363 709	46	6 693
河　南	241 363	34 192	258 863	1 515	88 898	95 705	1	2 101
湖　北	138 654	112 465	151 924	535	814	11 133	78	3 234
湖　南	97 598	67 195	1 103 294	946	23 918	1 099 518	20	8 035
广　东	1 181 100	113 550	1 661 300	2 890	13 771	205 507	62	6 591
广　西	13	12	57 551	791	26 932	15 598		1 412
海　南	1 400	1 360	608	14				
四　川	530 370	404 183	168 764	2 765	10 190	26 245	47	10 916
贵　州	129 262	122 170	46 189	504		1 264	5	350
云　南	78 030	54 136	3 646	500		3 010	1	683
西　藏								
陕　西	33 777	16 898	43 909	739	5 137	20 910	52	4 463
甘　肃	29 230	2 338	48 104	405	346	497	75	977
青　海	2 030	487	18 930	62		150	1	47
宁　夏	1 677	517	26 350	81	267		2	189
新　疆	5 610	1 450	33 947	104	24	2 637	4	235

各地区乡镇企业出口产品交货总额

单位：万元

地区	出口产品交货总额		其	中		三来一补
	1992年	比上年增减%	直接出口	其中：外贸	间接出口	工缴费
全国总计	**11 927 940**	**78.05**	**9 047 141**	**7 414 817**	**2 653 192**	**1 973 476**
北京	265 987	34.82	204 030	173 197	61 520	2 017
天津	468 082	75.45	364 082	309 850	102 058	10 982
河北	367 342	42.94	194 851	178 893	162 991	10 204
山西	56 875	49.20	49 264	34 869	7 611	
内蒙古	5 354	14.05	2 133	1 841	3 221	
辽宁	507 496	54.86	381 348	361 285	125 343	1 124
吉林	35 774	48.31	15 403	10 526	20 362	30
黑龙江	27 945	36.98	11 857	7 428	16 088	114
上海	1 104 887	61.33	797 169	696 610	307 718	6 000
江苏	3 679 337	145.54	2 881 311	2 629 863	797 548	10 234
浙江	1 556 389	57.49	1 292 633	1 131 699	259 279	7 626
安徽	89 995	77.61	39 500	33 653	49 594	1 031
福建	944 474	95.82	911 712	332 958		41 803
江西	65 576	58.53	39 504	33 390	24 948	1 124
山东	986 271	63.25	645 105	571 343	337 793	6 034
河南	198 088	47.04	110 776	97 271	84 937	2 501
湖北	134 577	49.29	89 443	59 931	44 952	1 065
湖南	130 938	32.82	92 987	85 389	36 549	1 726
广东	1 050 562	56.65	759 167	529 561	125 666	1 867 425
广西	54 943	56.46	42 501	29 087	12 397	363
海南	3 073	102.44	639	639	1 826	608
四川	114 084	1.52	72 874	64 531	40 819	392
贵州	9 783	－7.83	2 089	2 060	7 694	12
云南	15 987	33.84	8 233	4 674	7 754	
西藏						
陕西	22 608	48.26	20 503	17 871	2 055	
甘肃	10 600	32.77	7 259	7 251	3 341	
青海	7 989	－10.57	3 493	3 493	4 496	
宁夏	6 692	30.37	4 742	4 219	1 950	
新疆	6 233	42.60	2 533	1 435	2 683	1 061

各地区乡镇企业分行业出口产品交货额

单位：万元

地区	化工	机械	矿产	轻工	食品	土产
全国总计	**669 321**	**728 159**	**406 375**	**1 860 069**	**794 473**	**125 618**
北京	694	7 111	475	24 962	3 377	
天津	30 215	15 881	26 097	72 151	20 036	5 988
河北	43 627	27 601	4 170	34 026	38 618	5 481
山西	4 485	4 761	37 746	1 093	2 751	267
内蒙古		350	891	857	220	113
辽宁	5 029	33 364	68 685	33 500	152 943	19 404
吉林	2 650	2 408	1 134	3 041	12 589	1 921
黑龙江	280	91	1 859	1 687	6 717	1 327
上海	17 578	25 268	33 283	118 593	28 853	4 746
江苏	352 697	319 774	36 606	604 527	72 586	8 923
浙江	52 605	95 453	64 057	122 914	99 936	18 729
安徽	2 701	4 725	908	4 795	7 831	2 022
福建	6 692	20 251	24 771	340 143	87 908	21 457
江西	7 281	9	5 233	7 372	9 283	2 259
山东	65 486	84 321	50 707	92 841	182 696	8 294
河南	8 823	12 009	11 432	14 301	6 224	3 388
湖北	12 395	7 327	1 403	11 111	2 423	1 096
湖南	16 397	12 575	11 762	14 514	12 057	2 834
广东	21 578	45 558	5 017	342 466	22 245	13 226
广西	2 022	266	2 600	5 011	3 911	468
海南	40		34		1 333	321
四川	8 672	3 910	772	5 081	11 338	815
贵州	1 355	2 864	3 707	196	385	10
云南	2 088	1 243	6 200	108	2 019	412
西藏						
陕西	1 587	1 039	4 544	4 409	665	409
甘肃	387		332	356	3 048	478
青海						14
宁夏	180		1 200		2 009	1 143
新疆	1 776		750	14	472	73

(续)

地区	畜产	纺织	丝织	服装	工艺品	其他
全国总计	**317 203**	**1 862 503**	**584 472**	**1 864 341**	**1 323 007**	**1 392 401**
北京	987	44 864	135	114 252	45 808	23 323
天津	16 377	27 465	1 907	149 592	52 974	49 399
河北	46 212	11 815	13	30 702	78 958	46 119
山西	327	434	73	1 100	1 096	2 742
内蒙古	240	98		326	1 947	312
辽宁	8 959	15 726	3 024	94 123	10 517	62 222
吉林	853	849	15	939	978	8 397
黑龙江	995	6 119	100	504	1 168	7 098
上海	9 344	102 702	156 825	252 946	93 850	260 899
江苏	31 192	1 050 116	237 053	428 269	242 188	295 406
浙江	70 364	297 413	151 923	281 696	182 654	118 645
安徽	8 112	14 355	2 482	15 868	22 202	3 994
福建	9 001	13 384	4 610	155 920	89 691	170 646
江西	683	8 645	1 191	2 711	16 779	4 130
山东	40 847	110 072	4 219	55 426	204 884	86 478
河南	26 581	13 905	541	6 443	65 609	28 832
湖北	5 783	26 879	602	52 348	7 574	5 636
湖南	1 846	4 830	226	10 576	32 898	10 423
广东	16 683	73 425	2 493	206 457	131 332	170 082
广西	1 918	1 421	398	387	28 886	7 655
海南		120			125	1 100
四川	18 759	33 822	15 321	1 664	1 628	12 302
贵州	90	451		24	204	497
云南		569	571	264	312	2 201
西藏						
陕西	504	914		1 311	5 038	2 188
甘肃	518	250	98	452	2 096	2 585
青海					924	7 051
宁夏		125		22	33	1 979
新疆	28	1 735	652	19	654	60

以上乡镇企业各表由农业部乡镇企业司供稿

农　垦

各地区农垦基本情况

地　区	农场个数（个）	总人口（人）	年末职工人数（人）	社会劳动者年末人数（人）	土地总面积（千公顷）	其中	
						耕地（千公倾）	林地（千公倾）
全国农垦	**2 149**	**12 059 956**	**5 418 974**	**6 089 668**	**37 972.98**	**4 516.58**	**2 672.25**
北　京	16	416 111	94 686	220 453	76.6	44.12	3.54
天　津	18	29 364	22 267	22 830	11.82	4.32	
河　北	30	383 351	136 620	197 189	353.37	94.56	27.65
山　西	30	17 801	8 474	9 755	26.41	6.2	3.84
内蒙古	117	451 392	209 528	237 760	6 218.23	414.62	157.96
辽　宁	125	813 256	321 771	368 954	430.19	115.22	63.97
吉　林	143	280 581	89 302	99 030	332.06	63.05	49.03
黑龙江	102	1 558 581	745 195	839 990	5 535.54	1 940.43	741
上　海	18	147 597	111 379	112 426	52.32	19.44	1.89
江　苏	26	275 150	154 723	158 323	134.89	68.12	10.79
浙　江	72	61 239	43 802	51 686	22.91	8.79	2.18
安　徽	26	131 304	69 925	78 139	75.42	34.5	7.4
福　建	124	260 933	73 046	123 329	140.45	14.61	72.33
江　西	139	557 568	280 802	282 724	475.18	41.34	335.04
山　东	18	23 652	8 986	12 467	43.88	12.48	0.36
河　南	96	81.553	42 672	47 640	41.38	22.36	2.58
湖　北	50	1 045 074	467 669	490 005	320.19	148.58	35.22
湖　南	84	541 704	277 860	291 814	182.32	62.61	27.88
广　东	50	344 099	152 067	153 708	210.64	27.6	107.45
广　西	49	175 096	89 490	90 271	158.72	20.22	29.55
海　南	88	964 727	449 916	461 455	854.62	38.91	341.08
四　川	131	47 113	30 176	30 176	595.62	2.42	35.9
贵　州	44	29 313	14 003	14 003	33.65	1.96	2.83
云　南	39	279 699	149 057	149 057	165.84	12.03	78.5
陕　西	20	38 701	20 283	20 567	34.48	10.78	1.8
甘　肃	19	73 400	43 140	43 140	464.76	40.21	25.99
青　海	21	34 500	11 712	11 712	442	44.52	1
宁　夏	15	85 126	44 720	46 374	218.39	31.62	6
新疆（兵团）	180	2 181 927	984 723	1 117 330	6 866.2	988.5	201.3
新疆（农业）	45	159 135	47 651	58 814	305.66	70.86	14.19
新疆（畜牧）	183	438 018	153 080	155 732	13 107.97	105.33	267.94
热作两院		13 452	6 462	6 462	7.46	0.25	2.25
广　州	15	87 865	46 364	66 069	20.63	4.68	8.3
南　京	5	17 045	9 637	12 498	9.53	0.83	5.51
昆　明	6	6 996	3 213	3 213	0.52	0.08	
哈尔滨	5	7 533	4 573	4 573	3.13	0.43	

各地区农垦主要经济指标

（按当年价格计算）　　单位：万元

地　　区	国民生产总值	国民收入	社会总产值	固定资产投资额	农业商品产值	出口商品总金额
全国农垦	**2 756 586**	**2 587 183**	**7 561 361**	**636 035**	**1 815 047**	**461 742**
北　京	155 630	142 911	526 551	13 815	83 925	8 360
天　津	19 403	18 639	65 685	2 061	15 636	2 578
河　北	89 030	81 801	244 520	21 411	51 768	19 502
山　西	4 490	4 537	15 614	711	4 000	5
内蒙古	74 243	69 458	161 851	12 794	57 092	4 454
辽　宁	190 398	187 562	450 942	12 184	122 991	19 447
吉　林	40 635	42 858	105 765	7 912	32 167	5 268
黑龙江	280 042	231 100	895 329	85 263	268 135	43 884
上　海	115 137	112 760	473 578	70 385	40 999	66 366
江　苏	91 166	85 605	270 470	27 135	53 404	20 115
浙　江	52 222	53 536	190 038	16 345	17 947	11 473
安　徽	23 693	23 184	63 225	4 611	22 519	2 960
福　建	41 898	42 041	99 351	4 295	20 737	11 371
江　西	100 362	107 951	376 749	23 183	33 885	39 906
山　东	3 523	3 367	10 469	963	3 405	
河　南	17 332	18 231	49 528	6 343	11 909	1 190
湖　北	189 032	184 013	525 176	29 557	121 612	30 028
湖　南	90 911	94 112	280 339	16 716	63 820	8 636
广　东	77 550	70 267	190 770	12 041	73 998	12 015
广　西	35 377	37 312	118 582	14 824	32 231	2 795
海　南	177 389	152 437	304 020	34 130	166 121	8 738
四　川	14 121	14 969	53 062	5 211	11 828	15
贵　州	3 319	3 446	8 564	739	3 037	25
云　南	63 576	55 613	117 128	16 010	64 040	2 984
陕　西	7 795	7 515	28 008	4 533	5 320	594
甘　肃	21 715	21 329	46 796	3 359	13 850	1 990
青　海	4 877	4 867	14 285	650	4 500	120
宁　夏	13 128	12 518	44 883	2 882	12 757	237
新疆（兵团）	558 064	508 245	1 323 568	164 515	327 603	118 293
新疆（农业）	30 094	26 117	47 439	3 280	20 213	2 516
新疆（畜牧）	45 058	40 338	70 478	4 767	27 062	10 935
热作两院	4 389	2 527	3 968	554		
广　州	110 473	115 004	344 087	7 322	18 365	4 320
南　京	5 876	6 258	20 635	2 775	3 607	622
昆　明	2 224	1 828	7 524	638	2 228	
哈尔滨	2 414	2 927	12 384	2 121	2 336	

各地区农垦工农业总产值增减情况

（按1990年不变价格计算）　　单位：万元

地　　区	工农业总产值		其中：农业产值		工业产值	
	1992年	比上年增减%	1992年	比上年增减%	1992年	比上年增减%
全国农垦	**6 377 960**	**12.73**	**2 536 178**	**5.36**	**3 841 782**	**19.10**
北　京	446 400	15.56	100 638	—0.33	345 762	18.08
天　津	57 093	5.76	18 013	—4.87	39 080	21.56
河　北	203 276	15.57	72 345	3.22	130 931	22.82
山　西	13 776	9.52	5 722	11.09	8 054	10.32
内蒙古	151 113	7.58	111 143	4.47	39 970	19.33
辽　宁	325 402	11.04	165 842	0.22	159 560	20.50
吉　林	104 906	7.66	60 435	2.42	44 471	12.96
黑龙江	685 706	—0.08	417 552	1.98	268 154	12.83
上　海	414 933	22.26	39 290	—0.01	375 643	24.47
江　苏	227 164	20.08	64 832	3.89	162 332	15.96
浙　江	189 526	16.60	21 278	6.83	168 248	71.94
安　徽	51 537	22.92	27 003	37.56	24 534	6.81
福　建	89 445	26.72	42 946	15.06	46 499	10.25
江　西	356 224	26.46	65 771	17.45	290 453	19.86
山　东	8 716	—9.38	4 695	—25.89	4 021	29.56
河　南	45 913	18.81	15 706	8.85	30 207	42.71
湖　北	446 509	23.28	177 774	23.18	268 735	13.29
湖　南	247 652	14.67	102 792	5.18	144 860	13.36
广　东	184 960	11.13	92 122	3.34	92 838	10.17
广　西	127 684	27.80	44 648	7.30	83 036	6.97
海　南	272 320	17.54	200 718	9.32	71 602	12.68
四　川	41 871	11.75	8 963	—2.71	32 908	5.32
贵　州	7 020	—0.72	4 394	1.20	2 626	24.33
云　南	113 426	10.01	80.076	7.10	33 350	13.51
陕　西	27 810	5.69	6 680	—12.67	21 130	13.05
甘　肃	37 286	10.32	14 563	4.35	22 723	13.70
青　海	13 157	5.73	8 607	8.43	4 550	34.75
宁　夏	40 958	9.06	16 763	3.76	24 195	5.76
新疆(兵团)	997 430	2.03	426 479	2.49	570 951	18.36
新疆(农业)	41 417	—0.91	31 138	6.20	10 279	59.02
新疆(畜牧)	65 908	7.80	56 970	7.67	8 938	16.70
热作两院	3 841	40.13	1 476	5.05	2 365	—12.45
广　州	301 642	32.62	18 930	11.83	282 712	22.08
南　京	19 119	12.74	4 547	10.93	14 572	12.44
昆　明	5 922	—11.32	2 189	—1.62	3 733	6.45
哈尔滨	10 898	11.44	3 138	12.23	7 760	25.93

各地区农垦工农业总产值比重情况

（按1990年不变价格计算） 单位：万元

地区	工农业总产值	农业总产值及比重		工业总产值及比重	
	1992年	1992年	%	1992年	%
全国农垦	**6 377 960**	**2 536 178**	**39.76**	**3 841 782**	**60.24**
北京	·446 400	100 638	22.54	345 762	77.46
天津	57 093	18 013	31.55	39 080	68.45
河北	203 276	72 345	35.59	130 931	64.41
山西	13 776	5 722	41.54	8 054	58.46
内蒙古	151 113	111 143	73.55	39 970	26.45
辽宁	325 402	165 842	50.97	159 560	49.03
吉林	104 906	60 435	57.61	44 471	42.39
黑龙江	685 706	417 552	60.89	268 154	39.11
上海	414 933	39 290	9.47	375 643	90.53
江苏	227 164	64 832	28.54	162 332	71.46
浙江	189 526	21 278	11.23	168 248	88.77
安徽	51 537	27 003	52.40	24 534	47.60
福建	89 445	42 946	48.01	46 499	51.99
江西	356 224	65 771	18.46	290 453	81.54
山东	8 716	4 695	53.87	4 021	46.13
河南	45 913	15 706	34.21	30.207	65.79
湖北	446 509	177 774	39.81	268 735	60.19
湖南	247 652	102 792	41.51	144 860	58.49
广东	184 960	92 122	49.81	92 838	50.19
广西	127 684	44 648	34.97	83 036	65.03
海南	272 320	200 718	73.71	71 602	26.29
四川	41 871	8 963	21.41	32 908	78.59
贵州	7 020	4 394	62.59	2 626	37.41
云南	113 426	80 076	70.60	33 350	29.40
陕西	27 810	6 680	24.02	21 130	75.98
甘肃	37 286	14 563	39.06	22 723	60.94
青海	13 157	8 607	65.42	4 550	34.58
宁夏	40 958	16 763	40.93	24 195	59.07
新疆（兵团）	997 430	426 479	42.76	570 951	57.24
新疆（农业）	41 417	31 138	75.18	10 279	24.82
新疆（畜牧）	65 908	56 970	86.44	8 938	13.56
热作两院	3 841	1 476	38.43	2 365	61.57
广州	301 642	18 930	6.28	282 712	93.72
南京	19 119	4 547	23.78	14 572	76.22
昆明	5 922	2 189	36.96	3 733	63.04
哈尔滨	10 898	3 138	28.79	7 760	71.21

各地区农垦农业投资情况

（5万元以上）　　单位：万元

地　区	农业投资合计	种植业	林业	牧业	渔业	水利	农业投资占总投资%
全国农垦	**149 602**	**81 834**	**7 028**	**19 406**	**2 485**	**38 849**	**24.84**
北　京	2 541	949		1 582		10	19.12
天　津	717	62		638		17	39.20
河　北	1 339	933	2	107	3	294	6.67
山　西	208	63		145			34.32
内蒙古	4 562	3 497	36	625	9	395	39.24
辽　宁	2 932	1 227	9	994	161	541	25.30
吉　林	1 966	584	61	1 318	1	2	25.10
黑龙江	37 179	24 115	521	2 188	60	10 295	47.54
上　海	2 599	447		2 152			3.89
江　苏	3 648	2 146	24	102	234	1 142	13.97
浙　江	2 071	316	16	1 340	367	32	13.04
安　徽	1 553	906	28	134	106	379	34.84
福　建	548	243	49	145	25	86	13.61
江　西	1 308	458	223	102	250	275	5.81
山　东	180	150		24		6	21.28
河　南	778	291	30	347		110	12.75
湖　北	3 157	1 075	41	1 038	391	612	10.91
湖　南	1 896	732	2	178	127	857	11.62
广　东	2 127	1 779	200	20		128	19.97
广　西	2 871	1 974	237	390	27	243	19.74
海　南	11 737	10 795	489	80	86	287	35.61
四　川	1 194	738		163	293		26.21
贵　州	460	394		29	26	11	64.52
云　南	4 673	1 089	3 439	13	10	122	30.17
陕　西	436	135		258		43	9.68
甘　肃	1 064	782	102	3	10	167	31.68
青　海	500	400				100	76.92
宁　夏	424	380	5	39			15.51
新疆（兵团）	48 988	22 747	1 351	2 574	297	22 019	31.42
新疆（农业）	1 719	1 607	82	30			52.41
新疆（畜牧）	2 536	820	81	957	2	676	53.20
热作两院							
广　州	132			132			2.63
南　京	47			47			1.69
昆　明	298			298			47.08
哈尔滨	1 214			1 214			57.24

全国农垦农场各种农作物播种面积和产量

项目	播种面积（千公顷）			产量（吨）		
	1992年	1991年	比上年增减%	1992年	1991年	比上年增减%
农作物总计	**4 314.43**	**4 498.14**	**—4.08**			
一、粮食作物（包括大豆）	3 000.06	3 223.71	—6.94	10 891 993	10 556 444	3.18
其中：夏收粮食	519.20	544.69	—4.68	1 999 500	1 841 616	8.57
1. 稻谷	541.39	554.03	—2.28	3 482 898	3 355 532	3.80
其中：早稻	78.30	84.92	—7.80	391 639	387 283	1.12
2. 小麦	1 339.95	1 432.33	—6.45	4 634 457	4 203 378	10.26
其中：春小麦	981.28	1 107.65	—11.41	3 428 615	3 099 021	10.64
3. 薯类	21.20	20.80	1.92	73 328	71 132	3.09
4. 玉米	268.31	301.81	—11.10	1 332 454	1 405 762	—5.21
5. 高粱	25.39	24.63	3.07	106 508	105 387	1.06
6. 谷子	5.43	6.25	—13.07	9 653	11 084	—12.91
7. 其他杂粮	101.43	131.15	—22.66	281 509	310 313	—9.28
8. 大豆	696.96	752.70	—7.41	971 186	1 093 856	—11.21
二、经济作物	918.57	847.87	8.34			
1. 棉花	355.87	317.71	12.01	372 077	350 920	6.03
其中：长绒棉	6.74	44.65	—84.91	7 664	47 022	—83.70
2. 油料	318.28	314.63	1.16	380 726	371 032	2.61
其中：花生	18.41	18.44	—0.16	30 568	33 926	—9.90
油菜籽	195.22	205.35	—4.93	215 996	218 087	—0.96
向日葵	54.96	61.21	—10.22	86 062	96 005	—10.36
3. 麻类	2.30	2.27	1.47	6 401	5 259	21.72
4. 糖料	166.39	162.98	2.09	7 527 422	6 419 412	17.26
其中：甘蔗	74.74	68.05	9.83	5 191 644	4 385 817	18.37
甜菜	91.65	94.93	—3.45	2 335 778	2 033 595	14.86
5. 烟叶	2.86	2.75	4.13	5 255	4 214	24.70
其中：烤烟	2.55	2.59	—1.42	4 710	3 956	19.06
6. 药材	3.75	3.04	23.36			
7. 其他经济作物	69.12	44.49	55.37			
其中：啤酒花	5.52	5.20	6.15	15 652	14 718	6.35
三、其他农作物	395.80	426.57	—7.21			
其中：1. 蔬菜	104.26	102.49	1.72			
2. 瓜类（果用）	32.03	28.19	13.64			
3. 青饲料	105.80	132.89	—20.39			
4. 绿肥	132.14	152.97	—13.62			

各地区农垦农场主要农作物播种面积

单位：千公顷

地区	农作物总计	粮食作物	其中		经济作物	其中			其他农作物
			稻谷	小麦		棉花	油料	糖料	
全国农垦	**4 314.43**	**3 000.06**	**541.39**	**1 339.95**	**918.57**	**355.87**	**318.28**	**166.39**	**395.8**
北京	66.09	48.03	7.92	21.21	2.57	2	0.57		15.49
天津	4.15	1.96	0.38	0.19	0.09	0.03	0.05		2.1
河北	97.62	81.95	28.13	25.85	12.58	2.36	10.09	0.01	3.09
山西	5.73	1.97		0.15	1.76	0.14	1.48	0.08	2
内蒙古	304.9	258.1	3.18	173.16	38.52	0.43	35.29	1.95	8.28
辽宁	119.01	106.75	70.53	1.91	3.36	0.52	1.51	0.59	8.9
吉林	62.14	54.41	22.39	1.58	4.35		2.37	0.47	3.38
黑龙江	1 675.36	1 463.23	80.9	682.56	138.49		85.23	49.13	73.64
上海	33.89	25.93	11.01	6.1	2.25	0.85	1.03		5.71
江苏	101.38	66.83	21.07	19.85	30.17	21.47	4.22		4.38
浙江	17.92	10.89	6.91	1.14	2.96	1.79	1.04	0.08	4.07
安徽	58.47	43.71	12.25	18.14	12.25	7.14	4.94		2.51
福建	31.19	21.47	16.12	1.48	5.06		1.67	2.12	4.66
江西	92.94	53.39	50.06	0.4	16.72	2.47	12.45	0.15	22.83
山东	13.56	8.94	0.6	5.47	4.27	3.85	0.32	0.01	0.35
河南	36.76	29.93	1.12	17.09	6.17	2.57	3.23		0.66
湖北	261.64	137.92	74.29	45.55	79.34	48.46	24.19	4.04	44.38
湖南	124.17	53.31	47.78	0.11	44.02	15.23	14.53	13.43	26.84
广东	33.75	7.42	5.08	0.22	21.95		1.65	19.58	4.38
广西	21.11	1.97	1.65		15.63		0.47	14.69	3.51
海南	66.69	37.06	28.26		21.67		2.3	14.13	7.96
四川	2.26	0.5	0.02	0.03	0.57		0.18		1.19
贵州	3.14	1.19	0.5	0.08	0.44		0.36	0.01	1.51
云南	13.94	6.82	3.85	0.72	5.62		0.32	4.71	1.5
陕西	11.4	5.48	0.39	3.42	3.99	2.43	1.3		1.93
甘肃	27.27	15.31		6.36	9.83	0.69	1.53	0.25	2.13
青海	31.66	11.13		6.67	20		20		0.53
宁夏	28.06	21.23	9.09	5.49	4.84		2.45	1.73	1.99
新疆(兵团)	810.2	338.9	29.4	241	360.4	229.6	62.4	31.2	110.9
新疆(农业)	52.52	28.36	1.74	17.16	19.71	9.63	5.67	2.56	4.45
新疆(畜牧)	95.17	50.37	2.25	36.37	26.39	4.21	14.86	3.67	18.41
热作两院	0.43	0.29	0.28		0.1		0.01	0.09	0.04
广州	7.73	3.94	3.7		2.26		0.34	1.71	1.53
南京	1.58	1.15	0.49	0.49	0.23		0.23		0.2
昆明	0.17								0.17
哈尔滨	0.43	0.22	0.05		0.01				0.2

各地区农垦农场主要农作物产量

单位：吨

地 区	粮 食	其中			棉 花	油 料	其中：油菜籽	麻 类	糖 料
		稻 谷	小 麦	大 豆					
全国农垦	**10 891 993**	**3 482 898**	**4 634 457**	**971 186**	**372 077**	**380 726**	**215 996**	**6 401**	**7 527 422**
北 京	318 946	58 595	132 770	458	1 561	1 305	92		
天 津	7 353	2 343	843	676	12	27			
河 北	367 762	245 479	43 760	9 757	958	6 347	1 246	9	109
山 西	6 380		348	134	35	961	26		2 167
内蒙古	852 620	15 290	558 910	49 045	206	46 670	14 873	1	54 806
辽 宁	811 625	644 358	8 571	12 594	224	1 684		21	19 113
吉 林	285 158	151 279	2 989	6 018		2 753		13	8 214
黑龙江	3 748 940	374 382	2 245 505	811 304		85 658	83 899	61	866 393
上 海	133 953	72 932	29 228	5 282	372	1 828	1 828		
江 苏	361 187	149 208	113 488	19 050	18 991	9 751	7 507		
浙 江	47 348	36 232	4 054	930	1 537	1 511	1 316	28	4 609
安 徽	159 624	69 995	66 758	19 779	7 145	5 000	3 016	1	
福 建	112 643	93 546	3 866	1 406		3 288	91	85	160 442
江 西	284 152	276 327	911	1 482	4 023	14 787	6 507	30	5 935
山 东	28 754	3 239	19 957	2 246	1 277	285			201
河 南	99 093	6 892	69 729	10 771	968	4 508	448	263	
湖 北	721 366	546 928	125 346	6 448	58 855	31 977	19 887	2 323	250 896
湖 南	299 576	290 125	126	1 109	22 480	15 399	14 611	640	991 107
广 东	35 298	27 424	462	197		2 836		505	1 615 039
广 西	7 847	7 329		109		614		4	953 582
海 南	133 827	108 331		469		2 802		186	654 966
四 川	1 585	186	77	37		150	144	500	
贵 州	4 179	2 320	153	25		318	253		299
云 南	31 399	23 801	1 481	254		394	164		327 086
陕 西	14 026	2 440	8 611	462	556	1 037	8	8	6
甘 肃	68 496		22 440	219	455	1 776	4		2 766
青 海	28 412		19 596			18 250			
宁 夏	123 051	55 295	30 116	81		4 628			69 460
新疆(兵团)	1 456 483	176 509	937 426	6 112	236 272	83 828	44 882	657	1 098 576
新疆(农业)	128 745	7 906	65 585	1 068	10 316	8 735	5 407	789	76 709
新疆(畜牧)	184 998	11 507	119 489	3 131	5 833	20 483	9 531	277	137 264
热作两院	1 670	1 624				15			4 853
广 州	19 324	18 299		372		769			222 824
南 京	4 915	2 529	1 862	84	1	352	256		
昆 明									
哈尔滨	1 258	248		77					

各地区农垦农场主要农作物公顷产量

单位：公斤

地　区	粮　食	其中 稻　谷	小　麦	大　豆	棉　花	油　料	其中：油菜籽	麻　类	糖　料
全国农垦	**3 631**	**6 433**	**3 459**	**1 393**	**1 046**	**1 196**	**1 106**	**2 783**	**45 240**
北　京	6 641	7 398	6 260	2 290	780	2 289	767		
天　津	3 752	6 166	4 437	1 229	400	540			
河　北	4 488	8 727	1 693	1 200	406	629	646	112	10 900
山　西	3 239		2 320	788	250	649	2 600		27 088
内蒙古	3 303	4 808	3 228	1 376	479	1 322	1 016		28 106
辽　宁	7 603	9 136	4 487	3 805	431	1 115		1 050	32 395
吉　林	5 241	6 757	1 892	1 426		1 162			17 477
黑龙江	2 562	4 628	3 290	1 370		1 005	1 004	3 050	17 635
上　海	5 166	6 624	4 791	1 886	438	1 775	1 775		
江　苏	5 405	7 082	5 717	1 702	885	2 311	2 133		
浙　江	4 348	5 243	3 556	1 824	859	1 453	1 400	1 400	57 680
安　徽	3 652	5 714	3 680	1 631	1 001	1 012	1 009		
福　建	5 247	5 803	2 612	1 562		1 969	827	1 214	75 680
江　西	5 322	5 520	2 278	1 289	1 629	1 188	808	1 500	39 567
山　东	3 216	5 398	3 648	1 182	332	891			20 100
河　南	3 311	6 154	4 080	1 341	377	1 396	800	1 753	
湖　北	5 230	7 362	2 752	1 514	1 215	1 322	1 244	2 610	62 103
湖　南	5 620	6 072	1 145	1 260	1 476	1 060	1 050	1 730	73 798
广　东	4 757	5 398	2 100	1 515		1 719		6 312	82 484
广　西	3 983	4 442		1 211		1 306		400	64 914
海　南	3 611	3 833		1 340		1 218		6 200	46 353
四　川	3 170	9 300	2 567	740		833	960	5 556	
贵　州	3 512	4 640	1 912	625		883	843		29 900
云　南	4 604	6 182	2 057	1 016		1 231	1 262		69 445
陕　西	2 559	6 256	2 518	642	229	798		800	
甘　肃	4 474		3 528	755	659	1 161	200		11 064
青　海	2 553		2 938			912			
宁　夏	5 796	6 083	5 486	623		1 889			40 150
新疆(兵团)	4 298	6 004	3 890	1 389	1 029	1 343	1 240	6 570	35 211
新疆(农业)	4 540	4 544	3 822	2 180	1 071	1 541	1 629	4 153	29 964
新疆(畜牧)	3 673	5 114	3 285	1 683	1 386	1 378	1 249	1 847	37 402
热作两院	5 759	5 800				1 500			53 922
广　州	4 905	4 946		12 400		2 262			130 306
南　京	4 274	5 161	3 800	1 050		1 530	1 969		
昆　明									
哈尔滨	5 718	4 960		1 925					

各地区农垦农场水果、茶叶生产情况

单位：公顷

地　　区	果园面积	其　中：收获面积	水果产量(吨)	茶园面积	其　中：收获面积	茶叶产量(吨)
全国农垦	**132 477**	**76 846**	**744 618**	**45 043**	**37 850**	**46 353**
北　京	4 134	3 157	34 599			
天　津	1 036	602	4 715			
河　北	1 820	1 217	9 043			
山　西	1 116	737	6 521			
内蒙古	2 232	857	3 739			
辽　宁	16 326	12 084	81 954			
吉　林	4 078	2 524	21 579			
黑龙江	3 836	1 969	3 193			
上　海	874	529	19 787	38	27	17
江　苏	773	467	3 564	36	27	5
浙　江	1 936	1 532	28 431	2 418	2 222	4 430
安　徽	1 169	885	14 108	3 463	2 658	5 893
福　建	9 937	4 349	36 851	6 621	6 580	5 047
江　西	4 306	1 033	3 501	6 644	4 911	2 387
山　东	246	100	850			
河　南	3 200	2 690	31 771	28	20	4
湖　北	5 649	3 338	27 652	705	402	360
湖　南	5 249	2 405	8 623	2 061	1 804	2 332
广　东	7 559	4 895	70 422	1 719	1 533	3 202
广　西	7 903	5 344	85 197	2 848	2 548	4 883
海　南	5 426	3 121	21 178	7 279	6 080	6 546
四　川	1 998	1 400	12 982	1 524	1 166	1 012
贵　州	693	391	2 274	4 092	3 004	3 343
云　南	3 673	2 445	26 049	5 317	4 648	6 609
陕　西	350	248	1 352			
甘　肃	1 727	790	5 918			
青　海						
宁　夏	2 008	1 409	12 577			
新疆(兵团)	23 958	11 326	106 495			
新疆(农业)	5 615	2 955	36 241			
新疆(畜牧)	1 433	589	8 429			
热作两院	18	18	106			
广　州	1 869	1 163	14 063	153	153	246
南　京	222	183	687	97	67	37
昆　明	108	94	167			
哈尔滨						

全国农垦农场热带、亚热带作物面积和产量

项　　目	单位	合　计	广　东	广　西	海　南	云　南	福　建	热作两院
一、橡胶								
年末实有面积	千公顷	401.21	63.89	8.77	249.36	74.14	3.31	1.74
其中：当年定植面积	千公顷	7.09	0.15	0.01	5.30	1.56	0.01	0.06
年内实际开割到达面积	千公顷	281.40	48.07	6.77	166.96	56.98	1.38	1.24
干胶总产量	吨	262 399	29 896	2 606	153 123	75 127	669	978
二、剑麻番麻								
年末实有面积	公　顷	12 156	5 718	4 410	1 325		688	15
其中：当年新植面积	公　顷	1 274	740	395	136		3	
收获面积	公　顷	9 205	4 324	3 413	854		602	12
总产量（纤维）	吨	27 356	11 071	13 943	1 273		1 034	35
三、胡椒								
年末实有面积	公　顷	1 830	366	2	1 398	43		21
其中：当年新植面积	公　顷	21			21			
收获面积	公　顷	1 492	360	1	1 070	41		20
总产量（籽）	吨	1 261	399	1	793	49		19
四、咖啡								
年末实有面积	公　顷	1 709	47		713	885	2	62
其中：当年新植面积	公　顷	16	5			11		
收获面积	公　顷	1 280	36		449	741		54
总产量（干豆）	吨	880	5		77	763	1	34
五、香料作物								
年末实有面积	公　顷	177			93	24	45	15
其中：当年新植面积	公　顷	1			1			
收获面积	公　顷	112			86		26	
总产量（油）	吨	43			27		16	
六、椰子								
年末实有面积	公　顷	2 250			2 138	1		111
其中：当年新植面积	公　顷	421			390		31	
收获面积	公　顷	901			858			43
总产量（果）	万个	265			252			13
七、油棕								
年末实有面积	公　顷	70			70			
其中：当年新植面积	公　顷							
收获面积	公　顷	70			70			
总产量（果）	吨	30			30			

全国农垦农场畜牧业生产情况

项　　目	单位	1992年	1991年	1992年比1991年	
				增减数	增减%
一、牲畜饲养					
1. 大牲畜年末总头数	万头	225.29	226.67	－1.38	－0.61
其中：役畜	万头	62.19	61.75	0.44	0.71
占总头数比重	%	27.60	27.24		0.36
(1) 牛	万头	171.32	171.40	－0.08	－0.05
其中：能繁殖的母畜	万头	73.20	73.24	－0.04	－0.05
占年末头数比重	%	42.73	42.73		
仔畜	万头	36.03	35.50	0.53	1.49
在牛的头数中：黄牛	万头	98.47	99.45	－0.98	－0.99
良种及改良奶牛	万头	52.00	51.26	0.74	1.44
(2) 马	万匹	34.33	35.11	－0.78	－2.22
2. 猪年末头数	万头	372.02	359.69	12.33	3.43
其中：能繁殖的母畜	万头	24.81	22.63	2.18	9.63
占年末头数比重	%	6.67	6.29		0.38
3. 羊年末只数	万只	838.26	870.70	－32.44	－3.73
其中：能繁殖的母羊	万只	441.77	456.61	－14.84	－3.25
占年末只数比重	%	52.70	52.44		0.26
4. 蜂年末箱数	箱	53 672.00	53 863.00	－191.00	－0.35
5. 鹿年末只数	只	85 061.00	85 824.00	－763.00	－0.89
二、畜产品产量					
1. 肉类总产量	吨	493 693.00	453 433.00	40 260.00	8.88
其中：当年出栏肥猪	万头	389.33	362.11	27.22	7.52
猪肉产量	吨	310 646.00	288 818.00	21 828.00	7.56
出售和自宰的肉牛	万头	24.79	24.98	－0.19	－0.76
牛肉产量	吨	33 978.00	32 841.00	1 137.00	3.46
出售和自宰的肉羊	万只	322.10	316.20	5.90	1.87
羊肉产量	吨	51 933.00	49 936.00	1 997.00	4.00
2. 牛奶产量	吨	1 118 085.00	1 038 562.00	79 523.00	7.66
3. 羊毛产量	吨	18 923.00	20 188.00	－1 265.00	－6.27
4. 蜂蜜产量	吨	1 671.00	1 867.00	－196.00	－10.50
5. 禽蛋产量	吨	205 198.00	199 027.00	6 171.00	3.10

各地区农垦农场主要牲畜年末存栏情况

单位：万头

地　区	大牲畜	其中		猪	羊
		牛	其中：奶牛		
全国农垦	**225.29**	**171.32**	**52.00**	**372.02**	**838.26**
北　京	5.90	5.01	4.35	19.50	4.50
天　津	1.34	1.34	1.34	0.05	
河　北	3.06	1.73	1.33	4.17	6.52
山　西	0.83	0.78	0.69	0.22	0.24
内蒙古	27.31	20.07	10.88	20.28	89.01
辽　宁	7.47	3.56	1.79	31.24	2.74
吉　林	4.03	2.02	0.12	5.51	5.10
黑龙江	20.00	18.80	12.78	31.00	9.04
上　海	2.48	2.48	2.40	6.47	
江　苏	0.64	0.59	0.12	4.11	1.83
浙　江	0.64	0.64	0.59	6.52	0.03
安　徽	0.65	0.65	0.29	2.09	0.20
福　建	2.76	2.76	0.10	11.81	0.45
江　西	3.92	3.92	0.43	27.51	0.17
山　东	0.18	0.15	0.06	0.15	0.44
河　南	0.31	0.24	0.04	2.99	0.47
湖　北	8.51	8.47	0.55	41.36	1.63
湖　南	2.65	2.65	0.29	30.87	0.10
广　东	3.55	3.55	0.19	13.92	0.02
广　西	1.02	1.02	0.03	12.09	0.05
海　南	11.23	11.23		40.57	3.65
四　川	18.29	17.23	0.95	0.36	11.51
贵　州	0.62	0.56	0.37	0.83	0.13
云　南	0.76	0.72		13.15	0.04
陕　西	0.64	0.61	0.59	0.30	0.41
甘　肃	0.83	0.63	0.04	0.84	8.30
青　海	3.45	3.13	0.20	0.31	21.01
宁　夏	0.50	0.41	0.32	2.38	5.54
新疆(兵团)	22.41	13.99	3.25	32.84	236.34
新疆(农业)	4.55	3.00	0.29	1.93	31.22
新疆(畜牧)	62.90	37.52	6.41	1.90	397.49
热作两院	0.13	0.13		0.34	0.06
广　州	0.96	0.96	0.47	3.77	
南　京	0.10	0.10	0.08	0.51	0.02
昆　明	0.39	0.39	0.39		
哈尔滨	0.28	0.28	0.27	0.13	

各地区农垦农场猪牛羊出栏情况

地区	猪		牛		羊	
	出栏数(万头)	出栏率%	出栏数(万头)	出栏率%	出栏数(万只)	出栏率%
全国农垦	**389.33**	**108.24**	**24.79**	**14.46**	**322.10**	**36.99**
北京	28.12	163.77	1.06	19.89	4.77	103.70
天津	0.09	81.82	0.23	17.29		
河北	4.46	115.84	0.28	18.06	5.45	68.90
山西	0.13	65.00	0.04	5.26	0.1	32.26
内蒙古	10.66	59.89	4.05	19.93	36.36	37.11
辽宁	21.64	72.59	0.41	10.93	0.67	20.87
吉林	3.16	55.73	0.25	11.36	1.1	19.57
黑龙江	28.32	85.66	1.42	8.05	3.39	30.16
上海	10.84	180.67	0.03	1.20		
江苏	6.55	180.94	0.14	22.58	2	131.58
浙江	10.34	191.13	0.09	13.43	0.03	100.00
安徽	2.01	97.10	0.05	7.81	0.15	71.43
福建	11.62	101.04	0.1	3.69	0.17	50.00
江西	29.53	119.65	0.11	2.94	0.11	122.22
山东	0.1	90.91	0.01	7.69	0.11	34.38
河南	3.33	137.60	0.02	8.33	0.34	70.83
湖北	49.45	122.58	0.45	5.34	0.78	48.15
湖南	47.65	151.61	0.25	9.51	0.09	64.29
广东	15.76	109.98	0.39	9.95	0.01	50.00
广西	15.88	134.58	0.04	3.57	0.01	14.29
海南	37.18	91.04	0.82	8.08	1.7	62.27
四川	0.39	81.25	2.15	12.17	2.16	18.91
贵州	1.18	121.65	0.03	5.26	0.05	23.81
云南	8.43	60.30	0.05	6.67	0.01	33.33
陕西	0.17	70.83	0.2	31.25	0.1	25.64
甘肃	0.63	61.17	0.07	10.61	1.86	20.04
青海	0.15	39.47	0.15	4.81	4.5	23.10
宁夏	2.12	95.50	0.08	22.86	2.49	42.06
新疆(兵团)	30.44	102.56	3.37	22.56	81.74	32.54
新疆(农业)	1	45.66	0.57	17.59	5.59	16.98
新疆(畜牧)	1.4	79.55	7.79	20.70	166.22	41.42
热作两院	0.27	79.41			0.03	60.00
广州	5.59	154.85	0.03	5.66		
南京	0.72	144.00			0.01	
昆明			0.03	6.67		
哈尔滨	0.02	22.22	0.03	11.11		

各地区农垦农场主要畜产品产量

单位：吨

地 区	肉 类	其中：猪肉	牛 奶	羊 毛	禽 蛋	蜂 蜜
全国农垦	**493 693**	**310 646**	**1 118 085**	**18 923**	**205 198**	**1 671**
北 京	29 179	17 930	192 898	26	37 477	17
天 津	2 371	94	45 786		23 309	
河 北	6 205	3 472	32 022	261	5 581	
山 西	447	110	26 476	2	2 422	1
内 蒙 古	25 174	10 758	79 865	2 139	4 573	33
辽 宁	35 399	21 755	57 912	79	22 906	30
吉 林	7 264	3 050	2 925	199	12 961	32
黑 龙 江	41 669	26 021	280 592	307	12 268	182
上 海	9 260	7 317	101 557		5 941	
江 苏	21 731	5 453	3 266	1	3 358	48
浙 江	6 790	5 961	22 286		616	13
安 徽	3 016	1 561	8 226		1 675	7
福 建	10 740	8 944	2 584		4 488	58
江 西	28 582	25 753	9 753	1	4 605	191
山 东	249	105	1 282	9	1 666	4
河 南	2 635	2 384	735	1		8
湖 北	46 539	41 457	16 426	5	14 536	295
湖 南	32 287	30 635	6 301			35
广 东	15 992	13 177	4 482		861	10
广 西	11 005	10 532	1 171		299	
海 南	40 037	32 893	5		1 665	51
四 川	3 028	289	34 967	130	88	10
贵 州	965	897	10 308	6	13	2
云 南	7 513	7 089			309	29
陕 西	662	148	20 453	9	2 963	
甘 肃	1 183	687	735	135	1 096	
青 海	1 180	125	5 235	145	1 604	
宁 夏	2 450	1 572	11 463	69	357	3
新疆(兵团)	48 680	24 192	53 145	7 232	17 043	383
新疆(农业)	2 959	743	1 396	512	838	153
新疆(畜牧)	38 539	840	50 890	7 655	2 452	74
热作两院	279	250			15	
广 州	7 828	3 954	11 220		8 722	2
南 京	990	476	2 106		4 282	
昆 明	192	4	10 792		1 820	
哈 尔 滨	674	18	8 825		2 389	

各地区农垦农场渔业生产情况

地　区	水产养殖面积（千公顷）	水产品总产量（吨）	其中：养殖产量（吨）	对虾养殖面积（千公顷）	对虾产量（吨）
全国农垦	**155.71**	**225 452**	**194 289**	**13.42**	**18 403**
北　京	1.30	9 592	9 592		
天　津	0.39	1 143	1 143		
河　北	8.93	19 774	16 252	5.97	9 403
山　西	0.01	19	19		
内蒙古	8.83	1 757	913		
辽　宁	12.14	29 553	16 062	6.51	8 251
吉　林	2.45	1 373	1 110		
黑龙江	19.97	7 002	4 918		
上　海	1.47	7 050	7 050	0.30	328
江　苏	2.57	7 742	7 392		1
浙　江	1.20	5 221	5 093	0.11	44
安　徽	0.94	1 577	1 484		
福　建	1.34	8 215	3 589	0.11	26
江　西	5.04	5 821	4 504		
山　东	0.24	497	127	0.19	52
河　南	0.33	638	638		
湖　北	23.54	60 231	60 231		
湖　南	12.31	30 639	29 068		
广　东	1.64	3 636	3 517	0.23	295
广　西	0.60	838	838		3
海　南	2.37	8 126	7 631		
四　川	5.10	1 381	1 197		
贵　州	0.16	141	141		
云　南	1.07	1 529	1 529		
陕　西	0.13	344	344		
甘　肃	0.15	33	32		
青　海	0.40	8	8		
宁　夏	1.34	679	679		
新疆(兵团)	35.03	7 094	5 931		
新疆(农业)	0.44	225	216		
新疆(畜牧)	3.53	835	302		
热作两院	0.01	52	52		
广　州	0.50	2 017	2 017		
南　京	0.14	534	534		
昆　明		1	1		
哈尔滨	0.10	135	135		

各地区农垦农场主要农产品商品量

单位：吨

地区	1. 粮食	商品率%	其中:大豆	2. 棉花	3. 油料	4. 肉类	商品率%	其中：猪肉
全国农垦	**6 857 455**	**62.96**	**618 483**	**348 613**	**296 794**	**382 325**	**77.44**	**260 028**
北京	172 635	54.13	16	1 283	509	28 962	99.26	17 793
天津	7 351	99.97	674	12	27	2 371	100.00	94
河北	250 183	68.03	8 267	766	5 450	5 870	94.60	3 341
山西	2 824	44.26	90	35	538	274	61.30	99
内蒙古	552 429	64.79	37 175	206	36 568	15 954	63.37	4 326
辽宁	683 968	84.27	8 052	213	1 446	29 721	83.96	19 059
吉林	152 760	53.57	3 471		1 826	5 541	76.28	1 603
黑龙江	2 268 879	60.52	499 926		70 531	31 575	75.78	19 544
上海	133 953	100.00	5 282	372	1 828	9 260	100.00	7 317
江苏	270 066	74.77	15 387	18 579	9 683	14 467	66.57	4 886
浙江	35 087	74.10	839	1 479	1 094	6 621	97.51	5 889
安徽	97 397	61.02	17 008	6 804	2 373	2 960	98.14	878
福建	39 675	35.22	573		1 501	9 408	87.60	7 972
江西	150 845	53.09	1 098	3 654	11 261	23 483	82.16	21 492
山东	18 090	62.91	1 626	1 252	230	209	83.94	88
河南	71 047	71.70	8 709	726	3 628	2 385	90.51	2 189
湖北	457 501	63.42	4 367	56 545	27 876	42 312	90.92	39 420
湖南	131 521	43.90		20 194	11 359	24 840	76.93	24 372
广东	14 494	41.06	117		508	12 435	77.76	11 483
广西						9 628	87.49	9 279
海南	49 263	36.81	264		1 223	34 430	86.00	30 217
四川	71	4.48			147	2 264	74.77	132
贵州	3 227	77.22	16		202	865	89.64	779
云南	14 022	44.66	39		275	5 627	74.90	5 347
陕西	11 514	82.09	447	549	965	618	93.35	84
甘肃	48 832	71.29	188	147	1 485	902	76.25	651
青海	20 000	70.39			14 500	200	16.95	90
宁夏	78 307	63.64			2 457	2 146	87.59	1 350
新疆(兵团)	966 822	66.38	4 416	230 834	71 142	31 804	65.33	15 265
新疆(农业)	71 324	55.40	361	361	5 245	1 912	64.62	448
新疆(畜牧)	68 882	37.23		4 602	10 090	14 147	36.71	438
热作两院								
广州	14 317	74.09	46		575	7 436	94.99	3 756
南京	169	3.44	29		252	832	84.04	325
昆明						192	100.00	4
哈尔滨						674	100.00	18

全国农垦农场主要农业机械年末拥有量

项目	单位	1992年	1991年	1992年比1991年	
				增减数	增减%
1. 农业机械总动力	千瓦	9 636 724	9 674 829	-38 105	-0.39
2. 大中型农用拖拉机	台	64 512	64 825	-313	-0.48
	千瓦	2 886 569	2 849 391	37 178	1.30
3. 小型及手扶拖拉机	台	118 533	108 809	1 863	1.71
	千瓦	1 114 621	975 110	139 511	14.31
4. 农用排灌动力机械	台	88 550	87 165	1 385	1.59
	千瓦	1 439 256	1 402 453	36 803	2.62
其中：柴油机	台	26 352	25 624	728	2.84
	千瓦	379 198	375 508	3 690	0.98
电动机	台	57 711	57 197	514	0.90
	千瓦	1 033 164	1 019 882	13 282	1.30
5. 联合收割机	台	15 340	15 437	-97	-0.63
	千瓦	1 160 438	1 132 814	27 624	2.44
其中：自走式	台	13 782	13 627	155	1.14
	千瓦	1 078 474	1 053 998	24 476	2.32
6. 机动收割机	台	6 517	6 204	313	5.05
	千瓦	22 946	19 391	3 555	18.33
7. 机动脱粒机	台	45 002	39 813	5 189	13.03
8. 农用载重汽车	辆	20 336	21 828	-1 492	-6.84
附记：					
农垦各种大中型拖拉机	台	70 854	69 793	1 061	1.52
	千瓦	3 136 566	3 044 872	91 694	3.01
各种汽车	辆	76 743	73 320	3 423	4.67
其中：载重汽车	辆	49 750	49 888	-138	-0.28

各地区农垦农场主要农业机械年末拥有量

地　区	农业机械总动力（千瓦）	大中型农用拖拉机		小型及手扶拖拉机		农用排灌动力机械		联合收割机（台）	农用载重汽车（辆）
		台	千　瓦	台	千　瓦	台	千　瓦		
全国总计	**9 636 724**	**64 512**	**2 886 569**	**110 672**	**1 114 621**	**88 550**	**1 439 256**	**15 340**	**20 336**
北　京	359 760	1 433	65 572	2 534	22 509	8 634	76 668	511	1 820
天　津	34 590	142	5 860	85	837	350	9 800	10	128
河　北	334 607	922	35 759	9 273	83 485	6 784	121 686	110	655
山　西	18 441	101	4 665	199	2 042	295	4 656	12	79
内蒙古	602 411	4 599	211 532	14 449	142 913	4 061	40 789	1 449	895
辽　宁	389 201	1 180	64 165	7 861	64 328	8 249	126 585	19	877
吉　林	186 334	1 285	51 446	5 066	44 403	7 618	33 478	23	336
黑龙江	2 772 577	23 474	1 155 291	19 133	172 076	6 327	120 327	8 979	2 877
上　海	89 824	847	33 462	1 259	10 918	857	11 615	225	3
江　苏	247 102	1 357	61 231	4 574	41 118	1 545	54 933	362	332
浙　江	70 505	217	7 655	507	4 492	1 286	15 026	93	182
安　徽	189 645	1 031	45 972	1 766	13 324	1 770	53 702	362	434
福　建	82 403	296	9 873	2 101	15 202	1 989	18 479	5	195
江　西	97 528	425	12 194	1 683	25 588	2 566	59 515	9	567
山　东	33 356	292	11 995	348	3 061	709	7 782	105	33
河　南	125 649	835	36 557	3 060	28 403	3 034	23 929	326	136
湖　北	691 446	4 955	147 822	7 239	62 273	11 022	257 192	222	899
湖　南	361 163	1 812	64 737	3 492	30 933	5 869	116 939		655
广　东	150 861	781	31 519	2 359	20 919	1 206	8 668	19	657
广　西	169 942	824	32 928	2 240	19 749	1 273	17 004	23	507
海　南	276 982	899	34 304	3 159	27 863	528	5 646		1 488
四　川	34 114	36	1 392	20	178	369	5 824	7	179
贵　州	17 397	78	2 479	36	386	124	2 325		80
云　南	245 082	901	36 262	3 245	30 301	424	7 294	29	1 416
陕　西	34 137	183	7 737	244	2 401	703	5 500	45	103
甘　肃	83 011	488	21 515	943	13 081	649	10 232	165	279
青　海	31 558	340	19 000	120	1 100	250	26	180	270
宁　夏	79 060	530	23 270	607	6 133	440	16 081	122	126
新疆（兵团）	1 355 802	11 098	514 147	14 443	154 519	6 636	161 698	1 573	2 867
新疆（农业）	129 102	1 097	45 888	2 368	24 788	1 052	10 024	133	177
新疆（畜牧）	285 371	1 985	87 329	3 662	41 427	1 568	28 998	209	710
热作两院	2 496	11	330	59	479	25	250		17
广　州	30 998	23	1 149	178	1 365	243	4 733	9	190
南　京	11 973	12	607	155	1 349	87	1 659	4	60
昆　明	4 887	9	330	29	308	8	193		61
哈尔滨	7 409	14	595	37	370				46

各地区农垦农场农业机械化、用电、水利、化肥、农药情况

地区	机耕面积(千公顷)	机播面积(千公顷)	机收面积(千公顷)	农场用电量(万千瓦小时)	农药施用量(吨)	化肥施用量(吨)	其中:氮肥(吨)	有效灌溉面积(千公顷)	排灌站(座)
全国农垦	**4 252.33**	**3 357.28**	**2 638.27**	**424 449**	**52 186**	**2 344 448**	**1 200 670**	**1 848.32**	**5 365**
北京	36.97	44.18	28.47	30 312	541	69 146	48 008	39.84	268
天津	3.81	3.05	1.55	4 340	119	1 328	748	3.82	48
河北	80.09	38.02	22.46	32 877	512	56 963	44 320	41.34	205
山西	5.54	4.12	0.64	973	147	2 418	1 617	2.15	8
内蒙古	285.18	232.86	194.04	7 074	1 261	78 183	28 443	50.76	70
辽宁	109.45	25.00	2.93	26 937	1 633	102 103	54 588	75.51	189
吉林	35.07	18.57	2.86	9 921	309	31 886	21 741	24.91	24
黑龙江	1 683.35	1 534.13	1 434.38	23 025	5 288	382 863	143 113	143.39	132
上海	2.00	20.05	27.01	24 255	336	27 627	19 655	12.93	589
江苏	66.34	66.92	51.22	16 117	2 057	119 034	76 630	54.46	767
浙江	6.03	0.39	6.38	15 661	469	23 924	14 573	8.10	44
安徽	30.64	36.21	24.29	5 472	615	39 820	18 469	24.45	144
福建	22.05		0.02	4 610	1 912	96 670	44 734	10.12	86
江西	21.44			29 862	885	70 586	27 733	30.68	298
山东	10.42	12.67	5.79	1 796	228	9 786	4 649	7.02	26
河南	20.29	26.49	22.07	4 588	559	35 771	17 447	14.84	38
湖北	63.10	11.38	17.87	24 047	3 168	269 117	137 168	70.42	1 044
湖南	44.22	6.58	7.95	26 037	21 359	156 090	97 279	56.39	510
广东								5.69	75
广西	10.52	0.02	0.56	13 019	1 072	68 267	22 846	5.57	237
海南	9.99		0.19	16 848	3 539	90 274	37 169	15.74	52
四川	695.60	362.01	288.03	4 638	157	2 788	1 568	0.30	51
贵州	0.49	0.06		1 197	74	3 512	2 430	0.24	10
云南	4.94			9 274	586	24 742	8 300	6.76	42
陕西	8.66	5.95	3.56	2 082	69	5 490	3 379		
甘肃	25.58	17.83	15.07	3 722	10	26 492	9 437	32.27	
青海	31.60	30.00	28.00	1 300	50	8 900	2 700	15.00	24
宁夏	27.72	25.98	21.10	7 513	314	40 660	23 747	30.76	140
新疆(兵团)	776.40	714.90	363.40	65 953	4 230	440 753	257 736	920.50	72
新疆(农业)	50.48	45.60	19.18	2 403	268	22 283	11 105	69.32	32
新疆(畜牧)	82.44	73.74	48.14	5 188	107	23 284	10 995	70.09	57
热作两院	0.12			57	21	925	312	0.16	
广州	1.16		0.54	1 349	271	11 274	7 140	4.18	78
南京	0.50		0.57	870	18	1 367	801	0.61	5
昆明	0.14	0.14		529		42	42		
哈尔滨		0.43		603	2	80	48		

各地区农垦工业企业基本情况

单位：万元

地　区	企业个数（个）	年末职工（人）	年末固定资产原值	产品销售收入	利润税金总和
全国农垦	**11 164**	**1 323 633**	**1 826 847**	**3 495 708**	**310 633**
北　京	1 362	92 392	100 768	306 003	33 759
天　津	92	8 969	16 750	46 009	7 628
河　北	481	50 764	61 305	129 149	13 895
山　西	44	2 286	4 418	8 269	1 147
内蒙古	307	22 395	31 076	32 722	1 652
辽　宁	783	54 672	66 175	123 302	10 833
吉　林	141	18 200	28 786	34 409	7 646
黑龙江	957	153 727	252 864	295 054	11 800
上　海	374	82 845	103 040	322 465	34 283
江　苏	275	50 924	68 659	141 953	12 664
浙　江	209	27 504	57 481	137 123	16 287
安　徽	178	13 047	11 346	25 218	1 069
福　建	344	14 100	18 351	40 552	5 756
江　西	973	119 086	105 584	198 099	15 895
山　东	55	2 108	3 403	3 967	789
河　南	152	11 956	13 395	20 052	2 636
湖　北	868	118 272	99 533	211 138	17 504
湖　南	477	57 079	64 530	137 343	4 767
广　东	230	26 443	59 760	75 894	6 138
广　西	150	22 362	45 680	64 729	3 037
海　南	402	28 687	63 648	68 158	6 343
四　川	138	9 498	16 158	37 417	2 721
贵　州	42	2 699	3 552	4 075	238
云　南	116	12 452	35 816	30 424	3 401
陕　西	40	9 877	12 137	15 749	979
甘　肃	117	11 289	14 922	19 470	1 925
青　海	40	2 160	6 200	8 900	618
宁　夏	83	10 514	15 796	21 168	558
新疆(兵团)	1 375	237 669	338 382	543 942	50 938
新疆(农业)	86	3 438	8 424	10 703	926
新疆(畜牧)	142	5 891	7 744	8 548	988
热作两院	3	568	2 020	2 362	191
广　州	78	31 722	76 111	343 751	28 929
南　京	34	5 502	6 043	15 157	1 508
昆　明	10	872	1 484	4 188	441
哈尔滨	6	1 664	5 506	8 246	744

各地区农垦工业企业主要产品产量

地　区	发电量（万千瓦小时）	原煤（吨）	合成氨（吨）	化肥（吨）	水泥（吨）	砖（万块）	石灰（吨）	纱（万吨）
全国农垦	**215 196.10**	**7 443 602**	**159 511**	**170 677**	**3 682 744**	**857 405.82**	**268 073**	**11.8**
北　京				2 200		23 742.00		
天　津						617.32		
河　北			6 214	12 868	108 705	32 211.00		0.21
山　西		376 988				1 106.00		
内蒙古	3 510.00	669 359			20 518	35 567.00	16 461	
辽　宁				2 344	36 470	70 222.00	18 972	
吉　林	722.00					13 322.00		
黑龙江	61 876.00	1 681 274	124 020	95 534	573 093	89 042.00	34 787	
上　海						7 071.60	2 554	0.36
江　苏	229.00		14 855	14 423		32 292.00	632	0.98
浙　江	1 157.94				315 300	11 553.69		
安　徽				972	93 963	11 978.00	11 535	0.21
福　建	3 595.00	22 152			161 531	13 479.60	9 870	
江　西	8 196.00	220 113		2 516	112 811	61 531.00	64 734	1.48
山　东					1 500	4 283.00		
河　南				12 318		6 016.00		0.08
湖　北	1 388.00			5 559	320 913	162 672.00	41 835	2
湖　南	1 678.00				51 022	47 535.00		1.43
广　东	5 619.00				293 779	14 027.00	18 297	0.03
广　西	6 635.00		14 422	10 345	45 613	23 677.00	11 603	
海　南	8 823.00				171 490	12 803.00	10 900	
四　川	728.09	36 697			2 400	716.00		
贵　州	40.00	16 000				3.00		
云　南	18 827.89	12 000			35 096	6 472.33	1	
陕　西					47 400	2 723.60		0.3
甘　肃	88.30	56 372		1 574	246 543	3 493.58		
青　海	570.00	120 000				4 800.00		
宁　夏		92 000		1 555		9 300.00		
新疆（兵团）	87 772.60	3 464 389		8 469	988 921	134 465.30	20 842	4.58
新疆（农业）	563.72	131 837				9 364.80	2 653	
新疆（畜牧）	920.00	544 421			55 676	6 444.00	2 397	0.14
热作两院								
广　州	2 236.00							
南　京	20.65							
昆　明								
哈尔滨						4 875.00		

（续）

地　　区	机制纸及纸板（吨）	机制糖（吨）	饮料酒（吨）	乳制品（吨）	食用植物油（吨）	碾米（吨）	面粉（吨）	农机具配件（万件）
全国农垦	**433 843**	**735 100**	**584 982**	**124 913**	**220 896**	**686 132**	**761 907**	**3 507.6**
北　　京	9 055		16 386	8 979	14 866	5 260	69	
天　　津			6 245	5 976				
河　　北	86 685		21 948	5 660	2 288	71 711	9 085	
山　　西	705			4 534				
内 蒙 古	542	4 538	10 830	3 170	6 384	13 855	25 602	10
辽　　宁	6 341		6 957	7 542	472	27 735	30	
吉　　林	19 404		18 925	1 141	7	5 587	441	
黑 龙 江	25 237	118 722	46 901	40 300	45 524	26 069	272 596	1 340
上　　海	7 325			12 856	2 519			
江　　苏	1 266		20 396	1 017	18 022	70 611	31 000	1 873
浙　　江	29 417		157 340	2 445	151	255		
安　　徽			5 922	1 046	2 666	7 818	10 293	21.9
福　　建	6 595	2 383	605	610	30	18 492		27
江　　西	61 957		36 985	1 653	980	43 680	231	3
山　　东			730	142	235	152	4 108	
河　　南	2 215		17 993	258	604	250	23 230	
湖　　北	59 767	11 761	116 805	2 819	33 017	157 705	23 740	1
湖　　南	56 498	78 391	8 248	1 590	5 960	29 383		
广　　东	6 081	104 063	1 900	166	299	14 318		0.4
广　　西	6 828	173 365	168	486		988		1.12
海　　南	1 241	54 133	168		285	20 978		27.5
四　　川	1 703		4 989	1 877	159			
贵　　州			342	638	1	1 293	402	
云　　南		26 608	416		92	13 104	184	0.18
陕　　西	2 409			2 925	2 419		2 596	
甘　　肃			11 971		159		7 623	
青　　海			9 000		2 100		3 000	
宁　　夏	13	24 662	14 690	1 293	1 109	31 587	9 314	36.5
新疆（兵团）	31 178	114 716	38 423	4 826	75 186	114 280	297 049	166
新疆（农业）	210		4 444		2 957	2 935	14 705	
新疆（畜牧）	261		1 608	702	1 662	3 304	26 026	
热作两院								
广　　州	10 910	21 758	1 497	4 036	743	4 782		
南　　京			1 308				583	
昆　　明			44	1 741				
哈 尔 滨			798	4 485				

以上农垦各表由农业部农垦司供稿

农　机

各地区主要农业机械年末拥有量

地　区	农业机械总动力（万千瓦）	一、耕　作　机　械							
		大中型拖拉机		小型拖拉机		大中型拖拉机机引农具（万部）			
							其　中		
		台	万千瓦	万台	万千瓦	合　计	机引犁	机引耙	机引播种机
全国总计	**30 337.70**	**758 054**	**2 625.60**	**750.40**	**6 715.35**	**104.32**	**35.96**	**22.82**	**10.70**
北　京	442.47	12 702	59.10	4.24	39.67	2.36	0.55	0.38	0.34
天　津	449.02	8 552	38.80	3.20	28.21	1.09	0.39	0.19	0.06
河　北	2 955.18	28 274	117.71	65.89	592.36	4.29	1.91	0.42	0.34
山　西	1 152.49	30 184	105.36	20.65	197.06	4.08	2.09	0.47	0.14
内蒙古	805.33	40 616	162.33	26.74	267.92	4.40	1.58	1.27	0.66
辽　宁	996.47	40 626	156.36	13.85	122.92	5.22	1.52	1.26	0.30
吉　林	591.41	37 457	127.06	19.96	172.99	4.21	1.00	1.15	0.45
黑龙江	1 172.64	87 634	352.34	37.77	334.52	19.71	3.49	6.03	3.59
上　海	190.80	11 373	42.07	2.35	20.56	2.58		0.01	0.08
江　苏	2 016.07	20 654	78.21	72.41	638.28	4.16	1.11	0.61	0.14
浙　江	1 352.03	6 396	17.18	28.04	238.47	0.27	0.08	0.05	
安　徽	1 452.07	11 890	44.28	65.42	534.33	1.22	0.65	0.34	0.10
福　建	645.63	4 724	16.47	14.82	130.55	0.10	0.04	0.02	
江　西	634.58	11 734	32.95	8.74	71.58	0.56	0.21	0.32	
山　东	3 374.74	104 436	323.44	57.76	485.16	19.28	9.01	3.64	1.48
河　南	2 424.36	47 054	166.00	90.43	845.37	7.15	3.36	1.94	0.38
湖　北	1 120.90	84 490	172.66	17.92	152.03	3.40	1.71	0.75	0.08
湖　南	1 286.72	6 620	21.30	18.23	158.96	0.12	0.05	0.04	
广　东	1 477.25	9 458	34.73	36.91	282.54	2.42	0.33	0.34	0.01
广　西	854.18	12 739	40.11	24.24	215.39	0.70	0.36	0.26	0.04
海　南	147.34	3 026	10.37	2.90	25.80	0.27	0.10	0.03	
四　川	1 359.46	10 258	30.34	16.49	174.19	0.90	0.33	0.14	0.01
贵　州	315.00	11 136	28.29	3.12	29.27	0.18	0.10	0.05	
云　南	754.53	13 937	55.85	17.22	153.60	0.86	0.47	0.11	
西　藏	48.50	2 455	10.40	0.90	9.00	0.30	0.10	0.10	0.10
陕　西	730.98	20 725	73.06	24.26	248.98	2.38	1.15	0.11	0.16
甘　肃	634.55	19 254	70.40	24.38	236.09	2.13	1.24	0.37	0.12
青　海	146.90	4 156	15.32	7.78	69.45	0.51	0.19	0.15	0.11
宁　夏	212.13	5 481	20.32	10.00	93.69	0.60	0.30	0.20	0.06
新　疆	593.97	50 013	202.79	13.78	146.41	8.87	2.54	2.07	1.95

（续）

地区	一、耕作机械							二、排灌机械	
	小型拖拉机配套农具（万部）	耕整机		机耕（滚）船		机动水稻插秧机		农用排灌机械	
		台	千瓦	艘	万千瓦	部	万千瓦	万台	万千瓦
全国总计	**776.64**	**348 036**	**1 174 127**	**38 174**	**22.14**	**22 156**	**17.62**	**912.36**	**7 337.11**
北京	1.47					442	0.10	7.08	75.49
天津	2.76	84	363	144	0.12	359	0.10	8.84	114.07
河北	68.21			9		235	0.06	184.19	1 447.31
山西	16.97			6		6		11.78	141.80
内蒙古	20.99	21	81	69	0.06	817	0.20	17.11	142.03
辽宁	10.34	10	200	43	0.04	4 540	1.40	40.50	201.42
吉林	31.79					5 918	1.70	21.34	109.39
黑龙江	29.57					4 891	1.55	16.04	130.94
上海	2.31			33	0.03	640	0.17	3.91	29.92
江苏	122.33	17	74	2		2 364	0.66	40.44	494.57
浙江	22.82	2 520	7 945	5 939	4.79	272	0.07	30.28	168.44
安徽	85.79	5 760	20 664	115	0.09	31	0.01	54.02	326.67
福建	6.23	1 529	5229	1 446	1.27	22	0.01	7.52	60.38
江西	6.81	9 420	30 922	1 094	0.85	25	0.01	13.28	149.38
山东	81.20					544	0.25	171.72	1 357.79
河南	103.91	71	513			28	0.05	93.51	656.34
湖北	12.30	16 560	60 157	6 118	5.25	205	0.07	24.36	368.46
湖南	3.37	257 579	859 139	18 910	6.91	7		59.42	360.17
广东	32.34	756	2 061	414	0.37	32	0.02	27.44	190.69
广西	20.95	29 634	96 001	1 718	1.35		11.00	10.69	88.07
海南	0.19	363	1 990	253	0.26			1.83	12.34
四川	10.29	18 231	67 337	1 819	0.72	1		27.44	282.09
贵州	0.43	2 218	8 231	3				6.82	39.29
云南	6.40	3 039	10 999	6		71		5.81	73.31
西藏	0.60							0.40	3.80
陕西	26.41	49	250	15	0.02	9	0.01	17.85	135.63
甘肃	25.78	8	24	2				4.78	99.72
青海	6.21							0.30	8.40
宁夏	7.04					318	0.08	1.07	14.44
新疆	10.83	167	1 947	16	0.01	379	0.10	2.59	54.76

（续）

地　区	二、排灌机械				农用水泵（万台）	喷灌机械（套）	三、收获机械	
	其中：1. 柴油机		2. 电动机				联合收获机	
	万台	万千瓦	万台	万千瓦			台	万千瓦
全国总计	**437.58**	**3 440.02**	**468.42**	**3 867.82**	**797.04**	**473 702**	**50 990**	**226.60**
北　京	0.04	0.57	7.04	74.92	5.28	4 929	3 890	20.35
天　津	1.85	17.19	6.99	96.88	7.06	2 475	204	1.01
河　北	108.50	899.71	75.69	547.60	115.53	12 202	4 442	17.92
山　西	1.22	15.80	10.56	126.00	12.74	1 549	2 550	6.07
内蒙古	7.69	60.75	9.34	80.85	14.82	3 666	2 259	14.51
辽　宁	4.56	47.71	35.57	151.84	53.40	5 271	98	0.45
吉　林	13.69	60.93	7.65	48.46	20.50	7 553	130	0.79
黑龙江	12.24	94.77	3.80	36.06	13.43	2 755	14 818	108.80
上　海	0.02	0.13	3.89	29.79	3.89	7 362	4 140	0.96
江　苏	11.82	129.03	28.61	365.49	41.55	11 571	5 964	6.58
浙　江	7.35	37.30	22.91	131.08	32.56	20 977	878	1.29
安　徽	15.88	131.04	38.11	195.62	50.61	73 138	640	3.33
福　建	4.77	35.26	2.75	25.12	5.77	5 134	192	0.18
江　西	6.70	66.51	6.31	81.47	12.21	5 597	19	0.06
山　东	110.27	907.74	61.40	449.88	140.83	148 443	1 779	5.39
河　南	35.03	312.89	58.48	343.45	89.60	121 209	1 755	4.73
湖　北	11.53	105.33	12.81	263.06	23.98	5 973	390	2.03
湖　南	39.44	181.30	19.38	172.25	57.47	2 949	48	0.09
广　东	8.22	66.15	18.28	119.61	22.43	9 132	379	0.60
广　西	7.82	47.45	2.82	40.43	11.06	10 478	21	0.04
海　南	1.62	10.04	0.19	2.17	1.41	250		
四　川	18.95	133.14	7.95	147.76	26.56	3 747	211	0.35
贵　州	2.19	13.86	1.70	17.18	4.98	614	5	0.01
云　南	2.21	14.60	3.25	57.54	5.01	3 100	125	0.17
西　藏	0.30	3.00	0.10	0.80	0.10		52	0.30
陕　西	1.82	18.06	16.03	117.57	16.48	1 316	1 179	0.64
甘　肃	0.78	9.90	3.92	87.21	4.34	1 468	406	2.33
青　海	0.08	0.82	0.22	7.57	0.17	34	472	3.22
宁　夏	0.09	1.08	0.98	13.36	0.98	100	245	1.37
新　疆	0.90	17.96	1.69	36.80	2.29	710	3 699	23.03

(续)

地区	三、收获机械						四、植物保护机械	
	机动收割机		割晒机(台)	机动脱粒机(台)	种子精选机(台)	谷物烘干机(台)	机动喷雾(粉)机	
	台	万千瓦					万部	万千瓦
全国总计	**18 875**	**14.87**	**489 275**	**5 468 088**	**12 583**	**3 494**	**77.56**	**108.35**
北京	1 177	4.03	1 348	16 827	43	168	12.01	1.25
天津	293	0.47	5 667	33 796	16	2	0.14	0.29
河北	272	0.13	84 140	558 648	40	6	6.10	10.39
山西	388	0.16	19 298	62 046	355	101	0.73	1.25
内蒙古	154	0.29	4 080	35 125	1 052	32	0.18	0.49
辽宁	1 212	0.37	384	118 554	1 462	7	1.08	3.32
吉林	143	0.08	51	107 591	1 750	26	0.09	0.30
黑龙江	1 261	2.65	6 144	76 139	2 820	251	0.65	4.55
上海	234	0.11	269	143 269	214	847	2.58	4.09
江苏	472	0.19	35 470	933 723	368	157	12.37	17.72
浙江	277	0.09		1 075 417	294	174	1.78	2.91
安徽	1 086	0.56	41 916	203 826	165	25	2.90	6.08
福建	70	0.03	95	27 060	31	39	0.93	2.08
江西	18	0.01		45 698	15	7	1.03	1.46
山东	3 578	1.76	120 568	549 544	967	589	10.97	15.83
河南	3 683	1.32	140 684	437 296	205	13	6.01	9.43
湖北	613	0.49	2 147	123 505	142	46	4.70	6.51
湖南	12	0.01	29	285 235	27	12	0.51	1.48
广东	2 787	1.22	858	244 303	339	427	2.37	2.51
广西	96	0.02	24	63 220	13	11	0.38	1.07
海南	4	0.05		8 928	1	1	0.49	1.15
四川	31	0.03	299	93 592	12	99	4.91	7.06
贵州			37	734	2	98	0.22	0.37
云南	88	0.06	38	45 947	57	46	0.26	0.56
西藏	439			4 993	235		0.10	0.10
陕西	217	0.13	11 199	127 321	60	13	1.61	2.43
甘肃	25	0.02	10 205	11 915	173	16	1.00	1.33
青海	132	0.18	47	4 886	337	2	0.17	0.31
宁夏	21	0.30	1 045	13 000	276	223	0.09	0.22
新疆	92	0.11	3 233	15 950	1 112	56	1.20	1.81

（续）

地　　区	五、畜牧业机械					六、林业机械			
	饲料粉碎机（万台）	牧草收割机（万台）	机动剪毛机		机动挤奶器（套）	挖坑机（部）	植树机（部）	割灌机（部）	除草机（部）
			把	台					
全国总计	**130.69**	**2.95**	**6 784**	**981**	**3 848**	**749**	**1 349**	**603**	**1 173**
北　　京	0.55				93	3			5
天　　津	0.92	0.01				10		12	3
河　　北	6.54		13	10	5	1		10	1
山　　西	1.64		110	110	12	22	2	5	11
内 蒙 古	2.71	1.45	134	33	8	61	367	78	109
辽　　宁	2.03				180	10	40	82	9
吉　　林	4.59	0.09	98	15	362	23	601	26	712
黑 龙 江	3.26	0.09	37		40	241	74	181	124
上　　海	0.39				93				
江　　苏	6.30					38		12	
浙　　江	3.09					100		11	5
安　　徽	3.72	0.79			49		48		10
福　　建	2.86					97		12	
江　　西	1.61				4				
山　　东	13.55		2	1	8	15		1	73
河　　南	9.54	0.02			179	1	6	4	10
湖　　北	5.32		2		31	13	21	42	8
湖　　南	3.88		10	5	4	4	4	16	
广　　东	5.54	0.09			208	32	2	66	29
广　　西	14.45				13	33	51	5	7
海　　南	0.28					4		2	
四　　川	18.56				2 304			4	36
贵　　州	1.20							9	
云　　南	6.08								
西　　藏									
陕　　西	5.48	0.01	4	1	97	2	1	15	5
甘　　肃	4.68	0.01	564	143	24	1	1	5	
青　　海	0.52	0.01	759	108	89				
宁　　夏	0.47		6	1	27	16	9	4	2
新　　疆	0.93	0.39	5 045	554	18	22	122	1	14

（续）

地　区	七、渔业机械					八、农产品加工机械		
	渔用机动船			增氧机（台）	池塘挖掘机（台）	总动力（万千瓦）	其中	
	艘	万吨	万千瓦				碾米机（万部）	磨面机（万部）
全国总计	**335 233**	**421.73**	**774.11**	**114 533**	**8 615**	**4 316.22**	**212.52**	**159.42**
北　京	4	8.00	0.01	6 268	6 851	11.04	0.50	0.64
天　津	825	2.99	3.29	2 756	125	7.91	0.41	0.57
河　北	7 937	10.20	21.02	818	58	293.96	6.98	9.44
山　西	4	0.01	0.01	190	4	113.33	4.10	7.30
内蒙古	27	0.05	0.11	216	5	101.21	3.46	4.91
辽　宁	26 924	28.80	57.70	2 055	37	111.93	5.34	4.34
吉　林	311	0.12	0.60	481	7	110.71	6.03	3.91
黑龙江	3 216	0.37	1.95	237	11	99.15	4.71	2.45
上　海	1 288	2.55	5.28	8 381	23	6.87	0.46	0.20
江　苏	44 788	46.26	61.90	9 047	389	202.65	7.56	6.32
浙　江	48 925	110.80	215.50	7 050	49	148.89	7.04	6.49
安　徽	8 037	8.08	7.52	367	22	206.84	7.57	8.31
福　建	48 206	65.26	87.71	11 577	109	100.43	6.14	1.42
江　西	9 355	2.69	3.43	233	22	182.85	11.06	1.57
山　东	38 146	48.30	94.28	3 407	547	370.95	4.08	12.85
河　南	319	0.18	0.19	667	23	360.36	6.80	20.30
湖　北	8 826	1.93	3.85	5 272	133	251.80	13.30	8.35
湖　南	6 744	1.78	3.33	1 471	35	248.28	25.68	2.69
广　东	55 340	60.22	152.01	50 447	99	147.29	10.31	1.02
广　西	9 106	9.30	22.05	113	6	236.51	19.39	2.10
海　南	11 915	12.70	27.17	253		20.27	1.49	0.07
四　川	739	0.16	0.49	788		389.21	31.42	17.74
贵　州	71	0.03	0.04	53		126.47	10.92	6.22
云　南	3 689	0.80	4.10	520	5	170.44	11.31	8.90
西　藏	2							0.10
陕　西	62	0.02	0.06	904	35	137.81	4.14	9.84
甘　肃	18	0.01	0.05	43	1	93.20	1.04	7.68
青　海	8	0.01	0.15	22		9.26		1.01
宁　夏	2			183	9	13.70	0.69	0.97
新　疆	399	0.11	0.31	714	10	42.90	0.59	1.71

(续)

地区	八、农产品加工机械		九、运输机械					
	其中		农用载重汽车		机动运输船			大中型拖车
	轧花机(万部)	榨油机(万部)	辆	万千瓦	艘	万吨	万千瓦	(万辆)
全国总计	**18.19**	**32.86**	**632 958**	**4 825.16**	**364 947**	**629.40**	**392.66**	**64.77**
北京	0.01	0.03	19 429	139.63				0.66
天津	0.03	0.07	21 215	169.27				0.83
河北	1.99	2.14	43 291	343.84	1 057	0.25	0.99	2.98
山西	0.72	1.40	44 919	374.07	77	0.11	0.12	3.96
内蒙古		0.70	12 111	104.53	64	0.04	0.11	3.53
辽宁	0.06	0.36	30 951	254.30	853	3.20	2.82	3.69
吉林	0.03	0.32	6 929	56.87	120	0.32	0.28	2.86
黑龙江		0.64	9 514	79.67	246	0.16	0.37	5.32
上海	0.03	0.01	3 083	19.06	5 392	8.79	7.16	0.23
江苏	1.04	1.20	16 164	110.93	132 681	241.99	124.37	1.04
浙江	0.37	0.32	14 838	106.98	114 500	121.39	96.25	0.61
安徽	1.55	2.27	28 002	200.35	2 824	99.45	34.48	1.68
福建		0.48	14 939	133.60	10 391	18.04	18.24	0.47
江西	0.74	1.43	18 256	133.63	8 656	15.55	8.72	1.24
山东	1.93	3.31	45 436	333.15	3 895	13.04	7.17	9.38
河南	3.77	5.39	43 000	301.36	871	2.77	2.07	4.14
湖北	1.92	2.16	13 171	94.23	6 118	11.37	11.08	7.91
湖南	1.76	2.68	44 032	326.50	18 207	19.57	15.46	0.99
广东	0.03	0.89	56 839	391.66	43 285	47.29	38.92	0.67
广西	0.01	1.14	16 629	147.64	9 243	15.67	11.10	1.41
海南		0.05	4 095	32.47	642	0.90	0.87	0.33
四川	1.02	1.08	45 967	338.45	3 603	7.05	8.97	1.19
贵州	0.02	0.55	8 147	60.04	646	0.66	1.21	1.00
云南	0.05	0.21	21 523	180.38	903	0.18	0.98	0.90
西藏		0.10	3 223	24.90				
陕西	0.85	1.14	14 687	105.40	513	1.52	0.62	1.52
甘肃	0.02	1.35	11 847	94.01	112	0.06	0.22	1.75
青海		0.40	4 035	31.53	13	0.01	0.02	0.33
宁夏	0.01	0.20	4 082	36.18	35	0.02	0.06	0.48
新疆	0.23	0.84	12 604	100.53				3.67

全国主要农业机械分所有制年末拥有量

地区	一、大中型拖拉机						二、小型拖拉机	
	全民所有		集体所有		农户所有		全民所有	
	台	万千瓦	台	万千瓦	台	万千瓦	万台	万千瓦
全国总计	**70 224**	**327.73**	**155 509**	**640.21**	**532 321**	**1 657.66**	**6.04**	**55.10**
北京	375	1.97	11 424	53.17	903	3.96	0.03	0.40
天津	244	1.05	3 977	19.64	4 331	18.11	0.01	0.11
河北	1 212	5.68	11 230	48.45	15 832	63.58	0.23	2.08
山西	832	3.35	3 783	16.25	25 569	85.76	0.09	0.92
内蒙古	5 359	24.41	4 760	23.48	30 497	114.44	0.46	4.35
辽宁	1 527	8.30	8 219	40.61	30 880	107.45	0.17	1.94
吉林	2 942	11.50	5 234	25.46	29 281	90.10	0.33	3.01
黑龙江	21 579	120.90	10 517	55.33	55 538	176.11	0.68	5.55
上海	850	3.33	10 074	37.14	449	1.60	0.13	1.08
江苏	2 684	11.99	11 222	41.35	6 748	24.87	0.61	5.55
浙江	404	1.43	892	2.03	5 100	13.72	0.11	0.92
安徽	1 759	7.67	1 288	5.12	8 843	31.49	0.24	2.10
福建	168	0.58	217	0.76	4 339	15.13	0.04	0.35
江西	469	1.50	822	2.28	10 443	29.17	0.09	1.50
山东	2 107	8.27	41 521	147.49	60 808	167.68	0.14	1.25
河南	1 303	5.74	8 983	40.07	36 768	120.19	0.07	0.68
湖北	4 656	15.29	4 866	12.28	74 968	145.09	0.43	2.80
湖南	2 065	7.87	539	2.50	4 016	10.93	0.37	3.19
广东	1 172	4.69	799	2.56	7 487	27.48	0.21	1.85
广西	1 957	7.89	111	0.42	10 671	31.80	0.49	4.34
海南	982	3.74	220	0.44	1 824	6.19	0.09	0.82
四川	229	0.82	995	3.27	9 034	26.25	0.04	0.40
贵州	379	1.08	180	0.47	10 577	26.74	0.03	0.18
云南	925	3.64	2 773	13.81	10 239	38.40	0.16	1.45
西藏	241	1.00			2 214	9.40		0.30
陕西	548	2.42	2 012	8.86	18 165	61.78	0.06	0.59
甘肃	1 945	9.09	1 887	8.28	15 422	53.03	0.18	1.80
青海	923	4.33	331	1.49	2 902	9.50	0.07	0.62
宁夏	728	3.15	722	3.14	4 031	14.03	0.09	0.88
新疆	9 660	45.05	5 911	24.06	34 442	133.68	0.39	4.09

（续）

地　区	二、小型拖拉机				三、农用载重汽车			
	集体所有		农户所有		全民所有		集体所有	
	万台	万千瓦	万台	万千瓦	辆	万千瓦	辆	万千瓦
全国总计	**19.20**	**172.44**	**725.16**	**6 487.81**	**25 716**	**207.17**	**124 717**	**909.84**
北　京	0.36	3.29	3.85	35.98	803	5.73	13 184	89.39
天　津	0.14	1.26	3.05	26.84	172	2.08	12 273	96.78
河　北	0.33	3.41	65.33	586.87	760	5.77	7 032	54.75
山　西	0.18	1.73	20.38	194.41	465	3.63	6 878	57.93
内蒙古	0.11	1.08	26.17	262.49	1 325	11.69	1 335	11.49
辽　宁	0.28	2.63	13.40	118.35	873	6.71	7 953	68.67
吉　林	0.11	0.96	19.52	169.02	449	3.66	965	7.98
黑龙江	0.10	1.32	36.99	327.65	2 477	23.77	883	7.47
上　海	1.18	10.38	1.04	9.10	113	0.66	2 886	18.29
江　苏	9.62	85.10	62.18	547.63	1 077	7.92	7 602	50.53
浙　江	1.68	14.74	26.25	222.81	447	3.21	4 830	35.44
安　徽	0.24	1.84	64.94	530.39	947	6.72	3 645	25.31
福　建	0.15	1.26	14.63	128.94	223	1.72	605	4.61
江　西	0.14	1.36	8.51	68.72	533	3.90	3 586	19.75
山　东	2.43	22.18	55.19	461.73	900	6.52	22 543	160.42
河　南	0.22	2.18	90.14	842.51	442	3.45	3 696	26.60
湖　北	0.45	3.83	17.04	145.40	1 288	9.23	3 641	26.18
湖　南	0.04	0.35	17.82	155.42	1 749	12.34	2 548	18.45
广　东	0.67	6.15	36.03	274.54	1 229	10.19	3 582	24.05
广　西	0.03	0.30	23.72	210.75	1 752	15.51	218	1.73
海　南	0.03	0.18	2.78	24.80	1 211	11.01	136	0.78
四　川	0.14	1.20	16.31	172.59	603	4.50	6 365	48.30
贵　州			3.09	29.09	197	1.58	404	3.03
云　南	0.25	2.32	16.81	149.83	1 049	8.40	3 355	27.24
西　藏			0.90	8.70	75	0.60		
陕　西	0.04	0.42	24.16	247.97	190	1.38	1 486	0.41
甘　肃	0.06	0.57	24.14	233.72	851	5.65	1 119	9.03
青　海	0.02	0.23	7.69	68.60	560	4.57	405	2.85
宁　夏	0.02	0.22	9.89	92.59	375	3.04	221	1.80
新　疆	0.18	1.95	13.21	140.37	2 581	22.03	1 341	10.58

（续）

地区	三、农用载重汽车		四、农用排灌动力机械					
	农户所有		全民所有		集体所有		农户所有	
	辆	万千瓦	万台	万千瓦	万台	万千瓦	万台	万千瓦
全国总计	**482 525**	**3 708.15**	**17.22**	**430.89**	**222.30**	**2 615.22**	**672.84**	**4 291.00**
北京	5 442	44.51	0.12	1.33	6.93	74.00	0.03	0.16
天津	8 770	70.41	0.13	12.52	6.16	81.77	2.55	19.78
河北	35 499	283.32	0.61	20.59	27.67	271.91	155.91	1 154.81
山西	37 576	312.51	0.10	3.23	8.17	106.80	3.51	31.77
内蒙古	9 451	81.35	0.40	5.38	3.74	40.27	12.97	96.38
辽宁	22 125	178.92	0.71	12.99	6.21	82.28	33.58	106.15
吉林	5 515	45.23	0.90	4.81	1.37	15.97	19.07	88.61
黑龙江	6 154	48.43	1.50	12.80	0.92	11.24	13.62	106.90
上海	84	0.11	0.29	3.95	3.62	25.97		
江苏	7 485	52.48	4.00	95.17	27.59	334.86	8.85	64.54
浙江	9 561	68.33	0.40	6.29	15.03	120.22	14.85	41.93
安徽	23 410	168.32	1.01	37.04	7.67	98.27	45.34	191.36
福建	14 111	127.27	0.10	1.31	2.29	23.19	5.13	35.88
江西	14 137	109.98	0.19	3.70	5.39	80.19	7.70	65.49
山东	21 993	166.21	0.84	12.41	26.11	269.55	144.77	1 075.83
河南	38 862	271.31	0.25	2.43	14.77	131.31	78.49	522.60
湖北	8 242	58.82	1.39	65.49	12.57	207.64	10.40	95.33
湖南	39 735	295.71	1.10	24.78	10.00	140.60	48.32	194.79
广东	52 028	357.42	0.54	21.88	8.89	94.01	18.01	74.80
广西	14 659	130.40	0.63	17.01	1.67	20.09	8.39	50.97
海南	2 748	20.68	0.08	0.85	0.21	2.42	1.54	9.07
四川	38 999	285.65	0.12	2.91	9.26	158.69	18.06	120.49
贵州	7 546	55.43	0.12	1.05	0.63	7.77	6.07	30.47
云南	17 119	144.74	0.14	3.35	2.50	51.38	3.17	18.58
西藏	3 148	24.30		0.60			0.40	3.20
陕西	13 011	103.61	0.10	1.71	7.83	73.66	9.92	60.26
甘肃	9 877	79.33	0.36	29.26	3.39	57.76	1.03	12.70
青海	3 070	24.11	0.05	2.05	0.19	5.35	0.06	1.00
宁夏	3 486	31.34	0.30	5.92	0.43	5.14	0.34	3.38
新疆	8 682	67.92	0.74	18.08	1.09	22.91	0.76	13.77

以上农机各表由农业部农业机械化管理司供稿

水　　利

各地区灌溉面积

单位：千公顷

地　区	灌溉面积						有效实灌面积	旱涝保收面积
	总　计	有效灌溉面积	林　地	果　园	牧　草	其　他		
全国总计	**52 461.74**	**49 463.99**	**818.28**	**1 039.98**	**754.35**	**385.14**	**43 501.30**	**35 374.66**
北　京	363.17	318.74	7.92	32.58	0.69	3.24	305.08	245.61
天　津	375.04	346.43	5.07	15.17		8.37	304.11	223.37
河　北	4 126.94	3 901.84	28.00	168.97	3.27	24.86	3 616.72	2 786.49
山　西	1 186.61	1 166.55	8.88	10.65	0.09	0.44	1 031.00	629.15
内蒙古	1 985.79	1 695.85	99.69	6.51	182.71	1.03	1 472.90	1 013.79
辽　宁	1 251.11	1 140.33	2.62	76.06	0.68	31.42	932.14	976.70
吉　林	945.74	914.77	4.31	0.03	4.67	21.96	714.78	600.42
黑龙江	1 158.91	1 156.80	0.51	1.15		0.45	884.06	508.97
上　海	314.43	314.43					293.11	266.80
江　苏	3 955.43	3 856.59	41.32	28.66		28.86	3 279.35	2 826.89
浙　江	1 540.95	1 463.73	10.36	42.74		24.12	1 425.50	1 010.28
安　徽	2 776.89	2 768.72	5.82	1.86		0.49	2 187.92	1 927.74
福　建	952.38	943.85	1.59	6.94			861.91	636.16
江　西	1 883.89	1 855.29	2.70	16.25		9.65	1 780.07	1 400.99
山　东	4 942.55	4 596.73	37.16	279.88	3.36	25.42	4 127.10	3 405.68
河　南	3 807.93	3 779.72	4.70	23.14		0.37	3 398.33	2 943.45
湖　北	2 371.84	2 356.53	8.37	6.94			1 991.38	1 958.73
湖　南	2 707.23	2 681.09	3.14	22.79		0.21	2 547.54	2 164.09
广　东	2 377.29	2 128.26	10.37	110.49		128.17	1 902.61	1 595.25
广　西	1 520.89	1 513.80	3.68	3.23	0.18		1 244.97	1 199.42
海　南	236.24	235.32	0.05	0.31		0.56	193.85	168.83
四　川	2 867.87	2 842.79	4.03	6.11	14.94		2 440.19	1 887.75
贵　州	586.06	585.32		0.04		0.70	442.36	500.87
云　南	1 133.59	1 105.30	6.66	11.40	4.22	6.01	997.19	695.71
西　藏	137.65	137.65						
陕　西	1 326.42	1 303.19	8.23	9.49	0.92	4.59	1 125.88	832.67
甘　肃	1 041.38	947.50	63.63	10.44	19.81		823.61	780.14
青　海	329.54	232.07	9.06	0.64	87.77		191.38	141.73
宁　夏	379.76	329.10	23.13	21.02	3.06	3.45	292.94	285.55
新　疆	3 878.22	2 845.70	417.28	126.49	427.98	60.77	2 693.32	1 761.43

各地区已建成水库情况

单位：座数：座
库容：万立方米

地区	合计		大型水库		中型水库		小型水库	
	座数	总库容	座数	总库容	座数	总库容	座数	总库容
全国总计	**84 130**	**46 875 851**	**369**	**34 073 481**	**2 538**	**7 001 637**	**81 223**	**5 799 799**
北京	83	931 279	4	880 000	16	43 233	63	8 046
天津	101	254 221	2	205 900	11	36 479	88	11 842
河北	1 162	1 490 719	20	1 275 440	36	128 637	1 106	86 642
山西	791	402 607	6	170 700	55	149 407	730	82 500
内蒙古	476	720 171	9	490 028	59	170 119	408	60 024
辽宁	916	3 034 818	25	2 739 381	62	188 665	829	106 772
吉林	1 333	3 060 133	13	2 741 850	84	208 552	1 236	109 731
黑龙江	517	699 394	15	438 400	54	164 550	448	96 444
上海								
江苏	1 132	1 901 122	8	1 671 400	41	122 352	1 083	107 370
浙江	3 614	3 383 866	19	2 886 549	98	280 958	3 497	216 359
安徽	4 538	1 832 429	10	1 247 530	102	330 697	4 426	254 202
福建	2 790	726 905	9	390 180	71	168 778	2 710	167 947
江西	9 628	2 354 296	18	1 325 400	195	440 966	9 415	587 930
山东	5 648	1 920 427	33	1 212 942	135	375 905	5 480	331 580
河南	2 430	5 025 446	16	4 558 990	97	268 968	2 317	197 488
湖北	5 785	5 010 853	52	3 924 289	227	637 309	5 506	449 255
湖南	13 320	2 914 781	15	1 735 610	228	543 926	13 077	635 245
广东	6 372	3 723 599	27	2 478 416	263	709 731	6 082	535 452
广西	4 480	2 218 175	25	1 301 318	168	486 533	4 287	430 324
海南	984	752 071	5	455 658	66	191 324	913	105 089
四川	9 210	1 193 176	7	396 970	118	284 015	9 085	512 191
贵州	1 861	535 444	4	328 200	31	74 267	1 826	132 977
云南	4 580	707 152	2	65 860	125	357 984	4 453	283 308
西藏								
陕西	1 304	454 028	5	123 380	62	204 430	1 237	126 218
甘肃	285	853 993	6	728 660	25	86 117	254	39 216
青海	139	25 754			7	13 342	132	12 412
宁夏	194	175 166	1	85 000	14	53 538	179	36 628
新疆	457	573 826	13	215 430	88	280 855	356	76 607

各地区机电排灌站情况

单位：处数：处
装机容量：千千瓦

地区	固定机电排灌站		电动机排灌站		内燃机排灌站	
	处数	装机容量	处数	装机容量	处数	装机容量
全国总计	**493 599**	**22 199.86**	**400 228**	**20 061.83**	**93 371**	**2 138.03**
北京	5 018	138.16	4 983	137.67	35	0.49
天津	1 967	412.86	1 953	412.00	14	0.86
河北	5 275	744.55	4 987	693.00	288	51.55
山西	10 132	589.23	9 020	568.71	1 112	20.52
内蒙古	1 627	126.64	1 125	111.81	502	14.83
辽宁	6 018	578.14	5 686	570.10	332	8.04
吉林	5 414	279.47	5 195	275.64	219	3.83
黑龙江	5 754	262.95	2 964	210.35	2 790	52.60
上海	7 694	178.53	7 694	178.53		
江苏	70 975	2 995.38	66 039	2 654.12	4 936	341.26
浙江	63 109	884.22	56 743	827.63	6 366	56.59
安徽	15 519	1 479.89	14 141	1 394.09	1 378	85.80
福建	15 438	294.83	9 400	215.11	6 038	79.72
江西	26 179	838.12	20 073	719.54	6 106	118.58
山东	28 483	1 346.43	17 956	940.80	10 527	405.63
河南	12 365	555.75	10 431	473.99	1 934	81.76
湖北	18 804	2 972.78	16 299	2 812.87	2 505	159.91
湖南	66 349	1 733.10	43 471	1 479.76	22 878	253.34
广东	27 412	1 062.15	23 820	1 003.11	3 592	59.04
广西	24 219	539.59	13 345	405.61	10 874	133.98
海南	1 290	26.09	770	19.14	520	6.95
四川	35 262	1 292.04	32 422	1 260.40	2 840	31.64
贵州	7 936	192.84	6 536	172.31	1 400	20.53
云南	11 084	612.87	10 635	603.13	449	9.74
西藏						
陕西	10 071	733.49	7 921	657.26	2 150	76.23
甘肃	7 468	1 026.22	4 322	975.92	3 146	50.30
青海	954	86.67	896	84.45	58	2.22
宁夏	1 215	185.46	1 133	183.99	82	1.47
新疆	568	31.41	268	20.79	300	10.62

各地区机电井情况

单位：眼数：眼
装机容量：千千瓦

地区	配套机电井		机配井		电配井	
	眼数	装机容量	眼数	装机容量	眼数	装机容量
全国总计	**2 945 761**	**27 257.16**	**1 072 208**	**11 191.89**	**1 873 553**	**16 065.27**
北京	44 455	487.00	365	5.34	44 090	481.66
天津	27 019	345.46	363	3.32	26 656	342.14
河北	714 611	7 210.79	210 940	2 876.84	503 671	4 333.95
山西	80 291	987.28	2 086	33.68	78 205	953.60
内蒙古	160 967	1 510.93	69 913	626.16	91 054	884.77
辽宁	95 716	1 253.98	24 646	249.94	71 070	1 004.04
吉林	49 742	466.82	12 769	114.40	36 973	352.42
黑龙江	71 597	730.10	34 651	384.30	36 946	345.80
上海						
江苏	29 983	197.41	6 486	50.75	23 497	146.66
浙江	1 779	11.42	762	4.15	1 017	7.27
安徽	52 140	364.30	38 729	303.94	13 411	60.36
福建	7 800	48.84	6 469	40.00	1 331	8.84
江西	1 984	19.20	539	6.46	1 445	12.74
山东	717 939	6 749.25	352 047	3 671.51	365 892	3 077.74
河南	670 343	4 602.64	283 131	2 473.96	387 212	2 128.68
湖北	6 866	53.55	2 433	16.98	4 433	36.57
湖南						
广东	3 628	30.97	1 600	17.76	2 028	13.21
广西	1 339	14.82	550	5.24	789	9.58
海南	219	1.87	111	0.81	108	1.06
四川	12 813	112.78	3 930	34.37	8 883	78.41
贵州						
云南	2 556	36.24	89	0.69	2 467	35.55
西藏						
陕西	128 968	1 000.06	7 615	79.66	121 353	920.40
甘肃	30 384	458.95	4 532	69.55	25 852	389.40
青海	1 243	15.93	202	1.88	1 041	14.05
宁夏	8 201	69.53	158	2.40	8 043	67.13
新疆	23 178	477.04	7 092	117.80	16 086	359.24

各地区万亩以上灌区情况

单位：处数：处
面积：千公顷

地区	合计		50万亩以上灌区		30～50万亩灌区	
	处数	有效灌溉面积	处数	有效灌溉面积	处数	有效灌溉面积
全国总计	**5 531**	**23 631.50**	**74**	**6 184.03**	**92**	**2 270.10**
北京	39	242.45	1	33.42	5	111.60
天津	43	62.67				
河北	157	1 062.55	4	384.50	3	78.63
山西	168	660.39	2	135.18	6	142.49
内蒙古	192	1 042.28	2	500.04	3	94.38
辽宁	100	480.52	1	54.33	6	159.52
吉林	116	268.19			1	20.00
黑龙江	236	451.18			1	23.33
上海						
江苏	185	1 077.56	2	80.67	11	272.17
浙江	191	613.52	2	111.28	2	45.66
安徽	354	1 367.67	5	597.75	1	24.34
福建	135	260.78			1	29.07
江西	210	477.18	1	54.90		
山东	473	1 891.52	8	608.38	9	207.87
河南	155	993.60	6	319.00	6	153.37
湖北	296	3 216.33	10	654.34	8	170.37
湖南	354	1 027.61	2	106.33	8	212.96
广东	321	800.90	2	138.41	1	20.51
广西	285	682.54	1	38.52	3	69.15
海南	35	141.00	1	68.93		
四川	302	1 249.17	3	665.94	1	24.09
贵州	52	62.41				
云南	201	292.59				
西藏						
陕西	158	866.94	6	524.15	1	29.93
甘肃	165	689.61			4	105.69
青海	74	119.65				
宁夏	21	302.64	2	243.09	1	24.00
新疆	513	3 228.05	13	864.87	10	250.97

各地区解决人畜饮水情况

单位：人数：万人
牲畜：万头

地区	需解决		已解决		其中：氟病区改水	
	人数	牲畜	人数	牲畜	需解决人数	已解决人数
全国总计	**23 979.39**	**14 976.18**	**15 147.73**	**8 917.34**	**4 230.08**	**1 840.45**
北京	73.74	19.72	66.66	18.95	33.79	30.91
天津	331.46	42.85	251.60	37.96	171.08	88.82
河北	1 729.48	280.88	1 221.41	202.76	818.21	468.15
山西	1 125.63	159.16	940.38	135.63	222.59	77.54
内蒙古	636.85	1 482.48	281.48	920.44	380.45	103.08
辽宁	519.18	134.30	356.94	91.07	100.74	86.26
吉林	553.62	223.85	325.37	104.51	164.62	87.56
黑龙江	1 250.01	458.39	685.63	190.74	269.70	100.23
上海						
江苏	891.34	310.03	437.46	157.46	334.14	79.29
浙江	482.43	176.95	316.58	95.86	31.29	17.19
安徽	724.44	238.96	340.66	82.36	13.19	1.50
福建	1 034.47	320.48	631.71	174.98	21.09	10.79
江西	864.15	472.93	653.40	316.07	17.47	6.02
山东	1 128.97	101.37	810.70	63.74		
河南	1 498.08	167.94	813.93	102.47	812.12	309.99
湖北	595.02	368.86	431.37	269.42	42.62	17.82
湖南	457.14	288.17	355.11	220.26	11.35	1.94
广东	332.79	72.75	254.23	53.32	19.16	4.87
广西	1 005.11	609.69	650.18	352.35	1.64	
海南	218.89		122.59		7.39	2.59
四川	2 453.75	2 474.97	1 164.49	1 132.10	29.24	1.99
贵州	869.77	595.12	565.23	368.55	16.74	6.73
云南	1 423.87	887.05	1 124.59	671.74	8.91	3.76
西藏						
陕西	1 385.22	324.89	828.36	140.15	306.87	167.07
甘肃	1 108.52	1 130.12	638.35	670.90	154.52	63.74
青海	216.24	923.39	173.84	713.79	27.00	17.95
宁夏	133.16	72.89	88.55	43.58	34.92	17.15
新疆	936.06	2 637.99	616.93	1 586.18	179.24	67.51

各地区除涝面积

单位：千公顷

地区	除涝面积				本年除涝面积	
	合计	3～5年	5～10年	10年以上	新增	减少
全国总计	**19 771.76**	**7 998.88**	**8 457.01**	**3 315.87**	**294.08**	**102.62**
北京	157.30	32.82	45.80	78.68	1.41	2.36
天津	407.87	113.44	243.99	50.44	0.09	0.67
河北	1 580.92	762.93	763.00	54.99	18.95	7.41
山西	87.86	60.08	27.55	0.23	0.16	
内蒙古	244.01	121.18	88.46	34.37	6.91	
辽宁	970.71	47.16	225.15	698.40	0.41	0.03
吉林	974.47	111.88	354.75	507.84	8.83	3.34
黑龙江	2 792.05	1 822.65	929.55	39.85	79.75	20.97
上海	63.66	13.53	17.90	32.23	0.32	
江苏	2 736.79	755.79	1 230.40	750.60	28.50	4.11
浙江	452.71	141.71	193.02	117.98	2.81	3.50
安徽	1 978.68	790.28	1 165.46	22.94	34.64	22.65
福建	109.29	64.41	44.88		2.94	0.17
江西	320.56	143.98	171.54	5.04	2.79	0.05
山东	2 435.18	971.07	1 325.47	138.64	40.11	14.27
河南	1 638.21	1 167.59	470.45	0.17	36.27	4.45
湖北	1 187.30	235.93	555.38	395.99	9.61	12.77
湖南	444.55	146.80	252.40	45.35	2.68	1.39
广东	495.22	63.82	98.70	332.70	2.73	1.70
广西	187.49	107.91	78.92	0.66	2.17	0.11
海南	9.90	7.17	0.03	2.70		
四川	89.99	58.47	30.33	1.19	2.16	0.11
贵州	40.54	25.08	15.46		1.46	0.01
云南	183.40	119.97	61.88	1.55	6.78	1.24
西藏						
陕西	132.79	78.19	54.60		1.55	0.03
甘肃	12.45	7.49	1.63	3.33		1.28
青海						
宁夏						
新疆	37.86	27.55	10.31		0.05	

各地区水土流失治理面积

单位：千公顷

地区	水土流失治理面积	其中：小流域治理面积	本年水土流失治理面积	
			新增	减少
全国总计	**58 635.24**	**15 094.98**	**3 457.90**	**662.05**
北京	377.74	115.82	37.46	5.89
天津	28.00	5.96	1.94	
河北	4 255.44	1 560.04	179.40	51.99
山西	4 800.71	762.24	277.88	61.44
内蒙古	3 937.94	1 262.14	413.82	86.91
辽宁	3 971.78	1 088.90	124.63	9.20
吉林	2 266.53	186.72	85.05	
黑龙江	1 979.90	422.85	97.97	16.29
上海				
江苏	712.89	108.19	13.89	0.24
浙江	1 912.88	103.45	16.58	0.62
安徽	1 483.27	237.25	41.75	5.10
福建	689.35	264.55	48.24	1.19
江西	1 570.02	244.01	159.48	55.03
山东	2 384.50	625.73	131.84	22.46
河南	3 128.37	1 321.12	163.00	62.10
湖北	3 117.69	251.71	139.79	9.82
湖南	1 626.01	249.11	69.54	4.40
广东	984.12	219.14	39.64	7.55
广西	927.03	212.34	14.59	0.03
海南	20.65		0.01	
四川	3 106.32	1 700.07	381.04	25.93
贵州	987.22	922.14	129.63	1.61
云南	1 473.11	905.84	75.03	7.89
西藏				
陕西	7 039.10	1 175.89	433.75	116.16
甘肃	4 633.63	841.50	316.15	106.90
青海	449.49	167.20	15.93	
宁夏	738.12	137.52	48.38	3.00
新疆	33.43	3.55	1.49	0.30

以上水利各表由水利部计划司供稿

气　象

各地区气象台站数

单位：个

地　区	气象台站合计	气　象　台	气　象　站
全国总计	**2 611**	**332**	**2 279**
北　京	23	1	22
天　津	16	2	14
河　北	147	12	135
山　西	115	10	105
内蒙古	129	12	117
辽　宁	71	15	56
吉　林	64	8	56
黑龙江	87	12	75
上　海	14	1	13
江　苏	79	11	68
浙　江	79	13	66
安　徽	82	15	67
福　建	75	13	62
江　西	92	14	78
山　东	126	15	111
河　南	127	18	109
湖　北	85	10	75
湖　南	104	14	90
广　东	97	19	78
广　西	105	11	94
海　南	21	3	18
四　川	216	19	197
贵　州	89	9	80
云　南	136	17	119
西　藏	39	7	32
陕　西	104	10	94
甘　肃	96	12	84
青　海	56	9	47
宁　夏	24	4	20
新　疆	111	15	96
国家气象中心	1	1	
中国气象科学研究院	1		1

中国气象局计划财务司供稿

主要城市1992年平均气温

单位：摄氏度

城　市	1月	2月	3月	4月	5月	6月	7月	8月	9月	10月	11月	12月	全年
北　京	-1.1	1.8	6.7	15.5	20.5	23.5	26.8	24.6	20.5	12.2	3.4	-0.3	12.8
天　津	-2.8	0.4	5.6	15.2	20.1	23.0	26.6	25.0	20.5	11.8	3.2	-1.0	12.3
石家庄	-0.1	3.3	6.8	16.4	20.8	25.1	28.3	25.0	20.9	12.3	5.1	-0.4	13.6
太　原	-5.1	-2.2	4.0	13.3	17.7	21.4	23.9	21.3	16.0	8.5	1.8	-0.7	9.8
呼和浩特	-10.3	-6.5	0.8	9.8	16.6	19.9	23.0	19.9	14.4	5.8	-2.5	-7.6	6.9
沈　阳	-8.5	-5.4	2.0	10.4	17.0	20.0	24.0	22.9	16.3	8.5	-1.9	-8.3	8.1
大　连	-1.9	-0.4	3.6	11.3	16.7	18.8	24.6	24.2	20.3	12.8	4.9	0.6	11.3
长　春	-11.7	-8.6	0.0	8.2	14.8	18.7	23.2	21.4	14.6	7.9	-5.0	-11.4	7.2
哈尔滨	-15.9	-12.1	-1.7	7.1	14.5	18.2	23.2	20.6	13.3	6.4	-6.7	-15.6	4.3
上　海	4.4	6.5	8.1	14.5	20.0	22.5	28.0	27.1	24.1	17.7	11.6	8.1	16.1
南　京	2.5	5.7	7.5	15.7	21.2	23.9	28.3	26.8	22.7	15.4	9.5	5.7	15.4
杭　州	4.8	7.2	8.6	16.7	20.6	23.3	27.8	27.1	23.8	17.1	11.6	8.0	16.4
合　肥	3.3	6.7	7.3	17.0	22.1	24.6	28.5	27.1	22.2	15.6	10.3	6.1	5.9
福　州	10.7	10.3	13.0	18.3	21.7	24.8	28.3	28.5	26.3	20.6	16.7	14.8	19.5
南　昌	6.4	8.3	9.2	18.5	22.3	25.3	28.6	29.1	25.3	18.6	13.0	9.1	17.5
济　南	0.8	4.3	7.2	16.9	21.8	25.5	29.1	26.1	21.6	14.2	7.7	2.5	14.8
青　岛	0.2	2.3	4.8	12.0	16.9	19.5	25.3	24.9	21.7	14.4	8.3	3.4	12.8
郑　州	0.5	4.1	6.3	16.5	20.7	24.3	28.0	25.0	20.0	13.0	7.8	2.2	14.0
武　汉	5.0	7.9	7.8	18.1	22.5	25.0	28.6	28.6	22.8	16.3	11.6	7.1	16.8
长　沙	6.7	8.0	8.0	18.4	21.7	24.8	28.6	28.8	23.2	16.9	12.8	8.3	17.2
广　州	13.3	13.1	15.9	22.3	25.2	27.3	28.5	29.6	28.3	23.6	19.3	17.7	22.0
南　宁	12.5	12.9	15.8	23.4	25.9	27.7	27.9	29.4	28.0	23.0	18.7	17.5	21.9
桂　林	8.7	9.2	11.0	20.5	22.4	25.7	27.8	29.5	26.3	20.0	16.6	12.3	19.2
成　都	5.1	7.2	9.9	17.6	20.5	23.1	24.7	24.7	21.5	15.5	11.4	8.1	15.8
重　庆	7.3	9.1	12.2	19.5	21.6	24.9	28.1	29.2	24.6	17.4	13.7	9.7	18.1
贵　阳	5.0	5.9	8.3	16.6	19.3	21.6	22.7	24.4	22.3	14.9	12.0	9.6	15.2
昆　明	24.4	7.8	13.8	16.9	19.5	20.7	19.4	20.0	18.5	13.9	10.1	7.6	16.1
拉　萨	-2.2	-0.6	7.0	8.8		16.6	16.3						
西　安	-0.6	3.6	6.7	16.1	20.1	23.6	27.2	25.1	18.6	11.7	6.6	1.1	13.3
兰　州	-5.4	-1.0	5.2	14.0	16.7	20.2	21.5	20.3	15.8	8.2	1.8	-2.6	9.6
西　宁	-6.5	-4.5	2.0	9.6	12.0	16.0	16.6	16.7	12.6	5.6	-2.5	-3.7	6.0
银　川	-7.9	-3.8	3.6	12.1	17.1	20.4	22.8	21.0	15.6	7.6	1.0	-4.0	8.8
乌鲁木齐	-9.4	-8.0	-0.8	11.4	15.8	21.3	22.7	20.3	12.0	6.3	-2.9	-8.5	6.7

国家气象中心供稿

主要城市1992年极端最高温度

单位：摄氏度

城市	1月	2月	3月	4月	5月	6月	7月	8月	9月	10月	11月	12月	全年
北京	11.0	17.9	21.8	27.9	35.8	34.5	37.5	33.2	33.9	25.1	17.3	8.7	37.5
天津	9.8	20.8	22.3	32.6	37.4	35.6	37.6	33.6	33.1	28.6	18.3	7.5	37.6
石家庄	14.7	22.9	22.0	34.9	35.6	37.4	40.4	33.9	32.7	26.1	20.8	10.5	40.4
太原	9.3	19.6	20.6	29.8	32.0	33.1	35.6	32.1	29.8	25.9	16.3	9.7	35.6
呼和浩特	2.6	17.0	16.3	27.7	32.3	31.2	35.7	29.5	26.7	20.6	14.5	6.7	35.7
沈阳	3.1	17.2	20.0	25.2	31.6	29.8	33.6	30.5	29.7	23.7	16.9	5.4	33.6
大连	7.2	14.2	17.2	21.7	31.0	28.6	32.8	29.9	31.6	22.2	15.9	8.2	32.8
长春	−1.0	14.5	17.4	23.2	31.4	30.2	33.4	30.4	27.3	13.9	−0.2	2.5	33.4
哈尔滨	−3.5	9.9	17.5	22.0	31.9	31.2	33.6	29.0	26.9	20.0	10.8	1.6	33.6
上海	19.2	24.3	19.4	26.3	31.7	32.8	37.5	33.7	33.4	27.1	21.7	20.2	37.5
南京	7.7	12.1	11.4	22.0	26.5	28.4	33.0	31.0	26.8	21.4	16.3	15.4	33.0
杭州	21.3	24.5	22.6	30.2	32.6	34.1	39.4	37.4	33.7	32.1	23.5	21.6	39.4
合肥	20.2	26.4	20.5	29.5	32.7	35.8	37.9	37.5	32.2	32.3	21.7	16.2	37.9
福州	27.2	24.3	29.0	31.2	32.2	33.9	38.8	37.6	35.2	32.5	29.3	27.0	38.8
南昌	25.3	24.9	22.5	30.3	31.5	33.5	40.1	38.2	35.7	35.2	25.1	19.3	40.1
济南	12.5	21.7	22.3	29.7	35.0	35.2	37.6	36.8	33.0	30.0	20.6	10.7	37.6
青岛	9.3	13.6	19.3	23.1	34.2	31.6	32.9	31.1	29.5	23.4	19.0	10.3	34.2
郑州	15.1	22.6	23.7	30.9	35.9	37.5	39.7	35.0	33.2	29.3	21.9	16.0	39.7
武汉	20.1	26.4	21.1	30.7	32.5	34.6	37.4	38.6	34.0	33.9	25.3	17.1	38.6
长沙	23.6	27.2	23.3	31.0	33.2	34.0	37.9	39.0	36.2	34.6	24.2	18.6	39.0
广州	25.2	25.4	26.2	32.2	33.4	35.5	35.7	36.2	36.5	33.5	30.9	28.7	36.5
南宁	24.5	26.8	31.8	37.7	34.1	34.7	35.5	37.2	37.3	34.1	31.6	28.4	37.7
桂林	21.6	25.0	29.5	31.9	31.4	32.6	37.0	37.7	36.9	33.7	30.4	23.8	37.7
成都	15.5	18.0	20.4	31.5	31.4	33.3	32.9	33.7	33.3	27.0	21.8	15.8	33.7
重庆	13.4	21.3	22.2	34.2	34.5	38.2	38.5	41.7	38.5	29.7	21.2	18.3	41.7
贵阳	19.7	20.6	27.1	29.9	31.2	31.4	31.8	33.2	33.2	29.2	25.0	21.7	33.2
昆明	6.1	13.5	20.6	23.9	25.0	25.3	23.4	25.1	23.9	18.2	21.7	18.7	25.3
拉萨	11.2	12.0	19.7	22.5		28.1	28.0						
西安	4.7	10.6	11.5	23.1	26.1	29.4	32.8	30.4	22.8	17.4	12.8	13.7	32.8
兰州	7.4	16.7	18.6	29.2	28.3	32.9	33.2	31.2	28.4	17.7	15.7	7.4	33.2
西宁	9.8	14.9	16.7	24.9	23.1	27.6	29.0	27.7	26.7	18.9	13.9	9.3	29.0
银川	5.9	17.4	16.6	27.9	29.3	31.0	34.2	31.8	26.6	21.1	15.0	7.6	34.2
乌鲁木齐	−4.4	−3.3	2.9	17.5	21.8	28.2	28.9	27.3	26.7	20.9	11.9	4.8	28.9

国家气象中心供稿

主要城市1992年极端最低温度

单位：摄氏度

城市	1月	2月	3月	4月	5月	6月	7月	8月	9月	10月	11月	12月	全年
北京	−8.7	−7.4	−2.7	2.3	9.7	11.4	18.6	17.3	9.9	2.4	−7.6	−7.9	−8.7
天津	−15.6	−9.5	−4.1	2.5	9.1	11.1	18.4	16.5	9.3	2.0	−6.1	−9.0	−15.6
石家庄	−7.4	−7.5	−2.3	4.9	10.1	13.2	19.9	17.5	9.9	2.2	−4.5	−7.5	−7.5
太原	−17.4	−16.0	−8.1	−1.5	5.8	7.1	13.1	11.2	0.9	−5.3	−8.3	−14.4	−17.4
呼和浩特	−20.3	−18.6	−10.4	−4.1	4.3	8.5	12.6	10.6	0.3	−8.0	−13.6	−18.0	−20.3
沈阳	−20.1	−18.1	−11.7	−1.4	3.1	6.9	14.1	13.9	2.5	−2.6	−20.9	−22.8	−22.8
大连	−8.4	−7.8	−4.6	1.0	9.1	10.5	17.9	19.1	11.5	4.3	−9.8	−6.3	−9.8
长春	−22.9	−19.6	−14.9	−5.5	2.6	4.5	13.8	14.1	1.8	2.71	−9.3	−25.4	−25.4
哈尔滨	−27.4	−26.3	−20.9	−8.9	−1.7	4.7	10.5	9.8	−2.7	−5.7	−25.7	−33.0	−33.0
上海	−2.4	−2.8	0.8	4.6	12.0	17.1	20.1	21.5	13.9	7.7	−0.6	−1.7	−2.8
南京	−1.1	0.7	4.5	10.5	16.2	20.0	24.2	23.6	19.9	10.4	4.4	−5.5	−5.5
杭州	−3.4	−3.1	1.8	7.4	11.1	17.3	19.5	21.5	15.2	7.5	0.0	−1.7	−3.4
合肥	−4.1	−4.3	−0.1	7.6	9.7	16.0	19.9	19.4	13.5	5.0	0.3	−3.0	−4.3
福州	1.4	4.4	6.5	10.7	14.8	15.8	20.4	23.3	18.9	13.7	5.8	6.4	1.4
南昌	−2.2	−0.5	1.7	11.6	15.5	17.8	20.3	22.9	15.3	11.3	2.0	−0.7	−2.2
济南	−7.2	−6.6	−2.5	3.6	10.8	12.1	19.0	18.3	12.9	4.2	−2.7	−6.4	−7.2
青岛	−5.7	−5.7	−2.1	4.4	10.0	12.2	19.4	18.2	13.2	6.4	−2.5	−5.3	−5.7
郑州	−8.2	−6.7	−7.5	3.3	8.4	14.0	19.6	17.4	8.7	0.2	−3.6	−7.5	−8.2
武汉	−3.9	−1.8	−0.8	8.5	15.1	17.4	21.1	19.4	12.4	5.5	0.1	−1.8	−3.9
长沙	−3.0	0.4	0.2	9.0	15.4	17.9	19.9	19.5	11.8	8.8	1.3	−1.7	−3.0
广州	4.0	7.7	6.3	14.5	20.4	18.8	21.6	24.2	22.1	1.55	9.7	6.4	4.0
南宁	4.1	7.5	10.0	15.4	18.6	21.1	22.7	23.3	21.4	14.1	8.7	8.0	4.1
桂林	0.4	2.7	3.3	12.2	14.8	19.0	19.3	22.3	16.8	13.3	4.8	2.6	0.4
成都	−2.6	−0.1	2.3	7.1	12.9	17.2	18.1	17.4	13.2	10.0	1.2	−1.2	−2.6
重庆	1.0	4.2	6.0	11.4	14.7	18.5	20.1	19.8	17.1	12.2	5.2	3.1	1.0
贵阳	−1.9	−0.1	0.0	9.4	11.0	14.7	16.4	15.9	13.2	8.4	0.6	0.5	−1.9
昆明	2.0	3.1	7.3	10.4	14.0	16.9	16.6	16.2	15.0	10.8	−0.7	−1.1	−1.1
拉萨	−13.5	−10.9	−6.5	−3.8		5.0	6.5						
西安	−4.6	−1.6	2.9	10.2	15.2	18.7	22.1	21.1	15.8	7.6	1.6	−7.9	−7.9
兰州	−14.7	−10.4	−2.5	0.5	6.7	9.7	12.0	11.0	6.8	−0.5	−6.5	−14.9	−14.9
西宁	−17.6	−14.5	−6.5	−3.7	2.0	7.2	6.9	6.3	2.8	−3.1	−11.1	−16.1	−17.6
银川	−18.4	−16.2	−4.8	−3.6	5.8	8.4	13.7	11.1	3.4	−4.7	−6.6	−15.5	−18.4
乌鲁木齐	−13.4	−11.7	−4.1	5.9	10.8	15.5	17.5	14.6	2.1	−4.7	−16.4	−18.5	−18.5

国家气象中心供稿

主要城市1992年降水量

单位：毫米

城　　市	1月	2月	3月	4月	5月	6月	7月	8月	9月	10月	11月	12月	全年
北　　京	0.7	0.0	3.4	10.5	52.8	69.4	153.9	141.4	54.5	38.1	16.7	0.1	541.5
天　　津	2.3		0.6	7.7	10.1	64.6	84.7	102.8	16.2	65.6	12.4	0.2	367.2
石 家 庄	1.8	0.0	10.3	0.9	53.3	40.2	59.2	215.7	24.3	24.5	10.9	0.0	441.1
太　　原	0.0	0.0	24.8	1.3	29.0	32.2	68.9	160.1	32.3	17.0	22.9	0.0	388.5
呼和浩特	0.3	1.1	25.0	10.0	59.7	38.8	182.4	162.6	27.3	13.4	59.1	0.32	529.7
沈　　阳	0.9	1.1	6.3	28.3	46.6	77.0	174.1	35.7	108.9	24.8	34.9	15.4	554.0
大　　连	2.2	8.3	16.6	6.3	44.5	118.9	86.8	91.9	276.6	52.1	20.6	22.8	747.6
长　　春	1.3	4.0	6.5	25.3	51.7	103.6	140.6	98.6	36.0	29.4	16.4	5.9	555.3
哈 尔 滨	1.4	3.2	4.6	12.8	31.4	83.5	133.4	90.7	43.0	35.5	16.0	6.5	462.0
上　　海	54.3	18.1	237.4	55.3	55.5	65.9	23.7	179.5	126.4	11.5	8.6	32.7	868.9
南　　京	36.3	14.7	189.2	40.4	43.3	72.0	125.9	223.4	45.1	61.0	10.8	23.1	885.2
杭　　州	80.0	16.6	293.2	53.4	152.1	205.1	118.9	189.8	168.8	2.5	16.9	55.1	1352.4
合　　肥	32.2	17.9	159.7	43.5	24.5	83.8	149.5	77.0	99.7	61.7	20.0	21.7	791.2
福　　州	79.7	199.6	273.7	181.8	142.7	139.7	204.0	322.3	115.8	3.2	29.4	30.6	1722.5
南　　昌	46.8	93.3	390.2	181.0	227.3	269.6	191.2	47.6	13.0	1.8	29.7	66.6	1563.1
济　　南	10.1	10.4	6.0	3.4	68.4	6.8	166.1	174.4	46.7	34.8	8.2	5.8	541.1
青　　岛	14.5	10.5	6.8	7.8	49.6	3.0	98.0	42.4	111.6	35.7	2.0	25.1	407.0
郑　　州	0.7	2.6	31.1	17.1	147.9	39.3	109.8	138.5	153.4	13.1	10.7	14.9	679.1
武　　汉	19.9	29.9	225.0	105.3	144.5	334.1	93.3	43.6	61.8	9.6	15.5	33.9	1116.4
长　　沙	34.7	66.0	360.0	175.1	257.8	202.9	189.2	12.6	12.8	8.5	25.7	70.5	1415.8
广　　州	45.7	223.0	163.7	281.6	34.5	198.7	150.6	101.3	324.4	108	0.5	43.2	1578.0
南　　宁	82.5	74.4	31.9	9.8	213.5	333.0	237.7	93.2	52.8	0.5	77.2	63.7	1270.2
桂　　林	70.7	152.9	202.8	174.3	489.1	547.5	214.5	115	71.5	6.5	11.4	70.8	2023.5
成　　都	1.1	28.1	24.4	47.6	114.3	216.9	130.3	215.7	38.5	48.4	3.8	0.4	869.5
重　　庆	9.3	40.6	68.1	135.3	188.3	220.5	69.1	64.6	66.9	76.6	33.3	15.2	987.8
贵　　阳	29.3	28.8	39.1	117.5	211.9	331.0	128.1	25.0	32.2	108.8	12.4	17.5	1081.6
昆　　明	26.5	33.6	11.7	4.0	58.2	108.8	73.1	112.8	82.3	126.5	23.0	1.1	661.6
拉　　萨	1.4	1.1	3.2	2.6		40.6	67.0						
西　　安	0.0	0.0	64.9	13.2	62.7	65.1	61.5	90.3	124.6	44.5	9.4	3.2	539.4
兰　　州	0.0	2.0	10.0	4.7	32.0	31.9	84.3	55.4	62.5	20.8	0.9	0.0	304.5
西　　宁	0.0	0.3	6.0	15.2	82.9	55.0	89.1	37.5	106.7	28.0	3.5	1.0	425.2
银　　川	0.0	0.0	8.9	6.2	49.1	37.4	74.2	74.7	13.1	18.2	5.3	0.0	287.1
乌鲁木齐	9.6	7.8	18.2	31.1	68.7	30.4	73.5	7.8	37.4	16.3	24.1	23.5	348.4

国家气象中心供稿

主要城市1992年日照时数

单位：小时

城　　市	1月	2月	3月	4月	5月	6月	7月	8月	9月	10月	11月	12月	全年
北　　京	202.7	249.5	210.1	259.1	274.4	271.3	223.6	203.8	238.6	221.9	194.3	163.2	2 712.5
天　　津	189.2	243.1	189.5	261.0	274.9	272.9	233.1	221.9	219.7	210.0	184.1	137.4	2 636.8
石 家 庄	149.9	234.1	152.4	262.5	279.0	262.4	249.5	171.6	223.4	193.4	176.7	106.4	2 461.3
太　　原	149.9	220.9	150.4	240.7	241.9	240.7	248.7	165.9	186.7	181.0	190.9	143.6	2 361.3
呼和浩特	151.5	220.6	205.3	267.8	254.3	267.5	245.9	212.0	230.6	210.4	178.0	93.6	2 537.5
沈　　阳	162.7	211.2	227.6	224.7	267.2	242.8	225.5	213.6	217.3	219.1	116.9	148.1	2 476.7
大　　连	201.4	222.6	215.3	274.9	292.2	238.4	256.5	242.9	258.7	225.3	178.1	159.9	2 765.9
长　　春	164.1	207.3	237.0	249.5	233.3	221.5	255.8	235.1	216.9	220.1	135.3	144.5	2 520.4
哈 尔 滨	132.6	180.1	203.2	197.0	256.6	229.2	273.2	232.9	201.4	222.3	127.3	112.2	2 368.0
上　　海	106.9	175.0	59.2	141.8	209.6	148.7	251.3	154.8	155.8	228.0	180.9	128.1	1 940.1
南　　京	139.8	199.3	907	205.6	247.1	179.2	286.5	211.6	141.2	226.9	198.8	139.2	2 265.9
杭　　州	114.8	141.2	48.5	165.0	179.2	163.7	230.2	136.1	135.4	201.2	183.3	118.0	1 816.6
合　　肥	125.4	180.0	87.2	196.7	237.5	170.7	261.7	194.1	99.9	199.9	198.9	98.1	2 050.1
福　　州	131.6	58.2	35.3	99.7	111.7	102.4	236.3	178.5	126.6	176.0	150.7	98.7	1 505.7
南　　昌	133.6	102.8	44.7	144.3	127.0	165.3	243.8	231.6	172.4	216.0	221.9	116.4	1 919.8
济　　南	163.4	212.1	172.1	271.8	278.7	299.2	263.1	210.0	185.3	209.3	190.2	138.1	2 593.3
青　　岛	175.1	224.2	172.7	278.5	283.9	254.8	287.9	251.0	189.9	232.4	201.9	161.1	2 713.4
郑　　州	157.5	169.6	121.1	233.7	223.8	218.8	256.0	191.6	140.5	188.2	175.0	112.9	2 188.7
武　　汉	99.1	124.8	68.1	165.9	174.6	167.6	273.5	256.8	109.7	192.2	200.4	121.0	1 953.7
长　　沙	108.7	87.0	31.7	134.8	93.2	142.9	242.5	242.8	136.7	170.1	186.4	69.0	1 645.8
广　　州	168.5	44.7	7.8	43.9	59.8	95.7	185.5	180.4	177.6	219.4	173.6	137.3	1 494.2
南　　宁	76.4	41.0	28.5	92.8	84.4	128.9	175.0	224.6	144.9	210.8	131.4	140.4	1 479.1
桂　　林	70.7	57.2	50.9	104.8	95.5	141.7	219.7	258.2	212.1	201.2	170.8	85.5	1 668.3
成　　都	25.2	57.5	21.8	128.7	91.6	131.9	137.5	148.9	76.7	33.3	120.0	48.8	1 021.9
重　　庆	12.6	30.1	20.4	878	60.0	105.3	185.6	196.8	107.1	47.2	101.5	20.6	875.0
贵　　阳	26.6	32.4	48.5	93.5	99.9	90.4	64.3	230.0	117.8	82.9	112.9	66.8	1 066.0
昆　　明	137.7	161.0	229.9	235.2	206.2	168.7	96.9	188.0	126.1	86.4	151.1	234.1	2 021.3
拉　　萨	228.5	244.8	229.9	245.8		273.1	653.2						
西　　安	59.3	122.2	25.0	88.5	94.2	97.5	176.1	83.6	29.0	50.0	881.7	36.1	1 743.2
兰　　州	116.9	203.9	133.0	238.0	184.1	200.1	238.0	225.1	175.7	167.0	151.8	105.1	2 138.7
西　　宁	206.2	229.9	177.8	238.1	226.5	200.1	212.9	230.3	159.8	173.1	211.3	199.7	2 465.7
银　　川	184.1	226.3	154.2	244.4	249.5	264.7	273.1	263.0	208.3	220.3	208.7	183.1	2 679.7
乌鲁木齐	807	105.8	135.8	229.5	262.4	290.5	271.6	302.2	228.8	208.9	146.9	65.1	2 328.2

国家气象中心供稿

农业现代化水平

全国农业现代化水平

项　　目	单　位	1992年	1991年	1992年比1991年	
				增减数	增减%
一、农业机械化情况					
1. 当年实际机耕面积	千公顷	51 469.0	50 190.4	1 278.6	2.5
2. 当年机械播种面积	千公顷	26 346.5	24 724.7	1 621.8	6.6
其中：机播水稻面积	千公顷	141.8	114.1	27.7	24.3
3. 当年机械收割面积	千公顷	13 517.4	11 624.6	1 892.8	16.3
二、农村用电发电情况					
1. 农村用电量	亿千瓦小时	1 106.9	963.2	143.7	14.9
2. 乡村办水电站	万个	4.81	4.96	－0.15	－3.0
发电能力	万千瓦	478.6	456.9	21.7	4.7
三、农用化肥施用情况					
1. 农用化肥施用实物量	万吨	11 479.9	11 250.3	229.6	2.0
2. 农用化肥施用折纯量	万吨	2 930.3	2 805.1	125.2	4.5
四、农田水利情况					
有效灌溉面积	千公顷	48 590.1	47 822.1	768.0	1.6
机电排灌面积	千公顷	31 890.3	30 964.2	926.1	3.0
其中：					
机电灌溉面积	千公顷	28 282.8	27 628.5	654.3	2.4
纯排面积	千公顷	3 607.5	3 335.7	271.8	8.1
五、农村建沼气池	万个	321.6	376.6	－55.0	－14.6

各地区农业机械化情况

单位：千公顷

地区	机耕面积	占耕地面积％	机械播种面积	其中：机播水稻面积	机播占播种面积％	机械收割面积
全国总计	**51 469.0**	**53.9**	**26 346.5**	**141.8**	**17.7**	**13 517.4**
北京	292.2	71.5	336.6	2.9	57.5	244.6
天津	406.5	94.6	171.5		29.9	119.5
河北	4 468.4	68.3	2 567.0	0.5	30.0	1 530.0
山西	2 052.2	55.8	807.9		20.3	592.7
内蒙古	2 945.2	58.0	2 063.8	0.9	42.5	429.3
辽宁	2 580.7	74.8	928.7	0.3	25.6	74.7
吉林	1 905.1	48.5	1 805.1		44.6	15.6
黑龙江	6 755.8	75.9	5 652.7	79.1	66.7	2 478.0
上海	289.0	90.9	27.0	8.6	4.5	133.8
江苏	3 670.4	81.2	1 456.9	9.2	17.7	785.3
浙江	1 106.8	65.4	5.3	0.2	0.1	40.5
安徽	2 372.0	54.7	961.6	2.7	11.8	700.2
福建	426.7	34.7	0.4			4.1
江西	684.1	29.3			0.0	0.7
山东	5 391.8	79.3	3 161.6		29.2	2 471.9
河南	4 667.1	67.8	1 404.1	1.7	11.8	2 104.2
湖北	1 391.0	40.7	77.7	6.2	1.1	174.0
湖南	1 193.2	36.2	1.7			0.6
广东	896.6	36.7	14.1		0.3	39.7
广西	743.8	28.5			0.0	4.0
海南	24.8	5.7	0.5		0.1	
四川	696.0	11.1	26.1	1.7	0.2	8.4
贵州	61.4	3.3	0.4			0.5
云南	451.5	15.8	1.5			4.8
西藏	21.5	9.6	30.8		14.3	4.8
陕西	1 709.4	49.0	1 290.0	0.3	26.4	317.7
甘肃	1 049.7	30.1	649.7	0.1	17.7	167.4
青海	230.2	39.7	205.2		37.5	86.4
宁夏	373.7	46.6	293.5	23.9	32.8	40.8
新疆	2 612.2	83.4	2 405.1	3.5	78.4	943.2

各地区农田水利化情况

单位：千公顷

地区	有效灌溉面积	机电排灌面积	1. 机电灌溉面积	2. 纯排面积	水轮泵灌面积
全国总计	**48 590.1**	**31 890.3**	**28 282.8**	**3 607.5**	**287.6**
北京	307.4	291.6	284.6	7.0	
天津	346.5	414.7	345.4	69.3	
河北	3 885.6	3 915.9	3 555.9	360.0	1.4
山西	1 161.7	862.0	860.8	1.2	1.3
内蒙古	1 695.9	1 541.3	1 009.7	531.6	
辽宁	1 140.3	1 496.7	913.6	583.1	
吉林	914.8	765.6	603.8	161.8	1.0
黑龙江	1 156.8	1 073.0	695.3	377.7	
上海	314.4	314.4	314.4		
江苏	3 856.5	3 842.5	3 530.5	312.0	7.9
浙江	1 463.7	1 091.0	1 057.3	33.7	5.3
安徽	2 768.7	2 251.8	1 847.5	404.3	0.7
福建	943.9	177.0	158.8	18.2	19.2
江西	1 855.3	577.7	412.6	165.1	13.3
山东	4 596.7	4 173.9	4 108.3	65.6	1.4
河南	3 779.7	2 867.6	2 861.9	5.7	
湖北	2 356.3	1 484.8	1 300.3	184.5	5.7
湖南	2 665.0	1 292.5	1 162.3	130.2	89.9
广东	1 601.4	608.1	473.7	134.4	35.9
广西	1 513.8	268.0	267.0	1.0	47.2
海南	183.3	21.7	21.5	0.2	4.1
四川	2 843.0	732.5	732.5		24.6
贵州	617.3	69.6	67.1	2.5	18.5
云南	1 105.3	174.5	162.8	11.7	
西藏	81.5	11.6	6.9	4.7	0.1
陕西	1 303.2	838.8	838.8		0.9
甘肃	884.9	328.6	327.5	1.1	3.6
青海	175.1	19.3	19.3		3.7
宁夏	269.5	73.8	64.9	8.9	1.0
新疆	2 802.6	309.8	277.8	32.0	0.9

各地区农村电气化情况

地区	农村用电量（亿千瓦小时）	每公顷耕地用电量（千瓦小时）	乡村办水电站		沼气池（万个）
			个数（个）	发电能力（万千瓦）	
全国总计	**1 106.9**	**1 160.0**	**48 082**	**478.6**	**321.65**
北京	14.4	3 522.5	47	1.6	1.58
天津	21.8	5 074.5			0.30
河北	78.1	1 193.5	161	1.9	4.32
山西	33.8	918.4	152	3.3	0.04
内蒙古	12.2	240.1	12	0.2	0.55
辽宁	63.5	1 839.4	71	2.4	4.92
吉林	19.0	483.3	63	3.5	0.41
黑龙江	21.0	235.8	21	1.4	0.01
上海	40.3	12 680.9			4.81
江苏	146.5	3 239.8	42	0.2	39.74
浙江	98.0	5 794.7	2 415	33.0	24.46
安徽	29.8	687.6	823	6.5	6.57
福建	26.9	2 189.3	4 185	58.6	3.07
江西	18.3	783.1	4 462	23.8	10.21
山东	100.2	1 474.0	100	1.7	11.99
河南	59.6	865.3	501	11.9	0.83
湖北	30.9	903.1	1 318	22.7	19.27
湖南	27.7	840.4	6 540	38.5	13.68
广东	100.0	4 092.3	9 627	116.9	7.99
广西	17.0	651.1	2 262	11.9	17.57
海南	1.2	275.4	133	1.5	0.08
四川	52.3	836.1	5 233	73.7	133.66
贵州	6.1	329.9	2 956	19.8	0.38
云南	15.4	538.9	3 591	25.6	7.56
西藏	0.3	134.2	219	1.2	0.00
陕西	32.6	934.7	2 410	5.5	6.29
甘肃	20.4	585.9	299	2.4	1.20
青海	1.6	276.1	43	0.5	0.15
宁夏	4.9	611.7			0.01
新疆	13.1	418.0	396	8.4	…

各地区农用化肥施用量

（按实物量计算）　　单位：万吨

地区	农用化肥施用量	其中				
		氮肥	其中：氨水	磷肥	钾肥	复合肥
全国总计	**11 479.9**	**6 790.2**	**50.1**	**3 100.8**	**439.4**	**1 149.5**
北京	57.1	41.6	0.1	3.3	1.0	11.2
天津	41.2	27.3	0.1	6.0	0.9	7.0
河北	696.9	430.2	1.2	187.9	12.3	66.5
山西	277.8	159.5	0.3	95.2	3.3	19.8
内蒙古	119.1	79.8	0.4	20.5	1.6	17.2
辽宁	320.6	214.5	0.2	69.4	5.9	30.8
吉林	245.0	177.0	0.2	22.2	7.4	38.4
黑龙江	209.3	97.4	0.1	61.0	6.6	44.3
上海	85.1	66.9	4.9	15.2	0.3	2.7
江苏	970.1	630.8	1.9	203.3	20.1	115.9
浙江	455.3	321.1	2.0	73.2	21.2	39.8
安徽	730.8	395.4	0.2	260.2	17.5	57.7
福建	342.8	186.3	2.2	91.1	31.4	34.0
江西	305.2	159.5	1.6	90.1	28.2	27.4
山东	1 088.6	653.8	12.4	261.0	31.2	142.6
河南	1 097.4	638.9	1.1	368.9	23.6	66.0
湖北	703.7	413.4	3.6	204.6	24.0	61.7
湖南	603.1	359.9	0.8	166.6	42.7	33.9
广东	609.7	292.6	7.8	151.1	71.1	94.9
广西	395.1	184.4	0.2	114.1	48.2	48.4
海南	40.7	17.4	0.1	12.0	3.5	7.8
四川	950.8	610.1	4.4	281.0	10.6	49.1
贵州	163.1	78.9	1.0	53.0	7.3	23.9
云南	272.8	150.4	0.8	84.0	10.2	28.2
西藏	3.7	1.7	0.0	0.8	0.0	1.2
陕西	366.8	233.5	1.4	99.7	5.2	28.4
甘肃	139.0	62.5	0.4	59.2	1.4	15.9
青海	16.6	6.8	0.1	5.5	0.6	3.7
宁夏	51.9	35.4	0.0	10.0	0.3	6.2
新疆	120.6	63.2	0.6	30.7	1.8	24.9

各地区农用化肥施用量

（按折纯量计算）

单位：万吨

地区	农用化肥施用量	其中				
		氮肥	其中：氨水	磷肥	钾肥	复合肥
全国总计	**2 930.2**	**1 756.1**	**8.0**	**515.7**	**196.0**	**462.4**
北京	14.4	9.1	0.0	0.6	0.2	4.5
天津	8.6	5.8	0.0	0.6	0.2	2.0
河北	163.5	100.4	0.2	29.0	4.7	29.4
山西	64.0	36.7	0.1	15.4	1.6	10.3
内蒙古	40.9	25.8	0.1	7.1	0.7	7.3
辽宁	90.5	63.8	0.0	13.1	2.7	10.9
吉林	91.1	57.4	0.0	3.5	3.7	26.5
黑龙江	88.5	43.3	0.0	20.1	3.0	22.1
上海	17.1	13.8	0.6	2.4	0.2	0.7
江苏	246.9	154.1	0.5	40.3	9.6	42.9
浙江	96.3	68.2	0.4	13.1	5.4	9.6
安徽	156.0	90.6	0.0	32.0	8.5	24.9
福建	93.0	49.7	0.2	14.3	15.6	13.4
江西	94.1	50.3	0.3	19.4	15.0	9.4
山东	281.9	158.9	1.6	45.0	14.2	63.8
河南	251.1	148.5	0.2	64.5	10.1	28.0
湖北	165.1	102.2	0.9	29.5	10.1	23.3
湖南	146.2	86.9	0.1	23.4	20.9	15.0
广东	177.6	102.6	0.8	20.5	29.7	24.8
广西	103.5	49.3	0.0	18.2	21.1	14.9
海南	15.0	7.8	0.0	1.4	1.8	4.0
四川	206.9	137.8	0.6	44.0	5.2	19.9
贵州	45.1	28.7	0.1	8.4	2.6	5.4
云南	74.4	45.0	0.9	14.1	5.0	10.3
西藏	1.8	0.8	0.0	0.4	0.0	0.6
陕西	84.7	56.0	0.1	12.0	2.6	14.1
甘肃	40.0	21.9	0.1	10.2	0.6	7.3
青海	5.9	2.8	0.0	1.1	0.2	1.8
宁夏	13.7	9.4	0.0	1.4	0.1	2.8
新疆	52.4	28.5	0.2	10.7	0.7	12.5

以上农业现代化水平各表由国家统计局供稿

农村经济收益分配

各地区农村经济收益分配

单位：万元

地区	一、总收入	(一) 按经营方式分组				
		1.乡(镇)办企业收入	2.村组集体经营收入	其中：村办企业收入	3.联户企业收入	4.家庭经营收入
全国总计	**202 043 313**	**53 664 855**	**40 396 215**	**35 484 817**	**6 352 118**	**101 630 125**
北京	3 863 345	1 262 212	1 429 629	1 163 628		1 171 504
天津	3 202 784	642 870	1 786 438	1 622 057	133 991	639 485
河北	11 920 201	1 839 676	2 021 086	1 792 292	1 019 209	7 040 230
山西	3 962 160	583 712	948 607	821 869	93 641	2 336 200
内蒙古	1 936 868	230 324	163 893	137 973	9 546	1 533 105
辽宁	8 698 881	2 034 185	2 446 143	2 421 310	104 452	4 114 101
吉林	2 593 143	461 637	218 452	192 454	7 665	1 905 389
黑龙江	3 229 778	542 752	183 795	170 001	10 055	2 493 176
上海	6 330 830	3 530 264	2 285 434	2 072 243	4 074	511 058
江苏	29 219 930	12 655 150	8 164 683	7 879 834	149 846	8 250 251
浙江	15 539 455	6 468 143	3 353 969	3 230 595	739 080	4 978 263
安徽	6 409 971	1 388 965	606 703	560 518	286 024	4 128 279
福建	6 140 702	1 242 075	916 175	766 764	722 943	3 259 509
江西	4 167 485	641 435	388 795	331 945	173 585	2 963 670
山东	22 024 080	5 281 723	5 933 987	4 523 274	419 172	10 389 198
河南	11 215 251	1 389 809	1 871 085	1 572 885	701 215	7 253 142
湖北	6 452 591	1 304 836	972 837	868 665	116 372	4 058 546
湖南	6 774 627	1 536 801	712 656	627 383	158 888	4 366 282
广东	19 218 438	6 060 206	3 631 928	2 667 197	609 779	8 916 525
广西	4 856 605	666 974	256 292	244 234	357 502	3 575 837
海南	529 760	50 936	10 149	3 531	30 262	438 413
四川	12 002 355	2 500 127	1 073 538	961 423	222 683	8 206 007
贵州	2 051 182	156 190	41 342	14 931	33 523	1 820 127
云南	2 533 235	305 779	338 463	299 770	10 647	1 878 346
西藏						
陕西	3 737 367	454 376	479 435	400 167	154 177	2 649 379
甘肃	1 809 192	258 332	105 976	94 701	75 685	1 369 199
青海	242 316	16 236	9 709	9 092	915	215 456
宁夏	327 860	58 980	12 326	11 776	2 779	253 775
新疆	1 052 921	100 150	32 690	22 305	4 408	915 673

（续）

地　　区	（二）按收入来源分组					
	1．种植业收入	其中：粮食作物收入	2．林业收入	3．牧业收入	4．副业收入	5．渔业收入
全国总计	**44 285 359**	**25 613 809**	**2 241 191**	**17 179 944**	**4 256 013**	**3 373 320**
北　　京	328 069	189 947	42 541	286 138	22 742	26 612
天　　津	279 392	125 225	7 733	85 519	48 426	35 314
河　　北	2 460 608	1 317 515	104 448	768 503	386 209	96 038
山　　西	860 312	541 037	33 546	206 074	21 600	3 118
内 蒙 古	843 424	538 465	15 743	284 977	58 741	2 735
辽　　宁	1 503 004	864 013	30 263	508 324	166 604	261 315
吉　　林	1 237 829	969 352	16 423	222 741	69 989	12 530
黑 龙 江	1 605 878	1 192 009	12 968	310 117	111 238	27 540
上　　海	269 205	137 592	4 871	285 841		64 321
江　　苏	3 096 916	2 032 893	86 229	1 645 127	588 625	451 760
浙　　江	1 701 434	838 934	116 703	752 826	59 518	203 393
安　　徽	2 070 908	1 313 999	89 636	583 438	127 921	80 301
福　　建	1 203 498	541 193	163 016	559 538	184 475	279 565
江　　西	1 366 101	820 078	98 090	618 772	177 150	75 307
山　　东	4 663 394	2 383 891	218 331	1 517 596	483 398	477 502
河　　南	3 504 915	2 007 358	186 097	666 135	234 431	32 621
湖　　北	2 152 876	1 201 984	90 375	741 878	179 457	149 196
湖　　南	1 925 379	1 333 200	144 953	1 068 945	181 274	125 319
广　　东	2 986 033	1 205 543	187 328	1 383 821	520 556	708 274
广　　西	1 599 685	788 471	160 755	844 731	130 723	93 197
海　　南	209 937	109 915	22 969	64 437	20 589	61 267
四　　川	3 708 032	2 476 782	136 864	2 223 382	104 686	69 870
贵　　州	856 906	469 745	52 041	464 507	130 664	8 386
云　　南	1 100 599	606 447	82 466	356 804	35 156	15 021
西　　藏						
陕　　西	1 141 232	683 687	81 379	321 002	85 669	6 796
甘　　肃	699 836	439 959	35 882	208 109	77 909	1 104
青　　海	89 629	67 049	1 635	73 873	7 031	169
宁　　夏	140 507	104 798	4 351	29 829	14 494	2 912
新　　疆	679 821	312 728	13 555	96 960	26 738	1 837

（续）

地　区	（二）按收入来源分组					
	6. 工业收入	7. 建筑业收入	8. 运输业收入	9. 商饮业收入	10. 服务业收入	11. 其他收入
全国总计	**90 179 559**	**12 905 689**	**8 299 183**	**10 249 004**	**3 435 591**	**5 638 460**
北　京	2 013 123	394 817	226 142	259 784	116 143	147 234
天　津	2 305 787	99 243	149 611	112 986	25 497	53 276
河　北	5 651 687	613 056	694 445	732 261	134 134	278 812
山　西	1 761 516	190 736	454 430	244 059	106 894	79 875
内蒙古	313 248	137 266	76 657	101 136	29 490	73 451
辽　宁	3 975 356	741 168	373 610	808 112	118 029	213 096
吉　林	592 404	124 215	116 889	104026	32 069	64 028
黑龙江	569 818	122 306	156 971	141 544	63 131	108 267
上　海	4 786 120	401 154	82 673	235 319	24 223	177 103
江　苏	19 752 078	1 438 577	616 735	811 650	228 721	503 512
浙　江	10 491 155	608 756	319 962	587 103	341 732	356 873
安　徽	2 038 060	444 858	335 463	372 737	97 228	169 421
福　建	2 495 731	391 304	317 610	282 411	110 839	152 715
江　西	1 086 326	230 598	152 891	140 569	81 699	139 982
山　东	9 133 236	2 093 395	932 501	1 497 831	389 934	616 962
河　南	4 083 753	779 257	703 334	579 783	147 014	297 911
湖　北	1 881 673	380 137	258 589	290 845	95 261	232 304
湖　南	1 809 724	584 861	269 037	316 429	157 733	190 973
广　东	8 882 121	1 271 558	711 934	1 205 264	450 838	910 711
广　西	1 005 891	273 820	236 668	220 958	141 589	148 588
海　南	45 428	39 427	24 576	19 056	7 640	14 434
四　川	3 159 253	822 158	452 133	618 778	330 275	376 924
贵　州	270 344	54 551	73 804	85 955	14 359	39 665
云　南	481 732	184 090	116 873	61 668	22 661	76 165
西　藏						
陕　西	1 081906	274 881	258 620	266 248	95 429	124 205
甘　肃	322 082	139 685	115 363	110 762	47 766	50 694
青　海	29 502	9 173	11 658	6 632	3 202	9 812
宁　夏	57 019	26 029	24 074	12 962	4 675	11 008
新　疆	103486	34 613	35 930	22 136	17 386	20 459

（续）

地　区	二、总费用	(一）生产费用	其中：1. 种植业生产费	2. 林牧渔业生产费	（二）管理费	（三）其他费用
全国总计	**126 240 849**	**113 915 470**	**17 357 213**	**11 535 193**	**3 722 124**	**8 603 255**
北　京	2 753 119	2 662 365	158 558	244 065	10 350	80 404
天　津	2 423 191	2 320 906	117 838	77 004	17 619	84 666
河　北	7 789 914	6 328 814	1 293 976	439 552	772 711	688 389
山　西	2 312 299	1 806 472	421 588	210 912	123 271	382 556
内蒙古	841 061	745 512	272 776	92 481	18 373	77 176
辽　宁	6 076 894	5 623 822	641 094	496 570	120 438	332 634
吉　林	1 328 841	1 165 770	467 069	209 615	29 958	133 113
黑龙江	1 600 421	1 312 768	606 490	207 426	71 710	215 943
上　海	5 044 025	4 780 692	106 204	278 423	156 129	107 204
江　苏	22 227 166	20 826 931	1 280 854	1 504 190	370 143	1 030 092
浙　江	10 738 782	10 140 725	588 910	506 910	194 980	403 077
安　徽	3 671 782	3 234 373	863 924	342 312	147 050	290 359
福　建	3 426 944	3 106 326	487 482	599 402	90 124	230 494
江　西	1 860 756	1 679 965	463 840	311 096	55 646	125 145
山　东	14 438 381	12 868 262	1 984 719	1 180 738	329 047	1 241 072
河　南	6 371 000	5 496 102	1 372 847	352 440	218 508	656 390
湖　北	3 568 017	3 107 479	846 655	397 565	145 036	315 502
湖　南	3 404 388	3 027 042	654 495	532 056	90 758	286 588
广　东	11 904 844	10 502 307	1 160 056	1 145 782	422 968	979 569
广　西	2 233 063	2 068 185	495 886	450 528	45 760	119 118
海　南	207 624	183 340	69 878	59 096	8 088	16 196
四　川	6 613 327	6 062 664	1 271 477	1 170 421	129 670	420 993
贵　州	723 490	618 369	269 563	192 086	31 461	73 660
云　南	1 112 482	1 028 943	322 676	174 552	21 543	61 996
西　藏						
陕　西	2 117 655	1 912 640	542 399	191 255	63 219	141 796
甘　肃	797 942	712 994	268 882	91 839	21 851	63 097
青　海	75 140	66 919	29 755	15 732	1 638	6 583
宁　夏	156 851	138 814	55 209	18 711	3 468	14 569
新　疆	421 450	385 969	242 113	42 434	10 607	24 874

（续）

地区	三、净收入					
	合计	1. 乡（镇）办企业	2. 村组集体经营	其中：村办企业	3. 联户企业	4. 家庭经营
全国总计	**75 790 198**	**8 789 941**	**8 613 173**	**6 831 602**	**1 755 544**	**56 631 540**
北京	1 097 980	264 056	380 604	259 522		453 320
天津	779 593	112 559	325 128	248 454	36 134	305 772
河北	4 130 619	337 969	462 026	383 754	263 528	3 067 096
山西	1 649 861	142 758	277 340	238 336	26 335	1 203 428
内蒙古	1 096 172	59 284	47 057	38 377	2 673	987 158
辽宁	2 621 987	334 683	428 251	423 464	21 225	1 837 828
吉林	1 264 302	93 313	46 915	39 632	1 918	1 122 156
黑龙江	1 629 371	117 621	43 124	36 734	3 040	1 465 586
上海	1 286 805	581 659	463 681	402 491	612	240 853
江苏	6 992 764	1 672 713	1 207 601	1 130 746	36 230	4 076 220
浙江	4 800 673	1 024 022	624 406	568 086	154 090	2 998 155
安徽	2 737 703	260 939	137 109	122 861	84 507	2 255 148
福建	2 713 778	266 480	268 206	196 592	245 014	1 934 078
江西	2 306 729	171 386	104 771	83 171	65 267	1 965 305
山东	7 585 699	810 575	1 294 198	902 369	157 281	5 323 645
河南	4 838 525	273 604	429 943	343 935	177 479	3 957 499
湖北	2 889 133	261 208	239 194	201 353	33 018	2 355 713
湖南	3 371 616	308 765	194 008	162 289	49 052	2 819 791
广东	7 313 594	688 501	1 073 232	613 725	183 689	5 368 172
广西	2 623 451	133 814	69 090	59 412	74 078	2 346 469
海南	322 138	12 894	4 743	908	14 966	289 535
四川	5 389 027	479 799	218 782	166 034	41 621	4 648 825
贵州	1 327 697	86 787	16 335	5 293	17 981	1 206 594
云南	1 420 753	72 512	86 103	74 728	3 925	1 258 213
西藏						
陕西	1 619 462	103 314	120 781	89 901	40 031	1 355 336
甘肃	1 010 961	75 568	33 773	28 722	19 540	882 080
青海	167 176	4 172	3 233	2 859	246	159 525
宁夏	171 095	11 150	2 833	2 694	909	156 203
新疆	631 534	27 836	10 706	5 160	1 155	591 837

（续）

地　区	(一)国家税金	(二)上交有关部门	(三)企业各项基金	(四)乡村提留统筹	1.村集体提留	其中:(1)公积金	(2)公益金
全国总计	**5 497 695**	**1 109 806**	**4 044 461**	**3 730 858**	**2 189 962**	**1 269 889**	**555 059**
北　京	162 944	9 888	163 435	66 192	56 407	38 043	7 050
天　津	119 466	16 203	73 507	115 795	104 281	86 353	15 486
河　北	266 840	38 032	225 705	216 132	111 056	59 941	27 833
山　西	148 168	14 372	55 830	120 428	82 004	39 188	23 401
内蒙古	49 170	190	15 841	52 548	31 788	11 278	5 778
辽　宁	291 338	44 303	145 189	140 931	95 897	54 216	24 487
吉　林	70 861	4 952	24 580	46 024	21 961	10 672	5 242
黑龙江	80 157	8 873	27 570	54 468	30 105	19 245	9 894
上　海	241 066	90 784	155 232	141 361	35 587	14 292	6 943
江　苏	776 540	314 218	781 787	284 573	147 870	68 921	42 648
浙　江	642 947	45 080	336 402	140 848	88 015	41 140	17 315
安　徽	133 074	27 494	82 836	128 928	52 016	26 447	15 181
福　建	171 913	25 586	82 548	100 968	55 592	29 588	17 595
江　西	94 926	14 387	29 168	58 778	31 897	10 903	9 286
山　东	450 701	118 749	623 806	712 339	504 703	318 089	132 893
河　南	204 932	52 454	210 540	212 008	91 963	47 178	24 066
湖　北	160 475	38 668	93 185	104 053	52 888	29 587	17 902
湖　南	189 328	30 226	87 477	132 800	59 714	26 243	12 729
广　东	489 744	138 115	541 398	434 967	304 271	213 873	73 636
广　西	121 144	11 156	52 295	55 816	31 561	17 660	10 011
海　南	12 926	1 263	2 633	5 322	3 553	1 758	1 330
四　川	323 310	43 291	155 300	176 016	63 493	42 511	20 982
贵　州	48 928	1 065	8 541	26 698	14 849	2 576	2 980
云　南	72 157			54 331	31 183	12 073	6 423
西　藏							
陕　西	104 651	12 525	40 496	70 834	44 537	23 717	14 662
甘　肃	38 870	3 920	21 297	26 134	15 018	5 835	3 744
青　海	5 791	271	977	3 881	2 279	1 080	678
宁　夏	7 429	1 151	2 281	3 845	2 058	1 041	423
新　疆	17 899	2 590	4 605	43 840	23 416	16 441	4 461

(续)

地　　区	2. 乡(镇)统　筹	(五)农民所　得	每人平均 合　计	1. 乡(镇)办企业	2. 村组集体经营	其中：村办企业	3. 联户企业	4. 家庭经营
全国总计	**1 540 896**	**61 407 378**	**693.3**	**41.5**	**45.0**	**34.70**	**14.9**	**591.90**
北　　京	9 785	695 521	1 764.0	254.0	489.0	322.0		1 021.0
天　　津	11 514	454 622	1 183.0	98.0	321.0	214.0	55.0	709.0
河　　北	105 076	3 383 910	641.8	28.0	44.0	34.3	39.0	530.8
山　　西	38 424	1 311 063	586.0	25.0	65.0	56.0	9.0	487.0
内 蒙 古	20 760	978 423	697.0	26.0	20.0	14.0	2.0	649.0
辽　　宁	45 034	2 000 226	909.0	62.0	81.0	81.0	6.0	760.0
吉　　林	24 063	1 117 885	785.0	34.0	19.0	15.0	1.0	731.0
黑 龙 江	24 363	1 458 303	832.4	40.8	13.4	11.4	1.5	776.6
上　　海	105 774	658 362	1 598.0	596.0	488.0	397.0		514.0
江　　苏	136 703	4 835 646	915.70	109.60	84.8	75.4	5.1	716.10
浙　　江	52 833	3 635 396	1 034.0	119.0	78.0	70.0	25.0	812.0
安　　徽	76 912	2 365 371	494.0	32.0	18.0	15.0	15.0	429.0
福　　建	45 376	2 332 763	942.0	59.0	70.0	50.0	78.0	735.0
江　　西	26 881	2 109 470	695.0	38.0	24.0	19.0	18.0	615.0
山　　东	207 636	5 680 104	809.1	34.8	75.9	54.5	18.5	679.9
河　　南	120 045	4 158 591	558.0	19.0	35.0	27.0	18.0	486.0
湖　　北	51 165	2 492 752	625.0	32.0	40.0	33.0	6.0	547.0
湖　　南	73 086	2 931 785	573.0	31.0	25.0	7.0	6.0	511.0
广　　东	130 696	5 709 370	1 197.0	37.0	80.0	42.0	28.0	1 052.0
广　　西	24 255	2 383 040	644.0	13.0	10.0	8.0	15.0	606.0
海　　南	1 769	299 994	689.0	17.0	8.0	1.0	32.0	632.0
四　　川	112 523	4 691 110		24.8	13.6	9.7	3.0	469.1
贵　　州	11 849	1 242 465	429.0	25.0	5.0	1.0	5.0	394.0
云　　南	23 148	1 294 265	396.0	14.0	17.0	15.0	1.0	364.0
西　　藏								
陕　　西	26 297	1 390 956	515.8	21.8	25.3	18.6	10.9	457.7
甘　　肃	11 116	920 740	488.0	25.0	12.0	10.0	7.0	444.0
青　　海	1 602	156 256	500.2	7.3	6.0	5.2	0.5	486.4
宁　　夏	1 787	156 389	445.0	17.0	4.0		2.0	422.0
新　　疆	20 424	562 600	692.0	22.3	5.3	3.3	1.0	664.0

各地区农村出售产品收入

单位：万元

地　区	出售产品收入		1. 出售农产品收入		其中：出售粮食作物收入	
	金　额	占总收入%	金　额	占种植业收入%	金　额	占粮食作物收入%
全国总计	**109 570 516**	**54.2**	**21 284 204**	**48.1**	**8 472 704**	**33.1**
北　京	2 325 903	60.2	225 145	68.6	115 262	60.7
天　津	2 143 275	66.9	180 849	64.7	80 752	64.5
河　北	6 228 351	52.3	1 288 499	52.4	477 933	36.3
山　西	1 950 556	49.2	411 959	47.9	200 813	37.1
内蒙古	890 219	45.8	407 469	48.3	189 005	35.1
辽　宁	3 701 891	42.6	850 246	56.6	444 046	51.4
吉　林	1 287 263	49.6	793 336	64.1	565 444	58.3
黑龙江	1 960 046	60.7	1 029 491	64.1	708 775	59.5
上　海	4 861 857	76.8	186 338	56.8	48 978	30.2
江　苏	21 690 621	74.2	1 486 633	48.0	687 517	33.8
浙　江	11 396 869	73.3	876 815	51.5	234 443	27.9
安　徽	3 131 841	48.9	1 034 267	49.9	515 135	39.2
福　建	3 094 833	50.4	554 866	46.1	139 879	25.8
江　西	2 016 100	48.4	581 318	42.6	277 137	33.8
山　东	8 732 272	39.6	2 123 510	45.5	741 587	31.1
河　南	4 961 309	44.2	1 506 587	43.0	579 898	28.9
湖　北	2 885 273	44.7	1 138 689	52.9	498 370	41.5
湖　南	2 906 401	42.9	731 158	38.0	324 688	24.3
广　东	10 291 623	53.6	1 746 206	58.5	407 238	33.8
广　西	2 557 115	52.7	686 199	42.9	103 728	13.2
海　南	295 601	55.8	115 270	54.9	36 506	33.2
四　川	5 250 506	43.7	1 233 988	33.3	467 334	18.9
贵　州	734 695	35.9	308 916	36.1	78 395	9.2
云　南	1 199 995	47.5	497 701	45.2	91 551	15.1
西　藏						
陕　西	1 558 009	41.7	494 434	43.3	187 814	27.5
甘　肃	702 054	38.8	270 483	38.6	101 126	23.0
青　海	81 217	33.5	20 453	22.8	8 441	12.6
宁　夏	144 516	44.1	69 479	49.4	49 922	47.6
新　疆	590 305	56.1	433 900	63.8	110 988	35.5

（续）

地区	2. 出售林业产品收入		3. 出售牧业产品收入		4. 出售副业产品收入	
	金额	占林业收入 %	金额	占牧业收入 %	金额	占副业收入 %
全国总计	**1 477 216**	**65.9**	**12 532 151**	**72.9**	**2 159 309**	**50.7**
北京	34 229	80.5	245 930	85.9	8 737	38.4
天津	5 994	77.5	63 564	74.3	24 847	51.3
河北	83 547	80.0	533 561	69.4	238 585	61.8
山西	28 088	83.7	132 751	64.4	19 211	88.9
内蒙古	9 853	62.6	190 622	66.9	31 402	53.5
辽宁	20 191	66.7	353 445	69.5	89 954	54.0
吉林	10 135	61.1	148 337	66.6	38 554	55.1
黑龙江	11 285	87.0	227 270	73.3	66 355	59.7
上海	1 668	38.3	341 823	91.9		
江苏	63 117	73.2	1 309 529	79.6	417 111	70.9
浙江	66 606	57.1	627 229	83.3	5 833	9.8
安徽	58 844	65.6	382 453	65.6	71 581	56.0
福建	104 799	64.3	435 113	77.8	82 304	44.6
江西	50 957	51.9	437 113	70.6	65 924	37.2
山东	161 765	74.1	1 217 204	80.2	236 100	48.8
河南	111 576	60.0	430 888	64.7	130 374	55.6
湖北	44 280	49.0	441 838	59.6	65 003	36.2
湖南	128 938	89.0	734 773	68.7	60 473	33.4
广东	130 934	69.9	1 088 400	78.7	251 250	48.3
广西	100 146	62.3	700 335	82.9	58 007	44.4
海南	16 404	71.4	51 576	80.0	15 310	74.4
四川	80 391	58.7	1 539 152	69.2	46 682	44.6
贵州	29 261	56.2	235 391	50.7	26 004	20.0
云南	32 700	39.7	185 501	52.0	16 959	48.2
西藏						
陕西	53 076	65.2	209 608	65.3	47 061	54.9
甘肃	23 887	66.6	137 209	65.9	22 492	28.9
青海	908	55.5	42 293	57.3	4 127	58.7
宁夏	3 431	78.9	23 431	78.6	6 070	41.9
新疆	10 211	75.3	65 812	67.9	12 999	48.6

（续）

地　区	5. 出售渔业产品收入		6. 出售工业产品收入		7. 出售其他产品收入	
	金　额	占渔业收入 %	金　额	占工业收入 %	金　额	占出售产品收入　%
全国总计	**2 715 366**	**80.5**	**66 550 938**	**73.8**	**2 851 332**	**2.6**
北　京	25 535	96.0	1 696 151	84.3	90 176	3.9
天　津	32 228	91.3	1 293 032	56.1	542 761	25.3
河　北	81 789	85.2	3 865 835	68.4	136 535	2.2
山　西	1 845	59.2	1 310 122	74.4	46 580	2.4
内蒙古	2 477	90.6	230 766	73.7	17 630	2.0
辽　宁	212 132	81.2	1 987 732	50.0	188 191	5.1
吉　林	7 916	63.2	258 022	43.6	30 963	2.4
黑龙江	22 716	82.5	509 900	89.5	93 029	4.7
上　海	87 427	95.2	4 243 034	88.7	1 567	
江　苏	400 168	88.6	17 907 826	90.7	106 237	0.5
浙　江	114 962	56.5	9 632 531	91.8	72 893	0.6
安　徽	59 122	73.6	1 440 162	70.7	85 412	2.7
福　建	221 805	79.3	1 638 043	65.6	57 903	1.9
江　西	53 357	70.9	735 583	67.7	91 853	4.6
山　东	387 714	81.2	4 215 175	46.2	390 804	4.5
河　南	21 532	66.0	2 610 393	63.9	149 959	3.1
湖　北	94 077	63.1	1 011 130	53.7	90 256	3.1
湖　南	82 989	66.2	1 075 932	59.5	92 138	3.1
广　东	595 861	84.1	6 160 711	69.4	318 261	2.9
广　西	75 030	80.5	895 251	89.0	42 147	1.7
海　南	56 422	92.1	32 724	72.0	7 895	2.7
四　川	52 396	75.0	2 196 066	69.5	101 831	2.0
贵　州	3 273	39.0	126 039	46.6	5 811	0.7
云　南	12 359	82.3	437 520	90.8	17 255	1.4
西　藏						
陕　西	5 630	82.8	707 879	65.4	40.321	2.6
甘　肃	868	78.6	229 543	71.3	17 572	2.5
青　海	169	100.0	11 960	40.5	1 307	1.6
宁　夏	1 944	66.8	37 567	65.9	2 594	1.8
新　疆	1 623	88.4	54 309	52.5	11 451	1.9

各地区农民人均收入水平按县分组

单位：个、万人

地　区	汇入本表县数	汇入本表人口	人均收入200元以下的县		200～300元的县		300～400元的县		400～500元的县	
			县　数	人　口	县　数	人　口	县　数	人　口	县　数	人　口
全国总计	**2 512**	**88 484.2**	**13**	**480.2**	**97**	**2 931.7**	**255**	**9 749.1**	**342**	**12 581**
北　京	15	394.0								
天　津	12	384.0								
河　北	168	5 272.1			3	90.7	18	484.4	29	939.2
山　西	111	2 238.8			4	40.3	19	334.5	23	434.6
内蒙古	88	1 401.1					2	61.0	2	37.0
辽　宁	76	2 198.6					1	52.5	1	23.3
吉　林	59	1 425.8								
黑龙江	79	1 751.8			2	6.4				
上　海	10	410.9								
江　苏	90	5 281.1							1	105.9
浙　江	86	3 517.0					3	80.7	3	73.0
安　徽	89	4 792.8			1	65.1	12	1 046.0	21	1 402.3
福　建	77	2 477.5							1	15.5
江　西	95	3 037.2							5	124.3
山　东	131	7 020.1					2	61.4	5	252.9
河　南	143	7 454.7	1	55	2	85.0	14	899.0	27	1 844.2
湖　北	88	3 983.8					13	569.2	16	741.0
湖　南	109	5 120.1			5	207.0	14	631.0	20	913.0
广　东	117	4 768.0								
广　西	89	3 703.0			5	140.0	14	439.0	9	246.0
海　南	19	435.0							2	13.0
四　川	212	9 194.0			6	284.2	47	2 531.5	55	2 548.2
贵　州	86	2 895.8	1	24.8	24	917.6	20	558.4	20	670.7
云　南	126	3 264.7	10	362.7	33	816.3	31	900.3	17	435.7
西　藏										
陕　西	107	2 697.0			4	100.3	19	442.0	33	852.1
甘　肃	86	1 887.9			3	60.1	18	532.4	23	646.3
青　海	40	312.4					5	95.5	13	142.6
宁　夏	20	351.5	1	37.7	5	118.7	1	26.0	1	12.0
新　疆	84	813.5					2	4.3	15	108.2

（续）

地　　区	500～600元的县		600～700元的县		700～800元的县		800～1 000元的县		1 000元以上的县	
	县　数	人　口	县　数	人　口	县　数	人　口	县　数	人　口	县　数	人　口
全国总计	**362**	**14 192.8**	**332**	**13 072.3**	**297**	**10 947.4**	**375**	**12 202.5**	**439**	**12 327.2**
北　　京									15	394
天　　津							1	41.0	11	343
河　　北	28	962.9	24	990.8	13	416.4	38	1 151.3	15	236.4
山　　西	21	420.0	19	438.2	13	346.0	6	125.9	6	99.3
内 蒙 古	20	386.0	19	410.0	11	197.0	13	207.0	21	103.1
辽　　宁	4	155.7	14	531.3	4	75.9	20	725.8	32	634.1
吉　　林			4	166.6	21	704.4	26	519.6	8	35.2
黑 龙 江	3	88.3	10	211.7	16	450.8	31	811.4	17	183.2
上　　海									10	410.9
江　　苏	7	567.4	11	873.0	14	1 187.0	15	664.4	42	1 883.4
浙　　江	5	272.8	5	160.6	9	346.3	13	716.1	48	1 867.5
安　　徽	29	1 527.0	14	605.5	5	85.5	6	34.7	1	26.7
福　　建	4	153.1	10	292.0	9	398.5	20	687.8	33	930.6
江　　西	18	725.3	24	872.2	23	570.8	23	701.7	2	42.9
山　　东	27	1 578.6	16	942.6	14	700.9	29	1 859.5	38	1 624.2
河　　南	28	2 020.1	18	950.2	25	1 150.8	22	406.7	6	43.7
湖　　北	7	255.0	17	977.7	13	696.3	14	697.4	8	47.2
湖　　南	21	992.0	21	1 206.0	15	722.0	9	334.0	4	115.1
广　　东	2	60.0	4	136.0	13	545.0	22	1 069.0	76	2 958.0
广　　西	15	366.0	14	734.0	22	1 314.0	8	454.0	2	10.0
海　　南	4	86.0	7	193.0	2	51.0	4	92.0		
四　　川	41	1 516.1	25	1 111.4	16	577.9	15	560.3	7	64.4
贵　　州	9	495.4	5	145.1	3	55.8	3	26.0	1	2.0
云　　南	11	339.4	9	189.6	7	102.1	6	65.3	2	53.3
西　　藏										
陕　　西	23	598.7	17	580.5	3	49.2	3	35.1	5	39.1
甘　　肃	16	400.8	5	82.4	3	21.8	8	73.8	10	70.3
青　　海	3	22.4	3	12.8	4	10.7	6	17.7	6	10.7
宁　　夏	2	25.5	5	72.2	3	48.2	1	10.8	1	0.4
新　　疆	14	178.3	12	186.9	16	123.1	13	114.2	12	98.5

各地区农民人均收入1 000元以上的县

单位：元

县（旗、市、区）名	人均收入	人口（万人）
北京市		
密云县	1 112	36.0
延庆县	1 208	23.0
平谷县	1 286	34.0
门头沟区	1 329	10.0
矿 区	1 340	6.0
怀柔县	1 385	21.0
丰台区	1 671	17.0
海淀区	1 706	17.0
朝阳区	1 772	24.0
昌平县	1 935	28.0
顺义县	1 955	46.0
房山区	1 986	48.0
石景山区	2 116	2.0
大兴县	2 165	38.0
通 县	2 403	44.0
天津市		
蓟 县	1 023	69.0
宁河县	1 083	28.0
宝坻县	1 085	55.0
武清县	1 203	71.0
大港区	1 226	10.0
北辰区	1 275	21.0
东丽区	1 363	22.0
津南区	1 425	30.0
汉沽区	1 537	6.0
西青区	1 561	24.0
塘沽区	1 605	7.0
河北省		
丰南县	1 004	45.0
承德市营子矿区	1 016	2.0
芦台农场	1 028	2.4
秦皇岛市山海关区	1 055	5.7
霸州市	1 074	45.4
三河县	1 100	33.8
保定市新市区	1 108	6.2
黄骅市	1 131	33.3
秦皇岛市海港区	1 154	6.1
保定市北市区	1 156	1.3
唐山市开平区	1 195	26.2
保定市南市区	1 206	3.6
秦皇岛市北戴河区	1 245	3.2
汉沽农场	1 258	2.5
石家庄市郊区	1 372	19.7
内蒙古自治区		
临河市	1 025	26.1
新巴尔虎右旗	1 074	1.1
集宁市	1 082	2.1
巴镇	1 090	0.2
呼和浩特市郊区	1 152	23.2
包头市郊区	1 208	18.7
陈巴尔虎旗	1 229	0.7
牙克石市	1 238	4.3
苏尼特左旗	1 248	1.5
西乌珠穆沁旗	1 283	3.2
鄂温克族自治旗	1 414	1.5
赤峰市元宝山区	1 427	12.1
额济纳旗	1 519	0.3
阿巴嘎旗	1 665	1.9
赤峰市红山区	1 806	4.6
海拉尔市	1 819	1.6
辽宁省		
大洼县	1 004	1.0
阜新市细河区	1 016	6.7
锦西市葫芦岛区	1 055	2.4
辽中县	1 059	42.3
沈阳市新城子区	1 091	19.0
沈阳市苏家屯区	1 096	22.7
沈阳市锦县	1 098	52.7
丹东市振安区	1 104	13.0
抚顺市顺城区	1 111	13.7
北镇县	1 118	45.1
营口市大石桥市	1 177	55.0
营口市鲅鱼圈区	1 200	4.0
鞍山市海城区	1 200	83.8
鞍山市旧堡区	1 228	18.7

（续）

县（旗、市、区）名	人均收入	人口（万人）	县（旗、市、区）名	人均收入	人口（万人）
盘山县	1 237	11.0	塔河县	1 163	0.5
营口市盖州市	1 270	66.0	哈尔滨市郊区	1 250	37.6
辽阳市太子河区	1 278	7.6	东宁县	1 387	10.9
本溪市日月山区	1 292	4.4	牡丹江市郊区	1 393	11.6
沈阳市东陵区	1 300	29.4	逊克县	1 569	4.4
朝阳市双塔区	1 315	4.4	黑河市	1 689	4.7
辽阳市农伟区	1 454	2.3	呼玛县	2 128	2.0
盘锦市兴隆台区	1 463	2.0	上海市		
铁岭市银川区	1 474	2.5	崇明县	1 079	54.6
沈阳市于洪区	1 490	26.4	南汇县	1 310	57.1
锦州市太和区	1 502	11.8	金山县	1 320	39.2
大连市金州区	1 578	38.0	奉贤县	1 487	40.0
营口市老边区	1 631	9.0	松江县	1 599	37.7
盘锦市双台区	2 008	4.0	嘉定县	1 755	38.0
长海县	2 043	7.0	青浦县	1 783	37.0
锦州市天桥区	2 358	2.2	上海县	1 886	34.1
大连市甘井子区	2 461	15.0	川沙县	2 064	46.5
大连市旅顺口区	2 535	11.0	宝山区	2 164	26.7
吉林省			江苏省		
吉林市船营区	1 004	4.0	南京市浦口区	1 005	5.4
四平市铁西区	1 014	3.1	盐城市郊区	1 007	104.6
四平市铁东区	1 020	5.0	丹徒县	1 010	42.6
吉林市昌邑区	1 126	5.1	邗江县	1 011	51.0
长春市南关区	1 211	5.5	东台市	1 013	100.4
长春市朝阳区	1 226	7.0	通州市	1 026	129.1
长春市二道区	1 245	2.9	启东县	1 050	105.0
长春市宽城区	1 400	2.6	南通市港闸区	1 053	12.8
黑龙江省			溧阳市	1 056	64.1
七台河市	1 021	9.0	盐城市城区	1 062	3.6
佳木斯市郊区	1 040	11.6	泰州市	1 064	9.7
大庆市	1 045	22.1	海门县	1 064	90.4
汉河县	1 048	0.3	江宁县	1 074	66.4
孙吴县	1 061	3.8	靖江县	1 083	56.0
绥芬河市	1 112	0.8	南京市栖霞区	1 097	17.8
嫩江县	1 112	20.5	镇江市京口区	1 126	3.0
穆棱县	1 122	17.8	徐州市郊区	1 130	9.1
虎林县	1 124	8.1	金坛县	1 150	46.8
海林县	1 153	17.5	宜兴市	1 197	89.1

（续）

县（旗、市、区）名	人均收入	人口（万人）	县（旗、市、区）名	人均收入	人口（万人）
武进县	1 200	116.2	椒江市	1 198	33.6
南京市雨花区	1 217	11.9	余姚市	1 216	69.4
连云港市新浦区	1 220	0.2	临安县	1 226	44.7
扬州市郊区	1 272	11.8	德清县	1 228	34.2
镇江市润州市	1 306	4.9	诸暨市	1 231	94.4
南通市富民港	1 315	3.7	宁波市北仑区	1 273	27.6
南通市崇川区	1 346	6.2	宁波市镇海区	1 285	11.8
连云港市连云区	1 355	2.2	金华市婺城区	1 286	13.9
丹阳市	1 355	68.4	余杭县	1 297	70.7
扬中县	1 428	24.2	宁波市江北区	1 309	10.3
常州市戚墅堰区	1 468	2.3	温州瓯海区	1 333	52.0
吴江县	1 476	64.2	鄞县	1 379	61.7
无锡市马山区	1 500	0.8	慈溪市	1 387	85.9
吴县	1 514	100.1	嘉善县	1 394	30.4
张家港市	1 526	71.1	舟山市定海区	1 442	24.2
常州市郊区	1 605	10.3	嘉兴市郊区	1 447	45.2
无锡县	1 660	95.3	湖州市区	1 457	80.7
常熟市	1 675	84.2	嵊泗县	1 486	0.4
昆山市	1 742	45.6	杭州市西湖区	1 499	11.2
太仓市	1 759	36.1	温州市龙湾区	1 529	7.3
江阴市	1 908	95.7	绍兴市越城区	1 554	10.0
苏州市郊区	1 962	12.0	萧山市	1 557	99.3
无锡市郊区	1 986	9.1	嘉兴市城区	1 563	8.1
浙江省			绍兴县	1 565	84.8
长兴县	1 000	49.1	海宁市	1 576	52.3
安吉县	1 002	38.4	桐乡县	1 586	54.5
岱山县	1 003	10.8	平湖市	1 604	40.1
洞头县	1 008	10.8	温州市鹿城区	1 624	7.2
东阳市	1 047	102.0	海盐县	1 638	30.2
象山县	1 008	69.7	宁波市海曙区	1 654	1.5
瑞安市	1 058	82.9	宁波市江东区	1 787	2.3
黄岩市	1 069	42.6	杭州市拱墅区	1 830	3.6
玉环县	1 093	26.9	杭州市江干区	2 018	8.1
义乌市	1 111	56.0	杭州市下城区	2 071	0.1
上虞市	1 127	67.2	安徽省		
相庐县	1 131	32.8	合肥市郊区	1 035	26.7
舟山市普陀区	1 175	14.1	福建省		
富阳县	1 182	52.5	大田县	1 004	29.6

（续）

县（旗、市、区）名	人均收入	人口（万人）	县（旗、市、区）名	人均收入	人口（万人）
福清市	1 007	99.2	枣庄市市中区	1 010	19.5
云霄县	1 029	30.6	胶州市	1 015	64.0
南安县	1 051	127.2	即墨市	1 018	96.8
邵武市	1 054	19.8	诸城市	1 020	90.7
宁化县	1 076	29.4	淄博市临淄区	1 025	40.2
太宁县	1 088	10.6	滕州市	1 026	115.8
南靖县	1 094	28.5	济宁市郊区	1 036	54.3
长乐县	1 100	59.0	昌邑县	1 037	60.0
建宁县	1 143	12.6	潍坊市坊子区	1 037	19.5
尤溪县	1 150	35.4	高密县	1 050	75.2
将乐县	1 155	12.8	莱州市	1 060	78.6
长泰县	1 161	15.4	潍坊市潍城区	1 064	25.1
莆田市涵江区	1 166	13.6	龙口市	1 069	50.9
漳州市芦城区	1 186	15.6	兖州市	1 097	42.5
沙县	1 190	17.7	淄博市淄川区	1 097	50.0
漳浦县	1 214	66.0	平度市	1 109	118.0
清流县	1 234	11.6	淄博市博山区	1 118	26.8
厦门市集美区	1 243	13.1	寿光县	1 120	90.2
明溪县	1 255	9.3	济南市槐荫区	1 124	10.0
龙海县	1 262	73.7	潍坊市寒亭区	1 125	29.7
三明市梅列区	1 282	1.9	乳山县	1 149	59.2
永安市	1 306	18.3	桓台县	1 211	42.9
厦门市思明区	1 365	0.5	淄博市围树区	1 213	18.8
三明市三元区	1 392	5.2	青岛市崂山区	1 237	63.0
福州市马尾区	1 438	1.9	青岛市黄岛区	1 253	7.8
东山县	1 443	11.2	济宁市市中区	1 300	4.5
福州市郊区	1 503	41.8	济南市市中区	1 300	3.0
石狮市	1 571	23.5	文登市	1 309	64.5
厦门市杏林区	1 643	3.8	济南市历下区	1 358	3.4
晋江市	1 670	87.0	淄博市张店区	1 460	23.5
厦门市开元区	1 800	1.1	济南市天桥区	1 505	6.1
厦门市湖里区	1 900	3.7	荣成市	1 573	68.2
江西省			长岛县	1 800	3.1
南昌市郊区	1 100	19.7	威海市环翠区	1 840	16.9
宜春地区上高县	1 014	23.2	沧口区	1 985	2.6
山东省			青岛市开发区	2 160	1.3
莱西市	1 002	64.0	河南省		
烟台市芝罘区	1 009	13.6	新乡市北站区	1 009	5.2

（续）

县（旗、市、区）名	人均收入	人口（万人）	县（旗、市、区）名	人均收入	人口（万人）
许昌市魏都区	1 034	8.4	韶关市浈江区	1 148	1.9
濮阳市市区	1 047	17.0	博罗县	1 150	53.0
平顶山市新华区	1 071	1.2	阳春县	1 056	78.0
新乡市郊区	1 154	8.6	吴川县	1 076	70.0
洛阳市吉利区	1 177	3.3	从化县	1 163	35.0
湖北省			潮安县	1 168	93.0
宜昌市城区	1 017	7.0	新兴县	1 174	36.0
襄樊市郊区	1 160	9.0	潮阳县	1 175	183.0
武汉市洪山区	1 189	20.3	茂名市茂南区	1 177	34.0
武汉市汉阳区	1 249	2.1	梅县	1 178	51.0
沙市市	1 298	4.2	云浮市	1 199	43.0
武汉市硚口区	1 450	1.1	韶关市北江区	1 201	0.80
武汉市江岸区	1 588	2.5	阳江市江城区	1 202	27.0
武汉市江汉区	1 600	1.0	四会县	1 261	26.0
湖南省			高要县	1 278	59.0
长沙县	1 046	74.9	高州县	1 278	116.0
株洲市郊区	1 075	14.4	潮州市湘桥区	1 280	10.0
岳阳市郊区	1 163	8.5	梅州市梅江区	1 308	10.0
长沙市郊区	1 249	17.3	惠阳县	1 309	40.0
广东省			南澳县	1 311	2.0
阳东县	1 009	41.0	高明县	1 321	17.0
曲江县	1 010	28.0	澄海县	1 339	61.0
始兴县	1 013	19.0	恩平县	1 358	32.0
南雄县	1 014	37.0	汕头市开平区	1 363	7.0
惠来县	1 023	70.0	湛江市霞山区	1 411	5.0
廉江县	1 030	102.0	汕头市达濠区	1 434	10.0
海康县	1 040	96.0	惠州市惠城区	1 441	7.0
大埔县	1 059	42.0	惠东县	1 459	45.0
普宁县	1 064	132.0	汕头市龙湖区	1 477	5.0
化州县	1 070	98.0	斗门县	1 531	19.0
广宁县	1 079	44.0	汕头市金园区	1 545	5.0
揭阳市榕城区	1 087	36.0	开平县	1 578	49.0
封开县	1 093	34.0	肇庆市鼎湖区	1 588	10.0
韶关市武江区	1 104	2.0	鹤山县	1 605	27.0
郁南县	1 111	37.0	增城县	1 628	55.0
罗定县	1 112	82.0	新会市	1 693	64.0
清远市清城区	1 131	30.0	肇庆市端州区	1 708	4.0
湛江市赤坎区	1 141	2.0	台山市	1 717	82.0

（续）

县（旗、市、区）名	人均收入	人口（万人）	县（旗、市、区）名	人均收入	人口（万人）
花县	1 805	38.0	西安市雁塔区	1 142	13.7
广州农场局	1 853	4.0	西安市新城区	1 158	1.2
三水县	1 890	20.0	西安市未央区	1 168	19.7
中山市	1 920	87.0	西安市莲湖区	1 186	3.2
珠海市香洲区	1 946	4.0	西安市碑林区	1 421	1.3
东莞市	1 976	101.0	甘肃省		
顺德市	2 032	63.0	玉门市	1 014	6.7
番禺市	2 163	56.0	金塔县	1 027	10.6
宝安县	2 300	22.0	兰州市安宁区	1 035	3.6
佛山市石湾区	2 388	7.0	酒泉市	1 065	22.2
南海市	2 482	74.0	安西县	1 123	4.9
广州白云区	3 193	45.0	兰州市西固区	1 126	7.6
江门郊区	3 263	7.0	兰州市城关区	1 130	4.6
广州芳村区	3 608	4.0	敦煌市	1 208	9.1
广州黄埔区	4 682	5.0	阿克塞县	1 710	0.4
深圳南山区	5 068	1.4	肃北县	2 230	0.6
深圳福田区	5 098	1.3	青海省		
广州海珠区	5 295	6.0	祁连县	1 063	3.0
广州天河区	5 328	6	海晏县	1 226	1.7
深圳罗湖区	5 899	1.6	玛沁县	1 236	1.8
广西壮族自治区			玛多县	1 237	0.7
北海市郊区	1 224	8	天峻县	1 261	1.2
北海市海城区	1 536	2	刚察县	1 350	2.3
四川省			宁夏回族自治区		
成都市青羊区	1 070	6	石嘴山市大武口区	1 199	0.4
成都市锦江区	1 077	5.4	新疆维吾尔族自治区		
重庆市沙坪坝区	1 108	7.6	鄯善县	1 004	13.2
成都市金牛区	1 186	10.1	呼图壁县	1 005	6.4
重庆市九龙坡区	1 189	13.8	精河县	1 029	5.3
成都市武侯区	1 201	10.4	吐鲁番市	1 004	15.5
成都市成华区	1 313	11.1	米泉县	1 093	9.4
贵州省			乌鲁木齐县	1 096	12.2
贵阳市云岩区	1 061	2	若羌县	1 105	1.2
云南省			石河子市	1 125	1.6
昆明市官渡区	1 213	27	昌吉市	1 129	8.9
玉溪市	1 298	26.3	库尔勒市	1 185	5.8
陕西省			玛纳斯县	1 192	7.8
			麦盖提县	1 213	11.2

各地区农民人均收入 250 元以下的县

单位：元

县（旗、市、区）名	人均收入	人口（万人）
河南省		
宜阳县	197	55
洛宁县	207	39
四川省		
古蔺县	241	63.9
贵州省		
晴隆县	192	24.8
贞丰县	211	30.5
丹寨县	215	14.1
水城县	218	62.5
沿河县	219	45.1
雷山县	224	12.2
赤水县	226	23.5
黄平县	233	28.8
盘县	241	89.4
剑河县	248	17.6
云南省		
彝良县	151	12.9
鲁甸县	155	30.9
巧家县	155	45.6
镇雄县	164	101.1
永善县	167	35.4
红河县	191	23.4
金平县	193	28.5
西盟佤族自治县	197	7.0
盐津县	199	30.4
绿春县	199	17.5
维西傈僳族自治县	204	12.9
墨江哈尼族自治县	210	33.1
大关县	210	22.0
会泽县	215	77.3
屏边县	221	12.8
元阳县	226	32.6
永仁县	231	9.1
贡山独龙族怒族自治县	232	2.8
绥江县	235	12.3
西畴县	235	21.8
麻栗坡县	237	23.9
富宁县	243	34.3
砚山县	250	36.2
陕西省		
靖边县	224	23.2
镇巴县	237	26.2
甘肃省		
积石山保安族东乡族撒拉族自治县	238	19.5
宁夏回族自治区		
西吉县	161	37.7
海原县	222	29.5
彭阳县	231	21.6
泾源县	241	9.1
隆德县	245	18.2

注：本表不含西藏数字。

以上农村经济收益分配各表由农业部农村合作经济指导司供稿

农民家庭收支抽样调查

农村住户调查基本情况

项目	单位	1985年	1988年	1989年	1990年	1991年	1992年
调查户数	户	66 642	67 186	66 906	66 960	67 410	67 490
调查户常住人口	人	341 525	332 016	325 372	321 429	317 816	315 036
平均每户常住人口	人	5.12	4.94	4.86	4.80	4.71	4.67
平均每户整半劳动力	人	2.95	2.95	2.94	2.92	2.83	2.83
平均每个整半劳动力负担人口	人	1.74	1.67	1.65	1.64	1.66	1.65
平均每户年内新建房屋间数	间	0.30	0.25	0.23	0.19	0.21	0.17
平均每户年底使用房屋间数	间	5.11	5.45	5.53	5.61	5.46	5.55
平均每人年底使用房屋面积	平方米	17.34	19.57	20.32	21.04	21.88	22.38
其中：住房面积	平方米	14.70	16.58	17.21	17.83	18.49	18.88

农民家庭平均每人纯收入

项目	1985年	1988年	1989年	1990年	1991年	1992年
一、按收入来源分						
1. 平均每人纯收入（元）	397.60	544.94	601.51	686.31	708.55	783.99
（1）从集体统一经营中得到的收入	33.37	49.72	56.62	60.32	66.09	77.82
（2）从经济联合体得到的收入	3.69	3.62	3.45	2.44	1.97	2.13
（3）家庭经营纯收入	322.53	453.40	494.22	576.27	588.52	643.71
（4）其他非生产性收入	38.01	38.20	47.22	47.28	51.97	60.33
2. 比重（以纯收入为100）						
（1）从集体统一经营中得到的收入	8.39	9.12	9.41	8.79	9.33	9.93
（2）从经济联合体得到的收入	0.93	0.66	0.58	0.36	0.28	0.27
（3）家庭经营纯收入	81.12	83.20	82.16	83.97	83.06	82.11
（4）其他非生产性收入	9.56	7.02	7.85	6.89	7.33	7.70
二、按收入性质分						
1. 纯收入合计（元）	397.60	544.94	601.51	686.31	708.55	783.99
（1）生产性纯收入	350.06	494.02	540.29	623.14	638.89	703.42
农业生产收入	263.81	345.64	371.65	456.04	460.55	486.86
非农业生产收入	86.26	148.38	168.64	167.10	178.34	216.56
（2）非生产性收入	47.53	50.92	61.22	63.17	69.66	80.57
2. 比重（以纯收入为100）						
（1）生产性纯收入	88.04	90.66	89.82	90.80	90.17	89.72
农业生产收入	66.35	63.43	61.79	66.45	65.00	62.10
非农业生产收入	21.70	27.23	28.04	24.35	25.17	27.62
（2）非生产性收入	11.96	9.34	10.18	9.20	9.83	10.28

各地区农民平均每人年纯收入

单位：元

地区	纯收入合计		一、从集体统一经营中得到的收入	二、从经济联合体得到的收入	三、家庭经营纯收入	四、其他非生产性收入
	1992年	比上年增减%	1992年	1992年	1992年	1992年
全国总计	**783.99**	**10.65**	**77.82**	**2.13**	**643.71**	**60.33**
北京	1 571.56	10.49	685.48	1.80	649.66	234.62
天津	1 309.01	12.02	413.81	1.89	804.87	88.44
河北	682.48	3.82	77.86	8.81	530.32	65.49
山西	627.01	10.41	65.03	0.70	494.97	66.31
内蒙古	672.17	8.77	17.72		631.31	23.14
辽宁	995.10	10.97	155.17	1.67	757.02	81.24
吉林	807.41	7.89	28.04	0.82	747.95	30.60
黑龙江	949.20	29.18	26.17		883.13	39.90
上海	2 225.87	11.11	1 220.30	3.06	750.11	252.40
江苏	1 060.71	15.20	279.73	0.23	708.66	72.09
浙江	1 359.13	12.25	276.13	16.91	927.32	138.77
安徽	573.58	28.59	27.16	0.27	507.51	38.64
福建	984.10	15.77	58.69	6.26	831.21	87.94
江西	768.41	9.38	30.68	1.57	694.43	41.73
山东	802.90	5.09	130.23	2.82	606.25	63.60
河南	588.48	9.12	24.21	0.19	516.53	47.55
湖北	677.82	8.12	40.91	0.13	603.59	33.19
湖南	739.42	7.33	37.68	0.72	666.27	34.75
广东	1 307.65	14.40	91.23	5.96	1 079.83	130.63
广西	731.69	11.24	2.64	0.91	675.42	52.72
海南	842.79	15.44	10.42	2.67	756.77	72.93
四川	634.31	7.47	25.29	0.34	556.93	51.75
贵州	506.13	8.72	4.07		456.00	46.06
云南	617.98	7.93	14.85	0.07	546.88	56.18
西藏	829.66	17.40	1.54		783.23	44.89
陕西	558.79	4.65	19.12	0.25	495.18	44.24
甘肃	489.47	9.64	14.63	1.25	433.70	39.89
青海	603.40	8.61	10.72		551.07	41.61
宁夏	591.01	0.17	15.97		537.69	37.35
新疆	740.44	5.30	17.57		689.27	33.60

各地区农民平均每人年纯收入构成

地区	占纯收入合计（%）			
	一、从集体统一经营中得到的收入	二、从经济联合体得到的收入	三、家庭经营纯收入	四、其他非生产性收入
全国总计	**9.93**	**0.27**	**82.11**	**7.69**
北　京	43.62	0.11	41.34	14.93
天　津	31.61	0.14	61.49	6.76
河　北	11.41	1.29	77.70	9.60
山　西	10.37	0.11	78.94	10.58
内蒙古	2.64		93.92	3.44
辽　宁	15.59	0.17	76.07	8.17
吉　林	3.47	0.10	92.64	3.79
黑龙江	2.76		93.04	4.20
上　海	54.82	0.14	33.70	11.34
江　苏	26.37	0.02	66.81	6.80
浙　江	20.32	1.24	68.23	10.21
安　徽	4.74	0.05	88.48	6.73
福　建	5.96	0.64	84.46	8.94
江　西	3.99	0.20	90.37	5.44
山　东	16.22	0.35	75.51	7.92
河　南	4.11	0.03	87.77	8.09
湖　北	6.04	0.02	89.05	4.89
湖　南	5.10	0.10	90.11	4.69
广　东	6.98	0.46	82.58	9.98
广　西	0.36	0.12	92.31	7.21
海　南	1.24	0.32	89.79	8.65
四　川	3.99	0.05	87.80	8.16
贵　州	0.80		90.10	9.10
云　南	2.40	0.01	88.49	9.10
西　藏	0.19		94.40	5.41
陕　西	3.42	0.04	88.62	7.92
甘　肃	2.99	0.26	88.61	8.14
青　海	1.78		91.33	6.89
宁　夏	2.70		90.98	6.32
新　疆	2.37		93.09	4.54

各地区农民家庭平均每人生活消费支出

单位：元

地区	生活消费支出合计		一、生活消费品支出		二、非商品支出		在生活消费品支出中：1. 食品	
	1992 年	比上年增减%	1992 年	比上年增减%	1992 年	比上年增减%	1992 年	比上年增减%
全国总计	**659.01**	**6.33**	**601.88**	**5.38**	**57.13**	**17.50**	**374.36**	**6.26**
北京	1 148.58	4.40	1 015.31	1.89	133.27	28.48	556.86	4.20
天津	846.66	6.40	784.86	7.05	61.80	−1.17	426.10	2.97
河北	579.36	3.79	530.33	2.79	49.03	15.91	298.49	11.53
山西	492.90	−0.59	459.86	−0.96	33.04	4.72	279.81	6.09
内蒙古	599.73	4.98	546.85	4.61	52.88	9.01	329.40	2.68
辽宁	799.40	4.20	726.27	3.33	73.13	13.79	407.41	2.57
吉林	643.13	−0.81	587.94	−1.64	55.19	8.94	381.53	4.10
黑龙江	674.50	9.04	631.93	8.99	42.57	9.66	414.30	16.13
上海	1 967.39	27.77	1 804.88	27.96	162.51	25.66	848.04	15.56
江苏	953.44	8.59	890.01	7.92	63.43	19.05	515.86	5.82
浙江	1 111.87	8.31	1 015.51	7.33	96.36	19.93	547.54	5.69
安徽	501.73	5.71	455.25	4.57	46.48	18.33	292.98	6.90
福建	820.75	9.87	739.23	8.86	81.52	19.99	483.17	9.67
江西	648.25	8.58	592.06	7.67	56.19	19.22	396.96	5.20
山东	655.69	6.96	595.67	5.67	60.02	21.72	351.80	7.40
河南	472.61	3.94	425.96	3.28	46.65	10.39	264.02	8.72
湖北	611.84	−0.58	549.46	−2.31	62.38	17.85	368.22	1.18
湖南	707.79	7.97	645.54	6.80	62.25	21.87	438.11	7.32
广东	1 060.29	12.51	931.04	11.11	129.25	23.74	566.24	6.10
广西	616.33	6.13	560.04	4.35	56.29	27.76	381.07	5.83
海南	671.75	19.96	594.96	21.49	76.79	9.33	417.81	16.39
四川	569.46	3.09	525.42	2.01	44.04	17.94	348.66	1.18
贵州	454.47	8.09	423.49	7.26	30.98	20.92	306.56	7.97
云南	536.06	6.92	503.95	6.61	32.11	12.00	324.96	3.13
西藏	540.94	10.35	533.34	10.56	7.60	−2.44	384.83	8.59
陕西	497.82	2.26	457.56	1.42	40.26	12.90	285.59	7.05
甘肃	419.68	4.03	383.48	3.10	36.20	15.07	247.76	4.01
青海	495.90	1.98	467.09	1.95	28.81	2.60	301.97	2.95
宁夏	544.64	7.15	502.21	6.83	42.43	10.99	321.94	10.32
新疆	610.66	5.37	556.41	3.64	54.25	27.14	334.76	7.55

(续)

地　区	2. 衣　着		3. 住　房		4. 燃　料		5. 用品及其他	
	1992年	比上年增减%	1992年	比上年增减%	1992年	比上年增减%	1992年	比上年增减%
全国总计	**52.43**	**2.84**	**68.15**	**-1.09**	**28.89**	**7.76**	**78.05**	**8.13**
北　京	119.75	1.48	108.26	-16.01	49.03	16.24	181.41	4.89
天　津	84.00	4.09	121.30	19.87	39.96	38.94	113.50	4.39
河　北	56.05	-4.01	68.71	-13.01	28.54	-0.24	78.54	-4.57
山　西	64.02	0.66	36.02	-30.56	15.20	8.19	64.81	-8.77
内蒙古	55.44	4.29	57.02	19.97	31.43	11.77	73.56	0.56
辽　宁	86.39	5.05	79.08	-6.56	37.17	-2.00	116.22	15.22
吉　林	57.85	-7.96	56.96	-20.39	21.95	25.21	69.65	-12.18
黑龙江	59.94	2.95	38.24	-35.21	53.82	43.83	65.63	-4.01
上　海	145.04	11.41	421.19	41.93	17.47	0.46	373.14	60.64
江　苏	73.11	12.20	154.62	7.19	29.35	13.06	117.07	14.98
浙　江	80.61	13.81	194.59	-1.12	26.15	2.51	166.62	23.45
安　徽	35.69	0.34	48.42	2.56	29.13	4.33	49.03	-3.03
福　建	49.07	12.26	77.57	-6.16	42.26	15.88	87.16	15.25
江　西	40.06	3.49	56.65	26.25	36.70	5.04	61.69	14.20
山　东	61.93	2.47	67.55	-1.90	29.07	-0.14	85.32	9.78
河　南	45.16	-5.54	44.98	-7.60	20.28	4.91	51.52	-4.17
湖　北	42.96	-4.64	43.91	-22.31	24.15	-9.62	70.22	-0.03
湖　南	42.15	1.62	63.01	0.10	31.19	22.41	71.08	7.15
广　东	45.58	12.82	127.99	16.01	40.87	33.87	150.36	22.25
广　西	30.42	1.77	56.52	-6.75	29.32	1.81	62.71	9.44
海　南	38.06	9.56	55.95	99.11	22.04	32.93	61.10	18.99
四　川	40.25	-2.26	50.06	6.26	25.63	1.75	60.82	6.74
贵　州	36.62	4.54	25.56	11.08	21.34	-6.44	33.41	11.26
云　南	42.68	13.24	59.68	17.02	17.46	-3.70	59.17	16.55
西　藏	50.82	17.56	10.44	-34.42	63.39	25.75	23.86	29.25
陕　西	43.53	-2.62	41.12	-29.50	21.73	6.26	65.59	7.74
甘　肃	35.47	1.72	29.50	10.86	23.90	-7.86	46.85	1.14
青　海	62.24	-0.73	29.39	20.60	34.01	1.01	39.48	-10.52
宁　夏	48.39	-10.98	47.44	24.61	12.67	-25.29	71.77	4.21
新　疆	86.73	5.98	43.23	-20.25	28.52	-2.40	63.17	4.67

各地区农民平均每人年生活消费现金支出

单位：元

地　区	生活消费现金支出合计		一、购生活消费品支出		二、非商品支出		在购买生活消费品中：1. 食品	
	1992 年	比上年增减%	1992 年	比上年增减%	1992 年	比上年增减%	1992 年	比上年增减%
全国总计	**431.37**	**6.58**	**374.34**	**5.06**	**57.03**	**17.73**	**170.83**	**7.01**
北　京	1 015.93	5.07	883.14	2.22	132.79	28.95	436.07	5.94
天　津	637.95	6.17	576.15	6.99	61.80	－0.88	263.27	9.51
河　北	402.33	0.26	353.31	－1.61	49.02	16.13	140.28	7.63
山　西	332.74	－4.10	299.72	－5.00	33.02	4.83	126.09	4.32
内蒙古	345.91	7.37	293.03	7.08	52.88	8.99	101.99	8.35
辽　宁	568.94	5.71	496.95	4.77	71.99	12.63	209.01	3.20
吉　林	393.65	－7.04	338.46	－9.21	55.19	8.94	152.95	－2.89
黑龙江	372.31	－1.36	329.75	－2.63	42.56	9.72	159.36	7.20
上　海	1 690.08	30.22	1 527.57	30.72	162.51	25.66	584.63	15.22
江　苏	658.88	11.05	595.45	10.26	63.43	19.14	255.28	9.00
浙　江	915.92	10.73	819.55	9.73	96.37	19.94	376.87	11.34
安　徽	316.96	5.77	270.65	3.90	46.31	18.14	137.12	7.49
福　建	592.60	10.39	511.15	8.81	81.45	21.49	287.97	10.63
江　西	369.09	13.28	313.06	12.30	56.03	19.04	149.37	9.33
山　东	454.73	5.54	394.75	3.43	59.98	21.94	173.43	2.31
河　南	290.16	－0.38	243.54	－2.21	46.62	10.45	101.02	3.48
湖　北	361.38	0.38	299.01	－2.69	62.37	18.24	139.91	4.27
湖　南	410.66	6.31	348.45	3.95	62.21	21.79	162.44	4.91
广　东	819.25	15.23	690.58	13.52	128.67	25.42	358.32	8.71
广　西	359.85	7.01	303.57	4.80	56.28	27.76	153.18	8.81
海　南	454.21	18.37	378.02	20.53	76.19	8.69	221.63	12.12
四　川	337.49	5.94	293.50	4.33	43.99	18.06	142.28	5.72
贵　州	231.34	10.90	200.48	9.55	30.86	20.59	95.57	10.51
云　南	339.29	12.75	307.21	12.83	32.08	11.93	140.43	9.75
西　藏	185.27	－3.65	177.67	－3.71	7.60	－2.19	90.98	－13.83
陕　西	301.30	0.97	261.06	－0.64	40.24	12.88	105.37	11.02
甘　肃	226.18	8.74	189.98	7.61	36.20	15.07	71.49	14.51
青　海	256.95	－0.48	228.14	－0.86	28.81	2.60	91.80	－0.10
宁　夏	312.93	2.76	270.49	1.57	42.44	11.01	95.44	0.30
新　疆	382.40	4.01	328.14	0.98	54.26	27.16	121.59	6.15

（续）

地区	2. 衣着		3. 住房		4. 燃料		5. 用品及其他	
	1992年	比上年增减%	1992年	比上年增减%	1992年	比上年增减%	1992年	比上年增减%
全国总计	**51.09**	**2.98**	**67.01**	**−1.12**	**7.94**	**7.15**	**77.47**	**7.79**
北京	119.75	1.78	104.73	−18.11	41.28	19.62	181.31	5.27
天津	83.25	6.42	100.70	−0.29	15.44	50.93	113.49	4.45
河北	53.56	−2.87	68.25	−12.73	12.74	−3.12	78.48	−4.58
山西	63.23	0.91	36.02	−30.44	10.10	5.43	64.28	−8.94
内蒙古	55.44	4.35	56.09	18.78	6.00	−1.32	73.51	0.57
辽宁	85.84	5.68	79.02	−4.80	6.89	−1.85	116.19	15.58
吉林	57.83	−7.99	56.79	−20.40	1.25	−30.94	69.64	−12.19
黑龙江	59.88	2.87	37.24	−34.75	7.75	20.72	65.52	−4.10
上海	142.94	10.28	420.79	43.02	6.30	17.10	372.91	60.77
江苏	65.39	13.41	154.49	7.24	4.18	27.05	116.11	15.13
浙江	79.18	13.44	194.26	−1.13	8.79	20.25	160.45	19.05
安徽	35.08	0.72	46.82	3.88	2.88	2.86	48.75	−2.91
福建	49.02	12.25	76.87	−6.54	10.27	19.42	87.02	16.10
江西	39.64	4.37	56.48	27.70	6.12	−0.65	61.45	14.28
山东	58.66	2.75	66.61	−1.20	10.74	7.29	85.31	9.89
河南	42.79	−5.50	42.44	−7.38	5.89	−12.74	51.40	−4.07
湖北	42.09	−4.38	43.07	−22.30	3.80	2.98	70.14	0.27
湖南	41.71	1.02	62.70	−0.13	10.54	5.61	71.06	7.16
广东	45.35	13.01	126.99	16.25	10.82	41.99	149.10	22.47
广西	30.42	2.15	55.10	−6.29	1.86	2.20	62.71	9.42
海南	37.81	9.03	54.78	95.22	3.43	81.48	60.37	17.63
四川	39.69	−2.24	46.95	5.06	5.82	6.20	58.76	5.00
贵州	36.53	4.52	24.94	8.91	10.15	16.40	33.29	11.11
云南	42.66	13.88	59.34	17.34	5.90	5.73	58.88	16.11
西藏	50.61	17.15	10.44	−34.38	1.85	32.14	23.79	29.08
陕西	43.01	−1.17	40.94	−29.21	6.39	11.32	65.35	7.57
甘肃	35.42	1.69	28.70	11.54	7.56	3.56	46.81	1.19
青海	57.12	−2.39	28.53	19.32	11.21	−6.89	39.48	−9.78
宁夏	46.88	−13.35	47.11	23.84	9.29	−8.29	71.77	4.20
新疆	81.77	3.99	41.94	−17.72	20.25	−1.22	62.59	3.76

各地区农民平均每人全年主要食品消费量

单位：公斤

地　区	粮食（原粮）	其中：细粮	蔬　菜	食　油	猪、牛、羊肉	家　禽
全国总计	**250.49**	**210.63**	**129.12**	**5.85**	**11.83**	**1.49**
北　京	203.67	191.66	147.85	7.58	12.02	0.79
天　津	231.17	205.28	120.92	9.66	10.40	0.70
河　北	213.09	156.57	128.25	4.74	6.47	0.26
山　西	215.02	121.31	87.94	4.44	4.00	0.07
内蒙古	279.66	132.33	154.03	5.96	17.06	0.37
辽　宁	247.35	127.24	186.26	6.45	14.44	0.83
吉　林	304.11	168.98	228.60	6.18	9.01	0.88
黑龙江	266.82	187.33	243.04	4.76	7.57	0.94
上　海	261.73	259.33	105.16	8.23	16.90	5.40
江　苏	285.45	276.90	127.18	7.72	10.35	2.32
浙　江	257.21	248.24	97.73	5.47	12.16	2.72
安　徽	263.84	247.56	93.00	5.88	7.12	2.03
福　建	257.40	226.58	128.72	4.21	11.64	3.58
江　西	327.24	319.14	174.68	7.14	12.02	1.57
山　东	216.64	180.41	125.94	9.61	6.67	0.93
河　南	229.44	198.63	81.80	3.52	4.68	0.56
湖　北	285.53	260.63	195.34	7.75	16.32	1.30
湖　南	301.68	288.10	144.10	7.74	16.10	2.09
广　东	254.54	230.87	107.89	5.12	17.07	5.58
广　西	247.05	232.80	130.39	4.87	11.30	3.00
海　南	235.54	200.57	62.75	1.86	10.87	3.23
四　川	238.78	220.86	158.80	5.34	21.28	1.28
贵　州	225.99	179.85	143.86	4.53	16.47	0.60
云　南	220.64	180.96	133.46	4.83	19.16	1.76
西　藏	209.12	68.89	21.43	3.78	19.69	0.01
陕　西	228.81	167.30	64.88	4.39	6.18	0.14
甘　肃	233.79	211.24	45.19	4.18	9.07	0.23
青　海	237.89	188.07	40.09	7.40	17.19	0.14
宁　夏	270.57	242.78	88.59	6.51	8.89	0.66
新　疆	229.60	202.05	121.14	8.50	9.15	0.89

(续)

地　区	蛋　类	鱼　虾	食　糖	卷　烟 （盒）	酒	茶　叶
全国总计	**2.85**	**2.25**	**1.54**	**26.20**	**6.56**	**0.24**
北　京	4.88	2.68	2.04	43.95	12.80	0.05
天　津	7.24	6.15	1.57	39.64	6.78	0.18
河　北	2.87	0.64	0.85	23.67	3.98	0.07
山　西	2.60	0.11	1.42	30.77	1.57	0.12
内蒙古	2.89	0.20	1.08	19.91	5.25	0.30
辽　宁	5.18	2.66	0.57	20.31	7.30	0.07
吉　林	3.45	1.72	0.70	15.50	6.61	0.07
黑龙江	5.31	1.70	0.95	15.48	9.09	0.01
上　海	8.35	5.74	3.20	51.90	12.45	0.07
江　苏	7.12	5.45	1.82	31.92	7.51	0.05
浙　江	3.75	10.16	3.19	38.51	22.83	0.15
安　徽	2.28	1.50	1.53	30.47	4.11	0.23
福　建	2.18	4.89	3.25	30.01	10.65	0.64
江　西	2.34	2.36	1.59	29.16	5.43	0.13
山　东	4.90	1.58	1.42	33.58	7.05	0.40
河　南	2.76	0.20	1.42	27.03	2.19	0.03
湖　北	2.78	2.97	1.54	31.72	4.75	0.19
湖　南	2.23	2.59	1.43	30.78	5.05	0.16
广　东	2.42	9.94	3.73	19.15	4.57	0.43
广　西	0.94	1.37	1.25	13.88	6.89	0.02
海　南	0.78	8.56	1.94	18.55	8.04	0.09
四　川	2.39	0.35	1.71	32.35	4.66	0.15
贵　州	0.68	0.14	0.87	26.00	5.18	0.20
云　南	1.44	0.47	1.80	28.83	4.55	0.49
西　藏	0.78	0.12	1.08	8.11	94.49	2.34
陕　西	1.69	0.07	1.07	29.11	1.89	0.25
甘　肃	1.30	0.01	0.58	15.91	1.09	0.36
青　海	0.81	0.09	0.79	11.43	1.47	1.61
宁　夏	1.78	0.30	1.26	16.34	0.80	0.20
新　疆	1.71	0.31	0.68	3.60	0.90	0.47

各地区农民平均每百人主要耐用消费品拥有量

地区	自行车（辆）	缝纫机（架）	收音机（台）	钟表（只）	其中：手表（只）	电视机（台）	收录机（台）	电风扇（台）
全国总计	**26.92**	**12.28**	**6.85**	**46.51**	**35.33**	**12.96**	**4.49**	**12.87**
北京	64.48	16.77	8.90	83.37	58.85	27.26	11.99	25.23
天津	55.83	19.94	15.98	77.13	53.58	25.15	10.45	21.11
河北	40.64	18.49	11.09	54.50	37.99	18.86	5.09	15.97
山西	27.14	16.84	9.36	51.79	40.04	14.39	4.68	2.01
内蒙古	23.78	15.77	8.80	44.17	30.63	13.44	4.49	0.49
辽宁	38.82	16.69	9.12	74.67	44.09	21.62	7.08	3.79
吉林	28.08	15.10	10.15	56.38	36.43	18.41	6.12	0.35
黑龙江	21.03	16.04	9.62	51.88	36.21	17.81	4.43	0.38
上海	76.83	24.14	8.31	107.34	76.74	30.89	9.08	67.31
江苏	40.85	13.67	9.69	66.06	48.21	18.03	5.94	31.66
浙江	44.27	19.15	4.69	78.99	62.03	18.24	5.81	38.10
安徽	21.49	10.11	8.38	37.39	28.02	11.04	3.88	13.82
福建	21.99	12.51	3.24	54.24	42.85	12.47	4.55	20.04
江西	22.27	6.61	5.41	38.81	29.87	10.58	2.90	11.83
山东	41.77	16.46	13.72	58.43	36.92	18.11	4.53	18.22
河南	21.19	15.76	10.65	34.92	25.73	10.03	3.01	11.33
湖北	22.83	9.78	4.41	36.67	30.67	14.47	3.93	15.19
湖南	21.17	8.70	2.79	35.18	31.54	10.84	2.61	15.77
广东	37.61	12.69	6.25	60.26	43.01	12.15	8.14	38.77
广西	26.57	12.65	2.67	32.81	26.44	7.77	2.83	15.93
海南	17.24	10.02	3.48	24.63	19.11	2.95	4.16	4.23
四川	12.92	4.90	3.49	45.38	42.65	11.88	3.25	8.54
贵州	3.86	4.06	1.28	24.04	22.10	4.56	1.69	0.53
云南	14.32	7.46	2.76	30.24	27.47	6.67	4.34	0.54
西藏	8.35	4.32	4.89	13.85	12.52	1.02	4.57	
陕西	24.40	13.56	7.63	40.41	31.51	10.72	3.17	3.60
甘肃	20.06	11.12	6.79	43.01	35.77	8.65	3.91	0.18
青海	12.51	7.72	5.26	35.97	26.64	6.30	4.65	0.03
宁夏	29.68	12.33	4.36	40.69	28.48	12.18	5.41	1.44
新疆	22.36	9.99	4.15	29.50	22.65	8.66	6.86	0.92

以上农民家庭收支抽样调查各表由国家统计局供稿

农业和农村基层单位介绍

崛起中的天津武清县

武清为天津市辖县，是国务院批准的沿海地区对外开放县之一。全县面积 1 574 平方公里，辖 7 个镇 27 个乡 741 个村，人口 78.1 万人。

改革开放以来武清经济建设和各项社会事业蓬勃发展，1992 年，全县社会总产值达到 81 亿元，工农业总产值 71.6 亿元，国民生产总值 20 亿元，实现财政收入 1.18 亿元，农村人均所得 1 196 元，在全国农村综合实力百强县评比中名列第 21 位，并先后被国务院及有关部委授予全国粮食生产先进单位、棉花生产先进集体、全国商品瘦肉型猪基地县、全国水利建设先进县、全国造林绿化先进单位、全国“铁牛杯”竞赛优胜单位、全国乡镇企业系统“企业管理年”活动先进单位、全国基础教育先进县、幼儿教育先进县、全国体育先进县等 20 余项荣誉称号。

武清县县长　邵久武

武清工业起步较早且基础坚实。到 1992 年，全县集体工业企业已发展到 1 800 余家，从业人员 15 万人，拥有资产总值 25 亿元，具备了 20 大门类 40 个行业 2 300 多种产品的生产能力，初步形成地毯、制鞋、纺织、针织、服装、食品、机电、化工、工艺美术、建筑建材等十几大骨干行业，年末完成工业产值 58.3 亿元，实现利润 5.2 亿元，在国民经济五大物质生产部门中，工业所占比重超过 70%，成为全县经济主体。

农业持续发展，高产、优质、高效型经济格局初步形成。种植业以小麦、玉米、棉花、瓜菜、林果为主，整体布局呈区域化。其中，粮占耕地 6 万公顷，总产达 5.2 亿公斤，有“津沽粮仓”之称；棉花播种面积 1.27 万公顷，年产皮棉 1000 多万公斤；蔬菜面积扩大到 1.51 万公顷，总产量达到 9.47 亿公斤；果品生产商品总量超过 2 550 万公斤。养殖业以生猪、蛋鸡、肉鸡、肉牛、肉兔、水产品为主，生产基本实现专业化、基地化。1992 年，全县农林牧渔各业总产值达到 13.3 亿元，总收入 8.6 亿元，农业商品率超过 70%。全县农机化建设、科技教育兴农以及农田水利建设等也取得丰硕成果。由希腊船王拉齐斯集团援建的武清农机化示范区历经三年，顺利通过验收并在全国铁牛杯竞赛中一举捧杯。

全县现有外向型生产企业 290 家，从业人员 4.5 万人，1992 年完成出口产品产值 14.2 亿元，初步形成地毯、针织、服装、制鞋、化工、食品、工艺美术七大外贸出口企业群体，出口产品达 16 大类 130 多个品种，行销世界 70 多个国家和地区。全县相继建成三资企业 80 家，注册资金总额 8 025 万美元。除与天津市 18 个专业进出口公司建立了稳固的销售渠道外，近年来还先后与天津经济技术开发区、北京、河北、山东、黑龙江、广东、云南等省区建立了直接联系，开辟了东北、西南边境贸易，同时开发兴建了一批跨国贸易公司，初步形成了以天津外贸各专业公司为主渠道的多口岸、多渠道出口格局。

1991 年底，经国家科委正式批准在武清县城杨村镇北建立“天津新技术产业园区武清开发区”，翌年 7 月天津市政府批准在该区西南侧另建武清经济开发区。两区连为一体，总面积 5 平方公里。到 1992 年底，两区已批准进区企业 34 家，协议投资总额达 7.4 亿元。中美联合投资筹建的中国天津逸仙科学工业园位于杨村镇西，规划占地 10 平方公里，计划投资 30 亿～40 亿美元。该园集美国硅谷科学园和台湾新竹科学园的优势于一身，以开发研究当今世界上最高水平的科技领域为主攻对象，达到与海内外产生广泛联系，组织吸引当今世界高水平、高科技的实业家共同投资建设的基地，招商工作现已全面展开。

武清素有“文化县”之称。乡镇全部建立了文化站，城乡多层次、多形式的文化娱乐活动异常活跃。全县有各类正规学校 581 所，（下转 418 页）

天津西青区在改革开放中前进

西青区（原西郊区），位于天津西部，为有农业的市区，面积535.24平方公里，人口29 923人，除汉族外，还有回、满、朝鲜、蒙古等13个民族。辖杨柳青、南河两镇和7个乡，160个自然村。境内有子牙河、独流减河和中亭河三条一级河道。津沪铁路穿过本区西北部，设有三个车站。另有陈塘、周芦、李港三条地方铁路纵贯南北。有津同、津港、津淄、津莱、京福等六条公路，勾通四面八方。

现有耕地1.53万公顷，主产小麦、玉米、水稻，粮食总产0.63亿公斤，比1991年增长6.8%。该区是天津市副食品主要生产供应基地，近年来相继建成了菜、鱼、肉、蛋、果五大生产基地，其中蔬菜基地0.33万公顷，总产量27 219.3万公斤，全年均衡上市，四季保鲜。淡水养殖基地0.5万公顷，总产21 113万公斤，为江北地区最大的淡水养殖区（县）。生猪养殖基地建成了养猪场23个，生猪年饲养量10.5万头。禽蛋生产基地拥有鸡场25个，家禽年末存栏141万只，禽蛋总产1 420.4万公斤。果品基地0.18万公顷，水果产量974.1万公斤。1992年农业总产值43 611万元，该区农业在稳定粮田面积的同时，大面积推广优良品种，并积极发展特种蔬菜、水果、畜禽、果品和农产品深加工的“四特一加”新路子，初步形成了规模，已有小批量出口创汇。已建立流通、农机、水利、畜牧水产、生产资料等社会化服务组织974个，拥有服务人员4 359人，自有资产9 056万元。定为全国农业机械化试点县，已通过国家验收。

西青区主要领导正在研究发展规划

现有乡镇企业1 265家，其中产值百万元以上的企业640个、千万元以上的88个、亿元以上的4个。企业向高层次、专业化、集团化发展，已组建企业集团3个。1992年完成产值54.5亿元，比上年增长39.4%。乡镇企业人数9.1万人，总收入308 377万元，比上年增长35.3%。固定资产原值达到11.5亿元。工业布局已建成为汽车工业配套的机械、机电产品基地、化工基础材料基地、轻纺工业基地、外向型企业和高科技产业基地及金属材料生产基地等五大基地。全区工业产品千余种，构成了化工、医药、纺织、机电、金属制品等13个大行业，有166种产品获局级以上优质产品称号。

外向型经济发展到100家，投资总额5 651万美元。已有126个企业的130多种产品出口到120多个国家和地区，外贸出口商品收购值完成43 727万元，比上年增长60.2%。

为扩大招商和吸引外资，1992年6月22日，经天津市人民政府批准，西青区经济开发小区正式成立，它是全市确定的开发区中投资环境最佳的综合性开发小区。现已提前完成了第一步开发计划。签订出让土地合同21份，吸引投资1亿元，建立企业24家。

财政收入1.1亿元，比上年增长10%；税收收入1.47亿元，增长23.5%。农民人均分配1 561元，比上年增长21.4%。社会商品零售总额达3.9亿元。农村集市贸易成交额达4 900万元，比上年增长23.5%。

农村形成了较完备的三级科技网络，三年累计推广农业科技项目达196项，有15项列入市级以上星火计划项目，3项列入火炬计划，取得了显著效益。全区有小学41所，初中校12所，高中校7所，职业类学校4所。普及九年义务教育已全部达标。卫生设施已全部更新，有设备先进的区级医院4所，乡级卫生院8所和一批专科医院。体育事业健全了区、乡、村三级网络，建有体育场、体育馆、游泳馆等设施，少年、儿童棒球队多次在代表天津市参加国际、国内比赛中取得优异成绩。文化事业兴盛，历史悠久的杨柳青木版年画蜚声中外，民间剪纸誉满四方。有民间花会56道，113个村建成了有线电视村网，有市级以上文物保护单位5个，其中杨柳青博物馆座落于誉为华北第一名宅的石家大院，即清末天津八大家之一的“尊美堂”石府宅第，是我国目前保存最好、规模最大的民宅建筑。设在这里的博物馆，展有杨柳青年画简史、天津砖雕、天津民俗及石府复原四部分。平津战役前线指 挥部遗址陈列馆坐落于杨柳青镇西。文昌阁始建于明代（1576年）是全镇现存唯一的古建筑。南河镇的小南河村有武术家霍元甲陵墓建筑群体和故居，列为天津市涉外旅游专点。李七荘乡王兰庄村保留有1936年天津学生抗日救亡义教点旧址纪念碑和陈列馆。

城乡建设坚持走农村城市化的道路，村村通柏油路，户户通自来水，农村开始向楼房化、花园化、小区化发展。公益事业不断发展，相继建成了老干部疗养院，职工俱乐部，老年人活动中心，少年宫等。公共游乐场所除建成的杨柳青公园外，一座占地200公顷的森林公园已投入配套建设。

辽宁大石桥市虎庄镇发挥本地优势实现农村经济跳跃发展

辽宁省大石桥市虎庄镇，位于中长铁路和哈大公路的两侧，沈大高速公路纵贯境内8.5公里，交通十分方便。全镇行政村29个，人口3.2万人，耕地面积5 300多公顷。1991年前，农村经济发展水平在全市居于下游。1992年，在学习贯彻邓小平同志视察南方重要谈话和党的十四大精神中，镇党委、政府决心带领全镇人民艰苦奋斗，努力拼搏打好振兴农村经济的翻身仗。

他们首先注重稳定农业的基础地位，充分利用全镇耕地，发展高产优质高效农业。全镇玉米播种面积0.15万公顷，居全市第一位。对水稻生产，在适时育苗、软盘育苗、配方施肥、病害防治四个方面实现较大突破。在努力扩大高产优质农作物品种的同时，普遍推广应用各项实用增产技术，以生物措施防治玉米螟面积800公顷，玉米免中耕面积133公顷。组织和动员群众，大力开展农田水利基本建设，不断改善农业生产条件。1992年，农业生产获得丰收，粮食总产量达到2 850万公斤，水果产量突破350万公斤，比上年增长20%。农业总产值实现4 180万元，比1991年增长32%。

在强化农业基础，稳定发展农业同时，虎庄镇发挥当地优势，大做发展镇村经济这篇文章。全镇确定了走城乡联合之路，兴办工业小区的工业发展战略。把开发工业小区作为振兴工业的主战场，带动整个农村工业发展。镇政府划定工业小区控制区域为5平方公里，其中在0.2平方公里的起步区内，划定矿产品加工区、小工贸实验区、镇内工贸区、高科技化工开发区4个区域。在开发工业小区中，镇党委、镇政府带领干部群众转换脑筋，解放思想，树立开放意识；狠抓镇村工业规划和工业小区规划，搞好工业合理布局；发展城乡经济联合，积极引进资金和项目；以优惠政策，广泛吸引人才；加快了工业小区建设步伐。1992年，工业小区总投资2 800万元，起步区建设在做到“三通一平”的基础上，工业企业和建设项目纷纷上马，其中工业年产值达到千万元、利润达到百万元的较大规模企业6个，已经建成投产，还兴建一个合资企业和数十家小型企业。工业小区建设速度之快，镇办企业发展势头之猛，超过以往任何一年。在工业小区的带动下，镇村企业和个体企业得到较快发展。原来只有一个村有村办企业，现在已经兴办村办企业的村达到8个，个体企业中，投资10万元以上的新办企业达十几个。镇村工业出现大发展的好势头。

1992年，虎庄镇农村经济实现了跳跃发展。全镇社会总产值达到1.4亿元，比1991年翻了一番；乡镇企业产值达到8 800万元，比1991年增长3倍；其中，镇办工业产值5 000万元，增长9倍；全镇利税收入300万元，增长58%，其中镇财政税收完成135万元，增长64%；农民人均纯收入实现1 000元，比1991年增长43%。

1993年，虎庄镇坚持团结、拼搏、创新、求实的精神，争取经济再登新台阶。全镇计划社会总产值2.3亿元，比1992年增长64%；乡镇企业总产值1.5亿元，增长70%；利税收入400万元，增长33%；粮食总产量3 000万公斤，增长5.2%；农民人均纯收入1 300元。虎庄镇党委、政府和人民竭诚欢迎各企业、大专院校到虎庄发展经济联合，盼望各企业家来这里投资发展经济。

(上接416页)

在校学生18.2万人，到1992年底，34个乡镇全部实现了普及九年制义务教育，职业技术教育，成人教育和岗位培训活动方兴未艾，被国家教委命名为“全国扫除文盲先进单位”。全县相继建起70个卫生机构，医疗技术人员增至1 870人，拥有先进的防病治病设备，并初步实现了县、乡、村三级保健联网。

商贸旅游日趋发达。全县已初步建成“中心交易市场——专业批发市场——农村集贸市场”三级市场体系，各级各类市场发展到39个，集市贸易成交额达到1.3亿元。商业服务网点遍及全县，1992年全县商业购销总额达到24.5亿元。旅游资源开发初具规模。有总面积800公顷的港北森林公园、226.7公顷水面的南湖游乐园微缩了埃及金字塔、英国汉普顿森林迷宫、悉尼歌剧院等世界84个国家的137个著名景点的杨村小世界等。此外，“燕王湖”游览区、“封神演义宫”以及“北方射击场”等一批新的旅游胜地也正在加紧筹建。

基础服务设施建设日臻完善，京山、津蓟铁路横跨县境，沿线设有5个客货运输站。县内公路有京福、京津等13条干线，县级和乡级公路开通604条，总长1 389.6公里，乡村全部修通了柏油路。县内电网相继并入京津唐及华北大网。县城建成了万吨水厂，自来水资源充裕。业已开通的万门程控电话，可直拨世界156个国家（地区）和国内大多数市县。

吉林桦甸市红石砬子镇深化改革跻身小康行列

吉林桦甸市红石砬子镇座落在长白山脚下的松花江畔。面积787平方公里，耕地面积3 460公顷。11个村，2 995户农户，农业人口16 164人。1986年被确定为小城镇综合体制改革试点。1992年全镇固定资产总值1.2亿元，工农业总产值1.03亿元，镇级财政收入422万元，分别是1986年的3.5、5.14和9.04倍；年均增长分别为19.7%、31.4%和44.1%；人均收入1 382元，人均存款余额1 333元。

红石砬子镇经济跳跃发展，率先跻身小康行列，其主要做法是：

1. 破除单一结构，规模发展多种经营。1986年以后，红石镇粮食连年丰收，商品率达到60%以上。为进一步加快致富步伐，镇党委提出了"东药、北果、西畜、中菜"的产业开发布局，并采取三条有力举措加以实施。一是加强领导。镇政府成立了多种经营公司，各村确定一名村长专职主管多种经营。二是抓好产销衔接为主的社会化服务。几年来，为发展多种经营筹集资金150多万元，外协各种物资500多吨。还先后办起了人参、果仁、山菜及黄牛育肥等五个龙头加工企业，保证了农民的产品就地加工增殖。各村还普遍建立了综合服务站，使全镇的多种经营生产形成了产、供、销为一体的服务体系。三是依靠科技提高效益。通过举办科技培训班，印发辅导材料，使每个农户都有1～2名科技明白人。多种经营项目的科技普及率达到98%，全镇年科技增益近百万元。

镇党委书记刘永昌和镇长邹铁军商讨富镇大计

破除单一结构，推动了多种经营的跨越发展。1992年，全镇多种经营收入达到1 418万元，是1986年的12倍，年均增长53.1%，农民从多种经营中人均收入787.8元，占当年人均收入的59.3%。

2. 超常规发展镇村企业。红石镇地处深山，他们抓住改革开放的契机，走"以工兴镇，以工富镇"之路。1992年镇村企业总产值6 400万元，比1986年增长9.14倍，年均增长44.6%；利税660万元，年均增长37.1%。年产值1 000万元以上的企业4个，100万元以上的企业15个。从业人员2 200多人，占农村劳力的44.2%。跨越之路，主要有四条经验：一是引进人才。制定了一系列"求贤、奖贤、留贤"的优惠政策。几年来，从省内外招进各类人才98名。同时还与上海、沈阳、长春等地的国家或省市科研单位和大专院校建立联系，对有突出贡献的科技人员，实行重奖。1992年拿出4万元，奖励了创超国际标准产品——MF扩散剂的4名科技人员。二是横向联合。他们先后与吉化公司、红石电厂、吉林市特产局等四家企业联营，创办了4个年产值均在千万元以上的高科技企业。三是利用资源。在乡镇企业初创阶段，他们立足本地资源，多渠道筹资金，办起了4个特产加工厂、镇维修队、装卸队、瓦厂、砖厂等一批初级企业。通过不断扩大再生产，较快地积累了资金。四是勇闯天下。他们修订了发展规划，提出"立足本地，面向全国，放眼世界"。1992年，投资320万元，在青岛市开发区建立红石机械化施工公司，承包了青岛开发区部分地段的劈山填海工程，当年创产值1 000多万元，获利税100多万元。还投资1 000万元与美国一家财团合资兴建了欧式钢木家具厂，产品畅销国内外。

3. 加速市场体系建设。三年间，投资80万元，在镇内建起了三处封闭市场，修整扩宽了两处露天市场。五个市场面积达5 600平方米，可容纳近千个摊位进行各类经销活动。形成了邻近县、乡的商品集散地。1992年，全镇社会商品零售额达到1 592万元，集市贸易成交额750万元，创税利70余万元。还制定了十多条优惠政策，广招八方商客。1992年末，全镇商业、供销网点扩大到396个，个体、集体商店发展到410个。红石不断改善交通、通讯等基础设施条件，为开拓发育市场创造良好环境。他们投资8万元，镇村普遍安装了电话，形成了连接全国各地的通讯网络。村村修筑了沙石路。同时，还大力开发了服务业，办起10家旅店，近百家饮食服务业。1992年全镇市场管理费和摊拉费就占镇财政收入的7.3%。

经过几年的深化改革，人民生活水平全面提高，80%以上的农民住上了人均18平方米的砖瓦房；拥有电视机、收录机、洗衣机。公益事业日趋完善。投资100万元，建起了标准中、小学校；投资40万元建立了具有一定先进设备的镇卫生院，村村建起了卫生所和电视差转台，通广播，有70%的农民用上自来水。镇投资5万元，办起了专业剧团，成立了农民松江诗社和松江文学研究会。全镇涌现出6个市级文明村，11个文明单位，2 036个文明家庭。计划生育率达标，受到国家、省、市的表彰。红石镇党委已分别被吉林省委和吉林市委命名为先进党委、模范党委，有23项工作被国家、省、市评为先进。

肉鸡“一条龙”企业

——吉林德大有限公司

吉林德大有限公司是吉林省松辽禽业联营公司和泰国正大集团合资经营的肉鸡“一条龙”企业，是集种禽繁育、肉鸡饲养、饲料加工于一体的多元化经济实体，地处吉林德惠县。

肉鸡“一条龙”项目的一期工程由中泰双方共同投资人民币1.65亿元，占地面积147公顷，建筑面积16.8万平方米，经过两年的建设，于1991年9月全部建成投产。包括饲养祖代种鸡18万套、年产父母代种雏70万套的祖代种鸡场；饲养父母代种鸡30万套、年产商品肉鸡雏3 000万只的父母代种鸡场和孵化场；每小时加工饲料48吨、年产18万吨的饲料场；每小时屠宰肉鸡5 000只、年屠宰加工2 500万只的肉食加工厂，以及与其配套的年饲养量216万只商品肉鸡场和遍布在广大农村的700多户、年饲养规模1 300万只的肉鸡饲养专业户。二期工程正在进行前期准备，计划投资17 000万元。主要项目有日加工大豆1 000吨的豆粕厂、日处理豆油160吨的精炼油厂，计划1995年全部建成投产。三期工程计划投资9 100万元，主要项目有SPF场（无菌蛋场）、熟食加工厂和面食加工厂，计划1997年全部建成投产。

公司董事长　王秀林

吉林德大有限公司采用国际优良的艾维茵肉鸡品种和泰国正大集团的先进饲养技术和管理方法，分别从美国、泰国、荷兰、丹麦等9个国家引进世界一流的孵化、饲养、饲料加工、肉食加工等设备，进行现代化生产，建设和经营都达到了国内同行业先进水平。1992年生产父母代鸡雏36万套；商品肉鸡雏1 800万只；鸡肉产品21 505吨，出口1 153吨；饲料产品10.6万吨；完成销售总收入2.4亿元，实现利税531万元，创汇149万美元。几年来取得了较好的经济效益和社会效益。主要经验是：

1. 建立高效率的管理经营运行机制，广泛引进和利用国外先进的管理经验。一是机构设置精干，管理体系完善。明确每个部门、每个主管的权限、职责范围，并加强考核验收和跟踪检查。对各场（厂）实行目标管理，责任到人。二是实行新的劳动人事制度。公司的人员一律向社会公开招聘、公开录用。干部实行聘用制，工人实行合同制。从而使各项生产技术指标能很好完成，甚至有的超过了设计标准，达到国际最好水平。父母代种鸡场每只鸡67周产种蛋179.28枚，比泰方技术部规定标准提高4.84%。三是实行新的分配制度。对管理人员实行目标管理、对工人实行工效挂钩。

2. 采取多种形式，培养高素质的人才队伍。重新塑造员工的知识结构。一是向书本学习。二是考察学习。三是到国家机关、大专院校、科研部门咨询。四是集中培训。五是结合岗位需要自学有关知识和基本技能。企业人才的培养，员工素质的提高，使企业各项生产技术指标均超过设计标准，达到国际最好水平，种蛋平均合格率为95.4%；种蛋平均孵化率为87%，高于艾维茵同期标准1%；健雏率99%，鸡雏淘汰率1%，比艾维茵标准淘汰率低0.5%。

3. 提高产品质量，降低生产成本。重点是达标，有国际标准的都要达到国际标准。并制定了有效的产品质量标准和规格、原材料、名牌、包装、样式等产品组成策略。从原料进厂到产品出厂都层层把关，严格检验测试制度，不合格产品，一律不准出厂。对客户反馈回来的有关质量方面的信息，及时研究，认真解决。在生产成本管理上，一方面降低各种物耗，另一方面采取满负荷工作法，提高了劳动生产率。父母代种鸡场一人饲养5 650套，年创产值7.3万元；祖代种鸡场一人饲养300套，年创产值12万元。

4. 开拓国际国内市场，扩大市场覆盖面。采取多种方式积极开展促销工作。目前，父母代鸡雏和商品肉鸡雏已覆盖辽宁、吉林、黑龙江和内蒙古市场，产品始终供不应求。饲料产品除供应辽宁、吉林、黑龙江三省外，还向南方部分省、市销售。鸡肉产品在全国25个省、自治区、直辖市打开了销路。并已向日本、朝鲜出口。

5. 注重合资双方的真诚合作，共同推动企业发展。合资双方在合作中，本着“共同投资，共享利益，共担风险，互利互惠”的精神，通力配合，共同发展事业。对外方人员一是信任。二是支持。三是谅解。四是在生活上关心照顾。

吉林德大有限公司肉鸡“一条龙”项目，是吉林省委、省政府发展畜牧业的重大决策，它对区域经济发展起到了示范、实验、带动和促进作用：一是促进了农村经济调整和粮食转化增值。（下转422页）

日出华舍万丈绸

——浙江省绍兴县华舍镇

华舍镇位于绍兴县城西北，距城区仅15公里。东邻宁波，西近杭州，南靠沪甬铁路，北濒临钱塘江湾。全镇辖区面积23平方公里，镇内水网密布，浙东大运河横穿全境，航道畅通，素有“鱼米之乡”之称。全镇现有24个行政村，3个居委会，34 102人，耕地面积1 404.5公顷，其中水田面积1 355.3公顷，内外荡水面282.7公顷。

华舍向来以发达的丝绸业闻名江南一带，早在清同治年间就享有“日出华舍万丈绸”的美誉。特别是党的十一届三中全会以来，华舍镇形成了颇具特色的著名轻纺生产基地。仅1990～1992年间全镇就投入资金2.7亿元，引进外资201万美元，创办中外合资企业5家，到位资金851万美元。到1992年底，

镇委书记　章国金（左）　镇长　周信祥（右）

全镇工业企业产值、税留利、外贸收购额分别为11.356亿元、1.05亿元和6 308万元，比上年分别增长36%、23%和70%，全年乡镇企业产值达11.4亿元，职工人均创产值6.7万多元；乡镇企业个数达89家，其中县级以上重点骨干企业16家，职工近1.7万名，年产化纤布6 304万米。华舍镇逐步形成了以轻纺业为主体，包括印染、服装、机械、五金、仪表、食品、建材等比较齐全的工业体系。华舍镇的农业生产也具有传统优势，全镇连续实现九年粮食亩产超吨粮。近年来建成高档蔬菜、优质米、禽畜、综合开发、特种水产、珍珠、农副产品深加工等七大农产品生产、加工基地。1992年全镇农业产值4 200万元，比上年增长42%。与此同时，狠抓社会化服务体系建设，一个以镇农业经济技术服务公司为龙头，以各村服务站为触角的农业社会化服务网络已经形成，为农民、农业“走”进市场提供保证。

紧密依靠科技发展乡镇企业，是华舍镇经济发展中的一个重要特色。几年来华舍镇各个企业通过和大专院校、科研机构的协作、联姻，培养了224名技术员以上专业技术人才，建起了10个厂办科研所，在过去3年中共开发出省级以上新产品76个，县级以上48个，其中有3个产品被评为部优、省优称号。华舍镇把产品更新、升级、创优和产品延伸增值，作为企业取得市场竞争优势的启动点和突破口。1992年全镇有8家企业被列为科技先导型企业。该

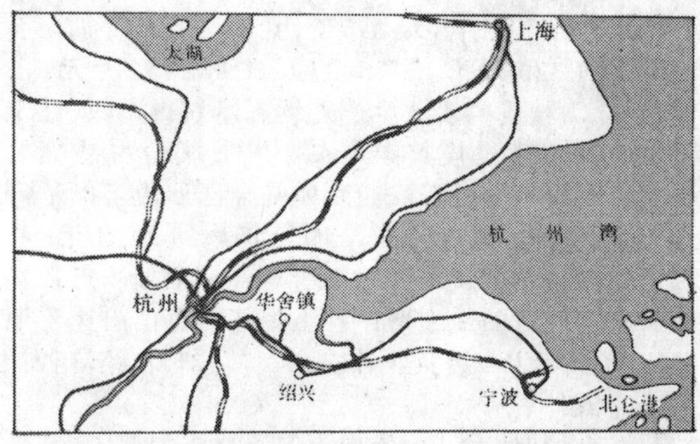

交通示意图

镇于1984年在全省率先成为亿元乡镇，连续八年乡镇企业产值位居全省首位，被誉为浙江省“首富镇”，1990年被民政部授予“中国（百颗）乡镇之星”光荣称号，同年被农业部评为“管理年先进单位”。

几年来，华舍镇党委、政府还狠抓了全镇投资环境的建设，首先，华舍镇改造、新建并举，加快集镇建设速度。建成两条长1 600米宽各为16米、30米的兴华路和直街，开设了1 800平方米的农贸市场和沿街小商品市场，发展了副食、日杂、五金、化工、照相、理发、旅馆等一批第三产业。1992年又投资2 000多万元，开辟华舍新区，建造营业面积13 500平方米的华舍商城和13层高的华纺大厦，扩建供销、财税、银行、邮电等部门的营业用房，兴建华舍高档次文化娱乐中心。其次，根据全镇规划，形成了三个工业开发投资区，初步构筑了吸引外商、内商投资的框架。第三，利用优越的地理位置，加强基础设施建设。华舍南临104国道线和著名的中国轻纺城，北有杭甬高速公路，镇内建有柯华（连接104国道）、镇西、镇东三条水泥公路，从1992年开始拓宽柯华公路至30米，铺浇华墟至亭东和安华公路华舍段，建造境内长1.5公里、宽32米的轻纺城北线公路，同时镇西南公路也将开工，这样华舍镇基本实行了村村通水泥公路。华舍镇有300多路先进的程控电话、传真和移动通讯设备连接国内外客商，银行信用社为企业提供周到的服务。全镇已形成了普教、职教、成教三位一体的教育体系。全镇集资建设的电视卫星接收站亦已开通。

浙江海盐县建立农业发展基金制度

浙江海盐县在深化农村改革中，积极地探索筹措农业资金，增加农业投入的新途径。1987年，县委、县政府作出决定，建立县、乡（镇）、村农业发展基金制度，实行分级筹集，分级管理，分级使用的方法，动员全社会力量增加农业投入。几年来，农业发展基金制度逐步走向规范化、制度化，初步形成了上下配套的多层次、多渠道的农业投资积累新机制。到1992年底止，全县三级已累计筹集农业发展基金4 256万元，其中县级1 573万元，占37.0%，乡（镇）级1 526万元，占35.9%，村级1 154万元，占27.1%。海盐县的农业生产连续五年获得丰收。在全县农业基本建设投入中，农业发展基金占总额的60%以上。全县三级农业发展基金已形成了以下筹集渠道：县地方财政拨款，1992年达到90万元；县地方财政征收的耕地占用税留县部分中划一点；县土管部门收取的造地费；县土管部门有偿出让土地收入的25%；乡镇企业补农金；农村非农经营者补农金；农村资源费等。

与此同时，对基金使用规定了严格的范围：一是中小型农田水利工程和农机更新等农业基础设施建设；二是围海造田，开发农业资源；三是实施科技兴农，开发、引进、推广适用的农业新技术、新品种、新项目；四是开展良种繁育、防疫、植保、农机、排灌和农经等农业服务；五是名、特、优农产品基地建设；六是农产品流通、贮运和鲜活农产品加工等。根据农业基础设施建设的进展情况和农业发展的实际需要，做到突出重点，适当倾斜。1987年以来，各年投资的重点分别是农村泵站改造、围涂造田、种养业良种基础设施及其服务体系建设、标准化灌区和水泥渠道建设、农村初级化电气建设，调整农业生产结构等。在基金的投资方法上，坚持做到无偿拨款与有偿使用相结合，逐步提高有偿使用比例；补农与建农相结合，以建农为主；扶持与配套相结合，坚持县、乡（镇）、村三级配套使用。农业发展基金按农贷利率给予一定比例的贴息。明确规定农业发展基金不得用于非农业投入，并且要减少间接投入，增加直接投入。

为了切实做好农业发展基金的收、管、用工作，从县到村层层建立管理机构，落实专职人员负责具体工作。海盐县对资金管理和使用做到把好入帐关；审批关和监督关。坚持财务管理、用款申报、拨款审批、审计监督和收支预决算五项制度。

六年来，全县三级筹集的4 256万元农业发展基金，86%以无偿形式投入农业，14%以有偿形式用于农业。投资建设的主要项目有：改造农村泵站548座，更新水泵600台套，修筑海塘7.15公里，围涂造地73.33公顷，开挖和疏浚河道68公里，建造机灌两用桥和排涝水闸95座，改造低产田0.64万公顷，加固防洪圩堤181公里，建成初级电气化村124个，推广更新农机具353台套，更新老桑园和扩种新桑园0.15万公顷，建成良种仓库和供种站17座、2 900平方米，新建和改造蚕种制种室和催青室2座、1 400平方米，建立生猪良种场和供精站4个，扶持建成8万吨级饲料一家。此外，还用于新品种、新项目、新技术引进和推广，支持农科教和调整农业生产结构，以及农产品流通、加工等。标准化灌区建成后，灌水成本降低了1/3以上。通过加固海塘，修筑圩堤和防涝闸，新开和疏浚河道等，有效地提高了农业的抗灾能力，确保旱涝保丰收。提高了农业的综合生产力水平。农业基础设施和良种、科技、流通等服务体系建设，引进、开发农业新项目，建设各类生产基地。与1986年相比，1992年全县农业总产值4.18亿元，农业总收入5.3亿元，分别增长13.8%和150.7%。畜牧业总收入2.49亿元，占农业总收入的47%，增长3.5倍，其中苗猪生产已成为全国最大的基地县。第一产业的稳定发展，支持和促进了农村二、三产业发展和农民收入提高，1992年全县农村经济总收入达到23.3亿元，农民人均纯收入1 638元，分别增长2.5倍和1.6倍。

（上接420页）

肉鸡“一条龙”项目全部投产后，年销售收入可达4亿多元，占德惠县农业总收入的48%，地方工业产值增长1.8倍，安排农村剩余劳动力4 310人，年转化玉米11万吨，转化增值可达5 821万元。二是推动了乡镇企业，促进了地方工业，带动了千家万户。为德惠县建筑业、建材业、运输业增加了收入。发展了一批配套企业，已建成投产4个，初步形成了以德大为龙头的肉鸡企业群体。全县发展肉鸡生产专业户700户，建设鸡舍29万平方米，出栏肉鸡570万只，获利562万元，户均8 030元，加速了农民奔小康的步伐。三是建立了稳定的肉鸡种源基地和城市副食基地。结束了吉林省肉鸡种蛋和鸡雏靠外进的历史。四是扩大了对外开放，走出了一条发展创汇畜牧业的新路子。

浙江海盐特种配合饲料厂依靠科技振兴企业

海盐特种配合饲料厂建于1989年，由一家只有17名职工的乡办饲料加工厂扩建而成，近四年来，走科技兴厂的路子，得到迅速发展。厂区面积扩大到4万平方米，并拥有一个5.2万平方米的畜禽养殖场。有职工230名，固定资产589万元。1992年生产各类畜禽配方饲料84 353吨，产值达到1.05亿元，创税利713万元，成为浙江饲料工业的金科状元，海盐县首家创亿元产值的先进企业。

四年前，厂长朱胜良看到市场上供应的饲料质次价高，严重影响畜牧生产的发展，下决心要生产出优质价廉的饲料为养畜户排忧解难。为此，他立下三招，第一是攀亲结友找伙伴。以浙江农业大学饲料研究所为合作伙伴，并成立了科研—生产联合体。该厂应用"浙农一号"科研成果，开发生产出"富亭牌"仔猪全价饲料，产品投放市场后，很快以优质、价廉、效佳被广大用户欢迎应用。1990年根据市场需求，又进一步研制了"富亭牌"乳猪、中猪、大猪、仔鸡、肉鸡、蛋鸡、蛋鸭、肉鹌鹑、蛋鹌鹑、兔、鱼等四大系列25个品种的全价饲料。1991年又研制推出了"富亭牌"85系列畜禽全价饲料。第二是引进科技人才。先后引进专业技术人才11名，并请浙江农业大学饲料研究所所长以及其他科技人员来厂举办技术培训班20期，受训人员240人次。在全厂开展以老带新"传帮带"活动，并定期对每个职工进行技术考核，全厂技术熟练工人已占90%以上，使企业人员的整体素质得到很快提高。第三是引进先进设备，不断进行技术改造。从1990年以来，全厂先后通过6次技改、扩建、投资480万元，将配置国内先进的半自动、封闭式配套饲料生产线，年产从5 000吨级提高到10万吨级水平。

海盐特种配合饲料厂厂长　朱胜良

与此同时，注重内部管理，坚持"质量立厂"。全厂建立了以产品质量为中心、经济技术和岗位工作职责相 结合的企业内部管理、考核责任制，对生产工人实行定额管理，超产计奖，多劳多得。1990年先后通过省、市、县三级标准化、计量定级、全面质量管理验收合格。企业建立了信息管理系统，在生产经营中有齐全的原始记录、台帐和报表。1991年通过七项基础管理考核验收合格。在抓"质量立厂"中，1990年投资30万元建立了较先进的化验测试中心，他们在每研制，开发一种新产品，都要先拿到厂办畜禽养殖场——实验基地进行对比试验，取得科技依据，然后向社会推广。1990～1992年连续三次在国家饲料统检中，产品合格率均达100%。该厂还以高质量的服务赢得用户欢迎。对经销户采取"保质、保量、包送、包退"的二保二退服务，为了解决经销户的运输困难，厂里备有52辆运输拖拉机和22艘机械船，专门运送饲料。在江苏、浙江、上海建立了580多个销售网点，对有条件的大型养殖场和饲养大户，如一时资金困难，实行赊销。

海盐特种配合饲料厂的产品以过硬的质量赢得了用户信誉，1991年该厂在全省30家骨干饲料企业年检劳动生产率、净产值率、人均利润率、销售利润率、资金利润率五项主要企业经济指标考核中高居榜首。

海盐特种配合饲料厂畜禽养殖场又是浙农大饲料研究所的实验基地。在"浙农"饲料体系中，起到了龙头和示范作用。

海盐特种配合饲料厂被浙江省人民政府列为省级重点骨干企业。先后获得全国饲料工业新技术新产品特别金杯奖，浙江省星火示范企业，浙江省质量、品种、效益先进单位，浙江省技术进步优秀企业等全国、省、市、县先进企业荣誉称号。厂长朱胜良先后被评为省、市、县优秀党员、优秀厂长、明星企业家、农村青年星火带头人等光荣称号。

乡村工业城

——浙江海盐县庆丰村

浙江海盐县武原镇庆丰村位于杭州湾北岸，县城市区东北侧近郊。有723户农户，人口2 108人，总面积2.88平方公里，沪杭公路横穿村境而过，1992年划入海盐县城北经济技术开发区。

昔日庆丰曾被列入海盐县重点扶贫村之一。1985年新任党支部书记，带领乡亲们发展村级集体经济，走共同富裕道路。1986年办起了耐火材料厂和塑料制品厂。1987年又着手创建海盐标准件五厂。这个项目投资大，要求高，庆丰人发扬艰苦创业的精神，筹集资金，仅花78天，就完成了基建任务，并实现当年投产，当年见效。1990年又投资650万元扩建扳手车间，该厂现有1 300多万元固定资产，1 180多人，1992年产值2 868万元，利润73万元，出口创汇508万美元，被国家对外经济贸易部、国务院机电产品出口办公室授予"七五"期间全国机电产品出口先进单位的荣誉称号，成为全村的龙头企业。与此同时，采取"滚雪球"的办法，又办起了配合饲料厂、电线电缆厂等工厂，由于依靠科技兴厂，重视企业内部管理，新办企业都获得成功。配合饲料厂1989年由2万元起步，到1992年已发展成年产量5万吨，产值6 000万元，税利达500万元的骨干企业。

庆丰村工业新区一角

庆丰村制订了优惠政策，并创造良好的投资环境，千方百计引进外资，发展三资企业。1992年先后有大批港澳台同胞和外国客商投资者来村参观考察，并商定签订合作意向6项。现在已创办中外合资企业3个，总共投资260万美元，注册资金190万美元，共引进外资60多万美元。到1992年底，庆丰村集体经济已拥有3 480多万元固定资产，有13家工厂、16家商店，以及三个经营部、牧场、渔场、特种水产品养殖场等集体企业，有2 488名职工的庆丰实业总公司。庆丰村已发展成为一座乡村里的工业城，其中吸引技术人才和外地劳力1 600多人，占公司总数的65%。1992年全村工农业总产值1.5亿元，成为海盐县首家亿元村，其中工业产值1.4亿元，创税利1 018万元，创外汇508万美元，农民人均收入达到2 808元。庆丰村也先后荣获浙江省"七五"模范集体单位和海盐县明星村荣誉称号，连续五年评为省级、市级、县级"文明单位"。公司党委书记、总经理庞乐时先后被授予全国乡镇企业家、优秀共产党员等称号。

在农业生产方面，村领导制订了以工补农的措施，1988～1992年先后投入210多万元，新建和整修机电站、变压器，购置拖拉机、联合收割机、高压喷雾机、潜水泵和大批配套设备，并组建了村农业综合科技服务站，开展了以"机耕、排灌、植保、种子、布局和科技指导为内容的"六统一"农业生产服务。1992年列入浙江省"星火"计划示范村和浙江省农业机械化示范区。

商业服务业方面，在1988年基础上，1992年扩建新街，建造23间二层店面房、增开各种服务设施，1992年商业服务业产值达到2 180多万元。庆丰村初步实现了老有所养、壮有所用、青有所为、幼有所教、婴有所托，社会安定的社会主义新农村景象。1990～1992年先后投资108万元，新建标准化教育楼和幼儿院大楼各一幢。1990年建造文化活动中心，内设庆丰会堂、文体和图书等各种活动室8个。庆丰村已有98.5%的农户建造了新楼房，人均住房面积已经超过10平方米，有一半农户用上了煤气。户户装上了自来水和闭路电视，水泥马路通到各户家门口，村有电话总机和国际国内直拨电话及传真设备，共有电话机100多台。连续10年评为计划生育先进单位，全村社会安定连续多年未发生刑事案件。呈现一派欣欣向荣的文明幸福的社会主义新农村景象。

安徽太和县经济开发区坚持试验促进发展

安徽太和县经济开发区(以下简称开发区)位于县城北关，太亳公路西侧。面积1.4平方公里。开发区于1987年7月经中共中央书记处农村政策研究室、安徽省委乡镇企业制度建设阜阳地区试验区领导小组批准设立，其目的是为了探讨农村工业化和城镇化同步发展的可能性。经过五年多的努力，形成了一批对全县乡镇企业有带动示范作用的骨干企业，促进了县级经济的发展。

1. 开发区的制度建设试验。各项制度试验的主要内容和目的是：

土地使用权的有偿转让制度试验。开发区统一征收用地，对土地所有者支付合理的占有报偿并交纳有关税项，任何到开发区创办企业的经济实体，均可按规定向开发区购买一定数额的土地使用权。

户籍制度试验。凡在开发区内企业的职工向开发区基金会交纳若干基金，凭村、乡承包土地退还证明，可将农村户口转为“开发区户口”，其所上交的开发区基金，主要用于开发区户口的粮油补贴，其目的是通过农民进城自办社会保险和公共福利事业，实现农村劳动力的转变。

简化企业开办手续制度试验。凡进入经济开发区的兴办者，经开发区管理委员会审批，由开发办办理注册登记等手续。

股份企业制度试验。凡进入经济开发区的企业，只要是按照股份制形式组成的，一律视同集体企业，为开发区企业在现行体制下平等竞争的合法地位作出了保证。

此外，开发区还颁布了税务、工商、金融、水、电等部门对开发区企业的优惠措施。

2. 项目实施进展情况。开发区试验项目的进展大体可分四个阶段。起步阶段（1987年9月—1988年2月），进入开发区的企业共7家，以纺织、机械、运输业为主，规模为15万～30万元。初展阶段(1988年2月～1989年2月)，进入的企业共16家，以医药、化工为主，规模较第一阶段大。稳定、巩固发展初具规模阶段（1989年2月～1992年2月)。超常规发展阶段(1992年2月起)，在抓好乡镇企业建设的同时，确立了以发展外向型经济为主的战略。在海南设立办事处，招商引资，兴办了三家合资企业，利用外资126万美元，又引进一家台商独立公司。同时在海南设立了太岛公司，获得了进出口经营权。

3. 项目试验的主要成效是将开发区工业小区建成了内陆“小特区”，引进并促成了一批骨干企业，培植了一些支柱产业，为落后农区县级经济的发展找到了一条新路。1992年底开发区累计固定资产投入2 371万元，形成的年生产能力超过亿元，投入产出率为1：4.2。累计实现工业总产值8 500万元。进入开发区的14家工业企业（不含外资企业）形成了医药、化工、筛网、金属制品等支柱产业，许多产品畅销国内外，其中太和薄荷脑厂的薄荷系列产品开发，1991年曾荣获“全国星火计划成果博览会”金奖。

4. 主要经验是选择科学、合理的区位；本项目由于靠近公路和变电所，运输方便，能源费用投资少，供电有可靠保障，能够充分利用现有公共设施较之区别投资可节约费用40%，且因面向太和腹地，有较强的吸引力和发展潜力；

政策兑现，取信于民；制订合理的产业结构，保持较高的发展潜力，“以科技为先导，开发当地资源优势，建立支柱产业”为原则，大力开发了薄荷、板兰根两大资源，形成了系列化生产，实现了资源的多次增殖；建立了医药、化工、纺织三大产业，以医药、化工行业实现了高利税的目的，以纺织行业解决了就业问题。

在深化改革中发展的合肥市种子公司

合肥市种子公司是科研、生产、经营三位一体的事业单位。现有职工250人。公司设有良繁、检验、经营、财务、蔬菜、西瓜种子产销办公室、良种试验站、新技术开发服务部、制罐厂（中外合资丰乐种子有限公司）等11个科、室、厂、站。拥有固定资产1 200万元，房屋建筑面积2万平方米。装备有2个低温低湿库和设备较为先进的检验室、微机室，多种类型的种子加工包装机械。建有良种繁育基地0.33万公顷。1992年经营粮、油、绿肥、瓜、菜各类良种250万公斤，销售额4 200万元。

该公司以服务为宗旨，科技为先导，良繁为基础，经营为中心，多方面引进人才，发展科技，改善设施。公司还与国内同行、科研单位、高等院校开展了全方位多层次的横向经济联合，聘请了一批国内著名专家学者为顾问，促进了科研与生产相结合，加速了新品种新技术的开发和推广。以该公司为核心组建的沪浙皖西瓜种子产销联合体已发展成为目前全国西瓜种子行业中最大的产销联合组织，含16个省、自治区、直辖市种子公司和70多个经销处，形成了全国范围的销售和试验网络。该公司各项工作的全面发展，开辟了一条科研、生产、经营一体化，检验、加工、包装、销售一条龙的全新道路。

合肥市种子公司的主要工作介绍如下：

1. 选育、生产和经营杂交西瓜、蔬菜、粮食、油料等各类农作物及花卉良种。丰乐牌杂交西瓜良种是该公司的拳头产品，现在批量生产的品种有新澄、郑杂5号、郑杂7号、郑杂9号、金花宝、丰收2号、皖杂1号、京欣、齐红、丰乐1号、丰乐8号、西农8号、丰乐新红宝、金钟冠龙、聚宝1号等20多个品种。公司自育的丰乐1号（D_{29}）品种曾获1989年全国早熟西瓜新品种评比二等奖。引进台湾亲本由该公司生产的丰乐新红宝、丰乐金钟冠龙推广面积已达4.67万公顷。1992年，制种面积2 000公顷，生产种子40万公斤，行销全国28个省、自治区、直辖市。公司自1991年开始，生产经营100多个品种的蔬菜种子，年销量35万公斤；经营杂交稻、油菜、紫云英等大田作物种子计170万公斤。

2. 承担韩国、日本西瓜、甜瓜、黄瓜、南瓜、辣椒等经济作物的制种，计66.67多公顷，年创汇40万美元。

3. 该公司制罐厂引进外资和设备，提高了制罐技术，生产、加工种子、饮料等多种包装用罐，年生产能力1 000万只罐。

4. 推广和应用国内外农化科技新产品。该公司的丰乐农化分装厂，是安徽省科技扶贫新产品定点厂，分装销售叶面宝、缩节安、盖草能、拿捕净等各类植物生长调节剂、除草剂和高效低毒低残留的杀虫剂，年销售额100多万元。

5. 开展科研和技术咨询服务。该公司1987年编写的《杂交西瓜技术标准》被省标准计量局定为省级标准颁布实施，1988年获省科技进步三等奖；1991年公司的“西瓜种子发芽床及其配套发芽架研究与使用”项目获省星火科技二等奖。公司还编印种子科技（18期），小麦、油菜、西瓜、蔬菜、微肥单行本和各类信息资料上万份，进行技术指导、信息传递。此外，公司还经常开展现场技术咨询服务，取得了良好的经济效益和社会效益。

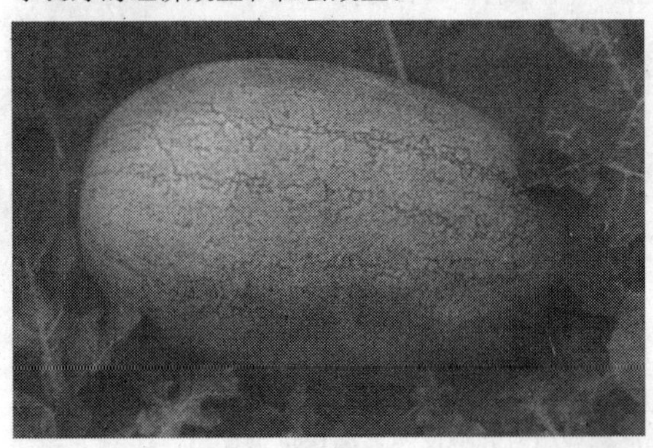

合肥市种子公司批量生产的西瓜品种丰乐新红宝

6. 承担国家级、省级西瓜、蔬菜等种子新品种的区域试验任务。

合肥市种子公司的发展，得到农业部全国种子总站、中国种子公司的大力支持和帮助，全国西瓜种子检测中心和实验中心都设在合肥。农业部领导对该公司取得的成绩给予肯定和勉励。安徽、合肥各级地方政府极为关怀和重视该公司的工作，给予良好的政策环境，该公司自1985年以来，连续被评为合肥市文明单位、科技扶贫先进单位、菜篮子工程先进单位。

江西桑海企业集团积极探索农垦经济发展新路子

江西桑海企业集团是1990年12月经江西省人民政府批准，由江西国营蚕桑综合垦殖场所属的近40个企业，按资产一体化组建的全省第一家大型农垦企业集团，有员工1万余人，占地面积51平方公里，拥有固定资产1亿多元，经营范围跨17个行业。生产医药、化工、机械、电器、电子、塑料、包装材料等上千种产品和多元化的创汇农业。1992年工农业总产值2.8亿元，实现税利1 828万元，分别比1990年增长60%和50%，该集团生产的产品中有16个获部优产品，28个获省优产品，其中玫瑰牌99%结晶味精和山梨醇获国家银质奖，桑海牌牛黄蛇胆川贝液、Vc银翘片等4个产品被评为中国质量万里行信得过产品。集团所属的桑海制药厂、南昌济生制药厂被授予国家二级企业，江西气门芯厂、南昌白马庙制药厂、桑海羽绒厂、桑海印刷厂、江西味精厂和江西蚕桑总厂被授予省级先进企业。组建企业集团的指导思想是，在原有资产一体化的基础上，围绕专业化生产、集约化经营，形成规模效益和比较优势，实行技、工、农、贸相结合，走集团化道路，发展外向型经济，促进农垦经济发展。确立本企业集团的性质是，以社会主义公有制为主体，以满足社会需求为目标，实行多门类、多产品、多方位经营企业集团的多层次新型企业联合体。各个层次的成员企业都各自具有独立的法人地位。

江西桑海企业集团的领导班子

根据指导思想和性质，企业集团确立了由核心层、紧密层、半紧密层的企业组成。核心层企业组成集团公司，它是具有母公司性质和法人资格的经济实体，集团的整体调控就是通过集团公司对紧密层企业实行“六个统一”，即统一制订发展规划、年度计划；统一对主管局承包经营，对各成员企业实行分包；统一对重大基建、技改项目的贷款；统一进出口贸易和相关商务活动；统一向国有资产管理部门负责对国有资产的保值、增值和资产交易；统一任免成员企业的主要领导干部。“六个统一”是通过建立母子公司关系的母公司法人资格实体的途径来实现。集团公司为决策中心和投资中心。集团的子公司成员企业为成本中心和利润中心，负责组织生产和经营，提高产品质量，成员企业参加集团的民主管理。在集团内，各成员企业的协作任务，在同等条件下获得优先、稳定的安排，并享受集团内部的优惠价。集团特别强调，各成员企业，必须遵守章程，执行决议。

集团组建两年来，母子公司各成员企业充分发挥各自的优势和作用，1992年企业总产值比1991年增长19.6%，工农业总产值比1991年增长12.4%，销售收入比1991年增长14.7%，实现税利比1991年增长25.3%，全员劳动生产率比1991年增长13.8%。

桑海经济已经进入一个持续、稳定、协调发展的新阶段。1992年经江西省人民政府批准桑海企业集团设立省级经济技术开发区；享受1 000万美元以下外商投资项目审批权和省政府赋予的其他职权。

企业集团的组建，找到促进企业发展的有效途径。有利于加强整体调控能力，集团作为整体，可以统一安排集团内各企业的发展方向和规模，实行资产和各种力量的调整、重组、互补等措施，以提高市场适应能力和竞争能力。有利于对现有企业进行优化组合。为实现把“桑海”建成医药、化工城的目标，发展了骨干企业——医药、化工、机电；建立和完善配套工业——印刷、包装材料工业；建立回收加工工业，三者有机结合，分工协作，组成了一个以小企业为基础，以骨干企业为主导的具有“桑海”特色的工业群体。现有骨干企业医药、化工产值在全集团工业总产值中已占80%。有利于逐步合理调整产业结构。企业集团的组建使产业朝着以医药、化工、机电、加工为主体的方向发展，形成农工商运建服务相应发展的产业群体。医药工业在继续发展常规药品的同时，开发出高保健药品和特效药品。如列入国家“火炬计划”的治癌药“三品一条枪”、二澳卫茅醇、缓释片和中美合资的花旗参冲剂、胶囊系列产品等。生物工程和精细化工对系列产品进行深加工。机电、电子和加工工业，已研制和投放市场的产品正向年产1亿只目标实行技改。有利于加速招商引资步伐，发展外向型经济。1992年引进外资项目14项，合资金额1 764万美元，这批项目达产达标，新增产值3亿元，且有不少高新技术产业，提高了产品技术含量和市场竞争能力。

江西大茅山企业集团搞好综合开发加快山区经济建设

坐落在江西省赣东北地区的大茅山企业集团，是工、商、服、林、农、牧、副、渔全面发展的综合性企业集团，是江西农垦企业中的一朵奇葩。1992年总产值2.35亿元，税利2100万元，比1978年分别增长15倍和17倍，在全省同行业中名列前茅。1992年职工人均收入达2 132.40元，人均收入为1 206.80元。大茅山企业集团经济发展的基本做法是：

1. 抓好林业的开发利用。大茅山企业集团有林地2.27万公顷，占总面积的95%以上，森林覆盖率为83%以上，活立木蓄积量达143万立方米，毛竹有450万株，活立木年生长量5.6万立方米，年木材出材量为2.5立方米。在开发利用林业资源上，大茅山人闯出了一条“养林蓄水，以水发电，以电促工，以工养林”的创业道路，使山区这一林业资源优势得到了保持。“以营林为基础，造管并举，采育结合”的经营指导思想，把年木材砍伐量严格控制在年生长量的70%以下，并从当年的工业生产利润中抽出100多万元资金用于造林、抚育和森林保护，有效地保护和发展了山区的林业资源，也为山区发展造纸、制药、林产化工、木竹加工等工业的发展提供了坚实的原材料基础。他们利用等外材和枝桠材为原料办起造纸厂生产1号牛皮箱纸板，年产1.5万吨。这种纸张属国内领先。该厂开发的A级箱纸板达到国际先进水平，1992年销售收入、利润都居全省同行业榜首，并连续荣获“六好企业”和省级先进企业称号，大茅山企业集团还利用林区小材小料、锯木屑和中草药材，办起了制刷厂、活性炭厂和制药厂，制刷厂已发展为江西省最大的民用制刷厂家，几十种民用刷子和工业用刷，销售到全国各地和欧美等国。活性炭厂生产的群峰牌781型A类活性炭，荣获部优产品的称号，成为出口外销质量免检产品；制药厂生产几十种中成药品，其中，猴菇菌片获省优产的称号，除供应国内市场外，还销往日本、新加坡、马来西亚等国。

2. 水力资源的开发利用。企业集团内有可供开发利用的水力资源达1.1万多千瓦，全年可发电8 000万千瓦小时。早在1958年，就建成一座装机容量为656千瓦的水力发电站。随后又先后建起10座水力发电站，总装机容量达9 175千瓦，占可开发水力资源的83%。大茅山企业集团目前已办有矿山、造纸、纺织、制鞋、五金、机械、建材、制药、食品、木竹加工等36家工矿企业，工业产值占总产值的92%以上，实现了农垦企业工业化的目标。

3. 矿产资源的开发利用。大茅山矿产资源丰富，已探明的有铜、金、硫、银、锡、铝、锌、莹石、石灰石、石煤、花岗岩和瓷土等。其中铜、金、硫、花岗岩、瓷土具有工业开采的价值。大茅山人坚持开发治理一起抓的原则，开发利用矿产资源，大茅山铜矿的前身只是个硫磺矿，随着矿藏资源的变化，他们自筹资金，办起了铜选厂，做到铜、硫、金、银同时回收。并建起尾沙堤，既可以起到治理工业废水的作用，又能把含有其他稀有元素的原矿储存起来，待以后开发利用。与此同时，大茅山铜矿还配套办起万吨硫酸厂，15 000吨的化肥厂和铁丝厂，以及具有2 000吨加工能力的铜材加工厂，除了生产铜精矿、硫精矿外，还生产硫酸、化肥、氧化铁红、海绵铜、硫酸铜、电瓶酸裸铜线、漆包线和裸铜管等几十种产品，经济效益明显提高，1991年大茅山铜矿实现销售收入5 870万元，利税超过1 000多万元，被省政府评为全省开展“质量、品种、效益年”活动的先进单位。金山金矿是1985年自筹资金在废弃几百年的老金矿洞的基础上创建的，建矿7年来，生产黄金489公斤，1992年销售收入540万元，利税129.6万元，被省黄金公司授予“七五”期间为江西黄金发展作出突出贡献的先进集体。近几年来，大茅山人在综合开发利用地下资源中，通过引进外资和技术，兴办合资企业，加快花岗岩、莹石和瓷土等矿资源的开发步伐，使山区经济发展再上新台阶。

江西大茅山企业集团总部

4. 开发旅游事业。大茅山企业集团方圆250多平方公里，境内山川秀丽，有不少名胜古迹，是发展旅游事业的好地方。如鸟凤大生的点将台、跑马坪、唐末农民起义领袖黄巢等率部路过歇脚的黄歇田，以及红军抗日先遣队的烈士纪念亭，邵伯本烈士纪念碑等。自然风光有海拔1 200多米陡峭险峻的笔架山，喷雪溅玉的十大瀑布。天鹅瀑布下清澈深幽的仙姑潭等数十个景点。大茅山人不断完善配套生活服务设施，兴办第三产业，加快山区经济建设步伐。

中原大地崛起的巩义市

巩义市处于河南省郑州、洛阳之间，75万人、54万亩耕地，总面积1 041平方公里。市境东与荥阳县接壤；西与偃师、孟津县毗邻；南依嵩山，与登封、密县交界；北临黄河，与孟县、温县相望。全市辖11个乡、7个镇、296个行政村。

巩义市资源丰富，已查明的植物778种，动物410种。矿产24种，主要有煤、铝矾土、石英岩、紫砂陶土、耐火粘土等，且品位高、贮量大、分布广，开采利用十分方便。土特产品主要有，五指岭所产金银花，有500多年历史，为天下银花上品，史称五指银针。口头李子，产于巩义市口头村，个大、色鲜、汁多、味甜。白沙梨，产于巩义市白沙一带，人称"糖水葫芦"，果肉洁白，酥脆甜香，历史上曾作为贡品。

市长　李宗保

全市主要人文景观有，地（市）以上文物保护单位57处。相传黄帝"受龙图于河、龟书于洛"就发生在巩义市黄河、洛河汇流处的洛口村。保存完好的"八卦台"，相传是伏羲氏开创中华文明的圣地。回郭镇到洛河口是夏、商、周三朝政治、军事、文化中心，嫦娥奔月、羿射九日等传说就发生在这里。西康店乡有东周故城遗址。南铁生沟村有汉代冶铁遗址。东小黄冶村有我国发现最早、规模最大的"唐三彩"瓷窑遗址。较为闻名的还有四处名胜古迹：杜甫故里、北宋皇陵、北魏石窟寺和浮戏山雪花洞风景名胜区。

1992年，全市社会总产值达52.8亿元，工农业总产值45.1亿元，国民生产总值20亿元，国民收入18.2亿元。财政收入1.15亿元。全市有14个乡镇工农业总产值超亿元，114个行政村产值超千万元。经济实力历年来居河南省各县前列，跨入全国农村综合实力百强县（市）行列。

农业生产，1992年农业总产值2.05亿元，粮食产量10.7万吨。水产品总量447.1吨；大牲畜存栏4.3万头，生猪12万头，肉牛、肉兔饲养初具规模，肉蛋奶总产量1.3万吨；森林覆盖率13.8%，果品产量5 019吨。

工业生产，1978年至今，逐步形成建材、机械、轻纺、化工、能源、电子、冶金、食品加工等门类比较齐全的工业体系。1992年，全市拥有国营、集体、乡镇企业2.4万多个，工业总产值43亿元，其中，市营工业4.6亿元，乡镇工业34.5亿元。全市工业企业固定资产16亿元。实现电力自给自余。煤炭年产量230多万吨。耐火材料年产量100多万吨，被定为国家耐火材料新技术开发集团。水泥年产量300多万吨，各类工业产品2 000多种。1992年乡镇企业产值达42.4亿元，乡镇工业产值占全市工业产值的80.2%。全市新上项目473个，投入资金7.9亿元，使产值超百万元的企业340多个，超千万元的企业60多个。为河南省省级企业最多的县级市和全国乡镇企业管理先进县。

商业财贸，全市有宋陵大厦、宋陵商场、紫荆树大楼、百货大楼等6个商业中心，商户达5 000余家，果品批发、机械专卖、生产资料、劳务市场初具规模。宋陵、杜甫、黄河、银河四大宾馆舒适豪华。1992年社会商品零售额4.56亿元，有10大类48种产品进入国际市场。城乡居民储蓄总额9.7亿元。

全市经济发展将以农业为基础，以乡镇企业为重点，以外向型经济为突破口，大力发展优质高效农业、三资企业和第三产业，力争短时间内把巩义建成内陆开放城市和新兴的工业城市。重点发展的骨干项目有77项，总投资37.4亿元。在技术改造上也确定了200多个项目。来巩义市工作的科技、管理人才，按情况享受住房、重奖等优惠待遇。对引进资金也采取了多种奖励办法。对投资办厂或兴办第三产业的提供土地使用权等多方面优惠条件。

洞庭湖畔一颗璀璨的明珠

——湖南省西洞庭农场

湖南省国营西洞庭农场座落在历史名城常德市境内，距市区仅45公里，离国家森林公园张家界、索溪峪风景区200多公里，与中外驰名的旅游胜地桃花源只有100公里之隔，湘北干线1 804公路纵贯场区。全场总人口31 296人，由11个民族组成，其中非农业人口12 460人，占总人口的40%。该场是全国重点农垦企业之一，1979年荣获全国农垦红旗单位，1983年荣获全国农垦系统先进单位称号。

西洞庭农场所在地原本是水乡泽国。1955年，第一代西洞庭人，翻开这块荒无人烟之地的历史，垦荒创业，坚定地执行“边开荒，边生产，边建设，边扩大，边积累”的方针，取得了当年建场，当年盈利的可喜成绩，为农场建设历史写下了光辉的第一页。

西洞庭农场地理条件优越，自然资源丰富，纯属平原湖区，土质肥沃，田园棋盘格局，渠道四通八达，适宜于多种生物生长，是名副其实的洞庭鱼米之乡。农业以种植甘蔗、棉花、水稻三大作物为主，还盛产柑桔、湘莲、柰李……。

场长　姚正先

建场近40年来，特别是党的十一届三中全会以来，西洞庭农场干部职工坚持党的“一个中心，两个基本点”的基本路线，克服重重困难，初步形成了“贸工农”一体化，产、供、销一条龙的经营模式。取得令人瞩目的历史性巨变。1992年，全场社会总产值2.8亿元，比1978年增长13倍，年递增率为20%，人均创产值8 698元，实现利税2 000多万元，比1978年增长10倍，职工平均收入由1978年的358元提高3 000元，增长9倍，人均收入1 700多元。职工银行存款年末余额达5 000多万元。

农场的工业基本形成了包装印刷、罐头食品、棉麻纺织、建筑建材、塑料加工、机械修造等八大体系。现有工业企业40多家，年产2万吨的纸厂，是湖南省先进企业，其经济效益在全国造纸行业中居第16位，在湖南省居第2位；年产万吨的罐头厂，是国家出口罐头食品的定点厂，年创汇500多万元；年产1.5万吨蔗糖的重点糖厂，是湖南省先进企业；砖瓦行业在湖南省同行业中效益最佳，也是省先进企业。还有现代化程度较高的棉纺工业等。工业产品中纸张、食糖、罐头、棉纱、纸箱等20多个产品分获省优、部优和国优奖，产品销往全国20多个省市，部分产品远销日本、美国、德国及港澳市场，赢得良好的声誉。工业产值由1978年的747万元增长到1992年的1.54亿元，增长20倍，年递增率为24%。

遵循围绕市场调整工业结构，围绕本场工业调整农业结构的“双调整”原则，使工业结构日趋合理，农业结构越调越活，全场种植甘蔗0.2万公顷，总产15万吨；棉花0.2万公顷，产量达2 500吨；栽桔266.7公顷，总产6 000吨，鲜鱼年产5 000吨以上。1992年农业总产值达6 541万元，比1978年增长1.1倍。

随着改革的不断深化和农场经济的不断壮大，农场各项社会事业得到了前所未有的发展。全场有1 500多名科技人员，1992年共取得科技成果奖14项。有中小学9所，教职员工400人，适龄儿童入学率在98%以上，在校学生4 000多人。农场有容纳2 000多人的现代化影剧院一座，电视台和电视卫星地面接收站各一个，可以传送七个频道的电视节目。全场有职工医院和卫生院10所，病床260张，医务工作人员283人，职工医院曾获农牧渔业部授予的全国农垦系统卫生先进系统称号。农场计划生育工作连续14年被评为省、市先进单位。1978年以来，企事业单位和职工个人建宿舍100多万平方米，人均达30多平方米。同时，积极开展“以息抵租”为主要内容的房改。农场的交通、通讯和电力等事业有长足的发展。场内公路密布，纵横交错，绿树成荫，所有单位全部通公路，场内通公共汽车，每天有10多班次客运汽车开往长沙、益阳、常德、津市等地。全场已开通1 000门程控电话，可连接全国和世界各地。场内有自建110千伏/1万千伏安变电站一座，馈线万伏线路17条，自备发电机44台，年总发电量15 000千瓦小时，电力排灌装机近9 000千瓦，农业机械总动力2.79万千瓦（3.8万马力）。

农场城镇建设初具规模，商业市场日渐活跃，第三产业发展迅速。1989年以来，先后投资5 000多万元，兴建的商业大楼、农贸市场、汽运大楼、外贸大楼、物资大楼等，由工业区、商业区、文化娱乐区构成的总场场部城镇日益繁荣，商业集散活动中心已基本形成，辐射到附近的十多个乡镇。全场从事第三产业人数达5 000多人。1992年，第三产业经营额达6 000多万元。

湖南衡阳市畜牧水产总站育出瘦肉型回雁母系猪

湖南省衡阳市畜牧水产总站，自1985年以来，集中力量，狠抓瘦肉型猪新品系的研究攻关，经过八年的努力，终于培育成了一瘦肉型猪新品系——回雁母系猪，并于1992年12月通过国家级畜牧专家鉴定，认为“此项研究达到了国内同类研究的先进水平，其主要指标均达到或超过国家选育方案的设计指标和国家鉴定新品系的标准”。

回雁母系猪选育研究系湖南省衡阳市科委下达的研究课题，衡阳市畜牧水产总站接受这一课题后，即组成了由李培华、王四清、张树人、高健、麻经国等人参加的课题小组进行攻关。运用群体遗传学、数量遗传学的原理和群体继代的选育方法，以本地良种两头黑猪作母本，先后与杜洛克、长白、大约克、苏白等外来良种猪进行二元、三元杂交组合筛选，最后选定以长×杜·本三元杂交组合为育种基础群。同时，每个家系在各世代选留一头公猪、6～8头母猪组成育种群。一年一个世代，连续选育了6个世代。各世代始终把2～6月龄日增重和活体估测瘦肉率作为选择重点，参照各性状的遗传力及经济重要性制定综合选择指数，并由高到低进行最后选留。在选育中，不仅重视数量性状，而且十分重视质量性状，对有害隐性基因的后备公、母猪均及时淘汰，并采用测交的方法去掉杂合基因，因而扩大了纯合基因留种。对各世代断奶后的仔猪，从每个家系中选择两公两母（公猪去势），在饲料、饲养管理、外界环境相对稳定的条件下，进行育肥试验，测定育肥期日增重、饲料报酬以及达90公斤体重日龄及胴体瘦肉率、眼肌面积、肉品质等指标。育种群选育到第四世代时，又利用二产母猪进行杂交试验，分别利用外来杜洛克、汉普夏、大约克、皮特兰等公猪配种，从各组后代中选出8头进行育肥试验，以筛选出回雁母系猪的最佳配套父本。选育进行到第五世代时，市畜牧水产总站聘请了湖南省畜牧兽医研究所、湖南农学院等单位的专家教授，对回雁母系猪进行了生理常数和血液生化指标，血清蛋白质多态性、染色体组型以及后期生长发育规律的研究，同时还进行了生殖器官发育、性行为的观察以及品系标准和品系饲养标准的测定，从而使回雁母系猪能够在取得大量科学数据的基础上得以定型。

回雁母系猪具有以下优良性状。一是外形好。该品系猪毛色全白，头清秀，嘴鼻平圆，耳根较软；肩胸结合良好，背腰平直稍拱，且双背、腹部不下垂；后躯丰满，四肢结实，后肢高于前肢，体躯秀长，全身结构紧凑，体型美观一致，基本达到外向型商品瘦肉猪的标准。二是繁殖率高。胎产仔数：初产母猪10头以上，经产母猪12.5头以上；60日龄断奶窝重：初产母猪130～140公斤，经产母猪170～180公斤；遗传性能基本稳定。三是育肥性能良好。育肥猪在中等营养水平下，日增重600克以上，料肉比3.5：1，胴体瘦肉率57%以上，无PSE和其他劣质肉，肉质细嫩鲜美，商品价值高。

回雁母系猪选育成功的主要经验一是领导高度重视。整个选育工作始终得到了湖南省畜牧局、省畜牧兽医研究所、衡阳市科委、市财政局、粮食局等有关部门的大力支持，在人力、物力、财力上给予了必要的保证。并在选育关键时刻亲临指导。省畜牧主管部门还从1989年开始将选育经费由原来每年1万元增加到3万元，并每年安排平价饲料5万多公斤。二是技术路线正确。在选种上，始终坚持分阶段选种，实行多留精选；在选育上，坚持采用杂交——横交固定——选择——定向培育——再选择的方法。三是强调了协调攻关。鉴于选育工作任务重、涉及面广，衡阳市畜牧水产总站很重视抓协同攻关，除了聘请省畜牧兽医研究所和湖南农学院的专家、教授进行测定、化验分析外，在总站内部打破了科、站、场的界线，先后挑选了10多人参加选育攻关。四是坚持科研生产相结合。做到边育种、边利用，把选种留种更替下来的各世代种猪都利用起来，用汉普夏、大约克、杜洛克等公猪配套生产杂优商品猪运往广东和港澳市场。在选育期间，仅市畜牧水产总站所属的种畜场就组织外销杂优商品猪近3 000头，产值达120万元，以补选育工作经费不足，确保了课题研究的顺利进行。

回雁母系猪

蓬勃发展的湖南桃源县农村合作基金会

农村改革以来，湖南省桃源县委、县政府及农业经营管理部门认真贯彻落实中共中央和国务院继续办好农村合作基金会的通知精神，把大力发展农村合作基金会作为深化农村改革、完善社会化服务体系、促进农村市场经济发展的重大措施来抓，取得了突破性发展。到1993年3月止，全县59个乡镇已全部建立了农村合作基金会，844个村中85%的村建立了分会或代办站。县里由农业经营管理科牵头成立了桃源县农村合作基金会联合会，初步形成了以县联合为龙头、乡镇会为枢纽、村代办站为基础的融资服务体系。

实践证明，农村合作基金会通过资金的内部融通和合理流动，在为农民、为农业服务和发展农村经济上发挥了重要作用。一是聚集社会闲散资金，促进了农村经济的发展。1992年，全县合作基金会共吸收股金4 118万元。现有股金余额3 008万元。在59个乡镇合作基金会中，股金余额200万元以上的3个，100万～200万元的8个，50万～100万元的16个。全年累计投放资金2 944万元，其中投放农业1 535万元，投放乡镇企业752万元，投放第三产业

全国劳动模范、湖南省桃源县农业经营管理科科长赵必成

504万元，其他53万元。通过注入资金，救活了248家乡镇企业，兴办了540个二三产业项目，解决了32 150户缺乏农业生产资金的困难，产生直接和间接经济效益5 210多万元。二是加强和改善农村集体资金的管理，壮大了集体经济实力。合作基金会通过把集体资金的所有权和使用权分离，变无偿使用为有偿使用，既加强了管理，又获得了效益。1992年，全县共为集体经济组织代管资金507万元，新增集体经济收入980多万元。三是平抑民间高利贷，减轻农民负担。由于坚持低偿投入、让利于农和服务农业的原则，扶持当地农业生产，既解决了农民的困难，又在一定程度上抑制了民间高利贷，减轻了农民负担。若与民间借贷利息对比，全县一年就为农民减少利息负担650多万元。四是壮大了农业经营实体，增强了经营管理工作的内部活力。1992年，全县利用聚集的资金开展各种服务11项，其中，为农民组织生产资料2 520吨，代销农副产品8 850吨。年创服务收入245万元，其中融资收入153万元，增强了内部实力。近几年，全县已有25个乡镇经营管理站自建了房屋，面积达3 800多平方米，办公设施齐全，加快了乡镇经营管理站规范化建设步伐。桃源县农村合作基金会之所以能蓬勃发展，其主要经验是：

1. 加强领导，推动发展。县委、县政府把兴办农村合作基金会作为加强农村社会化服务体系建设的重要内容来抓。县领导亲自调查，办点示范，制订规划，狠抓落实。县政府制定颁发了规范性文件，对合作基金会的性质、任务、筹资范围、投放原则和管理体制等，都作出了明确规定。还成立了以主管农业的副书记和副县长为主，农委、人民银行、经管科等单位负责人参加的领导班子，由县农业经营管理科具体抓。各级领导"支持而不干预，指导而不包办"。

2. 典型引路，带动发展。由于乡镇之间自然条件、经济条件和思想基础不同，在发展中不够平衡。到1991年止，全县成立农村合作基金会或开展融资业务的乡镇，仅占乡镇总数的40%，吸收股金只有600万元。为了推动全面发展，坚持办点示范，以点带面，县级领导办了5个乡镇的试点，各乡镇办一个村的试点，以点带片，很快在全县形成了一个大力兴办农村合作基金会的热潮。到1992年底止，全县建立合作基金会的乡镇达56个，占乡镇总数的95%；吸收股金2 480万元，是1991年同期股金的3倍。

3. 政策优惠，启动发展。按照国家政策，结合本地实际，县委、县政府对全县农村合作基金会开展业务活动实行了四条优惠政策：由银行提供资金开户，作好资金后盾；允许农村合作基金会在国家金融政策的范围内，根据投放项目效益情况自行确定吸收和投放的利率幅度；对合作基金会实行三年免减税，三年后如征税，税幅从优；不办理工商登记手续。为了争取有关部门的支持，县经管科会同人民银行等部门深入乡镇，调查研究。通过实地考察，有关部门看到了农村合作基金会对促进农村经济发展的作用，为发展合作基金会开了"绿灯"。

4. 规范管理，健康发展。本着"全面建、规范化、重管理、求效益"的原则，抓管理促发展，抓发展促完善。一是建立融资网络，完善服务体系。二是制订工作章程，完善岗位责任制。三是建立各项制度，完善管理机制。四是建立监控机制，完善政策规范。由于加强了监控，保证了资金的安全营运，做到了放得去，转得活，收得回，充分发挥了资金的投放效益。

四川省重点乡镇企业发展小区

——广汉市南兴镇

南兴镇，是广汉市西郊的一个平原乡镇，汉彭公路穿境而过，距成都市、德阳市只30多公里，距周围三个火车站、川陕大件公路与广汉飞机场，仅5公里。一条从成都直达世界级旅游胜地——九寨沟的新公路干线穿镇而过，交通十分方便。

该镇属中亚热带湿润气候区，都江堰自流灌溉，海拔高度489.3米，年平均气温16℃，无霜期284天，年降水量923.1毫米。自然条件良好，一年2～3熟，农作物以水稻、小麦、油菜为主。全镇面积32平方公里，可耕地2 052.6公顷。总人口28 469人，其中农业人口26 113人。辖15个行政村，142个村民小组，3个居民委员会。

镇西北部鸭子河上游，有闻名中外的、殷周时期的古蜀都城遗址——三星堆。该遗址属国家级文物保护单位，是目前四川境内发现的一处面积最大、延续时间最长、文化内涵十分丰富的古蜀文化遗址。已发掘出的大量珍贵文物，在国内外展出后，为之轰动。经国务院批准，于1992年7月奠基，破土动工，在原址兴建三星堆历史博物馆。

南兴镇党委书记　庄成才

党的十一届三中全会以后，特别是1984年以来，南兴镇在党的改革、开放政策指引下，充分运用广汉市综合体制改革试点市的优惠政策，确立了稳定农业、搞活流通、以发展乡镇企业为重点的方针。解放思想，大力发展横向经济联合，采取“两头在外”的形式，克服缺乏资源的劣势，扬长避短，乡镇企业得到了迅速的发展。到1992年止，全镇企业固定资产已达15 000万元。有冶金、机械、电子、轻纺、建工、建材、粮油、食品、运输、商贸和种、养业等十多种行业。职工人数已达1.1万人，占全镇农村劳动力总数的72%。共有镇办企业30个，村办企业157个，联户与个体企业1 010家。形成了以镇村两级集体所有制企业为主体，以冶金、轻纺为龙头，有冶金机械、棉毛纺织、建工建材、粮油食品四条专业生产线和场镇企业与联户、个体企业两个综合生产片的农村乡镇企业开发小区的工业布局。1992年全镇企业总产值50 713万元，实现税利3 200万元，发放劳动工资1 642万元，农村人平劳务收入622元，农村人平纯收入1 170元。

十多年来，南兴镇的农业、多种经营得到了很好的发展，1992年实现了“吨粮镇”，粮食总产量首次突破了2 000万公斤大关，肉猪出栏高达41 780头。其他如花木、水果、蔬菜、鸡、鸭、兔、鹅、鱼等种、养业也有很好的优势。

南兴现有职业中学、普通中学、成人职业学校和中心完小各一所，村级小学11所，镇办幼儿园及村、民办幼儿园（班）15个。有中学教师45人，小学教师161人，幼儿教保人员41人。中学、职高在校学生863人，小学生1 250人，入园幼儿638人，成人职校年培训5 000人次。各级各类学校校舍、教学设备齐全，“三校一园一场（厂）”配套完善，普及九年制义务教育已达标。

该镇还有人民医院一所，现已与成都军区47医院合作，联办成为该院的分院。共有床位60个，有精密的医疗器械和高质量的医疗技术。共有医护人员64名，其中主任、副主任医师14人。农村合作医疗早在70年代便已具规模，共有15个合作医疗点，30个赤脚医生。

南兴，属四川省重点规划的乡镇企业发展小区之一。乡镇企业，在全国小有名气，镇、村企业中产值上千万元的就有13个，其中广汉市钢铁厂、广汉市川兴棉纺织总厂产值均在亿元以上，有部、省、厅、市优质产品15个，出口创汇产品3个。不仅乡镇企业发展神速，集镇建设也日新月异。近年来投资近千万元，兴建了围镇、中向、中真三条水泥公路，新辟了街区，新建了镇政府、工业公司、农业公司、信用社、税务所、工商分局、敬老院大楼，还修建了十多幢商品房。近年来又配备了400门程控电话网，邮电大楼正在动工修建中，11万伏高压变电站即将竣工输电，有很好的投资环境。南兴将进一步加强外引内联。近期还将新建文化娱乐中心、水上公园、工业专线铁道和三星堆旅游、服务配套设施。

南兴制定了乡镇企业开发小区的中、长期发展规划。1992—1995年计划新、扩、改建项目22个，总投资4亿多元。今后的发展方向是：稳定提高工农业，大力开发旅游、服务等第三产业。逐步形成一、二、三产业的系列化、规模化、高科技、外向型的经济体系。

发展中的四川江油市太平镇

太平镇位于四川省西北部江油市(李白故里)市郊。面积 86.86 平方公里，全镇辖 29 个村，225 个生产合作社，57 778 人，其中农业人口 56 492 人。镇人民政府驻江油市区北大街西段。太平镇已被规划为市区的新区和部分规划为省级工业开发区，现正加速进行开发。

太平镇，境内地势平坦，沟渠纵横。涪江、昌明河、让水河从境内流过，自流灌溉达 85%以上。气候温和、年平均温度为 16℃，年降雨量为 1 100～1 300毫米，无霜期达 280 天。常年日照 1 362 小时，适宜亚热带喜温作物生长。

镇党委书记、江油太平企业集团董事长梁学赋（左），镇长、江油太平企业集团总经理孟文凯（右）着手制定下一步经济发展规划

江油市是国家商品粮基地之一，太平镇是主产区，主要生产水稻、小麦、玉米等粮 食作物和油菜、茶叶、生姜、水果、蔬菜等经济作物。驰名中外的中药——附子是该镇特产。千亩水果商品基地和万亩长江防护林工程已初具规模。1992 年社会总产值达 2.13 亿元，工农业产值 1.26 亿元，生产粮食 26 886 吨，出栏肉猪40 199头。其他各业都有了很大的发展。

近年来，太平镇经济发展很快，特别是乡镇企业异军突起。现有乡镇企业 2 819 个，1992 年产值达 1.7 亿元，其中镇村两级企业 155 个，产值达 1 亿元。经过不断的调整、巩固和发展，已初步形成有科研、建材、建筑、化工、冶金、机械、食品、服装、塑料、轻工和农副产品加工等门类齐全的产业结构。

太平镇，交通发达，自然资源丰富。宝成铁路（复线已开工）横贯江油市境内 111 公里，江油火车站相距该镇仅 6 公里。市区北大街、金轮商业街、太白路、绵（阳）平（武）公路、108 国道、中（坝）通（口）公路纵横全镇。境内有白鱼嘴水力发电站和岩嘴头水力发电站总容量 890 千伏安，年发电量 270 万千瓦小时；有与江油发电厂配套的太白站，其容量为 13.2 万千伏安，电力十分充足。市内天然气资源丰富，现已被开发、利用，除供给本地使用外，还输往绵阳、成都等地区。江油市是“水泥之乡”，年生产各种优质水泥 200 万吨。境内还储有丰富的优质矿泉水资源。

在本镇境内，还有中国工程物理研究院材料研究所、中国航空燃气涡轮研究所、地矿部 909 水文地质大队、国家建材局水泥技工学校等中央、省、市 50 多家单位和正在建设的水上游乐场、渡假村、别墅区、海滨浴场等服务设施，为本地经济的繁荣起到很大促进作用。

江油是古老的名城。文物古迹、风景名胜甚多，是国家剑门蜀道旅游线上的一个重要风景区，而其中李白纪念馆、太白公园、西山公园、李白读书台、月爱寺、普照寺等著名风景点在本镇境内。全国最大的仿唐建筑武馆海灯法师武馆就座落在太白公园内。相距本镇 20 公里的川西北名胜窦团山，山巅三峰耸立，其中有铁索可飞渡。山上云岩寺列为国家重点文物保护单位，寺内飞天藏是我国现存最大的、保存最好的宋代木雕建筑，极为珍贵。山上新建一批亭阁景点，又架设悬崖座椅式载人索道可达云岩寺。距本镇 20 公里的佛爷洞、金光洞、猿王洞、白龙宫千奇怪状，深邃莫测，仿入仙境，使游人留连忘返。经太平镇去平武报恩寺、王郎自然保护区以及闻名中外的南坪县九寨沟、松潘县黄龙寺旅游是一条“黄金旅游线”，每年来此观光、旅游的中外游人逾百万。

改革开放中的昆明市官渡区

官渡区位于云贵高原滇中中部，地处云南省会昆明近郊，全区下辖9镇8乡，122个办事处，总面积1 025平方公里，全区人口49.9万，其中农业人口26.6万，是昆明市的四个区之一。它濒临滇池，东、南、北三面与昆明城区相连。

官渡区不仅风光旖旎、景色怡人，而且有着丰富的人文景观和较多的名胜古迹。金殿、黑龙潭、昙华寺、西华园、海埂为闻名遐尔的旅游胜地。

中共官渡区委书记赵健（右二）陪同云南省副省长王广宪（右一）视察经济开发区

官渡区有着得天独厚的区位优势。国际航空港昆明巫家坝机场就位于区政府所在地。昆明至贵阳、昆明至成都、昆明至河口的铁路线，昆明至打洛、昆明至玉溪、安宁至石林的公路线均从官渡境内穿过。昆明火车站、昆明汽车客运站、汽车东站、昆明凉亭火车货运场均座落官渡境内。官渡区既是昆明市通向国内外的重要门户，又是云南省商品物资集散的中心地区。官渡区不仅交通发达，通讯也十分便利。1991年开通的7 000门程控电话已纳入全国程控自动电话网，近期将发展到2万门，国际国内直拨电话、电报、电传都十分方便。

官渡区境内，既有一批财贸、农业、建工等大专院校，又有天文、物理、农业、贵金属等科研院所，还有冶金、机械、精密机床、建工、化工、轻工、烟草等大批大中型企业。真可谓“踞黄金之地利，拥人才之精英”。

官渡区是昆明市菜、肉、奶、蛋、鱼、果、花卉的重要生产基地。1992年，全区商品蔬菜产量达19 400万千克，生猪存栏18.2万头，出栏15.4万头，奶牛存栏1万头，牛奶产量2.6万吨，收购鸡蛋185万千克，水产品产量4 555吨，水果产量5 548吨，花卉种植100公顷，对昆明市经济发展、市场繁荣起着积极的作用。

官渡区商业已发展成为拥有43个公司、410个零售点的综合性商业。1992年全区社会商品零售总额达6.54亿元。随着社会主义市场经济体制的建立，官渡区市场建设和第三产业发展迅速。1992年，全区各类市场已发展到72个，市场成交额达1.3亿元，在城郊结合部地区，形成了蔬菜、水果、药材、家具、建筑装饰等大型系列专业市场。1992年，全区第三产业产值达到2.82亿元，在国民生产总值中已占到31.2%。

1992年，全区国民生产总值达到9.04亿元，国民收入达到7.26亿元，社会总产值18.99亿元，工农业总产值达到13.36亿元。地方财政收入达到1.45亿元，金融系统年末各项存款余额达到18.28亿元，农村人均纯收入达到1 214元。

抓住机遇，大力发展乡镇企业，并取得了较好的经济效益。1992年，全区乡镇企业总收入达到16.31亿元，占云南省的1/9、昆明市的2/5，比1991年增长52.95%，乡镇企业工业总产值达到9.8亿元，实现税利1.56亿元，比1991年增长60.2%。乡镇企业总收入超亿元的乡（镇）达到7个，其中，过两亿元的乡（镇）4个。拥有了一批高技术、高效益的骨干企业，形成了建筑、建材、机械、化工、食品加工、造纸、纸制品、家具、商旅服务等34个行业的乡镇企业，涌现了一批出口创汇的外向型企业。

全区已具备实施九年制义务教育的“三个基本条件”。农科教统筹工作进展良好。科技达标连续两年通过省市验收，被省政府授予科技达标区，被国家科委列为国家级星火技术密集区。

1992年，官渡区被省委、省政府、省军区授予“双拥模范区”称号。全区已建成乡（镇）文化站10个、农村文化室215个，城乡文化生活日趋活跃。区内生态环境、卫生条件也有很大改善，被国家卫生部、国家计委、农业部、国家环保局、全国爱卫会授予中国农村实现2000年人人享有卫生保健规划试点达标先进县（区）。

在对外开放，加快发展经济的大潮中，官渡区区位优势更加明显：省、市重点项目“一会三区两路”（即：中国西南五省七方举办的“昆明出口商品交易会”，昆明高新技术开发区、昆明经济技术开发区、国家级海埂旅游度假区、春城路、新海埂路）绝大部分在官渡区境内。为了更好地发挥区位优势和利用土地资源，鼓励国内外客商到官渡区投资办企业，官渡区制定了《关于外商和华侨、港澳台同胞投资规定》、《关于鼓励国内客商投资规定》以及土地、税收方面的一系列优惠政策，并经昆明市政府批准，在交通便利的昆明机场、昆明凉亭火车货运场、昆明大型汽车站之东侧昆洛公路旁，开发建设昆明乡镇企业城。企业城总体规划面积5.35平方公里，为官渡区自费、滚动开发，实行特殊政策的乡镇企业开发区，它是官渡区对外开放的窗口和外向型经济的主要生产基地，将建设成为高标准的乡镇企业试验区。

宁夏西海固地区十年农业建设成绩显著

宁夏西海固地区是回族聚居地区，总面积3.9万平方公里，包括156个乡镇，210万人口。从1983年开始，西海固地区列入国家“三西”专项建设计划，帮助进行农业建设和扶贫开发。从改变生产条件入手，以农田水利、农业、林业、畜牧、乡镇企业、吊庄移民、农电线路、智力开发等方面的建设为主，展开了大规模的综合治理和扶贫开发，经过十年的努力取得显著的成就。农民人均基本农田增加到0.12公顷，新增造林存活面积18.17万公顷，封山育林9.8万公顷，人工种草（含补播改良）42.23万公顷留床面积16.67万公顷。控制水土流失面积累计占应治理流域面积的25%。累计解决了61.2万人、14万头大牲畜、80万只羊的饮水困难问题，分别占应解决数的85.2%、83.3%和73.9%。通电的乡(镇)达到100%,乡乡通公路,生态环境逐步恢复。

农村商品生产基地建设和农副产品加工初具规模。立足于本地资源,因地制宜地建立了粮食、油料、滩羊、细毛羊、绒山羊、肉牛、养兔、养蜂、经果林等规模不同的商品生产基地。林牧副渔业产值在农业总产值中的比重逐步上升，1992年达到34%。与1982年相比，山区经果林发展到2.2万多公顷，增长9.4倍。大家畜、羊、生猪存栏，分别增长了30%、7.5%和29%。淀粉、亚麻、畜产品、矿产品、果品等加工开发初步形成了系列，建起了支柱产业的框架。乡镇企业总产值增长17.2倍，年均增长33.7%。

群众温饱问题初步解决。1991年，西海固地区粮食总产量创历史最高水平，粮食达到5.2亿公斤，油料总产量4 787万公斤，分别比1982年增长2.5倍和3倍多。1992年粮食总产量仍然达到4.3亿公斤，比1982年增长1.9倍；油料总产量3 800万公斤。农民人均纯收入按可比口径，1992年比1982年增长1.8倍；人均占有粮食增长1.5倍。已有10%的农户彻底摆脱了贫困，成为富裕户；50%的农户达到温饱有余的水平，30%的农户在正常年景下可以解决温饱；不得温饱的农户由1982年的70%以上，下降到10%左右（不包括5%的社会救济户)。

1. 实行特殊的扶持政策。结合西海固地区的实际,陆续采取了一系列有利于农民休养生息和扶贫开发的特殊政策。近几年来,还在科技、教育、文化、卫生、交通等项事业发展以及少数民族干部的培养、选拔等方面,陆续采取了一些有利于促进贫困地区经济开发的优惠政策。调动了干部和群众的积极性。

2. 坚持从实际出发，因地制宜确定发展方针和建设重点。自治区党委和政府制定了“大力种草种树，兴牧促农，农林牧副全面发展”的建设方针。各地又根据具体情况，确定不同的开发重点和措施。

3. 把基础建设放在突出位置，努力改变群众生产、生活的基本条件。狠抓林草建设，发动群众大力种草种树，实行封山育林、草原划管、补播改良、退耕还林还牧，禁止乱开荒和乱砍树木，制止对自然植被的破坏，努力恢复生态环境。狠抓兴修水利和农田基本建设。修水库、建塘坝、打机井、搞小高抽，完善渠系配套、改进灌溉方法，扩大灌溉面积。在没有水源的干旱地区，大搞以兴修水平梯田为主要内容的旱作基本农田建设。同时，广泛开展小流域治理，逐年兴建了一批人畜饮水工程，加强了农电和道路建设。

4. 打破封闭状态，实行开放式建设。一是易地开发，把西海固地区的建设和灌区的开发结合起来，创办多种形式的移民吊庄基地，自治区提出了“以川济山，山川共济”的方针，有步骤、按规划地进行了大规模的移民吊庄。创办吊庄基地15处，开发土地3.07万公顷，向灌区移民14.3万人，加上原旱改水的5万多人，共使20万农民走上了致富之路。二是把劳务输出作为一项投资少，见效快，既能治穷致富，又能开发智力的重要产业。三是走出山门，建立与经济发达地区的经济联系。兴办了一批民族工业和乡镇企业，引进了一批专业技术人员，促进了商品经济的发展。自治区还批准建立了隆湖扶贫经济开发区和固原扶贫经济发展试验区，赋予优惠政策，面向国内外实行全方位开放。四是搞活农村流通领域，抓好集镇市场建设。村集市由原来的48个发展到91个，基本上形成以银川至平凉公路为轴线，以西海固八县中心市场为骨架的市场体系。还创建了以扶贫开发为宗旨的同心流通试验区。促进了当地商品生产规模不断扩大。

5. 高度重视智力开发，努力提高劳动者的素质。通过多种形式，广泛开展农村实用技术培训活动。把扫盲同农村实用技术培训结合起来，普遍实行了农业丰收计划集团承包，推广了多项实用技术成果，安排了一批星火计划项目和科研项目。创办了8个区域性农业综合开发试验示范点和其他一批科技扶贫示范点，取得了一批重大科研成果。

6. 把扶贫开发同计划生育结合起来。建立了县、乡、村三级计划生育服务网络，人口出生率从1982年的38.8‰下降到29.6‰，人口自然增长率从31.4‰下降到23.8‰，十年少出生近9万人。

7. 动员全社会广泛开展扶贫。自治区各级党政机关抽调干部，组成扶贫工作组，包扶21个重点贫困乡。

西海固地区农业建设和扶贫开发工作虽然取得了显著成就，但农业生产条件还没有得到根本改善，工业基础差，乡镇企业发展缓慢。科技教育落后等问题仍然是制约西海固地区经济发展的主要因素。

新 疆 第 一 村

——乌鲁木齐县八家户村

乌鲁木齐县二工乡八家户村位于乌鲁木齐市北郊。全村占地 3.4 平方公里，有耕地 118.5 公顷；总人口 2610 人，其中回族占 60%，汉族占 34%，其他少数民族占 6%。八家户村过去是远近出名的穷村，70 年代末，人均收入只有 300 余元，几十年的公共积累还不足 10 万元。如今，全村经济发生了翻天覆地的变化。1992 年全村工农业总产值 7 238 万元，全年销售收入首次突破亿元，达到 11 069 万元，创利税 800 万元，分别比上年增长 57%、66%和 60%，成为新疆第一个亿元村。1992 年人均纯收入 3 000 元，比上年增长 74.4%。现有各类企业 47 个，其中村办企业 20 个，个体联户办企业 27 个。全村经济发展，社会安定，民族团结，展现出一派繁荣兴旺景象。

全国优秀农民企业家，八家户农工商总公司总经理何占山（中）在向客人介绍村办彩印厂的情况

八家户村的发展，始于改革初期的 1984 年。村里成立了农工商总公司。曾经当过生产队长的回族农民何占山出任村委会主任兼公司总经理。为了改变贫穷落后面貌，何占山带领一班人，寻路子、找对策、引技术、搞协作、请能人、抓管理，开始了艰苦的创业历程。他们根据本村的实际，确立了发挥资源、地缘优势，利用本村能工巧匠多和剩余劳力多的特点，走大力发展农村二三产的路子。筹资 5 万元，建起了第一个轧钢厂，实现了当年建厂、当年投产的要求，企业当年还清了贷款，还盈利 45 万元。“一石激起千层浪”，村里先后办起了针织、印刷、苇编等小企业和商业、饮食服务业，走上了发展之路。他们采取“走出去，请进来”的办法，广泛开展横向联合，广招有才有志之士，为振兴八家户的经济迈出了坚实的一步。近年来，八家户农工商总公司先后同国营厂矿企业、科研院校、甚至外省区建立了横向经济技术协作关系。引进各类专业人才 80 多名，还先后选送了 20 多名青年农民到大中专院校学习深造；并就地培训各类专业人才 100 多名，为发展本村经济建立了一支专门的经济技术管理队伍。他们与新疆八一钢铁厂、兰州钢铁厂等开展经济协作，先后建立了年总产 2 万吨的三个轧钢厂；与新疆天山毛纺织有限公司联办了羊毛衫加工厂；与台湾中亚国际投资有限公司合资联营，建立了铝型材厂和天地针纺有限公司；总公司还投资 30 万元，建立了招商楼。依托毗邻城市的优势，村里还办起了建材厂、彩印厂、漂染厂、毛巾厂、织布厂和专用化肥厂。并兴建了一座占地 5 000 平方米的农贸市场。这些企业由于起点高、重质量、产品适销对路，普遍经济效益好。企业的发展，为集体经济增添了活力。1992 年全村已有固定资产 4 000 万元，自有流动资金 2 000 万元，全村 85%的劳力从事村办企业，98%的纯收入来自二三产业。八家户农工商总公司已基本形成了为城市服务、为石油开发服务、为大企业配套服务的轻纺、食品、化工、建材和金属加工生产体系。

八家户村的农业主要以蔬菜和副食品生产为主。近年来，村里采取以工补农，以工建农的办法，每年从村办企业上交的利润中，拿出 25 万元，开展以兴修水利为中心的农田基本建设；投资 240 万元修建了用于生产蔬菜的锅炉温室和拱棚，使半年的蔬菜生产期延长了 4 个月。1992 年，全村蔬菜总产 300 多吨，奶、蛋产量各 50 吨，产鲜蘑菇 20 多吨，商品率达 98%。

八家户村富了，但村委会和党支部始终不放松精神文明建设。近年来，共投资 150 万元对村主要干道铺设了柏油路面；修建了 50 多个公共厕所和垃圾池；全村 95%的村民用上了自来水；投资 120 万元修建了两所小学和一所幼儿园；每年拨款 15 万元为全村 250 名老人发放退休金。每个村民小组和企业都成立了“职工之家”，村里加强了社会治安综合治理。全村的文化生活丰富多彩，民族团结蔚然成风，环境优美安居乐业。村里对农民住宅，重新设计、统一规划，使村容村貌有了更大的改观。

河北黄骅市渔业改革试验区成效显著

黄骅市位于河北省东部，渤海湾西岸，是全国重点渔业产区。1989年5月，经国务院批准建立全国渔业经济体制综合改革试验区，纳入全国农村改革试验区序列，经过三年试验，已形成阶段性成果，为渔区改革提供经验。试验区从阻碍渔业经济发展最紧迫的问题入手，确立了四个试验项目：

1. 发展、完善渔民协会。渔民在自愿互利的基础上组织起以渔民为基础成员，以捕鱼、养鱼能手为骨干的群众性专业协会。协会经历了从单纯服务型发展到经营实体型两个阶段。协会建立了内部发展基金、积累基金和养老保险金制度，各协会都设立了信息传递、海难救护、后勤服务、财务管理等四大服务组织。全渔区已建立10个村级渔民协会和1个乡级渔民协会联合会，共有会员3 019名，占海洋生产劳动力总数的37%，渔民协会服务组织14个，服务项目25个，投资总额190万元。

2. 渔民合作基金会。在试验过程中，根据实际情况搞了两种不同形式的基金会。一个是乡办合作基金会，以回收1984年集体财产下放款60万元，作为原渔业合作社社员个人股入会，既妥善解决了产权关系，又明确了现行利润分配办法；另一个是渔民协会内部办合作基金会，实行会员集资入股和渔协会费参股等形式，通过低息的资金有偿使用来体现对会员的优惠。基金会成立以来，为渔用资金来源开辟了一条新路，促进了资金流通，扩大了集体积累。并且，资金的定向投放，对转变渔民传统作业方式，保护近岸资源有一定的导向作用。渔协内办基金会充实了渔协服务功能，有利于提高渔协的吸引力和凝聚力。

3. 水产品批发交易市场项目。市政府成立了由主管市长为主任的南排河水产批发交易市场管理委员会，设立了管理机构——南排河水产交易服务公司，从水产、税务、物价、工商、公安等部门抽调了一批懂经营、会管理的人员充实到服务公司，健全了交易所、财务组、服务组等。已开始了初级批发交易和对渔民进行服务。制度建设同步进行，由市政府编制了《黄骅市水产品批发市场交易规则》。

4. 兴办股份合作经济项目。在赵家堡乡贾家堡村进行了试验。由集体入股2万元，三位渔民入股2.5万元，共同向银行贷款18万元，本着“利润共享、风险共担”的原则，建立起修船厂一座。自1990～1992年底，企业在偿还部分贷款的基础上，固定资产已达33万元，每个股额也由原来的5.24万元扩大到6.6万元。

三年来，随着试验项目不断深入，渔区经济迅猛发展，水产品总产量每年增长10%，1992年总产量为5.8万吨，黄骅市被评为全国渔业生产先进并进入渔业百强县之列。试验区取得明显成果：

1. 减小了单船独户经营风险，提高了群体规模效益。渔民协会的建立，以技术培训为先导，以信息服务为手段，以人身安全储备金为保障的服务方式，使会员在安全和生产上都受益，同时，生产组的形成，改变了各船单独探寻渔场造成的生产成本过高的现象，据对6个渔村的调查，1992年平均单位产量成本，会员船比非会员船低6.9%。

2. 实现了劳动力的合理配置，生产要素得到优化组合。渔协成立前，平均每船每年用69个劳动日购置船用渔需和生活用品，养殖户用20个劳动日用于清池、购苗、饵料、药品及出售成品。协会成立后，船只只要用对讲机和协会联系一下，停船后马上就可以备齐生产和生活物资。这样，不但减少了非生产性用工，也实现了劳动力在生产和服务行业的合理搭配，会员船年平均差旅费由2 600元降到900元。

3. 构成和完善了渔村新的积累机制，壮大了集体经济。由于会员船在服务上受益，经济效益相对均衡，改变了单船收入相差较大的现象。村集体在服务设施中投入了资本，也可以获得一定收益。1992年10月份统计表明，有渔协的村公共积累人均实际占有额为1 480元，无渔协的村为1 120元。协会资金积累和发展形成良性循环。

4. 有效地发挥了双层经营的整体效应。渔协和基金会为会员提供了很多优惠和系列服务，而村党支部、村委会也为渔协和基金会的发展作了许多实事、好事，从而间接为会员作了服务，因此增强了基层组织的号召力。渔协也积极地协助村干部做了一些棘手的工作。

中国农业科学院蔬菜花卉研究所

中国农业科学院蔬菜研究所成立于 1958 年，1987 年发展成为蔬菜花卉研究所。设有品种资源、遗传育种、栽培及贮藏加工、植物保护、花卉研究室、文献信息编辑室、生理生化实验室和试验农场等。

主要研究任务包括：

组织全国有关单位开展蔬菜品种资源研究。1986～1990 年，搜集、整理出 1.7 万份蔬菜地方品种资源入国家种质资源库保存，建立了我国最大的蔬菜品种资源中期库及相应的数据库。对主要蔬菜如大白菜、黄瓜、菜豆、辣椒、茄子等进行了抗病性和品质鉴定。对云南、西藏、内蒙古以及湖北神农架地区、陕南诸县等进行了资源考察，发现了一批有重要研究和利用价值的珍贵资源，如在研究黄瓜起源和分类方面有重要学术价值的“版纳黄瓜”，嫁接栽培的优良砧木“黑籽南瓜”等。从国内外搜集到的资源材料中，筛选出 20 多个优良品种直接用于生产。

中国农业科学院蔬菜花卉所所长　朱德蔚

育成一批优良蔬菜新品种或一代杂种并在生产上大面积应用。育成优良自交系、自交不亲和系、雄性不育两用系、雌性系 40 余个；选育出抗病、优质、丰产的大白菜、番茄、黄瓜等新品种和一代杂种 50 余个，如利用在我国首批育成的甘蓝自交不亲和系配制的 7 个优良一代杂种“京丰 1 号”、“报春”、“晚丰”、“庆丰”等，1978～1984 年累计推广 27.6 万公顷，创社会经济效益 6.04 亿元，在全国 28 个省、自治区、直辖市推广应用，新品种的种植面积占同类品种总种植面积的 40～60%，1985 年获国家发明一等奖。嗣后，又育成早熟、不易先期抽薹的甘蓝一代杂种“中甘 11 号”和抗病丰产一代杂种“中甘 8 号”，获国家科技进步二等奖。

蔬菜、花卉作物生物技术研究取得重要进展。运用花药离体培养技术获得了辣椒、茄子、甘蓝、大白菜的单倍体植株；建立了主要花卉如香石竹、白鹤芋等组培快繁、脱毒苗商品生产技术体系并已投入批量生产；甘蓝、黄瓜原生质体培养已获得再生植株；应用杂交瘤技术，成功地建立了马铃薯 Y 病毒 16 个稳定分泌单克隆抗体的杂交瘤细胞株，这是我国首次建立的植物病毒株系特性单克隆抗体杂交瘤细胞株；利用农杆菌导入抗黄瓜花叶病毒（CMV）基因，以提高番茄、青椒抗 CMV 能力的研究已取得新进展，得到了导入 CMV 卫星 RNA 互补 DNA 的再生植株，其抗病性得到加强。

研究、总结、推广了主要蔬菜，如大白菜、番茄、青椒等以及塑料棚、地膜覆盖、温室高产、稳产、低成本栽培技术。1979～1983 年，组织了全国性的蔬菜科研协作组，对我国传统的冷床育苗方法进行了重大改革，创造出易于调控温、湿度的育苗环境，并研制出一套标准化育苗技术和技术参数，使蔬菜育苗向专业化、良种化、标准化和商品化前进了一大步。

花卉方面的主要研究内容是月季花、香石竹、菊花等切花新品种选育和高产、优质栽培技术，脱毒、快繁技术；一二年生草花的繁种纯化和杂种优势利用研究。通过杂交、辐射诱变，选育出 10 余个切花月季新品种如“哈雷慧星”、“南海浪花”、“香菱”、“贞洁”、“绿野”等。

70 年代末，从日本引进地膜和地膜覆盖栽培技术已成为我国种植业一项高效、低成本的增产措施，1979～1989 年，取得经济效益 72 亿元以上，1985 年获国家科技进步一等奖。在生物技术研究方面研究所邀请了美国菌种保藏中心植物病理学实验室专家就“杂交瘤技术和单克隆抗体在蔬菜抗病育种中的应用”进行合作研究，成功地在国内建立了第一个植物病毒株系特异性单克隆抗体杂交瘤细胞株，已用于检测马铃薯病毒。利用“亚洲蔬菜发展研究中心”提供的抗热、抗裂果、抗病并具有标志性状的育种材料作亲本，育成了优良罐藏番茄新品种“红杂 16”，已在生产上推广应用。1990 年，由联合国粮农组织资助的“蔬菜无土栽培”和“马铃薯育种和资源研究”项目正在实施。

自 1978 年以来，研究所共取得 110 项研究成果。在其中的 59 项获奖成果中，有国家发明一等奖 1 项，全国科学大会奖 2 项，国家科技进步一、二、三等奖各 1 项，省、部级科技进步奖 24 项。“七五”期间，研究所获得的应用性成果的转化率在 70%以上。80 年代中期，研究所集中了部分技术人员专职从事以良种为主的科技成果开发和技术咨询服务，将本所育成的良种以“中蔬牌”为注册商标，参与市场竞争。“中蔬牌”良种已在全国累计销售 27 万余公斤，部分良种已销往国外，总销售额在 2 500 万元以上。1990～1992 年，平均每年获纯利在 250 万元以上。1992 年研究所被农业部评为“七五”期间全国农业科研机构综合能力优秀单位，同年，又被评审确定为农业部重点开放性实验室“蔬菜生物学实验室”的依托单位。

中国农业科学院郑州果树研究所

中国农业科学院郑州果树研究所直属中国农业科学院。全所共有职工239人，设有品种资源、果树栽培、植物保护、瓜类、果品加工、情报资料6个研究室和1个蔬菜研究组。所内的试验农场有试验用土地33.3公顷，试验大楼面积达4 500平方米。在仪器设备方面，有原子吸收分光光度计、紫外分光光度计、气相色谱仪、液相色谱仪、电子计算机和超速离心机等大型精密仪器23台套，可进行果树和土壤矿质营养、果实品质、种子杂交率、蛋白质、果品农药残留量等十多项的分析化验以及数据资料的统计分析和数据库的建立等。

黄学森所长

科研方向和任务　郑州果树所是以浆果、核果、瓜类为主要研究对象，以应用研究为主，有重点地开展应用基础研究，大力加强开发研究。着重解决瓜类、葡萄、桃、猕猴桃和中部地区苹果、梨生产中重大科技问题。如培育抗病性适应性强的优质丰产的普通型西瓜品种，多种类型的无籽西瓜品种；培育无毒、大粒、优质、丰产的鲜食葡萄和早中晚熟配套的加工用黄肉桃品种以及优质、耐贮、适于生食和加工兼用的猕猴桃品种；培育适于我国中部地区栽培的苹果、梨优良品种和苹果等果树矮化砧木的选育。解决苹果在黄河故道地区的优质丰产栽培和苹果、梨等果树病虫害的综合防治等问题。

主要科研成果　建所以来，郑州所主持和参加完成的科技成果共103项，其中1978年以来的14年间即获得87项。作为第一完成单位获得成果70项。在获奖成果中，获国家级和省级、部奖励的重大科技成果39项，院级成果13项。这些成果大多数已在生产中广泛应用，并取得了巨大的经济效益和社会效益。例如：选出的适于黄河故道地区栽培的酿酒葡萄品种有白羽、白雅、法国兰等。通过杂交育种培育的生食早熟葡萄品种郑州早红，质优、早熟、耐贮运。培育的西瓜品种郑州3号、郑杂5号、郑杂9号、$8155F_1$和无籽西瓜等优良品种已成为我国北方西瓜产区主栽品种。该所1990年育成的西瓜抗枯萎病三个新杂交一代组合，抗病、优质、丰产，1991年在农业部组织的全国西瓜新品种(系)评比中囊括前三名。1971年育成的伏帅苹果品种，早熟、质优。1989年育成的华冠和华帅两个中晚熟苹果新品种，质优、丰产、耐贮运，深受群众欢迎，具有巨大的发展潜力。选出的明星、连黄、罐五、金童五号等罐藏加工桃品种，在生产上已大面积栽培。从1977～1987年，经过十多年的努力，育成了郑黄2号、郑黄3号、郑黄4号一系列优良黄桃新品种，延长了加工期限，基本解决了黄桃罐藏加工品种配套问题。通过广大科技人员奋力攻关，研究出了适于我国中部地区应用的成套苹果矮化栽培技术；果园绿肥栽培利用和科学施肥技术；植物外源激素在核果类果树上应用技术；苹果病虫害综合防治技术；苹果系列新品种的引进和应用；果树脱毒和快繁技术以及瓶内发酵法生产大香槟的工艺和天然果汁的研究等方面的应用技术均取得了可喜的成果。该所牵头组织的全国猕猴桃资源调查，经过十多年(1978～1989)的艰苦努力，基本查清了我国猕猴桃资源。找到了94个种、变种和变型，占全国109个种、变种和变型的86%，还找到若干新种和珍贵种，从而为促进我国对猕猴桃的科研、教育和资源开发利用提供了依据和创造了有利条件。此项成果于1991年10月荣获国家科技进步奖。

随着科研体制的不断发展和深化，为进一步加速科研成果的转化，该所除增设了成果推广处，专门开展此项工作外，还鼓励各课题组从事成果的开发和经济创收工作，因此，自1980年来，约有60%以上的科研成果均不同程度地转化为生产力，实现了商品化。如该所培育的郑州3号西瓜品种，据对全国5个省市不完全统计，1983～1986年四年中推广面积已达6.37万公顷，累计净增纯收益达1.47亿元。又如该所培育的郑杂5号西瓜品种，据全国17个省市统计，1984～1989年六年累计推广面积已达30.6万公顷，总产值32.2亿元，净增纯收益达5.3亿元，取得了显著的社会效益和经济效益。为了提高该所自身的经济收益，郑州所充分发挥了自己西瓜研究的优势。在西瓜研究上，科技力量强，科技成果多，在市场经济中有较大的竞争力，因此，重点抓了西瓜良种的开发。开始由课题组小批量繁种，取得了较好的经济效益，每年种子供不应求，开发规模逐步扩大。1987年设立了专门开发机构——成果推广处。专门机构成立，使开发工作上了一个新台阶，繁种量由几千斤发展到目前的十万斤。从1989年开始，改变了坐等用户发展到上门推销，配备了专门的销售人员，并制订了种苗推销区域的划分、种苗销售量的上下限、推销经费包干等一系列推销制度。1990年以来，每年西瓜良种的创收都在100万元左右，占全所开发创收的90%以上。

中国水产科学研究院水产技术开发公司

中国水产科学研究院水产技术开发公司是经农业部批准成立，在北京市新技术产业开发试验区登记注册，具有法人地位和科技产品进出口经营权的全民所有制新技术企业。公司致力于发挥水产科技优势，兴办以科技先导型、外向型为主体的技、工、贸相结合的各类经济实体，积极开展新技术、新产品的研究开发工作，重视和发展横向经济技术合作。公司隶属中国水产科学研究院，以院属各研究所为依托，具有较雄厚的技术力量和先进的仪器、设备。公司在北京和外地设有分支机构及多种形式的联合企业。

公司经营范围：

生物技术、水产养殖、捕捞、加工、储运技术的开发应用；渔具与渔用材料、渔船、渔港、渔业机械仪器的研究、设计、制造、经营；高效饲料与高效鱼药的研究、生产及经营；渔业遥感图像处理与计算机技术的开发应用；区域性资源调查、评估与综合利用、发展的规划；组织专业技术培训、国际学术交流及劳务输出；公司现有的新产品：适应2万～5万吨级啤酒厂之系列化啤酒糟加工成套设备；系列饲料加工机械及成套设备；年产3 000吨级对虾饲料加工新型成套设备；超微粉碎机；颗粒饵料增强水中稳定性处理机及油脂、维生素喷涂机；强力高效多功能对虾配合饵料添加剂及牛蛙、观赏鱼等特种饲料；各种鱼用药品。

饲料加工机组

啤酒粕加工成套设备（局部）

北京九州实业公司

北京九州实业公司系深圳九州公司内联企业，本公司下设六个业务部门，两个生产厂，是一个工、贸结合的经济实体。

本公司主要从事：钢铁产品、有色金属、化工、机电、轻工、纺织原料和设备部件等业务；工厂主要产品为各种耐酸、耐热、耐腐蚀不锈钢，电热合金等制品，为各类计算机配套各种机箱。公司深圳九州特艺工程公司可以承接室内和环艺超前设计和装修。

总经理　杨学忠

北京九州实业公司

荣获"全国渔业生产先进奖"称号的地区

广东省、山东省、辽宁省、江苏省、福建省、浙江省、湖北省、湖南省、北京市、黑龙江省

辽宁省大连市

北京市朝阳区、通县

天津市西郊区、塘沽区

河北省黄骅市、唐海县

山西省永济县

内蒙古自治区包头市郊区

辽宁省大连市金州区、东沟县、大连市甘井子区、长海县、辽阳县、庄河县、锦县、辽中县

吉林省大安市

黑龙江省绥化市、肇源县、密山市

上海市青浦县、崇明县、南汇县

江苏省启东市、吴县、如东县、吴江县、射阳县、兴化市、赣榆县、东台市、无锡市郊区

浙江省舟山市普陀区、玉环县、温岭县、洞头县、嵊泗县、湖州市区、余杭县、嘉兴市郊区、绍兴县

安徽省当涂县、无为县、寿县、嘉山县

福建省连江县、诏安县、东山县、莆田县、福清市、石狮市、惠安县、长乐县

江西省南昌县、都昌县

山东省荣成市、长岛县、蓬莱县、文登市、威海市环翠区、牟平县、青岛市黄岛区、烟台市芝罘区、莱州市、临沂市

河南省固始县

湖北省洪湖市、仙桃市、监利县、江陵县、汉川县、武昌县、嘉鱼县

湖南省沅江市、湘阴县、华容县、安乡县、祁东县、湘潭县

广东省顺德县、电白县、汕尾市城区、阳西县、南海县、宝安县、饶平县、新会县、遂溪县、高州县

广西壮族自治区合浦县、钦州市、玉林市、北海市海城区

海南省临高县、儋县

四川省眉山县、重庆市九龙坡区

云南省嵩明县

陕西省大荔县

宁夏回族自治区银川市郊区

农 业 自 然 灾 害

1992 年水灾

1992 年，我国大江大河大湖水量中等偏枯，无大面积、高强度、长历时相组合的降雨过程，大江大河大湖汛期平稳，没有发生大洪水，洪涝灾害相对较轻。但部分中小流域和沿海地区发生了较大的洪涝和台风灾害。从大的降雨时空分布看，7 月中旬以前江南多雨，长江以北干旱；7 月中旬以后，北方多雨，南方出现了少见的高温伏旱；8 月上中旬陕西出现洪涝。

春季，南方赣、湘、粤、浙、闽等省降雨频繁，雨量比常年偏多 2～5 成，其中赣南、粤东多 5～8 成。赣江、湘江、闽江、北江等河系发生了明显的春汛，先后出现超警戒水位的洪水。如赣江南昌站 3 月 30 日洪峰水位 23.90 米，湘江长沙站，3 月 27 日洪峰水位 37.13 米，分别超过警戒水位 1.20 米和 2.13 米，为历年同期最大洪水。

盛夏，黄河晋陕区间、泾洛渭和华北的西北部、川西、闽北、浙中降雨较常年偏多 2～4 成。大渡河、岷江、乌江、湘江、钱塘江、信江、闽江、桂江、黄河中游以及内蒙古西拉木伦河相继发生洪水。其中江西信江梅港站 7 月 6 日最高水位 29.08 米，最大流量 11 300 立方米每秒；福建闽江南平十里庵站 7 月 6 日最高水位 74.51 米，最大流量 27 500 立方米每秒，均超过历史最大值。相当于五十年一遇洪水。8 月 2 日内蒙古西拉木伦河发生二十年一遇的大洪水，台河口站最大流量 1 718 立方米每秒。8 月上中旬，陕西省普降 50～100 毫米的雨量，北洛河发生了有记录以来的大洪水，渭河及黄河中游一些支流也发生了近年来的较大洪水。龙门站 8 月 9 日最大流量 7 400 立方米每秒，北洛河上游吴旗站 8 月 10 日最大流量 4 350 立方米每秒。黄河花园口 8 月 16 日最大流量 6 260 立方米每秒，最高水位 94.33 米，是 1949 年以来最高水位。

1992 年在西太平洋生成的台风及热带风暴共 19 个，在我国登陆的有 8 个，略多于常年。台风初次登陆的时间偏晚，登陆地点偏南。对我国影响最大的是 8 月底在福建长乐县登陆的 16 号台风。在天文大潮和 16 号台风的共同作用下，8 月底 9 月初我国东部沿海发生了 1949 年以来最严重的特大风暴潮。南起福建，北至河北，全线出现高潮位。大部分地区潮位接近历史最高潮位，一些地段超过了历史最高潮位。如福建省东山站、福鼎沙埕站；浙江省温州以南沿海潮位均超过历史最高潮位。上海市黄浦公园最高潮位 5.04 米，为 1913 年有记录以来的第二位。天津、河北沿海潮位均出现 1949 年以来最高潮位。特大风暴潮造成了严重的潮灾。16 号台风刮倒房屋 20 多万间，损坏 50 多万间；死亡 300 多人。各项直接经济损失 90 亿元。

全国洪涝灾害面积 942.3 万公顷，其中成灾 446.4 万公顷，绝收 933.3 公顷；因灾死亡 3 012 人（其中压死 1 000 人，淹死 1 400 人，其他死亡近 600 人），倒塌房屋 98.95 万间，损坏房屋 504 万间，直接经济损失 402.8 亿元。受灾最严重的是江西、福建、浙江、广东等省。

（水利部水文水利调度中心　李纪生）

1992 年旱灾

1992 年，我国干旱范围广、旱情偏重。7 月上旬之前旱区主要在北方，一些省、自治区春夏连旱，尤以黄淮地区夏旱严重，对工农业生产和人民生活影响大。盛夏南方伏旱发展快，波及省、自治区多，北方部分省区也有伏旱，对秋作物造成威胁。仲秋至入冬南方较大范围的秋冬旱，影响部分省区越冬作物播种、出苗。全国受旱面积 3 298 万公顷，减产 3 成以上的成灾面积 1 705 万公顷，其中绝收 255 万公顷，为大旱的 1978 年以来旱灾最大的一年。

北方地区上年秋冬干旱明显，越冬作物冬前苗情差，入春后 3 月和 5 月大部地区降水偏多，阶段性的缓和些旱情。但 4 月份北方冬麦区和西北地区大部降水比常年偏少 5～9 成。4 月下旬北方 15 省、自治区、直辖市春白地缺墒面积 1 383.5 万公顷，越冬作物受旱 502.4 万公顷，对越冬作物生长和大秋作物的播种、出苗不利。

入夏后华北大部地区降水偏少，气温偏高，土壤失墒严重。因此湖、库蓄水少，河道来水也少，黄河下游利津站自 5 月 22 日至 7 月 22 日连续断流长达两个月，为历史所少见。6 月 2 日至 7 月 14 日淮河蚌埠闸全关，并停止发电。黄淮海地区旱情很重。受旱最为严重的山东省 5 月 8 日至 7 月 8 日全省平均降水量仅 34 毫米，较历年同期平均少 84%，是近 50 年来同期降水最少的。受旱面积 401.6 万公顷，成受 241.6 万公顷，其中绝收 53.6 万公顷，为全国受旱、成灾面积最大的省份。由于黄河长时间断流，不仅影响沿黄引黄灌溉，并且造成下游滨州、东营二地市工业生产、人民生活和油田用水告急。苏皖两省北部夏种开始就缺水干旱，皖北地区水稻仅种下 27 万公顷，比原计划少 7.7 万公顷。苏北徐州、连云港两市因水少境内大部分内河停航，仅 6 月份内河货运量就较常年同期减少 90%，并有 500 多家企业被迫停产。辽、吉、黑三省春夏旱，部分地区有伏旱，三省受旱 367 万公顷，成灾 190.7 万公顷。甘肃、宁夏二省区因旱夏粮都减了产，宁夏回族自治区春季造林受旱 2.1 万公顷，占造林面积 72%，成活率仅 50%。青海省 3 月底以前少雨，来水、蓄水都少，备播困难极大。

7 月中旬后，南方伏旱发展快，至 8 月中旬初伏旱已波及南方 13 省区，受旱面积 1 165.5 万公顷，北方也有 9 省区 523.4 万公顷农田遭伏旱。部分省区旱情持续到入秋。牧区也受到影响。湖北省 7 月中旬至 9 月全省发生大面积伏秋连旱，这期间全省无雨日平均达 53.1 天，与大旱的 1978 年同期无雨日 53.4 天相当。干旱对秋季粮、棉、油生产是极大威胁。北方一些省伏旱也很重。如河北省四季都有干旱，伏旱使 26 万公顷秋作物出现死苗。陕西省春旱后，夏伏旱遍及全省受旱 186.7 万公顷，成灾 113.3 万公顷。

10 月中旬以后，南方大部地区出现旱情，川、湘、桂旱情重。四川全省性的大面积秋冬连旱，灾情严重。同时水利工程蓄水量大幅度减少，关冬的冬囤水田脱水面积达 45.6 万公顷，占关冬面积的 55% 以上，将给来年大春水稻的及时栽插造成困难。湖南省夏秋冬连旱，致使冬种比计划减少 67.3 万公顷，已播作物有 33.3 万公顷干死，出苗率比上年普遍低，出了苗的长势也差。

干旱还增加了人畜饮水困难，旱情严重时人畜饮水困难人数达 7 294 万人、大牲畜 3 515 万头。一些地方因旱还造成工业停产、学校停课、卖掉或屠宰牲畜以及组织大量人力、车辆远距离拉水、运水，严重影响国民经济发展和人民生活的稳定。

因旱还伴随农作物病虫害发生，特别是棉铃虫危及范围大，程度重，对棉花生产造成很大影响。

为了组织、推动、协调好抗旱工作，1992 年 3 月 1 日晚国务院召开北方地区抗旱工作电话会议，进一步动员和部署抗旱工作，能源部、铁道部、地矿部就抗旱用电、抗旱物资调运和勘查开发地下水等方面，分别向各地所属各部门发通知，做了安排。水利部、财政部、农业部、石化总公司对受旱省、自治区所需抗旱经费、物资也及时研究解决、下拨，有力地支援了各地的抗旱斗争。夏旱严重时为缓解黄河下游地区用水困难，国家防汛总指挥部积极组织为下游滨州、东营送水。

这一年受旱省区投入抗旱的劳力达 1.33 亿人，利用各种水利设施实灌农田 3 153.3 万公顷，抗旱扩灌 285.5 万公顷，抗旱坐水种 274.4 万公顷。据分析，虽然全国因旱损失粮食达 209.72 亿公斤，但由于灌溉和配合其他措施抗旱挽回粮食损失就有 269.9 亿公斤。抗旱期间冀、蒙、辽、皖、晋、豫、甘、青、宁等 9 省、自治区进行了 200 架次飞机人工催化降雨作业，有不同程度的增雨效果。

（水利部农村水利水土保持司　赵宝玉）

1992 年灾害性天气

1992 年，我国北方的冬旱、黄淮地区的夏旱和南方的伏秋连旱范围比较大，部分地区的旱情比较严重，干旱灾害属偏重年份；大范围的或持续性的暴雨天气过程较少，洪涝灾害与常年相比偏轻；登陆台风比常年略偏多；风雹天气较少；夏秋季节全国大部分地区气温偏低，东北部分地区在 6 月上旬出现了历史上罕见的晚霜，长江流域大部分地区的气温偏低，阴雨时间长，光照不足；秋季江南、华南地区出现了明显的寒露风天气。总的看来，1992 年的灾害性天气属一般年份，农业生产气候条件一般。

（一）干旱　1992 年初，北方的雨雪稀少，1、2 月份的降雨量一般不足 5 毫米，加之气温偏高，大部分冬麦区出现了不同程度的干旱，受旱面积达 2 000 万公顷，其中豫、冀、陕、甘等地是上年秋冬连旱的继续，旱期长、旱情重；入春后，4 月份北方大部地区又多晴少雨，降雨量比常年偏少 5～9 成，鲁、豫、冀、晋、陕、甘等地的受旱面积又达 1 000 万公顷。夏季，华北南部的黄淮海地区 6 月～7 月上旬的降雨量又偏少 6～7 成，部分地区还出现了持续高温，鲁、豫、冀、晋、苏北、皖北先后出现严重伏旱，受旱面积有 333.3 万公顷。7 月中旬到 8 月上旬，在江淮、江南、华南及西南部地区出现的高温少雨天气，约 1 133.3 万公顷农田受旱，并使局部地区的人畜饮水发生困难。在上述旱区中，湘、赣、桂等地的干旱持续至 11 月底，旱情较为严重。

（二）洪涝　1992 年南方地区的春汛来得较早，3 月中下旬，长江中下游及以南地区多大雨、暴雨天气，雨量比常年偏多 1～5 倍，在赣、湘、粤、闽等地出现了历史上同期罕见的春汛，四省的受灾农作物达 133.3 万公顷，倒塌房屋 30.5 万间，死亡 273 人。6 月 13～16 日贵州西部地区遭受了一次特大暴雨的袭击，有 15 个县、市的雨量超过了 100 毫米，致使一些地方发生山洪和泥石流灾害，造成 88 人死亡，30 万公顷农田受灾。6 月中下旬，川西高原部分地区连降中到大雨，局地暴雨，造成大渡河、岷江发生特大洪水，一些城镇进水，部分公路交通、邮电和通讯中断。7 月上旬，闽北、赣东北、浙中和浙南、桂北等地的雨量普遍达 200～430 毫米；赣、闽、浙三省有 106.7 万公顷农田受灾，300 多人因灾死亡；闽江出现了 50 年一遇的特大洪水，赣江、信江、兰江、漓江等河流出现了 10 年一遇的较大洪水，并有不同程度的洪涝灾害出现。8 月上中旬，北方的降雨较多，蒙、陕、甘、宁、青、豫等地因局地暴雨强度过大，洪涝灾害较重，如 8 月中旬陕西中南部的暴雨、大暴雨天气过程，19 个县的 20 多万公顷农田和约30万人受灾。

（三）台风 全年有8个台风和热带风暴在沿海登陆，登陆地点主要集中在华南地区。登陆台风和热带风暴的个数比常年稍多，所造成的损失也比常年偏重。在登陆的8个台风和热带风暴中，影响较大的是9216号和9219号。损失较重的是浙江、福建、江苏、山东四省，其中浙江的经济损失达50亿元。

（四）低温、冻害 1992年低温、冻害的范围较小，危害的程度也轻。全年主要的低温、冻害是3月下旬在长江中下游出现的阴雨天气，部分地区的气温偏低4～7℃，早稻播种育秧受到较大影响，发生烂种、烂秧现象，其中江西省受灾较重；上述部分地区的油菜也受到不同程度的危害。夏季，全国大部分地区的气温比常年同期偏低，6月下旬至7月上旬长江流域大部分地区的气温偏低3～5℃，而且阴雨时间长，光照严重不足，对水稻、棉花的生长影响较大；东北6月份的天气湿冷，气温持续偏低，上旬的气温偏低3～5℃，局部地区还出现了历史上罕见的晚霜，农作物遭受冻害或冷害；8月上中旬，东北地区的气温又持续偏低。东北地区的两次低温冷害，造成农作物的发育期推迟和出现障碍性冷害，对一些大田作物籽粒的形成和水稻的抽穗扬花有较大影响。秋季，全国大部分地区的气温也比常年同期偏低，9月中下旬，鄂、湘、赣、皖等局部地区先后出现了“寒露风”天气，对正在抽穗、扬花、灌浆的晚稻有一定影响；华北、西北、东北、江淮、华南北部和西南大部地区的初霜期比常年普遍提前，因出现初霜时大秋作物已基本成熟，故未发生明显的冻害。

（五）风雹灾害 据不完全统计，1992年约有600多县（市）次出现风暴和龙卷风，主要集中在4、5两月。4月18～20日，四川省由北向南发生一次大风冰雹天气过程，有38个县市受灾，死亡13人，伤228人，约倒塌房屋1.2万间，损坏24万间；20～21日，湖南省有48个县市遭受风雹和暴雨的袭击，全省倒塌、损坏房屋达45万余间，死亡100多人。与常年相比，风雹灾害偏轻。

（中国气象局天气司 李云昌）

1992年农作物病虫鼠害

1992年全国农作物病虫害发生面积21 975.9万公顷（累计数，下同），比上年减少2 600万公顷，成灾面积4 820万公顷，绝收面积103万公顷，损失粮食90.6亿公斤，比上年减少28.44亿公斤，损失棉花6.29亿公斤，比上年增加近4亿公斤；全国农田鼠害面积2 112.6万公顷，比上年增加91.5万公顷，损失粮食20.85亿公斤，比上年增加9亿公斤。

（一）小麦病虫害 本年小麦病虫害总发生面积5 900万公顷，比上年减少1 306.7万公顷，损失小麦29.58亿公斤，比上年少8亿公斤，为中等偏轻发生年。

1. 小麦病害发生面积2 380万公顷，比上年少1 167万公顷，损失小麦13.81亿公斤，比上年减少10.51亿公斤。

小麦条锈病为轻发生年，发生面积57.2万公顷，仅为上年的14%，损失小麦2 823万公斤，为上年的1/10。

小麦白粉病发生面积760万公顷，比上年减少468万公顷，为中等发生年份，特点是发生期偏晚，病情指数低。损失小麦4.47亿公斤，比上年少3.23亿公斤。

小麦纹枯病发生面积582万公顷，同上年相当，仍为上升流行趋势，以河南、江苏、山东、安徽、湖北、四川等省发生面积大。山东省发生117万公顷，比上年增加22万公顷，以济宁、枣庄、泰安、临沂、潍坊、威海等地发生为主，虽经大力防治，全省仍损失小麦1.14亿公斤。

小麦赤霉病发生面积349万公顷，比上年减少50万公顷，为轻发生年。四川、江苏两省发生面积略大于上年，四川资阳县调查，平均病穗率15.8%，产量损失率7%。

小麦病毒病发生64万公顷，比上年扩大6万多公顷，以河北、山东、甘肃等省发生为害面积大。小麦黑穗病发生轻于上年。

2. 小麦虫害发生面积3 520万公顷，比上年少139万公顷，为中等发生年，损失小麦15.77亿公斤。

小麦蚜虫特别是穗蚜继续上升为害，为中等偏重发生年，发生面积1 553万公顷，比上年增加59万公顷，涉及到26个省、自治区、直辖市，其中山东、河南、河北、江苏等省发生面积都在200万公顷以上。全国损失小麦6.69亿公斤，为小麦的主要害虫之一。

小麦红蜘蛛在河南、山东、河北、山西、陕西等省为中等发生年，全国发生面积543万公顷，比上年增加75万公顷，损失小麦2.83亿公斤，比上年增加1.16亿公斤。

小麦吸浆虫为中等发生年，发生面积233万公顷，比上年减少12万公顷。其特点是：老发生区安徽、陕西、山西等省发生范围减小，密度下降；新发生区发生范围不断扩大，如河北省发生20万公顷，比上年扩大6万多公顷，山东省发生19万多公顷，比上年扩大4万公顷，河南省发生112万公顷，比上年扩大16万公顷，新发生区不少地方密度比较高。全国损失小麦1.3亿公斤，比上年增加1 799万公斤。

（二）水稻病虫害 本年水稻病虫害轻于上年，为中等发生年，全国发生面积6 927万公顷，比上年减少1 593万公顷，损失稻谷35.62亿公斤，比上年减少12.98亿公斤。

1. 水稻病害重于上年，发生面积2 447万公顷，比上年扩大145万公顷，损失稻谷22.4亿公斤，比上年增加4.6亿公斤。

稻瘟病发生495万公顷，比上年扩大182万公顷。其中：湖南省89万公顷，比上年扩大65万公顷；四川省达县、涪陵、黔江、万县四个地区的32个县中，有30个县发生稻瘟病，不但常规稻、糯稻发病，多数杂交稻品种也发病；江西省42个县早稻发生叶瘟，平均病叶率4.1%，高的达15.3%；广东省中稻叶瘟发生20多万公顷，优质稻品种发病尤为严重。全国损失稻谷约7.36亿公斤，比上年增加4.32亿公斤。

水稻纹枯病发生1 580万公顷，同上年相当，为中等偏重发生年；水稻白叶枯病发生64万公顷，比上年减少21万公顷，为轻发生年。

据华南稻区反映，近年来水稻瘤矮病、橙叶病上升为害，并有扩大蔓延的趋势。

2. 水稻虫害为中等偏轻发生年，发生面积4 473万公顷，比上年减少1 807万公顷，损失稻谷13.23亿公斤，比上年减少17.58亿公斤。

稻飞虱中等偏轻发生，是1985年以来最轻的一年，仅在广东中北部、广西中部及湖南、江西南部发生较重，全国发生面积1 433万公顷，比上年减少887万公顷，损失稻谷4.12亿公斤，比上年少损失12.58亿公斤。发生轻的主要原因是受气候的影响，在南方早稻区发生迟，虫量少，长江中下游及江淮稻区稻飞虱迁出期干旱，进一步减少迁入量，另外，1992年全国植物保护总站组织南方稻区10省实施综合治理措施，防治效果由原来的60～70%，提高到90%以上，有效地预防和减轻了稻飞虱的发生和为害。

稻纵卷叶螟、二化螟、三化螟均为偏轻发生，发生面积分别比上年减少533万公顷、129万公顷、101万公顷。

（三）玉米病虫害　本年玉米病虫发生面积2 540万公顷，比上年少167万公顷。其中玉米螟发生1 027万公顷，比上年略多，主要集中在东北三省和河北、山东、河南三省，发生面积占全国的78%。全国损失玉米9.76亿公斤，比上年少5.58亿公斤。

（四）棉花病虫害　本年棉花病虫害偏重，尤其是棉铃虫为历史上罕见的大发生年，总发生面积3 000万公顷，比上年多333万公顷，损失棉花6.29亿公斤，比上年多近4亿公斤，占总产的14%。

农业部小麦专家顾问组组长刘应祥（中）到郑州市须水乡孙庄村了解小麦冬灌情况　王刚法摄

棉铃虫在黄河流域棉区、江苏北部、淮北、湖北及辽宁省部分地区为历史上罕见的大发生，总发生面积1 260万公顷，比上年增加362万公顷，比大发生的1990年增加617万公顷，造成约433万公顷棉花产量的严重损失，全年平均防治用药一般6～8次，多者12次，公顷用药费用一般900～1 200元，高的达1 500元，防治成本比常年增加一倍多，造成棉花损失9%，达4.19亿公斤。河南省2万多公顷棉花因灾绝产，河北、山西、辽宁等省也有一些棉田因灾毁种失收。导致棉铃虫大发生的原因，主要是农田生态条件的改变，棉铃虫抗药性增强，在适宜的气象条件下，有利于种群数量急剧增长。

（五）其他害虫

1. 飞蝗。发生面积108万公顷，比上年增加16万多公顷，其中夏蝗发生61万公顷，比上年增加10万多公顷。天津市和河北、安徽、河南三省发生面积均大于上年。夏蝗发生的特点是出土期比常年提早3～5天，发生密度低且分布均匀，局部地区发生略重。

2. 土蝗。发生面积339万公顷，比上年少33万多公顷。

3. 粘虫。发生面积412万公顷，比上年少348万公顷。

4. 地下害虫。发生面积1 467万公顷，比上年少163万公顷。

（六）农田鼠害　全国农田鼠害发生面积2 113万公顷，比上年增加91万多公顷，为中等发生年，呈上升为害趋势，尤其是四川、湖南、河北、山东、山西、江苏、云南、陕西、甘肃、广东、安徽、河南等省发生面积较大。全国损失粮食20.85亿公斤，比上年增加9.16亿公斤。

为了做好1992年的病虫防治工作，各级党政领导十分重视，拨专款、调农药、组织防治。各级农业植保部门根据1991年洪涝和冬季干旱以及种植结构调整后病虫发生的新情况，密切监视和注意病虫发生动态，及时发布病虫预报和警报，加强病虫的监测和治理，推广病虫综合防治技术，努力提高病虫防治水平；充分发挥各级植物医院、植保公司、乡村植保专业队、村配药站等服务组织的作用，拓宽服务领域，扩大服务范围，开展承包防治和技物结合的配套服务，有的省植保站牵头成立了由一些地县植保站参加的植保联合体，有的办起了农药加工厂等经济实体，植保部门的服务水平进一步提高，经济实力逐步增强。在防治棉铃虫的关键时期，山东省副省长亲自布置防治工作，省政府发了传真电报，拨100万元专款购置机动喷雾机用于防治病虫，陵县植保站对2万公顷棉田实行植保技术承包，平均节约防治费用40%以上，棉铃虫防治效果80%以上。国家下拨蝗虫、稻飞虱等重大病虫防治专项经费700多万元；农业部拨525万元基本建设经费，用于病虫测报网、国内植物检验室和病虫抗药性监测站的建设。全国防治病虫22 204万公顷，挽回粮食损失299亿公斤，挽回棉花损失14亿公斤；农田化学除草2 707

万公顷，减少粮食损失56.82亿公斤；农田灭鼠1 420万公顷，减少粮食损失24.1亿公斤。

（农业部全国植物保护总站　王春波）

1992年森林病虫害

1992年，林业部在全国各地实施了森林病虫害防治以“四率”（森林病虫害发生率、防治率、监测覆盖率、种苗产地检疫率）为基本内容的目标管理工作。在各省、自治区、直辖市政府和林业主管部门的重视与支持下，经过各地森防战线全体人员的积极努力工作，全面完成了防治任务，森林病虫害和危险性病虫的传播扩散得到了一定的控制，有效地保护了森林资源。据年终对各地完成“四率”情况的汇总，1992年全国森林病虫害的发生面积较上年大幅度下降，发生率为5.99%；防治率由上年的52.75%上升到60.98%；监测覆盖率为59.68%；种苗产地检疫率为67.42%。达到了林业部实施“四率”防治目标管理中，“点上工作有突破、面上工作有提高”和“一降三提高”的总体要求。

年初，林业部相继发出了“关于森林病虫害防治实行目标管理的通知”和“森林病虫害防治目标管理考核办法（试行）”等文件，并根据各省、自治区、直辖市的实际情况和综合实力，分别下达了以“四率”为基本内容的目标管理指标及主要森林病虫害的控制指标。各省、自治区、直辖市在提高认识、总结经验的基础上，相继召开会议，研究布置工作，并通过层层分解指标，签订责任状的办法，落实到基层实施。由于这项工作任务具体，责任明确，措施得力，推动了全国各地防治工作的顺利开展，并取得一定的成绩。据年终部工作组到10省、自治区、直辖市的核查及其他省、自治区的自查结果，除少数省、自治区的一些单项指标没有完成外，绝大多数都完成或超过了林业部下达的“四率”指标和一些主要森林病虫害的控制指标。森林病虫害防治目标管理工作的实施，有力地推动了全国各地森防工作的全面深入开展，逐步提高了我国森防工作的整体水平。

在实施森林病虫害防治目标管理中，各省、自治区、直辖市进一步明确了防治工作重点，对防治重点对象都制定了治理规划和综合治理工程方案，使综合防治工程有了很大进展。湖北、湖南、广东、广西、江西等省、自治区在巩固前一期综合治理成果的同时，继续在松毛虫的常灾区实施二期或三期的综合治理工程，不断改善松林区的生态环境，增强林木对害虫的自控能力，使松毛虫的发生面积和危害程度都呈明显的下降趋势。陕西、甘肃、宁夏、内蒙古、山西等5省、自治区杨树蛀干害虫的防治，在多位中央、国务院领导同志的关注下，1992年也开始实施了综合治理工作。据5省、自治区年终专题报告统计，共完成杨树天牛治理面积12.7万公顷，其中砍伐清除严重虫害木5 816.67万株（合4.1万公顷），拔除疫点118个，更新造林的抗虫和免疫树种的比例都超过了部颁指标；使天牛发生区的疫情基本上得到了控制，治理成效显著。发生松材线虫病的江苏、安徽、浙江、广东、山东等5省共清理病死树50.97万株，经熏蒸、水浸等措施处理病材4万多立方米，烧毁枝丫547.8万公斤，砍伐后更新疫点面积666.7公顷，除个别省外，其余4省均未发现新的疫情。各地的疫点逐步得到清除，已有效地压缩了发生区的面积和控制了严重传播扩散。陕西省的查防扑灭美国白蛾工作又有新的进展，疫情已压缩到很小的范围之内，据检查验收，除在武功县的3个乡（镇）发现有20个网幕外，其余8个县（区）中均未发现疫情，再经努力实施封锁围歼后，在全省取得扑灭美国白蛾的成果是大有可能的。广东省积极推广应用花角蚜小蜂防治松突圆蚧，效果也很显著。1992年放蜂总面积达21.7万公顷，其中航空放蜂面积4万公顷。施放后的小蜂定居成功率达100%，在松突圆蚧上的寄生率为40～60%。目前，广东省已解决了繁蜂及放蜂的关键技术问题，并拥有大量的蜂源，利用寄生蜂覆盖控制全发生区的工作已基本可行。中原一带发生的泡桐大袋蛾，除部分地区发生危害较严重外，大部分地区虫情稳定，并呈下降趋势。各地对重点病虫害的大力除治并取得很大成绩，为面上工作有提高，重点工作有突破，全面实现“一降三提高”的目标管理要求，起到了很大的作用。

森林病虫害防治目标管理工作的实施，进一步建立健全了各项工作管理制度，加强了“一站三网”（森林病虫害防治站、测报网、检疫网、防治服务网）的建设，推动了我国森防工作的全面开展，提高了森防工作的整体水平。

（林业部野生动物和森林植物保护司　刘克敏）

1992年农业自然灾害统计表

单位：千公顷

地区	合计		旱灾面积	
	受灾	成灾	受灾	成灾
全国总计	**51 333**	**25 895**	**32 980**	**17 049**
北京	38	8	33	7
天津	123	77	113	73
河北	3 191	1 730	2 555	1 335
山西	2 049	971	1 813	800
内蒙古	2 105	1 015	1 421	600
辽宁	1 344	726	867	457
吉林	2 147	1 028	1 333	729
黑龙江	2 959	1 468	1 469	721
上海	3			
江苏	2 689	891	1 667	687
浙江	1 453	712	421	213
安徽	1 916	987	1 535	766
福建	665	307		
江西	2 223	1 171	767	273
山东	5 008	2 665	4 016	2 416
河南	3 344	1 517	2 699	1 301
湖北	2 697	1 286	1 820	933
湖南	2 311	1 101	1 145	433
广东	1 121	606	145	72
广西	1 542	1 001	1 200	800
海南	177	33	64	11
四川	3 617	2 149	2 080	1 439
贵州	2 027	1 069	1 293	658
云南	1 429	683	943	445
西藏	67	27	67	27
陕西	2 533	1 565	1 867	1 133
甘肃	1 703	692	1 203	498
青海	206	96	53	39
宁夏	381	196	275	134
新疆	264	116	117	47

（续）

地区	洪水灾面积		风雹灾面积		冷冻灾面积	
	受灾	成灾	受灾	成灾	受灾	成灾
全国总计	**9 423**	**4 464**	**5 225**	**2 324**	**3 705**	**2 058**
北京			5	1		
天津			10	4		
河北	141	70	417	268	78	57
山西	131	104	85	49	20	17
内蒙古	135	79	191	93	359	243
辽宁	140	73	104	65	233	131
吉林	136	69	249	59	429	171
黑龙江	565	167	171	64	755	516
上海	3					
江苏	509	20	205	81	308	104
浙江	947	480	85	19		
安徽	155	60	227	161		
福建	430	170	7	3	228	133
江西	1 050	613	122	67	285	217
山东	447	85	541	163	4	1
河南	263	63	294	96	87	57
湖北	333	125	347	97	197	130
湖南	733	500	306	107	127	61
广东	632	367	211	167	133	
广西	203	108	139	93		
海南	113	22				
四川	761	413	564	206	212	91
贵州	379	248	307	141	47	23
云南	270	167	142	32	74	40
西藏						
陕西	420	299	193	100	53	33
甘肃	373	117	106	63	20	14
青海	81	6	67	49	5	1
宁夏	51	28	37	29	19	5
新疆	21	10	95	47	32	12

农业部计划司供稿

1992 年农作物病虫草鼠害统计表

面积：千公顷次
损失：吨

地区	发生面积	防治面积	挽回损失		实际损失	
			粮食	棉花	粮食	棉花
全国总计	**285 994.7**	**263 303.3**	**38 008 278.8**	**1 400 156.1**	**14 269 651.3**	**629 305.4**
北京	1 575.5	1 235.7	249 377.2		97 828.1	
天津	1 157.8	847.5	172 421.8	9 599.0	60 960.0	5 319.0
河北	28 297.4	22 828.2	2 102 347.0	236 435.9	861 321.7	121 962.4
山西	8 544.5	8 147.0	770 988.3	18 645.7	307 342.0	20 859.4
内蒙古	5 811.7	4 086.9	772 710.8	93.0	427 217.7	23.1
辽宁	6 758.0	5 293.5	849 565.4	33 533.2	394 081.9	37 785.7
吉林	4 895.8	4 076.4	1 271 577.4		491 243.9	
黑龙江	8 276.9	6 981.0	1 318 094.4		942 950.6	
上海	1 835.7	2 246.5	203 019.1	1 221.1	21 968.1	349.6
江苏	28 359.7	30 397.8	4 539 499.9	121 078.2	1 044 063.6	43 342.4
浙江	13 547.7	14 365.6	2 215 719.2	2 476.5	401 825.9	821.5
安徽	15 118.0	10 938.6	1 059 950.1	73 538.7	672 396.1	35 029.5
福建	3 608.6	4 317.2	585 600.7		109 596.7	
江西	6 783.0	7 526.6	932 731.2	19 395.4	224 766.3	1 757.5
山东	32 169.7	31 688.6	4 530 094.0	356 885.3	1 696 150.2	114 589.9
河南	31 402.3	32 192.7	2 131 610.8	258 778.0	964 376.9	168 845.8
湖北	10 037.7	8 084.8	1 542 511.2	147 100.1	709 896.0	34 077.2
湖南	14 686.3	17 187.1	4 372 427.0	16 473.4	640 467.0	3 983.2
广东	8 927.7	9 937.2	1 075 930.9		224 163.7	
广西	7 676.0	7 273.4	1 696 051.5		362 361.9	
海南	893.4	635.6	107 163.4		49 529.4	
四川	18 219.3	13 065.4	3 319 738.4	18 552.0	1 731 131.2	3 948.1
贵州	3 465.5	2 044.6	142 346.3		73 063.5	
云南	5 689.0	5 814.5	687 557.8		1 037 774.2	
西藏						
陕西	7 920.2	5 294.3	557 861.8	78 092.3	253 296.8	33 296.0
甘肃	5 819.8	3 895.9	394 436.2	906.4	210 729.1	294.0
青海	799.3	528.2	70 015.8		56 498.6	
宁夏	1 476.3	809.1	204 477.4		90 846.2	
新疆	2 241.9	1 563.8	132 453.9	7 352.0	111 804.3	3 021.3

农业部计划司供稿

1992年农作物病虫害统计表

面积：千公顷次
损失：吨

地区	发生面积	防治面积	挽回损失		实际损失	
			粮食	棉花	粮食	棉花
全国总计	**219 759.3**	**222 040.7**	**29 916 534.6**	**1 400 156.1**	**9 059 701.4**	**629 305.4**
北京	1 160.9	942.5	141 033.8		40 541.0	
天津	833.3	679.5	139 720.8	9 599.0	20 726.0	5 319.0
河北	23 025.5	2 017.9	1 642 531.3	236 435.9	715 071.3	121 962.4
山西	6 419.8	6 706.2	543 108.3	18 645.7	239 855.9	20 859.4
内蒙古	4 375.6	3 158.7	463 956.1	93.0	271 334.9	23.1
辽宁	5 647.7	4 240.4	585 298.4	33 533.2	374 016.9	37 785.7
吉林	3 465.7	2 989.0	616 220.4		189 080.9	
黑龙江	4 921.3	4 489.1	827 016.2		615 037.9	
上海	1 336.4	1 772.6	203 019.1	1 221.1	21 968.1	349.6
江苏	22 660.4	26 246.9	3 612 698.0	121 078.2	698 886.7	43 342.4
浙江	10 675.6	12 405.3	1 743 139.6	2 476.5	281 945.8	821.5
安徽	10 946.5	9 335.4	782 397.2	73 538.7	387 427.0	35 029.5
福建	2 265.0	3 136.7	420 488.8		80 798.8	
江西	5 993.1	6 876.6	885 373.1	19 395.4	212 232.8	1 757.5
山东	26 903.6	28 254.3	3 987 234.3	356 885.3	1 250 254.8	114 589.9
河南	27 042.1	30 791.8	1 921 969.4	258 778.0	774 490.1	168 845.8
湖北	7 833.5	6 708.6	1 302 764.7	147 100.1	547 419.2	34 077.2
湖南	12 172.4	14 714.9	3 865 833.3	16 473.4	502 068.7	3 983.2
广东	6 471.7	7 430.1	870 941.5		186 207.4	
广西	6 783.1	6 482.5	1 515 021.0		316 393.2	
海南	508.9	351.1	42 048.9		34 665.6	
四川	11 579.1	10 666.7	2 452 971.2	18 552.0	646 603.5	3 948.1
贵州	2 492.7	1 673.2	142 346.3		73 063.5	
云南	2 897.8	3 159.7	293 212.7		122 818.7	
西藏						
陕西	5 023.8	4 198.3	388 257.9	78 092.3	168 180.9	33 296.0
甘肃	3 654.5	2 633.2	276 402.6	906.4	140 730.3	294.0
青海	463.8	297.9	36 182.3		30 471.4	
宁夏	941.9	547.6	144 775.3		70 086.2	
新疆	1 263.7	1 003.7	70 572.5	7 352.0	47 324.1	3 021.3

农业部计划司供稿

1992年农田草害统计表

面积：千公顷次
损失：吨

地区	发生面积	防治面积	挽回粮食损失	实际粮食损失
全国总计	**45 109.2**	**27 065.4**	**5 681 686.9**	**3 124 778.5**
北京	360.7	289.5	108 108.8	47 149.1
天津	207.5	106.3	27 564.0	8 458.0
河北	3 674.2	1 873.9	365 463.1	92 519.6
山西	850.6	497.7	53 769.1	14 282.0
内蒙古	1 046.9	699.7	290 417.7	144 810.9
辽宁	999.7	999.7	260 267.0	15 775.0
吉林	1 211.7	936.7	485 752.0	161 004.7
黑龙江	2 740.2	2 231.3	461 564.2	317 374.8
上海	466.0	417.3		
江苏	4 435.3	3 562.7	846 767.3	218 829.7
浙江	2 147.0	1 495.6	417 097.5	87 456.8
安徽	3 231.2	1 225.6	231 498.4	183 844.6
福建	752.7	849.9	61 010.4	12 737.8
江西	157.8	777.7	15 547.0	1 166.5
山东	3 761.5	2 380.7	376 774.3	362 350.8
河南	3 549.6	1 139.9	175 082.6	147 103.9
湖北	1 899.6	1 234.0	226 184.2	152 722.6
湖南	733.3	603.1	226 150.0	81 867.5
广东	1 413.0	1 166.7	84 687.3	10 696.8
广西	283.4	283.4	59 014.0	10 560.0
海南	289.7	213.7	45 045.5	8 234.4
四川	4 400.0	1 081.6	434 900.0	846 400.0
贵州	580.3	202.9		
云南	1 652.5	1 558.2	115 774.8	37 740.7
西藏				
陕西	1 779.0	604.5	116 782.2	43 789.8
甘肃	1 131.0	674.2	57 597.0	24 470.0
青海	191.1	123.3	17 788.5	9 559.8
宁夏	466.9	253.9	59 241.6	19 435.5
新疆	696.6	397.2	61 838.4	64 437.2

农业部计划司供稿

1992年农田鼠害统计表

面积：千公顷次
损失：吨

地　区	发生面积	防治面积	挽回粮食损失	实际粮食损失
全国总计	**21 126.1**	**14 197.2**	**2 410 057.3**	**2 085 171.5**
北　京	53.7	3.7	234.7	10 137.9
天　津	117.0	61.7	5 137.0	31 776.0
河　北	1 597.8	806.4	94 352.5	53 730.8
山　西	1 274.2	943.1	174 110.8	53 204.1
内蒙古	389.2	228.5	18 337.0	11 071.8
辽　宁	110.5	53.3	4 000.0	4 290.0
吉　林	218.4	150.8	169 605.0	141 158.3
黑龙江	615.4	260.5	29 514.0	10 538.0
上　海	33.3	56.7		
江　苏	1264.0	588.2	80 034.6	126 347.2
浙　江	725.1	464.6	55 482.1	32 423.3
安　徽	940.2	320.2	46 054.5	101 124.5
福　建	590.9	505.6	104 101.5	16 060.1
江　西	632.1	570.0	31 811.1	11 367.0
山　东	1 504.6	1 053.6	166 085.5	83 544.7
河　南	810.5	260.9	34 558.8	42 782.9
湖　北	304.7	142.2	13 562.4	9 754.2
湖　南	1 780.6	1 869.1	280 443.7	56 530.8
广　东	1 043.0	1 340.4	120 302.1	27 259.6
广　西	609.5	507.4	122 016.5	35 408.7
海　南	94.7	70.1	20069.1	6 629.4
四　川	2 240.2	1 317.1	431 867.2	238 127.6
贵　州	392.4	168.5		
云　南	1 138.7	1 096.6	278 570.3	877 214.9
西　藏				
陕　西	1 117.4	491.4	52 821.8	41 326.2
甘　肃	1 034.2	588.4	60 436.6	45 528.8
青　海	144.5	106.9	16 045.0	16 467.5
宁　夏	67.4	7.7	460.6	1 324.4
新　疆	281.6	162.9	43.0	43.0

农业部计划司供稿

1992年森林病虫鼠害统计表

单位：千公顷

地　区	合　计		森林病害		森林虫害		森林鼠害	
	发生面积	防治面积	发生面积	防治面积	发生面积	防治面积	发生面积	防治面积
全国总计	**8 533.2**	**5 377.5**	**1 501.2**	**802.7**	**6 375.4**	**4 109.3**	**656.6**	**465.5**
北　京	24.8	21.9	4.9	4.3	19.8	17.6	0.1	
天　津	14.2	11.8	2.1	2.1	12.0	9.6	0.1	0.1
河　北	305.7	177.8	45.2	23.5	254.2	151.6	6.3	2.7
山　西	241.2	129.6	43.3	25.7	179.2	93.5	18.7	10.4
内蒙古	542.6	364.7	40.8	20.0	447.0	297.1	54.8	47.6
辽　宁	397.0	224.9	48.9	17.6	346.6	206.2	1.5	1.1
吉　林	121.2	109.8	53.1	43.2	51.5	50.0	16.6	16.6
黑龙江	600.7	428.9	86.3	42.3	255.9	168.6	258.5	218.0
上　海	0.4	0.4	0.2	0.2	0.2	0.2		
江　苏	33.0	23.6	11.6	8.5	21.4	15.1		
浙　江	109.3	62.6	6.7	3.1	102.6	59.5		
安　徽	235.0	146.8	48.1	27.2	186.9	119.6		
福　建	123.5	102.0	35.9	19.0	87.6	83.0		
江　西	96.5	91.5	11.0	10.1	85.4	81.4	0.1	
山　东	908.8	620.6	278.4	194.8	630.4	425.8		
河　南	799.7	563.9	194.9	128.4	602.9	434.5	1.9	1.0
湖　北	222.1	173.3	44.0	35.7	173.1	134.9	5.0	2.7
湖　南	377.2	213.0	67.5	27.8	309.7	185.2		
广　东	754.2	541.4	70.0	16.3	684.2	525.1		
广　西	95.7	156.5	2.6	2.3	93.1	154.2		
海　南	0.7	0.5	0.1	0.1	0.6	0.4		
四　川	644.7	316.2	102.1	50.0	526.1	258.1	16.5	8.1
贵　州	40.5	16.9	14.1	7.9	26.3	8.9	0.1	0.1
云　南	232.3	151.2	30.9	24.6	196.6	122.8	4.8	3.8
西　藏	2.1				2.1			
陕　西	437.4	246.4	53.0	13.5	366.9	227.3	17.5	5.6
甘　肃	475.7	179.8	105.4	30.0	289.0	108.8	81.3	41.0
青　海	139.3	33.5	22.5	3.9	72.2	13.4	44.6	16.2
宁　夏	94.6	54.1	6.8	2.1	64.4	37.2	23.4	14.8
新　疆	286.7	87.7	55.9	6.4	228.9	81.1	1.9	0.2
大兴安岭	176.4	126.2	14.9	12.1	58.6	38.6	102.9	75.5

林业部计划司供稿

1992 年森林火灾统计表

地区	火灾次数（次）			受害森林面积（公顷）		扑火经费（万元）	扑火人工（工日）
	合计	其中		合计	其中：成灾面积		
		重大火灾	特大火灾				
全国总计	**7 956**	**34**		**57 662**	**31 729**	**2 430**	**1 889 608**
北京	9			89	82	7	14 785
天津							
河北	61			558	163	7	26 507
山西	57	3		3 897	1 498	57	73 139
内蒙古	34			375	334	383	25 713
辽宁	27			83	83	16	10 888
吉林	42			366	189	13	5 555
黑龙江	36	3		2 110	809	77	27 092
上海							
江苏	109			272	128	13	24 849
浙江	1 896	1		8 489	5 681	135	197 732
安徽	234	2		1 283	526	11	33 663
福建	613	3		6 815	5 425	95	119 871
江西	297	5		2 582	1 159	43	112 186
山东	113			794	523	21	42 865
河南	33			145	145	12	15 560
湖北	288	3		4 113	1 376	52	80 750
湖南	1 594	4		10 464	7 129	136	309 613
广东	248	2		2 318	2 256	289	143 609
广西	554			7 346	2 320	107	130 558
海南	113			368	175	3	4 257
四川	571			536	220	40	111 218
贵州	613			2 492	1 024	20	84 111
云南	301	6		1 426	136	46	64 097
西藏	5			70		14	18
陕西	78	2		420	155	15	16 128
甘肃	2			39	9	2	1 341
青海	13			33	26		1 479
宁夏							
新疆	14			111	90	8	8 734
大兴安岭	1			68	68	809	203 290

林业部计划司供稿

农业经济论文选介

【进一步加强农村宏观经济问题的研究工作】 作者认为，农村经济、特别是国民经济的改革与发展，要求农村研究工作适应客观形势的变化。在继续认真研究和解决农村微观经济问题的同时，着力从与国民经济相互关联的高度，认真研究和解决农村的宏观经济问题。

在国民经济发展的现阶段，需要着重研究解决的问题是：

1. 农产品流通问题。包括：如何把农村一家一户的小生产与社会化大市场结合起来，通过适当形式在流通环节把农民组织起来进入市场；如何进行农产品流通体制改革与市场建设；农产品的价格问题等。

2. 农村所有制的构成问题。如关于公有制为主体的内涵；关于农村私营经济的现状及其阶级估量；关于农村股份合作制问题。

3. 农民的收入问题。一是对农业近年来增产不增收的情况要给予高度重视；二是要研究如何保证农业持续稳定发展；三是关于市场疲软与农民收入的关系；四是要研究“小康”战略，包括小康标准的问题。

4. 农业剩余劳动力的转移与农村城市化的问题。对农业剩余劳动力问题要从实际出发，对我国农业剩余劳动力的现状及其未来变动趋势作出较为符合客观实际的测算。对出现的民工潮，应如何采取疏导的办法，变消极因素为积极因素。

5. 乡镇企业与城市大工业的关系问题。在搞活大工业的同时，如何处理好两者关系，使其实现合理分工，取长补短，互助互利，共同发展。

6. 发展农村区域经济的问题。不同类型地区如何依据比较利益原则，扬长避短，发挥优势。各区域间如何加强横向联合，相互促进，协调发展。 陈吉元

《中国农村经济》1992 年第 1 期

【农民收入增长缓慢的分析与思考】 作者指出，1985 年以后，农民收入增长趋缓，有些年份甚至出现负增长，表现为：(1) 人均纯收入增长减缓。1985～1990 年，农民人均纯收入年递增 4%左右，比 1978～1985 年年均增长 15.1%，下降了 11 个百分点；1988、1989、1990 年三个年头，实际上呈现负增长。(2) 现金收入减缓幅度大。1990 年农民人均现金纯收入 513.80 元，增长速度由 1988 年的 24.9%、1989 年的 10.8%下降到 3.3%。(3) 收入增幅低于10%的省、自治区逐年增加，1990 年达到 24 个。

农民收入增长缓慢的原因，一是价格的非均衡变动，农民在工农产品交换中失多得少。1986～1990 年，农民从农产品提价及劳务价格上涨中，人均多收益 196.4 元；农民购买商品及劳务价提高中，人均多支出 230.70 元，收支相抵，减收 34.30 元。二是出售农副产品数量减少。1990 年农民家庭经营的双种主要农副产品中有 10 种商品率比上年下降。三是农村近几年二三产业发展受挫，非农收入减少。1989 年全国关停乡镇企业 300 万家左右，企业职工净减少 300 万人。当年农民人均从乡镇企业得到的现金收入比上年下降了 8.9 个百分点；农民家庭经营二三产业的收入增速较上年下降 17.3 个百分点，变为 -1.1%。1990 年乡镇企业个数又比上年同期减少 2.4%，从业人员减少 2.3%。四是农民负担较重。近年农民负担额的增长率高于收入增长率。1989、1990 两年，农民人均负担额增长率，仅国家赋税和集体提留就分别比纯收入的增长率高 15.5 和 12.3 个百分点。

唐　平

《中国农村经济》1992 年第 1 期

【在农民家庭经营的基础上实现农业社会化】 作者在谈到“生产社会化是农业中的最深刻变革”时认为，实行联产承包责任制，是农村经济体制重大改革。但是不能把农村经济体制改革简单地归结为联产承包制，也不能简单归结为统和分的关系。农村经济体制改革的目的在于完善社会主义制度。而完善的和巩固的社会主义制度只能建立在包括农业在内的现代化大生产的基础上。农业社会化是从发展生产力、社会分工、商品交换以及工农业之间联系、城乡协作等开始，而不改变农民家庭经营的相对独立性，也不改变农民的土地及生产资料的所有制。随着农业生产分工和专业化的加强，农业生产总过程从过去由一个农业生产者孤立地完成，变为只能在社会联结中才能够完成。与这个过程相伴随的是农业生产从自给自足变为向社会提供商品产品。这个过程逐步地和彻底地改变了家庭经营的狭小规模、分散孤立、技术落后、以勉强维持狭小个人家庭生活为目的的状态，在使农民与社会发生日益频繁交往（即与现代工业生产力发生更多联系）的基础上，从而改变着农民过去所处的封闭、愚昧状态。因而农业社会化的结果是对传统农业、小农经济以及对农民家庭经营的最深刻社会改造。它没有改变农民家庭经营的形式，但是改变了农民家庭经营的分散性和孤立性，并最终使农业生产变为依靠工业提供物质技术的现代农业。这个过程的主体和动力是工业。当工业和商业是资本主义企业时，这个过程就成为盘剥农民和控制农业的资本主义改造农业的性质；当工业和商业是社会主义公有经济组织时，这个过程就是工农经济上的联盟和城乡协作的社会主义性质。 丁泽霁

《经济研究》1992 年第 1 期

【农村经济改革需要解决的问题】 作者认为，农村改革的本质内容是理顺国家和社区集体、农村劳动者的关系。把 1985 年以后农业出现徘徊的原因归结为家庭经营改革不彻底，没有把土地界定到家庭这一层次的看法具有很大片面性。改革前，农村集体经济搞得不好的主要原因在于宏观环境，是国家统得过死的政策所致。1978 年开始的放宽政策，就是调整国家、社区集体、农村劳动者的关系。即还集体、农民的经营自由权、支配自己劳动力的权利。改革的结果，使农村剩余劳动力和农民的剩余时间逐步利用起来，从根本上改变了大多数社区集体经济亏本经营的局面。实践证明，在新的宏观条件下，经济发展最快、平均富裕程度最高、社会秩序

最稳定的地方，还是集体经济作为实体还存在的社区。相反，则大多是集体经济被分得比较彻底的社区。其落后的深层原因是，在经济改革过程中，农户所处的宏观经济和政策环境还没有根本改善。

另外，宏观环境不顺仍是农村进一步发展的障碍。改革前后和今后相当长的历史阶段，农村经济发展的主要矛盾是人多地少、生产要素配置不合理同商品经济的矛盾。从国民经济总体而言，主要矛盾是工业化、城市化滞后于农业剩余劳动力的增长。第一步改革缓解了这两个矛盾，但2亿多小农平分土地的局面和离土不离乡的农业劳动力转移政策，加重了有限耕地上人口压力，使农工商劳动者的收入差距日益扩大。农民收入低不是价格问题，而是占用生产资料少。因此，加速城市化进程，减少农户，允许农业剩余劳动力异地转移，是克服二元经济结构，实现农业生产方式改造的根本途径。 刘福垣

1992年2月22日《光明日报》

【推进乡镇企业股份制改革试验的思考】 文章指出在股份制改革的实际操作中，必须坚持若干规范化原则。(1)严格区分股权与债权。认股后不能退股，但允许股票（或股金证）在适当范围内流动。(2) 股份设置种类的名称统一。(3)产权归属关系清楚，股权份额明确。(4) 股权平等。(5) 真正建立和实行股东（代表）大会制、董事会制和厂长（经理）责任制。(6) 由具备资产评估资格的权威机构对企业资产存量进行正规的资产评估，并建立起正常的验资审计与资产评估制度。

在谈到关于产权划分与产权归属问题时文章认为，确定产权归属应着眼于资产的形成来源。乡村集体企业的全部帐面净资产存量，可以区分为两大部分：(1) 绝大部分来源于集体经济组织，这部分应属乡村农民集体所有；(2) 一部分来自国家扶持优惠政策，这部分资产在改革时可一同划归乡民或村民集体所有。但是，从企业实行股份制时起，应以国家扶持金的形式单列，所有权归国家。企业以有偿占用形式，对国家财政长期负债。

实施股份制改革，不应设置企业股和职工集体股。这不符合所有权与经营权分离的原则，与法人企业的性质相悖。 北京大学经济管理系调查组

《中国农村经济》1992年第2期

【中国农村区域间居民的收入分配】 作者认为，中国作为一个发展中的大国，自1978年改革开放后，区际间各依其不同的背景，在发展过程中不断分化，这种区际经济发展差异的产生，直接影响着区际收入水平的不平衡。特别是在农村，由于国家干预较少，市场氛围大，区际间的收入不平等是非常明显的。

区域间农村居民收入差距的拉开，直接源于非农产业的发展——从乡镇企业中得到的工资性收入。非农产业的发展将在很大程度上拉大区域间农民的收入差异，因为非农产业的发展是以区域为依托，逐步扩展的。而非农产业发展又与城乡间的差异大小高度相关。我国西部落后省份，象甘肃、青海、贵州等，城市工业多是资源开发性的重工业，生产力水平较高，但其对乡村扩散的意义却相对较小。因为这些地区人力资本水平较低，难以从重工业发展中找到适合于自己发展的非农产业，从而难以受益。而东部地区的农民收入和人力资本水平较高，并得到城市轻工业的扩散，非农产业迅速发展，城乡差异明显缩小，从而使农民更多地参与到城市发展过程中，农民收入不断提高。由此推论，发达省份与落后省份，东西差异的扩大是不可避免的，西部落后省份农村居民摆脱困境将是长期的问题。

由于地域间收入不平等是源于发展进程中的农村产业结构变革，因此问题的关键在于各个地区，特别是落后地区，必须因地制宜并及时地推动产业结构的变革。这里值得强调的是，西部落后省份由于强烈的二元结构反差，因此调整落后省份城乡关系，并与扶贫政策相互推进，才能积极促进其农村产业结构的变革。 张平

《经济研究》1992年第2期

【论我国工农关系失衡与发展观的转变】 作者认为，几十年来我国执行了工业偏斜发展政策，总是沿着“忽视农业—农业受阻—影响工业增长—政策调整—农业好转—忽视农业”的轨迹运行，周而复始的经济偏斜循环导致工农关系的失衡。80年代以来，以农民为主体的农村工业化和以政府为主体的国家工业化并举竞相发展，形成城乡双重工业化；国家的工业偏斜政策引伸为农民的经济行为偏斜，构成了双重的工业偏斜，使农业承受多重压力。近三年的治理整顿没有改变工农关系失衡的基本状况，随着整个经济的成长，我国对农业再投入的份额和农业固定资产投资占国家固定资产投资的比重越来越小于农业总产值占社会总产值的比重，一度缩小了的工农业产品价格剪刀差和城乡人口收入差距又重新扩大，使农业不具备自我发展能力，需从外部注入支持力和刺激力。

作者判断国家工业化资金原始积累阶段已经过去，开始步入中期发展阶段，因此需要转变发展观的内涵和要求。由城市偏斜、重工业优先和粗放增长的发展转变为城乡经济社会均衡、持续发展。这种发展观把质量、效率和人的智力发展放在中心地位，使城市与乡村、工业与农业协调发展，由粗放增长转变为集约增长，放弃以增加产值或产量作为考核经济成就的指标，改以资金利润率、成本利润率、劳动生产率和投入产出率作为考核经济成就的指标，由急功近利转变为着眼于长远发展。

牛若峰

《农业经济问题》1992年第3期

【我国蔬菜水果批发市场要揽——批发市场个案调查综合报告】 本文通过对北京大钟寺、沈阳南站、山东寿光等若干个案调查的综合与分析，较系统地描述了当前我国鲜活农产品批发市场的发展轮廓和运行机制；并据此提出了一系列有待研究的问题：(1) 批发市场代表着实现农产品大规模交换的新的市场制度，其有效集散货物的外在功能已为人们接受，但孕育新的商品秩序的制度性的内在功能，还没有为社会充分认识。深化农产品流通市场的改革，还需对批发市场的所处位置及其内在功能，进一步研究、开发与设计。(2) 批发市场同一定区域的供需总量存在着某种关系。批发市场的兴建，还应考虑相互间的层次配合关系；除了规模较大的中心批发市场外，还应有产地的采货市场和销地的几级再批发市场配合，使之形成有机的市场流通网络，并使价格形成更为合理。(3) 尽管现货批发市场的进场交易者中，不少是来自产地的农民贩运者，但他们多数从事独立经营，并不代表产地农民的整体利益。只有当批发市场出现代表农民整体利益的销售主体或代理商时，才意味农民真正进入了流通，获得价格谈判的主动权。这是完善现有批发市场的核心内容。(4) 从根本上说，目前批发市场存在的交易秩序较乱、发案率较高的现象，是由于交易主体的规模过小，市场中间商和代理商还没有充分发育起来，统一组织买卖双方公开竞争的大批发商还没有出现。(5) 各级政府和一些部门、商业组织、甚至企业，多家经办批发市场不是坏事，但必须有一些基本原则。例如，无论谁来经办，都应保证广泛的社会参与；都应在职能与机构设置上分解清楚政府与经营者的不同角色与职权。(6) 批发市场的某些制度必须经由各级立

法机构拟定统一法规并亲自来监督执行，通过提高权威性以提高管理效益。

农业部农村经济研究中心
农产品批发市场课题组
《农村经济与社会》1992年第3期

【农村经济发展模式研究中的若干理论问题】 文章指出：农村经济模式的研究对象是整个农村经济，而不是其中一个侧面或局部。其研究的主要内容为：(1) 结构特征，包括产业结构、技术结构、就业结构、投资结构、市场结构；(2) 体制特征，包括所有制结构、微观组织主体选择、政府职能及其行为特征；(3) 影响经济发展模式选择及成长的因素，包括自然资源和经济资源、生产力水平、历史传统、政府的活动；(4) 经济发展的历史阶段。而划分农村经济发展模式类型的标志则为：(1) 在发展起步时，挖掘要素资源优势及选择适宜的组合方式的主要根据；(2) 在初期发展过程中，产业分化及经济结构进一步优化的基本力源；(3) 相应的企业制度和经营形式等体制特征变化的基本出发点。总之，是一种什么力量促成它目前和今后一定时期内选择该种特定模式，而且在生产力水平没有新的突破之前，其模式特征仍能保留。据此，可将我国现阶段已存在的农村经济发展模式划分为五种，即：(1) 城郊工业带动农村经济发展模式，其中又可划分为城市工业带农村和城郊型农村两类；(2) 外资开拓型农村经济发展模式；(3) 市场先导型农村经济发展模式；(4) 县域经济协调型发展模式；(5) 开发特殊资源起步的农村经济发展模式。

中国社会科学院农村发展研究所《农村经济发展模式比较研究》课题组
《农村经济与社会》1992年第3期

【"相互替代假说"质疑】 文章指出，"相互替代假说"是国外研究城乡间农业劳动力迁移和就业理论中的一个较为普遍的隐含假说，即城乡劳动力是同质的，他们之间存在着就业竞争。国内不少学者在研究中也自觉不自觉地暗含了这一假设；认为城市对农业转移劳动力具有较强的排异性，即农业劳动力对城市劳动力构成竞争性替代，并提出支持或倾向于农业劳动力就地转移，而反对异地转移进城的政策主张。但就中国国情而言，竞争性相互替代假说是一个不能令人满意的，过于简化的经济学假说。从总体上讲，它有两点不应有的忽略：(1) 就业意识包括就业意愿、就业动机、职业和岗位评价及选择等内容。由于我国城乡的生存环境、生活条件、文化水平以及受教育程度差别很大，发展极不平衡，因此，城镇待业和新成长劳动力与农业进城劳动力在就业意识存在着巨大差距。(2) 农业劳动力转移进城一般可概括为二种方式。一种是农民自发的进城后"自由"择业。另一种是政府有计划有组织地向城市转移农业劳动力，如占用农民耕地按计划招收的农民工，国家每年招收的农村大中专学生；它们也不应包含在相互替代假说的涵义之内。作者认为，农业转移劳动力与城镇劳动力在就业中形成的替代大体有两种：(1) 经营竞争替代。经营有方，生存力强，处于有利地位，则就业稳定；反之，不仅无法扩大就业，甚至危及原就业人员的岗位。(2) 介绍就业替代。即已经在城镇就业的职工或在城镇已谋得职业的农民将其亲属或同乡介绍进城就业。这是分析政府的就业政策不能不考虑的两种就业替代。

杨小苏
《农村经济与社会》1992年第4期

【我国农业劳动力的转移】 作者认为，90年代是我国社会主义现代化建设关键时期，在这10年中要实现国民生产总值翻两番和人民生活水平达小康的目标。实现两项目标关键取决农村、农业和农民的发展，其中农业劳动力的利用与转移状况将起至关重要的作用。

但是，90年代农业劳动力转移任务相当艰巨，前景不容乐观。主要根据是：(1) 就收入水平而言，如果农民人均纯收入达到1 200元为小康生活标准，从1990年算起，必须年均增长6.65%，农业劳动力转移的速度应保持在8.15%的年均水平上，到2000年要求农村非农产业劳动力增加1.16亿左右。(2) 即使实现上述设想，农业劳动力的绝对量预计不会有明显下降，农业发展依然不能摆脱因劳动力过多而效益相对不高的困境。(3) 对农业劳动力吸纳的条件前景不容乐观。一是不大可能再靠乡镇企业外延扩展来大量吸纳，二是城市大量吸纳短期也不现实。

要解决上述矛盾，从农业劳动力继续转移的角度考虑，90年代的农业劳动力转移应在80年代基础上实现四个转变，即农业劳动力的转移，由农村第二产业为主，逐步转向第三产业为主；农村第二产业对劳动力的吸纳，由外延扩展吸纳为主，逐步转变为以内涵发展吸纳为主，农业劳动力的转移，由以"离土不离乡"的"就地"转移为主，逐步转变为以农村城镇为载体的"易地"转移为主；农业劳动力由相对自发性的转移，逐步转变为计划与市场相结合调控下的转移。

黄祖辉
《中国社会科学》1992年第4期

【90年代农村改革与发展面临的新问题】 作者认为，90年代农村经济的改革和发展，面临着一系列层次比较深、涉及面比较宽、需要从国民经济全局来统筹考虑的新问题，概括来说：

1. 如何保持农民收入的持续增长。近几年，出现了农业增产而农民实际收入增长停滞的局面，这是不正常的。要保持农民收入的持续增长，出路只有两条：一是通过调整农产品结构，发展高效农业；二是通过转移农业劳动力来增加农民的非农业收入。但这两方面都必须以调整城乡之间的资源分配格局为前提。

2. 关于农村经济发展模式的选择问题。为了解决农民的就业问题，解决对农业的投入和农村社会的发展问题，必须大力发展乡镇企业。这是人们对农村经济发展模式的认识。乡镇企业的发展，首先关系到我国整个工业结构和布局的变动，因而也关系到我国工业的长期发展模式问题；其次是工业化和城市化的关系问题。乡镇企业加速了我国工业化的进程，同时也加剧了城市化滞后于工业化的矛盾。乡镇企业城镇化、以工补农政策的宏观化，这是社会进步的客观趋势，我们改革应当顺应这种趋势。

3. 关于农村财产关系的变化及农户家庭经营的地位问题。农村实行"包干到户"以后，农户变成了相对独立和完整的经营核算单位。它已经发育成了一个经济实体，因此，"农户经济"这个概念，事实上已经形成。农村经济政策的进一步完善，必须充分考虑到这种变化的客观现实。

4. 关于如何正确理解农户经济、合作经济与集体经济之间的关系问题。目前我们至少面临着非常现实的两个问题：一是究竟如何对待农民重新拥有并不断增长的私有生产资料？二是在那些集体经济已经非常薄弱的地方，新的集体财产怎样才能生长出来？这是应当着力研究的问题。

陈锡文
《中国农村经济》1992年第5期

【适合我国国情的农业生产布局理论初探】 文章指出，联产承包责任制实施以来，我国农业生产和经营的主体是农户。农户从事哪项农业生产，主要取决于从事哪项农业生产能使年收益最大。在商品经济条件下，追求比较利益，是充分发挥地区自然经济资源优势的表现。因此，农业劳动力年收益最大是中国农业生产布局的基本出发点。这与西方以单位面积土地获取最大收益作为出发点，有着很大区别。同时，我国农业劳动力多，耕地面积少，每个劳动力所拥有的耕地面积往往不能达到劳动力所支配的应有数量，人均耕地面积已成为影响年收益较稳定性的因素。基于此，中国种植业区域专业化布局的数学模型应该是R=SY（P－C）其中，R代表农业劳动力从事某项农业生产可能取得的人均年收益；S代表农业劳动力人均拥有或实际所能承担的播种面积；Y代表单位播种面积产量；P代表单位重量农产品产地收购价格；C代表单位重量农产品生产成本。作者认为，应用这个数学模型，可以计算出某个地区经营不同项目的种植业或不同种类的农作物生产，农业劳动力人均年可能得到的不同收益。只有年收益最高的那项种植业或农作物生产，才是该地区农民愿意经营的，同时也是该地区农业专业化发展的方向。最后，作者据此模型对沈阳市郊区蔬菜地生产布局的新变化进行了解释。

王景海

《农村经济与社会》1992年第5期

【提高农产品的“外延效益”】 作者认为，近3年来，农业丰收，但效益不高，农民收入基本上处于徘徊状态，原因是多方面的，但关键的是产品和产业结构问题。目前，以数量型为主的产品结构和以农产品原料生产为主的产业结构以及以国内市场为主的市场结构，已不能适应商品经济发展的需要。理由有三：一是从城乡居民的食品结构变化看，城乡居民的口粮消费量从1986年开始下降，动物性食品消费不断上升，今后加速畜牧业、水产业、各种经济作物及相应加工业的发展是必然的趋势。所以，应从以数量型为主向以质量型为主转变。二是从农产品价格看，通过价格体制改革解决粮食与经济作物的比价、工农产品比价的不合理。但农产品特别是粮食社会效益大，经济效益低，在逐步放开价格后，国家要采取必要的保护政策。目前，我国市场粮价与国际市场粮价已接近，因此，完全依靠提价增加效益是有限的。三是从对外开放来看，邻近一些国家和地区已转向高技术产业，这给我们发展农产品加工业以契机；生物技术的崛起，特别是基因工程的应用，会给农产品的品种、质量以及生产条件带来革命性变化。因此，必须采取相应的对策：一方面在农业内部采取措施实现高产、优质、高效的目标；另一方面必须发展“外延性”农业。

提高农业“外延效益”的主要出路有：1.进一步调整农村产业结构，全方位地推进农工商一体化，从根本上改变只生产原料和初级产品的地位。2.大力推进外贸体制的改革，使一部分承担出口任务的农牧渔业以及乡镇企业获得进出口权，直接进入国际市场。

郭书田

1992年6月3日《人民日报》

【论90年代我国农业社会化服务体系的发展趋势】 文章指出，90年代我国农业社会化服务体系将逐步趋向于一体化、产业化和企业化。

随着农村商品经济的发展，农产品的自给率将越来越低。一方面生产的发展要求有加工、销售服务与之适应；另一方面，加工、销售组织也要求有稳定的供货渠道。从总体上讲，农业生产、加工和销售组织具有共同的利益。这种共同利益客观上要求整个农业社会化服务体系向一体化方向发展。

产业化是农业社会化服务体系发展的必然趋势，这是符合社会分工的一般原则的。迄今为止，我国农业社会化服务体系仍然处于农业和其他产业的附属地位，社会和经济效益都没有充分发挥出来。美国从事农业产前、产中、产后服务的劳动力约相当于农业本身劳动力的9倍。目前我国县、乡、村三级从事农业服务的劳动力大约只有3 000多万人。我们应该根据农业生产专业化的要求，因势利导，为农业社会化服务发展成为相对独立的产业创造条件。

企业化是农业社会化服务体系产业化的必然要求。实行企业化经营是形成农业社会化服务体系自我积累、自我发展能力的唯一途径。但是，在我国农业社会化服务体系实行企业化经营，不应当把农户作为获取利润的主要对象，而应当把通过加工、流通等环节较大幅度地提高农副产品的附加值作为主要盈利来源。这是我国农业社会化服务体系生存和发展的根本所在。

国务院研究室课题组

《中国农村经济》1992年第6期

【90年代农村就业的基本对策】 1990年中国农村拥有4.2亿劳动力，其中农业劳动力3.3亿，在现有农业生产水平条件下，只需2亿～2.2亿农业劳动力，仍有1亿多农业劳动力以隐性失业方式存在。因此，90年代农村就业仍是经济发展中棘手的问题之一。作者针对这种现状提出了如下解决的办法：(1)减少劳动力的供给量。具体途径是：降低人口出生率；压缩农村劳动力参与率；推迟就业年龄，将进入劳动年龄人口由16岁推迟到18岁。(2)增加劳动力的需求量。加强农业的深度开发；鼓励发展劳动密集型产业；实行城乡劳动双流动的政策；开展农村社会化服务；向国外劳务市场输送劳动力。(3)转换就业机制，促进劳动力合理流动。一是进一步放开劳务市场。实行劳动者与企业的双向选择，废除“终身制”，允许劳动者在地区、单位内的合理流动。二是建立健全劳务市场调节机制。实行浮动工资制；提高劳动力流动成本，减少流动的盲目性。三是逐步建立和完善失业保险制度。四是改革户籍、城镇管理制度，促进劳动力的合理流动。

陈吉元 庾德昌

1992年7月4日《光明日报》

【论农产品价格风险调控】 作者认为，农业生产是具有自然再生产和经济再生产双重风险的产业。在商品经济中，其价值在生产过程中形成，在流通过程中实现。因此，农业生产风险最终必然转化为价格风险。

农产品价格风险调控，就是指通过制定管理风险的政策、制度和发育期货市场等手段，以最小的代价获取最大的安全保障，发挥价格促进农业生产，保证供给的“第一信号系统”的作用。其调控方式可分为主体调控和有形市场调控两大类：

1.主体调控。指在贯彻国家价格政策和市场政策的前提下，增强地方政府运用经济、立法、行政手段对价格风险进行控制和处理的能力。(1)实行区域支持价格和调节价格。对重点农产品实行支持价格，保障生产者有合理的收益；通过干预性收购，防止市场价格下跌；对出口产品实行差价补偿；把某种农产品的价格风险控制在一定幅度内，超过这个幅度的价格风险由政府承担。(2)强化农产品流通组织的调节功能，统一协调生产、收购、加工、储存、销售和出口等环节，用准确可靠的市场信息增强产销行为的预见性、计划性和稳定性。(3)对主要农产品制定目标价格，并相应建立农产品价格调控基金和专项储备制度。(4)培育新的区域经济共同体组织，建立区域价格协商、衔接、对话制度。

2.发育期货市场。期货市场不仅提供了风险管理的手段，而且增强了市场的透明度，提高了价格形成的功能和质量。但是期货市场对上市的农产品是有选择的，主要是那些易长期储藏，品质、等级规格可以明确划分评价的农产品。

古宏玲

《中国农村经济》1992年第7期

【论我国农业现代化的特征】 作者认为，中国的国情决定了中国农业必须走有中国特色的农业现代化的道路：

1.中国农业现代化一个最显著的

特点是，只能走不断提高单产，不断改善农业产品结构和“优质、高产、省工、节本”的路子，以提高农业综合经济效益。

2. 进行大规模的治水改土，建设高标准的高产稳产农田，是中国实行农业现代化的基础和前提。对于占中国绝大多数人多地少、土地复种指数很高的地区来说，生态农业的主张是不现实的。必须重视发展农用工业，增加化肥、农药等的施用量，同时重视综合的科学措施，保护生态的良性循环。

3. 综合应用先进技术，实施科技兴农。科技兴农存在两条路子：在三产业发达地区农业机械是解放生产力的第一要素；在二三产业不发达地区，可从生物技术入手，提高种植养殖的产量、品质和经济效益，积累资金，逐步实现农业机械化。

4. 为了适应我国家庭经营小规模的格局，积极推进因地制宜发展经济作物和牧、渔、林、果业的复合式的、小区域专业化生产。

5. 大批农业剩余劳动力在农村就地转向二三产业，发展乡镇企业，是振兴中国农村经济的必由之路。但乡镇企业大量占用耕地，以及对分散土地的进一步分割，不利于农业现代化和持续稳定地发展。因此，必须对农村耕地资源合理利用和整个农村建设进行全面规划。 凌启鸿 张晓钤

1992年8月15日《光明日报》

【关于农业社会化服务的几个问题】 文章在谈到“农业社会化服务政策问题”时指出，在我国，政府发展农业社会化服务体系中应遵循三原则：(1) 分类指导原则。既区分不同经济发达水平，又分清两类不同性质服务。农业公共服务主要由政府和集体来提供；农户经营服务可由社区集体经济服务组织的提供与农户自办的专业服务组织的提供相互补充。一般说来，在粮食等受计划约束的农产品服务上，社区集体经济服务组织的作用大一些；而在其他一些受市场调节的农产品服务上，专业服务组织的作用大一些。(2) 尊重农户自主权的原则。当前我国在服务问题上贯彻尊重农户自主权原则的具体做法应该是：首先，为了使农户有更多选择服务的自由，要尽可能促进服务市场的扩大；其次要防止发展服务过程中由于不同农户需求所采取的形式主义作法，甚至“坑农”、“卡农”，也要防止由于供给不当而造成的削弱农户自主权的情况出现。(3) 支持农业的原则。这指的是用非农业利润支持农业增长的原则。这种支持单靠财政和信贷的渠道是远远不够的。社区范围内的“以工补农”、“以工建农”已经成为乡镇企业发达地区发展农业服务的一种主要支持手段。从调查情况来看，“以工补农”确切地说是“以工补粮”，非粮食农产品生产服务发展往往很难得到这种支持而要靠专业服务组织。这种组织内部实现了非农（商业、加工业等）利润对农业的支持。在不存在服务市场的情况下，以支持农业为目的的服务供给的现实，总是伴随着一种对农户收入进行福利分配的现象，它表现为服务收费偏低或不收费。近阶段贯彻支持农业原则很难避免对农户的福利分配倾向，但适当控制服务中福利分配的比重应提起注意。 国务院发展研究中心农村部

《农业社会化服务体系研究》课题组

《经济研究》1992年第8期

【实现农村小康的重大突破】 文章指出，改革十几年来，全国约有1/6的农户达到小康收入水平。1990年全国人均纯收入1 000元以上的农户已占农户总数的15.1%。小平同志提出的宏伟目标已经在部分农村开始实现。这是一个重大突破。

首先达到小康收入水平的农村，就其致富的途径看，主要是抓了三条：(1) 农民家庭承包经营的积极性同集体经济的优越性的有机结合。家庭联产承包或专业联产承包和多种经济成分、多种经营方式的并存，极大地调动了农民的生产经营积极性，促进了农村商品经济的发展，成为通向小康的内在动力。在分散经营的基础上，加强统一经营层次，壮大集体经济实力。这既可开展社会化服务体系的建设，又可调节丰歉年间的分配，也可实行以工补农、建农，还可以扶持经济薄弱的村和贫困户发展经济。从客观上促进了收入水平的提高。(2) 经济良性循环，速度效益的统一。其特点是：重视抓各业全面发展；狠抓科技兴农；重视全面抓生产、流通和分配，使产值、销售收入和农民纯收入同步增长。(3) 适时适地调整经济结构，发挥各地资源和经济优势。各地农村从当地实际出发，抓住发展主导产品、主导产业的关键，适时调整经济结构，充分发挥自己的资源和经济优势。

詹 武 张留征

1992年9月21日《人民日报》

【关于加快农业和农村经济发展问题之我见】 作者认为，实现从温饱到小康的跨越，给农业和农村经济工作提出新的要求：不仅要为社会提供足够数量的农产品，而且提供的农产品要优质、多样；不仅农村经济要大发展，农民收入也要大提高；不仅农业要大发展，农村第二三产业也要大发展。为此，农村经济工作有三个战略性方针：(1) 深化农村改革为动力，促进农林牧副渔全面发展，走高产优质高效的路子；(2) 促进乡镇企业发展，重点是中西部地区；(3) 促进第三产业发展，首先搞活农产品流通。

发展高产优质高效农业的动力是改革农产品流通体制，把农产品推向市场，放开才能商品化，市场竞争力来自高产优质高效的农产品。为此要改变重生产、轻流通的观念，把流通和交通做为农村商品经济的基本建设，并实行以流通为重点的贸工农一体化的经营体制。

加快中西部乡镇企业发展，除了国家提供必要的信贷和优惠政策外，最重要的是放活人才，不仅是在中西部农村挖掘有商品意识、有经营才能的乡土人才，领办企业，还要吸引东部地区和城市中的人才到中西部，帮助和领办乡镇企业。 杨雍哲

《农业经济问题》1992年第9期

【借鉴国际经验 促进农业补贴由消费者向生产者的转变】 作者认为，一般来说，经济发达程度高的国家对农业生产者的补贴多，低收入发展中国家则农产品消费者得到的补贴多。通过对英、法、前联邦德国、日本和韩国等国以及台湾省的经济发展过程的考察，发现农业补贴方向转变的经济环境主要看人均国内生产总值（GDP）水平、工农业产值分别在国内生产总值中的比重、农业人口在总人口中的比例和恩格尔系数的高低。英、法、前联邦德国在GDP达到1 000美元前的50年代初就开始转变农业补贴方向；日本1966年达到1 000美元，对生产者补贴60年代初已开始；韩国1977年达到1 000美元，国内农产品价格60年代末和70年代初大幅度提高；我国台湾省1976年达到1 000美元，也在这年之前开始了农业补贴方向的转变。

我国90年代开始实行农业补贴方向转变的经济环境已经基本具备。据国家统计局1990年资料：(1) 人均国民生产总值已达1 547元（实际购买力估计至少超过人均500美元）；(2) 在国民收入中，工业比重（45.8%）已超过农业比重（34.7%）；(3) 农林牧副渔劳动力数占社会劳动力总数的比例已降到58.8%；(4) 恩格尔系数值，城市居民为54.5%，农民为54.9%。由于我国城市居民享受多项补贴，抬高了城市居民的恩格尔系数，考虑到这些因素，恩格尔系数值将不会超过50%。因此，转变的经济环境已经具备，应抓住时机，开

始着手调整政策，促进农业补贴方向的转变。

朱希刚

《农业经济问题》1992年第10期

【中国的农业发展：过去、现在与将来】 文章以大量统计资料着重分析比较了自1952年以来大陆与台湾的农业，指出大陆与台湾对于农业发展采取不同策略，因而沿着不同路径，在40年后表现出不同结果。在从战争破坏中恢复过来以后，大陆开始强调工业，只是在“大跃进”以后才转移到注意农业；而台湾则先以农业发展，提供资本积累来促进工业发展。表现在农业增长率、劳力与资本结合等方面。

1952～1980年，农业生产年平均增长率，大陆为2.82%，台湾为4.68%。这是技术与现代化投入差异所致。如同期每公顷化肥施用量，大陆从2.25公斤增到400.5公斤，台湾从362公斤增到971公斤。因而同期土地生产力指数和劳动生产力指数，大陆分别增加1.4倍与0.3倍，而台湾则分别增加2.5倍与3.8倍。可见台湾在农业技术上的成就较显著。

1981～1990年，由于大陆的经济改革与世界性经贸自由化趋势，使中国农业发展出现新局面。这期间农业生产年平均增长率，大陆达6.39%的高增长率，而台湾由于农业资源限制与资源使用成本上升，增长率为2.14%。这期间，大陆的土地生产力增长，而由于现代化投入不足，劳动生产力仍远低于台湾。

在劳动力与资本的关系上，台湾以1960年为转折点，由劳动力密集转到资本密集农业，这是由于农业资本的积累已能够以资本代替劳动力。而大陆农业发展的主要手段仍是劳动力密集技术，1980年以后虽逐渐转向资本密集，但资本不足，使劳动生产力不能很快提高，到目前仍处在发展的转变期。

从大陆农业发展过程，可以看出三个问题：(1)体制改革没有给农民足够的诱因去生产足够的粮食；(2)非经济性运动干扰农业生产稳定增长；(3)农业生产仍然落后，很难有足够剩余提供工商部门发展。

文章最后提出未来中国农业发展要分别战略与战术两方面。战略上要从中国是个大国出发，划分农业区域，建设不同特色的农业区。战术上要从短期市场的比较利益上去创造生产诱因，帮助农民生产取得利润。

陈希煌

《农业经济问题》1992年第10期

【政府直接农业投人的不足：症结与对策】 作者认为，农业增长必须依靠常规投入的增加。我国的投入体系中，政府承担先导性投入，但与政府应承担的增长任务相比较，它的投入是不足的。其原因有二：(1)国民收入初次分配：“诸马分肥”。10多年改革的最大成就是商品经济体制框架基本搭成，存在多种利益主体，形成了多元主权机制。在这种条件下，使整个经济不再像计划经济体制下那样按照计划者的偏好运行，而是由各个行为主体的偏好构成的“合力”所引导或支配。农业是国民经济中的基础产业，其投资具有社会效益，因而投资责任往往落在中央政府身上。但是，国民收入被诸利益主体共同分割，中央政府已不能全面负担起增加农业直接投入的责任。(2)国民收入再分配：非农倾向。中央政府是整个国民经济的宏观调控者。但由于财政“分灶吃饭”，它也要大力组织收入以满足本级政府的支用，因此在安排资金时不能不考虑投资效益，农业投入的增长就必然受到影响。地方政府是农业生产的组织者，但基本上不负责农产品的流通，因而产品的短缺只有在组织农产品流通的中央政府身上才有强烈感受。所以地方政府按照短缺强度来配置资金对农业是不利的，按资金利润率来配置资金更是不利。这就注定了地方政府对农业投资采取十分消极的态度。要增加政府直接农业投入，必须抑制各级政府资金安排或强或弱的非农倾向。主要设想是：降低工业特别是非农用加工工业的发展速度，挤出大量资金用于农业。(2)稳定工农业产品价格剪刀差，不再提高农产品价格，而把资金直接投入农业。(3)使地方自行组织粮食供求平衡。(4)制订农业投资法，规定各级政府支农比例，并建立分帐制。

朱耀庭　张云天　徐　雷

《财政研究》1992年第10期

【农民收入·结构调整·市场发育——90年代中国农村改革的几个问题】 文章指出，近几年农村经济发展中的一个突出问题是，在农产品供给全面好转的形势下，农民的收入却基本处于停滞状态。

保证农民收入稳定的增长，可以有两种做法。一种是对主要农产品供给采取价格保护政策，另一种是以技术进步推进农业和农村经济的结构调整。

目前我国多数农产品价格已经到位，也就是说，绝大多数农产品已由市场供求决定价格。国家仍有所控制的一些大宗产品的价格，事实上也已与市场价格相差无几。如果选择价格保护政策，实际上就是要国家拿出一块资金，形成偏高于市价的农产品价格，以提高农民收入。

我国如在现阶段就急于采用大规模的收入保护手段，不仅很难达到真正保护农业的目的，而且会提高农村劳动力转移的成本，造成非农产业发展的不经济。权衡多方面因素看，使用价格保护手段满足农民收入目标的做法，很可能得不偿失，至少在目前不宜采用。

因此，可能性选择只能是调整农村的经济结构，包括产品结构和产业结构。通过推动技术进步，充分发挥农产品结构调整的潜力，使农业真正成为“优质、高产、高效”产业；同时坚持不懈地调整产业结构，降低农业就业与人口比例，推动农村的现代化。今后若干年内，农民收入能否持续增加，在很大程度上将取决于农村非农产业的发展速度和效益。

农业部农村经济研究中心

1992年11月5日《农民日报》

【我国农村户口制度变革的思路】 作者认为，按照市场经济的原则，人口是应该自由流迁的。特别在农村，人口的流迁、转移，会为产业的区域分化、农业的规模经营提供空间。但是，我国目前的户口制度，通过在户口关系上附加的各种经济、社会利益差别方式来加以阻隔，从而使人口流动事实上成为不可能。因此，改革户口制度，必须对与其相关的财产制度、分配制度、社会福利制度、城市制度等进行根本的改革。

1. 剔除利益差别，统一社会身份。通过改革，做到劳动收入货币化，生活资料商品化，福利保险社会化，把粘附在户口关系上的种种经济、社会利益差别逐步剔除，使全国人民获得统一的社会身份。

2. 产权商品化。解决好户口乃至人身关系同社会公共积累和土地之间的关系。社区集体企事业的资产可以实行折股分配或采取有限股份经营的形式，从而在股权流转的基础上，方便了人的流转。

3. 户籍弹性化，跟踪管理。户口关系可以随人身一致流动，随走、随迁、随落、随之依法接受管理。

4. 从局部流迁到全局流迁。人口流迁一定要有计划、有条件、有步骤地进行，先在小区域或局部进行，然后再在大区域内进行。

5. 产业建城，促进地区分化。城市发展要突破行政网络的束缚，使人口、产业和市场的分化和集聚，真正按产业合理布局，宏观规模经济等基本规律办事，打破“村村办厂、户户冒烟”的分散发展的局面。

郭玉江

《中国农村经济》1992年第11期

【股份合作制是一种独立的经济组织形态】 作者认为，农村第一步改革并没有解决农村微观组织构造的全部问题。农村的财产无论是土地财产，还是非农业这一块资产，都存在财产关系不清，财产责任不明的问题。产权不清楚，没有稳定的收益预期，人们就不愿来投资，社会就没法积累，没法进步，或者积累和进步的步伐要慢得多，因此，重构农村产权制度是十分迫切的问题。

股份合作制可能是下一步构造农村产权制度理想的途径和台阶，应该支持和提倡。关于股份合作制的性质，作者认为，它确实是兼容了股份制与合作制两种基本组织制度的特点和内涵。如在产权形式上，都是采取股份的形式来构造的，但是又都有一块不可分割的公共积累或集体财产在里面；在分配上，股份合作制承认各种要素投入都应得到相应的报酬，但对分红的比例，又有一定的限制；在经营管理决策上，股份合作制一般都是以股定权，同时又有成员的普遍参与，最终决策又通常采取一人一票制。但它不是股份制和合作制的简单叠加，而是一具有独立的组织目标、组织功能和形态特点的经济组织形式。

杜 鹰

《中国农村经济》1992 年第 11 期

【我国农户收入增长问题研究】 作者认为，我国农业政策过去长期以产品目标为主，随着食物供给状况改善，应转为以收入目标为主。农村人口收入水平大幅度增长，才能够解决农产品卖难和工业品市场疲软问题。

我国农户人均年纯收入，在 60 年代中期到 70 年代中期，每年仅增加约 1%；1977 年到 1985 年扣除物价上涨因素后，增长 13.5%；而 1985 年以后基本处在停滞状态，原因在于非农产业发展和农业劳动生产率的提高都缓慢。

文章引用许多数字说明从 1985 年到 1990 年间，以下三项收入差距的扩大趋势：城乡居民收入差别从 1：1.6 扩大到 1：2；农户之间的收入差别的基尼系数从 0.26 增大到 0.31；东部沿海各省市与中西部内陆各省市的农民人均收入的差距也呈扩大趋势。引起这些差距扩大的主要因素是非农产业的发展状况。

由于农户的土地规模太小，很难大幅度提高农业的劳动生产率，因而农民收入的前景将直接取决于非农产业的发展，即农业劳动力向外转移的程度。当然，提高农民收入也可以通过提高农产品收购价格来达到。但 80 年代中期以来的经验表明，简单的提价只会通过通货膨胀而导致比价复归，并不能起到提高农户真实收入的作用。所以，提高农民收入应主要在调整产业结构方面采取重大措施，不仅鼓励和促进农村非农产业的发展，而且在城市经济深化改革的基础上，使得这种结构的调整和转移能突破农村地域的限制，通过稳步的城市化道路来实现。 安希伋 柯炳生

《农业经济问题》1992 年第 11 期

【农业剩余劳动力双梯度连续转移模式】 本文所说的农业剩余劳动力梯度转移，是指在农村产业范围内进行的区域转移，即农业劳动力由不发达地区农业（农业劳动力严重过剩）向发达地区农业（农业劳动力出现短缺）转移，而这种转移又促进了发达地区的农业劳动力进一步向非农产业作产业性转移。因此，在发达地区农业这一交汇点上，产业梯度转移诱发了农业内的区域性转移，而农业内的区域性梯度转移又为产业转移奠定了可靠的农业基础，从而保证了产业转移的继续进行，并始终产生对农业内区域性转移的拉动力。

我国发达地区农村的事实是农业劳动力的快速转移导致了农业生产的萎缩，农业增长受到了农业劳动力短缺的严重制约。因此，发达地区农业剩余劳动力的产业梯度转移要想得以继续，必须实行双梯度连续 转移，用不发达地区的农业剩余劳动力来补充，从而走出造成农业负增长的误区。

实行农业劳动力双梯度连续转移是可行的：(1) 它突破了资金短缺的约束。不发达地区经济中最短缺的莫过于资金要素，其劳动力向发达地区农业领域转移，既适应了发达地区农业劳动力需求增长的需要，又使这部分劳动力在有了一定资金积累和素质提高后再向非农产业转移。(2) 它突破了农村劳动力素质低弱的约束。农业劳动力素质低弱很难稳定地完成从农村到城市、从农业到非农产业 的一次性转移。双梯度转移，将使劳动者素质得以提高，为向非农产业转移打下基础。(3) 它突破了城乡二元结构社会壁垒约束。因为它容易避免二元结构不相容性给农村劳动力向城市转移带来的严重障碍。 陈 武

《经济研究》1992 年第 11 期

【农村土地产权及其商品化的探讨】 作者认为，农村土地集体所有权普遍商品化而投入市场，肯定是弊多利少。因为这样不利于严格控制土地的农转非，而农用土地的农业利用，是发展农业生产的客观需要，从而对土地的农转非一定要严格控制；不利于国家有计划地安排建设用地；不利于土地分配上的公平合理（即在土地供不应求的地区，农村集体经济通过出卖土地会获得巨额收入）；从长远来看，还不利于土地所有权由集体所有向全民所有的过渡。由此看来，农村集体所有权，除国家通过征用的方式转归国有外，恐怕难以进入市场。

农村集体经济的土地使用权也不宜像国有土地使用权那样投入市场。因为，如果农村集体经济将土地使用权向社会上长期转让，其后果与前面所说的土地所有权投入市场是相仿的；如果农民将承包土地使用权任意投入市场，任意流动，也会产生许多不利的后果。就后者而言，至少涉及农民是否拥有和是否应当拥有土地永佃权这两个问题。目前，农民只拥有土地的定期使用权，这就意味着农民并不具有对其所承包经营土地的永佃权。那么，是否应当进行产权变革，使农民拥有土地永佃权呢？显然，如果农民拥有农地的永佃权，在本质上就是拥有“准私有权”(即土地使用权的私有权)，这显然是不适当的。当然，市场作为调整土地使用权的辅助手段，也可以在一定范围内发挥作用，但农用土地在使用价值上的特殊性和农村集体经济在经济关系上的特殊性，使得农村集体所有制经济的土地使用权的商品化，受到 了很大的制约，使得它不可能像农产品那样投入市场。

周 诚

1992 年 12 月 2 日《农民日报》

【市场经济与农业体制的改革】 作者认为，随着社会主义市场经济的发展，农业体制必然还要发生深刻的变化。表现在：

1. 农业经营市场化，或者说农业经营活动具有了市场性。指在市场经济的基础上，农户作为基本生产经营单位，具有独立商品生产者和经营者应有的权利、义务和责任。农业经营活动，无论是计划约束还较强的部分，还是完全放开的部分，都必须依据价值规律来调节。

2. 农业资源流动市场化。加大市场对农业资源流动的调节，通过资源的合理流动，调整目前不合理的供给结构，使供给结构在资源的合理流动中形成符合需求结构要求的合理比例。

3. 政府对农业调控的市场化。是指在经营市场化和资源流动市场化基础上的调节，是对市场经济的宏观调节，不是指单纯的行政性直接计划调节，它同传统体制下对农业经营活动的直接计划管理根本不同。主要内容包括：(1) 对于市场调节不能有效解决，但对农业发展至关重要的问题，政府要以自

己的优势，对其进行有效调节，如大型的农业基本建设，农业的资金投入，农业技术推广，农业综合开发等。(2) 对于市场调节中的盲目性及事后性，政府要进行有效的校正和补充，以防止生产的大起大落和资源浪费。(3) 有计划地发展农村社会化服务，通过社会化服务而贯彻计划意图，使经营市场性和资源流动市场性同时具有计划性。(4) 有计划地完善市场调节的条件与环境，形成良好的市场调节基础。(5) 利用财政金融等手段及政策法规调节农户的市场选择，使农户的市场选择符合计划的要求。

魏 杰 张 宇

《中国农村经济》1992 年第 12 期

(本专栏由

张思骞　吴　岐　丁宝玲

刘小京　张庆忠　丁泽霁供搞)

广东珠海市农科所副所长、高级农艺师阮华玉用无土水培法种植哈密瓜获得成功 周家国摄

农 村 专 题 介 绍

畜牧业发展的巨大成就

党的十一届三中全会以来，党中央做出了一系列加强农业和大力发展畜牧业的决定。14年来，我国畜牧业持续稳定协调发展，逐步由农村副业发展成为相对独立的产业，取得了举世瞩目的巨大成就，为国民经济的发展作出了突出贡献。

1949年，我国肉类总产量只有200万吨，人均占有量仅为4.1公斤。经过30年的建设，畜牧业发展虽有了一定基础，但生产规模还属于农村副业地位。1978年，全国肉、蛋、奶总产量分别为856.3万吨、234万吨、97.1万吨，人均占有量分别为8.9公斤、2.4公斤和1公斤。

随着经济体制改革的不断深入，畜牧业发展的激励机制逐步完善和健全，科学研究和技术推广向更宽领域和纵深发展，广大畜牧工作者和农牧民，激发出发展畜牧经济的极大热情，促进了改革和生产的发展，基础设施和基础性工作有了加强，生产的专业化、商品化、社会化程度不断提高。

（一）畜牧业生产持续高速发展 1992年，全国肉类总产量3 430.7万吨，其中猪肉2 635.3万吨，牛肉180.3万吨，羊肉125万吨，比1978年（下同）分别增加2 574.4万吨、157万吨、87万吨；禽肉几乎是从无到有，发展到454.2万吨。14年肉类总产量年递增率为10.4%。奶类总产量563.9万吨，其中牛奶503.1万吨，分别增加466.8万吨、414.8万吨，年递增率分别为13.4%和13.2%；禽蛋总产量1 019.9万吨，增加了769万吨，年递增率为10.6%；绵羊毛产量23.8万吨，增加10万吨，年递增率为3.97%。我国肉类产量和禽蛋总产量已连续多年保持世界第一。

1992年末，全国人均肉、蛋、奶占有量分别达到29.3公斤、8.7公斤和4.8公斤，比1978年分别增加20.4公斤、6.1公斤和3.8公斤，14年年均递增率分别为8.9%、9.3%和11.9%。

1992年末大牲畜存栏1.35亿头，其中牛1.08亿头，生猪存栏3.84亿头，生猪出栏3.52亿头，绵山羊存栏2.07亿只，家禽存栏28.9亿只，分别增长44%、52%、28%、186%、22%、264%。生猪出栏率达到95%，比1978年增加了39.8个百分点。

畜牧业产值（按1980年不变价）由1978年的193亿元提高到1990年的778亿元，增加了585亿元，12年年均递增12.3%，占农业总产值的比重由13.2%提高到21.8%；1992年畜牧业产值（1990年不变价）2 422.96亿元，比1991年增加196.13亿元，增长8.8%，占农业总产值的比重由26.3%提高到28%。

（二）畜牧经济体制改革有突破性进展

1. 家庭联产承包责任制的推行，促进了畜牧业的发展。各级畜牧部门在当地政府领导下，着力推行农户承包经营，解决分配领域的“大锅饭”，逐步健全双层经营体制，把集体统一经营与分散家庭经营的优越性结合起来，强化了服务功能。

牲畜作价归户，户有户养，使农牧民有了生产经营的自主权，激发了生产的积极性，推动了生产的发展。就专业户而言，1992年末已发展到255万户，他们饲养的各类畜禽总数已占到全国总数的1/10左右，并且带动了加工、饲料、服务等各业的发展。

草场有偿承包使用责任制的推行，初步克服了牧民吃草原“大锅饭”的弊端，既保护和建设了草原，使草原超载过牧、沙化退化有所遏制，又促进了牧民定居和牧区经济的积累、牧民生活水平的提高。全国草场承包面已占到可利用草场面积的25%左右。

畜禽疫病防治责任制主要有常年防疫、分片承包、畜禽保险等，并着力推行由各级政府与同级主管部门共同遵循的“畜禽疫病双轨目标管理责任制”，效果较好。已有15个省的150多个县推行，使畜禽因病死亡率下降，也增加了农民收入。

2. 流通体制改革和畜产品产销一体化有突破。随着改革开放的不断深入，畜产品管理体制不顺、购销渠道单一、价格统的过死、国家财政负担过重，以及周期性“买难”、“卖难”等问题，已经成了发展畜牧经济的桎梏。因此，国家于1980年和1985年逐步取消了主要畜产品统派购制度，改革了活畜和畜产品购销价格，逐步将指令性统一定价转向国家价格指导下的议购议销，多数畜产品价格随行就市，允许多渠道经营，打破了国营一家独营的格局，出现了国家、集体、个体多种经济成份、多种经营形式并存的局面。

顺应商品经济发展的内在要求，在我国改革开放初期，畜牧业就开始了一体化改革的尝试。1982年，四川省在简阳、郫县开始试点，将畜牧与食品部门合并，统一对畜产品的生产、加工、储运、销售进行管理，减少了中间环节，减轻了财政负担，促进了生产，搞活了流通，发展了经济。通过十几年的不断探索和发展完善，全国继四川之后出现了多种一体化典型，比较成功的有两种形式，一种是管理一体化，即畜产品的生产经营和管理由一个部门归口；另一种是生产经营一体化，即多种形式的牧工商公司、公司加农户、场（站）带户（种畜场、畜牧兽医站）、经济联合体、民间协作组织等，从事单一产品或多种产品的一体化经营。所有这些，较好地克服了部门分割、环节过多的弊病，稳定了生产，活跃了市场，提高了生产者对市场的应变能力，缓解了产销矛盾，协调了生产者、经营者和消费者的利益，也加快了畜牧业向专业发展的进程。

全国各省都有了畜产品管理一体化的试点，不同类型、不同形式的生产经营一体化的经济组织在省、市、县、乡各级普遍存在。

（三）畜牧业商品基地建设取得很大成绩 从1983年开始，国家陆续投资近3亿元，并与地方配套，建成各类畜牧业商品生产基地812个，其中瘦肉型猪基地431个，商品牛基地83个，商品羊基地195个，禽、兔、蜂及其它特种畜禽基地103个。通过基地对千家万户的辐射、示范作用，形成了比较稳定的商品生产基地，也带动了饲料工业、皮革、食品、毛纺、商业服务业等相关产业的发展和初级市场的形成，富裕一方农民，繁荣了一方经济，对缓解供需矛盾起到了重要作用。

（四）畜牧业社会化服务体系基本建成 畜牧业社会化服务体系是以基层畜牧兽医站为基础，以良种繁育体系、疫病防治体系、饲料保障体系为主要内容的包括产前产中产后服务为特征的综合服务体系。

基层畜牧兽医站（畜牧兽医站、繁育改良站、草原工作站）在改革开放的形势下，不断改进服务方法，完善配套服务措施，拓宽服务领域，从过去只抓技术向有偿技物结合服务转变，从单项服务向综合服务发展，自我积累、自我发展，不断壮大，增强了服务能力。在建设过程中，从中央到地方各级政府，给予了应有重视，在资金、物资等方面予以支持。特别是国务院［1991］59号“关于加强农业社会化服务体系建设的通知”及人事部、农业部为贯彻该通知而下发的文件贯彻执行后，对稳定畜牧兽医服务队伍，加强服务体系建设起了积极作用。

1992年末，全国已有畜牧兽医站5.8万多个，职工总数43.8万多人，其中乡镇站有5.2万多个，职工35万人。此外，还有近50万人的村级服务组织，以及数十万人的农民研究会、专业协会、科技示范户，科研单位、大专院校、相关企业参与科技推广服务的势头很旺。以国家服务机构为主体，以集体服务组织为基础，以其他服务组织为补充的、上下贯通、左右相连、专群结合、多成份、多层次的畜牧业社会化服务体系初具雏型。

畜禽良种繁育体系建设。我国是世界上畜禽品种资源较丰富的国家，但由于各种因素的影响，我国畜禽良种化的进程还比较缓慢。14年来，畜禽良种普及率逐年提高，基础工作得到加强。到1992年底，我国已建成各级各类种畜禽场1 768个，比1978年增加625个。种畜禽场存栏的大牲畜（牛、马、驴、骡、骆驼）、种猪、种羊由1978年（下同）的75.9万头（只）发展到174万头（只），种禽由76.6万只发展到1 200万只，种兔由580只发展到4.8万只。种蜂1.08万箱。年提供各类种畜由32万头（只）增加到76万头（只），种禽由178万只增加到1.3亿只。

为提高我国畜禽良种繁育水平，国家投资建设的国家家禽育种中心、瘦肉型猪育种中心、奶牛育种中心已基本建成并部分投产，标志着我国育种高科技领域已不是空白。与此同时，为弥补我国某些种质不足，国家和地方还根据需要，从国外引进了部分种畜禽。

畜禽疫病防治体系建设。“家畜家禽防疫条例”、“兽药管理条例”的颁布实施，使畜禽疫病防治体系建设有法可依。以此为依据，农业部先后颁布了疫病防治、监督检疫、药政等方面的一系列配套法规，逐步完善了兽医卫生许可、畜禽及其产品的凭证生产、经营、运输等制度。

在坚持做好农村防疫、市场检疫，着力控制烈性传染病等危害较大疾病的同时，注重加强基础性工作，全国建成省级兽医化验诊中心31个，县级畜牧兽医技术服务中心850个；各类兽药厂1 150个；组建了省地级兽药监察所52个，其中省级29个；遍布城乡的兽医监督、检疫队伍发展到20万人，每年检疫畜禽10亿头（只），畜禽产品1 600万吨。兽医工作开始向行业归口管理的社会化过渡，兽医行政向管理和监督转移，向全社会、全方位开展防治发展。

饲料保障体系建设。改革开放前，我国饲料工业几乎没有，畜禽以粗放饲养为主，出栏率和商品率很低。近10年，饲料工业和非常规饲料开发利用有了长足发展。到1992年末，全国配（混）合饲料总量已超过3 500万吨，仅畜牧系统建成时产1吨以上的饲料加工厂（点）就有1.78万个，年单班生产能力超过1 480万吨，实际产量超过1 040万吨。

与此同时，充分利用我国丰富的秸秆资源，运用青贮、氨化的成熟技术开发利用农区秸秆有新突破，特别是1992年国务院办公厅以国办发［1992］30号文转发了农业部关于大力开发秸秆资源发展农区草食家畜的报告后，这项具有战略意义的事业又有新突破，使年青贮、氨化饲料量分别超过5 000万吨和500万吨。同时，全国饲料监测体系也基本形成，已建成国家饲料监测中心1处，省级饲料监测所36个，地级饲料监测站200处，对监督饲料质量，维护用户利益起了重要作用。

（五）草地建设受到重视 我国有各种类型的草地4亿公顷，约占国土总面积的40%，其中可利用的面积在2.4亿多公顷。14年来，草原地区的各级政府和业务主管部门，因地制宜地实行责、权、利相结合和草畜服务相统一的牧业生产责任制，以草为主，草畜配套，发展多种经营，调动了农牧民的积极性，草原地区的经济面貌和草原状况明显改善。

14年来，全国累计种草、改良草场保留面积0.1亿公顷；草场围栏保留面积累计0.07亿公顷；草籽田面积36.1万公顷；生产牧草种籽4.9万吨；采用生物和化学技术当年治虫灭鼠373.9万公顷。已建成牧草种籽检验中心18个，草原鼠虫害测报站（点）257处。同时，在戈壁草场大面积飞播牧草获得成功；在荒漠、半荒漠以及亚热带地区人工种草有突破；运用综合技术在我国南方草山草坡大面积人工种草超过千万亩。

1983年以来，我国11个省、自治区先后开展的以专业户和家庭牧场为基础，以牧工商和草地牧业服务中心为龙头，实行种养加、产供销一体化的37个草地牧业示范项目基本完成，取得了良好的经济效益和社会效益。

经过长期论证，在北方八省、自治区建立了草地类自然保护区；完成了全国草地资源调查和20个省、自治区草地内业汇总工作，为更好地开发利用我国草地资源提供了科学依据。在此期间，国家颁布了《草原法》，国务院召开了全国牧区工作会议，并在农业部设立了牧区经济工作办公室，建立了育草基金，为加强草原建设提供了保证。

另外，在国家财政等部门支持下，农业部于近几年在内蒙古、新疆、青海省、自治区的78个县（旗）建设易灾区防灾基地，综合进行了水、草、料、棚、加工、定居点等配套建设。使这些县（旗）的牲畜繁殖成活率、出栏率、商品率由建设前的63.2%、27.8%、16.6%分别提高到目前的75.3%、33.4%、25.3%，而牲畜死亡率却由7.1%降到4.2%。

（六）科学研究和技术推广成绩显著，产业发展后劲增强　为适应畜牧业商品化、专业化、现代化的要求，国家重视了畜牧科技工作。全国省级以上的科研单位职工达14 274人，其中科技人员占37.95%，有高级职称的占11.2%，科研、教学、技术推广队伍结构日趋合理。

14年来，上百个科研单位、农业院校、生产单位的数百名科技人员攻关，承担国家攻关课题4个，部属课题770多个。先后获得部级以上重大科技成果奖623项，马传染性贫血研究获国家发明一等奖，有不少科研成果达到了国际先进水平。如中国美利奴羊、中国黑白花奶牛、北京白鸡、西农莎能奶山羊新品种培育成功；马传贫、猪瘟、猪喘气病弱毒疫苗和兔出血病病毒研究，牧草品种资源的研究、碱茅草改良碱斑草场的成功，人工草地草畜配套技术都获得重大成果，有的已在实际中推广应用，取得了显著的经济效益。生物技术的研究使畜牧兽医科研进入了高新技术领域，如猪、牛、羊胚胎移植、体外授精、胚胎性别鉴定，单克隆抗体诊断试剂盒的问世，以及核酸探针技术的应用，显示了很高的水平。

“七五”期间，累计推广良种猪5亿头、良种禽31.8亿只、良种牛5 000万头、良种绵山羊3.85亿只，北方冬季暖棚饲养畜禽6 000万头（只），青贮饲料1.26亿吨、氨化秸秆607万吨，直接经济效益上百亿元。5年获农业部丰收奖102项，其中一等奖17项、二等奖53项、三等奖39项。同时，培养了大批科技人才，加速了畜牧科技工作的发展。

14年来，我国畜牧业取得的伟大成就，从根本上讲是得益于改革开放，走出了一条符合我国国情的发展道路。其基本经验：一是坚持改革开放。二是坚持多种所有制和多种经济成分并存。三是增加畜牧业投入。14年来，国家逐年适当增加了对畜牧业的资金投入，由中央直接投资的累计数为16.7亿元，平均每年1.2亿元，地方各级政府对畜牧业发展在资金投入上都有一些倾斜政策。与此同时，积极争取利用外资成效显著，畜牧业利用国际援助贷款仅中央部分的资金总数已超过3亿美元。四是调整产业结构，发展高产、优质、高效畜牧业。在稳定生猪生产的同时，大力发展饲料转化率高的禽类和耗费精料较少的食草畜禽，并用政策和资金加以引导，取得了初步成效。五是依靠科技进步。据专题研究，科学技术对畜牧业增产作用“六五”时期为34～38%，“七五”时期上升到41.5%。

（农业部畜牧兽医司调研宣传处）

在改革开放中崛起的水产业

1978年以来，水产业进行了以放开经营、放开价格为基本特征的综合改革，特别是从1985年起，水产品价格全部放开，转入市场调节的轨道，成为农村经济各业中改革与创新颇具特色的产业之一。在1979～1992年的14年间，水产品产量增长了2.3倍，年产达到1 558万吨，平均每年增加78万吨，年均递增9.0%，其中价格放开后的7年中平均每年增加122万吨，年均递增12.0%，是改革前30年平均年增长量的9倍多。“七五”、“八五”的计划指标分别被提前3年超额完成，自1990年以后，中国水产品产量在世界水产品总量的份额由1979年的不到1/17，提高到1/7。全国渔民人均收入从1978年的93元提高到1 726元，生产条件和生活水平得到较大改善。

生产全面拓展　结构良性调整

水产业的内部结构，在14年中发生了很大变动，总的发展趋势是，海洋渔业产量比重下降，内陆渔业产量比重上升；天然捕捞产量比重降低，人工养殖产量比重提高。海洋与内陆的比例，1978年77∶23，1992年60∶40；捕捞与养殖的比例，1978年72∶26，1992年50∶50。

适合我国国情的水产养殖业，获得释放潜能的机遇，以平均年递增14.2%的速度，到1992年产量达到776万吨，在14年年增长总量中，养殖增长量占59.9%，这使水产业的结构日趋合理，逐步摆脱单纯依赖捕捞天然资源的局限。

沿海各地把充分利用浅海、滩涂资源，因地制宜发展养殖生产，按照经济规律进行养殖品种结构的调整，把发展的重点放在国内外畅销、价值高、经济效益好、创汇多的品种上，促使养殖产量的品种结构发生了较大变化。1992年海水养殖面积扩大到499千公顷，比1978年增加4倍。在已养面积中，浅涂276千公顷，港湾146千公顷，浅海78千公顷，海水养殖总产量242万吨，在全国水产品总产量的比重由1978年的9.7%上升到15.5%，产量增加4倍。开发利用范围，已经由南到北遍布整个海岸；养殖品种由少数贝类、藻类，发展到三四十个品种，可全面适应南北海区浅海滩涂开发的需要，形成了以对虾养殖为龙头，鱼、虾、贝、藻全面发展的格局，成为世界海水养殖第一大国。在海水养殖产量中，藻类从占56.9%下降至22.9%，贝类由占42.6%提高到52.1%（不含扇贝），鱼、虾、蟹、海珍品由占0.5%上升为25.3%，其中海带、贻贝、对虾、缢蛏、花蛤、牡砺6个品种的产量均居世界首位。

我国内陆水产养殖产量多年来居世界首位。据联合国粮农组织统计，1980～1989年，世界内陆渔业产量增长662.5万吨，其中我国的增长量占56%。近14年我国内陆渔业所增加的产量中，养殖产量的比重占88.3%。1992年，全国内陆水产养殖产量534万吨，比1978年增加6倍，平均年递增率为14.9%；在全国水产品总量的比重由1978年的16.3%上升为34.2%，全国有14个省内陆养殖年产量超10万吨；内陆水产养殖面积3 977千公顷，比1978年扩大46倍；在已利用的面积中国有企业经营的占32.6%。养殖区域自淮河以南地区迅速向华北、西北、东北地区全面推开，不仅农村集体、农民家庭、国有渔场和水利部门发展养殖生产，而且国营农场、部队、机关和工矿企事业单位也从事水产养殖业。养鱼生产所取得的综合效益和在大农业中发挥的作用，已越来越为人们所认识。

天然捕捞业在传统渔业资源因70年代中期捕捞过度而导致持续衰退的不利局面下，根据1979年确定的“合理利用资源”的调整重点，综合治理和重点开发并重，加强对资源的管理和增殖，注重根据资源变动实际，调整作业结构，开发新品种、新渔场，向外海、向远洋扩展，促使天然渔获量保持稳步增长势态，年产量达到781万吨，比1978年增产436万吨，平均年递增6.0%，其中海洋捕捞产量超过619万吨，内陆捕捞产量逾90万吨，分别年均递增5.8%和8.2%。海洋捕捞生产结构和布局调整初见成效，一方面，近海底拖网生产受到限制、压缩，同时适当增加刺、钓作业，使刺钓作业产量占海洋捕捞总量的比重由1978年的6%提高到1992年的17%；另一方面，大力开发中上层鱼类资源和近海虾蟹资源，使其产量由1979年的72万吨增加到262万吨，外海渔业产量随着东海、南海以及“台浅”、南沙渔场规模的扩大，占海捕总量的比重由形不成比例到1992年占30.2%。

远洋渔业自1985年起步并取得突破性进展后，涉足领域逐渐扩大，合作伙伴日益增多，经济效益不断提高，先后在世界三大洋的20多个国家和地区，在国外建立了42个以海洋捕捞为主的独资、合资企业，建立了一支初具规模、有中国特色的远洋渔业船队和与其配套的国内外生产管理服务体系。

水产资源增殖作为人类改造自然的重要手段之一，以投放人工鱼礁、人工放流苗种和保护生态环境为主攻方向，逐步展开，取得了较为显著的成效。沿海中国对虾的增殖放流自北向南全面推开，9年累计共放流幼虾310多亿尾，约回捕对虾4万多吨。海参、海蜇、扇贝、鲍鱼、魁蚶、毛蚶、梭鱼等品种的生产性放流也取得好效果。内陆江河湖泊采取以增殖为主的综合治理措施后，年产量稳中有升，已大大超过历史最好水平。

综合开发资源　实力日益增强

改革、开放以来，水产业凭借优惠政策和价格放开产生的巨大利益驱动，加快了对自然资源的综合开发利用。捕捞业，从内陆、沿岸、近海到外海、远洋，把“打出去”的口号付诸于具体行动，转化为经济效益，跻身于国际竞争之中。养殖业，大量沉睡千年的低洼盐碱荒地和沿海滩涂被开发利用，长期闲置的港湾、浅海开始发挥作用，结出累累硕果。全国水产养殖面积扩展到4 476千公顷，比1978年增加1 653千公顷。近年来相继开拓的四大区域性综合开发项目，已成为带动整个产业加快发展的龙头项目。沿黄8省、自治区积极着手河滩盐碱涝洼地开发，累计建鱼池31千公顷，修台田22千公顷，年水产品生产能力10万吨以上。与北方“两岛一湾”浅海滩涂渔业开发相适应，南方7省、自治区浅海滩涂开发又形成热潮，步伐明显加快。长江中下游大中型水域开发利用，从主要注重产量增长转向高产、优质、高效，正在成为内陆渔业生产的重要生力军。水产业的振兴，使从事渔业生产的劳动队伍不断扩大，渔业专兼业劳动力达966万人，14年增加3倍，其中60%以上来自农村其他产业。

水产业内部经济实力也随改革的深入和生产的发展而日益增强。全国渔机工业形成年建造钢质渔轮6万吨、修理渔轮700艘、制造柴油机15万千瓦和各种渔业机械仪器8万台（套）的综合生产能力。全国机动渔船发展到38.5万艘，还先后引进了一批现代化大型拖网加工船和冷藏运输船。全国新建和改建商品鱼虾基地467千公顷。苗种体系、渔用饲料体系和水产品加工体系建设初具规模，全国已有国有淡水苗种场1 390个，苗种池119千公顷，培育鱼种近400亿尾，约90万吨；海水增养殖苗种能力也明显增强，其中对虾育苗水体近70万立方米，年育苗能力上千亿尾；1 600多个大中型渔用饲料厂和生产能力近200万吨，分布在全国各地的3 352多座水产冷库，冻结能力4万吨每日，冷藏能力91万吨每次，制冰能力4.4万吨每日，1 500多个水产加工厂生产的各种加工品种达数千种，加工量约占总产量的24%。

内外贸易活跃　供应明显改观

随着水产品产量的增长和供给的大幅度增加，基本上解决了城市人民“吃鱼难”问题。困扰多年的水产品严重短缺状况，已为遍布城乡的鱼市场、鱼柜台和花色品种增多、较为充足的货源所替代，较好地适应了不同层次消费者的需求。除某些资源短缺的品种外，大宗品种比较平稳，有的地区开始稳中有降。城乡集市贸易日趋活跃，全国水产品成交量515万吨，成交额292亿元。全国人均占有量达到13.3公斤，比1978年的4.6公斤增加8.7公斤，其中46个大中城市的人均吃鱼水平已超过20公斤，水产品正日益成为城乡人民食物构成的重要组成部分。多年徘徊不前的水产业对外贸易在改革开放中进入持续增长的阶段，1992年水产品出口总量突破50万吨，创汇16亿多美元，分别比1978年增长4.4倍和5.2倍。

适应市场消费需求，水产加工业发展速度加快。据14个省、直辖市的不完全统计，1990年水产加工品总量213万吨，折合原料288万吨，其增长速度超过水产品生产发展速度。加工品实现了三个转变：一是由盐干品为主向冰鲜品、冷冻品为主转变，大冻块在加工品总量中的比重由1986年的2/3下降到1/3左右；二是由大包装为主向小包装转变，冷冻小包装比1986年增加了5.7倍，在冷冻品中的比重由1986年的5.9%提高到42.3%；三是由内销玻璃罐头为主向软包装罐头转变，软包装罐头中的比重由1986年的0.5%增加到占3.6%。水产品加工从单一的粗加工向多样化的精加工、深加工方向发展，全国水产加工品年出口量占水产品出口总量70%以上。

促使我国水产业产生巨变的决定性因素，除了前30年的建设基础之外，主要取决于一场从观念、意识到政策、措施的重大变革。

首先，确立正确的指导思想、发展方针和基本路子。新中国成立以来的相当一段时间里没有合理地开发利用优越的自然资源这教训，促使水产主管部门开始清醒地分析国情，逐渐明确必须重视水域的开发利用，逐渐明确“以养殖为主，养殖、捕捞、加工并举，因地制宜，各有侧重”发展水产业的方针，把基本路子概括为“发展两头，改善中间，突破加工”，进而又按照不同生产门类和地区，明确工作重点和主攻方向，实行分类指导，使整个水产业步入充分利用自然和经济优势的合理化结构的发展轨道。

其次，发挥产供销一体化管理的优势，大胆进行以“双放”为基本特征的渔业经济体制综合改革。生产领域的改革以解放生产力，发展水产商品经济为基点，以重组微观渔业经济组织结构，再造渔业经营机制为突破口，逐步向纵深发展，彻底放开经营，完全冲破了高度集中的旧管理体制和单一、僵化的旧管理方式的禁锢，重新构造了责权利统一的双层经营、承包经营、租赁经营、合伙经营、股份经营，不同所有制之间的联合经营以及包括雇工经营、个体经营在内的灵活多样的渔业生产新体制，初步形成了有效开发、合理利用水产自然和社会资源的内部机制，真正确立了渔业劳动者生产经营自主权。流通领域的改革是以逐步放宽水产品购销政策、推动搞活水产市场为重点，取得明显进展和重大突破，经历了从1979年实行派购和议购相结合，开放水产集市贸易的“双轨制”，到减少派购品种和派购数量，允许国有商业企业议价销售、议价购进水产品，直至1985年把水产品全部划为三类产品，一律不派购，实行价格放开和市场调节的“单轨制”，从而使按照价值规律办事由可能变成了现实，生产者开始从片面追求产量、忽视质量和市场需求转向重视产品质量、经济效益和市场需求。随着大批生产者和集体、个体商业者进入水产市场，强化了竞争机制，多元化、多层次、多渠道、多种经济成分的水产流通体制初具雏型。

改革，为水产业发展创造了良好的发展环境，促进了横向纵向联合，引导和诱发了各方面增加投入的积极性。1980～1991年，国家投入水产业的资金40多亿元。全国新建水产养殖商品基地投资约60亿元，国家投资6亿，银行贷款20多亿，其余均为渔、农民自筹和劳动积累。各地还采取多形式、多层次吸引国外资金用于发展水产业，使水产投资结构趋于合理。中国已与60多个国家、地区和国际组织有了渔业方面的交往和联系。仅1983～1988年6年间先后引进外资5亿多美元。这些主要用于渔业基础设施和重点开发项目建设的资金，发挥了明显的投入导向作用，不仅激发了广大渔农民的投入热情，而且吸引、带动了各行业的物质投入。

第三，依靠科技进步，注重法制建设，改善行业管理。改革的深化和生产的跃进，推动科技快步进入水产经济建设，大批水产科研、教育工作者深入生产第一线，把生产与科研、教育融为一体。在获得国家和部级各种科研奖励的400多项科研成果中，已有3/4不同程度地转化为生产力，对生产增长发挥了明显的促进作用。“丰收计划”等各种水产养殖技术推广项目，到1992年底累计推广面积达267千公顷，年增水产品18万吨，产值6亿元。全国内陆池塘养鱼平均单产由1978年的每公顷690公斤提高到2 734公斤，网箱、网围、网拦“三网”养鱼技术的推广，显著提高了大中型水域的利用率，湖泊、水库、河沟产量增长率都在230%以上；对虾育苗和养成技术的完善和推广，使其成为我国水产品出口创汇的第一大拳头产品；渔农牧副相结合的综合养殖技术普及于内陆水产养殖业，以渔船技术改造为主要内容的配套技术推广于海洋捕捞业，以及水产节能代木技术，等等，都大大提高了我国水产业的技术水平和资源的综合开发能力。14年来，共培养大中专科技人才3万多人，对80%以上的水产职工、干部进行了文化补习、业务补习和轮训，1/4的渔民受到各种形式的技术培训，全国已形成了多层次和适应多方面需要的科研、推广、教育、培训体系。

自1979年国务院颁布了《水产资源繁殖保护条例》后，从中央到省、地、县，先后制定和发布了各种渔业法规及法规性文件500多个。1986年以来颁布、实施的《渔业法》及其《实施细则》，成为前后颁布各项渔业法规的基干，初步配套成体系，对加强渔政管理，保护和合理利用水产资源，维护正常的渔业生产秩序，起到重要作用。适应水产事业发展和改善行业管理的需要，还制订了一系列行业管理规范和技术标准，为提高科学管理水平，保障水产业协调、健康发展奠定了基础。

（农业部水产司调查研究室）

异军突起的乡镇企业

实行改革开放以来，我国国民经济迅猛发展，取得了举世瞩目的辉煌成就。其中，最为令人注目的重大事件之一，就是乡镇企业的异军突起。在70年代末期以前，乡镇企业（当时称作“社队企业”）只是国民经济中一支并不显要的经济力量。改革开放以来的14年，正是乡镇企业蓬勃发展、迅速壮大的时期，也是乡镇企业在农村经济和整个国民经济中地位与作用日趋加重的时期。

一、乡镇企业成长壮大的历程

在改革开放以前，乡镇企业不仅在整个国民经济中排不上位置，即使在农村经济中所占比重远远不能同农业相比。到1978年，乡镇企业职工人数2 826.6万人，在农村劳动力和全国社会劳动力中所占比重分别为9.2%和7.0%；乡镇企业总产值493.13亿元，在农村社会总产值和全国社会总产值中所占比重分别为24.3%和7.2%，其中，乡镇工业产值385.3亿元，在全国工业总产值中占9.1%。

从1979年起，乡镇企业开始呈现奇迹般的成长壮大。到1992年，全国乡镇企业职工人数10 581万人，比1978年增长2.74倍，平均每年增长9.9%，远远高于同期全国社会劳动力平均每年增长2.8%的速度；乡镇企业总产值17 685.5亿元，比1978年增长34.9倍，平均每年增长29.1%，远远高于同期全国社会总产值平均每年增长11.1%的速度。其中，乡镇工业产值12 676.5亿元，比1978年增长31.71倍，平均每年增长28.3%，也远远高于同期全国工业总产值平均每年增长13.2%的速度。

由于乡镇企业的迅猛发展，使其在农村经济和整个国民经济中的地位与作用明显上升。1992年，乡镇企业职工人数在农村劳动力和全国社会劳动力中所占比重，分别达到24.2%和17.8%，比1978年上升了15个百分点和10.8个百分点；乡镇企业总产值在农村社会总产值和全国社会总产值中的所占比重，分别达到66.4%和32.3%，比1978年上升42.1个百分点和25.1个百分点。其中，乡镇工业产值占全国工业总产值的比重达到34.4%，比1978年上升25.3个百分点。

不容置疑，乡镇企业所取得的成就是惊人的。然而，也要看到乡镇企业的成长壮大并非一帆风顺，其间历尽了种种艰难和曲折，是以兼有渐进和跳跃两种发展态势而成其大业的。纵观改革开放以来乡镇企业的发展历程，大致可以划分为四个阶段：

第一阶段：1979～1983年，即乡镇企业的起步阶段。1978年底党的十一届三中全会所确立了改革开放总方针，使乡镇企业的运行开始走上正常轨道，增长速度有所加快。1983年全国乡镇企业总产值1 007.87亿元，比1978年增长1.04倍，平均每年增长15.3%。由于当时乡镇企业总体规模还比较小，加上外部环境所孕育的各种有利因素尚未充分显示出来，因而乡镇企业的发展犹如在跑道上启动滑行，还没有起飞。

第二阶段：1984～1988年，即乡镇企业的起飞阶段。1984年，发布了两个对乡镇企业最为重要的文件：第一个是《中共中央、国务院转发农牧渔业部和部党组〈关于开创社队企业新局面的报告〉的通知》，第二个是《中共中央关于经济体制改革的决定》。前者制定了一系列重大政策措施，并正式将社队企业改称为乡镇企业，实行乡办、村办、联户办和户办四个轮子一起转，直接激励着乡镇企业的崛起，后者创造了全面搞活城乡经济的更加强有力的外部条件。由此而导致各地乡镇企业如雨后春笋般地产生，尤其是联户办和户办的企业更是大批量地诞生，或者由过去的隐蔽形式转入公开合法形式。1988年，全国乡镇企业总数达到1 888.2万个，比1983年增加1 754.2万个。在短短5年间，全国乡镇企业总产值迅速上升到7 017.87亿元，比1983年增长5.96倍，平均每年增长47.4%。同期乡镇企业总产值绝对数增加了6 009.89亿元，平均每年高达1 201.98亿元。其中，1988年乡镇工业产值达到4 992.9亿元，比1983年增长5.71倍，平均每年增长46.3%，相当于同期全国工业总产值年均增长率17.8%的2.65倍。

第三阶段：1989～1991年，即乡镇企业的调整阶段。从1989年开始的历时3年的治理整顿，目标在于消除经济过热所带来的各种弊端，使国民经济进入并保持持续、稳定、协调发展的轨道。前几年乡镇企业高速增长及其产生的问题当然也在治理整顿之列，而且在实际操作中已经成为治理整顿的一个重点。治理整顿使乡镇企业经历了又一次严峻的考验。在治理整顿中，原先那些产品质量差、经济效益低、污染严重的乡镇企业被淘汰，而产品质量高、经济效益好、又符合环境保护要求的乡镇企业继续得到发展，尽管面临市场疲软、速度回落和职工人数下降等不利因素，乡镇企业仍然以显著高于国民经济平均水平的增长速度继续发展，整体经济效益也在逐步上升，与国有企业增长速度和经济效益大幅度

注：本文引用的统计数字主要依据国家统计局所编《中国统计提要(1993)》(中国统计出版社1993年5月出版）和农业部乡镇企业司所编《中国乡镇企业统计提要（1992)》。

下滑的局面形成了鲜明对照。本来似乎不利于乡镇企业的治理整顿，结果却再次增强乡镇企业在市场竞争中的生存发展能力，并且为乡镇企业的再次腾飞打下了坚实的基础。1991年，全国乡镇企业总产值11 621.69亿元，比1988年增长65.6%，平均每年增长18.3%。其中，乡镇工业产值8 780.61亿元，比1988年增长74.4%，平均每年增长20.4%，比同年全国工业总产值年均增长10.1%高出10.3个百分点。乡镇企业职工人数经历了连续两年下降之后，也于1991年上升到9 609.1万人，比治理整顿前的1988年增加63.6万人。

第四阶段：从1992年开始，即乡镇企业的第二次腾飞阶段。以1992年1月邓小平同志视察南方的重要谈话和党的十四大为主要标志，我国改革开放进入了一个新阶段，国民经济的发展步伐再一次明显加快，乡镇企业更是首当其冲。由于建立社会主义市场经济新体制作为改革开放的基本目标在党的十四大上正式确立，乡镇企业通行的市场调节机制开始为社会普遍承认和接受，从而形成了对乡镇企业加速发展的前所未有的良好外部环境。在这种形势下，乡镇企业再一次呈现高速发展的势头。1992年，全国乡镇企业总产值和乡镇工业产值均比上年增长40%以上。乡镇企业总产值绝对额一年就增加5 962.2亿元，其中乡镇工业产值绝对额也增加4 494.5多亿元，又一次创造了历史最高记录。同年乡镇企业职工人数增长10.11%，然而职工人数总量却比上年增加971.9万。

二、乡镇企业对国民经济和社会发展的重大贡献

乡镇企业所作的历史性的重大贡献，可以归纳为下列五个方面：

（一）推动经济总量增长　国民经济总量增长，是经济发展的主要标志之一。乡镇企业以其总产值、工业产值、上缴税金、出口创汇和市场扩展的迅速增长，在这些方面作出了巨大的贡献。

加速社会总产值增长。由于乡镇企业总产值增长率明显高于全国社会总产值增长率，因而对社会总产值增长所作的贡献不断趋于扩大。1978年全国社会总产值6 848亿元，1992年上升到54 825亿元，13年中增加47 979亿元。其中，乡镇企业总产值增加17 090.87亿元，占全国社会总产值增加额的35.6%。就是说，全国社会总产值增加额的1/3以上来自乡镇企业；

推进工业高速发展。乡镇工业是乡镇企业的主体所在，也是推动我国工业化进程的重要力量，更是推动农村工业化进程的主要力量。1992年与1978年相比，乡镇工业产值增加12 291.2亿元，占同期全国工业总产值增加额32 565亿元的37.7%。这表明，我国工业总产值增加额的1/3以上是由乡镇企业提供的；

增加国家财政收入。乡镇企业是依靠农村自身的力量成长壮大的，基本上没有国家的直接投资，但在其发展过程中对国家财政收入有着愈来愈大的贡献。1978年乡镇企业向国家缴纳税金22亿元，1992年上升到636.9亿元，共计增长27.95倍，平均每年增长27.2%，远远高于同期全国各项税收年均增长13.7%的水平。乡镇企业缴纳税金占全国各项税收的比重，也由1978年的4.2%上升到1992年的20.3%，上升16.1个百分点，已经构成全国财政收入的重要来源之一，尤其在乡镇企业发达的东部沿海地区的众多县域，财政收入的一半左右甚至更多是来自乡镇企业所缴纳的税金。

增加出口创汇。乡镇企业出口创汇从1985年正式开始起步，已经发展成为我国出口创汇的一支重要生力军。1992年乡镇企业出口商品交货额1 192.7亿元，比1985年的39亿元增长29.58倍，平均每年增长63%。乡镇企业出口交货额占全国出口商品收购额的比重，也由1985年的4.8%上升到1992年的42%；

推动市场扩展。乡镇企业无论是对市场供给还是对市场需求，都作了具有重大意义的贡献。在市场供给方面，1992年仅乡村工业所提供的消费品5 199.3亿元，所提供的生产资料4 593亿元，分别比1980年增长19.96倍和16.15倍，明显高于同期全国市场商品供给量的平均增长水平，再加上个体、私营等类企业提供的商品，有效地保障了全国市场商品供给量的增加。在市场需求方面，乡镇企业除了保持自身购买商品量的不断增加外，还有力地推动了农民生产生活资料购买量的不断增长。1992年与1978年相比，我国县及县以下社会商品零售额增加4 470亿元，占同期全国社会商品零售增加额9 435亿元的47.4%。其中，相当一部分购买力是由乡镇企业发展而形成的。

（二）促进经济结构变革　经济结构变革是经济发展的又一个重要标志，主要表明经济运作的优化程度。乡镇企业在推进农村经济结构变革和整个国民经济结构变革两个方面，都作出了成效卓著的贡献。

推动农村经济结构变革。乡镇企业的迅猛发展，打破了传统的农村经济结构，使以乡镇工业为主的非农产业得以快速成长，农村的劳动力结构和产业结构都发生了重大变革。农业劳动力在农村社会劳动力中所占比重由1978年的89.2%下降到1992年的77.7%，从事非农产业的劳动力则由10.8%上升到22.3%，相对数增减11.5个百分点；农业产值在农村社会总产值中所占比重由1978年的68.6%下降到35.8%，非农产业产值所占比重则由31.4%上升到64.2%，相对数增减32.8个百分点；

促进国民经济结构变革。1978年农村劳动力占全国社会劳动力的比重为76.3%，而农村社会总产值占全国社会总产值的比重仅为29.8%。以乡镇工业为主的农村非农产业的发展，使这种状况有所改善。尽管1992年农村劳动力占全国社会劳动力比重仍有73.7%，仅下降2.6个百分点，但是农村社会总产值占全国社会总产值的比重上升到46.3%。这

两个比重的偏差值由46.5个百分点下降到27.4个百分点，减少19.1个百分点，表明国民经济结构变革同样取得了相当明显的进展。

(三)提高国民经济总体效率　国民经济总体效率的高低，主要根据资源的利用程度和利用效率。乡镇企业在这些方面所作的贡献，虽然程度有所不同，但都是确实而又重要的。

提高劳动力资源利用程度。乡镇企业作为解决农业剩余劳动力出路的主要途径，从1979年到1992年以每年平均吸纳550多万劳动力的规模扩展，明显提高了劳动力资源的利用程度。乡镇企业的功绩在于：不是与农业争夺劳动力，而是大大降低了超出农业实际需要的剩余劳动力；

提高社会劳动生产率。乡镇企业不仅有利于提高劳动力资源的利用程度，而且还有利于提高劳动生产率。一是乡镇企业通过吸纳大量农业剩余劳动力，直接推动了农业劳动生产率的提高。按可比价格计算，从1979年到1992年每个农业劳动力提供农业产值增长70.6%，平均每年增长4.2%。与1953年到1978年共增长22.2%、平均每年增长0.8%的水平相比，劳动生产率的年均增长率上升了3.4个百分点。二是乡镇企业自身的劳动生产率逐年提高，并且快于全国社会劳动生产率的增长。1992年乡镇企业人均创造产值17 555元，扣除价格因素后，比1978年的1 744元增长9.07倍，平均每年增长17.9%，与同期全国社会劳动力人均创造社会总产值每年增长7.1%相比，高出9.8个百分点，即相当于全国平均水平的2.52倍；

提高工业劳动生产率。在我国工业化进程不断取得新成就的情况下，工业劳动生产率的增长对国民经济整体经济效率的提高至关重要。从1979年到1992年，按1980年价格计算，乡镇工业企业人均产值由2 606元上升到19 890.7元，共增长6.63倍，平均每年增长14.5%，明显快于同期全国工业企业全员劳动生产率年均增长7.5%的水平。虽然由于种种原因，乡镇企业劳动生产率与国有工业企业之间尚有一定差距，1992年约相当于国有工业企业的60%左右，与1978年只相当国有工业企业的23.4%相比，两者之间劳动生产率差距正在以每年3个多百分点的速度逐步缩小；

提高经济效益。过去乡镇企业以利润表示的经济效益长期低于国有企业，近年来情况发生了很大变化。以乡村集体企业与预算内国有企业作比较：1985年乡村集体企业利润额171.3亿元，仅相当于预算内国有工业企业利润额610.21亿元的28.1%；1992年乡村企业利润额上升到477.6亿元，而预算内国有工业企业利润却下降到341.7亿元，乡村企业利润额开始超过预算内国有工业企业。出现这种状况的原因，是由于过去预算内国有工业企业享受国家平价供应能源、原材料等各种优惠，所获得利润中有相当部分是靠差价转移而来的。近年来随着市场调节比重的不断扩大，乡村企业和预算内国有工业企业在利润方面出现的消长变化，则比较真实地反映了企业的实际经营状况。

(四)促进农业持续稳步发展　乡镇企业与农业是当今农村经济中的两大主体产业。在过去较长一段时期内，乡镇企业是依靠农业供给的生产要素得以发展起来的；乡镇企业在发展过程中又以多种方式反过来支持农业，保证和促进了农业的持续稳定发展。

以工补农建农。乡镇企业最直接的贡献是以利润形式无偿支持农业，数额逐步趋于增大。1992年乡村企业以工补农建农资金105亿元，比1978年的26.2亿元增长78.8亿元，平均每年增加5.63亿元。尤其是乡镇企业自八十年代中期进入高速增长以来，对农业的资金支持明显增加。1992年与1985年相比，以工补农建农资金计增加75亿元，平均每年增加10.71亿元。需要指出，乡镇企业以工补农建农资金增长之快，已经超过了国家对农业的基本建设投资，成为农业持续稳定发展的重要支撑力量。

减轻农民负担。除以工补农建农外，乡镇企业还以多种形式支持农村经济建设和社会事业，大大减轻了农民的直接社会负担。在乡镇企业发展不足而农业发展较快的中部地区，农民负担逐年加重，远远高于国务院规定的占上年人均纯收入5%的比例。而在乡镇企业发达地区，农民各项直接负担相对轻得多，一般都没有超出、有些甚至明显低于国务院的规定；

增加农民收入。1978年乡镇企业职工工资总额86.7亿元，1992年上升到1 738.4亿元，扣除物价因素后，增长9.5倍，成为农民人均纯收入增长的一个日益重要的来源。1992年平均每个农村人口来自乡镇企业的收入20.5元，占当年农村居民家庭人均纯收入783.99元的26.1%，比1978年增加18.9个百分点。在乡镇企业发达地区，乡镇企业已经取代农业成为农村居民收入的主要来源，来自乡镇企业的收入在农民人均纯收入中所占比重已经超过50%；

改善农业生产条件。以乡镇企业发达省份之一的江苏与全国平均水平相比：农业机械总动力，1991年江苏平均每百亩耕地28.8千瓦，比全国平均水平20.5千瓦高出40.1%；农村用电量，1991年江苏平均每百亩耕地17 802.2千瓦小时，比全国平均水平6 713.1千瓦小时高出1.65倍；农用化肥施用量(按折纯量计算)，1991年江苏平均每百亩耕地3.49吨，比全国平均水平1.95吨高出78.9%。在衡量农业现代化进程快慢的各项主要指标中，乡镇企业发达地区都明显高于全国平均水平，更大程度上高于乡镇企业不发达地区。

(五)推进农村社会发展　乡镇企业对农业和整个国民经济发展作出了重大贡献，同时对直接关系到农村社会发展的各项公益事业所作出的贡献也是不可忽视的。

支持农村福利事业。1992年乡镇企业支持农村福利事业资金45亿元，比1978年的4亿元增长10.25倍，平均每年增长18.9%。尤其在乡镇企业发达地区，农村医疗、保健、养老等公益性服务蓬勃发展，已经开始形成较为完备的社会保障体系，充分体现了社会主义制度的优越性；

发展农村教育事业。1992年乡镇企业用于农村教育发展的资金32.9亿元，比1985年的6亿元增长4.48倍，平均每年增长27.5%，远远高于同期国家用于农村教育事业的经费增长速度。最为明显的是，在乡镇企业发达地区有效地弥补了农村教育经费的不足，改善了教师待遇和教学设施建设，促进了农村教育事业的发展，对提高农村人口的文化科学素质和精神文明程度起到了良好作用。

带动村镇建设。乡镇企业的迅猛发展大大增强了农村经济实力，带动了农村交通运输业、商业服务业等第三产业的发展，促进了村镇建设，在此基础上逐步形成了一大批具有多项现代社会功能的小城镇，并成为当地农村的政治、经济和文化中心。随着乡镇企业逐步走向集中连片发展，农村小城镇建设出现方兴未艾的喜人局面。1992年乡镇企业用于村镇建设的资金9.8亿元，比1985年的2.5亿元增长2.92倍，平均每年增长21.6%，加快了农村城市化进程。在这个时期，我国农村建制镇由7 956个上升到14 135个，增长77.7%，以平均每年新增882.7个镇的速度向前发展。可以说，其中绝大多数是由乡镇企业发展所带动起来的。

三、乡镇企业强劲崛起的基本因素

实行改革开放以来，我国国民经济的总体发展速度明显高于世界经济平均发展速度，乡镇企业的发展速度又明显高于我国国民经济的总体发展速度。统计数字表明：从1979年到1991年，我国社会总产值平均每年增长10.4%，乡镇企业总产值平均每年增长27.5%，后者比前者竟高出17.1个百分点。按可比价格计算，全国社会总产值从1953年到1990年增长了22.6倍，乡镇企业从1979年到1991年也增长了22.6倍。

实践证明，乡镇企业的强劲崛起和迅猛发展是由多方面因素决定的，既来自外部改革开放大环境的催化，又来自内部运行机制的强盛，既来自市场调节的导向，又来自政府机构的支持。

1. 充分利用改革开放的政策环境，是乡镇企业强劲崛起和迅猛发展的基本因素之一。

乡镇企业不仅及时抓住和充分利用了改革开放的历史机遇，实现了超出预期的高速增长，而且还通过高速增长进一步强化了有利于自身发展的外部环境，使之逐步向更好的方面转化和演进。实际上，尽管80年代以来产生了改革开放的历史背景，然而对于乡镇企业来说并不全是风和日丽的，在乡镇企业成长过程中曾几度出现过某些不利的舆论和倾向。由于乡镇企业的运行轨道与国有企业的传统运行轨道是不同的，两者不可能不产生偏差和摩擦，因此，对于乡镇企业的指责时有发生。80年代前半期，主要指责乡镇企业是“不正之风的根源”，“与国有企业争资金、争原料、争市场”，并将乡镇企业作为经济紧缩的重点目标。80年代后半期，又指责乡镇企业“与农业争劳动力”，“经济效益低、产品质量差、环境污染重”。尤其在治理整顿期间，对乡镇企业贷款甚至实行“零增长”，造成空前的困难局面。但是，乡镇企业以其在改革开放浪潮中炼就的顽强生命力，逐步消除自身的种种不足和缺陷，尽力克服外部的重重艰难和障碍，一次又一次地将不利转化为有利，在每年倒闭几万个企业的同时又新生几十万个企业，始终保持着高于国民经济整个水平的增长速度，普遍实现每隔几年就登上一个新台阶，并且得到全国上下的公认。更为可喜的是，每历经一次重大的困难时期以后，乡镇企业都比以前更加强大、更有活力，在国民经济中所具有的地位和作用也相应变得更高更大。

2. 始终保持市场调节的运作方式，是乡镇企业强劲崛起和迅猛发展的基本因素之二。

乡镇企业的成长壮大，是与市场经济的命运紧密联结在一起。乡镇企业始终坚持以市场为导向的运作方式。是推动我国社会主义市场经济逐步成长的先导力量。

在传统计划经济的体制制约下，乡镇企业的各种生产要素和商品销售都只能依赖于市场。一是乡镇企业所需要的能源、原材料、运输等没有列入国家计划，无权享受国有企业的种种优惠条件和供给保障，只能以不同程度高于国家平价的市场价格，历尽艰难地从市场调节中获得。即使直接列入国家计划的银行贷款，在数额上与乡镇企业的实际需要也相差甚远。1992年乡镇企业总产值占全国社会总产值的32.3%，而乡镇企业所得到的银行贷款余额只1 876.8亿元，仅占国家银行贷款余额21 615.5亿的8.7%。以往差不多每次经济紧缩，都是拿乡镇企业开刀，首先压低甚至取消乡镇企业贷款的增加额。贷款不足部分的资金来源，只能以高于银行贷款基准利率30%以至更高的代价，以多种形式从市场渠道获得。二是乡镇企业所需要的人才、技术也没有或很少列入国家计划，在很长时间内国家大中专应届毕业生几乎都没有直接分配到乡镇企业的计划，至于高中级的技术和管理人才更是乡镇企业通过高薪聘请的，乡镇企业的很多关键技术是以竞争方式购买的专利技术。因而乡镇企业对于人才和技术格外尊重，较为充分地发挥了人才和技术的作用。三是乡镇企业的商品销售更是极少有列入国家包销计划的，完全需要通过市场竞争得以实现。乡镇企业专门为此建立了一支能够吃苦耐劳的推销员队伍，80年代中期以来在各地农村相继建立了一大批综合性批发市场和专业性批发市场，充分利用市场空隙，不断扩大市场容量，有效地推动着实现从商品转化为价值的跳跃，使乡镇企业的市场领域和生产规模愈益扩大。

在全国社会总产值和工业总产值中，乡镇企业已经分别接近和超过1/3，乡镇企业的成长壮大较好地体现了社会主义的两项最本质的要求，即坚持以公有制为主和以按劳分配为主。在乡镇企业总产值中，明确属于集体所有制性质的乡村企业，1992

年占 66.6%，加上联户企业中尚有相当部分属于村民小组集体所有，乡镇企业以集体所有制为主体的可以确定无疑。乡镇企业在分配上以计件工资为主要形式，与产品质量和经济效益直接挂钩，实行多劳多得，少劳少得，同样较好地体现按劳分配原则。

3. 不断完善富有活力的企业机制，是乡镇企业强劲崛起和迅猛发展的基本因素之三。

乡镇企业独创的一套较为适应市场经济发展要求的运行机制，主要包括下列内容：(1)自担风险的发展机制。乡镇企业直接面对市场，生存发展还是亏损倒闭，完全由企业自己承担，企业的决策行为、经营活动和生产状况决定着自身的命运。一旦发生亏损倒闭，国家不可能实际上也没有给予财政性亏损补贴。这就使乡镇企业干部职工产生了强烈的危机感和责任感，上下齐心协力，共渡各种难关。在资金最为紧缺的时期宁可暂时缓发或少发工资，也要保证企业的生存发展需要。在经济效益好转后，又以扩大再生产为首要目标，不断增加积累，使企业后劲逐步增强。(2)高效快速的决策机制。乡镇企业涉及第一、第二和第三产业，范围极为广泛，项目相当繁杂，但是管理机构却很精干，企业自主权大，办事简捷高效，市场应变能力强。对市场前景和经济效益较好的项目，能够抓住机遇及时决策，建设周期大大缩短，通常国有企业尚未办完审批手续，乡镇企业已经建成投产，抢先主动占领市场。(3)催人奋进的分配机制。在乡镇企业不是干好干坏一个样，而是按经济效益决定分配，由贡献大小进行奖励，较为彻底地做到了“上不封顶，下不保底”，极大地激励了干部职工的生产积极性，劳动生产率大幅度提高。(4)能者为上的用人机制。乡镇企业在用人制度上坚持德才兼备，在保证基本素质好的前提下重视才干、知识和实绩，实行“能者上、庸者下”的选择标准，大胆启用敢于开拓创新、有自我牺牲精神的各种能人，以实绩作为主要考核依据，较为普遍地造就了朝气蓬勃的企业领导班子，有才华、有贡献的乡镇企业家不断涌现，由这一大批企业家推动了乡镇企业的迅猛发展。

4. 逐步优化各级政府的支持体系，是乡镇企业强劲崛起和迅猛发展的基本因素之四。

乡镇企业是在各级政府、尤其是所属县乡政府的有力支持下发展起来。我国政府对乡镇企业的支持，已经从中央、省市到县乡形成一个体系。

政府对乡镇企业的支持属于合理干预，与不合理干预是根本不同的。前者有利于乡镇企业的发展，后者则有碍于乡镇企业的发展。尽管十多年来，政府对乡镇企业支持的同时也夹带着某些负面行为，然而，总体上对乡镇企业的发展还是利多弊少，所起的积极作用毕竟居于主流地位。尤其在乡镇企业发达地区，政府对乡镇企业的支持体系日益趋于优化，其标志是对乡镇企业日常的经营活动不直接进行干预，放手让乡镇企业参与市场竞争并求得不断成长壮大，而当乡镇企业碰到较大困难或者面临重大发展机会时，政府则出面帮助乡镇企业排忧解难，包括帮助乡镇企业制订发展规划、研究经营对策、寻求生产要素、拓宽市场销路等，以尽力确保乡镇企业的正常运行和突破性发展。这种积极意义上的政企合力，对加速乡镇企业发展是富有成效的，已经构成乡镇企业迅猛发展的奥秘之一。

（国务院研究室农村组）

新中国的水利事业

中国是一个水旱灾害频繁的国家，水利在社会经济发展中有着特殊重要的地位。古人言：“兴水利，而后有农功；有农功，而后裕国。”足见水利与农业、富国有着密切关系。

新中国成立以后，党和政府十分重视水利事业，领导亿万人民群众展开了大规模的水利建设，取得了举世瞩目的成就。43 年多来，全国整修新修江河堤防达 22 万多公里；建成水库 8.3 万座、总蓄水库容达 4 677 亿立方米；建成水闸 2.9 万多座；开辟了淮河、海河的排洪出路；全国灌溉农田、林地及果园、牧草的总灌溉面积达 0.5 亿公顷，建成万亩以上灌区 5 565 处；全国易涝耕地面积 0.24 亿公顷已治理 0.19 亿公顷，0.07 亿公顷盐碱地初步改良 506.7 多万公顷；全国治理水土流失面积 55 万多平方公里；水利系统的水电装机达 1 880 多万千瓦，年发电量达 500 多亿千瓦小时；此外，为农业、工业和城市人民生活年供水量 5 000 亿立方米，其中农业供水量约 4 500 亿立方米，解决了 1.23 亿人和 7 300 多万头牲畜的饮水困难。

新中国成立以来，水利在除害兴利方面发挥了巨大的效益，主要江河防洪堤防系统保护着全国半数以上的人口和近 0.33 亿公顷耕地，以及占全国 2/3的工农业总产值。灌溉面积的大幅度发展与农业增产措施相结合，提高了复种指数，促进了单位面积产量和总产量的增长。占全国耕地面积不到一半的灌溉农田，生产出的粮食约占全国粮食总产量的 2/3。据水利部估算，新中国成立以来水利投资约 1 000多亿元，已形成的这批固定资产累计发挥的综合效益约为 8 000 亿元，其中防洪效益 849 亿元，兴利工程效益 6 587 亿元，增产粮食 15 464 亿公斤。

江河整治

中国地域辽阔，河流众多。受季风影响，夏季降雨集中。由于这些特殊的自然地理、气候条件，经常发生江河洪水。在中国 5 万条流域面积在 100 平方公里以上的河流中，自南至北横卧着珠江、长江、淮河、黄河、海河、辽河及松花江等大江大河。这些巨川的中下游地带，约占国土面积的 1/10，多是肥沃的冲积平原，在此集中了全国 40%以上的人口和 1/3的耕地，分布着几十座大中城市和主要交通枢纽，为中华民族的精华之地。但是这些地带绝大多数地面高程低于江河的洪水位，全靠堤防保护，一旦发生溃口，后果不堪设想。

新中国成立后，党中央、国务院把治理江河水患作为安邦治国的重要国策，进行了一系列战略性部署。

淮河是新中国成立伊始国家列为重点治理的第一条河流。40多年来，总计投入治理经费476亿元(其中群众劳务折合203亿元)，共完成土石365亿立方米，在全流域初步建成了较为完整的防洪、排涝、灌溉、水运工程体系。昔日“小雨小灾，无雨旱灾”的状况已明显改观，而“大雨大灾”的程度亦有所轻减。多灾低产的淮河流域，粮食和棉花产量分别占到全国总量的1/6和1/4，提供商品粮棉基地之一。

黄河洪水灾害举世闻名，主要发生在中下游河段。据史料记载，自先秦时期到民国间的2 500多年中，黄河下游决口达1 500多次，发生大的改道26次，被称为“中国之忧患”。建国以后，黄河儿女先后对1 400公里的中下游大堤进行三次全面加高培厚，以及锥探灌浆、淤背固堤等治理工程，对历史上遗留下来的埽工全部改建为石坝；新建改建了险工和河势控导工程324处，各类坝岸8 659道；修建了干流三门峡水利枢纽 和支流伊河陆浑水库、洛河故县水库；开辟了北金堤滞洪区和东平湖水库等分滞洪工程。由此，形成了由干支流水库、堤防、河道整治工程和分滞洪区等组成的“上拦下排，两岸分滞”的防洪体系。黄河下游防洪标准约合60年一遇，上游兰州市和宁蒙河段的防洪标准，分别可达百年一遇和50年一遇。

长江是中国第一大河，新中国成立时，长江防洪方面存在的主要问题是，中下游干支流堤防支离破碎、普遍失修，湖区圩垸规模小、标准低，排渍能力差。近40多年来，长江的治理大体分1954年和1954年后两个阶段。1954年长江大水之前，按1931年发生洪水的水位，普遍整修干支堤防和圩垸共约3万公里，修建了荆江分洪区。1954年发生超过1931年的大水，正是由于荆江分洪区的运用和组织大力防汛抢险，才保住了荆江大堤、汉江遥堤和武汉市堤防，减免了更大损失。这场大水过后，国家对长江进行了综合规划。除大力整修加固堤防，提高河道的泄洪能力和有计划地利用长江中下游平原湖泊洼地，兴建分洪工程和蓄洪垦殖区，蓄纳超额洪水外，结合兴利修建山谷水库，在长江支流上已建成了汉江的丹江口，资水的柘溪，修水的柘林，青弋江的陈村，沮漳河的漳河、唐白河的鸭河口等一大批水库，对调蓄洪水，减轻水库下游洪水威胁起了重要作用。长江中下游主要堤防在分洪后可防御1954年型洪水，约合40年一遇，不分洪可防御10～25年一遇的洪水。

此外，珠江、海河、辽河、松花江等大江大河都进行了不同程度的治理。据统计，1949年以来，全国防洪工程累计减淹农田730万公顷，包括城市工业等其它减免的洪灾损失价值约合3 200亿元。

灌 区 建 设

中华人民共和国成立后，经过43年多的大规模农田水利建设，灌溉事业有了长足发展。全国现有万亩以上大、中型灌区5 665处，其中2万公顷以上的大型灌区164处。中国灌溉面积发展较快，灌溉面积占耕地面积达50～80%的省、自治区、直辖市为上海、江苏、浙江、湖南、广东、海南、新疆、北京、天津、河北、安徽、福建、江西、山东、河南、湖北、广西和西藏。而其中发展最快的是新疆维吾尔自治区，从1949年的106.7万公顷，发展到1992年的353.3万公顷。其次是黄淮海三流域下游地区，灌溉面积占耕地比重，1949年不到10%，到1992年超过50%，其中井灌占灌溉面积的60%以上，是全国井灌面积最大的地区。

新中国成立后各地大力发展灌溉工程大体有这样几种形式。

利用水库、塘堰蓄水灌溉。新中国建立前全国仅有十几座大中型水库。1992年中国8万多座水库中，库容1亿立方米以上的大型水库达367座，库容1 000万立方米到1亿立方米的中型水库2 524座，大中水库总库容达4 000多亿立方米。这些关键性的水利工程除少数用于防洪、发电和城市供水外，绝大多数都兼有灌溉等效益。各地星罗棋布的小型水库则多以蓄水灌溉为主。除水库外，各地还有众多的小型蓄水工程。南方丘陵区拥有大量的塘堰，这些田间小水利，在凸凹不平的山地农业生产中发挥了大水库所不及的浇灌作用。在北方干旱缺水地区，修建旱井、涝地、水窖等蓄水设施，改善了大量旱田和人畜吃水的困难局面。

兴建引水灌溉工程。中国是世界上最早利用自流引水灌溉的国家之一。早在2000年前已修建了著名的都江堰、郑国渠等大型自流引水灌区。新中国成立后，除对原有一些灌区进行了大规模的改建和扩建外，还兴建了大批新的自流灌区。如对都江堰灌区，进行大规模的改造扩建，灌溉面积已由1949年时的13.3万多公顷扩大到如今的53.3万多公顷。在安徽省中、西部和河南省东、南部绵延起伏的江淮丘陵区，座落着皖、豫两省人民亲手建造的中国最大的灌区——淠史杭工程。这座综合性工程以大别山区的五大水库为源头，以淠河、史河总干渠和舒庐、杭北干渠为动脉，加上数以万计的大小灌溉渠系和上千座中小型水库，形成蓄、引、提结合，库、渠、塘相通的完整的大型灌溉体系，大大改变了灌区11个县、市历史上旱涝交替、农业不稳的状况，寿县、霍丘、六安、庐江、肥西、长丰、舒城、肥东等县已被列为国家第一批商品粮基地。据淠史杭管理局统计，从1958年建成到1987年间，淠史杭工程共向灌区送水900亿立方米，大约相当于两条黄河的水量，累计灌溉面积0.12亿公顷，增产粮食160亿公斤，价值约40亿元，相当于淠史杭工程投资的5倍。

此外，河南、山东2省沿黄河两岸，新建了人民胜利渠、打渔张、位山、簸箕李等100多处大中型引黄灌区，灌溉面积达133.3万多公顷。在中国西北部地区，宁夏的青铜峡灌区和内蒙古的河套灌区，都兴建了拦河枢纽工程，改无坝多口引水为有坝一口引水，大大提高了引水能力，灌溉面积得到成倍增长。

新疆的塔里木、叶尔羌、玛纳斯河上也兴建了十几处大型引水灌区。陕西关中地区的宝鸡峡引渭灌溉工程于70年代全部建成后共灌溉宝鸡、咸阳、西安等3市13个县、区，使20多万公顷农田变成富饶的粮油基地。

在中国华北和西北一些地区，还建有许多引洪淤灌工程。这类灌区大多是沿河多口引水，渠道宽而坡度陡，可在短时间内把含有大量腐植质的泥土送到田里，用于淤灌肥田，并尽量减少渠道淤积。

打井建站，兴修各类提水工程。全国各种农用排灌机械已由1949年的7.17万千瓦，增加到6 400多万千瓦，排灌效益总面积达0.3亿公顷以上。在机电排灌中，有固定泵站46万处，装机1 985万千瓦，效益面积0.122亿公顷。建于六七十年代的江苏省江都排灌站是中国最大的抽水设施。包括4座大型泵站33台套机组，装机容量49 800千瓦，设计抽水能力400立方米每秒。这座被江苏人民称为有“吞江吐淮”之力的大型抽水站建成后，改变了历史上“淮水可用不可靠，长江有水用不到”的状况，实现了江淮共济、江水北调的愿望，使贫困落后的淮北变成了国家重要的商品粮基地。1992年，江苏淮北地区在连续4年干旱的情况下又逢严重旱灾，徐州、淮阴、盐城、连云港市农田受旱面积达173.3万公顷，电厂、航运、工业及居民生活用水受到威胁。江都排灌站在缺水期内开动全部机组昼夜运行，翻引长江水达37.5亿立方米，相当于一个洪泽湖的正常蓄水量。使大旱之年的苏北适时种上了83.3万公顷水稻，京杭运河大动脉始终没有断流，确保了北煤南运畅通，保证了徐州、连云港电厂的发电，连云港200多家停产企业很快恢复生产，居民生活用水满足供应。

新中国成立以来，特别是70年代北方缺水危机日益严重之后，国家确定把开发利用地下水作为改变北方地区农业生产面貌，扭转南粮北调局面的一项战略措施。北方17省、自治区、直辖市大力开展打井活动，配套机井已达248万眼，装机2 500万千瓦，井灌面积已达0.11亿公顷。

中国是一个水土资源都相对不足的农业大国，人均耕地和人均年径流水量仅相当于世界平均水平的1/3和1/4，耕地每公顷平均占有水量为2.8万立方米，只相当于世界平均水平的80%。特别是北方的海滦河、辽河、淮河和黄河流域，每公顷耕地平均占有水量分别为2 550、3 345、5 055和5 430立方米，远低于全国水平。加之规划不周，管理不善，灌溉技术落后、工程不配套，使水资源短缺的状况日趋突出，局部地区发生水荒。

为此，全国各地开展了节水灌溉活动，已取得明显成效。低压管道输水是井灌区迅速发展的一种减少渗漏和蒸发的输水形式，井灌区累计铺设地埋低压输水管道3 800万米，控制面积153.3万多公顷，为了改变田间工程不配套，地块偏大且不平整等造成严重的深层渗漏和无效排水的状况，各地近年来大抓田间工程配套，“大畦改小畦”，“长沟改短沟”，推行园田化建设。在北方半干旱地区还推广“长畦分段灌溉法”和“地膜灌溉法”，都收到良好的节水效果。此外，各地还大力推广运用喷灌、滴灌、渗灌等节水灌溉技术，成效显著。如北京市顺义县全县喷灌面积已发展到2万多公顷，不仅节约了水资源近50%，而且将年均节约的1亿立方米水库供水支援城市，与此同时，粮食及其他各业也有较大幅度的增长。据统计，全国喷滴灌面积达66.7万公顷。

水 土 保 持

中国是一个水土流失较严重的国家。据有关部门利用遥感技术与地面典型调查相结合，作出的全国水土流失状况最新普查表明：全国轻度以上的水蚀面积179万平方公里。

据统计，中华人民共和国成立43年多来，全国初步治理水土流失面积约50万平方公里，其中营造水土保持林0.26多亿公顷，修筑水平梯田0.077亿公顷，种草333.3万公顷，修坝淤地160万公顷，对于改善生态环境和生产条件，都起了重要作用。

改革开放以来，全国水土保持工作基本走出了一条具有中国特色的以流域为单元，以户包为基础，以经济效益为动力，以预防为主的点面结合防治的新路子。

水土保持走上了法制的轨道。为了改变水土流失治理长期以来无法可依的局面，1982年国务院颁布了《水土保持工作条例》，1988年国家颁布了《开发建设晋、陕、蒙接壤地区水土保持规定》，1991年6月经全国人大审议，国家颁布了新中国第一部《水土保持法》，标志着中国走上了以法治理水土流失的法制轨道。目前，全国各地开始建立健全水土保持预防监督管理体系，实行省、地、县、乡分级负责制，并且明确了各级水行政主管部门主管水土保持工作的职责，全国从事水土保持工作的人员有1.8万人，还有9 000多名监督检查员。

开展重点治理使水土流失恶化的地区优先得到控制。从1983年开始，为加快水土流失治理，探索大面积综合治理的经验，经国务院批准，在我国水土流失严重、对国民经济建设有很大影响的8片地区开展了规模宏大的重点治理工程。

列为全国水土保持重点治理的8片地区，是黄河流域的三川河、皇甫川、无定河、定西县，海河流域的永定河上游，辽河流域的柳河上游，长江流域的葛洲坝库区和兴国县。涉及陕西、山西、内蒙古、河北、辽宁、湖北、江西、北京、甘肃等9个省、自治区、直辖市的43个县，总面积近8万平方公里，其中水土流失面积6万多平方公里，占总面积的79%。严重的水土流失，制约着当地各业生产的发展，43个县都是经济比较落后的山区贫困县，其中有国家重点扶持县35个。同时还由于水土流失，造成江河湖库淤积，洪涝灾害频繁，严重威胁着人民生命财产的安全。经过9年高标准综合治理，已经取得了显著的综合效益。

1. 明显地加快了治理速度，促进了经济的全面发展，实现了四个翻番。即年治理速度翻了两番。9年来，共完成综合治理面积23 500平方公里。治理区内共修水平梯田、沟坝地、小片水地等基本农田近33.3万公顷，营造水土保持林133.3万公顷，栽植经济林 果12.2万公顷，种草41.3万公顷，封禁治理11.3万多公顷。此外，还兴修了一大批治沟工程和蓄水保土工程。已完成的综合治理面积占第一期总任务的72%，年平均治理速度达4.3%，为重点治理前的5.4倍，翻了两番多；农业总产值翻了一番。通过小流域综合治理，促进了水土流失地区各业生产的发展和经济的振兴。三川河流域在1991年遇到大旱的情况下，机修梯田的粮食每公顷产量仍达3 000公斤左右，是坡耕地每公顷产的7倍；沟坝地的粮食每公顷产可达6 000公斤，是坡耕地亩产的14倍。该流域经济林得到很大发展，人均经济林果0.04公顷，现在全流域有6.7～33.3公顷的经济林片90个，33.3～66.7公顷的11个，年产红枣、核桃、苹果、梨、杏等多种干鲜水果3 000多万公斤。8片重点治理区1990年与治理前的1982年相比，农业总产值增长1.46倍，9年翻了一番多；治理区植被率翻了一番。在重点治理过程中，各地都十分重视植被的恢复和发展，经过9年综合治理，8片重点治理区的植被率由1982年的10.8%，提高到26.8%，9年翻了一番多，有的地区翻了两番。陕西省榆林地区无定河流域的林草覆盖率由1982年的16%提高到47.4%；以干旱出名的甘肃省定西县的植被率由1982年的8.2%提高到38%，9年翻了两番多；农民纯收入翻了两番。经过9年连续治理，重点治理区群众的温饱问题已基本解决，不少已走上致富之路，人均纯收入增长2.6倍，9年翻了近两番，脱 贫率达80%以上。河北省张家口市开展重点治理的11条小流域，治理前人均收入130元，1991年人均收入达到500多元。该市桥东区王家寨小流域在全面治理的同时，林、粮、果、菜全面发展，人均收入由治理前的200元提高到1 000元，彻底改变了过去“吃粮靠返销，花钱靠救济”的贫困面貌，带来了经济上的腾飞。

2. 水土流失恶化状况初步得到控制，生态环境向良性循环转化。水土保持功能大为增强。8片水土流失区经过综合治理的小流域，已经形成了层层设防、节节拦 蓄的综合防护体系，有效地发挥了蓄水保土作用，发展了当地生产，减轻了洪水对下游的威胁。如皇甫川流域的内蒙古重点治理区，经过验收的9条小流域，年均减少径流72%，减少泥沙78.5%。

小区气候条件明显改善。辽宁省柳河流域重点治理区年平均风速由过去的4.3米每秒减为2.9米每秒，风沙灾害明显减少；兴国县剧烈流失区治理后比治理前的夏季地表温度平均下降8℃，冬季地温上升3.6℃，空气湿度提高了6倍。在8片重点治理区内，水源涵养能力普遍提高，地下水位上升，干涸多年的泉水又复活。

3. 土地利用结构趋于合理。在重点治理区内，治理前的林、草植被率一般只占20～30%，农耕地面积占30～40%，荒山荒坡面积占20%左右。治理后的农耕地面积减少5～10%；林、草面积增加10～20%；荒山荒坡面积减少10～15%。土地利用率比治理前提高20%左右。永定河上游的怀安县，有166条小流域经过重点治理，共兴修梯田0.8万公顷，每年增加粮食80多万公斤；发展以杏为主的经济林0.79万公顷，1987年以来相继结果，开始受益；种草保存面积0.3万公顷，年产饲草600万公斤，发展大小牲畜12万多头（只），每年产值达2 800万元，比治理前增长近3倍。

以户承包小流域调动了千家万户治理千沟万壑的积极性。山西省户包小流域的成功经验10年多来已在整个黄河流域推广，全流域各省、自治区开展治理的重点小流域已达2 500多条，户包治理发展到250万户，治理面积占全流域同期治理面积的33%。据水利部黄河水利委员会统计，10多年来，黄河流域推行以户治理小流域为主要内容的多种形式的水土保持责任制，使这一地区的水土流失治理出现了持续稳定发展的好形势。1982～1991年，黄河流域共新增水土保持治理保存面积7万平方公里，平均年治理进度1.6%，比过去30年的治理速度高出一倍。累计初步治理水土流失面积14万多平方公里，占应治理面积的33%。特别是无定河、三川河、皇甫川和定西县4大片列为国家重点治理地区后，在国家的扶持下，治理进度大大加快。先后安排治沟骨干工程试点465座，开展试点小流域119条，平均年治理进度达8%左右。

农村电气化建设

中国小水电资源十分丰富，据普查，可开发量7 548.8万千瓦。资源分布面很广，可开发量较多的有中南、华东以及西南地区的四川和云南2省。

新中国成立初期，各地即着手小水电的建设。党的十一届三中全会以来，随着农村经济体制改革的深入和农村商品经济的发展，农村水电事业发展迅速。据统计，1991年全国水利系统管理的大中小型水电装机1 775万千瓦，其中小水电装机为1 385万多千瓦，小水电年发电量达373亿千瓦小时。从全国各地看，地方中小水电超过百万装机的有广东、四川、湖南、福建4省。小水电建设的蓬勃发展为中国农村电气化事业打下了良好的基础。1983年国务院批转《关于积极发展小水电，建设中国式农村电气化试点县的报告》中指出，农村电气化是8亿农民的大事，在国家兴办大中型电力建设的同时，应当在那些水力资源条件较好的地方，提倡以地方和群众自力更生为主，积极发展小水电，实现农村初步电气化，并在全国范围内选定100个试点县。

经国务院批准，从1985年开始，在全国开展了建设100个农村电气化试点县的工作。5年来，在国务院的亲切关怀下，在各级政府及有关部门的领导和支持下，经过水利部门广大职工和山区千百万群众的艰苦努力，全国已有109个县经过验收达到初级电气化标准，圆满完成了国务院交给的任务。

达到初级农村电气化标准的109个县，共有710万农户，3 040万人。这些县分布在20个省、自治区的老、少、山、边、穷地区。其中有国家和省重点扶贫县36个，少数民族县36个，共72个县。试点前这些县大都是经济比较落后的山区贫困县，长期以来缺少电力，很多农户用不上电，经济发展十分缓慢。经过5年艰苦的努力，当地丰富的水力资源得到了开发，年人均用电及户均用电均超过200千瓦时，96%的农户用上了电。水利水电的发展带动了山区经济的全面发展和地方财力的增强，电力的普及促进了农村物质文明和精神文明的建设，初步改变了山区贫困落后的面貌。

1991年3月，国家又批准进行第二批200个县的农村水电初级电气化县建设。各级政府正在加强领导，继续发扬自力更生、艰苦奋斗的精神，为实现全国农村初级电气化而努力奋斗。

（水利部办公厅新闻宣传处）

（上接495页）

农业经济技术国际合作与交流

1992年农业外资引进与利用情况

1992年，我国在巩固和发展同原有渠道的国家和国际机构友好合作的同时，又扩大了对外开放的范围，先后和印度尼西亚、印度、马来西亚、以色列、韩国等国家建立了农业部门的合作关系，进一步拓宽了国际合作和引进外资外援的渠道。1992年，通过各种渠道，共争取到外资外援合作项目20个，共计约6 861万美元。其中联合国粮农机构援助约5 200万美元（含食物），欧共体、日本、德国、澳大利亚、加拿大、荷兰、泰国等国家和机构也同我开展了外资外援合作项目（详见附表）。

满洲里市塑料厂投资380万元建成生产塑料编织袋设备，1992年供应铁道部门换装化肥袋600万条，出口编织袋100万条。

徐　澎摄

在1992年的外资外援项目中，世界粮食计划署（WFP）向内蒙古提供的粮食援助项目“农业和基础设施发展”为最大的项目，WFP将为此项目提供价值1 566万美元的小麦。该项目实施后，将有利于内蒙古自治区托克托、和林勒尔、凉城3个县的农业发展。

1992年正在执行中的农业经济技术合作项目，包括联合国机构及其他多边、双边援助或合作项目约40个。为使这些项目取得良好效益，农业部加强了对项目的管理工作，及时对有关项目进行检查、评估、指导。

世界银行贷款的农业项目执行较顺利。

“八大城市养鱼”和“红壤开发”等9个项目均已于1993年前执行完毕，促进了我国农牧渔业的发展。“长江上中游水果开发”和“新疆农垦开发”项目进展良好，两个项目将分别于1993年和1995年完成。1992年利用亚洲开发银行贷款5 500万美元用于“热带作物开发”，该行援华的援助项目初见成效。

世界粮食计划署援助的武陵山、河北、广西、陕西的粮援项目，农业发展基金会贷款的“山西农业综合发展”项目，以及粮农组织援助的“三北防护林”和“农村统计和培训”等项目进展顺利。

欧洲共同体援助的“20个城市奶类”项目，自1988年以来欧共体共向北京、上海、天津等20个城市无偿提供脱脂奶粉45 000吨，无水黄油16 700吨，包括财政技术援助在内，约1亿美元，使各地奶业有了长足的发展，增加了奶产量及市场供应，满足部分需求量。该项目将于1993年结束。此外，欧共体1992年又批准了我国北京农业大学、华中农业大学和湖北省农业厅科研项目，共65万欧洲货币单位。

德国援助的“山东粮援”项目，解决了沂蒙山区11个县人民长期渴望解决的人、畜饮水和灌溉问题，发展了农业生产。德国议会代表团访华时，进行了实地考察，认为这是德国对外援助最大而且执行最好的项目。1992年，德国又援助了农药鉴定项目，约380万马克。

中芬奶业培训中心是利用芬兰政府的赠款480万美元建成的，该中心已于1992年投产，并已为我国各地培训了100名奶业技术人员。

加拿大国际开发署（CIDA）1992年又为我国黑龙江“八五二农场种草养牛”项目第二期援助了258万加元，该项目将于1993年开始执行。CIDA援助的“塘沽动检”项目第二期，进展良好，该项目将于1993年结束；“河北旱地农业”项目1992年开始执行，进展顺利。

澳大利亚国际发展援助局援助的3个项目“新疆绵羊研究”、“青岛动检”和“兰州草原生态”进展比较顺利，其中“兰州草原生态”项目已于1992年7月结束，达到了预期目标，建立稳定有效的农业系统，提高黄土高原地区的农业生产力并减少水土流失。

中日技术合作项目“中日天津奶业发展”、“北京农机维修和培训”等项目进展顺利。其中对“中日天津奶业发展”项目，日方1992年又提供了680万人民币，用于建奶牛产房、犊牛舍和牛场道路等。该项目建设已于1992年底竣工。

泰国正大集团为帮助我办学，向北京、华南、浙江3所农业大学各捐赠一个肉鸡父母代养鸡场及配套孵化厂，以及一个商品代肉鸡场，约1 500万元人民币。

1992年签订的农业外资外援项目

项目名称	援助国别或机构	项目地点	投资额	期限(年)	签订时间(月)
1. 香蕉处理与运输	联合国粮农组织	广西蒲北县	19.8万美元	1.5	3
2. 农业综合发展*	联合国世界粮食计划署	云南曲靖县	1 409.38万美元	5	4
3. 农业综合发展	联合国农业发展基金会	吉林白城地区	2 762.50万美元	50	4
4. 农机维修培训中心	日本	北京农业工程大学	350万美元	5	4
5. 平衡施肥	联合国开发计划署	农业部全国土壤肥料总站	150万美元	5	5
6. 农药鉴定	德国	农业部农药鉴定所	380万马克	3	5
7. 小麦育种	联合国开发计划署	中国农业科学院、陕西省农业科学院	170万美元	5	6
8. 生命科学技术	欧洲共同体	湖北省农业厅、北京农业大学、华中农业大学	65万欧洲货币	4	6
9. 乡村人口项目技术支持	联合国粮农组织	对外经济贸易部	16.6万美元	1	7
10. 农业统计	联合国粮农组织、意大利	国家统计局	98万美元	1	7
11. 水土保持工程*	联合国世界粮食计划署	山西吕梁县	1 223.84万美元	5	8
12. 农业发展基金项目经验总结	联合国粮农组织	农业部	10万美元	0.5	8
13. 油料作物硼锌营养的调控	澳大利亚	浙江农业大学、湖北省农业科学院	62万澳元	3	8
14. 大棚膜试验	加拿大	山东省农业科学院、辽宁省大连市、河北省承德市	1.2万美元	1	8
15. 中国北方限制绵羊生产性能的矿物元素的检测	澳大利亚	内蒙古农业科学院、新疆农业科学院、兰州中兽医研究所	82万澳元	3	9
16. 农业和基础设施发展*	联合国世界粮食计划署	内蒙古托克托、和林勒尔、凉城县	1 566万美元	5	10
17. 盐碱地改良	联合国粮农组织	新疆乌鲁木齐市	18.9万美元	1.5	10
18. 一体化养鸡场	荷兰	安徽省泾县	500万美元	5	10
19. 饲料厂	荷兰	辽宁省大连市	150万美元	5	10
20. 蔬菜种子和化肥紧急援助	联合国粮农组织	浙江省衢州市	21.1万美元	0.5	11

注：有*项目投资额为世界粮食计划署援助的小麦价值的美元数。

1992年完成的农业外资外援项目

项目名称	援助国别或机构	项目地点	投资额	项目期限(年)	效益
1. 奶业培训中心	芬兰	天津市	480万美元	4	中心已建成并投产，现已将生产出的奶制品投放市场；中心已为全国各地培训100多奶业技术人员。
2. 综合养鱼	国际农业发展基金会	广东省四会、高要、惠阳县	1 200万美元	4.5	建设0.2万公顷养鱼塘，取得良好经济效益
3. 血清检验技术	联合国粮农组织	农业部植物检疫所	19万美元	1.5	引进国外血清检验技术

（农业部国际合作司综合处　全世生）

中国林业积极利用国外资金

80年代以来，林业部为加快林业现代化建设步伐，积极利用外资，使用国外贷款，开辟了筹集林业建设资金的新渠道。到1992年底，利用双边贷款1.07亿美元，多边贷款4.34亿美元，主要用于林业教育、科学研究、技术推广、森林资源调查、国营林场商品材基地建设和大兴安岭灾后恢复，以及大型人造板厂的建设等。

(一) 双边贷款　从1980年开始，林业部使用外国政府优惠贷款项目9个，总金额1.07亿美元，其中利用科威特贷款建成目前我国规模最大的人造板企业——湖南人造板厂；利用瑞典贷款建设了黑龙江南岔木材水解厂中密度纤维板分厂；福建三明胶合板厂刨花板分厂和梧州刨花板厂；利用德国贷款建设了福建邵武贮木场刨花板厂；黑龙江绥化木材加工厂分厂和黑龙江东方红林业局刨花板厂；利用芬兰贷款建设了河南商丘桐木综合加工厂；利用加拿大贷款引进主机建设了黑龙江方正林业局牛皮箱板纸厂。

(二) 多边贷款　从1983年开始，使用世界银行贷款项目4个，总金额为4.34亿美元，用于速生丰产林基地建设，加强北京林业大学、东北林业大学、南京林业大学、南京林校和林业部调查规划设计院的现代化建设、林业科技推广、大兴安岭森林火灾后恢复等。

北京林业大学等4所院校利用世界银行贷款共购置仪器设备1 391台(套)，装备了计算中心和各类实验室，请专家学者及外教人员70多人，派遣出国人员200多人。北京林业大学利用贷款设备增开20多门新课，选开科研课题65个，获得科技成果奖18项。南京林业大学利用贷款设备开出新实验项目47个，开展科研及撰写论文218篇。派出学成回国教师52人。东北林业大学利用贷款为32个实验室充实了先进仪器设备。林业部调查规划设计院利用贷款购置VAXn/750计算机图象处理系统、计算机自动绘图系统、纠正仪、刺点仪等27台(套)设备，并以派出去请进来的方式培训了大批业务骨干，使该院的调查规划能力大为增强。

中国对外贸易运输总公司与日本东元公司，联合在新西兰政府第一轮出售国有林山活动中中标，购得新西兰南岛奥塔戈和贝里克地区20 670公顷林山的70年采伐权　　新华社

林业发展项目分AB两部分。A部分是在黑龙江、四川、广东省的92个国营林场建设12个商品材基地。经过6年多的建设，完成和超额完成了项目建设任务，达到了预期目标，共营造人工林11.8万公顷，抚育幼林43.6万公顷，修建林区道路2 051公里，建设小型木材加工厂(车间)18处，购置各类车辆460台等，扩大了森林资源，提高了森林质量；提高了林区道路密度，增强了木材生产能力，提高了木材加工和综合利用水平以及项目经营管理水平。B部分是加强4个省、自治区级林科院（所）和10个推广中心，项目实施6年，取得了显著成效。增强了研究推广手段，培训了技术人员。

大兴安岭森林恢复项目，是林业部在大兴安岭1987年发生特大森林火灾后提出的紧急贷款项目，主要是提高火烧木采运能力。由于项目的实施，到1990年4月底，累计采伐火烧木1 174.3万立方米。到1991年，累计运输火烧木1 104.3万立方米。此外，还编制了森林更新规划，扩大了火灾局的范围。为此，利用贷款采购火烧木采伐运输设备116台（套）、建筑、车辆、飞机及营林设备221台（套），建成防火瞭望塔135座，气象观测7处，新建运材及防火公路1 782.8公里，开辟防火隔离带538公里，大大加强了大兴安岭林区的防火能力。

利用世界银行贷款发展速生丰产林，是林业部最大的外国贷款项目，贷款总额2.3亿个特别提款权（相当于3亿美元），根据实施计划1991～1994年的4年间，在河北、辽宁、浙江、安徽、福建、江西、山东、河南、湖北、湖南、广东、广西、海南、四川、贵州、云南等16个省、自治区营造98.5万公顷速生丰产林。同时，开展营造技术、遗传改良的科学研究和技术推广，建立信息系统，开展人工林环境管理工作，进行森林资源经营规划。到1992年底，已造林60万公顷，占总规模的60%，提取信贷资金11 160万美元，占总额的37%。两年中共营造各类科技示范林、科研试验林、营林技术中试林、母树林1 166多公顷。容器育苗得到了广泛的应用，松类芽苗截根移栽育苗技术在逐步推广，栎树、杉木优良无性系造林有了较大的发展。林木施肥在项目地区迅速推开，大都取得了明显效果。

（林业部外事司　刘洪存）

1992年气象外事工作综述

1992年的气象外事工作在邓小平同志南巡讲话和十四大精神的推动下，结合气象部门的实际，进一步扩大对外合作与交流。一年来，共接待来访外宾42批321人次，执行各种出访任务125批计313人次。

在国际合作活动中，我国作为世界气象组织和台风委员会的成员国，积极参与了各项合作活动，充分发挥了成员国的作用。1992年不但组团出国参加各种国际会议和培训班，而且作为国际会议的东道主在北京召开了气候变化专业委员会第一工作组会议、国际暴雨和洪涝学术讨论会热带气旋预报培训研讨班、欧共体中国气候变化国际会议和台风委员会第25届会议。这一年，气候变化专业委员会活动相当频繁。气象部门同外交部、国家科委、国家环保局等单位互相协调，积极参加有关活动。邹竞蒙局长和骆继宾副局长随李鹏总理和宋健国务委员出席了联合国环发大会。

1992年是邹竞蒙局长担任世界气象组织主席的第六年。除继续履行世界气象组织主席职责，组织协调好各成员国之间的关系外，还利用各种机会发挥主席的作用。1992年代表世界气象组织参加了11月份在科威特召开的第三世界科学院第四次大会。探讨了世界气象组织和第三世界科学院合作的途径。鼓励第三世界科学家积极参与世界气象组织的活动。为提高科技水平，缩小发达国家与发展中国家的差距作出努力。

经济技术援助，我们本着有给有取的方针，积极开展经济技术援助工作。1992年援外经费达97万人民币、3万美元，接待了非洲十国气象局长及世界气象组织的官员来华考察；向阿尔巴尼亚、智利、越南、埃塞俄比亚等10个国家提供气象仪器装备；派专家赴孟加拉国帮助维修气象雷达；到越南传授农业气象技术。我国通过世界气象组织和其他国际组织获得30多万美元资助款。选派专家、学者参加国际会议。同时通过世界气象组织自愿合作计划获得3名长期奖学金，为我国培养了人才。

双边气象科技合作活动在不断扩大。1992年与美国、澳大利亚、加拿大、芬兰、朝鲜、蒙古、英国的合作项目正常进行。这一年，召开了中美、中澳、中朝、中蒙气象科技合作联合工作组会议，签署了双边会谈纪要。在气候变化、卫星气象、农牧业气象、中尺度气象、大气化学等领域达成100多个合作项目。中日季风合作协议，经双方共同努力已达成一致意见，并即将签署生效。这些合作项目的签署，为促进我国气象科技人员的对外交流，加深对国外先进技术的了解，对我国气象事业现代化的发展起到了积极的促进作用。

（中国气象局外事司）

经济技术合作与交流

【日本政府粮食增产援助项目】 1992年6月中日政府换文通过第九期项目，向云南、江西两省提供6亿日元无偿援助，用于购买农药、化肥、车辆和小型农业机械，帮助两省加强粮食生产。

（农业部对外经济办公室　曾　虎）

【湖南省红壤土改良实验项目】 该项目由亚洲开发银行提供78.9万美元，用于湖南省永州市3个县红壤丘陵荒地开发治理的6种模式实验对比，和中外专家的技术服务、购买科研仪器、车辆、办公及声像设备。1992年5月开始执行。项目将为我国南方红壤开发提供科学数据和经验。

（农业部对外经济办公室　曾　虎）

江西省安远县柑桔加工厂，引进澳大利亚柑桔分级包装生产线。图为澳方专家指导工厂技术人员进行试生产　　李　药摄

【河北粮援林业项目】 联合国世界粮食计划署援助的中国2811河北省平山县造林项目于1986年10月正式实施，1991年10月按期竣工。该署无偿援助小麦65 337.5吨，牛肉干10吨，总价值为1 328.81万美元。根据项目协议，平山县共完成造林21 000公顷，种草3 000公顷，修筑谷坊坝132.84万立方米。1992年1月顺利通过终期检查。项目实施期间，取得了明显的经济和社会效益。项目区植被覆盖度由30%提高到80%，并有效控制了水土流失。据河北林科所计算，共减少表土流失267.75万吨，粮食生产由2 350.3万公斤增长到3 704.6万公斤；项目区2万余名剩余劳力获得了就业机会；为山区举办了技术培训班，改善了教学条件，农民的生活水平有了明显提高。

（林业部外事司　周国林）

【人造板工业的开发和推广服务项目】 联合国开发计划署援助的中国林科院木材所人造板工业的开发和推广服务项目1989年开始实施，1992年底完成。开发署无偿援助83.43万美元，中方以实物投入392万元人民币。项目执行3年来，效益显著：提高了木材所科技人员的研究开发水平；增强了木材所的试验、测试手段；加速了科研开发工作和对木材工业的技术推广服务；加强了木材所作为全国木材工业研究中心的地位。

本项目实施期间，通过聘请外国专家来华讲学和指导科研、派出项目人员到国外对口单位考察或进修，加强了国际科技交流与合作，促进了木材所与美国、德国、加拿大、法国、英国等国家同行的联系和合作。

（林业部外事司　刘洪存）

【中日太湖猪的种质特性及杂交利用项目】 1988年8月由江苏省农科院畜牧兽医研究所和日本农林水产省畜产试验场、茨城种畜场共同实施，为期4年，目的是通过对太湖猪（梅山）种质特性、杂交利用和系统选育的研究，确立改良适合瘦肉猪的生产技术体系。

合作研究期间，中日双方专家广泛地开展了杂交利用、系统选育、种质特性及其血型、染色体、营养、繁殖等研究。杂交利用研究采用太湖猪（梅山）为母本进行了两品种杂交和三品种试验，分别获得并确认了两品种和三品种最佳杂交组合。系统选育采用梅山猪和长白猪杂交合成选育新品系，其理想型已经形成。在系统选育中广泛应用新技术、新仪器，加快了育种进程，提高了研究水平。猪的血型研究首次利用日方赠送的标准血清完成了红细胞抗原的免疫应答研究，以及标准抗血清的制备，获得五种单价抗体，还初步查明了太湖猪（梅山）血型的基因频率，为今后深入研究奠定了基础。此外，在猪染色体分析、营养需要和繁殖技术研究方面也都取得了显著成果。

通过合作研究，日方向我提供了一批测试仪器，先后派遣2名长期专家，5名短期专家来华工作；中方先后有8名科技人员赴日本进修，学习单项技术。

（农业部国际合作司亚非处　甘坐富）

【中日合作小麦岛水产增殖项目】 中国农业部水产司与日本国海外渔业协力财团1990年2月在北京达成协议，合作进行真鲷苗种技术开发研究项目，以促进中国水产增殖事业的发展。项目设在青岛小麦岛，由黄海水产研究所执行。

该项目主要是引进日本真鲷苗种进行生产试验研究。在项目执行期内，日本海外渔业协力财团提供项目实施所必需的设备和器材并派遣专家指导，要求生产真鲷幼鱼10万尾。

1991年4月13日，该项目投入正式运行。1992年，生产真鲷幼鱼已超过项目计划目标，进展顺利。

（农业部水产司对外经济技术处　崔利锋）

【中俄渔业合作项目】 1988～1992年主要就海水养殖科技合作及合作生产，淡水商品鱼养殖、水产品加工，黑龙江、乌苏里江边境水域水产资源保护、增殖与渔捞调整合作，兴凯湖渔业合作等进行了广泛的接触与会谈。几年来，中俄渔业合作已由单纯的科技合作转入了科技与生产相结合的合作方面。由中国水产总公司承担的在俄罗斯境

中美合资的北海德萨斯水产公司为我国大陆首家获带壳类海产品进入美国市场的水产企业　谢家华摄

内兴建海带育苗车间的任务已基本完成，初步形成规模，并开始产生经济效益。

（农业部水产司对外经济技术处　信德利）

【中挪“北斗”渔业合作项目】 1983年，中国、挪威两国政府代表签署了关于建造和转让渔业资源调查船（命名为“北斗”号）所有权的协议。协议规定：挪威政府向中国提供1 000万美元的赠款，用于建造船只、提供设备零配件、维修及培训人员等。1984年该项目开始实施。

“北斗”号是目前世界上先进的海洋渔业资源调查船之一，船上配有先进的电子导航助渔和调查仪器，可以快速探查鱼类资源量。1984～1992年以来，“北斗”连续8年对我国黄海和东海鱼类资源进行大面积调查，为开发我国外海渔业资源提供了重要的科学依据。调查和监测结果表明，黄海、东海鳀鱼资源量为280万～300万吨，年可捕量约50万吨。我国水产生产及管理部门根据这一评估结果，有组织有计划的探捕性开发利用，获得了初步的经济效益。自1988年起，鳀鱼年产量达7万吨，年产值约5 000万元，捕获的鳀鱼加工成鱼粉，每年可为国家节约进口鱼粉的外汇约500万美元。同时利用“北斗”号先进的科学探捕方法也填补了我国用声学方法调查评估鱼类资源的空白。围绕着该项目，挪方曾先后派出约70名专家来华讲学、示范并进行技术指导，还为中方培训了约30名高、中级渔业科学家和硕士生，提高了我国海洋渔业科技人员的整体素质。

（农业部水产司对外经济技术处　阙　闻）

【世界银行贷款的农业支持服务项目】 农业支持服务项目的各项准备工作经过两年多努力在1992年完成。该项目拟利用世界银行贷款1.15亿美元，涉及农业部十几个中央单位及地方12个省100多个县。该项目主要内容有：通过改善信息、计算机网络及监测评价系统来加强农业、畜牧业、动植物检疫的管理能力；改组从中央到县一级的农业和畜牧业推广体系；通过提供设施，增强人员专业技能以及推荐切合农民实际需要的科研成果来改善服务；改组种子中心，把其对种子的鉴定发证及管理工作和种子生产工作分开；加强兽医及防疫服务，建立协调良好的全国种畜改良计划，加强对兽药、农药及饲料的质量控制；促进向农民提供有偿服务回收成本的机制。项目1993年将进入全面实施期。

（农业部对外经济办公室　曾　虎）

【广东省农业综合发展项目】 世界银行向广东省提供1.62亿美元贷款，帮助广东省发展水产品捕捞、养殖，荔枝、龙眼等热带水果、食品加工业和在石灰岩山区清远县帮助农民脱贫。项目在1992年全面实施。

（农业部对外经济办公室　曾　虎）

【四川省农业综合发展项目】 世界银行董事会于1992年7月8日批准。该项目利用世行贷款1.47亿美元，建设完善两大灌区的水利灌溉工程设施；开展长江中上游大面积水土保持工作；发展蚕桑、茶叶和畜牧业；建设一批农副产品加工厂。

（农业部对外经济办公室　曾　虎）

【加强农业情报服务项目】 亚洲开发银行1992年1月15日批准向中国农科院提供60万美元无偿援助，用于中外专家的技术服务、对中方科技人员进行现代化情报培训、购置计算机、光盘及信息管理软件，以提高农业信息服务的效率和能力。

（农业部对外经济办公室　曾　虎）

【联合国粮农组织第21届亚太区域大会】 1992年2月10日至14日在印度新德里举行，来自29个成员国的141位代表出席了会议，其中部长级代表团16个。我国农业部陈耀邦副部长率团出席了会议。

本届会议主要审议了亚太区域粮农形势、通过发展农产品加工业增加农村就业和收入、防止土地退化的区域战略等。会议一致认为，亚太区域是世界经济发展快的区域，80年代农业生产成绩引人注目。亚洲谷物产量增长了36.4%，畜牧业增长了58%，渔业增长了31%，农业产量年平均增长4%。但本区域的农业生产也面临不少问题如：人多地少矛盾日益突出；发展不平，面临饥饿和营养不良的人口达3亿左右；发展中国家普遍面临资金短缺技术落后和农产品贸易处境困难等问题。

会议提出了关于制订扶持鼓励政策，逐步建立一个有利于农产品加工业发展的宏观经济环境；发展优势产品的专业市场；通过必要的财政和税收政策为小型企业提供创始资金；开展区域间技术合作和交流活动，从技术上帮助小型企业的发展等发展农产品加工业、增加农村就业和收入的建议。

关于防止土地退化的区域战略，会议强调各国应当提出符合持续发展原则的土地资源综合管理计划，促请粮农组织加强收集和分析土地退化的数据工作，以便监测土地退化状况，并制订出相应的防止措施。

（农业部国际合作司　倪洪兴）

【联合国粮农组织第14届亚太区域农业统计委员会会议】 1992年6月8日至14日在北京举行。出席这次会议的有来自18个国家（孟加拉、柬埔寨、法国、印度、印度尼西亚、日本、韩国、老挝、马来西亚、尼泊尔、巴基斯坦、菲律宾、斯里兰卡、泰国、美国、越南、加拿大和中国）、国际组织及国际专门机构（亚太经社会、国际劳工组织、联合国开发计划署、世界银行、世界粮食计划署）的代表共40名。中国代表团10人，由农业部和国家统计局联合组成。我国代表团团长农业部计划司万宝瑞司长被选为本届会议主席。这届会议审议了1990～1992年期间联合国粮农组织在亚太区域的粮农统计活动报告及各成员国粮农统计现状，主要议题有：农业普查的机构和实地工作；市场信息系统；普查和调查地区框架的建立和使用；水产统计；林业统计；粮农组织世界农业信息中心等。

中国代表团在会上介绍了中国农村基层统计的改革与建设情况，并向大会提交了“中国农村社会经济调查”、“农业经济统计资料的分析研究”、“中国水产统计”、“中国林业统计概况”、以及“中国农村基层统计改革与建设”五篇书面材料。并对会议有关议题充分发表了意见。

（农业部国际合作司　郑　波）

【联合国世界粮食理事会第18届部长级会议】 1992年6月23日至26日在肯尼亚首都内罗毕举行。29个成员国派团与会。15个非成员国、11个联合国机构及专门机构、4个政府间组织、4个非政府间组织派代表以观察员身份出席了会议。其中部长级代表21位。肯尼亚共和国总统丹尼尔·T·莫依出席了开幕式。我国农业部副部长洪绂曾率团出席了会议。

会议主要讨论了全球饥饿与营养不良状况、开展新的绿色革命、关于东欧和独联体国家的变化对发展中国家粮食安全的影响、圆满结束乌拉圭回合多边贸易谈判以及改进理事会工作等议题。

与会期间，中国代表先后在大会上发言，表明了我国就有关世界粮农形势，世界粮食理事会前途等问题的原则立场。

（农业部国际合作司　李正东　刘学明）

【华北平原和河北农业发展项目10年总结表彰大会】 华北平原和河北农业发展项目10年总结表彰大会于1992年9月24日在安徽省蒙城召开。这两个项目是我国农业利用外资最早的项目，分别利用世界银行和国际农发基金贷款，在改造中低产盐碱地取得巨大成功。得到国内外专家好评，并为我国农业利用外资积累了宝贵经验。农业部马忠臣副部长、中央各部门代表、世界银行和农发基金会代表、4个项目省农业部门负责人共130余人参加了会议。

（农业部对外经济办公室　曾　虎）

广东珠海经济特区湾仔镇每年销往澳门、香港的鲜花创汇400万港元，图为花农正在装载鲜花　张建文摄

农业大事记

1992年农业大事记

1月

3日

农业部与人事部联合颁发《乡镇农业技术推广机构人员编制标准（试行）》的通知。

4日

全国林业行业思想政治工作会议在北京召开（5日结束）。

5日

《经济日报》报道：全国水产厅局长会议暨全国渔业生产先进奖表彰会议在京召开。

全国乡镇企业工作会议及全国乡镇企业表彰会在北京召开，刘中一部长出席会议并讲话。

6日

全国林业厅局长会议在北京召开。会上指出：全国森林资源清查和消耗量调查表明，我国已实现全国森林资源总生长量和总消耗量持平，消灭了森林资源“赤字”，扭转了长期以来森林蓄积量持续下降的局面（9日结束）。

我国每年50万名科技人员参加科技兴农。

《农民日报》报道：广东省等10个省、市和北京朝阳区等100多个县（市、区）及辽宁省大连市荣获首次全国渔业生产先进奖。

《农民日报》报道：全国乡镇企业家表彰大会在京召开。农业部隆重表彰500名全国乡镇企业家，并授予他们全国乡镇企业家称号。国务院副总理田纪云、国务委员陈俊生、农业部部长刘中一出席了颁奖大会。

《科技日报》报道：我国已建成珍稀濒危植物迁地保存基地400多个。

9日

《农民日报》报道：农业部长刘中一签署了8号和9号部令，颁布了《乡镇企业组建和发展企业集团暂行办法》和《乡镇联营企业暂行规定》。

李鹏总理同100名全国乡镇企业家座谈。

《科技日报》报道：1991年我国乡镇企业产值首次突破1万亿元大关。

10日

《中共中央关于进一步加强农业和农村工作的决定》单行本出版。

国务院总理李鹏给国家气象局写信，向1991年防汛减灾气象服务先进集体和先进个人表示祝贺。

《经济日报》报道：全国农村合作经济经营管理工作会议在北京召开（14日结束）。

《人民日报》报道：我国畜牧业连续13年稳步发展。

首都42家新闻单位54位记者到三峡地区进行了考察。

11日

《农民日报》报道：中共中央政治局常委宋平在农业部部长刘中一、中央政策研究室副主任回良玉等陪同下，到中国农业科学院视察。

《科技日报》报道：农科教结合工作座谈会在北京召开。国务院副总理田纪云出席并讲话。

《农民日报》报道：全国100个农村能源综合建设县工作会议在北京召开。

13日

《农民日报》报道：全国农业政策法规工作会议1月7日在西安召开（9日结束）。

广东渔业生产八年冠全国，1991年，广东省水产品生产总量219万吨，占全国总产量的1/6，总产值近65亿元。

《人民日报》报道：新疆棉花单产创全国第一，1991年，新疆棉花总产量约占全国总产量的12.2%。

14日

《光明日报》报道：广西博白县喷施宝开发有限公司开发的多能营养型叶肥喷施宝，1991年在30个省、自治区和直辖市的推广面积近700万公顷，为社会创造效益30亿元。

全国水利水电规划工作会议在京召开（17日结束）。

16日

全国农垦厅局长会议在广州召开（21日结束）。

《光明日报》报道：我国培育出第一个优质面包冬小麦品种PH82—2—2。

17日

李鹏总理主持召开国务院第95次常务会议，听取国务院三峡工程审查委员会关于对《长江三峡工程可行性研究报告》审查意见的汇报。

18日

《中国水利报》报道：丹江口水力发电厂1991年累计发电33.7亿千瓦时，超额1.2亿千瓦时完成1991年度发电计划，实现工业产值2.66亿元。

1992年度全国气象局长会议在武汉召开。国务委员宋健以及湖北省委书记关广富、省长郭树言出席开幕式（24日结束）。

19日

全国农业厅局长会议在广州举行（23日结束）。

23日

《经济日报》报道：我国培育出自己的优质爆型玉米——“黄玫瑰1、2号”。

24日

《科技日报》报道：植物病虫害生物

学国家重点实验室建成。

25日

国家气候变化协调小组办公室邀请政府间气候变化专业委员会主席、瑞典王国副首相科学顾问、著名气象学家波林教授，在北京举行报告会。

27日

国务院副总理邹家华率中央慰问团赴安徽灾区慰问，并专程视察了治淮工程。

《光明日报》报道：植物微生态制剂——增产菌，获中国专利金奖。在全国3 400万公顷大田作物上得到应用，投入产出比高达1∶30，这是迄今全国农业专利技术第一次赢得这项殊荣。

《人民日报》报道：畜用塑料暖棚遍布内蒙古、黑龙江、吉林、辽宁、河北、山西、陕西、甘肃、青海9个省、自治区，1亿头牲畜安度严冬。

2月

1日

《经济日报》报道：我国建立完整的国土面积数据库。

3日

《人民日报》报道，我国气象部门坚持以农业服务为重点，大力开发气候资料，开展多种形式的农业气象服务，取得了较好的社会、经济效益。

9日

水利部严克强副部长陪同国务委员、国家教委主任李铁映及科教文卫体系统的全国人大代表、政协委员、专家、学者考察三峡。

12日

《科技日报》报道：我国首次完成了食油产需平衡布局研究。

林业部作出《关于加强中幼林抚育工作的决定》。

14日

国务院三峡工程移民试点工作会议在京举行，国务院邹家华副总理到会作了重要讲话，国务委员陈俊生作总结讲话。水利部杨振怀部长、张春园副部长出席会议（18日结束）。

《人民日报》报道：我国名特优农产品生产基地建设已初具规模和效益。据悉，到1991年底，全国各地已建立这样的基地686个，产品有粮油、蔬菜、水果、名茶、桑蚕、中药材等。

15日

《农民日报》报道：我国农村形成种子、植保、农技和农机四大社会化服务体系。

《人民日报》报道：我国村镇建设成就举世瞩目，四成农户迁入新居，人均住房面积增加一倍。

16日

《人民日报》报道：据统计，全国各级农经机构现已有5.1万多个，各类专业干部发展到13万人。

17日

我国农村新型经济组织逐步健全。据统计，全国共有189万个村及村以下集体单位设置了经济管理机构。

《人民日报》报道：中国农科院植保所研制的一种名为氟杀乳油的复合制剂新农药，对防治菜青虫、棉红铃虫、小麦蚜虫等多种害虫，均有良好的防治效果。

《经济日报》报道：1992年，中国农业银行对“星火计划”新增信贷资金10亿元。

22日

《科技日报》报道：中国对虾旱苗集约化中间培育及养成技术研究项目获得成功。

25日

国家森林防火总指挥部在北京召开第9次全体会议。国务院副总理田纪云主持会议并讲话。

29日

全国绿化委员会第11次全体会议在北京召开。国务院副总理田纪云主持会议并讲话。

据悉，我国目前森林覆盖率已达13.4%。

3月

1日

国务院召开抗旱工作电话会议。国务委员陈俊生主持会议，田纪云副总理出席并讲话。

《中华人民共和国陆生野生动物保护实施条例》由国务院批准林业部发布实施。

2日

国务院副总理田纪云到长江三峡考察，重点考察了三峡库区移民工作（10日结束）。

《光明日报》报道：我国北方推广水稻旱育稀植技术取得大面积成功，据统计，从1964～1991年，我国“三北”地区累计推广这项技术约400万公顷，增产稻米70亿公斤。

《人民日报》报道：我国已形成植物保护社会化服务体系。全国近万家植物医院4 000多个植物公司，6 000多个植保专家队和其他植保服务组织。

《科技日报》报道：由北京农业大学植物生态工程研究所研制的增产菌，到1991年底，已在全国3 400万公顷土地、50余种作物上推广应用，增产粮食150亿公斤，增加产值100亿元，投入产出比为1∶30。

3日

全军纪念义务植树运动10周年总结表彰动员大会在北京举行。据统计，十来年全军营区植树1.66亿株，成片造林8万多公顷。

4日

《农民日报》报道：我国计算机农业结硕果，据统计，我国农口计算机拥有量已达到13 000多台，获得国家和部、省级奖励的计算机应用成果达200多项。

5日

全国海洋局长会议召开。

7日

农业部软科学委员会成立大会在北京召开。

林业部举行新闻发布会，公布平原绿化最新成果。到1991年底，全国已有508个县（旗、市、区）达到部颁平原绿化标准，其中，山西、北京、河南三省、直辖市率先实现了全省、直辖市平原绿化全面达标。

8日

《人民日报》报道：一道绿色长城正在我国海岸线筑起，1991年国家首次投入海防林专项资金1 000万元，沿海各省、市积极筹措建成资金3亿元，共完成造林40多万公顷，绿色海岸线2000多公里。

9日

《经济日报》报道：欧共体援助我国最大项目——20城市奶类发展项目执行3年，取得令人瞩目的成绩，与1987年相比，20城市奶牛总头数增长32.7%，奶量增长43.6%，人均消费液态奶量15.8公斤，增长38.6%。

10 日

《农民日报》报道：国务院发出通知要求在全国建立基本农田保护区。

《人民日报》报道：全国农村保险工作会议在武汉召开。我国农村保险事业迅速发展，1991 年保费收入达 28.2 亿元，比 1990 年增长 38%。

水利部、林业部联合发出《关于加强水利部门造林绿化工作的通知》。

12 日

《人民日报》报道：中国提出的人工繁殖扬子鳄商业注册登记提案，已在《濒危野生动植物种国际贸易公约》成员国第 8 次会议上通过。

13 日

水利部、国家计委联合发出《关于下达“八五”期间灌溉面积发展计划的通知》。通知要求实行多渠道、多层次集资的办法，增加对农田灌溉工程的投入，控制现有灌溉面积的减少。

17 日

林业部发布 1991 年度林业科学技术进步奖评奖结果公报。共评出获奖成果 138 项，其中一等奖 10 项，二等奖 24 项，三等奖 104 项。

18 日

国务院发出通知，自 1992 年 4 月 1 日起，提高粮食统销价格，实现购销同价。

《经济日报》报道：国务院发出《关于加强农科教结合推动农村经济发展的通知》。

《农民日报》报道：我国各省农民人均纯收入排出座次：上海农民人均纯收入 1991 年首次突破 2 000 元大关，居全国第一；北京第二为 1 422.77 元；浙江第三为 1 210.77 元；天津第四为 1 168.53元；广东第五为 1 143.06 元，排列第六至十位的依次分别为江苏、辽宁、福建、山东和吉林。

20 日

第七届全国人民代表大会第五次会议在京召开。会议通过了关于兴建长江三峡工程等决议，决定批准将兴建长江三峡工程列入国民经济和社会发展十年规划（4 月 3 日结束）。

22 日

《光明日报》报道：1992 年农业、科技、教育的资金投入都高于 1991 年，用于农业的投入为 566.11 亿元，用于教育的投入 616.51 亿元，用于科技的投入 194.51 亿元。

23 日

国家气象局、中国气象学会在京召开纪念世界气象日座谈会。1992 年世界气象日的主题是“天气和气候为稳定发展服务”。

林业部制定的《沿海防护林体系县级建设标准》发布执行。

25 日

《经济日报》报道：我国三个生态农业典型入选“全球 500 佳”。

国家防汛总指挥部发出《关于下达 1992 年大江大河大湖重点清障任务的通知》。

27 日

《农民日报》报道：农业部发出《关于加强肉类品卫生检疫检验工作，切保消费者身体健康的通知》。

28 日

中国花卉协会组织部分省市赴香港参加 1992 年香港花卉展览，并荣获展委会颁发的五项大奖。参展期间销售额达 46 万港币。

国家防汛总指挥部发出《抓紧做好南方防汛准备工作的紧急通知》。

30 日

《人民日报》报道：国务院正式批转了农业部《关于促进乡镇企业持续健康发展的报告》，并发出通知，要求各级人民政府和有关部门认真贯彻执行。

4 月

1 日

《人民日报》报道：《中华人民共和国进出境动植物检疫法》今天开始施行。

由日本沙漠绿化实践协会、中国绿化基金会、中日友好协会、首都绿化委员会发起的“中日和平友谊林”开工典礼在北京顺义县举行。万里委员长为“中日和平友谊林”纪念碑题写了碑名。

2 日

《人民日报》报道：我国首创水溶珍珠粉制备技术。

5 日

党和国家领导人江泽民、杨尚昆、李鹏、万里、乔石、姚依林、李瑞环等到北京朝阳公园和首都人民一起参加首都全民义务植树日活动。

6 日

中共中央政治局常委宋平同志视察云南省热带作物科学研究所。

7 日

由中国贸促会农业分会主办的国际农业新技术博览会开幕，农业部刘中一部长出席了开幕式。

《科技日报》报道：我国首次系统地完成西北蝌蝼研究。

8 日

中国农学会第六次全国代表大会在北京召开。国务委员宋健、刘中一部长分别在开幕式上讲话（11 日结束）。

9 日

《科技日报》报道：北京农业大学研究出农业气候资源信息系统。

10 日

《农民日报》报道：中国科学院合肥智能机械研究所研制的“电脑农业专家”应用于农业，在 20 个省、自治区、直辖市 100 多个县的 266.7 万公顷土地上推广应用。

11 日

《人民日报》报道：国务院 1992 年拨给三峡工程移民安置费 3 亿元。

12 日

《人民日报》报道：中共中央国家机关工作委员会和国务院贫困地区经济开发领导小组在京召开国家机关扶贫工作经验交流会。田纪云发表重要讲话。

15 日

《经济日报》报道：我国农业引进外资逾 32 亿美元，其中无偿援助为 9.56 亿美元，占 29.87%，这些粮食援助和贷款用于发展农业，遍及全国 30 个省、自治区和直辖市。

国务院关税税则委员会决定从即日起调低鳗鱼苗出口关税税率，出口税率由 60%调低为 20%。

农业部马忠臣副部长率领中国农业代表团赴日本访问。主要对日本农业经济、科技、中小企业、渔业等进行考察。

16 日

《人民日报》报道：世界银行 1990 年首批恢复对华贷款项目中的江西吉湖农业综合开发工程最近经世界银行专家全面检查，被评估为一类项目。

《经济日报》报道：1991 年全国农民人均生活消费支出达 620 元，比 1990 年增加 35 元。

17 日

农业部和国家工商行政管理局联合举行绿色食品商标标志使用与保护新闻发布会。

18 日

《人民日报》报道：绿色食品标志获商标专用权。农业部将统一负责绿色食品标志的颁发和使用管理，并发出《关于依法使用、保护绿色食品商标标志的通知》。

19 日

全国环境保护产业工作会议在北京召开。

《人民日报》报道：增产率在 10～35%的旱地作物沟播技术，在我国北方旱区推广面积达 80 万公顷。

20 日

《人民日报》报道：国家统计局对全国 826 个县调查，去冬今春全国农田水利基本建设投资额近 60 亿元，比上年同期增加 1/4。平均每个县投资水利 700 多万元，共投入劳动工 3.6 亿个。

湖南省发生了大范围的雷雨、大风和冰雹，灾情严重。据不完全统计，全省 26 个县市、517 个乡镇 444 万人受灾，经济损失超过 4 亿元。

22 日

《人民日报》报道：广东乡镇企业 1991 年总收入逾千亿元，乡镇企业已成为广东农村经济的主体。

29 日

国务院副总理田纪云主持召开国家防汛总指挥部召开 1992 年度第一次会议。

5 月

1 日

农业部批准山东省远洋渔业开发公司、荣成市远洋渔业股份有限公司为远洋渔业企业。

3 日

由农业部水产司主办的“92 中国国际渔业展览会”在深圳举行。参加展出的有中国、美国、德国、日本、挪威、丹麦、法国、新加坡等 14 个国家和地区共 150 多家厂商，来自马来西亚、越南、法国、新加坡、台湾、香港等国家和地区的 260 多位来宾 和来自全国各省、自治区、直辖市的 3000 多人参观了展览会（7 日结束）。

《人民日报》报道：由广东佛山市石油化工产品技术开发公司研制生产的新型肥料植宝素荣获北京中国新产品新技术博览会金奖。

6 日

国务院副总理、国家防汛总指挥田纪云在河南、山东检查黄河防汛工作。

农业部首届职工运动会在工人体育馆举行。部机关、直属企事业单位近 6 000 余人观看和参加了运动会。

7 日

《农民日报》报道：浙江农业大学育成世界首例小麦无性系变异新品种的核组 8 号。

8 日

《人民日报》报道：第一次全国农业综合开发会议在海南省召开。我国国内国家立项开展的大规模农业开发工作成果令人瞩目。截至 1991 年 6 月底，已改造中低产田 432 万公顷，新增农产品生产能力有：粮食 114.5 亿公斤，棉花 36.75 万吨，油料 58.5 万吨，肉类 65 万吨，糖料 448.8 万吨。

11 日

《人民日报》报道：农业部利用世界银行贷款建设的中国种子项目效益显著。中国种子项目，在我国主要农作物产区的 15 个省、自治区，建成了 18 个种子中心和 74 个种子基地。

12 日

联合国区域开发中心湖泊环境保护及水资源开发研究组一行 8 人，由世界湖泊委员会主席吉良童夫率队，对云南洱海进行了多学科考察（22 日结束）。

13 日

《人民日报》报道：我国已有 2 093 个亿元乡镇，江苏吴江县盛泽镇、广东珠海市湾仔镇、江苏无锡县前洲镇和福建省莆田县西天尾镇名列榜首。

国务院发布经农业部、林业部共同修改后的《植物检疫条例》。

15 日

《农民日报》报道：全国科教兴农工作会议在京召开。

《人民日报》报道：“温饱工程”在全国 15 个省份的 453 个贫困县实施，累计增产玉米 50 多亿公斤，使 1 500 多万农民的吃饭问题得到解决。

16 日

《人民日报》报道：我国农业部门扩大繁育的 43 个新品种，包括水稻、小麦、玉米和棉花 4 类主要农作物的高产品种，目前已迅速在各地 800 多万公顷土地上推广。

《人民日报》报道：我国已成为世界第三饲料工业大国，配、混合饲料总产量达 3 200 万吨，仅居世界饲料工业大国前苏联和美国之后。

《人民日报》报道：西北农业大学在胚胎工程研究方面，又获新成果，两只受体山羊顺利产出世界首批卵泡母细胞试管羔羊。

17 日

《经济日报》报道：我国实施的草业系统工程，目前已建成人工草场和改良草场地 1 067 万公顷，围栏草地 60 万公顷，每 100 亩草地载畜量提高到 20 头以上。10 年来共飞播牧草 113 万公顷。

20 日

《人民日报》报道：中国农业科学院除完成科研任务外，还认真抓好科技开发和推广工作，据不完全统计，近六年科技开发累计收入 5 400 多万元。

22 日

《人民日报》报道：农业部在陕西汉中地区建设的 5 个瘦肉型猪基地，通过国家验收。1991 年这些基地的猪肉总产量突破 1 亿公斤。

23 日

《科技日报》报道：全国第五次水土保持工作会议召开。国务院副总理田纪云指出，治理水土流失是改变农业生产条件的一项根本措施。

25 日

《人民日报》报道：由中国农业科学院副研究员孙元枢主持培育的青贮饲料黑小麦品种通过专家鉴定。

26 日

世界首例以非小麦族的通北野燕麦为亲本的小麦远缘杂交育种研究在我国贵州获得成功。

全国水利改革座谈会在京召开（28 日结束）。

《人民日报》报道：我国首次国际农业推广研讨会在北京举行。

6月

2日

《农民日报》报道：1992年全国农村能源产品和新技术展示交流会开幕（11日结束）。

江西省共青垦殖场举办了第十届羽绒制品交易会，成交额达3亿多元，是1983年首届羽绒制品交易会的37.5倍。

3日

林业部在北京召开北方木片工作会议（5日结束）。

5日

《科技日报》报道：我国农业环保产业正在形成，全国各级农业环保机构已有480多个，专业干部近万人，建立了900多个生态农业试验点。基本形成了全国农业环境监测网络。

由农业部渔政渔港监督管理局和中国水产科学研究院联合举办的首届中国珍稀水生野生动物展在北戴河开幕。

6日

林业部召开部分省、自治区森林旅游工作座谈会（8日结束）。

8日

北京市水利系统对外招商洽谈会在京举行。来自日本、英国、美国、香港等国家和地区的34家商社参加了洽谈会。正式签订意向书9项，协议金额485万美元，其中引进外资289万美元（10日结束）。

9日

农业部制定并颁发《水产种苗管理办法》、《水产原、良种审定办法》及《水产原、良种审定标准》。

国家气象局邹竞蒙局长随李鹏总理赴巴西参加联合国环境与发展大会。

10日

水利部张春园副部长赴荷兰王国进行考察访问。

11日

《农民日报》报道：据国家统计局最新统计数字，1991年我国水果产量首次突破2 000万吨大关。

我国在世界上首次培育成功双抗转基因烟草。

12日

全国林业科研计划工作会议在成都召开。

13日

《人民日报》报道：我国将投入78亿元，从1992年开始在25个省、自治区、直辖市逐步开展一项巨大生态经济建设计划——全国十年综合治理开发沙漠工程。规划十年综合治理开发沙漠667万公顷。

17日

《农民日报》报道：1992年将从国家农业综合开发资金中拨出1 000多万元，支持冀、豫、鲁、皖等10个省，建立秸秆养牛示范县，"八五"期间，国家计委安排的示范县总数将达70个。

农业部最新统计结果表明，我国1991年乡镇企业总产值超过50亿元的县、市有15个，乡镇企业总产值超过10亿元的乡镇有8个，有9个村乡镇企业总产值超过2亿元。

20日

全国人大财经委员会派出的三个视察组，结束了对河北、河南、江苏、浙江、宁夏、陕西六省、自治区《水法》实施情况的检查。

农业部洪绂曾副部长率领中国政府农业代表团赴肯尼亚参加第十八届世界粮食理事会。

22日

国家气象局决定在青海海南州共和县瓦里关山，建立中国大气本底基准观象台。

23日

林业部高德占部长率中国林业代表团一行5人赴印度尼西亚访问。访问期间，同该国林业部签署了两国部门间的林业合作纪要。

25日

由国务院召开的全国发展高产优质高效农业经验交流会在广州开幕。田纪云副总理出席会议并讲话(29日结束）。

《人民日报》报道：我国首批确立的十省区农业综合开发项目通过验收，其中河南、山东、黑龙江及江苏4省的项目完成情况受到好评。

26日

《农民日报》报道：农业部公布《家畜家禽防疫条例实施细则》，4月8日颁布实施。

《人民日报》报道：到1991年，我国已建立400余处珍稀植物迁地保护繁育基地种种质资源库、100多处植物园和树木园，1 000多种珍稀植物得到了保护和繁殖。

27日

《经济日报》报道：有关部门对全国乡镇企业1991年度财务决算情况汇总表明：1991年全国乡村集体企业实现总产值7 184亿元，比1990年增长27.07%，实现销售收入5 966亿元，增长27.46%，实现利润总额333亿元，增长25.43%，上缴国家税金306亿元，增长24.18%。

28日

《人民日报》报道：国务院颁发《城市绿化条例》，于8月1日起施行。

7月

1日

农业系统企业发展迅速，已拥有国营企业4.2万多个，其中农垦3.1万多个，水产3 000多个，畜牧2 500多个，农机1 700多个，农业2 600多个，共有职工2 600多万人，总产值达到1 690多亿元。

《光明日报》报道：我国第一所农业资源和环境学院在北京农业大学成立，该学院设立农业气象、土壤化学、植物营养、土地资源4个系以及6个研究中心。

3日

《农民日报》报道：土肥系统服务趋向成熟，1991年全国土肥系统技术集团承包面积达333万公顷，增产粮食223万吨，农民增收11亿元。

4日

水利部张春园副部长主持召开中俄界河规划指导委员会中方委员全体会议。

5日

林业部在广东始兴县召开全国资源林政管理工作会议（7日结束）。

《人民日报》报道：国家有关部门7年来发放3.7亿元贴息贷款，截至1991年底，我国已发展喷灌、微灌和管灌等节水型农田37万公顷。

6日

经国务院同意，林业部发出《关

于进一步加强木材检查站工作的通知》。

7日

《人民日报》报道：农村综合实力百强县（市）揭晓，前10名依次是：无锡县、武进县、江阴市、南海县、常熟市、吴县、张家港市、绍兴县、顺德市、萧山市。

8日

林业部发出《关于加快森林公园建设的通知》。

国家防汛总指挥部电令沿黄省、自治区限用黄河水，刘家峡水库自7月9日起加大泄量至1 050立方米每秒，确保黄河有限水量送到河口严重缺水地区。

9日

《科技日报》报道：我国两系法杂交小麦新突破，温光型核不育小麦培育成功。

11日

水利部杨振怀部长结束了对印度尼西亚的访问回到北京。在印尼期间，杨振怀部长就中国印尼两国水利、水电工程技术合作与穆赫塔尔部长交换了意见。

邹竞蒙局长签发了国家气象局令第1号《发布天气预报管理暂行办法》。

17日

《科技日报》报道：中国马铃薯种薯生产研讨会召开。目前，我国已有25个省、自治区、直辖市生产推广马铃薯种薯，1991年全国脱毒种薯推广面积达49.1万公顷，占全国马铃薯种植面积的17.4%。

23日

《科技日报》报道：农业部发布《乡镇企业科技进步战略实施大纲》。

24日

林业部在山西雁北召开北方林业厅（局）长会议（27日结束）。

27日

《农民日报》报道：我国自行设计、制造的第一艘为远洋服务的性能优良的800吨级冷藏运输补给船"海丰831"号在大连下水。

30日

《人民日报》报道：我国农村经济实力增强，据国家统计局提供的最新资料，1991年我国农村固定资产投资达1 536亿元，比1990年增长23.4%。

《科技日报》报道：我国稻、麦、棉花、大豆、玉米等五大作物农田控制草害科技攻关项目获重大进展。两年来，5大作物不同生态区建立14个试验示范县3 600多个试验小区，试验新除草剂58种，研究试验除草剂科学混配配方46种。

国家气象局组织的全国暴雨研究学术交流会在北京召开（8月2日结束）。

31日

我国正式加入《关于特别是作为水禽栖息地的国际重要湿地公约》组织。

8月

4日

中国林学会在陕西榆林市召开沙地开发利用国际研讨会，会上正式成立了全国治沙暨沙产业学会（7日结束）。

5日

《科技日报》报道：中国农业科学院研制出301菌种，可使秸秆快速还田。

首次海峡两岸保护野生动物学术研讨会在武夷山举行（9日结束）。

6日

《人民日报》报道：8月1～4日，国务院副总理田纪云到河北张家口、承德考察坝上生态农业建设工程。

《人民日报》报道：我国飞播牧草获成套经验。10年来，全国飞播牧草160多万公顷，有苗保留面积120多万公顷，有苗面积率为73.1%，播区分布在27个省、自治区、直辖市的510个县（旗）。

林业部在大连召开全国森林公园暨森林旅游工作会议。

10日

武警总部党委作出决定，授予内蒙古森警总队大兴安岭支队大杨树大队"森林扑火英雄大队"荣誉称号。

11日

农业部在广西南宁召开南方海水养殖生产经验交流会（15日结束）。

13日

林业部在大连召开全国野生动物自然保护区工作会议。

16日

全国气象局长工作研讨会在哈尔滨召开（22日结束）。

20日

《科技日报》报道：亚太地区农业生物技术学术会议召开。

21日

农业部今年首次评出农业科技进步特等奖。由北京农业大学、中国农业科学院等单位1 000余名科技人员共同参与完成的"黄淮海平原中低产地区综合治理与农业开发"项目获特等奖，另有194项成果获农业部科技进步奖，199项成果被评为全国农牧渔业丰收奖。

国务院环境保护委员会主任宋健主持召开白洋淀污染治理现场办公会议（22日结束）。

《人民日报》报道：全国最大的蔬菜集散地——山东寿光县的蔬菜进入国际市场，从1991年至今，该县已有5 000万公斤、10余种蔬菜销往7个国家和地区，创汇300万美元。

23日

中美大气科技合作联合工作组第十次会议在哈尔滨举行，美国国家气象局长富莱德博士等来华与会。国务委员宋健会见了与会的全体代表（9月3日结束）。

27日

《科技日报》报道：大规模农业综合开发使黄淮海地区成为我国最大的农副产品生产基地。1991年，全区粮食总产量10 637万吨，棉花总产量330万吨，油料总产量454万吨，水果总产量达553.3万吨。

29日

1992年度林业部科技进步奖评审结果揭晓。共评出一等奖6项，二等奖22项，三等奖85项。

31日

《光明日报》报道：全国农业资源与区划学会成立。

9月

1日

林业部批复东北林业大学，同意该校成立野生动物资源学院。

4日

《农民日报》报道：北方八省市推广——一熟制区粮食作物优化立体种植技术，1991年，北方八省采用该技术37万公顷，1992年面积达73万公顷。

《科技日报》报道：中棉16被国家品种审定委员会审定为全国推广品种。

林业部发出通知，授予内蒙古森林警察总队恩和哈达大队"祖国北极森林卫士"荣誉称号；阿尔山大队"护林爱民模范大队"荣誉称号；加格达奇大队大队长蒋洪恩"扑火勇士"荣誉称号；宝格达山中队副指导员乐建辉"模范基层干部"荣誉称号。

5日

林业部同意建立武汉城市林业建设试验区。

6日

《科技日报》报道：第三届国际作物高产高效学术讨论会在京召开（8日结束）。

7日

《经济日报》报道：乡镇企业发展战略研讨会在京召开。

《光明日报》报道：全国共建有自然保护区708个，面积56.9万平方公里。

8日

水利部张春园副部长与应邀参观考察三峡工程的台湾学者进行了座谈。中国水利学会等有关单位的负责同志参加。

9日

世界银行专家评估团在上海顺利结束了对太湖防洪项目的评估，世界银行将对太浦河、望虞河、杭嘉湖南排、环湖大堤工程及太湖流域防汛通信监测工程提供2亿美元的紧急项目贷款。

16日

《人民日报》报道：由农业部和北京市政府共同扶持兴建的我国首套引进美国迪卡猪配套系原种猪场在京郊燕山脚下建成投产。

18日

《经济日报》报道：国务院第112次常务会议原则通过《国务院关于发展高产优质高效农业的决定》。

中国政府与联合国开发计划署合作的"加强林业"项目在北京签字。

19日

农业部洪绂曾副部长赴西班牙参加第十五届世界能源大会。

22日

《人民日报》报道：农民购买农机持续高涨，1991年全国农机公司系统农机销售总额达214亿元。

23日

《光明日报》报道：1981～1991年间，我国乡镇企业总产值平均以29.20%高速增长，1991年总产值高达1.16万亿元。

25日

《农民日报》报道：我国第一批利用外资的农业项目——华北平原农业项目和河北农业发展项目，经过10年努力，取得成果。

"风云一号"气象卫星资料接收处理应用系统在北京通过鉴定。它是继美国之后，世界上第二个由多个地面站和资料处理中心组成的现代化的大型气象卫星应用系统。

《人民日报》报道：全国县委书记、县长工作研讨暨优秀成果颁奖会在京开幕。

26日

林业部在沈阳召开"三北"防护林体系建设县级达标工作会议，决定在"三北"防护林建设地区的551个县（旗）中开展县级达标活动，并颁布了县级达标标准（30日结束）。

水利部张春园副部长受国务院办公厅委托主持仪式，接受了宜昌市总工会向三峡捐款58万元。

27日

《人民日报》报道：国务院副总理田纪云和出席全国农村专业技术协会（研究会）经验交流会部分代表座谈。

28日

《科技日报》报道：农业部颁发了1992年中国国际农业、农业科技合作奖，4位外国专家获此殊荣。

10月

4日

林业部印发《关于直属公司贯彻全民所有制工业企业转换经营机制条例的实施方案》。

5日

全国农业社会化服务体系建设经验交流会在南昌召开（8日结束）。

林业部徐有芳副部长出席联合国粮农组织在泰国曼谷召开的亚太区域林业政策研讨会。

暴雨洪涝国际学术讨论会在安徽黄山市召开，来自13个国家和地区的150多位气象、水文专家学者和官员参加了会议（9日结束）。

《经济日报》报道：10年来我国引进外资达80亿美元，项目遍及全国30个省、直辖市、自治区的广大农村。

6日

中国水产品加工行业协会经民政部批准正式成立，协会下设水产制冷、水产食品、综合利用、水产制药四个专业委员会。

国际山地中心组织的考察团开始对我国辽宁、山西、陕西等省进行沙棘资源种植和沙棘系列产品开发的考察。

首届中国农业博览会于1992年10月在北京举办，荟萃了全国30个省、自治区和直辖市的名、特、优、新农副产品。图为博览会吉祥物"丰丰"　豆　明摄

8日

《人民日报》报道：我国农业社会化服务形成网络，全国乡镇以上的农业技术推广服务机构达22万多个，有36.6万个村设立了服务组织，还有13万个农业专业协会、研究会以及数百万个科技示范点。

林业部发出《关于保护珍贵树种的通知》。首批公布的国家珍贵树种共132种，其中一级37种，二级95种。

10日

《经济日报》报道：国务院通知全国各地《加强农业承包合同管理》。

《人民日报》报道：第二届全国农运会在湖北孝感开幕，国务院副总理田纪云出席并致开幕词。

12 日

水利部严克强副部长应邀赴芬兰、瑞典进行访问。

15 日

农业部和商业部联合主办世界粮食日纪念活动。田纪云副总理出席并讲话。

《人民日报》报道：由湖南衡阳市农科所副研究员周庭波等人在世界上第一次运用“水稻雄性不育遗传的光温启动因子假说”的理论，通过人工培育出籼型水稻低温雄性不育系衡农 S—3。

18 日

应林业部邀请，以印度尼西亚林业部长哈拉哈普为团长的印尼林业代表团访华。

第二届全国农民运动会于10月10日在湖北孝感市隆重开幕，来自全国各地31个代表队参加9个项目的角逐

蒋　林摄

20 日

第三届中、日、韩海洋水产资源培育科学家研讨会在北京举行，中、日、韩三国 20 多位水产科技专家出席了会议，并就水产种苗生产培育问题进行研讨。

22 日

国务院副总理田纪云，在山东省委副书记、常务副省长李春亭等陪同下察看了黄河河口治理和黄河三角洲开发情况。

29 日

《人民日报》报道：中国扶贫国际研讨会在京开幕。田纪云副总理出席并讲话。

水利部杨振怀部长会见了美国美林集团亚太区董事长夏礼士、副总裁张利亚，就三峡工程融资问题交换了意见和看法。

11 月

1 日

应林业部邀请，以新西兰农林部长法罗恩为团长的新西兰林业代表团一行 5 人来访。

2 日

《科技日报》报道：海南分离出海洋耐盐碱植物抗性基因，盐碱地上可望五谷飘香。

3 日

《农民日报》报道：国家土地管理局披露，自 1988 年以来，全国累计复垦利用土地 13 万公顷。

4 日

《农民日报》报道：全国土地监察工作会议召开。据悉，我国一个从国家到省、地（市）县、乡（镇）、村（街道）的 6 级土地监察网络在我国已基本形成。

7 日

1992 年武陵山区扶贫经济开发工作会议召开。

8 日

《科技日报》报道：陕西农科院蔬菜所，成功地选育出大白菜异源胞质雄性不育系 CMS11—7，这一成果标志着大白菜胞质雄性不育研究上的重大突破。

9 日

水利部王守强副部长应邀率团前往日本访问。

10 日

北京林业大学水土保持学院成立。

11 日

《农民日报》报道：我国农药产量居世界第二，仅次于美国。据 1991 年底统计，我国农药生产能力比 1980 年增加两倍，实际产量达到 25 万吨。

四川峨眉山首次发现大熊猫。

15 日

国务院主办的全国加快中西部乡镇企业发展经验交流会在西安召开。田纪云副总理出席并讲话（18 日结束）。

《人民日报》报道：我国应用遥感技术普查全国水土流失面积的最新成果；全国水土流失，水力侵蚀和风力侵蚀面积已达 367 万平方公里。这次普查是由全国农业区划委员会会同水利部等有关单位进行的。

16 日

世界银行检查组一行 6 人来华检查国家造林项目执行情况，并洽谈了新的项目——森林资源发展与保护项目。

京津冀三省市永定河治理会议在天津召开。

18 日

《人民日报》报道：全国农村综合实力百强县博览会在北京开幕。江泽民总书记为博览会题词。

19 日

国务院三峡工程建设工作会议在武汉举行。

20 日

《人民日报》报道：农业部宣布，北京东北旺农场生产的京西御膳米和御膳米思齐系列产品为绿色食品，使这个农场成为国内第一个粮、菜、果综合绿色食品生产基地。

21 日

全国农民技术资格证书制度试点工作经验交流会在成都召开（24 日结束）。

22 日

《人民日报》报道：世界上第一个高粱两用不育系湘糯粱 S—1、湘糯粱 S—2 在湖南省农科院土肥所育成。

23 日

《人民日报》报道：国务院发出通知，要求各地严格制止乱占、滥用耕地。

《光明日报》报道：全国农民绿色证书试点工作经验交流会在成都召开，到 1992 年 11 月中旬，全国已有 26 个省、自治区、直辖市在 221 个县实施了绿色证书工程，已经培训了农民学员 11.21 万人，3.6 万余人取得了绿色证书。

25 日

《光明日报》报道：夏秋小麦首次试种成功。

26 日

中国农业银行每年增加对中西部乡镇企业贷款 50 亿元。

30 日

农业部绿色食品办公室、辽宁农垦

大洼谷物集团总公司、中国天诚（集团）公司与香港金源米业国际有限公司所属中明香港有限公司、全球(泰国)贸易有限公司合资兴办的“绿色食品金源国际谷物有限公司”在北京举行成立签字仪式。

《人民日报》报道：甘肃扶贫开发十年获重大成果，国务院致电祝贺并决定扶贫工程建设延长十年。

12月

5日

国务院批准林业部《关于当前乱砍滥伐、乱捕滥猎情况和综合治理措施的报告》，并由国务院办公厅转发各地执行。

6日

《人民日报》报道：我国远洋渔业积极参与国际竞争与合作，已发展成初具规模的外向型产业。目前，全国已创建了25个远洋渔业公司。

7日

《经济日报》报道：区域农业综合发展成果颇丰，“七五”期间，通过鉴定成果1 100多项，科技攻关成果累计推广面积6 000多万公顷，增产粮食173亿公斤，皮棉41亿公斤，新增效益180亿元。

8日

《经济日报》报道：《中华人民共和国农业技术推广法（草案）》通过。

我国第一座大型混合式抽水蓄能电站——潘家口蓄能电站，全部建成投产发电。该电站为潘家口水库的二期工程，装有3台9万千瓦蓄能机组。

在中国珠海亚太经社会/世界气象组织台风委员会第二十五届会议上，台风委员会总协调员、基金会主席罗曼·L·金特纳向国家防汛总指挥部办公室颁发了“防御自然灾害奖”奖牌和奖金。

9日

《人民日报》报道：我国建起274个国家级商品粮基地，10年累计生产粮食3 992亿公斤。

11日

《人民日报》报道：我国重点商品粮基地吉林省，1992年粮食总产达到184亿公斤，是历史上第三个高产年。

15日

《人民日报》报道：国务院正式批准建立的全国农村改革试验区已达26个。

16日

《人民日报》报道：由江苏省农科院研究员高亮之主持的水稻栽培计算机模拟优化决算系统研究通过鉴定。

19日

国务院治淮治太领导小组第一次会议在京举行。国务院副总理田纪云出席并讲话（21日结束）。

21日

林业部、世界自然基金会举行新闻发布会，宣布中国保护大熊猫及其栖息地工程开始启动。这项工程计划在今后10年，在四川、陕西、甘肃三省的大熊猫主要栖息地新建14个大熊猫自然保护区，还将进一步完善60年代以来建立的13个大熊猫自然保护区。

新疆维吾尔自治区境内迄今最大的水电工程——大山口水电站正式并网发电。大山口水电站位于天山南麓的和静县境内，是一座具有发电、防洪等综合效益的水利水电枢纽工程，电站总装机容量为8万千瓦，年发电量达3亿千瓦时。

22日

我国第5座超百万千瓦大型水电站——天生桥二级电站1号机组并网发电。天生桥水电站位于红水河支流的南盘江下游，总装机容量为132万千瓦，年发电量88亿千瓦时。

23日

12月20—23日，中共中央总书记江泽民、中共中央政治局候补委员、书记处书记温家宝，国务委员陈俊生在我国重点粮食棉花产区之一的湖北江汉平原调查农业问题。

《人民日报》报道：国务院办公厅发出通知，要求各地严禁开发区和城镇建设占用耕地撂荒。

《农民日报》报道：全国农副产品信息网开通，信息当日收集，当日汇总发布。

24日

《农民日报》报道：六省农业和农村工作座谈会在武汉举行，江泽民总书记主持会议并发表重要讲话(25日结束)。

27日

海峡两岸水产业合作发展学术研讨会在京结束，出席会议的有台湾代表20人，大陆代表20人，列席会议26人。

29日

第三次火炬计划工作会议召开。大批农林牧渔项目被列入《火炬十年发展纲要》。

《经济日报》报道：国务院在北京中南海召开全国农业工作电视电话会议。李鹏总理提出了保持农业稳定发展的十项措施。

31日

《科技日报》报道：辽宁省盐碱地利用研究员许曾发明水稻新品种、新品系，已在省内外累计推广133万公顷，增收稻谷23亿多公斤，增收效益高达21亿多元。

企业及产品选介

苏盛鳗业有限公司

经　　理：张泉男
地　　址：江苏省苏州市白洋湾
电话传真：0512—731400
电　　报：7988
邮政编码：215008
企业简介：苏州苏盛鳗业有限公司是中日合资企业，由江苏省粮油食品进出口（集团）总公司、苏州外贸冷冻总厂和日本国株式会社日盛产业三家合资经营，总投资420万美元，从日本国引进最先进的自动流水生产线、配方软件和管理检验技术，主要生产系列鳗鲡、甲鱼配合饲料，年产10 000吨，是一家实力雄厚、技术先进的实业公司。

华大〈福州〉饲料工业有限公司

经　　理：黄耀宗
地　　址：福州市经济技术开发区建设路8号
电　　报：9952
电　　话：682918、682928、682938
传　　真：0591—681819
邮政编码：350015
企业简介：华大〈福州〉饲料工业有限公司系外商独资企业。注册资本400万美元，引进台湾、日本先进的成套饲料生产设备、配方及生产技术。于1991年5月建成投产，年产鳗鱼、对虾等配合饲料2万多吨，1992年被福建省对外经济贸易委员会确认为先进技术企业。同年所生产的华大金马牌鳗鱼、对虾等配合饲料分别获得1992年首届中国农业博览会银质奖和铜质奖。华大金马牌饲料产品以其极高的换肉率及优良的特性在国内外市场享有良好的信誉，深受业者的支持与推崇。华大金马牌鳗鲡饲料品种有白仔、黑仔、幼鳗、成鳗粉料等四种；对虾饲料品种有1#虾苗、2#虾苗、3#前期稚虾、4#后期稚虾、5#中成虾等五种。根据鳗、虾不同生长期对营养元素的需求、进行精心配方与制造，可获得理想的效果。

烟台海藻工业公司

1990年评为国家二级企业

经　　理：王化文
地　　址：山东省烟台市芝罘区环海路14号
电　　报：5679
电　　话：240096　245726
邮政编码：264000
企业简介：烟台海藻工业公司位于黄海之滨，胶东半岛的海滨城市——烟台市芝罘区环海路14号，得益于烟台市交通方便、环境优美和优越的地理、经济条件，丰富的海藻资源。1970年建成投产，现有职工912人，占地面积75 567平方米，厂房建筑22 901平方米。具有先进设备，技术力量雄厚。

该公司是一个海藻加工工业企业。1989年荣获山东省先进企业，1990年晋升为国家二级企业。1990年分获农业部“七五”科学技术进步奖和企业质量管理奖。

在党的十四大精神的指引下，公司狠抓企业内部机制的转变，增强企业的活力，适应市场经济的需要。企业以碘、甘露醇、褐藻胶产品为主要产品，努力开拓外向型经营，以科技求发展，以提高质量求生存，牢固树立用户至上，质量第一。企业精神是，重视信誉，保证质量，综合经营，增加效益。公司几经发展，成为烟台企业界和全国同行业瞩目的国家海藻加工重要企业之一。

1992年工业产值3 907万元，创利税271万元，创外汇400万美元。

江苏省海洋渔业公司渔轮修造厂

厂　　长：杨君义
地　　址：江苏省太仓市浏河渔港
电　　报：5307
电　　话：05225　541154
邮政编码：215432
企业简介：江苏省海洋渔业公司渔轮修造厂建于1960年，占地面积11万平方米，现有固定资产1 253万元，职工总人数855人，其中工程技术人员42人，高级工程师1名，设备齐全，能独立设计、制造400吨以下的各类钢质渔轮，同时能建造11艘渔轮、修理20艘渔轮的中型企业。

荣成市第一造船厂

1990年评为国家二级企业

厂　　长：卞寿民
地　　址：山东省荣成市石岛镇黄海南路92号
电　　报：0208
电　　话：（05452）581744
邮政编码：264309
企业简介：该厂地处胶东半岛最东端，座落在风景秀丽、气候宜人的海滨城市石岛镇内，与我国北方最大的渔港石岛港毗邻。1953年建厂，现隶属荣成市水产局，是国有中型〈二〉企业。

经过40年的艰苦发展，特别是10多年来，在改革开放政策的指引下，企业规模不断扩大，生产能力逐年增强，为群众渔业服务的项目越来越多，服务范围越来越广泛。不但能制造136—441kW大功率多功能钢质渔轮，而且还能制造各种工程船舶及采油平台。产品销往山东、江苏、浙江、辽宁等地，是山东省渔业生产重点后方基地。

厂区占地14万平方米，固定资产1 600万元，主要生产设备300多台套，现有职工760人，其中专业工程技术人员34人。目前具有设计制造136kW钢质渔轮52艘，千吨级采油平台一座，坞修渔船200条的生产能力。

1992年完成工业总产值4 365万元，实现利润320万元，分别比1991年增长41%和28%，主要经济技术指标在全国同行业处于领先地位，成为荣成市重点工业企业和上缴利税大户。1990年获农业部质量管理奖企业。

大连绳网厂

厂　　长：姜文玉
地　　址：大连市甘井子区华北路43

号

电　　报：2762

电　　话：6602137

邮政编码：116033

企业简介：大连绳网厂是国家渔用绳网具定点生产厂家之一。是我国最早的绳网制造厂家，属全民所有制企业。该厂历史悠久，技术力量雄厚，拥有从国外引进的先进设备，各系列生产线配备齐全，全部生产工序机械化。该厂是国家二级企业，省、市先进单位、文明工厂重合同守信用，被信誉评级委员会授予“AAA”级企业光荣称号。该厂主要生产白棕绳、聚乙烯绳、棕钢绳、丙钢绳、锦纶6单丝绳、锦纶6单丝网、八股编绞绳等捕鲸牌系列产品，规格齐全，销往全国各大渔业公司和其他行业，部分产品出口国外，适应水产、林业、农业、矿山、油田、交通运输等广泛的需要。该厂生产的聚乙烯绳、丙钢绳锦纶6单丝网获市优产品，渔用锦纶6单丝获部优产品，并被评为首届中国农业博览会银质奖。该厂设备齐全，测试手段完善，以优质的产品质量，优质的服务赢得了国内外用户的信任。

福建省乡镇企业进出口公司

经　　理：何尔涛

地　　址：福建省福州市东街40号闽辉大厦四层

电　　挂：8759或FTIEC CN

传　　真：550309

电　　话：553319　534113

邮政编码：35001

企业简介：福建省乡镇企业进出口公司是1985年9月经福建省对外经济贸易委员会批准和国家经贸部核准成立的综合性的国营企业，也是全国第一家乡镇企业进出口公司。

公司依靠和发挥福建省乡镇企业得天独厚的自然资源和经济优势，致力于工艺品、轻工业品、食品、土特产品、纺织品、矿产品、化工机械等出口经营和乡镇企业所需的原辅材料、轻工业品、医疗保健品、医疗器械等进口经营，企业规模不断扩大，经济效益连年递增。目前与公司贸易往来的有50多个国家和地区。1992年企业总产值1亿元，销售总额8 000万元，利税总额1 200万元，人均产值100万元，人均销售额100万元，人均利税15万元。公司多次被福建省人民政府评为出口创汇先进单位；1990年还荣获西班牙国际贸易组织颁发的第十三届国际优秀出口领导者金像奖，并被福建省人民政府授予省级先进单位称号。

系列鳗鲡配合饲料（苏盛牌）

1992年获首届中国农业博览会金质奖

生产单位：中外合资苏州苏盛鳗业有限公司

经　　理：张泉男

地　　址：江苏省苏州市白洋湾

电话传真：0512—731400

电　　报：7988

邮政编码：215008

产品主要性能与用途：苏盛牌系列鳗鲡配合饲料，营养成分全，饵料系数低，饲养效果好，深受国内外用户的欢迎。1991年度被农业部批准为部优产品，从而使苏盛牌鳗鲡配合饲料在国内稳居榜首，在国际上列入名优产品行列。

苏盛牌配合饲料主要品种和指标如下：

单位：%

序　号	名　　称	粗蛋白含量	粗脂肪	粗纤维	粗灰分	钙	磷
1	白仔饲料	50以上	3.0以上	1.20以下	16以下	2.3以上	1.2以上
2	黑仔饲料	47以上	3.0以上	1.20以下	16以下	2.5以上	1.3以上
3	幼鳗饲料	46以上	3.0以上	1.25以下	16以下		
4	成鳗饲料	45以上	3.0以上	1.50以下	16以下		
5	幼鳖饲料	47以上	4.0以上	1.20以下	16以下		
6	成鳖饲料	45以上	4.0以上	1.50以下	16以下		

盐渍海带结

1992年获首届中国农业博览会金质奖

生产单位：烟台立昇水产有限公司

经　　理：冯长岐

地　　址：山东省烟台市芝罘区海岸街32号

电　　话：(0535) 226686

电　　报：2244

邮政编码：264001

产品主要性能与用途：盐渍海带系列产品（鲜嫩海带结、海带卷、海带丝）是该公司开发研制的新型食品，属国内首创。改变了以厚成期（或成熟期）海带为原料的传统加工方法，选用优质薄嫩期鲜海带为料，引进国外先进的工艺技术精细加工而成。本品为熟制品、呈绿色。常食用本品，具有防止和治疗甲状腺疾病，刺激胃肠蠕动，防止心血管疾病，促进人体新陈代谢等功能。实为一种风味独特、色绿型美、营养丰富、美容保健的优良海洋蔬菜。

食用前，将本品放入清水中泡发4小时左右（中间需换水2～3次），待充分去盐涨发后，经漂洗即可直接冷拌、烹炒、炖煮、做汤菜或火锅加料。烹炒或炖煮时，本品应滞后下锅，以防过火失去风味。

褐藻酸钠（银帆牌）

1990年获农业部优质产品奖

生产单位：烟台海藻工业公司

经　　理：王化文

地　　址：山东省烟台市环海路14号

电　　报：5679

电　　话：240096　243611

邮政编码：264000

产品主要性能与用途：褐藻酸钠由褐藻类植物——海带加工提取，为一种多糖类碳水化合物。分子式为($C_6H_7O_6Na$)，分子量为14 000～200 000。外观为淡黄色或黄褐色粉末，无嗅、无味，不溶于乙醚等有机溶剂，易溶于水形成粘稠状溶液，又是一种高分子电解质，具有良好的增稠性、稳定性、乳化性和凝胶成薄膜的形成能力。

褐藻酸钠广泛应用于纺织、印染、食品、医药及造纸，铸造等工业。如纺织业用于织物经纱上浆；印染业用作活性染料色浆；食品业用作稳定剂、乳化剂，皆有独到良好性能。

产品行销国内外市场，年产1 000吨，70%以上出口，销往欧、美、日等国家和地区，是用户信得过产品。

甘露醇（闪花牌）

1991年获农业部优质产品奖

生产单位：烟台海藻工业公司

经　　理：王化文

地　　址：山东省烟台市环海路14号

电　　报：5679

电　　话：240096　243611

邮政编码：264000

产品主要性能与用途：甘露醇为一种六元醇，其分子式为$C_6H_{14}O_6$，分子量为182.17，产品外观为白色针状结晶，无嗅、味甜，熔点为166～169℃，易熔于及热的甲醇，乙醇中；不溶于乙醚；在碱性条件下能被铜、镍、铂等水溶性盐沉淀，尤以铜盐沉淀最为完全。

甘露醇在医药、食品及化工合成等方面用途广泛，如在医药上用于降低颅内压、眼内压，治疗乙型脑炎、动脉硬化、高胆固醇血症及糖尿病等；在微生物工程上可用作培养基；工业上可作为塑料、染料、食品等工业的原材料；国防工业用于炸药合成等。

该公司生产的甘露醇系由优质海带中提取，产品按中国、英国及美国现行药典标准生产，年产500吨，产品畅销国内外市场。

卡拉胶（银帆牌）

1992年获首届中国农业博览会金奖

生产单位：烟台海藻工业公司

经　　理：王化文

地　　址：山东省烟台市环海路14号

电　　报：5679

电　　话：240096　243611

邮政编码：264000

产品主要性能与用途：卡拉胶系采用红藻类植物麒麟菜、江蓠等加工提取的水溶性胶体，为白色或淡黄色粉末，无嗅、无味，易溶于75℃以上的热牛奶中，不熔于有机溶剂，化学结构为D-半乳糖和3.6-内醚半乳糖及硫酸酯组成的多糖化合物，为阴离子型分子电解质，分子量为$2\sim3.2\times10^5$。

卡拉胶在食品、医药和化工等方面具广泛用途，主要用作增稠剂、悬浮剂、胶凝剂、乳化剂等。如食品工业用于牛奶制品的增稠、悬浮；罐头食品的胶凝等；化工业如牙膏中作为粘结剂，可防止固液分离，增加稳定性。

产品达到或超过美国食品化学药典（FCC）和欧洲共同体标准水平。年生产卡拉胶100吨，行销国内外市场。

YL系列4.5、2.25、1.12型叶轮式增氧机（鱼跃牌）

生产单位：江苏省无锡市太湖渔机厂

厂　　长：荣德琛

地　　址：江苏省无锡市河埒口青山路15号

电　　报：3890

电　　话：606349　667613

邮政编码：214062

产品主要性能与用途：YL（ZY）系列叶轮式增氧机系国家“星火计划”开发项目，该系列各种型号增氧机适用于淡、海水内塘养殖业，具有改善水质，增加水中溶氧含量，促进鱼、虾、特种水产类的生长，是提高单位面积产量的一种理想养殖机械，其增氧速率及动力效率，经渔机测试中心和江苏省农机机械鉴定站测试均超过部标A级标准，属国内先进水平。曾于1984年系列增氧机获全国增氧机性能统测质量评比优胜奖。1986年YL4.5型、YL2.25型获省优质产品称号、1987年YL2.25型获全国行业评比第一，被评为农业部优质产品、1988年YL4.5型荣获农业部优质产品称号、1988年YL系列增氧机荣获“星火计划”成果展览会金奖、1991年YL系列增氧机获“星火计划”成果博览会银奖、1991年YL系列增氧机获全国菜篮子工程成果观摩会单项一等奖、1992年YL4.5型增氧机获全国农业博览会金质奖。

JS807型艉滑道钢质渔轮

1992年获首届中国农业博览会银质奖

生产单位：海洋渔业公司渔轮修造厂

厂　　长：杨君义

地　　址：江苏省太仓市浏河渔港

电　　报：5307

电　　话：05225　541154

邮政编码：215432

产品性能与主要用途：JS807型艉滑道钢质渔轮，具有耐磨性好、航速快、稳定性好的特点、7～8级风能正常生产，10级风能安全航行。采用双速比齿轮箱大直径螺旋桨，提高了推进效率和拖力，首次采用中高压绞网机，操作方便拉力大，起网快，经济效益十分明显，是海洋捕捞的理想产品，深受广大用户欢迎。

YDV876型136kW钢质渔轮

1992年获首届中国农业博览会银质奖

生产单位：荣成市第一造船厂

厂　　长：卞寿民

地　　址：山东省荣成市石岛镇黄海南路92号

电　　报：0208

电　　话：（05452）581744

邮政编码：264309

产品主要性能与用途：该船总长30.6m，型宽5.4m，满载排水量140t，最高航速10.3海里。采用钢质单甲板、横骨架焊接结构，首柱前倾，巡洋舰尾，驾驶室前倾外型美观，布置合理。具有航速快、拖力大、续航能力强，生活条件舒适等特点，适合Ⅱ类海区作业。产品销往山东、江苏、浙江、辽宁等地。

根据用户要求对该船不断进行革新，以获取更优良的性能：自行研制了1.2吨米液压舵机替代了回转式液压舵机，克服了原舵机密封性差，舵角误差大等弊病；改进了渔舱绝热结构，用现场直接喷涂聚胺脂发泡塑料，改善了绝热条件，增加了渔货保鲜能力；调整了油柜、水柜结构，增大了油、水的储存量，使渔船的续航能力增至25天；与山东水校联合设计推广了“渔船舷外淡水冷却”新技术，节省燃油、延长主机使用寿命，收到很好的社会效益。

该渔船，已生产了380艘，仍保持畅销势头。

120GT延绳钓钢丝网水泥渔船

1992年获首届中国农业博览会金质奖

生产单位：广东省湛江渔船厂

厂　　长：姚尚康

地　　址：湛江市赤坎海滨六路13号

电　　报：3136

电　　话：312997

邮政编码：524044

产品主要性能与用途：该船总长30米，型宽6米，型深2.98米，平均吃水2.2米，排水量212吨，载重量68吨，鱼舱容积80立方米，主机采用曼海姆TBD234V8型303千瓦柴油机，设计航速11.3里每小时，自持力20天，船上配有雷达、卫星导航仪、单边带电台、测向仪、鱼探仪等先进通讯导航助渔设备。

该船适用于远洋拖、围网和延绳钓作业，稳性满足Ⅰ类航区，具有造价低，维修保养方便，适渔性好，抗风力强，安全、耐用，经济效益高，节木、节能等优点，深受国内外客户的欢迎。

龙宫牌海蜇皮

1990年12月获农业部优质产品奖

1992年获首届中国农业博览会银质奖

生产单位：山东乳山县水产供销集团公司

地　　址：山东省乳山县城商业街18号

电报挂号：3055

电　　话：（05454）621641

传　　真：622079

邮政编码：264500

产品主要性能与用途：海蜇是一种名贵的海产。含有蛋白质、无机盐、糖、脂肪等营养成分及多种维生素和微量元素。

（下转477页）

附　录

中国同国外农业统计比较

土　地　利　用

（1990 年）

单位：千公顷

国　别	土地面积	可耕地面积	多年生作物面　积	牧地面积	林地面积	其他面积
世界总计	**13 079 151**	**1 350 023**	**94 194**	**3 402 077**	**4 027 569**	**4 205 288**
中　国	960 000	95 654	7 104	319 080	124 650	413 512
印　度	297 319	165 400	3 680	12 050	66 700	49 489
印度尼西亚	181 157	16 000	6 000	11 800	113 433	33 924
日　本	37 652	4 121	475	647	25 105	7 304
朝鲜民主主义人民共和国	12 041	1 700	300	50	8 970	1 021
韩　国	9 873	1 953	156	80	6 476	1 208
巴基斯坦	77 088	20 300	450	5 000	3 550	47 788
泰　国	51 089	19 000	3 140	780	14 100	14 069
阿尔及利亚	238 174	7 070	533	31 175	4 699	194 697
埃　及	99 545	2 330	277		31	96 907
加拿大	922 097	45 870	80	28 100	359 000	489 047
墨西哥	190 869	23 150	1 560	74 499	42 460	49 200
美　国	916 660	187 881	2 034	241 467	293 600	191 678
阿根廷	273 669	25 000	2 200	142 200	59 200	45 069
巴　西	845 651	50 400	9 600	184 200	493 030	108 421
保加利亚	11 055	3 856	300	2 003	3 871	1 025
丹　麦	4 239	2 567	4	217	493	958
法　国	55 010	17 989	1 259	11 380	14 811	9 571
联邦德国	24 412	7 288	204	4 375	7 410	5 135
匈牙利	9 234	5 054	234	1 186	1 695	1 065
意大利	29 406	9 098	2 990	4 850	6 737	5 731
罗马尼亚	23 034	9 450	590	4 728	6 400	1 866
英　国	24 160	6 607	50	11 180	2 400	3 923
南斯拉夫	25 540	7 020	718	6 346	9 379	2 077
前苏联	2 227 280	225 100	4 520	369 200	947 000	681 460
澳大利亚	764 444	48 741	178	417 642	106 000	191 883

总人口、农业人口和农业劳动力

（1991 年）

单位：千人

国别	人口		从事经济活动的人口		
	总人口	农业人口	合计	农业劳动力	占合计%
世界总计	**5 389 198**	**2 410 296**	**2 405 683**	**1 109 621**	**46.1**
中国	1 141 908	900 925	583 600	341 863	58.6
印度	870 968	543 726	329 109	217 730	66.2
印度尼西亚	187 758	81 765	74 206	35 304	47.6
日本	123 921	7 204	62 848	3 834	6.1
朝鲜民主主义人民共和国	22 185	7 246	11 600	3 786	32.6
韩国	43 161	9 250	19 202	4 534	23.6
巴基斯坦	126 618	66 417	36 403	17 904	49.2
泰国	56 474	33 747	30 080	19 129	63.6
阿尔及利亚	25 646	5 976	5 950	1 417	23.8
埃及	53 625	21 449	14 893	5 960	40.0
加拿大	27 023	844	13 536	423	3.1
墨西哥	90 467	26 544	32 071	9 409	29.3
美国	251 771	6 365	124 080	2 783	2.2
阿根廷	32 712	3 312	11 709	1 185	10.1
巴西	153 322	36 343	56 118	13 301	23.7
保加利亚	8 998	1 030	4 449	523	11.8
丹麦	5 154	231	2 888	129	4.5
法国	56 644	2 642	25 738	1 286	5.0
联邦德国	63 611	1 850	30 771	1 047	3.4
匈牙利	10 344	1 179	5 186	571	11.0
意大利	57 783	3 324	23 694	1 587	6.7
英国	57 763	1 121	28 591	555	1.9
南斯拉夫	23 930	4 497	10 877	2 264	20.8
前苏联	291 463	36 229	144 729	17 990	12.4
澳大利亚	17 307	836	8 299	401	4.8

农业生产指数

(1979～1981 年＝100)

国　别	1980 年	1985 年	1987 年	1988 年	1989 年	1990 年	1991 年
世界总计	**98.92**	**114.53**	**116.72**	**118.91**	**122.73**	**125.53**	**125.26**
中　国	98.76	131.37	141.37	142.79	145.85	158.84	163.61
印　度	97.71	123.31	121.88	137.44	145.99	147.27	149.05
印度尼西亚	100.83	126.40	137.41	145.69	151.37	158.99	164.65
日　本	94.93	106.97	101.41	97.47	98.98	99.61	96.42
朝鲜民主主义人民共和国	99.24	116.07	122.54	127.16	125.29	127.30	127.42
韩　国	90.65	111.28	105.55	110.60	108.91	106.35	106.51
巴基斯坦	98.74	123.64	135.53	140.60	149.99	155.41	166.92
新加坡	96.17	105.89	106.64	93.81	116.82	119.03	103.94
泰　国	100.02	122.25	115.20	124.86	129.30	123.11	133.14
阿尔及利亚	106.52	129.09	137.15	132.88	126.95	125.96	147.58
埃　及	99.81	125.85	136.86	136.73	138.73	142.92	137.57
加拿大	99.29	113.40	115.91	102.97	113.68	125.55	124.81
墨西哥	100.11	112.50	112.37	117.41	116.12	122.71	121.46
美　国	95.15	106.66	99.62	93.98	101.64	105.40	103.53
阿根廷	95.84	106.81	106.17	111.68	103.46	111.11	110.80
巴　西	100.57	154.14	165.94	162.20	162.16	163.36	163.74
丹　麦	99.26	122.41	113.93	121.84	126.85	135.48	133.63
法　国	100.84	106.96	109.48	106.21	103.32	106.01	106.72
联邦德国	100.96	108.29	111.10	116.88	116.10	119.00	122.83
匈牙利	102.73	106.83	108.50	114.87	112.19	105.04	112.43
意大利	102.23	101.96	103.89	100.40	104.18	96.00	105.00
英　国	102.76	109.83	109.54	105.90	110.00	109.56	111.77
南斯拉夫	99.57	99.69	105.37	99.34	103.80	94.21	92.04
前苏联	99.79	110.47	117.21	116.92	119.43	118.60	105.12
澳大利亚	93.39	110.05	109.18	116.32	115.84	123.64	118.61

每人平均农畜产品产量

（1991 年）

单位：公斤

国　别	粮　食	油料折油	肉　类	牛　奶
世界总计	**401**	**7.1**	**33.2**	**86.2**
中　国	387	6.3	27.5	4.1
印　度	248	5.5	3.8	31.0
日　本	119	0.3	28.1	66.0
泰　国	522	2.4	23.0	3.2
埃　及	269	2.1	15.4	21.3
加拿大	2 176	67.5	102.1	271.6
美　国	1 349	32.5	118.0	267.6
巴　西	385	12.8	43.5	99.8
保加利亚	1 013	10.2	73.3	195.2
丹　麦	1 907	47.0	312	900.3
法　国	1 150	22.9	101.8	469.6
联邦德国	460	10.5	92.5	369.4
匈牙利	1 560	21.4	158.8	253.8
意大利	364	4.2	68.5	173.1
英　国	428	8.7	60.7	260.1
南斯拉夫	719	1.7	60.3	180.3
澳大利亚	1 090	9.4	184.9	328.1
前苏联	642	6.9	63.9	343.1

国　别	鸡　蛋	食　糖	水　果	蔬菜瓜类
世界总计	**6.6**	**20.8**	**64.6**	**83.9**
中　国	8.1	5.6	19.1	102.6
印　度	1.6	14.4	32.6	62.4
日　本	19.9	7.4	42.6	121.2
泰　国	2.3	70.9	101.8	44.6
埃　及	2.4	19.8	88.0	121.8
加拿大	11.8	5.6	27.8	76.3
美　国	15.9	25.9	98.0	128.0
巴　西	9.1	56.6	204.5	37.4
保加利亚	12.3	12.8	145.3	185.2
丹　麦	16.3	97.0	10.3	59.2
法　国	16.6	82.5	182.1	140.3
联邦德国	10.4	50.8	41.1	47.5
匈牙利	22.2	71.2	218.7	200.9
意大利	12.2	28.4	305.1	254.0
英　国	11.2	22.4	8.7	61.1
南斯拉夫	9.9	27.7	113.2	84.8
澳大利亚	10.8	161.8	143.9	92.2
前苏联	15.1	30.0	50.4	107.8

粮食面积和产量

(1991年)

国别	收获面积 (千公顷)	每公顷产量 (公斤)	总产量 (千吨)
世界总计	**876 666**	**2 466**	**2 161 784**
中国	112 314	3 935	441 933
印度	130 960	1 647	215 626
印度尼西亚	16 551	3 419	56 594
日本	2 900	5 083	14 741
朝鲜民主主义人民共和国	2 486	4 573	11 368
韩国	1 652	5 306	8 288
巴基斯坦	13 491	1 642	22 156
泰国	14 509	2 031	29 462
埃及	2 739	5 259	14 405
加拿大	22 753	2 585	58 815
墨西哥	12 550	2 045	25 660
美国	86 986	3 904	339 607
阿根廷	12 984	2 503	32 505
巴西	36 129	1 636	59 102
保加利亚	2 373	3 841	9 115
丹麦	1 661	5 916	9 827
法国	10 172	6 404	65 146
联邦德国	4 704	6 216	29 240
民主德国	2 261	5 419	12 253
匈牙利	2 995	5 389	16 141
意大利	5 072	4 146	21 028
罗马尼亚	6 498	3 077	19 992
英国	3 883	6 364	24 711
南斯拉夫	4 794	3 589	17 204
澳大利亚	14 211	1 327	18 860
前苏联	116 745	1 602	186 983

注：粮食包括谷物、大豆、豆类、薯类折粮。

棉花面积和皮棉产量

(1991 年)

国 别	收获面积（千公顷）	每公顷产量（公斤）	总产量（千吨）	国 别	收获面积（千公顷）	每公顷产量（公斤）	总产量（千吨）
世界总计	**33 445**	**617**	**20 641**	墨西哥	252	802	202
中 国	6 539	868	5 675	美 国	5 197	735	3 819
印 度	7 265	234	1 700	阿根廷	590	492	290
伊 朗	260	562	146	巴 西	1 769	396	700
以色列	15	1 467	22	哥伦比亚	258	550	142
巴基斯坦	2 776	761	2 112	巴拉圭	550	471	259
叙利亚	170	1 176	200	秘 鲁	118	551	65
土耳其	598	945	565	希 腊	233	815	190
埃 及	359	819	294	西班牙	78	1 064	83
苏 丹	179	508	91	澳大利亚	270	1 604	433
津巴布韦	160	456	73	前苏联	3 010	804	2 420

注：资料来源：FAO Production Yearbook，1991.

以上农业 6 个表由张桐供稿

原 木 产 量

(1990 年)

单位：千立方米

国 别	原木总产量	按材种分		按用途分	
		针叶材	非针叶材	工业用材	新炭材和木炭
世界总计	**3 450 386**	**1 350 974**	**1 963 582**	**1 654 189**	**1 796 197**
中 国	277 015F	132 036F	144 979F	91 538F	185 477F
尼日利亚	107 732F		98 750F	7 868F	99 864F
美 国	501 000	329 700	168 300	415 100	85 900
巴 西	259 243F	46 511F	178 088F	72 761F	186 482F
印 度	274 460F	9 933F	252 755F	24 420F	250 040F
印度尼西亚	171 532	670F	170 095	30 525	141 007F
芬 兰	41 647	33 653	7 994	38 663	2 984
法 国	44 718F	22 894F	21 182F	34 276F	10 442F
联邦德国	73 456	62 245	11 211	69 800	3 656F
瑞 典	55 854	47 388F	8 442	51 430	4 424F
前苏联	364 600	300 300F	64 300	283 900	80 700F

注：F 为联合国粮农组织估计数。

工业用材产量及进出口量

（1990 年）

单位：千立方米

国别	合计	其中		进口量	出口量
		锯材原木产量	纸浆材产量		
世界总计	**1 654 189**	**979 765**	**439 690**	**123 980**	**118 154**
中国	91 538F	46 038F	7 997F	10 671	12
加拿大	148 641	100 626F	45 515F	4 518	3 452
美国	415 100	255 600	145 500	2 380	27 802
印度	24 420F	18 350F	1 208F	895	61
印度尼西亚	30 525	27 464	200F		973
日本	29 307	18 377	10 313	47 074	11
芬兰	38 663	17 297	20 716	5 998	493
法国	34 276F	22 916F	10 812F	2 050	5 935
联邦德国	69 800	53 400	15 000	3 060	6 186
瑞典	51 430	22 973	28 307F	6 023	1 238
前苏联	283 900	145 700	42 800F	143	15 018

注：F 为联合国粮农组织估计数。

锯材产量及进出口量

（1990 年）

单位：千立方米

国别	合计	其中		进口量	出口量
		针叶锯材产量	非针叶锯材产量		
世界总计	**485 946**	**361 385**	**121 621**	**94 460**	**106 163**
中国	23 037F	14 936F	8 035F	822	764
加拿大	52 600	51 400	1 200	1 526	38 506
美国	103 913	86 381	17 322	2 918	10 952
巴西	18 179	8 384F	9 795F	112F	764F
印度	17 460F	2 374F	14 834F	7F	7F
印度尼西亚	9 145	130F	9 000		636
日本	29 842F	26 445F	3 336F	9 038	9 961
法国	10 655F	6 740F	3 760F	2 267	1 824
联邦德国	12 203	10 381	1 775	5 027	1 977
瑞典	11 830	11 594	210F	249	6 351
前苏联	92 000	80 700F	11 300F	206F	6 436F

注：F 为联合国粮农组织估计数。

木质板产量及进出口量

(1990 年)

单位：千立方米

国别	合计	其中				进口量	出口量
		胶合板产量	刨花板产量	纤维板产量	单板产量		
世界总计	**124 939**	**49 707**	**52 408**	**17 956**	**4 869**	**29 285**	**31 180**
中国	3 396	1 709F	471	1 209	7	1 331	261
加拿大	6 266	1 950	3 000	815	501F	535	2 506
美国	32 086	18 771	8 593	4 722		4 303	3 285
巴西	2 892F	1 300F	660F	698F	234F	27	683F
印度尼西亚	9 617	9 250	310	1F	56F		8 591
日本	8 616	6 417	987F	923F	289F	4 066	93
法国	3 118	518	2 267	275F	58F	1 635	1 053
联邦德国	8 454	416	7 109	499	430	2 780	1 368
意大利	4 292	380	3 050	240	622F	909	374
西班牙	2 330	150F	1 700F	400F	80	358	292
前苏联	12 131	1 744	6 397	3 590F	400F	108	1 076

注：F 为联合国粮农组织估计数。

木浆及纸和纸板产量

(1990 年)

单位：千吨

国别	木浆	纸和纸板
世界总计	**154 421**	**238 238**
中国	1 744	16 058F
加拿大	22 835	16 466
美国	57 217	71 965
巴西	4 307	4 844
日本	11 321	28 088
芬兰	8 886	8 781
法国	2 139F	7 006
联邦德国	2 339	11 873
挪威	2 203	1 819
瑞典	9 633	8 426
前苏联	11 857	10 657

注：F 为联合国粮农组织估计数。

以上林业 5 个表由李维长供稿

肉类产量

(1991年)

单位：千吨

国别	肉类合计	猪肉	牛肉	羊肉	马肉	禽肉
世界总计	**178 830**	**71 525**	**52 954**	**9 776**	**477**	**40 891**
中国	31 445	24 523	1 535	1 181	57	3 950
印度	3 282	365	1 836	586		368
日本	3 486	1 490	559		5	1 417
巴基斯坦	1 412		608	531		182
泰国	1 301	340	238	2		717
土耳其	964		301	395	3	285
加拿大	2 760	1 188	1 005	9	25	744
墨西哥	3 403	971	1 727	54	74	897
美国	29 720	7 171	10 230	177	63	11 503
阿根廷	3 432	216	2 640	92	44	391
巴西	6 663	1 159	2 756	78	5	2 614
比利时	1 456	793	326	4	4	190
丹麦	1 608	1 257	214	2	1	135
法国	5 764	1 845	1 895	150	15	1 394
民主德国	916	978	180	9	2	148
联邦德国	5 881	3 179	2 259	51	4	154
匈牙利	1 643	1 052	125	15		480
意大利	3 956	1 322	891	56	57	1 105
荷兰	2 650	1 996	385	31	1	499
波兰	2 928	1 864	726	33	3	310
罗马尼亚	1 453	845	167	78	7	350
英国	3 505	1 027	1 087	390	2	1 112
南斯拉夫	1 442	797	253	65		293
前苏联	18 610	6 170	7 580	902		3 000
澳大利亚	3 200	323	1 742	756	8	416

农畜产品国际贸易价格

单位：美元/吨

商品	1985年	1986年	1987年	1988年	1989年	1990年	1991年	说明
小麦	138	115	114	146	171	137	129	美国2号冬小麦，海湾离岸价
大米	222	220	238	306	319	286	313	泰国2级大米，曼谷离岸价
大米	172	127	168	232	237	166	189	泰国碎大米，曼谷离岸价
玉米	112	88	76	107	111	109	107	美国2号黄玉米，海湾离岸价
大豆	224	208	216	304	275	247	239	鹿特丹到岸价，来自美国
豆油	572	342	335	464	432	447	454	鹿特丹离岸价
花生油	904	578	504	586	775	964	893	鹿特丹到岸价
油菜籽	287	246	172	240	229	205		欧洲到岸价，来自加拿大
棕榈油	500	257	343	437	350	289	339	北海港到岸价，来自马来西亚
皮棉	1 572	1 263	1 634	1 521	1 693	1 852	1 836	利物浦到岸价，SM1—1/16，来自美国
黄麻	613	325	389	440	443	478	454	孟加拉国吉大港离岸价
烟叶	3 633	3 355	3 468	3 629	3 765	3 840		美国，农场出售的平均价
食糖	90	133	148	225	282	277	197	国际糖协，粗糖，离岸价
茶叶	2 074	1 936	1 720	1 799	2 066	2 052	1 858	英国，伦敦拍卖价
柑桔	567	640	734	735	723	848	856	联邦德国，平均批发价
香蕉	455	557	646	609	532	750	668	汉堡批发价，来自中美洲
牛肉	1 127	1 328	1 555	1 376	1 455	1 526	1 726	阿根廷，离岸价
绵羊肉	1 841	2 117	2 228	2 351	2 312	2 659	2 371	伦敦批发价，来自新西兰羔羊肉，13～16公斤
猪肉	1 206	1 437	1 489	1 430	1 620	1 820	1 697	欧共体，屠宰重量，批发价
活鸡	700	866	957	957	888	1 015	970	联邦德国，农场，活重
鸡蛋	625	793	900	891	878	1 009	1 041	联邦德国，生产者价格
奶粉	1 376	1 873	2 330	2 767	2 509	2 438	2 487	荷兰，全国平均批发价
羊毛（含脂）	1 396	1 473	2 022	3 042	2 734	1 764	1 190	美国，生产者平均价格
天然橡胶	760	807	985	1 183	858	862	824	马来西亚，吉隆坡，离岸价

注：资料来源：FAO Production Yearbook，1991.

世界谷物进出口数量

（1992 年 7 月～1993 年 6 月）　　单位：百万吨

国别	进口数量				出口数量			
	小麦	粗粮	大米	谷物合计	小麦	粗粮	大米	谷物合计
世界总计	**100.0**	**95.0**	**12.6**	**207.6**	**100.0**	**95.0**	**12.7**	**207.7**
亚洲	43.8	47.7	5.0	96.5	5.9	8.7	8.7	23.3
中国	9.0	6.1	0.1	15.1	—	7.5	0.8	8.4
印度	3.0	—	0.3	3.3	—	—	0.4	0.4
印度尼西亚	2.0	—	—	2.0	—	—	0.2	0.2
日本	5.8	21.2	—	27.0	0.4	—	—	0.4
韩国	4.0	6.4	—	10.4				
马来西亚	1.0	1.8	0.5	3.3				
新加坡	0.2	0.3	0.2	0.7				
泰国					—	0.8	4.4	5.3
越南					—	—	1.7	1.7
非洲	20.0	15.7	3.4	39.0	0.3	0.8	0.1	1.2
阿尔及利亚	2.5	1.2	—	3.7				
埃及	6.6	1.4	—	8.1	—	—	0.1	0.1
中美洲	4.3	8.5	0.9	13.7	—	—	—	—
墨西哥	1.5	6.7	0.3	8.5				
南美洲	8.3	2.3	1.0	11.6	5.0	9.6	0.5	15.1
阿根廷					5.1	8.4	0.1	13.5
巴西	4.5	0.3	0.5	5.3				
北美洲	1.4	2.2	0.4	3.9	56.5	61.7	2.4	120.6
加拿大					22.5	3.8	—	26.3
美国					34.0	58.0	2.4	94.4
欧洲	6.2	7.2	1.0	14.4	21.4	11.0	0.4	32.8
欧共体	1.3	2.0	0.5	3.8	20.0	9.8	0.4	30.2
匈牙利					0.5	0.7	—	1.2
独联体	15.0	11.0	0.7	26.7	—	—	—	—
大洋洲	0.4	0.1	0.2	0.8	11.0	3.2	0.5	14.7
澳大利亚					11.0	3.1	0.5	14.6
发展中国家	69.3	47.9	10.0	127.2	10.6	19.0	9.4	39.0
发达国家	30.7	47.1	2.6	80.4	89.4	76.0	3.3	168.7

每人每天食物供给中热量、蛋白质和脂肪含量

（1988～1990 年平均）

国　别	热　量（千卡）			蛋白质（克）			脂　肪（克）		
	合　计	植物产品	动物产品	合　计	植物产品	动物产品	合　计	植物产品	动物产品
世界总计	**2 697**	**2 272**	**424**	**70.9**	**46.1**	**24.8**	**67.7**	**35.8**	**31.9**
中　国	2 641	2 356	286	64.2	51.2	12.9	46.4	21.4	25.0
印　度	2 229	2 075	154	55.4	47.1	8.3	37.8	27.5	10.3
印度尼西亚	2 605	2 517	87	56.3	47.7	8.6	47.4	42.1	5.3
日　本	2 921	2 305	616	95.1	42.1	53.0	81.2	43.0	38.2
朝鲜民主主义人民共和国	2 843	2 627	215	81.6	62.9	18.7	36.4	21.7	14.7
韩　国	2 826	2 452	374	77.3	51.7	25.6	61.5	34.6	27.0
马来西亚	2 671	2 265	406	54.0	28.5	25.4	92.7	66.5	26.2
巴基斯坦	2 280	1 994	286	61.9	46.5	15.4	57.1	37.7	19.5
新加坡	3 121	2 365	756	87.7	41.7	46.0	79.4	23.0	56.4
泰　国	2 280	2 082	198	48.4	33.3	15.0	39.8	25.9	13.9
土耳其	3 196	2 954	242	85.0	68.1	17.0	86.8	70.6	16.2
埃　及	3 310	3 052	257	84.6	69.3	15.3	75.6	55.2	20.4
加拿大	3 242	2 200	1 042	101.8	39.3	62.5	137.1	59.1	78.0
墨西哥	3 062	2 506	556	80.2	48.2	31.9	92.6	51.1	41.5
美　国	3 642	2 535	1 107	109.9	38.8	71.1	154.4	74.9	79.5
阿根廷	3 068	2 115	953	99.2	36.4	62.9	107.1	39.2	67.9
巴　西	2 730	2 301	429	61.4	36.2	25.3	77.7	47.3	30.4
保加利亚	3 695	2 770	924	110.2	58.0	52.2	125.9	53.0	72.9
丹　麦	3 639	1 968	1 671	98.1	35.0	63.1	184.8	34.4	150.4
法　国	3 593	2 207	1 385	112.9	39.9	73.0	167.1	55.2	111.9
联邦德国	3 472	2 221	1 251	100.9	37.5	63.4	147.2	46.9	100.3
匈牙利	3 608	2 286	1 322	101.3	48.0	53.3	150.0	34.8	115.2
意大利	3 498	2 600	898	107.4	49.9	57.5	145.8	78.5	67.3
罗马尼亚	3 081	2 395	686	94.1	54.3	39.8	89.8	38.1	51.7
英　国	3 270	2 162	1 108	93.6	39.8	53.8	141.9	53.4	88.5
南斯拉夫	3 545	2 701	844	97.8	58.2	39.6	117.1	48.0	69.1
澳大利亚	3 302	2 078	1 224	99.9	32.4	67.5	134.7	41.5	93.2
前苏联	3 380	2 430	949	107.3	50.2	57.1	106.1	35.4	70.6

注：中国包括台湾省，粮农组织测算数。

以上 4 个表由张桐供稿

水产品产量

单位：吨

国别	1989年	1990年	国别	1989年	1990年
世界总计	**100 332 800**	**97 245 700**	韩国	2 832 999	2 750 000F
中国	11 219 994	12 095 363	泰国	2 781 830	2 650 000F
前苏联	11 310 091	10 389 030	菲律宾	2 098 787	2 208 823
日本	11 173 382	10 353 555	朝鲜民主主义人民共和国	1 700 100F	1 750 100F
秘鲁	6 853 841	6 875 072	挪威	1 908 759	1 747 070
美国	5 763 321	5 856 003	加拿大	1 572 629	1 624 338
智利	6 454 142	5 195 418	丹麦	1 927 493	1 517 211
印度	3 641 306	3 790 598	冰岛	1 504 771	1 507 635
印度尼西亚	2 948 406	3 080 450	法国	913 534F	896 841F

注：F为估计数。

海洋水产品产量

单位：吨

国别	1989年	1990年	国别	1989年	1990年
世界总计	**86 450 600**	**82 801 300**	印度尼西亚	2 185 317	2 285 450
中国	6 362 821	6 857 742	挪威	1 908 283	1 746 587
日本	10 972 577	10 145 435	朝鲜民主主义人民共和国	1 600 100F	1 640 100F
前苏联	10 290 401	9 414 116	菲律宾	1 545 108	1 623 057
秘鲁	6 818 722	6 843 753	加拿大	1 522 858	1 573 993
美国	5 478 338	5 600 176	冰岛	1 504 244	1 506 959
智利	6 452 196	5 194 168	丹麦	1 900 697	1 481 355
韩国	2 802 407	2 717 000F	西班牙	1 529 100F	1 429 009F
泰国	2 565 900	2 450 000F	墨西哥	1 296 956	1 206 479
印度	2 259 056	2 305 765	法国	871 129F	848 826F

注：F为估计数。

内陆水域水产品产量

单位：吨

国别	1989年	1990年	国别	1989年	1990年
世界总计	**13 882 200**	**14 444 400**	越南	250 000[F]	240 000[F]
中国	4 857 173	5 237 621	埃及	214 284	237 686
印度	1 382 250	1 484 833	巴西	210 000	209 725[F]
前苏联	1 019 690	974 914	日本	200 805	208 120
印度尼西亚	763 089	795 000	泰国	215 930	200 000[F]
孟加拉国	592 048	594 377	墨西哥	172 855	194 562
菲律宾	553 679	585 766	扎伊尔	164 000[F]	160 000[F]
坦桑尼亚	327 532	330 000	肯尼亚	138 793	134 532
乌干达	212 205	245 223	尼日利亚	114 970[F]	98 676

注：F为估计数。

以上水产业3个表由刘连军供稿

索引

说　明

一、本索引采用分析索引方法，按汉语拼音字母顺序排列，同音字按声调排列。

二、“农业教育统计”、“农业经济统计”、“企业及产品介绍”、“附录”等4个专栏未作索引。

三、索引名称后的数字表示内容所在的页码，数字后的拉丁字母（a、b、c）表示该页自左至右的栏别。

J

K

L

M

N

T

W

X

Y

Z

（京）新登字 060 号

中国农业年鉴

1993

中国农业年鉴编辑委员会编

农业出版社出版（北京市朝阳区农展馆北路 2 号）
新华书店北京发行所发行　　北京市密云县印刷厂印刷

787×1092 mm 16 开本　32.75 印张　1200 千字
1993 年 12 月第 1 版　1993 年 12 月北京第 1 次印刷
ISBN 7-109-02999-9/Z · 107
平装本定价：47 元
ISBN 7-109-03000-8/Z · 108
精装本定价：55 元

中国乡镇企业总公司

总经理　平欣

中国乡镇企业总公司是农业部直属国有大型企业。于1980年经国家批准成立，并在国家工商管理局注册，具有独立的法人资格。

它是以物资经营为主，贸工技一体、供产销结合全方位经营。本部有12个职能、业务部门。在深圳有全资子公司——中国乡镇企业深圳九州公司；在上海、张家港、广州设有独资分公司；在安国市有独资医药经理部；在苏州、重庆、西安、杭州、扬州、武汉等地有联营公司，还有全国各地投资联合兴办各类生产企业31家。

中国乡镇企业总公司与全国县以上乡镇企业的各类公司密切合作，为全国乡镇企业组织供应生产所需的各种原材料和销售其生产的各类产品；引进外资，兴办合资企业和开发项目；承接和组织来料加工、来样加工，来件 装配和补偿贸易；组织乡镇企业产品出口。

中国乡镇企业总公司经营的产品有，钢材、废次钢材、有色金属、轻纺原料及产品、化工原料及产品、食品和饲料工业原辅材料及产品、建筑材料、木材、燃料、普通机械设备的批发零售。还兼营：组织园林设计、提供与主营业务有关的咨询服务、信息服务。

竭诚为海内外朋友开发宁夏水产业服务
诚请海内外朋友来宁夏开发水产业

△ 宁夏水产局局长 黄全福

宁夏回族自治区地处中国西北内陆，黄河由西南流向东北斜穿全境，年平均气温 6 — 9 ℃，积温 2 000 — 3 000 ℃，降水量 200 — 700 毫 米，日照 2 800 — 3 100 小时。充沛的水资源和气候、光能等条件，有利于植物和鱼类的生长发育，素有“天下黄河富宁夏”之美称，是塞上鱼米之乡。盛产黄河鲤鱼，以色泽艳润、味道鲜美为中外朋友交口赞誉。近几年来，本区水产业和科学养鱼有了新发展和新突破。1991 年全区水产品产量 达 11 898吨，是 1978 年的 42 倍。高产典型中，有千余亩池塘亩产超 500 公斤，有些池塘主产鲤鱼亩产超 1 000 公斤，有的流水养鱼亩产超 5 000 公斤。根据宁夏的十年规划及“八五”计划纲要，宁夏将成为渔业发展重点区，计划开发渔塘 20 万亩，建造台田 20 万亩，配套用地 17 万亩，共计 57 万亩。宁夏发展水产业的前景广阔，我们将创造和提供最先进、最优惠的设施和条件，诚请国内外朋友来宁夏共同开发水产业。

△ 宁夏水域总面积74.9万亩，可利用养鱼水面18.5万亩，尚有百万亩稻田和百万亩荒地可开发养鱼。

△ 宁夏现有养鱼水面17万亩，其中精养塘万亩。国营渔场24个，集体渔场153个，农民养鱼户 6 000 多户。

◁ 宁夏境内有天然鱼种23种，引进品种10多种，还有鳖虾蚌螺等水产品。

▷ 宁夏水产科研和推广工作取得了丰硕成果，曾连获国家“渔业丰收计划”三等奖和一等奖，获自治区科技进步奖和科技成果奖共15项。

江苏省省级先进企业——地方国营泰兴渔业机械厂
向您提供国家质量银质奖产品——“鳌牌”水力挖塘机组

本厂生产的“鳌牌”水力挖塘机组，适用于渔池、河道的开挖、清淤和工矿企业的废渣废液的输送处理，能同时完成挖、装、运、卸、填平、夯实等多道工序。尤其遇到人工、推土机及其它挖泥机械难以施工的土方工程，更能发挥独特作用。该产品荣获省优、部优、国家质量银质奖，获泰国中华总商会在曼谷举行的中国实用新技术、新成果展览会银质奖。1992年本厂又被省农业银行评定为特级信用企业（AAA）。为了扩大施工范围，本厂还生产“95”型柴油机为动力的水力挖塘机组，为缺电、少电地区提供了施工保证，同时还提供YQ—80D型远控潜吸式水下清淤机。

厂址：江苏泰兴县马甸镇电厂路　　邮编：225434

直拨电话：05248－635961（或635962）　电挂：7625

厂长：李战　　供销科长：夏有余

△ 295－50－18型挖塘机组

△ 50－18型电机组

注册商标

鳌牌

△ 远控潜吸式水下清淤机

河南省禹州市渔业机械厂产品简介

我厂已有近30年的历史，是农业部颁发生产许可证的厂家。产品由上海中国水产科学研究院渔业机械仪器研究所设计，并由机械电子工业部许昌继电器厂和研究所进行技术与管理指导。精心制造的主要产品有：机带与电带两种水力挖塘机组，NL系列立式泥浆泵，YL系列叶轮式增氧机，NB系列高效节能吸沙泵，9KYP颗粒饲料压制机等。NL100－16.0型立式泥浆泵和YL系列增氧机，1990—1991年分别荣获河南省优质产品证书及科技成果二、三等奖。1991年获河南省首届“兴豫杯”名优特新产品一等奖。

厂址：河南禹州市范坡禹州市渔业机械厂　邮编：452576

开户银行：河南省农行禹州市支行范坡营业所

帐号：56060　电话：范坡总机转　电挂：3342

厂长：李丙坤　经销科长：姚西志

注册商标

▽ 机带水力挖塘机组

灵龙

△ 电带水力挖塘机组

△ YL—2.25S型塑料叶轮增氧机